［内部资料　注意保密］

CHINA CONSTRUCTION BANK ALMANAC

中国建设银行年鉴

2017

中国金融出版社

责任编辑：肖丽敏
责任校对：张志文
责任印制：裴　刚

图书在版编目（CIP）数据

中国建设银行年鉴.2017（Zhongguo Jianshe Yinhang Nianjian. 2017）/中国建设银行编.
—北京：中国金融出版社，2017.12
ISBN 978-7-5049-9349-6

Ⅰ.①中… Ⅱ.①中… Ⅲ.①建设银行—中国—2017—年鉴 Ⅳ.①F832.33-54

中国版本图书馆 CIP 数据核字（2017）第 307992 号

出版发行 中国金融出版社
社址 北京市丰台区益泽路 2 号
市场开发部（010）63266347，63805472，63439533（传真）
网上书店 http://www.chinafph.com
（010）63286832，63365686（传真）
读者服务部（010）66070833，62568380
邮编 100071
经销 新华书店
印刷 北京七彩京通数码快印有限公司
尺寸 205 毫米×280 毫米
印张 46.25
插页 18
字数 1680 千
版次 2017 年 12 月第 1 版
印次 2017 年 12 月第 1 次印刷
定价 139.80 元
ISBN 978-7-5049-9349-6
如出现印装错误本社负责调换 联系电话（010）63263947

《中国建设银行年鉴 2017》编委会

《中国建设银行年鉴2017》编辑部

本年鉴数据使用责任说明

卷首语

2016年是国家“十三五”开局之年，也是建设银行全面从严治党、转型发展稳步发力的关键之年。一年来，建设银行直面挑战、迎难而上，扎实推进整体转型，开局良好，实现了各项业务稳中向好、稳中见强，稳中夯基蓄势的目标。

2016年又是承接“十二五”发展基础，总结历史经验、梳理前行思路的衔接之年，党的十八大以来全行改革发展和创新取得的宝贵经验，需要系统性地进行思考和概述。2016年建设银行的历史具有标志性的意义。

回顾2016年，面对愈加复杂的经营形势，全行上下认真贯彻党中央、国务院的决策部署，坚持以党建引领发展、以转型驱动发展、以风控保障发展，各项经营指标全面完成董事会确定的计划，实现了经营企稳、逐季提升、超出预期的业绩。

一是主动作为，服务实体经济质效提升。全行密切跟进国家重大战略，多渠道引流资金对接项目落地。全年人民币贷款新增9469亿元，累计发放对公贷款3.4万亿元，基础设施贷款余额达到2.9万亿元；以理财、债券等非信贷手段提供融资近万亿元。助力企业“走出去”和人民币国际化，已签约海外项目金额达到340亿美元；伦敦分行人民币清算量累计突破12万亿元，使得英国成为亚洲之外最大的人民币清算中心。

推动“三去一降一补”。压缩钢铁、水泥、电解铝等去产能行业信贷余额105亿元。从供需两侧服务房地产去库存，个人住房贷款新增8179亿元。率先落地全国首单央企、首单地方国企、首单民企市场化债转股。继续做好减费让利，新发放非贴现公司类贷款利率下降0.73个百分点。积极拓展普惠金融，小微企业贷款新增1640亿元，实现“三个不低于”；为“双创”基地和企业提供综合性金融服务。加大涉农贷款投放，余额达到1.69万亿元；率先推出农民工群体六大综合金融服务方案；与全国供销总社合作推广“村口银行”，打通助农服务“最后一公里”。

二是稳步发力，“五大转型”齐头并进。综合性经营布局领先。新设财险和造价咨询公司，非银行和泛金融牌照由相对占优达到同业领先。子公司市场位次和竞争力显著提升，总资产和净利润增速分别达到39%和38%。全球布局基本完成，海外一级机构达到31家，总资产和净利润增速分别达到33%和9%。战略协同不断深化，母子公司业务联动量超过1.4万亿元。

多功能服务日趋完备。以平台化建设提升定制服务能力，完成大型企业集团综合金融服务方案400多个。率先布局金融生态系统建设，在社保、医疗、公交、文教、社区等重点领域建成700个支付结算生态圈。县域普惠金融服务平台新增1.7万个，助农惠农功能不断拓展。

集约化调整稳妥有序。推进客户服务、业务处理、单证业务、托管运营等中心整合，成立资管、同业和金融市场业务直营中心，促进了资源优化配置和运营效率提升。资本集约化成效显著，轻资产业务较快发展，表内外加权风险资产增速均大幅低于业务的增速。

创新型银行建设亮点纷呈。全年完成产品创新1900多项，推出了全球现金管理、智慧场景应用等新型商业模式，创新客群细分体系和经营方法论。发布“龙支付”品牌，打造全场景支付结算新优势。

智慧型银行建设功能释放。企业级大数据平台初步形成，实施智能营销等应用项目204个。推出个人客户主要业务“一键签约”智慧功能。智慧柜员机累计投放4.3万台，业务量超过2.15亿笔，节约下来3万名柜员，有效解放了网点生产力。

分行转型发展活力迸发。转型战略向基层机构落地生根，各分行细化转型要求并融合了自身特色。比如，北京市分行以“一轴两翼”策略、“5331考评体系”驱动转型落地；广东省分行打造“脑—心—手”协调运转体系，增强转型协同能力；辽宁省分行实施“向下做、往外走、向上要、强沈阳、机代人”策略，多维突破形成转型合力；湖南省分行将金融生态圈建设下沉到二级分行和网点，丰富基层机构转型发展手段；河北省分行建立“三个结合、两个联动”机制，带动基层行转型“一个不能少”；福建省分行强化“寻标、对标、创标”，促进转型下沉和基层行转型能力建设；深圳市分行从大资产业务入手，以“一点两线、三个抓手、四项基础”推动转型发力；厦门市分行以精细化管理夯实转型基础，做强做优“大资产、大负债、大中收、大渠道、大数据”。各分行在转型中注重汲取基层智慧，发挥了各自的区位特色和比较优势。

三是实处用力，发展基础不断厚植。全量客户经营管理体系更加完善，覆盖面不断扩大。单位人民币结算账户增量和增速都居市场前列。公司机构客户首次突破400万户；个人有资产客户连续4年新增超过2000万人，总量已突破3.3亿人。网点“三个平台”建设不断深化。手机银行、微信银行用户数保持同业领先，智能小微全年服务客户3.1亿人次。“新一代”系统主体建设完成，为转型发展和业务创新提供了坚实支撑。

四是由标及本，风险管控掌握主动。总分行党委成员带头下到基层督导风险化解工作，强化信贷主体责任。狠抓风险“了解”和“化解”，开展滚动排查，做到底数清、招数准。依托大数据和模型加强风险预警；创新市场化处置手段；强化信贷管理，持续推进“三授信”。全行主动调整结构，严把风险入口和出口，扭转了被动应对局面，实现了资产质量率先企稳并逐季向好。集团不良贷款率为1.52%，拨备覆盖率达到150%。

五是对标看齐，管党治党全面从严。全行牢固树立“四个意识”，自觉向以习近平同志为核心的党中央看齐。认真落实巡视整改，层层压实“两个责任”。召开全行党建工作会议。不断完善党建制度体系。深化“两学一做”学习教育，筑牢思想根基。领导干部带头讲党课，深入学习讨论，加强调查研究。党校和培训中心发挥了阵地作用。举办了4期“一把手”培训班，实现新任职管理人员培训教育全覆盖。

加强组织建设。制定组织人事转型发展实施意见。强化基层党建，规范组织生活。总分行党委列支1600万元专项资金用于基层党员之家建设。加大干部交流力度，选拔培养年轻干部。开展了部分总行副总经理和处级干部、海外机构副职公开遴选，以及部分子公司高管市场化选聘。启动了“213人才工程”“国际化人才千人计划”。

党风廉政建设和作风建设长抓不懈。修订员工违规处理办法，强化监督执纪问责，保持反腐败高压态势。严格执行中央八项规定精神和总行党委十项要求，细化制度，抓早抓小，对顶风违纪行为深查严处。开展了“四风”整治“回头看”。巡视利剑作用充分发挥。

践行社会主义核心价值观，强化思想和意识形态工作。举办“CCB2020”大型宣传推介活动，开展“文化聚共识，转型促发展”主题实践活动。召开全行扶贫工作会议，明确扶贫主体责任。扎实做好信访和安全保卫工作。强化保密管理。推动“温暖工程”，充分发挥了互助基金作用。工会、妇联、离退休老同志服务等工作更加深入。开展“文化建行月”“体育健身周”“主题活动日”等丰富多彩的群团活动，增强了向心力和凝聚力。

事非经过不知难，在异常困难的形势下取得上述业绩，确实非常不容易。这也更加坚定了全行的信心，更加激发了继往开来、奋发前进的力量。

回顾党的十八大以来这几年，我国经济社会发生了深刻变化，建设银行始终勇立潮头，与时代共进步、与国家同发展、与百业竞繁荣，走在了金融改革发展的前列。2012年以来，建设银行集团总资产翻了近一番，净利润增长了37%；成本收入比下降2.6个百分点，相当于全年节支140多亿元；子公司数量增加4个，总资产增长了3.3倍；海外机构增加17家，总资产增长了2.9倍。面对经济下行压力、“三期叠加”的严峻形势，全行实现了逆势而上的新业绩。

“凡是过去，皆为序章。”回望这些年走过的道路，有很多经验值得认真总结。

第一，坚持党的领导是立行之本。国有大型商业银行作为国民经济的重要支柱，是党执政兴国的金融重器。坚持党的领导、加强党的建设，既是国有金融企业的“根”和“魂”，又是独特的优势所在。只有坚持党的领导，才能在政治上保持清醒、行动上始终看齐，才能确保建设银行改革发展不偏离正确方向。在全面从严治党实践中，我们深切认识到党的领导不是虚的，而是实实在在、具体鲜活的。比如，我们开展风险管理体制改革，最核心最根本的一条就是风险管理职责进党委，几年来的实践证明，这是最管用的一条。风险管控面临最困难局面，党的领导就要在最困难的地方体现，党员干部就必须在最困难的地方出现。在转型发展中，党员干部勇于亮出身份，自觉扛起党的旗帜，引领广大员工克难前进。党建的优势源源不断转化为市场竞争优势，像大家熟知的“向党工作站”“红梅理财”“刘艳快线”等，都已成为广受客户赞誉的闪亮品牌。

第二，扎根实体经济是发展之基。实体经济是金融发展的本源。国际金融危机表明，没有大而不倒的金融机构，只有立足于实体经济才能拥有牢固的发展根基。建设银行改革发展的实践也表明，只有牢牢扎根实体经济才能基业长青。这些年，面对金融市场波动、“脱实向虚”和资金套利的诱惑，我们保持住了定力，做到了心无旁骛、专注主业。通过实施“三大一高”战略，在服务国家经济建设中不断做强做优做大；通过做好自己、严守风险底线，实现了行稳致远。古人讲，“执一以应万”，坚持服务实体经济基本方向，坚持按经济金融规律办事，始终是银行经营管理的不二法则。

第三，坚持改革创新是关键之招。习近平总书记多次告诫全党："唯改革者进，唯创新者强，唯改革创新者胜。"建设银行这些年的发展也充分印证了这一点。面对经济下行压力导致业务发展乏力、风险"水落石出"、盈利水平大幅下降的困难局面，面对上一轮改革红利基本耗尽、同业和跨界竞争咄咄逼人的严峻态势，建设银行不等不靠，通过体制机制改革、流程银行再造、产品和商业模式创新，闯过了一道道难关，开辟出了一条转型发展的新路，也为新常态下做好国有商业银行改革转型和经营管理积累了经验。敢为人先、勇拔头筹的改革创新精神，已经内化为建设银行厚重的文化底蕴。

第四，坚持科学发展是第一要务。坚定信心、坚定目标谋发展，在发展中克难奋进，这是一条基本经验。2012 年以来，世界经济深度调整，国际金融危机影响持续，我国经济下行压力也逐步加大。经济发展进入了新常态，供给侧结构性改革启动，"三去一降一补"带来严峻挑战；利率市场化全面完成，人民银行多次降息，国际国内金融监管趋紧；实体经济不振、企业经营困难，传统银行业务盈利能力下降，信用风险上升，跨行业跨领域风险显露，等等。这些都给银行业经营带来极大困难。可以讲，建设银行遇到了股改上市后最严峻的挑战。在困难面前，总行党委以高度的政治责任感，倾力顶层设计、谋定转型发展，提出要知难而进、逆势而上，以良好经营业绩履行好国有大型商业银行应承担的经济责任和社会责任，并强调在市场表现上努力"缩小与前行者差距，扩大与跟随者距离"。通过全行各级党委班子、37 万员工的奋发努力，建设银行实现了快速健康发展，初步取得了对标先进银行的竞争优势。

第五，坚持依靠员工是力量之源。全行将以人为本的理念融入到经营管理各项工作中，把员工视为建设银行最宝贵的财富，作为最核心的价值创造源泉。总行将提升员工成长发展空间纳入战略规划，实施了一系列政策措施，极大增强了全行员工的归属感和自豪感，激发了主动性和创造性。近年来，在工资总量增长有限的情况下，总行坚持薪酬分配向基层倾斜，向一线员工倾斜，并分批次解决劳务派遣制员工问题，调动了全员积极性。面对激烈竞争，广大员工敢于打拼、勇于追梦，展现出了特别能吃苦、特别能战斗的精神，使得建设银行能够以机构人员数量不占优势的条件，取得业绩领先的良好市场表现，在超越自我中不断进步。

经过这几年的发展，加上之前 7 年股份制改革成功经验，我们已经基本具备了实现"国内最佳、国际一流和最具价值创造力"现代商业银行目标的基础和条件。我们有理由相信，到 2020 年全行的转型发展目标一定能够实现。

建设银行走过了 63 年不平凡历程，股改上市也已经 13 年，如今全行发展站在了新的起点上。战略转型已积厚成势，但克难攻坚还任重道远。全行上下要不忘初心、不畏艰难，顾大局明大势、敢担当善作为，知难而进，开拓进取，以坚韧不拔的毅力，撸起袖子加油干，深化转型、加快发展，以优异成绩迎接党的十九大胜利召开！

王洪章

王洪章

董事长

王祖继

行　长

郭　友

监事长

2016年2月3日，董事长王洪章到天津市分行蓟县支行调研党建工作。

2016年4月7日，董事长王洪章陪同瑞士联邦主席施耐德·阿曼一行参观建设银行智慧银行。

2016年7月29日，董事长王洪章在辽宁省分行调研期间考察辽阳民营企业。

2016年11月1日，董事长王洪章在北京从马来西亚中央银行行长穆罕默德·易卜拉欣手中接过中国建设银行（马来西亚）有限公司商业银行牌照。

2016年12月8日，董事长王洪章与参加建设银行总行第四届“青年创新建行强”金点子大赛的员工亲切合影

2016年2月19日，行长王祖继到青岛市市南支行调研。

2016年6月29日，行长王祖继在澳大利亚墨尔本出席建设银行与澳大利亚和新西兰银行集团有限公司全面业务合作备忘录签约仪式。

2016年8月16日，行长王祖继在云南省分行调研期间考察普洱茶城。

2016年8月18日，行长王祖继作为股东代表应邀出席中国国有资本风险投资基金股份有限公司成立大会暨揭牌仪式并致辞。

2016年12月23日，行长王祖继出席中国建设银行与国家林业局全面战略合作暨林业产业发展投资基金合作协议签约仪式。

2016年1月15日，监事长郭友到湖北省武汉百步亭支行检查指导党建工作。

2016年4月11日，监事长郭友在审计工作会上为“优秀主审人”颁发获奖证书。

2016年6月15日，监事长郭友在上海与参加股东大会的代表调研信用卡业务情况。

2016年6月20日，监事长郭友在建设银行智利分行开业暨智利人民币清算中心启动活动上致辞。

2016年11月3日，监事长郭友看望慰问西藏审计室全体员工。

2016年1月14日，副行长庞秀生在建设银行苏黎世分行开业暨瑞士人民币清算中心启动活动上致辞。

2016年11月19日，副行长庞秀生在江西出席新一代核心系统庆功会。

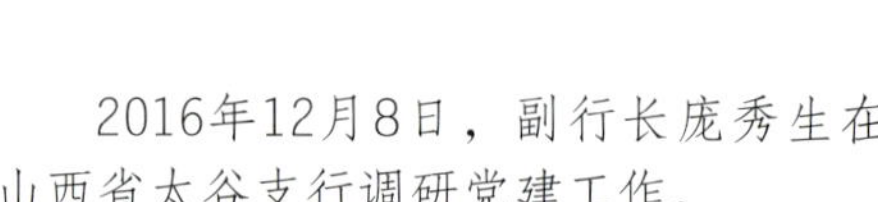

2016年12月8日，副行长庞秀生在山西省太谷支行调研党建工作。

2016年8月3日，副行长章更生赴总行定点扶贫点——陕西安康汉滨区县河镇财梁社区、岚皋县佐龙镇蜡烛村、汉阴县双河口镇三柳村、紫阳县高桥镇权河村调研并慰问困难群众。

2016年9月11日，副行长章更生在广西南宁应邀出席第8届中国—东盟金融合作与发展领袖论坛。

2016年10月25，副行长章更生到青海省分行调研。

2016年1月22日，副行长杨文升出席建设银行与美国银行2016年战略协助项目启动会。

2016年4月26日，副行长杨文升到青岛市分行调研。

2016年5月20日，副行长杨文升出席建设银行河北省分行“乾元通宝—全鑫全溢”理财产品发布会。

2016年1月13日，副行长黄毅出席建设银行重庆市分行石柱万寿寨村扶贫捐赠仪式。

2016年12月14日，副行长黄毅到河北省保定满城支行进行调研并慰问困难职工。

2016年12月21日，副行长黄毅与中国电建总经理孙洪水为中电建（北京）基金管理有限公司揭牌。

2016年6月21日，副行长余静波在青海出席第二届中国·青海“一带一路”金融发展论坛。

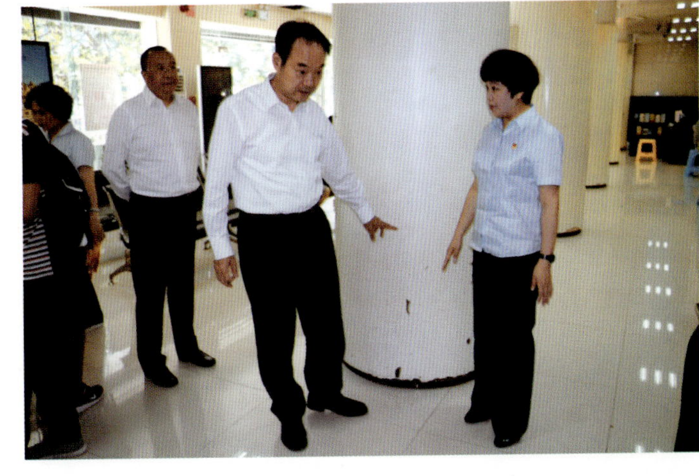

2016年7月8日，副行长余静波到汛期受灾的贵州省毕节市织金支行看望慰问受灾员工。

2016年12月9日，副行长余静波出席中国建设银行并购资本上海中心揭牌暨签约仪式。

2015年8月25日，纪委书记朱克鹏到浙江省分行调研党建工作。

2016年11月9日，纪委书记朱克鹏在建设银行与美国银行战略合作十周年纪念仪式上与美国银行战略协助负责人Judy Whiting女士互赠纪念物。

2016年11月10日，纪委书记朱克鹏对部分新任职领导干部开展集体任职廉政谈话。

目 录

三、市场研究（此部分见光盘）

CHINA 中国建设银行年鉴 CONSTRUCTION BANK ALMANAC

2017

CHINA 中国建设银行年鉴 2017
CONSTRUCTION BANK ALMANAC

第一部分　战略决策与战略管理

董事会的改革与成就

2016年是我国“十三五”开局之年，是建设银行转型发展向纵深推进的关键之年。

截至2016年末，建设银行集团资产总额20.96万亿元，增长14.25%；负债总额19.37万亿元，增长14.61%；资产质量率先企稳，逐季向好，不良贷款率1.52%，较上年下降0.06个百分点；实现净利润2323.89亿元，同比增长1.53%；资产回报率（ROA）1.18%，平均股东权益回报率（ROE）15.44%，净利息收益率（NIM）2.20%，成本收入比27.51%，资本充足率14.94%，均居同业前列。

建设银行荣获《欧洲货币》“2016中国最佳银行”；《环球金融》“2016中国最佳消费者银行”；“2016亚太区最佳流动性管理银行”；《机构投资者》“人民币国际化服务钻石奖”；《亚洲银行家》“中国最佳大型零售银行奖”；中国银行业协会“年度最具社会责任金融机构奖”；在英国《银行家》杂志2016年“世界银行1000强排名”中，以一级资本总额继续位列全球第2位；在美国《财富》杂志2016年世界500强排名第22位。

一、持续完善公司治理机制

（一）坚持公司治理与加强党的领导相统一

认真贯彻党中央、国务院关于国有企业加强党的领导的有关要求，积极探索新形势下国有大型商业银行公司治理模式。建设银行董事会研究探讨将党建工作总体要求纳入公司章程的实现方式，做好公司章程与党委议事决策规则的衔接；持续完善双向进入、交叉任职机制；建设银行董事会决策与党委决定保持协调统一，确保党和国家的方针政策和重大部署有效贯彻落实。

（二）加强重大问题研究，提高决策水平

建设银行董事会密切关注国际国内宏观经济形势，多次组织专题研究，分析建设银行面临的机遇与挑战，提出发展策略。积极关注国际金融形势，对英国脱欧、美联储加息等市场热点问题开展专题讨论；加强对国内经济运行态势的分析，跟进国家供给侧结构性改革；研究资本市场重大问题，如股票市场波动、深港通开通等对银行业的影响；密切关注金融科技发展动向，对区块链技术及其在金融领域的应用进行了跟踪研究。

年内，建设银行董事会成员多次赴境内外分行、子公司开展调研，了解“三去一降一补”政策对银行业务发展的影响，各级经营机构集约化经营、精细化管理等转型推进情况，以及海外机构业务发展及风险合规管理状况，提出政策建议，为董事会决策提供重要支撑。

（三）完善建设银行董事会运行机制

建设银行董事会在运行实践中，不断完善董事会运行机制，加强与公司治理各方的协调与沟通，提高建设银行董事会运行效率。

完善建设银行董事会风险管理职责。建设银行董事会高度重视海外机构合规及风险管理，按年重检在美运营机构风险管理架构与政策；定期听取海外机构合规与风险管理报告；建立专门委员会联席会议机制；决定由建设银行董事会风险管理委员会兼任美国风险管理委员会职责。

研究公司章程等治理文件的修订。根据国家和监管机构的有关要求和完善公司治理的需要，启动公司章程等治理文件的修订工作，梳理需要更新调整的内容，了解同业动态和股东意向，为修订公司章程等治理文件做好充分准备。

征集建设银行董事会授权修订意见。根据银

行业务发展及运行需求，搜集汇总有关方面对授权方案的意见，为建设银行董事会重检现行授权方案打好基础。

（四）持续推进建设银行董事会成员多元化

2016年，根据建设银行战略发展需求、建设银行董事会成员构成现状、独立董事席位占比及服务任期等因素，兼顾专业经验、职业操守、区域分布、性别及年龄结构、文化及教育背景等多元化要素，适时在全球范围遴选独立董事候选人，提名英国籍 M. C. 麦卡锡先生担任建设银行独立董事，并提请股东大会审议。

此外，建设银行董事会提请股东大会批准郭衍鹏先生继续担任非执行董事，张龙先生、钟瑞明先生、维姆·科克先生和莫里·洪恩先生连任独立董事。卡尔·沃特先生和冯婉眉女士经银监会核准，正式履职。

截至2016年末，建设银行董事会成员共14名，其中执行董事4名，股权董事4名，独立董事6名。建设银行董事会成员来自中国大陆、中国香港、荷兰、美国、新西兰等国家和地区，分别为政府治理、财政、金融监管、银行管理、法律、会计等领域有丰富经验的专家，年内4名女性董事先后任职，董事多元化程度进一步提升。

二、坚持服务实体经济，推进战略转型纵深发展

（一）主动对接国家战略

建设银行董事会密切跟踪国家重大战略的推进情况，研究把握"一带一路"、长江经济带、京津冀协同发展、人民币国际化等国家战略实施所带来的商机，充分发挥建设银行综合性多功能平台优势，综合运用信贷和非信贷、融资和融智等多种手段，支持实体经济发展。在服务实体经济的同时，提升自身发展的质量和效益。年内建设银行境内人民币贷款新增9469亿元，通过理财、债券、信托、基金和租赁等非信贷方式为客户融资近万亿元。

研究把握供给侧结构性改革带来的机遇，主动防范风险。推进市场化、法制化债转股工作，研究批准设立债转股专门实施机构，专业专注开展债转股业务，提高市场竞争力。高度重视钢铁、煤炭等产能过剩行业风险，逐步压缩"去产能类"风险客户授信规模。充分发挥建设银行住房金融传统优势，重点支持居民自住需求。

（二）强化转型发展顶层设计

建设银行董事会定期听取转型发展规划落实情况，提出改进建议。重检评估建设银行转型发展规划，使之不断优化完善。督促建立转型发展规划评价指标体系，定期评估转型规划推进情况。

加强转型发展配套体制机制建设。着力优化资源配置，加大战略性业务专项投入；优化转型创新业务的授权和审批机制，加大对转型关键业务考核力度；增强转型发展的技术支撑能力。

（三）推动五大转型齐头并进

建设银行董事会着力推动战略转型，在综合化、多功能、集约化、创新型和智慧型银行建设方面取得了长足进展。综合化经营方面，定期研究子公司发展情况，决定对建信金融租赁有限公司和建信人寿增资；推动财险公司的开业和造价咨询公司的设立，综合性银行集团架构不断健全。多功能服务方面，推动平台化建设和金融生态系统建设，提升定制服务能力。集约化管理方面，深入了解资产管理业务、同业业务和交易业务发展情况，探索业务发展模式，研究设立资产管理中心、同业业务中心和金融市场交易中心，推动客户服务和业务处理等中心整合，促进资源优化配置和运营效率提升。创新型银行建设方面，持续推进组织体系的完善、业务流程和商业模式的创新，不断提升客户体验。智慧型银行建设方面，一以贯之推动"新一代"核心系统建设，为转型发展提供坚实支撑。定期听取"新一代"系统建设情况，评估系统功能的释放进展情况，提出促进智能化技术产品普及和应用的建议。推动智慧柜员机投放，提升客户服务水平。

三、推动国际化发展，增强参与国际竞争能力

（一）推动海外机构布局基本完成

建设银行董事会成员与海外监管机构深入沟通，研究当地经济金融发展状况和监管要求，采用直接设立经营机构与并购相结合的方式，着力推进海外机构布局。年内，建设银行董事会研究设立新西兰分行和哈萨克斯坦子行；苏黎世分行、智利分行顺利开业，填补了当地中资银行的空白；马来西亚子行、华沙分行获批，印尼子行完成交

割。截至2016年底，海外一级机构达31家，各级机构达240家，机构布局覆盖五大洲29个国家和地区，基本完成海外布局。

（二）增强全球化服务能力

建设银行董事会把握人民币国际化、中资企业“走出去”等战略实施带来的机遇，积极推动离岸人民币业务发展。伦敦、智利和苏黎世分行先后成为人民币清算行，其中伦敦人民币清算行累计清算总量突破12万亿元，成为亚洲地区之外最大人民币清算中心。推动“走出去”金融服务发展，研究支持企业“走出去”金融服务策略，加强总行统筹、专业经营和境内外联动，积极服务中国企业“走出去”。高度重视多功能海外服务平台建设，多家海外机构已初步具备综合性业务的客户营销及服务能力。

（三）提升国际影响力

建设银行董事会成员积极参与APEC、亚洲开发银行年会、中国—中东欧国家合作、中国—中东欧国家经贸论坛、世界银行年会、博鳌亚洲论坛和夏季达沃斯等重要国际论坛活动，就国际经济形势及热点问题发表观点，展示中国企业和建设银行良好形象，宣传中国声音，扩大国际影响力。

董事长王洪章继续担任ABAC金融与经济工作组联席主席，APEC中国工商理事会常务副主席，出任中国—中东欧国家联合商会中方理事会首届主席，担任中国国际商会副会长职务，出席相关会议活动并提交提案，引起很好反响。

建设银行董事会成员多次拜访当地监管当局和政府部门，走访国外金融同业，加深相互了解，推进建设银行海外机构管理和与海外机构、客户的合作。

四、强化全面风险管理和内控合规建设，保障稳健运营

（一）研究制定风险管理政策

建设银行董事会根据新的经营形势，重检风险偏好，及时调整建设银行集团整体风险容忍度、可承受风险水平，以及风险选择、风险资产配置的总体态度和导向。重检后的风险偏好陈述书，纳入了大型银行监管强化标准的监测目标，加强风险偏好的执行监测和纠偏管理，优化资产管理业务、同业业务和子公司相关定量指标和定性要求，全力支持转型发展。

建设银行入选全球系统重要性银行后，建设银行董事会高度重视相关监管要求落实，指导制定建设银行银行恢复与处置计划，确保符合建设银行实际，增强危机管理能力。建设银行董事会审议通过后的恢复与处置计划，已提交国内、国际相关监管机构。督促管理层研究尽快出台建设银行全球系统重要性银行管理办法。

建设银行董事会积极推动资本管理高级方法实施，指导制定资本计量高级方法验证管理办法，增强资本计量高级方法的稳健性和可靠性；研究建设银行资本管理高级方法实施进展情况，要求高级方法能够按客户、按产品等维度实现差异化的风险和资本计量；持续推动及督促建设银行整改落实监管检查问题，并要求优化改进三大支柱体系，持续提升应用效果及监管合规水平。

（二）加强全面风险管理

建设银行董事会注重对建设银行集团主要风险状况的全面量化分析和评估，强化对信用风险、市场风险、操作风险、流动性风险和信息科技风险等关键风险的识别和控制，从总体上防范集团风险。高度关注经济增速放缓对建设银行信贷资产质量的影响，组织开展宏观情景、资本充足率等相关压力测试，为资产质量控制、风险偏好制定和资本规划等提供有力支持。

建设银行董事会把握产业升级和供给侧结构性改革趋势，持续跟进房地产、产能过剩行业等重点领域的监管政策变化，定期分析重点区域、重点行业信贷资产质量变化情况，推动信贷结构调整。推进信贷管理体制改革，研究不良贷款经营中心的专业化建设，开展不良贷款证券化。2016年，集团不良贷款率为1.52%，同比降低0.06个百分点，实现了资产质量率先企稳并逐季向好。

建设银行董事会高度重视同业业务、金融市场交易业务和资产管理业务等直营业务的风险管理，推进集约化、专业化和系统化风险管理机制建设。强化子公司风险管理，推动并表管理工作，督促管理层丰富并表管理工具，改进并表管理手段，完善集团并表管理体系，不断提升集团管理和控制能力。

（三）持续加强内控合规管理

建设银行董事会高度重视全行合规管理体制

和制度流程的研究设计。借鉴国际成熟的内控经验，推进合规官制度试点工作。督促管理层加快整合境内外合规和反洗钱管理，搭建统一平台，形成统一的境内外机构合规管理体系。

密切关注境外监管动态，大力加强海外机构的合规管理，保障合规经营。建设银行董事会决定，由风险管理委员会履行美国风险管理委员会职责，指导建设银行在美运营机构风险管理架构与政策的建设；建设银行董事会风险管理委员会每次会议均听取海外合规情况报告；与审计委员会召开联席会议，听取海外合规、反洗钱及合规整改落实情况，督促按进度完成相关整改工作；强化海外机构合规制度建设，建立总行对海外机构合规官的垂直管理体制，在全部海外机构配备首席合规官，在条件成熟的海外机构配备专职反洗钱官。

五、持续提高投资者关系管理和信息披露水平

（一）加强市值管理

2016年，宏观经济继续放缓，银行经营环境持续承压，资本市场震荡盘整，黑天鹅事件频发，银行市值管理的压力较大。建设银行董事会高度重视投资者关系和市值管理工作，董事长、副董事长、执行董事等亲自参加路演和大型投资者活动，向资本市场与社会公众推介建设银行战略转型成果、经营亮点和风险管理情况，及时回应投资者关心的建设银行战略转型、资产质量、中收、净利息收益率和债转股等热点问题，提振投资者信心。截至2016年底，建设银行全年H股股价累计上涨19.88%（已剔除除息因素），较五大行平均水平9.85%高出10个百分点，市值增长11.2%，成为四大行中唯一市值增长的银行。

（二）合规开展信息披露

密切关注上市地证券规则及要求变化情况，严格遵守监管规则，及时准确高效开展信息披露，信息披露全年“零差错、零违规”。研究制定了信息披露暂缓、豁免业务管理办法；注重提高信息披露专业能力和市场判断能力。2016年，建设银行董事会发布定期报告4次、证券变动月报表12次、临时公告47次。2016年上交所对建设银行信息披露工作评价结果为A，这是上交所自2015年开展此项评价工作以来，建设银行连续第二次被评价为A。2015年年度报告在美国媒体专业联盟（LACP）举办的评选活动中获得金奖。

六、履行社会责任，提升市场形象

（一）研究制定绿色信贷发展战略

建设银行董事会高度重视绿色金融，推动全行树立绿色发展意识、完善绿色金融政策制度体系、加大资源投入力度，加快绿色金融业务发展。年内建设银行董事会研究制定绿色信贷发展战略，加大绿色信贷战略执行情况的监督，督促管理层出台绿色信贷实施方案和业务发展指导意见，建立绿色信贷信息系统，推进绿色信贷评价管理，将绿色信贷纳入KPI考核。在建设银行董事会的推动下，建设银行重点加大污染防治、节能减排、清洁交通、清洁能源等绿色信贷九大支持领域信贷投放力度。截至2016年底，建设银行绿色信贷余额达到8892亿元，增长21.2%；承销绿色债券66亿元。绿色信贷自评价结果中“符合”项指标较上年显著增加，居同业较好水平。

（二）关注消费者权益及员工权益保护工作

建设银行董事会加强消保工作的统筹规划和指导，推动消保工作运行机制与组织架构不断完善，将消保工作纳入全行企业文化建设和年度综合经营计划发展指引中。

建设银行董事会重视员工工作环境安全和职业安全，专门听取员工职业健康、职业安全及救助情况报告，推动劳动保护、困难职工救助、员工心理疏导和女员工特殊关爱等工作，提升员工安全防范意识和防灾减灾意识，强化境内外员工人身及财产安全。

（三）推动金融扶贫和公益活动

建设银行董事会坚持积极回馈社会的企业责任。扎实推进金融精准扶贫工作，加大贫困地区信贷资源倾斜，创新金融扶贫举措，让贫困人群享受经济增长的成果；推动公益捐赠重点向扶贫项目倾斜；加强对公益捐赠的规范管理。2016年，建设银行公益捐赠总额约7451万元，涉及教育助学、医疗卫生、灾害救助等项目，为国有企业赢得了良好的社会形象。

执笔：李小平

监事会的改革与成就

一、优化建设银行监事会会议机制

（一）贴近经营管理实际，议事突出重点

建设银行监事会合理安排议事内容，在全面覆盖章程和监管要求基础上，注重根据当期内外部环境变化，充实与经营管理密切相关的议题，使监督工作更好地支持银行中心工作。2016 年共召开 8 次建设银行监事会会议，依法审议银行定期报告、内控评价报告、年度履职评价报告、监事提名等 22 项议案。专题研究讨论了与担保、中介机构开展信贷业务合作情况，大数据战略实施推进，物理渠道转型推进，同业业务风险管控，全球系统重要性银行监管要求及应对措施，个人住房贷款业务经营发展等 16 项议题。听取财委会主席介绍财委会会议情况 4 次。

（二）深入研究讨论，监督意见切实可行

建设银行监事会成员会前认真阅研议案材料，注重就议题与管理层进行沟通，听取外部审计师意见，了解相关工作开展情况，深化对议题内容的研究，为会议讨论做好准备。2016 年组织或参加各类沟通访谈会议 20 余次，深入了解定期报告、资产质量、押品管理、中间业务、风险防控、内审发现等事项。建设银行监事会会议根据议案涉及内容，邀请纪委书记、首席风险官、首席财务官、董事会秘书等高管人员列席，就重要事项进行多方交流。

（三）推动会议意见传导落实，督促问题整改

建设银行监事会以督促监督意见传导落实和推动问题整改为抓手，建立了完整的工作机制。每次会议形成的主要意见和建议，均以“监事会会议情况报告”的形式报送董事会、高管层主要负责人；高管层主要负责人及其他成员多次对报告进行批示，要求相关部门研究落实。建设银行监事会会议结束后，办事机构及时将会议形成的主要监督意见整理分类，分解到相关部门，要求按照规定时间落实和反馈。2016 年，共有涉及网点、自助设备等物理渠道转型推进，担保机构管理，个人住房贷款业务风险管理，合规体系建设推进等 12 个方面 26 条具体建议得到传导和落实。

（四）发挥专门委员会作用，强化履职支持

履职尽职监督委员会 2016 年共召开 4 次会议，审核通过了股东代表监事绩效考核方案、建设银行监事会年度履职监督与评价工作方案等 8 项议案，对 3 份年度履职评价报告进行了集中评议，听取了流动性风险管理、压力测试、资本集约化管理、并表管理等 8 项情况的汇报，了解董事会和高管层在相关管理工作中的履职情况，加大了对涉及建设银行监事会监督职责常规议案的研究讨论。财务与内部控制监督委员会 2016 年共召开 6 次会议，审核通过了银行定期报告、利润分配方案等 8 项议案，定期听取财务报告审计、信贷资产质量、全面风险管理、内控合规、内审发现及整改等 13 项工作情况汇报，专题听取押品管理进展、制造业信贷管理及资产质量管控、中间业务经营等 5 项情况汇报，与外审师专项沟通财务管理情况 1 次，了解和掌握全行财务、内控及风险情况，对建设银行监事会重点议题讨论形成有益补充。

二、坚持问题导向，深化各项监督工作

（一）做实做细财务监督

建设银行监事会从确保资产保值增值的角度深化对银行定期报告的监督，主动加强与董事会、

管理层、外审师的工作沟通，提出了明确和细化对贷款付息频率调整、合理把控地方政府债券投资的总量与结构、确保同业业务在高速增长的情况下符合资产负债比例、进一步完善经营策略确保可持续发展等意见。加大对重大财务决策事项与重要财务领域的监督力度，聚焦重要财务收支领域以及影响银行损益的重要经营事项，深入了解综合经济计划与绩效考核、资本管理、新审计报告模式、营改增、存贷款定价、同业与债券业务投资与收益等情况，提出了要重点关注以效益为核心的考核理念在基层机构的传导，未来几年网点资源配置与结构优化，关键外审事项对建设银行实际情况的客观反映，同业业务规模、速度以及效益的平衡等意见。对关联交易、募集资金使用、重大资产收购与出售等事项进行监督，确保符合公司章程和监管的要求。

（二）促进加强风险管控

建设银行监事会始终将风险监督作为一项重要工作，加大对全局性、趋势性、关键领域问题的监督力度，对潜在风险进行了前瞻性的研究和预判。持续对全面风险管理体系建设进行监督，范围延伸到集团层面，听取全面风险管理、风险偏好执行、子公司风险管理，并表管理等情况的专题汇报，重点关注风险偏好定量指标制定、子公司风险管理专业化、并表风险管控等问题，提出要扩大风险偏好定量指标覆盖范围、加强对子公司各类风险的专业化管理等意见，推动全面风险管理体系建设和完善。重点加强对信用风险管理的监督，紧盯重点客户、行业和区域资产质量变化和风险暴露情况，涵盖了个人住房贷款业务、担保机构管理、押品管理、逾期和关注类贷款、贷款条件变更、制造业、中型企业贷款以及去产能相关行业，提出加强对相关风险的研究预判，建立抵质押资产动态评估监测机制，明确和落实风险管理主体责任；加强对担保机构的全流程管理，减少经济下行期担保机构风险敞口；进一步加强资产质量管控措施的精细化管理，切实做好信用风险监测和预警等意见。主动跟进转型业务风险及其防控，就同业、理财和债券业务的经营管理和风险防控进行研究讨论，从完善市场风险、流动性风险管理等方面提出有针对性的意见。认真履行监管规定，对流动性风险管理、压力测试、风险监管指标执行情况进行持续监督。

（三）促进内控体系建设

建设银行监事会进一步加强对内部控制治理架构的建立和完善，以及董事会、高管层职责划分及履职情况的监督。定期听取内控合规管理、合规体系建设推进、内部审计发现问题及整改、案件防控工作等方面的专题汇报，持续关注全行内控合规管理架构与运行机制、内控标准化建设及实践应用、主要业务内部控制状况、海外机构合规管理等情况，提出进一步完善合规体系基础架构和制度、搭建海外合规管理基础平台、提高整改质量、从制度流程等根源上减少屡查屡犯问题等意见。聚焦国内外监管重点，对反洗钱与业务经营的融合情况、海外机构反洗钱等问题进行了调查分析，提出建设银行反洗钱工作中需要关注的问题及下一步工作建议。加强对内控管理重点领域和关键环节的监督，关注了加强内部管控遏制违规经营和违法犯罪专项检查“回头看”“飞单”行为治理、部分分行为同业机构买入返售或投资业务提供隐性担保事项等情况，提示了相关风险，督促问题整改。对年度内部控制评价工作开展常态化监督，跟进了解相关工作实施开展情况，严格按照监管规定认真审议内部控制评价报告，并发表独立意见。

（四）促进公司治理各方勤勉尽职

2016 年，建设银行监事会成员出席了 1 次股东大会，列席董事会及管理层的重要会议，对董事会、高管层及其成员履职情况进行监督。列席董事会及其委员会会议 29 次、全行工作会议 2 次、行长办公会 13 次、经营形势分析会 4 次、业绩发布会 2 次，还列席了风险管理、审计、纪检监察、渠道与运营业务条线的会议，出席列席上述会议共计 155 人次。审阅会议材料，了解公司治理运作和全行经营发展的实际情况，关注股东大会召开程序、董事会决策程序、表决结果、信息披露等的合法合规性。日常监督工作中及时了解股东大会和董事会决议的执行情况。召开与子公司建设银行监事会负责人座谈会，加强对子公司经营管理和建设银行监事会工作开展情况的了解。完善对董事会、高管层及其成员年度履职监督与评价工作。研究提出对董事会、高管层及其成员年度履职情况的评价报告、建设银行监事会及其成员履职情况的自我评价报告。

（五）认真履行对内部审计工作的指导职责

建设银行监事会主要负责人在分管审计工作中，指导审计工作贯彻落实全行转型发展战略部署，扎实推进审计自身转型。建设银行监事会成员审阅全行内部审计计划，定期听取内审发现及其整改情况的汇报，指导内部审计部门履行审计监督职能。2016年，内审条线对押品管理、担保机构、资管业务、同业业务、金融市场业务等建设银行监事会重点关注的领域开展专项审计或分析，提出审计意见，为相关工作改进提供有力支持。

三、聚焦重点开展专题分析调研

（一）加强对担保机构管理情况的监督

建设银行监事会将建设银行与担保机构开展信贷业务合作情况列为监督工作重点，专题听取相关汇报，指出具有金融属性的担保机构，既无外部监管标准，又无透明的信息披露，在客观上给银行管理带来了较大难度，同时，银行内部对担保机构的管理较为分散，没有专门职能岗位设置，缺乏相关信息、数据和必要的工作机制。建设银行监事会从加强风险管控和防范角度提示管理层在当前严峻复杂的经营形势下应高度重视对担保机构的管理，建议加强对担保机构的全流程管理，切实提升管理有效性；压缩与建设银行合作的担保机构数量，尽快减少担保机构风险敞口等。在建设银行监事会的推动下，管理层就进一步规范担保机构管理进行了专门研究，提出了严格担保机构管理、优化合作结构、防范业务风险的具体政策措施。

（二）持续开展对押品管理的监督

建设银行监事会高度关注全行押品管理情况，2016年两次听取押品管理工作进展情况的专题汇报，指出关键在于制度措施的落实，尤其是抓好基层行的落实，从而使押品管理最终能够切实增加资金回收率，减少实际损失。提出建立视同信贷管理的押品准入问责制度，从源头上规避押品虚置化风险，建立独立于经营条线的内部押品专业估值团队，加强估值独立性、专业性等监督意见。建设银行监事会还对全行押品管理工作开展了专题调研，针对存在的问题，从估值管理、动态监控、岗位设置等方面提出监督建议。

（三）有重点地对新兴业务开展监督

建设银行监事会高度关注同业、资管、交易三大中心全面风险管理框架建立情况，以专题形式分别听取了同业业务、理财业务、信用债券业务的经营管理和风险管控情况。针对同业业务风险管控，提出要梳理完善制度和业务流程，加强基础资产的信用风险管控，严把客户准入关，严格集中统一授信。针对理财业务风险管控，提出要建立健全资管业务的制度流程，将资管业务纳入全行整体的风险管理体系，严格高风险业务准入与审批管理，加强对委外业务及股权、房地产、债券类等创新型产品的风险管控。针对债券业务风险管控，提出要高度重视信用债券市场的风险，夯实管理基础，加强信用债券风险监控和分级预警。此外，为促进资产管理业务进一步健康发展，切实落实全行“做强、做优、做大”的战略部署，建设银行监事会进行了专题调研，并从业务发展规划、优化资产结构、优化产品结构、健全风险管控等方面提出较为具体的监督建议。

（四）对反洗钱工作进行非现场分析研究

建设银行监事会高度重视反洗钱工作，一方面及时了解他行涉嫌洗钱犯罪相关事件及建设银行应对措施，以及香港金融管理局对香港分行贸易相关反洗钱管控检查情况及整改措施；另一方面指导建设银行监事会办公室对建设银行反洗钱工作情况进行了分析，指出反洗钱集中作业模式、职责界定有待进一步明确，反洗钱与业务管理融合程度尚待提升，海外机构反洗钱面临较大压力等当前需要关注的问题。

（五）加强对中间业务经营情况的监督

建设银行监事会专题听取相关汇报，对中间业务重点产品发展、区域与分行发展、面临的困难与挑战等情况进行了解，提出要与建设银行资产结构相类似的国际先进银行对标，寻找新的盈利空间，加快从体制、机制上推动造价咨询、养老金业务发展，依法合规经营等建议。部分监事还就中间业务经营与发展情况与相关部门进行专题沟通，深入了解中间业务考核政策和创新机制、对标管理及经验共享、营改增对中间业务的影响等方面的情况。

（六）加强对个人住房贷款业务经营发展情况的监督

为促进业务稳健发展，提前做好风险预判，

建设银行监事会专题听取了个人住房贷款业务汇报，重点了解外部形势、业务发展态势、风控措施及业务转型发展面临的问题等情况，提出了加强对未来一个时期房贷业务发展态势的研究预判，加强对房地产板块的压力测试及测试结果在管理中的运用，建立抵质押资产动态评估监测机制，尽快明确个人住房贷款业务的风险管理责任主体等建议。

（七）深入开展专题调研

建设银行监事会2016年先后组织开展了押品管理、存贷款定价管理、资产管理业务转型与发展3项专题调研。在调研过程中，监事们与总行相关部门访谈座谈，到分行、网点等基层机构了解具体情况，听取意见，充分掌握第一手信息资料。与同业交流，了解同业相关业务情况和管理方式。在调研思路和方法上，监事们注重从宏观形势、外部政策等方面加强对银行业务的研究分析，提出具有前瞻性和针对性的意见。如押品管理调研报告指出了政策制度与系统、组织架构和流程、估值和动态监控、队伍建设与激励等方面存在的问题，重点建议管理层提升制度规定的可操作性，加强估值管理，提升押品动态监控水平等。存贷款定价管理调研报告指出当前形势下定价管理的重点与难点，从综合定价系统和配套机制、定价授权流程、定价精细化管理等方面提出建议。资产管理业务转型与发展调研报告指出整体布局及条线协同机制、资产端整体规划及交易能力、产品端成本统筹及创新能力、风险管控能力及管理政策、资源配置及考核激励机制等方面的问题，提出全面统筹大资管业务发展规划、优化资产结构、统筹负债端成本管理、建立大资管业务全面风险管理架构等建议。调研报告均转送董事、高管及总行有关职能部门，提出的问题和建议得到了董事会、管理层的认可与重视。

四、加强自身建设，促进监督作用发挥

2016年，建设银行监事会注重加强自身建设，不断创新履职工作方式方法，注重提升履职能力，在中国上市公司协会主办的“上市公司监事会最佳实践评选”活动中，获得了“上市公司监事会最佳实践20强”奖项。

（一）跟进监管要求，监督尽职“不缺位”

实际工作中，建设银行监事会及时跟进中央和监管机构对国有金融企业监事会的职责要求，从业务方面的流动性风险管理、压力测试、资本管理、并表管理的监督，到企业负责人履职待遇的监督，建设银行监事会都认真落实，将监管赋予监事会的职责嵌入监督工作全过程。

（二）完善工作机制，提升监督实效

建设银行监事会持续探索监督意见的传导与落实机制，注重抓住一两件涉及全行转型发展和风险防控的关键问题，从监督角度提出监督意见，持续推动落实，将监督工作不断做实、做细。建设银行监事会还主动加强与内部审计、内控合规、纪检监察等监督主体的沟通联系，构建监督工作的合力，共同推动银行稳健经营和健康发展。

（三）发挥办事机构的支持保障作用

指导建设银行监事会办公室不断改进工作方式方法，充分保障和支持监事会履行职责。一是主动加强与总行职能部门、子公司、分行的沟通与交流，不断提高获取信息的质量和效率，完善监事知情权保障机制。二是进一步梳理建设银行监事会与公司治理各方的沟通渠道与方式。合理安排监事列席董事会、高管层的各类会议，同时，将监事会的信息通过适当的方式传导，包括会议情况的报告、监督意见落实情况表、《监事会工作动态》《监督工作参考》等。三是持续强化辅助监督研究工作，对重点议题进行研究并形成议题背景资料，对重要监督信息进行分析并编制《监督工作参考》16期，对重点监督事项进行了分析和报告。

执笔：陈亚楠

CHINA 中国建设银行年鉴 2017
CONSTRUCTION BANK ALMANAC

第二部分　战略部署暨文献资料

立足先发优势　坚持稳步发力 推动转型发展向纵深迈进

——在中国建设银行2016年工作会议上的讲话

王洪章

（2016年1月25日）

同志们：

2016年是“十三五”的开局之年，也是我行转型发展的关键之年。为深入贯彻落实党的十八大和十八届三中、四中、五中全会及中央经济工作会议精神，尽早布局转型发展的下一步工作，总行党委决定在春节前召开年度工作会议。祖继同志将对2015年全行经营工作进行全面总结，并布置2016年的经营任务。在这里，我代表党委就转型发展谈几个重点问题。

第一个问题：认真盘点2015年转型发展成效，梳理总结“十二五”发展经验。

2015年，我们面临的经营形势异常复杂严峻。全行上下坚定贯彻党中央、国务院的决策部署，以全行转型发展规划为指导，以改革创新为驱动，稳中有为、克难而进，集团资产负债平稳增长、风险管控主动有效、盈利能力保持领先、转型成果大量涌现、发展基础不断增强。总的看，取得了好于预期、难能可贵的工作业绩，实现了全面从严治党、从严治行与转型发展互促共进，规模、质量和效益协调发展。突出亮点有以下几个方面。

第一，支持实体经济更加精准有力。全行密切跟进国家重大战略，综合运用存量和增量资源、信贷和非信贷手段，加大了对经济社会发展重点领域的支持力度。去年境内人民币贷款新增9169亿元，同比多增796亿元，按可比口径还原实际多增2315亿元。多渠道引导金融活水注入实体经济，投行、资管、信托、基金等综合投融资新增1.62万亿元。连续多年实现非信贷融资总额和增速超过信贷融资。信贷结构不断优化，基础设施贷款余额达到2.7万亿元，个人贷款、战略性新兴产业贷款、绿色信贷等增速均超过贷款平均增速。积极为国际产能合作、“走出去”客户提供全球化服务，超额实现“百户千亿”目标。推广“助保贷”“五贷一透”“快贷”等新产品，有力地支持了小微企业发展和“大众创业、万众创新”。主动减费让利，进一步精简服务收费项目，降低客户融资成本，全行非贴公司类贷款加权平均利率同比下降了1.03个百分点，受到了客户的好评。积极支持“三农”、扶贫工作，探索出了诸如湖北省分行“裕农通”、甘肃省分行金融精准扶贫等新模式。

第二，风险防控更加积极有效。全行按照去年南北两个片区风险管控专题座谈会精神，转变思路，在风险“了解”和“化解”上狠下工夫，把握风险演化规律、提升风险化解能力、创新风险处置模式，采取了更加积极主动的硬措施硬办法。总分行各级领导干部带头分片包干、分类施策，初步遏制了不良贷款大幅暴露的势头，实现了资产质量总体可控。着力健全风险管理长效机制，推进授信审批专业化建设、放款中心建设，完善“三授信”机制，强化风险排查和贷后管理，开展新发放贷款“回头看”、担保圈风险治理等，提升了全流程风险管控能力。开展“合规管理年”“平安建行”创建等活动。倾听客户之声和各方诉求，及时发现和解决问题。冷静应对金融市场波动，强化流动性风险、市场风险管理，在自身守牢底线的同时，给予了市场强有力的资金支持，起到了风险“减压阀”的作用。

第三，发展基础更加宽广厚实。全行着力在

客户、渠道、IT建设等方面夯基固本，发展后劲不断增强。客户基础方面，通过大中小客户并举，拓宽服务覆盖面，提高产品覆盖度。单位人民币结算账户增量和增速四行第一，基本结算账户占比65%；个人有资产客户达到3.1亿人，AUM1000万元以上私人银行客户增长23%。公司和个人客户产品覆盖度分别达到4.42个和4.32个。渠道基础方面，网点“三综合”和前后台分离成效显著，综合营销团队覆盖98%综合性网点，综合服务能力不断提升。智慧网点和旗舰型、综合型、轻型网点建设有序推进。电子银行主渠道作用进一步凸显，账务性交易量占比提升30个百分点。个人网上银行、手机银行、微信银行用户数同业第一。IT基础方面，新一代核心系统建设取得突破性进展，二期项目顺利投产上线，对公业务实现向新一代平台整体平稳迁移，系统功能释放为业务发展创新注入了新动力。

第四，转型规划推进步履坚实。2015年是我行转型发展规划实施的第一年，从规划宣传培训、条线分解、方案细化到全行上下落地实施，各项工作进展有序，取得了阶段性成果。

转型的顶层设计不断完善。对公条线立足转型先发优势，着力打造综合服务平台，加快由资金提供者向资金组织者转变。零售条线聚焦“一个核心、两条主线、三大模式、四大方向”，全力构建客户金融生态系统。国际化转型全面提速，制订了海外机构“一行一式”转型方案。内控合规转型落地实施，启动了合规官制度试点。资产负债和财务管理在加快自身转型的同时，为全行转型发展提供了有力的资源倾斜和机制保障。

转型的基层探索亮点纷呈。各分行结合自身实际制定转型实施方案，在实践中形成了很多鲜活的经验做法，并在很大程度上具备了可借鉴和复制的价值。例如，北京市分行紧扣优势、差距、红利等“五大导向”激发转型内生活力；上海市分行依托自贸区金融服务创新助推业务转型；广东省分行以深化“六个一”模式推进综合金融服务转型；深圳市分行确立了“一点、两线、三网、四项基础”的转型重点；厦门市分行从大资产、大负债、大中收、大渠道、大数据“五大方向”推动转型突破；重庆市分行着力以大资产为先导带动大负债转型；河南省分行以高端化、批量化、平台化推进营销模式转型；辽宁省分行以“五套体系、六项机制”夯筑转型发展基础；山东省分行以目标管理等“五个机制”推动转型规划落地；湖南省分行以“六个抓”“五加大”打造传统和新兴业务转型新优势；等等。

五位一体转型协同推进。集团综合性经营牌照领先同业，综合金融服务能力不断提升。建信养老金管理公司正式挂牌成立，建信保险资产管理公司获批筹建。新设8家海外机构开业。智利和苏黎世分行继伦敦之后，获任当地人民币清算行资格。境内外母子公司业务联动、创新联动不断取得新成果。集约化改革深入推进，总行党委确定了8个集约化重点专题，部分工作取得阶段性成果，设立了资产管理业务中心、同业业务中心、金融市场交易中心，筹建工程造价咨询公司、财险公司。智慧型和创新型银行建设高标准规划、高水平起步。全国建成12家智慧银行。智能客服的业务量已超过95533和400人工服务的总和。启动大数据战略，组建了上海数据分析中心，先期探索开展的20多个大数据运用项目起到了很好的引领示范效应。加强产品创新实验室、创新团队建设，全年完成产品创新1600多项；依托“金融+互联网”、跨界合作、银政合作等创新商业模式，与交通部共同推广的ETC、与税务总局合作推出的“税易贷”、与地方政府合作推出的善融商务“地方馆”O2O新模式等，深受市场和客户的欢迎。

转型业务增长势头迅猛。总行重点监测的19大类61项转型业务中，除了极个别指标外都超额完成计划，平均增速达到37%，其中有一半以上增速超过20%。转型发展重点领域的主要任务和指标的完成情况超过预期。大资产大负债转型发展方面，全行直接融资与间接融资配比从2.25倍大幅提升到4.01倍。零售类贷款新增占比达到80%；资金承接率和体内循环率均超过50%。金融市场主要做市和交易指标同业领先。非金融企业债承销、养老金受托、账管新增规模等同业第一。批发业务转型发展方面，对公“三综合”成效显现，综合营销能力增强，综合定价试点户扩展到4639家。境内外跨国企业、重大项目的综合营销与服务机制运转良好并取得重要成果，初步形成了市场竞争优势。总行牵头营销储备境内外国家重大战略项目500多个。珠三角、京津冀区域联动不断深化，对接联动需求近500项。转型典型案例的复制推广卓有成效，如ETC卡已覆盖全国23个省，业务增长466%。零售业务转型发展方面，启动了金融生态系统建设，搭建企业级个人客户经营管理体系，打造百类核心客群。个人贷款首超工行，个人住房贷款稳居同业第一，信用卡消费交易额等3项关键指标首超同业领先者。渠道转型破题，智慧网点建设、营业网点分类、网点形象设计开始实施，渠道管理统一制度、统一流程、科学考核等扎实起步。电子银行业务转型发展方面，移动优先战略全面开花，移动用户数、交易量、交易额等指标全面领跑同业，微信银行客户增长152%，互联网支付市场份额遥遥领先。个人网银用户规模率先突破2个亿，跃居同业第一。善融商务入驻商户6万余家，累计提供融资400亿元。资产管理转型发展方面，“大资管”业务取得新突破，理财规模创历史新高，债券承销“五连冠”，托管规模从4万亿跃升到7万亿元。部分分行和子公司通过设立轨道交通PPP基金、城镇化基金等，引导社会资本投入重点项目。子公司转型发展方面，综合化经营子公司金融资产突破2万亿元，增幅为68%，净利润增长62%，建信人寿、建信信托、建信基金、建信租赁等均实现超常规发展。母子公司业务联动量达到3709亿元，同比增长49%。国际化和海外业务转型发展方面，跨境人民币客户数同比增幅为41%，国际结算量逆势增长达到1.3万亿美元。海外机构资产总额突破2000亿美元，客户数达到35.6万户。总的来看，在当前银行业传统业务增长普遍乏力的格局下，转型业务逐渐成为发展的新动力引擎。

第五，“三严三实”融入全面从严治党治行各项工作中。深入开展“三严三实”专题教育，组织开好专题民主生活会和组织生活会，抓住了领导干部这个“关键少数”，深入查摆和纠正不严不实问题。全力做好配合中央巡视组工作。入驻前，认真组织开展了对全行财务管理、选人用人、信访举报等方面的自查、整改和问责，查处责任人员365名，其中处级以上领导干部116名；入驻后，就巡视发现的问题立行立改、及时核查，严肃处理违规违纪人员并召开警示大会，起到了教育和震慑作用。

党的制度建设取得新进展。根据中央要求修订总行党委工作规则，建立和完善党委职能部门联席会议制度；制定总行党委管理的领导人员选拔任用工作规定，下发了加强和改进境内子公司、总行直属中心、境外机构党组织建设的意见。开展党组织书记抓基层党建工作述职评议考核，制定机关党建工作量化评价办法。修订完善总行巡视工作规定。

全面推动“两个责任”落地。组织落实党风廉政建设党委主体责任和改进工作作风专项检查，全行违规违纪责任检查、责任认定、责任追究工作进一步规范有效。开展了“讲规矩、正风纪、守廉洁”主题教育活动。强化监督执纪，严肃问责各类违规违纪事件，处理责任人员3585名；保持对案件和重大风险事项的高压态势，查处各类违规违纪案件19件。开展了对总行本部部门巡察工作。

形成选人、用人新气象。紧扣习近平总书记提出的“五好”干部标准，做到选对人、用好人。去年以来，共调整了12个省级分行的领导班子。通过充实和调整，班子力量明显加强，为全行转型发展奠定了重要基础。依托党校和高级研修院，着重加强对省级分行领导班子成员政治培养、党性教育，以及主体责任意识、党风廉政建设方面的培训，促进了政治意识、大局意识、党风廉政意识不断增强。近几年来，总分行之间交流的处级以上干部在各自岗位上认真学习、努力工作，多岗位多角度实践，取得了较大进步，有些已被提拔到更重要的岗位。2015年11月，根据中组部工作安排，组织开展了对我行选人用人工作的“一报告两评议”。借此机会将评议结果向大家作个通报：从总体情况看，近几年，我行选人用人工作总体满意率加上基本满意率始终保持在90%以上，2015年为92.83%。具体项目上，关于执行选人用人工作政策法规情况的评价为93.99%，整治用人上不正之风工作的评价为88.19%，深化干部人事制度改革的评价为89.45%。

加强党对群团工作的领导。合并机关党委、工会（团委），成立党群工作部。推进温暖工程、“职工之家”建设为员工送关爱，推广网点员工健身操为建行增彩，举办个人客户经理风采展示大赛为基层员工点赞。开展了“善健者行健步走”、心理疏导等活动。妥善处理各类信访事项。紧扣党的理论教育和党性教育加强党校建设。转型发展和上市十周年成果宣传有声有色，海外业务宣传力度加大并取得明显成效，“寻找身边‘李红英’，争做最美建行人”主题宣传教育活动在全行反响强烈。全行公共关系维护、声誉风险管理、履行社会责任等方面取得了重要成果，安全保卫、青年工作、信访、老干部等工作成效显著。这些工作都为转型发展凝聚了向心力和正能量。

2015 年全行取得的良好业绩，为“十二五”画上圆满句号。2011—2015 年发展规划确定的任务总体顺利完成。在这 5 年中，集团总资产增长 70%，年均复合增长 11.2%；各项贷款增长 85%，年均复合增长 13.1%；累计实现净利润 1.04 万亿元，年均复合增长 11.1%；资本充足率、成本收入比等核心指标都实现了既定的目标。应该讲，在经营形势错综复杂、经济下行压力加大、风险暴露增多的大环境下，取得如此成绩实属不易，凝聚着全行 37 万多名员工的心血、智慧和奉献。这里，我代表总行党委、董事会、监事会和管理层，向大家并通过大家向全行员工表示最衷心的感谢！

回顾过去 5 年的历程，全行有很多经验和做法值得认真梳理总结，这也是做好“十三五”转型发展工作的宝贵财富。我以为，最关键有以下几点。

一是坚持服务大局，着眼长远发展。作为国有控股大型银行，服务大局既是承担政治责任、经济责任和社会责任的内在要求，也是银行自身科学发展的必然选择。大家都深切体会到，实体经济好银行才能好。在过去 5 年中，全行积极投身国家经济建设主战场，坚持在服务实体经济中谋划发展、推动改革。通过积极跟进对接国家重大战略，拓展“三大一高”业务，进一步做强了全行客户基础；通过主动服务经济转型升级和产业结构调整，不断创新产品和服务，优化了业务结构，促进经营管理能力迈上新台阶。实践证明，只有识大局明大势，全行发展才能不偏离正确方向，前进的道路才能越走越宽广。

二是坚持问题导向，认清战略大势。习近平总书记指出：“只有立足于时代去解决特定的时代问题，才能推动这个时代的社会进步。”对于银行发展来说更是如此。近年来，我们在发展中遇到了很多新问题、新矛盾，特别是经济“换挡期”潜在矛盾集中暴露、金融脱媒、利率市场化、互联网金融等跨界竞争、监管要求升级，等等。我们没有回避和退缩，而是通过直面问题、研究问题，不断深化了对新时期银行经营规律的认识，促进了理念变革。转型先转作风。2012 年以来我们通过纠正“部门银行”的战略研讨，在办事、办文、办会和持续调整业务政策等方面做了大量转变作风的工作。同时借力中央纠正“四风”活动，不断深化全行作风建设，总分行机关的服务意识大幅增强，为业务转型发展着想、为基层分忧解难已成为大家处理问题的首要出发点，赢得了基层行的好评。基于问题导向，我们逐步找到了正确前进方向和关键突破口，进而确立了转型发展的战略选择。

三是坚持稳健经营，守牢风险底线。在建设银行企业文化中，稳健经营是鲜明特质和重要元素。面对同业竞争和市场波动，我们恪守了稳健经营的理念，坚持独立判断，坚守理性自律，不跟风、不参与不规范竞争。2014 年，总行党委就果断决定先于同业取消了存款时点考核指标，要求全行不搞短期行为，把功夫下在坚持以客户为中心、为客户提供综合服务上，把精力放在专心打好客户基础、专注提升服务能力上。着力增强风险预警预控能力，在“钱荒”、股市震荡等市场波动中，我行都经受住了考验、守稳了底线，发挥了国有大行市场“稳定器”的作用。

四是坚持改革创新，释放内生活力。“唯改革者进，唯创新者强，唯改革创新者胜。”建设银行坚持以改革创新作为破解难题、推进发展的驱动力。近年来，总行成立了全面深化改革领导小组，设立了产品统筹与创新委员会等，强化了改革创新的顶层设计和抓总协调。风险和信贷体制改革、总行本部组织机构和全行渠道集约化改革、轻资产业务经营中心的专营机构改革、子公司市场化改革等一系列重大变革，激发了内生动力；产品创新管理体制、考核激励机制等改革，打造了灵活响应市场的创新体系，营造了全员创新的氛围，培育了全行转型发展的新动能。

五是坚持党建统领，发挥政治优势。坚持党的领导是国有企业的独特优势。近年来，全行将全面从严治党与从严治行紧密结合，将党的政治优势转化为转型发展的思想优势、制度优势和组织优势，有力促进了公司治理水平、经营管理能力的不断提升。特别是通过党的群众路线教育实践活动、“三严三实”专题教育等，切实解决了各级机构党的建设和经营管理中存在的突出问题，形成了风清气正的政治生态和干事创业的良好氛围。从中我们深刻体会到，掌握和运用好国有金融企业党建的科学规律，加强全行各级领导班子建设，增强政治纪律和政治规矩意识，不断将党的政治优势转化为科学管理效能，不论现在还是将来始终都是提升核心竞争力的关键。

第二个问题：把握有利的“时”和“势”，稳步发力推进转型深化落地。

当前我们正处于转型发展的关键节点。总行在今年给全行员工的新年贺词中用了个形象的比方：就像鲤鱼跳龙门，跳过去就是一片新天地，进入一种新境界。我们在总结建设银行发展经验时，其中最重要的一条就是坚持改革。唯有改革才有活力，唯有改革才能释放不竭的潜力。建设银行在历次改革转型过程中都是勇立潮头、敢为人先，从来没有落后过。在这新一轮转型中，我们已经下出了“先手棋”，能否在未来5年将先行的优势转化为胜势，取决于当下转型的决心、气势和力度。今年转型发展要发力，全行上下要以贯彻落实五中全会精神、践行五大发展理念为引领，努力在“十三五”开局之年取得突破性进展，争取“十三五”期间实现转型发展迈大步、过大坎，建设银行再上一个大台阶。

第一，认清转型发展的“时”和“势”。从当下内外部环境和主客观条件看，我行转型发展可以讲是正当其时、适得其势。“时”体现在“十三五”这个重要战略机遇期上。党的十八届五中全会明确了“十三五”发展蓝图。可以看到，未来5年仍是可以大有作为的战略机遇期，只是这个机遇期有了新的内涵和要求，由原来加快发展速度的机遇转变为加快经济发展方式转变的机遇，由原来规模快速扩张的机遇转变为提高发展质量和效益的机遇。我们不应只看到经济转型升级中的困难和阵痛，而忽视了巨大变革带来的广袤发展空间。要抓住和用好这个新机遇，转变固有发展模式。“十三五”发展规划、供给侧结构性改革等重大政策，对银行转型既形成倒逼的机制，更创造了有利的时机。

“势”体现在我行战略转型的先人一步上。从2012年到2013年，我们就率先开展了转型发展的研究论证，以网点“三综合”为突破口开启第三次网点转型，由此起步逐步扩展到批发业务以及综合性牌照、功能增设、机制调整、流程再造、创新发展、系统超越等各条线、各层级、前中后台的转型探索。经过大量调研和讨论，2014年正式成型，形成了目标明确、路径清晰、步骤务实、保障有力的转型发展规划，2015年启动规划实施，今年进入全面推进阶段。在过去几年中，全行上下边行边试，在摸索中起步，从转型理念宣导、体制机制改革、制度梳理调整、战略资源配置、技术系统支撑等方面，为转型发展打下了较为扎实的基础。特别是网点“三综合”、对公业务“三综合”建设，风险、信贷和授信体制机制改革，渠道转型，战略客户服务方式转型，综合化平台建设，国际化网络布局，智慧银行建设，新一代核心系统建设以及人才队伍建设等，为我行全面转型、率先转型赢得了先机，形成了相对有利的态势。

明代改革家张居正讲过：“审度时宜，虑定而动，天下无不可为之事。”现在正是转型发展的最佳时期。全行要牢牢把握住对我们有利的“时”和“势”，因时而动、因势利导，切实增强转型发展的使命感、自信心和主动性。

第二，做到转型发展真认识、真落地。我们也要看到，目前全行转型发展理念和要求的传导，仍存在“上热下温”、个别偏“冷”、信号衰减的现象。审计部前些时间开展了一次“千名分支行长看转型”调查问卷活动。调查结果显示，转型宣讲的力度和效果还远未达到预期，有的同志在转型认识上还有些差距，在转型落地上还有些茫然。例如，这次问卷调查围绕转型发展方向、要求、重点和保障基本内容设计了4道认知题目，4道全部答对的行长只占13%，无一答对的占到64%。其中，超过一半的二级分行行长、超过四分之三的基层支行行长，4道题全部答错。这个现象需要引起高度关注。各级机构还要下大力气加强转型发展规划的宣讲、督促和检查。古人讲："道也者，导之也，上导之而下遵以为路也。"各级领导干部要从我做起，着力加强转型的宣传、指导和推动，尽快将转型理念和要求付诸落实、见诸行动，形成凝心聚力谋转型促发展的良好局面。

第三，发挥好总分行两个积极性。我多次讲过，转型突破难点在总行，落地重点在分行。总行层面，要向下发力，及早抓好政策调整、资源配备、流程设计和制度更新等工作，为全行转型发展搭好平台、疏通渠道，创造良好环境。同时，要做好集约化经营中心的发展创新工作。要进一步完善各个条线转型实施方案。抓好抓实14个转型专题，这其中有不少多年来难啃的"硬骨头"，需要跨条线统筹协同推进。总行转型发展规划推进指导小组办公室要切实做好指导，加强督促和协调。要根据各项转型任务的衔接关系、难易程度、现实条件等，进一步细化推进安排，明确关键节点的阶段性目标。要探索建立转型考核指标体系，完善激励约束机制。要对照国家"十三五"发展规划要求，对我行转型发展规划涉及的工作安排、指标任务等进行重检，提出相应调整和细化安排，研究制订衔接国家"十三五"规划的具体方案。总行要进一步简政放权，鼓励分行因地制宜开展转型探索。要按照"深入运用经验、扎实解决问题、不断扩大成果"的要求，注意梳理分支行转型探索取得的经验做法，及时加以总结、提升和完善，形成"可分享、可借鉴、可复制"的范例并加以推广，减少重复探索的成本。

分行层面，要尽快实现转型规划落地。在转型发展政策传导到位、系统和技术服务有效的基础上，要不断地扩大转型覆盖面，不断地推出转型发展新举措，不断地释放转型发展新能量，不断地取得转型发展新成果。各分行要接住和用好总行下放的转型创新授权，开动脑筋加快转型步伐。各分行制订转型规划落实方案可以各有侧重，突出自身的特色和比较优势。发达地区分行、重点城市行要充分利用区位优势和政策优势，争当全行转型发展的排头兵，发挥先行示范作用。

市地级分行要打通"最后一公里"，成为全行转型发展的重要前沿阵地，紧紧跟上步伐、主动发力，切实解决认识不清、办法不多、进度不快的问题，突破战略转型的最后关口。要积极运用集团综合性牌照，不断增加服务功能，特别是要领会并抓好总分行综合性、多功能的理念、方法、产品、服务、机制和模式的复制移植。前沿的"仗打好了、炮开准了"，全行转型发展才能实现纵深推进。

第四，因势借力推动七个转型重点领域的突破。党的十八届五中全会提出的五大发展理念为我行发展提供了指引，"十三五"期间我国经济转型提质升级的方向与我行未来5年转型目标高度契合。"风正扬帆正当时"，抓住了这个时机就能大有作为。大资产大负债转型发展方面，要把握金融体制改革深化、多层次资本市场发展的机遇，在助力经济去杠杆、拓宽企业直接融资渠道的过程中，加快大资产大负债业务转型创新，全力做大做强。对公业务转型发展方面，要在服务"一带一路"建设、新型城镇化、区域互联互通等重大战略中，实现我行基础设施信贷等传统优势业务优化升级；在为混合所有制改革、企业兼并重组、产业链整合提供投行业务、财务顾问、并购融资等综合化服务中，要努力将我行的"综合金融服务方案"打造成为新的金字招牌。零售业务转型发展方面，要在服务居民消费升级、促进民生改善和全面建成小康社会中，进一步巩固我行在住房金融、信用卡、"民本通达"等业务领域的优势，同时通过构建金融生态融入百姓衣食住行，打造客户"身边的银行"。电子银行业务转型发展方面，要在助推国家"互联网+"战略中，加快全行"金融+互联网"发展，零售业务、批发业务以及轻资产业务等各条线及子公司要积极创新各类基于互联网、物联网、大数据的智慧型金融产品、服务和商业模式，努力引领市场，培育增长新动能。资产管理转型发展方面，要在服务广大企业、居民投融资和财富管理中，打造专业化的资管平台。子公司转型发展方面，金融监管框架的完善和监管统筹协调将为综合化经营创造良好的监管环境，要保持住目前综合化子公司的发展势头，将集团牌照优势转化为综合金融服务的领先优势。国际化和海外业务转型发展方面，要在助力人民币国际化、服务企业"走出去"和国际产能合作中，加快专业化团队打造，增强参与国际竞争能力，在深化落地经营中不断提升在国际金融市场中的竞争力。

第五，加快八个集约化专题落地实施。要遵循现代“流程银行”的业务逻辑，跳出“部门银行”的思维框框，站在全局视角谋划和推动集约化转型。只要是能够在总行层面集约的，就不要停留于分行层面；能够电子化处理的就不要手工处理；能够智能化替代的就不要人工作业。要抓紧敲定各专题集约化转型方案，争取尽快付诸实施。

子公司股份制探索。重点做好子公司市场化改革试点，认真总结建信信托试点经验，逐步复制推广到其他子公司。要着力完善市场化用人机制，推动子公司管理制度创新。条件具备情况下适时启动子公司股改上市。

业务直营及专营机构公司化运作。进一步推进前台部门业务直接经营，跟踪评估新设立的资产管理业务中心、同业业务中心、金融市场交易中心、工程造价咨询公司等运行情况，积极探索票据业务、私人财富管理、善融商务等专营机构建设及公司化运作模式。

人力资源优化配置。抓紧做好人力资源规划的制订，优化总分行各层级以及各条线各部门人员结构，解决人员总量和结构不合理的问题。从2016年开始，全行人员实行总量控制，每年要净减少8000～10000人。总行要制订总量控制、结构调整、区域间调整、战略性人才补充、专业化管理，以及总分行机关人员控制、层级合理摆布等方面切实可行的思路和措施。各分行要着手制订各层级人力资源配置方案并逐步实施。要充分发挥新一代核心系统、智慧银行和集约化经营的替代优势，降低人力成本。今年要大力推广智慧柜员机，全行争取达到4万台，每个网点2～3台。替代下来的4万名综合柜员，可以充实到客户经理队伍中。

互联网金融战略规划、网点功能转型与布局优化。紧扣“十三五”规划、国家“互联网＋”行动计划和“金融＋互联网”发展方向，研究制订我行网络金融战略规划。目前，各大互联网巨头都纷纷进入金融领域，我们一定要有危机意识。要超前考虑，通过转型创新综合运用和充分发挥我们在金融服务、物理网点、IT系统、流程建设和客户基础等方面的优势，将其打造成为不可复制的竞争优势。要全面推动物理渠道转型，调整存量和做优增量并举，做好热点地区、新开发地区、发达县域的机构布设。丰富渠道服务功能，强化渠道协同，促进全渠道产品和服务深度融合。

内部监督资源整合。花大力气归并整合相关部门同类的监督职能，加大监督资源和信息的共享，发挥内部监督合力。进一步梳理内控、审计等部门的内部监督职责分工，着力解决职能交叉、职责不清等问题。依托系统工具和技术手段创新监督方式，提升发现问题、处理问题的“机控”能力。

优化业务流程。要依托新一代核心系统的新功能，做好业务流程梳理和流程再造。最大限度减少内部环节，务求流程链条更短、效率更高、客户体验更佳。要坚持以客户（用户）为中心，突出问题导向，重检和评估现有业务流程各环节的合理性，提出优化方案。

整合各类中心和平台。要分析全行各类中心和平台的运行现状及存在的问题，区分客户服务功能、研发与分析功能、集中业务处理功能等，针对不同类型分类施策。现在总行有25个中心，员工1万多人，今后原则上不再增加人员。集约化整合后的各类中心，不是简单把前台人员搬到后台，更不能搞人海战术，必须主要依靠IT系统和设备进行智能化操作。要推广运用前后台分离的技术成果，加大操作性业务集约化力度，提升集中层级，进一步解放生产力。

资本集约化管理。调整优化表内和表外资产结构，鼓励轻资本业务发展。完善资本管理机制，将监管资本压力及导向传导到各分行及条线。着力从内部挖潜，持续提高对信用卡额度、保函注销、押品等精细化管理水平，提升资本使用效率。加强海外银行类机构及境内外附属公司的资本管理。做好资本工具创新和发行，拓宽资本筹集渠道，优化资本结构。

第六，发挥创新驱动转型发展的源动力作用。党的十八届五中全会提出的五大发展理念中，创新作为引领发展的第一动力摆在首位。提升全要素生产率的关键在于创新。近年来，全行创新工作取得了很大成效，但是与“创新型银行”的要求还有不小差距。下一步，要在继续大力推进创新机制完善、创新队伍培育、创新实验室建设的基础上，着力强化以下工作。

加强创新平台建设。一方面，要抓好需求管理服务平台、战略性产品研发平台、移植推广服务平台、集团一体化创新服务平台、能力体系建设平台、客户体验与权益保护平台“六大平台”建设，夯实承载创新的基础。另一方面，要把一些分行具有特色优势、能够辐射全国的创新平台（例如上海自贸区、新疆霍尔果斯等）提升到总行层面，打造成为企业级的创新平台。在这过程中，要加强与监管机构和政府相关部门沟通，注意把握好 3 条原则：一是不出风险，二是不发生违规问题，三是严格遵守反洗钱等规定。

提升科技支撑能力。要充分运用新一代核心系统以及大数据、互联网、物联网等新技术，更好地推动转型创新。依托大数据、互联网的金融创新方兴未艾，有的银行还推出了所谓“物联网金融”模式，借助物联网技术对动产抵质押物进行信息自动采集和监管。要积极跟进创新前沿，掌握业内领先的技术工具，像重视财务、人力资源一样，重视并运用好大数据资源、IT 技术资源，为转型发展提供强有力支持。

第三个问题：把握“稳”的节奏，确保业务发展总体平稳、资产质量相对稳定。

2016 年的经营形势将更加复杂，国际国内经济和金融的不稳定性因素增多。从国际市场看，主要经济体复苏进程不一、货币政策分化，导致市场波动加剧，大起大落已成新难题，风险突发性和传染性增大。从国内市场看，风险整体可控，但是今年将遇到新的问题，特别是随着供给侧结构性改革的推进，去产能去杠杆去库存、“僵尸企业”出清等将导致信用风险加快显性化，股市、汇市等大幅波动也会从不同渠道向银行传递。面对诸多不确定性，我们自身在经营上必须稳住阵脚，“小心驶得万年船”，这既是出于防范风险的考虑，更是着眼于为转型发展营造相对稳定的环境。试想一下，如果一个机构业务大幅波动、不良贷款大量暴露，那么根本就没有精力也没有条件去谋划和推动转型发展。

第一，做好分析预判。要着力提升对宏观政策、各类市场、主要行业、重点客户的研究分析能力。研究要有前瞻性，善于从细微的边际变化中洞察分析趋势性变化。研究要有独立性，有独到判断，不能人云亦云。现在研究有的是离主业太远，够不到、摸不着、使不上；有的是大路化、粗糙化、简单化，不能用。研究要有实用性，必须接地气，能够满足经营管理的实际需要，指导经营管理实践。这方面我们的研究能力与市场地位还明显不相称。要加快大数据分析专业能力建设，上海数据分析中心和各条线大数据团队要注重与业务的互通、互动、互联，使大数据挖掘分析更好地促进研究能力提升，支持经营管理决策。

第二，守稳把牢风险底线。要坚持近年来行之有效的做法，持续抓紧抓实风险“了解”和“化解”。要深入了解风险是什么形态、怎么形成的，形成后要采取什么方式加以化解更为有效。要做到站位更高一些，增量和存量并举把控风险。一要在增量上做“加法”，通过主动调整增量信贷结构，着力提升资产质量和盈利能力。我们每年回收再贷加上新增贷款规模有三四万亿元。要把增量资源更多地投向“三大一高”客户、国家重点项目、个人贷款等领域。这样坚持几年，全行信贷结构就可以调整过来，不良贷款问题才能得到根本解决。二要在存量上做“减法”，持续抓好存量贷款的风险管控和处置化解。这方面祖继同志还要讲，我主要强调的是，要在完善系统监测的基础上，着力强化系统“机控”功能，对于包括“僵尸企业”在内需要压缩退出的贷款客户，要果断采取措施，出手再狠一点、快一些，及时加以处置。

要密切关注新的风险形态和变化趋势。一是以高杠杆为主要特征的各类风险。在“去杠杆”政策下，这类风险暴露可能首当其冲。要加强对客户表内外负债、担保等情况的监测，从评估、准入、审批以及贷后检查等环节认真把好关。二是信用风险的多种形态变化。虽然信贷风险仍是信用风险的主要类型，但是随着多层次金融市场的发展、金融产品的创新，信用风险的表现形态日趋多样化。要从集团层面、从客户维度加强对信用风险的统一监控，配套的制度和系统要加紧建立起来。三是不同风险的交叉传染。今年乃至今后几年，可能出现大量的信用风险、市场风险、操作风险、流动性风险，以及其他外源性风险的交互传导、耦合叠加，乃至发生跨市场、跨业态、跨区域传染。这些都对银行风险识别和管控能力提出更高的要求。去年底对公存款“出推”，以满足存款偏离度监管要求，但“出推”过多，造成一时流动性紧张，各方面的警示要引起重视。要有针对性地加强研究，做好各类风险的汇总和抓总，健全相应的风险预警监测和压力测试机制，形成一套管用有效的综合风险管控“工具箱”。

第三，强化内控合规和安全生产工作。要深化“合规管理年”活动成果。学习借鉴国际银行业合规管理的经验做法，抓好合规官制度试点。合规官要抓同级，管控住同级的合规问题；要调整工作方式，将合规管理嵌入流程。针对近年来内控薄弱环节、操作性风险和违规违章的重点业务和重点条线，强化合规检查。规范规章制度与创新产品的合规性审查。加强境外机构合规管理。巩固“一加强、两遏制”工作成果，适时开展“回头看”。内控合规部门、各条线合规管理处室和团队要认真履职，做到守土有责，不出问题。要持续抓好安全生产、案件防控和信访工作，确保安全稳定运营。特别是在春节等重大节假日期间，各级机构要把工作做得更细一些，力保平安。

第四个问题：以巡视整改为契机强化全面从严治党，为转型发展提供坚强保障。

最近中央巡视组将向我行反馈巡视情况。全行各级党组织要把巡视意见的整改落实作为重要任务抓紧抓好，以此全面提升全行党建工作水平，促进改革发展和战略转型。要建立巡视整改工作责任制，制订详细的整改方案，做好巡视整改和巡视移交信访举报线索的核查，做到件件有着落、事事有回音。整改措施既要治标更要治本，着力从体制机制、制度流程、监督检查、人员管理等方面深入查找问题和漏洞，针对性加以治理。

增强看齐意识。全行各级党组织要认真学习贯彻习近平总书记在中央政治局“三严三实”专题民主生活会上的讲话精神，向党中央看齐，坚持把纪律挺在前面，严守政治纪律和政治规矩，持续加强党风廉政建设和反腐败斗争，切实履行好主体责任，确保一方平安。要严肃查处违规违纪案件，坚持“三个不放过”，坚决做到对案件“零容忍”，坚决做到有信必检、有案必查，努力为全行创造良好的生态环境。

强化党建工作责任制。一是按照中央要求，研究加强党的领导和完善公司治理相统一的问题，充分发挥党组织的政治核心作用。研究制定2016年总行党委工作要点。二是强化各级党委领导班子主体责任和领导干部“一岗双责”的落实。要切实解决党建工作“层层衰减”的问题，重点针对二级以下分支机构、境外机构和子公司等党建薄弱部位，研究完善配套制度。三是完善党建考核机制。在分行领导班子和领导人员考核、综合经营竞争力监测中，进一步突出党建工作内容；在巡视工作中，把党建工作作为重要检查内容。四是严格党建问责。要以中组部在我行开展基层党建工作述职评议考核试点工作为契机，建立完善党组织书记抓基层党建工作述职评议制度。推动党建考核全覆盖。对于党建工作不到位、不解决实际问题的一级分行党委书记，总行直接对其诫勉谈话，提出改进要求，对问题突出、相对落后的机构要严肃问责。五是搭建全行党建信息交流平台，加强对分行、子公司党委制定和执行党委工作规则情况的检查指导，落实党委意识形态工作责任制。认真贯彻中央企业党建工作座谈会精神，适时召开全行党建工作会议。

从严落实纪委监督责任。认真贯彻落实《中国共产党廉洁自律准则》和《中国共产党纪律处分条例》，修订行内的违规处理办法。严格执行民主集中制，细化完善“三重一大”决策项目的分类清单和量化标准。进一步强化干部选拔任用工作全程监督，规范选人用人权力运行机制。

坚持把纪律挺在前面。运用好监督执纪“四种形态”，使纪律真正成为带电的高压线。制定“两个责任”问责办法，开展“两个责任”落实情况检查。严格重大事项请示报告制度，从严执行领导干部个人有关事项报告制度。完善落实党风廉政建设责任制情况专题报告和领导干部述廉述责并接受评议制度，以及约谈制度、廉洁谈话制度等。深化巡视监督全覆盖，抓好一级分行巡视工作，做好对总行内设部门、总行直属中心、海外机构的巡视巡察工作；抓好专项巡视，进一步提高针对性和威慑力。

持续深化“四风”整治，健全作风建设长效机制，防止“死灰复燃”。严肃查处“四风”问题，强化“不敢”的氛围。通过抓重要节点、抓具体问题、抓执纪监督、抓问责通报，紧盯“四风”新形态新动向，加大查纠力度。扎紧制度的

"笼子"，强化"不能"的机制。进一步完善费用管理政策制度。近期，总行完善了交流干部周转住房、教育培训经费管理等制度，对公款旅游、违规操办婚丧喜庆、公款吃喝、违反请示报告制度等问题及时进行了处理，明确了相关纪律，各级机构要抓好贯彻落实。要强化宣传教育，筑牢"不想"的思想防线。要纠正"国企特殊论"等错误认识，结合反面案例进行深入研讨和典型通报。

推进组织人事制度体系建设。针对中组部关于选人用人工作民主评议的反馈结果，结合巡视发现的问题，采取切实措施加以改进。要按照"全员考核、压力均等"的要求，制定完善集团统一科学的综合考核评价制度，重点加大对境外机构、子公司等经营性机构的考核力度。研究制定领导班子中长期建设规划，启动"213 人才培养工程"和"国际化人才千人计划"，做好新一轮后备干部和中长期培养对象推荐选拔工作，把转型发展亟须的优秀干部选出来、用起来。坚持党校姓党，充分发展党校干部教育培训主阵地作用。根据转型发展要求，今年要对市地级分行行长轮训一遍。

坚持以上率下，领导干部要带头做表率。要坚持严于律己，自觉把"三严三实"要求体现到严格自我要求上，立起标杆，形成示范。要模范遵守党章，恪守廉洁自律各项规定，做到内化于心。牢固树立正确权力观，加强自我约束，按规则用权、谨慎用权、干净用权。要培养良好家风，管好亲属子女和身边工作人员，严禁利用自身职权和职务影响谋取私利。

打造宣传工作、文化建设和群团工作的新优势。加大转型落地成果、先进典型和服务国家战略的宣传力度。加强声誉风险管理、集团品牌管理工作。积极履行社会责任，在做好社会捐赠的同时，复制推广湖北、甘肃等分行的经验做法，通过移动金融覆盖、电商扶贫先行、信贷扶贫创新、普惠金融延伸等商业可持续模式推动精准扶贫。持续深入开展"最美建行人"主题宣传教育活动、"十小文明创建"活动。要把群团建设纳入党建工作总体部署，充分发挥职工的主力军、青年的生力军、妇女的"半边天"作用，创新工作机制，通过完善民主管理机制、学习先进典型、开展劳动竞赛、优化"职工之家"建设、改进老干部服务等举措，将各级群团工作开展得有声有色。

同志们，今年的工作任务更加艰巨。全行要进一步认清形势、把握时机，上下同欲、奋发蹈厉，以转型发展的新跨越开创"十三五"良好开局。

再过两周就是传统新春佳节，在此，我代表总行党委、董事会、监事会和管理层，祝福全行员工及家属新春吉祥如意！谢谢大家！

以政治性、先进性、群众性为指导 围绕转型发展开创全行群团工作新局面

——在中国建设银行第四届职工代表大会第一次会议暨全行群团工作会议上的讲话

王洪章

（2016 年 1 月 25 日）

各位代表、同志们：

大家下午好！

新年伊始，总行就召开第四届职工代表大会，并在全行工作会议期间首次套开群团工作会议，将党的群团工作与全行工作任务一并研究、同时部署，体现了总行党委对群团工作和职代会制度

的高度重视。刚才，黄毅副行长作了全行群团工作报告，大家审议了广大员工关心的提案议案、《员工违规处理办法》、进一步加强群团工作的意见和《温暖工程关爱员工十件实事》等一系列文件，会议气氛热烈、很有成效并富有新意。各位新当选职工代表不负职工重托，认真参会，积极履职，表现出很强的责任意识、参政议事能力和良好的精神风貌。在此，我代表总行党委对大会的成功召开表示热烈的祝贺！向新一届职工代表致以亲切的问候！

关于去年的工作总结和今年全行的经营管理、转型发展，今天上午我和祖继行长分别代表党委和管理层作了部署和说明，在座的各位代表都参加或列席了会议，相关内容和要求在这里就不再重复了。下面，我就贯彻落实中央群团工作会议精神，进一步加强和改进我行的群团工作讲几点意见。

一、深入领会中央群团工作会议精神，进一步提高做好新时期党的群团工作重要性的认识

去年党中央召开了群团工作会议，习近平总书记出席会议并发表了重要讲话。这次会议，是党中央首次召开的群团工作会议，具有里程碑意义，为党的群团事业发展开启了新的阶段，提供了历史机遇。习总书记的重要讲话，从巩固党执政的阶级基础、群众基础的战略高度，从推进党和国家事业长远发展的全局高度，精辟阐述了做好新形势下党的群团工作的重大意义、方向目标和基本要求，深刻阐明了党的群团工作的一系列重大理论和实践问题，是指导新形势下党的群团工作的纲领性文献。

学习贯彻中央群团工作会议精神，加强和改进党的群团工作，是建设银行当前和今后一个时期的大事，也是摆在各级党委面前的一项重要工作。做好这项工作，首先必须提高对党的群团工作重要性的认识，切实增强做好党的群团工作的自觉性。

（一）充分认识群团事业是党的事业的重要组成部分

习近平总书记在讲话中，联系党的历史进程，运用马克思主义唯物史观，对什么是群团工作、为什么要做好群团工作作了透彻阐释，特别强调“群团事业是党的事业的重要组成部分”。习总书记指出：“毛泽东、周恩来、刘少奇、邓小平、陈云、邓颖超等老一辈革命家都做过党的群团工作。在革命、建设、改革各个历史时期，在党的领导下，工会、共青团、妇联等群团组织积极发挥作用，组织动员广大人民群众坚定不移跟党走，为党和人民事业发展作出了重大贡献”。这就告诉我们，群团姓党，群团事业是党的事业。现在，党带领人民正在致力于协调推进“四个全面”战略布局，实现“两个一百年”奋斗目标和中华民族伟大复兴的中国梦，越是艰巨的事业，越是宏伟的目标，越需要做好党的群众工作。党执政后，最大的危险是脱离群众，这种危险仍然是现实的，每时每刻都是存在的，需要在联系群众上有新的作为。国内外敌对势力不愿看到中国特色社会主义“风景这边独好”，拿我们的群团组织做文章，质疑或否定党对群团组织的领导，发出种种奇谈怪论，需要旗帜鲜明的“亮剑发声”。我行落实中央领导“三个能力”建设指示精神，深入推进转型发展，面临很多困难和问题，也需要把广大员工凝聚起来，攻坚克难，破浪前行。所有这些都充分说明，在新的形势下，党的群团工作有着特殊重要性和现实紧迫性，只能加强、不能削弱，只能改进提高、不能停滞不前。

过去，我们一些同志把群团事业看做是“边边角角”的事，把群团工作作为“可有可无”的工作，常常“引不起重视”“摆不上位置”“抓不出成效”，这是必须加以纠正的。在此，必须明确，有没有把群团事业作为党的事业，重视不重视群团工作，这不仅仅是个工作态度问题，而且是一个重要的政治原则问题。我们一定要把它放在心上，抓在手上。

（二）充分认识群团工作是我们党的一大创造和优势

我们党是靠群众工作起家的，也是靠群众工作发展壮大的。习总书记对各个历史时期党的群团工作做了精辟概述：“在新民主主义革命时期，党领导工会、农会、青年团组织动员起民众千千万万，汇聚起推翻‘三座大山’的滚滚洪流。在社会主义革命和建设时期，群团组织积极响应党的号召，组织动员广大人民群众向生产力进军、

向困难进军、向荒原进军、向科学进军，激发起投身建设新中国的巨大热情。改革开放以来，群团组织贯彻党的十一届三中全会以来的理论和路线方针政策，激发起广大人民群众推进改革开放和社会主义现代化建设的积极性、主动性、创造性，为坚持和发展中国特色社会主义注入了生机活力”。这使我们清楚地看到，无论是党带领人民闹革命、打天下，还是带领人民搞改革、求发展，党的群团工作功不可没，有着不可替代的巨大作用。

近年来，我行许多机构的实践也证明，党的群团工作做好了，员工的热情就高涨，工作就活跃，业绩就突出。山西临汾分行的群团组织，在党委的领导下，围绕转型发展开展了“践行建行理念全员赛”“打造红梅分行大家谈”活动，大张旗鼓地评选“红梅传人”，举办“道德讲堂”，研究“转型课题”，组织“以案说规”等，极大地调动了员工的积极性，涌现出一大批王红梅、李红英式的先进人物，创造了10多项系统和同业的“前所未有”和“绝无仅有”，连续两年获得山西分行KPI考核第一名，去年摘取了全国文明单位的桂冠。这就不难看出，做好群团工作，可以有效调动员工的积极因素，可以有力推动我行的转型发展。对此，我们何乐而不为呢。

（三）充分认识群团组织是连接党和群众的桥梁和纽带

工会、共青团、妇联等群团组织是党的左膀右臂。习总书记强调：“由于党的群众工作对象众多、层次多样，党需要建立旨在广泛联系各方面群众的群团组织来帮助党做群众工作”。又指出：“马克思主义政党一直把党领导的群众组织作为夺取和巩固政权的重要力量。列宁把党领导的工会等群众组织形象地比作无产阶级政权体系的‘传动装置’和‘杠杆’，功能是把党和劳动群众联系起来”。这些都告诉我们，群团组织“一头连着党，一头连着群众”，是党联系人民群众的桥梁和纽带，在践行党的宗旨、贯彻党的群众路线方面，有着独特的地位和作用。

2015年我到深圳分行调研，发现那里的业务创新生机勃勃，智慧柜员机、微银行等都走在了同业前列，形成了总行党委所期待的那种氛围。其中的原因，除去良好的创新机制以外，群团组织起了很好的作用。这里的工会、团委和女工委，用建设文体活动中心、改善员工膳食、综合关爱员工等方式传递“勤奋工作，愉悦生活”的理念，设身处地解决员工工作、学习、生活中的困难。这些实践活动，使员工感受到了党的温暖，拉近了党群关系，从而迸发出强烈主动性和创造性。由此，我感觉到，要把工人阶级的主力军作用、青年的生力军作用、妇女的半边天作用、人才的第一资源作用充分发挥出来，把广大员工凝聚在党组织周围，同心同德，众志成城，为实现转型发展作出贡献，不仅要把党组织建设的坚强有力，而且要把群团组织建设的充满活力。

二、坚持中国特色社会主义群团发展道路，探索新时期群团发展的新模式

中央群团工作会议要求我们，全面把握“六个坚持”的基本要求和“三统一”的基本特征，自觉坚持中国共产党的领导，毫不动摇坚持中国特色社会主义群团发展道路。六个坚持是：坚持党对群团工作的统一领导，坚持发挥桥梁和纽带作用，坚持围绕中心、服务大局，坚持服务群众的工作生命线，坚持与时俱进、改革创新，坚持依法依章程独立自主开展工作。“三统一”是：各群团自觉接受党的领导、团结服务所联系的群众、依法依章程开展工作相统一。

对照这些要求进行回顾分析，总的感到，我行群团工作是不错的，许多工作走在了金融同业前列。我们率先建立的职代会制度，在同业具有较大的影响和示范作用。连续3年取得全国金融青年岗位能手竞赛大满贯，是唯一一家获得所有奖项的金融机构，并以党委名义介绍了团青年工作经验。我们开发的“积分圆梦·微公益”捐赠平台，得到了团中央、中央金融团工委的肯定和推广，已经成为全国金融系统乃至全国青年志愿公益的品牌。各分行和总行机关也探索出许多好的做法。在看到成绩的同时，我们也应清醒地看到，习总书记讲的群团工作“机关化、行政化、贵族化、娱乐化”的突出问题，在我行也不同程度地存在。主要表现在：一些群团组织离基层远，离员工远；一些群团活动在组织内自我循环，自我欣赏；一些群团工作过分依赖娱乐活动，追求形式和场面，缺乏应有的思想性、教育性；一些

群团干部素质不高，适应不了实际工作需要。更重要的是一些基层党的领导对群团工作不够重视，缺乏综合管理意识和能力，不健全群团组织，不配备群团干部，单一推行指标管理，缺乏人本关怀。对此，我们要高度重视，既要总结经验、发扬成绩，更要正视问题、纠正不足，努力探索新时期群团发展新模式，使群团工作不断迈上新台阶。

第一，要综合布局。综合性是我行转型发展的首要内容，也是群团发展模式的重要方向。总行刚刚成立了党群工作部，将工会、团委和机关党委合署在一起，对外仍分别以机关党委、工会和团委的名义履行职责，实现办事机构职能整合，在总行层面形成合力，统一协调推进党群工作，有助于提高工作效率。一、二级分行要改变那种“一人一把号，各吹各的调”的状况，整合资源，综合布局。群团组织要按照“各炒一盘菜，共办一桌席”的思路，加强相互联系，发挥各自优长，实现工作互补，形成“工作推进一体、组织设置一体、阵地建设一体，分工合作、联动共享”的工作新格局。要像转型规划中要求“以客户为中心”、为客户提供综合化金融服务那样，群团工作也要以员工为中心，围绕员工提供综合化的群团服务。按照统一布局、共建互促、优势互补、党群工作一体化的思路，建立联席会议、信息互通、资源共享等制度，实现数据共享、工作方法互通，共同打造综合性的党群服务平台。群团工作人员要按照“充实一批，提高一批，促进一批”的思路，搞好人员调整，加强素质培训，建立激励机制，不断提高“群众领袖”“群众专家”“综合人才”的占比。通过整合加强，要切实消除那种“群团组织是清闲之地、边缘部门、养老之所”的错误认识，努力改变那种“群团工作是花架子、摆样子、玩乐子”的状况。

第二，要系统推进。要改变“打短工”“干零活”的工作定位，转变“项目型”“活动式”的思路设计，避免“布置什么干什么、想起什么干什么”的工作方式，实现有组织、有计划、有步骤、系统化的开展群团工作。要结合银行的特点，区分岗位人群，结合员工需求，对群团工作进行系统化、精细化的策划推进。这次会议讨论的《关于进一步加强新形势下党的群团工作的意见》，对全行群团工作作了顶层设计，修改下发后，各级党群部门要认认真真贯彻执行，使之真正落到实处。既要全面落实各项要求，又要结合实际找准定位；既要围绕建行转型发展大局搞好“公转”，又要根据广大员工需求搞好“自转”；既要在短期内争取突破，又要持之以恒地抓下去。总行将加强对群团工作的检查考核，哪里群团工作做不好，就追究哪里党组织负责人的责任；哪里群团工作上不去，也要对群团组织负责人问责。

第三，要持续创新。保持群团活力最重要的就是持续创新。要根据时代特点、员工需求和技术进步，不断丰富群团工作内容、工作载体和服务形式。对已有的创新项目，要向纵深进行拓展。去年6月，我行创编的网点员工健身操，亮相国家机关运动会，受到国务院领导和各部委的肯定和好评，展现了建行员工积极向上的精神风貌，有力宣传了建行品牌形象，对此，要倍加珍惜，沿着这一思路，研发系列银行特色的健身项目。员工健身操在国家机关运动会上受到好评，我看到了视频、非常好。如何保持下去，如何真正移植到机构、网点和办公室是最关键的。宣传出去了，形象展示了，如果不去挖掘、不去创新、特别是不去推广，那就浪费了我们的品牌。目前我们的高低柜员工一天工作七八个小时，不利于身心健康。这套操时间不长，一二十多分钟锻炼一下，效果非常好，相信对全天的工作和营业都有好处，可以使员工精神倍增。全行共青团组织连续3年开展“金点子”大赛，吸引广大员工的踊跃参与，在行内外都取得良好反响，要认真总结经验，持续扎实推进。“积分圆梦”打通了金融服务公益的新渠道，要保持先发优势，继续开发“兑换蓝天”等新的项目，不断扩大这一创新成果。员工成长帮助计划、善健者行健步走软件，深受员工喜爱，要按照“大众化、人性化、实用化”的要求，继续丰富工作内容。在此基础上，要创造性地开展其他特色活动，为创新助力，为创客加油。要强化“互联网＋”思维，努力构建“网上网下”双轮驱动的工作格局。要努力搞好群团组织自身思维、模式、平台的创新，更好地适应新形势、新任务的需要。所有创新都要围绕客户和员工的需求变化进行，努力提高联系群众的能力，增强关爱员工的水平。

三、以政治性、先进性、群众性为指导，着力打造转型期群团工作新优势

中央群团工作会议把增强政治性、先进性、群众性作为加强和改进新形势下党的群团工作的重要内容，突出加以强调。我们一定要加深对这一问题的理解，切实做到“把政治性放首位、以先进性为追求、让群众性唱主角”。

（一）坚定“政治性”，让群团工作与党的事业“同心同向同频”

要把握一个“党”字，坚决向党中央看齐。各级党委要更好地担负起领导群团工作的政治责任，群团组织要始终紧跟党的工作步伐，承担起引导群众“听党话、跟党走”的任务，群团工作者要做政治上的“明白人”，发展中的“领路人”和广大员工的“贴心人”，把自己所联系的群众最广泛、最紧密地团结在党的周围，做到与党的思想同心、与党的目标同向、与党的行动同频。作为群团部门的领导干部和工作人员，要把坚定的政治性作为一切工作的出发点和立脚点。党的群众部门，工会组织、团组织、妇女工作的负责人，要深刻理解和认识中央群团工作会议精神，要按照习近平总书记讲的那样，当政治上的“明白人”、发展中的“领路人”、广大员工的“贴心人”。2015年总行党委严肃查处了脱离党的实际、与党离心离德、攻击党和政府的个别工会干部。打铁自身要硬，才能做好群团工作。工会、团、妇女干部如果自身不硬，对党的信念、对党性不能以党的领导干部标准要求自己，容易出现问题。希望工青妇干部要坚持向党中央看齐，承担起重大政治责任，把群团组织建设好，把我们的员工管理好。

（二）突出“先进性”，让群团工作在时代潮流中争当“先行先导先锋”

要突出一个“正”字。首先要始终把正工作方向，更加广泛、更加紧密地团结广大员工，发挥好“主力军、生力军、半边天”作用，在推进转型发展中建功立业；其次要弘扬正向力量。一方面要利用遍布各层级的组织网络和基层阵地，深化群众性精神文明创建活动，用社会主义核心价值观培育员工，用理想信念和职业道德、社会公德、家庭美德、个人品德教育员工，提高员工思想道德水平；另一方面要坚持用先进模范的事迹和品格感召激励员工，把榜样力量、示范作用发挥出来，引导员工识大体、顾大局，自觉为转型发展做贡献。当前，要大力学习宣传劳动模范、最美建行人、“十杰”青年的事迹，掀起“比学赶帮超”的热潮。

最近几年，我们身边已经树立了一大批先进人物、劳动模范、最美建行人，包括职业风采大赛涌现出来的各个业务条线的先进典型，效果非常好。前两年，我去基层网点调研较多，看到基层网点员工、负责人为建设银行事业添砖加瓦、为建设银行发展殚精竭虑，深受感动。我到过两个省行，当时业务拓展非常困难，业务政策出现很多问题，基层行放不开手脚，两个支行女行长直陈总行政策、办事效率和部门银行作风等问题影响业务发展。一个支行负责人讲，一个客户要开100%保证金的信用证，没什么风险，报总行两个月没批；一个客户有1个亿存款到期了，要开大额存单，按照我行1996年的规定，超过100万元存单要报总行审批，简直没办法，开了半天开出5000万元，其余的客户转走了。政策、制度规则几十年不变，肯定会影响业务。还有个省行开发区支行个人客户经理，是个研究生、女同志，工作非常努力，周围对公、对私客户都愿意和她打交道，同业挖她。她所在的行KPI考核和等级行考核中都不是当地最好的，绩效并不高，但她坚持不离开建行，这个员工真是“最美员工”。去年“新一代”核心系统上线，技术部的同志发了一段视频，武汉业务处理中心的一名女员工晚上加班，为2.2版上线，爱人出差，没办法把孩子带到单位，放到一个临时搭的床上让小孩睡觉，这个女员工在计算机房加班工作。我深有感触写了几句话：“手入键盘万点轻，无暇顾及一小婴，誓与工作如岩土，全行盛赞美员工”。这样美的员工在全行1.5万个网点可以说比比皆是，我们要把这些美的事迹、美的精神宣传好、学习好、推广好。

（三）筑牢“群众性”，让群团工作在转型发展中“凝心聚力集智”

要抓住一个“近”字。群团工作者不要只踮起脚尖朝上看，而要俯下身段走基层，让员工找得到、信得过、靠得住。不管开展什么工作、组

织什么活动，都要着眼于让员工受教育、得实惠，充分调动员工的积极性和创造性，切实防止和避免“上热下冷、内热外冷、领导热员工冷”的问题。要强化基层基础工作，不断扩大群团工作的组织覆盖、工作覆盖、活动覆盖，让群团组织覆盖到全体员工，让群团工作影响到全体员工。

在实际工作中，要紧紧围绕转型发展的实际，突出工作重点，打造群团工作新优势，让亮点从“盆景”形成“风景”。

第一，建立思想教育新阵地。思想政治工作是一切工作的生命线，也是群团工作的主线和灵魂。各级群团组织要注重发挥思想政治工作优势，引导广大员工积极投身到转型发展中来。目前，全行有1717个职代会、2500个职工之家，再加上各级团组织，可以讲已经形成了一个非常大的员工自我教育的网络阵地，去年“争做合规践行者”倡议书就是通过这个网络进行了层层传导，强化了全行“合规建行、人人践行”意识，把民主管理与自我教育进行了有机结合。在做群众的思想引导工作中，群团组织要明确自身定位、发挥自身优势，要注意运用群众喜闻乐见的形式，减少一味的说教，做到“润物细无声”。要经常性地开展面对面交流活动，有针对性地开展实践体验活动，注重用先进文化凝聚人、培育人、激励人。特别要注意“弘扬网上主旋律”“发出建行好声音”，网络是一个巨大的舆论场，鱼龙混杂、真假难辨，群团组织要敢于对错误言论进行驳斥，对模糊认识进行引导，让正气压倒歪风。

第二，开辟劳动竞赛新途径。开展劳动竞赛活动是增强企业发展活力，拓展发展思路的重要举措，是提升员工主动性、积极性以及创造性的有效途径。前段时间，总行工会联合个人存款与投资部举办的“全行个人客户经理风采展示大赛”、团委与人力资源部共同组织的“上市十周年员工职业风采展”，对打造专业形象、提升服务水平、促进业务发展都起到积极作用。山东分行群团组织联合业务部门开展的青年旺季营销PK赛、广东分行开展青年创客接龙赛等，不仅促进了群团工作和业务的融合，而且开辟了劳动竞赛的新途径，受到广泛好评。北京分行的“刘艳快线”最近又被金融工会命名为首个“全国金融系统劳模创新工作室”。今后，各级群团组织要围绕业务营销、客户服务、合规操作、创新创效等各个方面，广泛开展群众性的劳动竞赛，把员工培训、岗位练兵、技能比武、名师带徒、典型推广结合起来，使企业的核心竞争力得到快速增强，激发广大员工干事创业热情。劳动竞赛也好、建立思想教育新阵地也好，一个重要的趋向是要坚持创新，坚持群团工作的性质和特点，把群团工作融入到业务当中、融入到全行转型发展之中、融入到提高全行员工技能和水平上。现在听到一些反映，工会经费花不出去，总是想到外面搞活动，到山里去、到海里去，不符合中央八项规定精神肯定会出问题。刚才讲的一些例子，一些行推广新模式、新方式，各行群团组织可以向他们学习，把钱花在转型发展上，花在提高员工个人素质上，这样钱花出去才符合中央八项规定和关于纠正“四风”的要求。

第三，占领民主管理新高地。企业管理的实质和核心是对人的管理，创建和谐企业必须实行民主管理。企业只有充分尊重员工，充分依靠员工，充分发挥员工的主人翁精神，才能更好地凝聚人心，促进企业持续健康发展。今天我们召开的职工代表大会，就是积极推进民主管理的重要体现。各级工会组织，应始终坚持把职代会制度作为维护员工民主权利和经济利益的重要制度，作为员工参与民主决策、民主管理和民主监督的平台，作为员工理性表达利益诉求的畅通渠道，并在实践中不断加以完善。特别是要丰富职代会内容，把党委关心、员工关注的事情融入进去，每年都实实在在推出关爱员工的几件实事，真正把职代会开成党委和员工期盼的大会。同时，还要进一步完善职工监事制度，积极参与公司决策、管理和监督，代表和维护职工合法权益。

第四，开启员工关爱新境界。“群众是事业的根基，人心是最大的政治”。孟子曾经讲过，“敬人者，人恒敬之；爱人者，人恒爱之”。总行党委去年制定下发了有关倾斜基层、关爱员工工作意见，还出台了优化职务序列的相关制度，体现了对最基层、最普通员工的关心与关爱。总行工会也研究制定了关爱员工十件实事，开展融心理关爱、工作关爱、生活关爱、组织关爱为一体的温暖工程，努力推进人本管理，构建员工职业成长与企业发展和谐共荣的企业氛围。基层员工处在市场营销的第一线、服务客户的最前沿、风险管理的关键点，任务繁重、工作辛苦，对他们怎么关心关爱都不过分。各级党委和群团组织，要心系基层员工，持续研究制定关爱员工的新举措，使我们的关爱活动不断提升档次，进入新的境界。

四、切实加强党的领导，构建“众星拱月”的党群工作新格局

习近平总书记指出，党的群团工作做得好不好，关键在党的领导，并把党同群团组织的关系比做“众星拱月”，“月”就是党，“众星”就是包括群团组织在内的党领导下的各种组织。做党的群众工作不能“月明星稀”，工会、共青团、妇联等群团组织要“星光灿烂”。这些论述形象地阐明了做好群团工作的关键所在。我们要紧密结合我行实际，创造性的贯彻落实，切实加强党的领导、建立健全工作机制，构建起“众星拱月”的党群工作新格局。

（一）建立机制，完善党委领导群团组织的制度

各级党委要把群团工作摆上重要议事日程、纳入党委工作总体格局，形成齐抓共管的良好局面。总行已经先后下发了关于加强工会工作和基层党建带团建工作等意见。加强党的群团工作意见讨论下发后，将进一步建立健全相关的运行保障制度。比如，党委主要负责人在一年之内要召开一次群团工作会议，要定期听取群团组织工作汇报，倾听员工的呼声，听取员工对转型发展和党委的意见和建议；群团组织主要负责人可列席同级党委有关会议，党建带群建等，有利于促进党委各项工作。希望大家按照相关文件精神，一点一滴抓好落实。

完善党委领导群团组织的制度，还有一项重要工作，就是按照德才兼备的要求，认真配备群团干部。习总书记强调：“群团干部队伍是党的干部队伍的重要组成部分，是做好党的群团工作的重要组织保证。”各级党委要按照符合群团组织特点的方式，进一步细化选人用人办法，注重在基层一线培养锻炼群团干部，注重在“员工领袖”中选拔培养群团干部。同时，要教育引导群团干部带头坚定理想信念，加强思想道德修养，遵守党纪国法，做到心有建行，心系员工，求真务实，真抓实干。

（二）把握规律，改善党委对群团工作的指导

各级党委对群团工作的指导，既要得力，又要得法，既不能用传统管理党政机关的办法管理群团组织，又不能用单纯经营业务发展的办法指导群团组织。要根据群团组织的特点，留出创造性开展工作的空间。这两年，总行党委对群团组织给予积极支持，放手让他们工作，取得了很好效果。总行工会团委推出的“给力新晨会”，让一线员工更具活力；实施的“员工成长帮助计划”，为基层网点负责人配备了“新政委”。各级党委也都探索了不少好的办法，要认真加以总结，指导实际工作。需要强调的是，在今后的工作中，各级党委要更加关注贫困地区、少数民族地区和基层一线员工的诉求，设法帮助他们解决实际困难。

各级党委不要觉得群团组织太活跃会给自己惹麻烦，四平八稳最好。只要能够围绕中心、服务大局，能够紧扣建设银行转型发展的主题，能够从实际出发为经营发展添砖加瓦，怎么有利于培养群团组织的威信，怎么有利于调动群团干部的积极性，怎么有利于广泛组织动员基层员工，就应该怎么去做。反之，群团组织也不能光喊口号而不做扎实的工作，一定要通过自身的努力把党委关于经营发展的理念和思路，传播和落实到广大员工中去。

（三）明确责任，强化群团组织工作的责任担当

习总书记指出，西方政党都有自己影响控制的外围组织，各种协会、智库、基金会、青年组织、俱乐部、媒体等就是他们吸引选民、争取选票的重要渠道。他们不是不做群众工作，而是很会做。在建设银行转型发展的过程中，我们也要善于发挥群团组织的作用，投入精力做好群团组织的领导工作。

明确责任，首先要讲各级党委的领导责任，既要有把握方向的责任，又要有统筹指导的责任，这是最重要和最根本的。下一阶段我们要把做党的群团工作成效作为考核党委领导班子和分管负责同志工作的内容之一，做好了表扬，做不好问

责。各级党委要为群团组织开展工作创造有利条件，提供必要的人力财力物力保障，重点解决好群团工作缺资源、缺手段，特别是基层力量严重薄弱的问题。在阵地建设、项目筹划、资源使用、力量调配等方面整合联动，真正实现党委主抓，部门共管和各方支持的良好局面。

明确责任，其次要讲群团组织自身的工作责任，既有组织工作的责任，又有具体实施的责任。群团组织是群团工作的直接参与者，责任履行如何，直接关系整个群团工作的面貌和成效。各级党委对群团工作的领导越是有力，业务部门的支持越是给力，也越需要群团组织自身加力和发力。要把握好自身的职能定位，切实增强“融入业务，助力发展”的主业意识和主动精神，坚决克服“等、要、靠”的思想。要紧紧围绕落实总行党委关于关爱员工、关于创新转型的工作部署，围绕引导员工、组织员工、服务员工的要求，主动研究切实可行的工作方案，拿出有针对性的工作措施。特别是在员工关爱，员工忠诚度培育，建行正面形象宣传，负面新闻抵制，网络舆情监控等方面，群团组织也要积极作为、主动担当，做出表率。

五、充分发挥职工代表和群团作用，凝聚全行员工推进转型发展正能量

今天在座的有各分行党委和总行部门的负责人，有总分行群团组织的负责人和新当选的职工代表，其中不少具有双重身份，既是领导人员，又是职工代表。在你们肩上，担负着贯彻中央群团会议精神，推动我行群团工作发展的重要任务。回到岗位以后，要发挥好的各自作用，用实际行动凝聚全行员工，推进转型发展。

（一）当好加油鼓劲的“播种机”

每一位职工代表都要向身边的基层员工传达好总行党委的发展思路，帮助基层员工理解和把握总行转型目标和发展战略，尤其是要把总行党委关爱基层，倾斜一线的措施和激励职业生涯发展的政策，讲清讲透，把“上情”传达好。同时，广大职工代表要善于发现和传播基层员工身上的闪光点。古人云“文章合为时而著，歌诗合为事而作”，要用员工中的先进典型影响和带动周围的员工，不断传播建行正能量，多干鼓劲加油凝聚人心的事。

（二）当好攻坚克难的“领头羊”

当前面临的经济形势、转型发展、包括国际经营形势非常复杂，在这个时候攻坚克难的任务非常重，经营增长速度问题、盈利能力问题、经营风险问题、体制和机制不断调整问题等，都需要全行员工攻坚克难。希望职工代表在这方面要带好头，一方面，你们要做好解释疏导工作，能够以自身的努力感染身边员工，让他们变“被动学”为“主动学”；另一方面，你们要认真学习新知识、新业务，掌握新系统、新技能，用实际行动来影响和带动他们，让他们感受到提升专业水平带来的个人职业生涯发展的益处。

（三）当好建言献策的“智囊团”

做好“上情”传达的同时，还要能把“下情”反馈上来，要广泛征求基层员工的意见与建议，了解基层员工的需要和诉求，让总行能听到来自基层的真实声音。特别是职工代表大都来自基层，来自不同的部门和岗位，熟悉我行的业务和管理，最能发现和感受经营管理过程中的一些“瓶颈”和风险隐患，并且有自己的独到见解，这就需要你们贡献出自己的聪明才智。在繁重的工作之余，抽出时间针对存在的一些问题搞调查研究，征集周围员工的意见，并形成相应的提案上报，为全行的发展建言献策，发挥“智囊团”的作用。在座的职工代表的作用发挥好的话，就能为总行科学决策、民主决策、慎重决策打下良好基础。只有你们把基层的意见建议反映上来，让总行能够听到来自基层的真实声音，才能使总行掌握解决问题的主动性。

（四）当好凝心聚力的“发动机”

习总书记指出，群团工作要顺应时代要求、适应社会变化，善于创造科学有效的工作方法，让职工群众真正感受到群团组织是“自己人”。今年群团组织要重点抓好“温暖工程”十件实事，并逐一落实好。俗话说：“不矜细行，终累大德”，一定要注意细节，把实事做实，把好事做好，让全行员工尤其是基层员工感受到总行党委的关爱。同时，要利用多种形式组织基层员工学习和践行社会主义核心价值观，在全行发掘一批“最美建行人”，要宣传和学习好他们的感人事迹与可贵品质，坚定员工的理想信念，提高员

工的道德素养，鼓舞员工的战斗士气，凝魂聚气，强基固本。

（五）当好转型发展的“加速器”

一方面，群团组织要积极践行党的群众路线教育实践活动和“三严三实”要求，结合转型发展要求找出工作的新思路和新方法，要深入基层挖掘在推进“三综合”建设、落实“三大一高”战略涌现出来的先进典型，总结他们的经验，学习他们的技巧，弘扬他们的精神，不断传递促进转型发展的正能量；另一方面，要继续按照全总的要求，组织开展好各种业务技能比赛，以赛促学，以赛带练，不断提高基层员工的履岗能力。要配合业务部门，有序有效地组织好各项劳动竞赛，以赛促干，以赛促拼，充分调动基层员工的工作积极性和创造性，推动全行转型发展的全速前进。转型加速器到了网点，网点的高柜、低柜人员、客户经理都感觉很难适应或不适应。不适应的原因就是网点三综合，包括对公业务三综合、网点自助设备的配置，有的行转的还不够。网点的高柜也好、低柜也好，如果不能推动三综合，网点的工作人员只能周而复始、年复一年的工作，怎么提高他自己，怎么把我们1万多个网点打造成综合营销平台、产品展示平台和客户体验平台？所以网点转型当中，特别是基层网点要综合化培训、综合化管理，提高他们的技巧、提高他们的履职能力、提高他们的业务处理能力、提高他们的知识面。除总行加强这方面培训之外，群团组织要发挥作用。领导干部有个本领恐慌、能力恐慌问题。我发现综合化转型以后，基层网点员工也有一个本领恐慌、能力恐慌问题。作为各级党组织、群团组织，要帮助他们解决这方面问题，使他们成为综合性网点、综合营销、网点转型的排头兵，成为全行转型发展的“加速器”。

（六）争做稳健经营合规操作的“带头人”

当前，全行信用风险频发，上午通报的去年信用风险额度与年初比增加一倍以上，基层单位和操作性业务违规违章违纪问题屡见不鲜，全行整体案件防控任务依然较重。大量的信用风险、基层单位的操作性风险、包括各个岗位的违规违章违纪问题，发生在我们的基层网点，发生在操作性岗位。解决这些问题，除了总行加强管理外，主要还是依赖全行1.5万个基层网点和38万员工的积极努力。你们是风险控制、合规经营、避免违规违章违纪的第一道防线，希望大家以对事业负责、对自己负责、对员工负责的态度，强化员工队伍建设，严格内部管理，严肃查处违规违章违纪行为，为全行转型发展营造一个良好的合规环境。上午讲到票据业务案例，出那么大风险，40个亿基本损失掉了，作案的员工就30多岁，参加工作两三年的时间。如果大家都不去争做稳健经营合规操作的“带头人”，看钱很热、看利很重，搞不好就会出问题，造成无法弥补的损失，最重要的把自己一生都毁掉了。所以，群团组织负责人、在座的职工代表一定要把合规经营、合规操作，耳濡目染地传导出去、传递下去，同时，要做好同事之间、职工之间相互监督、相互提醒工作，使我们全行违规违章违纪问题大幅度降低。目前形势还不尽如人意，不时冒出一些问题，包括“飞单”问题，2012年非常普遍，我们提出案件“零容忍”、“三个不放过”、从严治行，就是要把违规违章违纪问题坚决控制住。监督部门要切实负起责任，我们有行规、员工有行为守则、党员有纪律处分条例、领导干部也有生活准则，方方面面的规定和规矩，落实好了才能不出问题。希望在座的主管部门的负责人、职工代表、群团组织的负责人要争做稳健经营合规操作的“带头人”。

（七）当好和谐稳定的“减压阀”

“己所不欲，勿施于人”，各级群团组织要尊重员工，关爱员工，维护员工的从业尊严，多给基层员工业务上的指导和工作上的关心，帮助他们解决好思想、工作、生活以及情感上的困惑和困难，切实将帮扶做实做细，做出成效。要深入到群众中去，了解员工关注的焦点，开展多种形式的关爱行动、谈心交流、心理辅导等活动，形成常态化的员工关爱机制和诉求反馈平台，因势利导，提前化解矛盾，消除不稳定因素。同时更多关心老同志和困难职工，经常走动，保持联系，在他们需要帮助的第一时间，给予真诚的关爱和温暖。

善弈者谋势，善建者不拔。各位代表，过去我们负重前行，取得了突出的业绩。今后我们任重道远，越是面对复杂困难形势，越要团结广大职工众志成城，勇担重任，以党的十八届五中全会精神为指引，认真贯彻落实中央群团工作会议精神，主动适应新常态，抓住时代新机遇，再造群团工作新优势，在新一轮转型发展中创造新的辉煌。

新春到来之际，预祝各位代表春节快乐，工作顺利，阖家幸福！

在党组织书记抓基层党建工作述职评议会上的点评讲话

王洪章

（2016 年 1 月 26 日）

这是建设银行按照中组部的统一部署和安排，第一次召开党组织书记抓基层党建述职评议大会。下面，由我对 6 家单位的述职情况做个点评。

对吉林省分行杨铁军同志述职的点评

刚才听了铁军同志述职，总的感觉很受教育。中央巡视组在首次巡视央企时说，有的央企党委一年不开 1 次党委会研究党建工作。铁军同志到吉林分行担任一把手的两年多时间里，主持召开 8 次党委会，专门研究党建工作，说明分行“一把手”没有忘记“一岗双责”。同时，深入开展“三严三实”专题教育，分行的客户服务水平、员工满意度全面提升，这些指标在总行党委每年对分行领导班子的考核中都有体现。另外，分行还具有自己的特色，建立了机关和基层机构“结对共建”制度，把党建融入中心工作，构建了“五结合”的“党建 +”模式，取得了较好效果。

铁军同志讲到了“不愿抓”“抓不准”“落不实”3 个问题。这 3 个问题抓得比较准，说明他对分行系统党建工作存在的薄弱环节进行了认真分析和思考。这 3 个问题，在建行系统里普遍存在。总行党委在向中央巡视组汇报时，也谈到党的建设工作存在层层衰减的问题，不仅总行党委认识到这个问题，一级分行党委书记也认识到了这个问题。这 3 个问题中，要抓住主要矛盾，即“不愿抓”的问题。铁军同志讲得对，“不愿抓”的原因主要是业务指标压力大、考核压力大，特别是近两年来经济下行，大家普遍感到压力大。尤其是二级分行、基层网点，特别是还没有建立党组织的基层网点会认为，抓党建是不是影响业务？是不是影响综合营销？是不是会占用更多时间，是不是不利于提升市场竞争力？

“不愿抓”体现的是对党的建设重视不重视的问题。全行有很多党建工作做得比较好的机构和部门，凡是党建工作做得好的，业务都有突飞猛进的发展；凡是党建工作做得不好的，业务工作、内部管理、案件防控可能都出现问题，包括职工思想建设、职工队伍建设都存在问题。我希望下一步铁军同志把这 3 个问题，特别是“不愿抓”的问题解决好，把主要矛盾解决好，想抓党建了、愿意抓党建了，觉得抓党建以后对各项事业有帮助，或者是通过抓党建，带动了各项工作发展，那么“抓不准”的问题、“落不实”的问题就能得到解决。我相信，党委书记们有这个办法，也有这个能力。

分行提出的 4 项措施，抓住了解决 3 个问题的实质，希望铁军同志和分行党委其他同志分头落实，解决“不愿抓”的问题。刚才，铁军同志在回答祖继同志提问的时候说到，关键要配齐配强领导班子，配好党委书记、党组织书记，特别是配强“一把手”。这个回答切中了要害！领导班子、“一把手”的“一岗双责”履行到位了，3 个问题就能解决好；如果“一把手”配不好，阵容上不强，业务上不精，党建工作不落实，其他工作也不会做好，想解决这个问题也不可能。习近平总书记指出，要按照好的标准选拔干部，按照德才兼备、以德为先的标准选好“一把手”，这样党建工作层层衰减的问题，党员领导干部带头的问题，包括“抓不准”“落不实”的问题就会迎刃而解。

此外，分行还有39个基层网点没有党支部，这不仅在吉林分行，其他省市分行也存在这个问题。按照综合型网点设计，每个网点8个岗位，有的不足3名党员，就不能设立党支部。这个问题，要从两方面努力：一是基层网点年轻同志较多，学历很高、上进心强，也很聪明，具备党员标准的，要积极发展入党。二是基层网点如果有1~2名党员，可以推广现有的模式，和其他机构联合组建党组织，党员在其中担任组织委员、宣传委员或纪检委员，使这个基层组织中有1名党组织成员。

此外要加强考核。总行过去也存在这个问题。在党建工作方面，党风廉政建设考核有“一票否决制”，但党的建设考核还偏松。去年，总行党委已决定把党建考核纳入分行领导班子竞争力考核中，并给予相应权重，相信这个问题会很快得到解决。

对上海市分行段超良同志述职的点评

超良同志在述职中讲得很好，紧贴建设银行战略转型来发展上海分行，党建工作也创造了新经验，推广“一创带六进”党建工作法，创建先进基层党组织，带头进楼宇、进社区、进部队、进工厂、进学校、进市场，效果很好，保持了上海分行在同业竞争中的业务增长态势，各项指标也走在了同业前列，在某些方面还有了很大超越。

超良同志讲到自己深入基层一线调查研究，制定了52条服务基层措施，落地很好。党委书记、党委成员深入基层一线调查研究，这是中央在八项规定中讲得非常清楚的，超良同志贯彻得比较好。在分支行中设立了“心得乐”驿站，为员工疏导心理压力，这个非常重要。现在竞争压力大，特别是风险防控的任务很重，员工心理状态肯定会发生一些变化。上海作为改革开放的前沿阵地和国际金融中心，员工心理状态肯定有不同的体现和表征。如果疏导心理压力不到位，就很难在转型发展中取得先机，这一点超良同志作了大量工作，效果比较好。上海分行员工的流失率与其他分行相比，还是比较低的，这与党委书记的努力工作是分不开的。另外，在惩治和预防腐败体系方面，分行推动党风廉政“三个课堂”建设，取得了较好效果。近几年，上海分行没有出现重大安全责任事故、经济案件和腐败案件，说明党委书记在这方面认真负责，效果非常好。

超良同志述职总体上有几个特点：一是把党建工作与业务紧密结合，“一创带六进”结合地比较好，没有搞成“两张皮”。二是把领导带头与党支部阵地建设、“党员之家”建设紧密结合，使党委的措施、党委关于党建工作的要求紧密结合，才能解决层层衰减问题，才能解决“中梗阻”问题，才能解决“最后一公里”问题。三是把纪检监察、组织建设与“三个课堂”建设紧密结合，效果很好。党风廉政建设光说不行，还要有课堂，无论是大课堂、小课堂，无论是正能量的课堂还是警示教育课堂，这些工作抓好了，大家就会深有感触。基层党支部、基层党组织书记身体力行地抓好党风廉政建设，才能控制住案件、控制住风险、控制住违规。

关于存在的问题：一是如何保持经常性的问题。大的城市行层层衰减问题相比较省分行会好一些，有的已经实行了扁平化管理，党的建设、党风廉政建设可以“一竿子插到底”，关键是抓落实要有经常性。二是如何紧密结合实际的问题。上海是改革开放前沿地区，紧贴国际市场，党的建设也要紧贴国际市场，紧贴国际金融中心的特点，把党支部建设、基层党组织书记队伍建设进一步抓好，保持持续竞争能力。三是如何加强创新的问题。党的建设创新还有余地。上海是出经验、出人才的地方，也是创新最活跃的地方，创新工作还有余地。希望超良同志在党的建设创新方面再出新招、再有新举措，为全行树立一个好样板。

关于下一步工作建议：一是大城市行不应该有层层衰减问题，要进一步持续性地做好做实党建工作。二是要继续以党建促进业务发展、促进转型。上海分行在全行转型发展中至关重要，我们五个方面转型在上海分行都有十分充足的条件，都有实施好的基础，都有在全行起带头作用的基础和条件。要继续把握先机，做好这方面工作。要把分行打造成全行党建工作最佳的试验田、试验点，形成领导班子带头、党委书记主抓、全体党员参与、各基层党组织奋发努力的良好局面，使上海分行党建工作再上一个新台阶，转型发展再上一个新台阶，各项业务再上一个新台阶，使上海分行走在全国各分行的前列。

对苏州分行刘兴华同志述职的点评

兴华同志的述职有很强的特点，这是第一个市地行党委书记述职。现在全行有400个左右的市地行，刚才我讲到层层衰减的问题，但是听了兴华同志述职后，层层衰减的问题在逐步得到解决，也有希望彻底地解决。如果400个左右市地行都能像苏州分行这样，全行党建工作肯定是“一盘棋，齐步走”，党的建设的力量就会进一步加强。

苏州分行党建工作有几个特点：一是党务干部的配备到位，无论是支行还是基层网点都能够配备党务干部，这是做好党建工作的根本。二是苏州分行在党员队伍建设方面作了很多尝试。三是分行的党员队伍比例比全国要高一些。四是抓好了党风廉政建设和责任追究。这4个特点，保证了苏州分行在业务发展、党风廉政建设、案件防控、凝心聚力方面近两年取得了突飞猛进的发展，无论是业务工作、创新工作，包括跨境人民币业务等，都具有独特优势，同业市场竞争力有了很大提升。

同时分行党建工作也存在一些问题：一是精力问题。基层党组织书记、党的干部能不能用更多的精力抓好党建，精力是个很大的问题。任何一个事情做好，关键问题就是党的建设能不能做好。关于精力问题，希望市地行的党委书记要抓好引导、抓好考核、抓好督促工作，确保基层行党支部书记、党组织书记包括党委书记有足够精力抓好党建。一方面从上到下要安排专门时间学习党的建设理论知识，加强党组织书记的培训，加强党课教育，督促开好民主生活会；另一方面在对党的基层组织考核中，党的建设要有考核分量，确保党支部书记、党组织书记有一定精力抓好党建工作。二是经费问题。经费额度不是问题，关键要安排好。全行盈利水平、盈利能力再降低，党的建设经费一定要确保充足、充实，这一点总行党委的认识是一致的。没有一定的活动经费和活动场所，党的建设怎么办？党的活动怎么开展？今年，我到六七个市地行调研，包括新疆霍尔果斯，发现各地基层党的建设包括党员活动阵地建设、“党员之家”建设、党支部建设做得都很好。我到的这些市地行包括县支行，进入大楼以后，先进人物、先进榜样、优秀营销客户经理都展示出来，都有专门的党支部活动室和“党员之家”活动室，还有一些学习材料和党员写的心得体会、党支部建设制度等，在“党员之家”都能看到。这说明大家在基层党的建设方面，绝大多数还是做得比较好的。这些投入并不多，一个市地行几千平方米的楼，专门开辟一个房间还是有条件的。有的内容还很多，包括警示教育照片、正能量的行史介绍等。所以，经费和活动场地不是问题，关键是重视不重视。三是业务骨干入党积极性不高。这个问题在青年员工中是个普遍性问题，也是给各级党组织提出的一个新的课题，就是如何加强对新入行员工中青年业务骨干的教育、培训和引导，通过细致的工作、深入的教育，使青年员工不断提升对党的认识、对社会主义的认识、对国家的认识，对建设银行事业的认识。要让他们发自内心地觉得，不入党，自己的职业生涯会受影响；入了党，就会更多地迸发出自己的能量、实现自己的志向，更好地为建设银行服务。教育培训要抓紧，这是共性问题。全行目前有37万多员工，近17万在岗党员，占比近45%，而且大部分年龄较大，青年业务骨干党员占比相对较低，各级党组织应该像苏州分行这样，认识到这个问题，同时采取措施抓紧解决，把业务骨干、积极分子、优秀员工吸收到党的队伍中来。

关于下一步工作建议：一是党建的责任要落实。刚才讲的这些问题，说明党的建设责任落实还有差距，特别是基层党组织建设，基层党组织书记的培养和选拔，要提上议事日程。二是要进一步加强对业务骨干的培养教育，加快党员队伍发展。

对广西区分行胡昌苗同志述职的点评

昌苗同志作了述职，实际做的工作比讲得更多。昌苗同志所在的广西区分行属于老少边穷地区，同时也是外向型经济明显的地区，在这样的地区做好党建工作对建设银行来讲至关重要。刚才从他的述职中得到了很好的答案。分行通过抓好党建工作，带领干部员工迎接市场竞争挑战，有些经验是值得大家学习的，包括党支部的横向联建、条线统建、对外共建等措施。加强基层党组织建设，方法要得当，措施要有力，这样才能把党建工作落实到基层、落实到网点。

昌苗同志述职总体上有几个特点：一是牵头制定了《党委工作实施细则》。党委工作部门此前在调研中，也发现基层党组织不知道如何过组织生活，不知道如何召开党的组织生活会议，包括党委会。有了这些制度，党的组织建设、党的制度建设才能发挥效能，党委才能知道如何开好党委会，如何开好党组织的会，这样才能发挥好把关定向作用。二是持续开展“四好领导班子”创建评比。只有持续开展创建评比，二级分行党组织才能在党建方面、“四好领导班子”创建方面取得好的成效，党的组织制度才会更加健全，党组织的作用才会更好地体现。三是按照“五个一”的标准建设“党员之家”，规范活动阵地建设。近几年，昌苗同志通过党建促进发展、促进转型、促进队伍建设，取得很好的成效，竞争力水平显著提高。

关于存在问题：一是“软指标”问题，刚才我在点评吉林分行时也提到，实质上是“愿不愿”的问题，愿意了，一定会把它做成“硬指标”。二是考核方面的问题，如果党建考核不与竞争力指标、业绩指标，包括领导班子竞争力考评相结合，就会成为“软指标”。要与这些指标结合在一起，“软指标”的问题就能解决。我希望广西分行在二级分行如何把党建嵌入到业务经营中，嵌入到领导班子考核中，把“软指标”变为“硬指标”方面，多做一些工作。同时考核手段方法还不够，这也是个带有共性的问题。手段和方法，既要靠分行去教，又要鼓励二级分行、包括基层党组织创造手段、想办法。分行回去以后，也要像总行这种方式，搞一个全二级分行的述职，逼着他们去拿办法、想手段，这样党建工作一定会有很大成效。三是基层党务工作人员素质不高。这实质是不会做，对党务干部的培训还不够。总行近几年每年都开展培训，包括党委书记、一把手培训、基层党组织负责人培训，既有宏观知识、转型发展的培训，更重要的是对党的建设方面的培训和党风廉政建设方面的培训。要进一步加强培训，特别是加强基层党务人员的培训，这样可以尽快提高素质。

关于下一步工作建议：一是解决这些问题要按照总行关于党组织建设的各种制度。近两年，关于基层组织建设、党员之家建设、发展党员、领导班子建设等，总行党委组织部发了很多文件，关键要把这些文件落实到位，把各项制度贯彻好，从而在抓党建的实践中，提高基层行党建工作水平，提升基层党员领导干部特别是党组织书记的履职能力。二是加强检查。老少边穷地区，交通不便，加强检查非常重要。广西分行的县市支行、营业网点在基层很多，鞭长莫及，会削弱党建工作。要加强检查和调研，党的部门、群团组织，特别是党委同志要经常下去，既要“帮一把”，还要通过检查“推一把”，基层党建工作一定会有新的气象。

对总行住房金融与个人信贷部王毅同志述职的点评

王毅同志是述职中第一个总行部门负责人，刚才听到他讲的这些理念、想法、做法和取得的成效，我发自内心地感动。总行41个一级部，承担着建设银行整个系统的管理、发展和转型的重要职责。王毅同志在房金部将近3年的时间里，通过谋划党建工作，实施了符合总行部门特点的“五个深入”党建工作法，以作风转变带动整个条线执行力、战斗力的提升，取得了令人满意的成果和实效。

大家在听他的述职中，总体感觉是，自始至终从上到下都传播着一种正能量。一是如何抓好党建，如何履行好党支部书记的职责，如何指导好党小组长工作，如何发挥党员的带头作用。正因为这个问题解决了，所以房金部在产品创新、业务发展、同业竞争中一年一个大台阶，贷款超过另外一个大行2000多亿元。当然，这有在座资源部门的支援配合，但如果自己不努力，找不准贷款的着重点，找不到突破口，也会形成问题、甚至酿成风险。二是抓干部队伍作风转变。我们在2012年全行战略专题研讨会上，主要是批评“部门银行”作风，“部门银行”主要是作风转变问题，房金部在这方面做得非常好，而且因为作风转变，整个条线的执行力、战斗力大幅提升。多出的几千亿贷款不是总行贷款，而是下面分行带来的，是条线员工积极努力的结果。三是“读一本好书，学一个好人，做一些实实在在的好事”。这“三个一”说起来容易，做起来不容易！读一本好书，要把书选好，不能读歪书、邪书；当一个好人，是全面的好人，不是某一个方面的好人，政治上、业务上、团结上、品德上都是好人；还有就是做一些实实在在的好事。

刚才王毅同志讲，总经理、副总经理、处长大门都是打开的。处长是没有门的，跟大家在一起，但是总经理、副总经理这个大门是开着的，大家有事都可以跟他谈，有问题都可以找他商量，有好的想法都可以跟领导们说，这就是正能量！如果每个部门都像房金部这样，那总行的作用一定会得到更好的发挥，效果一定会很好。相比较而言，有的部门可能不是这样，领导干部的门都紧关着，害怕员工进去吵架，害怕有的人推门就进、上门就吵。我讲的是部门的负责同志，而不是处长和基层干部。另外，刚才党群工作部的同志也提到，房金部过去矛盾也不少，工作上也有些问题，大家也有意见。在这些问题上，最近两年都得到了很好的解决。矛盾少、工作好，业务指标连创新高，应该说是可喜可贺。

当然房金部也存在一些问题，这也是总行部门的共性问题。一是党支部战斗力提升的问题。党支部委员会的组成要进一步优化，实际是党支部战斗力要进一步提升，这是关键。党支部委员会的选择非常重要，有的部门在支部委员会组成人员中也存在这些问题，群众没打架，支委会内部的部门领导干部之间先吵架。所以支部委员会成员的优化要作为重点，成员优化以后，才能形成一个坚强的战斗核心。近几年，我没有听到房金部在人的问题上、工作问题上、作风问题上、团结问题上有负面消息、负面问题。部门作风和管理问题，这需要总行党委，包括机关党委、组织部门共同努力，把这个问题作为共性问题加以解决。二是“三会一课”制度不能松懈。房金部的“三会一课”制度抓得是比较好的。要把这个制度作为一个经常性制度，坚持下来。“三会一课”不经常，职工、党员、业务骨干，就会想别的事情、想其他的事情、想不顺心的事情。要把思想和精力集中到加强党的建设上、集中到如何做好党的工作上、如何履行党员义务上、如何做好业务上、如何开展创新上。在很大程度上，“三会一课”制度可以更多地凝聚人心、聚集力量。三是机关党建工作方式方法还要创新。这是机关普遍存在的问题。“三会一课”制度、党员之家等，这些方式方法都很好，要坚持下去。但新的方式、新的手段、新的形式，也要继续创新发展。没有新的东西，大家就会感到疲劳。我希望王毅同志带个头，多做一些党建工作方式方法创新，供总行其他部门学习借鉴。四是培训问题。最近几年总行加强了党建培训，但是对部门的党建培训还要进一步加强，我们要多做一些培训，多做一些教育工作，多开展一些各种形式的党建活动，使党员群众心中有党、口中有党，在业务中以党建带动业务发展。这些工作做好了，机关的作风建设、党建工作、员工的凝聚力、部门的创造力，一定会有很好的发挥。

大家可以看一看，总行有的部门为什么能够像房金部一样，矛盾少、工作好、业务工作一年上一个新台阶，而有的部门为什么矛盾多、工作不好、群众有意见、领导不满意，党委还跟着操心，关键就在“一把手”！希望各部门主要负责人，能够像王毅同志一样，以党建带动业务工作，以业务工作的良好成绩来实现转型发展。

对河南省分行石亭峰同志述职的点评

亭峰同志的发言发人深省，业务做得好，党建工作做得也好，因为有了党建工作的强大基础，所以业务工作连续翻番。亭峰同志讲，党员是一个标杆，更是一面旗帜，这个话非常深刻。亭峰同志的述职，有两个特点：

一是党建活动色彩纷呈。“十六字方针”“531”“852”等，这个“852”我到河南分行去调研时，跟我讲了很多次，我已经耳濡目染。要实现“852”的建行梦，因为他确实在“做梦”，这个梦一定能够实现。如果“一把手”不“做梦”，一两万员工都不做梦，那分行的“852”怎么实现？正因为他有一个良好的梦，所以“531”很快就实现了，“852”也一定会实现。归根结底，是党的建设工作、党团主题实践活动搞得好的重要成果。述职中还提到了很多活动，包括主题实践活动、全员大营销活动、笃行梦想活动等，正因为有这些精彩纷呈的党建活动，促进了全行业务大跃进，使党建工作、业务工作双丰收。过去，亭峰同志专门在全行做了一些经验介绍，包括转型发展和经营管理的经验介绍，但没有做过党建方面的经验介绍，现在我们找到了根源和基础，为什么河南分行业务做得好？是因为党建工作做得好，以党建工作促进了业务发展。

二是实行几个“一手”。班子、大局、作风，这是党建工作的根本。一手抓班子、一手抓大局、一手抓作风，带动队伍、带动业务、带动风气转变，体现出河南分行强大的业务竞争能力和发展能力。同时也破除了一种说法，那就是党建可有可无、可强可弱，这是不对的。回过头来看，凡是业务发展好的，班子一定是团结的，队伍是有战斗力的；凡是班子团结的，队伍有战斗力的，党建工作肯定做得好的，群团工作做得好，这是相辅相成的。不可能出现业务做得很好，班子却不团结，队伍没有战斗力的情况；也不可能出现党建工作薄弱，但业务发展却很快很好的情况。迄今为止，我没有看到这样的案例。所以，党建促进业务发展、促进改革创新和转型、促进业务腾飞，一定是个因果关系。

同时分行也存在一些问题，亭峰同志也讲得很实在：偏化问题、递减问题、松懈问题、薄弱问题等，这是带有共性的问题。我相信以亭峰同志对党建工作的认识，以现在取得的成绩和业务发展的好基础，这些问题一定能够得到解决。我们拭目以待，也更希望早日看到河南分行“852”建行梦的实现。

在中国建设银行“两学一做”学习教育工作会（视频）上的讲话

王洪章

（2016 年 4 月 7 日）

同志们：

昨天上午，中央召开了“两学一做”学习教育工作座谈会。会议传达了习近平总书记关于“两学一做”学习教育重要指示精神。中央政治局常委、书记处书记刘云山同志，中央政治局委员、组织部部长赵乐际同志分别作了重要讲话。更生同志已就全行“两学一做”学习教育工作作出具体布置。这里，我代表党委提几点要求。

一、加强思想对标

习近平总书记指出，“两学一做”学习教育是加强党的思想政治建设的一项重大部署，是协调推进“四个全面”战略布局特别是推进全面从严治党向基层延伸的有力抓手。在党的群众路线教育实践活动、“三严三实”专题教育之后，中央紧接着在全党 8700 多万名党员、430 多万个基层党组织中开展“两学一做”学习教育，目的是推动党内教育从“关键少数”向广大党员拓展、从集中性教育向经常性教育延伸，把全面从严治党要求落实到每个支部、落实到每名党员。“两学一做”不是一次活动，而是常态化、经常性的思想政治建设工作，通过抓在日常、严在经常，旨在推动党内教育不断深化。

从建设银行情况看，近年来全行各级党组织通过认真学习贯彻党的十八大以及十八届三中、四中、五中全会和习近平总书记系列重要讲话精神，扎实开展党的群众路线教育实践活动、“三严三实”专题教育，在全面从严治党从严治行上取得了显著成效。但是，对照中央要求仍有差距。中央巡视组对我行巡视后指出了 3 个方面问题、10 个方面具体表现。仔细剖析这些问题和表现，逐项见人见事，就能发现一些党员党的意识淡薄、思想建设松懈等深层次问题。有的学习浅尝辄止，学之不精、悟之不透、信之不深、行之不笃，没有认识到自己首先是党员，没有起到党员应有的先锋模范作用。这其中，个别党员领导干部由思想滑坡、防线失守，最终走到违规违纪的地步，教训非常深刻。可以讲，“两学一做”学习教育对于建行来讲是恰逢其时，既是对此前党的群众路线教育实践活动、“三严三实”专题教育成果的进一步固化和延伸，又是对落实中央巡视整改工作的进一步深化和推动，是持续深化全面从严治党从严治行的当务之急。

“两学一做”基础在学、关键在做。要结合中央要求和建行实际，在“学”和“做”两个方面加强思想对标，自觉主动地向中央看齐。

打好“学”的基础。要抓好思想教育这个根本，夯筑立德、立身、立业的牢固思想根基。学习重点内容上，要通过学习党章党规，使党员的基本标准、行为规范、宗旨意识入脑入心；要通过学习习近平总书记系列重要讲话，使新时期党建工作科学理论、战略和方法成为全行党员思想行动的指南。学习方式方法上，要通过学习研讨、党课、组织生活会、民主评议以及专题调研等多种方式，依托报刊、网站、微信微博、影像视频等多种载体，把学习教育开展得更加活泼生动。

增强“做”的自觉。要紧紧围绕中央和总行党委关于“两学一做”的总体目标、基本要求和主要任务，加强组织领导，不断增强党支部自我净化、党员自我提高的自觉性和主动性。要对照“四讲四有”标准，准确定位思想、工作和生活的坐标，时时检视自身、处处从严要求，使之成为全行党员的作风新常态，在各自的岗位上切实把党员先锋形象树立起来。

二、坚持细照笃行

中央指出，“两学一做”要强化问题意识问题导向，重点解决好当前在一些党员身上存在的理想信念模糊动摇、党的意识淡化、宗旨观念淡薄、精神不振、道德行为不端等 5 个方面问题。从中央巡视以及我们内部监督检查情况看，这些问题在各级机构不乏存在，有的还比较严重。中央强调，经济进入新常态，干部精神面貌要有新状态。要针对这些问题加大整改和问责力度，解决病根犹存、积习未消、屡查屡有等深层次问题，在“两学一做”学习教育以及落实巡视整改中，着力从源头上加以治理。具体工作要求总行已作了布置，这里重点强调抓好“两个结合”。

共性化要求和个性化方案相结合。要按照“两学一做”的基本要求，逐条逐句通读党章、原汁原味研读习近平总书记系列重要讲话，掌握党员应知应会的基本原理、基本精神、基本制度、基本方法，等等。针对党员领导干部和普通党员，学习内容和要求要有所区别。对学习教育方案明确的基本要求、规定动作，针对共性问题提出的措施等，各级党组织、每位党员要认真加以落实，不能走过场。

要防止大而化之，力戒形式主义。习近平总书记在做好“两学一做”学习教育工作的指示中，特别强调：“如果囫囵吞枣，全国都搞统一步调、统一模式，这是形式主义；如果什么都不管，简单照抄照搬中央部署，也是形式主义。”每个机构、每位党员面对的问题不一样，相应采取的方案和措施也有所差别。这次“两学一做”学习教育强调要分类指导，给基层党组织结合自身实际开展学习教育留出较大的自主空间。希望各级党组织进一步聚焦自身存在的问题，做到有的放矢。要合理安排好学习方式、学习重点、学习时间，做到问题精确定位、方案精细科学、措施精准有力。

正面典型激励和反面典型警示相结合。要加强先进典型的激励引导。除了中央倡导学习的先进党员事迹外，近年来我行大力宣传了一批身边的先进典型，在全行员工中起到了非常好的示范效应，而且通过与银行服务有机结合，在市场上打出了诸如“向党工作站”“红梅理财”“刘艳快线”等响亮的品牌。榜样的力量是无穷的，在“两学一做”学习教育中，全行还要继续重视挖掘和宣传先进典型，努力营造见贤思齐、翕然向风的良好氛围。

要做好反面典型的警示教育。近年来全行加大了对违规违纪的查处力度，特别是针对重点人、重点事、重点部位强化监督，起到了很好的正向作用。古人讲，“令已布而罚不及，则是教民不听。”在纪律面前没有例外，在党规党纪面前没有特殊党员。下一步，还将继续加大对违规违纪行为的查处力度，使全行党员、广大员工引以为戒，切实起到查处一人警示全体，查处一案警示一片的作用。

三、紧扣中心工作

习近平总书记讲过，工作顺利的时候保持良好的精神状态并不难，难的是在面对众多矛盾和问题时、遇到困难和挫折时，能够始终保持昂扬向上、奋发有为的精神状态。当前，各级机构在全面从严治党从严治行上还存在差距和问题，在改革和转型发展上还面临不少困难和挑战，全行党员同志要切实振奋精神、作出表率，落实好“两学一做”要求，把状态调整到最佳。

中央强调，要把“两学一做”学习教育与中心工作紧密结合起来。作为国有控股大型商业银行，当前我们的中心工作就是贯彻落实好中央各项经济金融方针政策，以加快转型发展全面提升服务能力。能不能实现我们转型发展的既定战略目标，完成好党中央、国务院赋予我们的责任，这是检验“两学一做”学习教育成果的主要标尺。

首先，学习教育成果要体现在责任担当上。有多大担当才能干多大事业。要通过“两学一做”，使全行党员不断增强敢于担当的信念和定力，不断提升敢于担当的素质和能力，在推动全面从严治党从严治行、加快转型发展中肩负起自己的责任。要做到面对各种歪风敢于坚决斗争，面对各种诱惑善于保持定力，面对各种挑战勇于挺身而出，在任何时候下都敢于自豪地亮出自己的党员身份。

其次，学习教育成果要体现在争先进位上。要善谋转型发展之策、善为改革创新之举，在本职岗位上以实际行动和突出业绩发挥好党员的作用。要把“两学一做”教育成果转化为改革创新的动能，用好对我们有利的“时”和“势”，以力争上游的冲劲、抓铁有痕的狠劲、善建不拔的韧劲，稳步发力推进转型发展，全面提升市场表现，努力实现一个季度好于一个季度的经营业绩。

邓小平同志讲过：“党领导得好不好，中央的路线执行得如何，要看共产党员合不合标准。”全行要通过扎实深入开展“两学一做”学习教育，使全行各个基层党组织充分发挥出“战斗堡垒”作用，使全行每位党员充分发挥出“旗帜”先锋作用，主动应对新情况、新问题、新挑战，充分展现新面貌、新作为、新气象，在深化全面从严治党从严治行、加快全行转型发展中，不断取得新的更大的成绩。

在第十一届“中国建设银行十大杰出青年”表彰暨“与行领导面对面”青年座谈会上的讲话

王洪章

（2016 年 5 月 11 日）

青年同志们：

大家下午好！

今天总行举办“十杰”表彰会和青年员工座谈活动，总行党委十分重视，在京的党委成员都来了。党委同志也是从青年时代过来的，有的党委同志在年轻时候也曾担任过团支部书记、团委书记，我们都想利用这个机会和大家一起回顾过去、憧憬未来，把握好昨天、今天和明天。“五四”青年节刚刚过去，在这里，我代表党委向你们并通过你们向全行青年员工致以节日的问候，也希望你们进一步继承和发扬“爱国、进步、民主、科学”的“五四”精神，勇敢地担起建设银行改革发展的历史重任，在各自的工作岗位上继续建功立业。

刚才我们为第十一届“十杰”的获奖者颁发了证书。大家知道“十杰”是建设银行一项很高的荣誉，每两年从近38万员工里评选出10名。往届的经验表明，获得这项荣誉的确是实至名归，很多获奖者当时和后来都成长为中高层管理者或业务技术专家。今年“十杰”评选过程中，有30万员工关注并参加了投票。这不仅是一项殊荣，更被全行员工寄予厚望。希望“十杰”获奖者以荣誉为新起点，以更高的标准要求自己，创造更多属于建行、也属于你们自己的辉煌业绩。

我和党委同志都看了大家的简历。今天参会的青年员工都是各类先进荣誉称号的获得者，是建行优秀青年的代表。你们为建行的发展贡献了青春和力量，建行感谢你们。同时你们赢得了自己的奖章，这个奖章证明了你们自己的过去，也代表着现在，我想一定会激励你们和全行30多万名员工走向未来。

你们的奖章含金量很高，代表着为建行的事业作出了重大的贡献，希望你们倍加珍惜。五月正值万紫千红的春天，青年与青春紧密相连。在青春时代，你们洋溢着浓浓的诗情画意，散发着令人心醉的青春气息。当你们赢得了荣誉，它会感染着与你们一起工作和生活的群体，也会激励着年轻人奋发砥砺，勇敢前行。希望“十杰”获奖者和参会的青年员工发扬成绩，在工作生活中做好表率，用自己的一言一行去引领、帮助广大青年共同成长，使“一花吐秀”带来“万紫千红春满园”。

今天我和党委同志很高兴有机会和大家面对面交流。你们来自各个分行和总行各部门，带来了各个地方、各个条线青年人的希望和追求，迸发着青春活力。刚才有10位代表发言，谈了自己的工作经历、想法、思考和收获，有的还提出了很好的建议。这些建议，我们会认真加以研究。

从大家的发言里，我和党委同志都能感受到建行青年朝气蓬勃的精神面貌、爱岗敬业的工作态度和奋发有为的价值追求。从大家的发言中，能够感受到你们丰富的阅历、娴熟的业务、流利的表达、严谨的逻辑、真情的流露，确实让我非常感动，也让我更加深刻地领会到一句话，“生活赋予我们一种巨大的和无限高贵的礼品，这就是青春：充满了力量，充满了期待，充满了求知和斗争的志向”。这是建设银行非常宝贵的精神财富和物质财富。

习总书记多次在讲话中谈青年。近日，在与知识分子、劳模和青年代表的座谈会上，他再次强调了青年在全面建成小康社会和实现中华民族伟大复兴“中国梦”中的作用，对青年提出殷切期望。借此机会，结合建行实际，我讲几点意见。

第一，使命追求和责任意识是青年成长的基石，建设银行事业需要青年的激情和创造。

现在全行40岁以下的青年员工占到一半以上，是我行改革发展转型的主力军，也是我行业绩的重要创造者。近几年，虽然国际国内经济形势复杂多变，但我行顺势而为、逆势而进，取得了难能可贵的经营业绩。如今我行已经拥有370多万公司客户和5亿多个人客户，资产总额突破19万亿，这些成绩得益于全体建行人的拼搏奋进，更凝聚着青年员工的智慧和汗水。今年是“十三五”开局之年，我国打响了全面建成小康社会的攻坚战，我行也进入转型发展的关键时期。面对许多新的挑战，我们全体员工需齐心协力完成好各项改革创新的任务，履行好各自的职责。青年强则建行强。你们要认清自己肩负的使命，勇挑重担，以主人翁的姿态，积极投身于建行的转型发展。

“功崇惟志，业广惟勤。”理想指引人生方向，信念决定事业成败。青年人最具激情、最憧憬未来。我和党委同志支持年轻人敢想敢拼，勇于尝试、大胆追梦，因为无梦不成真。要着力为青年成才搭建成长平台，为青年实现人生价值打好基础。因为我们的青年员工绝大多数来自校园招聘，从校门走进单位大门，其成才成长不仅仅是个人的需求，也是建设银行所肩负的责任。

我和大家分享一下总行党委最近几年关于青年干部培养的一些措施，如何用实际行动诠释“为员工搭建广阔的发展平台”的企业使命。比如，对于全行新入职员工，我们统一将其分配到基层网点，以快速适应身份转变，同时帮助青年员工进行职业生涯设计，做好岗位培训。对于优秀年轻干部，我们下大力气抓好培养，加强实践锻炼，开展优秀处级干部上下交流任职，选派青年员工到地方挂职。青年干部培养要多“墩墩苗”，根底扎实才能走得更远更稳。近年来，通过总行和各分支行党委的努力，已经有不少青年走上了重要岗位，成为了管理人员或业务专家，获得了更多展示才华的机会。

我们处在转型发展的关键时期，要实现与前行者拉近距离，与后面者拉开差距，关键在人。要打造“国内最佳，国际一流”、最具价值创造力的现代商业银行，实现建设银行转型的既定目标，归根结底在于培养和造就一大批能够担当重任的青年建行人，继往开来、接续奋斗。在这个意义上，我们的人才发现、选拔、培养、使用机制要进一步健全，这里面有很多工作要做。当然我们已经开始付诸实践。去年，总行制定下发了《关于进一步优化岗位职务序列管理的意见》，对全行员工内部等级体系进行了调整优化，打破员工职业发展的“天花板”。我们在二级分支行及以下机构建立了职务与职等并行制度。另外，从2013年起我们加大了处级干部上下交流的力度，选派分行40多名处级干部到总行挂职，总行18名处级干部到基层挂职。目前这批干部已经顺利成长。今年，我们又推出一项重要的人才培养举措，即实施“213人才工程”，包括200名领军人才、1000名拔尖人才、3000名骨干人才，以此为全行转型发展奠定良好的人才基础。今年，党委又决定在总行机关通过竞聘方式集中选拔45周岁以下年轻的部门副职。下一步，还准备选派一批年轻处级干部到基层挂职，同时加快选拔80年代出生的优秀人才担任处级干部，并在分支行进一步加大年轻干部的选拔和培养力度。这些措施，就是为了完善在更大视野、更宽领域广纳群贤，让优秀年轻人才脱颖而出，为青年员工创造更好的成才环境和发展空间。所以，未来建行的青年一定会有广阔的职业前景。希望青年同志珍惜现在的工作，坚定心志、脚踏实地、戒除浮躁、抓住机遇、立足岗位，更加努力地投身到实现“国内最佳，国际一流”银行的建行发展愿景中来。

第二，勤奋学习、修身养德，扎实内功是能够迎接机遇和挑战的重要基础。

“非学无以广才，非志无以成学”。当今时代快速发展变化，技术、产品、机制、功能等方面新名词、新术语，代表着一种新的产业、产品和商业模式，令人眼花缭乱；信息化、网络化、跨界、全球化等，让人目不暇接。这些都对我们提出不断更新知识的新要求。现在看，熟悉一门业务不足以应对客户需求，了解一项技术不足以支撑未来发展。如果学习不够，对未来不了解，“内功”不强，一定会被淘汰。总行前两年提出打造“学习型”组织，这是对全行员工的一项基本要求。青年员工正处在学习的黄金阶段，要把学习作为一种责任、一种追求、一种生活方式，做到“下得苦工夫，求得真学问”。

青春无悔是多么诗意的词眼，它没有“夕阳无限好，只是近黄昏”的哀叹。青春是人生之歌中最激昂的一段乐章，也是学习的黄金阶段。要让青春无悔，在人生之旅中绘就最绚丽的一处风景，绽放最灿烂的知识之花。学习有两方面，一是获取知识。像以手机微信等自媒体为代表的新信息渠道，大家可以从中快速地获取信息和知识点。当今互联网信息爆炸性增长，带来更大便利和快捷，青年人要利用好这个获取新知的途径。同时，要多看读经典。经典书籍经历了时间检验，凝聚了世界范围内几千年人类智慧的精华。因此，我和党委同志都推荐青年人多读些经典书籍。高尔基说：“我扑到书籍上，就像饥饿的人扑在面包上。”青年也要有这种学习热情，沉下心来读好书、善读书。现在整个社会节奏很快，但也不乏浮躁之风。其实，我们在知识缺乏时要读书，思想匮乏时要读书，情绪浮躁时更要读书。通过读书平静内心，思考和判断问题，才能在思想多元、文化多元、价值多元的当今社会中，不迷失方向、不失去自我、不偏离定位。

学习的另一个方面就是实践，这是基本功。理论要在具体实践中融汇升华，再加上反复练习琢磨，才能修得真功。青年人要善于把书本上的知识快速运用到工作当中，增强分析和解决问题的能力。总行团委每年举办的“百企联谊、百点调研”就是一个很好的深入实践、学习跟进最新动态和理念的机会，要持续深入地开展下去。还要注意跟我们的同业以及跨界进军金融业的企业学习，取长补短，培育竞争优势。

打好基本功还要“求真务实”。刚才广东分行陈晓凤同志提到，“无论是简单的事情还是复杂的事情，重复做，就能成为专家，重复的事情认真做就能成为赢家”。我再加一句，把每一项工作当事业来做，就能成为“大家”。要少一些惰性，多一些付出；少一些浮躁，多一些耐心。把知识体现在干事上，不空想，不空谈，不搞空中楼阁。陈晓凤同志还提到“好的心态决定好的心情”，这非常重要。要把知识体现在这个方面，把职业规划具体化，把目标锁定在会干事、干成事上，切忌眼高手低。我们很多机构负责人就是从柜员做起，在不同层级和岗位历练，创造出不平凡的业绩，最终脱颖而出。刚才大家的发言也提到了在自己岗位上勤奋学习的经历，我和党委同志很受感动。建行青年有这样的意识和品格，建行未来就大有希望。我也希望建行的青年像甘肃分行俞彬同志讲的“在逆风中去翱翔”，在激烈的市场竞争中，这应该成为我们的不二选择。

在勤奋学习、提升本领的同时，要加强道德修养。古人云：“百行以德为首”。国无德不兴，人无德不立。我们在选拔任用干部时一直把“德才兼备、以德为先”作为基本原则。大家要切实塑造良好的品德修养，提高社会公德、家庭美德、个人品德，保持积极的人生态度、良好的道德品质和健康的生活情趣。廉洁是职业道德的底线。作为建行员工，工作处于经济生活的核心，要特别注重自律守静、克己奉公，牢记职业操守，避免在这些方面犯错误，走弯路。

第三，善于创新、勇于创新，做建设银行转型发展的生力军。

改革开放30多年来，我国经济建设和社会发展取得巨大成就，其中自主创新已经成为经济增长的重要引擎。党的十八届五中全会将创新作为中国五大发展理念之首，强调“必须把创新摆在国家发展全局的核心位置”。我们的“五个转型”当中也专门有一个“创新型银行”的转型要求。

这几年，青年员工为我行的改革发展提出了不少好建议，践行着创新型银行转型实践。总行团委连续三年举办“金点子”创新创效活动，征集了几千条青年员工的智慧成果，内容覆盖发展创新金点子、战略转型微建议、岗位创新好办法等多个方面。一批创新建议得到转化应用，一批汇聚集体智慧的创客联盟和创客空间不断涌现，一批善于创新的优秀青年已经纳入总行“青年创新人才库”，成为持续创新的新生力量。我们“五大转型”另一项是智慧银行转型，其中就有部分创意来源于金点子大赛，比如大家提出的“让网点更智能”“指尖上的建行”等设想现在已经实现，成为转型发展的重要成果之一。当然我们面临的挑战更大，新的金融产品、服务模式、“互联网+”以及国际化的要求，需要我们青年员工去寻找机遇、迎接创新挑战。大家要结合你们经验和工作实际，拓展新思路、新方法和新手段。大家知道，其实“互联网+”、大数据、云计算、机器人已经成为普遍，人脸识别、声音识别、虹膜识别等技术已不再新鲜。你们青年人是这些新技术、新生活方式、新商业模式的体验者、引领者甚至设计者，完全有能力把这些前沿的信息进行传递，思考研究怎么样跟我们的业务结合起来。这里有很多创新空间，商业银行的业务种类多，领域非常宽广，涉及国计民生的方方面面，有条件为大家提供广阔的创新平台。

第四，全行各级党委要进一步重视青年工作，加强团组织建设，为促进青年成长创造条件。

近几年各级机构团组织为助力青年成长成才做了一些工作，开创了有建行特色的团青活动品牌，在金融系统产生了较大影响力。例如开展系列思想教育活动，持续推进EAP员工帮助计划和温暖工程走基层活动，通过联谊活动、营销活动等拓宽员工的交往面，组织员工参加“积分圆梦·微公益”、援疆青少年“融情夏令营”以及各类青年志愿者活动等，同时开展了各类评先创优活动，树立先进典型，鼓励青年积极上进，发现和推出了一批优秀的青年人才。这些成果要保持和巩固，并打造成为建设银行特有的青年成长品牌。

今天参加座谈的，还有不少团干部。你们是青年的带头人，要起表率和引导的正面作用。刚才有分行的团委书记发言，讲了你们的工作思路和措施，都契合当前青年的特点和需求。团青工作要注意去“四化”，工作方向和内容要按照中央的要求和建行转型发展的大局去布置去工作。团干部要认真落实“两学一做”要求，提高自身思想政治素质，同时要做青年的知心人，帮助解决实际问题。习总书记指出：“实现中国梦，需要依靠青年，也能成就青年”。这是党对共青团组织的号召，也是对团干部和青年队伍的要求，全行各级党组织和团组织要认真学习领悟，既要“通上情”又要“接地气”，助力青年成长成才，健康生活。

最后，用大家非常熟悉的奥斯特洛夫斯基的一句名言与大家共勉，“一个人的生命应该这样度过：当他回首往事的时候，他不会因为虚度年华而悔恨，也不会因碌碌无为而羞耻”。大家希望中国的天气能够日日“APEC蓝”，我们希望“建行蓝”因为有你们作为基石，因为有你们的努力更加靓丽。我想，更加靓丽的“建行蓝”在青年一代的手里一定能够早日实现。

发力转型 勇拔头筹 不断做强做优做大

——在全行夏季工作座谈会议上的讲话

王洪章

（2016年7月25日）

同志们：

这次会议的主要任务是贯彻落实习近平总书记“七一”重要讲话和关于做强做优做大国有企业的指示精神，以及近期李克强总理考察我行时强调的助力实体经济发展的要求，分析上半年工作，布置下半年任务，完成好今年的各项目标。祖继行长还要作经营情况报告。我首先代表党委讲几点意见。

上半年形势异常复杂，成绩尤为不易。全行认真贯彻落实中央经济工作会议和年初全行工作会议精神，坚持党建和业务“两手抓”，改革、转型和发展“三发力”，以毫不松懈的意志、沉着应变的定力和坚忍不拔的毅力，克难而进，实现了逆势而上的新业绩。

业务发展稳中见强、稳中创优。全行紧紧围绕服务实体经济，不断提升发展质量和效益。集团资产负债稳健增长，监管指标和核心财务指标居于同业前列。在消化去年5次调息影响、稳住拨备覆盖率的情况下，实现了净利润增长1.25%。“五位一体”转型协同推进，7大重点领域取得新突破，19大类61项转型重点业务过半增速超过15%，23家重点城市行和北上广深4家分行市场表现提升。资产负债、财务等战略资源管理与配置日臻科学有效，为全行转型发展提供了强有力支持。创新活力增强，上半年产品创新和移植380多项。以客户为中心的综合服务功能日趋完善，开始实现从“我为客户提供服务”向“根据客户需求提供服务”转变。集团综合服务能力提升，母子公司业务联动量同比增长130%。子公司金融资产达到3.2万亿元，净利润同比增长28%。完成中建投咨询公司收购交割，新增了财险、造价咨询两块牌照。海外机构资产达到2209亿美元，商业银行类海外机构净利润同比增长41%。新一轮集约化顺利推进，三大业务直营中心开始运营，总行直属中心向生产园区集中的整合方案有序实施。做好风险“了解和化解”，初步遏制了不良贷款攀升势头。集团口径不良贷款率控制在1.63%，拨备覆盖率151%。管控存量风险和优化增量结构“两手抓”，贷款质量呈现边际改善态势，上半年风险暴露同比明显减少，对公客户违约率逐季下降，逾期和不良贷款“剪刀差”四行最低。客户和账户基础增强、结构优化，新增账户中基本户超过9成。深化网点“三综合”并向“三个平台”转型，相关会计制度、柜面流程、操作规则、员工培训、网点分类和形象设计等渠道转型工作持续深入推进，综合营销团队力量不断增强并覆盖全部综合性网点。移动金融同业领先，手机银行活跃用户数、微信银行用户数和影响力居于首位。新一代核心系统3.1期项目顺利投产上线，年底前主体工程将全部完成，为转型发展提供了强有力支撑。

党的建设抓出长效，体现良好效果。全行以落实中央巡视整改工作、“两学一做”学习教育为抓手，持续深化全面从严治党从严治行。强化巡视整改主体责任，逐项抓落实，整改任务大部分已经完成，整改情况及时上报中央并通报全行。总行党委成员带头在支部讲党课，各级党组织和广大党员在“学”和“做”上对标看齐，焕发了基层党建活力。召开庆祝建党95周年大会，表彰先进典型。制定了加强党的建设推进全面从严治党指导意见，逐级签署全面从严治党责任书。制定了“两个责任”问责办法，对履责不到位的分行党委书记和纪委书记公开约谈。修订党委中心组学习制度。召开了组织人事工作会议，“213人才工程”建设开始起步，“国际化人才千人计划”正在实施。完善了领导班子和成员综合考评体系。开展总行部门副总经理岗位公开竞聘。持续加强党校和培训中心建设。举办一级分行党委书记和新任职行级领导干部培训班，并首次举办二级分行党委书记培训班，效果显著。强化纪委监督责任，深化“三转”下沉，配齐海外机构兼职监察专员。修订员工违规处理办法。将二级机构、本部部门和县支行纳入巡视范围，实现全行巡视“一盘棋”。深入开展“四风”整治“回头看”，招待费、宣传费、车辆费等压缩类费用同比下降26%。稳妥有序做好信访和安全保卫工作。强化保密管理。开展了“文化聚共识，转型促发展”“学习最美建行人，服务转型展风采”等主题宣传活动。召开了群团工作会议、“十杰”表彰会和青年员工座谈会。推动工会组织全覆盖，加强了职工之家建设和老干部工作。持续开展温暖工程、岗位技能竞赛、群众性文体和公益活动等，进一步凝聚了全行力量。

上半年取得的成绩，是全行上下辛勤努力的结果。这里，我代表总行党委，向大家并通过大家向全行员工表示衷心的感谢！

最近一段时间，党中央和国务院多次召开政治局会议、国务院常务会议以及金融座谈会等，就做好当前经济金融工作提出了要求。习近平总书记强调，要理直气壮地做强做优做大国有企业。李克强总理要求商业银行积极支持实体经济发展，加大对“双创”和小微企业支持力度，切实研究解决“融资难、融资贵”问题，并在考察建行时勉励我们为实体经济助力、在金融创新方面勇拔头筹。作为国有商业银行，建设银行有责任也有能力在服务国家战略中有更大作为，按照中央“五大发展理念”的要求深化转型发展，实现我行自身做强做优做大。今年下半年，要重点抓好以下5个方面工作。

一、把握大势，服务大局

不识大势，难成气候。准确把握宏观经济金融和政策大势，是国有商业银行发展制胜的法宝。今年以来，我国经济虽然面临着多方面压力，但积极因素不断增加，“稳”的基础不断巩固，“进”的动能不断增强。

一是经济增长符合预期。上半年国内生产总值同比增长6.7%，二季度增速与一季度持平。6月份，世界银行将今年全球经济增长预期由2.9%下调到2.4%。而我国经济连续6个季度稳定在6.5%～7%，非常不容易。从分项指标看，工业生产和企业效益改善，农业基础和粮食增产、就业和物价水平、居民收入和消费增长等都保持了稳的态势。

二是新兴领域增势强劲。经济新动能快速发展壮大，新产业、新技术、新业态增长迅猛。比如，上半年战略性新兴产业同比增长11%，新能源汽车产量同比增长89%，网上商品和服务零售额同比增长28%。新兴产业、服务业等对经济增长的支撑作用上升，为新旧动力转换不断蓄势增能。

三是政策合力增强。今年以来，积极的财政政策更加具体和有力，稳健的货币政策更加灵活和适度，宏观和微观审慎监管更加成型和精准，较好地稳定了市场、引导了预期。政策效果逐步显现，市场信心得到了增强，这也为我行服务实体经济和加快转型发展创造了较为有利的外部环境。

基于对当下形势、变化趋势、既有基础、增长潜力等各方面的综合判断，建设银行完全具备进一步做强做优做大的条件和时机。我认为，现阶段“做强”重在强身健体，要发挥好国有商业银行砥柱中流的作用，增强抗波动抗风险的能力；“做优”重在追求卓越，要增强走在前列、创新引领的意识，不断提升价值创造能力；“做大”重在市场表现，要在经济建设主战场进一步提升实力、争做主力，在市场竞争中勇拔头筹，在核心指标和战略性业务上缩小与领先者的差距、扩大与跟随者的距离。古人讲，“虽有智慧，不如乘势”。全行要善于抓住和用好当前难得的机遇，因势而为，将发展的潜力转变为现实的发展。

——服务国家重大战略，不失时机做大“三大一高”业务。习近平总书记在“七一”讲话中强调，要不忘初心、继续前进。建设银行的“初心”是什么？就是服务国家建设。要在实现“十三五”规划目标中不断做强做优做大。要把服务实体经济放在各项工作的首位，坚持在“三大一高”领域持续发力。

以客户为中心要一以贯之。要跟进锁定目标客户和项目，深入研究“四大板块”“三大战略”和各省区市发展规划，特别要盯住发改委的重大项目和专项建设基金项目清单，做好精准营销。像11类重大工程包、新型城镇化、海绵城市、地下管廊建设，以及“走出去”和“引进来”重大项目等，都要采取名单制的方式逐一对接。要抓住央企改革重组带来的“重新洗牌”机会，以“融资+融智”方式做好综合服务，争取新客户落户我行。

要抓好银政合作协议落实和贷款储备转化。去年以来，总分行与国家部委、地方政府签订了不少战略合作协议，这是银政双赢、提升实力的良好机遇，要认真推动落实、逐项付诸实施。公司业务部、战略客户部等相关部门要加强督导。要着力提升贷款储备转化率。目前全行贷款储备超过6万亿元，要充分挖掘这个“富矿”，实时地转化为现实生产力。

要用好信贷和非信贷多种手段。上半年不少分行和子公司主动携手，联动营销重大项目，比如中标参与长江经济带产业基金、基础设施建设PPP基金等，效果都非常好。这些做法要从自发状态上升到制度层面，由点及面、由面到群，形成协同联动的常态化机制。特别要针对教科文卫等发展潜力大、现金流量大、客户群体大、金融需求大的“大系统”，研究制订可复制的综合金融服务方案，做到“一打一条线，一抓一大片”。

——围绕供给侧结构性改革，以新思路开拓新市场。既要积极稳妥应对“三去一降一补”带来的挑战，也要敏锐抓住内在的商机。去库存方面，重点要推动房地产去库存。在供给端，要以差别化信贷政策促进有效供给，重点支持适销对路的普通住宅项目，以及棚户区改造、旧城改造和老旧社区改造等城市更新项目；同时可探索引入房地产信托投资基金等多种服务模式。在需求端，要继续大力拓展个人住房贷款、公积金贷款，同时做好对低收入群体的信贷支持，比如服务农民工进城购房的专项贷款、农民财产权抵押融资，以及依托中德住房储蓄银行为中低收入人群提供低息的个人住房储蓄贷款等。

去杠杆方面，要加强对企业杠杆率的研究和甄别，针对去杠杆企业制订有效的信贷政策。按照统一安排，重点要做好市场化债转股。要以我为主做好客户选择，创新管理模式，坚持市场化定价和交易，使企业通过去杠杆降低财务成本，提高市场化程度，控制住信用风险。

去产能方面，重点要做好兼并重组金融服务。一直以来，全行对产能过剩行业贷款总体把控得比较好。下一步，既要继续做好信贷结构调整、防止企业逃废债，又要抓住这一轮去产能中企业兼并重组的商机。投资银行等业务部门、子公司要加强研究，大力推进“并购赢”等创新业务，与分行共同做好综合营销。

降成本方面，重点是做好减费让利和“营改增”工作。各分行要严格执行总行确定的收费项目和标准，减轻企业负担。要继续配合做好“营改增”试点工作，确保“价能算、票能开、账能记、税能报”。

补短板方面，重点是做好民生保障、“三农”服务和精准扶贫。短板也意味着潜力。民生领域既是经济发展中的短板，同时也是加快发展的机遇。对银行来讲，这些领域既商机无限又相对陌生。我们要加强研究、主动对接，在补民生领域的短板中寻找新的业务增长点。当前，县域乡镇已成为高成长性市场。湖北分行的“裕农通”业务、海南分行的农民工工资代发业务等，已取得了明显的效果。比如“裕农通”业务，目前农户卡均存款已超过省内城区机构。上半年，总行已与全国供销总社签署战略合作协议，开始全面推广这项创新，并将其升级为“村口银行”。各分行要从战略高度重视“三农”业务，加大创新和资源支持力度，积极运用轻资产的新型工具和手段拓展县域市场。要扎实做好总行和各分行挂钩扶贫村镇的精准脱贫工作，这是一项重要政治任务，必须完成好。各分行党委和主要负责同志要亲自过问、亲定方案，认真组织实施，确保到2020年扶贫对象真正脱贫。要选派好驻村工作组和第一书记，确保扶贫方案落地。要认真总结推广甘肃等分行的精准扶贫综合服务方案和“地押贷”“惠农贷”等扶贫助农产品，探索商业可持续的金融扶贫方式方法。

——助力“双创”，把小企业做成大事业。要把支持企业“双创”和我行自身“双创”结合起来。各部门、各条线和各级分支机构都要成为创新主体，要形成企业级的创新态势。要“沉下去”贴近业务搞创新，发挥基层的创新智慧；要“走出去”面向客户搞创新，不断改进全行创新机制，增加创新模式，建立创新容错机制，提升创新的效率和效果。

要坚持“以小为主、以微为重”，创新技术和服务模式。要把零售化的风控技术、工厂化的业务流程、系统化的评分模型、集成化的数据挖掘结合起来，积极推广“税易贷”“善融贷”“小微快贷”“结算透”等小微企业大数据贷款产品。要加强与地方政府合作，不断完善“助保贷”合作平台和风控机制，促进业务又好又快发展。要确保完成小微企业贷款“三个不低于”的监管要求。要借鉴硅谷银行的商业模式，引入创新创业基金、投融结合和投贷联动机制等，构建小微企业综合金融服务大平台，从小处走出大格局。

要深入研究企业“融资难、融资贵”问题。总行近期将组织力量，选取若干分支机构开展专题调研，以典型客户为样本“解剖麻雀”，真正把问题搞清，把症结找准，为企业实实在在解决问题。各分行也要结合自身实际采取措施，运用高效率、多样化的商业创新模式和技术工具，多渠道降低企业融资成本。

——支持消费升级，打造金融生态圈。我国最终消费需求对GDP增长的贡献率达到73%，消费已成为经济增长的第一动力。可以讲，抓住消费就抓住了未来。要从供给和需求两侧做好服务。一是积极支持企业扩大有效供给，提升消费品品质。目前我行新兴消费相关行业的信贷余额只有2000多亿元，要加力发展。特别要加强对养老家政健康、信息和网络消费、绿色消费、旅游休闲、教育文化、体育、农村消费等新兴消费领域的调查研究，尽快研究制定配套信贷政策和营销指引。

二是精心构建个人金融生态系统。要前瞻性地研究消费升级趋势，以百类核心客群研究、支付结算生态圈建设、综合服务方案制订、移动支付推广应用等重点工作为突破口，全力推进场景化、客群化和个性化等转型关键工作落地。要加快消费信贷和银行卡业务发展创新，以“快贷”等拳头产品为引领，推动消费信贷转型发展。

二、落实落地，发力转型

全行战略转型已“棋近中盘”。要坚持转型规划和年度工作会议确定的方略，接续推进。针对目前转型发展走势和存在的问题，要重点抓好两个方面工作。

——重检细化抓落实。转型发展规划已经实施1年半了，既有不平衡也有不落地的问题。各部门各条线要对转型规划和方案，以及相关政策、制度、机制、措施等进行梳理重检，确保各项转型要求真正得到落实。要突出问题导向和效果导向，基于内外部形势变化和主客观条件，抓好转型方案的细化优化。

要完善各条线转型实施方案。总行各相关部门要认真研究“十三五”规划及其带来的影响，结合我行实际准确解读，对本条线转型实施方案作出优化或补充完善；要紧紧围绕转型规划的基本要求，紧扣转型目标，不得偏离或另搞一套，否则会贻误大局。要加快14个转型专题的进度，将“规划图”转化为“施工图”。各部门要树立转型“一盘棋”思想，做好相互衔接和协同，形成转型发展“协奏曲”。

要继续抓好8个集约化专题。三大业务直营中心要加快发展，体现集约化经营优势。同时要认真研究集约经营的模式和运行机制，形成科学有效的集约经营体制。造价咨询和财险公司要尽快筹建开业，建立健全内部制度机制，提升专业化经营能力。已开展的试点工作，如信托公司市场化改革等，事关重大，要认真加以总结和推广。已经议定方案的，像人力资源结构优化配置、网络金融业务战略规划、内部监督资源整合、反洗钱集中作业、直属中心整合等，要按照时间表加快组织推进。下半年要启动开发中心、数据中心的整合实施工作。

要发挥转型案例示范效应。哈佛商学院将建设银行整体转型写成教学案例，这种案例教学模式在全球备受推崇，值得我们借鉴。近年来，总行从分行转型实践中挖掘并推广了不少典型案例，取得了很好的效果。从调研了解情况看，基层转型创新日趋活跃，鲜活的案例越来越多。总行相关部门要认真搜集整理，形成可分享、可复制、可推广的转型创新案例集。今年往后开展转型培训时，不再笼统地就规划讲规划，要以转型案例研讨为主。

——重心下沉抓落地。要抓好二级分行及以下机构的转型落地工作。二级分行是转型发展的“前沿阵地”，但目前转型亟须的综合性、多功能手段不多，功能不全。全行转型能否取得根本性突破，关键取决于基层行转型的态势和力度。要发挥两个积极性，总分行和子公司要具备“长臂功能”，机构、功能、产品和服务要下沉，让广大基层行都能用上“五个转型”手段。基层行要增强内生动力，总分行在转型培训、软硬件配置等方面要继续向基层倾斜。要树立转型标杆，比如在某项转型业务上领先的分支行，都有哪些好的经验做法，有哪些市场竞争的“撒手锏”，相对靠后的分支行可以更有针对性地学习借鉴。转型一个都不能少，要通过内部对标，形成你追我赶的转型发展氛围。

建立转型发展基层联系行制度。总分行领导干部要进一步转变作风，转变工作方法，少开会，少发文件，多下基层调研，多了解情况、多解决问题。要建立转型发展联系行制度，对基层行加强对口指导。总行各部门及处室同志每年都要安排一些时间，下到二级分行及以下机构开展调查研究，这样既有利于解决基层转型落地中遇到的问题，也能够减少总行部门制定政策时“闭门造车”现象。

要探索新形势下子公司、海外机构加快发展的路径。要通过抓转型促发展尽快做强做优做大，努力实现在同业中的位次与本行地位相称。年底前后，总行将分别召开子公司和海外业务工作会议，就转型发展工作进行专门研究部署。

三、调整政策，释放活力

在当前经济增长压力较大、金融方面困难挑战增多的情况下，全行要加强政策研究，适时作出调整，以更好地服务经济建设，加快实现转型发展。

——信贷政策方面。要深入研究京津冀、长江经济带等重要经济圈，以及“一带一路”六大经济走廊等相关政策和发展趋势，制定我行精准对接的信贷政策。要根据各省区市发展规划、分行特色优势等，对区域信贷政策作出差别化安排，避免“一勺烩”。信贷行业管理团队要吃透国家产业政策，提升行业信贷政策的专业化水平，务求政策适时、有效、落地。要梳理重检与客户评级挂钩的信贷政策、产品制度和业务规则，在确保评级客观准确的前提下，基于当前经济周期变化合理调整客户评级准入门槛，引导各级经营机构在把牢底线的同时，更多地关注客户的真实风险状态、所在行业中的位次、风险缓释措施等，做到风险、质量和效益兼顾。

——资源配置方面。要优化信贷资源配置管理，引导分行加快发展资本占用少、回报率高的业务。继续加大对战略性业务专项投入力度，包括金融IC卡、ETC、EPOS、金融市场业务、养老金业务，以及支付结算生态圈、云支付等。加大延伸性资本性支出安排，重点针对需要竞标争取的社保、银医、银校等业务合作领域（2016年已安排支出21亿元）。要适当增加部分压缩类费用的管理弹性，根据转型发展的需要，对部分绝对金额较小的分行设置合理控制区间。加大转型发展考核情况与绩效薪酬的挂钩力度，同时要想方设法提高基层行实际薪酬，确保一线员工的工资水平整体上不下降。要加强人力资源配置，前后台分离、智慧柜员机运用后释放出来的人力资源不能上收，要抓紧进行综合技能培训，按照“三综合”要求及时、科学合理地补充到客户经理队伍中去。

——考核方面。要精简考核指标，加强与同业对标和业务增长考核，考核策略要体现差异化。

要持续加大对转型关键业务的考核力度，按照有利于协同联动、调动各方积极性的原则，建立分行之间、母子公司之间的利益分享机制。对子公司、海外机构的考核也要作出优化调整，突出规模、效益、成本收入等指标，充分发挥综合性牌照功能。

——授权和审批方面。根据各分行综合化水平、专业化队伍建设等情况，扩大转型创新业务授权。依据各分行信用风险管理能力和区域风险状况，继续实施差别化审批授权。抓好“三授信”与客户营销、信用审批、贷后管理“三结合”。要继续完善综合授信、项目评估、信用额度、单笔支用等环节的差别化评审和审批机制安排，进一步提高决策效率。要发挥好亚太审批中心的作用，促进海外授信业务转型发展。在定价方面，要继续加大对分行的差别化授权，强化授权激励约束和动态监测评估。对于经济活跃县域的个人业务，授权一级分行根据市场变化和同业竞争需要实行差别化定价，增强吸收县域低成本资金的竞争力。在财务方面，要在建立起严格规范管理标准的前提下，适度扩大对下财务授权。这里要强调的是，授权有责、权责对等。被授权机构要增强责任感，把权力接住用好。上级行下放权限后，要加强指导和检查监督，及时发现和纠正问题并进行责任追究。

四、由标及本，严控风险

上半年全行风险把控成效明显。但是形势依然严峻，区域行业客户分化、表内表外风险显化、跨业务跨市场风险传递等，都在全面考验商业银行的风险管控能力，同时也要求我们调整思路，深入思考、细化工作。

——风险化解是当务之急。要全力以赴抓好不良贷款化解，解决“负重前行”的问题，为转型发展创造条件、赢得时间。各级领导班子首先要负起责任。有的同志讲，“千难万难，领导重视就不难”。风险化解得好不好，关键取决于领导得不得力、责任落不落实、措施到不到位。下个月，总行党委同志将分头下到分行和企业，督导不良贷款化解工作，看看总行相关会议和文件的要求是不是落实了，规定动作是不是做到位了；同时也看看各级班子成员特别是一把手在风险化解上是不是下了真工夫，有没有真正履行责任。总行各部门和条线也要各负其责，对分行风控工作开展督导帮扶，做到上下贯通、齐抓共推。

要创新风险处置方式方法。目前我国银行业不良贷款余额接近2万亿元，打包等传统处置面临着买方市场的被动局面，处置难度越来越大，回收率越来越低，而且潜藏很多道德风险。全行要开动脑筋，另辟蹊径，创新模式。一要发挥我行综合性、多功能的优势。综合运用投行手段、母子公司联动，以及与地方政府、客户合作等方式，提高回收率，节约处置成本，通过市场机制发现不良资产的真实价值。这方面有的分行已开展了积极探索，总行要全力支持。二要发挥不良资产经营中心的专业优势。总行已经决定在风险管理部下面设立不良资产经营中心，牵头全行不良资产的分析诊断，以投行思维制订资产分类、分拆、分包的方案，以价值最大化标准制订资产经营、盘活、处置的策略。资产保全部内设处室要重新调整，不良资产经营中心的人员要尽快配齐配强，核心专家可以从行内外招聘。

——风险源头控制是治本之策。要从前端控住风险暴露，抓早抓小，做到“防病于未发，治病于初起”。一是调整优化信贷结构。总分行要对不良贷款进行深入分析，从行业、区域细分到户，借助大数据分析找出不良贷款的主要群体，为精准信贷投向和调整信贷结构提供支持。如果信贷结构调整不过来，全行不良贷款势必“按下葫芦又起瓢”。要从源头把好关，选好客户和项目，做实风险缓释措施。同时，要根据去产能具体政策和清单，指导重点难点地区做好信贷结构调整。

二是做实预警预控和滚动排查。要强化全面信用风险监测，健全客户维度统一风险视图，首先要覆盖表内与表外、信贷与类信贷业务信用风险，进而延伸扩展到银行与子公司、境内与境外机构。要加大信贷资产观察名单、内控黑名单的维护更新频率，切实杜绝已出现风险的客户在我行其他机构获得授信。要抓好滚动排查。各级信贷管理部门要牵头组建跨部门检查组，建立项目台账，周而复始地排查。下半年，要重点抓好对客户大额风险、去产能领域和新发放贷款的专项排查。

三是提升风险机控技术。借助新一代核心系统和大数据平台，加快信用风险监控、热点群体（客户）管控、重大风险事项管理、放款中心监控、信贷检查管理等机控模块建设，打造信用风险机控“工具箱”。要依托系统跟踪监测风险迁徙变化、预警提示风险事项，定期开展对风险高发区域、行业、客户群、产品的“全景扫描”，并与现场排查结合起来，提升风险预警预控的针对性和时效性。

从上半年国内外经济金融形势看，稳增长仍面临较大的短期压力，风险和困难仍然较多。但是经济发展新常态的大逻辑告诉我们，我国经济增长的总体趋势不会有太大变化，中高速增长的态势不会改变。党中央、国务院强力推进改革，简政放权、鼓励“双创”、增强市场活力等措施，调动了各方面应对困难和挑战的积极性，新主体加速涌现，新业态迅猛发展，新动力孕育成长。在这种情况下，全行要不忘初心。越是面对风险和挑战，越是考验智慧和定力的时候。年初确定的各项经营指标要确保完成，主要指标要一季比一季好，各项监管指标要努力实现，体现出国有商业银行良好的经营水平和发展能力。

五、党建引领，聚力发展

作为国有商业银行，发挥党的领导核心作用是做强做优做大的根本政治保证。全行各级党组织和广大党员干部要增强政治意识、大局意识、核心意识和看齐意识，以党建引领转型发展，推动建设银行事业不断发展壮大。

要持续抓好“两学一做”学习教育。把学习贯彻习近平总书记“七一”重要讲话作为“两学一做”的重要内容，激励全体党员干部坚守初心、坚定信心、坚持发展。要以党委中心组学习、党校课程、专题研讨等多种方式，做到真学深学、真懂深悟。要坚持以学促做、以知促行，将“学”的心得和“做”的自觉，体现在全面加强党的建设、发力推进转型发展的具体工作中，切实解决一些分支机构存在的管党治党不严、责任层层递减等问题。要按照中央关于从“关键少数”向广大党员拓展的要求，重心下沉，抓好基层。各级党委班子成员要多到偏远落后地区和问题多、困难大的基层机构开展党建调研和指导。总分行要加大资源投入并向基层倾斜，把“党员之家”示范点建设好，使基层党组织活动更加生动活泼。要对照“四讲四有”党员标准，严格自我要求，加强党性锤炼，努力使每个党员都成为一面旗帜，使每个基层党组织都成为一个坚强的战斗堡垒。要发挥党员的表率力量，将政治优势转化为客户服务和市场竞争优势，使全行涌现出更多像“刘艳快线”“红梅理财”“向党工作站”这样的先进典型，示范引领广大员工奋力争先，创出品牌，拔得头筹。

要层层压紧压实主体责任。最近中央督查组就贯彻落实党组工作条例组织开展了督查调研，释放了严格落实管党治党责任的强烈信号。中央督查组对我行党建工作给予了高度评价，但是我们要清醒看到自身存在的差距和不足。各级党委要加大督促检查力度，对于履责不力的，该约谈的要及时约谈，该问责的要严肃问责。要重检修订“两个责任”考核方案，完善党组织书记抓基层党建工作述职评议制度，逐步实现党建考核全覆盖。要强化规矩意识、纪律意识，严格落实请示报告制度。要抓好党委中心组学习制度落实。要强化党员领导干部保密工作责任制、意识形态工作责任制。

要落实好全行组织人事工作会议精神，抓紧培养一批能担当起新时期党建和转型发展重任的领导干部。既要选优配强一把手，又要注重领导班子整体素质提升和结构合理。一级分行领导班子中45岁以下、二级分行领导班子中40岁以下的年轻干部，要保持一定数量；要配备适当数量的年轻正职干部。总行党委已研究决定，将分批次安排没有基层工作经验的总行部门副总经理和处长到基层任职交流，在实践中加强历练、加快成长。近期，总行还将开展处级干部公开竞聘。要推动子公司建立市场化导向的选人用人和激励约束机制，实行任期制和契约化管理。

要切实转变观念，全面加快实施人才强行战略。把人才作为转型发展的第一资源，由过去简单干部配备转向现代人力资源管理。要坚持党管人才，以“213人才工程”建设为重点，造就宏大的人才队伍，加快培养转型发展亟须的年轻干部、专业人才和战略性新兴业务人才。要实行更加开放有效的引才用才政策，做到不拘一格用人才。落实好各级行、子公司的用人自主权，逐步构建集团统一、开放的内部人才市场体系。要打破“隐性台阶”，改进人才评价方式，坚持组织选拔和竞聘选拔互为补充，形成更多“千里马”竞相奔腾的生动局面。

要进一步严格监督执纪问责。全行开展巡视整改之后，违反中央八项规定精神和“四风”等问题大幅减少，但仍存在个别党员干部顶风违纪现象，有的是不收敛不收手，有的是历史遗留问题，都要抓紧严肃处理。由于历史原因，经营违规问题、乱办公司以及公司脱钩问题在一些分行仍然存在。在总行已明确的处理方案基础上，要尽快处置。总行有关部门要组织检查，确保违规经营和公司脱钩问题得到彻底解决。要持续推动各级纪委聚焦主业、深化“三转”，不断增强纪检监察人员监督执纪问责能力。要扎实推动巡视“全覆盖”，提升发现问题能力。充分运用信访举报、巡视、审计和检查等渠道，整合行内各种监督资源，提升监督的效率和效果。要认真学习贯彻中央新近颁布的《中国共产党问责条例》，各级纪委、监察部门要严格执纪，抓好落地实施。要敢于较真碰硬，对于党的领导弱化、党的建设缺失、从严治党责任落实不到位的，对于贯彻党的路线方针政策、落实中央八项规定精神不力的，对于检查、巡视等发现问题拒不整改或整改不到位的，要按照相关规定严肃问责。要加大总行直接核查和一级分行交叉核查力度。凡是查处的违规违纪问题，具有警示作用的，一级分行原则上都要作出通报；属于总行管理的干部或涉及重大问题的，由总行纪委作出通报。

要做好宣传和群团工作。要主动发声，组织好“CCB2020”北京宣传活动，充分展示建行服务实体经济、推动转型发展、实施创新驱动的新经验新成果，传播“好声音”，传递转型发展“正能量”。要抓紧制定加强转型时期企业文化建设的实施意见，以党建工作带动企业文化建设。不断丰富群团工作品牌内涵，开展丰富多彩、积极向上的文体活动。要用心用情做好老干部工作、员工关心关爱工作，做好扶贫济困。加强安全保卫、防汛抗洪工作。扎实做好信访工作。要发挥好党员干部主力军、青年生力军、妇女半边天的作用，将全行广大员工更加紧密团结在党周围，汇聚党的建设和转型发展的宏大力量。

同志们，下半年的任务依然艰巨。大家可能会有些疲惫感，但一定不能有懈怠心。要再加力巩固向好态势，再聚焦持续推动转型，努力实现一个季度好于一个季度的业绩，为服务好实体经济、不断做强做优做大再立新功。

转型——现代商业银行的不二选择

——在“CCB 2020：善建者新活力”转型发展宣传推介会上的讲话

王洪章

（2016年9月8日）

尊敬的各位嘉宾，女士们、先生们、朋友们：

大家下午好！

今天请大家来参加建设银行转型发展宣传推介会，不仅仅是宣传推介建设银行，更重要的是想让大家了解，在国际经济金融形势复杂多变、国内经济下行压力增大的情况下，作为国有商业银行，我们在2004年实现股份制改造、建立现代企业制度之后，实现了长达十年的高速发展，如今“蜀道之难”举步维艰，走到了一个新的历史关口。在这种情况下，应该怎么办？从2012年开始，我们对建设银行经营形势进行研究，经过探索实践，找到了转型发展这条路。我今天演讲的题目是：“转型——现代商业银行的不二选择”。

一、为什么要转型

刚到建设银行时，我向当时分管金融工作的国务院领导同志汇报，建设银行经过十年的改革发展，取得了长足进步。当时国务院领导同志讲："经济好，银行才能好"，领导同志这句话蕴含辩证法思维，给我们以猛醒。现在，我们深刻感觉到，在经济下行压力大的形势下，银行和企业一样，和宏观经济一样，都遇到了很大的困难和问题。我们分析了近几年发展所面临的内外部形势，经济增速放缓、结构深入调整、"换挡期"矛盾集中暴露、利率市场化、金融脱媒、互联网金融冲击、监管升级以及客户需要多元化等，都是巨大的挑战。应该讲，每一个挑战对于银行都可能是致命性的。

虽然有压力，但是找到了转型发展这条路，我们有决心也有信心，比照当前世界一流银行的基本特征，实现客户服务平台化、收入结构多元化和运营管理科学化，打造和建设国内最佳、国际一流的现代商业银行集团。

在谋划改革和推进转型的过程中，有三种感觉给予我们以猛醒。一是"顺风舟好驶，逆风船难行"，当前银行业发展面临空前挑战，压力巨大。二是"当你遇到困难时，就意味着需要改变"，困难必须用改变来破解，而且机会稍纵即逝。三是南宋大理学家朱熹的一句话，"知之愈明，行至愈笃"，理解得越清楚，信心才能越坚定，实践才能越扎实。

二、向哪里转

关于向哪里转，我们在转型规划中明确提出了五大转型方向，即综合性经营、多功能服务、集约化发展、创新型银行和智慧型银行。五大转型方向是整个转型发展的主旋律。按照这五个方向推进，我们相信，建设银行一定会"潮平两岸阔，风正一帆悬。"

（一）向综合性经营转型

——打造全牌照的综合性银行集团。牌照并不限于银行与非银行的金融牌照，还包括如养老金、造价咨询等泛金融业务。目前建行业务已覆盖基金、租赁、信托、保险、投行、期货、养老金管理等多个领域，牌照在银行同业中具有领先优势。

——改善传统的资产负债表。要建立统筹表内外、全渠道、全产品的经营管理模式，强化集团内各要素联动，实现资金、财务、信贷等资源在集团内的统筹配置。

——提升子公司和集团的战略协同能力和市场竞争能力。目前，建行集团已拥有建信基金、建信租赁、建信信托、建信人寿、中德银行、建信期货、建信养老金 7 家境内子公司，建银国际 1 家非银行类子公司，业务横跨多市场、多领域。子公司与母行之间战略协同持续增强，成为集团发展的重要增长点。

——加快国际业务发展，大幅度提升国际业务竞争力。目前，建行已在 26 个国家和地区设立 140 余家机构，初步完成全球目标市场布局。伦敦、苏黎世和智利分行获任人民币清算行资格。我们积极服务中国企业"走出去"，贸易融资、跨境人民币、境内外联动等业务快速增长。

向综合性经营转型，我们的目标是实现资源配置、考核机制、营销模式的综合化，实现以银行业为主，非银行金融为辅，综合业务协同发展。

（二）向多功能服务转型

多功能服务是提升银行服务能力的必然选择。我曾经看到一个材料讲，一等企业做平台，二等企业做产品，三等企业做服务。要打造国内最佳、国际一流的现代商业银行，首先一定要把平台做好。在多功能服务方面，重点就是加强平台建设。

为了建设一流平台，我们必须深刻理解"以客户为中心，以市场为导向"的理念，这也是我们转型发展的重要指导思想。"以客户为中心"就是在转型当中建设一个好的平台，使服务、产品在平台上统一组织，这样才能为客户创造价值，为银行自身创造价值。所以，这个平台是着力于改变过去的单一服务，打造成功能健全、响应及时、服务便捷的多功能服务。

——完善产品服务体系。推进网点"三综合"，建设综合性网点、综合性柜员和综合性营销团队。目前全行 98% 的网点、94% 的柜员可以"一站式"为客户提供对公和对私服务。改进服务方式，实行"一点营销、联动服务、综合解决"，无论是对公客户经理还是对私客户经理，与客户（包括企业客户和个人客户）衔接业务时，均能一点接入，联动服务。

——提升产品和服务定制能力。深度挖掘客户需求、提升产品深度加工能力，促进线上线下全景融合，量身定做满足客户需求。我们通过提升服务定制能力，目标是打造“一个客户、一个账户、一站式服务、多样产品”的平台。

——提升产品服务输送能力。提升“三综合网点”服务能力，强化电子渠道应用，包括网上银行、手机银行、微信银行、智慧银行等，促进线上线下、远程与柜面相配合，实现所有产品和服务全渠道协同部署、无缝对接。

向多功能服务转型，我们的目标是形成服务目录清晰、服务组合多样、服务特色定制、综合功能完备的多功能服务体系。

（三）向集约化发展转型

集约化发展是现代商业银行管理最重要的内涵，它要求生产要素要集中，经营要集团化、规模化，主要目的是集约发展，最大程度降低成本，最大幅度提高效率，同时产生更多的效益。

——流程优化。统筹整个集团的业务流程，搭建跨条线、跨部门、跨产品的通用性集中作业平台。信贷管理实现批发业务、投行业务、子公司业务、海外业务的信贷政策、制度和风险的统一管理，信用业务贷前、贷中、贷后的全流程监控。完善授信流程，减少授信环节，经过改革，由过去的42个精简到19个，授信效率大幅提升。建立评估、授信、审批、放款高效运作体系，实行一条龙作业。2014年，对风险管理体制进行了改革，分行风险管理职责进党委，各级领导班子承担风险管理的主体责任。通过流程优化，各项业务响应速度和应对能力大幅提升。

——运营集约。信用卡实施业务单元管理，形成了特色经营模式。推进前后台分离，组建后台业务中心。将前台操作性业务移到后台业务中心，我们已经在成都和武汉建立了两个后台业务中心，大大提高了前台的业务处理能力，缩短了客户等候时间。组建渠道与运营管理部，实施物理渠道统一管理，解决了过去渠道分散、产品配置速度慢、客户响应速度慢的问题。整合总行直属中心，对分散在多个省市的25个中心进行了整合，组建了客户服务中心、业务处理中心、托管运营中心，单证中心、反洗钱中心。推动业务条线集中经营，能综合集中经营的，由总行集中经营，建立资产管理、同业业务和金融市场交易三个中心，现在运转非常好。等条件成熟时，我们将对直营中心采取公司化运作。

——资本节约。以集团成本管理为纽带，通过优化表内外资产结构，完善资本管理机制，加强资本工具创新，提升资本使用效率，实现资本使用效能最大化，使资本成为带动全行转型发展的重要发动机。

——管理科学。明确总分行职能定位，总行为经营管理行，分行及以下机构为经营行。科学定编、定岗、定员，充分发挥人力资源效能的最大化。强调专业专注，设定专业技术序列，设置专业岗位。通过初步调整，我们在人员结构、区域结构、战略人才补充、智能资源替代以及客户经理充实等方面，得到了极大改善。特别是最近完成了人力资源配置优化分析报告，为到2020年全行人员合理布局，提供了重要的调整基础。

通过向集约化转型，我们的目标是降低成本，更好地提高效率，增强经营活力，实现全行的科学管理。

（四）向创新型银行转型

建设创新型银行应该是目前商业银行最大的挑战。当前银行创新当中存在的问题和企业一样，比如说，系统规划不够；产品创新不足，跟不上客户要求；同质化强，跟随多，自创少；容错和激励机制欠缺，员工缺少积极性。我们在四个方面进行了规划，把创新贯穿于转型的全部条线和全部岗位。

——完善创新机制。2013年，我们实施了“产品创新三年规划”，指导全行产品创新工作；建立了总行战略、总行重点、分行自主和分行移植的多层面管理机制；成立了7个产品创新实验室，在全行形成创新先导；通过各种活动，积极为创新创造良好的氛围和环境。

——加强流程管理。建立集团统一的管理流程；精简管理职能，建立负面清单；完善创新考核制度，健全分类考核和动态考核。

——提升自主创新能力。增强经营部门和基层一线创新建议的反馈功能；加快从仿制跟随到自主创新，杜绝同质化；加大从单一产品创新到复合型产品创新的力度；健全产品创新激励机制。

2013—2015年，完成创新3600多项，是上一个三年的3.5倍。

——强化商业模式创新。适应客户需求变化，坚持服务模式创新和经营盈利模式创新，为客户提供最佳服务。比如，以创新思维打造银行、客户和第三方共赢的金融生态系统。

向创新型银行转型，我们的目标是强化自主研发和创新能力，完善创新体制机制，强化商业模式创新，实现由规模驱动向创新驱动转型。

（五）向智慧型银行转型

打造智慧型银行是能否赢得未来的关键。大数据、互联网、云计算、物联网、区块链、机器人、语音技术、人脸识别等先进技术令人眼花缭乱，深刻影响着银行的发展。有人说要改变银行，实际上银行自身在不断地改变，而且变得更安全、更可靠。

——智能管理。智能管理的重点在1.5万个网点的智能服务，由现在"三综合"网点向"产品展示平台、客户体验平台和客户交流平台"三个平台转变，柜台逐步过渡到ATM、VTM、STM、智慧银行和机器人等，实现网点管理的自动化和智能化。

——IT支撑。我们从2010年开始建设"新一代系统"，着眼于整个集团企业级的全流程全覆盖，历时6年，投入8000多人。目前业务功能达到6800多项，核心业务日交易峰值达到6.65亿笔，每秒交易量1.3万笔。为了强化IT支撑，我们在北京稻香湖、武汉南湖、北京洋桥建立了三个数据中心。其中北京稻香湖数据中心的建设规模亚洲最大。

——大数据应用。通过制定大数据规划、建立大数据研发中心（上海），建设企业级数据规范和企业信息多维视图，提升了大数据分析和应用能力，为我们更有效地细分市场、细分客户，提供了强大支持。

——网络金融，按当前移动优先战略用互联网技术提供服务，建设了网上银行、手机银行和微信银行三大网络渠道，善融商务、悦生活、惠生活三个服务平台，互联网支付、投资理财和融资三大产品线，线上线下O2O服务模式，以及多项智能应用。这些渠道、平台、产品线和智能应用，在座的客户、股东、投资者以及媒体朋友可能都接触到了，我们相信，它们会为客户带来更大价值，同时也能提高我们的服务效率。

向智慧型银行转型，我们的目标是实现服务管理、产品渠道和数据应用的智能化。

三、转型重点领域

在转型规划中，我们对重点业务进行了定位，形成了资产负债、批发业务、零售业务、电子银行、资产管理、子公司和国际业务七个转型重点领域。

（一）资产负债

集团资源统筹与配置由资产负债管理向大资产大负债管理转型。编制境内外、本外币、表内外综合信贷计划，实施全口径流动性管理，促进集团层面资产负债结构优化，建立综合考核机制下的内部机构和条线贡献激励机制，加强集团的客户贡献度管理。

（二）批发业务

批发业务由存贷汇服务向客户综合化服务转型。以扩大客户基础为根本出发点，强化全量客户、全量业务和全量资金管理，建立跨条线、跨层级的客户响应和联动营销机制，实施综合金融服务方案下的综合营销、综合定价、综合考核，建立链条式、上下游全系统服务。

（三）零售业务

由个人业务简单产品向综合性大零售管理和服务转型。建立企业级的个人客户统一视图；打造个人金融服务平台实现客户经营的全量化；统筹渠道综合利用的战略协同机制；构建以资产管理为核心的财富管理体系；实现集成式、平台式、综合性经营；着力推动主打品牌、拳头产品，如"要买房到建行"个人按揭贷款。

（四）电子银行

电子银行业务由传统银行服务向金融电子银行服务模式转型。实施移动优先战略，重点发展线上业务，无卡时代金融服务，推动"互联网+"覆盖集团各条线的业务产品和服务模式，促进善融商务、悦生活市场化、跨界发展。

（五）资产管理

资产管理业务由存贷款管理大行向存贷管理和资产管理并重大行转型。建立与资产管理业务市场发展相适应的资产管理体制，大幅度提高资产管理价值创造能力；构建金融市场业务全品类、全市场业务体系，提升金融市场交易能力；投资业务坚持融资型与融智型并重，提升品牌价值；资金结算业务实现客户综合签约，推动对公结算网络管理，推进全球现金管理。

（六）子公司

子公司由产品配置单一、服务功能单调向多产品配置，深化服务转型。按照集团统筹与市场化并重方向实现集团利益最大化，推进子公司市场化改革和市场化运行机制，实现子公司市场地位与母行地位基本相称。

（七）国际业务

国际化向综合性、国际化，量质并重效益提升转型。推进全球机构布局；“走出去”业务与落地业务并重；打造人民币清算行优势，战略性扶持人民币离岸业务；以服务自贸区业务为引领，全力推动国际业务全面发展。

四、转型保障和当前成效

转型发展是一项系统工程，规划和愿景再美好，如果没有强有力的后台支持，转型将一事无成。为了保障转型稳步推进，我们在推进重要改革、风控建设、合规管理、内部审计、人才建设、企业文化等八个方面也相应进行了规划，有足够的保障支撑实现CCB2020转型目标。像推进重点领域改革，我们专门成立了改革领导小组；优化资源配置，各资源配置部门都要服从和支持转型；加强人才队伍建设，实施了“213人才队伍建设规划”，就是在全行系统培养200名左右领军人才，1000名左右拔尖人才，3000名左右骨干人才。这些人才将囊括我们建设银行的优秀力量。

那么大家可能会问到，转型经过一年取得的成效。我告诉大家四点：

——全行取得共识。建设银行的转型发展已成为全行37万名员工的共同行动。

——转型指标达到预期。交易投资类资产、子公司资产、国际业务、海外资产、表外管理资产等转型业务指标都达到了CCB2020的序时进度，ROA和ROE均居商业银行前列。

——活力得到激发。通过转型，使过去困扰我们多年的经营指标和经营压力，得到很好整改和释放，同时，我们的制度、流程和经营理念产生了新的活力。

——基础更加牢固。转型使集团发展的基础更加牢固，发展速度更快，质量更好。

2014年10月建设银行成立60周年时，习近平总书记、李克强总理以及马凯副总理作了重要批示。总书记勉励我们要增强“三个能力”。李克强总理在最近视察建行时要求我们走在前列、勇拔头筹。我们会按照中央领导同志要求，不忘初心，与时俱进。圆梦转型，必在荆棘之中穿越；征途奋进，当在波涛之上航行。我们制订了转型发展规划，不是崇尚高洁。我们将始终秉承“善建者行，成其久远”，与客户、股东和媒体共同分享建设银行转型发展为大家带来的良好机遇。

谢谢大家！

在全行党的建设工作会议上的讲话

王洪章

（2016年11月29日）

同志们：

经过党委研究，我们今天召开党的建设工作会议。这次会议的主要任务是，学习贯彻党的十八届六中全会精神和全国国有企业党的建设工作会议精神，分析新情况新问题，交流工作经验，部署当前和今后一个时期全行党建工作。

大家知道，十月中下旬，党中央召开了两个非常重要的会议，一个是党的十八届六中全会，一个是全国国有企业党的建设工作会议。

党的十八届六中全会，全面分析全面从严治党面临的形势和任务，系统总结近年来特别是党的十八大以来全面从严治党的理论和实践，审议通过了《关于新形势下党内政治生活的若干准则》和《中国共产党党内监督条例》，就新形势下加强党的建设作出新的重大部署。全会号召，全党同志紧密团结在以习近平同志为核心的党中央周围，牢固树立政治意识、大局意识、核心意识、看齐意识，坚定不移地维护党中央权威和党中央集中统一领导，继续推进全面从严治党，共同营造风清气正的政治生态，确保党团结带领人民不断开创中国特色社会主义事业新局面。

全国国有企业党的建设工作会议，是在深化国有企业改革的攻坚阶段，党中央专门召开的一次具有开创性意义的重要会议。习近平总书记在会上发表的重要讲话，从坚持和发展中国特色社会主义、巩固党的执政基础和执政地位的高度，从统筹推进“五位一体”总体布局和协调推进“四个全面”战略布局的高度，充分肯定了我国国有企业发展取得的巨大成就，深入分析了国有企业的重要地位作用和重大历史使命，精辟阐述了加强和改进国有企业党的建设的重要意义、目标任务和基本要求，深刻回答了事关国有企业改革发展和党的建设的一系列重大问题。这一讲话是新形势下国有企业坚持党的领导、加强党的建设的纲领性文献，是引领国有企业深化改革、做强做优做大的科学指南。

学习贯彻好两个重要会议精神，对建设银行来讲，核心是要切实提高对全面从严治党的思想认识，牢记和履行国有大型商业银行的重要职责和历史使命，关键是把思想和行动统一到六中全会精神和习近平总书记重要讲话精神上来，把坚持党的领导和加强党的建设各项工作真正落到实处。在这里，我着重就学习领会、贯彻落实习近平总书记重要讲话精神，进一步加强和改进我行的党建工作，讲几点意见。

一、始终牢记忠实履行国有大型商业银行的历史使命

国有大型商业银行作为国有经济的重要支柱，是党执政兴国的金融利器。坚持和发展中国特色社会主义，统筹推进“五位一体”总体布局和协调推进“四个全面”战略布局，实现“两个一百年”奋斗目标、实现中华民族伟大复兴的中国梦，国有大型商业银行肩负着重大历史使命。

（一）深刻认识国有企业的重要地位作用

习近平总书记重要讲话，第一个问题就旗帜鲜明地指出，国有企业是中国特色社会主义的重要物质基础和政治基础，关系公有制主体地位的巩固，关系我们党的执政地位和执政能力，关系我国社会主义制度。在中国共产党领导和我国社会主义制度下，国有企业和国有经济必须不断发展壮大，这个问题应该是毋庸置疑的。

习近平总书记在阐述国有企业是中国特色社会主义的重要物质基础时非常明确地肯定和赞誉，新中国成立以来特别是改革开放以来，国有企业发展取得巨大成就，国有企业对我国经济社会发展、科技进步、国防建设、民生改善作出了历史性贡献，功勋卓著，功不可没。这是绝对不能否定的，也是绝对否定不了的。习近平总书记在阐述国有企业是中国特色社会主义的重要政治基础时再次非常明确地肯定和赞誉，国有企业是我们党执政兴国的重要支柱和依靠力量，工人阶级是我国的领导阶级，是我们党执政最坚实最可靠的阶级基础，是全面建成小康社会、坚持和发展中国特色社会主义的主力军。国有企业及其广大党员、干部、职工是在关键时刻听指挥、拉得出、靠得住，危急关头冲得上、打得赢的基本队伍。如果忽视和削弱国有企业，国有经济的主导作用、公有制的主体地位将无从谈起，工人阶级的领导地位难以坚持，共同富裕难以实现，我们的执政基础、执政目标也会失去依托。所以，国有企业不仅要，而且一定要办好。

习近平总书记这些重要论述，进一步明确了国有企业的基本定位，深刻阐明了国有企业对巩固党的领导和社会主义制度的重要性，把我们对发展壮大国有企业的认识提升到了一个新的高度。建设银行作为国有控股大型商业银行，一定要认清自身的性质和责任，站在坚持和发展中国特色社会主义、巩固党的执政基础的战略高度，从推进伟大事业、建设伟大工程、夺取伟大斗争胜利的全局出发，始终保持政治上的清醒坚定，深刻

认识和理解国有企业的重要地位作用和重要历史使命，进一步增强政治荣誉感和责任担当，切实按照党中央关于推进国有企业改革发展的决策部署，坚持有利于国有资产保值增值、有利于提高国有经济竞争力、有利于放大国有资本功能的方针，深化改革，推进转型，提高经营管理水平，不断做强做优做大，坚定不移地作我们党执政兴国的重要支柱和依靠力量。

（二）切实担当“服务国家建设、防范金融风险、参与国际竞争”的重任

2014 年，在我行成立 60 周年之际，习近平总书记、李克强总理、马凯副总理作出了重要批示。习近平总书记在批示中指出，“60 年来，建设银行砥砺奋进，不断发展壮大，为国家经济社会发展作出了积极贡献。希望再接再厉，与时俱进、改革创新，进一步增强服务国家建设能力、防范金融风险能力、参与国际竞争能力，再创新佳绩，为中华民族伟大复兴作出更大贡献。”今年 6 月，李克强总理到我行考察时，进一步肯定了我行在服务实体经济、支持基础设施建设、支持中小企业、助力创业创新等方面的工作，并勉励我们“走在前列、勇拔头筹”。

服务国家建设是国有大型商业银行的基本职责和天然使命，加强风险防范是创造价值的坚实基础和根本保障，参与国际竞争是建设“国内最佳、国际一流”银行的重要手段和必由之路。增强这三个能力是国有大型商业银行的立行之本、兴行之基、强行之道，是我们建设银行解决重大改革发展问题的基本方针。

增强服务国家建设能力，必须着眼大局，以更广阔的视野和更前瞻的思维，兼顾各方面利益，承担社会责任，加大改革创新力度，大力支持实体经济发展。要围绕国家经济发展战略，优化资源配置；紧跟国家经济建设需求，创新服务方式；顺应经济发展方式转变，深化转型发展。

增强防范金融风险能力，必须着眼应对日趋复杂的国内外经营环境，维护国家经济金融安全，不断完善全面风险管理体系，坚持与国际先进的合规管理理念相一致。要坚守不发生系统性区域性金融风险的底线，勇担维护国家金融体系安全的重任。适应经济新常态，主动迎接经济下行压力的挑战，加强重点领域风险防控，最大限度地避免重大风险事件对宏观经济运行的冲击与干扰。

增强参与国际竞争能力，必须紧跟中国经济从“引进来”到“走出去”的时代步伐，要通过加快“走出去”的步伐，尽快学习和借鉴国际银行业先进的管理经验和经营理念，在参与国际竞争中加快融入国际金融体系，提升我们在国际金融活动中的影响力。要深刻理解国际金融规则，注重培养一大批熟练掌握国际金融技术的专业人才。在人民币国际化进程中，要发挥好我行人民币业务的优势，大力支持中国企业“走出去”，通过人民币“走出去”带动国际产能合作和装备制造业“走出去”，使建设银行成为中国企业全球拓展的坚强后盾。

增强“三个能力”，必须把握经济金融发展的新趋势和市场竞争的新要求，深化创新转型，加大创新力度，保持创新活力，紧跟和引领现代金融业演进的新方向。金融创新要与支持“双创”相结合，把产业资本与金融资本有效衔接起来；要与科技创新相结合，特别是运用好移动互联网、大数据、云计算、人工智能、物联网、区块链等新技术；要与客户需求对接，在服务的内容、模式和效率上更加契合客户各方面的金融需求；要弘扬创新理念和文化，始终保持创新的激情。

（三）努力争做落实全面从严治党、全面从严治行的表率

党的十八届六中全会专题研究全面从严治党问题，充分体现了以习近平同志为核心的党中央坚定不移推进全面从严治党的坚强决心和历史担当。全会审议通过的党内政治生活的若干准则，根据新形势下党的建设的新特点，确立了若干操作性很强的政治原则和政治规矩，从 12 个方面作出了具体规定，正是要解决管党治党的宽松软现象，确保党的领导坚强有力。党的执政地位，决定了党内监督在党和国家各种监督形式中是最基本的，也是第一位的。全会审议通过的党内监督条例，是新形势下加强党内监督的顶层设计，是规范各级党组织和广大党员、干部行为的硬约束。准则和条例内在统一、相辅相成，是推进全面从严治党的重要制度法规保障。这次会议专门安排了专家授课，相信大家会有更大的收获和深入的体会。

新的历史条件下，中央对国有企业赋予了新的历史使命，对国有大型商业银行寄予新的殷切期望。落实中央全面从严治党要求，国有大型商业银行是重要领域，更是重要力量。国有大型商业银行员工队伍齐整，党员人数比例高，具有把从严治党落到实处的天然优势，理应在落实从严治党上走在前列、创造经验。我们要坚持责在人先，争做从严治党表率，切实把从严治党落到实处，把从严治党体现到党组织、党员、干部的一切工作和活动中，把从严治党转化为做强做优做大的动力和活力，确保始终走在服务经济建设、改革创新、转型发展的最前列。我们要继续坚持全面从严治行，构建不敢违规、不能违规、不想违规的长效机制，让规则意识、纪律观念深入人心，让照章办事、合规操作成为习惯，让每个行领导切实履行风险管控的第一责任，让每个业务条线真正落实合规管理的第一责任，让每个员工时刻做到制度不变样、纪律不松弛、差错不发生、工作不延误，形成制度完善、经营合规、操作规范的良好局面，保障全行稳健经营与持续发展，使每一点每一滴的发展业绩都经得起规则的丈量、历史的检验。

二、充分认识自觉践行国有大型商业银行党建工作的政治责任

习近平总书记指出，坚持党的领导、加强党的建设，是国有企业的“根”和“魂”。国有企业不仅要党的建设，而且一定要把党的建设搞好，使国有企业成为党和国家最可信赖的依靠力量，成为坚决贯彻执行党中央决策部署的重要力量，成为贯彻新发展理念、全面深化改革的重要力量，成为实施“走出去”战略、“一带一路”建设等重大战略的重要力量，成为壮大综合国力、促进经济社会发展、保障和改善民生的重要力量，成为我们党赢得具有许多新的历史特点的伟大斗争胜利的重要力量。

习近平总书记这“六个力量”的期待和要求，阐明了国有企业的基本属性和鲜明标识，是我们建设银行固根铸魂的关键所在，是我们深化改革、优化治理、严格管理的总抓手。我们要不断增强思想自觉和行动自觉，切实把党建责任扛起来。

（一）切实提高对加强国有大型商业银行党建工作重要性的认识

国有企业的发展史，实质上就是一部坚持党的领导、加强党的建设的历史。中国金融改革发展成就证明，只有坚持党的领导，坚持全面从严治党，才能确保未来金融改革发展不偏离正确方向。建设银行各项事业发展进步，归根结底也都是坚持党的领导、加强党的建设的结果。建设银行成立60多年来，从创业初期的“哪里有重点建设，哪里就有建设银行人”，到改革大潮中的“死里逃生”和率先改制上市、建设现代商业银行，由一家经办基本建设拨款的专业银行，发展为总资产超过20万亿元的大型综合性商业银行集团。前30年，建设银行出色地履行了办理全国基本建设财政投资拨款的神圣使命。后30多年，建设银行每十年一次大变革。1984年，从国家财政职能中分离；1994年，开始了商业化经营；2004年，率先实行股份制改造；2014年，我们又迈出转型发展的新步伐。总行党委在转型决策规划中坚强领导，各单位党组织在转型落地执行中坚定推进，转型实施两年来，取得了明显成效。

综合化经营方面，服务平台门类更加齐全，非银行子公司金融业务增长161%；收益结构不断优化，非利差收入在集团收入中的占比提升了10个百分点，达到37%；战略协同效应显著提升，母子公司联动业务量同比增长97%。

多功能服务方面，能够为客户提供更为丰富多样的产品和服务模式，提供非信贷融资已经达到对公贷款的5倍；能够满足更多客户的金融需求，个人有资产客户达到3.3亿，公司客户390多万，单位人民币结算账户新增连续三年保持同业第一；能够提供更多高水平的定制化服务，仅今年上半年就为大型企业集团量身定制了162个综合金融服务解决方案。

集约化发展方面，运营效率大幅提升，设立后台中心之后，柜面立等业务的办理时间由5分钟缩短到2分钟以内，办理信用卡由原来的2－3周变为最快可实现当天受理、当天审批；物理渠道整合后，综合性网点的综合服务能力和产品配置效率显著提升；专业化经营使经营效率稳步提高，理财新增、债券承销、同业资产规模增速等均居四行首位；资产管理水平不断提高，各类中

心整合有效降低了运营成本，提升了客户响应速度；资本集约成效显著，以较低的资本占用支撑了较快的业务发展。

创新银行智慧银行转型方面，与政府机构、核心企业、公共平台合作，创造了诸多新模式；产品创新成效显著，近三年创新产品 3600 多项；搭建一流的互联网渠道和平台，网上银行、手机银行、微信银行的用户数连续三年保持同业第一；人工智能服务、智慧柜员机的推广使工作效率大幅度提升，差错率大幅度下降；运用大数据方法和模型工具，在精准营销、产品创新、风险防控、流程优化、营运管理等方面取得良好效果。

上述点到的这些成绩并不限于此，转型前后全行 37 万名员工和各级领导班子的思想意识、作风意识、“一盘棋”意识、思想上的共鸣、认识上的一致、行动上的自觉，以及所带来的机制、体制、制度的调整和产生的竞争力、业绩表现则更为突出。这些固然离不开战略的调整、管理的改进、产品和服务的创新，但归根结底还是我们坚持党的领导、加强党的建设的结果。如果没有各级党组织的坚强领导和党建工作的有力保障，实现这些是不可能的。

（二）切实提高对加强国有大型商业银行党建工作紧迫性的认识

党的十八大以来，全行按照全面从严治党的要求加强党的建设，效果是明显的。最近中央有关部门的检查组和调研组对我行的党建工作给予了充分肯定。这些成绩包括：

一是党建责任不断强化，党建氛围日益呈现。出台《关于进一步加强党的建设推进全面从严治党的若干意见》，强化主体责任，落实全面从严治党要求，坚持党建工作与业务发展同部署同落实。从全行看，党建工作已经融入到公司治理、内部管理、深化改革、转型发展等重大工作中，抓好党建是最大政绩的意识逐渐深入人心。全行涌现出一大批先进典型，例如长春一汽支行党总支获得“全国先进基层党组织”称号，刘艳、马哈木提被评为全国劳动模范，李红英获选为第一届金融系统道德模范，林森以“爱岗敬业、合规操作”的先进事迹成为我行新的名片，159 名优秀共产党员、100 名优秀党务工作者、100 个先进基层党组织获总行党委表彰。

二是选培机制不断完善，人才优势更加巩固。2016 年上半年以来，我们继续加大干部交流力度，加大公开遴选总行副总经理、海外机构副职以及总行处级干部的力度，前后共公开遴选 80 多名总行副处级以上领导干部，使总行处以上干部的平均年龄显著下降，学历显著提升。从去年开始，我们还启动实施了“213 人才工程”，目前已经建立起“213 人才库”，其中领军人才有 230 多人，拔尖人才有 1000 人，骨干人才有 3000 人，平均年龄分别为 43. 3 岁、39. 7 岁和 32. 7 岁。对入库人才，将根据其成长经历、发展潜力和自身特点，着手制订培训锻炼计划，强化动态管理，对不适应的及时调整出培养名单，并选拔优秀人才充实队伍，始终保持“213”人才队伍的一池活水。实施“国际化人才千人计划”，努力打造一支覆盖不同层级不同岗位、熟悉业务、了解国际金融规则、能参与国际竞争的国际化人才队伍。

三是思想教育不断加强，从严管理持续推进。十八大以来全行共培训党员领导人员近 5 万人次，培训基层党组织负责人超过 1 万人，党性教育显著加强。深入开展党的群众路线教育实践活动、“三严三实”专题教育、“两学一做”学习教育，全行党员思想政治素质明显提升。成功举办“CCB2020”转型发展宣传推介活动，在行内外引起了热烈反响。突出干部管理监督重点，加大对一把手的监督约束力度。加强干部选拔任用全程监督，完善事前报告、事中督察、事后评议、离任检查、违规失责追究的监督链条。坚持严在平时，近两年抽查的个人有关事项报告中，有 1148 人因未如实报告被处理。严肃执规执纪，上半年谈话函询 95 人次，给予党纪政纪处分 2362 人次。巡视坚持问题导向，十八大以来共发现处理问题 833 个，提出整改建议 316 条。

四是制度体系不断健全，基础建设逐步夯实。实施组织人事制度三年建设规划纲要，规范干部选拔任用程序，完善干部管理监督，统一干部考核评价体系，打出加强基层党建“组合拳”，健全廉政建设、巡视工作、意识形态工作等方面的制度，党建工作制度渐成体系。健全和完善党委议事决策机制、党建工作领导小组工作机制和成员单位联席会议机制、联系基层工作机制，改革和调整纪律检查体制、巡视工作领导体制，党建体制机制更加顺畅。境内外基层机构党组织覆盖率达到100%，建立党员责任区1.8万多个，示范窗口1.5万个，先锋示范岗2.6万余个。

尽管全行党建工作取得了不少成绩，但按照中央的要求还存在一定的差距。在责任担当方面，部分领导人员没有认识到国有金融企业肩负的特殊政治责任和社会责任，对全面从严治党、从严治行的内涵把握还不够、认识还不透，在如何把全面从严治党的要求与建设银行实际相结合，抓好党建工作落实落地方面，还缺乏系统深入的谋划和思考。有的单位基层党组织书记还存在“重业务、轻党建”的现象，有的班子成员把“一岗双责”当口号，对分管条线党建工作指导不力。在内部管理方面，还存在行政色彩较浓、“大企业病”滋生等问题；日常管理、督促检查、考核监督、执纪问责中还存在失之于宽、失之于松、失之于软的现象，在严格管理、严守底线特别是风险底线方面还存在薄弱环节。有的单位对违规违纪的处理总体上偏宽偏松偏软，甚至对一些因为管理混乱、纪律松弛导致重大信贷损失的领导班子和干部，还不敢下重手。同时，对落实“两个责任”不力的，如何启动问责程序、如何调查取证、如何确定量纪标准等，还缺乏明确的制度依据；对干部日常行为监督、“八小时以外”监督和履职尽职监督，还缺乏行之有效的手段。在基层组织建设方面，有的基层机构党组织设置还不规范，一些基层党支部“三会一课”制度坚持得不好，有的甚至长期不过组织生活。基层党支部在发挥党员作用方面，形式仍然相对单一，内涵不够丰富，基本以完成“规定动作”为主，有效的工作方法还不多，在围绕中心工作创新活动载体上还有待进一步加强。党务培训特别是脱产专项培训仍然较少，覆盖面还不够。在党员干部管理方面，还存在党性和宗旨意识教育不够的问题，有的同志还没有认识到自己的第一身份是共产党员和领导干部；个别同志比高薪要待遇、讲吃喝论排场，搞各种各样的“特殊论”，一些党员干部违反中央八项规定精神，顶风违纪；有的还存在利益输送、滥用职权。产生这些问题的原因很多，但根源还在于党建工作的弱化、淡化、虚化和边缘化。这些问题必须引起高度重视，切实加以解决。

三、从严从实抓紧抓好国有大型商业银行党建工作各项部署任务的贯彻落实

习近平总书记强调，新形势下，国有企业坚持党的领导、加强党的建设，总的要求是：坚持党要管党、从严治党，紧紧围绕全面解决党的领导、党的建设弱化、淡化、虚化、边缘化问题，坚持党对国有企业的领导不动摇，发挥企业党组织的领导核心和政治核心作用，保证党和国家方针政策、重大部署在国有企业贯彻执行；坚持服务生产经营不偏离，把提高企业效益、增强企业竞争实力、实现国有资产保值增值作为国有企业党组织工作的出发点和落脚点，以企业改革发展成果检验党组织的工作和战斗力；坚持党组织对国有企业选人用人的领导和把关作用不能变，着力培养一支宏大的高素质企业领导人员队伍；坚持建强国有企业基层党组织不放松，确保企业发展到哪里、党的建设就跟进到哪里、党支部的战斗堡垒作用就体现在哪里，为做强做优做大国有企业提供坚强组织保证。

全行上下要把思想和行动统一到习近平总书记重要讲话精神上来，从严从实贯彻好中央关于国有企业党的建设的各项要求，全面推进党的建设与转型发展深度融合，把党的政治优势、思想优势和组织优势不断转化为公司治理优势、科学管理优势和市场竞争优势。

（一）切实担负起国有大型商业银行党建工作的责任

建设银行是党领导的国有金融企业，我们都是党培养的企业领导人员，在企业中加强和改进党建工作，是各级党委领导班子和领导人员理应承担的责任。我们要强化责任担当，坚持守土有责、守土负责、守土尽责，推动全面从严治党在建设银行落地落实，推动党建工作全面加强、全面进步。

加强党的建设与改善经营管理，最终目标都是要让全行更加善于开拓创新、精于服务客户、长于拼搏市场、工于防范风险，都是要建设“国内最佳、国际一流”的最具价值创造力的现代商业银行集团，都是要为党的金融事业不断前进贡献建设银行的力量。我们要把全面从严治党和从严治行紧密结合起来，把坚持党的领导、加强党

的建设作为深化改革、优化治理、严格管理的总抓手，将严的要求贯穿党的建设和经营管理全过程，将管党治党和经营管理的主体责任层层压紧压实，在深化改革中发挥企业党建的独特优势。

全面从严治党，必须抓住落实管党治党责任这个“牛鼻子”。各级党委是管党治党的“统帅部”，首要责任是聚精会神抓好党的建设。党委书记担负着第一责任，要牢固树立“抓好党建是本职、不抓党建是失职、抓不好党建是不称职”的观念，把抓好党的建设作为主责主业。党委领导班子其他成员担负着重要领导责任，每个班子成员都要认真履行“一岗双责”，自觉把党建工作融入分管领域日常业务工作。党委有关部门担负着重要职能责任，各级党的工作部门要切实履行职责，按照分工狠抓各项工作落实，确保管党治党责任落到实处。

要加强党建工作述职，严格执行下级党组织向上一级党组织报告党建工作制度，重点围绕履行第一责任人职责、整顿软弱涣散基层党组织、加强基层服务型党组织建设、严格党员教育管理、加大基层党建工作投入力度、进一步加强基层党组织建设的思路措施以及履行党风廉政建设责任情况等内容进行述职。要用好考核评价这个指挥棒，既报经济账、又报党建账，把党的建设考核同领导班子综合考评、经营业绩考核衔接起来，同领导人员任免、薪酬、奖惩等挂起钩来，使党建工作由软指标变为硬约束。要高扬问责追责利器，坚持有责必问、失责必究，认真贯彻《中国共产党问责条例》，对思想不重视、工作不得力的，要通报批评、限期整改；对不认真履行职责，职责范围内党建工作存在严重问题、造成严重后果的，该诫勉的要诫勉，该组织调整的要调整，该纪律处分的要处分。

（二）加强党的领导与完善公司治理相统一

坚持党对国有企业的领导是重大政治原则，必须一以贯之，建立现代企业制度是国有企业改革的方向，也必须一以贯之。中国特色现代国有企业制度，“特”就特在把党的领导融入公司治理各环节，把企业党组织内嵌到公司治理结构之中，明确和落实党组织在公司法人治理结构中的法定地位，做到组织落实、干部到位、职责明确、监督严格。

发挥国有企业党组织的领导核心和政治核心作用，归结起来，就是要把方向、管大局、保落实。把方向，就是要自觉在思想上政治上行动上同以习近平同志为核心的党中央保持高度一致，坚决贯彻党的理论和路线方针政策，确保国有企业坚持改革发展正确方向。管大局，就是要坚持在大局下行动，议大事、抓重点，加强集体领导、推进科学决策，推动企业全面履行经济责任、政治责任、社会责任。保落实，就是要管干部聚人才、建班子带队伍、抓基层打基础，领导群众组织并发挥其作用，凝心聚力完成企业中心工作，把党中央精神和上级部署不折不扣落到实处。

正确处理加强党的领导和完善公司治理的关系，就是要准确把握国有企业党组织在公司治理中的功能定位，积极探索完善符合中国国情的公司治理模式。一是党建工作要求要尽快写入公司章程。目前，近30%的中央企业、50%的地方国有企业已经把党建工作要求写入公司章程。要做好与监管机构的沟通对接，密切跟踪主要同业和较大规模国有上市公司的情况，认真研究如何在公司章程中落实党组织的法定地位，并结合我行实际，把党建工作的总体要求尽快写入建设银行公司章程。二是公司章程与党委议事决策规则要做好衔接。充分发挥党委在公司治理结构中的领导核心和政治核心作用，在决策程序上，重大事项要经党委研究决定后，再提交董事会按法律程序审定。要明确党委研究讨论是董事会、监事会决策重大问题的前置程序，不能以党政联席会、经营办公会代替党委会；确保党委会与董事会、监事会、管理层各司其职，各负其责。党委要支持董事会、监事会、管理层的工作，不直接干预、不替代其他公司治理相关方的工作。三是党委与其他公司治理相关方要加强沟通。党委会涉及公司治理、经营管理的一些议题，可以邀请董事、监事列席；全行性的一些重要会议，党委成员、管理层、董事、监事可以一起参加。通过加强日常沟通交流，增进相互理解和支持，保证公司治理体系协调高效运转。

（三）建设高素质领导人员和人才队伍

国有企业领导人员是党在经济领域的执政骨干，必须做到对党忠诚、勇于创新、治企有方、兴企有为、清正廉洁。

坚持党管干部、党管人才。各级党委要始终在干部选拔任用工作中发挥领导和把关作用，把党管干部落实到干部工作的具体程序、具体环节中，保证党组织对干部工作的领导权和对重要干部的管理权。各级党委要加强对人才工作的领导，建立健全党管人才的领导体制和工作机制，加强有关人才的规划、选拔、培养和使用等制度建设。

坚持重视基层、注重实践。让基层作为培养锻炼干部的主阵地，有计划地安排没有基层经历的领导人员分期分批到基层锻炼，让干部在工作一线摸爬滚打、锻炼成长。让基层经历成为职业发展的“门槛”，把新提拔领导人员一般应当具有两年以上基层工作经验的规定落到实处，使到基层历练成为一种自觉。让岗位交流成为干部培养的重要方式，突出实践导向，对干部实施多领域、多层次、多岗位的培养锻炼，鼓励优秀人才到基层工作，建立党务工作人员和经营管理人员双向交流机制。

坚持规范程序、严把入口。在干部提名上，规范提名方式、提名程序和提名监督及责任，做到动之有规、议之有据。在任前把关上，切实做到干部档案“凡提必审”，个人有关事项报告“凡提必核”，纪检监察部门意见“凡提必听”，线索具体的信访举报“凡提必查”，严防“带病提拔”，对于政治表现不好、思想意识不端正、党风廉洁等方面有问题的干部坚决不用。在讨论决定上，坚持党委会集体讨论研究干部任免，综合考虑考察结果、民主推荐与平时考核、年度考核、一贯表现、人岗相适等情况确定人选，不能简单以票取人。

坚持选优班长、配强班子。一把手既是党务“班长”，又是业务“班长”，要具备两个职务所要求的条件和能力，不能降格以求。既要善于总揽全局、协调各方，善于抓班子带队伍、聚人才强党建，成为优秀的党委带头人，又要善于敏锐洞察、果敢决断，善于坚忍不拔、攻坚克难，成为经营管理的行家里手，同时还要会工作方法，能够协调内外各方，取得各方面的认可和赞誉，善于创造良好的经营环境。要加大一把手的发现、培养和选拔力度，要配齐配强党委副书记，形成科学有序有效的分支行领导班子梯队的递进机制。要在综合分析研判的基础上，着力优化领导班子结构、增强班子整体功能，坚持老中青相结合的梯次配备，做到合理搭配、增强合力，达到“1 + 1 > 2”的效果。要着眼事业长远发展，保持数量相当、结构合理的后备干部储备。

坚持人才强行、增强活力。加快实施“213人才工程”，对初步建立的领军人才、拔尖人才和骨干人才等人才库，进行系统性的培养，加强动态管理，尽快成为转型发展的生力军，以人才资源规模的扩大、结构的完善和质量的提升，带动全要素生产率的提高。坚持自主培养与吸收引进相结合，实施好“国际化人才千人计划”，努力打造一支覆盖不同层级不同岗位、熟悉国际金融的国际化人才后备队伍。

坚持全面考核、正向激励。不断完善综合考核评价体系，根据不同机构功能定位、不同岗位职责分工、不同区域考核重点，分别设置差异化的考核指标，充分体现考核内容的激励性和约束性。考核评价突出转型发展导向，既看发展又看基础，既看显绩又看潜绩，引导干部多做抓机制、打基础、促转型的实事，引导员工立足岗位、开拓进取、建功立业。坚持贡献与回报相匹配的原则，在对标市场的基础上，健全市场化的工资形成机制，使各机构薪酬水平与它在当地的市场地位相匹配，核心人才薪酬水平与主要竞争对手保持足够的竞争力。健全容错纠错机制，合理划定容错界限，让广大干部和员工放开手脚干事、甩开膀子创业。

坚持从严监督、防微杜渐。党委各职能部门、审计部门要共享监督资源，增强监督合力。突出监督重点，加大对一把手的监督约束和经济责任审计力度，用好向上级纪委全会述廉述责并接受评议质询的制度。坚持严在平时，以个人事项报告等为抓手，加强日常监督。强化选拔任用全程监督，进一步完善事前报告、事中督察、事后评议、离任检查、违规失责追究的监督链条，规范选人用人权力运行机制。完善“三重一大”决策监督机制。

坚持反腐倡廉、正风肃纪。通过强化考核评价、坚持约谈制度、加强检查监测、通报典型案例，狠抓党风廉政建设“两个责任”落实。加强惩治和预防腐败体系建设，深入开展党性党风党纪教育，不断完善业务经营管理制度，加大惩处力度，营造“不想腐、不能腐、不敢腐”的氛围。强化执纪问责，纪委要敢于担当，切实做到执纪必严、违纪必究，让纪律成为“带电的高压线”。要坚持作风建设永远在路上，持之以恒落实中央八项规定精神，把作风建设常态化，紧盯重点人、重点事、重点部位，围绕权、钱、物、事，保持查纠“四风”的高压态势。继续深化政治巡视，突出问题导向，实施巡视全覆盖。加强巡视成果的运用，抓好巡视发现问题的整改落实。

（四）把基层党组织建设成为坚强战斗堡垒

全面从严治党要在国有企业落实落地，必须从基本组织、基本队伍、基本制度严起；要让支部成为团结群众的核心、教育党员的学校、攻坚克难的堡垒。要切实从最基本的党组织建设抓起，把促进转型发展作为党建工作的基本出发点和落脚点，做到两手抓、两手都要硬。去年，总行打出了加强基层党组织建设的“组合拳”，出台了10余项制度，各一级分行、总行直属中心、境内子公司和境外机构都要严格执行，让坚强的战斗堡垒遍布全行、带动全行。

保持基层党组织的全覆盖。中央已经提出关于全面覆盖、有效覆盖的要求，要因地制宜、精准施策，在全行各个层面构建严密党建网络，保证党组织覆盖全行每个机构。无论机构如何调整，要坚决做到哪里有员工哪里就有党员，哪里有党员哪里就有党组织，哪里有党组织哪里就有健全的组织生活和党的组织作用的充分发挥。

充分发挥党支部的主体作用。重视党支部教育管理党员、团结凝聚员工的主体作用，让支部找准增强服务功能的着力点，在基层工作中唱主角，增强党组织活动的吸引力感染力和针对性实效性。选好支部带头人，建强支部班子，把党性强、能力强、业务精、改革意识强、服务意识强的优秀党员选拔充实到支部书记岗位上。用好《基层党组织工作手册》《“党员之家”建设手册》，指导支部更好地开展工作。建立支部工作经常性督查指导机制，整顿软弱涣散的基层党组织。

严肃基层党组织的组织生活。组织生活要增强政治性、原则性、时代性、战斗性。“三会一课”要突出党性锻炼和思想交流。党员领导人员要落实好双重组织生活制度，既要参加定期的领导班子民主生活会，又要参加所在党支部、党小组的组织生活会。民主生活会、组织生活会要用好批评和自我批评的武器，开展严肃认真的思想斗争、坦诚相见的谈心活动，解决随意化、平淡化、娱乐化、庸俗化的问题。党员党性分析要与工作实际和思想实际紧密结合。领导人员带头上党课、普通党员讲微型党课的效果都很好，要作为制度长期坚持下去。

抓紧抓好党员日常教育管理。以深入开展“两学一做”学习教育为契机，树立合格党员的标尺，激励广大党员用实际行动彰显先进和优秀。严把党员发展的质量关，重视在经营一线和青年中发展党员，对优秀人才，党组织要加强培养，及时吸收入党。教育广大党员自觉遵守《党章》，严于律己、争当模范。

需要强调的是，抓好子公司和境外机构的党组织建设是当前的一项紧迫任务。中央已经印发关于中央企业境外单位党建工作的指导意见，我行也已出台加强和改进境外机构和境内子公司党建工作的文件，要严格落实好。对符合条件的子公司，可结合实际成立党委，并相应设立纪委。子公司的内设部门和所辖机构，也要成立党组织；暂不具备条件的，要通过发展党员、招聘党员、下派党员、选拔党务工作者等方式扩大党员覆盖度，健全完善党组织。成立党委的子公司，其党委由总行党委直接领导和管理；暂未成立党委的子公司，其党组织由总行机关党委或所在地一级分行机关党委领导和管理。境外机构要采取单独组建、与当地中资同业联合组建、挂靠使领馆等方式，健全党组织。境外分支机构的申设，要把建立党的组织、开展党的工作作为必要前提，按照“灵活、简便、安全、保密”的原则加强党建工作。

（五）抓好干部员工的思想政治教育

不断提高领导人员思想政治素质。充分发挥总行党校党的理论教育培训主阵地作用，运用好井冈山培训中心丰富的党性修养教学资源，加强对各级领导人员的党性教育、宗旨教育、警示教育，严明政治纪律和政治规矩，引导他们不断提高思想政治素质、增强党性修养，从思想深处拧紧螺丝。

突出抓好广大员工的思想政治工作。贴近分

行经营实际和员工思想实际，推进思想教育工作进经营一线、进营业网点，开展面对面的思想交流，多为员工办实事解难事。进一步倾斜基层、关爱员工，坚持把人员、薪酬福利和培训资源等向基层一线倾斜，切实关心基层员工职业发展，为基层员工营造良好的工作环境。建立健全党内激励关怀帮扶机制，注重解决党员工作生活困难，增强党员荣誉感和归属感。扎实做好信访工作。一些不良贷款较多的分行，员工收入大幅减少，要格外重视思想政治工作，鼓舞员工士气，引导大家凝心聚力、共渡难关。同时，也要加强对党员干部的教育培训，使大家愿做会做思想政治工作。

推进思想政治工作与企业文化建设有机结合。转型时期加强企业文化建设，要坚持社会主义核心价值体系，努力把全行员工的思想信念、精神动力和价值追求凝聚到转型发展的目标上来。注重发现、培养、宣传各个层次各个方面的先进典型，使大家学有榜样、赶有目标。持续打造“最美建行人”等典型宣传品牌，讲好“建行故事”，传递“建行好声音”。以弘扬社会主义核心价值体系为己任，建立和完善企业文化建设窗口，打造建行品牌。做好智慧银行网点的完善和配置，建设好企业文化建设馆，打造好稻香湖建设银行技术领先的参观平台。围绕贯彻落实党和国家大政方针，大力宣传建设银行改革发展实践及成果。

着力加强党员和员工的党纪行规教育。近期，总行通报了一批严重违规违纪典型案例，教训极其深刻。全行“四风”问题整肃还远没有到位，各级党委在做好正面激励引导的同时，也要注重发挥好反面典型案例的警示作用，用身边人身边事的触动，用摆事实讲道理的方式，讲好正风肃纪的故事，使员工知法、懂法、守法，严守底线，抵制诱惑，让每一起付出沉重代价的案例换来员工思想和行动上的自觉。要通过三会一课、网点晨会夕会、业务培训等途径，让党纪行规教育覆盖到每一位党员和员工，从关心爱护、教育引导、防微杜渐出发，使党员和员工不做盲目违规触纪的糊涂人，也不做触碰底线的冒险者。

工青妇等群团组织要积极发挥作用。各级党组织要将工会、共青团、妇联等群团建设纳入党建工作总体部署，不断增强群团组织的政治性、先进性、群众性。不断丰富群团工作品牌内涵，开展丰富多彩、积极向上的文体活动。发挥好党员干部主力军、青年生力军、妇女“半边天”的作用，将全行员工更加紧密地团结在各级党组织的周围，汇聚党的建设和转型发展的宏大力量。健全完善职工代表大会等民主管理制度，落实广大员工的知情权、参与权、表达权、监督权，充分调动大家的积极性、主动性、创造性。

同志们，我们要通过认真学习贯彻党的十八届六中全会精神和全国国有企业党建工作会议精神，更好地指导全行转型发展和党的建设实践，坚持党对企业的领导不动摇，把企业党建的责任扛起来，为做强做优做大和建成“国内最佳、国际一流”的建设银行提供坚强的政治保证和组织保证。

谢谢大家！

周密安排业务计划　加快转型步伐 确保完成 2016 年目标任务

——在中国建设银行 2016 年工作会议上的工作报告

王祖继

（2016 年 1 月 25 日）

同志们：

刚才，王洪章董事长作了重要讲话。后天，郭友监事长还要作总结讲话，希望大家认真学习领会，抓好贯彻执行。下面，我就全行 2015 年经营整体情况、业务计划安排和转型发展谈几点意见。

一、2015 年经营成果符合预期

2015 年，在总行党委、董事会的领导和监事会的支持下，全行认真贯彻落实党中央、国务院决策部署和监管要求，应对复杂形势考验，主动作为，努力推动转型发展，着力防控风险，取得了来之不易的经营成果，各项主要经营指标好于董事会确定的任务目标。

（一）资产负债平稳增长

资产总额（集团口径，未经审计）18.4 万亿元，四行第二，增幅 9.7%；其中，人民币贷款新增 9169 亿元，四行第一。负债总额 16.9 万亿元，新增 1.4 万亿元，增幅 9.2%。

落实稳存增存举措取得实效。人民币一般性存款日均新增 1 万亿元，连续两年四行排名第一；时点新增 8000 亿元，四行第二。年末存款偏离度 1.1%，满足监管要求。个人存款时点与日均余额均突破 6 万亿大关，新增四行第二，增速四行第一。公司条线不断提升资金体内循环和上下游承接能力，对公存款突破 7 万亿元，稳定性 5 年最优。非存款类金融机构存款（考核口径）新增 5260 亿元，四行第一。理财规模创历史新高，余额四行第二，与存款比例提升至 1:8。

（二）主要效益指标表现良好

业务协调发展和有效的成本控制提升了盈利能力。集团拨备前利润增长 8.6%，实现净利润 2289 亿元，增幅 0.3%；资产回报率（ROA）1.3%，平均股东权益回报率（ROE）17.24%，净利息收益率（NIM）2.63%，成本收入比 27.01%，资本充足率 15.43%，均名列四行前茅。本行经营费用减少 30.7 亿元，降幅 1.6%。

（三）资产结构持续优化

转型发展和优化的信贷政策促进了资产结构的改善。人民币贷款新增 9169 亿元，同比多增 796 亿元。本币债券组合新增 4421 亿元，金融市场条线资产规模占全行总资产的 22.5%。综合投融资新增 1.62 万亿元，增幅达 58.9%。

零售类贷款新增占比 80%，个人类贷款、个人住房贷款、信用卡贷款、消费信贷新增均四行第一；首家推出住房抵押贷款资产支持证券。全年对公贷款累放 3 万亿元，非贴公司类贷款（剔除打包、核销、平台置换等因素）新增 1860 亿元。重大工程项目签约投放与储备 1.2 万亿元；战略性新兴产业贷款增长 18.24%；网络银行信贷业务同比增长 131.49%。涉农贷款增长 5.6%；小微企业贷款（四部委口径）满足“三个不低于”监管要求。严重产能过剩行业、平台及房地产开发贷款余额下降。

（四）资产质量管控目标圆满完成

全面加强信贷和风险管理成效显著。集团口径不良贷款 1660 亿元，不良率 1.58%，拨备覆盖率 152%，符合监管要求。累计处置不良贷款 1487 亿元，多处置 701 亿元，创历史新高；其中，

回收盘活354亿元，纯核销326亿元，批量转让807亿元。已核销资产现金回收21亿元。

（五）重点转型业务取得新进展

转型发展成效明显。营业收入结构改善，中间业务净收入增速高出净利息收入增速3.2个百分点。全行境内分行实现中间业务净收入1168亿元，同比增长7.2%，收入总量、增量、增速保持四大行第二。与贷款相关的收入降幅超过30%。重点转型产品快速增长，信用卡收入首次越居四行首位。债券承销量连续5年居市场第一，承销收入居四行首位；代销基金、代理保险、贵金属交易收入增幅超过50%；托管规模突破7万亿大关，创历史新高。

客户账户平稳增长。单位人民币结算账户（人行口径）512.3万户，增量、增速居四行第一。其中，基本户占比64.7%。较年初提升1.93%。公司类总行级主办银行客户达666户，电子商务签约平台新增24家。个人有资产客户3.1亿人，新增2633万人。

国际化转型成效明显。国际业务与海外业务贡献度稳步增强，资产质量稳中向好。海外机构净利润、资产在集团占比分别提升0.49个百分点、0.72个百分点。新设8家海外机构，智利、苏黎世成功获任人民币清算行。打造海外机构“一行一式”经营特色，搭建了海外资金平台，建立海外重大项目推进机制，筹备海外审批中心。上海自贸区、新疆霍尔果斯等特殊经济区主要指标居同业首位。跨境电商综合服务方案、大宗商品融资等总行级战略创新项目取得突破。

综合性经营稳步推进。综合化子公司对集团利润贡献度提升。子公司资产增速39.5%，净利润增速61.9%。建信养老金正式挂牌，建信保险获批筹建，伦敦金交所会员机构收购取得重要进展，牌照优势进一步巩固。

（六）线上线下协同发展，整体效能明显提升

先进理念和先进技术助推整体效能提升。电子渠道已经成为最主要的交易渠道、客户服务渠道和标准化低风险产品销售渠道。电子银行账务性交易量占比78%。移动应用用户与交易量、善融商务交易额持续领跑同业；个人网银用户居同业第一；互联网支付市场份额遥遥领先。物理渠道布局优化，“三综合”建设推进顺利。综合性网点覆盖率98%，综合柜员占比88%，综合营销团队21532个。智慧型自助渠道服务网络持续扩大，网点综合服务能力增强，客户体验明显提升。

（七）新一代核心系统主体功能成功上线，业务效果开始显现

技术支持系统发挥积极作用。“新一代”二期顺利投产上线，通过一期、二期项目建设，实现了业务、技术到实施的全面转型，构建起了全新的企业级技术平台、实施模式和业务能力，为转型发展提供了坚实基础。“新一代”在优化渠道体验、支持产品快速创新、完善营销体系、建设流程银行、夯实业务支持基础、强化风险管控能力、提升数据应用水平等方面的效果已经开始显现，涌现出一批真正适用、好用、具有先进性的业务功能，对促进经营管理转型升级、改善客户员工体验、提升核心竞争力必将发挥重要作用。

全面总结过去一年的工作，我们体会到，过去的一年在宏观经济持续下行、信用风险不断暴露和有效需求不足、利差收窄等严峻的困难形势下，我们之所以能够取得好于预期的经营成果，主要得益于以下几方面：一是总行党委认真贯彻落实党中央国务院的工作部署，围绕稳增长、调结构、惠民生、防风险等宏观调控目标，周密安排信贷投放和资产布局，有效地实现了各项业务的协调增长；二是得益于宏观管理部门、监管机构和社会各界大力支持；三是率先在国内银行业全面启动转型发展规划，实现了“先手棋”效应，新的业务优势和新的盈利能力正在形成，转型发展助推了创新动力的培育和全面风险管理新机制的完善；四是“三严三实”专题教育为全行改革发展注入了新的动力，大大提高了全行责任意识和服务意识，工作热情和战斗力进一步提升。在推动转型发展和完成经营任务过程中，总行各部门、各分行、各子公司都做出了艰苦的努力。有的部门和分行长期加班加点，许多员工牺牲了休假和休息时间；为化解一个风险因素，为了多回收一分钱，总分行部门负责人和员工，不辞辛劳，下基层访客户，苦口婆心；为了推进服务和产品创新，为了多争取一个新的客户，许多员工呕心沥血，破解了许多难点难题；边远省份分行的同志们，长期坚持在条件极为艰苦的地区工作和生活，有的克服了常人难以想象的困难；海外机构的同志们远离家乡和亲人，面对全新的工作环境，不断开创新的工作局面；国内各子公司在激烈的竞争环境中，创造了资产和收益双双高增长的好势头。在“寻找身边‘李红英’，争做最美建行人”主题活动中，涌现出的“新一代”核心系统建设项目集体等一大批先进典型和先进集体，是全行优秀员工的代表。今天我报告的经营业绩，都是大家辛勤劳动的成果，包括默默无闻工作在后勤战线上的干部职工。在此，我代表管理层，向为建行事业付出辛勤汗水和心血智慧的全行广大干部员工表示衷心感谢！向给予建行事业大力支持的宏观管理部门、监管机构和社会各界表示衷心的感谢！

我们在肯定成绩的同时，也要清醒地认识到在经营、管理和业务发展中的不足。从传统业务指标看，我们还有一些指标明显落后于同业大行；从转型发展的要求看，我们还有一些重点业务存在明显短板，特别在一些重点地区分行还有明显差距。总的来看，一是在经济下行压力依然严峻的情况下，我们的风险预警、信贷入口关把控、贷中贷后管理和不良资产处置等各方面的能力亟待提高。2015 年全行风险和不良资产呈现“双升”态势，集团不良率较年初上升 0.39 个百分点；不良生成率达到 2%，当年新暴露不良增加过快；逾期贷款整体水平仍然较高，连续 3 年亏损的客户贷款持续增加。从区域看，长三角地区部分分行不良率明显高于当地同业，并且由“点”到“面”呈蔓延趋势。表外风险增加，新发生垫款额是前年的 1.6 倍。押品管理、网络诈骗等操作风险也值得关注。

二是降息和利率市场化收窄利差空间，盈利能力面临新的挑战。2015 年十月央行全面放开存款利率上限以后，迫使我们必须加快由过去的产品定价向综合定价转变。去年央行 5 次调整存贷款利率，存贷利差缩窄 40 个基点。今年还有大量贷款重定价，预计存贷利差还将下降 60 个基点左右。为降低实体经济的融资成本，政策上明确要求减免与信贷相关的收费，又在一定程度上压缩了中收增长空间。去年 NIM 同比下降 17 个基点，预计今年 NIM 还将下降 25 个基点左右，对我们的盈利能力提出新的挑战。

三是制度规范执行不严不实问题突出。例如，在 13 家分行新发放贷款业务审计中发现，约 8% 的样本客户存在贷前调查未有效识别，甚至隐瞒客户风险事项，近 20% 的样本客户存在信贷资金流向监控不力，挪用信贷资金时有发生。在不良资产打包转让程序中，违章违规操作问题占比居高不下，而且低级错误屡纠屡犯。再比如押品管理多个环节管理缺位，致使第二还款来源未能发挥应有的风险缓释作用。

四是推动转型发展的体制机制需要进一步完善。总体上看转型发展的目标任务已经明确，对其重要性、紧迫性的思想认识有了很大提高，但在推进思路上、方法上，体制机制的跟进上还落后于一线业务部门的需要。去年我们开展了十四个重点专题推进，研究了集约化建设的八个方面重大课题，调整了相应的业务操作规则和条线职责，进一步理顺和优化了推进转型发展的流程，也取得了一定实效，但要全面落到实处还需要一个过程。有些问题，如强化信贷管理和风险管理刚刚形成初步方案，还需要进一步征求意见和完善。

以上这些问题都需要我们在工作中逐一解决，该认真研究的要加快研究，该抓落实的要抓好落实。

二、2016 年面临的形势和任务

2016 年的宏观经济仍将面临严峻的下行压力，银行业的经营环境不容乐观。中央经济工作会议提出要加快金融监管体制改革，同时明确金融业要贯彻落实五大发展理念，切实提升服务实体经济的效率，担负起国有控股大银行应尽的政治责任和社会责任。这是我们判断外部形势和安排今年工作的重要依据。

2016 年是我行转型发展关键之年，在转型发展上实现新的突破，是关系未来 5 年发展质量和效率的关键，也是落实中央要求，实现提升服务实体经济效率的关键。很显然，我们是在困难的条件下推进转型，更要靠推进转型应对挑战和突破重重困难。

我们要充分全面地把握好自己的业务优势，发挥好自己的业务优势，增强推进转型发展的自信，培育内生动力；同时也需要我们客观地认清自身的不足，积极主动地整改，补齐短板，积极创新；更需要我们准确及时地研判宏观经济形势和变化趋势，周密制定应对挑战的措施，充分挖掘有利条件，抢抓一切可能的机遇，增强我们推进转型发展的信心和定力。为此，我们有以下判断：

（一）整体经济运行将继续保持在合理区间，是全行保持稳健经营的有利条件

我国经济正处在新旧动能转换的接续期，虽然存在传统行业下行压力，但新的增长动能正在形成。中央经济工作会议对当前经济形势进行了全面客观分析，提出一系列政策措施，这些战略安排是影响当前和未来经济走势的最重要因素。会议提出引领经济发展新常态，努力实现多方面工作重点的转变，兼顾了当前转型与长远发展；实现“十三五”期间全面建成小康社会的目标，最终跨过中等收入陷阱，都必须要把握好稳增长和调结构的平衡；为此构建了“五大政策支柱”（宏观政策要稳、产业政策要准、微观政策要活、改革政策要实、社会政策要托底），加快培育新的发展动能，确保我国经济持续运行在合理区间。

作为大型国有控股商业银行，我行的经营节奏与国家宏观经济运行高度相关。经济稳定运行的态势，是我们安排各项计划的基础，抓住经济发展“双中高”和“双引擎”机遇是全行保持稳健经营的有利条件。

（二）经济结构调整力度进一步加大，对全行业务发展带来新的挑战与机遇

近年来，我国经济结构性矛盾突出，传统增长动力减弱，产能过剩、杠杆率高、库存攀升、不良贷款、地方债务、失业率等风险点增多，并可能交叉传染。银行业不良贷款余额已连续17个季度上升，不良贷款率已连续10个季度上升，非法集资多发，潜在金融风险仍在积聚。中央经济工作会议将“去产能、去库存、去杠杆、降成本、补短板”列为五大重点任务，有助于推进结构调整，提高经济质量。产能整合为我行帮助企业并购重组、提供融资安排等投资银行业务以及“走出去”配套金融服务带来商机；在帮助企业去杠杆过程中，我行也可以通过资本市场工具，主动作为，在帮助有前景企业降低杠杆率的同时，降低自身信贷风险。去杠杆和加快淘汰落后产能、处理“僵尸企业”，将对银行资产质量带来较大压力。目前，钢铁等五大产能过剩行业总负债9.4万亿元，其中有相当比例是银行贷款。房地产去库存压力很大，未来可能面临行业深度整合。同时，作为大型国有控股商业银行还必须肩负相应的社会责任，在去产能、去库存、去杠杆过程中，对于风险客户，我们也不能一退了之，需要妥善处置。

（三）提升供给体系质量和效率，为全行转型发展提供了新的战略空间

中央强调要推进供给侧结构性改革，在淘汰落后、低端产能的同时注重“补短板”，进一步发挥市场在资源配置中的作用，提高经济的质量和效率；支持传统产业升级、培育发展新产业，企业技术改造和设备更新以及节能环保、新一代信息技术、高端装备制造等产业将迎来成长空间；积极发展健康、教育、养老、旅游等服务业，消费升级对经济增长贡献将持续提升；进一步鼓励“大众创业、万众创新”，加快实施“互联网+”、大数据行动战略。在这些领域银行未来发展潜力很大，为我行支持战略新兴行业发展、搭建个人客户金融生态系统、建设“创新型银行”“智慧型银行”带来战略机遇。

（四）更加积极的财政政策和灵活适度的货币政策，为全行转型发展营造了稳定宽松的宏观政策环境

针对当前经济下行压力较大的客观现实，中央经济工作会议提出将实施更加积极的财政政策，加大重点项目建设和科研、民生等领域财政支出力度；继续推广政府和社会资本合作模式（PPP），解决项目资本金不足等问题。我们应抢抓机遇，巩固在财政、民生、军警等领域业已形成的优势地位。国家有关部门正在研究采取更加积极的税收政策，通过减税增强企业活力，这些政策措施一旦实施，将有效降低我行存量资产风险，并带来更多优质客户供我们营销选择。地方政府融资平台贷款会不断置换为地方政府债券，短期虽然影响银行收益，但长期看肯定会降低违约风险，对于保持银行稳健经营有利。预期央行会灵活适度调整货币政策，在流动性支持、信贷规模和货币市场交易等方面，为银行提供适度宽松的环境和机会。

（五）“十三五”期间一系列重大战略布局，为全行转型发展搭建了广阔的平台

国家一系列重大战略，包括区域发展战略、“一带一路”国际战略、“中国制造2025”产业升级战略等将陆续落地，将催生新的经济增长点、增长极和增长带。五中全会提出了创新、协调、绿色、开放、共享五大发展理念，其中蕴含大量商机。“十三五”中很多都是我行的传统优势领域，如基础设施、财政社保、民生领域等；有的与我行转型发展方向高度契合，如拓展绿色信贷、推进国际化、加快投行和战略新兴业务发展、创新投融资方式和渠道等，抓住了这些机遇，我们将拥有更强大的核心竞争力。

（六）全面深化金融改革，为全行转型发展注入新的动力

“十一五”“十二五”期间我国银行业快速发展，跻身全球银行的领先行列，主要动因源自我国经济高速增长和银行改革。“十三五”期间，中央将进一步推出一系列深化利率、汇率、要素市场改革措施，完善金融服务体系和投融资体制，着力发展普惠金融、绿色金融，推进多层次资本市场建设；加快自贸区金融改革试验步伐，进一步扩大金融对外开放。从短期来看，这些改革措施会给我行利息收入增长、外币资产负债及流动性管理、市场风险管理带来更大考验，对我行盈利、市场份额甚至资产质量带来压力。但从长远来看，这些措施将持续释放改革红利，培育经济增长新动能，实现增长方式的根本性转变。

三、2016年主要工作安排

2015年我们已经在综合性、多功能、集约化、创新型、智慧型的转型道路上迈出坚实步伐。2016年面对新的形势和任务，全行要深入贯彻落实党的十八届五中全会和中央经济工作会议精神，要把创新、协调、绿色、开放、共享五大发展理念作为统领转型发展规划全面实施的总体指导；要把坚持稳健经营作为推进转型发展的重要前提；要把全面提升风险管控能力作为加快推进转型发展的坚实保障；要把推进转型发展作为优化配置资源的最高标准；要把体制机制和产品服务创新作为转型发展的主要推动力；要把转型发展作为开拓业务领域，培育新的盈利能力的基本途径。

（一）主要经营目标安排

经营目标制定主要原则是，突出转型、优化结构、补齐短板、巩固优势、守牢底线。财务安排方面，集团盈利目标增幅区间为－5%－0.1%，－5%是底线目标，0.1%为积极努力目标。从当前形势看，净利润增长是我们要面对的重大挑战和考验。大家要有充分思想准备，按照努力目标要求，创造性地开展工作，争取更好业绩。资产质量方面，不良率控制在2.0%以内，力争1.8%左右。资产质量控制目标影响各项业务发展计划，不良率目标是刚性要求，年度中间不再调整，不得突破，各条线和各分行都负有明确的责任。业务计划方面，总体安排争取市场份额稳中有升，转型重点领域计划安排更为积极；集团资产总额增速7.7%，贷款增速9.6%，一般性存款增速6.6%，手续费净收入增速8%，子公司资产增长31%，信托、债券承销等综合投融资增速14.9%。

上述经营目标是在统筹考虑2016年经济形势、着力推进转型发展要求和支持实体经济发展等各方面的需要，也考虑到股东回报要求和员工切身利益等多方面因素后确定的。总行各部门、各分行、各子公司要根据上述目标要求，结合本地区经济社会发展实际，合理确定细化计划安排，制定针对性策略和措施，确保完成目标任务。我们前面讲了很多，主要体现在“多”“好”“稳”“细”四个方面。多是在业务发展上要加大对实体经济的支持力度，多安排一些收益性资产；好是要加强行业和市场研究，选择好的客户，安排好交易结构，把控好资产质量，争取更好的收益性；稳是要在发展上坚持稳健经营，为转型打下坚实基础，守住风险底线；细是在管理方面要加强精细化管理，向管理要效益，对实体经济薄弱环节提升精准支持力度。

（二）全面推进转型发展，实现重点区域和重点业务的突破

大家要深刻领会洪章董事长对推进转型深化落地的全面部署，按照转型发展规划的要求，认真总结去年启动转型发展的经验，对照今年的转型要求，做出全面安排，特别是要明确今年各自的目标任务，认真研究推进和落实方案。

总行的任务，一是进一步完善推进转型发展

的体制机制。2015 年确定的十四个重点专题和八个集约化建设专题大部分形成了整体实施方案，有的还需要在执行中不断完善。总行有关部门要大力推进各项任务。每个专题均由总行党委成员牵头，多部门共同参与，大家对方案涉及的任务和责任都很清楚，要自觉地、积极主动地推进落实；已经确定的强化信贷管理和风险管理的课题也要加快进度。总之，通过 2016 年的努力，要基本形成与转型发展相适应的总分行资源配置和激励约束机制。二是已明确的总行直营机构要做出满意的业绩。总行已成立了资产管理、同业业务、金融市场交易等直营机构，要按照确定的专营方案目标任务要求，全面筹划业务发展规划，建立健全业务操作规则，包括风险控制和激励约束机制，尽快充实人员、配足资源，做好员工间、部门间和业务间的无缝衔接，无风险转换。三是 2016 年总行还要安排几个集约化重点课题的研究，再推出几项加快转型发展的具体措施。

分行的重点任务是，北京、上海、广东、深圳等重点分行要在高水平上补短板。这些重点分行在全行占有非常重要的地位，也作出了重要贡献，但从转型发展需要树立的标杆行的要求来看，整体上市场竞争力还需要进一步提升，特别是客户结算、私人银行、跨境人民币、结售汇等重点转型业务的竞争力需要提升。重点分行是全行转型发展的排头兵，在传统业务和转型重点业务上不能出现任何一个短板，要力争在区域位居前列。重点分行要明确自身定位和转型发展方向，制定短板业务的分年度提升目标，不仅要限期补齐，还要为其他分行做表率。23 家重点城市行要结合区域特色，全面发力推进转型发展，在重点业务上实现突破。重点城市行要结合 3 年行动方案要求，将实现全面转型作为努力目标。总行部门和一级分行要加大帮扶力度，落实好指导意见要求，使这些行发挥好各自区域特色和比较优势，在体制机制改革、协同发展中先行先试，提升发展实力、市场表现和对全行贡献度，力争居于所在城市的前列。其他分行也要跟进转型发展要求，在做好现有业务的基础上，结合自身实际，在转型重点业务上有所突破。特别需要强调的是，省会城市行是转型重点，要成为省内转型的排头兵；二级分行要努力成为全行转型发展的重点前沿阵地，成为全行服务实体经济的主要抓手，真正解决转型规划落实中层层衰减的问题。

子公司要加大市场化改革力度。总行对子公司的管理和改革方向已经明确，要推动子公司管理制度创新。总行正在研究支持子公司发展方案，也希望子公司在今年更加努力，为集团做出更多贡献。

海外和国际业务要努力提升参与国际竞争的能力，加快落实《国际化转型发展暨支持企业“走出去”指导意见》。海外机构和国际业务条线要充实力量，加强自身建设，总行国际业务部要切实履行好牵头推进国际化转型发展工作的职责。要把握人民币国际化和支持企业“走出去”的战略，抓住“互联网 +”的商机，加快推进贸易金融综合化转型步伐，复制推广上海自贸区和杭州跨境电子商务综合试验区成功经验，加大对中小微外贸企业普惠金融产品创新力度；要主动应对市场波动、监管政策调整和合规要求收紧的挑战，加快海外机构“一行一式”转型发展，打造经营特色，挖掘新的盈利增长点。

（三）进一步加强信贷和风险管理，确保资产质量基本稳定

信贷管理和风险管理基本线条是清晰的，但还存在许多薄弱环节亟待加强。第一，要强化合规行为，规范操作，抓实基础性问题的整改。合规能力决定银行最终的市场竞争力和发展质量，必须加强合规意识、合规文化、合规机制、合规制度建设。我们拥有力量雄厚的内部监督资源，审计、合规、监察、风险、渠道等条线员工在基层做了大量工作，揭示了很多问题，一定要扎实抓好整改和落实，这是风险内控的基础。一是要把信贷入口、放款条件的落实、贷中贷后管理和不良资产处置等各个环节作为整改重点。二是增强关键岗位和相关人员的责任，同时要尽快完善技术系统支持，增强机控的覆盖面，形成人机互补、人机互验的风险防控机制。三是高度重视海外机构的合规和反洗钱风险，避免违规行为引发信用风险。四是近期外汇合规经营监管要求不断提高，银监会提示集团客户授信和票据业务风险。我们要对相关业务开展合规情况和风险排查，审慎稳妥地开展业务。相关部门和前台人员要向投资者充分提示风险，切实保护金融消费者合法权益。五是落实好保密责任制，进一步加强保密管理。

第二，要认真研判新的风险因素的影响。特别是要针对去产能和"僵尸企业"出清过程中可能出现的不良资产和政策性负担，制订应对方案和计划安排。

第三，要对战略性新兴产业、绿色信贷、海绵城市建设、"互联网＋"等重点行业信贷策略保持敏感性和灵活性。持续优化差别化信贷审批，重检并合理确定境内分行审批权限，适度扩大差别化授权范围，将海外机构优质客户逐步纳入差别化授权客户名单。区分存量与新增业务性质，在信用额度和支用环节实施差别化审批流程。细化信贷制度流程，加强对集团层面所有客户、产品的统一管理；将政策、制度、标准化信息嵌入贷前、贷中、贷后流程，实现信息共享。

第四，强化押品等关键环节风险控制。稳妥推进农村承包土地的经营权抵押贷款试点和农民住房财产权抵押贷款试点；巩固放款中心成果，逐步将小企业贷款纳入审核范围。推进风险计量模型完善与创新，提升预警预控技术。

明确责任，全力完成资产质量控制目标。今年不良资产容忍空间非常有限。为完成全年的不良贷款控制目标，总行将把不良新暴露指标分解至各经营机构和条线，督查资产质量管控计划执行情况，确保信用风险有效管控、有序释放。在落实层级管理责任基础上，条线部门也要承担起相关职责，强化"三道防线"责任。信贷经营部门要充分做好贷前真实性审查、客户准入、贷后管理等基础工作，发挥"第一道防线"应有的作用，落实好条线不良贷款新暴露控制计划。资产保全部门要继续高效、优质、合规处置不良贷款。信贷管理部门要履行好综合管理职能，加强整体管控、统筹协调和监控报告。审计监察部门要继续加大监督检查力度，揭示重大风险、发现重要问题，严查违规失职。

加强资产保全力量，提升不良资产处置效率，最大限度减少损失。2015 年我行在同业中对消化不良的财务支持力度最大，拨备的使用最多，2016 年已没有财务余力支持大规模的打包核销，必须提升不良处置的"量""质""效"。要强化激励导向，用好用足盘活重组政策，积极查找财产线索，显著提升回收盘活占比，最大限度减少对财务资源的消耗。开展不良资产现金回收专项活动，加大现金清收和已核销资产回收力度。提高审批效率，滚动开展批量转让，加快核销进度。抓住重点分行、重大项目、重点产品、重要时点，确保全年工作有序推进。在当前阶段，保全队伍相当关键，总分行要增配人员，加强保全力量，提升专业处置能力。不良贷款额（包括不良、已核销、受托资产、证券化资产）超过 40 亿元（计划单列行 25 亿元）或不良率超过 3% 的一级分行，要设立资产保全专门团队或强化二级部，增配合适的人员力量；不良余额在 5 亿元以上或不良率超过 2% 的二级分行要设立专业处置团队，配备精干力量从事处置工作。

（四）敏锐跟踪"互联网＋"信息技术和理念应用方式的变革，不断提升客户体验

深化"移动优先"策略。打造简约、时尚、大气、引领同业的新版个人手机银行，丰富微信银行、Pad 银行、短信银行等服务功能。推出集合全行各类优惠信息，为客户提供优惠、积分、支付等于一体的"惠生活"平台；在个人手机银行、社交网络金融服务等移动金融平台引入生物识别技术，智能识别客户身份，保障交易安全；借助二维码、声波等新技术手段，丰富场景化支付应用。

优化个人网上银行。推出全新私人银行网上银行服务，实现个人综合财富管理功能；增加跨境支付、资金归集，提升网上支付智能化服务能力；完善企业级电子账户服务；深化跨行支付创新，提高个人融资类产品金融服务支持能力。

全面推进企业网银改版。推动服务配置化等渠道创新事项，确保企业网银千人千面相关需求落地；丰富企业网银在线客服功能；在移动端逐步布局互联网支付、互联网融资、互联网理财三大产品线，打造移动端交易闭环。

加快员工渠道优化整合，实现网点"综合化、智能化、流程化"。分类打造旗舰网点、轻型网点等差异化物理网点，提供差别化服务；优化柜面业务流程，精简柜员日常操作；建立网点内离柜客户互动交易模式；实现网点智能管控，加强多渠道协同互动。

（五）加强定价管理，提高综合定价能力

价格的制定既要反映市场资金的供求情况，有效应对同业竞争，又要合理地引导全行控制负债成本，优化资产负债结构。

完善差别化定价授权体系。给予分行更大、更灵活的定价空间，加大对定价水平高的分行的授权。分行也要不断向下释放定价权，要通过落实定价主体责任，强化激励约束机制，来培育和提高全系统的定价能力。

加强负债成本管理。完善大额存单、特色存款等主动负债产品计划和流程管理，发行规模和进度要与全行负债业务占比相匹配，销售对象主要是重点客户。

提高综合定价能力。全面推广综合定价系统应用，公司类贷款定价和审批要通过定价系统完成。针对大客户、大项目议价能力强的特点，在贷款定价让利的同时，要想办法争取客户在我行开立基本户，多做些结算业务、代理业务、投行业务，通过为客户提供综合金融服务，增加中间业务收入和存款沉淀，提高综合收益。

（六）完善考核体系，坚持机制化、精细化和标准化配置财务资源

考核体系要在现有基础框架上，循序渐进，不断优化和完善，助力推进转型、风险管控目标实现以及业务基础的夯实。

根据不同分行区域资源禀赋和经营基础条件做差异性考核。对北上广深等重点分行在全行转型指标的统一考核要求之外，另行制定更加具有挑战性的转型考核要求，体现重点分行在转型发展方面的领先和带头作用，形成全行转型业务发展的规模效应。针对重点分行，总行也会在资源上给予一定的支持。

优化转型考核指标，引导转型落地。增加转型指标在KPI考核中的权重。考核指标更加突出转型业务、产品创新和重点城市行发展等重点，精简考核指标，统一计分规则，并由分行根据资源禀赋和区域经济特点，进行适当的差异化选择。

加大风险管理考核和总行条线责任考核。风险内控指标考核权重保持40%不动摇，进一步加强对当年新暴露不良贷款、不良贷款处置等指标的考核，并在落实分行层级责任的基础上，纳入部门KPI考核指标，实行“一票否决”制。

加大母子公司协同联动和综合化经营的考核。通过集团客户业务联动和多元化金融产品的协同销售，形成集团内部资金的循环沉淀，夯实综合化经营基础。

完善财务资源配置，有效控制成本。员工费用安排坚持以经济增加值为主的业绩挂钩激励约束机制。在总量趋紧情况下，向基层员工倾斜，适当提高基层员工健康体检费用。非员工费用配置在总量下降前提下，继续贯彻“有保、有压、有控”的分配原则。费用安排向有效客户、渠道、不良处置、ETC等基础性和战略性业务倾斜。压缩行政类费用，控制运营类费用，对部分费用实行定额预算管理。大幅压缩资本性支出，严格控制办公用房等非生产经营性投入，压降存量车辆。规范外包管理制度和流程。优化网点建设和固定资产购置等方面审批授权。加强手续费支出管理，努力实现投入产出最大化。建立任务目标专项激励安排，对重点城市行制定积极的三年业务发展目标和差异化的财务政策。

（七）强化资本约束，提升集约管理水平

未来5年资本充足率要稳步提升，资本充足率和资本回报率持续保持同业领先。这是我们坚定不移的目标。

构建以资本为核心的综合经营计划管理体系和激励约束机制。2016年要强化经济资本计划管理，淡化规模管理。经济资本计划覆盖境内外、本外币、母子公司，涵盖信用风险、市场风险、操作风险、理财风险和声誉风险。分行信用风险经济资本计划为指令性计划，依据经济资本回报率、经济增加值、贷款结构调整、资产质量、存贷比5项指标确定，人民币贷款计划由指令性计划变为指导性计划。以经济增加值为核心配置财务资源。

优化和调整资产结构。资产结构安排体现资本回报提升要求，加大对资本占用少、回报率高的业务倾斜力度，加快零售业务发展。根据资本回报，灵活调整债券投资策略；同业业务利差要不低于大行平均水平；外币业务主要满足“走出去”等国家战略项目及重要客户需要；表外业务重点鼓励资本回报率较高、与表内业务配套性强的业务发展，降低无效资本占用；加快体现未来发展方向的、轻资本占用的非保本理财业务发展，合理控制保本理财资产端的非标资产配置总量；海外银行类机构业务以提升回报水平为核心，优化资产结构；子公司要立足市场，加快轻资本业务发展，通过调整业务结构、增强定价能力、降低融资成本等措施提高盈利能力，不断提升自身资本积累能力和资本回报水平。

夯实资本管理基础。优化风险参数，提高评级准确性，加快推进内评高级法实施达标工作。建立统一资本数据视图，多维度动态展示和监测资本状况，提高海外分行和子行资本相关数据质量。

（八）大力推广和应用新一代核心系统功能，为全行转型发展提供平台支撑

要继续完善和优化已上线的新一代核心系统功能，进一步提升用户体验。“新一代”投产功能代表着先进生产力，要充分发挥作用，还需要对组织职能、业务流程、岗位职责、部门边界等进行相应调整。要通过加强“新一代”转型成果在总行和分行的宣讲、培训、推广及应用，切实将信息化建设的成效转化为我行转型发展的现实生产力和实实在在的经营效益。

要积极、严谨、细致、稳妥地推进新一代核心系统三期项目建设。三期项目的重点是对私核心业务系统，事关数亿个人客户服务，事关我行个人存款、支付结算等根本业务基础，设计、测试、培训等工作应更加充分、全面，注重关联方衔接，投产应急预案等准备工作要更加慎重、更有把握。全行要高度重视、密切协同，总行要持续加大 IT、财务、人力等资源投入，分行要积极配合，选调优秀人才，全力支持“新一代”开发工作，确保三期项目建设圆满成功。

“新一代”已与全行转型发展息息相关，正在推进的集约化、创新型银行和智慧型银行建设均需要“新一代”提供技术、数据支撑，两者需紧密对接。在“新一代”后续建设过程中，要继续发扬勇于创新、不畏艰难的“新一代”精神，把新一代核心系统建设得更完善。

（九）加强党的建设，形成推动转型发展主体力量

王洪章董事长对我行“十二五”发展总结的 5 条经验中，重要一条就是坚持党建统领、发挥政治优势，将全面从严治党与从严治行紧密结合起来。当前全行转型发展任务艰巨，能否顺利实现我们既定战略目标，关键在于坚持党的领导加强党的建设，总行各部门、各分行、各子公司要切实加强领导班子建设，要把党建工作与推动全行转型发展同谋划、同部署，以落实“两个责任”凝聚全行力量，把政治优势全面转化成为转型发展的优势。

同志们，2016 年是“十三五”开局之年，是我行落实转型发展规划的关键之年。做好今年的各项工作意义重大，任务艰巨繁重。全行上下要奋发有为，积极进取，力争取得更好的经营和转型业绩，确保实现转型发展在“十三五”的良好开局。

很快就到传统佳节了，在此，我再次代表各位行领导，向全行员工及家属，向关心支持建行事业的有关部门、监管机构和社会各界致以新春的祝福，祝大家新春快乐，阖家幸福！谢谢大家！

推进风险精细化管理
为转型发展打牢基础

——在2016年全行风险管理工作会议上的讲话

王祖继

（2016年3月1日）

同志们：

大家上午好！刚才俭华同志对2015年风险管理工作做了全面回顾，对2016年的工作做了具体部署，明确了今年全行风险管控工作的总体目标和要求，代表了总行党委和高管层的意见，希望大家认真学习，抓好落实。邓艾兵总经理通报的信贷管理体制机制建设情况，涉及很多问题，需要认真研究，抓好解决。借这个机会，我再强调三点意见，供大家参考。

一、全行上下攻坚克难，风险管理工作取得明显成效

2015年，经济金融环境复杂严峻，经济下行给银行经营带来很大的挑战和压力。全行风险条线在总行党委、董事会、监事会和高管层的带领下，上下同心，全力应对“新常态”下的风险管控新挑战，风险管理工作成效非常突出，为完成全行经营目标做出了重要贡献，值得充分肯定。主要体现在以下几个方面。

（一）信用和市场风险管控主动有效

信用风险方面。2015年，全行上下各层级都高度重视资产质量管控工作，王洪章董事长亲自出马，总分行各级行领导带头分片包干、分类施策压控不良贷款，牵头化解“三十大”重大信用风险项目，现场督导，取得良好成效。去年，总行牵头的“三十大”项目累计化解处置信贷余额178亿元，一级分行牵头的重大信用风险项目共化解处置518亿元。

强化风险预警预控，探索实施了基于大数据和风险计量模型的风险预警方法，每季度进行风险客户的预警，大大提升了风险排查的针对性和有效性。常态化开展新发放贷款“回头看”活动，发现风险隐患2130户，涉及金额724亿元。通过信贷资产观察客户名单制度，提前化解风险项目约500亿元。对季末、年末到期贷款逐笔提示，全年累计提示信贷客户6.8万户，涉及贷款本金1.3万亿元。

经过不懈努力，圆满完成了集团资产质量管控目标。不良额、不良率本可以有更好的表现，但为夯实今年的工作基础，做好前后衔接，我们主动做了些安排，最终审计后的集团不良贷款额为××亿元，不良率为××%。拨备覆盖率为××%，风险抵补能力总体优于同业。子公司业务资产、利润增速显著高于本行，风险可控。海外机构资产总额突破2000亿美元，不良率为××%，约堡分行和巴西子行不良处置也取得积极成效。

市场风险方面。近年来，市场风险从交易业务、交易对手、交易流程、交易系统、交易产品、交易人员6个维度，先后制定了限额管理办法、交易员行为风险管理办法、新产品风险评估办法、交易价格管控管理办法等23项政策制度，每年更新交易业务风险政策和限额方案，覆盖全集团的市场风险管控制度化的格局初步形成。

坚持问题导向，建立了风险事件问题库管理机制，已经完成了104个风险事件的分析，形成了265项整改措施。按照“三优先”原则，即：解决实质性风险问题的措施优先、风险底线问题优先、提高业务效率的措施优先，着力对交易业务的关键风险点进行机控，顺利完成42项措施的上线工作，有效防范了外汇、贵金属、债券等对

外报价操作风险，大幅提高了敞口监控和预警效率，推动全行金融市场业务系统化程度和风险控制水平进一步提升。

建立了重大市场风险应急反应机制，有效应对国内资本市场巨幅震荡、8.11 汇改、人民币加入 SDR、美联储加息等重大市场事件，风险管理部门反应快，前瞻性研究充分，组织协调有力，应对措施到位。

优化了交易业务新产品风险管理规定，明确新产品标准，规范境内外分行新产品风险管理流程，先后完成交易所资产支持证券、代客金属铝远期交易、双货币远期结售汇等 55 个新产品风险评估工作，既支持业务部门识别、把握新产品关键风险，又支持了业务部门的产品创新。

通过债券准入、价格审查、限额管理、预警监控、投后检查、风险分类、充足拨备、分析报告等管理手段，构建了覆盖全流程、各层级、立体式的债券管理体系，促进信用债风险水平下降，收益率提升。针对信用债、黄金租借、衍生产品交易的 12 个关键风险点，采取风险管理融入流程的方式，提高管理的主动性和有效性。

积极实施市场风险内部模型法，自主研发了市场风险管理系统，建立了完整的交易数据库，达到了巴塞尔协议的要求。2015 年，我行自主研发的交易对手信用风险管控系统正式上线运行，建立起衍生产品交易全流程机控平台，实现了风险敞口计量、保证金催缴的自动化，系统主要功能国内领先。

（二）围绕信贷流程，完善管理机制，促进风险防控和市场竞争能力同步提升

贷中方面。2015 年，全行上下狠抓信贷管理薄弱环节治理，大力推进放款中心建设。目前，37 家一级分行放款中心基本达到总行的建设及运行标准，全年累计拦截不符合放款要求的业务 364 亿元，对有效管控贷中放款风险起到了积极作用。

贷后方面。细化规定动作，推进实施“一户一策”的差别化管理方案，不断完善商机管理、分级监控、分级集中诊断、分级预警的机制，提高了贷后检查的操作性和针对性。出台了保证担保类业务管理制度，发挥风险缓释的实质性作用。

审批机制方面。建立完善资产管理业务差别化审批机制，优化地方政府信用额度、债务置换及债券承销认购审批流程，创新代销类产品审批决策模式，批量增加银行同业客户授信额度。全年共完成投资理财业务审批 2.8 万亿元，增幅 80.9%，其中货币及资本市场投资类业务 7553 亿元，增幅 1314%；产业基金类业务 3345 亿元，增幅 503%。共完成 36 家省级政府信用额度审批，批复 9253 亿元，完成一类债置换预审批 4205 亿元。完成同业业务审批 2.5 万亿元，增幅 151%。完成海外机构业务审批 7868 亿元，支持国内企业“走出去”，服务全行国际化转型发展。

（三）深化风险计量工具开发应用，全面支持转型发展

全行共开发投产了 324 个风险计量模型，覆盖约 14 万非零售客户、5900 万零售客户和全部金融市场交易业务。

批发业务方面。围绕“三大一高”战略，开发控股型集团公司评级模型，科学计量集团客户信用风险，推进全行转型发展规划的实施。在吸取小企业不良高企教训的基础上，开发上线了小企业评分卡，利用这一模型累计发展小微企业业务 3.5 万笔，贷款余额 275.1 亿元，不良余额××亿元，不良率为××%，质量好于小企业整体水平。依托 IT 系统刚性控制对公客户评级，评级悬崖现象得到明显遏制，全行高信用等级客户违约占比由年初的××%降至××%。

零售业务方面。零售计量模型达 89 个，覆盖全行 98% 的零售贷款（个人贷款及信用卡），自动审批率达 44%，相当于全年节约人力成本 7.3 亿元；98% 的电话调额申请由 2 天缩短为 3 分钟内通过生效，极大地提高市场响应速度，客户满意度明显提升，巩固了我行的零售业务优势。

（四）各条线风险防控意识增强，工作落实到位，各类风险平稳可控

一是审批条线。去年，通过推动综合授信与市场营销、信用审批及贷后管理等环节的有机结合，前瞻性协助分行优化完善授信方案，指导客户营销谈判，探索授信审批由方案取舍型逐步向服务型转变。全年共计审批对公客户各类授信业务 32.6 万笔、22.3 万亿元，同比增加 3.5 万亿元，增幅 18.8%。

精细化和差别化管理方面，持续开展“百行

千户”活动，全年走访1393家重点客户，完成综合授信评审2632户8.3万亿元，分别增加32%和256%；境内分行综合授信覆盖面达68.8%，较上年提升35个百分点。积极推进全球授信工作，新增全球授信评审167户4.4万亿元，全球授信已全面覆盖24家海外一级机构。下发《集团并表授信管理办法》，全年共完成审定集团授信51户9063亿元。客户评级推翻率4.9%，满足不超过10%的监管要求。对信贷授权进行动态差别化管理，及时重检和调整差别化授权客户名单，强化重点领域风险管控，支持战略转型业务发展。

专业化建设方面，统筹调动全行资源组建评估团队，建立总行和分行级重点项目库，全年共汇集国家级重点项目615个，涉及总投资7.8万亿元；完成项目评估3730个，合计申请贷款2.2万亿元。通过开展专业课题和审批指引研究，全年完成应用转化58项成果，取得59项专业化课题成果，发布政府和社会资本合作（PPP）、非标准化理财产品等16个审批指引，高速公路等3个项目评估指引，完成首批12家示范分行项目评估转型的总结验收。

二是其他风险管理部门，深入开展“合规管理年”活动，进一步强化合规管理基础，操作风险和案件防控有效；流动性水平始终保持在合理范围，备付率四行最低；全面实施声誉风险“固本”工程，从源头上有效管控声誉风险，有利维护了集团良好的企业形象。

三是审计条线，充分发挥了三个“及时”的作用，及时发现问题、及时促进整改、及时完善各种管理措施。

四是纪检监察部门，加大对问题的处置和责任追究力度，及时向前端反馈，体现了激励与约束的双重作用，这方面的工作值得充分肯定。

（五）进一步完善全面风险管理体制，提升全集团风险管理能力

为了业务发展和优化结构，集团风险偏好服从于转型规划战略的安排，更好地体现了资本、风险和收益的平衡，明确了整个集团、各类业务的风险边界，细化了全面风险管理的内涵。

完善经济资本计量方法，更为贴近业务实际，提高经济资本对风险变化的敏感性，为全行资本集约化转型奠定基础。

梳理理财、同业、金融市场等新兴业务的风险管理现状，设计适应不同业务特征的风险管控模式，确保大资产转型过程中风险的统一管控。

强化海外机构和子公司风险管理，完成多伦多、伦敦、智利、苏黎世四家新设海外机构的风险管理验收；制定《子公司风险管理办法》，推动建信信托、养老金等子公司建立完善风险管理体系，提升跨业、跨境的集团全面风险管理能力。以“八不准”为抓手，持续推进海外金融市场业务的风险管控，就金融市场业务授信额度管控进行专题培训，明确海外机构金融市场业务风险经理规定动作，完善海外机构市场风险经济资本计量规则，促进金融市场业务基础管理水平的提高。

（六）克服困难，不良资产处置速度、处置总量比往年大幅提升，为实现资产质量管控目标做出重要贡献

累计处置不良贷款××亿元，再创新高，处置量比2014年翻了1番，多处置××亿元。

充分发挥批量转让规模效应，梯次安排好批量转让工作，争取较高的成交率和回收率。市场化批量转让不良贷款××亿元，处置额是2014年的××倍，成交率为××%，平均回收率为××%。做到了合规处置，维护了良好的市场秩序。

用足政策，有效发挥核销手段的积极作用。全年累计核销呆账贷款××亿元，同比增加××亿元。

通过专家诊断、名单制管理、母子联动、业务指导等措施，加大回收盘活力度，努力改善处置结构。全年回收盘活××亿元，较上年增加××亿元，实现工作力度不减弱，成效显著。

启动“奋战已核、颗粒归仓”专项活动，加大已核销资产追收力度。全行实现已核销资产现金回收××亿元，创历史新高，排名四行第一。

主动创新不良处置手段，包括：不良资产批量转让创新模式顺利实施，建立受托不良资产处置工作机制；充分用好呆账核销新政策；积极探索不良资产证券化；优化个人类不良贷款重组政策等，进一步拓宽了处置渠道。

不断提升风险防控水平，将审计结果充分运用到批量转让和呆账核销的相关环节，确保不良资产日常管理尽职到位，合规性得到了很好提升。

这些成绩和进步，凝聚着全行员工的智慧和

汗水，尤其是风险、保全、信管、审批等条线和岗位员工功不可没。我来建行9个多月，深刻感受到我们面临的风险管控压力前所未有，全行上下特别是风险条线，不畏困难、真抓实干、敢于担当、团结合作，正是靠着这种精神和扎实的工作，才取得来之不易的成绩，在这里代表总行党委向大家、并通过你们向全行员工表示衷心的感谢！

二、深刻认识风险管控面临的严峻形势和问题

（一）宏观经济下行压力使银行业经营十分困难，风险管控任务将更加艰巨

成绩值得充分肯定，但更需要清醒地认识到，当前宏观经济下行，风险状况及引发风险的因素更加复杂，一些客户、一些地区、一些行业的信用水平出现了断崖式的变化，直接影响银行的经营和发展，关注类贷款、逾期类贷款、不良贷款大幅增加，利润持续下滑，拨备覆盖率逼近监管红线，经营压力非常大。

就我行而言，2015年新暴露不良贷款近××亿元，是前三年之和，当年不良生成率达××%。有些分行的形势更加严峻，2015年新暴露不良贷款最多的前5家分行分别是浙江（327.3亿元）、福建（197.8亿元）、山东（177.8亿元）、江苏（150.4亿元）和广东（131.9亿元），5家分行合计985.2亿元，占全行新暴露不良的近50%。

不良率最高的5家分行分别是宁波（5.86%）、浙江（4.58%）、内蒙古（3.99%）、青海（3.95%）和黑龙江（3.59%）。

信贷损失率最高的5家分行分别是浙江（265.18亿元，5.2%）、福建（98.04亿元，2.92%）、青岛（27.60亿元，2.72%）、宁波（37.11亿元，2.46%）、黑龙江（21.24亿元，1.98%）。

税前利润亏损的有4家分行，分别是福建（－33.44亿元）、浙江（－23.59亿元）、宁波（－19.86亿元）、内蒙古（－13.03亿元）。

现在发生问题较多的区域集中在经济较发达地区，随着结构调整由发达地区向中部和西部地区的转移和传导，风险资产和不良资产还将大幅增加，加上“去产能、去库存、去杠杆”的影响，今年的风险管控任务将更加艰巨。

（二）风险的大量暴露，不良资产的持续增加，已经成为实现稳健经营的第一大难题

2015年我行拨备前利润率为××%，盈利能力在银行业中居于领先水平，但是不良贷款的持续暴露直接导致拨备计提大幅增加，几乎吃掉所有利润，资产减值后利润率仅为××%。直观上看，利润与不良资产的多少直接负相关，控制住风险，最大限度地控制不良资产，就是保证了利润的增长；从持续稳健经营角度看，净利润的下降直接减少了资本的补充，资本是银行吸收风险能力的根本，资本充足水平决定吸收风险能力的大小，也是银行能否持续稳健经营的根本保障。转型发展是我们克服当前困难、破解难题，向国内领先、国际一流银行迈进的重要措施和主要抓手，由于风险管理的巨大压力，占用了我们的大量资源和精力，也就直接减少了我们用于抓转型发展的资源和精力。与国际先进银行相比，中资银行的差距不是体现在规模的大小，而是在风险控制能力上，这是差距的核心所在。

（三）高度重视信贷和风险管理方面存在的不足

一是岗位责任落实不到位，这是最大问题。目前我行风险管理流程以及重要节点的制度、机制和职责基本清晰完整，主要问题是已经明确的岗位和职责明显缺失，有的是人员不到位，有的是人员职责和工作量不匹配，岗位形同虚设，尽职尽责不够。审计部门对信贷问题的分析显示，我行贷前环节的问题占38%，贷后环节的问题占32%，这说明“该说”的没说，“该做”的没做。

二是客户经理、风险经理等岗位人员素质有待提高，除了上面提到的不尽职尽责问题，还有经验不足，素质水平达不到工作要求的问题，需要加大针对性的培训。

三是在机制联动方面，仍存在许多问题。第一，主经营责任人制，制度设计很好，但由于工作量大，使得好的制度安排没有发挥很好的作用。第二，数据准确、数据积累、数据运用的严肃性问题，有的分行在打包处置时为了通过审批，随意调整数据。合规制度形同虚设，甚至没有合规意识。第三，运用数据、运用模型的能力以及机控能力有待提高。

四是不良资产处置环节的问题。第一，违规操作，工作粗放，合规问题屡纠屡犯。第二，入包资产的结构性问题，有些批量转让的项目进入不良时间很短，拨备普遍计提不足，个别项目还在正常经营。第三，已核销资产的回收力度还有待加强。

今天把问题提出来，希望有关部门、有关分行尤其是二级分行高度重视，认清形势，既要全面透彻分析问题，也要针对问题进行梳理，做好完善性工作，对症下药，补好漏洞，以适应2016年攻坚、转型、长期持续发展的需要。

三、风险管控要在“严”和“实”上下工夫，体现“精”和“细”的要求

（一）横向上各个层级要进一步完善管理责任，纵向上各条线要强化风险管控的逐级把关和制约机制，确保主体责任落实到位

刚才首席通报的宁夏远大可建科技有限公司的违规事项，从贷前调查、授信审批、贷款发放到贷后管理的各个环节管理都流于形式，风险管控制度和责任形同虚设。这种管理失控，绝不是简单的经办岗位责任，主要是领导责任、主体责任。就这个事项来说，任何一个层级履职到位，后一道职责对前一道职责把关到位，都不会造成如此大的损失。所以，横向和纵向上都要把风险防控主体责任落实到位。

横向上，总行和分行都要深入落实“一把手负总责、领导班子负全责”的层级主体责任。分行各级领导班子特别是“一把手”，要亲自参与重大风险项目化解工作，在关键环节勇于担当，坚决防止个别区域和产品的风险暴露传染蔓延。总行下达的资产质量控制计划是硬约束、刚性要求，必须不讲条件，不打折扣，全力以赴，确保资产质量平稳、各类风险有效管控。

纵向上，还需要进一步强化条线上“三道防线”作用，总行条线牵头部门要负起责任，既要做好入口的把关，也要做好后续的管理和协调。对公、对私，包括今年马上运行的三个直营中心，都是非常重要的条线，一定要把主体责任落实到位。

（二）加大信贷政策的差别化和精细化

要深入研究中央经济会议确定的五大任务和供给侧结构性改革对各主要行业的影响，抢抓机遇与防范风险并重，提出重点行业应对策略，信贷政策要由“广覆盖”向抓行业、地区和时点的“精准”转变。

一是供给侧结构性改革将给银行业良性发展带来机遇，使我们对产业发展和客户风险有了更清醒的认识，为我行优化客户结构、调整资产结构、改善资源配置提供了巨大的腾挪回旋空间。今后信贷政策要更准一些，更灵活一些，抓住产业升级适销对路产能和科技成果转化的前期机会，做好政策研究和对接。

二是去产能方面，我们既要承担国有控股银行的社会责任，还要针对去产能和新产能在区域、行业、客户方面的差别化选择，有保有压，合理制定处置政策。要及早摸清政府去产能和“僵尸企业”出清的政策和措施，研究分行区域内不良资产、政策性负担和政府资源的合理配置方案，及早制定应对策略。

三是掌握好时间节点。在房地产信贷方面，我行一直严控公司类房地产贷款，大力发展个人住房类贷款。当前房地产市场复杂多变，希望总行有关部门、各分行要系统梳理这几年国家房地产调控政策的路径和区域房地产态势，把握变化趋势，使信贷政策能够在区域上、客户上和时间上精准发力、精准刹车。在消费信贷方面，要看到消费出现了明显变化，在结构上消费超过第二产业比重，在作用上对GDP贡献超过了60%，现在看在经济下行期消费依然会保持稳定增长。要抓住机遇，用好的产品支持消费增长、助推消费升级，加强金融创新，提升新型消费信贷产品的风险经营能力。

四是各级机构要认真执行总行信贷政策要求，杜绝打政策“擦边球”的行为。要严厉查处弄虚作假、规避政策限制的行为，确保信贷政策的指挥棒作用得以正确发挥。

（三）加强风险计量模型的研发和应用，提升风险预警预控水平

风险计量提供的一揽子工具是风险识别、评估和控制等一系列工作的基础。比如运用经济资本代替贷款规模管控，虽然在时点上跟总行的要求稍有差距，但还是起到了一定的作用，当然今后还要在区域上和时点上进行完善。举这个例子，

是要强调，今后风险管理工作更多要依靠数据、依靠量化工具、依靠机控手段来提升管理水平，这是商业银行的核心竞争力之一，是我行向国际化一流银行迈进必须要做的。总行已经明确，风险管理要用数据说话，今后所有的政策都要来源于数据，因此各行要保证贷前、贷中、贷后客户数据准确、规范，情况真实。现有的风险计量模型、风险预警工具已经发挥了很好的作用，但距离集团转型发展的要求还有差距。要进一步加强风险计量模型的研发、应用，开发新产品、新业务的风险计量模型，重检优化已有的风险计量模型，实现系统预警和人工控制的相互验证，提升预警实效。这方面很多同志不适应，有些二级行的行级领导都未必了解，希望大家加强学习。

（四）进一步加强全集团的市场风险管理和交易业务的全面风险管理，不断提升市场风险精细化管理水平

三大直营中心全面铺开是2016年我行转型发展的重要环节。对标国际大型银行，我行要一手抓信贷领域传统优势的巩固，提升对实体经济的支持效果；一手抓金融市场业务，两手都要抓，这是国际化的需要，是满足客户多功能、综合性需求的需要。为做好直营业务，要把风险管理放在重要位置，首先要抓好制度和机制的建立和完善，其次是明确职责，选好人，再者要在运行中保持敏感性，从满足风险管控需要的角度适时进行调整。

要逐步建立覆盖全集团、境内外、本外币的交易业务风险管控体系，逐步处理好投资、交易、理财、同业等业务的风险偏好和政策，提升市场风险管控的机控程度，提高管控的实时性、系统性和有效性。

加强交易对手管理。健全交易对手资质制度，建立完善总行统一集中的交易对手名单制管理，明确交易对手的杠杆率、透明度、资产质量等资质条件，防范交易对手违约风险。禁止将非持牌金融机构列为同业合作交易对手，不得为非持牌金融机构的相关业务提供违规担保。要实施交易集中度管理，明确风险分散要求，对同一企业发行的金融产品，购买额不得超过该只产品发行总额的一定比例。

强化交易产品管理，使跨行业、跨市场资金流动要能够“看得见、管得了、控得住”。总行要对所投资的金融产品实行统一管理、集中审批，明确并公布不得投资购买的产品类型目录，禁止购买非持牌金融机构非公开发行的融资产品。

进一步提高交易业务的机控水平。在按产品梳理全流程机控断点和风险点的基础上，重点从全流程直通式处理、完善交易敞口风险管理、提升交易行为风险管理、落实“八不准”要求等方面，推进机控措施的落地，强化IT刚性约束。

积极应对利率、汇率、资本市场、大宗商品的价格波动，提高重大市场风险事件的应急处置能力。持续推进智能化监控平台建设，实时展示交易及市场重大变化，实时监控交易业务开展情况和风险状况、动态监控重大市场风险应急指标、交易室情况以及外汇、债券、贵金属价格偏离度，实现智能化分析和预警提示。

（五）针对不同业务、不同机构的风险特征，实施精细化的全面风险管理

通过理财、同业等方式为客户提供综合性金融服务是大势所趋，也是集团转型发展的目标要求。各机构风险管理部门的管理视野和管理范围要拓宽，除了传统的信贷业务，必须加强对理财、同业、代销等各类业务的管理，实现客户维度的一揽子风险管控，避免“顾此失彼”。

要细化子公司风险管理策略，做实并表风险管理。在集团风险偏好框架下，指导各子公司制定符合自身发展定位的风险偏好。集团本部各职能部门的管理范围必须延伸至子公司，要把所管客户在整个集团范围内的各种融资产品纳入统一授信和监测范围。建立母行与子公司双向风险提示机制，遇重大风险及时启动应急机制，增强风险处置的针对性和有效性。

要推进海外机构“一行一式”发展策略落地，守牢合规底线。总行陆续下发了差别化的信贷政策，各海外机构要吃透精神，执行到位。在巩固联动业务的同时，积极稳妥推进落地业务开展，增强市场竞争力。风险管理工具建设要及时跟进，积极响应海外机构诉求，尽快实现海外客户评级的线上作业。要充分认识海外机构业务发展中面临的国别风险，通过风险计量、监测和限额控制，提升国别风险管理和危机应对能力。继续加强海外机构金融市场业务的风险管理，逐步实现关键风险点的机控。

要落实好全球系统重要性银行的监管要求。2015年11月3日，我行被正式列入全球系统重要性银行名单，从银监会的36项监管要求来看，集团各个业务条线、各个机构、各个层级都有涉及，由此带来的要求和挑战是全方位的。尤其是恢复与处置计划、压力测试等领域的专业性很强，需要处理和应对不同国家的专业化监管要求，在这方面我们明显缺乏经验，与国际、国内率先起步的商业银行相比，存在着很大差距，必须组织力量，加强研究，迎头赶上。

要加强队伍建设。再好的风险管理架构、制度需要人去执行，风险的精细化管理更需要人力资源作保障。当前全行风险管理人员流失严重，一人多岗、“一手清”的情况不在少数，亟待充实风险经理队伍，尤其是二级分支机构，风险经理与客户经理的配置比例要达到1:7，有条件的二级分支机构要达到1:5。

（六）坚持“量、质、效”并重，确保资产质量管控目标的实现

过去，资产保全工作的重点主要放在处置总量和质量上，其中批量转让和核销的占比较高，对拨备和财务资源的消耗也较大。2013年至2015年，全行核销××亿元（含批量转让核销），2015年拨备使用达××亿元。根据2016年的经营目标，难以增加财务资源支持批量转让和核销。资产保全工作必须要转向“量、质、效”并重，改善处置结构，提升处置效益。具体来讲：

工作重点上，总行确定浙江、广东、江苏、福建、宁波、山东、内蒙古、湖北8家分行为重点联系行，相应地各级分支行也要以不良贷款余额前30大项目为重点，实施名单制管理，力保资产保全资源配置到位，依托专家诊断机制，强化跟踪督导，逐一突破，实现重点分行、重大项目处置见到实效。

处置手段上，在坚持用好、用活、用足现有处置手段的前提下，有序推进合资公司运营处置，保障批量转让创新模式平稳运行；推动不良资产证券化，积极探索与资产管理公司合作设立并购投资基金、集团联动等不良处置新路径，创新处置渠道。

考核和激励机制上，突出非核销手段占比，引导分行提升处置效率与效益，减少财务资源消耗，同步加大受托资产管理处置力度，推进表内外不良资产处置；对已核销回收、现金回收、盘活及抵债、批量及核销设置差别化递减专项费用挂钩比率，明确现金回收最大化的处置目标。

合规管理上，坚持“先责任认定、后转让核销”的原则，强化关键环节管控，切实履行批量转让入包审核职责，确保估值过程客观严谨，做到尽职履职，严防处置风险；持续优化系统功能，运用系统平台对合规隐患集中环节实现机控，确保合规处置。

队伍建设上，一级分行层面，在保持现有资产保全部门建制不削弱并明确为经营部门的前提下，还原受托资产后不良贷款额超过40亿元（计划单列行25亿元）或不良率超过3%的一级分行要切实增配保全人员，健全岗位设置，至少设立业务综合岗、不良处置岗、核销岗、已核销岗等岗位，并根据需要设立受托资产等服务团队，确保专人专岗、责任到人。二级分行层面，不良余额在5亿元以上或不良率超过2%的二级分行，在达到上述控制线3个月内必须组建完成专业处置团队，并配备不少于2名熟悉处置政策、具备专业知识的专职业务骨干，确保团队人员相对稳定。

（七）加强信贷全流程统一管理，提升系统机控能力

信贷业务是我们的传统业务，管理好这部分业务的质量对于全集团的风险管理和利润创造至关重要。要补强贷前、贷中、贷后流程中的风险管控短板，提升全流程机控水平，着力解决信贷管理“中间重、两头轻”的痼疾。

贷前环节，重点是做实贷前调查和真实性核查，确保客户评级的准确性，严格按照政策标准优选客户，严控高风险领域的信贷投放。通过完善信贷政策机控功能，切实控制信贷业务风险“入口”。

贷中环节，要巩固放款中心建设成果，实现放款中心管理升级。各分行要确保放款中心机构稳定，人员配置到位。要统一规范放款审核标准，解决各中心审核标准尺度不一的问题，增强实质性审核能力。逐渐将小企业贷款发放审核纳入放款中心，探索对押品登记及权证、重要信贷档案等领域的集中管理，把放款中心真正建设成防范风险的一道重要屏障。

贷后环节，要严格落实各项规定动作，严禁以形式合规敷衍了事，对于没有及时发现明显预警信号或视而不见的，要加大责任追究和处罚力度。要推动存量客户贷后检查与授信方案重检相结合、贷后管理与贷中审批相结合，同步提升客户服务水平和风险管理能力。要进一步强化押品管理，探索押品专业化管理模式，实现押品管理的流程机控，切实提高全行押品质量，有效发挥风险缓释作用。

（八）做精做细授信审批，助力全行业务转型发展

授信审批工作的重点要放在提高新发放贷款质量、提升精细化水平、加快专业化建设和加强系统条线管理上，充分发挥授信审批对资源配置的关键作用，促进集团转型发展。

严把风险底线，提高新发放贷款质量。授信审批要严把实质性风险，坚持独立判断，勇于担当，科学决策，守牢底线。要提高对信贷政策的理解把控能力，守好审批标准关口，对于突破审批标准的授信业务更要审慎从严把握。总行2016年准备增加新发放贷款质量作为授权调整因素，来督促和激励各行继续做实行业、客户和项目选择，严把新增信贷质量关。前台经营部门和信贷管理部门也要积极配合，主动协调，加强信息互通，共同提高新发放贷款质量。

加强差别化管理，提升基础管理精细化水平。重点加强资产管理、同业和金融市场业务配套授信审批机制流程的优化改进。要区分存量和新增客户及业务，建立完善综合授信、信用额度、单笔支用等环节的差别化审批机制。要进一步加强审批授权差别化管理，合理确定审批权限，探索实施个性化授权，适度扩大差别化授权客户范围，将部分海外优质客户纳入差别化授权客户名单。

强化综合授信“三结合”，提升“三授信”引领和协同作用。有效提升综合授信与市场营销、信用审批及贷后管理等环节的有机结合，全面发挥综合授信在拓展优质客户、推进全面金融服务、促进全面资产管理业务发展和重检退出风险客户的引导作用，境内分行要在两年内基本实现辖内D类集团客户综合授信全覆盖。着力打造“百行千户”升级版，实现重点行业客户和重点区域业务发展的双突破。提高海外机构全球授信能力，打通信贷、债券、租赁、理财、保险、信托、基金等各类资金供求通道，形成发展合力。

加强队伍能力建设，提升专业化水平。加强对国家重大战略、重点行业及创新型业务的评估研究，制定重检契合国家政策和市场变化的审批政策、评估指引和审批指引，推进技术、工具和方法的研发及应用转化，制定授信审批大数据应用方案。加速推进评估队伍专业化建设，完成“163”工程实施和全行100名评估专家委员聘任等工作，组织开展“重点支持、重点帮扶”专项活动，扬先进、补短板，提升全行专业化能力。

创新手段方法，提升条线执行能力。总分行授信审批部门重点从队伍建设、能力提升、标准细化、课题研究、工具开发、质量监测及考核等方面强化管理，加大指导交流力度，提升授信审批条线执行能力。建立一级分行授信审批工作报告制度，完善实施一级分行授信审批能力考核评价体系，加大条线考评力度。加快海外机构审批体系建设步伐，稳妥推进欧洲审批中心设立，逐步推动境内成熟的授信审批模式向海外延伸，助推全行国际化战略转型。

同志们，今年是“十三五”规划的开局之年，也是我行转型发展扎实推进的关键之年，任务艰巨，希望大家坚定信心，恪尽职守，主动作为，脚踏实地，把风险管控工作做实做细做精，为支持集团转型发展作出更大贡献！

创新突破　加快转型

——在北上广深转型推进座谈会议上的讲话

王祖继

（2016年4月26日）

同志们：

今天在这里召开四家分行转型推进会，是一次非常重要的会议。这次会议全行瞩目，是体现建设银行转型发展成效和推进策略的一次重要会议，今年及今后四家分行转型效果如何，是全行最主要的关注点。刚才几位行领导都讲到了这一点，秀生副行长讲的“春江水暖鸭先知”，非常贴切。因此，今天这个会议既敏感、又重要，你们分行有压力，我们行领导同样也有压力。五月上旬，还要召开23家重点城市行转型推进会，转型就是要这样一个层次一个层次地推进。转型发展是我们肩上的共同责任，我们必须砥砺前行，没有退路。只有你们四家分行率先实现突破，全行才有更强的转型信心和决心。你们承载着我们的期望、全行的期望，更承载着党委和董事长的期望，所以，今天会议必须要开好，形成的目标任务和要求，也要有代表性和示范性，既要在高水平上补短板，又要实现转型重要指标的全面达标、率先达标。这个目标一定要落实到位，必须完成。刚才秀生、更生、黄毅副行长对分行加快转型发展讲了很好的意见，提出了明确要求，也提出了一些批评意见，对几个专业问题进行了深刻分析，讲得都非常好，我都非常赞成。四家分行都做了很好的发言，各有特点，各有优势。对转型目标做了系统研究和安排，推进措施很有针对性，可操作性也很强。对问题和短板的分析符合实际，建议也很中肯，也是确实需要改进的。刚才几个部门做了简短发言，体现了对四家分行的支持。结合这些情况，我讲三方面的意见。

一、建设银行正处于转型发展的关键时期

建设银行转型已经下了先手棋，具有特殊的战略意义，对我们自己和银行业都是如此。建设银行已经率先破题，但能否率先取得成效，现在的推进将成为关键。事实上，同业都在探索自己的改革和发展，也各有各的优势，我们快人一步的优势也是相对的，在这种情况下，只有把先手棋走到底，走出成效，才能巩固优势。转型是我们适应环境变化的必然要求，但是我们面临的环境怎么样呢？实事求是地说，我们面临的条件和环境并不宽松。

第一，我们面临着世界经济与中国经济下行压力加大的挑战。2016年，世界经济开局不利，国际贸易增速放缓，大宗商品价格下跌，货币政策对刺激经济增长、抑制通货紧缩的效果减弱，各国宏观政策都陷入到去杠杆和保增长的两难境地，全球经济进入到长周期的下行阶段。国际货币基金组织（IMF）4月12日再次将全球经济增幅由3.4%下调至3.2%，已是连续第三个季度下调增速展望。目前，花旗银行、富国银行等国际领先银行都在纷纷裁员，在2015年裁员近10万人的基础上，预计2016年还将裁员12万人以上。全球银行业陷入十分艰难的经营困境，进入到发展“冰河世纪”。特别是从年初至今，德意志银行股价已跌了近四成，更引发了全球对新一轮金融危机的担忧。对我行的影响既有间接的，也有直接的。

我国经济面临种种外部不利因素的同时，自身也存在经济结构性矛盾，下行压力仍然很大。

银行业面临传统信贷有效需求不足，利差收窄以及客户需求多样性的变化，间接融资对客户吸引力进一步下降，以及存款分流、资产配置困难等发展问题。

第二，我们面临着金融业竞争加剧的挑战。行业壁垒和市场壁垒被打破，跨行业、跨市场的金融产品大量涌现，金融竞争强度不断提高。同时，互联网金融冲击加剧，新型金融业态兴起，各类金融机构不仅要面对同业对手的竞争，还要经受行业外竞争对手的冲击。数据显示，支付宝独揽着80%的中国移动支付市场，目前我国互联网金融业客户数量超过8亿户，已追平传统银行，正在突破金融变革的临界点。互联网金融侵蚀了商业银行的传统领地，对商业银行稳定发展构成了严峻挑战。

第三，我们也面对着内部经营管理压力加大的问题。一是盈利持续增长十分困难。2015年中央银行5次调整存贷款利率，存贷利差缩窄40个基点。2016年还有大量贷款重新定价，预计存贷利差还将下降60个基点左右，降息和利率市场化都在不断收窄银行利差空间。同时，为降低实体经济的融资成本，政策上明确要求减免与信贷相关的收费，服务收费管理新规对中间业务收入增长形成压力，又在一定程度上压缩了中间业务收入增长空间。2015年集团净利润增速仅为0.3%，2016年全行净利润持续增长的压力很大。二是信贷资产质量不容乐观。2015年全行风险和不良资产呈现“双升”态势，集团不良率较年初上升0.39个百分点，当年新暴露不良贷款增加过快，逾期贷款整体水平仍然较高，连续3年亏损的客户贷款持续增加。从区域看，长三角和珠三角地区部分分行不良率明显上升，并且呈现出由“点”到“面”的蔓延态势。2015年，我们处置不良资产近1400亿元，回收率又不高，大大削弱了盈利的增长。三是综合经营管理能力与综合性经营、多功能运行、市场化和全球化竞争的要求还有不小的差距。资源配置机制、集约化运行效率、风险控制机制等方面都落后于现实需求。我们熟悉的业务在减少，收益在下降，同时风险因素越来越复杂，还有存量调整与增量投向都面临新的挑战。四是增长模式的局限性开始显现。传统信贷投放需求不足、利差收窄将成为常态，实事求是地讲，在这些挑战和困难面前不转型也没有出路，逆水行舟不进则退。令人欣慰的是建设银行总是能在关键时点抓住关键机遇，过去是这样，这次仍然是在进入“新常态”的关口抓住了转型的机遇。

我们面临巨大挑战和困难的同时，也有非常好的机遇，关键是看我们怎么看，怎么来抓。第一，世界金融危机以后，全球对金融业、银行业发展反思给我们提供了宝贵而又免费的经验和教训，使我们进一步明晰了商业银行稳健发展的诸多重大问题，包括顺周期过程中为应对危机应做的各类审慎措施。近几年来，世界各大银行发展战略的调整、业务取舍也让我们认识到大银行发展策略因势而动的重要性，给我们的启示也是多方面的。第二，中国经济踏进世界第二大经济体，为大型商业银行向国际化银行集团发展创造了历史性机遇。股改上市是我们跃升的开始，我们抓住了机会并实现了快速稳健发展。我国经济进入第二大经济体，客观上对银行业要求不仅要“做大”，更要“做强”，这样才能支撑第二大经济体的健康可持续运行。第二大经济体不仅总量大，而且一定是国际化的、结构多元、主体多元，对金融业、银行业需求必定是多功能综合性的。这就是我们转型的机遇和市场。第三，供给侧结构性改革为我们转型创造了新的历史机遇。供给侧结构性改革，核心要义是提升供给体系的质量和效率，“三去一补一降”和发展“新经济”为我们优化资产质量既指明了方向，又提供了调整和转型的机遇。比如，我们刚才讲的传统信贷有效需求不足，逼着我们寻求相对安全、高收益的资产。客户需求的变化和要求的提高使得我们必须以多功能、综合性服务来应对，而且还要有集约化的效率。大客户的定价能力、权重在不断提升，如果银行综合性、多功能、集约化的能力没有走在客户前面，就会非常被动。第四，我们自身形成了良好的基础条件。经过前几年的努力，我们多功能的主体结构和综合化经营的机制初步形成，这是建设银行非常重要的优势。具备这样的优势，又有客观上外部挑战的倒逼机制，就形成了我们转型发展的最佳窗口期，同样也是关键时期。

二、北上广深四行作为转型推进带头行具有重要意义

实现转型发展是全行的总体目标，作为庞大

的系统工程，从结构和时间上选好启动点非常重要，北上广深四家分行就是这个关键的“启动点”。四行都处于金融资源富集区，尽管 GDP 占比只有 16.6%，但本外币存款占全国总量比重达三分之一。全国 35 个主要城市总部经济发展能力排行榜显示，北京、上海、深圳、广州分别位居前四位，总部经济发展实力引领全国，又是全国科技发展最前沿地区，引领着全国科技创新进步的潮流。同时，北上广深四家分行人才济济，干部员工队伍素质好。

此外，长期以来，四家分行作为全行发展的“排头兵”，在市场拓展、业务增长、产品创新、综合效益等方面都有出色表现。2015 年末，四家分行一般性存款超过 3 万亿元，各项贷款超过 2 万亿元，当年实现中间业务净收入 322 亿元，实现税前利润 673 亿元，四项指标在全行占比分别为 25%、22%、28% 和 23%。同时，北京、上海行不良贷款率分别为 0.42% 和 0.56%，为全行资产质量稳定作出了重要贡献。

在转型发展上，四家分行已取得了一定进展。一是经营理念上发生积极变化。四家分行都在积极推进以大资产带动大负债的转型，不断优化资产结构。2015 年，深圳行管理类资产增幅达 145%，平均收益率为 6.9%，高于公司类资产收益水平 1.11 个百分点。北京、上海、广东行综合融资额都接近或超过表内对公贷款。

二是在进一步巩固传统优势的基础上，积极拓展新兴业务，形成了各具特色的业务发展结构和发展方式。如北京行整体业务发展已从公司、个人“二元结构”转变为公司、同业、个人“三足鼎立”，进而向公司、机构、同业、个人“四柱结构”转变。广东行推出“决战‘大广州’”和“Fit 粤”科技金融，抢占新兴市场竞争“制高点”。上海行在要素市场、金融市场、自贸区金融创新试点、企业“走出去”服务等方面取得突破。深圳行以智能、轻型、高效为抓手实现了全渠道的高效转型，以“客户流、信息流、资金流、物流”的“四流合一”为基础，提升了客户综合服务水平。

三是积极推进综合化服务转型。四行都在搭建综合营销平台，大力推进对客户综合营销、精准化营销。如广东行创建综合金融服务“六个一”工作模式，搭建“1+1+N”服务支持体系，实行综合金融服务全流程线上管理。上海行以综合金融服务方案为切入点，创新融资模式，资产管理能力和客户服务水平明显提升。深圳行全力构建个人客户金融生态系统，提升为客户一站式、综合性金融服务能力。北京行绘制精准的《“三大一高”营销指引》狩猎图，差别化营销三类不同客户。

四是落实移动优先战略，网点“三综合”转型效果显著。通过引入智慧柜员机（STM）项目、微银行建设、支付 App 研发等创新手段，从全渠道入手，积极探索所辖网点转型，取得了较好效果。如广东行全面推进网点“三综合”工作实施，提升网点经营能力、服务能力和竞争能力。2015 年，上海行以“互联网+”思维拓展传统对公业务和零售业务，打造网络金融发展平台，移动金融柜面替代率较年初提升 20.48 个百分点。北京行 81 家对公综合营销试点机构，对公日均金融总量增长 95%。

五是坚持和引领创新，积累了先进经验。2015 年，北上广深四家分行自主创新产品数量占全行创新产品总量 30%，被移植产品次数占比超过 25%。除利用智能设备等提升服务智能化水平外，在优化管理工具、实现管理智能化上作了积极探索。广东行建设了“网点信息管理平台”和“网点员工绩效考核系统”，开发了“剥笋”系统，“授信客户结算产品监测系统”，“授信宝”“快快贷”微信公众号，“对公客户真实性核查系统”“房产快贷抵押评估系统”等系统，进一步提升了自身管理效率。北京行建立“5331 考评”和“101 监测”体系，进一步提升精细化管理水平。深圳行通过创新“云快贷”平台大力发展小企业业务，提升对利润的贡献度。

四家分行是系统内的“大哥大”，主要经营指标在系统内一直处于领先地位，但对照同业和转型要求，四家分行还存在一些亟须提升和补足的短板，主要体现在：

一是在集团贡献度上与区域经济、金融地位还不相称。从去年的数据看，年末北、上、广、深地区金融机构本外币存款在全国总量比重分别为 10.95%、8.84%、13.66% 和 4.92%，但四家分行本外币存款在全行总量占比分别为 7.36%、

6.42%、11.15%和3.33%，均没有达到本地区金融资产对总量的贡献水平。特别是近5年来北京、上海和广东三家分行本外币存款占全行总量比重还分别下降0.37个、0.1个和0.86个百分点。

二是客户、账户数量与工行有较大差距。2015年，上海行对公账户和个人客户总量少于工行和农行，长期处于当地四大行第三位。广东行公司机构有效客户总量（加权前）也只有13万户，单位人民币结算账户70万户，当地四大行占比仅为20.3%，个人中高端客户比工、农两行分别少43.46和26.51万户。

三是一些传统业务市场份额不具优势。与当地同业相比，四大行的一些传统业务市场占比较低。北京市分行，较工商银行在多项业务上长期处于劣势，特别是存款业务，其规模和增量都是我行近3倍，2015年差距进一步扩大。上海分行，对公存款2015年由当地四大行第一降为第二，个人存款当地四行第三，与工行2000亿元差距中90%为个人存款，个人结算收入以及私人银行客户资金当地四大行占比指标也有待提升。广东省分行一般性存款日均额、中收和利润当地四大行排名均为第三，贷款余额居当地四大行末位，个人贷款和住房按揭贷款排名第三。深圳市分行储蓄存款余额排名第三。

四是新兴业务发展速度不高，市场占比不具优势。2015年，北京市分行的理财、代理、投行、国际业务、金融市场、人民币结算等业务收入与工行比具有较大差距，且差距还在不断拉大。上海市分行的人民币结算、国际业务、代理、理财、投行等业务收入在当地排名均靠后。广东省分行跨境人民币结算量为当地四大行第三，人民币结算、贷记卡、代理、理财、国际业务、投行、金融市场、托管等重大业务收入与工行都存在上亿元的差距。深圳市分行在投行、金融市场、国际业务、保理、人民币结算等业务收入上，要么差距在进一步扩大，要么原有优势在缩小。人民币同业存款余额当地四大行第一，但却是唯一负增长的银行，同业存款优势明显缩小。

今天摆出这些问题，就是要对照目标看差距，在成绩中看不足。当然，这些问题的形成主要是历史原因，但也有现实因素，困难和挑战也是显而易见的，关键是四家分行的领导班子要主动承担补短板重任。如果将建设银行比作一个学校，那么四家分行都是学校的优秀学生和特长生。但四家分行不能只看学校内排名而沾沾自喜，也不能偏科，要与全国乃至全球的学神与学霸相比较，看到差距与不足，才能奋力追赶，跨上新台阶。同时给后进同学树立榜样，传授经验，带领全体同学取得好成绩。

总体来讲，重点抓四家分行转型，就是要把北、上、广、深打造成第一梯队，形成多领域的绝对优势，总行所有转型要求和指标很大程度上要靠你们去落实，建设银行的水平和影响力也首先要在四家分行的业绩中来体现。一句话，就是要把北、上、广、深打造成具有国际竞争力的一流分行。

三、关于几个重点问题

为了抓好转型发展，行领导们都做了大量调研工作，秀生、更生两位领导近期还专门去北京和上海了解情况，黄毅副行长2015年多次召开分片座谈会，了解转型的问题、措施和典型经验，指出四家分行存在的问题，同时要求四家分行深入剖析具备的优势和业务发展的不足，明确自身定位、转型发展方向和转型目标要求。在调研中，针对四家分行反映的近150条问题和建议，总行相关部门进行了逐条研究，提出了相应的政策支持措施。随后我与秀生、更生、黄毅副行长又多次召开专题会议，对这些措施进行了审定。总的看，这些政策措施内容实在、针对性强，体现了总行对四家分行发展的政策倾斜和重点关注，也与分行协商一致。下面，我针对这方面强调几个重点问题。

第一，关于转型目标。我们提出了四家分行在高水平上补短板要求，对短板的理解要全面。指标上补短板是重要目标，分行通过补短板，要形成多领域领先优势，通过转型把四家分行打造成具有国际竞争力的一流分行，这是终极目标。从目标要求看，补齐短板，不仅仅体现在业务市场份额的提升，更重要的是综合经营和管理能力实现高水平上补短板。在严峻的外部环境和激烈的市场竞争形势下，外延扩张越来越难，业务发展水平和竞争力更多的需要业务创新、需要开拓新领域、需要有更专业的技能，这与管理精细化程度相关。前段时间我仔细研究分析了厦门行的经营管理情况，厦门市分行总量不大，但利润水平、资本回报率、资产质量等多项指标在同业和系统内均处于领先水平。究其原因，虽有地域面积小、扁平化管理特殊架构等因素，但主要的还是其多年持之以恒的精细化管理起到了决定性作用。当前，总行正在从产品营销、客户服务、风险管理、成本管理、渠道管理、人员管理等多个方面总结厦门分行精细化管理经验并将分梯次推广。北、上、广、深要以厦门市分行为样本，按照“精细”的思路，梳理业务经营和管理中的关键问题和薄弱环节，改进管理方式，切实向转型要效益、向强化管理要效益、向防范风险要效益、向带好队伍要效益、向创新要效益。再有就是坚持可持续发展，提升内在发展能力。第一季度全行业务发展情况良好，北、上、广、深四家重点分行表现突出。四家重点分行的中间业务净收入均实现两位数增长，中收总量在全行占比提升1个百分点至26.7%；贵金属、代客资金等重点转型产品市场份额同比提升较多。但在一些领域也暴露出部分重点分行存在重“时点规模份额”情况，发展基础依然薄弱。截至3月末，北、上、广、深日均存款新增659亿元，系统内占比15.3%，低于日均余额系统内占比8.7个百分点；个别分行（主要体现在广东）时点存款新增明显高于日均新增，日均与时点新增系统内占比相差7.6个百分点，存款发展基础仍需加强。重点分行要发挥好全行业务引领带头作用，夯实客户、产品、服务等发展基础，提升内在发展能力，不要短期冲时点、做数字。

第二，关于特殊政策支持。总行给予的特殊政策，是帮助你们在发展高端上破解难题，需要你们在转型发展上起引领作用。今天印发的征求意见材料是针对你们四家分行不同情况所做出的个性化安排，分行间因为长短板情况不同，政策也有差别，这是经过总行有关部门认真研究的，你们自己研究一下，今天的会议不议论、不讨论，确实有需要商量的问题，再做个别调整。

四家分行自身基本条件都很好，要自我加压，要对总行提出的把握优势并在高水平上补短板和全面转型发展的要求有深刻理解和全面认识，要不断优化思路，不断开拓创新，包括调整经营模式和方法，要依靠自身努力奋斗增强综合服务能力，提高市场竞争优势，经营上作贡献，转型上做表率，成为引领全行转型发展的领头羊和标杆行。

四家分行要用好总行给予的特殊政策资源。这里还要特别强调一点，四家分行在享有特殊政策、承担重点任务的同时，也必须严格执行总行的各项规划和监管要求，不能以规模大、需求多、提升市场份额压力大等为由头，突破政策红线或对总行要求执行不到位，要坚决杜绝类似问题的发生。

第三，关于责任指导意见书。这次总行针对四家分行分别制定了转型发展目标责任指导书，就是体现了“一行一策”管理思想，有目标要求，有政策支持，有差别化考核。目标责任指导书是总行相关部门与有关分行充分协商达成的，明确了四行的责任目标。

目标责任指导书有三块内容。一是明确了未来五年总体的发展目标要求，高水平上补短板，市场竞争力不断提升，系统贡献进一步增加。五年内，分行要努力实现经营基础、新兴业务、创新试点等转型发展补短板的目标：同业排名前两位的业务要保持市场份额稳中有升，排名后两位的业务要积极进位，全面消除主要考核指标排名第四的情况。到2020年末，分行必须达到关键绩效指标的目标要求：一般性存款日均余额四行占比提高2.5个百分点；中间业务净收入四行占比提高3个百分点；税前利润四行占比提高3个百分点。

二是提出了资源配置和政策支持措施，总体看，包括财务、信贷、差别化定价、审批、人力和产品创新等六大类政策和资源支持，每个分行有所不同，包括对公、对私、国际和新兴业务等方面，以及差别化的产品、业务纬度的考核与评价等。

三是提出了高水平上补短板要求，分行应在经营基础、新兴业务、创新试点等领域加大转型发展力度。总体上看，责任指导意见书提出的目标是高标准的，补短板的要求是必须要完成的。

第四，关于对总行各部门的工作要求。一是关于人力资源的安排问题。我一直认为人力资源最重要，希望能够在人力安排上给四行更多的支持和理解。四家分行要在困难情况下实现高水平突破，最重要的还是要依靠人力资源。通过总行的必要支持，把金融富足区的人才优势引导到四行的转型发展之中。但是人力的事情不同于业务发展，有其特殊性。比如，年轻干部使用问题、人员调配问题、机构设置问题、岗位问题、外聘问题等，都要在能够不出现很大矛盾的情况下顺利解决，希望很好的研究。因为人力的问题牵一发而动全身，而且历史影响非常深远，这个事情需要一定时间细细研究。但总的说，人力资源的支持还要继续加大，这对实现转型发展非常重要。

二是总行各部门要在资源配置和集约化的推进上积极主动作为。2015 年董事长提出来 8 个集约化的课题，包括前期的 14 个重点专题都已经形成方案，大家要按照形成的方案积极行动，主动作为，集约化的支持对四行的转型至关重要。我们说转型的难点在总行，重点在分行，其中一个关键就在集约化。总行各部门在资源配置和集约化的推进上要为全行转型发展，为北上广深转型发展的率先突破创造条件，提供支持。网点“三综合”以及渠道转型创新，这是总行转型的第一步，必须走稳走好。刚才秀生副行长也谈到的对互联网跨业竞争和挑战的体会，大家对这些方面要保持高度的敏感性。对四家分行提供及时的支持，这需要各部门都要有全局的观念和积极作为的态度。8 个专题包括以前研究的一些重点问题都应该在今后工作当中深化落地，并首先在四行上见成效。

三是要加强四家分行与子公司的相互协调联动力度。要建立四行与总行相关部门、子公司的定期协商机制，加大相关部门、子公司对四行业务转型和创新引领的综合服务支持力度。不能简单地把分行作为产品和服务销售的渠道，子公司也要提高对分行综合化服务支持水平，加快向综合性银行集团转型的步伐。要研究支持深圳成立深港澳跨境金融中心，支持四行开办离岸银行业务，国际业务部要指定专人对分行业务发展进行指导，提供营销、政策咨询、产品设计等方面的支持服务。

当然，还有很多政策，如审批、信贷、定价、考核等就不再一一讲了，关键是总行各部门的后续工作要落实到位。在今后执行中，可能还会出现很多新问题，新情况，各部门要主动会同分行和有关部门进行认真研究，及时研究解决，拿出有效的破解措施。

同志们，2016 年是全行转型发展关键之年，是四家分行高水平上补短板的关键之年，目标、任务和政策措施已经十分明确，下一步看四家分行的行动，就是要看真抓实干的路数和成效，看千方百计想办法破难题、闯难关、创新探索，看比学赶超的精神状态。我期待也相信，只要大家齐心协力、团结奋斗，转型发展预定的目标就一定能实现！

在厦门市分行精细化管理经验推广会议上的讲话

王祖继

（2016 年 5 月 19 日）

同志们：

我简单做一个小结。精细化管理工作非常重要，推行实施起来，将会对建设银行的转型发展发挥积极作用。为什么要开这个会？我前期看了财会部管理会计的一个小册子，发现厦门市分行各项指标都在前列，特别是体现管理和经营的指标都在前列，而且超过平均水平很多。我跟一鸣同志做了些交流，他充分肯定了厦门市分行的精细化管理做法。我们商量把厦门市分行的经验总结一下，他召集相关部门花了几个月时间进行分析研究，建议先在有条件的分行推一推。后来确定了天津、大连、青岛、苏州、宁波这五家分行。今天这个会就是这么来的。

应该说这个会开得非常好。有以下几个特点：一是生动活泼，别开生面。有经验介绍，有案例解读，有深入的讨论，有针对性的一对一的回答，很生动，很鲜活，不是程式化地推送一些大而化之的经验。二是准备充分。为了能够把厦门市分行好的做法总结好、有推广价值，一鸣同志前期专门做了调研，并且精心安排了会议的开法。总行各个部门下了很大工夫，对厦门行的经验做法做了深入研究，特别是对专题做了深入的提炼，进一步提高了方案推广的权威性和可操作性。会议提供给大家的材料内容丰富精炼，重点突出，有推广方案要点、有与具体案例相关的文件索引，大家可以深入查阅厦门行在具体操作上、在体制机制上的具体做法。三是效果很好。21 个典型推广案例，在厦门行取得了扎扎实实的成效，是长期保持下来的。经验不是自说自话，而是总行条线部门认同、今天与会分行认同的。对这 21 个案例的推广方案大家形成了高度共识。四是相互启发、引导思考。五家分行与厦门行有许多相同相近的特征，对厦门的好的做法能很快找到结合点。听听人家的经验，想想自己的做法，会有很多启发，也能引导深入的思考。

刚才几家分行都做了很好的发言。实事求是地讲，一家好的银行一定是管理上有长处的银行，而且很多长处就体现在精细化管理上。回望 100 多年来全球银行业的发展变迁，始终能排在前二十名的大银行也就是四五家。总结他们的经验一是稳健，二是管理。稳健趋同，管理各异，异在精和细的不同方面。所以，在这么忙的情况下抽出两天时间和大家一起充分讨论这件事，我就想给大家传递一个信号：建设银行要想实现董事长确定的转型发展目标，抓好转型五大方面措施落实，必须在精细化管理上下工夫。作为真正的职业银行家，要有战略眼光也要有管理技能。

下面结合大家讲的内容和今后工作以及转型规划的要求，我再讲几点意见。

一、充分认识，高度重视精细化管理的重要意义

当前我行在推进转型和步入国际一流银行的过程中面临的挑战是多方面的，仅从国内同业来看面临的挑战也是非常严峻的。从工农中建交五家大行来看，我们共同面临的问题就是战略趋同、业务同质。在这种情况下，谁的战略先走出来，而且走得好，谁就能胜出。这一轮，在战略问题上我们建设银行走了先手棋，率先推出了转型规划，而且取得了初步成效。业务同质化问题，还没有一个很好的解决办法。在同质化的情况下，谁做得好、谁做得精、谁做得细，谁就是胜利者。

第一，精细化管理是实现稳健经营最重要的保证。一是精细化管理是实现各项业务稳健可持续发展的主要途径。从厦门市分行的各个方面的做法上，大家都非常深刻体会到这一点。厦门市分行的规模比在座分行都小，但是人均效益、经济增加值等各项指标都非常好，而且持续保持了十几年。二是精细化管理有利于保持稳定的市场份额、盈利水平和提升风险管理水平。比如厦门行实施精细化管理，十几年如一日，在经历了国际经济危机、国内经济下行的情况下，仍然实现了市场份额、盈利水平和风险管理水平的稳步提升。

第二，精细化管理是提升管理水平最重要的手段。精细化管理主要起源于 20 世纪 50 年代的日本制造业，也叫精益管理或精益生产。比较有代表性的是丰田生产方式（TPS）。精细化管理使丰田公司获得了极大发展，迅速成长为汽车工业巨头，而这一管理方式也随之推广到全世界。其主旨就是避免资源和人力的浪费，持续不断地寻找优化生产流程和管理流程的方法。精细化管理最核心的要求就是把每个环节的经营管理工作做精、做细，把细节和专业贯穿于整个经营管理的全过程。厦门行做到了这一点。实际上厦门行好的做法还有很多，考虑到可复制、可推广和可操作性，这次主要选择了 21 个典型推广案例。

第三，精细化管理是转型发展的重要内容。建行以及国内的几大银行发展历程相似，都是随着改革开放和经济高速增长实现了资产、利润高增长。20 世纪 90 年代初，在向商业银行转轨中出现了经营困难，但摆脱困境是靠剥离不良资产的路径实现的，对问题的根源的反思不够彻底。当全球金融危机时，中国银行业又正好遇上国内经济上行期。而当前出现经营困难又刚好与国内

经济下行期重合。这使得大多数观点都认为，银行经营的困难和风险都是外部因素所致，而对银行管理能力在抵御金融危机和经济波动上的重要作用认识不够。在后危机时期，从我们自身面临的问题，以及国际大行在危机前后不同的变化，使我们认识到，银行业的发展战略重要，管理同样重要。没有管理转型，业务转型难以实现。所以，精细化管理就是转型发展的重要内容，抓精细化管理就是抓转型发展。

第四，精细化管理是努力实现“国内最佳、国际一流”银行的根本要求。目前，我们在规模、市值和资本实力等方面已经跻身全球大银行前列，在管理上也要向国际先进银行看齐。能够成为国际有影响力大行的，都是在管理上有长处的。后危机时代很多国际大行的业务结构调整出现了许多新的变化，有的发展海外，有的回归本土，有的强调批发，有的继续走零售业务发展的道路，有的重塑财富业务，有的把资管业务全部剥离。是什么因素在决定这些战略决策？就是管理，就是各行在风险管理、业务管理能力上的差别。例如在美国人力成本非常高的情况下，富国银行却一直坚持做社区银行和零售业务，就是因为在零售业务的管理方面它做到了又精又细。再比如美国银行早在2001年就开展六西格玛管理，这套改善企业质量流程的管理技术就是精细化。它的核心就是通过对流程的定义、分析、测量、改进和控制，追求零缺陷，出错率要求不超过百万分之3.4。以此来防范风险、降低成本、提高效率和提高客户满意度，最终实现效益提升和竞争力的突破。美国银行通过六西格玛管理改善成本、服务、销售、风险管控，乃至并购整合等各个方面。美国银行并购能力非常强，工作非常细致，几乎所有并购都实现了成功。从这些国际银行的发展经验看，我们要成就国际大行的雄心壮志，就必须在精细化管理上下功夫。

二、准确把握厦门市分行精细化管理的精髓

（一）厦门市分行精细化管理的特点

厦门市分行虽然总量不大，但存贷款、中收、利润等主要竞争力指标不仅在系统内处于领先水平，且十多年来稳居当地银行业第一，并不断扩大自己的优势。同时，服务质量、内控管理、资产质量、资本回报率、成本收入比等基础管理指标和经营效率指标也都位居系统前列。2015年末，厦门市分行存款余额四行占比39%，连续15年同业第一，与此同时，存款付息率1.51%，同业最低；贷款余额四行占比34%，连续12年位居同业第一；利润四行占比40%；中间业务收入四行占比36.5%；不良贷款率仅0.48%，远低于厦门区域1.48%的不良率水平，四行最优（如果考虑漳州PX项目造成的问题贷款，厦门市分行的不良贷款会大幅上升，但与当地同业比仍然是最好的）。厦门行没有像国家电网、铁路这种一级客户。这种情况下能实现不良率0.48%，含金量很高。经济资本回报率40.34%，成本收入比22.4%，居于系统前列；单位人民币结算账户四大行占比43%；实名个人客户412万户，超过厦门市常住人口总和。更重要的是客户满意度逐年持续提升，在当地四大行排名前列。厦门市分行以其全面优异的表现赢得各方面美誉，当地监管评价“感觉厦门只有两家银行，一家是建设银行，一家是其他银行”。获得这样的监管评价非常不容易。

究其原因，虽然有地域面积小，机构扁平化等特殊因素，但主要还是厦门行多年来持之以恒的精细化管理起到了决定性作用。可以说厦门市分行精细化管理的理念已经成为一种文化、一种行为方式、一种职业修养。精准、规范、集约、细致、务实和人性化的做法贯穿于管理的各个角度各个方面。这就是一种精神，一种深入人心的理念。这种精神和理念凝聚在分行行领导到基层员工每个人的具体行动当中。讲精髓比较好讲，用几句经典的话可以概括，但理解到位则需要在具体操作中不断深化，在操作过程中体会，在操作过程中变成自己的东西。这次总结推广的厦门市分行21个典型案例都是行之有效的、可推广复制的做法。从这21个案例可以看出，厦门市分行精细化管理有以下几个方面的特点。

一是准确把握了扁平化管理模式的精髓，做到了“形神”兼备。过去，不少人对扁平化管理模式的认识存在误区，片面地把扁平化管理等同于机构的扁平化，以为机构层级减少了，扁平化管理就实现了。从厦门市分行近20年的实践看，

机构的扁平化只是扁平化管理的一种外在表现形式。实现管理的扁平化才是根本，体现在传导信息的扁平化和业务流程的扁平化等方面，在任何组织架构下都可以对某些业务事项采取扁平化管理模式。随着员工整体素质的提升、互联网等信息科技的广泛应用，推进管理的扁平化是一种大趋势。这在全世界从行政到企业管理都是认同的。行政上的简政放权就是扁平化，企业的案例就更多了。厦门市分行的扁平化管理之所以成功，不在于实现了机构的扁平化，而在于持续推进管理的扁平化。其实，除厦门市分行外，管理的扁平化实践在全行还有很多很好的案例。扁平化管理是提高管理效率、集约化经营的重要途径。我们要坚定信心，在全面准确认识扁平化管理内涵的基础上，持之以恒推进。从厦门市分行扁平化实践看，推进扁平化管理需要责任意识和敢于担当的精神，需要长期坚持、持续优化的工匠精神。这也是精细化管理的前提和基础。厦门市分行交易、核算、金库、监督、运行、录入等80多个项目由分行集中经营。实现了财务事项的集中管理，对办公用品等全辖集中采购、统一配送，实现零库存。客户服务营销方案、产品创新等由分行相关职能部门研究确定，网点负责推动执行，专业性较强的领域都由分行来直营。网点最大程度上专注于抓市场、抓营销、抓服务。市分行能做的不让支行网点做、市分行能集中做的不分散做、下面不好做或做不好的都由分行来做，并且分行要直接面对市场、客户，直接承担风险责任。

二是不断丰富和完善人性化管理理念。昨天人力资源部门总结了人力资源管理的好做法，包括开展员工子女的激励活动、公开透明的考核分配机制、离职谈话、职工之家、各种俱乐部等。这些做法说明，领导和机构关注员工，员工就会关注事业。厦门市分行的评级就很能说明这方面的效果，厦门市分行的评级真实性管理做得非常好，做到实事求是。在没有优势大客户的情况下，对公客户违约概率略高于全行指标，但他们通过加强对债项的管理，对公违约损失率比全行平均水平低了3个多百分点，这是员工责任心和事业心的体现。为什么现在全行评级偏离度这么高？五级分类有这么多偏差？就是在各个层级上大家都在考虑自己的事情，考虑给自己留弹性。都在做着避免损失责任落在自己相关环节的小动作，所以一些分行才会出现在信贷审批中不断地变参数、试模型、调指标。这就是责任心和事业心差异性的直接的体现。厦门市分行之所以有今天这样的成果，就是得益于不断丰富和完善人性化管理，调动了员工主动做好工作的积极性。这是大家都可以借鉴的。譬如，大家要对下一级的考核多操一点心，多把一下关，处理好授权和公平的关系。人性化强一点，我们员工的凝聚力、向心力就会大大增强。我感觉，只要员工没有特殊困难，事业和成就感还是在员工的去留考虑中占有相当大比重的。通过人性化的管理，实现事业留人和公平的成长机会，增加员工对单位成就的参与感和荣誉感，是我们增加管理效率、将事情做到位很重要的一方面。

三是在各项业务的各个环节都做到了细致务实。精和细的管理不是摆样子，体现在从人到事的全过程，各个环节的精准和专业。比如，对于总行的政策文件，厦门市分行不是直接转发了事，而是梳理消化提炼出重点后再向分支机构传达。如果全行都能做到厦门市分行这样，总行的精神和要求就能理解到位，各单位就能充分结合自己的实际情况贯彻落实，那么总行的政策在全行就能得到很好的执行。厦门市分行还有很多好的经验，比如设计“信贷政策搜索器”，看似普通，却能切实帮助基层员工加强对政策制度的理解。再如离行自助设备集中管理营运，集中管理自助团队专设了加钞维护线路，并根据交通情况进行编排，同时指定设备维护商的工程师全程专人专车陪同，故障现场立即处理。标准化、规范化、流程化在21个案例中处处有体现，很细致、很务实。

四是把市场化和以客户为中心的理念落在细节上。厦门市分行对客户的反应既快又务实。体现在经营策略、客户拓展和客户维护等各个方面。厦门市分行在以客户为中心和市场化理念上不是空喊口号，而是能够实实在在落到细节，找到着力点和落脚点。这对银行来说非常重要。我们这次开会就是讲要可操作、可落实、可复制，不是抛开具体事例讲厦门市分行的精髓。

前面对厦门市分行精细化管理做了一个简单

的总结，它们体现了厦门市分行的管理精髓和文化理念。在座的五家分行要认真结合自己的实际去做。希望各行通过推进这21个典型案例推广方案，产生更多的方案供全行学习。刚才五家分行做了很好的表态，接下来就看行动。学经验学精髓，先从照猫画虎做起。一定要注重学习，别人的经验吃透不容易，要在实践中去理解，学成功了再搞创新。这里我举一个例子。中国的著名民营企业华为就是秉承着永远学习的精神，对国外经验和技术学了不是几年而是几十年，是国内最典型的引进、吸收并最终自主创新的成功案例。我们也希望学习厦门的经验和技术要全面地学、深入地学，以成就更多厦门模式的分行。

（二）在五家城市行推广精细化管理的考虑

当前各方面最适合推进精细化管理的就是在座的五家分行。你们都是城市行，与厦门市分行情况接近，有推广基础，有发展潜力，推广工作有可操作性，更容易出成果。你们学好了，进而可在全行发挥示范带动作用。

近几年来，五家行在发展上主动突破，有诸多亮点。一是天津市分行和苏州分行总体处于良性上升趋势。2015年，天津市分行和苏州分行等级行排名分别从2013年的第25和第26位，提升至第17和第18位，大幅提升8个位次。KPI和转型规划推进指标表现与等级行位次基本相符，业务发展较为均衡。二是五家行在市场份额方面均有很好的表现。2015年，五家行中间业务净收入在当地均排名前二；青岛市分行和大连分行一般性存款新增占比分别达到51.63%和42.52%，市场排名第一；其他三行存款新增也均实现了同业第二。三是转型发展取得了一定成效，有一定的亮点和突破。近年来，五家行在经营理念上发生积极变化，持续推进大资产大负债转型，不断优化资产结构，积极拓展新兴业务，取得了一定进展。比如天津分行的国际收支客户增长、苏州分行的跨境人民币结算、青岛市分行的债券承销、县域企业存款拓展以及宁波市分行的理财业务等转型规划推进指标均在系统内名列前茅。

总体上讲五家分行有各自的特色，也取得了一定成绩，但与转型推进目标和精细化管理要求相比，与厦门市分行相比，在营销、服务、定价、风险控制等方面还有相当大的提升空间和潜力。要紧紧抓住厦门市分行精细化管理经验推广这个契机，听取经验，提高认识，形成共识，增强推广复制的信心。待你们做出成效，我们也将向全系统推送。

三、把精细化管理作为建设银行稳健经营文化的最重要组成部分，全面、持续推进精细化管理工作

这次总行在营销、服务、信贷管理、资本和定价、成本、渠道、机构以及员工管理等方面总结了21个典型案例的推广方案，前中后台方方面面都涉及了。经过大家的深入讨论，绝大多数都是可以直接拿来在五家城市行推广的。下一步五家分行要高度重视，抓好贯彻落实。

（一）结合实际，尽快制定具体推进措施

各家分行要有发展的紧迫感，要通过深入推广厦门市分行精细化管理经验，切实改进我们的工作作风、工作方法和工作流程，狠抓细节管理，为全行稳健经营和转型发展提供保障。各行回去之后要马上行动起来，比照厦门市分行的做法，结合自身的实际情况研究布置，制定具体可行的推进措施。在方案推进过程中大家肯定会碰到各种问题，特别是第一线的处长层面，在理解上和实际操作上都会有需要沟通交流的方面，厦门市分行要做好对接，实实在在做好交流。会议材料会后可以进一步补充丰富，总行部门的讲解可以录像做成光盘，让没来的同志通过看光盘和资料就可以学习。

（二）把握精髓，全面推进精细化管理工作

我们当前的工作重点是这21个典型案例推广方案抓好落地，但不意味着我们的精细化管理就是这21件事。这只是可以直接推广的非常小的一部分内容。厦门市分行在多年的精细化管理中还有很多宝贵的经验和做法，值得大家去深入研究。总行发给大家的会议材料中也总结了很多厦门市分行在前台服务、营销和中后台管理中的优秀案例。考虑到组织架构、地域特点等具体原因，这次没有放在直接推广案例中，大家回去后要认真学习，深入思考。

各行在工作推动中特别要注意不能搞形式主义，要注重学习和把握精细化管理的精髓，

要内化于心外化于行，主动作为，从抓21个案例推广方案入手，全面剖析分行重点工作、重点流程和重点突破口，提高精细化管理水平，做出成效，创造出比厦门市分行更好的亮点。业务上各家分行各有长短，还有适应性问题，但管理扁平化需要大家高度重视，结合自身情况进行积极探索。

（三）持之以恒，持续推进精细化管理工作

精细化管理是一个打基础的工作，不可能一蹴而就，需要大家有足够的责任心和耐心。一旦基础打牢了，我们的管理优势形成了，别人也是很难在短期追上来的。工作落实向来难在坚持，贵在细致，重在执行。希望大家在管理上下工夫，坐下来研究问题，对照经验一件一件去推，持之以恒。

厦门市分行要继续在全行发挥好示范带头作用，咬定青山不放松，坚持精细化这个在长期实践中被证明行之有效的宝贵经验，继续努力，以好的做法、好的经验为基础，深化和完善精细化管理，进一步加强产品创新、服务创新、流程创新和管理创新，实现客户和银行共赢。要将创新作为提高竞争力的重要手段，通过精细化管理精准捕捉客户需求和市场变化、提升内部管理水平，打造我们的全流程竞争优势，实现更精、更细、更强。

对于总行来说，各部门都要把精细化管理作为一件很重要的工作去做。第一，不仅要在自己部门体现精细化，对下面业务指导也要体现精细化。在转型发展规划落实上，我首先对资债部、财会部加压。两个部门配置资源要体现精准，在关键时点配置好关键资源，内部定价、总分行利益分配上要做得更加精细。第二，高度重视管理扁平化，这是总行第一等迫切的事情。对总行有关方面提出四点要求：一是总行各部门要自觉地、积极主动地在各个方面贯彻管理扁平化理念。二是加快推进集约化。2015年重点推了八个课题，都包含管理扁平化的内容和要求。集约化要更多地从扁平化的理念和精细化的角度出发，提高工作效率。三是通过新一代核心系统，向分行推送包括大数据在内的各方面支持。四是各个部门内部资源配置要更加精准、高效。

希望大家把这次会议作为推进精细化管理的开始，五家分行首先做起来，争取明年这个时候在做总结时有可喜成效。只要大家根据今天的表态，认真贯彻落实，扎扎实实去做工作，一定会有成效。明年我们再开一次会，听听五家分行的情况。

谢谢大家！

在子公司转型发展座谈会上的讲话

王祖继

（2016年7月8日）

同志们：

今天的子公司转型发展座谈会开得非常好。推动子公司转型发展是全行转型发展工作中重要的一环。王洪章董事长提出，今年是稳步发力、推动转型发展重要的一年。年初，我们重点推动北上广深“高水平上补短板”，中间抓了23家重点城市行的转型。在抓管理方面，以厦门市分行为标杆，研究推广厦门市分行精细化管理的经验。子公司发展方面，转型发展规划也有明确的要求，今天的座谈会就是落实转型规划要求的措施。接下来，还要听取新成立的三家直营机构的运营情况和几家大行的转型进展情况汇报。这是我们一整套推动转型发展有效落地的安排。刚才，各子公司负责人讲得都很好，主动提出了比较高的发展目标，工作的思路很清晰，提出的工作措施也很扎实。刚才一鸣首席财务官、文升副行长讲了很好的意见，我都完全赞同，希望大家很好地理解和落实。下面，我再讲几点原则性的意见。

一、综合化经营发展初显成效

总体上来讲，我行综合化经营发展取得了良好的成效。应该看到，综合化经营是银行业发展的一个大的趋势，建设银行在这方面走了一步先手棋，把综合化经营放在了转型发展的首位，并且持续地推进。大家在这方面付出了艰苦的努力，也取得了很好的实效。

（一）子公司规模、效益快速增长

2012 年以来，子公司的金融资产接近翻两番，年均复合增速超过 50%，在集团总资产中的占比由 4% 提高到 11%；净利润翻了一番多，年均复合增速 40%；资本回报率提升 4 个百分点，资产回报率提升 0.4 个百分点；资产质量一直保持很好的水平。2016 年上半年，子公司继续保持良好发展态势，金融资产规模达 3.2 万亿，较年初增长 55%；实现净利润 28 亿元，同比增长 30%。这个成绩确属不易，大大高于整个集团的增长。子公司整体资本回报率达 11.89%，资产回报率达 1.84%。在当前异常困难的经营环境下，子公司保持着一种健康的发展活力，为集团业绩稳定做出了重要的贡献。

（二）子公司市场位次显著提升，逐步培育特色优势

例如，2015 年建信信托的信托资产规模名列行业第一；建银国际保荐承销项目的数量在香港所有投行中名列第一；建信租赁的租赁投放额位列行业第一；建信人寿规模保费收入保持银行系第一。子公司在新兴重点领域确立一定品牌优势，产业基金、国企改革、城市轨道交通、新能源汽车等业务形成了很好的市场影响力。

（三）母子公司业务联动持续深化，集团协同的效应初步显现

2012 年以来，母子公司业务联动总量年均增长 33%，2015 年末突破万亿大关。2015 年子公司通过信托、租赁、IPO、债券承销等方式，为客户提供的综合投融资新增 2366 亿元，占我行境内贷款新增的比重由 2012 年的 2.8% 提高到 27%，成为我行传统融资产品的重要补充，对满足客户多种融资需求发挥了非常重要的作用。

（四）集团管理架构不断优化，管理思路逐步明确

建立起了多层次的战略协同机制，通过计划、考核等手段推动集团层面的业务联动，为子公司发展提供有力的支持。同时，鼓励子公司按照现代企业制度的要求，探索市场化改革，提升市场化运作水平和自我发展能力。2016 年，总行修订了《子公司管理办法》，进一步扩大子公司自主决策权力，支持子公司增强自我管理能力，并规范建立专职董监事制度，推动公司治理机制持续优化，为下一步加快发展奠定了基础。

这些成绩来之不易，各子公司从主要负责同志到普通员工，同心协力、开拓创新，付出了艰巨的努力，总行部门、各分行也对子公司的发展给予积极支持，这是全行同志共同奋斗的结果。

二、正视当前发展中的差距和问题

在肯定成绩的同时，也应该清醒地看到，相对于总行转型发展更高的要求，与同业先进水平、银行系先进同业比较，我们的子公司发展在有些方面还存在着差距，主要体现在以下几个方面。

（一）盈利能力还不够高，部分公司业务规模也还比较小

近几年来，子公司的业务规模、盈利水平虽然自己跟自己比提升很快，但与同业相比仍有一定差距。2015 年子公司总资产 2643 亿元、同比增长 40%，管理资产 1.79 万亿元、同比增长 73%；实现净利润 39 亿元，对集团的利润贡献为 1.7%，同比增长 58%，整体资本回报率为 9.9%。与四大行旗下的子公司比较，我行子公司的资产增速、净利润增速均位居第一，但表内资产规模、净利润绝对量、贡献度和资本回报率四项指标都排名四大行第三，和中国银行、工商银行比还有一定的差距。子公司受托管理资产规模排第一位，成绩相当突出，但要看到这与我们独有信托公司，有资管机构牌照优势有关。

与工商银行相比，我行子公司与工商银行系子公司成立时间相当，牌照种类比工商银行还多，但我行子公司表内资产规模差不多是工行的 70%，整体净利润是工行的三分之二左右，ROE 较工商银行低了 5 个百分点。各子公司非常努力，但与工商银行同类子公司对比，部分子公司在规模、利润、资本回报等方面还都存在较大差距。例如，建信基金2015年实现了历史最好业绩，但管理资产规模仅为工银瑞信的70%，净利润约为后者的40%。建信租赁新领导班子调整以后业务快速增长，近年来的投放规模、资产质量都超过工银租赁，但2015年存量租赁资产规模、净利润也仅相当于后者的三分之一。

与所在行业相比，多数子公司资本回报率低于行业平均水平。有的子公司业务规模已位于行业领先水平，但与规模相当的其他公司相比，净利润还有较大差距。造成这种情况的原因需要各公司认真分析，不能排除优惠政策、收益分成、历史积淀等外部因素的影响，但核心问题还是业务结构、客户选择、投资能力、成本控制这些内部因素的差距。各子公司在这些方面要多做思考。

（二）业务结构亟待优化，竞争能力有待提升

目前子公司的业务快速发展，部分公司的规模排名已经进入行业前列。但分析业务结构可以发现，通道业务占比较高，存在“大而不强”的问题。2015年子公司1.8万亿管理资产规模中，约1万亿是各类通道业务。在子公司发展初期，这些“短平快”的打法，有助于快速确立市场地位，但长期看，这些业务附加值低、效益贡献小，不能过分依赖。从产品种类看，子公司复制和改进型产品较多，自主创新的拳头产品较少。从客户结构上看，部分子公司客户主要为大型企业、重点企业、龙头民营企业，项目资产质量较好但议价能力不强。这些问题，更多的还是需要从专业能力上来找原因。

（三）资本使用的效率需要提高

目前，子公司的快速发展主要还是体现在外延扩张，对资本金的需求非常大。总行积极支持子公司的发展，但资本是稀缺资源，长期来看集团不可能无限制地供应资本。在资本集约方面，建行一直走在同业前列，持续通过大力发展中间业务和低资本消耗业务，提高资本使用效率和回报水平。子公司在这方面要向总行学习，强化资本约束的理念，发展思路要向集约型、内涵式转变，要想方设法提高资本的使用效率，增强资本的内在积累能力，这是总的原则、总的要求，必须坚持。当然，有的子公司在初创时期，或者在一定阶段的发展路径选择时更强调规模增长，也可以理解。

（四）选人、用人机制需要进一步优化，激励约束机制不够充分

近几年各子公司都尝试建立必要的激励约束机制，有的公司以业绩考核为核心的激励约束，力度还是比较大的。但总体来看，效果还有待进一步提升。目前子公司高级管理人员当中，真正通过市场化机制招聘的职业经理人数量还不是很多，高管人员任职管理还需要完善。各子公司之间的激励约束机制还不是很均衡，有的子公司在一定程度上员工收入拉不开差距，有的子公司对管理层的考核流于形式，率先垂范的带头作用没有完全体现出来。

（五）对集团发展的支持作用有待进一步发挥

近年来母子公司业务联动的意识逐年提升，但更多是基于客户需求的事件驱动，还没有固化到营销流程、业务系统当中去；联动当中的利益补偿、风险分担、协同考核机制还需要进一步完善。集团资源还没有充分得到利用。我们分析了这样的一个例子，平安集团有1亿个人客户，仅2015年一年，核心金融子公司之间通过交叉销售、相互推荐客户形成的客户迁徙，超过1200万人次。与此对比，我们客户资源是超过平安的，但从母行迁徙到子公司的个人客户累计不到300万，公司客户不到1万户。交叉销售、信息共享、流程整合的经营机制需要进一步的完善，集约运营、资源挖掘、政策协调的统筹能力难以满足现实需求。

今天摆出这些问题，就是要对照目标找差距，在快速发展中补上短板。这些差距和不足，既说明我们还有很大的潜力可挖，也意味着我们还要下大力气进一步改进管理机制，沉下心来加强能力建设，在营销、产品、运营等各个层面提高经营管理水平，通过协同效应的提升，形成子公司的核心竞争力。

三、深刻理解加快子公司发展的重要意义

（一）进一步提高加快子公司发展重要性的认识

加快综合化经营是我们转型发展目标中的重

要内容。从服务实体经济的角度来看，也是探索金融创新的重要内容。最近习近平总书记在国有企业改革座谈上强调，要理直气壮地做强做优做大国有企业，不断增强国有企业的活力、影响力，提高抗风险能力，尽快在国企改革的重要领域和关键环节取得新的成效。为了贯彻落实这个重要指示，全行夏季工作座谈会，会重点研究建行如何进一步做强做优做大。建设银行在已经具备相当规模的基础上，如何进一步做优做强以银行为主业的建行金融集团，是贯彻落实工作中必须回答的问题，其中也包括做强做优做大非银行金融业务。通过子公司加快发展，丰富非银行业务功能，提升集团整体的综合化服务能力，是落实党中央要求，提升支持实体经济能力、做强做优做大国有银行的关键措施，协同效应也要体现在这些方面。

（二）促进子公司提质增效是当务之急

这几年子公司取得很好的发展成绩，业务指标、财务指标有明显进步，但是提质增效仍然是当务之急。从整个非银行金融业的发展趋势来看，过去5年，租赁、证券、基金、保险行业的发展，不管是资产还是负债的增长都大大高于我们银行业。子公司在发展态势上与行业保持了高度一致，业务规模快速扩张，市场位次提升很快。子公司需要提升规模，没有相当的规模就没有相应的市场地位和影响力，但同时也一定要讲效益。在我们一些子公司已经具备了一定规模的条件下，就更需要强调提质增效。子公司要全面落实转型发展规划和已有的工作安排，并将提质增效作为子公司加快转型发展的核心任务。已经度过初创期的子公司，要从发展初期外延式的扩张，向集约化发展转变，通过优化业务结构，和母行的协同联动，增强创新能力，加强成本控制，提高盈利水平，不断提升对集团的价值贡献。

（三）学习借鉴国际领先银行综合化经营的经验

在制定全行转型发展规划过程中，总行对国际先进银行的发展路径做了深入研究，发达国家的大型银行都有相当长时间的跨业经营经验，借鉴这方面的管理和运营经验，有利于提高综合化经营的效率。子公司在发展中也要注意研究国内外先进同行的发展路径和发展经验，结合国内的情况，找出更好的成长路径。子公司处于不同的行业，在做业务、抓管理的同时，要注意做好行业研究。这次会议上，各公司提交了行业分析报告，这要成为常规性做法。保险、信托、租赁、基金这些金融子行业，在发达经济体都经历了长期发展，其中许多经验、教训，特别是成功企业的有效做法，都值得很好研究。我们在力争实现“国内最佳、国际一流”转型发展目标的过程中，也需要大家共同探索子公司的发展路径。要成为行业领先的企业，子公司的领导班子要有开放的心态，开阔的视野，既需要继承，更需要开拓和创新。

四、明确目标、对标管理，打造行业一流公司

（一）强化对标管理

进一步明确发展目标。全行转型发展规划对子公司提出了明确要求，设立满7年的子公司主要经营指标要达到所在行业的平均水平，在银行系同类公司中进入前两位。主要指标不仅包括业务规模，还包括净利润、资本回报率、成本收入比等这些指标。一方面，希望大家能够很好地理解和运用行业发展规律，不断形成自身的专业优势，不断在行业中争先进位。另一方面，也要强调我们办子公司的目的，是通过子公司建立专业优势，确立在行业当中的龙头地位，从而形成强大的母子公司协同效应，形成综合的客户服务能力和强大的市场竞争力。所以子公司的发展目标需要进一步明确，两方面的要求都要讲。

提升行业位次。背靠建行这棵大树，子公司就不能满足于小规模的格局。作为一家大型银行，建行对子公司全面开放渠道资源和客户资源，提供后台运营支持，提供资金和流动性支持，乃至隐性的信用兜底，这是非银行系子公司不具备的优势条件。在这个基础上，建行的子公司必须比社会上同业的子公司发展得更好，要树立成为行业数一数二公司的信心，而且一定要达到这样的目标要求。没有一定的业务规模，子公司就谈不上与母公司相匹配的市场地位和业务能力，更谈不上有效满足客户多元化的需求和支撑全行的转型发展。当前，子公司的整体市场地位虽然有了

提升，但是仍然有进一步提升空间。已经领先的子公司要巩固优势，排名落后的子公司要奋起直追，希望在两三年之内要有明显改观。

提升盈利水平。追求资本回报，是建行作为出资人的合理要求，也是客观评价子公司经营业绩的重要方面。未来五年，将是子公司从战略投入期向战略回报期转变的一个关键阶段。虽然对刚成立的子公司还是要加强投入，但总体上来讲要强调资本回报的要求。子公司要从业务结构、成本控制、投资业绩、客户选择等方面深入分析盈利能力不高的原因，对标同业先进公司，全方位、多维度找差距，进一步细化改进的措施，在盈利能力上努力达到所在行业的最高水平，力争接近建行的水平。建行的资本回报率目前是17%左右，在宏观经济下行的压力下，仍然保持着国际高水平的资本回报率。可比行业的子公司要力争达到建行的水平，因为如果不接近这个水平，对建行而言，资本使用的效率就是不合理的。我们办子公司，既要追求协同效应，满足客户多元化金融服务需求，也要追求合理的资本回报，无论处于哪个行业，子公司都需要树立更高的盈利目标，向更高水平看齐。

开展对标管理。总行对子公司的发展要求，不仅仅是业务和财务指标的要求，更是对内在发展能力的要求，要在业务规模、盈利水平、专业能力上全面对标。在经济新常态下，客户是否留得住、能不能信任我们，更多的是看专业的服务和协同能力。我们以厦门分行为标杆抓精细化管理，目的也是提升客户服务能力。内部的精细化管理，体现在客户端，客户就体会到、享受到更好的服务。提升服务能力，不仅仅是子公司的问题，全行都面临这个问题。虽然子公司有许多客户来自建行的推荐，但从根本上讲，每家公司都要接受市场的检验。凡是成功的企业一定是客户满意的，一定是管理优秀的。子公司的对标管理，各项指标对标是一方面，更要重视内部管理的学习和借鉴，希望子公司都选择好的标杆公司，在内在能力建设上做好对标管理。

（二）提升核心能力

立体协同，苦练内功，增强产品服务的竞争能力。每个子公司都是集团金融服务链条上的一环，母子公司要形成立体协同的局面。立体协同，就是要建立集团一体化发展架构，形成母子公司全方位、多层次、高效率的协同联动。子公司要助推集团实现功能的延伸、服务的升级，要成为集团的亮点，而不是短板，必须练好基本功，深耕所在行业，形成自己的拳头产品。只有练就一招鲜、几招鲜，才能打造自己的品牌特色、竞争优势。在产品定位上，子公司与母公司应该互为补充，而不是互为竞争，要着眼于做银行做不了的事，做各行业本源性的业务，体现子公司功能价值。具有投融资功能的子公司要提升主动管理能力，夯实行业研究和风险管理的基础，在重点领域形成领先的投研能力；服务个人客户的子公司，要关注互联网和新技术带来的业务机会，重点打造特色化的产品创新能力和专业的客户服务能力。

具备条件的子公司，可以适时地、稳步地拓展海外业务，将境内综合金融服务优势延伸至境外。“走出去”要坚持客户导向和能力先行，要把合规放在首位。海外的发展形式可以多样一些，条件成熟的可以自设机构、申请牌照，也可以初期先依托建银国际的机构、牌照和人员来发展自己的业务，让建银国际成为子公司海外发展的“孵化器”。

集团挖潜与自我发展并重，大力强化客户基础。一是要深入挖掘母行的客户资源。目前，子公司产品对母行客户的渗透率还比较低，平均100个个人有效客户中仅有2人使用子公司产品，100个公司有效客户中只有不到1户使用子公司产品。建行拥有的5亿多个人客户、370多万公司机构客户，足以支持子公司做大做强。挖掘建行客户资源，不能仅靠总行下达计划和政策倾斜，而是要在深入分析建行客户需求特点的基础上，提高产品服务供给的有效性和吸引力，从而形成良性互动、互惠互利的业务联动格局。要进一步强化与重点行的协同联动，扩大当地市场份额，对北上广深“高水平上补短板”形成有力支撑。二是积极拓展自有客户。这是提升自我发展能力的要求，也是未来集团成员之间大规模交叉销售的基础。与母行相比，子公司服务客户的类型、阶段更加丰富，可以覆盖战略性新兴产业、初创期企业等传统信贷业务难以覆盖的客户，这是子公司的优势。对于自有客户，要积极向母行推荐业务机会，分行要及时跟进。在客户的不同发展阶段，非银行、银行产品和服务可以形成梯次安排。

提高资本规划的前瞻性和资本管理的集约化水平。目前，子公司仍处在较快发展阶段，资本需求相应增长较快，各子公司要提高业务发展的预测和计划水平，做好规划，对资本占用的增长做出很好的判断，提前做好资本补充安排。同时也要充分认识到资本的稀缺性，要大力发展轻资本、高回报的业务，例如建信人寿要提高期缴产品和长年期产品占比，建信租赁要通过资产证券化、打包转让等市场化手段调整、优化存量业务结构，建信期货要积极拓展投资咨询和风险管理等创新业务。子公司提出增资需求时要加强投入产出分析，总行要加强审核，提出资本回报要求，对增资到位后的实际情况进行评估考核，增资必须和效益提升相辅相成。

（三）提升市场化运作水平

2015 年初，总行党委决定以建信信托为试点探索子公司市场化改革，目标是在治理结构、人员聘任、考核激励、运营模式等方面，建立市场化运行机制。目前，改革初期措施已经开始取得良好成效，高管人员市场招聘工作已经启动。对这项改革试点，总行和建信信托要认真总结，摸索出的经验逐步向其他子公司推广。

优化公司治理，增强自我管理能力。公司治理机制是企业经营管理活动的中枢，也是在建设百年老店的根本保证。为什么华为可以成功的走出去，实现了多年快速、高效的增长，经验一定是多方面的，但关键还是在其适应企业特点的、优秀的公司治理。子公司的董事长、总经理、监事长，一定要高度重视公司治理。董事会、监事会、高管层要切实按照法律和公司章程，发挥各自的作用，尽到责任。公司治理关键在企业主要负责人，主要负责人一是要在建立可持续发展的公司治理机制和制度安排方面下工夫，形成可延续的体制机制，避免出现大起大落，更不要三五年后出现反复；二是探索符合行业特征和建行特点的激励约束机制，使激励和约束机制成为促进业务发展、风险控制和优化人力资源的主要抓手；三是要带好队伍，用人格魅力促进公司形成独到的、有竞争力的、可传承的企业文化，成为公司可持续发展的宝贵财富。公司主要负责人必须率先垂范，着力打造有凝聚力、有集体创新力和奋发有为的员工队伍，积极探索市场化的选人用人机制。提升市场化运作水平，优化公司治理机制是关键，这是实现对标管理、提升盈利能力的基础，也是国有企业中董事长、总经理工作的重中之重。

探索股改上市。目前，建信人寿、建信信托正在着手股改上市的准备工作。子公司股改上市，从内部公司转变向公众公司，不仅有利于建立多元化的资本补充渠道，扩大品牌影响力，提升股东回报和集团整体估值；也有利于通过投资者、资本市场的外部约束和公众监督，促进公司进一步完善治理机制。子公司要本着这样的认识和目的做好这项工作，不要为股改而股改，为上市而上市。建行在国有银行中率先股改上市，有很多成功经验，两家子公司应该很好学习、借鉴。

（四）加强风险管控和内部管理

过去几年子公司总体保持了较低的不良资产率，风险管控的成绩值得肯定。当前，子公司数量不断增多，规模日益增大，对集团的影响日趋明显，加之跨业跨境经营更为复杂，风险交叉感染可能性大为增加，对综合化经营风险管理提出了更高的要求，需要母子公司各有侧重、齐抓共管。子公司的风险管控，即要关注当前也要着眼长远，把风险管理的责任和流程充分落实在公司治理中。原则上，子公司要遵循集团统一风险偏好，信贷政策、特别是准入政策，应当是一致的。这些年有些行业如钢贸，有的分行退出来了，有的分行又进入了，形成了大量不良贷款，某种程度上就是风险偏好不统一或理解有偏差的结果。子公司不要过多强调所在行业特征，在涉及全局的、系统性的问题上要遵循集团统一的风险偏好。

各家子公司都要下大力气建立自己的风控体系，建立严格的风险管理的制度和流程，并有效执行。客户评估、项目评价、授信审批、投资决策，都必须严格按制度办事。建行自股改上市以来，基本上一直保持了高速增长，我们的子公司也没有遇到过系统性风险的挑战。全球金融危机期间，由于经济政策的差异，国内银行仍保持了高速增长。我们没有经历由于危机致使银行破产、员工被大量解雇的痛苦，对痛苦缺少切身感受，对风险的认知就会肤浅。当前国内经济下行、全球经济低迷形势下的持续的风险压力，是进入21世纪以来我们面临的最大挑战。面对当前严峻的经营形势，要始终铭记建行股改上市前技术性破产的历史，增强风险意识，才能始终保持风险管理的高压态势。

五、积极创造条件，进一步优化集团协同机制

（一）优化集团管理机制，为子公司发展提供更好支持

总行党委要求加快综合化经营，这是全行的责任。总行相关部门要高度重视子公司的发展，除了依据转型发展规划要求给子公司加指标、压担子，在资源配置、风险控制、开拓创新方面，要研究如何优化管理机制。总行资债部、财会部近年来做了很多卓有成效的工作，2016年在集团整体工资零增长的情况下，子公司整体工资安排较上年增长18.8%，充分体现总行支持子公司业务发展的决心和力度。子公司财务资源配置机制也进行了优化调整，根据公司经营特征及业务发展的不同阶段，建立差别化的工资配置机制，比如为建信信托等重资本型公司建立EVA工资挂钩机制，为建信基金、建银国际等人力资本集中的公司建立了工资利润率对标挂钩机制。但总的来说，总行仍然需要在资源分配、风险管控等方面做更深入的研究，在资源配置上做好结构安排，适当倾斜，把有限的资源配置好；业务条线也要为子公司发展提供更好的协同支持。

对于子公司反映的问题和建议，总行各部门要认真研究，妥善解决。前期，文升副行长牵头调研子公司发展中的困难和问题，对涉及总行27个部门的75项需求，组织协调解决，效果明显。今后此类事项就按照这个程序，由文升副行长负责，股权部做好需求整理和职责协调，总行部门也要承担起集团管理部门的责任，积极主动地支持子公司更好发展。在依法合规的前提下，对子公司的资金融通、产品准入等问题，要尽可能给予区别于第三方的差别化支持政策，建行的一些成熟的管理工具完全可以与子公司共享。这也是国际、国内领先同业的行之有效的做法。

对于子公司的授权调整问题，要研究子公司授权管理制度，进一步明确调整规则，建立动态化的授权评价和调整机制。综合考虑子公司的功能定位、行业特性等情况，对授权事项进行细化。在清晰界定子公司董事会权责的同时，满足子公司更灵活、更贴近市场的发展需求。建立与能力相匹配的授权权限，对有调整权限需求的子公司，需具备相应的管理能力，建立基于风险的内部差异化转授权机制和决策机制，能够在业务和管理上自证需求的合理性。总行要对子公司公司治理、内部授权、风险管理、制度流程、投资决策等方面建立评价体系，并根据评估情况适时调整授权。

关于子公司激励约束机制，总行人力部、财会部、资债部要认真研究，在收益水平提升达到总行要求的情况下，尽可能为子公司提供市场化的激励约束机制。激励约束的难点不在当期而在跨期，有些东西是隐性的，要在很高的责任水平上才能探索出有效的激励约束机制。

（二）强化业务联动，完善协同机制建设

建立包括子公司产品在内的集团大产品目录，各业务条线、各分支机构都要将子公司产品和服务纳入我行产品序列和综合金融解决方案。子公司要主动向分行推介自己的产品。前期股权部组织子公司在广西、河南、江苏、云南等分行开展了“综合金融服务上门”活动，向分行客户集中展示建行的综合金融服务能力，取得了不错的效果。在组织推介活动的同时，也要注重制度和机制建设，加快建立综合营销、综合服务、综合考核机制，在流程整合、资源共享、利益分配上做文章。探索建立母子公司相互嵌入的综合营销流程，形成双向协同的长效机制，同时也要明确联动中利益分享和风险分担的原则。进一步加大联动考核力度，销售子公司产品的收益分成尽量向基层员工倾斜，充分调动一线员工营销的积极性。

（三）加强集团统筹

在强调母行要支持子公司发展的同时，还要强调做好总行集团统筹管理，资产负债、产品设计、客户营销、IT建设等都要打破母子公司分割，通盘考虑、统筹谋划。今后，总行各部门和子公司都要站在集团整体利益的高度，加强联动，充分利用集团各种资源，降低成本，提高收益，实现集团利益最大化。例如，今年5月，建信租赁在境外发行了10亿美元的中期债务，在总行统筹下，取得了良好的效果。集团内的各家海外机

构参与认购了50%的发行额度，一方面提高了债券发行认购倍数，降低了租赁的筹资成本；另一方面也提高了各家海外机构美元资金运用效率和收益水平。同时，建银国际和建行亚洲担任了承销角色，部分发行费用也留在了集团内。这是一个典型的集团统筹案例，在集团利益最大化的原则下，如何兼顾当前与长远，如何兼顾总行现有功能的使用与子公司同类功能的建设，都需要必要的灵活考虑。综合化经营、集团化发展，无论架构、体制、政策，还是流程、制度、方法，都有许多需要探索和实践的地方，还有许多繁重而细致的工作要做。

同志们，综合化经营事关建行长远发展，事关全行转型大局，希望大家能够以高度负责的使命感和责任感，结合建行实际开拓创新，在公司治理、业务发展上加快子公司转型发展，为实现综合性、多功能、集约化集团战略目标作出应有的贡献！

推转型　控风险　抓管理　努力实现经营业绩逐季向好

——在全行夏季工作座谈会议上的经营情况报告

王祖继

（2016年7月25日）

同志们：

刚才，洪章董事长做了重要讲话，明天郭友监事长还要作总结，希望大家认真学习领会，抓好贯彻执行。下面，我就2016年上半年全行经营发展情况、下半年主要经营发展目标和重点工作安排谈几点意见。

一、上半年经营业绩总体良好

年初以来，面对复杂严峻的经济金融环境，集团上下认真贯彻党中央、国务院决策部署和监管要求，从大局出发，不断提高经营管理目标，积极调整经营策略，发力推动转型发展，取得了良好的经营成果。

（一）资产负债稳步发展，核心指标表现良好

截至6月末，资产总额19.97万亿元，增速8.8%；人民币贷款新增四行第一。负债总额18.46万亿元，增速9.2%；人民币一般性存款日均新增四行第二，市场占比继续提高，稳定性进一步提升。净利润1339亿元，同比增长1.25%。ROA、ROE和资本充足率分别为1.4%、17.8%和15%，均处于同业领先水平。中间业务净收入增量、增速四行第一。成本收入比22.21%，同比下降1.02个百分点。

（二）发挥多功能优势，为稳增长、调结构、惠民生作出重要贡献

一是进一步加大服务实体经济力度。上半年，境内本外币各项贷款比年初新增5574亿元，同比多增249亿元；优先满足与国家战略实施相关的重大项目需要，基础设施领域贷款比年初新增571亿元，占公司类贷款新增的38%。二是以多种非信贷服务满足客户融资需求。上半年通过理财、信托、租赁、债券投资等方式，提供非信贷融资6000多亿元，增长25.6%。三是增强对绿色信贷、小微企业、服务业等重点发展领域支持，小微企业贷款同比增速9.79%，高于各项贷款增速0.25个百分点，高于“三个不低于”监管要求。四是加大个人住房贷款投放力度，助力房地产去库存。上半年累计发放个人住房贷款6512亿元，支持居民购买一手、二手住房127万套，房屋面积超过1.1亿平方米。五是努力降低企业融资成本。新发放人民币非贴贷款加权平均利率

4.70%，同比下降118个基点；近年来共减少涉企收费项目274项，免除26项收费，今年2月又免收个人客户手机银行及网银5000元以下的人民币转账汇款手续费。

（三）稳步发力推转型，综合化经营能力增强

稳步发力、协同推进，北上广深和23家重点城市行市场表现提升，引领转型发展的作用进一步提升。19大类61项转型重点业务均有亮点。个人住房贷款新增、发生额、利率四行第一，借记卡消费交易额达4.8万亿元，增速65%，收入四行占比提升4.1个百分点，结算类业务收入同比增速6.5%；新兴金融业务快速增长，理财产品余额增速四行第一，余额四行占比较年初提升3.93个百分点；债券承销量和承销期数继续保持同业第一；托管资产新增规模在13个月内连续4次跨过万亿元大关；代理保险、理财、贵金属、托管等业务收入同比增加117亿元，增速43%。非银行子公司业务发展良好，资产规模和利润大幅提升，增速达到28%。国际结算业务逆势增长，收入首次跃居四行首位。海外机构业务贡献度持续提升，商业银行类海外机构净利润同比增长41.2%。子公司、海外机构净利润占比分别提升0.45个和0.59个百分点。转型发展带来了综合经营能力的增强，主要体现在以客户为中心的服务能力提升上，从提供信贷融资为主转变为提供综合融资和满足客户综合金融需求。负债能力进一步提升，实现了量价的良好平衡，企业存款日均新增居四行第一，付息率处于较低水平。盈利结构进一步优化，上半年非利息收入占比从24.4%提升到26.2%。

（四）轻资本业务快速增长，资产结构进一步优化

加强资本集约化管理，资本使用效率明显提升。境内分行表内资产增速7.31%，加权风险资产增速4.25%；表外业务增速8.42%，加权风险资产增速2.3%，大幅低于业务增速；经济资本占用比例5.72%，比年初下降0.16个百分点。加大结构调整力度，低资本占用、高收益的资产增势良好。零售类贷款新增占比79%，余额占比同比提高4个百分点；低资本占用的地方债投资新增5148亿元，信用债减少712亿元；同业资产运用增长66%，高收益同业投资业务占比提升；私人银行金融资产增长13.8%，高于全量客户资产增速。

（五）加快培育新业务的增长潜力，业务创新活力增强

各分行以转型规划为指导，抢抓政策机遇，探索和创新了许多新业务和服务模式。金融生态系统建设初见成效，湖北分行通过“移动金融+村级供销服务社”打造升级版“村口银行”；厦门、深圳、河南、江苏分行采用聚类分析方法探索客群研究，分别针对老年人、车主、留学、旅游等客群在市场率先推出专属综合服务方案；陕西、上海分行利用IC卡行业应用大力拓展智慧社区、智慧菜场，创新批量获客新模式；江西分行通过结算数据的分析和提供，形成了全辖上下系统性抓客户的机制；广东、湖南等分行抓住ETC全国联网的机遇，重点切入，开发联动业务；海南分行与政府合作，抓农民工工资代发等，都是以新理念、新方式推动了传统业务的转型，拓展了客户，拓宽了业务，增加了收入，同时提升了服务能力。上半年创新产品318项，移植64项。渠道转型提速，服务能力稳步提升。移动柜面替代率达到63.9%，较年初提升13.7个百分点，移动支付同业领先；网点“三综合”建设稳步推进，网点营销能力得到增强。新一代核心系统功能持续释放，上半年累计推出5385项功能点。大数据支撑作用不断增强。

（六）全面加强信用风险管理，实现了资产质量管控目标

围绕“关键风险、关键领域、关键环节和关键岗位”，形成了总分行强化信用风险的管控机制。以加强信用风险管理为重点，总分行共同努力，消除重点风险隐患；以严格管控不良资产暴露时序为突破口，抓重点分行、重点行业、重点风险客户；严格落实条线和分行责任，不良资产加速暴露态势得到初步遏制。加大不良资产处置和清收力度，为资产质量控制在预期水平发挥了重要作用。截至6月末，不良贷款1827亿元，新增同比减少；不良率1.63%，同比少升0.18个百分点；拨备覆盖率150.90%，持续满足监管要求。境内分行新暴露不良贷款四行最低，同比减少106亿元。累计处置485亿元，同比多处置53亿元。其中，回收盘活是上年同期的1.81倍，常规处置中的现金回收同比增幅104.77%。现金回收已核销呆账资产11.87亿元，同比多回收2.47亿元。总行“30大”项目累计化解处置31.06亿元。

上半年，在宏观经济持续下行压力没有明显缓解、提升支持实体经济效率的要求不断提高、监管政策又异常严格的情况下，全行取得这样的成绩实属不易。面对多重压力和严格要求，在党委坚强领导下，董事会科学决策，监事会有力指导，全集团从大局出发，勇于担当，积极作为，发力推转型，真抓实干，破解难题，开拓创新，为经营发展作出了艰巨努力，为服务实体经济作出了重要贡献。在此，我代表管理层，向全行干部员工表示衷心感谢，向关心和支持建行事业发展的管理部门和监管机构表示衷心感谢！

二、当前面临的形势和经营中的主要问题

从外部形势看，全球经济复苏形势趋于复杂，国内经济运行下行压力依然很大，同时也出现了稳中有进、稳中有好的势头。上半年经济运行保持在合理区间，GDP同比增长6.7%。经济结构持续优化，第三产业增速超过GDP增速0.8个百分点；服务业对经济增长贡献率同比提高4.1个百分点。新经济发展势头良好，战略性新兴产业增加值增长11%。积极的财政政策更有力度，稳健的货币政策更加灵活。这些都为银行健康可持续发展和资产质量基本稳定营造了良好的环境。

另外，宏观经济稳定发展的基础尚不牢固，经济结构性矛盾还没根本缓解。目前的经济增长主要靠基建和房地产投资拉动，民间投资持续放缓，实体经济经营依然困难，经济内生增长动力亟待增强。下半年供给侧结构性改革措施的出台和推进也会给银行经营带来直接影响，例如“三去一降一补”落地、央企兼并重组的加快等，在为我们创造政策机遇的同时，对管控资产质量的影响也不容忽视。

从我行内部来看，经营管理中还存在一些突出问题，必须引起全行高度重视，并认真加以解决。

（一）信贷管理和合规管理基础存在明显薄弱环节

当前信用风险依然是我们面临的最主要风险，外部形势不好，内部信用风险管理又有薄弱环节，这无疑进一步加大了经营管理压力。内外部审计检查发现信贷管理基础存在诸多问题，主要表现在：贷前尽职调查和真实性核查不到位；贷后管理工作流于形式；押品全流程管理薄弱，押品“虚置化”严重；贷款条件，尤其是实际控制人担保责任、贷款资金用途监管等没有落实；不良资产日常追索不到位。批量转让合规性问题突出，部分入包审核报告披露不完整、不准确，估值范围有遗漏或价值被低估。手段创新不足，对风险的管理多是依靠人盯人、人海战术等传统方法，还不能有效运用大数据技术，通过机控和集约化水平的提高来解决信用风险管控问题。

风险管理的另一个突出问题是合规管理能力不足。一是跨界业务、新兴业务的合规风险不容小觑。我行综合化经营提速，市场上涌现出大量的新兴金融业态，防范新兴业务、跨界业务合规风险交叉传染难度加大。二是国际监管合规的压力越来越大。各主要国家均加大了对银行业的合规与反洗钱监管及检查力度，我国银行业所面临的海外监管处罚屡有发生。作为全球系统重要性银行，我行受到的国际监管越来越严格，包括反洗钱、反恐融资、反偷税漏税和在集团范围内实施操作风险计量标准法等。三是各类审计检查显示违规操作还大量存在，部分机构、员工合规意识淡薄，违规操作，导致出现合规管理漏洞，继而引发风险，也是案件、事故发生的主要原因。

一线客户经理和管理人员力量不足，必须引起高度重视。相对于日益扩大的客户群体、不断丰富的金融产品和繁重的信贷管理任务，一线管理人员知识能力有待提高，现有的客户经理队伍力量薄弱，客户经理的数量不足、能力不足、经验不足、精力不足的问题比较突出，严重影响了业务拓展和管理水平。客户经理人均维护对公客户数达到148个，案头工作占比高，近半人员从业时间不足3年。专职客户经理人均需维护的个人VIP客户高达756人，是核定标准的2.65倍，造成专注服务能力下滑。近年来，优秀客户经理

流失也不在少数。如何借助智慧银行、网络银行的推进，改进全行人员配置结构，充实客户经理队伍，并提高客户经理队伍的稳定性，是摆在我们面前的重要课题。

（二）资产质量管控形势依然严峻

一是复杂的外部环境大大增加了管控压力。二是有的分行担当和作为不够，这是当前最主要的问题。三是风险因素持续积累，境内分行不良额、不良率“双升”，逾期贷款余额还在增加。四是不良暴露有蔓延趋势，上半年除长三角地区暴露较多外，西部地区暴露明显增加。潜在风险继续累积，垫款增长势头不容忽视，重大风险事项频发，观察名单客户风险程度上升，不良贷款反弹的压力巨大。信用债市场违约事件频发，涉及我行的风险债券达28笔。五是管理模式不适应业务发展和风险管理需要，数据支撑和辅助管理手段严重不足。

（三）综合管理效率有待提高

目前经营发展和转型推进中遇到的问题，大多是内部管理没有跟上业务发展和外部形势的变化，迫切需要完善内部协同机制。一是管理链条比较长，审批时效需要提高，内部的职责和权限还有待进一步优化。二是功能优势还没有充分释放。我们的综合性、多功能的牌照和产品转化成为客户综合服务和同业竞争优势，还面临着内部机制不适应、制度不配套问题。三是部门间的沟通和协调需要改善，效率不是很高，“部门银行”、本位主义现象仍然存在。四是积极主动作为不够，工作中不能做到尽职尽责，精神懈怠，遇到矛盾刻意回避，落实工作避实就虚，缺乏责任心和担当精神。

（四）推动转型发展的机制有待进一步完善

一是转型发展不平衡问题比较突出，个别重点专题和分行转型推进的进度相对迟缓，转型推进力量相对薄弱，与“稳步发力、重点突破”的转型要求有差距。二是转型推进的数据基础和系统支持有待改善，数据质量难以支撑现代一流银行的战略管理需要。三是转型的部分重要指标出现下滑趋势，特别是对未来转型有重要影响的交易投资、海外和子公司资产增速低于转型目标。四是转型政策的细节配套与协同方面、加快推进二级分行及以下机构的转型发展方面，还有许多问题需要解决。

三、下半年主要工作安排

下半年工作，要以习近平总书记关于做强做优做大国有企业的总体要求和李克强总理考察我行时提出的进一步加大支持实体经济力度的要求为根本遵循，进一步提高全年经营发展目标：一是全年实现利润正增长，并确保利润增长一季好于一季；二是不良新暴露比年初计划再压缩10%，这是对所有分行的统一要求，子公司和海外分行也要严格控制不良暴露；三是年底不良率控制在1.68%，这是底线要求；四是力争拨备覆盖率较年初计划有所提升。为实现上述目标，下半年要围绕推转型、控风险、抓管理做好以下重点工作。

（一）进一步加大支持实体经济发展和服务国家战略的工作力度

当前要在支持稳增长、调结构和惠民生领域发挥国有大行的责任和优势，进一步加大信贷投放。同时，认真研究国家“十三五”规划，积极主动作为，研究推出衔接和服务措施。一是要充分发挥综合性经营优势和多功能服务能力，为供给侧结构性改革服务，把转型发展激发的活力和创新成果体现在提升服务实体经济的成效上。二是要按照供给侧结构性改革部署和要求，进一步优化信贷和金融服务政策，增强对行业、区域的针对性和时效性；围绕“三去一降一补”，做好信贷管控，切实逐年降低产能过剩行业的信贷投放。要在债转股和三四线城市房地产去库存等重大结构性调整课题研究上贡献我们的智慧，在措施的实施上发挥信贷机制的促进和约束作用。三是在我行“三大一高”优势领域加大信贷投放，发挥综合性融资功能，加大对重点客户的支持力度。四是加大对结构性调整的薄弱领域，如民生领域重点项目、小微企业和“双创”的支持力度，确保小微企业贷款增长满足“三个不低于”的监管要求，特别是要发挥好苏州投贷联动中心的功能，不断扩大辐射区域。五是拓展消费信贷服务模式，在做好住房金融优势业务同时，探索和完善旅游休闲、文化教育、养老和医疗等消费服务模式。

（二）稳步发力，抓好转型发展规划落地

进一步抓好转型规划落实落地，加强转型各层次的对标管理，扎实推进14个转型重点专题和8个集约化建设专题；继续分类推进、以点带面推动分支机构转型发展。对照转型规划的各项指标要求以及各项转型任务，确定年度计划进度和评判标准，做到时间到、进度到、目标到。

1. 以供给侧结构性改革推进为契机，拓展转型发展新领域。供给侧结构性改革的重点任务“三去一降一补”对银行的传统信贷业务和资产质量管理的挑战是严峻的，但对转型中的银行来讲的确是难得的机遇。比如，企业去杠杆过程，必然需要创新业务模式，同时产生新的融资和退出机遇。这对综合化经营的银行来讲，每一个环节都是母子公司联动的新业务机会。如果再从去杠杆的结构层面看，非金融机构去杠杆的同时，家庭和政府机构必然会增杠杆，这同样是综合化经营银行的业务机会。因此，我们需要加强对去产能、去库存、去杠杆、降成本、补短板，以及扩大有效和中高端供给等的跟踪研究，选准突破点和支持的重点，既要提前预判潜在风险，做好防控预案，保障资产安全，又要准确把握国家供给体系优化出现的业务机遇。对于行业龙头优质客户加大营销力度，抢抓优质并购重组项目。对于纳入去产能类风险客户台账的企业，要坚决压缩退出。注重补短板带来的商机，支持传统产业升级，培育对新消费领域、先进制造业等代表产业转型升级方向领域的服务能力，积极推动消费金融、民生领域和普惠金融服务等的发展。

2. 真抓实干，全面落实转型目标要求。转型发展的目标、职责已经十分明确，相关政策、考核指标以及相应的奖励机制已经建立，当前的关键是抓落实。各行、子公司、海外机构一把手要担起辖内转型发展的主体责任，使各项转型要求和任务在基层真正落地生根；要因地制宜地探索转型路径和模式，认真研究和学习兄弟分行的经验，拓展自身的转型领域。总行有关部门要集中力量，加快整理近两年转型发展的典型案例，供各行学习、借鉴和推广。

北上广深四行作为转型发展的领头羊，要紧盯区域内标杆行和转型发展目标，充分运用总行给予的差别化政策，加强转型任务的统筹安排和持续推进，对上半年已达标的转型指标要继续巩固，对尚有差距的转型指标要加大工作力度，完成高水平上补短板，实现全面达标、率先达标。23个重点城市行要强化对标，查找差距，加快追赶；要把优势领域抓好，以重点城市行转型带动所在分行全面转型。天津、大连、宁波、青岛、苏州等五家城市行要以厦门分行为标杆，推进管理扁平化、业务精细化，探索城市行转型发展的新模式。

子公司要按照前不久召开的子公司转型发展座谈会的要求，在业务规模、盈利水平、专业能力上全面开展对标管理，进一步明确发展目标，提升行业位次，提高对集团的贡献度。海外机构要重点围绕“量质并重，提升效益”的目标，加快开拓本地业务，增强风险管控和盈利能力；抢抓“一带一路”战略机遇，加强总分行联动，拓展国际和海外业务。

3. 加快创新型银行、智慧型银行建设。要以打造金融生态系统为核心载体，加快推进创新型银行、智慧型银行建设。要通过客群细分、场景建设、综合服务方案制订和差别化定价等创新方法和措施，实现对客户个性化的综合服务。在此过程中，要总结规律，研究模型、方法，不断推进智慧能力建设。要继续全面实施移动优先战略，把手机银行打造成交易和产品销售服务的主渠道。要全力推进网点转型，强化网点分类建设，打造旗舰网点，展示建行良好品牌形象，加快轻资产、轻成本、轻投入的轻型网点建设，解决客户“最后一公里”服务问题。提升大数据挖掘和应用能力，推进客户智能、产品智能、风控智能和运营智能等方面的大数据应用。要通过智慧型银行建设，解决全行的营销力量和风险管理力量不足的问题。各行要加大柜面业务向电子渠道、自助设备渠道迁移力度，腾出柜面操作人员，加大有针对性的培训，将释放的人力资源充实到营销队伍，切实增强一线营销力量，要确保金融资产20万元以上的个人客户都有客户经理专人维护，逐步推进金融资产5万元以上的个人客户也实施专人维护。

4. 进一步优化业务结构，打造新的竞争优势。要紧紧把握消费升级和财富快速增长、多层次资本市场加快建设的新趋势，加快相关领域新兴业务发展。今年上半年，服务业对经济增长贡献率达59.7%；第三产业占比达到54.1%，结构性调整催生了有巨大潜力的消费金融。可以说，抓住了消费就抓住了未来。要大力推进消费支付生态圈建设，加快“龙支付”的开发上线速度，提升客户体验，努力再造支付结算新优势。我们要加大对新消费领域信贷投放和金融政策的研究。持续加强消费信贷市场细分及配套产品创新。要向更高同业标杆看齐，实施信用卡业务“二次创业”，加快推进客户年轻化、多元化、规模化、场景化拓展，提升高收益资产占比。以“快贷”、房产抵押综合授信、质押贷三大产品为主线，运用新技术、新手段，规范管理，加大营销推广，大力发展个人消费信贷。

随着人均GDP增长和扩大中等收入群体政策落地，个人理财和私人财富市场蓬勃发展，带来了巨大商机。要推广家族信托、“私享贷”、“私享联联”等重点产品，努力提升建行私人银行专属“私享”系列品牌美誉度。

做好资本市场发展趋势的分析与预测，做好基金、保险、养老金业务及其托管资产的营销维护工作，最大限度地维持现有份额并争取新的份额，努力挖掘新的业务增长点，争取业务收入快速增长。

统筹境内外投资银行业务，加快新型财务顾问业务能力建设，继续扩大债券承销的优势，打造FITS品牌，积极营销境外机构、政府境内发债。

5. 稳扎稳打，提升三项直营业务的经营能力。同业、资管和金融市场交易三项业务直营并成为独立的市场业务盈利中心，是转型发展过程中优化资产业务结构的重大改革，又是风险防控的重要领域，盈利和稳健同等重要。三项业务直营要突出“三个提升”：同业业务要注重提升经营效率，增强专业化的能力和投资交易能力，针对客户的特点，制订分类分群的营销方案，促进规模、收入共同增长；资管业务要注重提升市场竞争力，优化产品和投资结构，加快拓展优质非标资产，迅速补齐交易类资产短板，进一步提升理财业务市场份额；金融市场业务要注重提升市场影响力，目前金融市场交易中心还没有独立运营，要做好配套机制安排，尽快落实到位。要继续加强市场走势的预判，开展波段操作，做好债券组合的结构调整，推出引领市场且产生显著市场效应的产品，提升产品的丰富度和影响力。

（三）加强全面风险管理，确保资产质量管控目标实现

风险管理特别是信用风险管理在2016年的经营目标中已占到重中之重的地位。各行必须按照调整后的资产质量管控目标，少暴露、多处置，严格管理，确保落实“有效管控”要求。

1. 强化领导责任，落实信用风险控制主体责任。根据“风险管理进党委”要求，各级机构领导班子一把手要认真组织研究本单位风险状况，做好工作部署，亲自参与重大风险化解，切实承担起所在机构风险管理和资产质量管控的主体责任；要坚持稳健经营，防止经营上的短期行为。二级分行在风险管控环节处于一线中枢，务必保证任务、责任、措施和人力资源统筹配置到位。要进一步强化“三道防线”在信用风险防控中的主体防御作用。信贷经营部门、信贷管理部门要深入一线协助处置重大风险项目，协调化解重大风险问题；审计监察部门在发挥好“第三道防线”作用的同时，也要协助分支行做好风险的防范和化解工作。

2. 多策并举，加强对重点风险领域管控。总行已作出安排，下半年总行党委成员将带头对19家重点分行的信贷资产质量开展督导，对10家风险重灾区的二级分支行进行重点帮扶。各一级分行要对资产质量问题突出的二级机构加强督查指导和重点帮扶。针对风险行业问题，总分行要继续加强对行业客户的风险预警预控，特别是对涉及去产能的客户要充分分析，提前预判潜在风险，高风险客户要早做预案，关键是适时果断退出。我们今天处置的不良资产，很多都是当时发现了风险，但囿于当时的各种利益取舍难以决断，形成了今天的重大损失。要关注钢铁、煤炭、水泥、电解铝、平板玻璃、造船、重化工、有色等行业去产能政策，严控高风险领域信贷投放，避免名退实进。总行已安排周而复始的信贷检查工作，目的在于促进各级行提高信贷政策执行力和信贷全流程管控水平。各行要对资产质量恶化、违规问题严重的重点区域信贷业务开展全面检查，对信用风险高发或违规问题突出的重点行业、产品、客户和关键业务环节部位进行专项检查。对检查发现的问题提出针对性的整改措施，逐项落实到位。要加强押品管理专业化建设，建立押品管理专业队伍，由专业人员实施押品管理流程关键风险点的管控，保障押品的有效缓释作用。

3. 加强基础管理，完善信用风险管控长效机制。前段时间，有关部门重新梳理了风险管理流程，总行决定增加信贷和风险管理部门业务处室，增配人力资源，强化具体责任。各行也要强化相关职能，充实客户经理、风险经理和资产保全人员队伍，梳理明确信贷管理岗位职责，落实监管要求，避免出现“一手清”现象。优化信贷管理手段，依托“新一代”系统，充分发挥数据分析和模型分析在信贷流程管控、风险识别和预警等方面的作用，形成对一线客户经理和风险经理的技术支持；进一步加大信贷管理和风险管理业务培训，要把二级行行长、客户经理作为培训重点。

4. 加快不良资产处置，加大已核销资产追索力度。坚持“量、质、效”并重，改善处置结构，提升处置效益。用好现有处置手段，挖掘处置潜力，加大现金回收力度和重组盘活力度。做好业务创新，按期推进首单不良资产证券化，严把入池审核、资产估值等关键环节。落实合规处置，按照先审核、后审计的要求优化批量转让流程，强化批量转让入包审核职责，严防处置风险。对已核销回收、现金回收、盘活及抵债、批量及核销设置差别化递减专项费用挂钩比率，明确现金回收最大化的处置目标。已核销资产的处置期原则上不能超过 5 年。年底实际处置的不良贷款额要超额完成总行年初下达的计划。

5. 强化合规意识，做好案件防控。继续开展深化“合规建行，人人践行”创建工作。进一步规范全行规章制度全流程管理，探索建立内控合规标准化建设与管理体制。开展违规操作专项整治和票据业务全面排查，加强境外机构与子公司内控合规管理。

严格执行中央保密要求，坚持党管保密，切实落实领导干部保密工作责任制。

落实消保工作主体责任，推动消费者权益保护工作机制建设及“双录”工作落地。

持续推进“平安建行”创建工作，做好案件防控，及时防范和应对重大自然灾害，确保全行的安全稳定运行。当前正处于防汛的关键时期，各行要配合地方政府做好防汛抗灾工作，要提高警惕、加强领导、周密部署、落实责任、强化措施，确保人员和财产安全。

（四）加强综合管理，提高运营效率

强化综合化管理主要在于进一步完善集团资源优化配置机制，提升协同和运行效率，加快应用系统技术，进一步加快集约化机制建设，提高各项业务和服务的精细化水平。

1. 提升总部统筹管理水平。总行要做好顶层统筹平衡、计划安排和调控机制，形成境内外分行、直营中心和子公司协同的最优组合，产生最优效率。一是要进一步发挥业务计划、财务计划、风险计划和资本计划的统筹、引领作用。根据环境变化和实际情况，不断完善以经济资本为核心的计划管理机制，更为精准、有效地引导资源向高资本回报的业务倾斜，支持全行转型发展。二是做好策略动态调整，促进资产负债协调稳健发展。要加强市场资金面预判，合理摆布资产结构和期限结构；支持公司类贷款发展，对九级以上客户新发放基本建设贷款和政府购买服务贷款的经济资本占用按七折进行考核调整；要将网络化、系统化拓展资金的理念进一步传导至基层，完善存款偏离度弹性管理机制，在提升存款稳定增长水平的同时确保监管达标；内部定价在客观反映资金成本、价值的基础上，要根据经营要求，及时、有效地引导全行资产负债比例结构、期限结构和产品结构的调整，充分发挥定价管理在资源配置中的引导作用。三是强化对总行直营中心、海外机构和子公司的资本集约化管理，既要在资金、资本、业务等资源安排上给予支持，也要强化利润和资本约束，突出资本回报导向。四是以经济增加值为核心，优化财务资源配置。薪酬分配与收入增长挂钩，员工收入向基层、一线和价值创造领域倾斜。五是做好特别困难分行的帮扶工作。对特殊情况导致员工工资下降幅度过大的分行，总行要在统筹年度资源安排时酌情考虑，以保护员工积极性。六是完善利益分成机制。总行要统一协调推进涉及面广的重点项目利益分成，指导分行间、分行与子公司间的利益分成方案制订，推进业绩分成平台在集团内应用。

2. 加强集团系统协同联动。要在集团系统内实现客户、产品、渠道的一体化部署和调度，促进母子公司、境内外多层次、高效率的立体协同联动，实现集团层面效益最大化。遵从市场化定价导向，探索建立母子公司相互嵌入的综合营销流程，利益共享、风险共担，联动政策要注重母子公司共赢，充分调动各方积极性，形成双向协同的长效机制。加强集团统筹，大力支持海外机构、子公司的发展，不断完善资源共享机制，整合优化流程。要站在全局角度“算大账”，充分利用集团资源，集约运营、降低成本，优先满足集团内客户的金融需求，将收益留在集团内部。

3. 进一步提升集约化管理水平。要将八个集约化建设专题研究形成的解决方案，作为解决体制机制问题的重要举措，继续抓好实施。要加快推进四个领域符合集约化生产标准的业务集约化处理。深度分离前台网点业务，集中整合中后台业务，加快推进线上业务支持帮助，探索实施子公司和海外机构业务跨领域集中。中后台要及时响应前台需求，加强综合与集中处理，为前台一线提供支持，使基层腾出更多精力和资源，专业专注做好客户营销和业务拓展工作。要扎实推进新一代核心系统建设，确保三期建设项目成功上线，持续释放先进生产力。

4. 持续抓好客户账户拓展。面对新的形势和业态变化，要以网络化、系统性的经营模式从源头上抓客户账户，以对公业务带动对私业务、以ETC拓展有车族客户、以农民工工资代发拓展基层消费业务等都是拓展客户账户的有效模式；积极参与政策研究和方案设计，也是拓展客户的重要方式。广东分行积极帮助政府开展重点课题研究，成为省国企改革的顾问，抓到一大批国企客户。同时，要联动做好商户的综合服务，以弥补我们资金链条上的短板，使资金承接更有效。重视大数据应用和系统支持，通过客户数据服务、咨询服务，不断引导客户对创新产品的金融需求，以设计制订差别化综合金融服务方案为抓手，增加产品覆盖，提高客户黏性。利用账户潜在流失客户名单，做好有价值客户的挽留和二次营销。在全行积极移植推广优秀案例经验，总行相关部门要结合资金承接、ETC、银医银校通、网络金融等七大领域拓展目标，牵头制订总体推广方案，减少分行的重复探索。

5. 提高业务精细化水平。一是政策制定要突出精准务实。当前市场形势和政策环境变化很快，行业、企业、区域分化更加明显，需要进一步提升政策制定的差异化和精细化。在信贷政策方面，尽快研究制定新兴行业、新业态、消费金融等领域的政策指引，进一步细化“去产能”“去库存”相关行业政策要求。在信贷审批授权方面，要基于分行专业化能力，突出差异化的信贷审批授权方案；要区分存量、新增客户及业务类型不同特征，建立客户、业务的差别化授信审批机制；对不同风险特征的资管类业务建立专业化审批流程。在业务发展策略方面，总行部门要充分发挥专家、资金、信息、技术等方面资源优势，认真研究所负责领域的客户新型需求和业务发展趋势，指导分行开展新兴领域业务，通过优秀案例推广等多种方式，着力提升融智服务能力，构建同业难以模仿的竞争优势，培育利润新增长点。二是业务指导要做到精细有效。策略和政策的成效关键在于落地，总行和一级分行的指导和培训要做精做细，解读要准确传递到一线的客户经理。在这方面，厦门分行做得很好，能够因势利导、因地制宜，结合自身特点，制定对下的精细化政策安排。三是系统和数据支持要准确有力。要充分利用新一代核心系统平台优势，挖掘海量交易数据的价值的信息，用于支撑全行挖掘市场机遇、提高营销效果和提升管理水平。加快信用卡客户提升、小企业早期预警分析、代发工资、资金承接等领域的大数据挖掘，为基层机构提供有价值的信息，提高客户营销精准性。持续大力推广和完善综合定价系统，多维度、深层次分析、挖掘客户信息，有效指导定价策略，为客户营销和业务拓展提供有力支持。四是各项服务要做精做细。从对总行战略客户的服务到网点柜面人员的具体操作，都要贯彻精细化的要求。

（五）深入开展“两学一做”，有力推动全行转型发展

近期，习近平总书记就国有企业改革作出重要指示，强调在国有企业做强做优做大时，要坚持党要管党、从严治党，充分发挥党组织的政治核心作用和领导核心作用。刚才董事长在讲话中也强调，党的领导是我行做强做优做大的根本政治保证。全行各级党组织和党员干部要深刻领会习近平总书记讲话精神，严格按照总行党委要求，以党建引领转型发展，以全面从严治党引领从严治行，切实加强党建工作，做到党建和转型发展两手抓、两促进。

确保抓牢做实主体责任。从严治党，要从抓主体责任做起，全行各级党委要以高度的政治自觉强化主体责任和监督责任。党员领导干部要切实将“一岗双责”履行到位，尽好党风廉政建设责任的同时，尽好转型发展和风险防控的责任，真正做到守土有责、守土尽责。

全面深入推进“两学一做”学习教育。中央在党的群众路线教育实践活动、“三严三实”专题教育之后开展“两学一做”学习教育，是持续深化党的思想建设、强化全面从严治党的有力举措。全行各级党委和广大党员干部要充分认识“两学一做”的重要意义，在思想和行动上跟党中央保持高度一致，学好党章党规、学好系列讲话，坚持以知促行，做“四讲四有”的合格党员，把思想政治建设抓在日常、严在经常。在开展学习教育期间，要注重加强阵地建设，利用微信群等创新手段拓展网络阵地，力争做到全覆盖无死角；要注重下沉重心、抓好基层，使每个党员都要受到教育，符合“四讲四有”标准要求，确保推动党内教育从“关键少数”拓展到广大党员。

“两学一做”学习教育正在全行深入推进，各行要加强组织领导，按照实施方案，把学习党章党规和习近平总书记系列讲话、领导干部讲党课、专题民主生活会、组织生活会、民主评议等步骤全面落实到位。各级党员干部要按照中央精神和总行党委要求，将习近平总书记“七一”重要讲话精神作为“两学一做”的重要内容，知行合一，不断强化责任意识和担当精神。做合格共产党员，对基层员工来说，就是要做合格员工；对客户经理来说，就是要做优秀客户经理；对领导干部来说，就是要做优秀的职业银行家。“两学一做”落实到实际工作上，就是要落实到控不良、防风险上，落实到抓转型、促发展上，落实到不断提升建设银行强优能力上。

同志们，上半年的良好业绩坚定了全行员工迎接更大挑战的信心。面对更为艰巨的任务目标，全行上下要认真贯彻落实总行党委的工作部署和董事长的各项要求，齐心协力，迎难而上，奋发有为，努力实现一季比一季好的经营成果！

转型激发新活力　发展开创新格局

——在“CCB 2020：善建者新活力”转型发展宣传推介会上的讲话

王祖继

（2016 年 9 月 8 日）

尊敬的各位嘉宾，女士们、先生们、朋友们：

大家下午好！

刚才，王洪章董事长向大家详细介绍了我们建设银行的转型发展规划，展示了我们转型发展的宏伟蓝图。接下来，我向大家介绍转型发展所激发出的新活力和取得的新成就。2014 年以来，建设银行在综合性、多功能、集约化、创新银行、智慧银行五大转型方面取得长足进展，服务国家经济社会能力、防范金融风险能力和参与国际竞争能力明显提升，正茁壮成长为一家最具价值创造力的现代商业银行集团。

一、向综合性、多功能、集约化、创新银行、智慧银行的转型取得了长足进展

（一）综合化经营能力不断增强

——综合化经营形成了门类齐全的服务平台。在发展好银行主营业务的同时，加快完善非银行金融功能，非银行子公司金融业务增长了 161%，

实现了资产结构的优化和经营范围的拓展，已基本建成为客户服务的门类齐全、功能融合、协同优良的综合性服务平台。2016 年，建信信托受托管理资产规模行业第一，建信租赁的租赁投放额行业第一，建信人寿保费收入居银行系首位，建银国际保荐承销、并购项目数量均居同业前列。

——综合化经营带来了收益结构不断优化。新兴银行业务、非银行金融业务发展迅速，带来非利差收入的快速增长，集团收入结构不断改善。非利差收入在集团收入中的占比为 37%，比转型前提升了 10 个百分点。非银行子公司净利润增长了 90%，在集团净利润中的占比提升了近 1 倍，成为集团收入来源的重要增长点。

——综合化经营推进了战略协同效应不断提升。银行业务与非银行业务在渠道、客户、产品等方面资源共享，在发展上协同支持，资源配置得到优化，对客户服务的效率更高。2016 年上半年母子公司业务联动量达 1.33 万亿元，同比增长 130%。

（二）多功能服务体系日益完备

建设银行已初步构建了产品丰富、优质全面、响应及时、服务便捷、客户体验市场领先的多功能服务体系。

——构建全方位、丰富化的产品和服务体系，能在更大范围、更高层面、更深程度上，为客户提供更为丰富、更多样的产品和服务模式。2016 年上半年，通过理财、信托、租赁等提供的非信贷融资是对公贷款的 5 倍，也就是说每一位客户，均可以在建行分享到多产品、多种类服务。

——多功能服务体系的构建，可以满足各类客户需求。建行个人有资产客户 3.3 亿人，公司客户 390 多万人，单位人民币结算账户新增连续三年保持同业第一，客户群体不断壮大。这些成绩的取得，都有赖于多功能服务平台的完善。也就是说，不论你是个人还是公司类客户，需求上无论是理财、创业、投资，建行都可以满足。

——建行还可以提供高水平的特色化、定制化服务，满足不同客户的个性化需求，量身打造差异化的金融服务方案。仅 2016 年上半年，建设银行就为奇瑞汽车、中联重科、广东广业等大型企业集团量身定制了 162 个金融服务解决方案。

（三）集约化转型卓有成效

——运营效率大幅提升。通过加大前后台业务分离力度，增强中后台运营能力，为前台提供高效支持，大力提升网点前端服务效率。一个网点可以办理多类业务，一个柜员可以办理多种业务，建行 1.5 万个网点中，99% 已可以办理综合业务；柜面立等业务的办理由 5 分钟缩短到 2 分钟以内；以前办理信用卡需要 2～3 周，现在最快可实现当天受理、当天审批。

有效降低了运营成本。同质化、标准化作业实现集中运营后，在效率大为提升的同时，实现低成本人力资源对高成本人力资源的替代，大大降低了运营成本，2016 年上半年建行成本收入比为 22.24%，达到这样的水平就有集约化经营降成本的贡献，如信用卡进件处理成本每年可节约 4000 多万元。

——实现部分业务专业化经营。正式投入运营的资产管理业务、同业业务、金融市场交易三大直营中心运营良好，专业化直营使经营效率稳步提升，理财新增、债券承销、同业资产规模增速等均居四行首位；经营风险实现有效管控，资产质量优良；价值创造力明显增强，理财收入在全行中收的占比提升 5 个百分点至 15%，债券交易组合年化收益率 2.92%，大幅领先基准指数。

——资本集约成效显著。建立了以经济资本为核心的激励和约束机制，引导集团境内外、表内外、本外币资产结构优化，引导低资本占用、高回报业务发展。表内表外加权风险资产增速均大幅低于业务增速，以较低的资本占用支撑了较快的业务发展，资本使用效率明显提高（集团表内资产复合增速 18.19%，比加权风险资产增速高 7.4 个百分点；表外业务复合增速 12.92%，比加权风险资产增速高 4.04 个百分点）。

（四）创新银行、智慧银行建设成效喜人

在建设创新银行、智慧银行中，建设银行全面应用移动互联网、大数据、云计算等新兴技术，开展业务模式和产品服务创新。

——服务模式创新亮点纷呈。建设银行发挥自身的优势，与政府机构、核心企业、公共平台合作，创造了诸多在破解难题方面卓有成效的新模式、新方式。例如，海南省分行与政府合作创立农民工工资代发模式（通过健全工资支付监管和保障制度、开设专用账户、设立保证金、实行资金监管、采取银行代发等措施，最大限度地保障了农民工工资足额及时发放，为解决“农民工工资拖欠”难题创造了新途径，也为银行带来了大量新客户，实现农民工、政府与银行多方共赢）、与工商管理部门合作一站式服务商事登记模式、通过“悦生活”抓社区金融服务等。

——产品创新成效显著。近三年创新产品3600多项，其中“金管家”（个人现金管理）、“飞驰”（综合金融）、“禹道”（对公现金管理）、“乾元”（理财）、“养颐四方”（养老金）、龙卡全球支付卡、小微企业助保贷等一系列产品与服务品牌深入人心，广受欢迎。

——大数据应用取得突破。运用大数据方法和模型工具，在精准营销、产品创新、风险防控、流程优化、营运管理等方面开展了分析应用，并取得良好成果。例如，通过开展无贷户数据挖掘项目，实现了客户的精确识别和精准服务。小微企业早期风险预警、个人客户资金流动规律分析等项目都取得实际成效。

——移动金融市场领先。坚持“移动优先”策略，搭建一流的互联网渠道和平台。网上银行、手机银行、微信银行的用户数连续三年保持同业第一。可以自豪地说，现在国内每六个人中，至少有一人使用建设银行的网银。

——电子渠道已成为交易服务的主渠道。每100笔账务性交易中约有97笔在电子渠道办理。率先推出智能客服“小微”，其服务效率、稳定性及客户体验处于同业领先水平。建行电商平台“善融商务”入驻商户近6万户，增长了43%。线上生活服务平台“悦生活”涵盖了银医服务、餐饮娱乐、日常缴费等67项服务场景，已成为建行便民服务的亮丽名片。

“快贷”就是建行运用互联网思维与大数据技术，创新服务客户的一项产品。李克强总理视察建设银行时，专门听取了快贷的业务流程，对这项业务创新给予了高度评价。

二、服务国家经济社会发展能力、防范金融风险能力和参与国际竞争能力明显提升

（一）服务国家经济社会发展能力更强

“哪里有建设，哪里就有建设银行”一直以来是社会对我们的赞誉，也是我们的骄傲。今天，我们把这项业务做得更好了，从贷款到综合性投融资，从综合性投融资到“融资+融智”，服务由基本建设领域拓展到了社会发展领域。

——服务国家重大战略。发挥基础设施建设领域传统优势，基建贷款余额达2.8万亿元，非信贷服务相关融资额4.3万亿元，支持了一大批关系国计民生的重大项目。加大对“一带一路”“京津冀协同发展”“长江经济带”等国家重大战略支持力度，对接国家重大项目9700多个，签约投放和贷款储备金额约1.25万亿元。与14个省市签订战略合作协议并逐步实施，大力支持地方经济发展和区域经济转型升级。

——融智助力重大改革课题。发挥建行专业优势，参与有关重大改革课题的研究、政策方案的制订，成为我们支持国家改革发展的新模式。例如，我行是人民银行和发改委等部委组织的“综合化去杠杆、降成本”课题的重要参与者。积极参与市场化债转股政策研究。再如，建信信托和广东省分行被广东省政府正式聘任为国企改革顾问，吉林省政府指定吉林省分行制订煤炭行业的产能过剩化解方案。

——服务供给侧结构性改革。建设银行在支持国家供给侧结构性改革方面有着出色的表现。“要买房，到建行”深入人心。我们已累计发放住房按揭贷款6万亿元、公积金贷款2.7万亿元，为近65万户中低收入居民发放保障性住房商业按揭贷款，以多种方式帮助1900多万户家庭实现“安居梦”；发放金融社保卡9000多万张，为社保客户提供全方位金融服务。

——支持“双创”，把“小企业”做成“大事业”。运用评分卡、大数据产品和银政合作等创新手段，推出助保贷、税易贷和小微快贷等产品，破解了小企业业务“缺信息”“缺信用”和“贷款慢”等难题。小微企业贷款余额1.3万亿元，贷款客户数达28万户，为小微企业排忧解难，助力它们创业发展。

——持续加大“三农”服务力度。推出农村承包土地经营权和农村集体经营性建设用地使用权的“两权”抵押贷款产品，丰富“三农”服务手段。创新推出“裕农通”助农金融业务，打造“村口银行”，打通了农村金融服务“最后一公

里”，已在28个省区推广。目前，建行的涉农贷款余额1.75万亿元。

（二）国际化竞争能力更强

——市值多年稳居全球银行业前列。2016年6月末为1624亿美元，在全球上市银行排第四位。

——上半年国际结算量同比增长5.04%，超出全国外贸增速13.74个百分点。近三年来，为6500户企业融资3.2万亿元，为7.6万个客户累计办理的国际结算金额超过3.2万亿美元。

——全球金融服务能力大幅提升。已在26个国家和地区设立140多家机构。支持企业“走出去”。通过投资并购、境外发债、国际银团、项目融资和出口信贷等多元化金融服务，有力支持近500个企业或重大项目“走出去”。海外商业银行类资产总额已达1.34万亿元，较2014年末增长41%。

——助力人民币国际化。伦敦清算行成为欧洲最大离岸人民币清算中心，苏黎世和智利分行获任人民币清算行资格，人民币清算行、离岸人民币业务市场影响力进一步扩大。

（三）风险防范能力更强

建设银行秉持稳健经营的理念，视风险防范为发展的生命线，风险管理能力和水平不断提升，为转型发展保驾护航。

——全面风险管理体系架构不断完善，已经形成覆盖表内外、境内外、本外币、母子公司的全面风险管理构架和运行机制。风险计量的工具、方法、系统建设处于同业领先水平，在风险识别、预警和计量方面发挥了重要作用。

——展现出较强的应对经济波动能力。在经济下行压力较大的情况下，主动调整资产结构，创新手段化解存量风险，不良资产暴露态势得到有效遏制，新暴露不良同比减少113亿元。2016年6月末不良率1.63%，不良额少增152亿元，逾期贷款新增同业最少，且比上年同期少增202亿元。

——风险损失的吸收消化能力不断增强。建行资本充足率保持在国内银行业首位，对非预期损失的吸收消化能力强。对预期损失的吸收消化能力保持在较高水平，风险拨备2700多亿元，拨备覆盖率保持在150%以上，不仅高于监管要求，且领先于国际大行。

三、最具价值创造力的现代银行集团正加快形成

建设银行的转型，增强了三大服务能力，也提升了银行的价值创造力，实现了客户、股东、员工、社会价值的最大化。

——客户价值方面。通过全方位的服务，全面满足客户需求，帮助客户实现风险可控前提下的收益最大化，追求极致的客户体验，客户满意度持续提升，高出同业平均水平2.5个百分点。

——股东价值方面。这些年，我们净利润总量不断增加，ROA、ROE分别为1.41%、17.80%，盈利能力领先同业。2014年以来，累计分红1438亿元，历年分红金额均占净利润的33%以上，投资者分享到了建行发展的红利，海外投资者也通过建行分享到了中国经济发展红利。

——员工价值方面。致力于为员工搭建广阔的职业发展平台，加大培训资源投入，建立基层员工阶梯培养制度，加强对年轻人才的培养、选拔和使用；薪酬分配向基层一线和价值创造岗位倾斜；加强党建和建立员工关爱阵地有机融合，激发员工工作创新和热情；让广大员工能够愉快工作、健康成长、体面生活。

——社会价值方面。建行高度重视公益事业，捐助赈灾、环保、助学等100多个公益项目，60多万贫困山区的母亲受益于“建行母亲健康快车”项目，职工捐助援建45所“建行希望小学”，“贫困高中生成长计划”项目资助高中生8万多人次；率先建立网络金融反欺诈平台，上半年避免客户资金损失1.13亿元。

我介绍了建行转型发展所激发的新活力、三大服务能力的提升和努力创造四个价值，现在我想向大家说：离开建行，您会感觉不方便！客户体验也将告诉您：有了建行，您的生活会变得更好；有建行在您身边，您的资产安全感会更强！

今天，借此机会，建设银行推出一项新的服务——“龙支付”品牌，发布“建行钱包”和“二维码支付”两个新产品。支付结算既是银行的传统优势业务，更是服务民生、做好普惠金融的具体表现。让我们一起看看“龙支付”的服务能力。

（播放短片）……

正如片中所说，“龙支付”的推出，将为客户带来更开放的支付体验、更多样的支付方式、更丰富的支付场景、更安全的支付环境，让它为您提供满意的服务。

使命催征步履急，改革发展无穷期。目前建行的整体转型，如同五指成拳，正汇聚起巨大能量，不断释放出强大活力。我们相信，有了大家的信任支持，加上建行自己上下同心，共同努力，开拓创新，必能“善建者行，成其久远”。

谢谢大家！

服务大局　守正出新
在高水平上推进管理转型

——在全行办公室工作会暨保密管理和科技管章推广工作座谈会上的讲话

王祖继

（2016 年 10 月 13 日）

同志们：

这次会议的主要任务是，学习贯彻全国政府秘书长和办公厅主任会议精神，落实年初工作会议和夏季工作座谈会要求，总结近年来办公室工作，分析面临的形势，部署下一阶段工作。更生副行长、国云主任还要提出具体要求，我首先谈几点意见。

第一，认真总结办公室工作取得的新成绩、新经验。

近年来，全行办公室系统在总行党委的坚强领导下，紧紧围绕中心、服务大局、求实求效，很好地发挥了运转中枢和桥梁纽带作用，出色地完成了党委和管理层交给的任务，党务行务各方面工作取得了新的成绩，积累了丰富的经验，为全行党的建设和转型发展作出了重要贡献。

——完善工作机制，汇聚了集团党建合力。洪章董事长强调，办公室首先是党委办公室。全行办公室系统认真落实党委要求，将履行好党建职责作为党办的主业主责。总行成立了党建工作领导小组，建立了党口部门联席会议机制，党办定期召集会议研究推进党建工作，细化落实全面从严治党要求。协助党委制定年度工作要点，组织修订党委工作规则，并分批次对一级分行和二级分行一把手进行了全覆盖培训。通过完善机制，党办的工作找准了定位、打开了局面，有力推动了集团党建工作。2016 年 7 月，中办、中组部来总行督查调研，对我行党建工作给予了高度评价，也充分肯定了党办的工作，认为抓得细、抓得实，工作到位。可以讲，总分行党办以扎实细致的工作，协助党委抓党建，协调各方抓落实，建机制、打基础、汇众力、聚众智，取得了很好的成效，体现出了办公室系统高度的政治自觉和过硬的政治素质。

——聚焦中心工作，发挥了参谋助手作用。办公室是服务领导管理决策的参谋部、智囊团。近年来，总分行办公室紧紧围绕党的建设和转型发展，深入调查研究，掌握第一手材料，为管理决策建言献策。总行办公室执笔起草的领导讲话文稿和相关重要材料，质量都比较高，领会决策意图准确、掌握信息材料全面、把握尺度分寸到位，得到总行领导和部门同志的高度评价。办公室还依托《建设银行报》《每日动态》等刊物，采编党建和转型发展的鲜活信息，既为领导提供了决策支持，又为全行搭建了借鉴交流平台。总分行办公室向上级和监管部门报送的信息受到高度重视，2016 年以来在国办《昨日要情》上的发稿量居金融企业前列。在落实决策过程中，办公室系统发挥了承上启下、协调左右的关键作用，确保了政令畅通。要看到，全行很多重大工作的背后，都有办公室同志的辛勤付出。古人讲，“不伐己功，不矜其能”，办公室同志甘居幕后，甘当无名英雄，展现出了难能可贵的大格局、大胸怀。

——优化制度流程，提高了行务运行效能。办公室工作千头万绪，做到忙而有序、繁而不乱非常见功夫。这几年，办公室从源头抓起，本着精简、务实、高效的原则，对办文、办会、办事的制度流程做了梳理和改进，成效非常显著。比如办文方面，规范并强化了公文审核把关，一般性文件和签报限制字数，会签文件限定期限，在OA系统嵌入机控模块，推行无线远程办公。办会方面，严格会议计划管理，压缩可开可不开的会议，2016年总行列入计划的会议25个，比八项规定出台前减少62个，全行会议费连续4年大幅下降。办事方面，总行办公室牵头对总行审批事项逐条进行了梳理，精简掉一多半的审批事项。此外，在完善印章管理制度和推进科技管章、实施档案集中管理和数字化存储、强化保密管理和推进两网分离等各个方面，总分行办公室做了大量基础性、创新性工作，促进了行务运行质量和效率不断提升。

——强化督查督办，推动了决策部署落地。办公室系统以有力有效的措施，加大了对会议部署任务、领导重要指示、重点专项工作落实情况的督查督办力度。丰富和改进了督办方式方法，通过事前提示、过程跟踪、督后通报，提高了督办的针对性和时效性；通过挂销号台账管理、企业内部网公示等措施，提高了督办的严肃性和权威性。对下级机构请示事项及时分办并动态跟踪，督促部门尽快落实。总行全年受理分行请示近万件，平均办理时间缩短到5天左右。目前，总分行基本形成了一套较为严密高效的督查督办机制，配套制度和系统工具不断完善，执行力得到了增强。

——做好服务保障，展现了敬业奉献精神。办公室承担着服务领导、服务部门和分行、服务员工的职责，头绪多、任务重、事项杂，大事小事都不能掉以轻心。总行和部分分行的办公室还承担着后勤总务职责，服务工作更加繁重。在高负荷的工作压力下，办公室同志始终是怀着激情工作，带着热情服务。像总行行章平均每天用印500多个，高峰时达到1000多个，办公室做到了既严格审核又高效服务；办公室每天处理的机要事项、文印、收发、电话等事务上百件，有些是刻不容缓，即收即办；负责信访的同志有时无端受到指责甚至辱骂，但仍是耐心细致地做工作。办公室还独立承担了值班任务，大家下班后和节假日期间，值班室都有人昼夜值守。2016年以来，暴雨洪涝等自然灾害频发，总分行办公室同志靠前服务，会同相关部门妥善处置应对，确保了人员和财产安全。这些服务保障工作积年累月、事无巨细，看似平常却非常不易，没有高度的敬业精神和极端负责的态度是做不好的。

盘点这些年全行办公室系统的工作，可以总结的亮点和经验很多，下午国云主任在报告中还要具体讲。我也曾经在办公厅工作过，切身体会到其中的艰辛和甘苦。来到建行后，我深切感受到建行办公室工作有着非常好的传统，习近平总书记强调的“不忘初心”，在我们办公室系统广大干部员工身上得到了很好的诠释。这个“初心”突出体现在对党的事业和建行事业的忠心、对各方面服务对象的热心、对各项经办工作的精心、对协调处理重苦杂难事项的耐心。可以讲，办公室系统出色地履行了党委和管理层赋予的职责，锻炼出了一支值得信赖、能打硬仗、可以托付重任的队伍。这里，我代表总行党委和洪章董事长，代表管理层，向全行办公室系统广大干部员工表示衷心的感谢！

第二，现阶段办公室工作面临的新课题、新挑战。

随着全面从严治党深入推进、全行转型发展进入攻坚阶段，工作复杂性、艰巨性不断增加，一些问题和矛盾也逐步显化，对做好办公室工作提出了很多新的课题，主要有以下几个方面。

一是从严治党责任层层递减问题。这也是中央巡视组对我行巡视后指出的主要问题。2016年以来全行组织开展了集中整改，取得了初步成效。但是，从总行巡视和检查情况看，仍有部分分支机构党建意识较弱、党委主体责任落实不到位，有的业务和党建工作还是“两张皮”。在社会转型、思想多元、利益诉求多样的新形势下，解决这些问题需要做长期艰苦细致的工作。党委办公室既是党委重要职能部门，也是党建工作领导小组的协调统筹部门，要更加积极主动地发挥作用，履行好党办、行办双重责任，协助党委落实全面从严治党要求，会同相关部门拿出切实的治标之举和治本之策。这是现阶段总分行党办需要着力研究解决的课题。

二是转型战略落实落地问题。洪章董事长在夏季工作座谈会上指出，当前全行转型既有不平衡也有不落地的问题。各业务条线如何做好转型方案的细化优化，将“规划图”全面转化为“施工图”，各分行如何结合自身情况找准转型的发力点，重点城市行如何在高水平上补强短板，二级分行如何发挥好转型“前沿阵地”作用，广大基层机构怎样才能尽快用上“五个转型”手段等，这些都是亟须研究破解的问题。作为综合协调和支持保障部门，办公室在推动转型落实落地中可以大有作为，特别是在督促落实、信息沟通、问题反映、内部宣传、统筹协调等方面，有条件也有责任发挥出别人无法替代的作用，在更高的层面、更广的范围为转型发展做好支持服务。当然，面对转型发展的新形势、新任务，总分行办公室同样在不同程度上存在着知识储备不够、战略视野不宽、解决办法不多等问题。要以问题为导向尽快提升综合技能，补强管理短板。

三是重点难点事项协调问题。建行已经发展成为一家大型银行集团，机构多、业务广、分工细，跨界交叉业务越来越多，在充分发挥集团综合性、多功能优势的同时，必须切实防范“大企业病”。不少同志反映，现在有些部门和机构本位主义思想比较严重，推诿扯皮时有发生，有的事项长时间议而不决，有的文件会签一拖就是几个星期等。解决这些问题，既要靠认识提高，更要靠加强协调。办公室位置特殊，工作既具全面性、综合性，又带有一定的“超脱性”，按大家的话讲就是更加“中立”、更有权威，因此在做好协调工作方面具有自身独特的优势。像总行办公室承担的八个集约化专题督促推进、总行审批事项梳理精简等，都是难啃的“硬骨头”，但是经过办公室耐心细致的协调，工作就开展得很顺利。下一步，办公室系统要研究如何在内部协调方面多承担一些责任，更加积极主动地做工作，多为领导分劳、为部门分忧。

四是内部管理转型问题。建设银行的转型是整体转型，业务转型和内部管理转型互为表里、互促共进，业务转型客观上要求内部管理作出转型，管理转型又助推业务转型。如果管理转型跟不上，业务转型势必会受到掣肘。目前，全行业务转型正在向纵深推进，但是各方面管理转型进展还参差不齐，特别是在政策重检、资源配置、考核激励、授权调整、机制创新等方面，还存在不少与业务转型和市场变化不相适应的地方。总分行办公室作为行务运行的中枢，要适应银行管理从行政化向信息化转变的趋势，探索如何加快集约化建设和扁平化管理、如何加强技术运用和信息集成以推进管理创新、如何适应国际化要求抓好双语办公等。办公室系统要在管理转型中起到先导作用，主动引领而不是被动适应转型。总行各部门虽然不设办公室，但综合处事实上承担着“部门办公室”职责，绝不能置身事外，也要紧扣本部门工作，主动思考做好管理转型的问题。对此，全行办公室系统要有强烈的使命感和紧迫感，要当仁不让地成为内部管理转型的标杆。这是富有挑战性的重要任务。

第三，办公室要在转型发展中有新作为、新贡献。

在转型发展新形势下，办公室工作要坚持服务大局、守正出新。要对标习近平总书记对中办工作提出的“五个坚持”，以及李克强总理对政府办公厅提出的当好“第一参谋助手”“大服务员”和“高效督办员”的要求，站在全局高度谋划工作、推动转型。要坚守正道、坚定信念，坚持向中央看齐、向党委决策部署看齐，不断发扬建行办公室工作的优良传统。要把创新作为驱动管理转型的第一动力，以锐意创新适应变化、引领转型，以推陈出新改进服务、实现精细化管理。具体工作我就不面面俱到地讲了，这里重点提几点希望。

一是站位要高，多出大主意、好主意。习近平总书记多次强调，办公厅同志要做到“身在兵位，胸为帅谋”。这个要求是非常高的。办公室既要立足本职工作履行好分内之责，又要跳出部门的局限，把工作放到大局中来思考、筹划和推动。因此，办公室的站位一定要高，高度决定视野，决定看问题的广度和深度。应该讲，目前办公室系统在日常性工作“参谋”上面作用发挥得很好，下一步还需要着眼于全行党建和转型发展大局，站在更高的层次上研究问题、贡献智慧，做到“参”在大处关键处、“谋”在要害要务上。这也正是古人所讲的“志其大，舍其细；先其急，后其缓”。此外，办公室实际上也是个“不管部”，要善于从全局角度做好拾遗补阙，使得党委和管理层能够集中精力抓大事。

二是落地要实，做到出实招、见实效。抓落实是办公室的核心职责。目前全行转型发展战略已经明确，要聚精会神抓落实。办公室要不断增强抓落实的能力，勤于调研、善于谋划、敏于预判、敢于担当，促进转型发展战略和党委决策落地生根。要充分考虑内外部条件和不确定因素，把落实方案做得更加周详缜密，对各种可能出现的情况作出预案，宁可备而不用，不可用而不备。办公室要把抓落实工作做到这个水准。

比如大家都关注的扶贫工作，总行定点扶贫对象是陕西安康市下面的一区三县四村，总行办公室具体牵头组织落实。经过前期调研和论证，目前针对四个定点扶贫村的扶贫方案已制订出来了，但是落实落地工作还很艰巨。要按照总行党委确定的“三个结合”（近期与远期结合、帮人与帮村结合、“造血”与济困结合）要求，真正接上地气，针对每个村、每个贫困户具体情况建档立卡，把方案进一步做实做细、到人到户。除了总行外，一些分行也承担了地方政府指定的定点扶贫县、村的扶贫任务，分行党委要切实担负起帮扶脱贫的职责，这是当前重要的政治任务，办公室系统要协助各级党委抓好督促落实，确保实现贫困户如期脱贫。这次办公室工作会议之后，总行将召开全行定点扶贫工作座谈会，更生副行长将代表总行党委和管理层提出具体要求。总行办公室要会同相关部门组织好这次会议。

督查督办方面，要继续坚持目前好的做法，敢于破除情面，疏通落实落地的“中梗阻”。要进一步聚焦党委重大决策、领导重要批示、重点任务、重要专项，做到全程跟踪、盯住不放，以强化督查传导压力、问责问效。分行请示事项办理方面，总行办公室通过优化系统，实现了对部门主办和协办事项办结时限分别统计和通报，这个做法很好，对主办单位来讲是很大的支持。要多采取类似做法，更好地支持兄弟部门推动转型工作落地。

三是管理要精，善用新方法、新技术。洪章董事长对办公室工作提出了精细化、精准化、精确化的要求。在“精”上面狠下工夫，是办公室管理转型、效能提升的重要抓手。要探索运用近年来全行流程银行建设的理念和方法，本着管理规范、响应快速的要求梳理改进流程，减少重复操作、低效环节和冗长链条；在此基础上优化制度，做到于法周延、于事简便。要在总结近年来开展的科技管章、微信会务总务、文件智能交换、OA 模块开发、智能档案管理、系统督办提示、员工四卡合一等工作基础上，积极推广运用新的网络化、数字化系统技术工具，使得制度流程更加精细、支持服务更加精准、量化管理更加精确。

四是把关要严，务求零差错、零延误。办公室承担着审核把关的重要职责，一定要严字当头，以极端负责的态度确保不出纰漏。有的看似小差错，可能造成工作上很大的被动。比如公文办理，近来就发现了一些不该有的差错，而且有的还出现在很重要的文件当中。办公室要把好公文审核最后一道关，存在问题或瑕疵的一律不予放行。当然，办文流程中每个环节都有质量把关的责任，尤其是各部门综合处，要切实承担起“部门办公室”的审核把关职责。同时，在效率上也要把关，比如有的部门上报的材料流转两三个月才到领导手里，这种情况是绝不能容许的。办公室要针对这类问题研究采取措施。大家都知道精益生产中有“七个零”标准，其中就包括零故障、零停滞等。作为现代金融企业，我们也要积极借鉴精益生产等现代管理理念，强化流程各环节把控，努力做到零差错、零延误，不断提升行务运转的质量和效率。

五是服务要细，突出专业化、人性化。办公室的支持保障服务涉及面广、工作量大，既要确保重点又要兼顾全面，既要做好日常服务又要应对突发情况，方方面面工作安排都必须细致周到。做好服务是一门大学问，必须专业专注，于细微处见功夫。要以客户为中心推动管理转型，更多地引入“客户之声”机制以及网络、大数据等技术工具，提升服务的专业化、精细化水平。这里还要特别强调的是，要在细节上做到防微杜渐，比如在用房用车服务等方面，要确保符合八项规定精神和相关制度要求，这也是为服务对象负责。要落实转型发展规划提出的“坚持人本理念，加大人文关怀”要求，以细致入微的服务体现关心关爱，增强广大员工的归属感。

六是立身要正，坚持守底线、做标杆。办公室同志是“领导身边的人”，岗位特殊，一言一行都要高度自觉自律，不做不该做的事，不说不该说的话，做到对党忠诚、对建行事业忠诚。要守住底线，把握好边界，不僭越、不觊觎，更不能越俎代庖；在严守政治纪律、组织纪律、廉洁纪律、群众纪律、工作纪律、生活纪律、保密纪律等各个方面，绝不能有丝毫的含糊。要坚持高线，坚守理想信念的精神高地，绝不能明哲保身。要按照习近平总书记所要求的，加强党性修养，做到持之为明镜、内化为修养、升华为信条。最近，总书记在全国国有企业党的建设工作会议上对国企领导人员提出了“对党忠诚、勇于创新、治企有方、兴企有为、清正廉洁”的要求，我想这20个字同样可以用在办公室负责同志身上，要朝着这个方向去努力。办公室系统广大党员干部要立足本职工作，以更高要求不断深化“两学一做”学习教育，做到立身堂堂正正、做事干干净净，争当优秀共产党员，发挥好表率示范作用。

要加强办公室系统队伍建设。各分行负责同志对办公室既要严要求、压担子，又要在政治上、工作上、生活上给予大家更多关心指导，创造良好工作环境。要把能力突出、作风过硬，尤其是政策水平、文字水平、业务水平高的同志配备到办公室关键岗位上来，助力办公室工作不断上台阶，人力资源部门和其他相关部门要给予大力支持。

同志们，全行战略转型已棋近中盘，挑战更多，任务更重，要求也更高。正如洪章董事长最近在“CCB2020”宣传推介会上所指出的，“圆梦转型，必在荆棘之中穿越”。希望全行办公室系统广大干部员工继续发扬成绩，以更加高昂的斗志披荆斩棘，在更高水平上推进管理转型，为实现“建行梦”作出应有的贡献。

谢谢大家！

在中国建设银行 2016年工作会议上的总结讲话

郭　友

（2016年1月27日）

同志们：

这次会议开得很成功。两天半的时间，中间还套开了两个重要会议，议程紧凑高效，也体现了总行党委关于勤俭办行和集约化的要求。洪章董事长、祖继行长分别做了重要讲话，系统总结了工作、深入研判了形势、全面部署了全行党的建设和转型发展任务。

大家围绕“两长”讲话进行了热烈的讨论交流，一致认为洪章董事长、祖继行长的重要讲话深入透彻地解答了全行关注和困惑的问题，即面对新常态下的新机遇、新挑战，应该“怎么看”和“怎么干”的问题。“两长”讲话既有明晰的战略定向，又有明确的战术安排，起到了进一步凝聚共识、提振士气、统一步调的作用。大家都赞同会议对2016年工作的总体思路、主要指标和任务的安排，表示要不折不扣地落实好总行党委、董事会和管理层的部署，稳步发力推动转型规划落地，稳健经营打牢持续发展基础，努力全面完成各项目标任务。

大家在分组讨论中，还交流了各自转型发展探索的实践心得、经验做法，这其中很多典型案例经过提炼和提升，都可以在全行复制推广。同时，大家也提出了很多好的意见建议。会后，请办公室牵头将这些问题整理出来做个分工，连同工作会议部署的任务一并进行分解督办，抓紧研究落实。

下面，我结合“两长”讲话和大家讨论的情况，就贯彻落实好这次工作会议精神从三个方面提些要求。

一、抓住时机，对转型发展再认识、再动员、再落实

洪章董事长在讲话中，对我行转型发展面临有利的“时”和“势”做了深刻剖析。现在，无论是从外部大环境还是自身条件看，我行转型发展都是适逢其时。全行一定要有高度的责任感、使命感和紧迫感，要切实把思想统一到这次会议的精神上来，紧扣转型战略再认识、再动员、再落实，把状态调整到最佳。

要以创新理念培育新动力，加快体制机制、流程、产品和商业模式转型创新，打造发展新引擎。要以协调理念补短板，促进综合性经营、多功能服务、集约化发展和创新型银行、智慧型银行的转型协同推进，形成传统与新兴业务相得益彰、母行与子公司优势互补、境内和境外机构密切协同的转型发展新格局。要以绿色理念实现可持续发展，打造绿色银行，发展绿色信贷，探索绿色金融服务新模式。要以开放理念拓展新空间，用好人民币国际化、企业“走出去”和国际产能合作的重大机遇，朝着“国际一流”银行目标迈进。要以共享理念促进包容性发展，履行国有大型银行的政治责任、社会责任和经济责任，支持经济社会发展薄弱环节，在民生项目、精准扶贫等领域加大金融服务创新力度。

二、抓实整改，为转型发展夯筑更加牢靠的基础

2015年中央巡视组对我行进行了巡视，就全行党建工作和改革发展情况做了全面诊断，指出了存在的问题。从我们内部审计和检查结果来看，发现的新老问题仍然不少，有的还比较严重。这其中，很多问题洪章董事长、祖继行长在不同场合、在多次讲话中都提到过。我在这里再次强调，目的是在充分肯定来之不易成绩的同时，大家都能切实关注当前身边仍存在的一些问题，针对性地强化风险防范，夯实转型发展的基础。下面，我重点就审计检查发现以及监事会关注的几个重点问题向大家做个通报。

第一，信贷风险管控有效性不足。一是信贷的真实性核查不到位。2015年开展的13家分行公司类新发放贷款审计发现，抽查客户有1/4以上不同程度地存在授信申报材料真实性问题。部分客户经理尽职意识不强，调查分析能力不足，甚至盲目采用客户提供的虚假信息。

二是未能有效识别和应对风险。2015年开展的10家分行全面业务审计发现，部分基层机构在客户存在销售盈利明显下滑、过度融资担保、涉及重大诉讼、环保长期不达标等情况下，未采取风险化解或缓解措施，而是通过“再融资”延缓风险暴露，造成风险敞口增加。个别机构甚至在总行明文要求对钢贸等行业实行压缩退出的情况下，继续给予信贷投放，导致风险扩大。

三是押品管理能力有待加强。我行抵（质）押方式信贷余额占比40%，在经济下行、资产价格下降的趋势下，押品管理能力对未来资产质量和资本管理的影响巨大。目前全行押品管理分散、多头负责；一些分支机构押品选择不当、管理不严，价值确认与重估流于形式，有的明显高估；部分机构押品管理人员不足，专业能力欠缺。2014年至2015年上半年，我行打包转让的不良贷款项下押品平均回收率不到26%，其中机器设备仅11%，押品的风险缓释效果大打折扣。

四是不良贷款教训需引以为戒。从不良贷款批量转让审计情况看，近半数不良贷款转让项目存在各种形式的严重违规违章问题，有的属于性质较为严重的失职行为，一些机构对不良客户财产查找、追索工作存在漏洞，错失了减少损失的机会。

第二，合规管理有待加强。一是境内业务合规方面，有的机构突破合规底线的情况时有发生，个别机构被监管部门处以重罚；少数员工违反从业禁令，参与非法集资或大额民间融资、经商办企业；个别基层员工出现“飞单”销售行为，引发法律纠纷和案件；少数基层行面对市场竞争或经营指标压力缺乏底线意识，超授权、虚增存款、冲时点甚至高息揽存现象有所抬头。二是海外业务合规方面，2015年11月我行入选全球系统重要性银行，今后面临的国际监管标准更高更严，

特别是我行海外机构的合规管理，与当地监管要求相比仍存在较大的差距。个别海外分行因合规问题带来的负面影响尚未完全消除，需要从中认真吸取教训。三是跨境业务合规方面，前一段时间，离岸人民币汇率大幅波动、跨境资金套利活跃，对我国保持汇率基本稳定带来不利影响。人民银行和外汇局出台了一系列调控措施，并多次通过会议和约谈对商业银行提出要求，后续还可能采取更严厉的管控政策和查处措施。全行在开展相关业务特别是跨境业务时，要严格遵守监管规定，守住合规底线，履行好大行责任。

第三，新的风险动向需要关注。随着多层次金融市场的发展、综合性多功能经营转型的推进，金融风险呈现多样性、交叉性、传染性的特点。目前，全行风险管理的汇总和抓总机制还需要进一步完善，特别是集团层面和客户层面的全量风险监测、预警和信息共享机制还有待健全。审计发现，在机构改革、职责调整过程中，存在风险管理缺位现象；部分新兴业务风险管控相对薄弱，个别机构通过同业类创新产品，使信贷资金绕过传统审批流程，进入房地产、证券等高风险领域，潜在的风险不容忽视。分组讨论中听到一些分行都在想方设法抓创新促发展，积极开展了相关业务。总行近期也设立了同业业务中心、资产管理业务中心等。这些工作要继续抓紧抓好，同时要密切关注其中潜在的风险。总行在推出相关产品和业务时，一定要把风险管理责任捋清；各分行一定要严格按照制度流程操作。在这方面，有的银行已经有了很沉痛的教训。大家一定要引以为戒，在抓好业务发展创新的同时，注意做好风险管控。

第四，财务管理需要进一步夯实。经过前一段时间的整治，一些机构财务管理不规范、超标准和超范围列支费用的现象得到较为有效的遏制，但各行仍要高度重视，防止问题反弹。在现行三级采购管理模式下，大部分集中采购项目还分散在二级分行，既消耗了大量管理资源，影响了采购效率，也容易出现不规范现象。少数机构集中采购制度执行不严，供应商管理不规范，采购项目关键环节未有效落实管控要求。2015 年开展审计时，就发现这其中确实也出现一些道德风险。

第五，屡查屡犯的问题还比较突出。2015 年全行组织开展了“一加强两遏制”专项自查，发现各类问题 10000 多个，通过整改绝大部分问题得到了纠正。但 2015 年下半年“回头看”活动中又发现问题 3000 多个。对于其中多发问题、复发问题背后的深层次原因分析还不透彻，针对制度、流程、系统缺陷的根源性整改还不到位。

总行部门要承担本条线制度、流程、系统等问题的整改，做好对分支行整改工作的督促指导。各分行一把手要担起整改责任，对整改总体情况负责，做到亲自抓、亲自管。要注重屡查屡犯问题的根源性整改，立足于化解实质性风险、堵塞内控漏洞，要深入研究解决一批屡查屡犯问题。2016 年，审计条线也作出了计划。审计条线要主动融入和服务全行转型发展的大局，进一步坚持问题导向，加大对重大问题、屡查屡犯问题的督促整改力度，为转型发展打下良好基础。要继续开展一级分行主要业务经营管理审计，争取用 3 年时间实现全面覆盖。要扎实做好押品管理审计，在 2015 年基础上对剩余的分行进行全面覆盖。大家回去以后要抓好检查落实。内部审计的主要目的就是督促全行加强管理、减少漏洞、减少损失。要认真落实不良贷款转让核销的独立审计机制，确保依法合规。要持续跟进全行转型落实情况，关注转型发展中的新风险、新问题。要关注海外机构合规和基础管理。

三、抓紧落地，以转型发展创造新的竞争优势

这次会议对全行转型发展工作做了全面布置，下一步关键是抓好落实。落实过程中要注意做好“三个结合”。

第一，全面转型与分类指导相结合。建设银行转型是全面转型，“五大转型”是个有机整体，互为支撑、相辅相成。全行上下都要行动起来，促进转型协同推进，哪个环节掉链子都可能对转型全局带来负面影响。这次工作会议第一次正式就转型发展分类指导提出了明确要求：北上广深等重点分行要在高水平上补短板，23 家重点城市行要在重点业务上有突破，其他分行要跟进转型发展要求，市地行要成为转型发展的前沿阵地。做好全面转型与分类指导有机结合，才能实现以重点突破带动转型全面推进，也才能通过全行联动破解转型发展的重点、难点问题。这里还需要

强调的是，发达地区重点分行要勇于争先，当转型的排头兵，为全行作出表率；当然，总行也将积极研究支持这些分行转型发展，在配套政策和资源配置上给予适当的倾斜。

第二，转型稳步发力与稳健经营相结合。一方面，2016 年全行转型要发力，总分行、各条线、各子公司都要动起来。转型必须是稳步发力，根据各项转型工作的相互衔接关系、难易复杂程度、现实可行条件等，把握好节奏和进度。另一方面，当前经济下行压力大，风险和不确定性不断增加，经营的环境错综复杂，我们必须要坚持稳健经营，守牢风险底线，确保不出大的问题，这也是中央对国有金融企业提出的要求。同时，也只有保持经营稳健，才能为转型发展减少不确定因素，营造可持续、可预期的转型良好环境。

第三，全面从严治党与转型发展相结合。要坚持党建与转型发展工作“两手抓”。认真贯彻中央关于国有企业加强党的建设有关要求，落实“两个责任”，做好体制对接、机制对接、制度对接、工作对接，将全面从严治党融入全行转型发展各项工作。要结合转型发展要求和创新经验的做法，积极探索新形势下加强党建工作的新思路、新举措。要通过全面从严治党与转型发展互相促进、共同发展，把党的政治优势、组织优势、群众优势不断转化成为全行转型发展的竞争优势。

工作会议结束以后，各单位要尽快将会议精神和工作任务传达布置下去。会议贯彻落实情况请于 2 月底前报告总行。

另外还有个事项，祖继行长和静波副行长希望跟大家再强调一下。总行 2015 年成立了养老金公司，公司成立以后总行撤销了养老金部。但是，各家分行设有养老金部的暂时不要撤销，机构先不动，业务还要继续加强。这是我们转型发展中一项很重要的业务，一定不能削弱，如职业年金等，各省各市都要加大营销力度。

春节快要到了，希望全行各级机构负责人多走访基层，多看望慰问一线员工，做好安全生产检查，共同欢度平安祥和的春节。最后，我代表洪章董事长、祖继行长，代表经营班子，预祝大家新春快乐、身体健康、阖家幸福！

在 2016 年全行审计工作会议上的讲话

郭　友

（2016 年 4 月 11 日）

同志们：

一年一度春暖花开的时候，总行在明苑召开全行审计工作会议，相信大家已经感受到浓浓的春意。在这里，我们花一天半的时间，相互交流，共同研究探讨未来一年审计工作，思考如何为全行转型发展顺利实施发挥保驾护航的重要作用。秀昆同志的报告应该说讲得很全面，我都同意。今天借这个机会和大家探讨几个问题。

一、应对内外部复杂环境，审计做了大量的工作

2015 年，审计条线认真贯彻总行党委的工作部署，落实董事会、监事会、高管层相关的要求，紧紧围绕着全行工作的中心，服务大局，在支持转型发展、防范化解风险、加强从严治行和督促整改落实方面做了大量的工作，取得了可圈可点的成绩。

一是强化了对转型发展的支持服务。2015 年是全行转型发展的重要之年，审计组织了千名分支行行长“看转型”问卷调查。这是转型规划落地的过程中，审计做的一次最大规模调研，真实地反映了基层行对转型的认识、看法，同时也提出了一些问题，为总行领导决策提供了可靠的依据。报告下了很大的工夫，这个材料写得很好。

二是强化了对信用风险的早期预警。开展了10家分行的全面审计，报告得到管理层高度重视，祖继行长和俭华首席两次召开会议，与总行一些高管同志研究报告中反映的严重问题。创新“一单两图”工具，对于发现潜在风险和及早预警提供了很好的帮助。2015年安徽总室提前预警“e租宝”的风险，使分行全额退出7000多万元信贷资产，这个工作做得很有成效。

三是强化了对党风廉政建设的从严监督。2015年对信贷、财务、采购、基建等关键领域开展了专项检查，检查力度很大，揭示了很多问题。总行党委高度重视，及时对发现的问题进行研究和纠正，对相关人员进行了严肃处理。特别是针对财务发现的问题，问责力度是历史上最大的一次，显示出总行党委对审计工作的重视和加强整改的决心。这项工作是配合中央巡视组和审计署介入而启动的，据我们得到的反馈，中央巡视组和审计署对审计工作，尤其是巡视期间的配合工作给予了充分肯定。

四是强化了对经营中违法违规现象的揭示。比如，2015年基层行发生了多起员工“飞单”事件，涉及多个分行，个别分行出现了比较集中的几十笔“飞单”事件。审计及早发现这类问题，引起了当地分行的重视，采取了必要的措施，有效化解了风险。此外，2015年牵头开展的“一加强两遏制”专项自查和“回头看”，审计也做了大量工作。大家工作很辛苦，审计责任重大，检查的力度也很大，发现的问题涉及方方面面。

总体而言，在当前形势下，审计条线紧紧围绕全行转型发展的中心工作、重点工作，不断加大审计监督的力度。总行党委、董事长、王行长多次批示，在多种场合上充分肯定了审计条线的作用。我对大家是充满信心的，希望进一步做好工作。

二、当前审计面临的形势比较严峻，工作任务十分艰巨

成绩值得充分肯定，但更要清醒地认识到，当前银行经营管理和风险防范面临的形势非常严峻，审计工作任务和挑战依然艰巨，大家要做好充分准备。

一是经济下行过程中暴露出来的风险和问题增多。全行资产质量的下迁还在持续，不良持续增长的趋势在短期内难以根本扭转。与此同时，各种违规违纪的事项逐渐暴露，有的问题还比较严重。这次巡视发现的一些问题也暴露出我行管理中存在的一些薄弱环节，一些基层组织和基层干部存在问题，有些应该说是深层次的问题。

非信贷资产风险逐步暴露，而且产品越来越复杂，各类风险交叉传导。2015年和2016年，同业业务在部分银行当中发生了几起大的恶性事件。同业业务主要是两类：一类是同业资金拆借，还有一类就是资产类业务。后者很大程度上是信贷的变种，是围绕着信贷资产派生出来的。再一个就是资产管理。它的基础资产绝大部分来源于信贷资产，这么多年来银行对信贷审批形成了一套严格的体系，资管业务部分游离于原有的审批和控制体系，这样容易出现基础资产交叉感染的情况，有的理财产品到期不能兑付就转到表内。理财、信托、票据、同业等表外业务确实潜藏着很多风险。这种情况应该引起我们的重视。

二是对当前经济形势的预判难度加大。对于当前形势、客户的行业发展前景和潜在的风险，审计要加强分析研判。从行业、区域和客户看，县域对公贷款、制造业贷款、批发零售业贷款和中小微企业贷款不良高发；从区域看，不良贷款暴露集中在江浙一带，现在向广东、福建和其他省份蔓延。审计要加强前瞻预判，在强调覆盖的同时，也要突出重点。这对我们是个挑战。

三是屡查屡犯的顽疾没有彻底解决。审计报告每年很多，反映的问题也是真实的，每一份报告看了以后都是沉甸甸的。最近有一个关于投行和资产管理业务审计报告，揭示的问题比较严重，洪章董事长和祖继行长看完以后都有批示。现在我们在贷后管理、抵（质）押管理、合规方面有很多问题屡查屡犯，授信后管理存在流于形式的问题。审计要揭示这些问题，并从体制机制上督促问题根治。

四是新风险、新问题不断出现。一方面，随着经济下行，存量问题浮出水面，水落石出，主要体现为不良贷款打包处置。另一方面，就是创新业务快速发展。2016年总行成立了几个经营中心：金融市场交易中心、资产管理中心和同业业务中心。目前在国内市场，同业业务基本是场外

交易，交易对手多，分散在各地。所以，总行要加强对分支机构同业业务的管理，不能只靠授权管理，还要通过系统进行控制。前段时间监事会也专门研究了这个问题。信用风险要垂直管理，市场风险要集中管理，合规风险要分层管理，这是多年总结出来的经验、规律。对于同业和资管业务，如果总行不加强集中管理，风险会非常大。新的技术、新的形势变化，会带来很多新的问题，给我们带来很大的挑战，这些问题都需要好好研究。

三、关于2016年审计工作

2016年是“十三五”的开局之年，也是全行转型发展的关键之年。在复杂严峻的内外部形势下，审计部门要继续保持高度的责任感和使命感，持续深化自身转型，严于揭示问题，实于解决问题，为保障全行转型发展发挥更大作用，重点要抓好五个方面的工作：

一是要服务转型发展大局。2016年全行工作总的基调是要继续贯彻国家“十三五”规划，切实落实好大行的主体责任，稳步推动转型发展。围绕转型发展的五个方向，总行党委推出了几大措施，效果将陆续显现。经过2015年一年的努力，全行的转型发展卓有成效，转型发展的理念深入人心。很多分行结合区域特色，创新业务和产品，取得了明显的效果。但各地分行的情况不一样，贯彻的力度也不均衡，效果的体现还不平衡。全行要坚定信心，按照总行党委的部署，全面推动转型发展。审计要围绕服务转型这条主线，加强调查研究，督促转型落地。

二是要加强风险前瞻预判。要把握好经济走势和动向，加强对风险趋势的研判，提高工作前瞻性。在做好事后审计基础上，进一步加强事前审计。要结合区域特点和分行实际情况，把握工作方向，抓住主要矛盾，有效开展审计工作。要建立常态化的风险监测和业务跟踪研究机制，对驻地分行的经营管理整体情况、业务发展变化、控制薄弱环节、重点行业和客户的风险状况加强分析研判。要吸取部分区域、产品风险大面积暴露的教训，注重总结规律性问题，防范系统性、区域性风险。这方面审计做了一些工作，对全行经营管理提过一些好的建议，但从长远来看，仍需要继续提高。要自觉锻炼和提升分析预判的能力，真正为建行战略转型和改革发展保驾护航。

三是要切实做到守土有责。审计要善于看大事、判大势，站在更高的层次审视全行经营管理，抓好经营管理中重大问题的揭示。针对一些利益关联的突出问题，要及早发现、及早提醒、及早纠正。要加强问题的深层次挖掘分析，从如何加强管理、完善制度、有效防范风险出发，去揭示问题。要切实增强守土有责、守土担责、守土尽责的意识，充分发挥好垂直管理体制的作用，独立地对驻地行经营管理进行审计，及时发现所在区域风险，做到心中有数。有的分行信贷领域重大风险频发，驻地审计机构要总结反思，研究如何及时、全面反映问题。

四是要研究改进工作方法。要更加科学地安排审计计划。审计每年要做很多项目，内容包罗万象，要突出重点，集中资源开展一些重点专项审计。要提升数据分析能力，提倡多用数据挖掘和分析，充分利用数据资源，发挥审计优势，提高审计效率和效果。要多与分行沟通，良好的沟通能够起到事半功倍的效果。要有正确、主动的态度，从大局出发，加强与基层机构的交流，增进相互了解。审计人员要有职业敏感性和嗅觉，善于在沟通交流中发现风险和问题线索。

五是要加强审计队伍建设。审计作为监督部门，应当具备扎实的工作作风、过硬的专业素质。要坚持践行“三严三实”要求，加强政治理论学习，搞好“两学一做”主题教育，增强看齐意识。要持续加强专业化建设，培养打造一批精业务、有智慧、守规矩、勤实践、善沟通、有成果的审计人才。加强审计干部培养，推进常态化的人员交流。要从严从实抓好审计条线党建工作，发挥各级党组织战斗堡垒作用。审计机构负责人要落实好“一岗双责”，加强自我约束，带好队伍、管好自己，特别是要保持独立性，避免与驻地行发生利益冲突。要不断提升审计队伍的政治素质，增强凝聚力、向心力，同时进一步提高审计专业水平。

审计人员常年出差，工作很辛苦，克服了其他条线没有的特殊困难。总行党委高度重视和支持审计工作，很关心审计人员的身心健康和职业发展，总行相关部门也给予了积极支持。在座的审计机构负责人要多关心关爱员工，特别是年轻同志，合理安排工作，在保证工作质量的同时注意劳逸结合。在转型发展的关键时期，希望审计条线的同志们不辱使命、再接再厉，进一步增强责任感、使命感，坚定信心、主动作为，为全行转型发展作出应有的贡献。

在2014年新行员下派锻炼总结大会上的讲话

郭　友

（2016年7月22日）

今天，总行所有部门的主要负责人都出席了2014年新行员下派锻炼总结大会，在这里我首先代表洪章董事长、祖继行长和党委班子其他成员，对大家能够顺利地完成为期两年的锻炼表示祝贺，同时欢迎你们回到总行，开始新的工作。

过去的两年时间里，新行员在基层接触了很多岗位、很多事情，相信大家一定会感触很多，学到很多知识，会有不小的收获。两位新行员代表的发言和十个下派锻炼小组的调研报告，内容很好，足以反映出大家两年的学习收获。十个报告内容涉及很广，紧密结合当前业务发展和市场变化需要，提出了很多问题，指出了发展方向，有些还有具体的措施。我觉得这十个报告针对性很强，建议把十个报告转发给相关分行和部门条线，进行深入研究，适当推广。

经过为期两年的下派锻炼，大家对于建设银行应该有了比较深入的了解，我行2015年被纳入全球系统重要性的银行，前不久《欧洲货币》又把我行评为中国最佳的商业银行。诸如此类的奖项，建设银行每年都会拿到很多，表明国内外对建设银行持续的发展给予了高度认可。目前，我们国家经济正处于新的常态，银行业也正在面临新的环境和挑战。大家刚才在发言中也谈到了这一点，我们当前面临的发展空间，就是国家正在进行新一轮的调整，并以此来带动新一轮的经济增长。在这个过程中，我们在寻找机会，寻求下一轮的发展。但我们同时也面临经济下行的挑战，比如经济下行给我们带来的资产质量压力、息差缩窄以及跨界冲击等。

近几年，建设银行改革发展的步伐很快，面对当前形势，总行党委大力推动转型发展，提出综合型、多功能、集约化的发展方向，打造创新型和智慧型银行。

2016年上半年，尽管形势依旧困难，建设银行还是取得了相对平稳的发展，市场上对我们的评价也是说建设银行是一家基础比较好、业务发展稳健的银行，这是境内外投资者的共识。尽管我们也面临资产质量的变化，但我们控制资产质量、消化不良资产的能力是很强的。目前，我行的资产业务发展是平稳的，业务结构和客户结构在不断优化，创新能力在不断加强，新的利润很大一部分是来源于这两年的创新，创新的成果开始显现。我行在互联网方向的发展走在同业前列，总行对大数据相当重视，成立了祖继行长担任组长的大数据领导小组，大数据的成果已经不同程度地在总行和很多分行开始运用，引起全行的关注。年轻的一代是伴随着大数据成长起来的一代，有朝气、有活力，希望你们不断推动，使我行的大数据能够得到更广泛、更有效的运用。

借着这个机会，我想给大家提四点建议。

第一是要志存高远。理想信念是人生的指路航标和成长的动力源泉，大家都是“80后”“90后”的年轻人，年轻人要志存高远，要从工作刚开始就树立正确的人生观和价值观，把个人的理想价值与我们建设银行的事业，与我们国家的利益和民族的发展，紧密地联合在一起。建行是国有大型企业，资产接近20万亿元，服务的零售客户3个多亿，公司客户300多万，手机银行客户接近2个亿。有如此庞大的客户群体，我行担负着服务国内实体经济发展、服务老百姓这一重要使命。大家来到总行，将参与总行的管理和决策，在某种程度上，大家参与决策的好坏直接影响到全行的发展与效益，因此这个岗位十分重要，这份使命是十分光荣的。大家一定要认清使命，做好工作，全心全意地把自己的精力投入到工作当中，推动我行的发展。

第二是要持续学习。学习是无止境的，在校的多年学习，给了大家很多基础知识，来到银行以后仍要继续学习，一方面要学习银行本身的知识，另一方面要学习研究银行业的变化和面临的市场环境。持续学习不仅是对大家提出的要求，就是从事这个行业几十年的老员工，也都在不断地学习，不断在更新知识，不断地使我们的服务能够更加适应市场的变化，更好地满足客户的需要。我行服务更新换代的步伐是相当快的，这都需要学习知识来不断补充，只有持续学习才能适应并不断推动我行的发展。

第三是要严格自律，严守规矩，注重合规。银行是个高风险的行业，要严格控制好各类风险。控制好各类风险首先要合规，要自己合规。新行员要认真学习我行员工手册，学习最近党和国家提出的新要求，严格按照这些行为规范来要求自己。全行正在不断地加强合规教育，加强合规管理，使我行的合规经得起全世界监管部门的检查，达到国际先进水平，这要靠大家自觉遵守和不断推动才能实现。合规问题不只是合规部门的事情，在每一个岗位、每一个条线都存在。合规观念和风险观念从刚入行就要树立，才能保证在经营过程中不出现大的偏差。

第四是要尽快融入总行环境。希望大家能够尽快融入到总行这个大环境中来，将锻炼的成果学以致用，尽快投入到全行转型发展的工作中来，为我行事业发展作出应有的贡献。

最后，希望各部门尽快了解每一个新行员的具体情况，结合大家的专业背景和个人特点，根据需要，安排好每一个人的工作岗位。同时，希望各部门的负责同志和老员工持续关心、关注新员工的发展情况，帮助他们尽快融入到我行的业务发展中来，把他们一些好的想法吸收进来，形成一个新的、更有力的整体。同时，我在这里希望大家能够继续保持在基层锻炼时高昂的工作热情，以更高的标准要求自己，努力学习，不断进取，牢固树立服务意识，服务客户、服务基层、服务全行，积极面对各种挑战，以良好的精神面貌，为我行的发展作出贡献。

在全行夏季工作座谈会议上的总结讲话

郭　友

（2016年7月26日）

同志们：

根据议程安排，我对会议做个简要总结。

这次会议安排紧凑、内容丰富。两天时间里，洪章董事长做了重要讲话，祖继行长做了经营情况报告，系统总结了上半年工作、深入研判了形势，就认真贯彻落实习近平总书记“七一”重要讲话和关于做强做优做大国有企业的指示精神、李克强总理考察我行时强调的助力实体经济发展的要求，做了全面部署，并对下半年工作进行了安排。八个单位做了交流发言，大家进行了深入讨论。下面，我讲三点意见。

一、统一思想，坚定信心

分组讨论中，大家一致认为洪章董事长重要

讲话、祖继行长经营情况报告深刻分析了当前宏观经济形势和政策大势，回答了新形势下国有大银行应该如何走、怎么做的问题；强调了国有大银行发展制胜必须围绕国家重大战略，服务实体经济大局；指明了我行下一步发力方向，就是要按照“五大发展理念”，抓住和用好当前难得的机遇，乘势而为，继续深化转型发展，加强管理，防控风险，提升强优能力。“两长”讲话系统总结了我行转型发展的已有成绩和战略优势，指出我行具备进一步做强做优做大的条件和时机，有能力在服务国家战略中有更大作为，进一步增强了全行信心，鼓舞了士气。大家纷纷表示将坚决贯彻落实好总行党委、董事会和管理层的部署，坚持年度工作会和本次会议确定的方向和战略，锐意进取、勇拔头筹，确保完成全年各项目标任务，为服务好实体经济、不断做强做优做大再立新功。

讨论中，大家还提出了很多好的意见和建议，主要包括战略转型、经营管理、风险防控，以及其他一些方面。会后请办公室进行汇总梳理，并转总行有关部门，尽快研究反馈。

二、聚焦问题，强化整改

2016 年上半年在错综复杂的经济环境下，集团经营发展取得了平稳发展的良好业绩，在充分肯定成绩的同时还要看到，在经营管理方面我们还存在一些问题，下面我向大家通报一下，上半年监管机构、监事会、内部审计及相关部门在检查中发现的一些问题，希望引起大家的关注。

第一，信贷管控需进一步加强。上半年，全行不良贷款虽然得到管控，但压力依然较大，逾期贷款持续高位运行。条款变更贷款也隐藏较大信贷风险，审计发现 2015 年新增条款变更贷款中，正常类下迁为关注类的占比 25%，非不良下迁为不良贷款的占比 15%，压力依然很大。一是部分行业区域贷款风险暴露较为集中。制造业、批发和零售业不良仍在高位，部分低端制造业跨区转移后，客户经营主体“空心化”的问题较为严重。“去产能”等政策对信贷资产质量的潜在影响不容忽视。审计调查发现，全行有近 1/4 的钢铁行业客户和半数煤炭行业客户存在经营亏损、减产或停产、现金流状况不佳等问题，尤其是区域性产能过剩矛盾严重的中西部地区客户，问题更为明显。从区域看，东部沿海部分分行风险压力依然较大，西部分行不良增加较快。县域机构发放的对公贷款不良比重较大，需引起重视。二是新的风险苗头应予以关注。上半年全行个人住房按揭贷款业务增长速度很快，不良额增长也较快。住房按揭贷款“以个人贷款之名，行公司贷款之实”的现象有所抬头，个别分行个人住建贷款也出现大额化的异常情况，需要引起重视。海外机构和子公司方面，少数存量授信客户或投资项目经营不佳，个别机构为压缩退出类客户新增授信额度，存在一定潜在风险。子公司风险管理工具和手段有待进一步加强，集团并表授信以及客户全量风险监控、预警和信息共享机制有待完善。

第二，表外及创新类业务风险需有效应对。一是资管业务方面，仍不同程度存在尽职调查不充分、资金审查不严格、投后管理不到位等问题。一些机构类客户选择审慎性不足、融资项目不符合准入要求，特别是对政府背景类客户业务把关偏松；少数项目基础资产出现风险后，由贷款承接，风险由表外转至表内。二是同业业务方面，全行缺少成熟的同业专营系统，分支行有效的监督岗位制约机制还有待进一步完善。部分机构“借道”名单内银行，与名单外金融机构办理买入返售票据业务，对申请人及交易背景真实性识别不充分，甚至违规办理业务，存在较大风险隐患。三是一些创新类业务发展过程中存在操作手法隐蔽、交易对手多且复杂等问题，容易滋生利益输送风险。

第三，合规管理需持续加大力度。一方面，部分机构经营中违章违规问题仍然突出。打包转让专项审计发现，有大量的不良贷款经营管理存在违规操作问题。财务管理不规范、少数柜面员工私售理财产品、少数海外机构超授权办理业务等问题都反映出一些基层机构合规意识还比较薄弱，关键岗位和流程缺少有效的监督制约机制，系统延伸以及有效机控需进一步加强。另一方面，海外机构监管合规压力持续加大。2016 年以来，同业中资海外机构已发生了多起合规事件，我们应该引起高度重视。目前，我行反洗钱基础平台尚需完善，境内外信息沟通和联动防控风险需进一步加强。

第四，基础管理和风控能力需持续夯实。一是管理机制、制度建设、产品设计、系统支持等还不能完全适应转型发展要求。少数机构采购、外包、放款审查等集中管理推进落实不够。一些业务风险识别、评估、持续监控的有效性需要提升，大数据在经营管理和风险防范中还需要发挥更大作用。二是信贷管理精细化水平有待提高。信贷政策的精准指导、授信安排和产品配置的针对性不强，对客户风险信号识别不充分、应对不及时。押品管理独立性不够，集约化、专业化管理能力有待提升。审计发现，近两成贷款押品存在选择准入不审慎、权利设定有瑕疵等问题。三是个别分行信贷经营相对粗放。贷款大量投向不符合准入条件或具有明显套贷特征的客户；不良贷款化解论证不充分，简单依靠新增投放覆盖原有风险。少数管理人员和关键岗位员工与客户形成利益捆绑关系，违规群发，导致信贷审批程序流于形式，信贷资金严重受损。

第五，违规违纪问题整改不力的情况需高度关注。针对2015年中央巡视和“一加强两遏制”自查、审计检查发现的问题，有关方面下大气力整改问责，收到了比较明显的效果。但从审计发现问题的整改情况跟踪结果看，依然不同程度地存在整改不及时、整改主体责任落实不到位、屡改屡犯等问题。70%的问题整改期限超过3个月，10%的重要问题在一级分行层面没有得到及时纠正。中央巡视组和以往审计指出的违规吸收存款、“飞单”销售理财产品、员工充当资金掮客等问题，在少数机构仍未杜绝。中央非常重视金融领域违法违规问题，2016年6月国务院领导专门召开会议，部署“一加强两遏制回头看”工作，强调“两违”问题是否整改到位，决定了金融自身是否安康、风险底线能否守住。前一段，银监会又召开了会议，提出具体要求，目前审计部正在研究落实方案。全行要按照国务院和监管部门要求，严格认真地开展新一轮自查工作，要采取更加严格的措施，确保发现的问题全部整改到位。此外，经国务院同意，银监会近日还要派一个检查组来我行，就支持小微企业发展情况进行专项检查，请大家做好准备。

总结教训、发现规律并切实改进经营管理，是转型全面推进的基本保障。全行上下一定要增强责任意识，按照这次会议的要求，把整改工作抓紧抓实。要加强信贷精细化和差异化管理，建立集团层面统一风险偏好和统一授信审批体系，提高对新业务、对风险的识别和应对能力。要做实风控责任制，抓紧完善全行内控合规体系建设，尽快搭建全行统一的合规管理及反洗钱管理平台，将合规管理嵌入流程。要完善相关制度，建立整改长效机制，强化责任追究，下决心逐渐分批解决屡查屡犯问题，从根源上遏制违规违纪问题，为实现全行全年经营目标和转型发展创造良好条件。

三、齐心协力，狠抓落实

目前我行改革、转型、发展的方向已明确，本次会议对于下半年经营安排进行了全面部署，全行上下要真抓实干，努力推进，切实完成好会议确定的各项目标任务。下面，我讲几点意见。

第一，坚持服务大局，提升强优能力。要着眼于履行好国有大行责任，提升服务实体经济能力，深化转型成效。要精准对接国家重大战略，配合供给侧结构性改革，积极支持“双创”项目和小微企业，支持消费升级，打造金融生态圈，做大“三大一高”业务，开拓新市场。要充分调动总分行特别是基层行的积极性和创造力，深入挖掘国家重大战略实施的发展机遇，积极应对“三去一降一补”带来的挑战，抓住新增长点，确保完成全年任务，不断做强做优做大。

第二，坚持落细落地，推动转型深化。当前，我行转型发展已棋到中盘，丝毫不能松懈。全行要立足于转型的既有优势，扎实推进14个转型重点专题和8个集约化专题，抓好二级分行及以下机构转型落地工作。梳理重检信贷管理、资源配置、考核、授权和审批等政策措施，适时作出调整。继续加快海外机构、子公司发展，加强集团联动，充分发挥综合化经营全牌照优势。继续加快创新型银行、智慧型银行建设，优化业务结构。加强对标管理，通过对照标杆找差距、对照标准查问题、对照目标补不足，营造你追我赶的良好氛围。

第三，坚持党建引领，强化责任担当。做好

建行的事情关键在党。全行要认真学习贯彻习近平总书记“七一”重要讲话精神，深入推进“两学一做”学习教育，加强思想政治建设，切实把全面从严治党落实到每一个支部、每一名党员，推动全行转型发展向更深层次推进。通过党建工作，进一步强化各级党组织和党员领导干部担当意识，做到党建和业务“两手抓、两促进”，特别是真正承担起风险管理和资产质量主体责任。下个月开始，总行党委成员将分头去重点分行督导风险化解工作。各分行领导班子要恪尽职守、敢于负责、事不避难，真正做到守土有责、守土尽责。

会议结束后，请各单位迅速将会议精神和工作任务传达布置下去。贯彻落实情况要于8月底前报告总行。

当前正值汛期，各分行要坚决贯彻习近平总书记重要讲话精神和总行党委部署，全面落实防汛抗洪责任制，加强领导，周密安排，做好灾害应急应对，加强值班管理，重大情况要迅速按有关程序报告，力保全行人员和财产安全。

在加强内部管控、遏制违规经营和违法犯罪专项检查“回头看”工作动员（视频）会议上的讲话

郭　友

（2016年8月3日）

同志们：

为巩固2015年“一加强两遏制”及“回头看”专项检查成果，进一步夯实全行风险防控基础，根据国务院和银监会有关要求，总行决定在全行范围内，再次开展“回头看”专项自查工作。今天，我们专门召开这次会议，进行全面动员部署，明确任务和要求。受洪章董事长和祖继行长的委托，我代表总行党委讲几点意见。

一、要高度重视，充分认识“回头看”工作的重要性

（一）本次“回头看”工作规格高，由国务院专门部署，是银监会下半年重点工作之一

2016年6月，在国务院应对国际金融危机小组会议上，马凯副总理专门做了讲话，明确提出要充分认识金融在整个经济中的重要地位和作用，认识到金融工作者的重大政治责任，具体部署了2016年“两个加强、两个遏制回头看”工作，要求包括我行在内的14家金融机构的自查、整改和问责报告不仅要报银监会，还要上报国务院办公厅。

银监会高度重视本次“回头看”工作。在7月14日召开的上半年监管会议中，尚福林主席专门进行部署，明确将该项工作作为下半年的一项重点工作来抓，已下发了总体方案和要求。银行自查工作结束以后，银监部门还要再次检查。由于本次时间比较紧张，很可能自查工作和银监检查同步开展。一些银监局已开展相关工作，有的甚至已经进驻现场开始检查。预计本次监管检查力度会远远大于以往，希望大家做到心里有数，做好心理准备。

（二）本次“回头看”工作要求高，要充分认识这次“回头看”检查的重要意义

国务院花大力专门组织金融机构开展“回头看”工作，是在新形势下防范金融风险、规范金融秩序、加强金融制度建设的重要举措，是对广大金融工作者的一次再教育，也是金融机构加强内控管理、规范经营行为的一项重要举措，意义

十分重大。

这次检查、在关注各项重点业务合规的基础上，将“服务实体经济”纳入检查重点，更注重揭示、剖析资金“脱实向虚”，在金融体系内“空转”，拉长融资链条，抬高融资成本等当前社会存在的难点问题，真正促进银行发挥对实体经济的支持作用。作为国有大型银行，除了要努力实现自身发展，我们还担负着维护社会经济稳定、支持宏观经济政策落实等社会责任。这一点，希望大家始终要牢记和坚持。

（三）本次“回头看”工作问责严，要求银行承担风险防控的主体责任

银监会规定“银行业金融机构要落实风险防控主体责任，各级监管部门要落实风险防控监管责任”，提出对于自查发现的问题可以免于监管处罚，但对于自查没有发现而以后暴露的问题，要严肃追究检查者的责任。监管部门的要求已经很明确，大家要充分抓住本次自查的机会，认真严格、不走过场地做好自查工作。

总体来说，这次“回头看”工作，既体现了国务院对金融工作的高度重视，也体现了监管部门对银行的严格要求，同时也是我们内部加强管理、防范风险的切实需要。

二、深刻理解，全面把握“回头看”工作的内容和重点

按照国务院、银监会要求，本次“回头看”是进一步巩固扩大2015年检查成果、夯实防范金融风险基础的重要工作。主要工作内容包括三个方面：一是整改和问责落实情况。逐条对照落实2015年“一加强两遏制”专项检查，以及上级党委巡视工作中发现的问题，是否全部整改、问责到位。二是我行在公司治理、内部控制、风险管理、案件防控，以及服务实体经济等方面的情况。三是重点业务环节、合规经营和风险控制情况。开展新一轮的自查，关注是否存在新发生的违法违规行为。

2016年“回头看”工作与2015年自查工作相比，除了继续查证公司治理、内部控制、案件防控以及信贷、存款、票据、同业、理财等重点业务外，还增加了一些新的内容，主要包括：

（一）增加了整改问责方面的落实情况

一是核实巡视工作发现问题的整改和落实情况。既包括中央巡视组对我行巡视发现问题的整改情况，也包括总行对分支机构巡视发现问题的整改情况。二是逐项对照检查2015年自查已发现问题的整改问责。重点关注整改问责是否到位，问责是否偏松、偏软，审慎性监管措施和行政处罚是否落实。三是强调立行立改。对于本次新发现以及以往未完成整改问责的问题，要求本次给国务院上报整改问责报告时，要说明理由以及下一步的整改计划。

（二）增加了重点查证的业务和事项

一是新增加了对代销业务的检查。包括是否未经授权或超越权限开展代销业务，是否假借机构名义私自推介、销售未经审批的产品，是否存在采取夸大宣传、虚假宣传等方式误导客户购买产品，是否违反客户意愿将代销产品和其他产品捆绑销售等。二是新增加了对服务实体经济的检查。包括是否积极支持战略新兴产业、高新技术产业，是否贯彻落实金融支持“三农”和小微企业、降低企业融资成本的有关政策和要求，是否严格落实相关的服务价格管理规定等。

（三）增加了对金融行业共性问题和难点的关注

包括严查考核激励机制不科学，重发展速度、轻风险内控的行为；违规办理票据业务、签订抽屉协议、贷款“三查”执行不力等行为；充当资金掮客，参与民间借贷和非法集资的行为；内外勾结、违法犯罪的行为；瞒报或迟报重大风险案件、对相关责任人查处问责不力的行为等。

我们要清楚地认识到“回头看”工作的重要性，确保规定动作准确到位，确保风险隐患检查不留死角，确保查证内容全面覆盖，确保整改问责及时有效。

三、抓紧落实，保证专项自查工作取得实效

本次自查工作，总行党委高度重视，总行已经制订了总体方案并报银监会备案，方案已印发全行。全行要按照方案中相关规定及时间安排，组织开展好自查、整改和问责工作。这里我再强调几点：

（一）提高认识，认清形势

本次"回头看"自查工作，是落实党中央、国务院关于防范金融风险、规范金融秩序、加强金融制度建设重要决策的具体部署，是针对当前金融领域存在问题的一次全面体检，既是国务院和监管部门的要求，也是我行强化责任意识和规矩意识、进一步规范自身经营管理的需要。监管部门也将进行各层级的监督检查工作。各单位务必要提高认识，实行一把手负责制，加强组织领导，层层落实责任。

（二）周密部署，确保实效

本次"回头看"检查内容覆盖广、任务重、要求高，需要各方面协调配合。各单位要认真研究监管和总行的方案，制订具体实施方案，列出时间表，扎实有序推进各项自查工作和检查工作。问题要切实查深查透，确保"回头看"工作的质量。要如实上报发现的问题。对自查未发现、未报告，经监管部门抽查发现的重大违规问题，要严格追究自查的责任。

（三）明确责任，分工协作

"回头看"工作涉及业务种类多，机构层次多。各部门一定要统筹协调，明确职责，落实责任，形成合力。一是要分工协作。总行已经建立了领导小组，由洪章董事长担任组长，祖继行长和我担任副组长，静波副行长、克鹏书记和俭华首席风险官为领导小组成员。总行审计部要负起牵头部门的责任；总行内控合规部，风险管理部，纪委、监察部，信贷管理部，国际业务部，股权部作为主要的配合部门，要密切配合，会同审计部统筹考虑分行、条线业务检查安排，建立有效的组织协调机制；其他各工作小组成员部门，要做好本条线自身业务的自查。二是要强化条线检查指导。总分行业务管理部门要有效履行对下条线管理的职责，加强对本条线自查工作的指导和质量检查，做好问题整改的牵头组织工作，同时对下实施抽查。各审计机构要提供人员、技术、方法的支持，直接参与对分行本级检查和对二级机构抽查。此外，各子公司、海外机构以及总行直属中心，由总行股权部、国际部及其他归口管理部门负责统一指导。三是总行将开展联合检查。总行计划 9 月中下旬，在分行自查的基础上，委派相关审计机构，联合总行内控合规部、风险管理部以及业务管理部门人员，对部分分行开展联合检查。严格执行银监会"三个不低于"的检查要求：一是机构覆盖面不低于 30%；二是抽查的业务量不低于 30%；三是抽查的项目数量不低于 30%。

（四）及时整改，严肃问责

对于 2015 年自查发现、上级党委巡视发现的问题，截至本次检查日，仍未整改、应问责未问责的，要逐条说明原因，提出解决方案，并对整改问责不力的部门和个人严肃追究责任。同时，对于本次自查新发现的问题及接受监管检查发现的问题，要做到边查边改，及时纠正，按要求做好责任追究工作。

（五）做好协调，加强沟通

各级行要做好与当地监管部门沟通。一方面，严格按照当地监管部门的要求，按时报送"回头看"工作方案、自查报告、整改问责报告等有关材料；另一方面，要积极配合监管部门的现场检查工作。在及时、准确地提供各类资料的基础上，主动做好沟通、说明和解释工作。对于监管部门现场检查发现的问题，要边查边改，最大限度地降低损失，避免风险进一步扩大。同时，要做好上下级行间的沟通，按照总行要求，上报工作进度和信息。各单位在自查工作中遇到的业务问题，应及时向上级部门反映，各部门要分工做好具体的指导工作，要对本条线的问题负责和把关。

同志们，本次"回头看"是国务院、银监会部署的任务，也是一次全面深入的自我完善。大家一定要本着对国家负责、对建行负责的态度，扎实做好工作，为我行经营管理和改革发展打下更加坚实的基础。

谢谢大家！

在部分重点分行资产质量管控工作座谈会上的讲话

郭　友

（2016 年 9 月 6 日）

同志们：

今天听了三家分行关于资产质量、风险化解处置等情况的汇报，感觉到各行主要领导同志对资产质量管控工作都十分重视，对风险化解处置和资产保全工作进行了周密的部署，采取了一系列针对性措施。从目前情况看，总体效果是不错的。但通过会议讨论，也反映出我们面临的形势仍然复杂，潜在的风险隐患依然较大。各级分支行班子成员要高度重视并带头履行总行党委、总行行长办公会一再强调部署落实的风险管控责任，在不良资产化解处置中，勇于担当，敢啃硬骨头，狠抓落实。针对目前资产质量管控情况，下面我讲几点意见。

一、加强组织领导，落实好党委主体责任

当前经济仍在低位徘徊，商业银行不良资产化解处置难度越来越大，新的不良贷款在某些领域有可能爆发式增长。对此大家不可掉以轻心，要增强大局意识，坚定责任落实的决心，加大工作力度。一是新官要理旧账。风险管控主体责任一刻也不能落空，各行必须持续保持资产质量管控和不良贷款处置工作的高压严控态势。在这一点上，在座三家分行做得都比较好，各位主要负责同志到位时间都不长，能够在上任伊始就狠抓落实责任，坚持转型发展与风险管控“两手抓、两不误”，为风险管控工作有效推进奠定了良好的基础。二是强化各层级主体责任落实力度。一方面，各级行党委成员要全力以赴、率先垂范，深入项目、亲自带领团队推动，把风险项目化解作出实效，不断强化主体责任落实力度。另一方面，责任的落实要贯穿各个层级、各个环节，加强对各层级员工的教育，坚持支行、分行、总行各层级责任贯通，在尽职调查、审批、发放、贷后管理全流程中落实责任。在今天讨论的大额风险项目中，很多问题都发生在支行，但支行的能力是有限的，仅靠支行承担风险化解责任是远远不够的，必须加强责任落实力度，上下同心，拧成一股绳，共同解决问题、渡过难关。

二、提升逆周期管理能力，有效遏制不良增长

建设银行在长期稳健发展过程中，积累了许多成功的管理经验。但在经济下行期，大量不良贷款的暴露，凸显出我们对市场变化缺乏准确预判，对部分复杂的项目缺乏应对手段，风险管理能力还有待提高。

一是量力而为。项目选择上要“有所为、有所不为”，根据自身信贷经营管理能力，实事求是，把与自己能力相匹配的客户做好，对不了解的行业和项目审慎介入。例如，今天讨论的个别项目，我们在贷款发放时不了解项目情况，到现在已经出了风险，还是对项目情况摸不透，这是非常危险的。再如，异地贷款项目应当按照属地负责原则，跨区域的项目需全行共同联动营销；否则，一旦出了问题，管理半径大、管理难度高，异地管理很难解决实际问题，各行应引起关注。

二是做好提前预警。我们在风险管控手段上，缺乏一些主动的、有效的方式。在运用大数据开展风险排查方面，我们的手段还不足，专业性有待进一步提高。要充分运用系统工具，建立风险预警模型，对各种风险点进行自动提示，提升风

险预警的前瞻性和针对性。工商银行的监控中心在这方面做得比较好，我们可以学习借鉴。

三是把好增量贷款准入关。经济下行期，潜在风险“水落石出”，这个时期才能够体现真正的管理能力，洪章董事长和祖继行长也都谈到过这个问题。从整体看，我们的不良率水平保持平稳，但具体到每个分支行，情况就不同了。今天在座的个别行，一家支行的不良贷款就占到了分行全部不良的一半以上，其中有客观原因，但主观原因也是不可忽视的。因此，对于增量贷款，一定要严格审查，把好准入关。

四是加强存量资产管理。长期以来，“重贷轻管”、贷后管理要求不落实、贷后管理流于形式的问题一直难以得到根本的解决。在当前形势下，各行更应深刻认识贷后管理对风险防范和化解的重要意义，由分行党委成员带头，组成领导小组，明确责任、分工负责，亲自对重点区域和重点项目走访排查，确保排查不走过场、不流于形式，及早发现、化解风险隐患，尽力降低存量资产风险。

三、加强抵（质）押品管理，保全信贷资产

应当意识到，过去十年银行取得的高速增长，与客户经营状况密不可分。现在客户经营面临困境，就要求我们进一步提升精细化管理水平。押品是银行风险管控的最后一道防线，对银行资产安全至关重要。2016 年总行启动了押品管理咨询项目，准备推进押品专业化管理体系建设，监事会、审计条线也在相关方面做了研究。各分行要高度重视押品管理工作，及时贯彻落实总行相关要求，加强押品管理体制机制建设，落实押品重估要求，对抵（质）押品加强监测管理，避免押品贬值导致银行损失。由专业人员实施押品管理流程关键风险点的管控，执行押品价值评估及对外部评估结果的审核，控制关键风险，保全信贷资产。此外，要关注与房屋中介、担保公司等中介机构合作的贷款。这些中介机构担保能力有限，要切实加大对与之合作贷款的风险管理，对于担保公司推出的新产品，一定要慎重对待。

四、坚持合规经营，加强员工队伍管理

今天会议讨论的重大风险项目，有的是由于宏观经济变化等客观原因引起的，也有大量问题是由于我们管理不到位，甚至是没有认真落实合规经营要求造成的。审计结果显示，这类问题的占比还很高。经济下行期，风险事件多发，违规违纪现象也大幅增加，民间借贷、违规理财等案件频出，大家要予以重视。一方面，要加强员工队伍管理。教育和管理好我们的干部，才是对他们真正的爱护。另一方面，要加强总结反思。对于形成的不良贷款，要分析问题、剖析成因、举一反三、吸取教训。在座的三家分行要做好案例总结，并在分支行内部进行交流，通过宣传教育，敲响警钟，杜绝类似问题再次发生。

最后，希望通过这次会议，大家能够真正理解总行党委的意图，并抓好落实。各机构要继续坚定信心、迎难而上、脚踏实地、实事求是地落实总行和当地监管机构的要求，扎实做好资产质量管控工作，在此基础上，加快推进转型发展，确保完成全年经营目标。

谢谢大家！

在全行存款偏离度管理（视频）会上的讲话

庞秀生

（2016 年 6 月 7 日）

同志们：

上午好！本来我认为存款偏离度不是什么问题，但现在看压力越来越大，已经成为每个季末最让人关注和担心的事情，偏离度一旦超标，会带来严重的后果。所以，今天召开这个会议，下面我谈几点意见。

一、存款偏离度管理压力持续增大

存款偏离度监管要求本身没有问题。一是监管要求并不高。对支行、网点来说，大客户的资金进出可能会导致偏离度超过 3%，但对总行、一级分行以及存款规模较大的二级分行来说不存在任何问题。近两年，我行非季末月份的存款偏离度基本在 1% 左右，3% 的偏离度要求已充分考虑存款季节性波动因素，是留有余地的。二是总行坚持日均存款考核导向。2010 年以来，无论是考核还是资源配置都不与时点存款挂钩。洪章董事长、祖继行长多次强调稳定的存款资金是银行经营基础，明确要求杜绝存款“冲时点”现象。三是存款自然增长不会导致偏离度超标。从全行 3 月 20 日到 6 月 6 日的数据看，除了 3 月最后两天“冲时点”存款外，其余时点存款余额都低于 3 月 20 日。个别分行认为，存款“冲时点”也会带动日均存款增长，这个作用其实微乎其微，对日均存款的提升作用仅约 0.1%。

2015 年以来，存款偏离度达标压力不断增大。2015 年 6 月，我行账面存款偏离度 3.334%；经与监管部门多轮沟通，按剔除大额存单计算的存款偏离度 2.998%，勉强达标。9 月，存款偏离度 2.98%，逼近监管上限。12 月，存款波动再次超出预期，月度中间的偏离度一度超过监管上限；总行多位行领导亲自出面协调，作为政治任务对下部署，经过全行强效管控，偏离度控制在 1.11%，但 31 日的一般性存款大幅波动也对业务经营和流动性管理造成较大影响。2016 年 3 月，存款波动呈进一步扩大态势，总行适时启动 12 家重点行管控措施，经过全行不懈努力，最终我行 3 月末存款偏离度为 2.83%，虽然达标，但是也相当危险。

银监会自 2014 年 9 月实施偏离度监管以来，一直将其列为重要监管要求，对不达标银行采取通报批评、暂停准入事项 3 个月以上、降低监管评级等处罚措施。目前，五大行中仅有我行各季度偏离度均满足监管要求，其他四大行都已触发监管红线，银监会给予了相应处罚。2016 年 3 月末，银监会对于偏离度超标的分行，不仅通报批评，而且约谈一把手行长，同时暂停准入事项 3 个月。银监会的主要领导明确表示，如果我行存款偏离度超标，也将采取上述处罚措施。

二、存款“冲时点”行为十弊而无一利

第一，“冲时点”行为与转型发展要求背道而驰。转型就是要真正把业务调整到综合性、多功能、集约化、智慧银行、创新银行的方向上来，就是要解决过去“冲时点”的老套路。“冲时点”的行为是对转型的曲解，与转型的要求背道而驰。

第二，“冲时点”行为示范效应很不好。基层机构和员工的经营重心发生偏差，将相当精力放在做季末的存款数字上，不惜代价追求所谓的排位“虚名”，形成“弄虚作假”的不良风气，忽略实实在在的客户和业务拓展，长此以往，必将损伤可持续发展能力。

第三，“冲时点”行为付出高额成本，“赔本赚吆喝”。一方面，存款月末激增，要多缴存准备金，而这种月末进、月初走的资金难以运用，只能增加全行经营成本而不能带来效益。同时，这种资金大幅波动对流动性管理形成压力。另一方面，为获得月末资金，往往要额外支出费用，存在违规经营风险，甚至出现内外部结合的资金利益链条，构成道德和操作风险。

第四，“冲时点”对宏观货币政策形成冲击。从近两年数据看，第一季度 M_2 同比增速比 4 月份高出约 1 个百分点，究其原因，与银行业季末存款“冲时点”有关。社会各界对货币政策执行提出批评，监管部门承受了很大压力。这也是监管部门设置存款偏离度指标的根本原因。

三、从根本上解决存款“冲时点”行为，确保偏离度符合监管要求

虽然我行始终高度重视存款稳健发展，但“冲时点”问题不但没有杜绝，从近两年的情况看仍具有一定普遍性，问题还很突出。主要原因，一是尽管总行不再考核时点存款，但部分一级分行、二级分行对下的考核和资源配置中，还有存款时点增长指标。二是部分分支行领导不能与时俱进，工作上还是老套路，虽然不再考核了，还要强调时点数字。三是部分分行平时业绩不好，为了撑面子，纵容甚至鼓励基层行关键时点“冲时点”，制造虚假绩效。

为进一步推进转型发展，总行下决心建立长效机制，彻底摆脱季末全行为存款偏离度疲于应对的境况，引导各级经营机构将注意力和工作中心放在基础业务和转型工作上，例如抓好“存款 8 个问题”、贷款项目储备、中间业务产品培育、风险防范、网点转型等。从 6 月末开始，各一级分行存款偏离度按低于 3% 把握，超标分行将给予处罚。处罚措施具体如下：一是偏离度大于等于 3% 且小于 5% 的，以超标当季活期一般性存款日均余额，按现行内转价格下调 10 个基点计算内部资金转移利息收入；偏离度大于等于 5% 的，以超标当季活期一般性存款日均余额，按现行内转价格下调 20 个基点计算内部资金转移利息收入。这个处罚力度，从内部看，既在分行可承受的范围内，又会对分行有所触动；从外部看，与央行 MPA 管理和财政部国库资金管理的处罚力度大致相当。二是由于管控不力对全行偏离度造成严重影响的分行，将按有关规定追究相关人员的责任。一级分行在对下的管理中要注意具体情况具体分析，对大多数二级分行，3% 的偏离度要求是可行的；但对支行和网点不要实行存款偏离度管理，不能影响业务的正常发展。

各分行要高度重视 6 月末存款偏离度管理工作，采取切实有效措施，确保偏离度达标。一是从现在开始，所有一级、二级分行的考核及资源配置中，不能再有存款时点指标。二是即使业绩不好、指标完不成，也不要拿“冲时点”来撑面子，这只会带来更严重的后果。三是全行要把思想统一到转型发展上来，要将稳健经营的理念传导至基层机构，不能再按老套路发展业务。四是要抓好具体工作。要提前部署预测预控工作。各分行要密切关注地方债密集发行、国库资金拨付加快等因素对存款增长的影响，要摸清底数，提前筹划，做好疏导。要尽快解决理财和 CTS 等资金季末转化为存款对偏离度造成的压力；原则上，季末几日理财等资金转化存款金额应与非季末日水平相当。同时，各行要做好 6 月份成立的非保本理财产品发行和销售工作，有效承接到期理财资金以及超计划增长的客户存款。总行“乾元－日鑫月溢”开放式理财产品的申购截止时间将继续延迟，各行要提前做好必要的客户营销组织工作。

把握机遇 深化转型 持续精细推动对公业务稳健发展

——在中国建设银行2016年对公业务工作会议上的讲话

章更生

（2016年3月16日）

大家上午好！我们这次会议的主要任务是贯彻落实全行工作会议精神及转型发展规划，把握机遇，深化转型，谋求发展，持续提升对公业务市场竞争力和价值贡献度。总行党委对这次会议高度重视，黄毅副行长、静波副行长挤出时间出席了本次会议，一会儿还要做工作部署。下面，我先讲四个方面的意见，供大家讨论。

一、2015年以来对公业务工作回顾

2015年，全行对公条线按照总行党委、高管层的决策部署，认真贯彻执行国家宏观调控政策和监管要求，积极应对复杂的形势和激烈的竞争，克难奋进，锐意进取，在相关条线的大力配合支持下，经过全行上下共同努力，各项业务成绩优异，市场竞争力不断增强，转型发展持续推进；2016年初以来开局良好。

（一）账户新增四行首位，客户基础逐渐夯实

1. 结算账户增量、增速四行首位。单位人民币结算账户总量571万户，四行占比25.5%，较年初提升1.6个百分点；全年新增85万户，增速17%，增量、增速连续四年保持同业第一。账户总量与第二位的差距从2011年的132.15万户缩小到13万户，与第一位的差距从2011年的188.27万户缩小到116万户。同时，账户结构进一步优化，基本结算账户总量385万户，占全部账户的67.5%，比年初提高2.6个百分点，连续6年提升。

2. 客户总量较快增长，重点领域表现突出

——公司机构客户达到367.5万户，新增44万户，增速13.62%；有效客户新增8.4万户，总量达到161.3万户，增速5.5%。

——总行级主办银行客户776户。

——机关事业单位养老保险账户综合覆盖度达20.07%，多地实现代理资格突破。

——银医、银校合作客户覆盖度大幅提升，银校通、银医通合作客户数量合计超过1100家。

——证券保证金第三方存管及银期直通车客户总量3590万户，继续保持行业第一。

——小微企业授信基本户达到4.9万户，占全部授信客户的56.7%，较上年提高1.9个百分点，基本户新增占全部授信户新增的91.1%。

——现金管理活跃客户总量达129万户，覆盖全行对公客户的32.8%；净增33.5万户，增幅35.2%。

——对公网络活跃客户快速增长，总量达301.77万户；新增63.5万户，增幅26.62%。

——国际收支客户数突破7.5万户，增幅7%。

——电子商务签约平台达108家，新增24家。

（二）有力支持实体经济，信贷结构持续优化

2015年累计发放本外币公司类贷款3万亿元，全年贷款新增2828亿元，余额突破6万亿元，达到62144亿元。支持国家重大工程项目3580个，签约投放金额和贷款储备金额合计1.2万亿元。

1. 巩固传统优势，全力支持经济发展

——基础设施领域贷款新增1531亿元，在公司类贷款新增占比54.1%。成功营销中广核防城港二期、北京新机场、蒙华铁路、京津冀城际、

武汉轨道交通8号线等众多优质项目。

——小微企业贷款实现"三个不低于"，贷款增速高于各项贷款增速2个百分点，贷款客户数同比增加9869户，申贷获得率同比提升1.5个百分点。人民银行小微企业信贷政策导向效果评估优良率79%，居四行第一。

——涉农贷款余额1.89万亿元，较年初增长1010亿元，增速为5.64%。

——民生领域信贷投入不断深入，全年教育、卫生行业投放贷款500亿元，市场份额连续10年保持同业首位。

2. 严格执行监管要求，信贷结构持续优化

——产能严重过剩行业信贷、贷款余额分别比年初下降78亿元、36亿元。

——房地产开发类贷款投向优化，其中一二线城市房地产开发类贷款余额全行占比78.1%，比年初提高0.3个百分点。

——全行主动压缩退出贷款530亿元，计划完成率264.7%，近五年累计退出近3000亿元。

（三）中间业务保持四行首位，重点产品亮点突出

1. 收入总量实现"五连冠"。实现对公中间业务收入370.5亿元，占全行手续费及佣金收入的31.7%；按照四行可比口径，对公中间业务收入401.7亿元，四行占比33%，位居第一，超工行50亿元，连续五年四行首位。

2. 重点产品市场竞争力增强。境内保证、转贷款、承诺、CTS、单位人民币结算、年金、托管、国际结算等8项产品收入居同业前两位。圆满解决造价咨询业务投标独立法人限制问题，实现军工涉密业务咨询服务保密资质零的突破，为业务持续发展打下了基础。

3. 精简服务收费，确保合规经营。取消信贷证明等4项收费项目，合并建设项目投资估算等6项造价收费项目；对小微企业，在原有16项减免收费项目的基础上，新增承兑承诺等10项减免项目，新增对公账户余额管理等7项收费优惠项目。

（四）对公存款稳定增长，新增位次同业领先

1. 认真落实监管要求，稳定性近五年最优。人民银行口径本外币对公存款余额突破7万亿元，新增4207亿元，严格控制在偏离度要求之内。全年存款负增长天数仅31天，少于上年148天，为近五年来最少。2016年以来仅10天负增长，稳定性历史最优。

2. 超额完成年度计划，市场位次同业领先。核心口径本外币对公存款日均新增5061亿元，计划完成率124.8%。人民币对公存款日均新增4694亿元，四行第二，占比34.97%；日均余额四行占比27.3%，较上年提高0.41个百分点，四行第二。截至3月10日，本外币对公存款新增1695亿元，同比多增1217亿元，四行第一。

3. 机构客户存款贡献突出，重点结算产品稳存效果显著。机构客户存款时点余额突破3万亿元，达到30122亿元，较年初新增2853亿元，占对公存款新增的85%。对公一户通、实时现金池、票据池三项产品共沉淀存款1.5万亿元，固化客户存款近2万亿元，分别较年初增加1990亿元、2104亿元。

4. 非存款类金融机构存款增长稳定。非存款类金融机构存款余额1.12万亿元，新增1874亿元。存款类金融机构存款余额2800亿元，新增1053亿元。

5. 资金体内封闭能力不断提升。对公存款累计资金循环率和体内承接率分别达到54.7%和55%，分别较年初提升2.4个和2.6个百分点。

（五）持续推进转型发展，对公转型取得阶段性成效

1. 搭建平台，做实综合营销

——市场营销硕果累累。与山西、沈阳等9个省（市、区）政府，与交通部、人社部、总后、国税总局等12个部委和总局，与韩国LGD公司、中国信保、铁路总公司、华中科技大学等8家重要客户，与国开行、上海清算所、信达资管、太平保险等97个金融机构客户签署合作协议。在国家领导人见证下，与俄罗斯直投基金、南非工业发展公司签署合作备忘录。

——部门联动亮点纷呈。通过联动营销，全行累计发行ETC电子标签912.7万个，新增751.5万个，覆盖全国23个省；带动信用卡客户净新增61万户，协助代发工资户新增1283万户，成功推荐私人银行客户913户；全年承销战略客户债券2893亿元，占全行非金融企业债券承销总

量的54.5%；金融社保卡发卡总量达到7794万张，全年新增发卡2100万张；在四行中成功发放首批军人住房公积金贷款。

——母子公司联动高速增长。母子公司对公条线业务联动量1511.4亿元，同比增长64%；联合股权部开展了“综合金融服务上门”活动，6家子公司向51家优质客户推介综合金融服务。举办全行性母子公司协同联动优秀案例评选活动，全面检验和集中展示联动工作成效。

——区域联动扎实推进。组织召开珠三角例会，推动珠三角联动需求284项。成立京津冀协同发展委员会，制定联动工作规程，召开年度工作例会，研究支持京津冀协同发展的措施，共对接200余个项目的联动需求。搭建“一带一路”投融资平台，累计储备境内外重大项目近400个，涉及金额超过2万亿元。召开协调会议，下发专项批复，全力支持北京行政副中心建设。

2. 创新经营模式，全力推进综合服务

——综合金融服务全面推广。全年直接融资与间接融资配比达到4.01，较上年大幅提高1.76。为南方电网、中国商飞、海南航空、中联重科等49家客户制订综合金融服务方案。支持保险资金开展实业投资，储备项目60个，涉及金额1100亿元；与建信信托、绿地集团、上海建工共同发起中国城市轨道交通PPP产业基金，首期规模240亿元。中标400亿元广东省铁路发展基金项目，继续巩固我行在铁路投融资改革领域的同业领先地位。保持网络银行业务先发优势，网络银行业务已经为超过1.8万客户提供1854亿元网络融资支持。提升财政客户体验，优化电子化服务，荣获中央财政授权支付代理银行综合考评第一名。

——实现战略客户服务境内、境外“全覆盖”。夯实境内业务基础，综合拓展传统业务、新兴业务及非银行金融服务，聚焦央企改革，为中石油混改、南北车重组、中海运和中国远洋重组等定制服务方案。推进海外业务转型，截至2015年底累计储备海外项目477个、“走出去”重点客户463个，全年成功营销海外项目68个，签约金额211亿美元，中标中国化工收购倍耐力银团等多个标志性项目核心角色，牵头组建信达收购南洋商业银行项目银团，促成香港迄今最大的金融类并购交易。

——现金管理业务价值贡献持续提升。全行现金管理活跃客户增长35.2%，覆盖全行对公客户的32.8%；为埃克森美孚、统一星巴克等107家重要客户组建现金管理服务网络，总行级客户覆盖达35.6%；克服政府定价新政、结算类收费减免影响，实现结算与现金管理业务收入101.5亿元，四行占比达30.4%，同比上升0.55个百分点，其中新型结算产品收入快速增长，增幅达53%。

——全力推广小企业业务经营新模式。“助保贷”银政合作平台达1270个，客户和贷款增幅分别为68.4%和42.3%。与国税总局开启银税合作增信新模式，获国务院领导肯定。评分卡模式小企业贷款增幅近150%，户均贷款129万元，大数据产品贷款余额突破百亿元，户均贷款66万元，小额化转型成效显著。

——养老金管理公司正式开业。经国务院批准，并报银监会核准同意，建信养老金管理有限责任公司于2015年11月20日正式挂牌成立。运营受托资产余额835亿元，首次超过工行，位列同业第一，实现历史性突破。

——同业资产业务快速发展。同业资金运用规模近2万亿元，同比增幅47%；余额7129亿元，同比增长48%。克服市场利率下行等不利因素，四项资产业务利息收入269亿元，同比增幅10%；实现中间业务收入13.5亿元，同比增长17.4%。

——托管业务市场份额不断扩大。资产托管规模从4万亿元跃升到7.2万亿元，增速67.4%。托管费收入达到33.9亿元，比年初新增9.3亿元，增速37.8%，计划完成率129.8%。证券投资基金托管资产规模四行占比33%，托管基金数量和新增数量均为市场第一。获得全国社保托管资格，综合实力不断增强。

——国际业务取得新突破。境内完成跨境人民币结算量1.7万亿元，同比增长19%；新获智利、瑞士两家境外人民币清算行资格；获任“沪港通”结算银行；成功发行伦敦交易所上市的首只人民币债券；推出欧洲首只人民币RQFII货币基金和ETF基金。上海市分行自贸区创新业务全年累计开立FT账户6369户，存贷款余额居同业首位；新疆霍尔果斯边境合作中心支行在同业中首家创新开办离岸人民币业务，各项主要指标同业第一。

（六）基础管理不断夯实

1. 对公信贷资产质量稳定。面对经济下行、信用风险集中暴露的不利局面，全行对公条线上下齐心、积极应对，从防新增、压存量两方面着手，持续加大不良贷款、逾期贷款和垫款的清收与处置力度；积极推动总行“三十大”风险项目化解处置及分片包干压控不良工作。

2. 产品创新成效显著

——积极响应市场需求。率先推出 PPP 全流程金融服务；创新农村承包土地经营权抵押贷款，扩大我行可接受押品范围；优化并购贷款，强化专业管理；同业首批发行大额存单，提高主动负债能力；同业首推保险资金综合金融服务方案，湖北省、上海市分行已成功为客户提供综合服务；创新全球现金管理、智能跨行收款、“芯一代”单位结算卡产品，本外币一体化服务能力不断提升；业内首批开展香港互认基金代理人业务、沪港通业务；业内首创为境外三类机构客户提供“债券交易 + 托管”服务；推出同业投资业务，业务开办 4 个月以来配置同业投资资产 704 亿元，实现综合收益 19 亿元；同业首创“三建客”等创新产品，形成支持“走出去”企业中短期项目融资的完整产品链；配合上海清算所创新推出人民币外汇交易中央对手清算代理业务，并成功上线 3 家金融机构客户。

——工具创新成果丰硕。全行公司、机构、同业业务中心、小企业、结算条线经营管理工具创新 401 个，进一步激发了基层创新活力。

——品牌影响力不断提升。银团贷款荣获中国银行业协会银团委员会最佳管理奖、最佳交易奖；荣获银监会“全国银行业金融机构小微企业金融服务先进单位”，是大型商业银行中唯一获奖单位；现金管理业务荣获《环球金融》“亚太区最佳流动性管理银行”和“中国最佳财资和现金管理银行”两项大奖，成为唯一获得亚太区奖项的中资银行；同业业务两次蝉联中国金融期货交易所“期货保证金存管业务优秀奖”；荣获上海清算所优秀结算会员、优秀清算会员奖；荣获《财资》“最佳贸易融资银行”奖；荣获中国银行业协会 2015 年度养老金业务最佳业绩奖、最佳发展奖；连续四年荣获中国 CFO 最信赖银行评选最佳养老金服务奖；连续三年被评为“中国债券市场优秀托管机构”。

3. 搭建转型发展交流平台

——推广先进经验。选取母子公司业务协同、银医银校合作等市场营销、助保贷等产品及经营模式创新、经营管理、风险防控及工具应用等 5 大方面共 36 项重点推广的先进经验项目，并通过视频会、专题培训、业务参考、信息快报、建行报等多种途径对先进经验进行宣讲推广。

——开展对公业务对标活动。选取 35 类对公业务主要指标，涉及客户账户、企业存款、对公贷款、对公中收、资产质量五大方面，对标同业，巩固和提升业务领先优势，查找和弥补业务发展短板。截至 2015 年末，各类主要指标存量或增量基本居四行前两位，保持良好的竞争优势。

4. 对公客户经理队伍“量质齐升”

——充实队伍数量。全行客户经理聘任人数 2.61 万人，新增 1.08 万人，超目标聘任 1414 人；加大内部人员挖潜，已聘对公客户经理在其他非对公部门岗位工作的人员 983 人，较年初减少 304 人。

——提高队伍素质。组织完成《信贷人员持证上岗培训教材客户经理篇》，参与《信贷人员持证上岗培训教材基础篇》教材编写等相关工作，并配合人力部举办了 9 期“信贷人员轮训客户经理兼职师资培训班”。

5. 完善科技系统，保障业务发展。配合新一代系统上线工作，全面优化 OCRM、代销保险、清算支付、FIMS 系统、外币现金管理和跨境双向人民币资金池系统等功能；完成企业级代收代付项目、对公综合签约、代理银行应用系统、贸易融资一体化管理等功能成功上线；完成原现金管理和重客系统 34 万对公客户、企业网银 260 多万查询转账类客户的成功迁移；成功推出全流程线上综合营销管理平台，建立起贯穿整个营销服务过程的商机管理体系。研发结算账户资金大额波动事件模型、客户忠诚度—价值细分模型、小企业大数据客户挖掘等工具的数据及方法，推进客户流失预警项目、对公存款潜在客户挖掘模型应用。

由于这次会议是8个条线在一起召开，涉及工作范围广，无法逐一展开来讲，只是罗列了一些工作成果，难免挂一漏万。应该说，过去的一年用业绩辉煌来形容，一点也不为过。归纳经验，总结原因，主要是由于我们加强了创新，改变了打法，采取了集团式作战，加大了工作力度。实践证明，只要我们努力，就会有成效；只要我们肯动脑子，就会有出路；只要我们利用好各种资源，就会有好的战绩；只要我们认认真真按照要求去做，一切事情都能做好。

2015年在国内外经济形势异常复杂、同业竞争激烈的情况下，能取得这样的成绩，既得益于总行党委、高管层的正确领导，也是对公条线全体员工齐心协力、努力打拼的结果。在此，谨向你们并通过你们向对公条线全体员工表示衷心的感谢！

二、当前对公业务面临的机遇与挑战

在年初召开的全行工作会上，洪章董事长、祖继行长已经就当前国内外经济金融整体形势进行了深入的分析，这里我只是简要点一下。总体来看，当前国内外经济金融形势依然复杂多变。从国际看，世界经济复苏仍显乏力，主要发达经济体货币政策取向分化，新兴经济体货币贬值、资本外流压力加大，全球金融市场巨幅震荡，大宗商品价格深度下跌，不稳定、不确定因素增多。从国内看，尽管消费保持稳定，服务业在GDP中占比已超五成，高技术产业增加值较快增长，反映出新的经济增长动能正在逐步形成，但随着转型升级进入关键阶段，趋势性、周期性、阶段性矛盾相互叠加，投资、出口增速持续下滑，部分经济活跃度和景气度指标不理想，工业生产下行压力较大。对此，党中央、国务院牢固树立创新、协调、开放、绿色、共享发展理念，坚持供需两端发力，稳步推进“三去一降一补”，积极释放政策红利，效果逐步显现。我们要及时加强国内外宏观经济金融形势预判研判，按照党中央、国务院的决策部署，以转型发展规划和全行工作会议精神为指导，一手抓机遇、谋发展，一手补短板、强基础，巩固和保持对公业务的良好发展态势。

（一）把握机遇，实现突破

1. 重大工程项目投资持续发力，优质项目储备空间巨大。2015年以来，国家发改委持续加大重大工程项目推进力度，在2014年七大工程包的基础上，又追加了轨道交通等四大工程包，总投资金额超过5万亿元；同时，着力完善重大工程项目投融资机制，广泛吸引社会资金参与；还划定了一批项目，通过专项建设基金充实项目资本金来源，降低项目资产负债率和财务成本，有效引导金融机构跟进配套融资，2015年专项基金规模达到了8000亿元，据悉2016年专项基金总规模不会低于这一水平。这些政策措施的出台，丰富了项目储备资源，增强了基础设施项目融资的还本付息能力，健全了风险缓释手段，提高了我行配套融资的安全边际，机遇巨大。

2. 军队编制体制改革为我行军警业务实现突破提供历史性机遇。随着五大军种和五大战区的正式成立，“军改”顶层设计基本完成，接下来就是按照新的编制体制和管理模式，对机构和人员进行相应调整，这种调整为我行冲破既有同业间利益格局、提升市场份额打开了绝佳契机。

3. 国家加快养老保障体制改革带来重大机遇。2015年国务院颁布了《国务院关于机关事业单位工作人员养老保险制度改革的决定》，2016年是各地机关事业单位养老保险专户开立的决胜年；同时，我行已与全国社保基金理事会等共同发起设立了养老金公司，双方合作关系空前密切。各行要抓住这一有利时机，持续地跟踪与营销，全面布局拼抢基本养老保险和职业年金这块新“蓝海”，全力营销地方养老上划资金的归集账户，切实把已经抢占的市场先机转化为经济效益。

4. 对外开放迈向深入，全球化金融服务需求旺盛。在全球经济的调整期，出于稳定本国就业考虑，国际贸易摩擦增加，关税壁垒加重，而随着国内劳动力、土地、环保等成本投入的上升，以往中国作为“世界工厂”的比较竞争优势有所削弱，形成境外产能、开展境外产能合作成为越来越多中国企业打开国际市场的重要突破口。2015年我国对外非金融类直接投资实现1180亿美元，创下历史最高值，实现连续13年增长，存量首次超过万亿美元大关，反映了中国企业全球化布局的加快。对外直接投资的快速增长将有效拉动海外金融服务需求的快速增长，跨境并购融资、国际结算、跨境电子商务、全球现金管理等全球化金融服务舞台广阔。

（二）查找问题，弥补短板

1. 部分指标市场竞争能力有待提升。2015 年末，总行在全行范围内开展了对标活动，从 2015 年结果看，有些指标还有进一步提升空间。比如企业存款，虽然全行余额、新增位于四行第二，但仍有 3 家分行处于当地四行后两位，而且其中 2 家分行四行余额占比还在下降。面对同样的内外部形势，为什么有的分行就能够打赢翻身仗，比如青岛市分行就从第四跃至第一，而有的分行不仅没有前进，反而还在后退？此外，公司类贷款投放也存在同样的问题，抓大项目、抓投放以往是我们的优势，但 2015 年全行对公贷款新增四行末位，2016 年前两个月仍没有明显好转，这里面有全社会直接融资规模扩大、地方政府债务置换、不良贷款处置等客观因素，但也反映了部分分行对公司类贷款的综合带动作用认识不充分、客户综合账没有算清，以及对“三大一高”客户战略执行不到位的问题，这需要及时纠偏。银行经营就像“过日子”，不能只讲当前的日子，今后的日子我们还要过，失去了大客户就失去了发展的支柱，大客户是一个平台，各条线、各子公司都可以在这个平台做业务，如果失去了这个平台，都没有好处。

2. 对公业务转型发展步伐参差不齐。尽管全行对公业务转型发展方面取得了阶段性成效，但行际间差异很大，部分分行转型发展步伐明显没有跟上节奏，明显拖了全行后腿，比如某些大行资金体内循环指标位次靠后，与其存款体量不够相称；有的分行直接融资业务甚至还没有开张，2015 年直接融资发生额为零等。对此，相关分行务必要增强转型发展意识，向先进行看齐，加大力度、加快进度，尽快赶上全行转型发展步伐。如果是对转型的认识问题，这个问题毋庸置疑，因为全行已经做了充分的论证。也就是说，该不该做的问题，大家不用考虑，就是必须做。如果不是认识上的问题，一是要认真吃透总行的有关文件精神；二是要到其他行取经；三是要改变自己的工作方式方法，采取研究式的工作方法，调动大家的积极性，让大家一起来研究，那就没有做不好的。如果 2016 年再做不好，那只好换人。

3. 逆周期的信贷经营能力仍待培育。截至 2015 年末，整个银行业不良贷款额已经连续 17 个季度攀升，风险管控形势异常严峻。可以说，经济下行期考验一个银行信贷经营能力。但目前看，作为前台条线，我们在信贷经营的招法准备上还有一些不足，客户选择、行业/客户经营趋势研判、风险收益平衡、过程控制、资源调配等能力还有待提升；贷前、贷后一些制度规定的执行力还要进一步加强。在这里，我们可以算下账，按照公布的数字，2015 年整个银行业不良率在 1.6% 以上，不良率与不良客户数虽然不是百分之百地吻合，我们放大一下，不良率是 1.6% 以上，不良客户按此放大 3 倍，那不良客户也才 5%，为什么我们就偏偏选择了这个少数？客户选择能力必须加强！

三、2016 年对公业务发展思路和目标

（一）2016 年对公业务发展思路

根据全行转型发展规划以及全行工作会议要求，2016 年对公业务发展思路是：以深化转型发展为主线，以综合营销、综合服务、综合定价为核心，主动对标同业，增强创新驱动，加强队伍建设，强化信贷管控，夯实基础管理，持续巩固和提高市场地位，实现转型发展再上新台阶，继续提升对公业务的价值贡献。

（二）2016 年对公业务主要发展目标

1. 公司机构有效客户新增 5.48 万户，增速 3.37% 以上；对公网络活跃客户新增 31 万户，增速 10%；现金管理活跃客户新增 24 万户，增速 13%；单位人民币结算账户新增 60 万户，进位到四行第二；基本结算账户新增 48 万户，增速 13%。

2. 本外币企业存款日均新增 4020 亿元，人民币企业存款日均新增 4000 亿元。

3. 实现公司中间业务收入 385 亿元，增速 3.9%，保持四行首位。

4. 机构业务社保金融 IC 卡新增 1525 万张；机关事业单位养老保险账户覆盖度提升 5 个百分点，达到 25.7%；银医通合作医院新增 90 家，银校通合作院校新增 80 家。

5. 小微企业贷款确保完成“三个不低于”监

管要求，“助保贷”模式贷款计划新增200亿元，小微企业大数据产品贷款新增计划100亿元。

6. 同业业务中心资产业务日均余额计划新增4000亿元，负债业务日均余额计划新增3000亿元。

7. 国际收支客户数和跨境人民币客户数同比增速不低于5%，跨境人民币四行占比实现稳中有升，北上广深等重点分行当地四行占比不得低于全行平均水平，已高于的应在现有基础上至少再提升1个百分点。

8. 直接融资与间接融资配比水平不低于2.5。

9. 资产质量相关指标控制在全年高线计划之内。

四、2016年对公业务工作措施及要求

（一）纵深推进对公业务转型发展

按照总行党委“综合性、多功能、集约化”转型发展总要求，2014年初总行召开了对公业务转型推进视频会，随后在全行率先下发了对公业务转型实施方案，提出了直接加间接等10个对公业务转型方向；全行转型规划出台后，全行对公条线围绕“巩固和发展批发业务”专题，全力推进各项转型举措落地工作。2016年，全行对公条线要以对公“三综合”，即综合服务、综合营销、综合定价为核心，把对公业务转型向纵深推进，要在关键领域有所突破。

1. 努力打造综合金融服务的金字招牌。综合金融服务方案是搭载建设银行集团产品的综合平台，是服务客户的重要载体和成果体现。2015年，总行下发了《总行级主办银行客户综合金融服务方案设计指引》，框架性地提出了综合金融服务方案的设计原则和方法，并实现了战略性集团客户综合金融服务方案的系统化。2016年，总行将进一步完善主办银行客户选择标准、健全动态调整机制，并推进相关差异化政策落地。各行要因地制宜，运用好指引，以该指引为框架，一方面突出主办银行客户综合金融服务的专业性和差异性，另一方面要扩大综合金融服务适用客户范围，实现全量客户服务能力和客户价值挖掘能力的“双提升”。

2. 持续构建综合营销平台。综合服务更多地是侧重于产品，但客户对一个银行的金融服务认知是有限的，需要一个渠道支持平台对客户的需求进行采集、分析、引导、推送、售后跟踪。“酒香不怕巷子深”在作坊时代可以，在工业化、信息化时代肯定不行。只有好产品没有好渠道就是“傻把势”，只有好渠道没有好产品就是“假把式”，既有好渠道又有好产品才是“真把势”，才是一个银行核心竞争能力。对公业务转型过程中，我们一直倡导“客户部门搭台、产品部门唱戏”也就是这个意思，大家一定要从全行利益最大化的角度出发，推进产品、渠道的深入融合。这次会议规模很大，8个条线300多人，有客户部门，也有产品部门，有境内分行和子公司，也有海外机构，大家都希望参加、高度重视，因为这是一个业务交流的机会、一个市场/客户需求传递的机会、一个产品/服务推介的机会。应该说，现在大家都已经清楚了构建对公综合营销平台的重要性，2016年要推动相关制度、联动模式机制建设，比如综合营销怎么组织、客户需求怎么传递和响应、营销层级标准怎么划分、客户经理和产品经理怎么协同等，要有章法可循；要把这个机制建好，形成对客户营销服务的无缝衔接。

3. 全面推广综合定价。综合定价是综合服务、综合营销的核心要素之一，是衡量客户综合贡献度的标尺。2015年，我行综合定价试点推广工作取得了很好的成绩，客户范围已经扩展到了总行级战略客户、总行级主办银行客户以及分行级主办银行客户，2016年要在对公客户中全面推广。除了客户范围扩大以外，还要在部门协同上下工夫，在确保客户综合收益的前提下，运用综合定价调剂相关产品、客户部门的收益分成，对外一口价、内部再算账，提升对公业务市场化、差异化定价能力，推动盈利水平提升。

（二）对标同业，补齐短板

希望各分行都要与当地四行进行对标，对下级行管理也要采取对标的方式，列出可比对标项，对于短板的，一定要采取措施，补上短板。在这里，我提醒一下：一级分行在向总行汇报对标成果时，不要以己之长比同业之短，一定要实事求是，差就是差；与同业有差距没关系，只要尽快追赶上就行。

1. 开创账户份额新局面。近年来，在全行的共同努力下，我行对公账户保持高速增长，新增

始终居四行首位，但总量仍居第三。2016 年，我们一定要实现账户总量四行第二，如这样那将是历史性突破，全行经营士气也将因之大振。希望全行上下要统一思想，集中火力，全力打好账户攻坚战。抓账户是洪章董事长给对公条线提出的工作要求，全行对公条线在这里发力就对了。客户和账户，我曾经比喻过，就是我们的土地；农民家里有劳动力、有种子、有化肥、有资金，但是没有地，在何处种？银行也是一样，有了客户和账户，就有了地，只要耕种，就能长庄稼，就会有收获。所以，我们这次抓军队的营销，首先是抓账户，尤其是基本户，其次才是存款。有账户就会有存款，单纯抓存款，人家可能给你个面子，存一年到期就没了，你就又得求人家。如果主要结算账户在这，就不怕钱不从这里过。所以，账户过去抓、现在抓，将来也要抓，要一直抓下去，最终要实现四行第一，就是已经同业第一了，也还是要抓，理由就是我前面说的。

一是要开源拓面，抓住客户/账户来源渠道。持续抢抓商事登记制度改革契机，深化与工商、税务部门合作，前移营销阵地，从源头抢抓客户；继续推广链式营销模式，抓好产业聚集区、供应链核心企业及上下游客户/账户营销。

二是要优化流程，持续完善账户服务。大力推广线上预约开户、开户免填单等创新产品和服务；推广新版营业执照二维码扫描功能，便利开户，简化年检。

三是要加强对公本外币账户一体化管理。进一步健全对公本外币结算账户管理体系，持续规范外汇账户的开立、变更、销户及日常管理等环节。

2. 抓好全量资金，确保稳存增存

一是要增强低成本活期存款体内留存。要发挥结算类产品紧扣客户交易流程优势，大力推广对公一户通、多模式现金池、票据池等现金管理产品，以“支付工具 + 增值服务”的方式，拓展客户产品应用，促进低成本资金在我行体内的动态沉淀。要加强大数据分析，从资金性质、资金流向、资金沉淀时间等捕捉大行业、大系统客户资金流向规律，找准营销关键点，以点带面，不断提高资金体内循环水平。要构建跨行资金管理平台，丰富跨行收款通道，支持客户“一点接入，统管多银行账户”，增强体外引存能力。

二是要有策略地发展高成本负债产品。要统筹运用结构性存款、单位大额存单等较高收益的负债产品，重点满足财政社保、军警、公积金客户，总行级战略客户、总行级主办银行客户、总行级重点客户等重点优质客户需求，主动控制负债成本，确保有限资源发挥最大效用。

三是加强对公非保本理财产品销售和调度管理。要细分对公客户投资性需求偏好，积极向市场化程度较高、资金运作能力较强、风险承受能力较高的客户推荐非保本理财产品，以此满足其收益性需求。要把握好客户表内存款、表外投资理财的形态变化，熨平存款波动，防止大起大落，满足存款偏离度的监管要求。

四是加强存款本外币、离在岸一体化管理。要加快推进全球现金管理落地实施，建立并完善本外币、境内外一体化现金管理产品线。要加大重点目标客户营销力度，加快推进北上广深等重点地区分行和自贸区分行业务发展。要积极推进人民币双向资金池业务，实现客户资金境内外互通。

3. 把握重点，精准投放。信贷投放要算综合账，要平衡好短期利益与长远利益关系。总行正在研究基础设施贷款和“三大一高”客户的经营策略，准备适当调整其经济资本占用系数，各行切不可因当年经济增加值亏损而放弃了长远的发展基础，今后的日子还要过。要盯紧国家发改委专项基金建设项目，做到早知道、早谋划、早动手、早见效，不断提高项目储备转化率和市场份额，巩固我行在基础设施领域金融服务优势。持续加大对战略性新兴产业、现代服务业等领域的支持力度，进一步提高服务实体经济能力。要继续加大“三农”、小微贷款投放力度，满足监管要求。要紧紧围绕脱贫攻坚的新要求和新任务，积极选择贫困地区优质客户和项目，予以信贷支持，提升金融精准扶贫能力。要保持网络银行先发优势，重点拓展优质电商平台和“互联网 + 核心企业”平台，着力提升存量合作平台业务量。要保持贴现业务平稳增长，加大票据周转力度，以量补价，提高收益水平。

4. 不断提升中收内生动力，巩固同业领先地位。要切实抓好结算收入增长，加大票据池、单位结算卡、账单自助服务、全球现金管理等新型结算产品的营销推广力度，结合新一代综合签约上线，做好结算产品套餐、现金管理综合服务等多模式计费，合理确认收入。要整合升级现有造价咨询类产品，促进造价咨询业务向高附加值咨询业务延伸，扩大产品外延、丰富产品内涵，提高产品覆盖率和收益率。要提升银团贷款市场地位，加大外部银团营销力度，向高线目标看齐，居于当地四行后两位的分行，2016 年要限期步入同业前列。要做大做强保证业务，大力拓展工程类保证业务，主动营销建设规划部门及项目业主等源头客户，重点营销投标保证、履约保证等产品；加大对保险资金实业投资的营销力度，积极为大型优质客户和重点项目出具保函。

5. 打造业务新的利润增长点

一是推进结算与现金管理业务转型落地，全面布局全球现金管理业务。加快推进营销模式、服务方式向交易银行业务转型，做好重点行业、重要客户的现金管理服务，着力提升总部基地所在行的现金管理客户覆盖，提高结算量和客户在我行的资金归集比例；建立并完善本外币、境内外一体化现金管理产品线，强化本外币现金管理产品的整合，加快结算产品的智能化、移动化、自助化实施，提升自贸区等特殊经济区现金管理服务能力，增强传统结算业务优势，打造全球现金管理业务的特色优势。

二是要确保养老金业务平稳过渡。根据转型发展需要，总行撤销养老金部，原养老金部职能由公司部、托管部和养老金公司共同承担，各分行目前承担的运营管理、客户服务等职责仍然继续履行。各分行要按照总行相关要求，保持现有养老金机构不变，保证人员队伍充足、稳定。要加强与总行相关部门、养老金公司配合、协作，防止出现业务管理真空，保证运营质量。总行相关部门、养老金公司已制订重点客户拜访计划，各分行要做好配合，做好客户走访和解释工作，确保服务质量不下降、客户不流失。全行要借助养老金公司的专业化平台，加强联动与协作，在巩固既有客户的前提下，加强市场拓展，不断提升养老金业务价值贡献。

三是要联动协同壮大托管业务。托管业务资本占用少、综合收益高，是银行拓展账户、维系客户的重要手段。全行要高度重视，改变过去主要由托管部门发展托管业务的模式，迅速建立起全行支持、共同发展托管业务的机制。在保持基金、跨境托管等优势业务的基础上，要大力推进保险、信托、理财、股权、券商、养老金、专户和专项等托管业务的开展，要努力拓展会计外包等综合增值服务。要将业务领域由投资托管扩大到资产托管，积极拓展各级政府、企事业单位、互联网、交易所客户。要深度挖掘 PPP、资产证券化、产业基金、政府引导基金所带来的托管业务机会，大力开拓投融资金、偿债资金、交易资金、担保资金、政府专项资金、各类债券资金等托管业务。

（三）夯实客户发展基础

1. 充实客户总量，扩充业务源头。要抓住“十三五”开局之年的有利时机，以多渠道融资为抓手，围绕项目拓展客户。通过提供全方位、个性化的金融产品和金融服务，提高客户的金融总量、交易频度、产品覆盖度等相关指标，促进有效客户增长。要继续坚持贴近市场、贴近客户、贴近基层，建立上下一体、联合作战的主办银行客户服务模式，加大客户走访力度、访后需求反馈和跟踪力度，不断提升客户差异化服务水平。要打造对公客户互联网金融生态系统，推进核心企业供应链、交易平台、商务登记、对公客户升级等生态场景建设，持续做好新场景构建及全行组织推动。

2. 不断深化战略客户及海外重大项目营销管理。要牢牢把握全行战略转型方向，提高央企、全球客户和海外重大项目经营管理水平，不断增强客户黏合力。要持续深化分支行、境内外、母子公司联动协同，完善多层次、立体化综合营销体系，进一步推进综合利益调整工作。要持续加强央企分类管理，强化重点领域风险管控，坚持“有所为有所不为”。要积极抢抓高访项目、重大并购等具有较大影响力的海外项目，尽快确立国际融资领域市场地位。

3. 巩固提升机构业务客户市场份额

一是全力抓好“八一工程”。要在巩固市场地位第二基础上，努力缩小与市场第一的差距。要坚持“快、准、狠”的策略，迅速加力开展军警客户各层级营销；要找准营销重点，以陆军总部、战区分部、联合保障中心等为突破口，自上而下、成建制地整体营销，依托建行优势，在军队工程建设、资金监管等领域开展系统性合作；要有账户拿不下来“寝食难安”的精神，不放弃任何一个客户和账户。今天晚上，机构部还要召集机构条线进行“八一工程”推进动员，希望大家高度重视，下力气一抓到底，抓与不抓结果就是不一样，要抓住这个良机猛打猛冲，实现我行军警业务市场份额的新突破。

二是抓住机关事业单位养老保险改革机遇，力求有新的突破。要持续做好机关事业单位养老保险业务的营销组织推动工作，各行要做好持续的跟踪与营销工作，工作要精益求精，营销策略要因地制宜，关键分行要确保中央及所辖相关账户最终开立，实现效益最大化。要深化拓展金融社保卡应用，提升公私联动效率与水平，充分发挥金融社保卡载体作用，与个人存款与投资部共同推进金融社保卡激活与应用功能扩展工作。要推进县域社保业务发展，做好新农合、新农保业务拓展。调整经营思路，在县域社保业务上做文章，积极开展新农合、新农保等涉农社保业务，开源扩面。

三是积极应对财政体制改革，加快银政服务转型。要努力拼抢国库现金存款的最大市场份额，打好财政账户“保卫战”，全力以赴占据稳户增存的有利地位；要积极推动财政国库集中支付和非税收缴电子化改革以及单位公务卡试点工作，增加财政客户黏性。要与资产管理、投行条线协同研究各项财政、政府改革中蕴藏的商机和辐射效应，着力提升对政府类客户的综合金融服务能力，要从抓传统代理业务向电子政务生态圈转变；要从抓传统负债向大资产、大负债转变，重点抓地方政府投融资管理；要从抓单一政府部门向将政府作为一个整体客户营销转变。

四是打造银医、银校合作新模式。各行要以总行将要与教育部签署战略合作协议为契机，以大众创业、万众创新为切入点，通过构建“互联网＋大学生创新创业”平台等，开辟更多产学研合作项目；要充分抓住国家推进医疗卫生信息化建设机遇，以二级甲等及以上大型医疗机构为主要拓展目标，实现新常态下对医院客户的全流程金融服务。在这里要提醒一下：军队医院有的也在做体制转变，希望大家盯紧一点，过去没有营销成功的，现在也许是我们的介入机会；已经营销成功的存量客户也要守住，防止同业挖墙脚。

4. 打造同业客户直营模式。按照全行集约化转型的整体部署，总行组建了同业业务中心，目的就是搭建一个全行统一的同业客户经营平台，优化同业业务组织架构，实现由管理和经营一体的部门向以经营为主的直营机构转变，集中为所有境内同业客户提供全面、差异化的综合金融服务，打造一个“银行的银行”“金融机构的银行”。这是总行作出的一项重要决策，希望各行高度重视。就同业业务问题，将于本月下旬召开专门的会议做专门布置，在此就不多说了。

5. 努力做好小微客户金融服务。要大力推广“助保贷”等新业务模式，将存量“助保贷”平台做实、上量，深化与第三方机构创新合作，发掘业务拓展新机遇，扩大风险补偿资金池。要全力推动银税合作，与当地税务机构主动对接，尽快实现市级以上全覆盖。要积极推广评分卡信贷业务模式，加强大数据产品创新及客户拓展。要契合新兴领域市场机遇，重点围绕民生消费、先进制造、战略新兴、环保、信息等行业产业创新产品，拓展客户。要探索科技金融新模式，加快投贷联动产品创新，服务大众创业、万众创新。要打造小微企业互联网金融生态，加快“小微快贷”推广，实现全流程线上业务操作及小微企业实际控制人和企业统一额度管理。要发挥物理渠道营销服务小微企业的作用，加强对网点的业务指导、宣传培训及中后台业务支持，提高营销人员对小微企业客户的关注度及小企业产品的熟知度，实现客户资源、营销商机“一点接入，多点支持，综合满足”。要在中小微外贸企业普惠金融领域加大产品创新力度，支持有订单、有效益、有真实贸易背景的中小微企业。要加大与中信保公司和地方政府的合作力度，积极推广“助贸贷”“融保通”“农易保”“出口退税额度贷款”等创新产品，缓解中小微外贸企业融资难问题。我们的小企业不良水平目前还是比较高，比全行对公不良平均水平要高。我之前请小企业部做了个深入的分析，光“成长之路”这个产品，就占小企业不良贷款的80%，以后我们对产品要做深层次分析，我已经让小企业部做分析，能不能把这个产品的不良控制住，如果控制不住就关停。从区域看，浙江、江苏、福建这三个地区占了小企业不良的近70%，所以说小企业不良问题，一是地域问题，二是产品问题，不能让局部影响全局。

6. 夯实国际业务客户基础，推进国际化转型。要发挥贸易融资授信引导作用，依托国际贸易结算、融资电子化渠道，大力推广跨境融资性风险参与、“三建客”、国际双保理、大宗商品买断融资、跨境供应链等产品创新，服务好贸易融资授信客户、国际结算重点客户，积极拓展国际结算无贷客户派生业务需求。要统筹在岸和离岸人民币市场需求，加强自贸区等特殊区域政策研究，抓好跨境人民币业务量前1000大客户，提高我行业务承办率；要把握跨境电子商务综合试验区扩展机遇，加快推进“跨境e汇”平台落地。

（四）全面创新，丰富产品服务和经营模式

1. 扩大创新范围，注重经营模式创新。面对利率市场化，银行盈利增长越发艰难，需要我们加快创新。在创新范围选择上，要不拘泥于单项产品、服务的创新，要更多地在经营模式创新上花力气。比如，我们2007年推进的网络银行在线供应链金融业务、当前推进的互联网金融生态建设等，就是属于经营模式创新，就是运用互联网技术手段，把银行金融服务切入到客户日常生活、生产经营的各类场景，在场景中挖掘甚至创造出客户金融服务需求，在场景中销售产品、赚取收益。相较于单项产品、服务创新，经营模式创新的效益更为明显和持续，有的甚至可以带来客户资源、业务量的爆炸性增长，比如小企业“税易贷”、银医和银校“一卡通”等。

2. 积极稳健推进创新。要做到积极稳健，关键要处理好两方面关系。

一是要处理好创新和合规的关系。一般而言，是业务创新在带动后续监管制度的规范，一定是先有创新实践，再基于创新实践、基于创新实践中暴露的问题形成制度规范。在当前金融改革不断深化的时代，我们不能裹足不前，不能墨守成规，既要牢牢坚守监管政策底线、不踩红线，也需要以“法无禁止即可为”的创新包容性、以改革创新的精神，鼓励引导创新。

二是要处理好创新和风险的关系。既然监管制度没有规定，那么对于一个全新的领域，风险是一定存在的；而在风险面前，我们不能患得患失，要规划好创新发展路径。比如，先开展分析研究，然后在部分客户、区域开展小范围试点，而后累积经验，形成内部制度规范，并向监管报备取得合规性，最后逐步推广等等，一定要走这个路径，不能盲目地大干快上。

（五）坚守底线，做实基础管理

总行2016年将把新暴露不良指标分解至各经营机构和条线，进一步加强督查考核。在落实层级管理责任基础上，前台业务条线要发挥好“第一道防线”作用，确保完成新暴露不良贷款控制计划。

1. 要以加强党建促进队伍建设。加强国有企业党的领导是中央提出的硬要求。实践证明，党的建设做得好的企业，其队伍建设就好，业务发展就快。我们党在长期的革命与建设中具有许多好的优良传统与成功经验，这些都是我们在经营管理中可以运用的，尤其是在带队伍上，更具有现实意义。

一是要加强队伍的作风建设。队伍是要带的，我们要努力带出一支作风严谨、敢打敢拼、不畏艰难、团结合作、具有坚强战斗力的队伍。在这里我提醒一下大家：人的潜能是很大的。同样一个人，精神在不在状态、肯不肯努力、主不主动、敢不敢拼，差距太大了，可能有几倍的差距，就是一个人和几个人的差距，所以我们的业务和工作任务下来以后，千万不要光盯在任务数量上，带好队伍就能极大地提高生产力。在这里我还要提醒一句：你们不要怀疑任何一个员工的能力，他们如果是在工作中表现出了精神萎靡、工作不积极不主动，那很大程度上是你带队伍的问题。

二是要继续充实客户经理队伍数量。2016年客户经理聘任数量计划持续提升2%～3%，要探索完善产品经理聘任机制、岗位职责、目标要求、考核激励机制等，保证产品经理队伍的专业性、连续性和稳定性。要加紧配备结算条线产品经理和资金结算师等人员，确保各级机构经营管理职责的落实。

三是持续提升客户经理服务能力。2015年，总行编写了对公信贷业务岗位资格培训教材，这套教材应该说是建设银行到目前为止关于对公信贷人员培训方面最为规范、最为系统、最为全面、最为实用的一套教材。2016年，各行要以教材为基础，完成对公信贷人员的大规模培训工作。各分行必须要高度重视、加强领导、精心组织，保证培训效果；更要以此为契机，持续营造良好学习氛围。大家一定要把培训工作抓好，我们说的好多问题，包括员工犯错误，有的是道德操守不好造成的，这是可以培训的；有的是无知造成的，无知就更要培训了。人的可塑性很强，不要放弃任何一个人，一定要想办法改造他、培训他。

2. 做好风险防控和化解工作

一是继续加强行业信贷结构调整。要严控产能过剩行业新增授信，拒绝介入违规新增产能项目、违规在建项目和环境违法项目；着力防控“去产能”重点行业风险；对产能过剩行业中产品有竞争力、有市场、有效益的优质龙头企业，对其合理融资需求，还是要给予资金支持。要继续做好平台贷款置换衔接工作，对于缺乏自主转型能力的融资平台，提早与地方政府和平台客户协商，统筹安排好预算内偿债资金来源。要有序发展房地产贷款，重点营销总行级战略性客户、总行级主办银行客户、销售额超过100亿元中的优质房地产客户、优质地方国有房地产企业等客户。房地产行业具有很强的地域、地段性，个体差异较大，因此，要具体问题具体分析、具体对待。但千条万条，风险是第一条。要严格执行《对公信贷退出管理办法》，明确压缩退出重点，确保完成全年信贷退出计划目标。

二是加强贷前客户选择。2015年，总行下发了信贷客户选择标准（负面清单），着重对信贷客户自身行为进行风险判断，以历史存在信息为依据，围绕企业及实际控制人或主要负责人自身的信用记录以及违法违规行为，以负面清单方式列举呈现，为精准营销客户提供清晰直观的判断标准，提升了全行客户选择标准的同一性水平。各分行要高度重视，将信贷客户选择标准（负面清单）融入大中型客户信贷经营流程，寓风险管控于流程之中，优化客户结构。此外，还要强调的是：在国家重大工程项目营销中，要关注项目建设合规性手续不全、项目实施进度与已投资额不匹配、还款保障条件不足等问题，要将风险把控和合规放在首位。

三是做细、做实贷后管理。要增强贷后管理力量，落实贷后日常管理职责。不管是专职还是兼职，不论怎么称呼，贷后管理岗人员必须落实，而且要制定相应的岗位职责、任务、规定动作，落实配套的贷后考核指标和办法。要强化贷后管理人员的履岗能力，注重趋势分析、相关性分析，这两个分析非常重要，真把这两个分析做到位了，好多风险都是能够发现的，一目了然。我希望2016年有关部门和分行在这方面多造些工具，分行业、分客户做好形势预判，以有效规避趋势变化带来的系统性风险。要善于发现风险苗头，提升风险识别、预警能力，比如盲目多元化经营、不务正业、多头融资、陷入媒体丑闻报道、企业法人有不良恶习、存量债权银行突然压缩授信等，这都是不好的苗头。要寻找蛛丝马迹，梳理归纳风险迹象，及时插上警示旗，加强防范。要继续坚持信贷客户“体检”，力争对经营异常客户风险早发现、早化解；越是经营形势不好的时候，越要加大体检频率。在这里我提出个口号，希望大家在防控风险问题上、在工作当中养成“多看一步”的习惯。实际上，有些问题只要像下棋一样，多看一步，结果就大不一样，有些风险完全可以避免，“多看一步”要作为我们对公条线2016年的一个口号。

3. 优化流程，创新工具，释放基层活力。要全面梳理客户经理承担的工作任务，优化流程，提高效率，给客户经理减负，创造条件让客户经理将主要精力投入到客户选择和营销服务中去。要继续开展营销管理工具创新活动，充分发挥工具对客户经理的营销支持和对公业务的经营管理支撑作用。2015年我们提出创造工具，2016年希望继续加大力度创造，今后这项工作要变成常态。大家可能知道，刚刚结束的人机大战，机器人和李世石五盘棋比分是4：1。工具战胜了世界围棋冠军。人类的计算也是这样，都是在不断地创造工具过程中，才创造了今天的“阿尔法狗”。大家一定要对工具有一定的认识，动员起来。工作遇到难题的时候怎么办？造工具。工作量大人少怎么办？造工具。客户经理移动智能助手就是很好的工具。苦干实干要加巧干，只苦干实干缺少巧干，那将是费力不出活。投机取巧也不完全是贬义词，为单位做事，只要是合法合规的投机取巧，这个巧就可以取。

（六）强化执行力，确保各项任务要求得以落实

这一条非常重要，没有这一条，我们什么都没办法。我们工作中存在这样那样的问题，原因也有不少，但执行力的问题至少占了80%。执行力是一切大政方针、工作要求、工作任务得以落实的保证。近几年来，总行加大了改革创新、制度修创、指导指引、工具研发的力度，应该说除极个别有点脱离实际外，绝大多数都是正确的、好的。但在执行中各行差异甚大，有的坚决按总行所布置的去做了，结果就很好；而有的相当多的都没做或做得不好，有的根本就不去认真地研读学习，吃透精神，这样能有好的工作结果吗？从2016年起，各行（从在座的开始）要养成一个学习、领会总行有关精神，结合当地实际情况，认真贯彻执行的好氛围，将总行的文件读懂、用活、用足、用好。就执行力问题，各相关部门要作为一项重要指标对各行、各条线进行考核。希望你们对下也是这样。我们还有一个最重要的层级——二级行，是个承上启下的环节，又是各项业务，尤其是对公业务落地的地方，所以各分行2016年一定要把二级行、地市行的管理做好。这个环节抓不好就会出现“肠梗阻”，这个环节一定要注意。刚才会议之前，建信人寿找到我，说最近建信人寿在四行保险公司中，是唯一一家获得个人税收优惠型健康保险资格的银行系保险公司。希望各分行尽快做起来，这对一级分行服务客户、增强客户黏性很有好处。本来还想讲一下工作的方式方法问题，囿于篇幅，今天在这里我就不讲了，希望你们重视这件事，真是任务完成不了，遇到很大困难，一定是方式方法上出了问题。一把锁总有一把钥匙能开，这就是方式方法，就看你找到没有。

同志们，2016年，对公业务经营面临诸多挑战，其中也蕴含着历史性的发展机遇。大家要坚定发展信心，继续发扬拼搏精神，抓好抓实各项业务发展，坚决守牢风险底线，谋划长远、攻坚克难，全力打造新常态下对公业务发展新优势，谱写对公业务的新华章！

在2016年全行同业业务工作会上的讲话

章更生

（2016年3月22日）

大家上午好！今天我们开一个全行同业业务工作的布置会、培训会。两个都重要，一个是工作部署，另一个带有培训性质。要想做一个大事，这三个环节很重要：第一个，要论证这件事该不该做；第二个，如果论证了不该做，那就没有下文了，如果有下文就是怎么来做；第三个，就是怎样来做好。

就第一个问题，同业业务该不该做，我们2015年3月26日在深圳召开了几个分行和总行几个部门小的座谈会，在会上大家做了充分的沟通交流，一致认为这项业务该做、该发展，该下大力气来发展。会后我们形成了一个情况报告，给到总行主要领导同志，总行其他党委成员都看了，在这个基础上，总行领导布置我们做进一步研究，准备提交党委会研究决定。为了这个事，党委会上了两次，定下来之后确定要干了，这是党委下的决心。接下来内部处室怎么设置、具体职能包括风险问题等，祖继行长又主持召开两次行长办公会进行研究，定下来10个处。然后就是第二个问题，党委确定做了，那么怎样把这个事情做好，怎样来做，我们在3月初在苏州又召开了15个重点分行会议，就怎么来做的问题征求大家的意见，也可以说苏州会议是为今天这个会议做准备的。前面做了将近1年的铺垫，今天这个会议就到了

第三个环节，也就是要怎么做好的问题，就是工作布置。所以，对于这个事情该不该做的问题我在这里不讲了，也没有必要讲了，已经做了充分的论证，所以大家也不要去怀疑，这个事情就是要做，就是该做。至于说怎么做，这个是无止境的，但是通过苏州会议，通过已经做得比较好的几个行的交流，也应该说探索了一些成功的路子，这些可以供大家来借鉴，特别是在这个业务上开展得不是太好的行，可以给你们提供借鉴，所以这个全行都要统一，没有商量，不需要去怀疑。

下面借这个机会我讲几点意见，具体的工作，李总和总行相关的处室也会说，主要是听他们的。

第一，同业业务中心是个什么样的部门。同业业务中心是总行设立的全行同业业务的经营部门、管理部门，它是一个产品部门，也是一个客户部门，是境内外客户的直营机构，负责建行集团产品服务，满足客户需求。同业业务中心也是同业业务相关产品的直营机构，对全行境内同业客户的利润负责，是全行境内同业客户的利润中心。具体来讲，可以用“三个统一”来诠释。一是直接经营和系统管理的统一，二是产品管理与产品集成的统一，三是利润责任与经营责任的统一。同业业务中心是以金融客户机构为主体的客户功能，在客户上同业业务中心首选是中资银行、证券公司、保险公司、信托公司、各种交易所以及拥有“一行三会”金融许可证的企业，这些都是同业业务中心的主要客户。我国金融机构的多样化和差异化非常明显，为同业合作提供了广阔的生存空间。银行之间的差异非常明显，非银行机构的差异和互补优势就更加明显。随着大批的金融机构的上市，金融理念也在变化，逐步地形成了各具特色的经营战略，正是因为有了差异性，所以才会有合作的空间。在这种情况下，在大小金融机构之间搭建合适的平台，将各自的短板补齐，通力合作，将是各类金融机构扬长避短，协力促进金融效力优化的核心途径。近年来，国家银行都纷纷通过发展同业业务搭建平台，形成了集银行间市场、资本市场和实体产业为一体的跨市场、跨行业经营平台。在这个平台上，老实说小银行尤其是兴业、招行，是我们学习的榜样。此外，根据分工，还有一些具有金融投资和交易结算雏形的金融机构，比如说产业基金、私募基金、互联网金融平台，包括第三方支付机构等，小额贷款公司也是同业业务的群体。这就是我们通常所说的类金融客户，属于新兴的客户群体和市场，通过客户筛选与合作，我们一方面可以与新兴的机构共同成长，挖掘双方的价值所在，互利互赢。但是呢？另一方面也要注重这类客户的风险，及时甄别，不要卷进资金风波当中去，造成资金损失和客户风险。

同业业务中心是以产品经营为主体的产品集成部门，在产品上，同业业务中心也是一个产品部门，主要包含了以下含义：一是监管要求的专营产品。二是在同业业务中直接经营的非专营产品，比如说负债类、结算类产品。三是其他部门经营的同业客户相关产品，比如说资金拆借、托管等。同业专营产品这是银监会规定的这几项目同业拆借、同业存款、同业借款、同业代付、买入返售、卖出回购等同业业务。在此有个问题需要强调一下：在监管要求下这些业务是要求总行直接经营的，要求对每笔业务总行进行审批，有些分行可能对这个想不通，好像我的能力没问题，但是没有办法，做也得做，不做也得做，这是银监会的统一要求。同业业务中心经营的非专营产品，在这里主要强调一下同业客户的负债类产品，是全行的重要负债来源，一部分是很重要的结算性存款，比如说 CTS、托管存款等。它是连接我行公私业务发展的重要纽带和存款的平衡器，为我行的流动性管理作出了很大的贡献。各行一定要高度重视这类存款。另一类负债就是我们所说的非结算性存款，这是同业业务发展的重点来源，在行内流动性供给之外，同业业务中心推出了新型的投融资业务，其中的资金来源就是要依靠吸收定期存款来解决。2016 年的综合经营计划有好多分行就在说计划高，实际上这是要进行观念的转变，通过吸收定期负债来解决我们的资金来源问题，直接促进我们的资产业务增长。代理及结算类产品，原来机构部服务于同业客户的一些代理类、结算类、渠道类产品，是全行服务金融机构客户的基础和基本来源，是吸引和巩固金融机构客户的主要手段，在这里就不再一一列举了。主要强调一下 2016 年重点要开展的代理信托业务，各行要高度重视，做好项目的推介、筛选和跟踪，做到平稳、高质量地发展。其他部门经营的产品在这里就不多说了，经过多年的发展，同业业务已经渗透到建设银行很多经营环节，表内外、海内外无处不见同业业务的产品。在产品的经营和管理上，同业业务中心要和行内的有关部门、子公司、境内分行、海外分行密切配合，共同促进同业业务的利润增长。

同业业务中心是个集经营和管理为一体的部门，在服务模式上同业业务中心与原来的部门有一定的区别。一是主要是对部分重点客户的总部进行指引，指引的方式是通过总行同业业务中心，目前是和北上广深的分中心，因为这四个地方相对而言，同业业务资源比较丰富一些。二是在和分行利益分配上，哪怕是总行做一部分指引，收益还是要归还分行。当时我们设计成立这个中心，我们要调动三个积极性：同业业务中心的积极性、总行各相关业务条线的积极性和各分行的积极性，所以采取了利益返还。总行对同业业务中心是算总账，全行所有能统计出来的都算它的，而不是说它直接做的算它的，如果这样考核，它可能要跟你们抢利益，现在不是这样。三是与其他部门一样，总行同业业务中心会积极服务和配合分行开展属地客户的经营。综上所述，同业业务中心既是客户部门，也有一些自己的产品；服务模式分两种，既有总行指引，也有配合分行的经营。这是我要说的大家今后在业务当中，同业业务中心是怎么来运作，给大家讲一下。

第二个问题，同业业务能给分行带来什么好处，这是个利益问题，我要不说，你们的积极性可能会打折扣，所以干脆挑明了，你做这件事你有什么好处。好处有四个方面。一个，能够扩大负债规模，通过与同业客户更深入的合作，能够扩大同业存款的规模。保险存款第三方支付存款等本来就是进入一般性存款的，所以同业和企业之间，通过资管等手段也可以将这些转换为存款，也就是说同业业务对增加企业存款是有较大作用的，这是个手段，你们要运用好。以资产定负债，这是个理念问题，我跟同业部提出来的。有的说一般的概念，平常的习惯是我有多少负债做多少资产业务，我们同业业务完全可以做到以资产来定负债。这是什么意思呢？这里面又有一个概念就是高进高出，你高进取决了高出，你如果说我找了一个资产收益很高的，那么我的负债找来的资金也比别人价格高一点，这就叫做以资产定负债。如果说你没有这个资产，你把那个高息的资金拿来，你用不出去，那你就要亏的，指的是这个意思。通过这样在有利可赚的情况下，可以吸收一些非结算类的存款，这是在负债上。第二个方面在增加征收上，都是大家非常关心的，在这个方面 CTS 大家都非常熟，还有代理类业务资本占用很少，这个是非常好的业务，再就是已经获批的委外业务中的投资顾问。后面讲的代理类和委外投资顾问这是我们 2016 年要加大力度推的。通过这三方面的业务，你都可以增加征收，做得好征收增加得很可观。第三个方面，在资产规模上，通过这个可以增加资产端的业务。给了金融机构授信以后，要尽可能地把这个信用用完。现在我们的情况是给了金融机构授信量很大，但是用得不是很多。这是在国内没有的，国外授信是要付费的，我给他增信了，建设银行给他增一个信，他都能提升自己的融资信用级别，但是我们的授信也不要过度授信，如果说用营销形式的授信，也要尽量少搞一点，建设银行不是那个风格，他根本用不了那么多。当然本身这一块，我们也有一个理念问题，现在我们国内在这方面还不是太重视，信用多大我们能放多大，是另外一个概念，本来应该区别，但是国内这个比较模糊。再一个非银行类金融机构债权类投资业务，这个可以增加你们的资产规模。这些机构所管的资产，就是非银行金融机构所管理的资产，它由于某种原因需要把资产放在其他地方搁置一段时间，这就要用到非银行金融机构的信用问题。今天下午同业业务中心要介绍。还有一类就是企业信用类的债权投资业务，这个大家也比较熟悉了，但是这一类目前我们只做大而优的客户，我们还可以在特殊的领域开展，比如说海外并购，需要同业业务和相关的业务结合起来去做。还有委外投资，这主要是投标准化的资产，比如说债券。综上，各行在服务客户、满足客户需求时可以有多种选择，比如说可以选择信贷，也可以选择资管，也可以选择同业。但相对而言，比较起来同业业务规模可以做得大，成本相对要低一点，用途相对要宽泛一些，在与客户交往过程中，根据客户的需求、根据客户的喜好，我们综合来看，对我们哪一个更有利我们就用哪一个，也不一定非要用同业，或者非要用信贷。这是第三个，在资产上。第四个，前面三个的加总，就是在利润上，不用说，我们所有的业务都建立在盈利的前提下，所以把这三个方面加起来那肯定就有利润。你们别担心，是不是好处被总行收走了？不是的，前面已经说了，我们的机制设置就是这样，调动三个积极性，所以你们尽可能做，做多少都是你的，这是我讲的第二个大问题。

第三，2016 年全行同业业务目标与思路。目标就是简单的一个，待会同业部要分解，在我这里，在庞行长那里就一个，2016 年当年同业业务实现收入增长 20%，在 2015 年的基础之上增长 20%。然后我又在庞行长的基础上翻一番，增长 40%，大家不要害怕，这个踮踮脚就能够得着。为此我们同业业务将继续以传统同业业务为基础，不断地扩大同业业务发展规模和提高收益水平。重点是加强同业投资等新型同业业务发展力度，加大产品创新力度，在风险可控、合规发展的前提下，发掘新的、收益较高的利润和产品，围绕资本集约化发展的要求，增强市场运作能力，扩大业务点差，努力提升同业业务的整体收益水平。一是依托我行渠道客户资源优势，多渠道筹集同业负债，通过积极地推进主动负债、开展往来议价等措施拓宽负债来源，力争同业负债日均新增 3000 亿元，并努力控制和降低综合付息水平，力争实现同业负债业务税前利润保持新增。二是通过保持传统同业业务优势，扩大业务规模，积极加大同业投资业务发展的力度，加强产品研发并推出多渠道同业投资领域，争取同业资产日均新增 4000 亿元，提升资产端总体收益水平，实现同业资产业务税前利润快速增长，资产业务一定要有收益。三是广泛开展同业合作，继续推进 CTS 转账、代理保险和代理信托业务的合作力度，增加征收业务收入，争取实现代理类业务收入在中间业务税前利润新增占比达到 80% 以上。四是稳步扩大金融机构授信额度，评级授信是业务开展的前提和基础，从全行各部门业务需求来看授信工作非常重要，事关全局。目前对国内金融机构的授信总量将近 8 万亿元，基本能够满足业务发展需要，但也存在结构不平衡的现象，未来要进一步高度重视，扎实做好评级授信工作，增总量、调结构，有力地保障全行各个业务条线的信用需求。这是讲的第三个——业务指标和工作思路。

第四个大问题，要求。这里请大家注意，这些要求希望大家都能做到。一是要高度重视，迅速行动。2016 年已经一个季度快过去了，再不行动就晚了。一把手要亲自过问，在座的分管行领导要亲自抓，相关部门要担起责任。高度重视，迅速行动，在这里我要讲的一个是要学习和了解同业业务，同业业务相对我们多所行而言，除了几个产品以外总的来说相对我们其他业务要陌生一点，所以说一定要尽可能了解掌握同业业务。这次会议安排了不少时间来做交流介绍，希望相关行认真听，不明白的要请总行和有关分行支持帮助，大家不要闷着，会就是会，不会就是不会，知道就知道，不知道就是不知道。已经开展得比较好的行，如果兄弟行要问也有义务介绍。再就是可以多做一些交流，比如说我们有一个同业群，大家有什么问题可以在群里提，提出来以后大家共同想办法。我参加了几个分管部门的群，提出问题以后怎么解决呢？好比说我需要一个什么产品，那个地方有没有？都做了很好的交流，要利用好这个微信平台，当然其他也是可以的。总而言之，你一定要让做这件事的员工都了解掌握。二是要有专门的机构和团队。总行过去也是做同业业务，中国人就是这样，你要想念好经就得有个庙，庙里面就要有和尚，所以总行就搭了这么一个一级部的庙。在这里我不强求，有的可能已经设了一级部，但是至少你要有这么一个相对紧密的，一个是你有一级部，再不行你可以有二级部，再不行你要有一个专门的团队，而不是松散的。这是第二个，在机构上你们自己定，但是最低最低不能再退了，就是个团队。你说我的行小一点，同业业务少一点，那没关系，你就设个团队。这个团队将来都要挂同业业务中心项下，都要报同业业务中心。三是要有一定的专职人员，这体现出“专人专岗、专业专注”这八个字，人员前期可以适当少一点，把业务运营起来以后，做得有一点规模了，你说人不够，那时候你找你们行长再去要人，或者找人力部门去要人，你也有资格要。你看看我们业务做这么多，你给我多少人就能做多少业务，这个时候要人就顺理成章了，但是你前期必须要保证能够把你这个业务做起来。所以，同业部编制是 68 个，前期要保证运作起来以后45个，现在是30几个，我跟人力部说一定要尽快补齐到45个，要保证它运作起来，因为还有岗位的制约关系，不能混岗。在人员当中有个素质问题，这是个大问题，一定要有一定经验的人员来做同业，适当地加一点新来的大学生，这个只能说是“适当地”加，否则都来了，你要15个人，我给你弄10个新来的大学生，那不是害人吗？什么都不会，如果做不起来风险极大，这个你们以后要把握住进人关口，宁缺毋滥，因为这个不是做其他的业务。这是第一点要求。

第二，要加强配合，形成合力，这一点又是非常重要的。你要想把同业业务做起来，要不加强全行横向纵向的配合，那是不可能的。在这一点上，总行同业业务中心在同业业务当中肯定是个大总管、总策划、总导演、总协调，分行有什么事分行兼着，牵扯到有关部门的以后你就找同业部。当然，你们能够直接找有关部门，事情能解决得了更好，解决不了同业部来协调。牵头营销，特别是这些大户，这都是同业部要干的事情。总行相关部门各有各的账了，在这个业务过程当中还有很多，比如说风险部，最重要的一条是市场风险管控，资债部的流动性风险，像年初有一段时间我们出现了资金荒。所以流动性的资债问题，同业业务中心一定要全力服从资债部。金融市场部线上、线下怎么结合，同时还有一个信息共享的问题。比如说合规部，我们将来的操作风险怎么控制好。再就是财会部，这里面集中会计核算和利息返还，类似这些政策制度的制定以及相关工作的实施，这都是财会部的。授信审批这不用说了，客户的授信以及部分单笔的审批，公司部票据的直贴转贴，怎么样互补，也有个信息共享的问题。战略客户部、财务公司的营销、评级、授信，额度的管理等。渠道与运营管理部，特别是专营产品的账内开户、资金划转等，还有账目核算等，都是在运营部。还有数字管理部，统计分析和将来的大数据挖掘运营。再就是法律部，有关综合方案的审查、有关法律文本的制作，还有投资托管和国际业务，还有子公司，都是跟这个密切相关的。所以说离开了哪个部门业务都要受损失，有的甚至是没法做。在分行这个层面上同样也是，你们只是委办的关系，境内同业客户的开户、结算存款等基础性服务都是在分行，还有所属辖内客户的营销等等，也是有很多事情。所以做好同业业务需要我们练好“大合唱”，只有在这个合唱团队里大家都出力，体现一致性，那才能把我们这个歌唱好唱美。

第三，要改进工作方式方法，提倡研究式工作。我在同业业务中心也提出了这样的要求。现在有些分行对同业业务不是太熟悉，如果要满足客户的需要，也是竞争的需要、创收的需要，需要我们紧盯市场，研究新的盈利模式，研发新的产品。同时，经营管理中也会出现一些问题，特别是一些疑难问题。尤其是现在新人多的情况下，研究式的工作显得更加重要。一方面是群策群力解决问题的需要，同时也是培训提高员工的一种很好的形式。所以基于上面这几点，研究式的工作在我们同业条线显得非常重要。所以大家以后一定要向下灌输，而且你们要带头进行研究式的工作。自己要研究、要分析，每个人都是个体研究分析，然后再一起碰撞，互相就有启发，一结合就是好的主意。在这个研究过程当中，所有参与的人都把这个问题搞明白了，所以说从这个角度上来讲又是非常好的培训的形式。这相当于一个案例，比如说你要是解决一个问题——这个客户该不该准入，该不该选择这个客户，那你就要研究方方面面，实际上是个共同研究的案例，只要坚持下去，你会尝到甜头，所以工作方式一定要改变，把它当成一个研究所一样。这是第三点，我觉得这个很重要，所以作为一个要求给大家提出来——研究式工作。

第四，要慎重出债，夯实基础。这也是我跟同业业务中心提出来的。为什么要慎重出债？就是因为我们现在在这一块，特别是其他银行涉足比较多的新的业务我们还不是太熟，这是一点。再一个出债很重要，如果失败了或者是出现了风险，既影响我们的积极性，也影响士气，搞得大家不敢做。所以，我跟同业业务中心提出了“四不做”，我希望大家也要按照这个来做。操作流程及操作守则未制定出来不做，你没有操作流程和操作手册，想怎么做就怎么做，这带来多大的风险？第二个，风控措施不到位不做，就是你每做一单业务，做一项业务、一类业务，你风险防范控制的措施不事先安排，那将来出了风险怎么办？你们不要停留在嘴上，要落实在纸上。就像吉利收购沃尔沃，马上要出承诺函的一个星期，原来是三家——工中建，结果就剩一个星期的时间了，工行、中行都不干了，就剩下我们一家。我们也可以不干，后来我们派了两个调研组，第一个调研组回来的结果基本上是同意没问题，后来监事长又提出，又派了一个联合调查组到吉利，多部门参与。领导一看，我自己写了一个七张半纸的东西，其中就讲了两个问题：一个是为什么要做，第二个是做的风险防范措施是什么，树清董事长看了以后说，既然你想到那么多规避措施，你们认准了就做。如果没有那个措施列在纸上，我估计树清董事长还是不让做。因为搞涉外的中行是最拿手了，要论块头工行比我们大，实践证明我们做对了。所以，风控措施不到位不能做，一定要坚持，而且一定要落在纸上。第三个，盈利情况不清楚不要做，也就是说不能亏损，盈利情况包括盈利模式，你采取什么样的模式盈利？有的是直接赚钱，有的是间接赚钱。第四个，不符合监管要求的不做，这个更是刚性的。所以，在这里我要求大家，希望在前期一定要打牢基础，流程设计一定要科学合理，有些分行已经做了业务，你直接拿来用就行了，不要再自己去创造，到时候李骏你们也可以把这个提供一些模板供各行参考，以后我们都是这样，一家实验出来了不要再去做实验了，这样又省力又快。再一个，每个岗位的职责要求要制定好，这个也有现成的，你们也可以根据有的行的模板修修改改。还有业绩考核与激励约束机制的建立。再就是风控设计，这都是些基础工作。以上这几个，你们同业业务中心尽量搜罗，你认为哪个好一点，你把它搜进来以后从网上发给大家，这样就快，省得各行再去自己摸索。还有就是客户选择标准的确定，这个也是非常关键的一个事情。我们做信贷，好多都是从源头上做，客户选择就是错的，这是前提，客户选择错了后面再怎么对都没有用，所以我们选择客户的标准一定要有一整套的，不符合这个标准的坚决不要恋战，不要跟他来往。所以，初期因为经验不足，也是基于此，我们的委外投资暂时只选择了北上广深等分行做试点，当然如果说哪家分行你觉得我这里已经成熟，你可以报同业业务中心，同业业务中心也可以批，但是太小就算了。给你一个牌子，人马都还是你的，只不过是你营销的需要。但是这个我想控制一下，你别搞的都有中心，监管部门又来说我们，视情况控制在几个以内，看看监管的承受力。等我们的基础工作都打得差不多了，我们的员工对业务都很熟悉了，这时候我们可以大踏步地往前进，那时候会做得更快一点，我想这个时间应该是后面的事，至少要两年，打基础或者是练功夫的时间。

第五，要各负其责，防住风险。风险这也是行领导从监事长到王行长都高度重视的一件事，所以在这里我也简单地提一下。虽然我前面讲了流动性风险是谁、市场性风险是谁，但是作为你们来讲，一定要把风控体系化解好。只考虑发展不注意风险肯定是不行的。我们行做哪个客户做得不好，一下子网上就发酵起来了，现在是宣传部的事。利润是加法与减法的结合，一个是我们尽量增加创收，这叫加法，我们风险尽量要减少，所以防控风险各有各的账，各负各的责，全行相关部门上下要通力配合，共同防控，只有这样才能把风险防控住。风险上首先要确保不出大事，小事难免但是尽量减少。两句话：一个不出大事，第二尽量减少小事。大事方面一个是市场变化带来的风险要管控住，这个是非常大的。你比如说利率汇率带来资金的价格，资金价格带来的是资金量，资金量带来我们的收益。如果说市场上资金紧，那价格可能就要高一点，这几个常量一定要监测住。第二个带来大的问题，可能是客户变化带来的风险。举个例子，某某银行发生了一个突发事件，比如说一个公司抓了 15 个人，这就是很大的风险，有的能把一个公司搞垮，这是客户带来的风险。还有客户变化带来的，我们一定要注意这个风险，我们稍稍忽视了一点，客户还盯得住，如果说这个甲客户占了乙客户多大的股份，或者多大的业务，或者是他的上游，这个乙客户发生问题肯定会直接导致甲客户倒闭，这种例子太多了，企业类客户就很多，机构类同样也是，所以今后大家要把客户的客户风险防住。还有就是政策的变化，你比如说保险，刚刚来了个政策，一下子搞得我们业务不敢做了，它对资本金的要求很高。有些一个政策可能都是致命的，大家关键要有这个意识，出来一个对金融机构会带来什么样的影响，一定要“条件反射”。因此，保监会那个文件下来以后，我们加班研究对我们会带来什么样的影响，结果出来以后给我打电话说挺麻烦，意味着我们这么好的发展势头因为这个可能会影响我们的业务，有些业务可能就要停止做。以上这四个方面是造成大风险的方面，但是也不止这些，我觉得这四个是最大的。小风险尽量减少出，也要规避。前面讲了流程设计一定要科学合理，流程就有漏洞那就麻烦了。我听说某某银行北京市分行的事情，29 亿多元，它的流程设计就有问题。所以，流程设计一定要严密，员工的合规意识和员工的技能一定要达标，合规意识一定要有，技能一定要达标，否则就小错不断。另外还有监督制衡机制。说得直白一点，就是你一件事不能让他一个人，最好不能让两个人一做就能做成。还有一条，你所有做的事都要能留下痕迹，要么在机器里，要么在书面上，本身出了问题可以查，第二也是威慑作用，这是防范道德风险，也就是跑得了和尚跑不了庙，跑哪也能抓回来，只要知道是你干的，就怕不知道谁干的，所以要解决不知道谁干的问题，那就要全流程留痕迹，这一点很重要。我听说有些地方胆子特别大，毁痕迹、烧凭证，逮到一起严惩一起。同时，在公司会上多看一步。对于你们来说要多看一眼，多看一步是往下看一步，多看一眼是个面问题，我看这个人可能看的是头，多看一步是往下多追问一步。在风险防范上，我希望我们同业业务中心和各行在相关部门的大力配合下，一定要在趋势分析和相关性分析这两方面迈出坚实的步伐，你只要做好这两步，基本上不会出大问题。不管是市场风险还是客户风险，你只要把趋势图一画就非常直观，你就能看出他的蛛丝马迹。然后再加一个相关性，相关性相当于防止客户带来的风险，比如说影响这个企业的、造成风险的相关因素有哪些，你把它列出来。这个一定要实行工具化，你只有把它做成工具，日常的一些参数数据不断往里补充，时间一长，机器系统自动识别，你要把这个做到了，我们绝对不会出大的风险，有一点点变动你就知道了。不要光数字，一定要有趋势图。

第六，切实加强培训，努力提高员工素质。培训工作为什么在这里也作为一条？就是前面讲的，一个是新开的业务、准备大力发展的业务，速度要加快了，再一个我们还要不断地创新，满足客户的需要，为了竞争也要研发新的产品。这些对员工的素质都提出了很高的要求，所以要培训。要把员工培训当作一个常态化，不是一年两年，以后就是作为一个工作项。你结合着研究式分析，我们这个条线的能力就越来越强，我们的竞争力就会越来越强，这两个一定要坚持下去。培训一定要规范化、标准化。什么叫规范化？一个新的流程、一个新的工具、一个产品来了以后要全覆盖，一个不能漏，漏了就会出风险，这叫规范化。标准化就是说这个内容需要多少天拓展培训那就是多少天，这不能少。要谁来参加、哪个岗位的人来参加，那就是哪个岗位的人来参加，不能说张三参加培训李四来顶，不能凑数，这个要说清楚。在这里培训也要体现出个性化，因为各地情况不一样，有的可能这个业务多一点，有的可能那个风险大一点，根据你的情况再补充一点个性化的培训。方式多种多样，不要一说是培训就是拓展到哪个地方，这只是培训的形式之一。我认为在我们这个培训当中你要把这个案例培训摆在第一位，作为同业这一方面一定要作为一个案例分析讲解。所以接下来大家认真听，这个最直接，哈佛商学院最成功的地方就是案例教学，我们建设银行转型也将成为它的一个案例之一。再就是提倡用视频的方式。视频方式最大的好处就是一竿子到底，又节省钱又节省时间，大家都很忙，就在当地，提倡视频形式。总而言之，培训要与拓展、咨询相结合。

第七，要注重工作总结，不断提高经营管理水平。有人问毛泽东："你觉得你成功在什么地方？"他说"我吃的是总结饭"，确实是这样。你看电影也好还是看小说也好，我们共产党队伍每打一个仗，指挥官和士兵们在一起都要进行一下总结，这是必须要做的，像一个工作环节一样。你只有总结，才能发现过去哪些地方做得好，哪些地方做得不好吃亏了，还可以怎么改进，这样一来你不要多，你坚持个两年我们就不得了。所以我希望总结成为我们的一个工作环节，纳入我们的工作流程。怎么纳入？一周一总结、一月一总结、一季度一总结、半年一总结、一年一总结。还有一项重要的工作，我来以后也要求员工做总结。我希望你这个总结形式上不要像过去写小说一样，就是条例式的，做得好的以后接着做，你们可以搞个总结的模板，往里填就行，这样大家写总结就简单了。然后就是说哪个地方做得不好也写上一二三，然后怎么来改进，采取什么措施，也是一二三。把这个列出来之后，你就要按照这个去做，每个都要改进。你不断地改进，再怎么差也把它修改好了。所以，研究式工作加培训，再加上一个总结，这就是你们的三大法宝，这三个我希望你们以后当做一个重要的管理手段，你把这三点做好。总结都要形成文字，下级往上级交，你们要慢慢积累，就像哈佛商学院的案例一样，积累到一定程度那都是财富，以后写书写什么都有材料。

第八，要完成好2016年的工作任务。这个李骏总经理会具体把任务下达到各个行。我前面讲了，因为加码又加码，所以你们拿到数字以后可能头都大了，没关系，不要怕，任何时候遇到了问题一定不要着急，一着急就添乱；一定不要慌乱，一慌乱肯定就要做错事，我们要用脑子工作。所以，你拿到指标以后认真地分析分析怎么来完成指标、怎么带领行、怎么利用全行的资源。实在不行，你说我真是很困难，我也不知道从哪里抓，你可千万别丢这个人，你一定要跟总行同业业务中心请示汇报，请求总行同业业务中心给你支持。至少一个他站得高看得广一点，所谓看得广一点，哪个行有一点点先进，加起来就不得了，所以这是分行所没有的，这个你们不要不服，这就是总行的优势，它站得高。我们跟客户打交道，往往能够指出来他怎么怎么，客户还是很信服的。地方经济发展也这样，我全国跑多了，县的、市的、省的都跑，一吃饭都介绍怎么做，觉得这个挺好。我这次到蚌埠，在我印象当中蚌埠这个老工业城市肯定不怎么好，没想到有个叫龙子湖的搞得非常好，然后我就听他的书记介绍，这不就是经验吗？我们做客户也是这样。所以，真是有困难，没有关系，都是我们自家人。总行就介绍了，你这个问题到上海行调研，你这个问题到深圳行学习，至少给你指一下路。所以，2016年我们是首战，所以我们的任务尽量超额完成。

更具体的我就不说了，由李总去说，我就讲这么多，谢谢大家！

在总行2016年新行员座谈会上的讲话

章更生

（2016年8月11日）

大家下午好！欢迎大家加入中国建设银行这个美誉度很高的大家庭。人生中，很重要的一个词就是“选择”，大有大的选择，小有小的选择，就像你们当初考大学选择了就读的学校，专业选择了经济学还是法学等。在做事、做工作中都有选择，比如选择什么方法、路径、工具。进入职场也需选择，这是人生一个大的选择。

今天，你们选择了建设银行，反过来也是建设银行选择了你们。你们几乎都是百里挑一走到了这里，我相信时间会证明你们这次选择是正确的。当然，这个正确是相对的，是跟人的目标和期望值有关的。至少目前来看，能够到银行，能够到大银行，能够到一个特别好的大银行工作，我认为这个选择是正确的。

你们来之前，特别是做选择之前一定也做了不少功课，在网上搜寻了不少关于建设银行的资料，无论是在业绩还是市场表现、形象等方面都对建行有了一定的了解。在这些方面，建设银行在国内银行中确实都是首屈一指的。我们建设银行不是最大的，但应该说是最好的。2015年银监会对工行、农行、中行、建行、交行五大商业银行共16项监管指标进行考核排名，建设银行九项第一，七项第二，没有第三、第四和第五。这些都是考核的硬指标，以后大家可以慢慢体会。

既然大家选择了建行作为未来发展的地方，那么就要对自己的选择负责任。选择了就要负责任，做任何事情都要这样。今天我就以责任为话题，跟大家谈谈心。

一、什么是责任

世界上最沉重的是什么？就是责任，责任重于泰山。世界上最轻松的是什么？那就是无责任，正所谓“无责一身轻”。世界上最好做的、大家最愿意做的事情是什么？那就是只做事，不担责，那就意味着大家可以随心所欲，想怎么样就怎么样。

责任伴随着人的一生，从懂事时起就要担负起自己的责任。责任是终生都要注意的问题，你若不注意，轻则犯错误，重则犯罪，这不是危言耸听。你们刚刚踏入工作单位，这个时候跟你们讲责任问题，我觉得是恰逢其时的。那么，什么是责任呢？

责任是指工作岗位中所要承担的职责与任务。要对做了该做的事和不该做而做了的事负责，也就是说你做的事情，有些是该做的，有些是不该做的，你都要对其负责。比如你在支行，基层负责人交给你的一件事情你没有完成，那么你就要为之而负责。这里讲的责任主要是职责与任务。

那职责是什么呢？职责是指所在职位或岗位的工作任务以及所要承担的相应责任。职责清晰可以避免推诿扯皮，规范操作行为，减少违规现象的发生，从而提高工作质量和效率。

职责需要与一定的权限相匹配，那么“权限”一词就非常重要，不是说你在这个岗位上有这项职责，你的权力就是无边界的，而是要在一定的权限内工作。明确权限的概念很关键，有什么样的职责就需要匹配什么样的权限。比如组长，就有一定的权限，需要管几个人，对组织活动负责。

职责需要与人的能力相适配，这一点非常重要。昨天我看了一篇文章，讲的是一个大连的女孩，从小智商并不突出，但父母都是高智商人群，因此坚信他们的孩子也是高智商，对孩子期望过高，从小就给她找非常好的老师进行辅导，最后女孩考上了重点大学。毕业后父母托关系给她找到一份海事律师方面的工作，结果她在工作单位无法完成领导交办的任务，最终在一次因自身工作失误被领导批评之后，选择了轻生。

这个故事表明不同个体的能力素质是有差异的，但是虽然有差异，但人还是要努力，要给自己增加一点压力，去做踮脚才能够着的事情。要提升自己的“逆商”，在遇到挫折时保持良好的心态，积极地工作，不要过于计较结果。这就好比做数学题，你把等号左边的做好了，右边的结果自然就会得到。这一点就是职责与人匹配的问题。一般来讲，职责大、能力小，会导致工作难以胜任；职责小、能力大，则会导致人力资源浪费。作为单位来讲，需要根据每个人的情况，因才施用。

刚毕业的大学生应该避免好高骛远的想法，凡事都有一个起步的过程。这就好比修房子，挖地基的事情不干，而是直接从二楼或者三楼开始修，这样的空中楼阁是不可能的，建设高楼大厦都要从最基础的做起；否则，刚入职的学生，大事干不了，小事又不愿干，时间一长就把自己荒废了。因此，今后大家要从小事着手，才能取得进步，才能对工作越来越了解。只要你尽心尽力地工作，你在建行任何层级和岗位都可以有做不完的事情，都能干出成绩，都能干得出彩，都能干得非常有意义。

责任是检验人生观与价值观的试金石。从一个人对什么感兴趣、敢于对什么负责，就能看出这个人的人生观、价值观。比如，我们经常在网上看到中国人在国外就餐时大声喧哗，影响到了别人，在国外做出这样的事情有损中国人的国格，这就是对国家不负责任。前不久发生在北京八达岭野生动物园的事情，大家都知道了，很令人心痛，不守规矩也体现了对自己的不负责任。通过一个人的责任心，就能够看出他的价值观。责任是一个人对待工作、生活、学习的态度，说得大一些，是对国家、社会、组织、他人与自己的态度。一个不负责任的人，工作起来、生活起来能好得了吗？答案必然是否定的。

责任能够衡量一个人的精神素质。一个有责任心的人，往往更容易被别人接纳和信任。责任心能够激发人的潜能，在工作中遇到困难，若是责任心不强，就容易被困难压倒；若是责任心强，就会有“这项工作是我的责任，我一定要把工作完成好”的信念，在这样的信念驱使下你就会积极地想办法、动脑筋，就能把自己的潜能调动起来。责任关系到人生的成功与失败，因为细节决定成败，如果你不负责任、不认真，怎么抠得出细节？有责任心就有压力，有压力就有动力，有动力就会有作为。这里所说的责任心，包含敬业、担当、勤奋、认真、忠诚、追求等。

二、负责任的对象

作为一个人，要对哪些负责呢？从责任的来源讲，无非是两个方面：言和行。对于言，要对自己所说的话负责。比如，对自己报告工作的情况是否属实要负责，否则上级根据你错误的信息就会作出错误的决策。对于行，就是要对自己做的事情以及结果负责。具体而言，可以从以下几个方面来讲。

要对国家和民族负责。一个人一定要对国家和民族有责任心。你生活在中国，是中华民族的一分子，说到中国或中华民族就包括我们自己，所以负责任的第一价值取向就是对国家和民族。如果大家都不负责，那么我们这个国家和民族还能好吗？显然不能。一个人对自己的国家和民族负责任和爱护，是自爱的前提，是做人的根本。

要对社会负责。社会是在国家领导下，大家为同一目标共同努力而形成的一种结构或分工。社会为我们在衣食住行、工作、生活等方面提供极大的方便，我们每个人都是社会的受益者。如果我们不对社会负责，比如交通、电力系统瘫痪了，那整个社会是不能运转的。因此，负责任的第二价值层级就是对社会。因此，我们建设银行的使命里，就有“对社会有真诚回馈”。

要对组织或单位负责。负责的第三价值层级就是对组织或单位负责。你们现在来到建设银行，成为建设银行的一分子，就要对建设银行负责。外面的人说建行好，你脸上就有光；说建行不好，你也会感到无光。建设银行是你工作、生活和发展的平台，若我们对它都不负责、不维护，个人就无法取得良好的发展。如果一个人既在一个单位工作，但又对这个单位不负责任，那么他的心理是扭曲的，工作起来是非常难受的，工作中也容易犯错误。

要对家庭负责。每个人都身处家庭之中，既然是家庭成员，就应该承担自己的那份责任，特别是赡养父母，不管你有几个兄弟姐妹，都必须要有这份责任心。一个人如果对自己的父母都没有报恩之心，这个人肯定是没有出息的，即便有一些小的发展，最终也肯定会摔跟头。家庭兴衰，成员有责。

要对自己负责。我们每个人都是国家、单位和家庭的一分子，对自己负责也是对国家、单位和家庭负责。刚才讲的轻生的女孩就是对国家和家庭不负责任，我们的生命是父母给的，大了以后你的生命是国家的；她更是对其自己不负责任，我们没有权力任意处理我们的生命。诚然，我们也为这个女孩惋惜，她是思想认识上出了问题。

三、负责任的标准

怎样才能算负责任呢？

要承认自己的言行。俗话说：好汉做事好汉当。自己说过的话、做过的事，要承认自己说了、做了。一个人对自己言行的承认是负责任的直接表现，如果连这一点都做不到，那就谈不上负责任了。

要承认自己言行的后果。在承认自己言行的同时，我们更应该想到自己言行的后果，做到对后果负责。所谓后果，无非是好与坏两种，两种后果我们都要承认，特别是需要承认坏的后果。如果造成了不好的后果还不承认，这就是非常不负责任的表现。

要敢于对后果负责任。前面谈到对自己的言行负责，这个言行分为两种：主动的和被动的。之前讲的是自己主动的言行，还有一种情况是你的言和行是被动的，是别人要求你做的，这种是特例，但是在生活中也不少见。在这种情况下要谨慎，说话做事一定要有主见，不能人云亦云，所言所行要仔细推敲琢磨。要仔细想想这么做是否是按要求、按规定做的。出现了后果，如果负得了责还好些；如果负不了责，如搞黄一笔大的贷款等，那会给自己带来终生的压力。

四、如何做到负责

那么，怎样才能做到负责任呢？

一是要以良知为基础。我们每个人的言行都要有良知、有良心，这是最高层级的负责。孔子曰“言必信，行必果”，就是要求我们说的话一定要可信，说了就一定要办到。实际上这个“信”就是相信自己的良知。有的人说，负责任挺麻烦的，那不负责任会怎样？对国家和民族不负责任，就会愧对国家和民族，愧为一个炎黄子孙，心里会有无形的压力。对社会不负责任，大的有公检法纪来约束，小的有治安条例来规范，再小的也会遭到别人唾弃。对单位不负责任，就很难有进步，迟早会被淘汰。在工作中，你做得好还是做得差，你的组织、领导和同事都是能看见的。对家庭不负责任，外人也会瞧不起你。因此，责任是非常重要的。

二是要以使命为动力。使命就是派给你工作的命令。比如，建设银行的使命是为客户提供更好的服务、为股东创造更大的价值、为员工搭建广阔的发展平台、为社会承担全面的企业公民责任。这是我们给自己树立的使命，是个非常高尚的使命，把股东、员工、客户、社会方方面面的利益都照顾到了。建行就以这个使命为动力，请大家牢记我们建行的使命。

三是要以善美为目标。做任何事情，都要尽可能做到尽善尽美，要么不做，要么就尽量做好。我们应该学习德国人的工匠精神，他们做东西非常认真，虽然在休息和休假上毫不含糊，但是只要在工作岗位上，做一分钟就仔细干一分钟，绝不得过且过。我们要学习这一点，做到以善美为目标。

四是要增强责任感。责任感是做人的基础，是成才的保障，是真诚的标志。我们只有有了责任感，才能感受到自我存在的价值和意义，才会得到他人的信赖与尊重。下面我具体讲一讲如何增强责任感。

一要养成尊重职责、尊重权限、尊重依据、尊重程序的良好习惯。职责、权限、依据和流程，这四点是工作的最基本要素。在思考问题的时候要多从这四个方面着手，看看是不是职责出了问题，是否超越了权限，或者是否有依据，是否遵循程序等。在工作中一定要弄清楚岗位的职责、权限、依据和程序，养成了这样良好的习惯，才能增强自身的责任感，否则就容易犯错误。

二要养成重科学、重事实、重理性的习惯。大家一定要注意，有些事情的表面和实际是有区别的，就像自然和科学是有区分的，一般来说自然相对含糊一点，科学要精确一些。科学的东西是可度量的，在实际工作中我们要以科学为主，尊重科学，尊重事实。有些时候不负责任是因为我们失去了理性，在失去理性的情况下就可能超越职责、超越权限、忽视依据、破坏程序。因此，做事一定要冷静，越是关键的事情，越是大事，这一点就越重要。

三要养成遵守承诺、言行一致的习惯。银行是服务业，服务是讲承诺的，既然承诺了就要兑现，要做到“一言既出，驷马难追”，树立良好的信誉。

四要培养自己做人做事严肃认真、仔细谨慎的态度。只有做到这一点，才能说有责任感。

五要养成自律的习惯。自律就是我们传统文化中的“慎独”。在工作中，职责、权限、依据、程序都需要严格遵守，不能因为事情紧急而破坏这些规矩，否则就可能导致错误。比如，有时候可能为了简单就跨流程做事，该请示的不请示；有时候可能因为时间来不及，就着急去交差，然后就犯错了。因此，在实际工作中我们需要时刻保持自律，以增强自身责任感。

六要对于自己的言行考虑后果。这一点非常重要。在日常工作中我们一般提问题导向，但在这里我要补充一点，就是结果导向，做事的时候要经常问自己做这件事的后果是什么。你们正值年轻气盛，做事容易冲动，要千万注意这一点，否则后悔都来不及。说到结果导向，我们做事情都是追求好的结果，但如果能在取得好结果的同时保持过程完美，这就是工作艺术，需要几十年的工作经验的总结和磨炼。

七要在日常工作、学习和生活中慎重选择。我们每天都面临或大或小的选择，而选择非常重要，选择错误，后果将不堪设想。因此，在人生中一定要谨慎选择，选择做正确的事情。今天你们选择建行就是作出了一个正确的选择，但选择之后还要把正确的事情做好，如果不去努力，也有可能被淘汰。

八要提升自身综合素质与能力。自身综合素质与能力是负责任的根本。就像刚才讲的那个女孩的例子，虽然自身也尝试去努力了，但因为并不具备相应的能力，最终难以对工作负责。所以说，人需要不断提升自身综合素质，这也包括心理素质，心理素质又涉及人对事物的认识问题。认知是一个人毕生的功课，对同样的事物有不同的认知，就会产生不同的心理，导致不同的行为，形成不同的结果。无论你是学什么学科的，我建议大家去看看中国的传统文化关于认知方面的内容，很多文章都是在讲如何调整心态，希望大家能够好好汲取里面的精髓。

你们刚进入职场，要正确认识与老员工，特别是有一定职级的老员工比较的问题。比如，老员工可能所住房子面积大一些、车子好一些等，这些都是需要正确认知的。正确的认知包括三个观念：一是人可以适当享受，但必须依靠自己的劳动。不是自己劳动得来的，哪怕你的父母再有钱，你花得也不光彩。二是尊重事物的客观规律。这就好比春夏秋冬四个季节，春天花开，夏季炎热，秋天收获，冬季寒冷，到了夏天人该热的时候就要适度地忍受炎热，冬天也要去感受一定的寒冷，不能老是待在空调房里享受舒适的环境。那样虽然舒服，但对人的身体不好。三是物质满足基本需求即可，并且与身份相匹配。比如，你刚到一个工作岗位就穿名牌、开豪车，领导和同事可能口头上不说，但是心里肯定会不太舒服。做人要注意别人的感受，做事适度最好，这一点又最难把握。同时，通过自身积累一点一滴得来的东西享受起来才是最幸福的，如果一步到位反而不会有这样的满足感，这就是认知的问题；相反地，如果老是攀比，心态就越来越扭曲，就容易做出不该做的事情。

今天借这个时间给大家讲了责任问题，希望能够给你们的人生带来一些正能量，祝你们进步，谢谢大家！

在全行办公室工作会暨保密管理和科技管章推广工作座谈会上的讲话

章更生

（2016 年 10 月 13 日）

刚才，祖继行长做了一个非常重要的讲话，可谓循循善诱、谆谆教导，既体现了总行党委和高管层对办公室工作的高度重视和亲切关怀，也饱含着总行领导对办公室工作的殷切期望，对办公室高站位、实落地、精管理、严把关、细服务、正立身，服务全行转型发展等提出了明确要求，这是办公室进一步做好各项工作的行动指南和基本遵循。

会后，各一级分行和总行各部门参会人员要立即向主要负责人汇报祖继行长的讲话精神，组织学习，统一思想，领会精神，明确任务，研究措施，抓好落实。要以锲而不舍的精神和优质高效的服务，推动全行各项决策部署的贯彻落实。下面我就贯彻落实祖继行长的讲话要求，再强调几点。

一、牢记职责，提高服务意识和服务质量

办公室作为服务部门，面对当前新形势、新任务、新挑战，要在转变提升中明晰自身定位，既要服务好领导、部门、员工以及分支机构，又要服务于转型、服务于发展、服务于决策，做好协调、督办、落实工作。要谨记自己工作的价值取向，凡是有利于建行利益的事，就要积极去做，积极去协调；凡是不利于建行利益的事、违反制度规定的事，就要坚持原则，不能去做，不予协调。服务质量的提高是无止境的：一是要高定位、高标准。洪章董事长和祖继行长对办公室工作提出的第一条要求就是要高标准、严要求。要用前台营销服务的标准作为党务、行务、总务服务质

量的衡量标尺，注重主动化、专业化、个性化服务。比如像总务板块，如标准、品味上不去，质量、服务水平就永远也提高不了。

二是要有责任心。刚才祖继行长提到习近平总书记对中办工作提出了“五个坚持”的要求，“坚持极端负责的工作作风”就在列其中。办公室的工作无小事，常常大事要事相交织、急事难事相叠加，任何思想上的些许松懈、行为上的微小纰漏都有可能影响工作运转，甚至影响大局。因此，恪尽职守、极端负责是办公室系统员工必备的基本素质。要坚持“四不能”工作原则，即“不能让工作在我手中停留，不能让差错在我手中发生，不能让时机在我手中耽误，不能让服务对象在我这里受到冷落”。

三是要做好自我评估，不断提升服务质量。为此，要不断征询行领导、部门、员工、分支机构的意见，阶段性自我评估“工作效率是否提高、业务部门竞争力是否提升、服务对象是否满意”，通过外部反馈和内部自查及时发现问题、解决问题，形成服务质量不断提升的良好态势。

四是要不断创新。像祖继行长刚才提到的科技管章、微信会务总务、智能交换、OA 功能模块开发等，都是用科技手段提高了办公管理的效率和准确性，都是很好的尝试。无创新就无进步，大家要继续解放思想，将新技术、新手段、新平台为我所用，加快机制、流程、服务模式的转型，积极探索推进党建、精准扶贫、“机控”监督、信息化办公、科技管章推广、智能档案管理及其他行务和总务工作的创新应用，不断提升办公室工作的科学化水平。

二、主动作为，不断提升精细化、规范化水平

要想将办公室的工作做好，必须在精细化、规范化上做好文章。世间事，做于细，成于严。办公室工作基础性强，涉及面广，点多事杂，易出纰漏，只有不断强化精细化管理，才能做到全流程的一丝不苟、精益求精；只有进行规范化管理，才能使工作的标准一致、运转有序。一要见微知著想在前。对大事、小事、难事、急事都要做到心中有数，特别是一些对外的大型活动，比如上个月总行成功举办的“CCB2020”宣传推介会，办公室在参与筹办过程中“走心”“入脑”，反复琢磨，一个环节一个环节地模拟排查，把各项应对和准备工作想在前、抓在前、做在前，才取得好的效果。对同质化、标准化、程序化的事项，如总对总的签约等，要做好事前协调沟通，避免信息遗漏或出现偏差，做好事中的跟踪协调，确保应对及时有序，同时主办部门也要积极配合好办公室的工作。二要统筹谋划想周全。要尽可能把各种可能的情况想全想透，把各项措施制定得周详完善，确保顺畅、可靠。工作中要明确职责，每一个任务、每一个环节、每一个岗位都要明确人员职责，对工作中存在的漏洞和薄弱环节，要及时进行完善，形成手册制度。三要多管齐下保安全。这点对办公室尤其重要。保密管理、文件档案管理、办公楼管理、产权房管理及物业监管、单身公寓管理、车辆管理、膳食服务、人防地下空间管理、控烟管理、车库管理、接待及医疗事务管理等等，都要注意安全，确保不能出事，否则员工安全和建行声誉就会受到影响。四要建章立制规范化。要加强基础性管理，用流程增效率，以标准提质量，向制度要长效。要总结并画出各项基础性工作的流程图，将流程环节标准化、规范化，每一个环节的目标是什么，具体有哪几项任务，责任人是谁，要特别注意的事项是什么，涉及的内外部单位有哪些，联系人是谁、电话是多少，细节越周详、成效就越好，要做到事事有人盯、件件能落地。譬如，全行工作会议的组织工作实行标准化、流程化后，近年来就未出过差错，即使有突发情况，也都有预案，能够及时有效解决。

三、勇于担当，推动政策措施落地

办公室条线是全行工作正常运转的枢纽，这就要求办公室工作必须按洪章董事长和祖继行长的要求紧扣中心工作、紧贴党委和管理层要求、紧抓政策落地。一要主动看齐。要主动对标中央部署和党委要求，吃透中央精神，跟进研究全行全局工作、重点工作、难点工作，勇于攻坚克难，切实做好定向把关和统筹协调工作。要敢于担当，遇到问题要及时沟通报告，遇到急事、难事要把解决问题作为工作的首要目标，主动协调相关方面积极处理，避免推诿扯皮现象发生。对下级行

请示和部门要求，要做到急事急办、特事特办、难事帮办。二要树立威信。办公室办文、办会、办事要形成自己的标准和规矩，要让大家都能信服。要树立严肃性和权威性，形成建行的规矩。这牵扯到工作推动、工作效率问题，只要一心为公、处事公正，不要怕得罪其他部门。三要做好协调。这是办公室工作的重点，也是难点，也最能体现出办公室的工作水平。要统筹做好行领导间、部门间、分支机构间、我行与外单位间的协调工作，以提高工作运转效率。对于涉及多个部门、久议不决的事项，办公室要主动帮忙推动解决。要及时收集下级行各条线的新情况、新问题，意见建议以及热点、焦点、难点问题，做党委、管理层的“千里眼”和“顺风耳”。同时，各部门也要对办公室的工作给予积极的配合和支持。四要狠抓落实。要把抓落实放在突出位置，办公室是建行一切大政方针、工作要求、工作任务得以落实的“助推器”，要对照党委和管理层目标要求，做好宣传和解读，鼓励先进、鞭策后进，尤其是对党委会、行长办公会、专题会、行领导所交办的工作，要加强对部门、全行系统的督导，设立专项台账，确保做到事有专管之人、人有明确之责、责有限定之期，以提高工作执行力。要进一步健全完善抓落实的工作机制，创新方式方法，强化督促检查，加快形成“大督查”格局和层层抓落实局面，以抓铁有痕、踏石留印的劲头，抓大事、督要事、解难事，确保政令畅通、令行禁止，推动各项决策部署不折不扣地落到实处。

四、严字当头，做廉洁的表率

办公室直接服务领导、广泛联系部门和各机构，方方面面都备受关注。在座的各位办公室主任，可以说是各单位的“大管家”，大家要按照刚才祖继行长的要求，高度重视抓好廉政建设。一是树立底线意识，要带头执行中央八项规定精神和党委十项要求，对商务接待、公务用车、会议、出行、办公用房等与八项规定相关的支出要严格把控，要紧盯人、财、物等重点部位，财、物有登记，使用按权限有审批，账、物分人管理。要厉行节约，反对浪费，在转变作风、廉洁从业等方面树标杆、做表率。二是树立规矩意识。行务、总务一开始就要定好标准和规矩，尤其是接待、用车、膳食、办公用房、票务服务、办公楼管理、医疗服务、大产权房管理等工作要立规矩、讲规矩、守规矩，规矩严起来了，风气就好起来了。三是协同抓好集中采购。要落实好洪章董事长相关指示精神，协同财会部、采购部，对全行集中采购办公类家具、设备等事项，选择一些标准化、用量大、易采购、易配送、易维护的项目试行，逐步摸索经验、方法，还要加强跟踪管理，对集中采购可能出现的问题、维护成本、体验满意度等各方面及时总结评估。

五、强基固本，加强队伍建设

有的办公室存在人员结构复杂、年龄老化、专业人员缺失等问题，但这个问题的解决也不是一朝一夕之事，需要从多方面来考虑。一要加强学习培训。要围绕全行中心工作开展学习调研和岗位培训，多邀请专家学者解读中央决策部署，邀请行内业务骨干解析重点工作，邀请政府机关、同业、管理上标准高的企业等交流党建、行务、总务管理和服务等方面经验，不断提高干部队伍素质和条线履职能力。二要建立考评体系。科学考评是科学管理的核心环节。办公室相关岗位要探索建立考评体系，要设定量与定性的指标，通过指标将员工工作情况考评出来，以实现科学管理。三要抓好队伍建设，要更加关心办公室系统干部的成长，加强安排办公室系统与各条线、基层行间进行优秀干部、业务骨干的交流任职。要大力培养、发现、提拔、使用年轻的专业化人才。要创造、争取必要的条件，帮助大家解决工作、生活上的实际困难，实现理想树人、从严管人、事业留人、真情暖人，着力打造忠诚、干净、担当的干部员工队伍。

要坚决做好定点扶贫工作。扶贫工作是一项艰巨而严肃的政治任务，只能完成好，不能有闪失。根据总行党委的要求和刚才祖继行长的讲话要求，各级行党委务必要高度重视该项工作。总行相关部门和各分支行要将对定点扶贫单位的各项扶贫措施落实到位，办公室要会同相关部门做好督促检查和推动落实。对总行对口的安康一区三县四村及各分行的定点扶贫县村，要按照中央“精准扶贫、精准脱贫”要求，在建档立卡基础上开展精准帮扶，投资建设见效较快的帮扶项目，重点实现我行结对帮扶贫困户的脱贫；力所能及地加大对定点扶贫区域的公益捐赠力度，进一步拓宽扶贫渠道。办公室或各分行定点扶贫牵头部门要做好牵头推动工作。总行近期将召开的定点扶贫工作座谈会对全行定点扶贫工作将要提出具体要求，这里就不做赘述了。

各分行、各部门在会后要根据祖继行长的讲话要求，结合自身职责，联系自身实际，切实抓好落实，确保全行有序、高效、高质量运转，为全行精细化规范化管理、创新转型发展作出新的更大贡献。

努力开创全行扶贫工作新局面

——在中国建设银行扶贫工作会议上的讲话

章更生

（2016年11月17日）

同志们：

按照总行党委和洪章董事长的要求，我们今天在这里召开全行扶贫工作会议，对全行的扶贫工作做一个总体的部署，下面我讲几点意见。

一、充分认识扶贫工作的重要性、艰巨性和紧迫性

以习近平同志为核心的党中央高度重视扶贫工作，在党的十八届五中全会上，习近平总书记向全世界郑重宣告，到2020年中国按现行标准下的农村贫困人口实现脱贫，贫困县全部摘帽。2016年7月，习近平总书记在东西部扶贫座谈会上再次强调，打赢脱贫攻坚战是必须完成的重大政治任务。改善民生、消灭贫困、实现共同富裕是社会主义制度的本质要求，是区别于其他社会制度的突出特点。为人民服务、扶贫济困是中国共产党的价值取向和宗旨所在，这是我们党区别于世界上其他政党之根本。在一个人口如此众多的发展中大国，提出在较短的时间内实现全部脱贫，这只有中国能提出，只有中国敢提出，也只有中国能做到。到2020年实现了这一目标，将是人类社会的一大壮举，将永载人类文明史册。

要实现这一伟大壮举，任务十分繁重，时间十分紧迫。改革开放38年来，我国已有7亿多农村贫困人口成功脱贫，为全面建成小康社会打下了坚实的基础。但截至目前，全国仍有5000多万农村贫困人口，贫困人口超过500万的还有贵州、云南、河南、广西、湖南、四川6个省区。各地建档立卡数据显示，全国还有12.8万个贫困村、近3000万个贫困户，而这些贫困村、贫困户、贫困人口绝大多数处于环境不太好的地区。距离2020年只有4年的时间了，要实现全部脱贫，留给我们的时间已不多。所以，这次扶贫叫“脱贫攻坚”，时间紧、任务重，需要全党、全国人民共同努力才能完成，光靠极少数的力量是难以想象的。建设银行作为享誉全球的国有大型商业银行，完成好各级政府交给我们的帮贫脱困任务，既是我们必须完成的政治任务，也是我们应尽的社会责任。同时，这也是我们充分践行群众路线的具体体现。

扶贫工作分金融精准扶贫和定点扶贫两个方面。

中央对脱贫工作提出了明确的要求，金融监管部门也提出了具体的要求，下达了相应的扶贫任务，具体有以下几方面：

一是各类金融机构要共同参与扶贫工作，处理好商业可持续和履行社会责任之间的关系。大中型商业银行要稳定和优化县域网点，确保扶贫地区现有的网点基本稳定并力争有所增加。

二是各金融机构要紧紧围绕“精准扶贫、精

准脱贫”基本方略，精准对接脱贫攻坚多元化金融需求；完善精准扶贫金融支持保障措施；做好金融精准扶贫的对外宣传和经验交流；处理好产业扶贫和精准扶贫的关系；大力推进贫困地区普惠金融发展。

三是完善脱贫攻坚金融服务工作机制，建立专项评估制度，定期对各地、各金融机构脱贫攻坚金融服务工作进展及成效进行评估考核。

四是要推动产品服务创新，让金融扶贫产品惠及贫困地区和人口的发展，各金融机构要稳妥推进农村承包土地的经营权抵押贷款试点和农民住房财产权抵押贷款试点工作。

五是加强金融基础设施建设，扩大支付清算网络覆盖面，加强农村信用体系和中小企业信用体系建设；管好用好扶贫再贷款政策，强化扶贫再贷款与精准扶贫挂钩机制；做好搬迁后产业发展金融支持工作，促进建档立卡户实现搬得出、稳得住、能致富；将产业扶持和带动贫困人口脱贫结合起来，监测金融扶贫资金流向，惠及更多贫困人口。

六是各金融机构要夯实金融精准扶贫信息基础，做好金融扶贫统计，实现金融扶贫信息的精准采集、实时监测和准确评估，强化科学决策和精准施策的信息基础，拓展金融扶贫信息的运用渠道。这些都是金融监管部门对我们提出的具体要求。

在定点扶贫方面，总的来看，我行所担负的任务比较重。截至2016年10月底，全行共有各级政府安排的定点帮扶村1011个，共有建档立卡贫困户近6.5万户，贫困人口近20万人。定点帮扶县是7个，其中总行负责帮扶陕西省安康市下辖4个县，贫困户12.2万户，贫困人口35.56万人；河北省分行帮扶该省3个定点县，贫困户8.13万户，贫困人口23.38万人。除北京、天津、上海、苏州、浙江、宁波、厦门、青岛8个分行外，其余29家分行均承担了一定的定点扶贫任务。湖南、安徽、江西、湖北、广东等分行帮扶的扶贫村较多，其中仅湖南分行就有93个定点扶贫村。贵州、云南等分行帮扶的贫困人口较多，其中贵州分行负责帮扶1万多户贫困户，贫困人口达到3万多人。这些都是我们要完成的硬任务，所以，大家一定要有足够的心理和思想准备，任务是非常重的，全行要充分认识扶贫工作的重要性、艰巨性和紧迫性。

二、我行在扶贫方面所做的工作

应该说建设银行历届党委都十分重视扶贫工作，从总行到分支行都非常重视。早在1988年，总行就会同陕西省分行和安康市分行在陕西安康开展了扶贫工作。28年来累计派出了87名干部赴安康驻点扶贫，投放扶贫贷款4.67亿元，有力地支持了安康市的基础设施建设、重点项目和特色产业发展，公益捐款捐物共计1252.48万元，其中捐资585万元援建了8所希望小学，实施了高中生成长计划，捐资153.75万元资助了1025名贫困高中生完成学业。各分行也积极采取了公益捐赠等方式帮扶当地贫困群众，取得了积极成效。近几年，总行党委更是高度重视扶贫工作，面对新形势、新任务、新要求采取了相应的积极措施。洪章董事长11月14日在总行办公室提交的《关于全行定点扶贫工作开展情况的调查报告》上批示：“总行党委决定召开全行定点扶贫工作会议，是认真学习贯彻中央扶贫工作精神和习近平总书记重要讲话要求的具体体现，中央和各级党委交给建行6.5万户、近20万人的定点扶贫任务，是建设银行应予履行的一项重要政治责任。全行各级党委要切实负起责任，勇于担当，加强组织领导，细化和切实落实扶贫措施，以攻坚克难的精神坚决打好定点扶贫攻坚战，为实现到2020年全面建成小康社会作出应有的贡献。”应该说，我行在定点扶贫工作方面做了积极探索，取得了较好的阶段性成果，得到了国务院、各级地方政府的高度认可，我行多次受到表扬和表彰，树立了良好的企业社会形象。

（一）帮扶机制进一步完善

一是组织领导机制进一步健全。总行成立了金融扶贫工作领导小组，由洪章董事长担任组长。总行党委多次专题研究金融扶贫和定点扶贫工作。行领导多次批示要切实做好扶贫工作，并赴新疆、陕西、甘肃、西藏等贫困地区调查了解扶贫工作开展情况，研究部署精准扶贫措施，安排相关部门抓好落实。总行制定印发了《中国建设银行“十三五”金融扶贫工作规划》《中国建设银行2016年金融扶贫工作计划》和《中国建设银行总行定点扶贫工作方案》，明确了全行金融扶贫工作由总行公司部牵头，其他22个相关部门协助配合，共同推进工作落实。总行所承担的定点扶贫工作由总行办公室牵头，会同有关分行和部门落实完成。大部分分行也比照总行成立了组织领导机构，针对金融扶贫和定点扶贫制订了辖内扶贫工作方案，明确了具体牵头部门和责任人，初步形成了总行、省分行、二级分行、县级行的四级扶贫工作格局。二是积极开展调查研究，落实帮扶措施。2016年，全行各级行领导深入贫困地区开展调研3226次，召开座谈会2194次，看望慰问贫困户15280户。制定具体到村、到户、到人的帮扶措施。三是选派人员驻村帮扶。全行已向定点帮扶县（村）派出30名挂职副县长、305名第一书记以及400余名驻村干部。

（二）产业帮扶因地制宜，不断提升“造血”功能

各分行结合自身实际和发挥金融行业优势，充分调动贫困人口的积极性和创造性，因地制宜开展产业帮扶，把以往的“输血式扶贫”变为“造血式扶贫”。截至9月底，仅定点扶贫方面，全行累计开展产业帮扶项目近500个，投入资金近8400万元。截至目前，我行“善融商务”企业商城贫困地区入驻商户达800户，累计交易额超过11亿元。

（三）积极创新金融产品

通过新农村贷款、城镇化贷款、PPP模式系列贷款、政府购买服务贷款等产品，支持贫困地区重点基础设施建设和公共服务项目；以“助保贷”“助农贷”等特色产品，重点支持当地经营状况良好、就业带动较多的小微企业。推进农村承包土地经营权、农民住房财产权“两权”抵押贷款试点工作，支持特色产业和新型农村经营主体生产经营活动。加大贫困地区个人支农贷款、助学贷款、小额担保贷款投放。2016年总行对832个贫困县单列了信贷计划，对贫困地区所属一级分行因扶贫贷款带来的经济资本需求予以统筹支持，加大贫困地区分行存贷款业务定价政策倾斜和中间业务收费减免力度。

（四）继续延伸普惠金融服务

通过在贫困地区设立网点和自助银行、布放设备机具等方式，积极延伸网点职能和服务网络，丰富金融扶贫手段。全行现已在全国832个贫困县布放现金类自助设备6221台，建设自助银行1868家，较2015年末分别提高9.7%和6.5%。目前在没有营业网点的贫困县域布放自助设备48台，建设自助银行19家。“裕农通”村口银行模式让农民足不出村就能办理汇款、取款、缴费等基础银行业务。此外，我们印发了《中国建设银行农民工代发工资业务营销指引》等文件，指导开展农村地区金融服务。2016年4月，总行与中华全国供销合作总社签署了《普惠金融合作框架协议》，利用各自的资源优势，共同为农村客户特别是贫困户提供全方位、便捷、优质的普惠金融服务。总行还安排了1000万元扶贫专项业务管理费，以及2000万元固定资产专项采购费用，用于贫困地区分行设立自助银行、“助农支付服务点”和“善融商务”营销中相关设备的购置。

（五）积极做好民生领域金融服务

通过“民本通达”产品，加强贫困地区在教育、医疗、社保、文化等民生领域金融服务。普及“医疗健民”，有效缓解贫困群众看病难、看病贵的局面，目前我行二甲医院客户贷款余额256.81亿元；做好“社保安民”，服务农村社会保障体系建设，惠及最偏远地区、最贫困群众；推进“文化悦民”，从文化和精神层面给予扶持，提高贫困群众文化素养。

（六）积极开展公益扶贫

积极改善人居环境，通过实施危房改造、改善饮水、安装路灯、联通有线电视和网络等方式，美化亮化村容村貌。协调当地医院开展远程医疗、巡回医疗，通过捐赠“母亲健康快车”等方式积极推进健康扶贫，提高贫困地区医疗服务能力。加强教育扶贫，向贫困地区学校捐赠书籍和计算机等教学设备，改善教学环境；持续推进“建行希望小学”建设，组织开展教师培训。开展“资助贫困高中生成长计划”，帮助贫困学生就学。开展职业技能培训，搭建就业服务平台，为贫困劳动力务工提供就业机会和就业服务。据不完全统计，截至9月底，全行共举办各类定点扶贫培训班近900期，培训基层干部、农村劳动力等近4万人次。

（七）夯实基础，建立专项统计和督查制度

在建立金融精准扶贫贷款专项统计制度方面，

总行制定了精准扶贫贷款数据采集表，明确了信息采集流程；组织召开了全行金融精准扶贫贷款数据采集工作部署电话会议，对全行首次精准扶贫信息采集工作进行安排部署。目前分行信息采集工作已基本完成，总行正在研究制定系统开发需求，为后续实现扶贫数据自动化采集与统计奠定基础。在与人民银行金融精准扶贫信息系统对接方面，总行下发了《转发中国人民银行办公厅关于做好金融精准扶贫信息系统推广试用有关事项的通知》。以上这些都是全行在扶贫方面所做的主要工作。

在肯定成绩的同时，也要看到问题。一是个别分行的领导对扶贫工作未真正重视，一些扶贫工作出于应付，流于形式。二是有的对扶贫精神吃得不透，不知道自己应担多大的任务、负什么样的责任。三是有的扶贫经验缺乏，办法不多、思路不宽。四是对所担负的扶贫对象的基本情况了解掌握不清。五是有的紧迫感不强，工作力度不够。以上所说的这些，包括还没有点到的一些问题，都必须在今后的工作中加以改进并予以解决，否则我行的扶贫重任就很难完成。

三、工作要求

（一）全行扶贫工作总体原则

原则之一：统一布置，各负其责。以前总行印发的各相关办法、制度等，包括行领导的要求，以及今天召开的会议，都是对全行扶贫工作所做的统一部署、统一要求。但是具体的工作，按照汪洋副总理在相关扶贫会议上的讲话精神，就是“谁的孩子谁抱”，在定点扶贫方面，就是哪个省的归哪个省分行、哪个市的归哪个市分行、哪个县的归哪个县支行；总行的归总行，按国务院扶贫办要求，总行包了 4 个县。

原则之二：实效重于形式。下一步交流经验的时候大家能够听到，各地在扶贫方面动了很多脑子，形式多样，这是好的，但是一定要追求最终的效果。

原则之三：原则性与灵活性相统一。这个原则包括上级方方面面的要求以及现行有关的各项制度等。我们在扶贫过程中，都要严格遵循，但又不能机械地来执行，如果机械化执行，有些事情就不好做。

原则之四：因地制宜，对症施策。各地各村各家各户甚至各个人情况都不尽相同，很难将一种模式套用于所有的贫困户，必须因地制宜，根据当地可利用的条件和扶贫对象不同情况，具体对症施策。

原则之五：一次性与长效性、稳定性相结合。我们背负着这么多贫困村贫困户帮扶脱贫的任务，在 2020 年之前是要完成达标的。但是，并非 2020 年验收合格之后，我们就没事了，我们所做的工作必须要有长效机制，要能够协助地方政府稳住脱贫成果，所以大家要从这个方面考虑开展工作。相信 2020 年之后，中央会安排相应检查工作，如果检查发现建设银行扶贫返贫就不好了。关键在于要有长效性和稳定性，所以大家要在这上面多动些脑子。

（二）总的要求

各级政府交给我们建设银行的帮扶脱贫任务要按时保质保量完成，这就是总的要求，也是最终要求，这没得一点商量的余地。

（三）具体要求

一是各级党委要切实担负起主体责任。思想上、行动上要统一到中央的重大决策部署上来，进一步增强责任感、紧迫感。切实做好金融扶贫和定点扶贫工作。各级行党委要对辖内定点扶贫工作负主要责任，实行一把手负责制。各级行的一把手，是扶贫攻坚的第一责任人。汪洋副总理在中央会议上讲得很清楚。比如说，建设银行扶贫工作任务如果完成不好，那肯定要我们的党委书记负责。层层都如此，一级分行、二级分行、支行都是这样，都是由各级一把手负责。因此，各级党委都要成立以一把手为组长的领导小组，统一组织领导所辖的扶贫攻坚工作。总行公司部是全行扶贫工作的总牵头部门及金融扶贫的牵头部门，负责有关统计工作。总行办公室是总行定点扶贫的牵头部门及全行扶贫工作的督导部门，负责督办检查等工作。各相关部门要各负其责，积极地、主动地去工作。为保持工作连续性，各分行定点扶贫工作现在在哪个部门牵头的，以后可继续由这个部门牵头。但各分行办公室要承担督办检查职责，其他部门配合做好相关工作。但是，不管是哪个部门牵头，报告路线就是两个：一个是定点扶贫总的情况要报办公室，第二个是扶贫的总体情况、金融扶贫的情况要报公司部。总行办公室、公司部、公关部等相关职能部门要继续加强对贫困地区分行的重点帮扶和业务指导，及时解决全行扶贫工作中遇到的问题。总行办公室会同总行公司部等有关部门负责对全行扶贫工作进行督促检查。

二是要认真学习领会、吃透有关文件精神。汪洋副总理指出，这次的关键词就是脱贫。脱贫的定位不是帮助地方某某县、某某乡镇发展经济，把地区生产互值做上去，而是按建档立卡情况，帮贫困人口摘帽子。当然，我们扶持的一些项目，也能够帮助扶贫，比如说安排贫困人口就业，如果两者能结合起来更好。过去地方上可能有些走偏，现在估计地方政府也要做一定的调整。再者，当前扶贫工作的核心就是精准扶贫、精准脱贫。按照中央强调的，定点扶贫一定要精准瞄准贫困人口，真正做到雪中送炭，直接围绕贫困人口的脱贫办实事，要力戒形式主义，不搞政绩工程，这要作为新一轮定点扶贫的基本要求。因村因户因人施策，各项扶贫项目和工作都要有助于建档立卡人口脱贫，都要与带动贫困户脱贫挂钩。中央这次任务主要就是聚焦建档立卡户脱贫，我们定点扶贫就是定位在建档立卡贫困户，精力有限、人手有限，全行必须要集中精力确保定点扶贫任务完成。

各分行要按照《中共中央办公厅 国务院办公厅关于印发〈脱贫攻坚责任制实施办法〉的通知》要求，紧扣国务院关于脱贫退出相关条件，紧盯建档立卡贫困人口，细化实化帮扶措施，督促政策落实和工作到位，切实做到扶真贫、真扶贫，不脱贫就不脱钩。

三是要摸清情况，进行分类。这是扶贫的一项基础性工作，也是前提性工作。如果情况不清楚，因情施策就无从谈起，所以一定要搞清楚我们所负责帮扶的有多少个村、有多少户、有多少人。然后，要逐村逐户逐人进行分析和分类。总行办公室可以在安康定点扶贫情况表的基础之上再去完善分类，做到心中有数。其他分行也可以根据总行的进一步细化，然后再根据分类情况，选择有针对性的、个性化的方案。要摸底了解贫困户情况。如果贫困户有土地或者果园，可以促进承包户将地和果园入股，贫困户可作为劳动力，当农民工人，既可以拿工资，又可以分成。有的贫困人口有智障，失去劳动能力了，这就要一直给予资金支持。有的可能还有一定的技能，就要考虑发挥好这个技能。总而言之，要采取分类，根据资产和劳动能力等区分情况，进行帮扶。还有的贫困户遭遇了天灾人祸，家里有特殊困难，比如家里有癌症病人，或者房子倒塌压成了重残等等。像这些情况都必须做好分类，才能清楚下一步如何去帮。

在这里我还要再强调一下，对于地方政府明确提出由我行帮扶的任务，我们要积极协助、配合地方政府，但是一定要和地方政府明确我们的职责和任务是什么，做到什么样才能算达标，然后我们根据这个目标和要求去做相关工作。届时中央检查，我们也能说明情况。所以，这一点很重要，一定要搞清楚，包括总行在内，包县帮扶包到什么程度，要跟地方政府明确沟通清楚。

四是要制订严密的计划。根据了解的情况作出周密的计划，以 2020 年为最终时间，倒排出时间表，要按村按户按人地排计划，在这里我要强调一下：我们完成任务的时间点不是都到 2020 年那一年。有的可能是 2017 年、2018 年、2019 年，2020 年只是底线。同时，还要注意，要符合当地政府的总体时间要求。有的地方政府可能在 2018 年就要全部实现脱贫，我们的计划要注意和地方政府相吻合。计划很重要，一定要排出来，然后按照计划严格执行。

五是要多措并举。前面已经说了，由于各地各户各人情况不一样，可谓千差万别，因此，一定要根据不同的情况、条件采取不同的措施。从大的方面来讲，我们可以结合金融精准扶贫做一些支持。贷款支持主要是要立足于“造血”，建立长效机制。捐赠方面，那是很有限的，因财政部给予我行可捐赠的额度十分有限。因此，还是要利用其自身的条件资源，比如通过“善融商务”帮助他们销售农副产品。还有，我们要善于做撮合工作，比如几家联合起来，撮合一个小承包商去统一收管农户的果园。要加强智力扶贫，这点非常重要。2016 年 7 月 20 日，习近平总书记在东西部扶贫座谈会上讲得很清楚：“扶贫必扶智，治贫先治愚。贫穷并不可怕，怕的是智力不足、头脑空空，怕的是知识匮乏、精神萎顿。脱贫致富不仅要注意‘富口袋’，更要注意‘富脑袋’。”总书记讲得太好了！扶智是一项花钱少且能长久见效的工作，所以在智力扶贫、扶智方面，我们要多动些脑子。

六是要选好扶贫干部。这是扶贫的关键因素。总行和分行布置的工作、提出的要求，最后具体都要靠扶贫工作人员去落实实施。如果这些人员自身素质不行，就会影响整个扶贫工作效果。可以说，扶贫人员能力如何直接关系到全行扶贫工作好坏、扶贫攻坚任务能否完成。希望各级组织人力部门一定要把好关。一是意愿要高，最好自己报名，总行就采取自己报名的方式，然后在报名人员里面遴选；二是政治素质好，人品要好；三是工作能力要强，要有一定的工作经验，千万不能把甩包袱的、工作能力不行的人员派到农村去扶贫。要把扶贫工作与干部的锻炼培养相结合，组织人力部门对扶贫干部年中进行了解，年末进行考核。此外，各级领导和各级有关部门一定要切实关心支持扶贫人员生活、工作和学习。特别是家庭有困难的，派出人员所在部门要承担起主要责任。比如，家里有病人，扶贫人员在外又回不来，这时科里、处里、部里的同志就要做他的坚强后盾，这是职责。此外，所在部门一定要把业务上有关的文件、行里的有关情况定期传给扶贫工作人员，使他保持和业务不脱节。现在通信工具发达，这点完全可以做到。扶贫人员时间也比较充裕，要借这个机会加强学习。

七是要处理好方方面面的关系。我这是作为要求提出来的，包括跟市里、县里、乡里、村里、农户还有一些相关扶贫单位，都要处理好关系。如果这几个方面哪一个关系处理不好，工作都会很难开展。

八是要带着情感来扶贫。从各级领导到我们具体扶贫的工作者都应该这样。贫困也是有特殊原因的，要看到城市和农村的差距现实，大家身在大城市，包括过去从贫困地区出来的同志，要知道贫困是自然条件等情况造成的。这些贫困人口都是中华民族的兄弟姐妹，都是中华民族一分子，我们见到他们，要有恻隐之心，更何况我们不少员工就是农村贫困地区出来的，在那些贫困地区还有自己的亲人和朋友。我们身处舒适的环境，一定要想到还有人在贫困地区。因此，不管从哪个角度，都一定要带着感情来做扶贫工作，也只有带着感情来扶贫才能有原发的动力，才能一心一意、真心实意地为贫困户想方设法排忧解难。

九是要加强信息沟通与经验交流。做好扶贫信息系统对接和扶贫贷款统计工作。这是精准扶贫所必须要做的基础工作，它关系到对外信息披露的准确性。越到后来这方面越要披露，就像过去战争年代，今天消灭敌人一个连，明天消灭敌人一个团，报战功一定要保证有及时性、准确性。信息沟通关系到监管部门对我们的评价和考核，一定要重视信息对接和贷款统计工作。要加强日常信息沟通，有问题要及时向行里或者上级有关部门沟通反馈，求得支持。要加强经验的发掘与交流。尽管不能千篇一律用一种或几种办法措施，但是触类旁通，大家可以在此基础上得到启发。经验交流是工作走捷径之举。这一工作，办公室今天做得很好，以后至少一年要安排一次经验交流会。一些好的经验要形成文稿，向上级有关部门报告，争取能成为国务院扶贫办好的经典案例。

十是要加强督办检查与考核。督办检查与考核无疑是提高工作执行力的有效方式，这项工作必须加强。各分行要对定点扶贫和金融扶贫工作进行严格考核，主要考核落实一把手责任制、选派挂职干部、创新帮扶方式、金融精准扶贫信贷支持和基础金融服务等工作开展情况，确保我行脱贫攻坚任务的完成。牵头部门也是督办部门，相关条线都有责任。总行办公室是总督办部门，一定要对照计划进度进行定期或不定期的检查与抽查；飞同时，每半年要进行一次情况通报。

2016 年底或 2017 年初，总行办公室将会同公司部等部门，对各分行定点扶贫工作进行一次全面督办检查。今后还将定期对金融扶贫和定点扶贫开展检查，并将结果列入总行对分行年终考核内容。对成绩显著、表现突出的分行或个人，及时总结经验并在全行范围内推广宣传。

四、注意事项

一要注意用准、用好相关政策。特别是金融扶贫方面，一定要把政策用准、用好、用足，扶贫工作是一项政治任务，是一项政策性很强的工作，相关政策就是我们扶贫工作的依据，既然有依据，那我们就把这个依据用足，把政策搞清楚、吃透。有些扶贫工作可以和我们的业务相结合，有些时候做业务不敢突破，但通过扶贫可能就可以了。

二要注意工作方法。这点也很重要，农村的情况环境很复杂，有的老百姓法律意识比较淡薄，甚至不太讲道理。这在扶贫过程中可能会遇到，包括村（乡）干部，他们的工作方式方法可能与我们有不同。针对这一情况，大家一定要注意工作方法，避免过激情况发生。有时候扶贫人员认为是出自好意的事，是能让贫困户受益的事，有些贫困户可能还不一定愿意甚至不配合。再者，要注意调查研究。实践证明，调查研究是解决问题的前提。在扶贫上，由于我们没有多少经验，在工作方法上只有靠勤思考、多琢磨来弥补。

三要注意使用长效措施。在这里我要特别强调，大家不要一说到扶贫就是捐赠，这是最下策，除非是对于那些必须要给钱的贫困人员，比如中央要求托底的那一批，其没有劳动能力、智障、重度伤残等的，那确实要给予资金支持，其他的尽量不要单纯给钱。解决村里吃水、照明、危房、交通等问题那是要靠捐赠予以解决。最主要的是要增强“造血”机能，一是要按照习近平总书记要求的扶贫扶智，二是要能够建立合作机构，通过一些贫困村外的小企业主办厂，让贫困户就业。习近平总书记说过，“一人就业，全家脱贫，增加就业是最有效、最直接的脱贫方式”。总行在安康定点扶贫就采取过这种方式，效果挺好。总而言之，一定要坚持一次性、长效性和稳定性相统一。

四要注意对农户进行培训。这也是习近平总书记讲话的要求。希望大家一定要在这方面多做文章，这是真正的长效机制。要举办一些培训，帮助他们解放思想，更新理念观念，这是最最重要的。贫穷关键是观念和理念的落后。扶贫人员要当好教员、辅导员、宣传员，要鼓励有劳动能力的人自食其力。同时，要重点宣传党的好政策，社会主义的好制度，党和政府为百姓所做实事、好事等。没有社会主义制度，哪有定点扶贫？要通过宣传党的扶贫政策，让贫困户更加热爱国家热爱党，热爱社会主义制度。

五要注意做到“八个确保”。一要确保贫困户得了一般的病能看得起。二是确保孩子能上得起学，考得取就要上得起，包括中学和大学，但凡有考上的，一定要确保其不因经济问题而完不成学业。三是确保房子下雨时不漏不危，在我们定点扶贫的村，绝不能发生因是危房而致人伤亡。那样不仅会造成人民群众生命财产严重损失，也会对建设银行声誉造成极恶劣影响。四是确保村民在冬天不受冻，天冷时能穿得暖（这可以通过捐赠予以解决）。五是确保生活有一定改善，就是要让贫困户能吃饱饭，并且饭菜质量还有所改善，一个月能吃上几次荤。六是确保村里人能喝上干净卫生的水，能通自来水就通自来水，通不了自来水就帮助打井。七是村里的道路能够通汽车，但也要避免奢侈浪费，如村里只有五六户人家，就没必要修双向行驶的路。如果只有一户人家，还修一条通车的路那就“奢侈”了。八是在农户相对集中的地方安装太阳能路灯。1000 多元就可以安一个路灯，一个村安几个，费用就几千元钱。注意：一定要安太阳能的，否则电费又是个问题。路灯架子上还可以写“中国建设银行赠”，相当于做个广告。这几个方面要确保实现。在这里要说清楚，大家不要追求高标准，不要把城市标准套到农村。

六要注意乡村民俗，我们扶贫的工作人员要尊重乡村民俗。尤其是少数民族地区的忌讳，要搞清楚什么民族有什么习惯，然后工作才好开展，否则到时候错了还不知道怎么出的错，甚至会有人身安全问题。包括我们用的东西，地方有什么忌讳，都要遵照当地习俗。各级机构、各级干部一定要深入调查走访、摸透村情民情，杜绝各类可能影响我行形象的负面事件发生。

七是扶贫工作人员要注意遵守各项纪律。在这里希望大家扶贫不能吃贫。要注意影响，自己也不要大吃大喝，酩酊大醉让农民看到心里很不舒服。扶贫工作很辛苦，大家周末可以加餐，但要注意各类小的细节。另外，一定要严格执行请假、工作汇报制度。请假都要经由组织，按照固定报告路线，及时报告。如果生病了也要及时跟上级报告。扶贫人员就是一个新的小集体，大家要互相关照。同时，有些工作汇报不仅是在建设银行条线，还要向地方政府包括乡镇汇报。作为扶贫干部，希望大家牢记自己是建行员工，一言一行一定都涉及建设银行的形象，大家只能给建设银行增光，不能抹黑。

同志们，我们要完成的是一项光荣而艰巨的、不能不完成、不能不完成好的任务，这需要全行上下通力合作，发挥我们建设银行整体合力，才能担负起这份沉甸甸的责任，完成好这份重要的历史任务。希望大家一定要从大局出发，站在讲政治的高度，努力将建设银行脱贫攻坚这一仗打好，为我国全面实现小康社会作出积极的、应有的贡献。

在部分分行小企业业务经验交流暨发展座谈会上的讲话

章更生

（2016 年 12 月 20 日）

2016 年小企业业务开了几次会，每次会议之后都有进步，大家都在动脑筋，有一些新做法出现。在各次会上我都提过不少要求，今天尽量不重复，但有些方面还是要再强调一下。

一、充分肯定小企业业务发展取得的成绩

按照总行党委和洪章董事长关于转型发展的要求，全行小企业业务经过几年的努力，取得了较好的成绩。

一是完成了顶层设计。这里面包括小企业业务经营管理的方方面面，也包括转型发展的整体设计。目前看，小企业业务顶层设计基本结束，今后随着业务发展变化，会继续补充完善，但只会是小修小补。

二是大家对发展小企业业务的认识有了提高。这是很可贵的。但我只能说有了提高，而不是很大或者较大程度的提高，当然对于有的分行可以说提高较大，但对全行总体来说，认识提高的程度还不够。

三是加强了创新，成果不断出现。从刚才分行的发言交流不难看出，涌现出了不少新产品、新工具、新打法，这是很可喜的。特别值得一提的是，有的分行在创新方面已经尝到了甜头，而且“甜度”还很高。比如深圳市分行，通过创新“云快贷”，小企业贷款平均利率达到 7.6%，不良率还很低，EVA 达到 5 亿元，实现利润 9 亿多元，按照现在的趋势发展下去，2017 年他们还会提高，这就是创新带来的成果。

四是业务发展内外借力，越打越聪明。光靠小企业条线单打独斗，力量十分单薄，许多事情就没法做。因此，在行内充分借助了其他条线的力量，借助分行的力量。更重要的是，在外部我们积极想办法寻求借力，比如与政府部门，包括工信部、税务总局、科技部、旅游局、教育部等开展了总对总战略合作，与中国中小企业协会、人民银行征信中心签署合作协议等。这些总对总的合作，能达到“一打一条线，一打一大片”的效果，为各分行开展营销提供了很好的题材，对于全行迅速开展系统、全面合作具有积极作用。在这些方面，我们做了大量有效的探索。

五是重视舆论宣传工作。对内来讲，通过宣传，可以让全行各分支机构、各级管理人员和客户经理认识到发展小企业业务的重要性（一级分行分管小企业业务的行长，也要向一把手、向其他条线宣传小企业业务）。对外来讲，通过宣传报道，让中央领导、各部委和社会各界看到我们建设银行在支持小微企业、支持实体经济方面所做的工作。总理的桌上就有我们小企业业务的材料，到我们行视察，也指名要听小企业业务的汇报。《动态清样》《政务情况交流》都介绍过我行小企业金融服务的情况，这是很不容易的。所以，

宣传工作今后还要重视，这不仅为建行带来很多荣誉，包括中央领导对建行的肯定，更是我们讲政治、落实中央要求的体现。通过我们的宣传，让全社会重视小企业业务发展，推动其他银行也发展小企业业务，这对国家也是好事。

六是文化建设取得了不错的成绩。总行小企业部获得全行企业文化建设先进单位，并代表建行被推荐参评全国金融系统企业文化建设先进单位，这说明我们小企业的文化建设做得好。这几年，小企业条线很团结，很有拼劲，积极创新，已形成了做业务、抓发展的良好风气，带有建行特色的小企业团队文化正在逐步形成。最高层级竞争就是文化竞争，把文化建设好，打仗才能像一团火一样，一个集体、队伍也才有战斗力、竞争力。

今天不是做工作总结，所以只是点了几个有较大改变的方面。小企业业务这几年打下了良好的基础，特别是解决了认识问题，不难预计2017年将比2016年表现得更好。

新的一年就要到来，我分管小企业业务、为小企业条线服务，在这里要真诚地感谢总行小企业部，感谢全行小企业业务条线为全行小企业业务发展作出的辛勤努力，谢谢大家！

二、做好小企业业务的几个重要问题

（一）各分行一把手重视是做好小企业业务的关键

各分行一把手只要重视，就会过问小企业业务的发展情况，就会调精兵遣强将，充分调配资源，就会注意研究解决发展中的问题，就会加大工作力度。特别是调遣精兵强将、调配资源、研究问题这些方面，没有一把手的重视，就很难得到解决。

希望各一级分行、二级分行的一把手们，面对小企业业务目前发展遇到的问题，不要盲目，不要想当然，更不要武断地下结论说小企业业务不能碰。在延安座谈会上我也强调过，只要努力，只要用心，只要给力，小企业业务是一定能做好的，而且一定能为利润作出大的贡献，真正做到小企业是大事业。深圳市分行就是个活生生的例子，取得了实实在在的大效果。千万不要没有搞清楚问题就乱下结论，把门关上了，这很不好。

在座的21家分行，回去以后要把今天的会议精神原原本本地向一把手汇报（没有参会的行也要向一把手汇报）。服务实体经济、支持小微企业是中央的要求，是总行党委的决定。我们加强党的领导，首先就是向中央看齐，向总行看齐。小企业业务再做不上去，那就是不讲政治、不讲大局。特别是现在对小企业业务认识还上不去、还不重视的一把手，业务再做不上去，那就是能力问题。

（二）进一步增强责任心是做好小企业业务的前提

我们面对“三个不低于”的监管要求，面对目前不良率偏高的现实和EVA偏低的状况，如果没有责任心，不下工夫，就很难扭转这一局面。责任心的问题，实际上是工作态度问题，而工作态度又决定了工作的质量、效率和效果。没有责任心，工作的质量和效率就不会高，质量不高就容易形成不良，业务发展也快不了；没有责任心，就沉不下心来工作，心沉不下去，工作自然就浮在上面，也不可能做好。

各级小企业条线的负责人一定要有责任心和责任感。所负责的业务发展不上去，你要有睡不着觉的紧迫感，如果还是心安理得，那说明工作是失职的。其次要对下属提严格的要求，严是爱、宽是害。还要有担当精神，如果这也怕那也怕，就难有作为，难有出息，难担大任。所以说，责任心是做好小企业业务的前提，实际上也是做好任何事情的前提。

（三）合规是做好小企业业务最基本的要求

我们的规定和规矩都是明确的。从外部讲，党中央、国务院，人民银行、银监会等监管部门都有相关的要求。从内部讲，总行特别是小企业业务部制定下发的制度、办法、规定、操作手册等都是规矩，都要严格执行。实践证明，绝大多数的风险、案件，以及业务发展上不去、效益差的问题，都与合规直接相关，都是没有按照规定去做。我们说要既快又好地发展，“好”就包含合规的要求。如果风险和不良是因为总行的规章制度未能涵盖，那是总行的责任；如果总行有明确的规定要求，分行不按照执行，那就是分行的责任。在延安座谈会上，我提出的问题之一就是你们有没有按照总行的规章制度执行，那么多明确的规章制度，实际执行了多少？希望大家反思之后加强合规管理，小企业业务更要强化合规。

所以，一定要加强小企业业务的合规文化建设。建设银行这样系统庞大的银行，更加不能各行其是，大家要持续抓好合规工作。

（四）创新是小企业业务发展的不竭动力

过去小企业业务发展运用了一些传统的做法和打法，量上不去、不良下不来、工作效率低、效益也难以增加，必须要用产品创新、工具创新、联动创新、经营模式创新来解决这些问题。

在创新上做文章，首先要解决好创新的动力问题。有的分行创新不足，动力不够，从物质上、精神上都要找一找出路。当然，创新的最高层面是要形成创新文化，营造自觉创新的氛围。其次要做好创新的组织工作。要针对发展瓶颈，组成小组进行研发，并对创新成果进行实践，实践证明是好的成果，要强力推广。我们绝不允许不仅自己没有创新，对总行、兄弟行的创新成果也无动于衷，不加学习。别的分行花了力量，动用智慧创新出来的成果，你拿来就能用却不去拿，要么是责任心不强，要么就是傻！今后要加强创新成果的推广，经过总行评估适合推广的，要加强推广，而且要对创新推广情况进行考核。

（五）分解研究是解决小企业业务问题的重要手段

大家一定要善于做分解研究，分解是分析问题、解决问题的一个重要办法。细分成就了人类社会的高速发展，一些复杂的问题经过分解以后，实际上并不难，也并不复杂，难就难在没有拆分，将许多问题混杂在一起。首先要找准需要分解的问题，对日常发展中遇到的问题加以确定，然后对各个关键点上的拦路石进行逐个分析研究，提出解决问题的思路、方法和措施。比如，我们在召开专题会、协调会时，如果许多问题搅在一起，就像一团乱麻，永远理不清，而拆分来看，很快就能解决，也能够提高会议效率，这是个重要的工作方法。再比如，解决与政府合作过程中希望政府出资的问题，就要把风险、收益一项项拆分，把问题分类，一样一样解决。不仅要知道有这样的办法，关键还要去做，否则虽然听起来觉得是这么回事，但不做就没有任何意义。

（六）培训是提高小企业队伍战斗力的重要措施

在座各位都希望自己的队伍人数多，战斗力强，一个能顶三个，甚至顶五个顶十个。如果人数不够，更要靠培训提高人员素质。我们对公客户经理目前面临着新人多的问题，新人多的原因是过去的人员太少。2015 年按照董事长的要求，对公客户经理补充了 1 万人，总量达到 2.5 万人，但比工行、农行还要少不少，只比中行多一点。在补充人员之前，对公客户经理的队伍只有 1.5 万人，相当于一个人要干人家两个人的活儿。现在我们补充人员以后，新人多的问题又来了，特别是新分来的大学生，缺乏业务经验。对公业务，尤其是小企业业务的从业人员，一定要有经验，没有经验怎么办？那只有靠培训来弥补，因此培训工作尤为迫切和重要。

在培训内容上，首先要加强新的产品和工具的培训。工具和系统是比较复杂的，不像农民用的锄头，拿起来就能用，好的工具不会用就等于零。其次，新的招法、打法也要加强培训，这是提高单兵战斗力的重要手段。培训工作不能只抓一年两年，而要常抓不懈，就像我们抓客户一样，银行办一天就要抓一天客户，办一天就要抓一天培训。培训也是对员工的激励，参加培训时虽然辛苦一点，但是可以通过培训提高员工的能力，提升员工的价值，对其职业生涯很有好处。今后，需要在全行推广的重要的产品、工具，总行小企业业务部要通过视频培训到支行，一竿子到底，原汁原味，减少转培训的错误率和遗漏率。另外，对于重要的培训，培训的同时还要出题考试，保证培训人员了解、掌握、运用所培训内容。总行以后每年至少要开两次经验交流会或研讨会，会前要做好准备工作，特别是经验交流不能炒剩饭。竞争在一定程度上拼的就是人才，哪怕工作再忙，都要把培训工作抓好，磨刀不误砍柴工，这一点一定要认识到。

（七）廉洁从业是小企业业务健康发展的重要保证

我们在审批不良资产处置过程中发现，有的不良就是因为出了道德风险，吃里爬外、内外勾结，有的虽然现在没有定性，但是有些事情值得怀疑。业务出现案件，肯定要形成一些不良，同时也影响了建设银行在社会上的形象。此外，有这样的人出现，对其他员工也会有影响。俗话说，“一马不行百马忧”，会影响其他员工的积极性和队伍的战斗力，最终影响业务发展。我们各级小企业业务负责人对下级一定要严格管理，这是应尽的职责。早发现问题，早处置，也是对员工的保护。领导把标准定得高一点、严一点，下属虽然工作时付出多一点，但经过想办法、动脑筋、找资源，事情不仅能够想办法完成，人员的能力也会随之提高。因此，不管站在哪个角度，严字要当先。党风廉政建设工作要求“一岗双责”，你们对下属都有这个责任，要加强管理，严格要求。下属出了道德问题、违法问题，你们也是有责任的。

思想政治工作是我们党的一项重要工作，也是我们做好各项工作的重要保证。我们要从善于抓业务的干部，转变为既能抓业务也能抓管理的干部。要帮助员工算清楚人生的账，树立正确的人生观、价值观，在建设银行这样的大银行工作，拿着这么多薪酬，就算不是金饭碗，至少也是铜饭碗，要告诫员工珍视自己的工作机会。再说，一旦员工有违法的行为，其自己要受处罚不说，一家人在社会上都抬不起头来，要和员工说明白这些道理。带兵不仅要管行动，更要管思想，要加强检查抽查，以便起到威慑作用，让他不想干坏事、不敢干坏事。同时，我们也要对制度、流程、系统等进行优化，减少人为环节，通过机控，让其干不成也干不了坏事。

借今天这个机会，强调一下我认为重要的这七个问题。应该说，经过近年来的强基础工作，全行小企业业务已经取得了不小的成绩，也到了该出成果的时候了，2017 年，我期待着各分行小企业业务发展取得优异的成绩，以此向党的十九大献礼。谢谢大家！

加快转型步伐 锻造综合能力 推动个人客户金融生态系统战略扎实落地

——在 2016 年零售及电子银行业务转型发展暨工作会上的讲话

杨文升

（2016 年 4 月 7 日）

同志们：

这次会议的主要目的是贯彻落实全行工作会议精神，总结 2015 年工作，研判当前内外部形势，明确 2016 年的工作思路、任务和措施，推动个人客户金融生态系统战略扎实落地。下面，我讲三方面内容，供大家讨论。

一、2015 年工作回顾

2015 年，零售和电子银行条线面对严峻复杂的外部形势，深入贯彻落实总行党委战略部署，以全行转型发展规划为指导，以打造个人客户金融生态系统为核心目标，凝心聚力、奋发有为，取得了来之不易的好成绩。从行内来看，零售和电子银行业务的“半壁江山”地位初步确立；从市场来看，领先业务的优势持续扩大，战略业务增速更快。开年以来，各项业务发展延续了 2015 年的良好势头，规模、效益和质量等各项指标表现都是很不错的，第一季度旺季营销活动再次实现开门红！

（一）确立金融生态系统战略，推进落实成效显著

在 2015 年的零售和电子银行业务工作会议上，我们率先提出了打造个人客户金融生态系统战略方向，初步给出了金融生态系统的定义，即通过打造客户、建行和优秀第三方组成的，三位一体、相互作用、互惠互利和共存共荣的命运共

同体，为所有客户提供全方位、个性化的服务。10月，在庆祝我行成功上市10周年业绩发布会上，遵照总行党委部署，金融生态系统战略作为“CCB2020”发展目标正式向社会各界发布。一年来，金融生态系统战略在全行逐步达成共识，系统建设收获了很多成果，我们对金融生态系统建设的理念、体系架构和实施措施也有了新的认识。年末总行制定出台《个人客户转型实施方案》，制定量化目标，部署“实施三十条”和“十大突破”，聚焦客户经营体系、核心客群、行业应用、移动优先、渠道协同和大数据等关键点，初步给出了金融生态系统战略的实施路径。

特别值得肯定的是，各分行在巩固传统优势的基础上，围绕金融生态系统战略积极探索和尝试，亮点纷呈、成效显著，做得非常好！本次会议选在长沙召开，湖南省分行各项工作都走在全行前列，其中零售业务以转型促发展，业绩表现突出。在领先市场竞争力数据的背后，更为关键的是金融生态系统建设很有成效。他们以金融IC卡行业应用为抓手，大力丰富营销和服务场景，成功在公交、代发和县域等资金充沛的场景之中构建小生态圈，形成微循环。陕西省分行积极拓展各类商圈，大力开展物业服务等合作，场景建设工作也很有特色。河南省分行深化客群经营理念，从客户需求出发，以生态方法制定“车包、房包、薪包和商包”重点客户群的综合服务方案，与地方政府紧密合作，依托“市民之家”平台批量拓展客户，有效客户增速居全行前列。广东省分行一方面大力推广银行卡行业应用，另一方面着力打造“龙行天下”品牌，特别注重从车主海量信息中挖掘营销潜力，实现行内贡献和市场份额“双提升”。福建省分行主动求新求变，优化网点服务流程，推广远程柜员新业态，释放柜面人员生产力，积极探索金融生态系统下渠道协同和网点转型。厦门市分行着力综合营销、狠抓基础产品，银行卡基本实现地区人口全覆盖，基金、保险和贵金属等客群不断壮大，产品覆盖度全行领先。湖北省分行积极依托供销社合作模式，“裕农通”服务推广成效显著，在有效推动县域业务发展的基础上率先打响了建行普惠金融品牌，总行下阶段将全面推广。深圳市分行培育创新动能、驱动转型发展，在产品、服务、流程和体制机制等方面全面创新，积极参与和支持总行智慧银行等重大创新项目，先行先试、成果显著。

（二）客户规模突破新关口，综合经营呈现新亮点

个人客户的全行利润贡献由2014年的27%提升至2015年的39%，大幅提升12个百分点；利润总额1152亿元，新增346亿。个人有效客户新增1313万人，余额突破1亿元；个人有资产客户新增2633万人，余额突破3亿元；个人全量客户突破5亿人。个人客户金融资产新增9139亿元，余额突破8万亿元。私人银行客户达50352人，新增10102人，增速23%；私人银行客户资产6229亿元，新增1543亿元，增速33%。信用卡客户6592万人，新增1113万人，均居同业第一。手机、网上和微信银行用户分别达1.8亿人、2.1亿人和3293万人，均居同业第一。电话银行客户突破两亿人，签约客户数四行第一。深化客户经营，指标表现良好。个人客户产品覆盖度达4.3个，提升0.3个，升幅创近三年新高；全年共激活零资产客户2139万人，同比多激活404万人；有资产客户保有率93%，提升1.7个百分点；县域客户新增1178万人，同比多增539万人。

（三）个人存款表现突出，行内贡献和市场表现“双提升”

个人人民币存款时点和日均余额双双突破6万亿元新关口。时点余额63273亿元，新增4638亿元；日均余额61762亿元，新增5473亿元。个人存款日均增速四行第一，新增四行占比32%，保持四行第二；余额占比由24.3%升至24.8%，创我行上市以来最好水平。在利率全面放开、我行规模市场份额提升的情况下，成本控制良好。付息率2.04%，同比下降2个基点、降幅四行第二，实现量价平衡发展。个人存款余额在全行一般性存款中占比49%，提升1个百分点。外币储蓄新增创六年来新高，较年初增长50%，增速四行第一。个人存款圆满完成偏离度管控目标。

（四）跃居国内最大零售信贷银行，领先优势持续扩大

个人房贷、消费贷款、信用卡透支分期合计余额34754亿元，在全行贷款余额中的占比由34%升至37%；新增5917亿元，占比65%。其中，个人贷款当年比工行多增 1128 亿元，跃居国内最大零售信贷银行；房贷余额 29604 亿元，新增 5461 亿元，均四行第一，优势进一步扩大；快贷授信超过 100 亿元。信用卡透支分期余额 3897 亿元，新增 610 亿元，新增四行第一；消费交易金额突破 2 万亿元，发卡突破 8000 万张，多项指标居四行第一，净利润和经济增加值实现跨越式增长。房改金融业务优势进一步扩大，公积金归集余额、新增均四行第一，公积金个贷突破 1.5 万亿元，住房资金存款 6491 亿元。

（五）重点产品表现优异，战略协同积极有为

个人中间业务市场竞争力实现突破，收入四行占比 28.8%，增量、增速均首次跃居四行第一。零售和电子银行业务实现中间业务收入 639 亿元，增长 23%；在全行中间业务净收入中占比 55%，大幅提升 7 个百分点。支付结算方面，借记卡发卡突破 7 亿张，消费交易额 6.7 万亿元，均创历史新高，中间业务收入过百亿元，移动支付发展银行业领先。信用卡是全行第一大中间业务产品。离柜交易在全行账务性交易总量中占比已超过 95%，其中网银、手机银行交易占比达 78%，手机银行交易笔数和金额均同比翻番，善融商务、互联网支付和悦生活等业务同业领先。投资理财方面，人身保险业务实现突破，收入四行占比 32%，首次跃居四行第一。基金销售量创历史新高，收入同比翻番。个人银行理财余额突破 9000 亿元，圆满完成“两全”活动目标。贵金属业务收入增速居四行第一。“私享”私人银行业务高速发展。战略协同方面，在条线之间、集团内和境内外等多个维度联动协同、成效明显。代发工资个人户新增 1707 万户，代发额创历年新高。建信人寿销售金额 341 亿元，代销建信基金余额 1295 亿元。依托子公司和发挥建行亚洲“桥头堡”作用，私人银行产品线不断丰富。与建信信托等携手发行个人住房抵押贷款资产支持证券。持续开展网络金融“协作共赢、抢占高点”评先创优活动。

（六）创新引领贯穿始终，创新亮点大量涌现

扎实推进产品、服务和流程等全方位创新。产品方面，推出龙卡云闪付、Apple Pay、随芯用、惠福龙卡、企业手机银行、善融商务手机客户端、投资组合服务、微黄金、新西兰投资移民等拳头产品。服务方面，用互联网思维加快线下服务流程再造，业内率先推出智慧柜员机新业态，上线个人客户综合签约功能，持续优化柜面服务。上个月我行新版个人网银成功上线，从各方反馈看，我行互联网站和网上银行在同业中处于遥遥领先地位，特别是个性化定制功能同业首创，服务水平明显提升。流程方面，初步实现个贷业务的全流程电子化、影像化和自动化，大幅简化快贷业务办理步骤，全面实施信用卡额度动态管理。

（七）风险防控能力全面提升，资产质量保持同业最优

个人贷款不良率 0.45%，其中个人住房贷款不良率 0.35%，均保持四行最优。个人不良、逾期贷款均控制在全行目标要求内。信用卡逾期 90 天以上不良率 1.07%，保持同业最优，低于行业平均水平超过 1 个百分点。上线 54 类个贷风险预警模型，贷前、贷中和贷后风控能力全面提升。实施信用卡业务全流程、全要素和矩阵式风险经营管理，全面排查潜在风险账户，加强风险敞口管控和不良资产回收。零售和电子银行条线牢固树立合规意识、严格执行制度，全年没有发生重大风险和安全事件。

（八）大数据挖掘应用初见成效，精细管理能力明显提升

一是坚持问题导向，把握经营规律。面对急剧变化的市场形势，在有效客户拓展、新客获取、资金回流、代发工资和资本市场等热点问题上积极开展大数据分析挖掘，用数据说话、找经营规律。二是搭建同业领先的精准营销平台。运用大数据工具，构建百大营销模型，精准锁定目标客户，支持从以产品为中心向以客户为中心转型，取得显著成效。三是全面构建个人客户信息统一视图，推出楼盘大数据分析平台，加快非结构化数据分析工作。

同志们，2015 年，零售和电子银行业务取得了可喜可贺的好成绩，得到了总行党委、建行客户和社会各方面的充分肯定。洪章董事长、祖继行长和郭友监事长均作出重要批示，充分肯定我们的工作成绩。建行零售和电子银行业务对外形象持续向好。个人客户经理风采展示大赛被全总纳入全国职工技能竞赛系列，取得圆满成功；继2015年首次折桂后，我行再次荣获《亚洲银行家》“最佳大型零售银行奖”；先后荣获权威机构评选的“最佳按揭住房贷款业务”“银行卡业务突出贡献奖”“最佳信用卡”“最佳手机银行”等奖项。上述成绩的取得，得益于总行党委的正确领导，得益于董事会、监事会和监管部门的指导支持，得益于对公、财会、科技和风险等部门以及各子公司和境外机构的大力协同配合，更得益于广大奋战在零售和电子银行业务一线员工们的拼搏付出。借此机会，受洪章董事长、祖继行长和郭友监事长委托，我代表总行党委向大家表示衷心的感谢！

二、当前内外部形势变化

在年初全行工作会议上，洪章董事长、祖继行长对当前宏观形势做了全面分析，大家要深入学习领会。我这里主要结合零售和电子银行业务讲五个关键点。

（一）经济社会加速转型为零售业务提供更广阔机遇

一是消费已成为经济增长第一动力。中国经济发展已经进入新常态，十八届五中全会提出五大发展理念和供给侧改革要求。这一系列战略部署一脉相承，明确提出了消费是中国经济增长的持续动力，起着重要的基础作用。新常态的核心内涵是：一要经济增速换挡，二要转方式和调结构，三要经济增长动力由要素驱动向创新驱动转化，这都要求经济发展更加与扩大消费相适应。2015年消费支出对GDP增长贡献率66.4%，提升15.4个百分点。上个月，央行和银监会联合发布了《关于加大对新消费领域金融支持的指导意见》，将进一步激发消费市场活力，进一步将增长红利落实到百姓大众。2015年，居民消费在社会消费总支出中占比73%，未来预计还将进一步提升。二是居民收入较快增长。国家收入倍增计划提出2020年居民人均收入要比2010年翻番。2015年，国内居民人均可支配收入增长8.9%，比GDP增速高出2个百分点。三是城镇化和人口新政策带来更为充足和有效客流。中央提出要推进新型城镇化，解决好“三个1亿人”问题，促进约1亿农业转移人口落户城镇，改造约1亿人居住的城镇棚户区和城中村，引导约1亿人在中西部就近城镇化。“两孩”政策放开后，有研究测算每年将带来约800万的人口增量，将显著拉动住房、教育和医疗等支出和储蓄、信贷和理财需求。四是农村客户潜力巨大。央行出台了《农村承包土地经营权抵押贷款试点暂行办法》和《农民住房财产权抵押贷款试点暂行办法》，将明显提升农村客户的财富水平和消费能力，充分释放农村客户金融服务潜力。六亿多农村客户既是中国经济增长的潜力和韧性所在，也是未来零售业务的发展蓝海所在。

（二）利率、汇率和费率全面市场化，亟须调整零售业务的传统盈利模式

近年来，利率、汇率和银行服务费率等改革不断加快，经过多年积累，零售银行业务已经处于全面市场化的常态政策环境。利率方面，短期来看，对银行的直接挑战是利差空间缩窄、盈利增长困难。2015年我行利差缩窄40个基点，2016年第一季度又缩窄51个基点。长期来看，利率市场化将带来银行间利差水平和盈利能力的明显分化。已经完成利率市场化国家的经验表明，在市场化完成初期，银行整体利差有所下降，经过一段时期又基本回升至原有水平。但看似没有变化的利差背后，银行的盈利模式发生了根本变化。原有利差是利率管制的结果。利率市场化后，银行要靠提升风险管控和资产管理专业能力，利差才能保持在原有水平；如果仍然固守原有盈利模式，利差将显著缩窄甚至被淘汰出局。

汇率方面，“8·11”汇改、人民币入篮SDR、美联储启动加息等一系列事件对人民币汇率走势和汇率政策的影响深远。人民币兑美元中间价全年贬值6%，创2011年以来新低，人民币汇率波动加剧，对银行的市场预判、风险防控和客户服务带来新的挑战。比如，美联储近期政策走向就对国内资本市场带来一定影响，银行为客户提供全球资产配置服务既要顺应汇率走势，也要符合外汇管理政策要求。

服务费率方面，近年来为落实普惠金融要求，向实体经济让利，银行服务收费政策已多轮收紧，费率水平不断下降。近期发改委、央行联合印发《关于完善银行卡刷卡手续费定价机制的通知》，初步测算每年对我行借记卡收入减收影响约15

亿元。

(三) 账户政策壁垒全面放开带来零售业务充分竞争

央行下发了《关于改进个人银行账户服务、加强账户管理的通知》和《非银行支付机构网络支付业务管理办法》，个人账户管理已经全面放开。根据政策要求，个人银行账户将分为一类、二类和三类，一类账户仍需在网点开立，而二类和三类账户可以直接远程开户。大型银行过往多年积累形成的账户优势直接暴露在全面市场竞争之下，如果经营策略、产品配置和客户服务做得不好，宝贵的客户资源将被其他银行用二类和三类账户蚕食掉。在新政策条件下，抢夺他行账户资源的工具更多，手段也更便捷，留给大型银行应对的时间已经不多了。

(四) 同业加快运用互联网思维和技术，竞争压力加大

同业各家银行都在积极运用互联网思维和互联网技术。比如，工行正大力推广金融互联网综合平台，整合支付结算、投资理财和电商购物功能；招行积极与滴滴打车等互联网企业深度合作，扩展应用场景，嵌入金融服务；平安银行在移动端全面打通各类业务壁垒，推出“平安一账通”和生活应用 APP。在互联网时代，社会各方主体都成为互联网中的节点，传统零售业的功能越来越多地被客户自助和自主选择所取代，传统的中介服务面临同样的挑战，银行自身要认真思考和着力提升对其他关联主体的价值贡献，才能生存和发展。

(五) 内部发展基础和管理能力亟待提高

一是部分分行对金融生态系统战略转型的重要性认识不够、理解不准确，仍固守传统打法，思路措施、资源统筹和机制建设还没有完全落实金融生态系统战略要求。个别分行还没有将金融生态系统战略融入业务中，转型和发展还是“两张皮”。

二是综合服务能力还不能完全满足客户需求，还没有真正地以客户为中心，只注重产品销售而没有根据客户特点进行产品选择组合的情况仍较为普遍存在。

三是业务基础仍然比较薄弱。尽管各项产品市场竞争力逐年提升，客户和账户规模数以亿计，但是产品覆盖度还有很大提升空间，账户基础还比较薄弱，县域市场还有待大力拓展。

四是业务合规性管理还有待进一步强化。合规性管理对业务发展十分重要，大多数风险事件都源于不合规经营。目前“飞单”现象仍相当程度存在。

五是个人信贷风险管理仍需加强。随着规模持续增长、外部环境复杂多变，加之业务人员相对紧张，亟须加大风控资源投入，亟须加强技术手段和计量工具应用。

六是分行间发展不平衡。绝大部分转型工作做得好的分行，个人存款和中间业务收入规模四行占比高，付息率水平低。比如，福建省分行个人存款市场份额四行第一且付息率最优，只有1.39%，比系统内最高分行低96个基点；产品覆盖度也最高，达到5.3个，比最低分行多出1.6个。湖南省分行个人存款规模和付息率、中间业务收入均居四行第一。与此同时，也有一些分行个人存款新增、中间业务收入四行第三甚至第四位，付息率也很高。这一方面有历史基础的客观原因，但另一方面更反映出这些分行的转型思路亟须调整、转型步伐亟须跟上，必须要正视市场份额落后特别是增量份额落后背后的主观原因和管理不足。各分行党委对零售和电子银行业务转型要认识到位、落实到位，分管行长更必须要有清晰的转型思路和扎实的工作措施。

三、2016年工作任务

(一) 思路

2016年零售和电子银行业务的工作思路是：深入贯彻落实全行转型发展要求，围绕一个核心目标，即打造个人客户金融生态系统，全力推进“两个扎实落地”，即事关金融生态系统建设的场景化、客群化和个性化这三项工作要扎实落地，自觉以金融生态系统方法论推进日常工作要扎实落地；聚焦客户、整合资源、统筹兼顾、协同合作，实现个人客户综合服务能力再上新水平、零售和电子银行业务发展再上新台阶。

(二) 目标

1. 负债：个人人民币存款日均新增4000亿元，时点新增4100亿元，市场份额稳中有升；保持房改金融业务同业领先地位。

2. 资产：保持最大零售信贷银行地位；住房贷款和消费贷款新增四行第一；信用卡贷款新增800亿元，提升生息类贷款占比。

3. 客户：有资产客户新增2000万户，有效客户新增1200万户，私人银行客户新增7560户，个贷客户新增165万户，信用卡客户净增900万户，手机银行用户新增3500万户。

4. 渠道：移动金融柜面替代率70%，提升20个百分点。

5. 风险防控：保持个人贷款、信用卡资产质量四行最优。

6. 场景化、客群化和个性化工作要力争实现以下突破：

（1）系统性搭建金融生态场景要实现突破。依托金融IC卡行业应用建成500个支付结算生态圈，新增个人商户50万户，全国性互联网平台合作实现突破。

（2）全面推进客群化经营模式要实现突破。四类重点客群方案推向市场，力争实现百类客群分类研究，每家分行要完成3~5类客群研究并形成综合服务方案，同时要至少完成一类私人银行客户综合解决方案。

（3）打造“一客一策”个性化服务要争取实现突破。手机银行、网银个性化服务水平提升，推出各类定制化产品。

（三）重点工作

2016年，落实金融生态系统战略要抓场景化、客群化和个性化，确保这三项重点工作落地。三者的大逻辑：第一步要细分客群，不同客群的需求差异明显；第二步要分析场景，在某个客群可能出现的每个场景中，分别梳理出其所需产品，然后将所有场景中的产品需求综合起来，就形成了针对这个客群的综合服务方案；第三步要个性化，通过丰富标签、交互推送以及客户贡献度的测算，最终力争实现全行个人客户综合服务方案和差别定价的“一客一策”。从标准化服务走向个性化服务，将是零售业务发展模式的革命性转变。

具体而言，场景是金融生态系统建设的基础和入口，向客户提供金融服务必须要依托场景。金融生态系统是由无数个小的金融生态圈有机组成的；而生态圈建立在场景之下，每个生态圈本质上就是一个场景或者一个资金闭环。客群是金融生态系统建设的核心和关键。在同样的场景下，不同类群客户对产品、服务和流程等的需求各不相同，因此必须加大客群细分力度。个性化是金融生态系统建设的终极目标。比如，我行的新版网银就支持客户根据自身需求定制主页和安排界面，下阶段通过挖掘分析非结构化数据，还能为客户提供个性化的推送和交互服务。深层次看，银行服务模式需要再思考和再创新，要由银行向客户提供服务转变为创造客户的“自服务”环境。就像商店业态向超市业态发展一样，要逐步将客户自服务作为银行服务的优先策略。

2016年，要重点推进十二个方面的工作：

1. 全力突破场景搭建，布局金融生态基础入口

正确理解场景。要从三个维度分析场景。一是要明确主体。场景中有三类主体，即客户、银行和第三方，比如在消费场景中有消费者、供应商和银行。二是要了解主体需求。在消费场景中，消费者的需求是购买的商品质量好、价格低、好支付，资金不够还要融资；供应商比如商户的需求是多销售、好结算，同时可能还需要现金管理和融资。对于他们而言，金融服务不是最重要的需求，而是实现其非金融需求的一个嵌入环节。银行只有先整合金融、非金融服务，满足客户需求，才能建好金融生态圈，才能获得收益。这个先后逻辑顺序不能搞反了。三是银行在场景中的经营目标。场景是构成金融生态系统网络的节点，场景数量越多，金融生态系统越完整，规模效应也就越大。银行在场景中一能销售金融产品，二能获客，三能依托场景网络沉淀碎片化低成本资金，四能沉淀海量数据来支持精准营销和客户服务。

大力丰富场景。要聚焦那些客户和资金资源丰富、金融服务需求旺盛的重点场景，从大类来看，如购物、餐饮、娱乐、旅游、公交、ETC、物业、医疗、教育和专业市场等。要深入分析场景特征，深度嵌入金融服务。2015年各分行做了大量工作，有些分行搭建了几百个具体场景，形成了很多好的经验。总行要全面推广先进经验和典型案例，特别是要把共性因素提炼出来，推出一批大类场景的营销指引、产品套餐和科技系统

模板，并在全行推广。各分行要用好总行模板，积极创新优化，在上述大类场景领域中力争实现具体场景搭建数量和质量的突破。

依托场景获客。过往我们主要在场景中销售产品，2016 年则要着力把场景培育成重要获客点，打造获客新模式。一是抓集团内场景获客。加强公司、机构和小企业客户的代发个人户联动营销，大力提升善融商务用户在我行开户比例。二是抓线上场景获客。央行账户新政为在线上场景获客提供了政策机遇。要利用好各类营销活动，比如“龙卡星期六”活动，买冰淇淋满 60 减 30，就可以利用其吸引力，研究用扫二维码现场开立二类账户的模式来实时获客；即便当前现场开户条件不具备，也可参考广东省分行拓展菜市场的经验，邀约客户现场填写信息，第二天去网点开户。总而言之，要充分发挥各类场景的获客优势。三是抓商户场景获客。大力拓展个人商户，推出综合服务方案，满足其“生意 + 生活”需求。做大商业企业商户规模，牢固树立“商户 +”意识，配套分期、收单、特惠等全方位服务。

2. 加快客户类群细分，提升金融生态关键能力

一是要基于客户基本属性和行为特征，运用标签将海量客户不断地细分成群，客户标签越多，客户分群越细。总行 2015 年以来已经着手并不断加大工作力度，2016 年要梳理形成百类核心客群的标签。各分行也要大力开展客户细分工作，全行上下共同推进。二是要推广应用方法论。总行要在承接 2015 年重点客群研究的良好成果基础上，2016 年将老年、车主、房主和留学四大重点客群全面推向市场。试点分行要率先实施，收集体验需求，提出优化建议，试点后年内在全行实施落地。总行要从上述研究中提炼出方法论在全行培训推广，为分行提供支持。三是各分行要因地制宜研究 3 ~ 5 个特色客群并形成综合服务方案和一类私人银行客户综合解决方案，总行将开展评比、表彰和推广。要特别关注重点客群，比如青年客户，战略意义重大但近年来发展不理想。四是要在重点客群的个性研究中把共性的、基础性因素提炼出来。如各类客群普遍适用的场景、产品、服务、科技系统，要以组件化的形式沉淀下来并移植释放，以提升后续新客群的研发效率。五是要加快开发上线个人客户的综合定价、综合积分等功能，为客群经营和综合服务提供支持。

3. 加强重点产品建设，满足客户综合服务需要

梳理产品分级。2016 年总行将全面梳理所有零售业务产品，将其划分为核心、一级和二级这三大类。核心产品一方面包含我行传统优势产品，另一方面要涵盖符合未来趋势、对金融生态系统起着支撑作用的关键产品，当前支付结算产品对银行而言极为重要，但传统优势已经弱化，必须重塑。核心产品必须要做到同业领先。一级产品是建行集团产品，用于满足客户综合服务需求。二级产品是由第三方合作伙伴提供的优质产品。客户部门要统筹研究，加快将产品分级目录确定下来；产品部门要切实承担责任，特别是要把核心产品做到同业最优。

大力提升产品覆盖度。要发挥集团优势，着力加强交叉销售，核心产品要尽快覆盖大多数客户。要发挥资产拉动作用，进一步提升房贷和信用卡客户的借记卡、负债、投资理财类产品覆盖度，这方面还有潜力可挖。要加强线上渠道的场景推介和综合营销，在网银、手机银行的更多环节中嵌入产品推介和业务办理功能。要用好保险普惠政策、贵金属购买起点低和基金定投分散风险等有利条件，确保这些产品的覆盖度有较大幅度提升。要加快上线原油等大宗商品交易功能，首先把美元币种做起来。

夯实账户基础。央行账户新政推出之后，五大银行共同签订合作协议，为我们应对政策挑战提供了短暂的时间窗口。要加快提升一类账户黏性，存量客户要稳得住、抓得牢。要运用差别化综合服务手段提升客户在我行钱包份额和交易活跃度，通过专人专业维护提升高资产客户保有率，通过交叉销售提升低资产客户产品覆盖度，通过精准营销激活零资产客户。要着力提升二类、三类账户便捷性和使用体验，将二类账户打造成有力获客工具，引导客户用三类账户绑定其第三方账户，减少资金外流。

4. 再造支付结算业务新优势，构建资金体内循环生态链

支付结算业务原本是银行的传统优势。近年来第三方支付等主体不断抢占支付结算市场，下

阶段我们必须要把支付结算业务做大、做强、做实，再造新优势。

推出新型产品。一方面要不断优化现有存量账户业务流程，提升成熟产品支付使用体验，另一方面要研究推出新型支付产品，比如以小额三类账户形式，将其打造成新的获客工具，重点拓展他行客户和行外资金。该类产品要大幅简化业务流程，功能和体验要比肩互联网金融主流产品。

全面拓展应用。要强化金融 IC 卡主体地位。持续扩大发卡规模，新发和换卡并重、金融应用和行业应用并重，发挥全集团优势，整合行外资源，全面拓展行业应用。要高度重视移动支付。移动支付是新一轮的个人"基本户"竞争，客户支付习惯形成后很难再改变，必须加快抢占市场。要大力推广云闪付、苹果付和三星付，同时全覆盖其他主流移动支付模式，加快提升移动支付在银行卡交易总量中的占比。

保持银行卡消费较快增长。2015 年全行银行卡消费交易额接近 9 万亿元，规模十分可观，潜力仍然很大。要抓线上、小额高频、文娱、汽车、安居和跨境等热点，持续开展银行卡消费营销活动。商户是场景中的重要节点，目前我行有各类型商户约 200 万个。要加快完善商户客户全方位服务体系，加大商户贷款投放，大力提升商户获贷率，积极与小企业等部门开展联动营销。

5. 巩固网络金融优势，支持零售业务转型

网络金融战略既是全行转型发展的重要组成部分，也是支持零售业务转型、打造金融生态系统、破解场景化和个性化问题的首要平台支撑。要把线上渠道加快培育成为拓展客户、吸收资金、布放产品和提供服务的核心入口。

着力提升个性化服务水平。要更加注重依托手机和网银渠道提供个性化服务，一方面通过数据挖掘和分析判断，有针对性地向客户推送服务，另一方面客户把服务感受和需求反馈给我们。这两方面共同构成了一个持续交互、不断变化的过程。

全面加快创新。加快推出手机银行"我的资产负债表"服务，不断丰富交易功能。拓展网点业务预约、ATM 二维码取款、手机在线开户和客户身份验证等 O2O 特色应用。推出手机指纹支付、"人到人"支付和手机银行扫码支付。

保持善融商务业务快速发展。要将企业商城打造成覆盖企业上下游、有"互联网 + 金融"特色的支付结算平台，将个人商城打造成"精专特优"、提供优质非金融服务的生态链条。下阶段行内集中采购供应商具备条件的原则上都要入驻善融商务，集中采购要在善融商务进行，行内员工可按集中采购价格在善融商务购买所需产品。

要强化全局视野。各级网络金融部门都要为客户和产品部门更多地提供技术、创新等全方位支持，深化互联网思维，积极响应需求，推广典型案例。

6. 充分发挥集团整体优势，提升客户资产获取能力

要运用金融生态系统理念，充分发挥集团优势，力争让客户所有资金流动和资产变动都在我行完成，让建行成为更多客户的"主账户"和资金"大本营"，提升客户资产获取能力。

举全行之力抓代发资金。代发是个人存款最为重要的源头，也是集团金融生态系统中最重要的资金链条之一。对公业务条线过往做了很多有效的工作，相当多的分行都将代发业务明确为"一把手工程"。要进一步强化"一把手工程"定位，持续开展联动营销，大力提升对公基本户、有贷户代发覆盖率和个人客户代发资金留存率，大力拓展代发个人户。

依托全方位服务抓商户结算资金。要为商户客户提供全方位服务，加快提升对公商户资金承接率，大力拓展个人商户资金。要持续开展银行卡消费营销活动，做大消费流量，沉淀资金存量。消费已成为经济增长主动力，商户资金、消费资金增长潜力巨大，各分行资源配置模式也要顺应形势变化和转型要求，将更多资源投入到上述领域中。

做强各类投资理财业务。保险、基金和贵金属等业务要改变过往经营视角，全力扩大客户规模。保险要着力丰富营销场景，比如开卡时推送盗刷险、出行时推送意外险，提升离柜销售占比，增加定制化、高保障产品供给，下大力气将其打造成为像存款、借记卡一样的基础配置产品。基金要大力营销智能定投、一对一专户产品，捕捉可能机会稳定偏股产品销售。贵金属要构建投资、收藏、消费三大产品线，做大易存金、微黄金、

定制金和账户类四大新业务。银行理财要加快打造领先优势，新设立的资管中心、同业中心要加大创新力度，打造建行品牌，丰富定制化产品种类，加快推出不刚性兑付、收益浮动的“真正”理财产品。要加强与各子公司在客户拓展、营销推广和产品创新等方面的战略协同，做全产品线，做大销售量。要加快搭建投资理财产品交易平台，逐步将各类行内产品纳入其中，提供撮合和做市服务。

精细管理抓理财回流资金。银行理财的行外资金购买率要由2015年的11%升至15%。保险、基金等业务要加强大数据工具应用，持续监控兑付资金，制订资金衔接方案。要加强聚财存款、大额存单等优质产品的精准营销，聚焦行外客户资金。

借力第三方抓县域资金。一方面要全面推广“裕农通”方案，加快县域零售业务发展，打造建行普惠金融品牌；另一方面也要不局限于单一模式，要积极与政府、事业单位等各类优质第三方开展合作，借力抢抓县域资金。

夯实基础抓个人外汇资金。要持续扩大外汇客户规模，大力提升外币储蓄市场份额，特别是要进一步加强与建行亚洲等海外机构的战略协同，提升海外资产特别是美元资产配置能力。

加快实现差别化定价。要加快推出基于客户综合贡献水平的差别化定价功能，对不同贡献度水平客群要配置不同价格策略。比如，有些私人银行客户只购买银行理财产品但综合贡献不高，就要重新考虑对其定价策略。

7. 扩大住房金融业务优势，确保资源有力投入

发扬光大个人房贷业务领先优势。全年力争新增6000亿元，目前同业投入力度都在加大，我们要加大投放，早投放、早受益。要加快调整产品结构，提升二手房贷占比和二手房业务综合服务能力，交易活跃地区分行要确保领先。

坚决守住房改金融业务领先优势。当前同业竞争越发激烈，要增强危机感和紧迫感，绝不能掉以轻心。要积极应对市场格局和政策导向的新变化，抓市场拓展、系统推广和综合服务，加强与住建、住房资金管理部门等源头客户的战略合作，在制度修订、系统部署和服务规范等方面争取更大话语权。特别是要发挥系统营销和科技服务重要作用，做好系统推广，增加客户黏性。总行房金部在这方面做了大量工作，取得了很好成效。

守牢风控底线，稳定资产质量。近期房价快速上涨地区分行比如北京、上海和深圳，要高度关注形势变化，切实把控好房贷风险。要对这些地区实施总量控制，确定规模目标，特别是要控制大户型、投资性业务发展，要关注客户门槛并采取管控措施，着重发挥我行在专业化、精细化能力上的传统优势。要加强大数据工具应用，用好风险预警模型，聚焦交易真实性、资金流向、操作风险重点环节，加强早期识别、自动预警和主动化解。

8. 巩固信用卡业务领先优势，加快消费信贷业务发展

保持信用卡业务良好发展势头，以客户需求驱动产品交付，用优质服务满足全方位需求。一是优化客户结构。壮大高活动率、高忠诚度、高贡献度和低违约概率客户规模，实现客群的年轻化、多元化和规模化。二是优化产品结构。要对接多元化服务场景，提供全覆盖产品货架，做强汽车卡、热购卡、家庭卡和e付卡等支柱产品。三是优化业务结构。做大信用卡生息资产规模，引导客户多选择非全额还款，巩固扩大购车、装修、账单和现金分期等成熟业务市场份额，加快发展分期通、车位、教育留学和旅游分期等新产品，进一步提升消费生息资产转化率。四是扎实推进信用卡全流程、全要素和矩阵式风险管理。贷前要优化授信政策、提升征审能力，贷中要加强风险预警排查、防控欺诈套现风险，贷后要加强逾期和不良处置、创新催收方法和工具。

要抢抓消费金融业务的巨大市场潜力，转变观念、调整政策，尽快补齐短板。一是把快贷作为消费信贷创新转型的核心产品，不断做大做强。聚焦目标客户群体，加大宣传力度，加强名单制营销，重点提升代发、房贷和有资产等重点客户的快贷转化率。要加大主动授信工作力度，存量方面，目前全行有7000多万潜在达标代发工资客户，2016年导入主动授信客户要力争达到1000万户；增量方面，要将主动授信纳入代发业务合作之中，新拓展代发客户尽量都同时进行主动授信。

总行下阶段将持续优化快贷业务平台，推广网上自助质押贷款，扩大可押金融资产种类。二是推广房产抵押授信产品，支撑传统线下业务发展。近期总行对流程长、手续烦琐等问题进行了优化，各分行要加快营销拓展。三是运用金融生态系统理念，丰富消费信贷营销场景。狠抓购车、装修、旅游、教育和电商平台等重点，将快贷等产品引入合作渠道、商户和支付应用场景中。

9. 做大私人银行业务，建立主流商业模式

私人银行业务2016年要以发展作为主基调，并在此基础上加快建立私人银行业务的主流商业模式。一是真正以私人银行客户为中心，由经营产品向经营客户转变，建立健全以个性化、专业化和全能式为突出特征的私人银行业务主流商业模式。二是用综合解决方案来推进金融生态系统战略落地。客群细分、场景分析等重点要求也要在私人银行业务领域扎实落地，同时要更加关注和研究私人银行客户特点，集中精力满足其差异化、个性化的需求。私人银行客户需求分为三类：第一类是其他普通客户也有的共性需求，这方面不要花费太多精力，交由其他部门满足。第二类是每个私人银行客户都需要的服务，比如专家挂号等优质医疗服务需求，要通过搭建平台予以满足。第三类是每位私人银行客户的个性化需求。三是下大力气构建产品体系。一方面要充分挖掘建行集团资源潜力，另一方面要与优质第三方开展合作。2016年要尝试向部分私人银行客户提供资金委托服务，这项业务不是产品级的，而是为千万元级别资金提供解决方案。四是研究建立可持续的商业模式。根据产品和服务种类梳理收入类型、建立盈利清单，理清私人银行客户对全集团的综合贡献。五是加强风险内控管理。将风险管理和合规要求嵌入业务之中，维护好客户和银行两方面利益。

10. 壮大客户经理队伍，提升渠道服务能力

一支数量充足、结构合理和业务过硬的个人客户经理队伍，是零售业务的核心竞争力和转型发展根本保障。一是配齐配足。尽管全行绝大部分账务性交易已分流至线上，但网点对零售业务的重要性丝毫没有减弱，必须高度重视，各分行要按照“以客户为中心”的转型要求在网点及各级机构配齐配强，要确保专职个人客户经理人数增速不低于有资产客户数增速，产品销售经理也要着力提升客户综合服务和关系维护能力，加快实现AUM 5万元以上客户的客户经理“分配到人”。要在各级管理机构打造一支既能牵头制定综合服务方案，又能带领基层机构、深入市场营销的专业队伍。私人银行客户经理要充实数量、提升素质，按1:50的行业通行标准逐步配齐，加强与私人银行客户复杂需求相匹配的专业人才培养；结合私人银行业务特征，面向各业务条线吸纳专业人员，建立人员引入、使用和保留机制。二是提升专业能力。要制定个人客户经理素质和业绩考核评价办法；加大专业专注能力培训力度，特别是要培育走出网点、在银行场景外服务的能力；既要抓好行内培训，也要对标同业加大CFP、AFP等培训力度。三是打造专业支持平台。要研究制定为个人客户经理前台服务提供后台支持的机制流程，建立移动端服务模式，扩大服务覆盖面。

要持续提升渠道客户服务能力。一是大力推广智慧柜员机。一方面要重点在智慧柜员机上布放那些原来由柜员办理的业务，智慧柜员机的核心作用在于释放网点人力，绝大部分交易还是要优先在电子渠道特别是在手机上办理，智慧柜员机的界面和菜单也要基于这个原则做好安排。另一方面，智慧柜员机推广后释放的人员要尽可能留在网点，全面充实到客户经理和营销岗位上来，弥补当前较大人员缺口。二是持续打造电话银行的服务渠道和服务窗口双重功能。保持人工接通率、问题解决率在较高水平，上线新一代统一客服平台，推出“95533”手机客户端等新服务，不断提升智能客服交易占比，加强集约化管理，加快子公司服务托管工作。

11. 深化大数据运用，培育精准营销能力

要将精准化和场景化营销模式培育成营销常态和基础能力。一是全面推广个人客户分析与精准营销平台功能。各分行要全面用好总行下发的百大营销模型、百问百答手册和优秀案例，依托平台支持市场营销活动，在客户分群管理、产品覆盖提升、账户活跃度提升方面加大应用力度。总行将全力推进“最后一公里”，丰富功能、拓展应用。二是继续加强重点经营问题的大数据分析，在三类账户策略、产品覆盖度、

客户综合定价、客户渠道偏好等问题上探寻经营规律、提出营销策略。三是加快推进电话银行、网上银行、手机银行、善融商务和行外社交媒体非结构化数据的搜集、分析和挖掘，重点捕捉客户的接触渠道、行为痕迹和服务诉求信息，为精准营销和个性服务提供支持。四是持续推进楼盘大数据项目开发，研究推出“建行住房指数”模型。

12. 全面精心做好准备，确保新一代成功上线

按照总行整体安排，全行新一代三期以零售业务项目为主，年底前分四批上线。零售业务项目涉及海量客户账户，事关全行业务运营、社会声誉等方方面面，只能成功，不能失败。目前，总行正在周密安排，希望各分行高度重视，必须举全行之力确保成功上线。一是各分行要成立上线实施小组，由一把手或分管行领导担任组长。小组要全面配合总行上线实施工作，各分行业务部门负责人要对具体工作的质量和效率负责。二是加大上线实施所需资源支持。各试点分行和重点参与行要严格按照项目规定的人员数量、质量和时间节点安排，选拔业务骨干参与案例编写和测试。每家分行都要指定一名副处级以上负责人作为与总行联系人。三是总行相关部门要把新一代三期作为2016年工作重中之重，进一步充实项目人员、加强项目管理，与科技部门通力协作、提高效率。

最后要特别强调的是，旺季营销活动圆满收官之后，总行将在5～12月开展“拓生态、固根基、提服务、促转型”全行劳动竞赛活动，以提升综合服务能力、夯实客户账户基础和落实金融生态系统战略为目标。2016年是转型发展的关键之年、闯关之年，这项活动具有十分重要的意义。希望各分行和各部门统一思想、高度重视、尽快行动、加大投入，确保活动圆满成功。

同志们，2016年是“十三五”规划实施的开局之年，也是全行转型发展能否尽快取得成效的关键之年。在年初全行工作会上，总行党委对零售和电子银行业务提出了新的、更高要求。我希望并相信，在总行党委的正确领导下，在集团各单位和各部门的支持配合下，我们这支队伍一定能够再接再厉，为全行转型发展作出新的、更大贡献！

在子公司转型发展座谈会上的讲话

杨文升

（2016年7月8日）

同志们：

今天召开子公司转型发展座谈会，希望进一步推进全行综合化经营战略，加快子公司转型发展，提升集团综合金融服务能力。刚才许一鸣首席财务官围绕母子公司协同发展、资本管理等方面提出了工作要求，接下来祖继行长将发表重要讲话，请大家认真贯彻落实。下面，结合近两年分管子公司的体会，我讲几点意见，供大家参考。

一、成效显著，抢抓机遇，实现发展再上新台阶

近年来，在总行党委的正确领导下，在总行各部门和分行的支持配合下，子公司奋发努力、积极进取、勇于创新，在全行转型发展推进过程中，取得长足进步。一是业务规模稳步攀升。2015年末，子公司的金融资产突破2万亿元，较上年末增长8303亿元，达到集团总资产的11%；2016年6月末，子公司的金融资产进一步增长到

3.21 万亿元。二是经营效益日益显现。2015 年子公司实现净利润 39 亿元，较上年增长 58%；2016 年上半年实现净利润 28 亿元，同比增长近 30%，虽然绝对数不大，但增速可观。总体看，子公司发展势头较好，特别是增量指标和资产质量指标保持行业领先。在当前银行规模、利润增速明显回落的大环境下，子公司对保持全行竞争优势的重要性日益凸显。

尽管成绩喜人，但我们也要看到子公司高速发展过程中存在的问题和差距。全行转型发展规划中指出，到 2020 年实现子公司行业地位与母行市场地位基本相称，设立满 7 年的子公司主要经营指标要达到所在行业平均水平，在银行系同类公司中进入前两位。对照这一要求，子公司的各项经营业绩，特别是效益指标仍然存在较大差距。子公司不能仅满足于自我比较，而要全方位、多维度地找短板、定目标，与银行系同业比，与行业领先公司比，与集团其他子公司比。

当前，虽然国内经济面临巨大挑战和困难，但子公司仍然具备进一步发展的空间和内在潜力。中央经济工作会把供给侧改革作为主攻方向，明确了“三去一降一补”五大重点任务，迫切需要优化金融供给结构，提供多元化金融服务，支持实体经济发展。子公司要发挥非银行金融服务功能，把握经济结构调整和金融深化机遇，自我加压、练好内功，将集团资源转化为创造价值的生产力，将内在潜能转化为加快发展的驱动力，在经济转型中提质增效，实现赶超。

二、提升全行转型发展关键时期的责任感和使命感

（一）深刻认识子公司对全行转型发展的重要作用

当前，银行业的外部经营环境已发生深刻变化，对银行经营模式提出挑战。一是经济新常态带来的挑战。经济发展增速有所回落，但经济结构调整对银行的影响，体现得更为集中和长久。结构调整压力下，银行业务模式面临重塑，粗放扩张规模“吃利差”的盈利模式将难以为继甚至被淘汰出局。同时，经济转型的阵痛、风险积聚的挑战都在加大，由此带来的资产质量压力直接影响银行利润。新常态下，经济发展动力的转换需要银行内部机制不断创新，服务模式必然要从单一化走向综合化，从标准化走向个性化，这是银行发展模式的革命性转变，是现代银行核心竞争力的体现。

二是利率市场化带来的挑战。利率市场化对银行负债和资产两端均产生巨大影响，尤其是对资产端的影响更为深远。2015 年全行个贷收益减少了 200 多亿元，2016 年上半年全行个贷规模新增 4100 多亿元，在强化期限管理和价格管理的基础上，收益勉强与往年持平。2015 年我行的 NIM 收窄了 40 个基点，2016 年上半年还在进一步缩窄。应该认识到，资产价格的调整、NIM 的下行是未来一段时间的发展趋势。尽管从已经完成利率市场化的国家的经验看，银行整体利差经过一段时期后的下降后，又逐步回升至原有水平，数据表面看似没有变化，但银行的盈利模式已经发生了根本性变化，这个过程中银行必须通过提升综合服务能力获取低成本负债，通过提高风险管理水平获得更高的收益，通过拓展表外业务获得更多中间业务收入，对银行综合化经营和精细化管理提出更高要求。

三是互联网技术带来的挑战。随着互联网和新科技对经济社会的不断渗透，社会各方主体都成为互联网中的节点，传统银行服务越来越多地被客户自助和自主选择所取代。同业都在积极运用互联网技术，搭建金融互联网综合平台，扩展应用场景，嵌入金融服务。银行只有持续深化互联网思维，以技术驱动创新，为客户提供全方位支持，才能生存和发展。

（二）子公司发展面临战略机遇期

2014 年，我行在同业中率先启动转型发展规划制定工作，明确提出加快向综合性银行集团转型的方向，其中综合性主要强调的是子公司。总行党委将子公司摆在一个重要的战略地位，洪章董事长多次强调综合化经营的战略意义，亲自把关《子公司管理办法》，不遗余力推动子公司市场化发展；祖继行长来到建行不久，就赴子公司逐一调研，要求总行加大支持力度，解决子公司发展中面临的问题，特别指示召开本次会议。这些都充分体现了总行党委对子公司发展的高度重视。

当前，全行转型发展进入关键时期，子公司

也处于难得的战略机遇期。集团层面，子公司作为拓展集团金融服务功能的重要平台，战略地位和作用在全行形成共识，母子公司协同联动日益深化。子公司层面，子公司在特定领域逐步树立品牌优势，建立了一定的专业能力，人才队伍不断充实，牌照优势逐步显现。各子公司要审时度势，抓住当前的有利形势，把握经济转型带来的多种业务机会，做到规模与效益“双提升”，结构与质量“双优化”，在提升对集团贡献的同时实现自我发展。

三、从客户综合金融服务的视角找准定位，提升发展能力

（一）找准定位

综合金融服务能力是全行转型发展的核心内容，是集团竞争力的重要体现。真正提升集团综合金融服务能力，需要站在服务集团统一客户的角度，整合总行、分行、各子公司的产品、服务、渠道资源，更好地满足客户多元化金融服务需求，为客户创造价值。子公司作为其中的重要一环，必须找准定位，建立差别化、特色化的专业优势，打造具有持续竞争力的商业模式。

以资产管理为例，我行 6 家子公司具有资产管理牌照，各公司的精力和能力有限，不能是泛资产管理，盲目跟风，跑马圈地。子公司必须站在全行综合服务能力建设的视角，错位经营，结合自身的专业特色和现有优势，以及对行业监管要求、市场增长潜力的分析，沉下心精耕细作，以特色化的产品和服务切入市场，在重点领域确立独有优势。目前总行暂不对子公司的资产管理业务定调，但子公司自身要有清晰的方向和主动的作为。

（二）加强能力建设

一是打造品牌产品。子公司是集团产品和服务供应商，必须要有自己的品牌才能有效服务于集团客户。品牌建设的关键是以客户为中心，用优质的服务、较低的成本，帮助客户获得高收益。这就要求子公司必须做精、做细自身产品和服务，通过健全服务功能、提升客户体验，在行业中树立品牌优势，形成像“要买房，到建行”一样的市场号召力。

二是在优势领域建立专业能力。建设银行拥有 20 万亿元的资产，必须在广覆盖的同时在某几个领域确立行业领先优势。子公司情况不同，开展业务不必求全，要准确把握所在行业的发展趋势，选好、选准目标市场和目标客户，密切关注经济社会发展的薄弱环节，抓住新业态发展和传统领域产业升级的机遇，确立战略重点领域，强化专业化能力，发展高附加值业务。

三是提升风险管理能力。子公司要遵循集团总体风险偏好和风险政策，依托总行各类风险计量、监控的手段和工具，结合自身产品和服务的特点，提升自身风险管理能力。子公司的风险管理要以关注风险的实质为出发点，把具体产品的特点分析透彻，采取针对性的控制措施，着力提升风险管理的专业性，建立与所在行业和转型发展相匹配的风险管理机制。此外，子公司要高度关注标准化资产的基础资产，因为基础资产一旦出问题，特别是有债项的，就很有可能立即没有价格、没有交易对手。不能简单认为标准化资产有市场有交易，就仅仅是市场风险。

四是推动业务联动流程化。综合性银行集团的转型目标要求构建更为紧密的协同机制。子公司要根据自身业务发展需要，建立基于业务流程的协同机制，以市场化意识主动对接母行需求，产品种类、服务质量、响应速度都要优于第三方、快于第三方。子公司要与分行联合作战，挖掘客户深层次金融需求，形成金融生态闭环，最大限度地将客户、业务、资金、数据等资源和机会留在集团内，创造出新的业务增量。总行各部门也要全力支持配合，持续深入推进母子公司协同工作。

五是加强大数据应用能力。要实现集团层面的数据共享，在客户细分、产品研发、个性化服务、渠道建设等方面深化数据采集、挖掘和应用，为集团综合营销服务创造商机。子公司要明确目标客户群体，分析客户行为，建立客户标签，通过大数据分析或者名单制梳理，实施精准营销。总行各部门开展数据分析工作时，在指导分行业务过程中，要将子公司纳入管理范围，通过数据分析向子公司推荐业务机会。比如，小企业客户的拓展对数据依赖性很高，子公司可以跟总行小企业部共同研究，通过数据筛选挖掘出更多有效

客户。

四、深化协同，在集团转型主战场发挥作用

（一）积极响应集团重大战略转型举措

2015年，总行对涉及全行改革创新、转型发展的八个重大课题进行了专题研究，洪章董事长亲自抓两个课题，祖继行长亲自抓六个课题，相关成果2016年陆续落实。子公司要及时了解集团转型发展的政策动向，认真领会总行在运行机制、经营模式、架构调整等方面的战略部署，研究与自身业务发展的关系，挖掘其中的业务机遇。比如，总行对北上广深分行提出“高水平上补短板”的要求，对23个重点城市行提出发展提速的要求，子公司要主动思考，积极响应集团重大战略举措，加大在重点地区、重点领域的业务布局和资源投入，与各级行协同联动，在对公领域为客户提供综合化服务，在个人领域积极参与到个人金融生态系统建设中，在集团转型发展的主战场体现价值实现自我发展。

（二）深入挖掘母行资源

集团资源中蕴含着巨大发展潜力，子公司要深入挖掘母行客户资源，用好用足全行渠道、管理、IT等各类资源，将集团资源优势转化为持续高速发展的动力。一是客户资源，服务集团客户既是对子公司的要求，也是子公司自身发展需要。以子公司来自母行的对公客户为例，2015年底建信信托对公客户1152户，建信租赁211户，建信期货22户。与建设银行对公大中型有贷户28400户、小企业有贷户9万多户相比，客户资源还有巨大的挖掘空间。子公司要加强对集团客户需求的分析，把自身的产品和服务融入集团的综合服务方案中，融入客户的场景中，提高产品、服务供给的有效性。总行各部门也要把子公司的产品纳进来。比如，总行个人部正在牵头搞产品分级，子公司具有竞争力的产品，可以考虑纳入到核心产品中。二是渠道资源，建信人寿利用建设银行电子渠道获得的收入在总收入中占比达到40%，取得了良好效果。子公司还要进一步挖掘母行的渠道资源，特别是随着全行业务集约化水平不断提高，渠道资源可以进一步释放，供子公司使用。子公司要抓住机会，借助母行渠道部署产品投放，提升全行客户综合服务和关系维护能力。三是管理IT资源。如信息系统建设和运营、灾备中心、数据资源、客服中心、后台业务集中处理等方面，子公司提出了很多需求，总行都很重视。有些已纳入统一规划，一些具备条件的已经开始实施。子公司要配合总行主管部门细化业务需求，按市场化原则充分利用总行资源，统筹推动中后台资源共享，降低运营成本，避免重复建设，推动集团集约化发展。

这次会上各子公司提出了很多好的建议，有些已在推动解决，有些是新的建议。子公司的发展离不开总行各部门的支持，股权部会后要对子公司的建议进行梳理汇总，在前期工作基础上加快推动落实。

强化创新驱动　服务转型发展

——在部分分行产品创新工作座谈会上的讲话

杨文升

（2016年7月15日）

同志们：

这次产品创新工作座谈会，主要想谈谈如何围绕转型发展抓创新，特别是创新部门和创新实验室如何更好地发挥作用。短短一天时间，十家分行针对创新工作做了重点发言，讲得都很好，我很受启发。大家在创新方面做了许多卓有成效

的工作，近两年绝大多数分行业务发展得都很不错，用创新推进转型发展真正取得了成效。同时，我也非常高兴地看到，绝大多数管创新的分行行领导，是有思路、有想法的。

创新工作我们不是现在才讲，甚至比讲“以客户为中心”还早。但是，创新对全行发展的危机感和紧迫感从来没有现在这么强烈。总行党委高度重视这项工作，从2013年全行秋季工作座谈会起，创新就一直是主题，之后每年、每次会都要讲创新。借这个机会，我讲几点意见，供大家参考。

一、创新工作一定要有高度的责任感和使命感

创新不是新课题，但当下尤为必要。因为当前中国经济正处于转型的关键时期，银行业所处的外部环境也正在发生着深刻与全面的变革。

从宏观发展趋势看，中国经济发展进入新常态，其基本特征是速度变化、结构优化、动力转换。从速度看，我国经济由高速增长转为中高速增长，简单地靠规模增长的路走不通了；从结构上看，经济结构正在发生全面、深刻的变化、只有主动适应变化，不断创新、不断转型的企业才能在激烈的市场竞争中生存；从增长动力看，中国经济正从传统的土地、劳动力、资本等要素驱动向创新驱动转型，随着劳动力成本高企、资源环境条件的恶化，传统“高增长、高投入、高污染”的发展模式越来越难以为继，亟须依靠创新驱动发展，形成新的发展动力。

从微观业态变化看，传统业态正在不断革新，新兴业态快速发展，对银行业准确把握行业内在规律变化、实现“因客而变、因需而变”提出了更高要求。随着移动互联网的迅猛崛起和向社会生活的快速渗透，互联网化不断加速传统业态价值革新，从改变消费者个体行为演进到行业生态环境的改变，我们对传统业态的认知和金融服务的方式和理念也需要与时俱进。4月我曾经去了青岛的一个服装厂调研，服装业是很传统的行业，但这个企业做得却非常好，和我们个人金融生态系统的理念是一致的，利用互联网思维，以个性化、智能化的方式实现了转型升级，现在客户数量已达到几百万，前景很好，可见过去我们认知的传统企业发生了多么深刻的变化。同时，新兴业态不断崛起，快速发展，比如养老产业、旅游产业，其未来发展趋势已经很明确，但是如果我们不能深刻了解其内在规律，就无法把握机遇、主动作为。

二、创新需要全行各级机构、全体员工共同参与

产品创新是一项艰巨复杂的系统工程，绝不是产品创新部或某个业务部门的事，而是需要举全行之力、聚全员之智，调动各方面积极性，各级机构都是创新的主体，特别是要将创新驱动发展的理念深入人心，融入到日常工作流程和价值创造链条中去，真正成为各级机构、所有员工自发自觉的内在行为。

创新是全行的创新，总分行要从客户、员工和市场三个层面广泛挖掘创新线索，多方收集创意来源和有效需求。一是关注“员工之声”。广大分支行基层员工直接面对一线、面对客户，往往掌握第一手最真实的信息，最了解客户的需求和市场的反应，对我行的产品、流程最具发言权。目前，我们对此关注不够，还属于工作中的薄弱环节。今后，要依托“新一代”产品创新管理应用平台，健全产品创新需求征集渠道。总分行还要定期开展主题创意征集活动和产品体验活动，鼓励员工提出产品改进建议，提炼有价值的产品创新线索，聚焦员工反馈的热点问题作为下一步首选的改进点。二是关注“客户之声”。现在总行已经建立了依托“95533”的信息收集渠道，后续将成立客户服务中心，这是收集客户之声很好的渠道和方式，但仍存在需求转化率低、整合能力较弱的问题，需要各级机构、员工进一步增强创新意识和责任，重视客户诉求，用创新推动工作。总行要利用大数据分析等手段，充分挖掘“95533”、手机银行、网上银行等线上渠道所沉淀的客户反馈信息；分行要依托客户经理和产品经理队伍及产品研发团队等线下方式，主动了解客户对我行的产品改进建议，定期走访重点客户，将访谈客户、听取客户意见纳入产品经理和客户经理的日常工作，从中寻找、发现客户需求的集中关注点，定期发送相关部门研究跟进。三是关注市场动态。要以核心产品为主线，加强同业监

测，及时了解同业动向，基于跟踪、监测结果实行对标管理，不断扩大同业产品比对范围和分析研究深度，形成滚动、连续的同业信息研究工作模式，从比对中查找不足、发现问题，挖掘产品创新的线索。

三、创新部门要积极主动作为，服务全行转型发展

（一）同步推进产品、流程和商业模式创新

当前创新已不再限于单纯的产品创新，各创新部门要将创新视野从产品创新不断延伸、扩展到业务流程和商业模式创新。一是持续迭代优化业务流程。突出问题导向，不断提出新的业务流程迭代优化需求，重点关注流程再造类需求。推进各批次流程优化项目投产和新功能上线，及时满足市场和客户需求。二是大力推进商业模式创新。比如，我们重点推进的个人客户金融生态系统建设，通过抓场景化、客群化和个性化三项重点工作，最终推动全行个人客户综合服务方案和差别定价的“一客一策一价”，实现获取低成本资金、增加中间业务收入、获取客户有价值数据、提升银行风险管理能力等多项综合收益。刚才有的分行也讲到了模式创新的案例，要从“为客户提供更新的服务功能、为客户创造更大的价值、为客户提供更良好体验”三个维度，不断优化、重构我们在各个业务领域固有的商业模式。

（二）产品创新管理条线要切实发挥综合管理职责

产品创新管理条线要继续加强统筹和协调，发挥强有力的组织、推动作用。一是整体推动，搭建平台。全面谋划、整体推动总行战略性、总行重点、分行自主和分行移植推广四个层面的产品创新工作；协调解决各部门、各分行在产品创新过程中遇到的共性问题，不断提升研发支持和服务能力；搭建创意收集平台，督促各业务条线加强创意和需求的筛选、跟踪和转化；搭建产品信息交流平台，共享获奖产品、母子联动创新产品和可移植产品信息，提高信息的时效性和质量。二是为全行产品创新和管理提供统一标准、基础和载体。持续更新、维护全集团企业级产品目录和产品手册，开展产品分级管理，从客户需求、银行偏好两个维度构建分级标准。三是为全行产品创新提供工具、方法和技术上的支持。推广以原型为载体，将客户需求和产品功能、流程、关键环节以可视化形式展现并开展客户体验的相关方法，成为有效衔接业务和IT的桥梁。四是以核心产品为主线，加强同业动态监测和前瞻性研究。对于我行缺失或劣势的产品种类、功能等，明确落实责任部门，建立限时跟进机制，并关注重大前沿创新趋势、科技创新、新兴金融生态、商业模式等的变化和发展。五是加强宣传引导。收集、提炼分行创新中好的经验、好的做法、好的案例，及时推介到全行，促进创新成果的共享与交流。

（三）业务条线要把握好创新的主线和理念

各业务条线部门是产品创新的主体，对本条线产品的丰富性、先进性负责。一是加强产品创新的顶层设计。提高对市场的前瞻性研判与分析能力，进而明确本条线产品创新的方向、重点、目标、结构、分步策略及所需的配套支持政策，形成本条线产品创新的基本脉络和体系框架。二是围绕客户及市场需求开展创新。深刻理解客户需求，多方倾听客户和员工的声音，尤其要重视各一级分行筛选后报送的“客户之声”“员工之声”创意，以及来自同业比对及跟踪的信息，加强需求分析整合和转化落地。三是将银行服务嵌入到实体经济运营过程中，开展场景式创新。四是把握创新实质，注重提升创新质量。关键产品和服务的创新要有专门团队长期研究，努力比市场“快半拍”，同时要不断提高技术含量，这样才能打造出新的产品和品牌优势。五是坚持“持续迭代、小步快走”的创新策略。创新是长期持续的过程，在框架、方向、基础明确后，要尽快推向市场，再持续迭代改进，而不是一味求全求满。

四、充分发挥产品创新实验室的平台作用

各产品创新实验室要有效对接总行顶层设计、分行市场导向和客户需求，联动总分行重大创新需求，支持实验室所在分行开展先行先试。一是支持总行战略性项目研发。进一步锁定各实验室研发重点，专注特定业务领域，推动相关部门对实验室所在分行的政策倾斜。新增的总行战略性

项目，原则上尽量对接产品创新实验室。二是支持分行重点领域特色创新。实验室所在分行统筹调度分行资源，以实验室为平台，以原型为载体，围绕战略性项目自主开展外延式和纵深式的自主创新，满足当地客户特色需求。三是提升并形成实验室专业特长与核心能力。总结完善实验室核心技术，提升原型设计、制作和展示能力。将客户体验贯穿实验室战略性产品研发全流程，根据客户体验结果快速迭代优化。

五、不断加大创新资源投入，完善支持保障机制

要进一步加大人、财、IT 等各类资源投入，保障产品创新工作的顺利推进，构建更加有效的创新保障机制。一是探索建立创新人才的复用共享机制。一方面，满足总行战略性项目研发跨部门、跨条线、跨层级集中人才的需要；另一方面，以分行特定创新项目为试点，探索人才复用等相关机制。二是不断加大创新财务投入。总行继续加强对总行战略性创新项目和移植推广项目的财务支持力度，分行也要加强对产品创新的奖励和激励。三是依托新一代，加大 IT 支持力度。对于涉及“新一代”之前原业务系统的 IT 优化需求，根据市场和同业竞争需要，确有必要的可视情况给予支持；同时，随着新一代系统的逐步上线，抓紧研究落实与分行科技部门的衔接，及时回应分行关切的问题，提升对产品创新的支持服务能力，提高产品创新的时效性。四是探索建立鼓励创新、容忍失败的相关机制。创新部门要会同审计、合规、风险等部门，探索对于未突破监管红线的创新项目，经认定相关单位和个人勤勉尽责、未牟取私利的，可给予一定的容忍。五是对于管理水平高、内控能力好、创新能力强的分行，探索加大创新授权。先期从厦门实验室试点，由实验室所在分行在所对接的总行战略性项目研发领域内，选择 1～2 个领域，深入研究、充分估计业务创新中可能出现的风险，严格把控风险并制定风险处置预案后，审慎提出所需的具体业务授权及相应的风险控制方案，报经总行业务部门同意后实施。

最后，希望参会的十家分行都能成为全行的创新高地。同时，在转型发展过程中，能以实际行动，进一步证明创新确实是转型发展的关键动力。

创新打造群团工作新优势
汇聚职工转型发展正能量

——在中国建设银行第四届职工代表大会第一次会议暨全行群团工作会议上的报告

黄　毅

（2016 年 1 月 25 日）

各位代表、同志们：

今天，中国建设银行第四届职工代表大会隆重开幕了。这是全行员工政治生活中的一件大事。新当选的职工代表肩负着广大员工的重托，共商改革发展大事，共谋转型创新良策。在此，我首先向大会的召开表示热烈的祝贺，向新一届职工代表致以亲切的问候！

工会、共青团、女工委、青联等群团组织是党联系人民群众的桥梁和纽带，群团事业是党的事业的重要组成部分。2015 年党中央首次召开的群团工作会议，对群团工作提出新的要求，开启了群团事业发展新的阶段。这次职代会和全行群团工作会议同时召开，主要任务就是深入贯彻落实党的群团工作会议精神，扎实推进新时期的群团工作和职代会制度，团结动员广大员工为全行转型发展作出新的贡献。

下面，根据会议安排，我就全行的群团工作向大会做报告，请各位代表审议。

一、三届三次职代会以来全行群团工作的基本情况

过去的两年，是我行沉着应对异常复杂的经营形势、攻坚克难、取得出色业绩的两年，也是全行群团工作积极转型、主动作为、赢得创新发展的两年。两年来，全行各级群团组织在总行党委的领导下，紧紧围绕转型发展这条主线，自觉提升服务能力，充分发挥自身优势，组织开展了一系列富有成效的工作，最大限度地汇聚了广大员工的集体智慧和群体力量，激发了员工的主人翁精神和创新意识，为全行的改革发展作出了积极贡献。特别是在持续推进常规工作的基础上，开启了一些符合时代新特点、适应员工新需求、利用互联网新技术的创新性工作，走在了金融系统的前列，得到金融系统、国家机关和广大员工的认可，成为我行群团工作亮丽的新名片，为推进群团工作创新转型进行了有益的尝试，全行群团工作也逐步呈现出创新求变、务实活跃的新格局。

（一）宣传转型发展规划，营造转型发展浓厚氛围

按照王洪章董事长关于推进转型发展要增强紧迫感、做好思想准备的要求，全行群团组织充分发挥群团网络优势，广泛学习宣传，主动创新形式，促使转型规划入耳、入脑、入心。一是利用互联网技术，创新学习渠道。将转型规划要点嵌入手机终端，直达30万名员工，持续推送转型动态，引导员工随时随地参阅学习。二是组织创新大赛，汇聚转型智慧。连续3年举办金点子大赛，以“转型创新打造建行新优势”为主题，以“全新观念引领、全面征集创意、全面展示成果、全员皆可参与”为特色，引导员工主动融入创新，人人争当创客，个个创新创效。活动累计征集员工金点子5750条，其中，各分行择优报送优秀作品1065条，员工网络投稿4685条，内容覆盖发展创新金点子、战略转型微建议、岗位创新好办法等多个方面，一批创新建议得到转化应用，一批汇聚集体智慧的创客联盟和创客空间不断涌现，一批善于创新的优秀青年纳入了总行“青年创新人才库”，成为持续创新的有生力量。我行参加金融系统创新大赛和岗位大练兵活动，荣获六大奖项，连续3年实现大满贯，成为唯一一家以党委名义在金融系统介绍团青工作经验的金融机构。三是融入书信文化，宣传转型规划。在三八妇女节、五四青年节、八一建军节、九九重阳节前夕，通过《建设银行报》和企业网刊发慰问信，诠释总行党委战略意图，传导转型发展理念，宣传转型发展目标、方向和要求，凝聚广大员工的共识。四是举办风采大赛，树立转型标杆。秉承“互联网+”的创新概念，开启上市十周年员工职业风采大赛，将转型发展中员工展示的良好风采制作成一幕幕生动、鲜活、感人的118个视频短片，通过手机客户端、内外网主页、腾讯视频、微信公众平台等综合载体，广泛传播宣传具有我行特色的“给力新晨会”“成长故事汇”，诠释员工的成长历程，营造出“立足平凡岗位、投身转型发展、争做不凡业绩”的良好氛围。

（二）拓展民主管理职能，打造合规平安建行

根据转型发展规划中“加强和改进民主管理”的要求，在落实职代会制度的同时，参与打造合规平安建行，进一步拓宽了民主管理的职能。一是把合规和平安纳入民主管理。响应“合规管理年”和“创建平安建行”的号召，先后召开了条线工作会议，向员工分别发出“合规建行，人人践行”和“平安建行，人人有责”的倡议，通过1717个职代会和4.8万名职工代表层层传导“合规”“平安”理念。上海、福建、广西等分行将合规管理、平安管理纳入一把手工程，在职工书屋、餐厅、活动室设立文化长廊，营造合规、平安文化氛围。辽宁、云南、浙江、宁波等分行创新合规文化宣传新形式，融合规元素于“书画讲演唱”活动之中。山西、山东、宁夏等分行还组织青年“合规”主题辩论赛，辩题从员工中征集、辩论由员工组队、评委由员工担任，对促进员工“自我管理、自我约束”起到积极作用。随着活动的持续推进，“合规就是保饭碗，违规就是砸饭碗，合规是为建行，也是为自己”的理念逐步深入人心。二是严格落实职代会制度。总行相关职能部门对职代会涉及的五个方面69件提案

进行了认真研究和改进。本次会议共征集到职工代表提案72件，涉及我行经营管理、人力资源、产品创新、科技开发、员工福利五个方面。各级机构也积极组织召开职代会及联席会，充分调动广大员工参与民主管理和民主监督的积极性。全行有18个基层单位被授予金融系统职代会示范单位。三是畅通“员工之声”渠道。各级行通过设立行长接待日、行长信箱、员工恳谈会、职工微信群等方式，不断深化行务公开，畅通诉求表达渠道，着力解决员工反映的焦点、热点问题，促进了企业和员工的共同发展。

（三）持续开展劳动竞赛，提升员工职业素养

围绕转型和“金融创新，服务创优，促进发展”的要求，持续推进“学技能，练本领，提素质”劳动竞赛。一是把劳动竞赛融入业务发展之中。与营运、个金、养老金、信用卡、资产管理等部门组织开展了柜面业务、个人业务、养老金业务、信用卡业务竞赛和“全员参与大资管，全力发展大资管”等系列活动。各级工会也因地制宜开展了各具特色的劳动竞赛，吸引30余万人次参加。竞赛活动受到中央金融群团组织高度赞扬，2015年个人客户经理风采展示大赛已被纳入“全国行业职工技能竞赛”。近两年，有4个员工获评全国金融五一劳动奖章，3个集体获得“全国金融先进集体”称号。河北省分行代表我行参加全国金融系统职工法律法规知识竞赛，荣获二等奖。二是打造先进模范人物群体。在重新修订先进典型评选表彰管理办法、规范评选程序的基础上，通过劳动竞赛和评选活动向全国总工会推荐表彰各类先进集体和个人23个，向金融工会推荐表彰各类先进集体和个人115个，向金融团工委推荐表彰青年先进集体和个人124个。北京市分行刘艳、新疆区分行马哈木提被评为全国劳动模范，受到中央领导同志亲切接见。“刘艳快线”被金融工会命名为首个“全国金融系统劳模创新工作室”，李红英获选为第一届金融系统道德模范、全国巾帼建功标兵、第十四届全国职工职业道德建设先进个人，林森以“爱岗敬业、合规操作”的先进事迹成为我行新的名片。三是优化劳模集体疗休养。邀请全国金融级劳模携直系家属一同休养，将休养与培训、观摩、交流活动有机结合，激发了劳模的工作热情。

（四）系统实施温暖工程，提高员工幸福指数

积极落实总行党委“加大人文关怀”的要求，细分服务对象，创新关爱手段，将传统的“送温暖”提升发展为“温暖工程”，全面推行心理关爱、组织关爱、工作关爱和生活关爱，使广大员工的幸福指数和自豪感不断提升。一是启用员工关爱综合服务平台。开发了以“温心卡、手机终端、热线电话、温心E站、微信公众号、电子刊物”为支撑的员工关爱综合服务平台，配套发放温心卡35万余张，推出了一系列员工自助学习手册，成为“直达员工的媒介”“温暖工程的引擎”“幸福生活的导师”“网点员工的政委”，受到各级领导和广大员工的欢迎。广东、深圳、甘肃、山东、广西、西藏、安徽等推出温暖工程关爱员工实事好事，系统推进综合关爱，成效明显。二是持续推进员工成长帮助计划。引入国际领先的测评工具，形成了《新时期思想政治工作新方法》《员工心理资本提升手册》等系列推进手册，开通了全员咨询电话、在线网络和手机测评，对上百个网点进行了辅导和优化，总结出以“给力新晨会”“活力新团队”“幸福董事会”“关爱新举措”为内容的基层网点落地模型，形成了我行富有特色的推进方式。北京、吉林、天津、上海在总行试点基础上，结合各自实际，开启分行特色推进方式。我行也因实施“一线员工成长帮助计划”，被21世纪评为“最佳雇主”，并荣获《商业评论》管理行动奖，该奖项被誉为中国“商界奥斯卡”。三是深入开展送温暖活动。利用元旦、春节等时机，各级工会走访慰问一线员工和困难员工，共筹集资金7067万元，慰问困难员工、劳动模范等3.15万人。其中，总行划拨专项慰问资金1000万元，慰问困难员工1000人；各级互助基金发放救助款1.03亿元，救助特困员工3.09万人。总行还对海南、云南、天津遭遇台风、地震、爆炸受灾员工及时进行救助，切实帮助特困员工排忧解难。四是加强员工劳动保护。各分行抓住网点改造、职工之家建设机会，适时完善员工活动室、餐厅、阅览室等场所，协调解决营业网点通风取暖、员工就餐、体检、休息、休假等劳动保护问题。落实《女职工特别保护规定》，开展女员工特别劳动保护知识竞赛，推进了14家分行女员工保护专项集体合同的签订，覆盖女员工6万余人。

（五）创新推进健身操、健步走，开创全员健身新篇章

坚持以人为本，针对困扰员工身心健康的问题，主动把维护员工健康权益列入工作重点。一是启动全员健身计划。制定了《中国建设银行全员健身计划指导意见》，将员工身心健康放在了与经营管理同等重要的位置，成为金融系统第一个维护员工健康权益的文件，得到了中国金融工会的好评和推广。二是创编推广网点员工健身操。与国家体育总局合作，请权威专家为20万名一线网点员工量身定制了“中国建设银行网点员工健身操”，亮相中央国家机关第四届运动会，受到国务院领导和各部委的赞扬，并荣获中央国家机关“突出贡献奖”。北京、山东、云南、湖北、大连、陕西、苏州、厦门、黑龙江、江西等20余个分行积极组织培训推广，并在当地重要赛事中进行表演，反响良好。三是开展“善健者行”健步走、促转型、展风采活动。开发健步走手机软件，结合学习建行发展历程，推送我行转型发展规划关键词，倡导科学健身。目前，已有累计34万名员工参与到健步走活动中来，运动里程已近7756万公里，相当于重走了6200余遍长征路，绕地球1935圈。“健步走”已成为全行员工的热词，是建行历史上参加人数最多的集体活动。还开展了融捐赠助学、绿色环保、健步健身为一体的“雁栖湖公益环保健步行”活动，总行机关本部和北京市分行积极参加，引领了全员健身的新风尚。四是持续打造传统赛事品牌。2016年在国家第七个“全民健身日”、我行第一个“员工健身周”，举办了第七届职工乒乓球比赛。每年羽毛球、乒乓球比赛交替举办，网球、毽球等比赛穿插进行，各分行也同步开展了融健身、公益、环保、客户联谊等为一体的体育活动。目前乒乓球、羽毛球与“善健者行”健步走、网点员工健身操一起，成为我行群众性体育健身运动四大品牌。

（六）加强职工之家建设，打造多彩精神家园

以党的群众路线教育实践活动和上市十周年为契机，切实加强职工之家建设，打造工会优势平台。一是加大对职工之家建设支持力度。从总行工会经费中划拨专项资金400万元，用于支持老少边穷地区的职工之家建设。金融工会拨付共建经费20万元，与广西桂林分行、青海黄南州分行共建基层职工之家。河北、福建、上海、青岛等分行大力开展“减压小作坊”“学习小书角”“业务小课堂”“活动小场所”“温馨小餐厅”为内容的“五小”阵地建设，为员工工作、学习和生活营造了温馨环境。二是赋予职工之家新的内容。围绕员工需求新变化，将学习交流、解压减负、强身益智、民主管理等元素融入建家过程，努力打造“健康之家、民主之家、和谐之家、人才之家”。贵州黔南州分行在“全国金融系统职工书屋经验交流暨现场观摩会”上做了职工之家建设经验介绍。三是利用职工之家开展丰富多彩的文化活动。各级机构利用职工之家开展了文化大讲堂、理念大家谈、箴言征集、组织观看警示教育电影等活动，累计举办书画、演讲等各种形式的文体活动千余次，参与人员超过10万人。

（七）创新引领金融志愿公益，履行全面社会责任

围绕“为社会承担企业公民责任，实现社会价值全面增加”的转型要求，立足条线优势，推动公益事业发展。一是领先打造“积分圆梦·微公益”积分捐赠平台。总行团委与有关部门创新开发了“积分圆梦·微公益”平台，率先打通将积分转换成公益资金通道，联合多家公益机构重点为贫困地区捐赠“七彩小屋”“快乐音乐教室”等公益项目，累计筹集积分逾13亿，捐建快乐音乐教室82个，为全国金融系统提供了示范，荣获中央金融团工委、全国金融青联、中国银行业协会及中国青少年发展基金会联合颁发的最具社会责任金融机构奖。四川、新疆、湖南、江苏、重庆、海南等分行组织志愿者到捐助的音乐教室为贫困学生授课，有效提升救助模式，受到各界好评。二是率先承办援疆青少年“融情夏令营”。中央金融团工委推出“融情夏令营”项目，我行率先承办，积极搭建起京疆两地青少年互动交流、友谊长存的桥梁。三是广泛推进青年志愿者活动。多数分支机构成立了志愿者协会，积极投身慈善捐款、义务献血、扶危济困、环境保护等社会公益活动。我行吉林省分行“全国向上向善好青年”兰福利被金融团工委聘任为爱心大使。

在助力全行转型发展同时，各级群团组织不断加强自身思想、作风、业务建设，努力提高服务转型发展的能力。总行团委提出工作对象、工作内容、工作方式、工作作风“四个转变”，确立“常规工作标准化、创新工作品牌化、整个工作职能化”的转型目标，赢得转型发展先机。各级群团组织积极参加党的群众路线教育实践活动和“三严三实”专题教育，认真查找和改正自身存在的问题，深入老少边穷地区，深入基层网点，深入职工之家开展调查研究，听取员工意见和需求。认真贯彻上级工会和总行财务管理制度，组织财务经审联合检查，举办财务经审等培训班，工会财务规范化、精细化管理水平不断提高。

在看到群团工作成绩的同时，我们也要看到存在的问题。特别是对照习近平总书记讲话中强调指出的“机关化、行政化、贵族化、娱乐化”现象，我们在许多方面都不同程度地存在，有的还比较突出：一是离基层远，同基层员工接触少，不同程度地存在着衙门作风；二是不少工作在组织内自我循环、自我欣赏，没有很好地与业务融合在一起；三是基层组织比较薄弱，缺人员、缺经费、缺阵地现象比较普遍；四是工作方法传统、单一、雷同，不能很好地适应新的形势和任务的要求，也满足不了员工的需求；五是联系对象的覆盖面不够，工作影响力也不强；六是过分依赖娱乐活动，存在只重场面不计效果的倾向。这些问题透视了一些党组织对群团工作认识不足、重视不够、摆位不高，一些群团组织自身要求不严、能力素质不强、责任担当不够。这些都需要我们按照加强党群工作意见的要求，下大力加以研究解决。

二、今后全行群团工作的主要任务

当前，世界经济金融格局不断调整，我国正处于全面建成小康社会的决胜阶段，我行正处于转型发展的重要时期。今后一个时期的群团工作，要深入贯彻党的群团工作会议精神，牢牢把握群团工作的政治性、先进性和群众性，强化党对群团组织的统一领导，强化党政部门齐抓共管，强化群团组织自身责任，围绕改革创新，把维护、引导、服务、组织员工的工作引向深入，最大限度地凝聚方方面面的正能量，为实现“中国梦”“建行梦”作出新贡献。

（一）围绕转型发展打造新优势，充分体现群团工作的政治方向

转型发展是我行当前和今后一个时期的主旋律。群团组织要利用传统优势，充分发挥职工的主力军、青年的生力军、妇女的半边天作用，进一步凝聚转型共识、凝结转型力量。一是要利用自身平台优势，加强对转型发展的宣传。利用职代会、职工之家、先进模范、职工代表、团员青年的天然优势，进一步宣传我行转型发展规划、转型发展成果和转型发展经验，深化对转型发展重要性、紧迫性的认识，在全行形成“转型与我相关，我为转型出力”的共识。二是要围绕转型发展方向，加强对员工的教育引导。用基层员工好懂的语言、喜欢的方式，把“五个转型”转化为生动活泼、特色鲜明、富有成效的群众性实践。鼓励员工学习和掌握综合性的业务知识与技能，逐步实现“一点接入，综合服务”。要引导和鼓励送培训下基层，到网点组织开展业务知识和技能比赛，以赛促学。三是要运用各类媒介，营造转型发展浓厚氛围。整合微博、微信等网络新媒体，打造员工创新创效综合平台。拓宽金点子大赛的内容和形式，以“万众创新创效，争当百佳创客”为引领，强化“转型发展微建议”“岗位创新好办法”等内容的征集，引导员工不断扩大创新联盟、创客空间。

（二）围绕民主管理完善新机制，有效发挥群团工作的阵地优势

民主管理是促进和谐发展的杠杆。要在现有工作的基础上，继续拓展民主管理职能，完善相关机制。首先，要健全职工维权机制。各级工会要结合实际，规范职代会议事的内容、程序和要求，落实基层员工的知情权、参与权、议事权。要明确行务公开的事项、渠道、方式，提高行务公开的透明度，推进民主管理制度化、规范化。其次，要丰富职工维权内容。各级工会要分层级、有重点地明确职工权益，要注重职工的执业安全、执业自尊、参政议政以及特殊权益，要注重网点环境改善、员工带薪休假以及员工福利的落实。最后，要鼓励员工献计献策。要组织员工为经营管理、风险防范、市场拓展、产品创新、客户服务等献计献策，引导他们做创新创效的参与者。

（三）围绕服务大局增添新功能，全面展现群团工作的融合能力

服务大局是群团工作的基本取向。要紧密结合业务发展，找准结合点和着力点。第一，发挥先进典型的引领作用。要深入基层网点和经营一线，与基层员工进行深入交流，关注他们的思想、工作、生活和情绪。与业务部门、中后台管理部门联手，通过竞赛活动，进一步发现、培育“岗位标兵”“营销能手”“优秀管理者”，打造以先进集体和模范人物命名的“示范岗”“工作站”。通过工会网页、共青团之窗、文化长廊、职工讲坛、巡回座谈等方式，及时推广不同条线、不同岗位的好经验、好做法，把“围绕中心，服务大局”转化为看得见、摸得着、有成效的行动。第二，发挥寓教于乐的鼓动作用。群团组织要进一步走近员工、走向基层、走向生活，紧紧围绕中心工作，将社会主义核心价值观融于丰富多彩的文体活动之中，激发基层员工的积极性。第三，发挥劳动竞赛的推动作用。对各类劳动竞赛，既要积极开展，又要认真整合。总行和一级分行工会要统一部署，总体协调，把握好节奏，防止一哄而上、多头开花。要善于利用外部资源，提升技能比赛层次，加强同业切磋交流，让更多员工成长为业务能手、岗位标兵。

（四）围绕关爱员工开辟新领域，切实增强群团工作的群众意识

关爱员工就是关爱企业。要不断延伸关爱员工的内容、方法、机制，最大限度地提升员工幸福指数。总行提出“关爱员工十件实事”，大家要齐心协力抓好落实，并结合实际多为基层员工办实事、办好事。其一，多维度关心员工生活。要利用综合服务平台，继续深化“温暖工程”。每年从衣、食、住、行、健、养、休等方面，为基层员工做一些实事。要着力改善网点的工作环境，积极开辟网点员工生活空间，完善更衣间、餐厅和洗手间等设施，尽快解决好基层网点员工的就餐和午休等问题。要充分利用电子渠道和自助设备，减少节假日和双休日营业网点的数量，增加网点员工的休息时间；要大力推进柜面岗位手册化、流程便捷化、管理标准化、工作考评综合化，全面提升服务效率，关心员工职业成长。其二，全方位关注员工健康。要通过电子刊物、专家讲座、微信等形式，经常向员工宣传科学的健康理念和养生保健方法；通过征文、演讲和相关活动的开展，倡导健康的生活方式和积极向上、乐观平和的良好心态。要组织好员工的健康体检，聘请专家为员工做心理健康讲座，普及心理知识。基层工会小组和基层团组织要利用表扬鼓励、氛围感染、个别谈心、单独聊天等方式，帮助员工克服负面情绪，保持积极心态。其三，重点关爱需要帮助的员工。要从工作、思想、生活、心理和经济等方面切实帮助基层员工，使工会和团组织真正成为基层员工和青年员工的“娘家”，群团干部真正成为基层员工信赖的“娘家人”。要在元旦、春节期间，上门看望、慰问困难员工及家属，把关爱送到员工心里；要用好“员工互助机制”，重点对遭遇自然灾害、重大事故和重大疾病的员工给予特困救助；要深入到最偏、最远的网点，看望一线员工，了解员工诉求，帮助解决实际问题。其四，精准关爱基层员工。对新入行员工租房、生活设施购置、安全提示等问题要主动过问，从角色转变、心理和精神上给予引导与帮助。要关注单身青年的婚恋问题，为他们搭建与外界交流、沟通的平台。要组织中年员工积极参加体育锻炼，缓解工作和生活压力。

（五）围绕日常活动探索新形式，努力强化群团工作的时代要求

日常活动往往是基础性的工作。一方面，要提高活动的吸引力。要实施上网工程，建设具有建行特色的群团网站。利用微博、微信等新媒体平台，推进群团组织与基层员工的互联互通，了解员工的需求与兴趣。当前，要重点研究制定员工积分奖励办法，引导和鼓励基层网点员工参与健步、环保、公益等多种形式的活动。另一方面，要进一步建好职工之家。加大职工活动场地的投入，有自有物业的分行，要合理使用非营业用房，安排活动场地，购置健身器材。要加强“职工小家”建设，丰富员工业余文化生活。还要成立各类协会。要以群众骨干为主体，成立篮球、足球、乒乓球、羽毛球等协会或兴趣小组，带领员工开展丰富多彩的活动。

（六）围绕自身建设落实新要求，不断打牢群团工作的组织基础

自身建设是搞好工作的重要基石。要苦练内功，切实加强自身建设。第一，思想建设要“新”。专兼职干部要认真学习、深刻理解党的群团工作会议精神，不断提高理论水平。要充分认识群团工作新优势、新机遇，要学习做群团工作的新工具、新方法。群团工作是推进我行转型发展不可或缺的重要力量，群团干部要有责任担当，在思想上、政治上、行动上始终同党中央保持一致，坚决贯彻总行党委和各级党组织的决策部署。第二，组织建设要“实”。要巩固已有的群团组织基础，加强基层群团组织建设，形成完善的组织体系，实行有效覆盖；同时，选好、配齐基层群团组织的专兼职干部，充实群团组织的力量。要把群团建设纳入党建工作总体部署，坚持党委统一领导、党政齐抓共管，努力构建部门各负其责、党员干部带头示范、群团履职尽责的工作格局。第三，作风建设要“硬”。群团干部无论是专职，还是兼职，都是群众中的一员，都是为员工服务的，必须自觉保持密切联系群众的优良传统和全心全意为员工服务的工作作风，着力纠正“机关化、行政化、贵族化、娱乐化”现象。要深入基层，眼睛向下，倾听基层员工的心声，反映基层员工的诉求，敢为他们发声，善为他们代言，真正与基层员工手拉手、心连心。第四，能力建设要“恒”。总行和一级分行要从群团工作的实际出发，加大对群团干部的培训力度，着力提高政治意识和组织能力、沟通能力、表达能力和化解矛盾的能力。要精心选择培训内容，合理设置培训课程，不断优化培训形式，切实增强培训效果，为群团事业的发展奠定坚实的基础。

各位代表，今天召开的全行工作会已经对全年的经营管理进行了总体部署，全行上下正以更加坚定的信心、昂扬的斗志、奋进的脚步，踏上转型发展的新征程。历史赋予重任，信心凝聚力量。让我们以这次会议为契机，统一思想，振奋精神，奋发进取，努力开创全行群团工作新局面！

在北京、上海、广东深圳分行调研时的讲话

黄 毅

（2016年2月23日至3月9日）

总行在2014年推出《转型发展规划》，走在同业前列，率先转型取得市场先机。总行党委高度重视转型发展工作。在2016年的工作会议上，洪章董事长、祖继行长的讲话都围绕转型，一级分行党委书记培训班的主要内容也是聚焦转型、宣传转型。经过一年来的推进落实，全行在思想认识上有了很大的提升，各项转型取得了良好开局，全行的转型发展初显成效。一些重点城市行在差异化考核、指标化的管理方面初见成效。这次我和小企业业务部、法律事务部、战略规划部的负责同志到北京、上海、广东、深圳四家分行调研，主要目的是落实总行2016年工作会议精神和部署，就重点分行如何为全行转型树立标杆与大家进行交流，为制定重点分行转型行动方案和即将召开的重点分行转型会议做好准备。我听了分行各位同志的发言，认真研究了分行准备的材料，感受到分行的工作水平很高，谈的问题能够反映各个分行的实际情况，对总行改进工作提出了很好的意见和建议。

一、进一步深化对转型发展的认识

当前，国际、国内经济金融形势复杂多变，同业、跨界竞争愈加激烈，我国银行业正面临多种不利因素叠加的挑战，经营管理也变得更加困

难。在新形势下，有三个问题要引起我们的高度关注：一是互联网金融，二是利率市场化，三是国家“十三五”规划。特别是利率市场化，对我们存款的冲击等远超出了我们的预期。比如，2015 年 7 月人民银行放开了存款利率上限，大家似乎还没有感觉到大的变化，主要是因为我们处于垄断地位，大行之间存在默契。240 万亿元金融资产中四大银行占 30% 左右，199 多万亿元的银行资产中四大行占了近 38% 。但现在不同了，压力开始凸显，银行间的价格大战也拉开了序幕，原来的规矩正在打破。金融领域的主流业务大致可细分为传统业务、投行业务、P2P 以及众筹四种模式。在传统经营模式下，银行依赖国有企业和国有项目就可以衣食无忧，但在现代新的经营模式下，银行除了要做存贷业务，还要做资产业务。

我行从过去主要代理财政，逐步向现代商业银行转型。从目前看，真正的商业化转型还远未完成，存贷利差仍然是我们的主要收入来源。总行党委高瞻远瞩、审时度势，率先提出了转型发展，对转型方向和重点做了顶层设计。面对当前经济下行的压力，对于要不要转、什么时点转这些问题，全行已经基本达成共识，但转型观念仍需要进一步深化，对利率市场化、互联网金融、资金供求关系转换、担保经营等一系列问题，要有做买卖的意识；对如何平衡风险和收益、提升价值创造能力也需要有深层次的思考。转型不能只是喊口号，更不能“只转身体不转大脑”。

面对新形势、新问题、新情况，我们不要惧怕，因为《转型发展规划》告诉大家怎么做。规划明确提出了全行未来转型发展的目标、五个转型发展方向、七项重点任务和七个保障措施，而且经过 2015 年一年的实践，得到了很好的验证，取得了很好的成效。

二、转型发展要在高水平上补短板

2015 年我们在推进重点分行转型发展方面做了三方面的工作：一是确定了基层试点推进的思路，选取 23 家重点城市行作为突破口推动转型。二是体现了一种协商精神，探索差别化的管理模式。2015 年我们开了五个座谈会，与分行谈判、协商，探索建立一些重要的评价指标，推动一些核心指标的差异化管理。三是通过差别化的考核激励政策，引导推动基层行转型。

重点城市行在下一阶段要进一步结合区域特色，全力推进转型发展。一是作为总行战略转型的突破点，23 家重点城市行一定要按照《转型发展规划》要求，结合地方实际先行先试，加快转型发展，并及时总结先进经验。二是正确认识转型发展过程中存在的问题，加强与总行、省分行的沟通协调，着力解决网点“三综合”后的人才培养、授权以及资源配置等方面问题。三是在继续做好传统业务的同时，加强对新兴业务的转型，在涉及高科技产业、互联网金融、消费金融等新业态、新兴业务方面多下工夫，制定可行的推动方案，寻求政策支持。四是加强信贷资产管控，要用非常规思维去考虑非常规市场，从严管控资产质量，确保业务健康发展。

从转型路径来看，2016 年总行主要是找标杆。北上广深四家分行历来是我行业务的支柱，总行希望通过加大对四家重点分行的政策授权，探索创新管理的新思路，并将在树立标杆行的过程中形成的经验和做法逐步在全行进行复制和推广。2016 年要抓好北上广深的标杆引领，我个人意见是未来可扩大一点，但是转型发展还涉及资源配置、体制机制，如果一开始搞太多，难度就更大了，阻力也会加大，所以我们先搞四个分行。祖继行长说得很清楚，资债、财会、人力、审批等部门，针对贡献最大的四家分行，拿出具体对接方案，然后交战略规划部统筹。

从调研的情况看，北上广深四家行都有需要解决的共性问题及建议。一是考核方面的问题，洪章董事长说过，转型的难点在总行。通过建立对北上广深的差异化考核体系，有助于总行逐步摆脱传统路径依赖，实现管理体制同步转型。总行要求北上广深在转型发展上起到标杆的作用，但是在考核上目前仍用统一的标准和体系，各项经营指标并没有因为地区的特殊情况而有针对性的变化，这个问题确实需要解决。二是授权方面的需求。授权是个核心问题，目前大量审批集中在总行，我们是不是可以考虑设定个时限，提高审批效率。例如，信贷额度是不是可以再增加，增加的幅度是不是可以再放宽一点；又如，在金融市场、同业业务以及资产管理业务等领域，我们是不是可以对不同业务品种的授权进一步细分等。我们将对这些需求进行汇总，想办法加以解决，可能不是所有提出的问题和建议都能解决。三是高水平上补短板工作。转型推进与具体业务有所不同，一些具体业务碰到问题，总行可能可以给予临时性的政策，但是在转型推进中，更多地是关注长期的、具有稳定性的问题，比如给予一个授权，应该在较长一段时间内都不会改变。因此，在北上广深的一些共性问题上，如考核、授权、人力资源、财务资源等方面，我们应该从政策、机制等方面建立长效机制加以解决，并在此基础上研究各重点分行的具体差异性有多大、如何释放分行优势，特别关注自身不足，或叫短板，重点考虑总分行联动来攻坚克难。让重点分行充分发挥转型发展的标杆作用，以支持分行在高水平上补短板。

三、传统和新兴业务的转型

传统业务是我行优势，转型不是另起炉灶，而是要更多地思考如何破解束缚业务发展的体制机制、解决政策制定和政策不稳定问题，以进一步促进传统业务的发展。传统业务如何转型升级，各家分行都有不同的做法，也都取得了很好的成效。转型总是要付出一定成本，比如制度调整、机制改革，不付成本，转型就只能停留在纸面上。在传统业务转型升级过程中，必须要解决好现有运行机制的效率，业务政策是否接地气、是否体现差别化，人、财、物配置是否满足经营计划要求，各层级利益机制等问题。我不讲哪些传统业务要提升，因为“春江水暖鸭先知”，基层的同志们最清楚。对原来的传统业务应该怎么提升，重点分行要有方案，同时提出你们要配套什么政策，比如怎样来做好“三综合”、如何综合定价和有效授权，再有做好小企业等，但不管怎样，这些问题总要研究解决吧？总要有人提出来往前捅一捅，把坚如磐石的制度观念挖出一个口子来。

要打造新兴业务发展优势。首先，在进入行业选择上要有长远考虑，加大对新兴行业、客户的培育。我在人民银行时参加了国有企业改革，当时人民银行、财政部和国家经贸委三家都在搞国企改革，我负责银行债务的处理，所以非常清楚大家所说的国企评级上不去的原因，但解决这些问题也不是我们这些机构能够做到的。这就需要我们在一定的环境下看到未来。也就是说，我们在转型的时候要往前看，看哪些行业值得我们下工夫、怎么下工夫、如何对接，这是我们要考虑的。中国再过十年之后还要那么多房子，还要修那么多铁路、机场吗？这不太可能。房地产、煤炭等去库存、去产能等行业要考虑，局部地区可能有但宏观层面基本上没有了。而我更看好现代服务业、高端装备制造业和高科技产业。对于高新技术产业、现代服务业、高端装备制造、现代物流、物联网、供应链金融、消费金融等新兴行业的把握一定要上升到战略高度。我前期拜访了北京市证监局，据介绍北京市有5000多家高新技术企业，但很少是我行的客户。高新技术企业客户有一定的技术门槛，有些客户交流起来都很困难，我们必须要贴上去搞明白。着眼于未来，面向未来，我们要做的就是跟这些更看好的行业、跟这些更符合未来发展的行业配套起来，要下工夫去抓这些行业，着力打造我行特色业务。其次，要思考大和小的问题。过去我们做大客户，这个优势是不能丢的，丢了就出问题了，但是也不能不做小客户。中国很多高科技企业的培育辅导上市，我们占不了多少，是我们的体制机制压着我们做不了，市场有买卖难道还不想去做吗？如果费点工夫把这件事做起来，那就不一样了，会对资产结构的优化、防控风险等都有好处。客户服务不仅要挖掘当前贡献，也要注重长期培养，况且我们花了三五年时间做大做强的客户，别人也不是能够轻易挖走的。同时，兼顾做好小企业客户服务，这也是履行我们的社会责任。

四、转型发展要特别关注新业态和新模式

要深入研究投资银行业务、专业支付、直销银行等创新和转型业务。过去我们讲银行业务更多是指银行的金融业务，而现在的市场已经出现了明显变化，银行业务都注重于对个体业务的精准评估，面向的是资本集中型的行业，但是目前我们的投资银行部做的还不是真正的投行业务。而高盛、瑞银等投资银行除了从事传统投行业务外，也更先一步地进行转型，开展各种外汇交易、持股等业务。这说明，我们在投资银行业务的发

展上还有很长的道路要走。例如，众筹业务上，新加坡的星展银行就采取股权投资的方式发展业务，利用股权投资培养客户，在企业成长后退出实现收益，同时也使客户保持了很高的忠诚度，这是星展银行的一项基础性工作。当前，在大众创业、万众创新的大潮下，高新企业、服务行业等各种领域对金融服务的需求非常多，银行金融服务的范围不能仅仅局限于买债券、做同业，而是要开拓更广泛领域的业务。我希望分行能够在这些创新和转型业务上作出成绩。既然总行给予了部分分行更多的资源和授权，也需要分行在这些其他分行较难推进的创新和转型业务上对我行系统作出更多的贡献。

同时，我们在搞标杆行的时候，要把支付平台以及新的业态所带来的冲击做充分考虑。近年来支付市场的发展比较快，而且支付的手段并不受银行的地域、外汇管制政策的限制，相对于信贷业务等具有明显优势。例如，国内银行发的银行卡，到美国、英国等境外消费，消费金额能够自动按经常项下进行购汇，不受结售汇额度的限制。从国外大银行的发展历程来看，资产发展到一定程度之后，大股东们不愿意稀释自己的股份，出于资本充足率的要求，往往要求经营者减少风险敞口，要求银行降低贷款业务的比例，而为了弥补由此减少的利差收入，就大力发展中间业务，也因此大力开拓支付市场的业务。由此可见，支付业务是银行发展到一定阶段之后的重点业务。此外，高科技的应用也进一步促进了支付市场的发展。所以，发展支付业务也是我行转型发展的一个重要课题。

对于分行提出的建立直销银行的想法，我也非常赞同。直销银行、平台融资、专业支付等都是国外大型商业银行主动应对信息化时代的转型措施，历经了数十年的历程。在目前国内银行的体制下，要做到整体转型还是比较困难，传统业务每家分行都能做到，新兴业务和模式因此更需要分行进一步发挥创新的优势，在一些具有发展潜力和价值的业务上率先作出探索。

探索立足大数据，以信用方式开展业务。要进一步研究业务管理模式上的转型，加大对新兴业务的激励和引导。在中国，以担保、抵押方式开展的业务最为成熟和成体系，发展出一系列的担保公司，有完善的担保条例。商业银行汇聚了大量的优秀人才，但是由于长期主要依靠抵押、担保方式开展业务，让不少人员形成了惯性，抑制住了发展的智慧。今后我们就得减少担保作为第一、第二还款来源，加大信用方面的做法。以房地产为例，以前因为房地产的刚性需求巨大，价格飞速上涨使担保的风险表面看似乎不大，但现在房地产业暴利时代已经结束，尽管这个行业还在发展，但用担保作为第一、第二还款来源的风险变大了。对传统业务尚且如此，对一些新兴业务来说，还真没办法完全按照原来的流程来做。所以，在小企业业务开展中，能否在以信用方式开展业务上有所突破，使业务发展不完全依赖于担保、抵押？在我的印象中，监管部门没有一单因小企业贷款出问题而进行行政处罚的案例，这个现象表明监管部门对小企业贷款容忍度是比较高的，但是银行自己反而容忍度较低。我想在此是否可以做一些突破。

我认为，无论是小企业贷款、消费金融还是互联网金融，从过去大量依赖担保、抵押逐步向信用过渡，是做大业务的一个有效途径。分行还可以研究是否能适当向网点放权，让网点自主地开展一些小企业业务。目前，大家都在着力推进的大数据管理就能有效减少信息不对称的情况，可能是开展小企业信用贷款业务的有效工具。再如传统商业银行所不愿意开展的 P2P 业务，实际上也非常适合类似小企业贷款的大批量小额融资。

我们要打破一些传统部门管理的惯性流程，从流程管理提升到战略管理，思考如何从有担保的信贷交易变为信用管理交易。因为流程管理背后的逻辑是风险管理的模式，风险管理要有大量的审批，我们现在的授信审批任务那么大就是按照原来的风险管理模型建立起来的，定价模式也是如此。如果市场化步伐真的来得快，我们就得改进，但也不能一下子就改，需要一步一步来。我们现在分出资产、同业等四个中心，做了专营等的一些改革尝试来推进业务发展，未来要进一步探索。

4 月，总行将召开北上广深四家重点分行的转型发展座谈会，围绕转型目标和重点工作与四家分行做进一步探讨。总行还要和这四家分行签协议，明确所要干的这个事情，要为全行树标杆，在全行可复制、可推广，意义十分重大。转型和改革要稳扎稳打，转型是长远的目标，但是我们每个过程都是实现目标的一部分，一点一点地把事做成做好，我们的转型目标也就实现了。

凝聚全行共识　加快转型发展

——在全行转型推进座谈会议上的讲话

黄　毅

（2016年11月25日）

同志们：

这次全行转型推进座谈会议，是在全行转型推进近一年之际召开的重要会议，主要目的是总结经验，发现问题，统一思想，凝聚共识，为2016年转型推进工作全面展开奠定基础。各分行和总行有关部门的代表都做了充分准备，畅所欲言，围绕转型发展，提出了很多很好的建议，会议取得了预期效果。听到各位同志的发言，我也谈些想法，与大家交流。

一、提高对转型紧迫性的认识

（一）外部市场变化迫使我们必须加快转型步伐

建设银行转型发展规划是经过全行上下反复讨论，经过党委会讨论、董事会审议形成的指导未来发展的纲领性文件，是凝聚全行智慧的结晶，是建设银行未来转型发展的方向性指引。在建设银行的光辉发展历程中，在每一个关键时期，正确的发展战略和优秀的执行力都是我们胜利前行的根本保障，从岐山行长提出“双大”到今天我行实施的“三大一高”，都引领建设银行不断进步、不断创造辉煌。然而，近年来，外部市场环境发生很大变化，实施量化宽松货币政策与间接融资向直接融资转型的直接结果，就使货币市场从过去的卖方市场转向了买方市场，银行在市场上的地位已发生明显变化，“十三五”时期的“创新、协调、绿色、开放、共享”发展理念、人民币利率市场化的深度推进以及监管的新要求等都冲击着我们原有的经营管理模式。市场在变，我们的观念也要改变。对此，我们必须适应市场的变化，实现转型发展。

（二）新技术的出现迫使我们必须加快转型步伐

网店的出现对中国的小摊小店甚至超级市场形成很大冲击，再过5年80%的商业店铺都可能租不出去，以前中心城区好地段的商业房地产很火爆，贷款者与经营者都不会有危机感。现在网购冲击很大，2015年淘宝、天猫“双11”销售额突破900亿元，接近2014年的两倍。互联网金融也对银行的经营和发展产生了极大的影响。新技术的出现会激发新的生产力，新产品会带给客户更高效、便捷、个性化的客户体验。新的体制会代替原先的体制，新的商业形态会代替旧的商业模式，这就是技术进步推动社会前进的过程，这个过程既不可能阻挡，也不可逆，就像存折曾是银行用来记录存款信息的主要载体，但今天已经很少有人使用；银行卡片再过5～10年也有可能像存折一样逐步退出历史舞台。所以，在银行经营模式不断受到技术进步冲击情况下，我们必须把握科技进步新趋势，主动适应甚至引领客户需求变化，这就要求加快转型。

（三）经济发展方式转变迫使我们必须加快转型步伐

以往我国经济增长主要是依靠增加物质资本和劳动要素投入，生产技术与管理水平、产业结构层次都比较低，经济结构不合理，导致地区间低水平重复建设，造成经济增长投入大、消耗高、效益差，对环境污染加剧，经济难以实现可持续发展。为应对2008年国际金融危机带来的不利影响，国家加大货币供应量、加大投资力度以稳定经济增长，导致货币投放量短期内快速增长，2007年我国货币供应量 M_2 仅为40万亿元，但现在已达到136万亿元。为实现经济可持续发展，中央提出了调整经济结构、转变经济发展方式的转型要求，产能过剩、经济下行压力加大等矛盾和问题凸显，银行信贷风险持续暴露，风险防范和化解压力加大，经营机制不健全和管理模式缺陷问题显现，我们解决问题和应对挑战的唯一出路在于加快转型发展。

二、提高对转型发展内涵和实质的认识

（一）提升竞争力是转型的核心

转型不是要打破原有的业务模式，重新构架一个新的体制和运行机制，不是从头到尾的改造或另起炉灶的变革，而是在发挥好传统优势的同时，不断发掘新的增长潜力，不断总结经验和教训，根据市场需要和变化趋势调整优化自身的体制和机制。转型的重点和落脚点是业务的转型、流程的转变，核心是通过提高服务质量和资源配置效率，提升建设银行市场竞争力。因此，将转型推进与业务发展对立起来，认为转型发展要求与年度经营计划是“两张皮”、转型推进是正常工作外附加任务的认识是不正确的。

虽然总行和分行十分重视转型发展的宣传、学习，但是转型理念向下传导时，仍然存在着“上热下冷、信号衰减”的现象。部分分行和一些基层行的管理者、员工安于现状，对转型的紧迫性认识不到位，有力的细化落地措施欠缺，工作中还习惯于传统思维，喜欢老套路、旧打法，对转型能取得新竞争优势的意义缺乏足够认识，思想上不重视，行动上就很难主动探索、谋划转型。

（二）创新是转型的关键

刚刚闭幕的党的十八届五中全会将创新作为中国五大发展理念之首，并明确要求“必须把创新摆在国家发展全局的核心位置”，将创新置于前所未有的高度。创新不仅是发展方式的创新，更重要的是思想的创新。对于处于转型发展关键时期的建设银行来说，创新是转型的关键点，必须通过创新激发发展活力，打造转型发展新动力。我们要根据现实市场需要和长远发展趋势，在正确把握五个转型方向的基础上，从顶层设计上谋划向资产管理银行、交易型银行转型以及向“互联网+”和大数据战略发展的转型路径，探索建立加快建行母行与国际及海外业务、子公司“一体两翼”更好协同发展的推动机制，通过集约化建设专题研究，探索建立适应新商业模式和新业务发展的管理体制与经营机制，通过改革破除阻碍创新发展的体制机制束缚，使创新成为驱动转型发展的持续动力。

建设银行长期服务于大型企业，在中长期项目融资等领域具有传统特色优势。近年来建设银行资产规模、质量和效益稳固提升，现已成为拥有18万亿元资产规模、几十万员工的全球性大型银行，服务国家建设能力不断增强。但随着金融市场迅速发展，大企业直接融资渠道不断扩大，议价能力不断加强，对银行发展的贡献度明显下降。从国际经验来看，商业银行不但要服务于大型优质客户，也必须学会服务于中小型企业，不能一提小企业就“谈虎色变”，拿出一系列指标来说这个不能做。特别是“十三五”期间，经济结构性改革力度将进一步加大，中小企业在确保国民经济适度增长、缓解就业压力、实现科技兴国、优化经济结构等方面都发挥越来越重要的作用。如果不能弥补中小企业这块短板，不会利用“互联网+”这些先进的技术来提升原有业务的效率，“国内最佳、国际一流”这个目标就难以实现。因此，我们必须将创新作为转型的重点，如果原有的理念、行为、做法不适合形势发展需要，就必须要下工夫，通过创新驱动来提升。鼓励创新是转型的着力点、出发点和落脚点。

（三）差异化是转型的重点

转型规划推进工作刚刚起步，但外部经营环境变化很快，再加上各地经济发展水平和金融市场环境不同，各分行人员素质、业务基础差异很大，因此，转型发展的重点是要实现差异化管理。各分行都要结合当地特色和比较优势制订转型实施方案；总行也不能用“大一统”的标准推动转型发展，必须加快推进统一管理模式转向统一性与差别化管理相结合。尤其是在资源配置和考核评价等关键领域，要由统一部门制定可供分行选择的差别化转型推进考核指标体系，通过设立必

选与自选考核指标，使考核更加贴近分行转型实际，不断增强分行在细分市场的综合竞争力，真正发挥考核导向对转型发展的引领作用。

三、对转型推进工作要求

（一）进一步加强规划宣传力度

将“转型发展规划的讲解”纳入党校及各培训中心的培训班课程，要通过举办宣讲骨干培训班、总结交流转型经验等多种形式，进一步推动全行各层级的规划宣传力度，及时发现、总结和提升各行在适应新常态和探索转型中的创新做法，在全行范围内进行推广，加深全行对转型发展的理解和认识，促进全行对转型推进工作再聚焦、再深化。

各分行要通过集体学习、讨论等方式提高关键部门和人员的思想认识和精神状态。要加强对各层级的规划宣讲，明确规划宣讲工作的牵头部门、责任人和进度安排，建立起“谁负责、谁主导、谁督办、谁评价”的联合工作机制。通过向基层派出宣讲骨干、组织员工学习转型发展规划文本和100问宣传手册等多种方式，使基层员工都能深刻理解转型发展的要求和实质，在稳健经营中加快转型，通过转型增强新的发展活力和动力，不断提升竞争优势和价值创造能力。

（二）正确把握转型方向

转型规划明确了指导思想、转型目标、原则、方向和重点等内容，年初工作会议上也提出了加快推动传统经营模式向大资产大负债模式转变、加快推动单一服务模式向差别化综合服务模式转变、加快推动传统网点经营模式向全渠道经营模式转变、加快推动统一管理模式向统一性与差别化管理相结合模式转变、加快推动传统信息系统管理向大数据管理模式转变的转型要求。各行在转型规划推进中，不一定都要面面俱到，不能搞形式主义、应付检查，不能简单对照总行规划内容逐条逐句编写落实方案，要考虑是不是真的具备相关业务的开展条件。分行可按照全行转型规划要求，结合当地实际，突出自身特色，强化比较优势。在制订落实方案时，分行可根据实际情况，适当调整转型具体内容，有些转型规划里没有写到的转型内容，在落实方案中也可以根据需要增加，只要是能提高分行管理效率与经营效益、推动分行发展的事情都可以做，但写入落实方案的内容就一定要作出成效，完成转型任务。

洪章董事长曾说过，转型的难点在总行各部门；转型的重点在分行，包括一级分行、二级分行；转型成功的关键在基层行。祖继行长也说过，按照地区来看，转型的重点在发达地区，转型的难点在西部地区，关键在于一类行和二类行要率先垂范，在转型上一类行要先走一步，加强先锋作用，要给二类行、三类行作出示范。两位领导从不同层面揭示了转型的要害，但表达了同一个思想，即各级行、各部门一定要真抓实干，使全行的转型发展落到实处。按照行领导的要求，东部地区、发达地区的分行要加快创新发展步伐，不断取得可复制、可推广经验，在转型发展中起到先行探路、引领创新作用。总行将选取基础条件好、创新能力强的重点城市行为转型发展试点，帮助其解决在向创新银行、资管银行、交易银行转型等方面遇到的政策阻碍问题，从而达到以前台服务转型带动后台管理改革、以分行市场需求促进总行体制机制完善的转型目的，通过抓住分行的转型重点，找到全行经营管理的痛点，解决总行的转型难点。

（三）把握好转型力度

转型不应影响业务发展，一定要在完成当年业务发展任务、控制好风险前提下推进转型工作。要将转型嵌入业务流程中，在日常经营管理过程中实现转型。如果转型影响业务发展就可以慢一点，如果有利于推动业务发展、已看准的转型工作，就可以加快步伐大胆向前推进，全行上下不是非要按照统一标准与模式去操作。基础好、有条件的东部地区分行可以加快转型步伐，先行先试，探索经验。西部地区分行特别是部分市场份额较高、自我感觉转型压力不大的分行，要进一步提高对转型紧迫性、必要性的认识，加强精细化管理，在提高效率、降低成本上下工夫，在增加产品与服务方式多样化上下工夫，把握好“一带一路”和振兴东北等国家战略发展机遇，加快客户、信贷等结构调整步伐，随机而变，应势而为，以市场变化方向为转型着力点，不断提高服务水平和市场竞争力。

各分行要制订转型发展细化举措和年度推进

方案，明确转型目标和各阶段的重点，并不断对同业战略转型指标进行跟踪分析，善于通过对标发现差距和不足，找准改进提升方向。

（四）管控好经营风险

我们需要清楚地认识到，商业银行就是经营风险的企业，没有风险就没有金融、没有银行，在银行业务经营过程中充满着诸多不确定性，积极的风险管理是银行转型的关键。目前经济下行背景下，风险开始暴露，未来几年都可能是银行业风险集中暴露时期，必须把握好风险防控问题。各分行要根据外部环境条件和自身实际情况，对各种可能出现的风险因素作出积极防范，对可能出现的最坏风险损失结果采取最大限度的控制措施。风险管理不是最后处置风险，而是一开始就要对其有合理的判断，要从合同签订就开始，合同谈判时就要判断风险是否可控、损失是否在可承受范围内。积极的风险管理既考虑短期的发展和收益，又关注长期风险隐患。为此，各分行在风险把控上要兼顾存量和新增，注重风险定价，强化过程管理，抢抓风险处理时机。要注意前移风险监管端口，从风险识别上提高技能，善于运用风险识别、计量等先进技术方法来有效地提高风险防控能力，而不能像过去主要靠抵押、担保或过度依赖于大客户来防控风险。只有提高在复杂多变的市场环境中识别、计量、掌控风险能力，才能实现可持续、快速发展。

（五）做好重点城市行转型发展推动工作

重点城市行是支撑各行业务发展的重要支柱，特别是西部和东北地区金融资源高度集中于省会城市，各省会城市行的市场表现，在很大程度上决定了该省同业市场竞争格局。重点城市行经过多年发展，市场地位得到了一定的提升，但同时也带来上升动能减弱、下降势能增强问题，特别是经济新常态下支撑快速发展的要素发生较大变化，重点城市行发展已到了爬坡过坎的紧要关口。为此，各省分行必须高度重视，加大资源配置，大力推动重点城市行转型发展，通过以点带面方式，以重点城市行为着力点带动分行业务全面发展。

为加大对重点城市行扶持力度，进一步提升其市场表现和价值贡献，近期总行印发了《关于加快重点城市行转型发展的指导意见》，在给予政策支持同时，也要求各重点城市行定出查找问题到位、转型方向清晰、目标要求明确、解决方法恰当、资源配置合理、自我加压充足的三年转型发展行动方案。各行的行动方案包含了每年市场规模、业务转型、经营效益和资产质量等考核目标，各有关一级分行也与总行签订了经营管理责任书，充分体现了目标责任制和契约化管理精神。目前，总行正在制定重点城市行考核办法，将依据各行转型年度目标完成情况对相关一级分行给予 KPI 考核加减分调整，对超额完成年度经营目标的分行给予加分鼓励，对没有完成年度经营目标的分行给予减分处罚，使激励与约束相匹配，从而产生较强的转型推动力。

当前经济下行压力加大，部分重点城市行不良资产集中暴露，经营费用和人员收入受到很大影响，这无疑更需要加快转型步伐。总行正在采取措施，想办法帮扶这些行尽快摆脱困境，但各省分行也要积极想办法，加大对困难行的资源投入，帮助其走向良性发展轨道。

同志们，转型发展规划是决定未来建设银行发展方向、道路、重点和策略的纲领性文件，是全面建设最具价值创造力现代商业银行集团的宏伟蓝图。尽管转型推进工作开局较好，但也要重视存在的问题。总行部门和各分行都要制定转型发展细化举措和年度推进方案，努力达到规划提出的总量目标要求和完成各阶段的重点工作，并不断对国内大型银行战略转型指标进行跟踪分析，善于通过对标发现差距和不足，找准改进提升方向。逆水行舟，不进则退。在建设银行转型发展关键时期，全行上下要统一思想，凝聚共识，对转型推进工作再聚焦、再深化，通过转型创造新的发展活力和动力，推动建设银行服务国家建设能力、防范金融风险能力和参与国际竞争能力的全面提升。

在"青年创新建行强"第四届金点子暨员工职业风采大赛成果汇报活动上的讲话

黄 毅

（2016年12月8日）

各位来宾，青年朋友们：

今天参加"青年创新建行强"第四届金点子暨员工职业风采大赛成果汇报活动，近距离感受和见证青年员工的活力、智慧和才情，感到十分高兴，也有新的收获和启发。金点子大赛到2016年已经举办了四届，洪章董事长参加了历次活动，并多次发表重要讲话。感谢党委对团青工作一贯的重视、指导和帮助，也感谢各部门、全行上下的大力支持和通力合作，这是我们开展团青工作的不竭动力和坚实保障。受洪章董事长委托，我讲几点意见。

金点子活动在总行团委、青联、产品创新与管理部以及相关部门的协同合作下，持续开展并取得了良好的创新转化成效，如智慧银行、快贷等我行在转型发展中力推的服务和产品，都是从历届金点子大赛这个平台脱颖而出，进入孵化推广流程，并在市场上取得良好反响。今天的展示，只是全行创意成果的一部分，还有大量的、也许更优秀的创意未能在活动中展示，这些都代表了青年们对转型发展的思考。大家从多角度、多层面开动脑筋、发挥创意，从服务国家发展战略、支持实体经济，到当下党和国家最关注的精准扶贫，从科技进步推进的产品服务升级，到人才队伍建设、员工关爱关怀，视野开阔，内容丰富，体现了建行人一脉相承的家国情怀、顺势而为的机遇意识和与时俱进的探索精神。在员工职业风采展示部分，看到大家在各自的岗位上敬业奋斗、努力学习、团结协作、爱行爱家，扑面而来的青春气息、传播出来的正能量，也让我深受感动。

当前，我国银行业面临的环境日趋复杂，利率市场化、互联网金融、经济形势变化等都对传统银行业提出了新课题。在这样的大背景下，建设银行率先在同业中启动转型并已基本完成整体布局。目前，全行上下正朝着"综合性、多功能、集约化、创新银行和智慧银行"的转型目标，蹄疾步稳地向前迈进。青年员工在建行的转型发展中，可以大有可为，也应该大有作为，不仅要在这个大舞台上展示你们的职业风采，更要焕发你们的人生光彩。

创新驱动发展，智慧引领未来。青年人思想活跃、学习能力强、接受新生事物快，有敢想敢干的冲劲和勇气，有旺盛的精力与活力，这都是创新的有利条件。"苟日新，日日新，又日新"。当前，世界新一轮科技和产业革命正在孕育发生，新技术几乎已融合到传统行业的方方面面。希望广大青年紧跟时代步伐，把握趋势变化，按照转型发展的要求，积极将自己的智慧和思考运用到建设银行的产品创新、服务创新和管理创新中，努力向"引领与跟随并重"转变，向单一产品创新与商业模式整合创新并重转变，向开放式和开源式创新转变，向功能性创新与体验式创新并重转变，向自主创新与合作创新并重转变，争当创新银行和智慧银行的实践先锋。

"人尽其才则百事兴。"建行银行的事业因为人才而基业长青，因为青年而生机勃勃。一直以来，建设银行都高度重视员工队伍建设，努力为青年提供施展才华的空间和舞台，比如正在全行推进的"213人才工程""客户经理队伍建设计划"、很多分行一直都在开展的"导师制""雏鹰计划""新员工成长计划"等，都在力求为不同岗位、不同阶段、不同特点的员工量身打造适合的培养方式，覆盖员工在建行职业生涯的全周期。因此，希望大家不辜负建行提供的平台和机会，立足岗位创先争优，抓住机遇拾级而上，走稳、走好自己的职业发展之路，用亮丽的业绩，为“最具价值创造力的国际一流银行集团”的美好愿景贡献青春力量！

今天，“中国建设银行青年志愿者协会”正式成立，它是在总行党委领导下，通过党、群、工、团、妇，组织全行员工共同开展志愿服务的组织，是全行员工表达爱心、提升品格、回馈社会、实现价值的公益新平台。青年在公益活动中，更要发挥突击队和生力军的作用。广大员工要用善心善举，弘扬“奉献、友爱、互助、进步”的志愿者精神，展现建行人心怀大爱、甘于付出的情怀，争做社会主义核心价值观的践行者。同时，今天还召开了全行团员代表大会，选举产生了新一届团委委员，希望你们继往开来，开创团青工作的新局面；也希望全行上下、各级党委继续关心和重视团青工作，适应新形势，把握新特点，提供帮助，创造条件，不断助力青年成长成才！

2016 年即将远去，岁序流转之际，祝愿大家在新的一年志存高远、不懈拼搏，在开拓创新中实现青春价值，在为国家、为人民、为客户的服务奉献中绽放青春光彩！

在中国建设银行青年志愿者协会成立大会和共青团中国建设银行第一次代表大会上的讲话

黄 毅

（2016 年 12 月 8 日）

尊敬的宝森书记、陈琳书记，青年朋友们：

大家好！

在此次会议召开之前，洪章董事长、祖继行长和郭友监事长委托我，向团中央、中央金融团工委的领导同志对建设银行共青团工作一直以来的支持和肯定，特别是在青年志愿者协会成立过程中的鼎力相助，表达最诚挚的谢意！

今天，很高兴看到建设银行青年志愿者协会成立，看到共青团建设银行第一次代表大会顺利召开，圆满完成了各项议程。大会选举出了 9 名团委委员，代表着建设银行新一届团委的成立，在此，我向你们表示衷心的祝贺！青年志愿者协会的成立，标志着建设银行公益活动的开展又多了一个新平台。过去，建行青年在共青团搭建的诸多平台上，做了很多实实在在的事情，为建设银行 60 年辉煌历程谱写了重要篇章。现在，我们又多了一个平台，希望大家可以在这个平台上充分展现能力、挥洒汗水、张扬青春。

我和大家一起现场见证了建设银行团青工作具有开创性意义的两件大事，借此机会，我想谈三点想法。

第一，青年要争做建设银行履行社会责任的排头兵。建设银行员工是银行从业人员，身处金融服务行业的一线，首先要履行好的社会责任是不断提高服务水平，提升服务能力，让消费者享受到更加满意、更加舒心的金融服务。对于我们来说，这是最重要的社会责任。其次，要不断创新服务方式，丰富服务种类，提升服务意识，让消费者享受到更加便捷的服务。同时，要照顾好那些还没有享受过金融服务或者享受金融服务不充分的消费者，如老弱病残等需要照顾的弱势群体。现在全行上下积极投入的精准扶贫工作，以及社会道德所倡导的公益、慈善活动等，都是需要我们每一位建行人尤其是青年主动承担的社会责任。青年志愿者协会成立后，要成为引导员工树立和践行社会主义核心价值观的有力抓手，成为组织凝聚员工力量、帮助员工实现自我价值的重要渠道，为全行开展志愿活动提供更高、更广阔的平台。各行要充分认识成立青年志愿者协会的意义，认真筹备和建立分会组织，使其成为内聚人心、外树形象的正能量阵地。

第二，青年要当好建设银行转型发展的先锋队。大家要深刻理解转型发展的重大意义。什么叫转型？我分享下我的观点。建行过去是政策性银行，由一个承担财政拨款职能的银行变为商业银行，这是什么？这是转型。从商业银行完成股份制改造，在国有银行中率先上市，这是什么？这也是转型。根据发展趋势超前研判，根据市场变化及时调整，上下同欲发挥合力，顺势而为蹄疾步稳，这就是转型。那我们从政策性银行到商业银行再到上市企业的转型，是不是都转到位了？我觉得不是。因为市场环境在不断发生变化，银行的发展模式、经营理念、业务结构、服务方式等也一直在发生变化，所以转型永远在路上。当前，我们身处竞争激烈的大数据时代，利率市场化程度越来越高，互联网金融、消费金融、链式金融等各种新模式层出不穷。在这样一个复杂的市场环境中，我们进行第三次转型，需要的知识和技术含量更高，需要的适应和判断能力更强，这是建行人面临的考验。在座的青年大多是“80后”“90后”，你们出生在改革开放的年代，成长在良好的社会环境中，知识背景、学习条件、发展机遇都比上一辈人好很多，只要肯下工夫，就可以作出相应的成绩。所以，希望你们不断加强学习、抓住机遇、开阔视野，借助良好的平台多了解前沿动态，学习世界一流商业银行的经营经验，应用到我行的转型发展中，当好转型发展的先锋队。

第三，青年要做好全面建设小康社会的主力军。建设银行作为最大的国有控股银行之一，在全面建设小康社会的过程中，应该发挥重要作用。作用靠谁发挥？主要就靠青年。党的十八大以来，中央针对治国理政提出了“全面建成小康社会、全面深化改革、全面依法治国、全面从严治党”的“四个全面”战略布局，针对中国特色社会主义事业建设提出了“经济建设、政治建设、文化建设、社会建设、生态文明建设”的“五位一体”总体布局，针对经济社会发展提出了“创新、协调、绿色、开放、共享”的五大发展理念。建设银行的战略发展规划也按照“十三五”规划进行了修订，始终与党和国家的发展理念保持高度一致。要贯彻好中央精神，落实好发展要求，你们应该当好主力军。在这里，我想与大家分享几句习近平总书记勉励青年说过的话。第一句，“现在，青春是用来奋斗的；将来，青春是用来回忆的”，这句话是希望大家珍惜时光，把握当下，用不懈的拼搏成就闪亮的青春。第二句，“青年有着大好机遇，关键是要迈稳步子、夯实根基、久久为功”，这句话是希望大家认识到成绩的取得是建立在脚踏实地的基础之上，一定要静下心、沉下气，甘于把艰苦环境作为磨炼机遇，乐于把小事情当做大事业来认真对待。第三句，“一个人的理想志愿只有同国家的前途、民族的命运相结合才有价值，一个人的信念追求只有同社会的需要和人民的利益相一致才有意义”，这句话是希望大家志存高远，把个人的“小梦想”与中华民族伟大复兴的“中国梦”结合起来，这样我们的国家才有前途，民族才有希望，青年个人的追求才更有价值。

最后，我想把习近平总书记引用过的郑板桥的诗分享给大家：“咬定青山不放松，立根原在破岩中。千磨万击还坚劲，任尔东西南北风。”希望你们认真体会诗句中竹子坚忍不拔的精神，树立崇高理想，坚定“四个自信”，以青年志愿者协会成立和团代会的召开为契机，继往开来，开拓创新，相信你们一定会在建设银行转型发展的过程中做出更加亮丽的成绩！

统一认识　提升能力
推动合规工作转型发展

——在中国建设银行2016年深港合规官培训班上的讲话

余静波

（2016年3月7日）

同志们：

大家好！

我们建设银行历史上首次为合规官举办的培训班，今天正式开班了。由于合规官的聘任还有一些程序正在进行中，从某种意义上讲，这次培训也就是对合规官的任前培训。

我认为这次培训班有着里程碑式的意义，借此机会，我谈几点意见。

一、加强合规工作的现实背景和重要意义

过去的十年中，对商业银行经营管理来说，合规风险逐步演化成与信用风险、市场风险、操作风险同等地位的一种风险形式，重要性日益突出。总行党委对这种趋势变化密切关注，从单设内控合规部到探索设立合规官制度，都是对这种变化态势的积极回应。洪章董事长在不同场合，多次强调了新常态下合规工作的重要性，强调了合规工作转型的迫切性。“合规立行”是祖继行长在2015年全行内控合规转型发展工作会上确立的理念。2015年9月的合规官试点视频会以及11月的合规官试点工作座谈会上，我都强调了合规工作的重要性。今天还是要重申一下，在当前监管环境日益严格的大环境下，在全行战略转型的关键时期，怎么强调合规工作都不为过。我自己从以下几个方面去看。

（一）从国际上看，国外监管处罚力度日益增强，加强合规管理的紧迫性增加

从国际银行监管实践看，国外监管机构在强调微观和宏观审慎监管的基础上，开始重视行为监管，并且将监管的“紧箍咒”套得越来越紧，处罚也越来越严厉，屡出巨额罚款。今天下午我们在金融监管局，助理总裁也谈到，现在的处罚越来越厉害。2014年英美监管机构同时宣布对五家银行涉嫌合谋操纵汇率处以30亿美元的罚款；2015年中国银行因拒绝配合美国联邦法院关于一个销售假货案件的调查，被处以每日5万美元的威慑罚款。近几天，大家可能都知道了，工行马德里分行陷入涉嫌参与洗钱和逃税的丑闻，多名管理人员和员工被西班牙警方逮捕，所以说现在形势很严峻。

与此同时，为了适应新的监管形势，国际金融机构进一步提升了对合规工作的重视程度，部分银行加大了合规人员的招聘，增加了合规工作的资源配置，充分管理合规风险。如摩根大通在过去几年中，在机构裁员的情况下，新增了2500余名合规人员，并增加了合规人员支出，以满足监管要求和自身经营管理需要。

（二）从国内来看，国内监管机构的要求趋严、趋紧、趋多，监管的处罚力度显著加大

针对银行暴露的突出问题，相关部委、金融监管部门规范金融机构经营行为的政策法规接踵而至。仅2013年和2014年，针对银行公司治理、内部控制与风险管理、信贷与资产业务、支付结算、外汇业务等方面的法律、行政法规、部门规章、规范性文件就多达100多件。

2013年和2014年，国家发改委组织涉及企业服务收费检查，涉及各类商业银行的就有150家分支机构，实施的经济制裁是15.85亿元。2014年和2015年，银监会通过开展“两加强、两遏

制”等专项检查，也是我们讲的“一加强、两遏制”活动，对近1300家违规银行业金融机构处以罚款6.01亿元，对银行的违规经营敲响了警钟。银监会2015年也专门成立了检查局，浙江的银监局长也到银监会专门行使职责。

在监管机构对银行的“治理风暴”中，建行也未能置身事外，多家分行受到不同程度的监管处罚。大家可能已经听到深圳市分行的违规处罚事件，那是十年前发生的事情，现在依然要接受相应处罚。

（三）从我行实践来看，合规工作体系已不能完全适应内外部要求，合规工作转型发展是大势所趋

过去，我们的合规管理大多是被动的，多是事后发现和查处问题，从实际管理效果来看，不太理想，尚不能很好地适应严峻的监管形势，主要体现在几个方面：一是合规管理的责任体系尚未落实。业务部门的主体责任落实不到位，对于条线的合规性监督不足，对于涉及制度、流程、系统等深层次问题的挖掘及整改不够；同时，合规部门的监督责任缺乏机制手段的支持，合规风险识别、评估、监测等管理方面也还需要优化和完善。原来行里出的合规性问题都被说成是合规部门的问题。二是合规人员队伍尚未实现专业、专注、权威。合规管理要实现嵌入业务流程、突出问题导向的管理模式，就需要合规管理人员的专业程度及专职程度“双高”，现有人员配备难以实现权威性。外资银行的合规官权威相当高，他说不行，这笔业务是一定不能做的。三是合规文化尚未深入人心。我们倡导合规文化就是要为全行创造一个能阻止办错事、减少办错事的良好环境。树立合规文化理念，最基本的就是要明确合规底线、红线，并有意识地落实在经营管理活动中。这里讲的“底线”“红线”就是监管机构的禁止性要求，也就是监管机构要求不能做的事，一旦触碰就要受到监管追责。可能造成财务损失或引发声誉风险的，都是属于底线、红线，都是不能触碰的。当然，对于监管机构的遵循性要求也要落实到位，达不到要求同样可能会受到监管处罚，造成财务损失或引发声誉风险。监管要我们做的事情，我们也要做到位，我们的合规人员必须要把握清楚。目前，我们对外部监管规则及变更管理、对监管政策的解读等管理工作尚未建立起机制，底线及红线不清晰，合规工作尚未变成“内化于心、外化于行”的潜在意识和自发行为，所以大家一定要树立底线及红线意识。

2015年，我行成为全球30个系统重要性银行之一，这既是对建设银行市场地位及管理水平的认可，也意味着建行必须适应更加严格的监管政策，接受更大强度的监管，乃至国际金融监管机构跨境持续监管。如果没有与之相适应的合规工作体系，势必将面临更大的合规风险。今天我们去拜访金管局的陈先生，他听到我们的情况，也说总行的决策非常正确，总行这么重视，他们也是非常支持。

在全行推进“综合性、多功能、集约化、创新型和智慧型”的战略转型过程中，只有满足合规要求的发展才能产生真正的价值，“从心所欲不逾矩”，把“不能做的”坚决摒弃，把能做的做大、做强、做好、做到极致。合规工作转型发展是一项着眼长远的基础性工作，对全行合规经营具有重大影响及深远意义，是战略转型的基础保障，合规工作转型发展是大势所趋，势在必行。

（四）建立合规官制度是合规工作转型发展的重要举措

现在可以说国内“中”字头的商业银行真正设立合规官的，建行是第一家。所以，设立合规官、建立合规官制度是我行应对当前复杂严峻的内外部形势所采取的重要举措，是推动合规工作向事前管理和主动管理的重大转变，在国内银行业属于首创。设立合规官就是要促进合规工作转型发展，着力建立健全以合规官制度引领的合规工作机制，促进合规官及合规部门的专业、专注和权威管理，为依法合规经营提供保障。合规官试点工作备受行内各层级及同业的密切关注。合规官试点工作只能成功，不许失败。而合规官试点工作的成败，取决于合规官能否有效履职、合规工作机制能否高效运转、合规管理水平是否有显著提升。也就是说，通过试点能否真正地使合规工作上台阶，并为全行推广提供成熟经验。我们合规官的试点工作，当时在深圳把8个行的一把手叫来搞了个研讨。因为巡视工作，部分工作进度往后拖了一些，但8个合规官的考察工作都是在其他干部考察工作之前进行的，所以说总行党委高度重视合规官工作的。在最近工作推进中，感觉广东走在前面一点，所以这次培训将广东5个二级分行的合规官也叫来了，大力推进合规官试点工作。

二、要正确认知合规工作内涵，借鉴国外合规官工作模式，切实做好日常履职及试点工作

今天来参加学习的，除了8个分行的拟任合规官、广东的5个二级分行拟任合规官、8个分行合规部老总，又单独选了几个分行的合规部老总，这都是有代表性的，希望你们认知和实践走在前面。合规官要能履职、履好职，就是要先搞清楚什么是合规工作、国外合规官工作职责的借鉴以及我行合规官当前的主要工作任务。

（一）正确认知合规及合规工作内涵

1. 正确认识合规。大家既然是拟任合规官，首要任务就是要搞明白“合规”这两个字的确切含义。巴塞尔银行监管委员会发布的《合规与银行内部合规部门》高级指导性文件给出了权威定义，合规包括两个方面的内涵：一是要遵循法律法规及监管规定，二是要遵守企业伦理及社会规范、诚信和道德行为准则。

这里所说的合规，绝不是简单的令行禁止，有着更积极的内涵：一是遵守尊重规则，即要严格遵守监管规则，坚决不做“不能做的”，要行有所止。二是充分运用规则，吃准吃透规则的精神实质，把“能做的”做得比别的人都好，让任何人无话可说。三是参与规则建设，规则的制定及演进实际上是监管当局、银行及市场之间不断博弈的结果，我们要主动赢得监管规则制定过程中的话语权，把“想做的”变成“能做的”。四是培养对监管规则变化的“敏锐嗅觉”，国外金融机构对监管政策都是先知先觉，提前作出安排，据说在格林斯潘担任美联储主席的时候，每当美联储开会时，有一组人专门观察他携带的公文包，如果公文包很厚，那么有可能政策就要发生变化。

2. 正确认识合规工作。大家都在讲合规工作，但合规工作包括什么内容、合规管理与内部控制的关系是什么、合规部门的定位是什么，一千个人有一千种答案，有必要统一认识。

我认为，从内部管理的角度来讲，合规是方向，合规管理提要求；内控是手段，内控措施抓落实。合规工作的关键是落实外部监管要求，防范合规风险。合规要求的落实和执行的具体工作体现在：制度合规性审查；合规准入事项审批，主要针对新产品、新业务；业务流程中的合规审查、审核、审批，这其中就包括合规部门实施的流程阻断。合规执行情况的监测主要是通过“三个抓手”来实现，即通过日常合规检查、统筹检查、内控评价，发现违规问题和查找内控设计缺陷。违规问题通过问责，落实责任，提升合规执行力；内控设计缺陷通过优化制度、流程、系统等持续改进方式加以解决。

（二）厘清我行合规官的日常管理工作

对合规官的职责，洪章董事长高度重视，亲自修改，最终形成了合规官试点工作通知中的七条具体职责。总的来说，前三条职责分别是指发现违反内部规定、违反外部监管规则、违反法律三个层面的问题，第四条、第五条是督促内外部发现问题的整改落实，第六条是开展新制度、新产品及新业务的合规性审查，第七条是通过合规风险识别评估查找违规问题、通过内部控制评价发现内部控制缺陷。董事长的七条要求就是一句话——问题导向，就是发现问题、解决问题，同时要从源头上抓制度、抓流程，预防问题发生。

分行合规官实质上就是本机构合规工作的负责人，应围绕董事长“以问题为导向”的指示精神，将合规工作聚焦在合规管理方面，立足于预防问题、发现问题、解决问题，强化事前管理、事中监督、事后评价，履行好自身的合规执行和监督任务。

预防问题，就是要做好以下四个方面工作，从源头减少违规问题的发生。做好外部监管要求的变更管理，就是要收集、跟踪、解读监管规则。做好内部制度管理，就是要规范制度“立、改、废”管理流程及要求，开展制度的合规性审查，将合规管理要求嵌入制度、流程。做好合规性审查，就是建立针对新业务、新产品的合规性审查机制，实现合规准入事项审批；就是建立业务流程中的合规审查、审核、审批机制，促进合规部门实施流程阻断。合规官介入业务流程集中反映在对客户准入、交易执行和大额资金进出关口的把控，以及对新产品、新业务、新机构、新制度

的准入性审批。做好合规文化建设，就是明确合规管理的底线及红线，开展员工合规培训，培养员工的合规经营意识，自觉抵制违规行为，增强合规管理的软实力。2015 年是我们的合规管理年，有些行对于“合规建行，人人践行”，不仅在员工当中搞宣传、搞测试，已经是上舞台搞节目，用寓教于乐的形式，搞得非常好。今天，我们跟香港金管局谈到文化建设的问题，它们觉得“合规建行，人人践行”这个口号非常好，合规的事情是每个员工的事情，不是部分人的事情。

发现问题，就是要做好统筹检查及内部评价两方面工作，发现合规管理问题和内部控制缺陷。要实现辖内检查工作的统筹管理及后续分析报告，全面实现信息共享，迅速定位重大违规问题，深入分析问题成因。要加强同级内部评价，多挖掘制度、流程、主体责任等重大、深层次问题，避免问题流于表层。

解决问题，就是要做好问题整改的督促考核工作，解决合规的根源性问题。通过督促问题整改，推动整改主体职责的落实，推动整改跟踪督促，推动问题分级分类管理，切实提升问题整改质量，从而解决根源性的合规问题，杜绝问题的反复发生。

合规风险管理在中国银行业还是一项新工作，我们既要学习国外活跃银行的成熟经验，又要有自己的创新之处。以预防问题、发现问题、解决问题为线索的工作模式，有可能成为国内合规风险管理的一个创举。

在此，我想强调一下，以问题为导向开展工作，并不意味着有违规问题就要合规官担责，但是经合规官审查、审核、审批的工作出了问题，合规官要承担主体责任；对没有及时监测监控违规问题，合规官承担监控责任。希望各位把好关、负好责。对于在履职中如何担当，我在后面还会再讲。

（三）借鉴国外银行合规官的工作模式

这也是董事长为什么要把这期合规官培训班放在香港的主要原因，就是要借鉴国外银行的经验。合规官承担什么职责、发挥什么作用，对合规工作转型至关重要。洪章董事长说过，配备一个合规官要真正解决问题，可能比多配一个副行长还管用。最近又批示：做实合规官试点工作并在全行推广的关键，是成体系地引进国际发达国家的合规官制度。我们建设银行在合规管理上，先配合规官、开展试点工作，要把国外的合规制度移植、引进来，但如何本土化、如何服中国的水土，就要靠合规官的努力。所以，试点工作一定要搞好。

通过调查研究，我们发现，在国外银行，合规官及合规部门是被拿来当“字典”用的，其专业性要求很高。合规官及合规部门的主要工作包括：

一是制定合规手册及员工行为合规指南。如明确告知投行部门员工应如何注意信息隔离、在其他企业兼职需要申请和批准、客户招待和送礼金额应控制在什么范围内才不涉及商业贿赂。

二是为全行提供合规咨询意见。就是解读监管制度，提炼精髓内容，为业务发展提供合规意见，如判断交易是否为关联交易。又如甄别交易中大额和可疑的数据，防范洗钱风险。

三是对各项制度、产品和服务设计进行合规性审查。就是指依据外部监管要求，对产品及服务的合规性进行审查，审查各项法律法规和监管要求是否融入银行的日常经营及业务流程中。

四是收集、筛选、分析、监测合规风险及问题。如利用合规管理系统及工具，筛选重要监管指标及关键合规风险指标，评估、监测指标变动情况，并对合规风险评定重要性等级，作为管理依据。

五是对关键部位开展合规风险评估、测试。如按季度、半年或年的频率，对制度、流程等设计缺陷进行审核、测试，对人员的合规执行问题进行评估、测试。

六是与监管机构沟通协调。如与监管机构日常沟通联络、对提交监管机构的相关材料把关、协调监管检查等。

从某种意义上讲，国外银行合规官在履职方面做到了“四位一体”，即做好合规工作的“四员”——指导员、裁判员、监督员和协调员。各位合规官要把董事长提出的七个方面的职责、国外合规官六个方面的工作一起理一理，做好“四个员”。第一个员就是“指导员”，是指利用自身的专业知识，指导全行合规经营，如通过解读监管制度，明确合规工作的底线及红线，为业务发展提供合规意见。第二个是“裁判员”，是指从合规的角度审查业务可做不可做，如依据外部监管要求，对新产品、新流程的合规性进行审查，作出专业判断。第三个是“监督员”，是指识别、监测、评估、测试合规执行过程，如通过评估、监测，确定合规风险等级，督促落实合规管理措施。目前我们对总行本部开始内控评价，分行也开始评价，某种程度上我们就是监督员。第四个是“协调员”，是指做好与外部监管机构和内部相关机构间的沟通协调，如与监管机构的日常交流及沟通、对外部监管检查的有效配合、对监管处罚事件的及时反应和必要斡旋等。我认为，分行合规官也要做到“四位一体”，做好指导员、裁判员、监督员和协调员。

（四）保证合规官试点工作顺利完成

从2015年9月底开始，我们行启动了合规官试点工作。这不仅仅是设立一个合规官，是在为合规工作的体制、机制管理转型探路子、攒经验，力求在全行范围推行合规工作转型前，积累全方位、多维度的成熟经验。

之前，各试点行在部分重大问题上都在等待合规官到位后决策，所以一定程度上落下了工作进度。试点工作已临近尾声，各位合规官聘任到位后，各项工作要抓得非常紧，着力抓好三件事：

一是抓好二级分行及以下机构的合规官配备。二级分行及以下机构是合规管理的重点，也是合规官建设的重点，要分层次落实。二级分行要设立合规官，营业网点由营运主管承担相应职责，县支行、城区支行是否单设合规官要进一步研究，但合规职责一定要落实到人。只有把二级分行管辖的县支行、城区支行控制好、管到位，切实控制到基层、控制到具体的岗位和业务，合规管理才能取得实效。各位合规官上任后，应抓紧督促落实二级分行及以下机构的合规官选拔任用。人员选择要坚持高标准，不能为了安排干部、增加领导职数而设立，要按照现行干部管理规定，严格选聘标准。此外，我们支行到底设不设合规官、很多业务二级分行合规官是否能批、城区支行怎么弄、县一级怎么弄，这些问题各位合规官要回去好好研究。

二是抓好合规人员队伍的统筹。在全行人力资源投入推进集约化的背景下，合规官应合理安排合规人员队伍。对于合规部门，各位合规官应在兼顾各项工作的同时聚焦合规管理主业，合理安排合规工作人员；对于同级业务经营和管理部门，各位合规官应立足于重要业务、重大合规风险部位，配备合规负责人，设立合规团队或岗位，实现重点领域的精细化、差别化管理；对于合规人才建设，总行2015年下发了340号文件，已经做了考虑，各位合规官可以按照340号文件中相关优化专业技术岗位职务序列管理的要求，从专业技术方面给予合规人才相应倾斜。

三是要抓好合规工作机制建设。就是将预防问题、发现问题、解决问题的工作机制都建起来，保证日常管理工作转起来，特别是外部监管要求的变更管理机制、内部制度管理机制、合规性审查机制、统筹检查机制、合规工作信息传导与报告机制、合规工作人员考核管理机制、合规人才库机制等，我们要看到和改进原来不足的地方，通过试点工作真正使我们的合规工作上一个台阶。

合规官要向总行报告试点工作进展情况，遇到重大问题及时沟通，切实保证试点工作的圆满成功，试点完成后要及时总结经验和报告。

三、磨好刀，亮好剑，有担当，用实际行动回馈总行党委的信任

合规官要履好职，应当在专业学习上、工作态度上、原则方法上具备一定条件，做到持续提升促专业、坚持原则敢亮剑、面对问题有担当。

（一）持续提升促专业

我认为现在合规人才是金融市场上价值最高的一类，以前是投行人才，现在是合规人才。合规官要努力做专家型人才，实现“四个提升”，即提升持续学习能力、提升问题的发现及解决能力、提升沟通协调能力和提升创新发展能力。

一是提升持续学习能力。把学习作为一种真正的责任、追求。一方面，我们要有政策解读的“金刚钻”，就是要了解和熟悉外部监管规则，要能跟踪监管机构规则的变更情况，并开展监管规则解读，这是合规工作的前提，希望合规官能成为所在机构监管规则的“活字典”；另一方面，我们要有制度执行的基本功，对合规管理的理论和行内各项业务规章制度要有全景式把握，这是内部监督执行依据。解读制度不能囫囵吞枣，要吃准参透；外规内化不能生搬硬套，要能严丝合

缝；合规管理不能牵绊业务发展，要能实现合规管理与业务发展的相互促进与双赢。希望大家增强学习的主动性和紧迫感，真正把学习作为一种必需、一种责任、一种追求。

二是提升问题的发现及解决能力。关键就是要深入做些分析及研究，我们合规工作要清楚哪些业务、环节会出问题，将管理关口前移。一方面，要深度分析问题。分析问题不能简单地统计，而是深入分析产生问题的原因是来自执行层面还是设计层面；另一方面，要差异化解决问题。要解决问题不能“眉毛胡子一把抓”，要有针对性，做到对症下药、有的放矢，要学会“弹钢琴”，分出轻重缓急，有条不紊地开展工作。对于执行层面的问题，应有效利用责任认定、责任追究等手段，将主体责任落实到位；对于设计层面的问题，应及时上报上级业务主管部门，修订制度、完善流程和优化系统，从根本上切实解决问题。

三是提升沟通协调能力。我认为沟通太重要了，有沟通就能达到理解、支持，所以合规官在沟通协调方面需要多做点工作。一方面，要积极做好行外沟通协调。银行与监管机构的“蜜月期”已经结束，银行与监管机构的被监管与监管的关系将进一步政策化、程序化，不能仅靠公关维系。因此，对监管规则的前瞻性与系统性研究、参与监管规则制定、与监管机构的日常交流及沟通、对外部监管检查的有效配合、对监管处罚事件的及时反应及必要斡旋，都是银行争取监管机构支持、破解被动局面十分重要的技能。另一方面，要认真做好行内上传下达。合规官在合规工作中应起到承上启下、同级协调的作用，需要能向上争取政策、对下提供指导、同级有效督导，这样才能有效传导合规工作的各项要求，并督促各项工作的有效落实。这项工作是个考验，希望大家做好心理准备。

四是提升创新发展能力。董事长交给我们的是试点，试点就是创新，一定要积极探索。当前，全行全面发力、多点突破，聚焦到转型发展上，创新是全行战略转型的关键驱动因素。我们要注重合规管理与业务转型发展之间的高度协同性，这不仅体现在机制创新方面，也体现在手段创新方面。机制创新方面，就是要积极探索风险识别、监测、检查的机制建设问题；手段创新方面，就是要大力研究业务流程的机控手段，充分应用新一代系统建设成果，以数据分析和系统监测为主，通过技术化手段提前识别和应对风险。你们要打破固有思维，推陈出新，大胆探索，闯路子、出经验、做榜样，激发合规工作转型的“引力波”，不辜负总行党委的期望。

（二）坚持原则敢亮剑

干好合规工作，是有压力的。当前经济处在新常态，风险事件、案件不断暴露，风险暴露既有外部环境、市场因素的原因，有客户的原因，但也有内部的原因，例如每一个案件的背后几乎都有违规操作的痕迹。从全行看，我们在关键环节、关键部位缺少敢于向违规违纪甚至违法的行为“叫板”“说不”的裁判员。董事长讲过合规部门的职责就是“批评”总行部门，做好横向监督。合规官的一个重要职责就是对违规“说不”，合规官对冲击合规底线及红线的行为，必须保持高压态势，坚持“三个绝不”：绝不回避，绝不退让，绝不通融。这些不免要得罪人，当然有压力，这一点总行党委做你们的坚强后盾。当然，属于合规官职责内审查、审核、审批过的事项或业务，出现重大违纪违法情况或遭受监管处罚，也要一并问责。

合规官对自身的工作更要坚持原则。大家都清楚，合规官开展工作不是天马行空，必须有一定之规。一方面合规工作有其自身规律可循，另一方面合规官开展工作要有程序、讲规矩，也就是要明确工作定位，在整体工作框架下照章办事，通过相应的工作机制保证有效履职。合规官要在讲规矩、守规矩方面作出表率。我认为，工作要真正做得好，规矩很重要，尤其对合规官来说。例如，要通过怎么样的流程才能签字；对于别人报送的东西，必须分析原因、弄清情况；对于重要问题还可以派合规人员去调查；对经过自己合规审批的东西必须要做到心中有数。

（三）面对问题有担当

这里说的“有担当”，既要勇于担当，也要善于担当。董事长在合规调研时讲过，“建立合规官制度，目的主要是落实责任”“合规官遇到事情就要担当、负责，出了问题还要追责、问责”。合规官要守土有责、守土尽责。当然，面对复杂的形势，不能盲目，不能仅靠雄心、信心和决心来担当，要有智慧，要善于担当。针对当前大量合规管理问题无人负责的现象，合规官要主动把三个责任厘清，一个原因分析透，这就是：第一，问题的出现是操作岗位执行的责任还是流程、制度设计的责任；第二，是基层机构的责任还是管理部门的责任；第三，是业务部门的责任还是合规部门的责任。同时，要分析成因，即是业务能力不足还是职业道德缺失的原因？这样才能准确定位，明确并落实责任。

合规官的工作不像前台业务部门那样，可以拿出漂亮的经营数据说成绩。合规官作为分行合规工作负责人，更多地是做“治未病”。这就要以建行整体利益为重，站在全局统筹考虑，克服站在自己“小地盘”、打自己“小算盘”、要自己“小把戏”的狭隘思路，绝不能过于计较个人得失，要有“功成不必在我”的胸怀。有了这种品格，对困难思路就会开阔一点，办法就会多一点。同时，合规官对合规问题要有敏感度，无论问题大小，都不能轻易放过，该向总行、分行党委报告的，就不能藏着掖着，这种担当，就是对自身职业、建行事业负责任。

四、要高度重视此次合规官培训学习

总行党委对建行首批合规官寄予厚望。为保证合规官到任后能尽快地进入工作角色，洪章董事长要求举办合规官培训班，以提升合规官的专业素养和履职能力。总行内控合规部专门组织业务骨干，起草培训纲要、培训工作计划和方案，经洪章董事长审示，为合规官量身定制了这次培训。

本次培训班地点选在中国香港，也是洪章董事长确定的，就是希望借助香港这个国际化平台，借助境外监管机构官员、国际活跃银行专家、当地大学教授、咨询公司专家、海外分行合规工作人员等专家资源，从不同层级、不同维度、不同视角解读合规工作，为实实在在、成体系地引进发达国家的合规官制度做好铺垫，进而使我行合规官的职责及履职方式能够与国际活跃银行相衔接，将合规官试点工作做实做细并为全面推开积累经验。

在专业素养方面，就是要通过培训使合规官夯实管理基础知识与技能，了解并逐步熟悉法律法规及监管体系情况，树立合规文化理念，培育职业操守。2015 年，在大连召开工作会议的时候，我给总行内控合规部推荐了两篇个人修为的文章——《忠诚大于能力》及《有效期限》。2016 年向我分管的条线又推荐了两篇——《好人品的八个标准》及《善待你所在的单位》，大家在学习之余可以读一读，希望对大家有所帮助。合规官在职场中要面对各种矛盾和利益纷争，要对是非曲直给出一个明确的判断，需要职业操守的支撑，而忠诚和敬业是职业操守的“主心骨”。

在提升履职能力方面，通过专家解读合规工作基本理论和工具，以及建行合规工作转型发展的思路，提高对合规工作内涵及方法的全面认知；通过专家解读监管法律法规和实践，提升大家对监管要求的认知能力和政策解读能力；通过境外分行合规专家介绍管理经验，使大家了解国际监管环境，思考如何完善合规管理以适应监管要求，进而开阔大家的视野，为实际工作提供帮助和借鉴。这部分的培训内容主要是针对合规官必须履行的七项具体职责安排的，目的是提升合规官在预防问题、发现问题、解决问题等方面的工作能力。

事业发展永无止境，持续学习就成为必需。对比合规工作的专业性，你们以往积累的知识和经验对新工作的支撑作用可能会十分有限。同时，全行合规工作转型发展刚起步，有许多新内容、新知识、新方法、新技能需要大家了解和掌握。希望大家以这次培训为契机，学会带着问题学习，以空杯心态去汲取，找准自身定位，边学习、边思考、边寻找工作切入点，切实提升实际工作能力。希望大家两周回去以后，怎么干清清楚楚、明明白白。

下面，再强调一下培训期间的纪律。这次培训机会很难得，参加培训就要做好学员，希望大家能够潜心治学，遵守培训中心及外事的各项规章制度。我重点强调几点：一是要遵守课堂纪律，不能迟到早退；二是不能私自去其他地方，严禁出入赌博场所、色情场所；三是严格保守国家机密和行内的商业秘密，严格遵守保密制度；四是注意安全，上个月香港旺角地区发生了我们不愿意看到的事件，大家尽量不要到上述地区或太偏僻的地方，要按照培训中心的规定时间作息。

同志们，希望你们在未来几天的培训中，把握自我提升的机会，学有所成。在培训班结束后，希望你们能够把学到的知识和技能转化为生产力，躬身实践，并在实践中学习提高，不辜负总行党委的重托。

明天就是国际妇女节，提前祝各位女士节日快乐！

祝培训班圆满成功！

在中国建设银行资产管理业务专营化建设座谈会上的讲话

余静波

（2016 年 3 月 24 日）

北京、上海、广东、深圳分行四位一把手，各位同仁：

大家上午好！今天我们把持有分行资产池准入证的 17 家分行分管行长、部门老总，再加上北上广深要成立直营中心的分行一把手，都请到了美丽的黄浦江畔，目的是共同研究资产管理业务专营化建设和投资银行业务加快发展。此次会议，主要研究解决三个问题：一是贯彻落实总行党委加快战略业务转型步伐要求，以“创新、协调、绿色、开放、共享”五大发展理念为引领，加快推进资产管理业务专营化建设步伐，实质就是 4 个直营中心、13 家分行资产池如何开办好，如何尽快开业；二是对已开办的分行资产池业务开展情况进行总结分析，夯实分行资产池发展基础，实现全行资管业务和投行业务又好又快发展；三是对“两全”活动第二阶段启动（视频）会布置的各项工作再推进、再落实。

结合以上三个会议目的，我想讲三个方面的内容，即如何做好资产管理业务专营化建设，如何加快资产管理业务发展，如何实现资产管理业务专营化建设与“两全”活动有机结合、共同推进。

一、如何做好资产管理业务专营化建设——制度先行，健康发展

2015 年底，总行党委高瞻远瞩，决定设立资产管理业务中心，对资产管理业务实行专营化改革，这是顺应资产管理业务市场发展的需要，也是贯彻落实我行转型发展规划的重要部署。董事长近期与信安金融集团举行高层会谈时表示，“建设银行正处于全面转型的关键阶段，资产管理业务是推动全行转型发展的重要抓手”，这足以说明资产管理业务对全行转型发展的重要性。目前，全行正着力构建以四大直营中心、13 家分行资产池和其他分行虚拟池等三大层次为主体的资产管理业务发展架构。今天在座的 17 家分行理财业务规模、收入、资产余额合计占比均超过了全行的 70%，是全行资产管理业务发展的中坚力量，对全行资产管理业务转型发展具有决定性。各分行要以时不我待的紧迫感、舍我其谁的责任感找准定位、加快发展、明确目标、多做贡献，做好资产管理业务。

（一）资产管理业务发展要制度先行，严格按章操作

本次会议一项重要议程就是对资产管理业务专营化建设相关制度文件与 17 家分行、总行相关部门的同志进行深入探讨。在资产管理业务专营方面，要确保资产管理每项业务都有据可依、有章可循。总行已初步拟定了《中国建设银行资产管理直营中心管理办法》，以及资产管理业务管理委员会、产品创新委员会、投资决策委员会等三个委员会章程，下一步总行资产管理业务中心要在充分征求相关方面意见的基础上，尽快修订完善，并提交行长办公会审定，争取在 4 月底前

正式下发。在分行资产池管理方面，总行正在加快修订《中国建设银行一级分行资产组合型理财业务管理指引》，新批复的10家分行资产池要确保制度、规程、办法在先，在总行政策框架下，尽快制定各分行资产池操作指引，全面建立涵盖资产池营运管理、流动性管理、应急管理等内容的规章制度，总行将成熟一个，开办一个。已开办的分行资产池，要做好制度重检和流程自查工作，总行将于5月底前对首批开办的6家分行资产池进行重检验收。在分行虚拟池管理方面，总行将对未开办分行资产池的分行采用虚拟池的方式管理，在资产端，根据各分行入池资产规模、价格单独核算各分行资产收益；在负债端，分行理财客户成本低于全行水平的，总行将单独核算超额收益予以激励。

（二）资产管理业务发展要合规在先，强化规范管理

全行上下正在实践“合规建行，人人践行”理念，合规要作为一种文化来培育，合规零容忍、合规创造价值、“合规建行，人人践行”等合规文化必须在资产管理和投资银行条线带头践行。总分行要进一步增强风险管控的主动性、前瞻性，探索、借鉴和运用先进的风险分析、计量和监测工具，实现风险管控覆盖全流程、全产品。

一是要做好产品的流动性风险和操作风险管理，保证产品安全运营；二是要强化风险源头管理，投中严格条件落实，投后强化存续期管理；三是严格执行不兼容岗位规定，配足、配好人员，尤其要加强对系统运行、资金清算、会计核算、数据管理、监测稽核等中后台运营支持岗位的人员配置力度；四是要加强制度学习和合规培训，将规定动作细化到每一个环节，让合规理念深入每一位员工；五是要加强线上实时监测和现场检查，一旦发现违规操作，要严肃追责、问责，时刻绷紧风控合规这根弦。

（三）资产管理业务专营要明确时间表，加快推进落实

直营中心建设方面，北上广深四个分行要于4月底前专门成立直营中心，全面筹划业务发展规划，尽快厘清业务边界，理顺业务运作流程，比照总行资产管理业务中心各项配套机制，因地制宜地做好分行直营中心配套机制安排。分行资产池方面，为实现各区域精耕细作，总行已于2015年末批复第二批10家分行资产池开办。其中，辽宁、重庆、陕西3家分行迅速行动，已成功通过总行验收，主要是这3家分行一把手对资管、投行业务高度重视，对转型发展重点认识清晰到位。其他7家分行要以这3家分行为榜样，抢抓机遇、只争朝夕，加快分行资产池开办前的各项筹备工作。在坚持“成熟一个、验收一个、开办一个”的合规原则下，也要有时间进度要求，4月底前10家分行资产池务必全部开始运作。

（四）资产管理业务发展要配足人员，给足资源

董事长、王行长多次指示，资产管理业务专营化建设要配足人员，给足资源。此次会议，资债部、财会部、人力部的同志亲自到会，足以说明人、财、物等资源管理部门对资产管理业务专营化建设的重视。当前，各分行普遍存在人员紧张的问题，更存在结构性问题，要“把好钢用在刀刃上”，把重要的人力资源放在未来出竞争力的地方，否则会影响未来发展。

这里，我想跟大家一起学习下董事长最近的一个批示。董事长在3月建行报一篇题为《竞争力成就好银行》的文章上作出重要批示：“要多关注总行战略要求、政策指导、业务发展、工作思路在各基层单位的贯彻落实情况。”我认为，建设银行竞争力能否提升，关键在于各分行对转型发展的认识是否到位、执行是否到位。资产管理业务作为建设银行转型发展的排头兵，各分行这项业务的发展水平本身就代表了分行由传统银行向现代商业银行转型发展的推进力度，也是新形势下银行核心竞争力的重要支撑和体现。分行只有加大核心人才和资源配置，才能做大、做强、做好资产管理业务，才能在未来激烈的市场竞争中立于不败之地，希望各分行要有前瞻性。全行工作会上，6家分行做了转型发展的经验介绍，主要体现在资产管理、投资银行等转型业务发展方面。重视资产管理和投资银行业务，就是重视未来的业务发展。

据统计，首批开办的6家分行资产池正式员工人数平均不足5人，运营人员十分紧缺，导致一人身兼多岗、临时借调员工的现象较为普遍，不能满足关键岗位专人专岗、风险隔离的监管要求，极容易产生操作风险，这是短板，要尽快补齐。针对分行资产池岗位设置和人员配置，总行已在发文中提出明确要求。最低要符合不兼容岗位的合规要求，根据业务发展逐步配足，大家下午可就分行资产管理业务开展具体需要多少人员进行深入研讨，通过讨论来形成共识，提出要求。

二、如何加快资产管理业务发展——抢抓机遇，创新驱动

从整个银行资产管理市场来看，截至2015年末，全国理财产品余额23.5万亿元，较2014年末增加8.48万亿元，增幅56.46%。其中，国有大行、股份制银行、其他中小银行的理财余额占比分别约为35%、40%、25%，余额增速分别为33%、62%、72%。在理财总规模、理财增速方面，股份制银行均已超越国有大行，招商银行、兴业银行等股份制银行在2015年已进入理财规模“万亿元俱乐部”。

从四大行资产管理业务发展来看，我行资管业务2015年取得了可喜成绩，位列四行第二，但与排名第一的工行在产品丰富性、资产配置多元化、盈利能力、系统建设等各方面仍有较大差距；也要看到第三名农行的迅猛竞争态势，稍有不慎，我行第二的市场位次就有可能不保，因此，加快资产管理业务发展刻不容缓。

（一）明确业绩目标，强化进度要求

根据全行2016年综合经营计划安排，资产管理业务收入要达到158亿元，同比增幅不低于20%；理财规模要达到1.9万亿元，较年初新增不低于3000亿元。在此目标任务基础上，我认为，北上广深四大直营中心作为“领头羊”，其他13家分行资产池作为排头兵，要自我加压，制订更具挑战性的目标。对于四大直营中心，6月末，北京、上海、广东三家分行理财余额、收入四行占比要较上年末提升5个百分点，确保四行第二，力争四行第一，深圳市分行要继续在高水平上有所提升，拉大与工行的差距，四个直营中心理财余额与一般性存款的比例要超过20%；12月末，北京、上海、广东三家分行理财余额、收入四行占比要较上年末提升10个百分点，超过35%，理财余额与一般性存款的比例要超过25%（北京行一般性存款可剔除军队存款）。对于开办分行资产池的分行，6月末，理财余额、收入四行占比要超过25%，确保四行第二，力争四行第一，理财与一般性存款的比例要超过18%；12月末，理财余额、收入四行占比要超过30%，理财余额与一般性存款的比例要超过22%。各分行要用足、用好总行给予的宝贵资源，确保完成上述时间进度任务目标。

（二）迅速补齐交易类资产短板，破解发展困局

截至2015年末，我行理财资金投向债券和货币市场工具等交易类标准化资产4328亿元，在理财资产中的占比为26.5%，工行这一比例为57.2%，是我行的两倍多。2015年末，总行已对理财投资交易类标准化资产的审批机制进行了优化，新的审批机制能够更好地适应交易类资产灵活、高效的交易和配置需求，四大直营中心、各分行资产池作为全行交易类资产配置的中坚力量，要在人员储备、制度建设、系统建设等方面做好充分准备，通过加大交易类资产投资力度、加大委外投资等方式做强、做大交易类资产投资规模，提升理财资金投资效益。到6月底，全行交易类标准化资产平均占比要达到40%，其中，四大直营中心交易类标准化资产占比要达到50%，分行资产池交易类标准化资产占比要达到45%。

（三）抢抓国家重大战略机遇，加快拓展优质非标资产

2016年作为“十三五”规划的开局之年，国家一系列重大战略投资布局，包括“一带一路”“京津冀”协同发展、“长江经济带”建设等将陆续落地。在优质非标资产日益稀缺的背景下，这些项目将成为各家银行资产管理业务争先抢夺的对象。此外，在理财投资房地产方面，在第一批北上广深四个一线城市、30个重点客户的基础上，总行已下发第二批名单，城市范围和客户数量都有所扩大和增加，这也为我们提供了优质的理财资产。

2015年，我们成功在市场上率先开展了地方政府债务置换工作，并取得了可喜成绩。2016年，我们要继续发扬这种敢为人先的精神，找准时机，抢抓机遇。正如我在2015年10月“两全”活动座谈会上所讲的，如果这场仗注定要打，晚

动手不如早动手。2016年也是这样，既然这是优质资产，大家都会蜂拥而上，那不如我们抢在前面，先人一步。会后，各分行，尤其是新批复开办资产池的分行，要认真挖掘、梳理上述业务发展机遇，拿出2015年抢抓地方政府债务置换的干劲和魄力，以资产撬动负债，为分行资产池发展奠定扎实的资产基础。

（四）以创新理念引领发展，丰富我行理财产品谱系

从监管导向和国际经验来看，具有透明化、标准化特征的净值型产品作为打破刚性兑付的重要探索，将会在未来银行资产管理中占据主要地位。截至2015年末，在全国开放式理财产品余额中，净值型理财产品余额1.37万亿元，较2014年增长0.81万亿元，增幅达145%，其中，工行净值型产品已达3000亿元。与此同时，我行仅发行了一款按月开放的净值型产品，余额为67亿元，我行在净值型产品发行上存在明显短板。此外，在结构型产品方面，该类型产品挂钩的基础资产主要是利率、汇率、股票等标准化资产，有很多成熟的模型和技术可以进行准确定价，符合银行资产管理发展的整体方向，我行在2015年完成多单结构型产品创新试点后，尚未在全行有效推广。

为推动全行理财产品创新发展，不断丰富理财产品链条，“两全”活动第二阶段，总行专门设置了“净值型产品战略性推广竞赛活动”和“创新类资产拓展竞赛”，并分别配置了50余万元的活动费用。在制度配套上，总行也已于2015年底明确，对不涉及资产端审批决策机制、授信管理机制调整的创新产品设计，由资产管理业务中心根据业务相关性，会签总行相关部门后办理，理顺了资产管理业务创新机制。资产管理业务条线，尤其是北上广深四大直营中心和各分行资产池，要顺势而为，加大产品研发和创新力度，引领全行资产管理业务创新发展。

当前，资产管理市场蓬勃发展，我行资产管理业务发展的体制机制也逐步理顺，我行资产管理业务迎来了重要的发展机遇期，全行上下要以时不我待、只争朝夕的精神，积极作为，乘势而上，实现资产管理业务跨越式发展。

三、如何实现资产管理业务专营化建设与“两全”活动有机结合，共同推进

“两全”活动第二阶段涵盖了资产管理业务文化传导、理财资产配置、理财产品销售、债券承销、风险管理、队伍建设六大主线，制订了七大工作目标。全行上下要将资产管理业务专营化建设与“两全”活动紧密结合，将“两全”活动转化成为落实资产管理专营化建设的具体抓手。

（一）资产管理业务专营化建设是一把手工程，要以协调发展理念做好顶层设计

各分行一定要把握好资产管理和投资银行业务与全行业务发展的关系，资产管理业务发展的好坏，意味着转型发展的好坏，这在很大程度上取决于分行一把手的认识水平和重视程度，取决于分行在顶层制度设计上是否完善。各分行一把手只有真正认识到资产管理业务专营化建设的重要性，在推动资产管理业务发展的过程中多方协调，做好顶层设计，才能实现分行资产管理业务的持续健康发展、未来业务发展、转型重点业务发展。这次会议，特地邀请北京、上海、广东、深圳四个分行的一把手参会，也正是这个原因。其他分行的参会同志回去之后要立即向分行一把手做好会议精神传达和汇报。

（二）坚持共享发展，实现资管与投行双轮驱动

“两全”活动六大工作主线中，每一条工作主线均包括了资管、投行两大业务板块，这两大业务板块作为全行“大资管”的重要组成部分，要加强业务联动，紧密配合，互相支持，实现双赢。一是要继续发挥理财业务与债券承销业务的联动协作优势，在解决理财资金缺乏优质债券资产等标准化资产问题、提升标准资产比重的同时，做大我行债券承销规模，力争实现债券承销业务“六连冠”。二是要做好理财资金与投行项目的对接，在依托投行优质资产为理财客户提供有竞争力理财产品的同时，运用债务融资工具、债权融资、股权融资、并购、资产证券化等多种融资方式，为企业提供“融资+融智”的全面金融服务解决方案，打造“乾元”理财和“FITS（飞驰）”两大品牌。

当前，不少存续期的基金业务、并购业务、

债券承销业务，一头是投行提供的资产，另一头是资管主动创造的负债。总分行一定要从建行利益、客户利益出发，共同做好业务衔接，真正实现双轮驱动和双赢，避免零和博弈。

（三）与销售部门紧密协作，做大全量资金规模

随着利率市场化进程的基本完成和居民理财意识的不断提升，居民、企业和机构客户资产从单一的储蓄存款更多地向理财、基金、股票、债券等领域配置，未来将有大规模的居民存款转化为理财、基金等非存款类金融资产。“两全”活动中专门设置了“理财产品销售竞赛”，全行资产管理业务条线要加强与对私、对公、电子银行等客户渠道部门的沟通协作，加快理财产品创新、加大理财产品供给，做大全量资金规模。在个人客户销售方面，要与对私客户部门联合开展客户购买需求分析，不断丰富产品系列，优化产品功能，横向提高产品渗透率，纵向向上拓展高端及私人银行客户，向下覆盖县域客户，不断满足各类客户需求，提升客户理财体验；在对公客户销售方面，依托分行资产池精细化运作优势，针对大型客户加大产品定制化发行力度，与对公客户部门协作分析对公客户资金周转特点，针对性地研发符合对公基本结算户、代发工资户、国际化客户等特色客户群体理财需求，做大对公客户资金规模；在电子银行渠道销售方面，与电子银行部联合开展大数据分析，针对客户网上理财购买特点，优化理财产品电子销售渠道，提升客户网上理财体验，提升理财产品电子渠道交易占比。

（四）发挥集团经营优势，搭建客户综合金融服务平台

当前，客户正从单一的融资需求向综合金融解决方案转变，“大资管”作为构建表内外、母子公司等多方联动的重要平台，已经成为客户综合金融解决方案提供商的最优选择。“两全”活动中，专门设置了“全面金融服务解决方案拓展竞赛”，各分行要以此项竞赛活动开展为契机，尽快建立对客户金融需求的动态跟踪管理和“一点接入、多方协同解决”的综合营销服务机制，发挥建行集团优势，为客户提供综合化金融服务。一是要与对公部门联动，紧抓混合所有制改革、企业兼并重组、产业链整合的机遇，为客户提供涵盖传统表内贷款、新型债权融资、股权融资、并购融资、财务顾问、债券承销等多种融资方式的综合化金融服务，同时为我行资产管理业务提供优质的非标资产来源。二是要加强海外联动，服务企业“走出去”，拓展海外发债、并购业务空间，把与海外机构联动纳入资管、投行业务的工作部署中去。三是要加强母子公司联动，发挥子公司在标准资产投资、产品创新等方面的优势，在提高理财资金投资收益的同时，助力子公司做大业务规模。

（五）做好投贷联动，实现传统信贷、新兴资管协同发展

投贷联动模式是银监会2016年支持创新、创业的一项重要举措，银行通过“债权+股权”的模式，可为企业提供持续的资金支持，又可通过股权投资降低企业债务杠杆。2015年12月，我行在苏州市分行试点成立了中国建设银行投贷联金融中心，主要目的就是以“债权+股权”的投资模式，实现传统信贷业务与新兴股权投资业务、对公条线与资管条线的协同联动，围绕不同成长阶段企业的差异化投融资需求，建立紧密的利益共同体，实现客户信息、渠道、产品在利益共同体上的无缝对接，运用丰富的金融工具，满足企业多元化需求，为企业打造一站式金融服务。为鼓励分行先行先试，积极拓展投贷联业务模式，“两全”活动中，专门设置了“投贷联主题竞赛活动”，配置了100万元的人力费用，力争到6月末，全行投贷联业务规模能够突破100亿元。

（六）多部门联动协作，实现风控流程全覆盖

一是突出问题导向，做好审计建议落实工作。2015年，我专门委托审计部对资管和投行业务进行了专项审计，审计报告中提出了很多好的意见建议，资管中心和投行部要从以下几个方面做好审计建议的落实工作：我行常年财务顾问业务收入尚不足工行的1/20，各分行要在坚持“四有原则”的前提下，稳步拓展常年财务顾问业务；加大政府类项目管理力度；个别产品管理精细化水平仍需提升，要加大标准类、权益类资产配置力度；新开办的分行资产池，投资标的尽职调查要到位，管理有效性要提升，资金的支用审查要严格，投后检查要深入；部分项目风险暴露应引起一定重视，下一步要加强存量项目管理，表外资产质量必须好于表内。各分行要针对审计问题，认真做好整改工作。

二是资产管理条线要加强与对公客户部门客户信息共享。对公客户经理作为服务对公客户的最前沿，掌握着客户生产经营的一手资料，是获取投后管理信息的重要渠道。在投后管理过程中，对公条线与资管投行条线要加强联动配合，统筹投后和贷后管理。从建行集团层面、从客户管理层面加强对客户财务数据、生产经营、重大事项、风险分类等投后管理信息的互联互通，防止出现客户管理的真空地带，提升对客户经营管理信息的敏感度和风险预警能力，提升投后管理能力。

三是资产管理条线要加强与风险管理部门的联动协作。根据全行资产管理业务专业化经营安排，总行风险管理部门将设置专门处室对接资产管理业务中心风险管理工作，资产管理业务中心要主动加强与风险管理部、授信审批部、内控合规部等风险管理部门的联动协作，在标准资产投资策略制定、非标资产客户投后管理、合规内控管理等方面实现风险政策全覆盖、风控流程无死角。

同志们，资产管理业务转型发展任务艰巨，总行党委寄予了高度期望，希望全行资管、投行条线牢记使命，敢于担当，戮力同心，积极落实推进全行资产管理业务专营化建设，加快资产管理业务转型发展，为打造“一流资管”努力奋斗！

加快渠道与运营转型
提升渠道整体效能与价值贡献能力

——在全行渠道与运营转型创新工作会上的讲话

余静波

（2016年4月25日）

同志们：

大家上午好！这次会议的主要任务是贯彻年初全行工作会议精神，总结2015年渠道与运营转型工作，分析当前面临的形势，安排部署2016年重点工作。今天董事会五位董事、监事会两位监事、总行有关部门老总亲临会议，给予指导，在此表示感谢！下面我讲几点意见，供大家讨论。

一、2015年渠道与运营转型工作

2015年是全面落实我行转型发展规划的开局之年，也是渠道与运营管理部成立的第一年。2015年工作会上，我们布置了十大项渠道运营转型重点工作，强调推进“12个统一”。一年来，总分行共同努力，积极探索，努力践行，埋头苦干，在相关条线的支持配合下，全面完成原定各项任务，转型成效明显。

（一）深化“网点三综合”，网点综合服务能力大幅提升

1. 单功能网点综合化转型基本完成，网点资源综合利用效率显著提升。截至2015年底，全行综合性网点累计新增5093个，总数达14544个，开办对公业务的网点占比由71%提升至98%。中高端对公客户复用原个人理财室1.1万个，复用比率达93%。全行原单一对私网点综合化转型后新开对公账户18.8万户，对公存款余额达539亿元，新增对公中间业务收入61.8亿元，对公客户服务基础不断夯实，网点资源利用更为充分。

2. 综合柜员占比持续增长，网点人力资源利用效率大幅提升。全行累计新增综合柜员7.7万人，总数超过10.4万人，占比由27%提高至89%，有效满足了客户“一站式”服务需求，大大缓解了柜面排队现象，客户体验明显提升。

3. 综合营销团队基本覆盖综合性网点，网点综合营销服务能力不断增强。全行累计组建综合营销团队21532个，覆盖98%的综合性网点；网点营销服务人员9.8万人，占比由38%增加到51%。通过公私联动营销，有力地支持了公司、机构、小企业、个人、房贷等业务拓展，成效显著。2015年全行对私联动对公新增开立20.3万个结算账户，占全年新增账户总量的24%，对公存款增加814亿元；对公联动对私增加个人客户605万户，个人存款增加1370亿元。

总行2015年底组织了“网点三综合”验收，各分行均达标通过。深圳、广东、青岛、河南、山东、辽宁、福建、重庆、山西、安徽等分行排名靠前。

（二）网点布局不断优化，网点整体竞争力进一步提升

1. 优化网点布局，网点经营能力不断提升。2015年，全行新设网点129个，网点数量新增连续五年四行第一，网点总数14844个，四行占比达22.5%，保持同业第三，比工行少2072个网点，比农行少8753个网点，与工行、农行差距进一步缩小；网点新增重点向东部地区倾斜，深圳等东部8家分行新增占比达53%。全年累计装修改造网点1161个，其中县域网点占比32%。完成450个分理处、储蓄所升格为网点型支行，丰富了网点功能。陕西省分行以“离行自助银行+综合营销团队”为依托，填补了5个县域渠道空白。

2. 实施网点分类管理，客户差别化服务能力持续提升。总行首次出台营业网点管理办法，统一了网点分类和功能分区，同业首推网点分类建设管理。重点打造综合性网点旗舰店，塑造建行高端品牌新形象；积极开展综合性网点轻型店建设，加快进驻新兴区域和专业市场，以低成本解决客户“最后一公里”服务需求；促进综合性网点智慧转型，推进柜面业务向电子、自助渠道迁移。启动深圳、广东等8家分行物理渠道转型创新试点，深圳市分行领先同业推出的14家微银行正式营业，成为分行延伸到社区的重要渠道；广东省分行试点打造的旗舰网点领先同业。

（三）自助渠道网络不断拓展，服务效能和价值贡献进一步提升

1. 自助设备规模不断扩大，结构持续优化。2015年，全行现金类自助设备新增10433台，总量达91500台，四行占比25.45%，比上年提升0.9个百分点。离行自助银行新增3126家，增幅达42%，增幅四行第一。自助银行总量达24694家，客户服务范围不断拓展，与网点协同能力明显提升。青岛、海南、四川、黑龙江、山西、厦门、西藏、甘肃等分行离行自助银行增长超过1倍。全行自助渠道总交易量110亿笔，同比增长18%，其中账务性交易46亿笔，非账务性交易64亿笔，台均日交易达352笔，全年手续费收入31.8亿元。现金类自助设备账务性交易量达柜面的4倍，自助设备分流效果显著，中间业务收入持续增长。

2. 自助设备功能不断丰富，研发创新行业领先。在同业中首推自助设备二维码取款等功能，整合网点现有非现金设备，研发出智慧柜员机，在8家分行试点布放了900多台，上线十八大类133个功能点，涵盖绝大部分对私非现金业务和部分对公业务，设备功能、办理业务种类领先同业。试点行个人客户开户及签约业务办理由9分钟缩短为4分钟，结售汇业务办理由10分钟缩短为1分钟，复杂业务办理整体效率比柜面平均提升5倍。1.5万台预填单机升级投入使用，月交易量超过300万笔，5144台发卡机投入使用，月交易量近200万笔，有效分流了网点柜面业务。

3. 自助设备运维效率持续提升，风险管控能力进一步增强。全行现金类自助设备全功能服务率为98%，较上一年提升6%。设备缺钞率1%，同比降低0.03%。优化自助设备管控系统，实现动态密码锁联机应用，进一步提升现金类自助设备运维效率和风控能力。

（四）统一网点岗位管理，提升网点人员服务能力

1. 统一网点岗位设置，强化规范管理。总行制发了营业网点岗位设置及劳动组合管理办法，统一明确营业网点八岗位资格条件、设置流程、岗位职责、劳动组合、日常管理等基本要求，推进量化分析、动态配置、科学复用等机制建设，提升网点岗位规范化管理水平。

2. 加大培训力度，提高网点人员服务能力。加强网点人员信贷业务培训，编制首次面向网点的信贷业务培训教材。协同相关部门组织网点八岗位综合培训合计 849 期，累计培训 15 万人次；网点信贷业务兼职师资培训 12 期，累计培训 661 人次，网点人员综合素质与服务能力不断提高。

3. 推进网点岗位线上、线下融合服务，支持网络金融移动战略实施。落实我行移动优先战略，制发了营业网点线上、线下渠道融合转型指引，梳理线上、线下业务服务特点与优先推荐策略，积极引导网点人员加强跨渠道融合协同服务。

（五）强化网点规范服务，提高全行整体服务水平

1. 增强网点智能化管控能力，不断提升网点服务质量。在北京市、山西省分行试点网点电子宣传、黄金展示等多媒体智能管控，下发营业网点服务标识、服务设施规范，在原有网点视觉形象建设指引的基础上，会同企业文化部进一步统一了 55 项网点服务标识、服务设施标准。

2. 积极推进文明规范服务，展示我行良好社会形象。在银行业协会组织的星级网点、大堂明星等多项竞争激烈的评选活动中，我行一举获得与营业网点文明规范服务、消费者权益保护相关的全部 8 个奖项。其中，吉林省、山东省、浙江省、海南省分行所辖 4 家网点荣获“百佳示范单位”；山东济宁高新支行营业室张烨、内蒙古分行营业部赵妍丽分别获得“明星大堂经理”第一名、第四名；山东省分行营业室庄娜荣获“基层网点十大服务明星”。他们为建行赢得了荣誉。

（六）优化整合柜面业务流程，提升客户与员工体验

1. 整合优化柜面凭证、印章。精简柜面凭证，下发管理办法、使用手册，减少纸质凭证，减轻库房压力。精简柜面印章，由 19 种整合精简至 12 种，可减少全行营业网点印章十几万枚，平均每个网点可减少 7 枚，有效降低了风险。

2. 推动柜面业务流程优化。精简优化网点日始日终 41 项内容。制发财政、住房资金归集业务建行系统内柜面操作规程。取消 29 个柜面手工登记簿，49 个柜面手工登记簿实现电子化。

3. 完成柜面业务授权集中试点。开展北京、河北等 11 家分行柜面授权集中试点，已精简授权 385 项，上收 2501 个网点授权事项 192 项，网点现场授权量减少 75%，单笔处理时长平均减少约 16 秒。

（七）加强业务处理集中，集约化服务能力不断提升

1. 进一步上收网点和专营机构业务，集约化水平同业领先。实现全行 15146 个网点和专营机构 36 类业务产品总行集中处理，日业务量达 102 万笔，全年累计处理业务 1.59 亿笔，同比增长 26%。实施中央财政、非税业务全行推广，处理效率提升 60%。新增 27 家分行信用卡分期消费贷款业务集中，新增实施放款中心影像通道模式处理，效率明显提升。

2. 加强集中业务管理，保障安全高效运行。优化电子渠道落地业务集中流程，扩大集中产能，保障客户资金及时、安全到账。优化信用卡集中处理校验机制，提高处理质量、效率，支持信用卡业务旺季营销。持续优化集中业务调度模式，保障业务峰值处理。截至 2015 年底，立等业务集中处理时长保持在 47 秒以内，记账成功率稳定在 95% 以上。

（八）支持金融市场业务发展创新，海外结算集约化取得突破

1. 支持海外机构、新产品拓展。支持 7 家新设海外机构系统上线。完成人民币债券借贷、账户商品等六类新产品系统支持，积极参与新产品会计核算制度建设。获上海清算所外汇中央对手清算优秀奖，被中央结算公司评为全国银行间债券市场优秀结算成员。

2. 强化金融市场后台风险管控。规范金融市场交易确认流程，建立数据核对垂直报告制度。完成 13 家海外机构违规交易自动拦截功能上线。针对欧美信息披露、海外账户税收合规、国家制裁等国际监管最新要求，修订国际衍生产品协会主协议条款，设定谈判底线，全年完成 32 家交易对手协议签署，在保障交易顺利开展的同时，降低了交易信用和法律风险。

3. 推进金融市场结算业务集约化。同业率先开展海外交易结算业务集约化，研发配套电子影像系统，试点上收澳门分行外汇买卖、拆借等五类业务，总行集中。

（九）加强外汇清算管理，支持海内外业务发展

1. 发挥专业优势，提升海外机构清算能力。支持瑞士、智利分行申设人民币清算行，完成巴黎等8家新设海外机构系统上线，支持悉尼等3家机构接入当地清算系统。启动建行亚洲、法兰克福、澳门分行业务上收。全年处理12个币种清算业务169万笔，同比增长12%，清算效率持续提升。

2. 拓展业务范围，支持清算业务创新发展。完成询价交易代理清算系统开发，为锦州银行、国泰君安等机构客户提供清算服务，获上海清算所2015年度优秀清算会员奖。完成与人民银行跨境支付系统的对接，以发起行身份成为首批直参行。截至2015年底，我行人民币跨境支付系统清算资金1490亿元，排名同业前列。

（十）加强金库及现钞业务管理，提升规范化运营水平

1. 加强现钞业务管理，提升现钞运营效率。制发柜面现钞管理办法，简化操作流程，打通柜员间现金调拨通道，取消监交，效率提升50%；清理撤销168家调拨机构，分行调拨机构存量减少21%，有效防控了机构调拨业务风险。2015年全行人民币日均现金备付率0.506%，比上年同期下降0.008个百分点，连续两年四大行最低，为我行人民币备付率整体下降发挥了重要作用。

2. 加强金库管理，实现安全运营。开展“金库安全管理年”专项治理活动，确保了金库安全。金库建设总行审批事项由四项精简为两项。加大二级分行、县支行、边远地区金库总行检查力度，发现问题317个，整改率91%。编发金库业务应知应会手册，制作教学视频，强化培训，提升金库人员业务素质。

3. 落实监管要求，获人民银行高度评价。2015年，我行全面实现付出现钞冠字号查询，解决多起涉假纠纷。部署新版人民币发行配套工作，全面完成人员培训和机具升级。落实人民银行普通纪念币发行方式改革，四大行中首家同时支持电子、柜面、自助渠道共八种预约方式，得到人民银行高度认可。

（十一）完善管控手段，提升风险防范水平

1. 加强柜面业务督导检查。总行对20家一级分行进行综合检查，协同安保部门开展自助设备专项检查。制发渠道运营业务检查管理办法，规范检查方式、检查内容。

2. 加强委派主管管理。完善下发管理办法，进一步明确营运主管委派范围、委派层级，加强委派主管日常管理；组织全行委派营运主管11382人上岗考试，提升营运主管专业能力，有利于解决柜面合规管理“最后一公里”落地问题。

3. 稽核监测成效显著。全年组织开展专题稽核181项，基本覆盖全部柜面操作与核算领域，专题稽核深度和广度明显提高。完成新一代稽核监测系统平台上线，从根本上解决了数据获取瓶颈问题，实现线下作业到线上作业的转变。2015年，稽核监测共发现并督改问题16万笔，成功堵截潜在资金损失事件3857笔，涉及金额168亿元。加强稽核问题分析，对症下药，使屡查屡犯问题减少18.2%，一些重大违规问题、风险隐患被及时发现，得到有效整改。

（十二）做好集中核算与运营响应工作，保障全行业务健康发展

1. 加强核算业务管理，核算质量稳步提升。安全、准确完成总行本级522期债券业务核算，业务量同比增长25%；承接2450只代理基金国债业务核算，业务量同比增长15%，有力地支持了业务产品发展。

2. 保障主要生产系统业务运行，实现安全平稳运营。会同相关部门优化反洗钱数据报送系统，使我行数据报送成功率由年初50%的提升到100%，达到同业先进水平。与相关部门协作，全年完成1000多次券商拆分整合及信息变更，支持第三方资金存管业务发展。顺利完成银联卡差错调账处理，及时处理行内外查询需求，全行共查询并反馈账户数据3500多万条。

3. 强化机构员工用户应用管理。优化“用户—岗位—角色—权限”四级模型，集中管控新一代系统1362个岗位、2623个角色、5919个权限，实现7866对互斥岗位的自动控制。会同相关部门，清理冗余及无效用户2万个。拓展机构信息视图，支持全行集团化业务发展，全年新增、撤并、维护各级机构1.7万次。

4. 完善员工快速响应和知识管理机制。依托员工响应、知识管理、知识交流三大功能，完善企业级员工响应与知识管理机制，全年处理员工问题21.5万个，新增知识文档11.6万个。新增“一键工单”“智能聚类”等功能，大幅提升员工问题解决效率。举办知识竞赛、推广评优等活动，促进员工经验共享。

2015年，渠道与运营条线的同志们非常不容易，做了大量扎实的、细致的开拓性工作，必将对建行未来发展产生积极而深远的影响。在此，我代表总行党委，对渠道与运营条线全体员工表示衷心感谢！对总行各部门给予的大力支持表示衷心感谢！

在肯定转型成果的同时，我们也看到，还有很多工作要抓紧做，离总行党委“建设一流物理渠道和集约化运营体系”的要求还有不小差距，总行、一级分行、二级分支行、营业网点畅通的物理渠道管理机制还没有完全建立；渠道自主创新研发力量还需加强；营运集约化管理还需要进一步提升等，这些都需要我们在今后下大力气加紧解决。

二、认清形势，加快渠道与运营转型步伐

在年初全行工作会上，洪章董事长、祖继行长深入分析了当前国内外经济金融形势，提出“推动转型发展向纵深迈进”的要求，今天我主要就加快物理渠道和运营转型的形势谈点认识。

1. 经济金融形势复杂多变，既要加快转型，也应保持定力。这一轮银行转型，物理渠道转型是重要的一环，国内外同业都在加紧研究，特别是随着银行经营压力加大、电子渠道发展，很多人都在讨论未来是否还有网点、未来的网点会变成什么样子。虽然各家银行在渠道布局、创新方面各有侧重，但有一个共同认识：银行的窗口是缺少不了的，只是建多建少、在哪里建的问题。网点仍是面对面服务客户、展示销售产品、复杂业务专业处理的主要渠道，带给客户的感受是不可替代的。我们还要大力抓好网点、窗口、自助渠道建设，同时还要通过分离、整合、集中，不断完善营运体系，提升集约化效能，以较小的投入走在同业前列，发挥渠道运营的巨大作用和潜能。

2. 客户需求多样化，迫切需要加快渠道功能优化创新。随着线上消费、金融模式创新发展，客户对于物理渠道的需求在明显变化，尽管常规的支付业务完全可以通过多种渠道灵活办理，不到银行来，但是，各个渠道新增客户的营销、签约、服务引导等都需要网点支持，新增功能的体验推广、展示宣传等都需要网点协同，异常处理、问题解答等都需要网点配合，可以说网点在多渠道融合服务中的纽带作用会更加重要。另外，客户资产在增加，高价值客户规模在增加，客户对银行资产、负债、个性化综合金融服务诸多方面的要求越来越高，迫切需要我们尽快转变物理渠道服务理念，改变渠道运营功能和形态。

3. 科技进步，冲击渠道现有服务模式。技术的发展为物理渠道的转型开创了新的局面，目前大量常规交易处理可通过系统自动完成、客户自助办理、远程集中处理，用技术、设备替代人工，把网点专业人员从柜台里面解放出来，从事客户维护、产品营销等高价值服务。还可以应用二维码、人脸识别、指纹识别、无卡支付等新技术，结合物理渠道特点，进一步创新，比如我们的云闪付、手机支付等都在线上功能基础上，拓展支持现金服务，使客户享受到更加智能、便捷的金融服务。因此，迫切需要加快自主创新研发，积极应用新技术推进转型，用最优体验吸引客户，引领同业发展。

4. 内外部合规风险管控压力增大，务必强化渠道运营基础建设。当前国内外经济金融进入调整期，金融行业不稳定性因素不断增多，社会上不法分子瞄准银行漏洞，我们的员工受到外界的各种诱惑，容易引发风险案件。2015年多家银行发生了案件，金额巨大且情节严重，给银行的信誉和社会形象带来了十分恶劣的影响，2016年监管机构也将工作重点锁定为防控银行风险。当前，我们处于业务流程变革和物理渠道转型的关键时期，面临的合规经营、反洗钱、反恐融资、反欺诈等管理难度不断加大，这要求我们在抓转型发展的同时，要强化全员合规文化建设，使“合规建行，人人践行”落实在每位员工的具体工作中，真正夯实合规基础管理。

三、2016年工作重点

2016年是全行落实转型发展规划的发力之年，总行党委确定的八个集约化重点专题，渠道运营管理部牵头两个，还有三个要参与。牵头的物理渠道、集约化专题已制订了转型方案，明确了未来3~5年渠道运营的转型方向和思路，得到

了总行党委的高度认可。2016 年我们要按照这些规划去实施，关键是抓好落实。董事长对渠道运营转型寄予了厚望，提出了很高的要求；同时指出，转型的难点在总行部门，但转型的关键还是在一级分行、二级分行、县支行和营业网点，分行是抓落实的主体，也是转型效果的直接获益者。各分行党委要进一步提高对渠道运营转型重要性的认识，加快物理渠道转型向纵深推进，力争 2016 年上个大台阶，走在同业前列。

2016 年，渠道与运营转型工作的总体要求是：加快物理渠道转型创新，以营业网点分类管理、自助渠道智慧建设为抓手，打造"统一、规范、安全、高效、融合、智慧"的物理渠道，推动营业网点综合化建设向"三个平台"转型；加快营运体系建设，以构建集中处理、客户帮助、业务支持平台为抓手，打造集约化、精细化管理新优势；逐步提升渠道、营运价值贡献，助力业务部门、产品部门转型发展，为我行客户提供更加高效、便捷、优质的服务。

围绕上述总体要求，重点做好以下十二个方面的工作。

（一）尽快统一物理渠道管理，建立畅通的渠道运营管理机制

1. 抓紧完成物理渠道管理职责整合。2015 年工作会上就要求各分行 2015 年底前，物理渠道统一归口管理全部到位。截至目前，一级分行层面，已整合的有 27 家分行，陕西、北京、云南、宁夏 4 家分行正在整合，内蒙古、福建、厦门、辽宁、苏州、宁波 6 家分行仍分散管理。吉林、湖北、山西、安徽、贵州等分行率先完成了整合，目前还没整合的有 10 家分行，工作上也看出了差距。会前，我向董事长专门做了汇报，董事长非常关注物理渠道转型情况，并特别强调，机制不到位，管理不可能到位，各分行的部门机构，渠道营运职能应整合，其他部门由分行自己决策，全行渠道运营机构改革要尽快完成。会后，还没整合的分行要在 5 月底前，至迟 6 月上旬改革到位；各行二级分支行层面的整合，2016 年上半年要全部改革到位，要建立总行、一级分行、二级分行，直到支行、营业网点畅通的物理渠道管理体系，提高资源综合利用效率，形成合力，进一步提升市场竞争力。

2. 尽快完成网点综合化转型。目前全行单功能网点只剩下 300 个，各分行要积极争取监管部门支持，申请综合经营牌照，实现全部网点开办综合业务。各分行要加快综合柜员培养，为柜面人员转岗转型奠定基础。上海、北京、四川、贵州、浙江、江西等分行要重点加强网点综合营销团队、综合营销机制建设，提高综合营销、联动营销能力。

（二）优化物理渠道布局，提升客户综合服务能力

1. 强化网点渠道覆盖能力。继续强化新兴区域战略布局，拓展强县富镇、空白县域，2016 年全行网点新设指标 82 个，重点向深圳等东部地区倾斜，深圳一家分行网点新设指标占全行新增的 33%。2016 年银监会核定我行储蓄所和分理处升格指标 451 个，各分行要提前准备，抓紧完成。要加快新版视觉形象标准落地，推进网点装修改造和内部形象标识统一，提升网点物理环境和客户体验。

2. 加快网点分类建设管理。要加大旗舰、综合、轻型网点分类建设力度，持续打造网点差别化服务网络。重点打造综合性网点旗舰店，未来几年北上广深每个城市打造 4 个左右，100 个中心城市行每个城市打造 2 个左右，其余 183 个地级市每个城市打造 1 个；积极推进综合性网点轻型店建设，作为未来几年拓展新市场和经营模式转型的重要部署。北上广深地区要继续先行先试，作为重点行总结经验；其他分行也要结合自身条件和实际，尽快跟进部署。

（三）加快创新研发，构建引领同业的自助渠道体系

1. 完善自助渠道服务网络。2016 年全行要力争新增 2000 家以上离行自助银行，各分行要把离行自助银行作为有效拓展物理渠道服务网络、服务客户的尖兵利器，千方百计抓紧抓好，尤其是离行自助银行与网点比例较低的分行，必须尽快迎头赶上；全行所有具备条件的营业网点，都要建有附行自助银行。各分行要提前谋划，加快营业网点智能服务区的规划建设，为智慧柜员机在网点配置到位做好相关的环境准备。各分行要结合网点装修、迁址及设备报废更新等，优先实现同一网点或自助银行设备外观统一，尤其是抓好现金类自助设备的外观统一，在不额外增加成本的前提下，最大限度地提升自助渠道整体视觉形象和效果。

2. 大力推进智慧柜员机渠道创新研发。总行高度重视智慧柜员机推广，加大了财务资源投入，2016 年计划投放 4 万台智慧柜员机。各分行要提前梳理业务、客户结构、岗位人员，抓好智慧柜员机业务培训，制定配套考核激励措施，促进网点高柜和低柜业务处理人员释放。总行各相关部门要加强智慧柜员机产品开发和上线支持，用好这个客户自助、自主的产品销售渠道。总行要加快自助设备创新研发团队的组建，继续加快语音导航、身份核查、人脸识别、机器人等新技术应用研究，力争全面领先同业。各分行要加强自助渠道运营管理，不断提高设备使用效率。采购部也要把智慧柜员机的采购和购后发送作为 2016 年的首要任务，使 4 万台智慧柜员机早日上点服务。

3. 抓好自助渠道管控智能化。要尽快落实自助设备全生命周期管理，抓紧推进现金类自助设备联机版动态密码锁改造，不断提高清机加钞效率，控制风险。2016 年要完成剩下的 2 万台现金类自助设备非接读卡器改造，支持云闪付、苹果支付、三星支付，提升竞争力。

（四）继续深化劳动组合转型，提升网点人员转型服务能力

1. 推进网点人员深化服务转型。各分行要充分依托智慧柜员机应用、线上和线下渠道融合，大力分流柜面常规业务，精简高柜、低柜业务处理，逐步实现常规业务客户自助办理、复杂业务柜台专业服务，推进网点人员服务深化转型，促进网点人员向客户拓展维护、产品营销服务、渠道融合协同、交易专业处理等高价值综合金融服务的转型。

2. 推进劳动组合整体优化。要结合网点分类转型差别化劳动组合配置，推进网点劳动组合整体优化。旗舰网点加强客户投资理财、综合金融服务等专家配备，综合网点加强客户服务、产品销售等人员配备，轻型网点以智能自助设备为主灵活配备营销人员，逐步提升网点综合营销服务岗位人员占比至 60% 以上，促进网点人员综合营销服务能力整体提升。

3. 强化网点转型培训。总行已启动物理渠道转型培训，全行转型培训要分期分批，先抓好网点负责人、大堂经理等重点转型岗位人员的集中培训，其他岗位人员也要分阶段参加网络培训。19 万个网点人员都要通过转型培训，真正提高转型意识与服务技能，各分行要把员工培训、人员转型作为渠道转型重点工作狠抓落实，逐步建立长效协同培训机制，切实提升基层队伍的战斗力和市场竞争力。

（五）开展优质服务活动，提升全行整体服务水平

1. 完善服务管理制度。组织落实全国金标委的两项国家标准，制定完善营业网点服务管理、星级网点管理等相关制度，逐步建立服务管理长效机制。持续优化智能管控平台的系统功能，扩大设备管控范围，实现网点多媒体设备设施的统一管控，并在全行推广。

2. 抓好客户服务质量。围绕服务质量、服务效率、服务创新能力和服务示范效应“四提升”目标，开展“优质服务年”十大类专题活动。通过净化环境、合理布局、服务规范、人性化服务等方面的提升，营造温馨的网点大堂服务环境。各分行要积极参与银行业协会组织的创先争优活动，打造服务标杆，带动基层网点整体服务水平提升。

（六）持续优化柜面业务流程，进一步提高柜面服务效率和质量

1. 全面推进柜面业务操作标准化、手册化管理。总行已下发柜面业务操作手册，统一规范了柜面日始日终、网点员工用户管理等公共操作流程。各分行要组织学习，规范柜面业务操作，确保柜面操作准确、合规。2016 年总行还要继续补充完善手册内容，相关产品及业务部门要积极参与支持。

2. 推广柜面集中授权。2016 年将推广柜面集中授权，各行要抓紧清理、精简授权事项，推进集中授权与智慧柜员机远程审核人员复用，不断提升远程审核系统自动化处理水平。

3. 优化完善员工渠道平台。总行正在开发柜面业务专用章管理系统，2016 年将试点实施柜面业务专用章电子化应用，力争实现网点柜面业务专用印章全生命周期的线上管理。2016 年将继续推进剩余 89 个登记簿的清理及电子化。加强多渠道协同互动，打造离柜及上门服务的交易模式，为客户上门服务和营销提供系统支持。

（七）搭建网点综合营销支持平台，支持业务产品部门营销拓展

1. 持续完善网点综合营销管理机制。深化以网点产品销售经理或客户经理为核心，经营部门、专业中心、专营机构业务专家为支持的“1 + N”综合营销机制，搭建综合营销平台，推进网点服务从“坐销”到“行销”转变。

2. 做好网点员工绩效考核分配系统数据支持。总行争取尽早推出员工业绩指标系统，数据管理部、渠道运营部要积极配合，积极努力减少网点业绩手工统计工作量。试点分行要提前做好安排，各分行在网点员工业绩考核分配具体实施方面也要早做准备，尽快推进网点岗位人员业绩全面综合考核实施，有效激发网点员工积极性。

（八）推进集约化运营体系建设，提升集约化服务能力

1. 拓展集中服务领域。全面推进总行集中服务向网点柜面、客户自助、中后台条线、子公司及海外机构四个领域的转型拓展。2016 年重点实施外汇汇款、跨境人民币汇款、国际收支申报等集中处理，支持外汇业务发展。为智慧柜员机提供远程综合支持，支持自助渠道发展。推进分行本级核算业务集中处理，发挥规模效益。推进子公司建信人寿和中德银行同质业务集中，支持母子公司联动协同。

2. 实施运营集中整合。推进跨条线、跨渠道业务整合，进一步优化集中布局，实现生产资源动态调整和优化。推进建立集中处理标准化管理机制，细化集中实施全流程工作规范与标准，加强自动识别、大数据等新技术应用，持续提升集约化处理的质量和效率。

（九）推进海外业务集约化运营，促进金融市场业务和国际业务发展

1. 扎实做好金融市场结算业务。积极支持金融市场交易中心业务拓展。稳步推进亚洲地区金融市场结算业务集约化，提升金融市场业务综合支持能力。推广金融市场违规交易后台拦截功能，实现由机控代替人工审核。

2. 做好外汇清算系统和业务研发。优化海外清算系统，完成在马来西亚等新设机构推广，支持新西兰等机构接入本地支付系统，支持伦敦等海外机构清算系统与境外各类交易所直联。协同配合有关部门，提升人民币跨境支付系统代理清算机构数量和清算量。拓展综合清算会员功能，提升代理清算服务能力和质量，巩固我行领先地位。

3. 强化清算合规管理。结合美国及欧盟等最新监管要求，研究调整我行境外衍生品交易清算参与方式，确保符合国际监管要求和我行整体利益。针对国际上合规监管更为严格的趋势，建立跨境汇款黑名单境内筛查机制，通过“集中做、专家做”，提升黑名单专业筛查水平，降低集团境外面临的监管风险。

（十）加强金库和现钞业务管理，提升现钞流转效率与规范化水平

1. 推进柜面现钞业务管理创新。加强上门收送款制度建设和风险控制。强化柜面外币现钞业务培训，提升柜面人员外币现钞专业技能。推进柜面出纳机具整合和电子化管理，统一机具外观。推进现金集中支付创新。

2. 深化金库安全管理。加强金库规范管理，抓紧改造不达标金库。积极应用新设备、新技术，提升出入库、盘库效率，控制风险。有条件的分行要积极争办代理或寄库业务，充分利用金库现有资源，降低现金占用，增加中间业务收入。

3. 落实内外部货币流转监管要求。要加强全行本外币现金备付管理，提高库存现金使用效率，继续保持现金备付管理同业领先水平。认真贯彻人民银行要求，按计划完成付出现金冠字号码查询和全额清分工作，持续做好反假货币宣传，做好普通纪念币发行，为客户提供高效、便捷的服务。

（十一）强化渠道运营风险管控，夯实合规管理基础

1. 严控柜面业务风险。总行正在组织开展“加强柜面人员管理，防范案件风险”专项整治行动、单位人民币异地结算账户紧急排查，各分行要抓好组织落实，相关条线要通力合作，以严抓、严改、严问责的态度，保证专项整治的效果，消除案件发生隐患。着重从监督检查、人员管理、体制机制等方面追根溯源，及时填补管理空白，完善相关流程，建立健全长效机制。

2. 抓好营运主管委派管理。各分行要加大营运主管委派力度，2016 年上半年全行符合委派范围的营业网点须 100% 委派到位，杜绝不委派、假委派。黑龙江、山东、四川、青海等分行要加快落实主管委派制。

3. 开展“三跨三化”稽核监测。2016 年要重点加强实验室分析工具应用培训，转变稽核理念，确保新一代稽核监测系统平台“智能化、专业化、精准化”功能有效应用，确保“跨渠道、跨产品、跨账户”稽核监测顺利开展。加强模型研发和大数据应用，着力提高稽核监测智能化、精准化风险识别能力。加强稽核分析、揭示和解决，强化稽核监测成果应用。

（十二）做好业务集中核算与运营管理，提升服务支持及响应能力

1. 做好集中核算工作。全力配合“营改增”改革，同业业务中心、资产管理业务中心等业务直营中心相继成立，这些业务专业性强、监管要求高，全行核算人员要加强学习，助力全行金融业务创新发展。

2. 做好业务运行支持工作，保障安全运行。完善人民币跨行清算服务功能，做好银联差错处理平台推广，加强银行卡差错处理团队建设，认真做好证券等系统业务运行。

3. 加强机构员工应用日常管理。发挥公共组件的支撑作用，完成海外机构、员工用户初始化。完善机构、员工用户应用管理制度，细化权限审批要求，确保用户岗位权限与其所在机构层级和工作职责相匹配。组织总行层面内设机构和员工用户信息核对和调整，开展年度综合检查，推动数据标准更新，确保机构员工统一视图数据质量。

4. 持续提升员工响应和知识管理工作质量。在知识质量上下工夫，提升重点业务领域、重点应用系统知识质量，总结提炼一批精品知识，培养一批金牌专家。将知识查询、工单查询等功能接入员工微信手机端，拓展员工响应通道和知识应用渠道。

今天上午的报告，我就讲这三大方面十二大项工作。下午还要围绕转型工作进行分组讨论，请大家畅所欲言，广开思路，积极献计献策。

同志们，2016 年渠道运营转型任务异常艰巨，大家要进一步提高认识，坚定信心，全力推进，为打造国际一流的物理渠道和运营体系、不断提升渠道运营效能和价值作出更大的贡献！

在部分分行养老金业务座谈会上的讲话

余静波

（2016 年 5 月 4 日）

各位同志：

大家上午好！感谢刚才石亭峰行长所做的热情洋溢的致辞。本次座谈会之所以选择在河南召开，是因为河南分行的养老金业务走在全国各家分行的前列，通过刚才石行长的致辞大家可以看到，河南分行不仅是业务转型做得好，目前四项主要业务指标都在当地四行排在第一位，而且内控合规工作也做得很出色。这次座谈会是建信养老金管理公司正式成立以后，首次把大家召集在一起，共同研究推进养老金业务公司化转型工作。我们这次会议时间不长，但是很重要。在五一之前，我特地向洪章董事长和祖继行长请示了举办这次座谈会的有关情况，他们都认为很重要，一定要把这个会开好。

自 2015 年 11 月养老金公司挂牌以来，全行养老金业务转型发展取得了一些新突破，政策市场环境发生了一些新变化，业务协同发展也出现了一些新情况，需要我们及时总结、认真研判、分析解决。本次会议不仅有部分分行分管养老金业务的行领导及养老金业务负责人参加，还邀请了总行有关部门的负责人，共同来研究如何加快养老金业务的发展，也可以说是一次研判形势、厘清思路、理顺关系、加大联动合作的一次讨论会、研究会、座谈会。这既体现了总行对养老金业务的高度重视，也体现出发展好这项业务的紧迫性和重要性，更反映了集团战略协同对养老金业务发展至关重要的作用。如果说2015年11月20日公司正式成立挂牌具有里程碑意义，那么本次会议就是公司化转型后加快业务发展的集结号和冲锋号。希望大家利用好一天的会议，了解掌握相关业务，充分交流沟通，研究解决问题，为下一阶段业务冲刺打好基础。下面，我谈六点意见。

一、充分认识公司化转型重要性，坚定不移地推进养老金业务转型发展

第一，养老金业务公司化转型是全行战略转型的重要组成部分。当前，全行正在加快推进“综合性银行集团、多功能服务、集约化发展、创新型银行和智慧型银行”转型。在转型发展过程中，子公司是我行实施综合化经营的重要载体，也是提升金融服务能力的重要手段，增强母子协同和提升子公司竞争力已成为集团综合性经营的重要着力点之一。养老金业务公司化转型是全行战略转型的重要组成部分，同时作为国务院批准的首家专业养老金管理机构，养老金公司自诞生起定位、起点就高，天然承载着探索国家养老保障体制改革的历史使命，肩负着推进养老金市场化运营的改革责任，担当着促进中国建设银行综合化经营与战略转型的重要职责。按照国务院批复，公司作为建行集团开展养老金业务的统一平台，在承继建设银行现有养老金业务的基础上，将充分发挥集团化和专业化优势，横跨养老保障体系三支柱，打通养老金业务链上下游，为客户提供专业的“一站购齐的捆绑式服务”，致力于成为最具市场影响力的养老金管理机构。所以，对于养老金业务，并不是说仅仅只做业务本身，它已经成为我们建设银行战略转型非常重要的组成部分。

第二，开局之年，必须有一个好的发展。2015年11月20日公司成立，2016年是养老金公司的开局之年。总行党委一直高度重视养老金业务发展，将其作为一项“基础性、方向性、战略性”业务持续推动，这个业务必须做大，也必须做好。养老金业务肩负的不仅是总行党委，而且是国务院交给我们的沉甸甸的试点任务，在这个问题上，大家来不得半点犹豫和含糊，必须从国家战略和全行战略转型的高度，切实增强转型发展意识，充分认识养老金业务公司化转型对全行集团综合性经营、战略转型的重要意义和作用，心无旁骛、全力以赴地支持和推动养老金公司发展。董事长经常关心和询问养老金业务发展情况，总行党委寄予很大的期望。在公司筹建过程中，行领导多次出面协调监管机构，加快推动筹建进程，以期抢抓市场先机，打造竞争优势；公司成立之后，总行党委高管层也对养老金公司业务的发展高度关注，洪章董事长在最近的一次党委扩大会议上明确指出，养老金公司业务要加快规范化经营，加大市场营销力度，对公司经营和发展提出了更高的要求，公司化运作成效必须拿数据来说话。

2016年是开局之年，我们做工作要一个季度一个季度、一个月一个月牢牢盯住，往前推进。在全行工作会议上，监事长特别强调，养老金业务转型总行是公司化了，各分行机构不能动，人员只能增不能减，业务只能继续往前推进，做好营销工作。我在资管投行“两全”视频会议上，也强调了要大力发展养老金业务。今天我们召集重点分行来开会，是希望各重点分行的分管行长以及部门负责人增强责任感和使命感，为建设银行战略转型，为更好地承担国务院的试点责任，把养老金业务做好。

第三，养老金业务要健康可持续发展，必须切实加强公司与总行各部门、各分行、集团其他子公司的联动。现在仅仅依靠养老金公司或养老金一个条线，是做不好养老金业务的，我们一定要切实做好公司与总行各部门、各分行、集团其他子公司的战略协同和业务联动。2016年初《部分分行养老金业务审计报告》中提出的“与分行、集团其他子公司及同业机构的协同联动有待深化”问题，引起了行领导的高度重视，“三长”都作出了批示，洪章董事长批示：“审计提出的

问题很重要。养老金业务作为战略性业务，如何把全系统养老金业务指导好、发展好，需要认真研究。养老金公司设立后的人才队伍建设与调整、业务策略、发展方向、发展目标亦认真研究。先发优势要尽快形成实现优势。”公司脱胎于总行部门，在新的管理模式下，加强业务协同、发挥集团优势就显得尤为重要。全行要积极探索建立集团养老金业务协同营销机制，充分发挥好集团优势，明确职责分工，切实强化总行相关部门、各分行与公司的业务协同，坚定不移地推进养老金公司化转型发展，务必取得实效。

二、扩大养老金业务转型发展成果，积极应对转型发展机遇和挑战

2015 年，在大家的共同努力下，我们养老金各项业务发展走在了同业前面，尤其是受托管理资产规模余额，甚至还超过了工行。2015 年 11 月 20 日建信养老金管理公司正式挂牌开业，在公司化转型上迈出了关键一步。公司成立后，各分行认真落实总行转型发展规划，积极推进协同联动，加大业务储备，强化客户营销，央企和地方重点企业养老金业务拓展取得了显著成效。一是人社部正式认定公司企业年金基金受托人、账户管理人、投资管理人三项业务资格。二是大力推进市场营销拓展，在各家分行的大力配合下，实现了首单投资管理资格突破，并成功中标中国铁建、青海农信社、浙江能源、SMC（中国）公司、山东高速、中国铁路总公司、中国银联、浙商银行、新疆农信社等重点客户年金管理资格。三是加快产品创新，人社部已对公司两款养老金产品报备函批复核准。不少分行持续加强养老金业务机构人员配置，实现了重点客户营销的突破，公司业务步入正轨。在公司初创期短时间内取得这些成绩，既得益于总行党委、高管层的正确领导，也是总行各部门大力支持、分行积极协同、公司努力拼搏的结果。在此，谨向你们并通过你们向养老金业务条线全体员工表示衷心的感谢！

养老金业务跟其他业务不一样，是一项既靠政策，也靠市场的战略性业务。当前，养老金业务发展面临前所未有的政策机遇期和战略发展期。2016 年以来，国家支持多层次养老保障建设的相关政策密集出台。目前，人民银行、民政部、银监会、证监会、保监会联合印发了《关于金融支持养老服务业加快发展的指导意见》，要求大力推动金融组织、产品和服务创新，加大对养老服务业发展的金融支持力度。养老领域金融建设被提到了国家战略的高度，对于养老金金融与养老服务、养老产业密切结合，专业机构一站式综合化金融服务平台建设提供了重要的市场机遇，也将成为未来公司战略发展规划的重要发展方向。同时，《基本养老保险基金投资管理办法》已经公开发布。据了解，《职业年金基金管理暂行办法》预计也将于上半年正式出台。未来面对数万亿的基本养老和职业年金的市场机会，我们要凭借得天独厚的“全牌照”先发优势，集全集团之力，全面系统组织开展营销，务必争取在其他机构之前，抢占市场份额并取得示范效应。

与此同时，我们也要清醒地认识到，目前公司正处于初创期，面临着职责划分后的业务衔接需要进一步加强和细化，母子公司、总分行、公司与分行间的常态化联动机制亟待建立，公司投资管理核心竞争力需要尽快打造，分行激励考核需要进一步加大力度，公司市场化机制和核心人才队伍建设需要加快步伐等诸多问题。这些都需要大家高度重视，坚持问题导向，及时分析解决，既要保持原有养老金业务的良好发展势头和市场地位，又要在新的业务领域及早建立竞争优势，尽快推进养老金业务做大做强。

三、加大市场营销拓展，做大做强业务规模

发展是硬道理，发展中的问题要通过发展来解决。2016 年总行下达给分行养老金业务条线的综合经营计划目标是受托 300 亿元、托管 380 亿元、投资管理 300 亿元、账管 56 万户，公司 2016 年业务发展目标是资产管理规模达到 1000 亿元。这个目标我认为，只要大家努力，是能够完成的。如果我们再做好一点，甚至还是可以超过的。为确保实现全年目标，我们必须按照年度计划序时进度推进各项工作，现在到上半年已经剩下不到两个月时间，总行相关部门、公司和各分行要树立信心，增强紧迫感，加强业务筹划和安排，全力以赴，密切协同，确保到 6 月底实现“时间过

半，任务过半”。我们抓工作就要像钉钉子一样，要一锤一锤地钉，一个月一个月地抓，一个季度一个季度地干，这样才能抓出成效。上半年能否完成序时进度、实现初战告捷，不仅关乎全行养老金业务条线的信心和士气，也是对我们各级管理者领导能力和执行能力的一次检验，更是向国务院和总行党委交出一份什么样答卷的问题，大家一定要从政治敏锐性上来看待这个问题。

各分行要充分利用公司先发优势，加快市场营销拓展，做大规模。要突出重点，实现职业年金营销突破，2016年是职业年金开放窗口的第一年，是重要的战略机遇期，各分行都要加大营销力度，要进一步密切与各地人社部门的联系，同时也要深耕细作，挖掘企业年金市场潜力，尤其是配合公司做好企业年金投资管理营销工作。在此过程中，分行营销拓展工作只能加强不能削弱，不要等、靠、停，各分行要发挥积极性、主动性，依托集团优势共同做好养老金业务营销推动，同时做好存量客户服务，为养老金业务公司化转型贡献力量。

2016年5~6月，公司将开展“奋战60天，开创新局面，全力实现年度序时目标”主题营销活动，基本目标是到半年末，实现养老金资产管理业务规模达到500亿元，奋斗目标为600亿元，目的就是要充分利用养老金公司的先发优势，扩大市场影响力，尽快做大做强养老金业务。各分行要积极配合，借势加大市场营销和拓展的力度，加强行司协同，为全年任务完成奠定坚实基础。

同时，全行要高度重视养老金业务发展，各分行一把手要亲自过问，分管行领导要亲自抓，相关部门要切实担起责任。各分行要按照总行相关规定，保持现有养老金机构不变，保证人员充足、稳定，养老金业务只能做加法，不能做减法。要建立考核通报机制，及时通报，通报信息就是联动，公司可以每月通报，做得好的分行可以与大家分享经验，做得不到位的分行将见面约谈，坚持问题导向，找出问题，解决问题。

四、加快推进业务衔接，充分发挥集团协同优势

如果说养老金公司成立是播撒下了一枚希望的种子，那么依托集团协同做大做强就是将养老金业务培养成参天大树的过程，需要统筹规划、上下联动，让养老金业务转型发展的树苗茁壮成长。

养老金业务要打造竞争优势，实现同业领先，必须加强全行横向、纵向的协同配合。按照子公司管理办法规定，建设银行建立紧密型战略协同机制，通过推动母子公司以及子公司之间业务联动和资源共享，支持子公司快速发展，实现集团层面的集约化经营和规模效益。建行已经建立了集团协同激励考核机制，将子公司业务协同计划纳入集团综合经营计划，定期对总行部门、分行和子公司的执行情况进行考核通报，希望养老金业务条线转型步伐跟上节奏，协同措施提上日程，行司联动落到实处，不要拖了全行的后腿。

根据总行党委会决议，总行对养老金业务经营管理职责进行了优化调整，并明确了职责划分，原养老金业务部客户营销与管理职责划转至公司业务部，运营管理职责划转至资产托管业务部。在当前管理模式下，要加快建立总行、公司与分行间的常态化协同机制，必须实现资源互换、优势互补、利益共赢，防止出现联动弱化、业务分家等现象。总行相关部门、养老金公司、各分行都要站在全行利益高度，站在养老金业务转型发展的全局高度，持续推进业务发展。

全行要充分借助建行集团化和养老金公司专业化平台，加强总行、分行、公司联动与协作，通过有效的职责分工、合理设计流程，确保业务流程顺畅、运营平稳，既要保障存量业务管理和运营服务顺利进行，保持在传统业务领域的市场地位，也要在新增领域积极建立竞争优势，加快推进养老金业务转型发展。

五、打造公司核心竞争力，推动业务公司化转型发展

公司的业务定位是“以投资管理为核心”，因此首要重点是要全面提升投资管理能力，打造公司投资管理核心竞争力。要充分借鉴国际养老金和资产管理经验，建立完善现代企业管理制度；坚持市场化运作，以市场化为原则，在公司经营

管理上，建立与市场化相适应的人员选聘和绩效考核机制。通过有效的激励约束机制，吸引和留住优秀人才，组建兼具养老金管理和投资管理经验的专业化人才队伍。

同时，要加大创新转型推进力度，把创新贯穿于公司经营发展全过程、各领域；要建立创新体制机制，实现创新驱动发展。当前，首要任务是加快产品创新，尤其是把握第三支柱发展方向，加大养老保障产品设计研发力度，及早推出首款产品，形成市场影响力。要依托建行集团优势，发挥协同联动，充分加强与总行相关部门、各分行、各平台子公司的业务合作，应利用集团丰富的金融牌照资源和产品服务的互补性，有效发挥各自比较优势，共同挖掘客户需求，协同研发产品和服务，特别是要发挥建信信托、建信基金等子公司的资产管理能力，为客户提供综合金融解决方案，实现跨市场的综合化经营。这里也包括资管和投行，今后也要加强联动。

六、加快公司分支机构建设，完善养老金融服务网络

养老金公司正加快推进在全国重点区域设立分支机构，各分行的积极性也很高，希望大家通力配合，共同做好分中心筹建工作。我们考虑分步实施，先做好分中心的筹建工作，然后再到分公司，以后可以根据客户和市场需求发展，进一步设立子公司。

（一）明确筹建工作要求

考虑到当前监管机构有关要求，以及公司目前处于业务发展初期，将以派出机构的形式在全国重点区域设立分中心，未来待监管条件成熟并视分中心业务规模增长情况，再行将分中心申请设立为分公司。鼓励重点区域分行先行先试，成熟一家，发展一家。目前公司已经函复 6 家分行筹备分中心，相关分行要深入研究分中心的组织架构、岗位职责和业务职能，并根据自身业务实际，成立分中心筹备组，积极组织落实推进，做好人员、财务等方面的保障工作，在规定的期限内制定并上报筹建方案，同时做好养老金市场营销、业务运营以及投资项目筛选和投后管理等工作。

（二）统筹好筹备期各项工作

各分行既要确保存量各项养老金业务运营和服务的正常运转，并加大力度推进业务拓展工作，也要做好分中心筹备工作，确保分中心尽早挂牌，要“两手抓，两手硬”。在此期间，要加强管理不放松，防止违规等问题的出现，合规始终要抓紧、要抓好。

（三）注意发挥分中心辐射带动作用

各相关分行要充分考虑分中心的辐射作用，不仅要在省内带动养老金业务的发展，也要辐射就近省份区域，以点带线，以线带面，切实发挥好分中心的作用。

当前养老金业务正处在公司化转型关键时期，公司成立初期，各项工作千头万绪，希望在座各位上下同心，携手并肩，奋勇拼搏，努力实现养老金业务计划任务“时间过半，任务过半”。

谢谢大家！

以“五统一”创新为重点
全面推进安保工作转型落地

——在“五统一”项目推进暨
安保工作转型创新座谈会上的讲话

余静波

（2016年9月27日）

同志们：

在全行转型发展棋近中盘的新形势下，为深入贯彻落实全行工作会议和南宁安全保卫工作会议精神，深化安保工作转型创新，推进远程报警监控系统“五统一”项目建设，今天我们在厦门召开全行安全保卫工作座谈会，具有重要意义。这次会议放在厦门召开，有几个原因：一是因为厦门分行业绩突出。近年来，厦门分行在总行党委、董事会、高管层的领导下，坚决推进转型发展，各项业务指标取得了很好的市场业绩，得到了总行王洪章董事长、王祖继行长和郭友监事长的充分肯定。在推进转型发展的同时，厦门分行高度重视运营安全，坚持业务发展和安全管理“两手抓、两手硬”，被总行评选为创建“平安建行”先进集体。二是因为厦门分行远程监控中心建设得好。厦门分行远程监控中心建设于2011年，具有一定的先进性和前瞻性，符合总行“五统一”规划总体方向，为确保厦门分行安全运营发挥了重要作用，今天下午，将安排大家现场观摩学习。三是全行安保工作从这里起步。我们建行第一次安全保卫工作会议于1987年就在厦门召开，时任厦门市委常委、副市长的习近平同志莅临会议并作重要讲话。厦门分行安保工作也一直走在全行前面，起到了“领头羊”作用。所以，这次会议既是一次转型推进会，也是一次现场学习会。刚才，总行安保部介绍了“五统一”项目建设的整体情况，天津、江西分行作了系统建设管理情况介绍，厦门、福建、湖北、辽宁分行也有书面材料，大家要认真学习借鉴。下面，我就推进“五统一”项目建设、加快安保工作转型落地，以及开展全行安全大检查工作，谈几点意见。

一、着眼转型发展，认清“五统一”项目建设的重要意义

远程报警监控系统“统一规划、统一标准、统一软件、统一硬件、统一管理”的“五统一”概念，是2012年沈阳全行安保工作会议首次提出的。经过广泛深入调研，2014年第63次行长办公会正式批准实施“五统一”项目。2015年南宁全行安保会议从转型创新的高度对推进“五统一”项目进行了再部署。两年来，总行安保部组织条线专家成立项目工作组，集中精力抓好顶层设计，做了大量艰苦细致的研究工作，基本完成了统一规划设计和统一标准制定。统一软件工作从架构设计、功能需求到开发立项、集采招标，最终确定与安防行业龙头企业海康威视合作开发软件。前不久，我和刘晖总经理专程到海康威视进行高层互动，正式启动了软件开发工作，这标志着“五统一”项目已经进入实质开发阶段。统一硬件和统一管理有关工作也将陆续开展，福建、湖北两个分行试点建设方案已报经总行批准。“五统一”项目推进到今天，总行安保部、技术部、项目工作组、有关分行做了大量工作，项目建设取得了重要进展。但从全行角度讲，一些同志对这个项目还不十分清楚，对项目的重要意义还存在模糊认识，有必要通过这次会议进一步统一思想、坚定信心、凝聚共识，形成转型创新的

内生动力。

（一）实施“五统一”符合全行战略转型的根本要求

建行战略转型的背景是外部环境变化给我行稳健经营和可持续发展带来严峻挑战，转型的方向是“综合性、多功能、集约化、创新型、智慧型”，转型的要求是增强服务国家建设能力、防范金融风险能力、参与国际竞争能力，提升客户服务水平，打造业务发展新优势。这次转型是一场深刻的变革，涉及全行上上下下、方方面面，覆盖各个条线、各项业务。作为全行安全稳定和安全运行的重要屏障，安保工作必须顺应全行战略转型，敏锐感知安全环境变化和业务发展需求，在工作手段上有大的改进，工作效能上有大的提升，工作领域上有大的拓展。实施远程监控系统“五统一”项目，其本质特征是集约化、智能型、创新型，体现了安保工作由“人盯死守”向技防为主的综合防范转变，代表了安保工作“三化三型”的转型要求，与建行加快向五大方向转型是完全一致的，符合建行转型发展的根本要求。因此，实施“五统一”创新是应势而生、大势所趋、顺势而为。

（二）实施“五统一”是安保转型创新的必然选择

近年来，全行安保工作始终走在改革创新和转型发展的轨道上。2012 年沈阳会议推动了安保工作向全面安全管理职能转变。2015 宁会议对安保工作全面转型创新进行了动员和部署。几年来，全行各级机构和安保条线坚持主动作为、积极探索、勇于创新，在思想观念上发生了根本变化，在管理模式更新、管理范围拓展、管理方式创新上取得了重要进展，“五统一”创新工作始终贯穿其中。当前转型创新进入关键阶段，实施“五统一”更加凸显其重要性。一是“五统一”是安保转型创新的重要抓手。我行远程监控系统覆盖全行所有重要部位，现有监控中心 300 多个，监控点位 80 万路，在全行技防体系中占据举足轻重的地位。实施“五统一”项目，对于落实“三化三型”要求、推进安保工作转型创新至关重要。二是“五统一”是提高技防水平的重要途径。实施“五统一”，通过大数据、云计算、非结构化数据分析，视频高清、网络提速、存储技术，人脸识别、轨迹识别、智能探测、数字叠加等信息网络和智能技术广泛运用；通过安防设备统一选型集采和逐步更新换代，必将极大地提高全行的技防水平和机控能力。三是“五统一”是引领全面转型的重要动力。实施“五统一”，将引领安保工作与信息时代接轨、向行业领先看齐，深刻改变安保工作运行模式，直接推进安全管理融入业务、安保制度和机制重建，同时倒逼安保队伍拓宽视野、更新观念、提高素质，全面推动安保转型创新向纵深发展。

（三）实施“五统一”是解决现实问题的客观需要

建行远程监控系统是 2001 年在银行系统率先开始建设的，该系统的建成对提高我行技防水平发挥了非常重要的作用。但是我们的系统是以一级分行为单位，自主设计、自行建设、自行联网，明显带有区域性、多样性特征，不可避免地存在系统性的问题和缺陷，必须通过“五统一”的方式彻底解决。从系统建设看，由于早期建设缺乏统一规划、分行各自为政，分行之间重视程度、规划水平、技术能力、人才储备、资源投入差异很大，系统建设水平参差不齐。从总体上看东部强于西部，与安全管理“东强西弱”状况基本吻合。因此，全行统一规划势在必行。从发挥功效看，由于没有统一标准、分行自主选型，导致设备品牌众多、型号杂乱、接口繁多，仅平台软件就近 20 个，硬件品牌型号更是庞杂，分行之间甚至是少数分行内部都互不兼容、无法联网，加上网络带宽不足，严重制约了系统功效发挥。解决这些问题，必须由总行对主要设备产品统一进行选型。从成本控制看，由于系统设备产品通常以一级分行或二级分行为单位进行集中采购，导致需求规模分散、议价能力较低、人力成本偏高，而且增加了道德风险。审计也发现了不少问题和苗头，包括个别员工与客户有资金往来、设备产品以次充好等。因此，总行开展软硬件统一集采非常必要，可以节约大量成本支出。从服务业务看，由于早期工作局限性，安保业务职能单一、融入业务不深，系统在满足内控监督和业务发展的需要方面功效发挥不够。我们必须解放思想、主动作为，在充分了解掌握内控和业务需求的基础上，加快“五统一”项目建设，统一定制开发操控系统，完善丰富软件功能，为内控管理和业务发展提供有力支持。

二、瞄准行业领先，打造集约化、智能化、综合化新一代远程监控系统

建行的远程监控系统起步最早，在银行系统曾经起到了引领示范作用。但是，随着时间推移和技术进步，这套系统在银行业已经广泛运用，从模拟技术到数字技术再到高清技术，更新换代速度很快。工农中三家总行已经完成或正在进行软硬件统一工作，建行“五统一”工作在四大行中已是最后开展。我们要充分调研、博采众长，着眼技防领先、行业领先，努力打造智能化、集约化、综合化新一代远程监控系统。

（一）发挥后发优势，搞好顶层设计

一是规划先行。规划作为制定决策的基础，具有全局性、前瞻性、战略性，规划先行、谋定而动，非常重要。总行已经起草了总体规划，明确了架构设计、系统功能、软件开发、设备选型等内容，制定了组织领导、建设步骤、审批流程、验收程序等规定，提出了系统建设的总体目标：“按照‘节约成本、发挥功效、服务业务’的思路，制定新标准，研发新平台，实施集中采购，实现全国联网，完成“五个统一”。二是标准规范。要规范各级中心建设标准、前端重点部位的建设标准。制定建设标准，一方面要有前瞻性，充分考虑技术更新和经营管理需要；另一方面要考虑差异性，要有分级分类。总行制定了中心评级标准，各分行可参照分级标准，结合本行实际谋划建设方案。三是软件领先。目前“五统一”项目已经进入软件开发这个关键阶段。我们与海康威视合作定制开发平台软件，要把海康威视的技术实力、定制开发的针对性优势，以及我们对规划、标准和功能研究的成果，转化为建行平台软件的先进性。先进性要体现在规划水平上、体现在软件功能上、体现在技术集成上、体现在综合化应用上，充分发挥安全防范、风险预警、应急指挥、对接业务四大板块整体功效。今后，还要根据业务发展不断优化软件系统。四是管理转型。充分发挥监控系统功效，需要科学规划、一流软件、先进硬件的支撑，也离不开精细化管理。“五统一”建设必然会带来管理理念、思维和方法的变革，管理也需要转型，管理转型的挑战性不亚于其他方面。要按照“统一规范、分级分类、拓展业务”的思路，进一步规范“值班操作、报警处置、设备维护”等中心管理，加强“异地值守、远程操作、运行轨迹”等运营管理，创新“应急指挥、内控监督、业务对接”等业务管理，完善“建设方案、项目验收、分级分类”等审批管理，建立健全各类制度、预案，升级“管理”新版本，与软件、硬件同步更新换代。

（二）发挥集约效应，加大统一采购力度。一是推进安保采购转型

加大总行直接采购的集中度，是全行采购工作的转型方向。2015 年，总行专门召开了全行采购工作会，对审计发现的问题进行整改处理，要求将安保设备、工装、基建纳入到集中采购，能总行采购的就不放到分行，二级分行以下原则上不准采购。通过集中采购，统一标准、规范管理、合理价格、提高质量。安保采购种类众多、数量巨大，涉及安防、消防设施设备、守押、巡查外包、各类工程。总行已经研究决定，安保采购逐步实现总行级管理，进一步节约控制成本。安保采购工作量很大、转型存在一定困难，我们必须坚决推进。如总行安保部工作量猛增与人员少的矛盾，部分商品采购地方限制问题，还有供应商数量骤减、利益格局变化问题。其他条线发生过因集采收到恐吓信息的现象。面对可能出现的缠扰恐吓、利益诱惑，要始终紧绷廉洁守纪这根弦。二是“五统一”采购优先集中。远程监控系统建设作为安保转型的重点项目，要先行一步，有选择地开展总行统一采购。优先把使用数量较大、技术标准规范、主要产品设备纳入总行集采范围。要按照“满足需要、适度领先”的原则提出选型要求，按照少而精的思路，形成全行统一的硬件产品集采目录。三是解决基层采购现存问题。目前安保采购分散在一级分行和二级分行，审计发现基层采购和外包工作存在不少问题。有的单位设备采购价格明显高于市场价格，有的省会城市二级分（支）行没有集中采购，有的设备实际数量与采购数量账实不符。有个别员工与供应商之间发生寻租甚至违法行为，被依法判刑。这些问题不容忽视，必须有效解决。

（三）发挥综合功效，服务业务发展

一是发挥安全防范基础功效。近年来，针对银行和客户的暴力犯罪十分猖獗。2015 年春节期间，银川、拉萨接连发生网点被盗事件，北京 12 台自助设备被打砸；2016 年北京市、江苏市、湖北省成功处置了劫持人质、抢劫网点事件。此外，近年来地震、台风、洪涝等自然灾害频发，2016 年台风、洪涝灾害超过 1998 年，全国多地受灾严重，中秋节期间厦门等地刚刚遭受了强台风“莫兰蒂”和“马勒卡”。在应对外部侵害、自然灾害方面，我们的远程监控系统发挥了非常重要的作用。据统计，从 2015 年到现在，全行通过远程监控系统发现和制止盗窃抢劫 138 次、破坏自助设备 3037 次，发现和处置可疑物品 174 次，处置自然灾害 526 次，处置其他突发事件 2.69 万次，配合公安机关调阅录像 3.1 万余次。实施“五统一”要进一步强化这方面的功能，提升联网带宽速度，运用高清、智能技术，拓展应急指挥功能，打造安全“千里眼”，为全行安全运营提供保障。二是发挥内控监督管理功效。远程监控系统在内控监督方面的运用越来越广泛，2015 年以来，全行各业务条线、各级机构运用监控系统进行后台监督调阅近 65 万次，发现各类违规操作 9.8 万次。我们要进一步强化监控系统在内控监督、远程非现场检查方面的实际运用。近年来，我们依靠这套系统发现和破获了一些重大案件和风险事件。如河南分行协助国安部门破获的涉恐案件，云南文山金库守库员监守自盗案件，还有少数分行的个别员工采取拍照等方式向不法分子出售客户信息事件等。但发现问题主要靠事后查看录像，应该进一步加强实时监督。近日，总行准备在全行范围内利用监控系统，加强对员工违规行为的实时监控，分行一些同志担心因遗漏问题承担责任，这既不应该，也没必要。安保条线必须有担当意识、大局意识，主动有所作为。“五统一”要加强这方面研究开发，争取实现自动识别违规操作的智能技术。要加强部门间合作，共同推动各级机构依法合规经营，强化员工的行为规范。总行已经提出，要对各种监督资源进行整合，网点“三综合”转型后，合规工作必须挺在前面。网点营运主管也是合规工作的主管，今后主要做三大块工作，该审查的要审查，该审核的要审核，该审批的要审批。网点的安保工作也要积极探索如何整合，安保工作要与合规等工作加强联动，互相配合支持。三是发挥服务业务发展功效。全行 1.5 万多个网点、10 万余台自助设备、580 余座金库，每天都要通过系统进行风险排查，业务部门利用远程监控系统开展非现场检查已经常态化。随着业务快速发展，业务部门对使用系统有更多新需求。“五统一”要进一步拓展业务应用，实现理财产品双录、金库远程查库、客户交易拍照等功能。探索与业务系统对接，与自助设备交易、远程授权、稽核监测、柜面集中处理等系统的联动，服务业务的安全稳定发展。

（四）发挥主体意识，破解建设难题

“五统一”项目规模大、投入多、周期长、技术含量高，在整体规划、技术开发、资源整合、建设布局、推广应用等方面存在诸多困难和挑战。这两年研究开发阶段，总行安保部承担着较大压力，随着项目进入部署推广阶段，分行的压力将逐步显现。各分行要落实主体责任，周密思考部署，在破解难题上下工夫。一方面，要重点解决技防水平不均衡问题。这与分行领导层是否重视，资源投入是否到位有关。安保部门要勤于思考问题，加强向技防先进分行学习。另一方面，要推进系统的综合化应用，推动安保跨界为业务服务。这对我们安保条线是否勇于担当、主动作为、胸怀大局是个考验。安保工作要融入业务，多和业务对接，只有这样，才能体现出我们的地位和作用。一是结合实际、确立目标。对照“五统一”规划以及厦门、天津、江西等建设水平领先的分行，许多分行的差距不小，工作难度很大。福建、湖北两个试点行要按照总行规划要求作出标杆，各分行需要进一步加大基础投入。统一规划描绘了转型发展的愿景，虽然不是刚性要求，但指导性很强。我们不要求分行一步到位，但要有所作为。管理转型目标要瞄准 A 级，硬件建设目标至少要超越自我，有条件的可以争取建设得更好。二是坚定信心、攻坚克难。“五统一”项目对我们动员和整合资源的能力要求很高，要克服畏难情绪。项目建设周期要与设备更新周期尽量同步，坚持物尽其用、避免浪费。“五统一”建设不可能一蹴而就，全行要分期分批部署建设，系统建设早、设备陈旧的分行优先考虑，有新建办公楼的分行也要把握好时机，成熟一个建设一个。要坚持全行一盘棋、一张蓝图绘到底，坚定信心、迎难而上，坚决、科学、有序地推进“五统一”建设。三是勇于担当、主动作为。银行业用这么多资源建设这套系统，说明其使用价值很高，值得投入。建行“五统一”有很突出的特点和创意，那就是将系统服务从安防拓展到业务领域，实现系统效用更大化。这就要求我们要有大局意识、责任担当和跨界思维，在助推内控监督、服务业务发展上有所作为，最大限度发挥远程监控系统的集约效应和综合效益。

三、把握“一个牢记、三个发力”，推进安保工作转型落地

在夏季工作座谈会上，洪章董事长对全行提出“发力转型，勇拔头筹”的要求，去年南宁召开了全行安全保卫工作会议，我们对安保条线转型工作作出了部署。今年是“安保工作转型创新年”，我们要坚持不忘初心，牢记责任使命，把思想统一到全行转型发展上来，把行动落实到安保转型创新中去。

（一）坚持不忘初心，牢记安保工作责任使命

习近平总书记在今年“七一”重要讲话中强调，要不忘初心、继续前进。洪章董事长在全行夏季工作座谈会上指出，建设银行的初心就是服务国家建设。我们安保工作的初心是什么？就是服务建行改革发展大局，为建行健康可持续发展提供强有力的安全保障。服务大局在不同时期有不同重点，当前，我们要服从和服务全行战略转型，为转型发展提供强有力的安全保障。

第一，尽职尽责，提高执行能力。各级安保部门肩负着确保建行集团安全稳定运营的重要使命，承担着案件防控、维护稳定、安全生产、治安保卫、自然灾害、突发事件等方面的重要责任，任务艰巨、责任重大、使命光荣。这次会议代表是来自各一级分行安保部门的总经理，你们的职责和履职能力很重要，直接关系到建行的安全稳定。要充分认识安保工作的重要地位和作用，增强责任感和使命感，立足岗位、履职尽责、干事创业。要有危机感、紧迫感和本领恐慌感。不断强化新知识、新技术、新业务学习，在提升执行力上下功夫。要弘扬三种精神。一是工匠精神，做事精益求精、专业专注、注重细节，同时要加强学习；二是钉钉子精神，事情一件一件做，工作一锤一锤敲，集小胜为大胜；三是亮剑精神，敢于直面矛盾，善于解决问题，加强向“一把手”和分管领导的汇报，确保不出事情。要有不断创新意识。我们的工作方法、思维方式、解决问题都要创新，要善于突破旧的工作习惯、打破思维定式；善于结合自身实际，创造性地贯彻总行的决策部署和要求；善于在继承优良传统基础上创新工作理念和方式方法。我们要切实担起肩头重任，不负重托、不辱使命，努力当好全行安全运营的压舱石。

第二，认清形势，积极应对挑战。当前，银行业经营形势异常复杂，各类案件与金融风险相生相伴、频发高发，非法集资、网络金融、电信诈骗成为社会稳定重灾区，规模上访、重大事故、自然灾害给银行安全带来隐患，海外机构面临局势动荡、合规风险、暴恐袭扰等多重压力。在案件方面，2016 年以来，银行同业接连发生票据大案，监管部门高度关注，要引起高度重视。我行案防形势也很严峻，2014 年以来发生三类案件 3 起、涉案金额 2.1 亿元。发生外部侵害事件 53 起、风险金额 9.3 亿元。其中保理、票据类案件风险突出，抢劫银行事件接连发生。在海外方面，海外合规管理压力巨大，工行马德里事件成为中资银行海外机构合规风险的标志性事件，引发司法介入。西方国家监管机构普遍升级对中资银行的监管调查和违规处罚。中行、建行等中资银行都受到不同程度影响。在维稳方面，前一段时间，某银行的上访人员发生了过激事件。今年，总行本部处置闹访事件×××批次、×××人次，协调北京警方出动警力×××人次。在暴恐方面，法国、德国、卢森堡、美国、土耳其等国家接连发生恐袭事件，国内恐怖活动及涉恐融资事件仍时有发生。我们必须充分认清严峻复杂的安全形势，积极应对挑战。洪章董事长在全行夏季工作会上表扬安保条线成绩成效突出。我们要以此为动力，积极主动作为，时刻保持清醒头脑，不断提升应对挑战能力，努力守住全行安全运营底线。

第三，统一思想，推进转型发展。洪章董事长在夏季工作会议上强调，全行要树立转型“一

盘棋”思想，将“规划图”转化为“施工图”，做好相互衔接和协同，形成转型发展“协奏曲”。安保条线要认真学习领会夏季工作座谈会以及洪章董事长的讲话精神，紧紧围绕全行中心工作，把思想和行动统一到战略转型上来，内化于心，外化于行，不断推进安保工作转型创新。要继续按照南宁会议确立的安保转型总体思路和目标方向，推动管理模式向“条块结合、以块为主”转型，推动管理范围向国内外全覆盖转型，推动管理方式向专业型、智能型、创新型转型。要落实好转型创新年的各项措施要求，紧跟时代发展和战略转型新步伐，推进安保转型创新落实落地。

（二）坚持平安创建，在安保工作转型创新上全面发力

南宁会议提出了“平安建行，人人有责”、“合规建行，人人践行”的理念，以及“家庭理论”、“饭碗理论”。经过一年多实践和宣传，平安文化和合规文化已经成为建行企业文化的基础，思想理念也逐渐深入人心，进一步强化了广大员工的安全意识、合规意识，确保了各级机构将员工人身安全放在首位。今后，平安建行和合规建行要多联动，要继续深化平安创建工作，在体制、机制、制度、文化等方面加大转型创新力度。

第一，抓好体制创新。一是全面落实“条块结合、以块为主”的安全管理体制，其核心是抓好各级机构的主体责任，落实安全管理责任制。同时强化业务部门的管理责任和安保部门的监督责任。二是继续深化“四位一体”安全管理体制，将四位一体工作落实到位，尤其要强化对直属机构、子公司的属地监管。三是按照“分类管理、一行一策”的原则，探索建立海外机构安全管理体制，加强国别安全、人员安全、资金安全和信息安全的研究，推进安全管理的全覆盖。

第二，抓好机制创新。一是健全高效信息传导机制。信息传导工作非常重要，要保持全行安全信息流的系统性、时效性，第一时间掌握和报告国内外、行内外重大突发事件信息，提高处置突发事件的效率。二是强化安全预警机制。做大一级平台、做强二级平台、推广三级平台，充分发挥预警机制在防控风险、应对突发事件等方面的重要作用。三是创新警银合作机制，加强与公安等部门的日常联系沟通，建立良好的警银关系，在维护我行安全稳定，打击暴力犯罪、经济犯罪以及电信诈骗等方面深化警银合作。四是完善堵截案件激励机制。据统计，2014 年和 2015 年，全行成功堵截案件数量和金额分别为 147 件、1.96 亿元和 79 件、2.12 亿元，2016 年前 8 个月，成功堵截 58 件、1.09 亿元，其中河南、山东、江苏、广东、辽宁等分行位列前茅，但也有一些分行连续几年数字为零。洪章董事长对江苏淮安分行成功处置劫持人质事件作出重要批示，要求宣传和奖励。要强化对分行激励考核，奖励堵截有功人员。

第三，抓好制度创新。要按照“规范化、标准化、精细化”的要求，进一步完善制度体系。这次会议总行编印了“五统一”项目文件制度汇编，信息量很大，技术含量很高，凝结着安保创新的智慧结晶。总行还将 2016 年制度创新的七项最新成果提交会议研讨，涉及案件事故问责、反恐、本级考核、分行考核、安全预警、外包管理等方面，特别是安全巡查办法及模型工具，采用了数字化、图表化、指标化的方式，凸显了安保工作精细化水平的提升。

第四，抓好文化创新。一是树立先进典型。近日总行表彰了 202 个“平安建行”创建活动先进集体、279 名先进个人和 10 名“平安建行标兵”。北京、厦门、河南、湖北、广西、约翰内斯堡等分行，公司部、渠道部、卡中心、技术部、武数等部门受到表彰。总行通过安保部微信公众平台评选平安建行十大标兵，有近 50 万人参加了投票，北京分行林森等 10 名同志当选。这次活动对扩大“平安建行”影响、深化“平安建行”创建，包括“平安建行，人人有责”都起到了很好效果。二是发挥基层首创精神。北京分行坚持“平安是商业银行第一法则”理念，推行“网格化”布局、“体系化”建设、“精细化”管理，创新网点“333 工作法”。湖北分行提出“100 - 1 = 0”的理念，深刻汲取武汉爆炸案教训，设立“警醒教育日”、推行“联防联控”管理。河南分行树立“大安全”理念，做到业务发展、客户发展和风险防控“三个不放松”。这些分行都有一个突出特点，就是“一把手”高度重视。三是创新文化宣传形式。总行安保部搭建了平安建行微信公众号，每天向全行推送安全资讯服务，在全行引起广泛关注，关注人数超过21万人，效果很好。福建、云南、山东、河南、黑龙江等分行也建立了公众号。这种形式很新颖，充分利用自媒体时代特点，把安全服务送到广大员工手中。总行本部安全宣传月、福建分行安全大讲堂等很有特点，创新性、实效性、持续性，以及员工参与度都很高。平安文化宣传很重要，要通过开展形式多样的活动，把“平安建行、人人有责”、“合规建行、人人践行”的理念渗透到各项业务工作中去。

（三）坚持问题导向，在重点安全领域精准发力

2016年，在公安部、银监会组织的第四轮安全评估中，我行位列工农中建交五行之首，并且在全国性商业银行中名列前茅，取得历史最好成绩。有15家分行位列当地五行第一，总行本部被评为中央国家机关综治优秀单位。成绩属于过去，当前的形势发生了很大变化，我们要保持清醒，着力解决以下突出问题，进一步夯实安全基础。

第一，核心部位安全问题。武汉南湖、北京洋桥、稻香湖等“两地三中心”，其安全关系到全行核心利益，总行领导高度重视。要站在战略和全局的高度，充分认识生产基地安全的极端重要性，必须采取最高级别的安全策略、零容忍的安全制度，准军事化的安全管理，立足“五防”和反恐，建立健全安全管理制度、预案，加强应急演练，强化实体防护，确保安保机构和人员到位，安防设施设备到位、安全管控措施到位。

第二，突发事件处置问题。近年来各类突发事件很多，反复考验我们应对挑战能力和驾驭复杂局面的能力。在自然灾害方面，台风、洪涝、地震频发，今年灾害造成的直接损失巨大，例如南湖基地安全运营就受到了自然灾害的严重威胁。在案件风险方面，涉及金库、网点、自助设备的抢劫盗窃经常发生；涉及假理财、假委贷、假票据、假印章、假合同的欺诈风险高发；涉及个人人身安全、信息安全、财产安全的抢劫诈骗风险频发。在安全事故方面，交通事故、火灾事故、员工非正常死亡事件时有发生。我们要切实提高处置突发事件的“四个”能力，一是预防能力，预警预案很重要，关乎员工的生命安全，要加强预案演练，平时多一分投入，关键时候就少一分危险、多一分安全。要提高演练频率，有条件的分行一年要开展两次，网点每个季度都要演练一次。二是机控（技防）能力，提升远程监控、反欺诈、信息管理系统等机控水平。三是驾驭能力，对事件发生发展的局面控制和过程引导，领导亲力亲为、亲赴现场是关键。例如，湖北分行“9·21”挟持人质抢劫银行事件，林顺辉行长第一时间亲自协调指挥处置，取得很好效果。四是沟通能力，主动争取上级指导支持，正确处理媒体沟通应对，充分依靠政府、公安机关，审慎把握监管报送口径，有效防范资金、声誉、法律和案件四大风险。

第三，基层安全管理问题。“抓基层、强基础、防案件、保平安”是平安建设的主基调。近年来受政策影响，基层安保机构人员有弱化趋势。重大三类案件和风险事件都发生在基层、网点，全行安全检查发现的隐患问题80%出自基层、网点，部分基层行安全评估落在后面，必须引起高度重视。一是安全检查要侧重基层。总行、一级分行要把安全检查的重点放在基层尤其是网点，不断夯实基层管理基础。二是技防建设要覆盖全部基层。远程监控没有做到全覆盖的分行要加快建设进度。三是安全培训要倾斜基层。总行培训资源有限，各一级分行要进一步强化基层安全培训。对新入行员工，必须进行安全保卫培训，提高自我防范意识。四是安全管理要聚焦基层。要稳定基层安保队伍，我们不能牺牲安全追逐利润，这方面血的教训不胜枚举。最后一公里的安保工作必须有人管，不能出问题，对安保机构和队伍建设，支行层面怎么设、网点谁来兼，各分行要根据总行要求，既要履好职责，又节约监督资源，加强研究、提出意见、抓好落地。银行经营具有收益当期性和风险滞后性的特点，任何侥幸心理都可能带来风险，甚至酿成案件，必须警惕。

第四，维护安全稳定问题。近年来，总行面临的维稳压力有增强趋势，上访组织化、规模化、多样化特点突出，2016年又出现银行协解人员与e租宝、泛亚等群体裹挟上访的特点，发生了过激行为，严重干扰了正常秩序。在有关分行和公安机关的配合下，今年香港、上海两地股东大会没有受到大的干扰，但是仍有河南、陕西、湖南、湖北等地的少数协解人员到港闹会。各分行要高度重视维稳工作，切实落实主体责任，要做好重点人、重要会议、敏感节点、重大事件的维稳工作。要增强前瞻性和主动性，提前预判、及时应对。要加强与地方党委政府、公安机关、信访部门的沟通协调，加强总分行之间、部门之间配合，加大进京上访人员劝返力度，维护我行安全稳定和正常秩序。

第五，治理电信诈骗问题。当前电信诈骗泛滥，已经成为社会公害，严重威胁群众利益和银行形象，党中央、国务院高度重视。最近山东的一个准大学生离世以后，习总书记作了重要批示，中央政法委的汪永清秘书长专门召开会议研究防控措施。治理电信诈骗必须重拳出手，最近，六部委联合下发了《关于防范和打击电信网络诈骗犯罪的公告》，提出了六个方面的要求，第一是今年10月31日前，对拒不投案自首的嫌疑人将依法严惩；第二是2016年底前，全部电话实名率要达到100%；第三是今年12月1日起，个人在ATM向非同名账户转账的，24小时后到账；第四是要采取措施阻断改号软件网上发布、搜索、传播、销售渠道；第五是对违规经营的网络电话业务一律依法予以取缔；第六是开展打击侵犯公民个人信息专项行动。银行虽然也是电信诈骗的受害者，但也容易成为众矢之的，必须落实好相关措施。一是确保合规合法。严格落实账户实名制，特别要做好异地开户真实性审查。二是加强宣传。提高客户自我防范能力，及时提醒被骗群众，堵截诈骗行为。三是配合公安加大打击力度。总行与公安部建立了“绿色通道”“7×24即时控制”“限额冻控”三个机制，以及分行间协作机制，积极配合公安开展打击伪基站、清理钓鱼网站、进驻反欺诈中心等工作。四是加快反欺诈系统建设。总行安保部正在牵头开发反欺诈系统，目前已实现了与人行、银监会平台的对接，建立了“总对总”即时查询、紧急止付、快速冻结的直连查控机制。要加快开发线下渠道查控、反欺诈模型部署、黑名单管理、“点对点”查控等功能，进一步提高反欺诈工作效率和水平。

（四）坚持“忠诚、干净、担当”，在狠抓落实上持久发力

安保转型创新绝非易事，面临着诸多困难和挑战，我们必须坚定信心、开拓进取，坚持以科技创新、队伍转型、作风转变带动安保转型，切实抓好各项转型措施落实落地。

第一，聚焦转型落地。安保转型目标已经明确，关键是要抓好“三个转型”落实落地。一是跟上全行转型步伐。当前全行各条线、各分行都在转型发力，安保转型不能落在后面。我们要坚定信心，坚持不懈抓好转型创新，让安保工作大有作为。厦门、湖北分行安保部去年在分行部门考核中就名列前茅。二是要有转型抓手。从总行层面看，安保转型的抓手很清晰。有“平安建行”“五统一项目”“反欺诈系统”“七项制度”等等。从分行层面看，除了落实总行转型措施要求外，应该结合分行实际，提出有自身特色的载体和抓手。青海分行制定的“平安建行”三年规划、浙江分行成立的打击电信网络犯罪的“杨琛工作室”就很有特色。三是打通“最后一公里”。基层是“最后一公里”，安保转型创新的措施要落实到基层、效果要惠及广大员工和客户。安保转型创新不能仅靠安保部门，要靠全行各条线、各机构，特别是广大基层和员工。要切实将“平安建行，人人有责”“合规建行，人人践行”的理念，转化为全行员工的责任自觉、文化自觉和行动自觉。

第二，强化科技支撑。安保“三化三型”转型离不开科技支撑，三大系统建设都属于安保科技领域的创新。然而，从总体上看，安保队伍年龄结构、知识结构、专业结构不合理，拥有专业深度和创新能力的人才稀缺，这是制约安保转型发展的瓶颈，安保科技转型对安保队伍转型形成了倒逼态势。我们要有紧迫感，要按照专业专注的思路，提高队伍科技素养，进一步加大安保专业培训力度，加强岗位实践锻炼，积极引进科技、业务、法律等专业人才，健全技防、消防、案防、检查专家库，培育不同专业、不同层次的专家，尽快提升安保队伍的转型创新能力。

第三，转变工作作风。当前，全行正在深入开展“两学一做”活动。两学一做，基础在学、关键在做。安保条线要按照总行党委的统一部署，认真搞好学习教育。要深刻学习领会习总书记一系列重要讲话精神，对照“忠诚、干净、担当”

要求，切实加强安保队伍作风建设。坚持对党忠诚、对建行忠诚、对安保事业忠诚；始终老实做人、干净做事、牢守底线；做到恪尽职守、勇挑重担、敢于负责。只有坚持“忠诚、干净、担当”，我们才能持久地抓好安保转型创新的落实落地。

四、坚持“三个全覆盖”，开展全行安全大检查

为贯彻落实习总书记、李总理重要指示批示，按照国务院部署要求，总行决定10月至11月底，在全行集中开展安全生产大检查。利用这次会议机会，我对安全大检查工作进行动员部署，提几点要求。

（一）要高度重视安全大检查

2016年以来，全国安全生产形势继续稳定好转，但重特大事故仍未得到有效遏制，安全生产形势依然不容乐观。近期，习近平总书记在中共中央政治局常委会会议上，对加强安全生产和汛期安全防范工作作出重要指示，强调“安全生产是民生大事，一丝一毫不能放松，要以对人民极端负责的精神抓好安全生产工作，站在人民群众的角度想问题，把重大风险隐患当成事故来对待，守土有责，敢于担当，完善体制，严格监管，让人民群众安心放心”。国务院总理李克强作出批示，对深刻汲取教训、加强安全风险识别管控和隐患排查治理、落实安全生产责任制等工作提出了要求。7月20日，国务院召开了全国安全生产电视电话会议，对深入贯彻落实习总书记和李总理重要指示批示精神、扎实做好下半年安全生产工作进行了具体部署。董事长、行长、监事长对加强全行安全生产工作多次提出具体要求。各部门、各条线、各分行要认真学习贯彻习近平总书记、李克强总理重要讲话以及国务院安全生产会议精神，积极行动起来，高度重视并认真开展全行安全大检查，坚决遏制重特大安全事故发生，全力维护安全稳定工作局面。

（二）要做到“三个全覆盖”

要按照“全覆盖、零容忍、严治理、重实效”的总体要求，以对建设银行、对员工、对客户高度负责的精神，认真组织开展安全生产大检查。检查要做到三个全覆盖：一是覆盖全行所有机构。包括各分行、海外机构、总行各部门、直属中心、生产基地、子公司等所有机构。二是覆盖全行安全运营所有领域。着重突出业务运营、生产系统、电子银行、基建项目、消防管理、易燃易爆品、电梯等特种设备安全等十个重点领域。三是覆盖全行所有办公营业场所。包括网点（私人银行/财富中心、智慧银行）、金库（保管箱库）、办公楼、计算机房、自助区、档案库房等所有部位。对网点检查要与合规工作紧密结合起来，重点加强临柜人员安全防范意识的检查，确保突发事件发生时员工能够加强自我保护，任何时候员工生命安全都是第一位的。

（三）要加强组织领导

一是落实责任。各分行要成立由主要领导任组长的安全生产大检查领导小组，明确牵头部门和负责人，制订具体实施方案，落实必要的人力、物力和财力保障。二是务求实效。要做到不留死角、不留盲区、不走过场，坚持隐患和问题“零容忍”原则，对重大隐患要挂牌督办，并跟踪落实整改；不能立即整改的，要明确整改期限和责任人；对检查工作不落实、整改措施不到位导致发生责任事故的，要严肃追究责任。三是标本兼治。对检查中发现的好经验、好做法要及时总结提炼，固化为规章制度和标准规范，建立健全安全生产长效机制。要与“一加强两遏制”相结合，完善隐患排查治理体系，夯实基层基础管理，确保全行安全稳定运营。

同志们，当前全行战略转型处于关键时期，我们要按照总行党委的部署要求，主动适应新常态，积极应对挑战，全力推动安保工作的转型落地，为全行战略转型和安全运营保驾护航！

谢谢大家！

探索创新 加快推进“8+1”分行网点“三综合”服务与基层机构合规转型“最后一公里”落地

——在物理渠道与合规转型座谈会上的讲话

余静波

（2016年9月29日）

同志们：

2015年11月，我在广东主持召开了8家试点分行一把手参加的合规官试点工作与物理渠道转型座谈会。上午各行做了两方面转型工作的汇报，也都讲到了广东座谈会的重要意义。今天，我们在南京召集8个试点分行加上河南分行的主要负责人、合规官共同研究物理渠道与合规转型工作。这次会议的主题，就是回顾总结前一段时间试点工作开展情况，研究部署下一步的重点工作，加快推进“8+1”分行网点“三综合”服务与合规转型“最后一公里”的落地，为转型工作在全行推开提供经验。

下面，我讲四点意见。

一、“8+1”分行的试点工作应充分肯定

自总行确定8家分行为合规官和网点转型试点分行以来，各分行党委高度重视，两方面工作都有较大进展，尤其是我们各位行长在这两方面都有很深入的思考，为推动全行的转型起到了积极的示范作用。在9家分行中，6家分行的转型工作我都去看过，内蒙古、黑龙江、青岛分行我虽然没有去，但也对这三家分行的转型工作进行了多方面了解。总体来看，各行的工作都在稳步推进。

（一）深化网点“三综合”建设，网点综合服务能力不断增强

第一，综合性网点建设成效显著。现在全行综合性网点累计新增5093个，总数达14580个，开办对公业务的网点占比由71%提升至98%。在8个试点分行中，广东、深圳、黑龙江、内蒙古、甘肃五家分行100%为综合性网点，走在了各行前面。全行原单一对私网点综合化转型后，新开对公结算账户26.31万户，对公存款余额1464亿元，对公贷款余额1007亿元，累计实现对公中间业务收入85亿元，综合化转型效果较好。但已转型网点还有757个没有开立对公结算账户。深圳、内蒙古、浙江三家分行新转型网点全部开立了对公结算账户。

第二，网点人力资源与物理渠道实现综合利用。综合柜员占比由27%提高至94%，江苏、河南、青岛、浙江等分行综合柜员占比较高，深圳市分行实现了全员综合。网点客户排队严重状况明显缓解，客户排队等待时间平均减少5分钟，客户满意度提升9%。1.25万个原个人理财室全部公私复用，网点对公中高端客户缺乏服务场所问题得到有效解决。

第三，网点综合营销业绩突出。截至目前，全行已组建综合营销团队22457个，覆盖100%的综合性网点。通过综合开发客户资源，全行对私联动对公累计新增对公账户69.29万户，累计增加对公存款4425亿元；对公联动对私累计增加个人客户3262万户，累计增加对私存款5382亿元，网点效能同业第一。其中，广东省、河南省、深圳市、江苏省分行公私联动业绩较为突出。

（二）推进物理渠道转型创新，网点竞争能力进一步提高

2016年，物理渠道围绕“统一、规范、安全、高效、融合、智慧”十二个字的转型理念，以营业网点分类管理、自助渠道智慧建设为抓手，

大力推进物理渠道转型创新，深入开展网点转型试点工作。

第一，打造旗舰、轻型网点，不断优化网点布局。上次去广东调研，综合网点旗舰店广东走在最前面。还有山东，搞得非常好，看了以后我感觉不一样。江苏等34家分行41个旗舰网点正在建设中，江苏有江苏的特点，明天上午渠道转型这一块，各位行长有时间去看一看。全行完成轻型网点转型190个，广东、深圳、江苏等分行均完成多家轻型网点建设。截至9月末，全行按新Ⅵ建设网点项目共计709个，其中390个项目已竣工投产，网点建设整体推进情况较好，网点物理环境持续改善。

第二，打造智慧柜员机服务渠道，积极推行自主创新。智慧柜员机已上线应用19大类160项业务功能，其中个人业务133项、对公业务27项。9月底我们大概有1万台智慧柜员机配备到各网点，10月底将达到2.7万台上点投产，2016年争取4万台基本到位。2017年将根据各分行的实际需要继续投放。在打造智慧柜员机服务渠道方面，深圳走在前面。

第三，推进网点人员转型，持续优化劳动组合。通过精简规范网点岗位事项，场景化网点劳动组合，引导柜员转型，高柜柜员累计转岗1.7万人。转岗人员主要补充到智慧柜员机协同及网点产品销售经理、客户经理等营销服务岗位，网点营销服务人员占比达到57%。同时，强化网点转型人员培训，2016年累计培训人员达75373人，进一步推动了网点柜员向营销服务岗位转型。

（三）积极推进营运主管兼任合规主管职责的探索，提高网点风险防控能力

2003年总行在全行推行网点营运主管委派制，将工资、人事关系上收到二级分支行统一管理，委派主管担任网点副职，重点审核处理柜面大额支付、特殊业务等交易环节和重点事项，网点交易核算风险防控能力显著增强。

营运主管是风险防控的第一道关口。从这个意义上讲，营运主管与合规主管相互兼任着对方应该做的事情。试点分行大多数网点都是营运主管兼任合规主管。我认为，这个举措对于提高网点的风险防控能力是非常有成效的。我们这次融合两方面转型，营运主管与合规主管合二为一，是最大的融合点。

（四）合规官试点工作稳步推进

自2015年9月总行召开视频会议，启动合规官试点工作以来，各试点分行积极探索，成效显著。

从合规官选聘和合规部门设置情况来看，8个试点分行的合规官全部到位，二级分支行合规官选聘工作在逐步落实，综合型支行及网点的兼职合规经理或主管逐步到位。截至目前，试点一级分行、试点二级分支行全部设立了合规部门，综合型支行指定了部门、岗位、人员负责合规工作。

从合规工作机制建设情况来看，在总行内控合规部的指导下，各行结合自身特点，在合规框架、管理流程、组织管理、评估考核、支持保障等方面进行了积极的探索。2016年7月，总行制定并下发了17份合规工作指导意见，指导分行合规工作机制建设。部分分行已经建立了监管规则变更管理、负面清单管理、合规审查、统筹检查、合规工作考核等机制，8家试点分行都执行了合规报告制度。

江苏省分行在组织架构、岗位设置、人员配备以及机制建设方面都有了很大进展，效果逐步显现。广东省分行的情况大家都很清楚，总行也多次赴广东调研，该行比较突出的是通过与网点授权相结合，对基层机构进行规范化和清单化管理，突出了合规工作重点。浙江省分行推行员工的合规宣誓，强调合规意识入脑入心。还有的试点分行，如甘肃省，在合规文化建设、根源性问题整改、操作手册制定等方面也做了很多工作。在此，要感谢试点分行党委和一把手发挥的重要作用，也感谢各位合规官的辛勤工作。

在这里，我要特别讲一下河南省分行。作为非试点行，河南省分行在基层机构合规管理方面做了积极探索。他们组织梳理了21个业务类别、26个关键环节和101个合规点，编制了合规审查任务清单和相应的工作手册，作为合规经理工作履行审核、审查、审批职责的依据。河南省分行的这些举措在南阳新华路支行开展试点，短短一个月时间，就取得了一定实效。

合规官试点和渠道建设过程当中，我感觉有两个问题需要引起重视。一是有的分行在机构、岗位设置以及人员配备方面未按预定计划到位。2016 年我们计划把试点成果在全行推广。但是，试点行岗位设置与人员配备不到位，你们是没有办法开展试点工作的，这样势必会影响全行推广。二是合规机制建设方面，各行进度差异较大，进度较慢的分行要加快步伐，做到试点工作整体推进。

二、进一步提高对网点“三综合”服务与基层机构合规转型“最后一公里”重要性的认识

在当前快速变化的环境下，商业银行系统化的风险管控与强大的物理渠道，是业务发展的坚实基础，也是应对市场竞争的优势所在。我们要提高认识、修炼内功，进一步强化基层机构风险管控与物理渠道建设，下大决心解决“最后一公里”问题，为客户提供更加安全、高效、友好、便捷的服务，为全行战略转型推进发挥更大的作用。

（一）网点“三综合”服务是提升网点价值贡献的关键

网点“三综合”建设的重要性在于综合利用网点场所资源、人力资源、客户资源开发，提升网点综合服务能力和综合营销能力，实现网点价值最大化。综合性网点建设需要解决的是所有网点对公、对私业务都要开办，较好地满足客户一站式服务需求；综合柜员制是要求所有人员都具有对公、对私综合办理业务的能力，不断提升综合产品销售、综合服务客户的效能；组建综合营销团队开展联动营销、交叉销售，重点解决的是激励考核落地问题，可以通过综合积分考核、买单考核、开展劳动竞赛等多种方式提升综合营销团队价值创造力。

2016 年 8 月总行启动了为期三个月的“激励员工价值创造，促团队提质增效”网点综合营销团队竞赛活动，在全行掀起“综合营销、价值创造、提质增效”的竞赛热潮。各分行领导高度重视，部分分行一把手亲自挂帅，人力、财会、个人、公司等部门积极配合，统筹费用、专项考核，极大激发了网点员工的竞赛热情。深圳市分行发动全员组织综合营销线上创意大赛，线上、线下相融合，效果非常显著，极大调动了员工营销积极性。各分行要通过竞赛，提升网点综合业绩，使综合营销团队全面发力，联动营销、交叉销售要取得明显成效。

（二）基层机构合规转型“最后一公里”落地是提升全行合规经营能力的内在要求

第一，基层机构是合规经营的重点。当前，“合规立行”已经成为全行经营管理的理念，落实到实际工作中，就是要把合规挺在前头，合规要把住前端关口。基层机构是建行面向客户、开办业务的主要窗口，基层机构合规工作情况直接影响全行依法合规经营目标的实现程度。全行 37 万多人，近 1.5 万个机构，84% 的员工和 99.7% 的机构在二级分支行及以下，综合网点占到机构总数的 98%，大量的合规执行在基层机构。合规工作的“最后一公里”落地，就是基层机构把合规风险控住、管好，在客户营销、产品销售、渠道运营、综合管理等方面做到依法合规，促进业务经营持续健康发展。因此，基层机构合规工作也是全行合规工作转型、合规官试点工作的重点。

第二，网点“三综合”服务与基层机构合规工作协同转型是取得实效的重要保障。网点“三综合”转型与基层机构合规工作转型是施加在同一个主体上的工作，在很多方面息息相关，需要统一考虑、统一部署、统一思想、统一行动。从集约性、前瞻性、一体化的角度考虑，“三综合”转型涉及的岗位设置、职责分工、管理机制，也要从合规执行与合规监督上来整体考虑、统筹安排。基层机构作为全行对外经营与服务的主要窗口，更应把合规挺在前面。只有协同开展转型工作，才能保证网点成功转型，共同促进网点综合服务能力、风险管控能力、价值创造力的提升。两者不能成为“两张皮”，应避免前改后动、拉拉链，要一揽子解决、统筹安排，不能反复折腾。因此，对于基层机构合规工作“最后一公里”落地，我们“8 + 1”分行的协同转型工作要本着“探索创新”的精神，为全行的推广提供“管用”和“可复制”的成熟经验。

三、网点“三综合”服务与合规转型“最后一公里”落地的重点工作

（一）尽快实现网点综合化理念和机制的落地，切实发挥网点综合服务效能

董事长高度重视网点“三综合”建设工作，

我们“8+1”分行在综合网点、综合柜员和综合营销服务等方面做得要更深入、更到位。

第一，推动新转型综合性网点全面开办对公业务。各行对还没有开立对公结算账户的网点，要制定对公业务发展规划，选好网点负责人，采取切实可行的措施，下大力气开拓对公业务市场，做实对公服务基础，把原储蓄所转型为综合网点的效果真正体现出来。

第二，提高综合柜员服务水平。随着网点智慧转型步伐加快，不少一线人员走出柜台，这就要求留下的综合柜员进一步提高综合服务能力，既要提升服务态度，更要在提升办事效率、提升客户体验满意度上下工夫。要从综合化服务理念、服务能力上加强培训和培养。

第三，加快综合客户经理队伍建设。网点转型最后的成效体现在越来越多的员工从柜台走出来，走向客户、走向市场，从事综合营销工作，年内预计全行有2万人转出来。到2017年将达到3.7万人实现转型。董事长特别强调，这部分人员都要转到综合客户经理或综合产品销售经理队伍，从事综合营销服务工作。试点分行要按照总行总体要求，分批加快对这部分人的综合培训和培养，既要加强对公、对私业务和产品培训，也要加强新兴业务培训，还要加强综合服务技能、技巧培训，真正做到“一点接入、联动营销、综合服务”。

第四，进一步强化网点综合营销功能。提倡综合营销团队为客户实行“1+N”综合服务模式，通过对公客户营销带动对私业务发展；通过个人中高端客户挖掘，联动对公业务营销，还要体现综合营销过程中不同角色的作用。这里，也特别要求通过系统建设加强在综合营销过程中的联动考核，合理确定激励标准，加大推荐方的激励力度，激励网点主动营销、联动营销、协作营销、综合营销等方面的潜能，为提升网点综合营销服务价值发挥更大的作用。

（二）“双岗合一”，强化综合网点营运主管与合规主管的配备，充分发挥风险管控第一道关口作用

从各行的汇报及试点的实践情况看，适应集约化经营与整合监督资源的需要，对网点合规主管与营运主管实行“双岗合一”，已是基本共识。从实际运行情况看，效果也逐渐显现，这也是协同转型“最后一公里”落地的关键。因此，一是要选好营运主管，要把政治素质好、责任心强、业务娴熟、敢于亮剑的同志选聘到该岗位。其人事、工资、行政关系由委派行直接管理，并按受派行副职配备，从机制上确保其履职专注和到位。二是要切实关心、关爱、支持营运主管工作。营运主管开展工作要严格照章办事，履行监督、评价职责，且两年一交流，女同志又较多，我们不仅要在工作上对他们给予充分的理解和大力的支持，还要从生活上给予关心、关爱。三是要加强对营运主管的管理。营运主管是网点风险防控的重要关口，如果营运主管违规，网点的风险管控将形同虚设。对营运主管，我们既要信任他们，支持他们充分履职，也要对其严格管理，做到用管并重。

（三）抓好基层机构合规转型工作落实

二级分支行及以下机构占全行机构总数的99.7%，这些机构的合规工作做好了，我们也就抓住了绝大多数，其重要性不言而喻。基层机构合规转型既要实现经营管理活动依法合规的目标，又要立足于业务现状。一要做到分工明确、责任清晰。机构负责人对本机构的合规工作负主体责任，合规官、合规经理、合规主管履行本机构的合规监督职责。二要整合监督资源，实施集约化管理。基层机构应综合考虑现有管理架构、运行机制以及现有合规、纪检监察、风险、安保、审计等监督力量的分布情况，通过转岗或人员岗位兼任复用，积极探索高效能与集约化的监督模式。

在合规岗位设置方面，地市二级分行要设立专职合规官与独立的合规部门，业务条线要设置合规团队或者合规岗位人员。城区二级分支行要设立专职或者兼职合规官，有专门履行合规管理职责的部门，业务条线要设置合规团队或者合规岗位人员。城区综合支行、县级支行要有专职或兼职的合规经理，要指定部门承担合规管理职责，业务条线要配备合规岗位人员或合规联系人。综合型网点要设置兼职或专职的合规主管，轻型网点设置合规联系人。其中，二级分支行专职合规官可以占用专业技术四级职数配备，兼职合规官、合规经理可以由分支行领导或纪检监察特派员兼任，兼职合规主管与营运主管实行“双岗合一”。

在合规岗位职责与工作事项方面，一是合规要求传导与实施，就是通过合规文化培育、合规培训、合规手册发布、合规风险提示等方式让员工全面掌握合规要求并落实在实际操作中。二是对重点业务领域实施日常监测，通过审核、审查与审批介入业务，也就是根据监管规则与内部流程，针对合规风险状况，采取有效的控制措施。三是检查与问题整改，就是做好检查的统筹管理和配合好外部监管检查，及时发现存在的问题，实施有效整改，提升合规水平。四是强化合规报告，也就是对日常工作中发现的合规问题、重大合规风险事件及时上报。合规工作就是要通过合规政策传导与执行、合规监督、问题整改与报告整体发挥作用，真正实现合规风险的识别、评估与有效控制。

在此，我特别强调，基层机构合规转型重点就是要落实好合规工作的“三审三建议三沟通两查一报告”。只有这些工作都做到位，基层机构的合规管理才能真正取得实效。

第一，把好“三审”。对业务经营实施合规介入，严控“三关”。所谓“三审”，是指合规审核、审查、审批。审核是指核对各种程序、条件、资料的齐备性、完整性。如核对各项贷款申请材料的齐全性，不能存在缺项漏项。审查是指通过调查手段，侧重分析、判断业务事项的真实性和准确性。如发现异常交易，通过交易背景资料分析、判断是否构成可疑交易。审批是指许可与批准，可以直接决定业务流程是继续还是阻断。如发现交易属于被监管机构所禁止的交易，要立即实施阻断。审核、审查、审批在作用发挥、实施方式和频率等方面有所不同，但在部分业务场景中是有机统一的，如在贷款业务中，要关注申请材料的真实、准确、齐全，同时根据监管规则可以作出否决的审批意见。基层机构合规人员要通过重点事项的“三审”，即合规官、合规经理、合规主管实施介入业务的审核、审查、审批，重点把住客户准入、重大交易达成、大额资金支付三个关口。当然，除了前面提到的三个关口，其他因具有高风险而需要采取合规介入措施的事项，也必须通过“三审”进行把关。总行起草的《关于推进基层机构合规工作转型的指导意见（征求意见稿）》中，已针对风险高发、业务重点、监管关注等情况，梳理了49个重点“三审”事项，涉及账户开立、客户信息安全保护、渠道签约、对公贷款、票据承兑、利率管理等业务领域。试点分行要根据实际经营管理情况，对“三审”进行差别化落地实施。

基层机构一定要充分认识“三审”在合规风险防控方面的作用。如代销业务，为了防范“飞单”，网点必须要对一些大额的代销业务进行事后的抽查或逐一排查，通过审核、审查客户签约资料的完备性和真实性，及时发现并排除隐患。

第二，用好“三建议”。所谓“三建议”，是指停办业务建议、违规人员岗位调整建议、处理违规行为与案件线索移送建议。

一是暂时停办业务的建议。当某类业务与监管规则可能存在冲突，或者办理涉及特定地域、特定客户的业务具有高风险的，合规人员可以向机构主要负责人提出暂时停止办理此项业务的建议。此外，合规人员可以直接阻断单笔业务，根据监管规则等外部要求与具体业务的合规风险评估结果，在具体交易中发现存在重大违规情况的，合规人员可以作出中断办理该笔业务的决定。比如，联合国正在制裁朝鲜，而国内一些企业与朝鲜有业务往来，当这个企业的主营业务与核材料使用有关时，应及时拒绝为这个企业开立账户。

二是调整违规人员岗位的建议。为提高业务操作的合规性，根据合规运行、内外部检查等情况，可以建议对本机构违规人员的岗位进行适当的调整。

三是违规行为处理与案件线索移送的建议。总行党委已研究决定，将轻微违规处理权交由合规部门，轻微违规以外的重大违规案件交由纪检监察部负责。合规人员在履职过程中，发现个别员工轻微违规的，要及时予以处理。发现的重大违规行为与案件线索，要及时依据行内有关规章制度，移送至对违规行为有调查和认定职责的部门与案件主管部门，建议进行相应的处理。此外，总行内控合规部与“8+1”分行要尽快建立轻微违规积分管理制度，强化轻微违规行为处理对违规的警示与预防作用。

这三个建议是权力，也是职责，这主要是源于合规人员的专业性，体现了合规监督的权威性，合规官、合规经理与合规主管必须尽职履责，用好这三个建议。王岐山同志说过，该发现的问题没有发现就是失职，发现问题不处理、不报告就是渎职。对于合规人员来说，该建议的不建议、隐瞒案件线索、不及时对违规行为进行相应处理的，都是渎职。

第三，勤于“三沟通”。有效沟通是做好合规工作的重要手段。合规人员对于各种工作信息要勤交流、多沟通。一是与员工的沟通。沟通内容或是合规理念或是规范操作，是基础性的。二是与机构负责人和上级机构合规负责人沟通。主要包括汇报、建议等方式，目的是快速传递与合规工作有关的信息，以供相关责任人决策。三是与监管部门的沟通。沟通的范围包括监管规则解释、配合调查、接受检查、情况报告等内容。合规工作有监管驱动的性质，做好与监管部门的沟通是十分必要的。

第四，做实“两查”。“两查”是指内部检查与外部监管检查，内部检查又包括了业务检查和合规工作检查。一是要做好检查的统筹管理，综合考虑内部检查与外部监管检查安排，既要兼顾全面，提高检查质量，又要避免不必要的重复。二是统一安排内部检查，提高监督效率和集约化水平，在检查内容、方式以及频率等方面，可以根据合规运行情况加以区别对待。三是配合好外部监管检查。一方面要配合做好外部监管检查，另一方面要严格按照监管机构要求，落实自查等相关要求。同时，对于外部监管检查发现的问题，我们既要认真做好及时有效的整改，也要做好与监管机构的沟通，这一点非常重要。四是查改并重。检查不是目的，目的是发现问题及时整改，举一反三。基层机构业务重复性强，任何一个小的风险隐患，若不能得到及时的补救和改进，都可能会带来监管处罚、财务损失和声誉风险。

关于检查重点，《关于推进基层机构合规工作转型的指导意见（征求意见稿）》初步梳理了230个检查重点，涉及个人存款、授信管理、支付结算等业务领域，各行可以进一步补充和完善，并尽快形成本机构的检查清单。

第五，规范合规报告。基层机构合规工作到底怎么样，必须要做到心中有数。我们要积极探索，规范合规报告形式、内容、频率与流程，逐步形成全行统一的报告体系，为全面掌握合规工作情况提供支持。一是建立合规运行问题日报制度，网点要建立合规工作台账，各个机构要报告业务经营与管理活动的合规运行情况以及存在的问题，为违规风险的研究分析与防范提供基础信息。二是建立重大合规风险事项即时报告制度，用于报告重大风险事件及原因分析、不良影响以及已采取的化解风险措施等内容。当然，还有其他的合规管理报告，各行在试点过程中也要一并考虑。

除了上面要求的“三审三建议三沟通两查一报告”之外，各试点分行可以根据本行实际情况增加相关工作内容，并建立配套机制。

四、加快基层机构转型推进的要求

（一）统筹规划，提前做好智慧柜员机布放安排

预计到年底，全行智慧柜员机总投放数量将达4万台。2017年根据实际需求，继续投放，各行要做好统筹安排。同时，要建立智慧柜员机分流配套的考核激励机制，把智慧柜员机迁移率指标纳入所属分支机构KPI考核、网点考核指标，智慧柜员机销售应视同柜台销售进行买单激励，提高产品销售经理的营销积极性，最大限度分流柜面业务，努力做到凡是能够机器做的事情不让人来做、凡是能够后台做的事情不让前台做、凡是能够集中做的事情不分散做。

（二）深化网点建设，进一步巩固“三综合”转型成果

总行下发的网点分类管理办法，以及综合网点智慧转型、综合网点旗舰店、综合网点轻型店建设指引，基本明确了旗舰网点和轻型网点的转型要求、方法和流程。上周又下发了网点分类建设实施参考样例，各分行要抓紧落实，合理安排各项资源，强化管理，快速高效推进网点分类建设。希望各行统筹考虑物理网点、离行自助设备、自助银行的整体布局，做好全辖网点规划。这项工作，各行一把手要抓紧落实。现在谈转型2020年，到底我们到2020年设多少综合网点、多少旗舰店、多少轻型店，多少综合网点转到轻型网点，分离出多少人员来，你们要做好规划。年底前，每个分行要完成1家旗舰店建设；对于轻型网点，各行可结合实际确定数量。

旗舰网点改造要以打造银行业协会五星级网点为目标，发挥示范带头作用，内部功能分区布设要充分体现“以客户为中心”，突出智能服务区作用，突出客户动线设计，注重服务场景部署，注重客户隐私保护，将旗舰网点打造成所在地区同业最优。

“8＋1”分行要继续深化网点综合化建设，力争年内完成所有单一对私网点综合化转型；要在全面实施综合柜员制的基础上，推进网点客户经理、产品销售经理向综合化转型；要组织好综合营销团队竞赛活动，推进“1＋N”综合营销服务模式落地，通过岗位间、跨机构营销，实现“一点接入、联动营销、综合服务”，在网点客户新增、产品销售、业务发展方面再上新台阶。

（三）深入推进合规官试点工作

关于合规官试点工作，我在这里提三点要求：

一是各分行党委要把二级分支行及以下机构实施合规转型、落实“最后一公里”作为试点工作的重点。各行要严格按照总行的相关要求积极主动、开拓创新地开展工作。同时，试点分行要按照总行合规官试点工作要求，积极推进相关工作，继续探索、扎实做好合规工作机制建设，特别是要加强同级管理，统筹安排全辖合规管理工作，力争整体发挥作用，全面提升合规转型效果，逐步建立覆盖辖内所有机构的合规体系，并正常运转起来，务求实效。

二是合规官在试点工作过程中，要牢记总行明确的七项工作职责，“一心一意抓合规，聚精会神谋转型”，推动基层机构合规工作“最后一公里”落地，在合规组织体系与责任体系建立、合规文化培育方面发挥作用。合规官在开展工作时，要严格按照职责定位，提高专业水平和履职能力，做分行党委、一把手的助手，切实落实好总行相关要求。

三是总行已经启动了合规体系建设咨询项目，各试点分行要积极参与，做好合规转型试点工作与合规体系建设咨询项目的衔接和落地实施。

（四）试点工作时间与工作质量要求

10 月底前，各行务必落实基层机构合规转型试点和网点综合营销团队竞赛活动的相关要求，高标准完成工作任务，11 月上旬提交总结报告。11 月底，总行将对网点综合营销团队竞赛中表现突出的团队和个人进行表彰。同时，力争 11 月底在全行范围内全面推进网点“三综合”服务与合规转型“最后一公里”的落地实施。

同志们，合规与物理渠道转型是关乎全行战略转型发展的基础，备受总行领导、各级行，乃至同业的密切关注，只能成功，不许失败。希望大家按照“两学一做”“忠诚、干净、担当”的要求，以党建工作为统领，本着对建设银行事业无比忠诚和敢于担当的态度，继续发挥聪明才智，高质量地按期完成试点工作任务，力争向总行党委交上一份满意的答卷，不辜负总行党委的期望和嘱托。

最后，这次会议在江苏召开，江苏省分行为我们做了大量细致的会务工作，使大家能够安安心心开好这次转型会议。在此，我代表与会者向江苏省分行表示衷心的感谢！国庆节将至，提前祝大家国庆节快乐！

在全行纪检监察工作会议总结时的讲话摘要

朱克鹏

（2016 年 3 月 5 日）

同志们：

这次会议用时一天半时间，议程紧凑，内容丰富，效果较好。总行党委书记王洪章同志出席会议并做重要讲话，我代表总行纪委做了工作报告。分组讨论时，大家都很踊跃。六家分行也进行了工作经验交流。总体来说，这次会议实现了预期目标，统一了思想，提高了认识，理清了思路，明确了具体的目标和任务。下面，我就会议精神的贯彻落实再强调五个方面的内容。

一、进一步明确思路，做好 2016 年各项工作

会议结束后，关键要抓好本次会议精神尤其是党委书记王洪章同志重要讲话的贯彻落实，认真解读纪委工作报告，结合各自实际，形成本单位的贯彻意见。纪检监察工作的总体思路和具体部署已经在工作报告中说明，可以简单归纳为“一、二、三、四、五”。

一是“一条主线”。全年工作要围绕全面从严治党、从严治行这一条主线。大家在考虑谋划工作的时候，都要贯穿这条主线。中央巡视指出了我行在全面从严治党方面存在的一些问题，当前全行一项重要的政治任务，就是做好中央巡视反馈意见的整改。整改方案已经出台，要层层分解整改任务，传导压力，做好整改工作。通过整改推进全行各项工作，包括落实管党治党责任，进一步加强党的建设。总行会出台一系列整改措施。整改不能就事论事，有的是个案整改，但更多地是举一反三，上升到制度层面，建立长效机制。通过整改工作，把全行党建工作、管党治党、风险防范工作等推上一个新的台阶，为全行的转型发展提供有力保障，确保建设银行改革发展的正确方向。

二是“两个责任”。要全面落实党委主体责任和纪委监督责任。全面从严治党和加强党风廉政建设是党委的主体责任，纪委承担监督责任。总行 2014 年出台了落实“两个责任”的意见，2015 年出台了“两个责任”考核办法和责任清单，2016 年会出台“两个责任”问责办法。这些都是重要的规章制度，目的就是确保“两个责任”的压实、落地。落实“两个责任”，是我们工作的重点。

三是“三转”。要深入推进转职能、转方式、转作风。推进“三转”，要求纪委在全面从严治党中，找准自己的职责定位，聚焦监督执纪问责。2015 年，中央提出要“把纪律和规矩挺在前面”，强调抓早抓小、动辄则咎这一治本之策，是“三转”要求的深化和延伸。虽然我们在“三转”方面做了大量的工作，也取得了一些成绩，但还存在不够到位的问题。

首先是转职能不够到位。纪委还承担着不少非主业的工作，“种了别人的田，荒了自己的地”。有些纪检监察部门盯住案防工作，在职能定位上不够清晰，主业不够聚焦。案防工作是全行的工作，每个部门都要承担案防的责任，不是单独哪个部门的事情。案件防控是全流程的管理，涵盖合规文化、合规体系、合规意识、合规审查、合规认定、违规处置、违规问题整改和合规教育等多个方面。纪检监察部门承担其中一个重要环节，就是查办案件、处理违规责任人，还包括一些警示教育工作。当然，纪检监察部门作为查办案件的牵头部门，要发挥好组织、推动案件防控

的作用。过去大家总讲自己多少年“零案件”，这能说明工作做得好吗？纪委是党的执纪机关，是负责纪律审查的，是否对所有违反党纪的行为都进行了查处呢？监察部门是行内的执规机关，是否对所有按行规应该处分的违规行为都给予了处分呢？在减少违规违纪问题方面到底做了多少工作，这还需要考核评价。纪检监察特派员也要转职能，做了大量业务工作，承担了会计、营运部门的职能，真正的执纪执规工作还做得不够。

转方式、转作风也不够到位。作风虚浮现象比较严重，虚的、花的多，真的、实的少，说起来头头是道，文件发了一大堆，但是没有落实到位，转作风任重而道远。习近平总书记和王岐山同志都讲，作风建设永远在路上。要根据党的十八大以来纪检监察机关回归原教旨的定位要求，做好各项工作。对于十八大之后任职的纪委书记来说，作为新兵可能适应起来比较快，按照中央要求办就可以了，逐步做到入门、称职和精通；对于十八大之前任纪委书记的同志，可能要真正思考一下怎么转变，不能还是老思想、老套路、老办法，还沉浸在十八大之前的状态，融入事中监督，忙忙碌碌，应该做的事情却没做。违反党纪行规、违反中央八项规定精神和“四风”问题在基层更为集中，二级分行纪委书记聚焦主业后，分管部门看似减少了，但工作其实是更多了。如果还是延续以前的状态，很多应该干的事不干、或者是不愿意干，或者是不会干、或者是害怕不敢干，不该干的事又不让干了，处境就会很尴尬，找不准方向，处于纠结迷茫之中。怎么解决？就是要明确职责定位，找准工作的发力点。

四是“四大基础”。要进一步夯实基础管理、条线管理、制度建设、队伍建设这四大基础。善于抓工作的干部，都很善于抓基础。一个只抓表面、只抓现在、不抓基础的干部走不远，工作业绩也不具有可持续性。基础工作比较琐碎，见效比较慢，但基础工作扎实，以后推动工作出成绩是必然的。纪检监察工作也是同理，要肯花大力气夯实四大基础。

关于加强基础管理，纪检、监察、巡视工作有许多基础性的工作要做。总行最近一直在做这方面的基础性工作。刚才广东省分行同志介绍的巡视八步工作法，也是基础性工作，工作步骤、制度依据、配套资源等都规定得很清楚。还有信访工作，从收信到收信后的处置，分几种处理，处理的内部程序，审批权限，哪些给一把手看，哪些自己定，是核查、暂存还是了结，如果核查由谁来组织等，都是基础性工作。做好基础工作，要对数字敏感，不能搞模糊战术。比如，现在有的同志汇报工作时，把给予罚款、积分、通报批评处理的人次都算到违规违纪处理人次里，看着数字很大，其实很虚，这都是工作基础不扎实造成的。基础工作包括警示教育、学习培训、考核管理、季度通报制度及员工日志制度等内部基础管理工作，要不断提高管理水平、工作效率、工作质量，不断完善、调整，做到最佳水平。

关于加强条线管理，任何部门都有横向管理和条线管理。纪检监察条线管理工作包括条线考核评价、条线工作推动等。纪委的条线管理更加重要。纪委是双重领导体制，纪律检查体制改革的重要内容就是强化上级纪委对下级纪委的领导，要求“查办腐败案件以上级纪委领导为主，线索处置和案件查办在向同级党委报告的同时必须向上级纪委报告。各级纪委书记、副书记的提名和考察以上级纪委会同组织部门为主”，即“双为主”的要求。现在，条线管理比较薄弱，条线概念还不太清晰。下级纪委主动向上级纪委汇报工作，主动寻求上级纪委支持，这些做得都不够。上级纪委对下级纪委的支持力度、指导力度也不够，要加强对下级纪委的领导，要给下级纪委提供有力的工作支持，解决其工作中遇到的障碍、困难和问题。纪委书记的考核要加强条线管理，加强上级纪委的评价权重。纪检监察部门在分行考核时，是与分行其他部门之间比较。强调条线评价是对每个分行的纪检监察部门进行评价排序，能够在相同的工作中比比谁做得更好、更专业。条线评价结果，总行纪委要全部发文通报，并向总行党委汇报37个分行纪委书记的排名情况，大家要给予足够的重视。

关于加强制度建设，做任何工作，都要制度先行。抓好制度建设，做到有章可依、有规可循，提高工作的规范性，减少人为因素，减少弹性空间。总行制度建设的目标是建立完备的制度体系，包括骨干型制度、一般性制度、工作规程三个层面。每一项重要的工作都要有一个完备的制度体系。制度建设是一项重要的基础性工作，要经常抓、抓经常，保持制度的规范性、针对性、可操作性。简便、务实、管用，是制度建设的基本目标，不要搞虚的。简便是一看就明白；务实是接地气，有针对性、可操作性；管用就是真正地发挥作用，不能贴在墙上、说在嘴上。

关于加强队伍建设，做任何工作，队伍是最根本的保障，没有一支强有力的队伍，是不可能做好工作的。大的队伍是全行的纪检干部，包括专兼职纪检干部。小的队伍是专职纪检干部。队伍建设的关键是各分行的纪委书记、纪委副书记、监察部总经理，这也是我们这支 3800 人纪检监察队伍的“关键少数”。把这支队伍建设好，配强、配齐，每一位都做到忠诚、干净、担当，我们就一定能做好全行纪检监察工作。

五是“五项工作”。要重点抓好执规、执纪、反“四风”、反腐败、巡视这五项工作，也可以概括为“两执两反一巡视”，涵盖了纪检监察主业。前四项是核心工作职责，巡视是完成前四项工作非常重要、必不可少的渠道。

执规就是监察部门执行建设银行规矩，也就是确保建设银行员工违规处理办法得到贯彻落实。违反员工违规处理办法的领导干部和普通员工都要得到应有的处分，不枉不纵。

执纪就是纪律审查。纪委是党的纪律检查工作的专门机关，是党的忠诚卫士。纪委负有神圣的使命，确保党的纪律贯彻落实，确保党的机体不被侵害，保持党的先进性、纯洁性，保持党的宗旨永不变色，巩固党的执政地位永不动摇。这就必须有一个强有力的纪律执行机关，保证党的纪律能够得到真正的执行。纪委就是要确保《中国共产党纪律处分条例》和其他党章、党规、党纪得到真正的贯彻落实和遵守，使任何违反党纪的行为都会得到应有的惩处。

反“四风”是当前的重要任务。“四风”是目前最突出的问题，群众强烈不满，严重影响党的威信和形象。中央从八项规定入手，以上率下，狠纠“四风”，开展群众路线教育，取得了很好的成效。但作风建设永远没有休止符，正在开展的“四风”问题整治情况“回头看”工作，是目前阶段纪委、监察部门的工作重点。

反腐败是纪委的重要工作职责。这是党章赋予纪委的职责。纪委发现腐败犯罪要严厉惩处，该移送司法机关的要移送。

巡视是党之利器、国之利器。党委巡视组是党委的千里眼、顺风耳，是纪委履行职责的重要工具、抓手，是发现违规、违纪、违法线索最重要的来源。中管干部违纪违法犯罪问题线索中，60% 以上是巡视发现的。巡视要聚焦全面从严治党，紧扣“六大纪律”“四个着力”，发现问题，形成震慑。巡视不是处理问题，在发现线索后，要移交纪委、组织部门或其他部门处理。

二、找准职责定位，唱好“三部曲”

王岐山同志在中央纪委六次全会工作报告中明确要求，各级纪委在全面从严治党中要找准职责定位，强化监督执纪问责。过去，纪委的职责定位有些走偏了，把大量的时间、精力放在了非主业工作上。现在，要聚焦主业，明确职责，按照工作部署，抓住工作重点。不同时间，有不同的工作重点，当前工作的重中之重就是唱好“瞪大眼睛发现问题、依规依纪严肃查处、及时通报警示震慑”的“三部曲”。“三部曲”唱好了，纪委的核心职责、主要工作就抓好了。

一是发现问题。要主动发现问题和线索。瞪大眼睛、拉长耳朵，多种渠道主动发现违规、违纪、违法问题和线索。要发挥好纪检监察特派员延伸监督作用，发现问题及时向纪委报告。充分借助对班子和一把手定期巡视这一渠道。巡视是对党组织和党员领导干部的巡视，是政治巡视，不是业务巡视。总行巡视的是分行党委班子成员，重点是一把手，可以延伸到党委管理的正职干部。一级分行对二级分行巡视，也要紧盯班子成员，重点是一把手，围绕“六大纪律”进行检查。巡视如果把大量的时间、精力用到业务检查上，就是方向错了，力度再大，都是劳而无功。廉洁合规从业问查系统，也是发现问题的一种方式。要千方百计，多管齐下，琢磨怎么发现违规违纪行为。这样大家就会谨小慎微，不敢越雷池一步，不敢胡作乱为。另外，就是收到移交的问题线索，包括上级领导交办、转办，还有审计、合规和其他业务部门在检查中发现的违规违纪违法线索。要把信访举报核查工作抓实，做到“有信必核、有案必查”。信访核查绝不能走形式，图省事，怕得罪人。对具有可查性的问题线索做到每件必查，真查深查，一查到底。要建立严格的报告制度。合规、审计等综合管理部门和业务条线发现的问题要向纪委、监察部门报告，纪委、监察部门对其中的严重问题，要向上级纪委、监察部门报告。对发现问题不报告的，一经发现要严肃问责。一定要把精力放到发现问题上，不能被动等待，要主动发现问题。应当发现没有发现是失职，别人都知道的违规违纪事件，纪委、监察部门却不知道，这就是失职。

二是查处问题。发现违规、违纪、违法问题，要严肃查处。要实践好“四种形态”，对党员干部存在的苗头性、倾向性问题，通过谈话、函询、谈心，让咬耳扯袖、红脸出汗成为常态；对轻微违纪的，给予党纪轻处分或组织调整；严重违反党纪的，给予重处分或重大职务调整；严重违纪并涉嫌违法的，给予党纪处分并移送司法。对违反员工违规处理办法的，严格按照行规处理。量纪量规要适度，不枉不纵，处理过轻和过重都是不对的，不能从一个极端走到另一个极端。纪委的执纪执规对干部员工职业发展有很大影响，必须要做到认真、精准。要吃透党纪处分条例和员工违规处理办法，要学深、学透、学精，提高专业技能和政策把握能力，明晰政策界限。违规与不违规、违纪与不违纪、一般违纪与严重违纪，一定要分清楚。把档次用对、用好，这考验大家的政策水平，还考验大家的公道正派。公报私仇，人为加重不对；顾虑人情往来、各种关系，人为从轻也不对。要有公道之心，要对得起组织，对得起自己的良心，对得起这份职责，对得起干部。涉及犯罪了，坚决移交司法，不能姑息养奸，不能保护纵容。发现了违规、违纪、违法问题，不处理或者处理得不适当，该给政纪处分不给政纪处分或者处理过轻，该给党纪处分不给党纪处分或者处理过轻，或者畸轻畸重，该移送司法的不移送司法，一开了之，就是渎职。如果在工作中遇到困难，要想办法解决，必要时可以向上级纪委反映，寻求支持。

三是警示通报。发现问题、查处问题，工作还没有做完，还要举一反三。要在适当的范围通报违规、违纪、违法行为，起到既警示本人又教育他人的作用。如果不发通报，只是教育了本人或身边几个人，发了通报可以警示教育全行的人。要选择部分典型案例，通报全行，扩大教育覆盖面。要开展警示教育，拍警示片，发案例材料，以案说法，警醒大家，不要犯类似的错误。要给党委、业务部门提供建议，从违规、违纪事件上举一反三，寻找制度上的漏洞，扎紧制度的笼子，从制度的层面来预防、减少违规违纪行为的发生，建立长效工作机制。

三、加强学习，大力提升履职能力

要做好纪检监察工作，核心要义有两条：一是要有担当，二是要有能力。能力再强，素质再高，不敢担当、不敢干，就不能很好地履职。只有担当精神，没有履职的能力，光凭一腔热情，也是做不好工作的。目前突出的问题，就是纪检干部缺乏担当精神和履职能力。以后就要从这两方面抓起，这是个长期的过程。缺乏履职能力的表现有：对中央的精神及总行的要求掌握得不深不透；对纪检监察工作的规律、特点、核心要义把握不够；职责定位模糊不清，把握不准工作的着力点，工作很积极，但做不到点子上；创新意识不够，学习借鉴不够，沿用老套路、老办法推进工作，劳而无功。一些纪检监察必备的技能大家还不掌握，比如案件信访核查，首先考验判断的技能，对举报的真实性、可信性、可查性，要准确处理，该了结的及时了结，该核查的及时核查。有的举报信明显是诬告，毫无根据，包括中央巡视组移交的一些信件，捕风捉影，我们都及时做了了结处理；有的则有可查性，人名、账目等信息具体明确，就需要核查。与被核查对象谈话，不太容易谈出问题。调查较容易发现问题，但有些问题不好调查，有的还需要其他部门配合，要查清楚，就要看能力。发现问题线索，纪律审查查不出来，就被动了，所以要提高履职能力，做行家里手。

党的十八大报告指出，全党面临的四大危险之一就是能力不足的危险。能力太弱，不会干事，不能干事。要一手抓学习，一手抓培训。学习，对一个干部来讲，应该是终生的必修课。知识就是力量，是人类进步的阶梯。古人讲，行万里路，读万卷书。行万里路，就是增加社会阅历；读万卷书，就是从书本中学习，汲取力量，汲取智慧。

写文章更要学习，“读书破万卷，下笔如有神”。学习是一个长期积累的过程，要养成好的习惯。习近平总书记倡导多学习，他在兰考调研时提出，清茶一杯、手捧一卷，操持雅好、神游物外，才是有品位的生活状态。大家不要流连于娱乐场所，少交一些酒肉朋友，利用宝贵的时间，多学点有用的东西，既陶冶情操，又增长智慧，积少成多，长期积累就会融会贯通。

学习中要思考、梳理、消化，把学到的知识运用到工作实践，在实践过程中继续深化、提高、归纳、感悟，这就是王岐山书记说的“学思践悟”。古人也说过，“学而不思则罔，思而不学则殆”。我们现在部分纪检干部知识老化，对新政策、新精神不够了解。中纪委召开的历次全会都有新的精神，总书记每次讲话都有不同的重点，或讲组织纪律，或讲政治纪律，或讲党内监督。大家不学习是不行的，要运用好五大平台（《中国纪检监察报》《中国纪检监察》杂志、中央纪委监察部网站、总行纪委监察部门网页、《学习快报》）加强学习。坚持每天上中纪委网站，可以学到很多的东西，包括中央精神、党风廉政建设的理论和实践等。学习只是最基本的要求，还要加强思考研究，积极主动地写一些文章，包括有关制度解读、各行特色创新做法、专题评论、理论思考等，不拘形式。

光凭自觉不够，总行还会采取一些措施，督促学习。纪检监察队伍必须是一支作风过硬的队伍，要打造精兵强将，不能养闲人，不能养懒人，不能养“老好人”。有的纪检干部疏于学习，部分原因还是组织没有抓到位。总行要在下半年组织考试，考试内容会列出清单，都是必须掌握的中央政策和核心制度办法。考试不通过，给一次补考机会；补考不合格，建议人事部门另行安排工作。要真正严起来，给大家发出一个信号，在纪委是不可能混日子的，也混不下去。37 家分行纪检监察人员考试平均分数要大排名，作为督促学习的推进措施。

四、强化党性锤炼，从根本上解决敢于担当的问题

纪检干部要敢于担当，这是党性使然、职责所在。纪检监察机关作为党的执纪机关，要处理人，就要得罪人。有些干部面对组织上给予的处分，能够正确理解，但也有不能理解的。如果执纪执规者担当精神不够，就会带来一系列问题。有的主观能动性不够，干工作等、靠、要，什么工作都希望总行说得很具体，认为自己只要照着总行文件执行即可，做不到根据中央精神及总行要求，结合本单位实际，创造性地开展工作。有的遇事绕着走，遇到难题不敢动真碰硬，罔顾左右而言他。对一些非实际性的工作积极性很高，对实质性的、需要动真碰硬的执纪问责工作就绕过去，不愿担当、不敢担当、怕得罪人，执纪问责普遍偏轻偏软。有的工作中原则性不强，高举轻放。归根结底，还是怕得罪人，怕推荐干部时失票，怕评议失分，怕在班子中得分靠后。实际上，组织绝对不会把考核排名当做唯一考量因素，只是作为参考。有的干部工作抓得一般，业务排名也不好，就因为从来不批评人，人缘好，在年终由班子成员和有关部门参与的考评中排名看似较高，但是不能重用。有的干部大刀阔斧进行改革，不怕困难，“新官理旧账”，解决了很多历史遗留问题，因为敢于触及矛盾，在年终考核评价中排名并不靠前，但这样的干部还要重用。十八大后，强调“四不唯”，即不唯票、不唯分、不唯 GDP、不唯年龄。不一定得票最高就使用，要分析得票高的原因。只要达到一定的群众满意度，都可以用，那就看你的能力和业务特长。过去被票“绑架”了，谁得票高就用谁，没有考虑岗位适应性和匹配度。十八大之后，总书记提出了五条好干部标准，尤其强调了理想信念、敢于担当两条标准。理想信念不坚定，政治上不过关，再能干也不能使用，越能干，对党的事业造成的危害可能越大。党的领导干部不担当，也不能使用。做老好人，“只栽花不栽刺”，不敢解决问题，把精力用在搞关系、积人脉上去了，也干不好工作。所以，要大胆使用并保护敢于担当的干部。不敢担当，是党性锤炼不够、党性意识不强，是私心在作祟。不敢担当就是不称职的同义语，如果不能从根本上解决担当问题，就不可能是合格称职的纪检干部。

担当要坚持原则。工作中要有原则性和灵活性，但纪检工作中的原则性更重要。要有底线思维，任何事情都不能破底线。要有强烈的历史使

命感和责任感，组织把我们放在这么重要的位置，担当这么重要的职责，要对党负责，对建设银行负责。

要有是非感、正义感。要分清是非对错，不能糊里糊涂，或者混淆是非、颠倒黑白。在大是大非面前，要能够站稳立场，旗帜鲜明，挺身而出。对违纪违法行为，要疾恶如仇。大部分违纪、违法行为侵害的对象不是某个个人，而是组织的利益。如果党员干违法、违纪的事，是损害党的形象，败坏党风。如果违反行规，损害的是建设银行的利益，是企业的利益。纪检干部绝不能因为没有损害个人利益，对违规、违纪行为漠不关心，事不关己，高高挂起，觉得无所谓。手握党纪行规戒尺，必须要忠于使命和职责，关键时刻要能够挺身而出，看到违规、违纪行为绝不能容忍，要处理，要护党、护法、护行，要有担当。

坚持纪委双重领导，以垂直领导为主。要通过理顺工作机制，减少工作障碍，清除严肃执纪执规的顾虑，在年终考核、推荐干部等方面，使纪检监察干部尽量不受影响。纪律检查体制改革的推进，在这个方面迈出了重要一步，将来还会进一步推进，这要由中央来决定，目的就是要解决不敢担当的问题。纪委书记要履职尽责，不能成为摆设，否则就是损害组织的利益，损害建设银行的利益。上级纪委也要给下级纪委撑腰打气，做坚强后盾，支持下级纪委大胆执纪执规。对那些干扰、干预纪委办案的现象，要有所警惕，有应对之策，不允许分行班子其他成员干预纪委办案、说情。纪委大胆执纪执规，这是为一把手分担压力，各分支机构的党委书记也要支持纪委工作，这是主体责任的重要内容之一。在责任担当方面要加强管理和考核，对长期不敢担当、不能很好地履行工作职责的纪检干部，总行会建议分行党委进行调整；否则，占着位置不干事，就有可能影响一个单位、一个部门、一个条线的纪检监察工作。

五、掌握正确的工作方法，着力提高工作的有效性

纪检干部的工作作风，要从虚变实，说实话、办实事，抓到实处、落到实处，不能绕弯子、打圈子、不触动问题的实质，要解决“最后一公里”问题。做好纪检工作方法很重要，要抓好以下几点：

第一，要吃透中央精神。这是做好纪检工作的前提和基础，也是必要条件。要准确理解、全面把握党的路线、方针、政策以及上级的指示精神。中央的方针政策和决策部署，都是经过反复提炼、论证总结出来的，具有普遍性、科学性和指导性。必须加强学习，提高认识，武装头脑，用于指导纪检监察工作实践。要认真思考、领悟“学思践悟”专栏上的文章，真正把握中央精神的基本要求、政策措施，将中央及中央纪委的工作部署落在实处。

第二，要结合本单位工作实际。干工作不能上下一般粗。过去一个乡党委书记发言，乍一听以为是中央领导在讲话。一个乡、一个县、一个省情况是不一样的，简单地照抄照转就是上下一般粗。一定要杜绝这种现象，在吃透领会中央精神和总行党委、上级纪委要求的前提下，要摸清本行本单位工作情况，实事求是开展工作。工作措施要符合实际，有针对性，有可操作性；否则，措施就落不到实处，就会成为一纸空文。结合实际，就是多做调查研究，多方听取意见，多同班子成员沟通，多向一把手汇报、请示、寻求指导，多听取基层同志的意见，包括基层纪检干部的意见，讲究工作实效，不玩虚的，不做表面文章。纪检监察条线从上到下都要讲求一个“实”字，求真务实，真抓实干。不要再做那些虚的东西、表面文章，做也白做。以后纪委书记的述职，内容都会提前通知，不要讲一堆不重要的东西，季度报告要将虚的东西剔除掉。干工作要抓住核心，抓住关键，找准突破口，大胆推进。

第三，要有明确的工作目标和清晰的工作思路。总行的工作思路，我总结为“一二三四五”，分行也要结合实际，形成自己的工作思路，而且要周知所属。方向目标清楚了，干起工作来才会心里有底，不走弯路。通过制订年度工作目标、季度工作规划和月度工作计划，明确干什么、怎么干，希望做的、不希望做的，要一清二楚。做领导干部，方向感、目标感很重要，要把方向、谋全局。方向搞不清，就是乱跑。方向错了，跑得越快，离目标就越远。目标感要强，要达到什么目标、带领团队往哪里走，要形成清晰的工作

思路，不要太空泛、太复杂。

第四，要有切实可行的工作措施和工作路径。光有方向、目标还不够，画好蓝图，还要有路线图。方向明确了、目标明确了，还要明确怎么去做。比如说，要加强纪检干部队伍建设，打造一支忠诚、干净、担当的纪检监察队伍，这就是目标。怎么实现呢？如何把好入门关、吸引优秀人才、畅通出口、保持一池活水、提高理论素养和综合素质、提高工作效率和工作质量、让懒人闲人不能浑水摸鱼等，都要有一系列切实可行的路径和措施。工作实，就体现在我们的工作措施和工作要求中。“强化”“加强”“加大力度”等用得太多，但没有跟进措施，等于没说。都知道加大违规违纪的处罚力度，形成震慑，那怎么加大力度，怎么处罚，案源都没有怎么处罚？所以，就需要找案源，广泛发动提供案源，这就是切实有效的措施和可行的路径。路径的选择很重要，要尽量选择一步到位的方法，成本最低，效率更快，不要走弯路、绕弯子。

第五，制度先行。纪检工作对规范化要求很高。党纪国法是国家和中央制定的，必须遵守执行。总行制定了员工违规处理办法，分行没有权力修改，要遵照执行。在制度制定前，可以提意见，但一旦印发就必须遵照执行。要结合实际，把所在分行的工作制度、工作流程、管理制度建立起来，健全制度体系，让所有工作有章可循、有规可依，不因领导更替而无所适从。要擅长做一个立法者，不断完善规章制度，特别是重点工作，必须要有章可循、有规可依，提高工作的规范性，防止出现差错。制度要简便易行、务实管用，这就需要提高立法技术，充分调研，把制度建设好。

第六，要善于抓班子、带队伍。党委书记是党委的班长，纪委书记是纪委的班长，也存在带队伍的问题。银行的纪委和党委不同，党委委员都是专职化，纪委除了纪委副书记是专职的，多数纪委委员由部门负责人兼任。要把纪委一班人带好，纪委书记要率先垂范，凝聚人心，调动大家的积极性，取得每个纪委委员的支持，形成团队合力，这就是抓班子。带队伍，就是要带好整个纪检监察队伍。纪检监察队伍有几个群组，大的分类有专职和兼职，专职又分纪检监察特派员、巡视组、监察部、二级分行纪委负责人等。带好这些队伍是一门学问。在工作会上，有的分行提到建立纪检监察工作人员荣誉制度，这个建议很好。有的分行已经开始出台方案，评选十佳纪检干部。分行纪委可以建立类似制度，推出精神鼓励措施。如果能够争取分行组织部门会同认可更好。总行也要起草专门办法，在全行范围内评选十佳纪检干部，再评选一批优秀纪检干部，纪委书记、纪委副书记、纪检监察员、纪检监察部工作人员都要纳入评选范围。

关于人员总量管理，工作报告中已经讲过，再明确一下：

第一，总量控制，严把入口。纪检监察工作人员总量不再增加。在总量不变的基础上，有调出、退休的，补充人员时要把住政治关、素质关。纪委书记必须具备三个条件：一是必须异地交流，这是中央要求，必须贯彻，没有讨价还价的余地。纪委书记交流是履职的需要，以减少人情的干扰。人情关很难过，对一些老领导、老同事执规执纪时，往往会“下不去手”，这是人之常情，因此必须要从制度机制上解决这个问题。二级分行违纪违规处理权限要上收集中到一级分行，也是为了解决这个问题。二是纪委书记政治上一定要过关。对纪委书记的政治要求，甚至比对其他党委委员还要高，尤其是廉洁自律上不能有瑕疵，否则怎么监督别人。三是要敢于担当。“老好人”的干部也许可以做其他工作，但不能做纪委书记，否则会耽误事。

第二，统筹管理，优化配置。统筹管理就是由分行纪委跟分行组织部门沟通，对所辖范围内的纪检干部统筹考虑人员增减、专兼职配备，优化配置。纪检干部该归集到一级分行的要归集，该下沉到二级分行的要下沉，总行在这些方面不做统一的强制要求，不做比例、岗位职位等限定，给大家更多的自主权，由分行统筹考虑、统筹安排。

第三，专兼结合，全面覆盖。结合实际，灵活配置纪检干部，重在实效，不搞“一刀切”。一种模式是设党委的机构，设纪委，设监察部。另外一种模式是探索二级分行不设纪委，设派出纪检组，由一级分行派出。第三种模式，对异地规模大、不好把控的机构，又不需要派纪检组的，可以派一个纪检监察特派员。第四种模式，对规模较小、人数较少的机构，不需要配专职纪检人员的，可以由副职兼职，或在班子里确定一个兼职纪检监察员，党内职务叫纪检委员，行政职务就是监察员。以上四种模式，各分行可以灵活运用，不做硬性规定，要求就是全覆盖，每个单位都要有承担纪检监察职责的工作人员。

第四，做强本部，做实委派。一级分行纪检监察部一定要做强，打造精兵强将，人员数量、质量都要有保证。信访核查、一些执纪执规工作要逐步、适当地集中到一级分行，便于统一执规执纪标准。集中的程度由分行自己决定。要做实委派，不能是假委派，要真委派。做实委派工作中的重要一项就是加强纪检监察特派员管理。特派员的编制、考核、薪酬等都应该在派出单位的纪检监察部，到受派单位只是工作。

第五，注重培养，畅通出口。加强对纪检干部的教育培训，提升专业能力和党性修养。经过纪检监察岗位的历练，可以很好地锤炼党性。部分纪委书记出身的一把手，他们的党性意识、方向大局意识、廉洁自律意识、规矩意识等各方面都很强，能够很好地守住底线。要畅通出口，好的干部推出去，有培养前途的要引进来。可以推荐优秀的纪检干部担任纪委书记、纪检组长，也可以推荐为支行行长或其他部门总经理，要把纪检监察条线打造成干部培养的基地。要有大局意识，一定要让纪检监察队伍成为一池活水，人员良性流动起来，不能到这儿是等退休来养老。

第六，严管严督，确保纯洁。要以鲜明的态度和有力的措施加强干部队伍教育、管理和监督。对纪检监察队伍的违规、违纪行为坚决做到不护短、零容忍、严肃查，保证队伍纯洁。其他条线的人员违规、违纪，在给予党纪、政纪处分后，可以不撤职、不调整岗位，但纪检干部不一样，纪委、监察部门是执纪检察机关，要以更高标准和更严纪律约束纪检干部，在廉洁自律上犯了错，必须调整岗位，严肃处理。进了这支队伍，就意味着大家要接受更高的要求，遵循更高的标准，加强自我约束，不要触碰底线。有什么问题跟组织讲清楚，由组织依照“四种形态”进行处理。

第七，要提高组织管理能力，处理好“上下左右”几个关系。首先，是与上级纪委的关系。上级纪委与下级纪委是领导与被领导的关系，是纪律检查体制改革要求强化、具体化的关系。“双为主”，就是要强化上级纪委对下级纪委的领导。下级纪委要服从领导、接受领导，积极主动地向上级纪委汇报工作，并寻求指导、支持，解决困难问题。有的分行纪委书记长时间不到总行纪委汇报工作；有的纪委书记上任一年了，还没有来过总行纪委，这都不是正常现象。其次，是与所在分行同级党委的关系。纪委要落实“两个责任”，协助分行党委履行主体责任，要对同级党委进行党风廉政建设方面的监督。纪委要定期向党委汇报工作，一个季度或者半年都可以。平常也要多向一把手汇报纪委工作，包括重大案件的查处、重要信访线索的核查等，寻求指导、支持。要在同级党委的领导下开展工作，不能自行其是，绕开党委自己干。再次，是与下级纪委的关系。要加强指导、管理，同时多提供支持和帮助，要给下级纪委撑腰打气，支持他们大胆履职、依法履职。上级纪委立场坚定，有姿态、有行动，下级纪委就不会畏首畏尾、怕这怕那。总行纪委是各分支行纪委的坚强后盾，只要是按照中央精神、总行要求开展工作，都会全力以赴给予支持，协调不了、解决不了的问题，总行纪委会帮助协调、解决。对于因执纪执规、履行职责受到的非议和责难，组织上会撑腰，不要有后顾之忧。当然，纪检监察机关不是“保险箱”，纪检干部不具有天然的免疫力。任何纪检干部，如果是自身出了问题，违规、违纪的，总行纪委也绝不护短，一定会严肃处理。最后，是与党口部门的关系。要积极协调与各党口部门的关系，这就要看纪委书记、监察部门的工作能力和工作水平了。很多工作需要相关部门的支持，比如说，选巡视组组长、干部调配离不开组织部门的支持，党建工作需要党办支持，思想建设、警示教育需要宣传部门支持。要协调好关系，在不违反原则的基础上，工作要有灵活性，要换位思考，不能只从本位出发。

第八，要虚心学习，借鉴同业。拿来主义是最快、最聪明、最简单的工作方法。多学习借鉴，工作措施就会更多。要借鉴系统内其他分行纪检工作好的做法。分行纪委书记、监察部经理碰到头，相互交流，可以快速学习工作的方式方法。

可以借鉴行外其他银行的做法，特别是几大国有银行，共性比较多。它们有许多好的做法，总行也可以学习，觉得不错，就可以拿来用。

第九，要学会工作推动的方法。画蓝图、做规划、建制度、搞活动、出方案，最终都要落地。工作总是要推动才能落地。那怎么推动呢？光有办法是不行的，要学会推动工作的方法。最核心的方法，就是正向激励和负向约束。做得好的，要表扬、肯定，给予政治、经济、物质上的奖励；做得不好的，要批评。大家往往擅长运用正向激励，不善于用负向约束，因为容易得罪人，但是负向约束不可或缺。有的干部自尊心、进取意识很强，不用扬鞭自奋蹄，要多用正向激励，给予表扬和荣誉。有的干部需要鞭策才能前行，要多用负向约束，进行考核排名，施加压力。分行在工作中也要加强监督检查、通报排名、考核评价。同时，要学会把握工作推动的策略，把握好时机、力度。时机不成熟，欲速则不达；力度不够，工作推不下去；力度过大，会有很多阻力，工作也做不好。还要讲究工作策略，案件的调查、处理等很多工作包括部门之间的沟通都要讲究策略，不能蛮干。

第十，要狠抓落实。一分部署，九分落实。办法、制度、措施的关键在于落实，判断一个干部作风是否务实，除了看制定的制度是否落实外，在工作作风方面主要看是否抓落实。我们的工作中还存在作风虚浮的现象，说得多做得少，说起来振振有词，做起来蜻蜓点水，工作没有真正落实。十八大以来，中央反复指出要以踏石留印、抓铁有痕的劲头抓作风。我们做工作也要善始善终、善做善成，抓而不紧、抓而不实，等于没抓。

第十一，要以问题为导向。工作中遇到的问题有大有小，各不相同，要以问题为导向，解决问题，推进工作。2016 年的工作报告，指出了目前条线存在的五个问题，各行要对照查找。各行存在的问题、存在问题的严重程度都不一样，要以问题为导向，找准问题，找准问题的根源，追根溯源，找出解决问题的方法。问题解决了，工作就推动了。不要觉得找问题和矛盾就是否定自己的工作，要敢于揭短亮丑，想推进工作，一定要找出工作中存在的问题。问题可能是前任留下来的，也可能是现在形成的，一般情况下刚上任问题好找，干了两三年就不敢找了，因为都是自己任内造成的。我们要敢于正视问题、敢于直面问题，并且要善于解决问题。推动工作的方法，就是不断地在工作中寻找问题，然后想办法去解决。问题越来越少，就是工作在推动、在进步。

第十二，要善于抓主要矛盾。工作很多，一定要分清楚轻重缓急，抓住重点和关键，不要遍地开花、平均用力，受制于人力资源、工作精力，“胡子眉毛一把抓”，哪个都抓不好，要集中精力打歼灭战，抓住重要问题，重点突破。2016 年抓这个重要问题的突破，明年抓另外一个重要问题的突破，以点带面、纲举目张，逐步解决。2016 年总行的工作重点就是“三部曲”。执纪偏软，聚焦主业不够，是当前最突出的问题、最薄弱的环节，要主抓。队伍建设、制度建设等也应该抓，但我们精力有限，不可能抓得太多，一定要抓住主要矛盾、主要问题，寻找正确的突破口，推动全局工作。

第十三，要有创新的意识、创新的工作思路和方法。要创新，不能墨守成规。过去怎么干的，现在还怎么干，是路径依赖。走路都愿意走熟路，路径依赖没有错，成本更低，安全系数更高，不会出问题。但是，一旦外部形势发生变化，不变就不行了。要有创新的思维，培养创新的意识，在方式方法和工作措施上要敢于创新，大胆创新。我们讲的创新，是宏观广义上的创新，也包括学习借鉴他人的方式方法。不要总是老思维、老套路、老办法，这样做不好工作。当然，以前好的做法要坚持发扬光大，不好的做法要坚决放弃。

第十四，要敢于和善于决策。决策能力是一个领导干部必须具备的能力，领导干部特别是一把手都要做决策。纪委书记是纪委的一把手，有很多情况需要决策，需要拍板，要具备决策能力，不能议而不决、决而不行。要提高自己的业务知识，敢于担当，还要掌握决策的方法，做到科学决策、民主决策。科学决策，就是在决策之前，要掌握大量的决策信息，分析、评估、考量，平衡利弊。还要民主，要多听取意见，不能一个人说了算，对不同意见要重视。决策要规范、合规。纪委的有些工作要通过集体决策决定，不能是纪委书记拍脑袋，要讲究决策的科学化、民主化、程序化。决策要果断。该拍板的时候不拍板，就会耽误事。果断就是多谋而且善断。多谋是翻来覆去思考，对若干个方案进行比较；善断是当断则断。谋而不断，光想不拍，是寡断；不谋而断，不思考，轻率地下结论、作决策，是武断。纪检干部武断是要出问题的。不该处理的处理了，伤害了无辜的人；证据不足，贸然行动，就会骑虎难下；已经具备条件还是不断，错过最佳案件处理时机，优柔寡断也不行。我们的目标就是提高决策能力、决策水平、决策质量，确保决策正确。

会议到此就要结束了。各分行、各单位回去后要将会议精神向党委汇报，召开分行纪检监察工作会议，把这次会议布置的任务分解好、落实好。2016 年的工作任务很繁重，总行推进工作的力度会很大。总行党委对我们 2015 年的工作是比较满意的，对纪委、纪检监察条线也寄予厚望。党委书记王洪章同志在多个场合对我们的巡视配合、问责等工作给予了充分肯定。在新的一年里，我们要以高度的责任感、担当精神，按照中央的精神、总行党委的部署，按照王洪章同志的讲话要求，按照纪委工作报告的部署，把任务完成好。

谢谢大家！

在 2016 年总行巡视工作动员会上的讲话

朱克鹏

（2016 年 4 月 5 日）

同志们：

根据党委决定，2016 年总行要对 29 个单位和部门的党组织进行巡视、巡察；同时，巡视要从业务巡视全面转变为政治巡视，任务十分艰巨。在大家出发之际，我代表总行党委和总行巡视工作领导小组做一次动员，传达中央有关精神，并提几点要求。

一、深入学习贯彻习近平总书记系列重要讲话精神，坚决落实政治巡视要求

党的十八大以来，党中央从战略高度对党的建设进行新谋划、新布局，把党风廉政建设牢牢抓在手里，丝毫不放松、一刻不停歇。习近平总书记始终从党的历史使命出发，直面“四大考验”“四种危险”，作出反腐败斗争形势依然严峻复杂的判断，鲜明提出有腐必反、有贪必惩，反复告诫党风廉政建设和反腐败斗争永远在路上。习近平总书记系列重要讲话始终贯穿着党要管党、从严治党的深刻思想和明确要求，是我们做好工作的强大思想武器和行动指南。

巡视是党章赋予的重要职责，是党内监督的战略性制度安排，是全面从严治党的重要手段，也是非常有效的手段。十八大以来的巡视工作取得了卓有成效的成果，被查处的中管干部中 60% 左右是通过巡视发现的。党中央高度重视巡视工作，中央政治局常委会听取每轮巡视情况汇报，习近平总书记每次都发表重要讲话，对加强和改进巡视工作作出系列重大决策部署，确立了中央巡视工作方针，为巡视工作深入开展指明了方向。中央巡视工作的定位，从聚焦党风廉政建设和反腐败斗争、围绕“四个着力”，到聚焦全面从严治党、把纪律挺在前面，再到突出坚持党的领导、加强党的建设，着力发现违反政治纪律和政治规矩、选人用人问题，与时俱进，不断深化。强调的是政治巡视，不是业务巡视，更加明晰了巡视的定位，更加聚焦主责和主业。定位越来越高，要求越来越严，成效也越来越明显。2016 年 1 月 12 日，习近平总书记在十八届中央纪委六次全会上，进一步强调指出巡视是“国之利器、党之利器”，要以党的纪律为尺子，重点检查政治纪律

执行情况，着力发现腐败、纪律、作风和选人用人方面的突出问题，推动巡视向纵深发展。

王岐山同志在十八届中央纪委六次全会议报告中再次强调，巡视是政治巡视，不是业务巡视，要坚决贯彻中央巡视工作方针，认真执行巡视工作条例，紧紧围绕加强党的领导这个根本，以“六项纪律”为尺子，深化“四个着力”，重点发现党的领导弱化、党的建设缺失、全面从严治党不力等问题。他还特别指出；巡视的威慑力在于对发现的问题从不放过，要切实用好巡视成果，抓好整改落实，做到件件有着落。在2016年的中央巡视工作动员部署会议上，王岐山同志再次强调；巡视顺党心、合民意，要履行党章规定的职责，聚焦发现问题不动摇，为全面从严治党作出新贡献。

建设银行是党领导下的国有金融企业，是国家金融安全基石的重要组成部分，必须坚持党的领导，把党的纪律和规矩挺在前面，全面落实从严治党要求。我们一定要全面、系统、准确地学习领会习近平总书记系列重要讲话精神和王岐山同志的重要指示精神，坚定从严治党、从严治行的决心和信心，牢固树立政治意识、大局意识、核心意识、看齐意识，在思想上、政治上、行动上与党中央保持高度一致，坚决贯彻落实中央的要求部署，向政治巡视全面转变，在政治高度上突出党的领导，在政治要求上抓住党的建设，在政治定位上聚焦全面从严治党，使利器作用更加凸显，为建设银行全面推进党的建设、全面实施从严治行提供坚强保障。

建设银行各级党委和纪委在一手抓发展的同时高度重视党建工作。这次中央巡视对建设银行的总体评价是不错的，说明我行在贯彻落实党的决策部署上与中央保持一致，在抓党建方面做了卓有成效的工作，但同时也指出了一些问题：一些机构党的领导弱化，党的建设缺失，全面从严治党不力；党委主体责任落实层层递减；一些机构监督责任落实不到位，纪委执纪问责偏轻偏软；还存在组织纪律不够严格、落实八项规定不够到位、顶风违纪的问题，包括违规授信放贷背后隐藏利益输送、滥用职权或违规操纵谋取个人私利、财务乱象多等问题。若要深究细查，存在的问题确实不少。建设银行全面从严治党，全面从严治行，永远在路上，还有许多工作要做，巡视组担负着重要职责。

二、聚焦全面从严治党，坚持问题导向，全力种好“责任田”

从业务巡视向政治巡视转变，就是要紧紧围绕坚持党的领导这个根本开展工作，把焦点对准被巡视单位党组织的政治责任，对准党员领导干部的政治担当，对照“四个意识”找出差距，紧扣“六项纪律”发现问题。通过巡视，推动被巡视单位党组织坚定正确的政治方向，切实把管党治党的责任扛起来、立场硬起来、纪律严起来，把党的领导核心作用凸显出来；通过巡视，唤醒党员干部党章、党规、党纪意识，教育党员干部自觉践行廉洁自律规范，为推进转型发展注入强大动力。巡视组代表总行党委进行巡视，是政治巡视，不是业务检查。我们一定要有清醒的政治头脑和敏锐的政治鉴别力，绝不能把巡视组混同于业务检查组，把巡视报告混同于业务检查报告。要坚持巡视的政治方向，种好自己的“责任田”。

（一）要把“两个责任”落实情况作为巡视的第一重点

全面从严治党，必须围绕加强党的领导这个根本，解决管党治党失之于宽、松、软的问题。政治巡视的第一要务，就是检查被巡视单位党组织是否维护党章权威，执行党的路线、方针、政策和决议，是否存在党的领导弱化、主体责任缺失、从严治党不力等问题，督促其担负起管党治党责任。总行党委早在2014年10月、12月，分别印发了《建设银行落实党风廉政建设党委主体责任的意见（试行）》《建设银行落实党风廉政建设纪委监督责任的意见》，2015年出台了“两个责任”的考核办法，前不久又刚刚印发了“两个责任”的问责办法，已经形成了比较完善的制度体系，下一步关键就是抓执行。从严治党不是一句空话，中央提出全面从严治党，总行党委很快就提出全面从严治党、从严治行，但在具体落实中，从严治党、从严治行成了口号，说在嘴上，挂在墙上，写在文件上，没有真正落地，违规违纪仍然多发，偏松偏软仍然普遍。我们有的部门制定的规章制度缺乏权威性，执行不执行没人管，违规了要承担什么后果没人管，违规成本太低。

以后，谁出台规章制度，就要由谁负责制度的执行、落实、监督和检查，要对自己分管业务的合规问题负主体责任；合规部门作为推动执行的牵头部门，负责督促主体部门抓好制度落实。巡视组要加强检查被巡视单位是否将“两个责任”真正落实、压实。

一要查党委主体责任落实情况。要从政治建设、思想建设、组织建设、廉政建设、制度建设五个方面全面了解情况。重点检查领导班子研究部署党风廉政建设和纪检监察、巡视工作的情况，民主生活会情况，重大违规违纪问题查处情况，以及班子成员落实“一岗双责”和述职述廉的情况，看一看第一责任人是不是做到了“四个亲自”（重大工作亲自部署，重大问题亲自过问，重要环节亲自协调，重大案件亲自督办），其他班子成员是不是做到了“四个同步”（将分管领域的党风廉政建设与业务发展同部署、同落实、同检查、同考核）。

二要查纪委监督责任的落实情况。重点检查纪委贯彻落实中央、中央纪委及总行党委和纪委关于党风廉政建设和反腐败工作的决策部署情况，核查处置信访举报和案件线索的情况、执纪问责情况、组织实施巡视工作的情况，以及巡视移交问题线索处置和整改情况。重点要关注分行纪委特别是纪委书记敢不敢担当、“三转”到不到位、能不能聚焦主业、执纪是否存在偏轻偏软的问题。不敢担当，是纪委书记的致命伤，是不称职的同义词。如果在日常工作或巡视中发现分行纪委执纪偏轻偏软，要对纪委书记问责，轻则约谈，重则批评，再严重进行处理，要坚决纠正，不换思想就换人，纪委书记不能成为摆设。

（二）要以“四个意识”为标准，衡量领导班子和领导人员遵守政治纪律和政治规矩的情况

有8700万党员的党，领导有16亿人口的大国，“关键少数”靠什么引领大多数？王岐山同志说：“四个意识”是立场方向，是衡量标准。各级领导班子和领导人员只有牢固树立“四个意识”，带头走正路、干正事、扬正气，才能以上率下，发挥领导核心作用、战斗堡垒作用。检查一个班子及其成员“四个意识”强不强，我们既要听其言，更要观其行、察其效。一个干部既能做业务发展又善于做党建工作，是走向成熟的标志。有的干部只善于做业务经营，不知道党建工作从何抓起，这样的干部走不远、不成熟，不可大用，更不可重用。可大用、可重用的，是那种政治上强，具有抓班子、带队伍的能力，同时具有推动业务发展的能力的，这才是我们要用的好干部。

一要看是不是政治上的明白人。在错综复杂的形势下，能不能保持清醒的政治头脑，有没有正确的政治观念、坚定的政治立场；是不是经常、主动向党中央看齐，向党的理论和路线、方针、政策看齐；存不存在党的观念淡漠、纪律松弛、自由涣散、心口不一，甚至妄评乱议、信谣传谣的问题。我们分行的领导人员已经是较高级别的党员干部，更应该严格要求自己，时时处处事事，在思想上、政治上、行动上都与党中央保持高度一致，维护党的集中统一领导。

二要看守不守政治纪律、讲不讲政治规矩，能不能维护班子的团结、班子的权威。一把手是坚持“五湖四海”，还是拉山头，搞亲亲疏疏，只讲“一团和气”，不讲组织原则，面对矛盾“和稀泥”。班子成员有没有抱团化、“圈子”化，为了谋求个人利益，违规组织或者参加老乡会、同学会、战友会，拉帮结派，有的很隐秘，形成互相支持、互相提携的利益交换关系。巡视组要学会观察，观察一把手的政治素质和党性意识是否强、政治立场是否坚定，是否执行党的民主集中制，抓班子、带队伍的能力怎么样，还要看推动业务发展能力强不强；观察副职是否能够维护班子团结，是否支持一把手工作，是否在分管领域中推动业务发展和履行好“一岗双责”。

三要看贯彻中央路线、方针、政策和总行党委决策部署，是否坚定不移，不折不扣。在执行过程中是否存在选择性执行、选择性“耳聋”，是否存在认同的执行不认同的就不执行、理解的执行不理解的就不执行、喜欢听的就听不喜欢听的就不听。当前，做好巡视整改、促进“三个能力”建设、推进转型发展是全行的重大政治任务。转型发展是建设银行党委适应形势发展的需要、着眼于建设银行未来发展制定的一项非常重要和重大的战略举措，符合现代商业银行发展趋势，符合建行的实际情况。从战略实施的成效上看非常明显，初见成效，在某些领域、某些单位可以说已经大见成效。所以，我们要坚定不移地推进转型发展。巡视组下去，要重点看分行对中央巡视指出的问题认识深不深、整改措施实不实、整改得彻不彻底，对转型发展战略宣导是否有力、认识是否到位，对推进转型态度主动不主动、行动积极不积极。

四要看在经营管理中，能不能从全局高度把握方向、看待问题。是不是把加强党的建设、全面从严治党放在重要位置，突出和注重发挥党组织的核心地位和领导作用。管党治党有没有留下"印"、抓出"痕"，还是仅仅挂在嘴上、写在纸上。当局部利益与全局发生冲突时，能不能以大局为重，顾全大局。能不能够处理好坚持党的领导、加强党的建设与搞好经营管理的关系。我们在实际工作中，不要搞成"两张皮"，要"两促进"，抓党风廉政建设是为了促发展、保发展。

（三）要深挖细查组织纪律执行情况的问题

组织严密、纪律严明是我们党的光荣传统和独特优势，是我们战胜前进道路上各种困难和挑战的重要法宝。没有严格的组织纪律，党就会成为一盘散沙。加强纪律性，革命无不胜。建设银行战胜各种风险挑战、实现战略转型，同样需要各级党组织和党员领导干部，相信组织、依靠组织、服从组织，自觉接受组织安排，自觉维护班子团结，自觉接受纪律约束。巡视组下去，要重点从四个方面看这个问题。

一要看民主集中制执行情况。民主集中制是我们党根本的组织制度和领导制度，也是最根本的组织纪律。违反集中指导下的民主和民主基础上的集中，都是违反组织纪律的行为。比如，2015年巡视发现，有的分行党委会研究干部任免事宜，一把手先入为主，首先发言定调；有的分行党委召开会议，不恰当地扩大范围，总审计师、行长助理等非班子成员列席了所有党委会议，并参与了干部提拔任用等"三重一大"事项的决策表态。巡视中，一方面要着力查看一把手是不是独断专行，搞"家长制""一言堂"。背离了集体领导，放弃了民主决策，就失去了制约，决策的科学性也得不到保证，就容易造成重大失误，危害极大。另一方面也要注意查看相反的情形，就是只讲民主不讲集中。一把手不敢集中，不善于集中，研究问题一旦遇到分歧就不敢拍板，搁置放那儿，耽误时机，影响业务发展。这两种现象都是我们巡视中需要关注的，要通过查看记录、开展谈话来发现。

二要看组织程序和组织原则的遵循情况。领导班子和领导人员有没有越权决策、越权办事的问题。重大问题该请示的有没有请示，该汇报的有没有汇报。有没有不服从组织决定，或者擅自改变组织决定的问题。本行的重大问题、重要事项有没有按程序报告，案件和重大违规违纪事件有没有瞒而不报、压而不查、包庇违规违纪人员的问题。对个人婚变、购置不动产、重大投资、持有因私护照、因私出境、"裸官"等应当向组织如实报告的个人事项，有没有瞒报的情况，我们巡视到的单位要全部查。如果有，首先就是对组织不忠诚，还要进一步深究背后有没有更深层次的问题。

三要看选人用人情况。一支队伍战斗力强不强、心气旺不旺，选人用人是关键。选人用人方面的问题也是员工最为关心、来信反映比较多的问题。巡视组下去，要查会议记录、看决策过程、听员工看法，要一个环节一个环节查。对员工有反映、班子内有争议、群众公认度不高的干部，要一个一个去了解，看看有没有违规提拔、带病提拔、突击提拔、超职数超级别提拔的问题，有没有一把手个人说了算的问题，有没有任人唯亲的问题，有没有利益交换问题。对于破格提拔干部，有没有突破破格标准，有没有按规定上报。还要看重要岗位上有没有"裸官"，干部人事档案"三龄两历一身份"有没有造假。在员工招录、调动上，是不是符合规定，有没有违反亲属回避规定的问题，存不存在"近亲繁殖"、绕道进人的问题。

四要看干部队伍建设和员工行为管理情况。有没有宽、松、软的问题，有没有不会抓、不会管，或者不敢抓、不敢管的问题。有没有合规意识淡漠、只看结果不管过程的问题，特别是为了完成经营任务，暗示、默许甚至组织员工违规操作。

（四）要瞪大眼睛查找领导班子和领导人员遵守廉洁纪律方面的问题

我们的巡视对象是领导班子，重点是一把手，同时分行党委管理的正职干部也是关注对象。巡视是发现腐败问题最有效的手段之一。银行业发生的案件表明，银行也是腐败易发区，银行的领导干部也是被“围猎”的对象。实际上，银行的腐败案子还没有真正揭开。一方面与银监会对金融机构的监管考核体制有关系，各家银行能不出案子就不出案子，能不形成案子就不形成案子，把大量案子消化在基层，没有暴露；另一方面与金融机构的纪律监察体制有关系，各家银行是内设纪委，不是派出机制，很多查到的线索没有深挖细查。巡视中，我们决不能掉以轻心，一定要瞪大眼睛、拉长耳朵，及时查出问题，抓早抓小，绝不姑息养奸。

一要看是否存在以权谋私的问题。重点了解领导人员是否存在权钱交换、权权交换、权色交换、利益输送等腐败问题。具体看其是否干预和插手信贷审批、不良资产处置、基建工程、物品服务及 IT 采购等，从中谋取私利或进行利益输送。是否利用职权或职务上的影响，为特定关系人谋取不正当利益，搞权钱交易、权权交易。是否默许、纵容亲属或身边工作人员，利用其职权或职务上的影响谋取私利。是否收受、接受可能影响公正履职的礼品、礼金或宴请、娱乐活动等。是否利用职权或者职务上的影响，操办婚丧喜庆事宜，并借机敛财。是否存在利用职权侵占公物、报销应当由个人支付的费用等。

二要看是否存在违反廉洁从业规定的问题。重点要看是否存在违规从事盈利活动，包括以个人或他人名义经商办企业，拥有非上市公司的股份，从事有偿中介活动。违法放贷或在信贷业务中违规操作，帮助企业套取信贷资金或挪作己用。违规参与“飞单”业务、私售理财产品；充当资金掮客，违规参与违法民间借贷等。

（五）要拉长耳朵发现遵守群众纪律、工作纪律和生活纪律方面的问题

群众纪律、工作纪律和生活纪律执行中存在的问题，突出表现为“四风”问题。经过群众路线教育实践活动，尤其是经过中央巡视前后的自查、巡视检查、处罚通报，总体来讲，全行作风建设明显改进，只有极个别同志执迷不悟、糊里糊涂。习近平总书记强调，作风建设永远在路上，只有进行时，没有完成时。现在“四风”在面上有所收敛，但还没有绝迹，有的还出现了各种变异。巡视中，一定要把“四风”问题作为检查重点，瞪大火眼金睛，即便它七十二般变化，也要查出来，立行立改。

重点要加强对中央八项规定精神执行情况的检查。在这方面，总行党委提出了十项要求，总行相关部门又制定了一系列配套制度。巡视组一定要把这些制度搞清楚，包括住房问题、用车问题、招待费问题、出国出差问题，调查研究问题、文风会风问题等，都有明确的制度规定，要逐条搞清楚，逐一对照检查。比如，招待费的问题，要看一年花了多少、花在哪些方面、用得是否合规。存在疑问的，就要去查发票。对那些打着营销旗号或借口工作需要，吃吃喝喝、顶风违纪的，要严惩不贷。那些违规高消费、公款旅游或变相公款旅游、大办婚丧喜庆、违规发放福利津贴、违规取得持有使用各种消费卡（包括健身卡、会所和俱乐部会员卡、高尔夫球卡）等，都是“硬伤”，不要等到巡视结束后才处理，要立行立改，发现一起，处理一起，通报一起，并且越往后要越严，要形成震慑，持续保持高压态势。现在也给大家一次机会，凡是十八大后出现的“四风”问题，自己主动向组织说明情况，承认错误，在党委民主生活会上做检讨，将从宽处理，原则上批评教育；但如果在自查自纠中不向组织说清楚说明白，一旦被查出，必须从重处理。

对其他“四风”问题，包括那些急功近利、搞短期行为，只重形式、不讲实效，弄虚作假甚至欺上瞒下的形式主义做法；那些高高在上、颐指气使，扯皮推诿、不担当、不作为的官僚主义习气；那些小富即安、不思进取，铺张浪费、讲究排场，有损行风、有害家风的享乐主义和奢靡之风问题，以及办公大楼装修、用房超标等问题，都是巡视组关注的重点。要发挥巡视利剑作用，破除庸俗习气，推动建设银行党风、民风、行风向上向善，为全行转型发展营造风清气正、积极进取的良好生态。

（六）要注意检查和揭示重大的潜在风险和案件隐患

我们要注意，巡视检查这方面的问题，与一般的业务检查、审计检查还是有所不同。巡视要查的是性质严重、影响恶劣且可能涉及领导人员职务腐败的重大风险和案件隐患，并且重点要查的是违规背后的违纪问题，就是要看背后是否隐藏利益输送、违纪违法的问题。新的188条已经下发，巡视组要看分行有没有严格执行。我们对这些违规违纪、损害建设银行利益、搞利益输送谋取私利的，一定不能手软，一定要打到痛处，摘乌纱帽、开除行籍，形成震慑。

三、落实责任，群策群力，让利器更利

全面从严治党，靠全党，治全党。巡视制度要发挥党内监督的利器作用，需要依靠党委的坚强领导、领导小组的组织谋划、巡视组和巡视办的扎实推进、有关部门和单位的支持协作，需要各个相关方面担当责任，通力协作。

总行党委一直以来高度重视巡视工作。巡视工作条例颁布后，总行党委组织全行认真学习，深入贯彻。修订了《建设银行巡视工作规定》，印发了《加强和改进巡视工作的意见》，为全行深入开展巡视工作提供了制度遵循和行动指南。同时，在领导推动、体制保障、人力支持等方面，为巡视工作创造了很好的条件。洪章书记每批次巡视都亲自听取汇报，对重点问题都提出具体意见；还发表署名文章《坚守责任担当，用好党内监督利器》，亮明了总行党委深入开展巡视的鲜明态度和坚定决心。

巡视工作领导小组代表党委履行领导巡视工作的职责，要切实做好组织实施工作。一要认真贯彻落实中央部署和总行党委要求，立场鲜明地支持巡视组、巡视办大胆履行监督职责，及时听取巡视工作汇报和巡视情况汇报，研究解决巡视中遇到的困难和问题，向党委提出意见建议。二要协调各方，在情况通报、协助了解、成果运用等方面，积极支持配合巡视工作，形成有效的监督合力。三要加强对巡视组的监督管理，严格要求、教育、监督巡视干部守纪律、讲规矩，依法依规开展巡视。

巡视组是党委的“千里眼”“顺风耳”，要坚决贯彻党委管党治党的鲜明意图，体现党委全面从严治党、从严治行的责任担当。一要有清醒的政治头脑和为党负责的担当精神。牢固树立“四个意识”，在思想上、政治上、行动上，时时处处与党中央保持高度一致，忠诚履行党章赋予的神圣职责，不辜负总行党委的信任和员工的期盼。二要有科学的方法论指导。要善于运用辩证唯物主义和历史唯物主义，具体地而不是抽象地、系统地而不是片面地分析问题。三要坚持问题导向。唐代《文献通考》说：“御史为风霜之任，弹纠不法，百僚震恐。”巡视组就是要敢于动真碰硬，就是要瞪大眼睛发现问题、挺直腰板反映问题、板起脸来反馈问题，一出巡就要能够“动摇山岳”“震慑州县”。在巡视中发现的问题，不要等到巡视结束后再整改，要参照和学习中央巡视组的做法，在巡视期间立行立改，特别是“四风”问题，要开警示大会。我们同时要抓紧探索建立以发现问题为导向的巡视业绩评价制度，激励巡视组和巡视人员多查问题、查大问题，多提建议、提好建议。四要善于抓住重点，也就是要紧紧抓住被巡视单位党组织领导人员尤其是主要负责人这个“关键少数”，同时也要关注分行党委管理的下一级正职干部，突出盯住重点人、重点事和重点问题这“三个重点”。重点人就是十八大以后不收敛不收手、问题线索反映集中、群众反映强烈、现在重要岗位并且可能还要提拔使用的领导干部；重点事就是“四资一项目”，也就是在资金管理、资产处置、资源配置、资本运作和工程项目上反映突出的具体事项；重点问题就是重大事项决策、重要干部任免、信贷审批、大额资金使用等方面的问题。巡视不能“眉毛胡子一把抓”，面面俱到，要抓重点，抓薄弱环节，抓关键部位。五要有适应政治巡视的专业素质和专业方法。要用纪律的尺子去量、用纪言纪语去写，把问题坐实说透。2015年，中央先后颁布实施新修订的巡视工作条例、廉洁自律准则和纪律处分条例，为深入开展巡视提供了基本遵循和有力武器。六要有必要的效率观念，敢于和善于创新。全覆盖任务十分艰巨，2015年总行对两个部门做了巡察试点，效果很好，起到了作用，形成了震慑。建设银行的巡视工作总体来说还是新生事物，许多方面还不成熟，以后我们要不断总结经验，大胆探索创新，比如对省分行、直辖市分行以及一级分行对二级分行、直属分行的巡视怎么区别，这些都值得探讨。

巡视办是巡视工作的“参谋部”，要发挥好“统筹、协调、指导”的作用，当好领导小组的助手、巡视组的帮手，做巡视工作的“推手”。

一要及时向巡视组和分支机构党委纪委传达总行党委、领导小组的决策部署，并做好督办。二要及时组织制定巡视工作制度，扎好制度的笼子。三要做好每年、每批次的巡视计划，排好工期，统筹考虑，把握好节奏，协调好进度，确保全年巡视任务顺利完成。四要全程跟踪指导。要参加巡视动员和巡视反馈，将总行党委、巡视工作领导小组的要求原汁原味地传达到位。巡视期间要了解巡视情况，指导巡视组按规定的程序、方式开展巡视，及时解决问题、纠正偏差。五要做好支持保障工作，协调各方，及时为巡视组提供人力和物力支持、信息支持、专业支持和生活保障，使巡视组后顾无忧，能够全力以赴。

总行各部门，尤其是巡视工作领导小组成员部门，要积极支持配合巡视工作。巡视工作任务很重，需要群策群力，尤其是组织人事、财务会计、监察、审计、风险管理、信贷管理、内控合规等巡视工作领导小组成员部门，要将支持配合巡视工作视为部门的当然职责，要进一步增强责任感和协同性，为巡视工作提供强有力的支撑。

四、被巡视单位党组织要从讲政治的高度，积极支持配合巡视组工作

做好巡视工作是巡视组和被巡视单位党组织共同的政治责任。巡视组依靠被巡视单位党组织开展工作，既是巡视工作的一项重要原则，也是巡视工作取得实效的重要保障。被巡视单位党组织领导班子及其成员应当自觉接受巡视监督，积极配合巡视组开展工作。

一要高度重视。对巡视工作重视与否，反映的是党的观念强不强，从严治党、从严治行的措施硬不硬，责任担当够不够。被巡视单位党组织领导班子和领导干部一定要端正态度，敢于直面问题，切实增强接受监督的自觉性，把巡视作为一次全面“体检”，与巡视组一起共同把巡视任务完成好。

二要坚决支持。要做好巡视动员，及时公布巡视工作任务，营造良好的监督氛围，引导、支持和鼓励干部群众，本着对党的事业负责、对建行事业负责、对领导干部负责的精神，围绕巡视任务，实事求是、客观公正地反映情况，支持巡视组深入了解问题。领导人员要带头守纪律、讲规矩，对妨碍、干扰、对抗巡视的行为，要依法依纪严肃处理，严肃追究责任。

三要积极配合。要成立专门的联络组，积极配合巡视组的具体工作，合理安排个别谈话，及时提供相关材料，保证信访渠道畅通，落实安全保卫措施，为巡视组顺利开展工作、全面履行职责提供必要的保障。

四要做好监督。信任不能代替监督。被巡视单位党组织既有自觉接受巡视监督的义务，也有监督巡视组的权利；不仅不能提供违规违纪的服务，还要监督巡视人员严格执行工作纪律和食、住、行等日常生活纪律。

五要强化整改。习近平总书记指出，巡视发现的问题，根本责任在于被巡视单位党组织；自己的问题必须自己“埋单”，不能发现问题后还当“看客”和“说客”。被巡视单位党组织是落实巡视整改的主体，主要负责人是落实整改工作的第一责任人，要真抓、实改、严问责。要把整改工作贯穿于巡视全过程。巡视前即知即改，巡视中立行立改，反馈后全面整改。对巡视指出的问题、反馈的意见，要扭住不放，条条过关，保证整改不落空、不走样、不拖延。要强化源头整改。整改不能局限于一时、一事、一人，要穷根溯源，举一反三，用制度堵漏纠偏，使整改成果固化为全行管党治党、管行治行的长效机制。要以巡视为契机，强化从严治党主体责任，切实把责任扛起来，纪律严起来，在全面推进转型发展中，发挥好各级党组织和党员领导干部的领导核心作用。

五、需要重点强调的几个问题

（一）要把问题导向作为巡视工作的根本方向

在我们加强对下级党组织领导班子和领导人员监督的各种方式方法中，巡视监督规格高、力量强、时间长、手段丰富，成果应用也较为充分，所以具有独特的优势和不可替代的作用，具有独立性、权威性和专业性，是一种非常有效的监督方式，但投入成本也比较大。2012 年总行有 2 个巡视组，之后逐年增加，2016 年到了 5 个。不算人力成本，仅差旅费等工作费用，2016 年就要投入几百万元。算一算经济账，这么大的投入，我

们的产出是什么呢？巡视的专责就是发现问题，形成震慑。如果发现不了问题，巡视就成了“纸老虎”，利剑就成了木头剑，那还不如不巡视。习近平总书记之所以把巡视称为“国之利器，党之利器”，就是因为巡视在从严治党、治国安邦中，发挥了重要的、不可替代的作用。建设银行在当前形势下，坚决从严治党、从严治行，派出巡视组也要发挥这个不可替代的作用，需要我们坚守责任担当，用好巡视利器。

我们一定要把问题导向贯穿于巡视工作始终，闻风而动，坚持哪里问题集中就重点巡视哪里、谁的问题突出就抓住谁不放。巡视准备要广泛搜集问题，带着问题下去，做到有的放矢，包括群众来信、审计报告、干部考察材料、个人事项报告等资料，都需要充分了解和掌握。巡视了解要瞪大眼睛发现问题，做到“五个不放过”：不放过违反“六项纪律”的重大问题，不放过干部群众反映强烈的突出问题，不放过以权谋私的腐败问题，不放过侵害建行利益的重大问题，不放过复杂、棘手、敏感的问题。巡视报告要如实反映情况，直截了当揭示问题。习近平总书记和王岐山同志说问题，从不遮遮掩掩，说得比谁都多都严，从严治党的紧迫感比谁都强。我们一定要向习近平总书记看齐，敢于揭短亮丑。只有找出问题，才能解决问题，促进工作，推动发展。对巡视发现的问题和线索，要分类处置，在条条要整改、件件有着落上集中发力，做到抓早抓小、标本兼治。

这里重点强调一下巡视报告。巡视报告是巡视成果的集中体现，要聚焦问题，如实反映问题，减少空话、大话、套话。要用纪律尺子衡量问题，用纪律语言描述问题，提出有价值的整改处置建议。巡视报告要有“真材实料”，揭示问题要一针见血，作出判断要依规依纪，提出建议要直指“病灶”。常规巡视的报告要围绕“六项纪律”和“四个着力”，全面反映被巡视单位党组织领导班子及其领导人员的主要问题、线索，并提出意见建议。专项巡视报告和巡察报告要突出重点，集中反映重点问题，提出针对性建议。对普遍性、倾向性问题，以及触及深层次矛盾和体制机制问题，要形成专题报告，深入分析原因，找准根源，提出治本之策和建议。专题报告内容要实、质量要精，要紧扣巡视重点。

（二）要严守纪律底线，做到忠诚、干净、担当

打铁还需自身硬。巡视组代表总行党委巡视，肩负着党委的信任和重托，是落实全面从严治党的“特种部队”。对“特种部队”就要有特殊要求。

一要做守纪律、讲规矩的表率。要严守保密纪律，做到守口如瓶，绝不能跑风漏气。洪章书记反复强调，巡视报告的内容，尤其是问题和线索，在总行党委作出决议之前，任何人不得透露，否则要严肃处理。要严守廉洁纪律。巡视人员要时时处处事事严格要求自己，模范遵守中央八项规定精神，绝不能让别人说三道四，更不能违法乱纪。要严格遵守巡视工作纪律，不隐瞒、歪曲、捏造事实；不超越权限，对重大问题、拿不准的事项，一定要及时请示报告。

这些方面，我们都有深刻教训。2015年就收到分行举报巡视组的来信，有的直接反映到中纪委。举报内容涉及公款旅游、超标准住宿等问题。经认真核查，与事实不符，但也说明群众监督很严厉，给我们敲响了警钟。试想一下，如果真的查准坐实了，会有什么样的后果呢？不仅巡视效果会大打折扣，而且会给巡视工作造成极其恶劣的影响，很长一段时期都难以消除。我们自己的腰板都挺不直，如何去监督别人？所以，信任不能代替监督，我们不能越界，不能触碰“高压线”。

二要做到忠诚、干净、担当。“天下至德，莫大于忠”，对党忠诚是巡视干部最基本的政治品格。没有忠诚，就没有干净，更不会有担当。不能说一套做一套，表面一套背后一套，做“两面人”。在工作中，要不断提高政治境界和思想政治水平，始终保持清醒的政治头脑，做政治上的明白人；要对党负责、对同志负责、对建设银行事业负责，忠于职守，扎扎实实把情况摸清，一五一十把问题说透。我们纪检干部担负着重大的责任，必须做到四个“对得起”：第一，要对得起组织，组织交办的任务、赋予的职责，我们要认真履职，对组织负责。第二，要对得起同志，我们一定要把问题查实查准，不能冤枉同志，不能伤害同志，更不能伤害无辜的同志，否则会戳伤大家的积极性。第三，要对得起建行，建行的兴衰与大家都有切身的关系。纪检干部是卫士，保卫着建行的健康发展，绝不允许有人损害建行的利益，损害建行健康的集体。如果对违规违纪事件都熟视无睹、置若罔闻，那就是对建行的极端不负责，就对不起建行的培养。第四，要对得起自己的良知。做人要出于善心，做事要出于公心，要按规矩办。岐山同志说过，严管就是厚爱。过去纪律抓得太松，才会出现那么多腐败现象，那么多干部出问题。我们要抓早抓小，动辄则咎，扯袖咬耳，让同志不犯更大的错误。个人干净是巡视人员的立身之本，是对巡视人员的底线要求。只有干干净净做人，踏踏实实巡视，才能不负重托，才能干成事、不出事。一定要怀有敬畏之心，如临深渊、如履薄冰，时时刻刻注意自重、自省、自警、自励，慎独慎微，用高于监督巡视对象的标准和尺度，来要求自己、约束自己。敢于担当是巡视干部的基本素质，不敢担当是不称职的同义语。巡视不能"只想栽花，不愿种刺"。发现问题不能做"老好人"，要坚持原则，挺纪在前，要有正义感和是非感。

（三）要把提高发现问题的能力，作为巡视工作基础建设的头等大事抓实、抓好

巡视制度能否发力、巡视利剑能否显威，很大程度上取决于巡视人员是否具备发现问题的能力，以及敢于担当的精神，这两个是最核心、最重要的。光有一腔热情不行，光有担当精神也不行，还必须具备能力。我们多数同志都是首次参加巡视，虽然业务素质扎实，但巡视经验不足。我们不能光看问题的表象，要看问题的实质，要有职业敏感性，这些需要在实践中不断摸索和提高。

在组织方面，一要加强政治培训。促进巡视干部坚定理想信念和政治立场，不断提高政治境界和思想政治水平，解决好"总开关""总阀门"的问题，把握好政治巡视的定位和方向。二要加强业务培训，内容要适应巡视工作实战需要，既要聚焦主业，也要兼顾银行业务知识。2016 年除了这次动员培训，还要根据情况针对工作需要和能力缺陷，进行专题培训和个别指导。三要实现巡视流程的标准化、巡视内容的定制化、巡视报告的模板化，促使巡视人员快速学习掌握巡视工作的基本方法、要求和技巧。在巡视人员流动频繁的情况下，保障巡视程序基本规范、巡视质量稳步提升。同时，通过"三化"，从技术上倒逼巡视工作聚焦问题，紧扣"六项纪律"，推动巡视工作转型。四要抓紧研究制定与巡视工作相适应的考核评价办法，对总行五个巡视组要考核，对一级分行巡视工作也要考核。把发现问题的多少、成果质量，作为衡量巡视成效的主要标准，调动、激励巡视人员查找问题的积极性和创造力。

在个人方面，一要抓紧学习。首先要吃透中央精神，做工作就不会偏离方向，学习习总书记在历次中纪委会议的重要讲话以及岐山同志所作的重要报告，这些都是十八大后纪检监察工作的指南；其次要结合实际学习，虚心向同事学、向同业学，向审计、监察等相关性较强的业务学，切实把中央精神落地，出台的政策、办法和制度才具有针对性、可操作性，才能取得实效。二要勤于思考。学以致用，把学到的知识运用到巡视工作之中，在实践中继续深化、提炼、感悟。

（四）要改进整改监督，用好用足巡视成果，让利剑作用更加凸显

王岐山同志指出，巡视的威力在于震慑，震慑来自真查、真收拾。栽树不结果实，树就白栽了；种田不打粮食，田就白种了。发现问题只是前提，解决问题才是最终目标。如果巡视成果不运用，发现的问题不整改，巡视效果就会大打折扣，"最后一公里"绝不能放松。但我们在实际工作中，对巡视整改方面跟得不紧。2012 年以来，总行一共巡视了 30 个分行、子公司和总行部门，但只对其中 3 个做过回访。2016 年，中央巡视杀"回马枪"，是不是又发现了很多问题？所以，我们也要认真研究，把这项工作抓起来。不重视整改、虎头蛇尾的习惯一定要纠正，深化巡视、整改监督一定要同步加强。

一要规范问题线索移交和处置。要做好分类处置。分行管的干部由分行纪委查，总行管的干部由总行纪委查，都要件件有着落、事事有回应。要严格审核，确保移交对象正确、内容完整、材料完备。要建立问题线索管理台账和责任清单，做到情况明、数字准、责任清。

二要严肃反馈巡视意见。要坚持"双反馈"。向主要负责人的反馈，除涉及其本人的问题，其他问题原则上都要反馈，促其切实担负起第一责任人责任，抓好班子，带好队伍；向领导班子的反馈，要严肃指出存在的突出问题，对落实“两个责任”、履行“一岗双责”提出明确要求。以后巡视反馈，我们要向中央学习，开反馈大会，与动员会规格一样。

三要加强整改监督。要对整改落实情况实行“双报告”“双审核”。被巡视单位党组织要在规定时间内向上级报告整改情况和主要负责人组织落实情况；巡视办要会同巡视组通过专项检查、“回头看”、书面审查等方式，审核评估整改效果。要实行清单管理与评价了结制度，对问题整改率达到100%、成效达到预期的，要记录在案，予以了结；对整改落实不到位、效果不明显的，要督促继续整改，持续报告；对短期内确实无法整改的问题，要说明原因；对敷衍塞责、整改不力的，要严肃问责。对那些问题出在分行，但根子在总行，或者带有一定的普遍性、趋势性，需要系统整改的，对总行主管部门也要抓住不放，限时拿出对策，组织全行整改。总之，我们做巡视工作，不做则罢，要做就要有始有终，善始善终，使违纪问题无所遁形，得到“现世报”，使不收敛不收手的收敛收手，使心存侥幸的知耻知止，使巡视利剑高悬，震慑常在。

同志们，巡视工作任务艰巨、责任重大、使命光荣。总行党委高度重视，全力支持。广大员工翘首以盼，十分期待。希望大家齐心协力，扎实工作，忠诚履行党章赋予的神圣职责，圆满完成总行党委、巡视工作领导小组交给的各项任务，为推动全面从严治党、从严治行作出自己的贡献。

谢谢大家！

在一级分行纪检监察部负责同志座谈会上的讲话

朱克鹏

（2016年6月3日）

这次在哈尔滨培训中心举办的培训紧密围绕“监督执纪问责”的日常工作，内容务实，针对性和可操作性都很强，从大家的反馈来看，培训取得了很好的效果。这样的培训今后每年都要办，而且要越办越好。刚才发言的同志提出了不少问题和建议，对我很有启发。这些问题主要有以下几个方面：

一是关于纪检监察特派员的职责定位和考核管理。纪检监察特派员占到全行纪检监察干部总数的一半以上，是推动和落实基层纪检监察工作的重要组织保障，目的是发挥“派”的权威和“驻”的优势，对派出的纪检监察部门负责。但从实际效果看，不少纪检监察特派员聚焦主业不够，在独立开展监督工作、及时发现并汇报违规违纪问题线索方面做得还不够。

二是关于违规违纪问题线索移交。纪检监察部门作为执规执纪机关，承担的是查处违规违纪问题责任人的职责。对所有问题线索，包括主动发现以及审计、合规或其他业务部门移交的，外部监管机构移交的问题线索都要按照“拟立案、初核、谈话函询、暂存、了解”的五类标准做好处置。建行有一支高素质的审计队伍，独立性很强。纪检监察部门收到的问题线索很多都是审计移交的。但目前来看，业务部门主动检查、认定并移交的问题线索还很少，个别部门不愿“家丑外扬”，对问题遮遮掩掩。

三是关于分行党委履行主体责任、支持纪委工作。个别分行在纪检监察部门考核、队伍建设、支持查处违规违纪问题方面，还有不少方面需要改进。

四是分行纪检监察部门在履行监督执纪问责职责方面，偏松偏软问题仍然十分突出。针对大家提出的问题，总行将归纳整理，逐一研究解决。

做好全行的纪检监察工作，我认为要重点抓住“三个人”，用好“三个办法”。一是抓党委书记。这是党风廉政建设的第一责任人、主体责任的第一责任人，做好纪检监察工作不可能离开党委书记的支持。要用每年的主体责任考核评价办法进行考核，该表彰的表彰，该约谈的约谈，并全行通报，以此推动党委书记切实履行第一责任人的职责。二是抓纪委书记。这是纪委履行监督责任的第一责任人。既要协助分行党委书记具体抓好抓实党风廉政建设工作，又要领导分行纪检监察队伍做好监督执纪问责工作。在考核时，要将党委主体责任考核结果挂钩到监督责任的考核结果中，以此推动纪委书记专业、专注、专心做好本职工作。三是抓纪检监察部总经理。目前总行正在广泛征求意见的基础上，制定纪检监察条线年度评价办法，对各分行纪检监察部门的工作进行排名，帮助大家查找不足、改进工作。

关于全年的工作，王洪章董事长在全行纪检监察工作会议上已经做了重要讲话，我在会上代表纪委做了工作报告，在会议总结时又就如何抓好全年重点工作做了进一步部署，关于2016年工作的方向、目标、措施等都已经有了具体明确的要求，在这里就不重复了。今天，主要是借这次到黑龙江省分行、哈尔滨培训中心调研检查的机会看望大家，听取大家的意见和建议。下面，我结合大家提的建议，讲几点意见。

一、牢记职责使命，深入推进“三转”

作为纪检监察部门的负责同志，首要的问题是要搞清楚自己的职责定位。从党内来讲，纪委是专责的纪律检查机关，是党的忠诚卫士；从行内来说，监察部门是行内的执规机关，负责执行行内员工纪律，维护建行的利益。这就是我们的职责和使命。岐山书记对纪检监察工作内容作出精辟概括，就是六个字——“监督执纪问责”。纪检监察的全部工作，都应该围绕这六个字来做，要聚焦主业，与主业无关的工作要坚决退出，该移交的必须移交。如果我们能协助党委把党风廉政建设工作抓好抓实，就是对全行改革发展的重要贡献。因此，大家一定要牢记使命、明确职责、聚焦主业，坚定不移地做好“监督执纪问责”工作。

目前，有的分行监察部门还在承担轻微失范行为的积分管理职责。对于这个问题，洪章董事长在全行纪检监察工作会上已经提出要求，我也在不同场合强调过。轻微违规积分管理办法的设计初衷是很好的，目的是将积分作为员工合规教育的手段，合规部门、业务部门以及纪检部门都可以根据需要对本部门和本条线的员工进行积分教育，但积分处理绝不是一种问责手段，对此有的同志在概念上有所混淆。所谓的违规处理，是指按照新修订的《员工违规处理办法》（“188条”）所规定的情形，对违规员工进行处理，包括警告、记过、记大过、降级、撤职、开除这六种。对于构不成违规情形的员工轻微失范行为，合规部门或者业务主管部门可以采用通报批评、积分管理、扣减绩效、调整岗位等手段来进行教育和管理，这些不能统计到监察部门执规的口径中，更不能对违反行规应当给予处分的，用通报批评、积分处理等教育手段来代替。从目前掌握的情况看，有些分行在执规时仍然存在比较严重的偏轻偏软问题，对一些违规行为，甚至是违反从业禁令应当开除的严重违规行为，却采用积分、通报批评等方式处理，使积分管理成了逃避党纪、政纪处分的“避风港”“防空洞”。今后纪检监察部门不再承担积分管理的职能，否则《员工违规处理办法》就难以真正发挥作用，违规屡查屡犯的问题将难以得到有效遏制。

二、大胆执纪问责，唱好“三部曲”

2016年全行纪检监察工作的重点就是抓好《党纪处分条例》和《员工违规处理办法》的学习教育和贯彻落实，确保党纪行规在建行得到很好的执行。做好这项工作，各行必须唱好“三部曲”。

一是要瞪大眼睛、拉长耳朵，千方百计运用多种方式、多种渠道发现违规违纪问题线索。问题线索是执纪问责的源头，很多线索都隐藏在日常的经营管理之中，纪检监察干部不仅要积极接受有关部门移送的线索，更要善于主动发现问题线索。主动发现的第一个渠道就是信访举报。纪检监察部门一定要认真对待信访举报，按照线索五类处置标准，做好“拟立案、初核、谈话函询、暂存和了结”处理。对其中线索清晰、具有可查性的，要组织深入核查，做到深挖细查。对于干部确实存在违规违纪问题的，要把问题查实、查透；查无实据的，也要及时给干部一个交代，还干部一个清白。大家要不断学习线索核查方法，提高核查能力。对违反政治纪律、组织纪律、廉洁纪律、“四风”问题以及涉嫌利益输送等腐败问题的，要形成统一、规范的核查流程和要求，让大家知道应该怎么查、要查哪些点、要运用什么样的手段。有的同志提出，有些问题线索很难查实，这种情况可以采取谈话函询的方式，让干部自己讲清楚有没有这个问题。对一些非重大的违规违纪问题，如果本人能主动向组织报告、说明，对错误认识到位，认错态度好，可以从轻或者减轻处理。如果干部自己表示没问题，那要留下记录和签字，今后若查实则要从严从重处理。

做好信访举报的核查工作，及时作出回应，也有利于群众配合并支持纪检监察部门开展工作，如果群众写信反映了情况却得不到回应，或是核查时走走过场，群众就会渐渐对组织失去信心，群众监督这一重要力量便无法发挥作用。

信访核查要上调一级进行，统一由一级分行纪检监察部门进行，目的是减少核查时的人情羁绊等问题。副处级以上干部的问题线索要向总行上报，由总行根据情况组织核查，既可直接核查，也可安排交叉核查。目前，有几家分行参加了交叉核查，核查效果很不错，以后还要继续坚持这种做法。

主动发现的第二个渠道是巡视。巡视是党章规定的党内监督的战略性制度安排，是全面从严治党的重要手段。巡视要坚持问题导向，把发现问题、形成震慑作为根本任务。党纪方面，要坚持把纪律和规矩挺在前面，紧扣“六大纪律”，深化“四个着力”。行规方面，要关注被巡视机构是否存在重大违规问题、重大风险和重大案件隐患。岐山同志要求中央巡视组当好党中央的“千里眼”，总行巡视组也要当好总行党委的“千里眼”。现在，各家分行都成立了巡视办，设立了巡视组，配了很多干部，花了很大代价，因此巡视组的同志一定要敢于担当，真正能够发现问题线索，不能浪费全行宝贵的人力资源。

主动发现的第三个渠道是纪检监察特派员。全行纪检监察特派员共有一千七八百人，一定要用好这支队伍，充分发挥“派”的权威和“驻”的优势，把监督的触角延伸到基层。一段时间以来，纪检监察特派员的工作职责泛化、空化、虚化，承担了多项与纪检监察工作无关的职责，号称“八大员”，如上级决策的“宣传员”、思想政治工作的“指导员”、沟通群众的“联络员”、解决基层矛盾的“调解员”等。十八大以来，按照中央要求，纪检监察机关深入“三转”，聚焦监督执纪问责，“八大员”中有的工作就不是纪检监察干部该干的事了。比如，柜面合规检查、与员工谈心谈话等。纪检监察特派员不能“种了别人的田，荒了自己的地”。有些分支行违规违纪问题频发，而特派员看似每天工作忙忙碌碌，但发现的违规违纪问题线索却很少，甚至没有发现。有些分行还在开展特派员团队巡察，走马观花、蜻蜓点水，不仅发现不了问题线索，而且被巡察的单位感觉很不好，这种工作方式存在很大问题，要尽快停掉。

目前总行正在考虑出台意见，通过明责、考责和问责，推进纪检监察特派员回归主业，同时要给予特派员工作手段，如对财务报销凭据的检查、公车使用情况的检查等。要明确纪检监察特派员对驻在单位违规违纪线索应当发现没有发现就是失职，对发现违规违纪线索不报告就是渎职。特派员的职责不仅是发现问题，而且要及时向派出纪检部门汇报，绝不能隐瞒不报。

主动发现的第四个渠道是主动检查。把纪律和规矩挺在前面，就要在抓早抓小上狠下工夫，治病于初萌，防患于未然。抓早抓小，前提是早发现。因此，纪委要主动作为，提高主动发现问题的能力。听到有关问题线索的反映，可以组织专项检查、专项巡视。

同时，要探索建立顺畅的问题线索移交机制。目前审计移交的问题线索量很大，我们要逐一做好处置，但其他部门移交的问题线索很少。此外，对于合规部门、其他业务部门、外部监管机构移交的问题线索，也要做好核查和处理工作。

二是要严格按照《纪律处分条例》和《员工违规处理办法》，严肃认真地量纪量规，做到不枉不纵。纪检监察部门是全行执规执纪机关，纪检监察干部一定要把《纪律处分条例》和《员工违规处理办法》这两个文件学好用好，吃透精神，准确理解和把握政策界限。《纪律处分条例》是党中央在新形势下推进全面从严治党的重要制度文件。《纪律处分条例》坚持纪法分开、纪在法前、纪严于法，明确了“六大纪律”，开列了“负面清单”，对党员特别是对党员领导干部的要求更严，充分体现了党要管党、全面从严治党的要求。“188 条”是我们行内的重要规章，体现了总行党委从严治行的一贯思路，为全行员工明晰了合规与违规的边界，设立了各级管理人员和从业人员不可触碰的底线。2016 年，抓好《纪律处分条例》和“188 条”的学习教育是纪检监察部门的一项重要工作。总行正在组织开展《纪律处分条例》和“188 条”的教育宣传活动，各分行要抓好推动落实。

新修订的《纪律处分条例》中专门设置了对抗组织审查的处分条款，对主动交代问题、挽回损失、消除不良影响或者有效阻止危害结果发生的，可以从轻或者减轻处分。“188 条”里也明确要求，对阻挠、抗拒调查的，要从重处理；对积极配合调查、主动纠正错误的，可以从轻、减轻或者免于处理。今后，纪检监察部门在对干部员工进行调查之前，首先要向被调查人说明政策，言明纪律。有的干部被查到问题以后，能够认识到自己的错误，愿意改正错误，主动挽回或弥补损失，可以从轻或减轻处理。有的干部对错误认识不到位，不配合组织调查，甚至弄虚作假对抗调查，说怪话、发牢骚，对这些不配合甚至对抗组织审查的行为要在量纪量规时予以考虑，从重或加重惩处。

分行纪检监察干部要大胆执规执纪，分行党委书记作为分行党风廉政建设第一责任人要支持纪委大胆执规执纪。分行班子成员如果存在打招呼说情，或是施加压力的情况，分行纪委可以向总行汇报。如存在打击报复的行为，总行将严肃查处，绝不允许违规干预监督执纪问责、打击报复纪检监察干部的情况发生。

三是通报典型案例形成震慑，举一反三，完善长效管理机制。查处违规违纪问题后，要定期分类集中通报，通过个别干部违规违纪被查处的真实身边案例，形成震慑，警示身边的干部员工遵纪守规，从而遏制违规违纪问题的增量，发挥“惩处一个，教育一片”的作用。在营造“不敢”氛围的同时，还要强化“不能”。纪检监察部门和巡视部门要用好纪律检查建议书、监察建议书和巡视专题报告，及时向党委或相关职能部门报告或提示执纪、执规和巡视中发现的制度或机制漏洞，提出改进建议，扎紧制度笼子，这就是纪检监察部门履行监督职责，促进和保障全行经营发展、创造价值的重要体现。

三、改进作风，狠抓落实

目前，总行在听取分行纪委阶段性工作汇报，要求围绕现阶段监督执纪问责的重点工作，用具体的数据和案例说话，实事求是地汇报哪些工作做了，取得什么效果；哪些还没做，后续如何推进。同时，总行已经完成了 2016 年分行党委主体责任和纪委监督责任的考核工作，并会根据考核结果进一步优化 2017 年的各项考核指标。

要围绕监督执纪问责合理设计考核指标。比如，如何评价纪检监察特派员的工作，我认为就是要看特派员发现并且报告了多少违规违纪问题线索，对特派员考核的主要权重应该放在发现违规违纪问题线索的数量和质量上。如何评价巡视组的工作，也是要看他们有没有真正发挥“发现问题、形成震慑”的作用。同时，要尽量减少工作中的形式主义。比如，不能拿会议次数作为考核评价党风廉政建设的核心量化指标。在修订“两个责任”的考核方案时，对于一些基础性、程序性的工作权重要少一点；对于直接体现监督执纪问责工作的，比如案件查处情况、通报情况等，权重就要大一些；对于总行纪委鼓励的工作，如主动发现问题线索的情况等，如果做了就可以加分；对于总行纪委已经明确要求停止的工作，如承担积分管理工作，如果做了就要扣分。总而言之，考核的目的就是达到“让做的事必须做、不让做的事不能做”的效果，充分发挥考核的“指挥棒”作用。

对“两建议、一报告”不做数量上的要求，要实事求是，不搞形式主义，没必要人为凑数。比如，巡视中发现的一些问题在辖内具有共性，就可以给党委写巡视专题报告。在查处腐败和违规违纪案件时，如果发现了共性问题，就可以通过纪律检查建议书、监察建议书给相关部门提建议。比如，在查处干部利用招投标向亲友输送利益时，就要看在采购机制上是否有漏洞。如果有，就可以向采购部门提建议，把问题的表现形式、发生部位、违规违纪手法讲清楚，提醒采购部门采取针对性措施，堵塞制度漏洞。“两建议一报告”不要求数量，一定要务实、管用，体现出针对性和实用性。

四、敢于担当，有所作为

做好纪检监察工作必须敢于担当。这一点我是凡会必讲、凡会必提。大家在工作中面临的困扰、担忧和顾虑，我们都理解，并会采取措施逐步加以解决。比如，在违规违纪问题责任人处理上，总行将通过加强对党委主体责任的考核来杜绝说情、打招呼的现象。我到分行调研检查时，也会明确要求各级领导干部绝不要干扰、阻挠纪委办案，不准在执纪问责时说情、打招呼。还有大家担心受到打击报复的问题，总行纪委坚绝不会容忍这种情况出现，一定会给大家撑腰，一旦发现将严肃查处责任人。此外，关于纪检监察部门考核的问题，总行也在研究制定更加科学、合理的考核方案，为大家心无旁骛、全力以赴地投入工作创造良好的环境。

敢于担当，首先考验的是纪委书记。纪委书记一定要为人正派、办事公道，讲原则、有立场，讲政治、懂政策，敢于碰硬、敢抓敢管。同时，纪检监察部负责同志也要坚持原则，敢于担当、有所作为，不要成为“摆设”，为辖内的纪检监察干部作出表率。一方面，要通过理想信念教育、职业道德教育，让大家从思想上敢于担当；另一方面，要从工作机制、管理机制上采取相应措施，解决大家的后顾之忧。但是，无论怎么样，敢于执规执纪仍然是对纪检干部的一种考验，希望大家能够经得住考验，从思想上解决怕得罪人的问题，身在纪检监察岗位，就要敢于对触犯党纪、违反行规的行为大声说“不”，绝不能明哲保身，为了一己私利，损害了党和建设银行的事业。

中央巡视以后，总行党委对全行纪检监察工作提出了更高、更严的要求。大家工作压力大，工作量也大，工作十分辛苦。借此机会，我代表总行党委、纪委向战斗在一线的纪检监察部门负责同志和全行纪检监察干部，表示亲切的慰问和真诚的感谢！同时，也希望大家关心、关爱纪检监察干部，工作、生活上有什么困难，组织上要及时帮助解决，让大家感受到组织的温暖。我要讲的就这么多，谢谢大家！

在2016年总行部门巡察进驻动员会上的讲话

朱克鹏

（2016年11月11日）

同志们：

根据总行党委关于巡视工作的统一部署，总行党委第三巡视组、第五巡视组将于近日分别对总行董事会办公室、国际业务部、采购部、安全保卫部四个部门开展巡察。今天，专门召开四个部门的巡察工作动员会，我代表总行巡视工作领导小组做动员部署，下面就开展巡察工作讲四点意见。

一、深入学习贯彻十八届六中全会及习近平总书记重要讲话精神，坚定不移深化政治巡视

这次对部门的巡察是在党的十八届六中全会胜利召开这个大背景下开展的。六中全会对全面从严治党做出战略部署。会议专题研究了全面从严治党的重大问题，这是党中央着眼于“四个全面”战略布局做出的整体设计，开启了管党治党的新征程。全面从严治党，是党的建设的新常态，是从严治党的新要求，“全面”涵盖了党的思想建设、组织建设、作风建设、反腐倡廉建设和制度建设各个方面，对于解决当前党的建设面临的一系列重大问题具有非常重要的现实意义，也为深化政治巡视提供了重要遵循和行为导向。我们要把学习贯彻六中全会和习总书记重要讲话精神作为首要的政治任务，与“两学一做”学习教育结合起来，学思践悟、融会贯通，切实把全面从严治党要求落到实处。

巡视是加强党内监督的重要方式，是全面从严治党战略部署的重要内容。党的十八大以来，巡视工作在坚持中深化、在深化中坚持，不断与时俱进，从一开始聚焦党风廉政建设和反腐败这个中心，围绕“四个着力”，到紧扣“六项纪律”，突出纪严于法、纪在法前，再到聚焦全面从严治党，深化政治巡视，定位越来越精准，工作越来越深入，作用越来越明显，彰显了巡视监督的强大威力。习近平总书记对政治巡视发表了一系列重要论述，先后提出了“三个根本”（加强党的领导是根本目的，加强党的建设是根本途径，全面从严治党是根本保障）、“三个政治”（政治高度上突出党的领导，政治要求上抓住党的建设，政治定位上聚焦全面从严治党）、“三向要求”（坚定政治方向、坚持问题导向、坚守价值取向）等重要思想。在六中全会上，习近平总书记进一步强调，深化政治巡视，聚焦坚持党的领导、全面从严治党，更加突出了党的领导核心作用，抓住了党的建设根本性、全局性、方向性问题。王岐山同志在十八届中央第十一轮巡视工作动员部署会上强调，政治巡视的重要任务，是坚决维护党的领导核心和党中央权威。我们要准确理解、把握政治巡视的本质内涵和精神实质，深刻领会十八届中央巡视工作与时俱进深化的内在要求，增强“看齐意识”，始终坚持政治方向，保持政治定力，真正把党的领导核心作用凸显出来。

二、强化党内监督，扎实推进巡视全覆盖

六中全会审议通过的《中国共产党党内监督条例》明确指出，巡视是党内监督的重要方式，并规定在一届任期内要完成巡视全覆盖。建设银行党委自2004年开展巡视工作以来，认真贯彻执行中央巡视工作方针，在实践中探索，在探索中完善。目前，总行对一级分行先后开展了2轮巡视，37个一级分行对所辖二级分支机构已经全面开展巡视。巡视发现并推动解决了一批突出问题和深层次矛盾，为推动全行党风廉政建设和转型发展起到了重要作用。2016年初，为进一步落实中央巡视全覆盖部署，总行党委提出了“实现巡视全覆盖，全行一盘棋”的要求，将总行巡视范围由原来的一级分行、培训中心、境内子公司，进一步扩大到总行部门、总行直属中心和海外机构，并要求四年内完成全覆盖。

总行部门是全行的管理中枢，是司令部，肩负着对全行工作的管理、指导、监督之职，位置重要，权力集中。习总书记曾指出，权力越大，越要防止出现“灯下黑”。2015年，总行党委已经对两个部门开展巡察试点，发现了一系列问题，取得了很好的效果。2016年，按照年初巡视工作计划安排，借鉴中央的做法和经验，将采取“一托二”的方式，对总行董事会办公室、国际业务部、采购部、安全保卫部开展巡察，也就是一个巡视组同时进驻两个部门。

有的部门一听说要被巡察，心里就犯嘀咕——为什么要巡我们？有的琢磨是不是领导觉得我们有什么问题。在这儿特别跟大家说明，首先，巡视全覆盖是我们的硬任务，六中全会指出，党内监督没有禁区，没有例外。所以，巡视总行部门是制度安排，不是针对哪个人，更不是针对哪个部门的。其次，从以往巡视分行情况看，有些问题带有一定普遍性，比如党建工作意识淡漠的问题，在总行是不是也同样存在？一些部门领导认为“我只管业务，不管党建”，有的领导还提出“党建工作是机关党委和党口部门的事”。总行部门也是一级党组织，我们的领导干部不仅仅是部门老总，首先是一名党组织负责人。突出党的领导、加强党的建设，绝不只是对分行党委的要求，党建和业务如“车之两轮”，必须齐头并进。最后，多年来总行巡视分行发现，很多问题虽然发生在下面，但根子却在上面。有些是管理体制造成的，有些是政策安排的问题，但有些

问题分行多次反映，却多年得不到解决，部门各有各的说辞，然后就不了了之，甚至影响业务发展。推诿扯皮，不担当、不作为的官僚主义习气在总行部门还是存在。说到底，是本位主义作怪，缺乏大局意识和应有的责任担当。

此次对部门开展巡察，是党内监督向部门延伸和拓展的利器，是对部门加强党的领导、党的建设，强化全面从严治党、从严治行的政治体检和有力促进，充分体现了总行党委对四个部门的重视、信任和期望。希望各部门领导人员和党员领导干部以这次巡察为契机，认真学习贯彻六中全会精神，深刻领会总书记重要讲话精神，切实增强“四个意识”，特别是核心意识，充分发挥党的领导核心作用，强化全面从严治党、从严治行主体责任，为业务发展提供有力保障。

三、提高巡视政治站位，聚焦全面从严治党

这次巡察要充分体现中央六中全会精神。王岐山同志多次强调，政治巡视巡的是党组织和党员领导干部，要坚持以下看上，突出“关键少数”，透过现象看本质，这既是要求，也是方法。巡察将对照党章及其他党内规章制度，特别是六中全会制定的《关于新形势下党内政治生活的若干准则》和《中国共产党党内监督条例》，重点关注领导班子及领导人员；突出党的领导这个根本，抓住党的建设这个关键，聚焦全面从严治党这个重点，着力查找以下三个方面问题。

（一）是否存在党的领导弱化问题

加强党的领导，关键是理想、信念、宗旨的坚定性。首先要看领导班子及成员“四个意识”强不强，特别是政治意识，能不能从政治的高度认识和处理问题，是否具有坚定的政治立场和敏锐的政治鉴别力。最近，岐山同志在中央巡视动员会上讲到，在巡视国家机关部委时，很多同志不知道“两个责任”“四个全面”“五位一体”是什么内容，这都是党的观念淡薄的表现。二要看贯彻落实党的路线、方针、政策和总行党委决策部署是否坚定不移、不折不扣，是否存在有令不行、有禁不止、选择性执行等问题。以往巡视中发现，有的传达会议精神不及时，有的落实总行党委决策部署搞变通，有的执行指令态度不坚定。三要看领导核心作用强不强，领导班子是否坚强有力，班子的凝聚力、战斗力如何，民主集中制执行情况如何。民主集中制是我们党根本的组织制度和领导制度，也是最根本的组织纪律。违反集中指导下的民主和民主基础上的集中，都是违反组织纪律的行为。巡察将重点检查一把手是不是独断专行，搞“家长制”“一言堂”，或是只讲民主不讲集中、不敢集中、不善于集中等问题。

（二）是否存在党的建设缺失问题

坚持党的领导，关键在于加强党的建设。从以往巡视情况看，“重业务、轻党建”，党建工作认识模糊，党组织作用弱化，党员教育管理松散等问题较为普遍。巡察将结合“两学一做”学习教育，看支部党建工作情况。一要看党的组织是否健全。有的党组织不及时换届选举，支部书记、委员调走也不及时补选。二要看党的组织生活制度是否落实。党的组织生活是党内政治生活的重要内容和载体，要对照“新准则”检查“三会一课”、民主生活会和组织生活会、谈心谈话等制度是否得到有效落实。三要看支部的战斗堡垒和党员的先锋模范作用是否得到发挥。有的党员理想信念缺失，组织观念淡薄，党性修养缺乏，甚至有的党员一听说要补交党费就扬言要退党，这些都说明党组织软弱涣散，政治功能在弱化。分行极个别员工在网上发表攻击党和政府的言论，分行党委却长期不处理。巡视组发现类似问题，要督促立行立改，支部书记要树立抓好党建是本职、不抓党建是失职、抓不好党建是不称职的责任意识，加强党的建设，坚决防止“灯下黑”。对待这些问题的态度，也正是考验党员领导干部是否具有政治敏锐性、政治立场是否坚定。

（三）是否存在全面从严治党、从严治行不力问题

习近平总书记指出，全面从严治党，核心是加强党的领导，基础在全面，关键在严，要害在治。管党治党从宽松软到严紧硬是一个过程，不可能毕其功于一役。巡视组将深入了解各部门领导班子全面从严治党、从严治行情况，看是否做到真管真严、敢管敢严、长管长严。

一要看推进全面从严治党主体责任落实情况。对照《全面从严治党责任书》，检查部门领导班子落实“一岗双责”，特别是一把手履行第一责

任人职责情况，是否学习传达中央及总行有关全面从严治党部署和要求，是否把全面从严治党要求纳入本部门的总体工作部署，与业务工作紧密结合，并研究具体落实措施。

二要看选人用人情况。是否存在违反干部选拔任用规定的问题。总行大多数部门虽然没有人事任免权，但是有推荐权、用人权。巡察将重点检查部门是否坚持好干部标准和正确的用人导向，是否存在违规用人、“带病提拔”、跑官要官、买官卖官、不如实申报个人事项等问题。以往巡视发现，有的干部长期利用职务之便，吃拿卡要，对待这样的干部党委还不敢采取措施，处理不坚决，这样的同志在群众中怎么可能有威信，这样的干部怎么能用？巡视组对员工有反映、班子内有争议、群众认可度不高的干部，要一个一个去了解，坚决防止和纠正选人用人上的不正之风。

三要看廉洁风险。我们这几个部门，在日常工作中有决策权、审批权，有权力的地方就要有监督、有制约。巡察将盯住重点人（政治问题和腐败问题交织，不收敛不收手，问题线索反映集中、群众反映强烈，三类情况同时具备的是重中之重）；重点事（“三资一项目”，在资金管理、资产处置、资源配置和工程项目等方面反映突出的具体事项），巡视组要针对不同部门的不同权力，查“重点事”；重点问题（行政审批权、行政执法权、干部人事权和资金分配权等方面存在的问题），着力发现利用决策权、审批权等搞权钱交易、以权谋私、利益输送等问题，强化对领导干部权力的监督制约，切实防范廉洁风险。

四要看中央八项规定精神落实情况。从以往巡视情况看，被巡视单位违反中央八项规定精神、顶风违纪的“四风”问题依然不同程度、不同形式地存在。一些单位“四风”问题禁而不绝，甚至翻新变异。巡察将把落实中央八项规定精神作为关注重点，总行部门有没有吃拿卡要，有没有接受所辖机构的公款宴请，收受购物卡、加油卡、纪念币、纪念钞，以及烟、酒、土特产等行为，有没有借出差之机游山玩水，借培训之机变相公款旅游，有没有动用财务费用变相发放福利等问题。发现类似问题，要立行立改，发现一起，处理一起，通报一起，并且越往后要越严，要形成震慑，保持高压态势。同时，扭住“四风”问题不放，“新准则”对纠正“四风”提出了新要求。反对形式主义，重在解决作风漂浮、工作不实、文山会海、贪图虚名、弄虚作假等问题；反对官僚主义，重在解决脱离实际、脱离群众、消极应付、推诿扯皮等问题；反对享乐主义，重在解决追名逐利、贪图享受、讲究排场、玩物丧志等问题；反对奢靡之风，重在解决铺张浪费、挥霍无度、腐化堕落等问题。巡察要发挥利剑作用，推动建设银行党风行风向上向善，为全行营造风清气正、积极进取的良好生态。

五要看内部管理中存在的突出问题。重点看看领导班子和领导人员全局观念如何，能否从全局角度去思考解决条线管理、部门管理的现实问题；部门整体风气如何，员工精神面貌和士气如何；对员工行为管理是否存在宽松软，部门劳动纪律如何；是否注重关心员工切身利益、关注员工成长等问题。以往巡视发现，有的部门领导干部、员工长期迟到早退，干部离京也不向组织请假，不仅违反劳动纪律，还违反请示报告制度。

四、强化政治担当，积极支持配合巡察工作

下周开始，巡视组将陆续进驻各部门，开展为期一个月的巡察。做好巡察工作是巡视组和被巡视单位共同的政治责任。巡视组将依靠在座各部门开展工作，这既是巡察工作的一项重要原则，也是巡察工作取得实效的重要保障。巡察时间紧、任务重、要求高，希望各部门领导班子和各级领导干部切实增强大局意识、全局意识，积极支持配合巡视组开展工作，共同完成好这次巡察任务。

一要高度重视、充分信任。巡视是党章赋予的职责，是党内监督的战略性制度安排。对于建设银行来说，深入开展巡视，是党委落实全面从严治党主体责任的具体化，是从严治行、推动战略转型、实现持续健康发展的重要手段。每轮巡视，党委都给予高度重视，党委书记王洪章同志对每一个单位的问题都会作出点评，提出具体处理意见。总行巡视组受总行党委委派，肩负党委的权威和信用。各部门领导班子和领导干部要充分信任巡视组，强化自觉接受监督的意识，把巡察作为一次全面体检的过程，通过巡察进行自我监督、自我纠错，加强自身建设。

二要坚决支持、积极配合。巡视组的主要任务是发现问题，形成震慑，总行党委明确要求有重大问题应该发现而没有发现就是失职，发现问题没有如实汇报就是渎职。对巡察工作最大的支持，就是实事求是、客观公正地反映情况和问题，这也反映大家党的观念强不强、党性强不强、责任担当够不够。希望大家本着对党委负责、对建设银行事业负责、对党员领导干部负责的精神，围绕这次巡察任务，如实向巡视组反映情况，支持巡视组深入了解问题。领导班子成员和各级党员领导干部要带头守纪律、讲规矩，对妨碍、干扰、对抗巡察工作的行为，将严肃追究责任。同时，各部门要积极配合巡视组的具体工作，合理安排个别谈话，及时提供相关材料，保证信访渠道畅通，为巡视组顺利开展工作、全面履行职责提供必要的保障。

三要强化整改、狠抓落实。巡视组反馈的意见代表总行党委的要求，要透过现象看本质，分析问题的根源。习近平总书记指出，巡视要起到刹风作用，不能巡视了和没巡视一个样，要知错就改、“不贰过”，看到实质性变化。各部门领导班子是落实巡视整改的主体，要把自己摆进去，联系责任担当找到症结；部门主要负责人是落实整改工作的第一责任人，要真抓、实改、严问责，保证整改不落空、不走样、不拖延。整改要件件有着落，要贯穿于巡察全过程。巡察前即知即改，巡察中立行立改，反馈后全面整改。要强化源头整改，不能局限于一时、一事、一人，要穷根溯源，举一反三，用制度堵漏纠偏，使整改成果固化为全行管党治党、管行治行的长效机制。

四要做好监督。信任不能代替监督，各部门领导班子既要认真履行党章规定的义务，自觉接受巡视组的监督，也要积极行使党章赋予的权力，加强对巡视组的监督。希望大家配合巡视组落实好《巡视组工作人员纪律规定》等制度规定，帮助巡视组以良好的作风、严明的纪律认真履职，圆满完成总行党委交给的巡察任务。

在2017年零售业务旺季营销启动会上的讲话

朱克鹏

（2016年12月5日）

同志们：

本次视频会议的主要目的是部署2017年零售业务旺季营销活动，分析当前形势变化，介绍2017年工作思路。一年之计在于春，第一季度对商业银行而言是个人客户资金最充沛、金融需求最旺盛的时期，旺季营销的成效直接关系到全年经营的走势。下面，我讲几点意见，供大家参考。

一、2016年以来零售业务发展情况

2016年以来，全行零售业务条线深入贯彻落实总行党委部署，以全行战略转型规划为指导，奋发有为、攻坚克难、扎实工作，取得了可喜可贺的好成绩。一是全行贡献“半壁江山”地位凸显。前三季度，个人客户的经济增加值、人民币存款日均余额和中间业务收入三项指标全行占比分别达55%、48%和52%，个人贷款新增在全行贷款新增总量中占比83%。二是市场竞争力稳中有升。前10个月，个人人民币纯存款日均新增4704亿元，考核口径新增四行占比27%，继续保持四行第二。付息率1.61%，较上年下降43个基点；我行降幅四行最大，超越工行升至四行次优，较农行差距由上年的14个基点缩至4个基点。个人贷款新增7209亿元，个人房贷余额和新增保持同业第一，领先优势进一步扩大，资产质量和定

价水平均四行最优。信用卡客户余额 7389 万户，年内净增 796 万户，信用卡贷款不良率 1.38%，均居四行第一。人身保险、实物贵金属业务发展四行领先。三是客户经营成效良好。个人客户经济增加值 638 亿元，同比增长 36%。个人有资产客户余额 3.3 亿人，新增 2052 万人，增量创近 3 年以来同期新高。个人客户金融资产余额 9.5 万亿元，新增 7296 亿元。私人银行客户 5.7 万人，金融资产 7591 亿元，分别较年初增长 14% 和 22%。快贷业务客户 160 万人。手机银行、网银和微信银行客户分别达 2.2 亿人、2.3 亿人和 5008 万人，分别较年初增长 19%、11% 和 32%。四是重点产品快速发展。借记卡发卡新增 9042 万张，年内消费交易额 8.6 万亿元，同比增长 64%。信用卡净增发卡 1102 万张，年内消费交易额已近两万亿元。龙支付服务全面推广上市，基金、家族信托等业务创新成效显著，房改金融业务优势进一步扩大。五是新一代开发工作圆满成功。经多年奋战，个人客户综合积分、客户综合签约、客户关系管理、银行理财、证券、精准营销平台等多个项目全面上线，存款、借记卡业务系统成功在分行试点，为未来发展奠定了重要基础。

与往年规律相同，2016 年第一季度“金猴闹新春、建行伴新岁”旺季营销取得圆满成功，对全年经营成绩的贡献巨大。活动紧扣存款、客户和中间业务收入三大指标，打破思维定式，实现综合营销、移动互联和精准营销三大突破，着力拼抢代发、消费、理财、结算和县域等市场，成功实现“开门红”！2016 年旺季期间，个人人民币存款日均新增 4388 亿元，金融资产新增 4712 亿元，中间业务收入 116 亿元，在前 10 个月总量中占比分别达 93%、65% 和 40%。零售业务条线上下提前部署、精心谋划、全面发力、拼抢市场，体现出很强的战斗力和执行力。公司和资管业务条线、各子公司积极与零售业务开展联动营销和战略协同，财会、风险和科技等各部门在资源配置、IT 保障等方面给予了大力支持。我们深切地感受到，2016 年零售业务旺季营销的良好成绩是全行一盘棋、整体联动、发挥合力的共同成果。在此，我代表总行党委，向大家表示衷心的感谢！

二、2017 年旺季营销的形势

2017 年旺季营销面临的机遇和挑战并存，机遇大于挑战。旺季客户流和资金流密集、零售业务商机充沛的突出特征依然存在，宏观经济环境和国家政策也利好旺季营销。与此同时，客户需求、监管政策也有很多挑战。零售业务抓住旺季营销就把握住全年，全行必须继续高度重视，把我行旺季营销的优良传统保持下去，把这个全年经营的重头戏抓早、抓细、抓实。

（一）旺季是零售业务发展的黄金时期

从资金流看，2016 年第一季度银行业储蓄存款新增 35437 亿元，占前 10 个月新增总量的 81%；2013—2015 年三年间，该占比的平均值约为 76%，存款资金在旺季期间集聚的特征进一步凸显。从客户流看，消费旺盛，出行频繁。第一季度国内银行卡完成消费交易 79 亿笔、消费金额 13.4 万亿元，分别同比增长 31% 和 10%，特别是移动支付交易笔数同比增速高达 308%。2016 年春运期间，全国旅客发送数量达 29 亿人次，同比增长 5%，再创历史新高。从市场看，资本市场筑底迹象显现，“两融”余额已开始回升，2017 年第一季度基金、CTS 等业务可能有良好营销机遇。

（二）宏观经济环境和国家政策利好旺季营销

宏观经济环境和国家政策多方利好，零售业务发展的“春天”已经到来，2017 年旺季营销收获果实的“土壤”也将会更加肥沃。首先，经济结构变化带来新增长点。前三季度消费对 GDP 贡献 71%，同比提升 13 个百分点，消费经济增长主动力的地位进一步巩固。消费与零售业务关系最为密切，零售业务也将更多地享受经济结构调整红利。从其他维度看，前三季度与零售业务关系更为密切的服务业对 GDP 贡献 58%，2015 年高科技产业 GDP 贡献 55%。其次，社会财富增长带来新动力。截至 2015 年末，权威机构测算的国内个人客户可投资金融资产总额已达 113 万亿元，同比增长 24%，预计未来 3 年的年化增速可达 15%，明显高于 GDP 增速。再次，城镇化持续推进带来新客流。有研究测算未来 5～10 年国内城镇人口将新增 1.5 亿人。中央提出“促进约 1 亿农业转移人口落户城镇、改造约 1 亿人居住的城镇棚户区和城中村、引导约 1 亿人在中西部就近城镇化”，数以亿计农民将变为“新职工、新商户、新房东、新市民和新股东”，零售业务潜力客户群体持续壮大，支付结算、投资理财、零售信贷业务的市场需求更趋旺盛。最后，国家近期又陆续出台了《推动1亿非户籍人口在城市落户方案》《关于加大对新兴消费领域金融支持的指导意见》等利好政策，2017年旺季营销将有更大机遇和空间。

（三）2017年旺季营销同时面临多重挑战

一是客户需求日趋多元，必须敏锐跟踪和准确抓住新热点。前三季度，手机银行超过网银成为我行客户最大账务交易渠道，微信、支付宝依托二维码扫码技术，短期内快速占领市场，深度培育客户支付习惯，银行必须积极应对。二是多项监管新政策在旺季期间集中实施。比如《中国人民银行关于改进个人银行账户服务 加强账户管理的通知》《中国人民银行关于加强支付结算管理 防范电信网络新型违法犯罪有关事项的通知》。如何在支付结算新规则框架下经营客户、做实账户、壮大商户，将是2017年旺季营销的新课题。三是房地产市场进一步分化，地方调控政策频出，公积金制度调整加快落地，对住房金融业务经营提出更大挑战。

三、2017年旺季营销的目标和要求

（一）主要目标

根据旺季期间经营规律和全行转型发展需要，2017年旺季营销活动的主要目标有存款、贷款、中间业务收入和客户四个大类。较往年相比，目标更加积极，指标进一步优化。个人存款方面，全行日均新增计划4000亿元，较2016年计划提高33%；对分行的核心要求是新增四行占比，同时兼顾规模和增速，并对过往基础薄弱但旺季表现突出分行增设加分项。个人贷款方面，个人房贷新增四行第一，新发放贷款利率四行第一，快贷新增140亿元，公积金个人房贷新增500亿元。个人中间业务收入方面，计划为120亿元，较2016年计划水平提高50%，对保险、基金、贵金属、银行理财等重点产品提出积极的增速要求。个人客户方面，新设有效客户、龙支付客户和个人商户指标，其中有效客户新增计划350万人，较2016年第一季度实际增量提高近30%，龙支付客户新增计划1500万人，个人商户新增计划100万人。私人银行客户新增计划5534人，金融资产新增计划1014亿元。手机银行活跃用户新增计划2000万户。

（二）工作要求

2017年的旺季营销活动要把握零售业务营销规律，构建并依托零售业务营销体系，围绕客户、产品、渠道、服务、资源和队伍六大要素，把过往旺季营销中快速部署早启动、综合营销建生态、聚焦市场抓资金、加大投入聚合力等成功经验总结和发挥出来，重点抓好八项工作。

1. 抓客户，突出有效客户、个人商户和产品覆盖度。旺季对存款和中间业务收入的竞争，归根结底是客户竞争。2017年旺季期间，要大力拓展有效客户、龙支付客户和个人商户，大力提升客户产品覆盖度。

全力拓展龙支付客户、个人商户等新兴热点。龙支付客户和个人商户拓展是2017年旺季营销的新重点。要实现龙支付服务行内员工、新客户、手机银行客户和重点功能开通“四个全覆盖”，确保宣传到位、营销到位和责任到位。要快速做大个人商户规模。要龙支付商户先行，动员激励营业网点辐射营销周边专业市场和优质个体工商户，力争“一点一天一户”。要实现个人商户现金管理套餐跟进，总行已推出涵盖结算通、资金归集划转、聚财存款等产品的服务套餐，一键签约、实时销售，已上线分行要全力推广。要兼顾县域个人商户，依托“裕农通”APP平台，同步升级存量助农商户为龙支付商户。

大力提升客户产品覆盖度。旺季商机氛围浓、客户资金多，是交叉销售的好时机。要提升新客覆盖，主推涵盖4个基础产品、1个投资理财升级产品的“4+N”套餐。要提升重点产品渗透率，主打资产配置服务、实物黄金新品、小额保障保险等适销产品，提升保险、基金和贵金属产品渗透率。要提升重点客户覆盖度，运用数据挖掘和精准营销工具，抓未开立借记卡的信用卡、个贷、公积金等客户。要用好拳头工具，全面铺开“融易签”综合签约系统使用，为客户提供“一站式”、一键化体验。

抓好私人银行客户旺季营销。一是提升全行对私人银行业务的认知，凝心聚力加快发展，组织开展好业务巡讲、“客户推荐客户”、客群综合

解决方案应用等活动。二是拓展新客户来源，运用综合服务方案覆盖存量客户，狠抓客户保有和精细化管理。三是增加投资理财产品供应，加快推广家族信托业务，做细做精非金融服务。四是确保私人银行专业团队服务模式和“私人银行客户经营五步法”执行到位。

2. 抓存款，用足用巧政策工具，狠抓旺季增存热点。存款的稳定增长对大型银行经营仍然具有支柱性战略作用，事关旺季乃至全年工作的势头和士气，必须聚焦核心、全力抓好。总行将陆续下达多项政策工具，各分行要用足用巧、全力增存。一是总行将把存款利率无起点金额、上浮30%差别化定价权授予目前尚未授权的所有分行，各分行要在管控成本的前提下，用好授权、应对竞争。二是总行将推出聚财3号等新产品，支持分行重点拓展代发、结算等优质客户。三是各分行要把大额存单作为资源工具，重点发行短期限产品，减少两年期以上大额存单发行，通过有限规模大额存单的滚动发行，吸引客户，沉淀低成本资金。四是总行已经下达交通、运输和建筑等重点行业农民工代发业务优惠政策，各分行要吃透精神、全面推广。

要继续狠抓代发、县域等增存重点。旺季期间代发客户众多、代发业务频繁，是拓展代发资金的大好时机。要进一步强化代发业务“一把手”工程定位，着力提升公司基本户、有贷户的代发业务覆盖率，丰富细化和全面推广代发客户综合金融服务方案。要依托新模式和新工具拓展县域存款，推广“裕农通”APP平台，拓展普惠金融服务点，重点吸收务工返乡资金、农户闲置资金和强县富镇小商户资金。

3. 抓产品，持续加大销售力度，增加中间业务收入。旺季期间资金规模充裕、资金流动频繁，要加大投资理财类产品和银行卡消费营销推广力度，增加中间业务收入。

加强保险销售。2016年中短存续期产品由于收益稳定受到客户青睐，旺季期间这些产品将集中释放额度，同时在旺季后将全面停售。要抓住这类稀缺优质产品释放额度的有利时机，将其作为回馈客户、吸引资金的重点手段，快速抢占市场、做大业务规模，为全年发展奠定良好基础。用好银行理财衔接资金。总行将力争薪享通代工专享、新客户专属和跨行资金挽留等重点产品四大行收益率领先，支持各分行承接产品到期资金、拓展优质客户行外资金。顺势大力销售贵金属。鸡年压岁金钞上市后营销成绩很好，要以此为契机，继续加强生肖、贺岁和收藏等热点主题产品销售，进一步做大易存金、账户金的客户规模和交易量。把握市场机会，加强基金营销。一手重点销售高收益集合计划、绝对收益、优质权益类和海外资产配置类等主打产品，一手依托基金健诊等活动提升服务水平。壮大银行卡消费规模。依托龙支付二维码支付等创新功能和云闪付等成熟模式，大力拓展餐饮酒店、服装休闲、百货商超重点场景，继续做大银行卡消费规模。

要重点依托电子银行渠道加强产品销售。一是开展电子银行渠道交易抽奖活动，拉动贵金属、外汇、基金等重点产品的线上交易规模。二是开展善融商务购物回馈活动，主推数码、家电、家居和食品等品类的“精专特优”促销活动，加大善融手机APP推广力度，加强快贷、信用卡分期产品的交叉销售。

4. 抓个贷，巩固房金业务优势，抓住消费信贷商机。一是突出品牌宣传，扩大个人房贷优势。以“要买房，到建行”品牌宣传和专业服务为抓手，做好个人贷款业务营销。一手房贷、二手房贷齐抓并进，一手房贷营销以优质楼盘、优质客户为重点，早投放、早收益，拓市场、提份额。二手房贷营销要“上量进位”，结合当地市场情况，综合确定重点城市，积极开展二手房贷营销。二是抓好服务和系统，巩固房改金融领先优势。以住房维修资金业务管理系统推广上线为契机，组建服务团队，加强营销推介。三是以快贷为龙头，推动个人消费贷款上量上规模。抓住“双节”有利商机，组织好线上、线下营销活动，打造营销热潮。要将快贷营销受理下沉到网点，实现线下渠道全覆盖，积极拓展代发工资、公积金缴存和善融商务等客群，提升快贷使用率。

5. 抓大数据应用，用好平台功能，扎实开展活动。一是要用好个人客户数据分析平台新功能，支持经营管理。各分行要积极使用跨行资金、第三方支付资金、CTS资金、大额消费资金和大额理财资金监控模型，运用新上线的精准营销执行成效报表，支持旺季营销的激励考核。二是要推广精准营销平台，支持营销活动。要重点开展代发工资细分、承接对公经营资金、保险资金主动经营客户、手机一族客户、产品覆盖“N+1”客户、临界个人有效客户和信用卡签约借记卡客户七大主题精准营销活动，配套有力措施，确保抓出实效。

6. 抓网点服务，实现营销成绩和客户满意“双丰收”。要巩固网点重要阵地作用，扎实开展好网点销售竞赛活动，力争实现系统推送商机柜员开口率100%。要做好网点对外形象统一新春包装，打造温馨大堂，营造节日气氛，烘托旺季商机。旺季既是市场营销的黄金时期，也是客户服务的尖峰时刻，全面考验银行网点服务能力。要一手抓营销，一手抓服务，确保实现“双丰收”。一是要通过增加窗口、充实人员、弹性排班等措施，增强网点服务力量。二是要充分发挥智慧柜员机在获取客户、挖掘商机和交易分流方面的突出作用，加强客流引导，提升办理效率，优化大堂环境。三是要高度重视风险防控。按照监管新规定做好投资理财产品销售“双录”工作，严格落实各项风控要求，严密监测各类风险环节，严禁逆流程操作、审核授权流于形式和代客交易等违规行为，严守风险防控底线。

7. 抓资源，加大投入力度，举起全行合力。充足的资源投入是开展好旺季营销的重要保障。各分行必须继续确保财务资源投入高于过往年度，继续确保各分行配套费用高于总行下达规模，特别要注重调动起各条线、各维度、各方面力量，举全行合力抓好旺季营销，提升客户、商户综合服务能力。一是凝聚公私联动合力。联动对公部门拓展对公基本户、有贷户、政府机关、事业单位和商贸市场，建立联动考核机制，制订联动营销方案。二是凝聚零售条线合力。注重发挥资产业务联动营销效应，因地制宜、多种形式地推出涵盖负债、信贷、网络金融和私人银行等全方位产品的综合服务方案。三是发挥子公司优势。各子公司要更加积极、主动地参与2017年旺季营销活动，拿出更多优质产品，满足优质客户需要。要优化产品档期、规律投放产品，集中研发能力和优质资源，提升产品的市场竞争力和品牌效应。四是凝聚分行间合力。劳务输入输出、学生回家返校、回乡探亲返程等不同客户链条上的各分行，要紧密协作、联动营销，扩大跨区域流动客户的服务覆盖面和资金承接率。各分行要积极借鉴兄弟分行旺季营销的独到打法和先进经验，形成行行争先、互相学习、“比学赶帮超”的浓厚氛围。

8. 抓队伍，突出数量、培训和考核。各级队伍特别是一线营销人员是开展旺季营销的核心力量。在2017年旺季营销活动方案中，总行在队伍建设维度加大了力度、拓展了宽度，将首次开展营业网点和客户经理业绩全行大排名，评选600个旺季营销先进网点、1000个优秀客户经理和1000个营销能手，给予人力费用、行领导签发表彰卡等多维度的激励。各分行要把总行政策全面传导至网点一线，营造氛围、鼓舞士气。要增加数量，旺季期间要重点配齐对私客户经理，重点补充金融资产20万元以上客户的专职客户经理人员。要加强培训，依托新上线的新一代功能，重点提升精准营销、综合服务、新客拓展和存量客户维护等核心能力。要严肃考核，一方面，严格落实总行政策和各分行细化方案要求，各级员工特别是一线人员考核结果必须与旺季业绩紧密挂钩，加大力度、严格执行；另一方面，对于旺季工作不得力、业绩表现与所处市场资源环境不相匹配的机构和个人，也要有相应措施，赏罚分明、鞭策后进。

四、2017年的初步工作思路

借此机会，最后我简单介绍一下2017年的工作思路。2017年，零售业务要深入贯彻落实全行转型发展规划要求，发挥零售业务全行经营“稳定器”“助推器”重要作用，进一步夯实发展基础、形成协同合力，进一步加快打造差别化竞争优势、塑造领先品牌，吃透市场、吃透政策、吃透同业、吃透客户，继续紧密围绕建设个人客户金融生态系统的核心目标，狠抓推动、狠抓落实，重点抓好六个方面的工作。

（一）聚焦客户经营，做实客户基础

要把深化客户经营、做实客户基础作为下阶段零售业务转型发展的核心要求。要对客户需求变化趋势保持高度敏感性，通过深入分析客群、分析需求、分析场景，以优质客户体验为目标，加强产品和服务一体化创新。要以客户为中心，提升零售条线内、业务条线间和集团母子公司三

个维度的协同效应，大力提升个人客户综合服务能力。

一方面，继续拓展新客户，做大资产总量；另一方面，要把做实基础摆在更加突出的位置。将更多全量客户拓展成有资产客户，将更多有资产客户培育为有效客户。一是进一步深化“三个并重”客户经营策略，加大对有效客户、存量客户保有率、新客户质量指标的考核和激励力度。为应对2017年中间业务严峻的增收形势，要全力做大保险、贵金属和基金等重点产品客户规模，以量补价、薄利多销，通过壮大坚实的客户基础来支撑中间业务收入的稳定增长。二是大力提升产品覆盖度。要进一步深化精准营销、综合签约、大数据支持和客群经营等工具应用，狠抓新开户、中高端、代发、个贷、信用卡和社保潜力客群，巩固2016年下半年以来加速提升的良好势头。三是全面发挥个人客户综合积分、综合签约和客户关系管理等新一代新系统的强大生产力，扎扎实实地开展一次全员培训，全面推广精细管理、精准营销和综合服务领域的先进应用案例。

为私人银行客户提供“我的银行”服务。一是要深化全行对私人银行业务作为全行战略业务重要性的认识，凝聚全行之力，加快转型发展。二是要加强创新，打造高价值、高内涵专属产品，做大做强家族信托、家庭办公室、全球资产配置等拳头产品服务，巩固“私享联联”“金管家”成熟产品优势。三是打造专业服务能力，提升市场分析研究、产品创新研发等专业化能力，推进客群综合解决方案实施，落地专业团队模式。四是拓展私人银行业务海外布局，针对海外资产配置、移民、留学、不动产购置等热点需求，进一步加强海外机构合作，丰富产品种类，提升服务能力。五是加快打造品牌，主打“建行私人银行您的专属银行”主品牌和“私享联联”等业务子品牌。六是紧盯北上广深等财富聚集效应明显的重点分行，快速实现突破。

（二）抓源头、强留存，巩固存款市场份额

跳出存款抓存款，跳出金融抓资金，巩固个人存款市场份额，力争新增居四行前两位。

狠抓存款增长五大源头。抓代发源头，要强化“一把手工程”定位，持续开展联动营销，继续大力推广“薪享通”服务方案，大力提升对公基本户代发覆盖率、对公有贷户代发业务覆盖率，壮大代发个人客户规模。抓县域源头，近年来县域低成本资金在个人存款新增中的占比持续提升，要以“裕农通”服务为抓手，深化与政府、事业单位和供销社合作，批量化拓展代发、社保和补贴等资金。抓个人商户源头，依托龙支付推广契机，快速做大商户规模和资金体量，加强专业市场拓展，丰富营销组合套餐。抓投资理财回流资金，加强银行理财到期资金承接，进一步优化CTS服务功能，加强保险、基金产品到期资金流向的大数据分析，运用分析成果推广衔接方案。抓外币储蓄资金，以新一代上线为契机，加大结售汇、国际速汇等业务市场推广力度。

强化三类重点资金留存。在存款增长源头竞争激烈情况下，改善“跑冒滴漏”、强化资金留存的作用已越来越显著。以2015年全行约2万亿元代发资金和1万亿元个人商户消费资金为例，资金留存率提高1个百分点，个人存款就能多增长300亿元。下一阶段要重点强化代发工资、个人商户消费和资本市场回流等三类重点资金留存工作。要加大对代发工资优质客户和低成本资金的资源投入，运用专属理财、费率优惠和增值服务等多种手段提升代发资金留存率。要对新增商户开展存款、理财、账户管理等产品的综合营销，实现更多银行卡消费资金体内循环，持续开展银行卡消费营销，做大消费流量，沉淀资金存量。密切跟踪和及时把握资本市场可能回暖的机遇，推出CTS客户专属产品，加强优质理财产品投放倾斜，畅通CTS账户和存款账户间的资金流动。

（三）全力推广龙支付服务，再造支付结算新优势

龙支付是打造个人客户金融生态系统的关键一招，也是再造我行支付结算新优势的核心载体。要尽快实现我行线下个人商户和线上商户龙支付受理的100%全覆盖，加快覆盖线下对公商户，充分挖掘行内现有对公客户特别是大型客户上下游企业和小微客户资源，聚焦商超、餐饮、旅游和交通等重点领域。加大客户拓展力度，建行员工全覆盖先行，存量电子渠道客户覆盖跟进。

要把宣传造势和品牌推广工作摆在更加突出的位置，力争把“龙行天下、支付无忧”打造成像“要买房，到建行”一样深入人心的领先品牌。要加强移动支付业务拓展，加快移动支付银行卡发卡，巩固领先优势。继续壮大支付结算生态圈，有效匹配和交叉销售各类金融产品，提升卡均贡献和活跃发卡占比。

要坚决贯彻落实央行《关于加强支付结算管理 防范电信网络新型违法犯罪有关事项的通知》政策要求，以高度的政治责任感和社会责任感，吃透监管要求、遵守监管规定，并以此为契机，优化支付结算经营策略，做实个人账户基础。一是吃透监管要求。重点落实账户实名制、转账、银行卡业务、可疑交易监测、紧急止付和快速冻结机制等核心要求。二是协同推进落实。各分行要成立分管行领导任组长的专职工作小组，各部门紧密配合，倒排时间进度，确保按期完成任务。三是加强宣传引导。要制定严谨统一的宣传解答口径，最大限度争取客户理解和支持，加强舆情监测引导工作，提前部署、提前预案、提前防范。四是深入研究分析，优化经营策略。要盘活存量客户，积极引导客户充分使用存量账户。要加强客户细分，对于代发工资、县域等重点客群，更多地争取客户开立我行Ⅰ类账户。要紧抓客户源头，在支付结算生态圈等领域大力拓展Ⅱ类、Ⅲ类账户。要增强客户黏性，加强金融IC卡行业应用拓展，通过深度融入客户的衣食住行场景，增强客户黏性，沉淀客户资金。

继续加快网络金融业务转型，巩固同业领先优势。一是深化移动优先，提升自主“获客、活客”能力，凸显移动渠道价值。二是加强资源整合，做大做强善融商务，全力拓展悦生活商户，丰富服务场景，做大缴费项目和缴费份额。三是深化协作共赢，创造“互联网+”服务客户新模式。四是深挖互联网场景服务，推动网络化应用。五是提升专业化服务能力，做好售前、售中、售后服务支持工作，全面提升客户体验。

（四）拓市场、强销售，增加中间业务收入

投资理财销售业务对零售业务利润增长和中间业务增收的作用将会越来越大。下一阶段，要保持产品销售收入的可持续增长，不能再依赖突发行情和少数产品，特别是不能再依赖少数客群，而是要着力扩大中间业务产品的客户覆盖面，从长尾客户、全量客户中挖掘增收潜力。

代销业务方面，保险要大力丰富销售场景，深化业务转型，重点发展小额度、高保障、定制化产品，将其打造成为像存款和借记卡一样大部分个人客户都配置的基础性产品，持续提升电子渠道自主投保和自助销售占比。基金要以资产配置为核心，做大客户规模，加快业务转型，加强优质权益、定增、绝对收益类、海外配置等优质产品销售，同时紧盯资本市场走势，加强偏股型产品销售，为客户捕捉市场回暖带来的收益。贵金属要坚持全量客户导向，加大建行金、微黄金、易存金等核心产品销售，做实账户金业务基础，壮大客户规模。

自营银行理财和子公司产品方面，银行理财产品要加大研发力度，强化客群经营，确保个人类产品规模较快增长，同时顺应监管新要求和市场新趋势，着力培育从客户资产配置的角度销售净值型产品的能力。要依托子公司平台紧跟市场趋势，做大信托、养老金、专户理财和私募等新兴业务规模，丰富子公司产品种类。要研究建立在总行统一管理下、重点分行灵活对接第三方公司的合作管理机制，快速引进产品，满足客户需求。

（五）全力巩固最大零售信贷银行领先地位

一是贯彻落实差别化信贷政策，推动个人房贷业务持续健康发展。要坚决守牢“要买房，到建行”特色领先优势，毫不动摇，强化提升。要树立大局意识，提高信贷计划和信贷政策的执行力，结合当地市场和政策实际，完善差别信贷政策，提高首付比例和定价水平，确保量价同业领先。二是抓好资金和系统，坚决守牢房改金融优势。顺应政策导向，加大资金归集，支持贷款投放，因地制宜地抓好住房资金稳存增存，强化有效承接和体内循环。要紧跟各地公积金中心信息化建设步伐，在科技系统和网络服务全面升级中巩固合作关系。三是运用创新思维推动个人消费信贷业务突破式发展。坚持做大做强快贷核心优势产品，进一步扩充专业化队伍，大力覆盖代发、公积金缴存、房贷和消费等客户群，提升潜力客户转化率，壮大快贷客户规模。四是加强风险管控，稳定资产质量。加强早期风险预警和逾期贷款催收，严控新暴露不良。进一步加大呆账核销工作力度，加快不良处置政策创新，加速推进不良贷款证券化项目的贷款处置。深化预警模型应用，加强综合授信功能在各流程环节的应用。五是全面推进个贷业务流程再造、楼盘大数据分析、住房贷款证券化等创新工作。

（六）增数量、优培训、强考核，壮大客户经理队伍

要围绕增加数量、优化培训和强化考核三个关键环节，做大做强客户经理队伍。要大力增加数量，千方百计先把规模做起来，打造一支数量充足的客户经理队伍。认真落实行领导夏季工作会讲话精神，依托智慧柜员机推广契机，优化前台人员的岗位结构，充实网点客户经理、产品销售经理等营销和服务岗位人员队伍，确保维护金融资产20万元以上客户的客户经理配置到位，分批逐步配足金融资产5万元以上客户的客户经理。要加快建立系统、规范和高效的客户经理培训机制，实行岗位资格、履岗能力和职业发展培训“三结合”，鼓励员工参加社会统一组织的资质认证，加快培养兼职师资队伍，推广《个人客户营销服务流程指引》。要狠抓客户经理考核，严字当头、多策并举，紧密与业绩挂钩。围绕选拔、培养、认证、聘任、使用、晋升、激励、退出等环节，规范客户经理岗位和职务管理，严格岗位任职条件和标准，常态开展选拔聘任工作，建立能上能下、奖惩分明、公平合理的客户经理职业生涯发展机制。

同志们，“CCB2020”战略转型已经迈入全面落地发力的关键阶段，零售业务发展也已进入了收官开门的重要时刻。让我们在总行党委的正确领导下，在各兄弟部门的大力支持下，开展好2017年旺季营销活动，全力以赴实现零售业务完美收官、亮丽开局，为全年业务发展打下坚实基础。

在案件防控和预防腐败联席（扩大）会议上的讲话摘要

朱克鹏

（2016年12月9日）

同志们：

今天召开案件防控和预防腐败联席（扩大）会议，主要目的是通报2016年以来全行案件情况，同时部署下一步案件防控和预防腐败工作，进一步加大案件防控和预防腐败工作力度，通过落实案防责任制，严防死守，齐抓共管，从根本上扭转案件多发态势。

一、清醒认识当前严峻的案防形势

近年来，总行党委高度重视案件防控和预防腐败工作，洪章董事长多次作出重要批示，指明了案件防控和预防腐败工作的方向和路径。全行上下共同努力，采取切实有力的措施，在降低案件风险、严厉打击腐败行为方面做了很多富有成效的工作，全行案件总量呈逐年下降的趋势。但我们也要清醒地认识到，在内外部环境的共同影响下，当前案件防控和预防腐败形势依然严峻复杂，特别是2016年案件数量出现了反弹，信贷、印章管理、柜面、采购等业务部位的案件风险较为突出。归纳起来，2016年发生的案件主要呈现以下四个特点：

一是案件数量较上年有所增加，涉案金额较高。2016年前11个月，全行发生了14起案件，已经超过上年全年的案件总数。尤其是第三季度以来，案件进入密集爆发的时期，陆续发生了6起案件。从案件类型看，2016年发生的操作性案件数量大幅增加，贿赂案件数量继续保持高发态势；从案件金额看，千万元以上案件达4件，较上年增长明显。

二是发案区域较为分散。与往年案件风险较

为集中的特点不同，2016 年有 9 家分行发生了案件，涉及面有所扩大，部分多年未发案的分行也发生了案件，个别分行连续 5 年都有案件发生。

三是案件涉及业务种类多，涉案人员范围广。2016 年发生的案件，既有贿赂案件，也有操作类案件，几乎涉及主要业务和产品，包括信贷、银行承兑汇票、柜面、印章管理等。操作类案件的涉案人员以经办岗位员工居多，如自助设备解款及维护岗员工、柜员、客户经理等；贿赂案件的涉案人员既有各级机构的负责人，也有分支行内设部门的管理人员，还发生了自 2009 年以来首次涉及一级分行负责人的贿赂案件。

四是涉案人追逐暴利和外部人员的拉拢腐蚀成为案发的主要诱因。在 2016 年发生的 8 起操作性案件中，涉案人涉及参与民间高息借贷、博彩赌博和高风险投资等追逐暴利行为的就达 6 起。同时，在经济下行期，社会资金较为紧张，一些贷款客户、供应商以及别有用心的不法分子为了获取银行资金或向银行转嫁风险，拉拢腐蚀我行员工，个别员工经不起诱惑而走上违法犯罪道路，类似案件 2016 年也屡屡发生。

二、当前案件防控和预防腐败工作中存在的主要问题

2016 年严峻的案件形势，表明我们的案件防控和预防腐败工作还存在不足，措施还不够严密有效，有效控制和降低案件风险仍面临一定压力和挑战。总体而言，当前案防工作主要存在“七个不到位”的问题。

一是思想认识不到位。总行党委始终强调，对案件实行“零容忍”，必须做到“三个坚持”“三个不放过”。但从近期信访核查和案件情况看，一些分支机构和部门的思想认识距离总行党委的要求还有很大差距，没有深刻认识到案件防控和预防腐败工作的重要性，不能直面案件防控工作中存在的问题，缺乏积极主动应对案件风险的正确态度。个别分行发生案件后，或是不报告、不移送，或是遮遮掩掩，推卸责任，或是与总行周旋，避重就轻、含糊其辞。究其原因，一是怕被问责，二是怕考核扣分影响业绩，有了这些“私心”，就把总行党委的要求置之脑后，导致个别案件失去了主动处置的先机，造成了风险和损失的进一步扩大，教训十分深刻。

二是员工法治、合规、纪律教育不到位。防控案件风险，必须抓好员工教育。要从思想上推动员工不想违规、违纪、违法，让大家知畏、知止。2016 年发生的案件，往往存在多名员工违规操作，一方面说明部分员工合规意识淡漠，纪律意识不强，风险警惕性不高。一些员工为了为取悦领导，或因不敢得罪领导而违规操作，给犯罪分子以可乘之机，自己也受到严厉处分。如 2016 年发生的数起涉及印章管理的案件，印章保管人员如果严格执行印章管理制度，用印经过审批、审查，而不是任由行长自行加盖公章，案件就根本不会发生。另一方面，个别员工法律意识淡漠，认识不到自己违规行为的严重性质，以致触犯刑法，锒铛入狱。这表明我们的法治教育、合规教育和纪律教育都还很不到位，存在员工教育流于形式、浮于表面的现象，达不到足够的警示和震慑作用。

三是违规违纪行为处理不到位。让触犯行规党纪的员工受到应有的惩处，是让员工守纪律、讲规矩的重要手段。“188 条”明确规定，对违反禁令的行为，处理档次只有开除一档。但个别分行对从严治行的重要性缺乏足够认识，对触犯禁令的行为不按规定条款处理，擅自从轻、减轻处置，甚至让员工“一走了之”。银行员工违反禁令却不被开除，该处分的不处分，该移送的不移送，造成负面的示范效应。个别分行习惯于出了案子就让员工辞职走人，其实是掩耳盗铃、自欺欺人。这种做法不仅掩盖不了风险，还会破坏制度的权威性，影响制度的执行效果。执规执纪偏松偏软还体现在对违规行为与轻微失范行为的惩处界限不清。积分处理针对的是轻微失范行为，纪律处分针对的是违规行为。但有些分行对违规违纪问题的核查认定不到位，事实不清、定性不准、避重就轻，对一些违规违纪行为采用积分处理，使积分成了逃避党政纪处分的“避风港”。

四是管理不到位。案件暴露的操作违规问题，一定要追根溯源到管理上，把管理上的问题解决好。2016 年的操作性案件中，大多数涉案人都是长时间多次作案。这些涉案人从小心翼翼到胆大妄为，积少成多，屡屡得逞。例如，某分行发生的员工参与民间借贷案件中，涉案人从 2008 年开

始，在长达8年时间里利用本人及其控制的建行账户，与24名出资人和用资人的建行账户发生资金往来，转入转出近千笔，累计金额近6000万元，可直到作案人自首，案件才得以暴露。8年中，如此大量、巨额的交易在建行系统内流转而没有被发现，并不是他的作案手段有多高明，而是管理者不尽职、不尽责，警惕性太低，管理漏洞太大。

在一些案件中，领导干部责任心缺失、风险意识淡漠、管理不到位的问题十分突出。比如，某分行发生自助设备解款及维护岗员工盗窃自助设备资金案件。二级分行多名员工曾多次向分管自助设备业务的财会部副经理反映涉案人存在异常情况，但财会部副经理根本不重视，没有采取任何措施，也未向上级反映情况。近期，二级分行在利用总行员工违规违纪典型案例通报进行警示教育后，员工受到触动，又向财会部经理反映问题，案件才得以揭露。这名财会部副经理对风险不敏感，对问题不重视，对员工反映的风险问题没有及时妥善处置，是典型的失职行为。

五是部门合规管理主体责任落实不到位。一方面，部门合规管理职责不清。有的部门认为合规管理只是合规部门的事，出了案件则把责任都推到基层。作为全行的条线主管部门，必须认识到自身承担的合规管理职责，本部门和所辖条线的合规管理工作都要抓好。另一方面，重制度制定、轻制度执行的问题较为突出。现在很多案件风险并不是制度缺失的问题，关键在于制度执行不到位。有些部门习惯于以出台制度衡量工作是否落实，认为制度出台了，措施就算落实了，工作就算完成了。这种观点是错误的。制度制定只是加强管理的第一步，后续的检查监督和整改措施都要跟上，让制度真正落地。这是合规管理的基本路径。

六是合规监督责任落实不到位。我们一定要把合规管理和案件防控的关系理清楚，抓合规就是抓案防，要把合规管理和案件防控结合起来抓，不能搞“两张皮”。内控合规部作为全行合规管理工作的牵头部门，对合规管理承担最终责任。洪章董事长强调的“合规管理抓同级”，就是要求合规部门负责监督各部门及所辖条线把制度执行好。近期发生的某支行原行长杨某某以建行分支机构名义对外提供担保案件中，案发支行近3年的用印远程监控录像缺失，但上级分行历经数次印章管理检查一直未发现，正是制度执行不到位、监督检查不落实而造成的管理漏洞，使得案件一直未能及时暴露。

七是案防责任落实不到位。从2016年案件发生情况看，案件防控工作责任没有落实是案件数量反弹、同质同类案件重复发生的根本性原因。一些部门对案件防控工作职责不够明确，对案件防控工作应该抓什么、怎么抓缺乏清晰认识和积极举措，部署案防工作的主动性有待提高，案防责任落实尚未完全融入具体的业务管理活动。

三、抓好案件防控工作，坚决遏制案件发生

各部门必须以高度的责任感，把从严治行的精神贯彻落实到案件防控具体工作中，保持对案件风险的高度警惕，认真履行条线管理职责，扎扎实实地做好本部门和所辖条线的案件防控工作。

（一）高度重视案件防控工作，警钟长鸣，常抓不懈

案件防控工作必须持之以恒，与时俱进，要适应银行经营的外部环境和内部变革，跟上产品创新、制度流程、管理要求和队伍结构的变化，不能有丝毫的麻痹和松懈。各部门要担当起案件防控的主体责任，坚持业务发展和案件防控两手抓、两手都要硬的原则，把案件防控、合规管理和业务发展同研究、同部署、同检查。

（二）加强法纪合规教育，筑牢思想防线

一是要重点抓法治、纪律和合规教育。法律事务部牵头负责法治教育，要让全行员工知法、懂法、守法，让员工牢记法律底线不可触碰。纪委牵头负责党纪教育，要让全体党员理解《中国共产党纪律处分条例》的内涵和要求，不触碰纪律的底线。内控合规部牵头负责合规教育，要让员工明确职业道德准则和行为边界，要会同纪委、监察部做好《中国建设银行员工违规处理办法》的教育宣讲，把17条禁令作为重点进行解读。各部门牵头负责本部门、本条线出台的规章制度的教育培训，必要时可以组织员工进行考试。

二是要重点加强警示教育。各部门及所辖条线要用身边事教育身边人，组织员工认真学习总

行通报的员工违规违纪问题典型案例。要进一步增强教育的生动性，综合运用警示教育片、体验式教育等形式，让干部员工心灵受到震撼，增强拒腐防变的自觉意识。

（三）强化合规管理主体责任，狠抓规章制度落实

一是要明确业务部门承担合规管理的主体责任。案件防控的关键是合规管理，合规管理最主要的目标是防范案件。每个承担管理职能的部门都有合规管理的职责，都要把合规管理和案件防控当成“分内之事”，看好自己的门，管好自己的人，履行好合规管理的主体责任。

二是落实合规管理的主体责任必须解决好制度执行问题。制度要具有科学性、可执行性、可操作性；制度印发后，要跟踪、监督、检查有关部门和分支机构的执行情况，并进行奖优惩劣。对违反规章制度的，要根据情节作出适当处理，比如批评教育、公开约谈、取消或降低业务授权等。要着力克服问题整改“头痛医头，脚痛医脚”的弊病，从根源上堵塞制度漏洞。

三是落实合规管理主体责任要从员工轻微失范行为管起。各部门要承担起对本部门及所辖条线员工进行教育惩戒的职责。对于违反制度规定但没有触犯“188 条”、不需要给予政纪处分的轻微失范行为，各部门及所辖条线要采取通报批评、积分处理、扣罚绩效、调整岗位、降低考核档次等处理措施，进行批评教育。对问题性质及情节较为严重、需要给予党政纪处分的，要及时移送纪委、监察部门核查处理。

四是必须加强对相关部门合规主体责任落实的监督。内控合规部作为全行合规管理工作的牵头部门，对合规管理承担最终责任。要以“制度建设抓条线，合规管理抓同级”为指导，加强与各部门的联动配合，做好对同级部门合规主体责任落实情况的监督、检查、评价、考核，为同级部门合规管理提供有力支持，发现问题要及时提示并督促整改。

（四）加大违规违纪行为处罚和通报力度，增强警示震慑作用

一是要严格执规执纪。纪委、监察部必须按照“严肃、严格、严谨、适度”的原则，严格依据党纪行规，根据违规违纪事实、情节和违规违纪人员的主观意图、悔过态度，进行定性量纪。对违反禁令的，一律开除；涉嫌犯罪的，一律移送司法机关处理。

二是要加大案件通报力度。凡是分行发生严重违规违纪问题和案件的，总行一律通报，点名道姓曝光，形成震慑。各分行也要对辖内严重违规违纪问题和案件进行通报，发挥警示作用。

（五）堵塞管理漏洞，扎紧制度笼子

一是要做好案件整改。各部门对本部门及所辖条线屡查屡犯的案件和违规违纪问题要进行自查自纠，对案件风险多发易发部位、环节和岗位，必须心中有数，研究根治的防控措施。案件发生后，相关业务管理部门要参加现场调查，从专业角度剖析案件，堵塞漏洞，加强管理。内控合规部牵头案件整改工作，要从完善制度流程、健全管理机制、增强技防能力、强化人员管理等方面进行彻底整改。

二是要不断完善制度。要始终把制度建设作为根本性、全局性问题来对待。内控合规部门每年要组织各部门进行制度重检，不断提高制度的有效性、可操作性、可执行性，进一步提高制度制定的水平。

（六）抓住重点部位、薄弱环节，实施精准治理

一是抓印章管理部位的案件风险治理。涉印案件游离于正常业务流程之外，常规的业务检查及监督难以发现。办公室作为印章管理的牵头部门，要切实履行印章管理的主体责任。要定期重检印章管理制度，解决执行中存在的难点，进一步明确印章管理流程，确定好岗位设置、操作要求、工作职责。要及时总结科技管章的经验，尽快在全行推广，利用技术手段对印章使用进行硬约束。

二是抓信贷业务领域的道德风险治理。信贷业务是道德风险最易发、最多发的部位，不仅可能发生在流程中承担岗位职责的人员身上，还可能发生在流程外对客户选择、项目定夺等关键环节具有影响力和话语权的领导干部和管理人员身上。2016 年发生的一些案件，倒查发现涉及贷款存在违规问题，必须以此为戒。全行要在 2017 年组织开展信贷业务领域违规问题专项治理，重点解决信贷业务严重违规问题，彻底斩断干部员工与信贷客户之间的利益链，防止道德风险。

三是抓采购业务领域的廉洁风险治理。采购部门权力很大，从事集中采购工作的干部员工很容易成为供应商“围猎”的对象。要严控单一来源采购项目，定期重检采购制度和采购流程，强化权力制约，减少流程中和流程外可能出现的人为干扰、暗箱操作等因素，提高采购透明度。要加强队伍建设，加强对关键岗位员工的教育、监督和管理。

四是抓柜面业务的内控风险治理。渠道与运营管理部要抓好柜面业务风险管控，把案件防控的压力和要求传导到基层机构，抓好贯彻落实。对“飞单”等突出风险，要继续进行强力整治，通过严厉的问责和通报，对全行员工形成震慑。

（七）做好“三清查”专项工作，持续释放执纪执规从严的信号

各部门要做好“三清查”自查自纠工作的政策宣传和教育引导，让员工主动、如实向组织报告问题，进一步加强员工从业行为管理，斩断银行员工与客户之间利益输送的链条。对主动申报和整改的，可以从轻、减轻处理或者采取批评教育方式；对不如实报告、欺瞒组织、遮遮掩掩、避重就轻的，以及2017年3月清理结束之后再发生的，要从严从重处理，直至给予开除处分；对党员，要依据相关制度给予党纪处分；涉嫌犯罪的，坚决移送司法机关。对员工违反禁令的行为，必须从严执规执纪。要向全行员工持续释放执纪执规越来越严的信号，让每个员工都知道“有案必查、违规必究、失责必问、触犯禁令必开除、涉嫌犯罪必移送”。

（八）严格报告制度，严肃报案纪律

银监会对报案纪律有明确规定，总行也有严格的制度要求。各部门及所辖条线在监督管理中发现严重违规违纪问题和案件线索的，要按照制度规定及时向相关职能部门报告。需要给予违规违纪人员党政纪处分的，要在接到报告的同时，及时移送纪委、监察部门核查处理。对发现属于银监会定义的案件风险的，各分行要认真按照银监会关于银行业金融机构案件处置三项制度的规定，及时上报总行，确保总行内控合规部能够在24小时内将案件（风险）信息报送至银监会。对于瞒报、迟报、漏报案件，甚至串通搞“封锁消息”的，“谁作出决定，谁承担责任”，要通过“一案双查”和严肃问责，杜绝有令不行、有禁不止。

（九）落实案防责任，齐抓共管，严防死守

要进一步健全总行部门案件防控和预防腐败工作责任制。做好案件防控工作必须建立各负其责、齐抓共管的责任机制，前中后台要共同发力，形成条块结合、联防联控的“立体防线”。各部门主要负责人要签署《案件防控和预防腐败责任书》，对本部门及所辖条线的案件防控工作承担第一责任人责任，严格落实案件防控工作的九项职责：一是合规廉洁教育之责。要加强对本部门及所辖条线的员工合规教育。法律事务部、内控合规部、纪委监察部各自牵头负责法律、合规和党纪教育，其他部门负责本部门规章制度的合规和警示教育，筑牢员工守法、守规、守纪的思想防线。二是完善制度之责。要健全本部门及所辖条线相关业务管理制度，建立流程环节明晰、岗位责任明确、风险管控有效的规章制度体系，扎紧制度的笼子；将合规管理、案件防控及预防腐败相关要求体现在制度中，减少违规操作、权力寻租的空间；定期对制度进行重检、修订、更新，及时完善制度，提升制度的科学性、合理性及可操作性。三是落实制度之责。要加强对本部门及所辖条线规章制度落实情况的监督检查，确保制度规定在各个层级得到有效落实，不断提高制度执行力。四是自查自纠之责。要加大对本部门及所辖业务条线自查工作的力度，严格执行检查责任制，不断提升检查效能；对检查发现的违规问题及腐败问题要进行深入分析，查找问题漏洞和风险隐患，及时纠正、有效整改、举一反三，切实防范案件风险。五是违规处理之责。严格员工轻微失范行为管理，综合运用提醒谈话、通报批评、积分处理、扣罚绩效、调整岗位、降低考核档次等措施，进行批评教育，做到问题抓早抓小、动辄则咎。六是报告移送之责。发现本部门及所辖条线发生严重违规违纪问题及案件线索的，要按规定及时向相关职能部门和上级机构报告；需要给予党政纪处理的，要按规定及时移送纪委、监察部门处理；涉嫌犯罪的，要移交司法机关处理。七是约谈通报之责。对案件风险突出、违规违纪问题多发或出现区域性、系统性风险的分支机构条线负责人，要进行公开约谈，指出问题，提出整改要求；发生案件和严重违规违纪问题的，要深刻反思，剖析原因，指名道姓，及时通报全行。八是配合查处之责。本部门及所辖条线发生严重违规违纪问题和案件线索的，要协助做好查处工作，如实提供有关情况，不得隐瞒包庇、弄虚作假、对抗调查。九是落实案防之责。要将合规管理、案件防控和预防腐败工作统筹规划安排，对案件防控和预防腐败责任层层分解，明确案件防控和预防腐败工作目标和主要措施，坚持重要工作亲自部署、重点问题亲自协调；要认真贯彻落实总行案件防控和预防腐败联席会议的相关决议及要求，加强管理及考核，推动案件防控责任制有效运行、真正落地。

同时，必须抓好案件防控责任制的考评和问责。内控合规部要把案件防控与合规管理的考核结合起来，合理设置考核指标，客观反映部门及所辖条线的案件防控工作成效。要坚持客观公正的原则，对案件相关责任人进行责任认定，做到有责问责、尽职免责。特别是对承担管理责任和领导责任的人员，要根据其是否履行相应职责、是否落实“九责”的情况，判断是否进行责任追究。

（十）做好案件防控工作职责移交，确保平稳过渡，不留死角

为落实银监会监管要求，总行党委研究决定，将案件防控工作牵头职责由纪委、监察部移交至内控合规部。内控合规部和纪委、监察部要做好案件防控工作的交接，确保案件防控牵头职责的平稳过渡和无缝衔接。

一是要做好向监管部门的沟通汇报。职责调整后，内控合规部要及时、主动向监管部门汇报，做好与监管部门的对接，争取监管部门对建行案件防控工作的支持。

二是要把案件防控作为内控合规部门的主要工作职责来抓，切实履行好牵头职责。要按照删繁就简、务实管用的原则，进一步修订完善案件防控工作制度，厘清相关报告路线、内容和工作要求。要提前做好季度案件防控和预防腐败联席会议的相关准备工作，会后要抓好各项工作任务的落实，并印发会议纪要。

三是要加强案件防控工作的条线管理。内控合规部门要及时把案件防控工作任务和要求传达到所辖条线，督促本条线抓实同级案件防控工作，履行好案件防控牵头职责。各分行要比照总行，建立健全包括案件防控和预防腐败联席会议制度在内的各项案件防控工作机制。

四是要部署好 2017 年全行案件防控和预防腐败工作。内控合规部要以坚决遏制大案要案发生、争取案件数量大幅下降为目标，把合规管理和案件防控有机结合起来，谋划好 2017 年全行案件防控工作。要围绕四个突出案件风险业务部位，针对风险多发易发部位环节，组织开展专项治理活动，最大限度消弭风险隐患。

CHINA 中国建设银行年鉴 2017
CONSTRUCTION BANK ALMANAC

第三部分　改革发展与内部管理

一、改革创新与业务发展

资产负债管理

2016年，面对错综复杂的经济形势和经营环境，资产负债管理部加强市场研判和业务分析，以党建促进各项任务的开展，较好地履行了自身职责，圆满完成各项任务。

一、加强计划管理及进度管控，有效推动结构优化和业务转型

1. 继续完善编制“大资产、大负债”计划，目标安排突出转型要求。计划实施效果良好，资产总额增长超额完成计划；综合化经营持续推进，多元化满足客户融资需求。2016年末集团资产总额突破21万亿元，比年初新增2.7万亿元，增速14.6%；集团负债总额19.4万亿元，比年初新增2.5万亿元，增速15.0%；12月末，本行和集团综合投融资业务分别新增9313亿元和9977亿元，增速均为24.5%，高于贷款增速14.5个百分点，超额完成年初计划安排。

2. 较好地执行宏观审慎管理（MPA）政策，资产运用统筹协调。央行MPA涉及的资本和杠杆、资产负债、流动性、定价、资产质量、外债风险、信贷政策执行等七大类二十项指标执行情况良好，全年广义信贷同比增速10.02%，各季度打分结果均符合管理预期；完善广义信贷管理体制，构建部门会商机制，重点支持的同业资产、债券投资和资管业务实现较快增长。

3. 贷款投放稳健有序，圆满完成管控目标。根据客户信贷需求及贷款储备情况，做好新增进度安排。通过主动压缩贴现和非存款类金融机构贷款新增、个人住房贷款证券化、贷款受益权转让出表等多项方式腾挪贷款规模，严格执行监管要求的同时，有效满足客户信贷需求。年度人民币贷款新增9469亿元，四行第一；个人住房贷款（纯按揭）年度新增8118亿元，增速29.3%，有效满足了个人客户合理购房资金需求。

4. 推动中间业务稳健发展，促进全行收入结构转型。2016年，全行克服宏观经济增速放缓、“营改增”等因素影响，中间业务保持稳健发展。全行（境内）实现中间业务净收入1225亿元，同比增速4.9%；其中，手续费净收入1137亿元，同比增速3.7%。还原税收“营改增”后，中间业务净收入增速8.7%，计划完成率100.2%；对全行收入贡献进一步提升。推动转型重点产品快速发展，收入结构持续优化。积极开展对标管理，加强业务监测分析。组织并优化经验交流及案例推广活动。提高中间业务精细化管理能力，加强服务价格管理。

5. 提升资本使用效率，夯实表外业务基础。2016年末，全行信用类表外业务加权风险资产新增601亿元，控制在年初计划之内；加权风险资产折算系数下降2.3个百分点，资本使用效率持

续提升；经济资本回报率上升超过 2 个百分点。完善计划管理和监测分析机制，提高资源配置效率。建立产品计划与宏观指标、区域环境、发展策略相匹配的计划管理体系以及常态化管理、关键时点管控相结合的监测分析机制，确保资源重点向资本占用低、收益高的产品配置。

二、加强定价能力建设，实施资产负债主动管理

1. 坚持量价平衡策略，支持分行自主定价，积极应对利率市场化。一是充分增加分行授权，培养自主定价意识，提升分行适应市场和客户的差异化定价能力。二是根据分行经营管理水平的不同推行差异化授权，同时强化定价评估与授权动态调整机制，整体授权及差异化授权调整 5 次，保证授权的松紧适度。三是放权的同时加强定价激励约束机制建设，通过奖罚转移收入引导分行理性定价。

2. 培育和提升定价能力，积极推行市场化定价理念和方法。一是全面推广综合定价理念和模型，37 家分行授权模块已全部应用上线。二是积极探索存款差异化定价，学习国际和同业先进经验，启动挂牌利率数据分析项目，研究以客户行为为基础的差异化定价模型。三是持续推进贷款基础利率（LPR）应用的深度和广度，扩大客户应用范围，增加监测分析及通报的频率，全年 LPR 贷款发生额累计占全部非贴贷款的 45%。

3. 加强利率和净息差（NIM）监测分析，实施资产负债主动管理。强化日常监测分析，利用监测报表体系及时跟踪业务进展，按月监测并通报分行，对重点产品提出政策建议并调整管理模式。

4. 持续优化内部资金转移价格机制，更好地发挥内部资金转移价格对业务的引导作用。一是优化调整金融市场部内部资金转移计价参数，更好地发挥内部资金转移价格的引导作用。二是将上海自贸区本外币内部资金计价方案由差额调整为全额，并完成相关系统改造，引导自贸区业务合理定价。三是对 2017 年 NIM、净利息收入及司库盈亏进行预判，调整部分产品内部转移计价方式及转移价格，平衡总分行利润。

三、深入推进资本集约化管理，继续保持资本充足率同业领先

1. 正式实施以经济资本为核心的计划管理体系，强化资本集约化理念。对分行实施信用风险经济资本增量计划管理，淡化规模管理。以经济资本回报率为核心配置经济资本，持续引导分行向资本占用少、资本回报高的业务倾斜。根据分行实际执行情况和市场变化情况，优化调整方案，提升配置效率。

2. 做好主动性和前瞻性管理，加强资本充足率计划管理和执行监控。一是深入推进资本集约化专题各项措施落地，加强资本充足率预测和计划监控，持续开展同业比较分析，保证资本充足率计量、报送和披露的准确及时。二是加强对总行金融市场和三大中心风险加权资产监控和管理。在努力保持资本充足率同业优势的同时，体现对全行战略性和重点业务支持。三是通过对计量规则深入研究，会同部门研究压缩资本占用措施。

3. 激励考核和精细化管理两手抓，努力推动分行提高资本回报意识。一是强化对分行监管资本节约考核激励，继续纳入等级行和 KPI 管理，并做好针对性指导。二是在分行层面大力推进资本精细化管理。三是梳理挖掘分行资本管理优秀经验，编写资债参考在全行推广，推动分行通过抓资本管理提升价值表现。四是成功组织厦门精细化经验推广工作。

4. 加强对子公司和海外分行资本管理指导，为春雨项目和多个重大并购项目提供支持。一是完成海外机构和子公司资本研究报告，系统梳理海外机构和子公司资本管理现状，提出下一步管理思路。二是草拟“海外机构资本管理办法”和“子公司资本管理办法”征求意见稿，明确对海外和子公司资本管理的原则和标准，确定增资、资本工具发行审批标准和流程。三是根据不同地区和不同行业资本监管规则，提出海外机构和子公司资本计划编制方案。

5. 积极推进境内优先股发行准备，做好第二支柱内部资本评估及国内外监管政策研究。一是完成报董事会优先股摊薄即期回报填补措施议案、承销商采购谈判、申报文件准备等各项准备，与监管部门开展积极沟通；顺利完成境外优先股首

次付息及内部董事会报批和对外公告。二是组织完成年度内部资本充足评估程序和报告，并在董事会审议通过后正式报送银监会。三是积极跟进国内外监管动向并开展前瞻研究。

四、坚持审慎的流动性管理策略，确保全行支付结算安全

1. 保持备付率合理，指标满足监管要求。人民币日均备付率0.97%，在同业中处于合理较优水平。外币日均备付率8.38%，同比下降1.94个百分点，控制在目标区间之内。流动性覆盖率120.27%，人民币流动性比例44.21%，外币流动性比例40.81%，高于监管标准。

2. 加强集团资金统一调度，提高集团资产收益水平。一是主动加强与央行和同业的沟通，灵活用好央行货币政策工具和市场融资工具。二是根据子公司的资金来源运用情况，加强对子公司资金支持，共支持资金296亿元。三是在外币资金相对充裕的情况下，灵活运用掉期工具，打通本外币间的资金融通渠道，调剂使用本外币资金。

3. 规范资金头寸精细化管理，增强资金来源运用预测准确性。一是施行目标头寸分级管理，将流动性风险由低到高分为四级，细化操作安排，有效应对关键时点大幅波动。二是规范日常操作流程，制定“每日货币市场资金操作指令规程”和“央行常用流动性调节工具操作规程”。三是增加日常资金头寸监控预测频率，完成大额资金明细查询系统改造，实现对每笔大额资金汇入汇出交易实时查询监控，细化未来一个月现金流预测。

4. 改进集团流动性风险压力测试方法，提升各情景下的流动性管理应对能力。一是压力情景，进一步细分为轻度、中度和重度三种情景。二是报告覆盖范围，做到了境内分支机构、海外机构及子公司全覆盖。三是验证评估，建立流动性风险压力测试独立验证团队，完善压力测试有效性验证评估。

五、有序改进子公司业务管理，推动子公司提质增效

1. 完善计划与考核激励机制，有效推动子公司业务发展。2016年，子公司总体保持较快发展，总资产合计3696亿元，增幅38.7%；受托管理资产规模27196亿元，增幅51%；净利润53.6亿元，同比增长38%；计划口径业务协同联动4215亿元，增速32.1%。积极合理安排子公司业务计划，强化年度考核对子公司业务结构调整的引导力度，充分考虑子公司所在行业、发展阶段差异，在指标的选取及考核权重的设置上，秉承“一司一策”的差异化原则，突出子公司业务结构优化要求，提升高附加值、低资本占用的业务占比。

2. 深化战略协同，统筹母子公司资金运作机制。一是对子公司业务协同实现双向考核。二是海外机构参与认购建信租赁境外发行的美元债券，同业中心全额认购建信期货发行的次级债券。三是完成子公司年度资金来源运用计划，建立母行对子公司流动性应急支持机制，确保未来有序向子公司提供资金支持。四是统筹集团流动性管理。

六、持续推进系统建设并取得重大成果

一是综合定价系统完成境内第二批分行上线和香港、澳门分行的海外推广应用。系统上线推动了综合定价的应用，实现了对存贷款价格授权的全行精准管控，有力提升了全行价格管理水平。二是优化核心系统利率组件功能，助力新一代3.2期对私项目和核心系统海外推广。三是启动新一代个人存款价格授权审批功能开发。

七、高质量完成定期报告编制相关工作

一是顺利完成2015年度报告及2016年第一季度、半年、第三季度报告编写工作。2015年年报获得美国媒体专业联盟（LACP）年报评比金奖。二是加强与同业数据对比分析，在五大行披露后及时完成当期定期报告关键数据对比表。三是完成中国银行业与国外大型银行比较分析报告，受到行领导好评。

执笔：陈明贵

财务会计管理

一、资源配置与考核机制持续优化

1. 顺利完成年度盈利目标，综合财务指标表现良好，向市场传递正能量。加强资产质量和成本管理等提质增效、增收节支措施，积极消化央行连续五次降息影响。参量摆布合理，统筹考虑拨备前利润增长、工资增长、资产质量、拨备覆盖率等相关参量的平衡，拨备覆盖率 150.3%，符合监管要求，且下降幅度同业最低，减值支出计提额四行最高。

2. 机制化、标准化和精细化配置财务资源，引导战略转型目标的实现。2016 年综合经营计划考虑资产质量形势适当调高信贷成本率区间，更为均衡地在总分行间分摊信贷成本；突出战略转型和市场竞争要求，KPI 挂钩薪酬中将上年的存款、中间业务挂钩薪酬调整为转型推进和市场竞争挂钩薪酬；对全行不良资产处置给予专项激励，提高不良贷款回收的奖励比例；招待费、宣传费、会议费等坚持机制化配置，既有效管控，又与业务发展相适应；子公司费用配置考虑公司特点及成长阶段，实行分类机制化配置，既差异化管理，又引导子公司提升产出效率。

3. 调整优化绩效考核体系，推进全行发展转型。2016 年等级行评定办法和 KPI 考核办法突出关键指标和核心指标考核，从转型、竞争、效益、风险和基础等方面，进一步引导全行深入落实转型发展要求，引导全行经营转型向纵深推进。专项制定北上广深四家分行差异化考核办法，体现对四行“一行一策”转型发展的管理要求，促进实现高水平上补短板的管理要求。完善总行经营管理部门业绩评价方案，贯彻“全面考核、压力均等”的管理要求，促进总行经营部门落实转型发展；同时，积极研究同业中心、资管中心和金融市场中心等总行直营中心考核方案，进一步落实直营中心经营责任。

二、创新财会管理手段，加强业务支持

1. 优化海外机构和子公司计划管理，适应集团财会管理新要求。优化海外机构计划管理，积极推进转型。根据海外发展战略要求，围绕“一行一式”转型发展策略，组织海外机构编制综合经营计划，同时要求海外机构加强成本管理，保持合理的成本收入比水平。以激励价值创造为导向优化海外机构财务资源配置，优化海外机构绩效考核评价体系，完善海外机构利益分成，助力海外机构转型。以集团转型发展规划为依据，组织子公司制订积极合理的年度经营计划，对利润增长、成本费用控制等各项核心指标制定明确目标，坚持激励价值创造导向，建立完善财务资源配置机制。

2. 加强业务条线支持工作，助力战略转型。通过结构调整，腾挪资源，积极支持业务发展和战略转型，在年初安排 ETC、EPOS、金融 IC 卡等专项费用基础上，年度中增加支付结算生态圈、龙卡云闪付等专项支持。进一步完善了行际收益及业绩分成机制，推进了利益分成机制的实际落地，解决了基层行的利益分成诉求。

3. 本级费用预算保障重点战略项目和运营资源需求。根据费用受益对象，2016 年继续将本级费用预算划分为系统性运营费用和日常运营费用两大部分，对总行集中投入、全行受益的系统性运营费用，包括 IT 研发和运维费用，新一代核心系统建设，IT“两地三中心”建设，北京、武汉、合肥、成都等生产园区建设，善融商务平台完善，客服中心和业务处理中心整合等加大支持保障力度，在确保全行科技信息系统安全稳定运行的基础上，提升信息技术对全行业务集约化、跨越式发展的支撑能力。对保障总行部门和直属中心正常运转的日常运营费用，按照满足工作需要和落

实勤俭办行的要求进行合理控制，对日常行政性费用支出，如招待费、会议费、差旅费及交通费等进行压缩，同时合理安排本级房屋装修、新增办公用房租赁，切实提高办公用房使用效率。

三、经营费用管控有力，成本效率持续提升

1. 按照“有保、有压、有控”的原则持续加强成本管理，费用结构进一步优化。集团成本收入比27.54%，成本效率领先同业，有效地保障全行业务发展。业务管理费在近年来持续较大幅度下降的基础上继续下降，全年下降20亿元，降幅4.5%。通过压缩管控，全行招待费、会议费、车辆费用、宣传费等与贯彻中央八项规定精神关系紧密的压缩类费用下降13亿元，降幅18%；通过定额管理，全行办公用品和设备耗材等定额类费用下降8亿元，降幅40%；通过加强精细化管理，房租费和物业管理费合计增长3.7%，增幅较上年回落7.2个百分点。

2. 严格执行国家车辆管控政策，实现车辆压缩目标。为落实国家车辆配置相关政策要求，进一步加强建设银行车辆管理，研究并测算合理控制全行车辆规模的方案。有效加强资源配置和成本管理的协同作用，协同管控效果显著。2016年全行车辆保有量顺利压缩至1万辆以下，当年净减少近3000辆，全年车辆费用预计不超过7亿元，同比下降约20%。

3. 采取多种管控措施压缩闲置资产，取得显著进展。针对闲置资产规模较大的分行召开专题会议，重点推进规模较大闲置资产的压缩工作。在本年度综合经营计划中对闲置资产净值在500万元以上的项目下达专项压缩计划，根据各行实际情况下达差异化的一般性压缩计划，并首次下达闲置资产新增控制计划，实现双项管控。2016年闲置资产压缩工作取得了较大的成效，全行闲置资产面积比年初减少12.8万平方米，压缩40%；闲置资产净值由年初的6.3亿元下降为3.1亿元，净减少3.2亿元，降幅50%，达到预期管控目标。

四、稳步推进财会管理基础建设，增强支持与服务能力

1. 平稳实施全行“营改增”工作。配合国家财税体制改革，在时间紧、任务重的情况下，加班加点、攻坚克难，牵头成立项目团队，制订实施方案，明确管理职责，顺利完成“营改增”的平稳实施。在2016年5月1日前完成了总账系统基于科目层面的价税分离、销项税和进项税发票管理以及纳税申报等功能的研发工作，实现了“营改增”后“价能算、票能开、账能记、税能报”的管理目标；在经营管理方面，完成了业务流程、会计核算、财务管理、合同条款、客户维护等的梳理和衔接，保证了“营改增”后业务的顺畅运行。同时，在短时间内完成税控设备的集中采购、分支机构的现场布控、各渠道的舆论宣传等工作，确保了全行业务的平稳过渡。

2. 稳步推进财会相关系统建设，提升自动化能力。圆满完成新一代核心系统上线任务，基本建成以“交易与核算分离”为特征的全新会计核算模式。先后组织完成新一代对公业务、江西省分行对私业务试点、海外分行对公业务试点上线相关的核算组织工作，将信用卡等27个业务组件接入新一代财会系统，实现7个关键时点的总账数据迁移，确保全行账务数据不错不乱。本行首次自主研发的新一代企业级估值引擎成功上线，在国内同业率先实现了中后台市场数据及估值模型的调用共享功能，大幅提升了自动化估值能力。同时，完成了新一代综合经营计划管理系统成功上线试点，有效提高了计划编制效率和盈利预测能力。

3. 持续优化管理会计系统，为业务转型和发展提供业绩计量数据支持。根据管理要求和源数据等变化，持续优化管理会计已有功能和报表。发挥数据优势，为业务转型和发展提供业绩计量数据支持。按季度提供涵盖境内外分行、子公司、部门、客户、产品等多维度的管理会计报告，指标涵盖业务类、客户类、效益类、风险类等。按月提供非结算同业存款业务业绩返还到分行的数据支持；尝试建立专业化经营中心业绩计量模型，对同业业务中心、资产管理中心业绩计量提供数据支持；探索和尝试运用管理会计数据进行精细化专题分析，包括对钞币运送费和全行网点盈利情况进行分析等。

4. 牵头推动新金融工具会计准则实施。牵头全面启动新金融工具会计准则的实施准备工作，

按照新准则实施项目整体工作安排，2016 年底前已完成对现状的全面梳理及差距分析，形成初步的实施影响测算；各海外分行和子公司在总行项目组安排和指导下，同步推进相关工作。

五、通过事前、事后控制，增强财务管理规范化水平

1. 完善财务制度体系，加强集团统一财务管理。启动涵盖全集团的财务管理办法修订，完成财务会计内控标准建设，形成以财务管理办法为核心、涵盖财务管理全部重要事项和关键流程的制度体系，为集团财务管理提供统一的规范和标准，进一步完善集团统一的财务管理。同时，在集团统一政策制度框架下，不断加强海外财务制度建设，梳理海外机构财务制度，推动差旅费、会议费、因公出国费用以及招待费等重点费用管理办法在海外机构的细化落地。

2. 以财务督导促进管理规范化，构建财会管理长效监督机制。结合内外部形势，明确全行财务监督检查要点，针对以往发现的问题，组织全行“回头看”和开展检查。通过财务检查，切实落实整改要求，帮助各分行重新梳理制度，保证整改措施的有效性，防止违反八项规定相关要求的行为抬头。

3. 组织全行财务会计决算工作，狠抓重点事项对账要求。为将决算工作落到实处，组织各分行在全面开展决算工作的基础上，就保本理财等重点事项要求分行按照总行要求进行对账或盘点，做到表内账务、表外账务、业务登记簿和实物核对一致，核对不一致的分行要求撰写书面说明。决算工作结束后，总行通过现场检查的形式落实上报结果，将决算工作抓实。

执笔：许　悦

股权与投资管理

一、子公司管理

（一）落实全行转型发展规划，推动子公司提质增效

一是牵头落实“增强子公司竞争力”转型任务专题。将转型规划中对子公司的发展要求细化为子公司业务发展的关键指标，并组织子公司明确了分年度目标，以切实落实转型规划要求。二是编制《关于促进子公司加快发展提质增效的指导意见》。三是组织召开会议部署子公司转型发展工作要求。股权与投资管理部对会议部署的重点工作进行了分解，落实到总行相关部门和各子公司，并及时跟踪和通报落实情况，督促会议精神得到有效贯彻。

（二）深化母子公司战略协同，提升综合金融服务能力

一是完善协同机制建设，持续优化战略协同考核机制，完善稳定的母子公司联络图。二是开展“综合金融服务上门”活动。组织子公司赴江苏、云南、苏州、福建等分行举办“综合金融服务上门”活动，推介子公司金融服务。三是组织协同联动先进评选表彰。组织开展首届母子协同联动先进集体及先进个人表彰活动，表彰在母子公司业务联动中作出突出贡献的分行、子公司、总行部门及相关个人。

（三）开展研究分析，加强能力建设

一是加强同业研究和交流。赴通用电气、平安集团进行综合化经营、集团管理的专题调研，与交行进行子公司管理专题交流，研究国际银行综合化经营情况。二是加强建设银行综合化经营分析。通过定期对子公司进行分析，监测子公司经营情况及行业最新动向；组织子公司开展行业竞争力分析，把握子公司在行业所处地位；开展大型银行综合化经营比较，对标同业分析建设银

行综合化经营优劣势。

（四）优化集团管理机制

一是全面修订子公司管理办法，健全集团子公司管理基本制度。二是分析子公司对外投资现状，提出管理改进建议，探索优化投资决策机制，为进一步规范集团对外投资管理奠定基础。三是优化集团管理流程，制定子公司信息报送细则，加强信息共享，提升总行管理效率。

（五）完善子公司公司治理

一是修订股东意见书，优化授权管理机制，明晰管理界限，建立差别化的股权投资授权权限和管理要求。二是细化专职董事、监事履职要求，建立会商制度，明确子公司和总行相关履职服务要求。加强履职支持服务，开展履职培训，建立报告机制，及时报送调研成果。

二、投资并购

（一）稳步推进重要投资并购项目实现突破

2016年9月，建设银行完成收购印度尼西亚温杜银行（PT Bank Windu Kentjana International Tbk）60%股份，并于2017年2月，将温杜银行更名为中国建设银行（印度尼西亚）股份有限公司（PT Bank China Construction Bank Indonesia Tbk），进一步拓展和完善了建设银行在东南亚重点国家的机构布局。2016年4月，通过建银国际完成收购伦敦金属交易所一级会员迈特迪斯特公司75%的股权，使建设银行集团在全球大宗商品领域布局迈出重要一步，丰富了境外综合化服务功能。

（二）完善股权投资业务及管理流程

制定并下发《中国建设银行股权投资评估审核规程（2016年版）》，组建投资并购专家小组，加强股权投资分析研究，强化并购整合的统筹安排和管理，进一步提升了股权投资工作的规范化、专业化和科学化水平。

三、战略协助

（一）服务转型发展战略，推进落实美国银行战略协助年度计划

按计划完成战略合作项目6个，经验分享37个，赴美短期培训8期。继续推进在战略转型重点业务领域开展战略协助并取得积极进展，建立了对公客户组合评价与分析工具，有效提升了客户信息分析的效率和质量，提高了营销效果。通过构建信用卡交叉营销模型，促进交叉营销成功率提升8%，呼入渠道月交易额提升202%；信用卡自动审批率提升19%。成功构建在线动态数据采集体系，首次将精准营销从“线下”引入到“线上”，实现“千人千面”精准营销。充分利用美国银行培训资源，支持综合化经营。围绕综合化经营专题，举办6期赴美短期培训。

（二）牵头开展与美国银行战略合作十周年总结活动

组织全行各条线通过多种形式，全方位、多角度、深层次回顾、总结和展示战略合作成果。撰写十年总结报告，全面总结建设银行与美国银行在股权合作、战略协助和业务合作等方面取得的成果，深入分析合作启示，为未来与国际一流金融机构开展合作提供借鉴。开展建行报专栏宣传、有奖征文活动等主题宣传活动。精选战略合作经典照片，制作纪念册。邀请美国银行专家来华，举办十周年总结纪念仪式，建设银行与美国银行战略合作圆满收官。

（三）积极推动与信安金融集团开展战略合作

2016年3月4日，建设银行与信安金融集团旗下的全资子公司——美国信安金融服务公司签署了为期三年的战略合作协议，双方约定在资产管理领域和养老金管理领域开展战略合作。6月，战略协助项目正式启动，双方明确了工作机制和工作方法，制订了工作方案，确保战略合作项目平稳有序开展。按照“服务资产管理业务转型发展”的资源分配原则，制订年度战略合作项目计划，以经验分享和短期培训的形式，重点支持集团资产管理业务和养老金业务发展，共实施了17个经验分享项目，包括2期赴美经验分享和2期赴美短期培训。

四、集团并表管理

制订2016年度并表管理工作计划，持续加强并表管理计划统筹并按季度跟踪落实。建立并表管理制度库，对照监管要求查缺补漏，不断提升集团并表管理能力。落实监管及行内管理要求，向董事会、监事会、高管层和银监会报告建设银行集团并表管理情况。落实国务院、银监会和总

行相关要求，指导、协调8家控股子公司开展“一加强两遏制回头看”自查整改工作。

2016年12月，按照银监会要求，组织、协调总行17个并表要素和事项管理部门，开展了集团并表管理自评估工作，从并表管理范围、业务协同、公司治理、全面风险管理、资本管理、集中度管理、内部交易管理和风险隔离8个方面，对建设银行近年来的并表管理工作成效进行了逐项、全面、细致评价，形成自评估报告上报银监会，并积极应对银监会现场访谈。此次评估充分肯定了建设银行在并表管理组织架构、制度体系、要素管理、系统建设、信息披露等方面取得的良好进展，基本满足并表监管要求，同时也发现了建设银行在并表管理的体系建设、管理措施、系统支持等方面的薄弱环节，提出了改进工作建议，对完善建设银行并表管理体系、提升集团并表管理水平起到了有力的推动作用。

五、村镇银行管理

2016年，为解决村镇银行IT系统功能不全影响其业务发展的问题，实现村镇银行共享集团IT资源，以较小成本实现村镇银行系统功能和管理水平的提升，总行积极探索村镇银行系统优化方案，相关研究和推广落实工作有序开展。

同时，总行指导各属地分行加强对村镇银行的管理和支持，进一步加大风险防控监督力度，村镇银行整体保持平稳发展。一是贯彻落实村镇银行最新监管要求，完善公司治理结构和激励约束机制；二是进一步明确总行部门职责，全面落实分行属地化管理职责和村镇银行经营主体责任；三是强化不良信贷资产风险管控，指导村镇银行坚持“支农支小”市场定位，稳健合规经营。

执笔：杜　宇　王　楠

公司业务

一、重点业务指标

（一）账户跃居四行第二，客户基础逐渐夯实

1. 结算账户增量、增速居四行首位。2016年单位人民币结算账户总量及基本户首次跃居四行第二。账户总量达到672万户，账户总量四行占比27.18%，较年初提升1.70个百分点；账户新增101.47万户，增幅17.79%，账户增量和增速连续五年保持四行第一；账户结构进一步优化，基本户占比70.68%，较年初提升3.14个百分点，

2016年5月31日，建设银行与中国建银投资公司共同举行中建投咨询公司股权及经营管理权交接仪式。

2016年12月28日，建设银行与安徽省重点企业——淮南矿业、淮北矿业、皖北煤电共同举行战略合作暨市场化债转股签约仪式。

连续7年提升。

2. 客户总量超400万户，重点领域表现突出。公司机构客户达到406.1万户，新增38.62万户，增速10.51%；有效客户新增16.52万户，总量达到177.75万户，增速10.25%。总行级主办银行客户（公司类）803户。电子商务签约平台达121家，新增14家。

（二）对公存款居四行第一，稳定性近5年最优

1. 存款新增稳居第一。本外币核心存款时点余额突破8万亿元，占一般性存款余额的53.6%；比年初新增11416亿元，占一般性存款新增的66.9%，比2015年同期多增7777亿元。本外币核心存款日均余额75310亿元，比年初新增7789亿元，增幅11.54%，计划完成率达193.8%；其中，人民币核心存款比年初新增7512亿元，全年计划完成率达188%。全年时点与日均新增均位列四行首位，余额占比分别较年初提升1.01个、0.39个百分点。

2. 认真落实监管要求，稳定性近5年最优。人民银行口径人民币对公存款余额76292.5亿元，比年初新增10452.43亿元，同比多增7055亿元。全年存款负增长天数仅10天，为近5年来最少。

3. 资金体内封闭能力提升。截至2016年末，对公存款累计资金循环率（承接率）达到44.94%，较年初提升0.79个百分点。

（三）有力支持实体经济，信贷结构持续优化

1. 全力支持实体经济发展。本外币公司类贷款余额63617亿元，新增1473.4亿元。截至2016年末，支持国家重大工程项目共6453个，比年初增加2873个；贷款储备金额1.1万亿元，比年初增加180亿元。截至2016年末，基础设施行业贷款余额29065亿元，较年初增加1891亿元，增幅6.96%。成功营销中广核防城港二期、北京新机场、蒙华铁路、京津冀城际、武汉轨道交通8号线等众多优质项目；截至2016年末，战略性新兴产业贷款余额3668.32亿元；网络银行业务已经为超过1.9万客户提供2577亿元融资支持。

2. 票据贴现快速增长。全年贴现余额5001.72亿元，比年初增加603.67亿元，增幅13.73%；累计贴现9646.73亿元，较2015年同比增加1020.88亿元，增幅11.84%；全年实现贴现利息收入164.15亿元，创历史新高，较2015年同比增加48.61亿元，增幅42.08%；票据业务质量优良，实现零垫款。

3. 严格执行监管要求。剔除低风险业务，产能严重过剩行业余额1590.71亿元，较年初下降104.48亿元；贷款余额1252.73亿元，较年初下降49.86亿元。全口径、监管类平台贷款“双降”。全口径平台贷款余额5090.81亿元，比年初减少1110.53亿元；监管类平台贷款余额2051.15亿元，比年初减少870.51亿元；监管类平台贷款现金流结构保持良好，其中全覆盖平台贷款余额2037.2亿元，占比99.32%，比年初上升3.17个百分点。房地产开发类贷款投向优化，一二线城市贷款余额2356.51亿元，占比78.76%，比年初提高0.66个百分点。全行主动压缩退出贷款502亿元，退出计划完成率259.2%。

4. 做实储备，有效储备充足。全行贷款储备总额77981亿元，比年初上升22382亿元，增幅40.26%；截至2016年底已审批通过阶段储备额40918亿元，比年初增加12198亿元。客户结构良好，信用评级较好（1～8级）以上客户占比71%。

（四）中间业务保持四行首位，重点产品亮点突出

1. 收入总量实现“六连冠”。2016年，全行实现公司中间业务收入335.51亿元，占全行手续费及佣金收入的27.01%。按照四行可比口径，公司中间业务收入415.34亿元（剔除电商平台交易手续费相关收入），四行占比31.56%，CTS、境内保证、转贷款三项产品收入同业第一。

2. 重点产品市场竞争力增强。CTS、境内保证、转贷款、单位人民币结算、承诺、代理保险、托管、国际结算、代收代扣9项产品收入居同业前两位，银团贷款及3个项目荣获多个重要奖项。

3. 表外业务结构优化，垫款压控成效显著。承兑、境内保证及贷款承诺三项产品余额17268.26亿元，比年初增加2307.26亿元，增幅15.42%。加权风险资产余额8471.66亿元，比年初增加817.28亿元；RWA折算系数49.06%，比年初下降2.10%。三项产品垫款合计53.38亿元，较年初新增9.75亿元，控制在新增22.35亿元新增计划之内。

（五）定价水平位次提升，收益贡献不断提高

新发放公司类贷款执行利率较上年上升1位，居第二位。2016年公司类存贷款利差3.38%，高于全行平均水平0.35个百分点。

（六）内控管理不断加强，资产质量保持稳定

1. 逾期实现“双降”。全行对公逾期贷款余额1307.1亿元，比年初下降1.0亿元；逾期率

2.05%，比年初下降0.06%。大中型对公客户逾期贷款余额818.5亿元，比年初下降39.3亿元；逾期率1.77%，比年初下降0.10%。

2. 新暴露不良贷款控制在计划内。全行对公客户新暴露不良贷款923.0亿元，其中公司业务条线新暴露不良贷款652.8亿元，大中型对公客户新暴露不良贷款547.4亿元，控制在年度计划内。

二、各项重点工作取得新突破

（一）持续推进转型发展，对公转型取得良好成效

1. 明确目标任务，布局全年工作。一是组织召开2016年对公业务战略转型暨年度工作会议，部署全年工作任务，加快推进转型实施。二是加快推进造价咨询业务公司化改制，完成与中建投股权交接，筹组成立建信工程造价咨询公司。

2. 密切联动，搭建综合营销平台。一是强化部门间联动。协同推进ETC、代发工资、信用卡发卡等业务；通过联动营销，2016年全行累计发行ETC电子标签（OBU）1576.63万个，较年初新增663.92万个，增幅72.74%；带动信用卡客户净新增37.79万户；协助代发工资户新增1438万户。二是强化母子公司联动。2016年度推荐建信租赁新增放款额571亿元，计划完成率117.7%；向建信信托推荐并设立的项目规模1365亿元，计划完成率223.8%；向建信期货推荐客户日均权益增量6.95亿元，计划完成率196.3%。企业年金运营托管资产规模1631.30亿元，比年初新增230.14亿元；运营受托资产规模636.63亿元，比年初新增75.38亿元；运营个人账户数324.11万户，比年初新增28.32万户；养老金业务三项经营指标余额均保持四行第二。三是强化区域联动。组织召开珠三角例会、京津冀例会、长三角研讨会。珠三角地区前三季度开展的联动需求308项，区域联动培训需求4项，联动产品创新9项；审定北京分行第一批79个优先支持项目清单、81个优先支持客户清单，支持首都副中心发展，组织编写《北京2022年冬奥会和冬残奥会金融服务方案》。此外，大力开展高层营销和直接营销，与新疆维吾尔自治区人民政府、新疆生产建设兵团、广东省政府、广州市政府、舟山市政府、四川省政府、重庆市政府、云南省政府、广西壮族自治区人民政府、厦门市政府、浙江省政府11个省（自治区、直辖市）高层会谈暨战略合作签约仪式。与海航集团、浙江交投、物美集团、淮南矿业、淮北矿业、皖北煤电、马钢集团等客户签订战略合作协议；中国建设银行取得2016年业内额度最大（70亿元）养老金托管项目——中国大唐养老金托管资格。总行直接营销走访总行级主办银行客户74户。

3. 创新模式，全力推进综合服务。一是以综合金融服务方案为抓手，组织召开4次综合金融服务方案评审会，集中评议分行上报方案56个；组织召开轨道交通类等17类行业客户综合金融服务方案典型案例复制推广会；“三覆盖”工作计划完成率达到106.6%。二是深入推动线上、线下融合，发力互联网金融。保持网络银行业务先发优势，网络银行业务已累计向1.92万家企业发放2577亿元融资款项，合作平台达121家；结合“CCB2020”战略打造对公互联网金融生态系统，下发《中国建设银行对公客户互联网金融生态系统建设指导意见》（建总函〔2016〕687号），牵头构建了核心企业供应链等16个针对大中型对公客户的互联网生态场景。三是全年直接与间接融资配比10.31，高于2015年同期水平。

（二）加大产品创新力度，提升市场竞争能力

1. 积极响应市场需求。把握政策机遇，创新政府采购贷款、海绵城市建设贷款、综合管廊建设贷款和农村集体经营性建设用地使用权抵押贷款；根据监管政策和市场需要，优化农村承包土地经营权抵押贷款、棚户区改造贷款、城镇化建设贷款、定向保理、网络银行“e点通”、境内保证、银行承兑汇票和对公协定存款；推出网络银行“e薪通”“e牛通”等全新产品，网络银行产品体系进一步丰富，行业应用进一步拓展，加强客户储备；试点“政采保”（政府采购保理业务）新产品，并在贵州、重庆、江苏等分行试点投放；创新对公存益通特色存款和商事登记改革“三证合一”生态圈项目，发挥重点产品引存增存作用。

2. 条线创新成果显著。公司业务条线创新计划内项目完成184项，连续4年荣获总行“最具创新力奖”；PPP全流程金融服务荣获全行产品创新一等奖。在《银行家》杂志及“中国金融创新论坛”举办的2016中国金融创新奖颁奖典礼上，中国建设银行“保险资金实业投资综合金融服务方案”荣获“十佳金融产品创新奖”（对公业务）；“汽贸融”获得2016年度注册商标权取得奖；并购业务综合金融服务平台获得第四届“青年创新建行强”金点子大赛一等奖，网络银行“e薪通”获得大赛二等奖。

（三）积极响应国家政策，探索抢抓市场机遇

1. 推进金融精准扶贫。一是制订建设银行金

融精准扶贫“十三五”规划及2016年工作计划。二是下发《关于做好单位精准扶贫贷款数据采集工作的通知》《关于报送金融精准扶贫信息系统对接工作有关情况的通知》，制定单位精准扶贫贷款数据采集表，研究制定单位精准扶贫贷款系统开发需求。三是制定并向全行发送《金融精准扶贫工作动态》，及时传导监管部门最新政策动向、总行领导批示及有关工作动态，总结分行好的经验做法，搭建总分行、分行之间的信息交流平台。四是加强宣传，在《人民日报》等报刊媒体登载中国建设银行扶贫工作报道，宣传中国建设银行扶贫成果；金融精准扶贫微型党课获优秀奖。

2. 密切关注政策变化，提出决策建议。完成《关于支持房地产去库存相关措施及政策建议》呈报国务院，下发《中央经济工作会议中央城市工作会议影响分析及2016年对公业务营销指引》，下发海绵城市建设贷款、综合管廊建设贷款、公司类房地产信贷业务、建筑业、住房租赁市场综合金融服务、国务院清理规范工程建设领域保证金相关业务等营销指引，完成供给侧结构性改革对中国建设银行影响分析、地方政府性债务相关政策分析、去产能领域相关政策及影响分析等多项报告。

3. 创新开展基础设施领域投资景气度指数研究。一是海量采集分析数据，建立包括宏观政策、产业发展、信贷客户发展、银企关系等四方面二十一项指标的三级指标体系；二是创新推出基础设施领域投资景气度指数（IIPI），能够较好地反映实际经济趋势走势和基础设施领域发展趋势。

（四）客户管理更趋精细，业务基础持续夯实

1. 进一步完善主办银行制度及相关管理工具。修订下发《关于印发〈中国建设银行主办银行客户（公司类）服务与管理办法〉的通知》，创建了总行级主办银行客户选择模型。

2. 强化重点客户管理，优化客户结构。完成第一批665户总行级主办银行客户重检工作，退出95户，新增认定233户。

（五）狠抓稳存增存，巩固市场地位

1. 提升对公存款精细化管理水平。持续提高对公存款增长预测的精准度，根据客户需求做好存款、理财产品等营销，及时掌握辖内重点客户大额资金进出，增强预测准确性，避免关键时点大额资金波动。

2. 激发存款产品活力。优化协定存款产品有关制度，持续推动协定存款重定价工作，持续优化单位大额存单等高成本负债的期限和客户结构，主动引导客户认购中短期限产品。

3. 充分发挥“两率”的推动作用。比对分析同业数据，梳理查找“两率”下降原因；完成资金体内循环行际交互机制初步方案设计和意见征集，并提交技术部门开发；做好全量资金分析工作，形成重点客户营销清单。

（六）强化信贷管控，稳定资产质量

1. 稳定对公信贷资产质量。一是持续保持资产质量管控高压态势。督导分行持续做好信贷资产质量日常监测、重点领域风险排查、到期还本付息管理、存量不良贷款核销等系列工作，从防新增、压存量两方面着手，持续加大不良贷款、逾期贷款和垫款的清收和处置力度。二是积极推动总行“三十大”风险项目化解处置及分片包干压控不良工作，公司业务条线负责的10个总行“三十大”风险项目通过现金回收、债务平移、保证金归还等方式回收资金17.15亿元；通过再融资、期限调整、贷款承接表外等方式为风险化解争取时间空间，涉及信贷金额59.41亿元。

2. 有效防范信贷风险。一是修订《对公信贷内控名单管理办法》，继续推进对公信贷内控名单系统管控功能优化，持续做好名单动态调整维护工作，全年共审核退出44户；严密监控“监控类”客户信贷业务办理，原则上不予办理纯新发放业务。二是进行信贷经营主责任人制度、信贷业务问责管理、“流贷承接业务”等信贷管理课题研究；研究集团客户管理制度，完成《关于集团客户相关文件梳理情况的报告》；梳理信用风险内部评级方法、流程及评级结果的运用，形成《关于信用风险内部评级相关制度梳理情况的报告》。

3. 加强风险预警预控。一是组织实施大中型公司客户“体检”工作。两度开展信贷客户“体检”工作，运用“体检”结果提前防治。二是建立对公客户信贷风险预警诊断会议机制。下发《关于加强对公客户信贷风险预警诊断管理的通知》，要求分行每月召开一次由分管对公信贷经营的行领导主持的对公客户信贷风险预警诊断会议。三是对审计检查发现的共性问题进行全行警示。

4. 配合做好审计工作。一是落实2015年审计署新增贷款及经营管理专项审计调查发现问题整改工作。二是积极配合审计署2016年专项审计。牵头处理总行审计需求19个、审计取证单3个，指导分行反馈审计取证单10个。

5. 强化担保机构管理力度。一是规范担保机构管理。先后下发《关于进一步加强担保机构管理的通知》《关于进一步规范担保机构管理的通知》。二是强化担保机构排查。组织分行开展担保机构自查，及时整改。与70家担保机构中止合作，与30家担保机构终止合作。三是研究担保机构准入机制。召集授信审批部、信贷管理部、小企业部召开担保机构准入机制讨论会，优化准入审核流程，强化会签相关部门的流程要求，提高准确识别、选择担保机构的能力。

（七）加强基础建设，夯实发展基础

1. 加强队伍建设，提高队伍素质。总分行共组织举办对公客户经理信贷业务培训班及转培训723期，37505人次参训，培训期数计划完成率129%；举办对公客户经理兼职师资、公司及机构业务百佳客户经理香港培训班，有效提升客户经理综合金融服务及风险防控等能力。

2. 持续推进系统功能优化及相关工具应用。一是按照新一代核心系统建设计划安排，完成了对公客户信息、CLPM、OCRM等应用组件在建亚（香港分行）、澳门分行的推广上线；二是修订、制定新一代对公客户关系管理应用、新一代对公客户信息管理应用、对公信贷业务流程应用等3项操作规程。三是下发《关于强化工具应用持续夯实信贷基础管理的通知》，将信贷管理工作中实践效果较好的经验办法、查询工具在全行分享。四是15家试点机构接入票交所系统，客户端运行稳定，承兑、贴现、转贴现及质押式回购等各项业务顺利开展。

3. 强化制度规范，促进业务发展。一是经梳理公司业务条线现行有效规章制度302项，根据内外部环境以及监管政策的变化情况，完成32项规章制度的合并及修订工作。二是重检修订城镇化建设贷款、棚户区改造项目贷款、并购贷款、定向保理、境内保证、承兑汇票贴现、商业汇票委托代理贴现、“e棉通”“e点通”等13项业务管理办法及操作规程，保障性住房项目开发贷款业务、餐饮行业信贷业务、承兑汇票业务等3项加强管理通知。

执笔：董　源　彭　湛

战略客户业务

一、转型发展成效

（一）海外重大项目经营成绩斐然

战略客户业务条线紧跟国家“一带一路”、国际产能合作等“走出去”战略，以“经营+管理”的总体思路和“融资+融智”的服务理念，不断提升国际竞争能力。

1. 海外项目经营规模进一步扩大。全行2016年新增签约海外项目154个，签约金额340亿美元，项目数量和签约金额分别为2015年的2.26倍和1.61倍。储备海外项目450个，其中“一带一路”沿线项目181个。

2016年10月24日，建设银行与招商局集团有限公司举行战略合作协议签约仪式。

2016年12月21日，建设银行与中国黄金集团公司举行战略合作协议签约仪式。

2. 国际融资市场影响力不断提升。逐步打破外资银行对国际融资核心角色的垄断，2016年以独家全球协调行、独家牵头行等核心角色参与的项目超过50个，融资金额超过10亿美元的项目达48个，成为中国化工450亿美元收购瑞士先正达、国家电投35亿澳大利亚元并购澳大利亚太平洋水电、中投24亿英镑收购英国国家电网天然气管道、中海油柯蒂斯15亿美元再融资等重大项目的协调行、牵头行或代理行，在香港地区银团市场簿记行排名已跃居第一、牵头行排名第二，成为国际融资市场上不可忽视的力量。

3. 服务国家对外战略能力日益提高。2016年，习近平主席访问智利期间见证建设银行与太平洋水电、国电投签署合作协议，李克强总理访问加拿大期间见证建设银行与中天能源、加拿大Long Run勘探公司签署合作协议，有力提升了全球品牌形象和影响力。

4. 跨境融资产品竞争力持续增强。一是跨境并购方面，全年累计支持跨境并购交易37笔，新增承贷金额达143亿美元，金额位居同业之首。二是项目融资方面，首次担任独家牵头行和融资顾问，成功筹组神华集团印度尼西亚火电站项目融资；创新完成迪拜哈翔清洁煤电站23亿美元融资，实现建设银行首笔国际“无追索”项目融资；首次引入多边投资担保机构（MIGA）助力扎尔卡联合循环电站项目，在传统中信保体系外开辟了新的担保渠道。三是飞机融资方面，共办理飞机融资项目46个，融资金额28.7亿美元，涉及飞机71架，河南、陕西、青岛等多家分行首次涉足该业务领域。四是转贷款方面，在四大行中独家开发创新了国际商业转贷款产品，全年办理业务105笔，提款达247亿元。

（二）战略性业务亮点纷呈

1. 债券承销业务。2016年承销管辖范围内的央企及全球客户（以下简称所辖客户）债券金额2884.41亿元，占建设银行总发行规模的39.33%，占所辖客户全年债券总发行规模的14.52%。成功牵头承销中国铁路建设债券共计400亿元，首次实现在银行间市场上承销企业债。

2. 养老金业务。全年成功获得中国中铁、中国石化、国投集团等多家央企及其下属成员企业的年金业务资格。截至2016年末，共与67家所辖客户开展年金业务合作，托管业务规模915.43亿元，受托业务规模103.99亿元，账管业务213.36万户，较年初分别增长23.40%、9.88%和6.87%。

3. 现金管理业务。2016年新组建中铁二局、中水六局、中国铝业、中国商飞、中建八局、哈电财务公司等央企跨区域资金结算网络15个，签约账户300余个。截至2016年底，已有80家央企和全球客户与建设银行开展现金管理业务合作，共组建资金结算网络538个，资金结算量和存款沉淀持续扩大。

4. 金融市场业务。2016年末，所辖客户债券投资余额2497亿元；为中国黄金、中国有色、中国金币等客户办理黄金租借业务17.86吨，实现中间业务收入3400万元。

（三）非银行金融服务量质齐升

2016年，总行与子公司协同联动共计170余次，范围涵盖基金、信托、证券、租赁、期货、寿险、养老金等几乎所有子公司。全年完成联动境外发债6笔，合计发行金额超100亿美元；借助建银国际、建信信托、建信资本等渠道，对中国国有资本风险投资基金进行200亿元股权投资，并参与铁建蓝海、中电建、南网建鑫、中船游轮、招商局白欧、国投新兴等多只产业基金；参与股权投资5项，其中作为唯一商业银行系子公司入股蚂蚁金服；管辖客户养老金托管、受托和账管业务分别较年初增长38亿元、9亿元和18万户；上市保荐、财务顾问、信托计划、资产管理、同业投资、融资租赁、期货业务多点开花，集团非银行金融服务的品牌效应逐步显现。

（四）传统业务优势延续

截至2016年末，所辖客户存款时点余额5683.79亿元，比年初增长8.95%；日均余额5891.35亿元。贷款余额13511.71亿元，占全行对公贷款的21.16%，较年初增长4.48%。全年创造经济增加值76.16亿元，较2015年度增长53.39%；实现中间业务收入26.39亿元，较2015年度增长42.03%。资产质量继续保持优良，2016年末本外币不良贷款余额30.75亿元，不良率0.23%，大幅低于全行对公平均水平。

二、主要工作措施

（一）坚定不移地加快国际化转型

1. 抢抓机遇，统筹服务海外项目。一是持续开展“百户千亿、融通国际”海外项目专项营销活动，举全行之力拼抢市场，超额完成全年目标。二是坚持总行牵头，直接主导推进营销难度大、评估难度高、协调主体多、交易结构复杂的重大优质项目，自上而下把握项目营销和实施的关键环节，2016年超过半数的重大项目由总行牵头主导完成。三是进一步发挥跨部门会商机制的统筹协调作用，有效提升了决策效率及市场响应速度。

2. 理顺机制，进一步助力转型发展。一是优化管理体制，总行先后下发《海外重大项目经营管理体系建设方案》和《海外重大项目行际利益分成办法（试行）》，调动全行积极性，平衡行际差异，强化经营合力。二是加快产品体系建设，制定下发《飞机租赁融资业务管理办法（2016版）》《国际商业转贷款业务操作指引》《关于调整出口信贷业务核准和签署权限的通知》，规范业务操作，优化办理流程。三是强化考核机制，首次将“海外重大项目签约金额”列入境内一级分行KPI考核，按照“有保底、有差别、有压力”的原则，力争实现每家分行有成果、重要领域有突破；同时，将“牵头海外重大项目个数”列入海外机构“一行一式”特色指标，落实国际化转型相关要求。

3. 发挥合力，构建一体化营销平台。一是优化机构团队设置。总行战略客户部将海外业务专业化处室拓展为3个，按照相应维度进行项目营销支持和产品管理；北京、吉林、上海、湖北、湖南、广东、深圳、广西、四川、云南等分行试点组建专业化团队，其他各分行也均明确了牵头部门。二是完善项目信息管理，全部境内外机构均依托海外项目信息平台与总行建立了常态化信息对接制度。三是将海外重大项目纳入综合金融服务方案，为境内外机构项目经营和客户服务工作提供更为全面的指导。

4. 合作互联，加强外部沟通与对标。一是进一步加强与中信保的合作，在2015年签署战略合作协议的基础上，联合下发《关于加强海外项目融资保险合作的通知》，扩大双方在海外项目融资、保险领域的合作范围和规模。分行层面，有十余家分行与当地中信保机构进行了有效对接并签署合作协议。二是定期参加由国有大行及中信保组成的服务“走出去”国内金融机构交流会，分享各自经验，探讨境外合作，加强合作互惠，实现良性竞争。三是积极探索与外资金融机构的合作，分别与ING银行、东方汇理银行、劳合社、AON保险经纪公司、MIGA等近20家外资金融机构进行合作对接。四是利用行业商会，充分挖掘项目来源。与机电商会、对外承包工程商会等涉外行业主管机构建立了合作关系，拓宽信息来源，扩大项目储备。

（二）精益求精地做好综合金融服务

1. 服务国家战略，支持实体经济发展。在2016年对公信贷投放增速普遍下降的情况下，依然保持了对实体经济的支持力度。截至2016年末，央企中的能源、交通、建筑等行业客户信贷余额新增占比超过70%。创新融资模式，支持央企混改和结构调整，与10家央企发起产业基金，设定规模超过2000亿元，建设银行已实现投资123亿元。与央企合作发展普惠金融，借助“裕农通”产品支持“三农”，全年办理助农金融业务25万余笔，交易额超过5700万元。

2. 优化综合金融服务机制。一是加快推进综合金融服务落地实施，全年制定实施78个综合金融服务方案，实现央企覆盖过半的年度目标；持续开展综合金融服务系统优化，实现了方案模板化、取数自动化和流程系统化三大创新。二是完善综合利益调整机制，扩大现金管理业务利益及存款调整、海外重大项目行际利益分成工作的广度与深度。三是提升综合定价能力，进一步扩大适用客户范围并优化存贷款定价授权。

3. 深度参与和服务央企改革。通过一揽子综合性金融服务，对国电投、中国远洋海运、宝武钢铁等集团实施重组和业务整合给予支持。率先与新组建的中航发动机集团举行高层会晤，大力拓展全方位金融合作。跟踪国家煤炭“去产能”重组平台组建等供给侧改革重点领域，协助国投集团煤炭板块平稳划转至中煤集团，实现行业、客户和业务结构持续优化。积极参与市场化债转股研究及试点工作，与武钢集团签署去杠杆合作框架协议，成为首个落地的央企去杠杆项目，在市场上起到了良好的示范效应。

（三）有效推进业务创新和流程优化

利用霍尔果斯低成本人民币资金，为广梅汕铁路、三茂铁路公司办理跨境融资性风险参与业务6.7亿元；为中石化财务公司创新办理票交所系统上线后首单纸票型买入返售式票据转贴现业务；完成中石油司库2.0系统升级优化工作。海外项目流程、产品、融资结构优化创新不断涌现，开展PPA购电协议专项研究，进行项目融资财务模型建模，研究探索上海自贸区FTN境内外银团贷款、收购标的股权间接质押、资产包整体融资和跨国交叉担保等多种新型融资模式，使创新成为驱动海外项目又好又快推进的强劲动力。

（四）持之以恒地做好风险内控管理

1. 组织开展央企客户风险排查工作，做好经济新常态下的风险防控工作。一方面，总行牵头开展央企客户风险排查工作，“一户一策”制定风险防控方案。在制定综合金融服务方案的过程中，充分结合分类管理和风险排查的工作成果，明确各类客户的经营策略、产品配置和风险防控等工作要求。另一方面，高度关注供给侧结构性改革对央企经营的影响，对重点领域提出具体的风险防控措施，提升管控精细化程度。

2. 主动出击，积极化解风险事项。妥善应对中铁物资债务危机，在银监会、国资委指导下通过债务重组，保证建设银行14.88亿元带息债务不受损失。成功化解锦铁房地产、四平昊华化工逾期贷款7亿元，压缩四川启明星铝业、宜昌供电公司不良贷款1.09亿元。

执笔：姚　颖

机构业务

一、机构业务主要业绩指标

1. 机构存款突破3万亿元大关。截至2016年12月末，全行机构类一般性存款时点余额达32187亿元，较年初新增3619亿元，余额占对公存款的42%，新增占对公存款的35%。日均新增3812亿元，在对公新增中的占比达50%以上。

2016年4月29日，建设银行与教育部举行战略合作协议签约仪式。

2016年11月11日，建设银行与澳大利亚悉尼大学在苏州签署合作备忘录。

2. 机构存款在全行负债中的“压舱石”作用凸显。全行超过20家分行的机构存款日均新增在对公中的占比超过50%，切实保证建设银行企业存款日均新增稳坐四行第一。

二、“机构业务营销年”成果显著

（一）重大项目成功突破

1. 机关事业单位养老保险业务成功扭转社保业务市场格局。建设银行成功中标中央国家机关事业单位养老保险账户、中央国家机关事业单位职业年金归集账户和全国社会保障基金理事会地方养老保险基金归集账户。

2. 抓住军改机遇，在军队武警客户和重要账户上取得有效突破。一是在隶属中央军委的职能部门中，成功开立了军委机关事务管理总局、军委联合参谋部等重要账户；二是在新组建的陆军方面，成功营销了陆参、陆装，以及南部、北部和西部陆军，与陆军系统的合作初具规模；三是与无锡、西宁、沈阳、桂林、郑州五大保障中心均建立了合作关系；四是成功开立了南京军区善后办、广州军区善后办、兰州军区善后办结算账户；五是成功拓展了一大批军警重要客户、账户和重要业务领域。

3. 成功举办“建行杯”大学生创新创业大赛。李克强总理、刘延东副总理给予高度肯定。与教育部签署战略合作协议，联合发起设立“中国高校双创产业投资基金”，建设银行在教育领域获得较大的金融影响力。

（二）龙头客户精准营销

1. 与中央军委后勤保障部财务局进行军银融合深度合作。拓展与中央军委后勤保障部财务局的合作内容和合作范畴，全面升级账户资金监管和审批系统。针对军队国防工程建设项目，建设银行推出了"军建安鑫"特色产品，为军队工程建设项目提供全过程金融服务。建设银行递交的方案获中央军委后勤保障部财务局审批通过，将在试点合作的基础上形成合作模式，为下一步全面框架协议的签订奠定基础。

2. 推动了与国防动员系统的全面合作。建设银行以黑龙江分行为省军区定制研发监管系统为切入点，推动了全军国防动员单位四个监管系统的推广应用工作，打开了全行与各级国防动员单位建立全面合作的突破口。全国共28家省（自治区、直辖市）分行均将与各省军区（警备区）签订合作协议。

3. 与国家林业局签订全面战略合作协议。共同发起设立"林业产业发展投资基金"。在第三届全国林业产业大会上，建设银行作为唯一受邀金融机构参会，并与国家林业局签署《全面战略合作暨林业产业发展投资基金合作协议》。

4. 制定下发《党费收缴管理金融服务方案》。成功营销中组部中管党费10亿元3年期大额存单业务，依托"悦生活云服务—行业服务平台"的党员缴费管理功能，制定下发《党费收缴管理金融服务方案》。

5. 与重点教育类客户的合作不断深化。成功中标武汉大学"智慧校园"项目，与浙江大学、西安交通大学、山东大学、新华网等重要排头兵客户签订战略合作协议，全面合作得到持续深化。

6. 向重点社保客户提供定制化、实时化的综合服务方案。分别向人社部、全国社保基金理事会等中央级社保客户提交了《跨省异地就医医保即时结算综合金融服务方案》《全国社会保障基金理事会综合金融服务方案》《全国社保基金理事会基本养老保险基金归集专户服务方案》以及《职业年金基金归集账户综合金融服务方案》等，其中多个方案均在客户明确下一步改革方向或在制定重大政策之际向客户提交，对于引导或辅助客户制定相关政策制度发挥了重要作用，得到了客户的高度认可和好评。

（三）市场地位不断稳固

1. 财政地方国库现金管理业务取得市场第一。29家分行全年参与了163期地方财政国库现金管理，累计存放金额3182亿元，市场占比11.81%，同业和四行排名均为第一。

2. 公检法司客户营销取得显著进展。公检法司系统客户数全年增长675户，达到8071户；顺利完成跨省异地缴纳交通违法罚款业务全国推广工作；21家分行取得跨省异地交罚代理业务资格，年交易量及交易金额均较2015年翻9倍；就最高人民法院基础设施建设领域的全方位合作达成共识。

3. 积极推进农民工代发工资业务。全行农民工工资业务存款（包括农民工保证金、农民工代发工资）约321亿元，开立相关账户约2.3万户。

三、加速推进机构业务转型创新

（一）全面完成KPI转型指标

1. 机关事业单位养老保险账户覆盖度达28.13%，较年初提升8.06个百分点。累计开立机关事业单位养老保险账户2514个，归集资金595亿元。成功获得了23个省级机关事业单位养老保险业务代理资格，同业第一。

2. 金融社保卡新增发卡1772万张。累计发行金融社保卡9566万张，计划完成率121%。

3. 银校通、银医通合作客户新增732家。建设银行已经与1785家高校及二甲以上医院开展合作，互联网渠道合作比例达到28%。

4. 新开立军队武警师级以上账户52个。其中，军级以上单位账户22个，增速32.5%，50%为基本结算账户。

5. 加强内控合规管理。组织下发了《代理业务内部控制标准》，开展了机构业务"一加强两遏制回头看"工作。全年严把风险合规底线，未出现重大风险事项。

（二）资产及中间业务稳中求进

1. 推动机构类资产端发展。通过尝试发展资管委托贷款、政府投资基金、政府购买服务等资产类业务，满足机构客户日益增长的资产业务服务需求，为弥补资产端短板、推动机构业务的大资产转型提供了思路和方向。

2. 机构贷款质量优良。机构贷款余额2592亿元，贷款不良率0.11%。

3. 中间业务收入超额完成全年任务。全行机构类中间业务收入为8.06亿元，计划完成率106%，圆满完成全年任务目标。

（三）以创新打造市场最优品牌

1. 创新研发四大品牌。以"机构业务营销年"为核心，创新研发了"军建安鑫"军警服务新产品，"建融慧学"、"建融智医"教育、卫生行业金融服务新品牌，电子政务领域"善通政务"综合金融服务方案。

2. 完成240余项产品创新。全年共计完成养老保险基金业务全面解决方案等13项总行牵头创新的研发工作；推进分行完成自主创新159项，移植创新70项。

3. 获得多个产品创新奖项。"机关事业单位养老保险改革综合金融服务方案”“财集通”“服刑人员个人资金及消费管理平台”获得全行“产品创新三等奖”，“银医银校移动互联网金融合作方案”“社保卡流程优化项目”获得“流程优化三等奖”。

4. 创新推出资管项下单位委托贷款业务。重新修订下发了单位委托贷款业务制度，对业务范畴、审批方式、业务流程等方面做了重大调整，创新推出了资管项下委托贷款业务，打造“鑫委贷”新品牌。全年单位委托贷款余额2659亿元，增速高达42%；实现手续费收入6904万元，增长率为4.5%。

5. 中央非税电子化系统首家上线。建设银行在同业中首家上线中央非税电子化柜面、自助终端、网上银行等多个渠道，于12月20日顺利完成385个执收单位电子化系统全切换，每笔业务平均办理时间由3分钟降至10秒钟，极大减轻了缴款人和柜面操作的工作压力。

6. 单位公务卡创新产品首批成功发行。协调推进单位公务卡的研发，于10月在江苏成功发行了行内第一张单位公务卡，成为同业中首批发行单位公务卡的两家银行之一，实现了“个人公务卡+单位公务卡”的并行创新发展。

7. 创新推广社会团体验资登记服务。针对社团客户须在民政部门验资登记的特点，从源头上拓展客户，创新推出社团客户验资登记服务新模式。总行指导分行复制深圳市分行“民政E线通”经验。2016年，广东、浙江、宁波等分行已成功上线“民政E线通”验资登记服务。

四、机构业务队伍建设初见成效

成功组织6期面向全行机构业务人员的系列视频培训。培训超过6万人次，切实增强了各层级机构业务负责人及客户经理的营销意识和履岗能力。培训信号直接开通到县级支行，并选调部内青年骨干员工走上讲台，条线学习氛围及团队凝聚力得到增强。

执笔：邢飒一

同业业务

2016年1月，总行同业业务中心挂牌成立。截至2016年末，全行37家一级分行均设置了同业业务经营团队。其中，23家分行成立同业业务专营部门（含一级部、二级部），占比达到62%。同业业务已在所有分行全面铺开，真正做到“全覆盖”“无死角”。

2016年，全行同业条线实现业务口径经营净收入129.6亿元，同比增幅20.44%。同业资产由年初的四行第三跃升至四行首位，同业负债（人民币口径）超越工行居于四行首位，实现资产、负债时点和新增“双第一”，全年保持同业业务“零案件、零不良、低风险”。

一、资产规模破万亿元，余额、新增四行第一

截至2016年末，同业资产突破万亿元大关，时点余额10323亿元，比年初新增3207亿元，增速45%；日均余额8629亿元，新增1670亿元，增速24%。资产结构主动调整，面对传统同业资金业务总量和价格均下降的不利形势，压缩票据买返业务1460亿元，压缩存放同业等传统同业业务733亿元，积极将资金向新型同业投资配置。年末同业投资余额（含委外）6013亿元，在同业资产中占比达到58%。

同业资产规模四行位次显著提升，由年初的四行第三跃升至四行首位，全年资产余额以及对应增量、增速均为四行第一。同业资产规模四行占比较年初提高10个百分点，达到了32%，稳居四行第一。

二、同业负债多元化发展，余额、新增四行第一

截至2016年末，同业负债（含保险公司存款）余额14520亿元，比年初新增713亿元，增速5%；日均余额14890亿元，较年初有所下降。同业负债时点余额（人民币口径）超越工行，四

行居首；日均余额（全口径）四行第一，负债全年增量、增速均为四行首位。四行占比较年初提升6个百分点，达到30%。同业负债综合付息率2.04%，较年初降低17个基点。

受监管去杠杆和资本市场持续低迷多重因素影响，四行整体同业负债合计全年负增长6%。在不利的环境下，建设银行通过多元化发展负债，实现了“稳存款、提份额”的预定目标。一是全行狠抓结算性负债。在做好证券、信托等传统存款来源的同时，积极拓展金融要素平台的增量资金，登记结算公司和保险公司存款的市场份额显著上升。二是分板块加大客户综合营销、总行直营力度，促使结算性负债构成更加多元化。三是加大主动吸收非结算性存款力度，创新开展卖出回购和美元掉期人民币等新型负债业务，累计金额超过500亿元，有力地支持了资产业务开展，实现了资产负债的协调均衡发展。

三、同业中间业务收入跨越式发展

全年同业业务条线实现各项中间业务收入合计41.3亿元，同比增速53%。2016年新增18.4亿元的委外业务营销协办收入，贡献度占比达到44%，对进一步优化同业条线中间业务收入结构、鼓励新型同业业务发展起到了积极的导向作用。

四、全年“零案件、零不良”，风险抵补能力增强，系统建设提速

2016年，全行同业业务保持“零案件、零不良、低风险”的良好态势。同业条线注重业务发展与风险防控两手抓、两手硬，成功实现全年票据业务无案件、同业资产无不良、委外投资债券无违约。交易对手信用状况保持良好，交易对手内部评级为一级和二级的业务量占比达到71%，评级不低于五级的业务量占比高达97%。

2016年首次开展同业资产减值准备计提工作，全年计提减值准备2.6亿元，其中存放同业计提0.59亿元，同业借款计提0.90亿元，同业投资计提1.11亿元，进一步增强了同业资产业务未来抵补风险的能力。

同业业务系统建设加速。应急系统于2016年11月上线，满足基本业务流程和留痕管理需要。委外投后系统2016年10月投入使用，实现了委外数据库构建、合规监测、格式化报表和风险监测预警四个功能。

五、加强重点客户总部直营，强化条线联动营销

2016年首批明确了43家直营客户，推动完成行领导级别高层会晤9次，涉及保交所、中债登等重点客户，签署总行级全面战略合作协议38项。多家直营重点客户取得存款余额、日均、结算量等多项指标四行第一，蚂蚁金服、上海清算所、上海期交所年末存款分别达到1062亿元、471亿元、209亿元，建设银行市场占比均达到50%，平均较年初上升10个百分点。

对于直营重点客户，做到经营和授信在总行，分支行联动提供结算等落地服务；对于非直营客户，总行牵头营销，全条线积极推动客户合作。行业内七大类非银行金融机构客户法人与建设银行具有合作关系的有382家，合作覆盖度79%，其中证券公司、资产管理公司、金融租赁公司实现客户合作全覆盖。组建了北京地区金融要素客户任务型营销团队，北京地区金融要素市场客户存款余额达到128亿元，较团队成立之初增长35亿元。

六、同业产品创新力度不断增强，同业业务内涵扩大

2016年同业条线完成新型同业投融资、同业代付（受托型）、证券公司收益凭证同业投资、结构性存款同业投资、存单质押融资同业投资、信用证受益权同业投资、委托外部机构资产组合同业投资、债权类资产同业投资、履约保证保险型同业投资、卖出回购、票益盈、票据交易所质押式回购、建信保、保险公司同业借款及透支、银证信合作代理信托、高端消费类金融信托、银期直通车新增功能、深港通项下港股通跨境资金结算、银行间债券市场债券交易净额清算代理等19项重点创新产品，全面涉及资产、负债和代理服务各类业务。其中，“同业投资”产品荣获2016年度建设银行产品创新与流程优化二等奖。

委外投资业务的开展，使得资产配置策略更加灵活。在3758亿元的年末余额中，可享受免所得税优惠的公募基金占到70%。下半年推出的债权类同业投资，年末余额314亿元，平均收益水平在贷款基准利率以上。债权类同业投资拓宽了同业投资业务资产选择范围，丰富了建设银行对公客户融资渠道。两项产品的推出和迅速推广，在巩固建设银行高收益资产配置优势的同时，更将同业业务由传统的同业间资金交易，转型为主动参与实体经济多元融资的金融工具，有效支持了实体经济的发展，扩大了同业业务的内涵和外延，使同业产品成为全行重要的大类资产配置方向。

七、母子公司联动成效显著

同业条线全面推进母子公司联动，从自营资

金委托合作、资金直接支持、代理业务、创新业务和推动子公司战略布局等五个方面深化与子公司的合作，发挥集团优势。

全年委托建信基金管理2200亿元，委托建信人寿资管管理1483亿元，建信信托、建信资本通道规模分别达到1568亿元、1480亿元。建信信托授信额度从20亿元扩大至200亿元，向建信租赁提供借款154亿元，为建信期货补充净资本2亿元，投资巴西子行发行的永续债7000万美元。代理建信人寿对公保险同比增长31%。协同建信保险资管联合推出“建信保”产品，实现首单“建信保中信国安”10亿元项目落地，各分行推荐项目已累计10笔总计112亿元获批。推动建信人寿入股上海保险交易所2000万元、建银国际入股上海票据交易所5000万元、建信信托入股中信登1亿元。

执笔：李骄龙

小企业业务

一、2016年小企业业务发展基本情况

（一）完成“三个不低于”监管要求

截至2016年12月末，银监会四部委口径小微企业贷款余额14418.92亿元，比年初新增1640.13亿元，增速12.83%，高于各项贷款增速2.28个百分点；贷款客户数308923户，比年初新增56979户；小微企业申贷获得率90.91%，比上年提高5.98个百分点。

（二）客户数新增和总量四行第一

截至12月末，法人小微企业贷款客户92947户，比年初新增9755户，客户数新增和客户总量均为四行第一；小企业授信基本户占比55.44%；小企业有效客户260751户，比年初新增29225户，增长12.62%。

（三）转型发展成效显著

一是单户贷款500万元（含）以下客户占比较年初提高7个百分点，户均贷款四行最低。截至12月末，单户贷款500万元（含）以下小企业客户占比达到77.54%；户均贷款余额436.72万元，比年初减少139.76万元。

二是资本占用低的大数据产品、评分卡业务快速增长。截至12月末，评分卡业务贷款余额443.22亿元，占比11.62%，比年初提高4.29个百分点；大数据产品贷款客户比年初新增18761户，贷款比年初新增243.92亿元，贷款增长184%，不良贷款率0.54%。

三是搭建综合服务平台成效显著。依托大数据产品开展综合营销，带动商户收单、代发工资等业务拓展。截至12月末，小企业客户产品覆盖度5.29，高于对公客户平均0.67；小企业条线代收建信人寿保费收入1.95亿元，占团险业务建行渠道总收入的47%；小企业贷款定价较基准上浮24.31%，高于对公贷款21.56个百分点。

四是开展网点营销，有力推进物理渠道转型落地。2016年，全行7130个综合性网点推荐小企业客户45626户，推荐客户的网点数比上年增加469个，推荐客户数比上年增加13818户。

五是探索建立小企业互联网金融生态圈。2016年，小企业贷款网银循环业务累计发放258.02亿元，比上年增长24.64%。截至12月末，“小微企业快贷”累计为13070户小微企业在线提供279亿元信贷资金支持，贷款余额198亿元，无不良贷款。

（四）合作增信批量营销稳步推进

截至12月末，搭建“助保贷”合作平台1398个，比年初新增247个；风险补偿金余额136.42亿元，比年初新增24.53亿元；累计向23120户小微企业发放“助保贷”贷款1084亿元。搭建银税合作平台2179个，“税易贷”贷款比年初新增39.26亿元，增长99.17%；客户数比年初新增5241户，增长101.67%。

（五）资产质量守牢底线

截至12月末，小企业新暴露不良贷款312.68亿元，同比减少135.10亿元；小企业逾期贷款余额297.73亿元，垫款额2.87亿元，控制在全年计划范围内；小企业抵质押贷款占比61.67%，比年初提高1.76个百分点，风险缓释效能持续

提升。

二、2016年小企业业务工作亮点

（一）支持服务“双创”获国务院领导肯定

6月20日，李克强总理视察建行期间，充分肯定建设银行支持“双创”、创新“小微企业快贷”破解小微企业融资难题的成效。总理在人民银行金融系统座谈会上指出，“建设银行有专门支持‘双创’的机构和项目，提出小企业是大事业”。国务院《政务情况交流》刊发建设银行支持小微企业的主要做法，供各地区各部门参阅。

（二）缓解小微企业融资难、融资贵，获监管机构认可

按照国务院部署，7月至9月银监会开展民营企业融资难、融资贵专项检查，对建设银行连续多年完成“三个不低于”监管要求，创新产品服务，缓解小微企业融资难题、降低融资成本的做法给予认可，并在呈报国务院专题报告中，对建设银行与税务部门搭建合作平台的做法进行汇报。银监会银行业新闻发布会专场推介建设银行小微企业服务成效，30余家境内外媒体参加。

（三）人民银行小微企业信贷政策导向效果评估符合满分条件

在人民银行2015年度小微企业信贷政策导向效果评估中，建设银行小微企业服务分支机构优良率71%，位列国有商业银行第一。该指标为2016年人民银行对各商业银行的宏观审慎管理指标，建设银行各季度评估均得满分。

（四）十余家中央级媒体报道建设银行小微金融服务成效

在全国“两会”、中央经济工作会议等重要活动期间，《人民日报》《经济日报》《新华每日电讯》等中央媒体集中宣传建设银行小微企业金融服务成效，原发报道近20篇。

（五）总行获行内外各类嘉奖18项，全条线21家分行获各类荣誉奖励38项

“税易贷”获中国国际金融展优秀中小企业金融服务奖；“云税贷”“Fit越”科技金融综合服务获总行第四届金点子大赛一等奖；在全行产品创新与流程优化创新评比中，总行小企业部获创新进步奖，小微e家、大数据产品、小企业客户评级信贷流程优化获得嘉奖。

三、2016年小企业业务主要工作措施及成效

（一）支持实体经济，助力服务“双创”

一是下发《“十三五”规划建议　中央经济工作会议为小企业业务带来机遇分析及业务发展指引》，指导分行拓展先进制造、消费、农业现代化等新兴业务领域。二是下发旅游、文化、医疗等6个行业营销指引，细化营销重点、营销策略。三是创新科技金融综合服务模式，成立科技金融创新中心、创业创新金融服务中心，创新“科技智慧贷”等三项科技金融产品，研究投贷联动等新业务模式，支持大学生创业创新，对接国家双创示范基地。累计为25739户“双创”小微企业发放贷款2021亿元。

（二）落实监管要求，缓解融资难题

一是完成“三个不低于”，月末、季末按日监测。二是协同13个部门、指导9家分行完成银监会民营企业融资难、融资贵专项现场检查。对计划于2016年底前完成的工作已全部整改到位，报送银监会《中国建设银行关于民营企业融资难融资贵问题专项检查整改工作情况的报告》。

（三）纵深推进转型，推动落实落地

一是开展助保贷、大数据“拓客户　促转型”小企业业务劳动竞赛，将小微企业贷款“三个不低于”、小企业助保贷纳入一级分行KPI，配置客户拓展专项费用，强化考核激励。二是下发评分卡、大数据产品营销推广指导意见，引导分行落实综合化、集约化发展要求，提高业务占比。三是推进网点综合化服务，下发三项营业网点营销服务小企业的指引、办法，加大营业网点小企业业务培训力度。四是研发上线小微企业快贷全流程在线业务模式。

（四）运用大数据分析，创新优化产品工具

一是创新“云税贷”“Fit越”科技金融综合服务等战略性创新项目。优化“POS贷”“税易贷”等五项大数据产品。二是优化客户挖掘模型，在建设银行存量结算户、代缴税客户等中挖掘数十万目标客户，成为网点开展综合化经营的有力工具。三是优化小企业早期预警工具，实现20%的预警客户覆盖约70%的违约客户，提升风险预警效率。四是优化评分卡模型，增加代发工资等五项客户风险区分度较高的专家打分卡指标，提升客户选择和风险识别的精准度。

（五）借力政府合作，推进批量营销

政府机构高层互访20余次。一是与科技部商谈科技金融领域合作，达成战略合作意向。二是与工信部完善政银担合作模式，推广“助保贷”“比例担保贷”业务，并就签署深化合作协议达成意向。三是与国家旅游局、中小企业协会探索建立专项基金支持小微企业。四是与国家税务总

局开展银税合作联动培训，推动银税系统区域性直连。

（六）精细风险管控，努力化解不良

一是逐户剖析小企业不良客户成因，在此基础上，强化客户准入，加强风险识别，推广新业务模式。二是建立新暴露不良贷款专人负责、逐笔监测、分析报告、跟踪管理机制，督导分行逐户排查逾期非不良贷款，压降逾期贷款。三是召开部分分行小企业业务风险管控工作座谈会，开展3次风险管理约谈，赴4家分行进行现场检查。四是制定《“一加强两遏制回头看”自查工作方案》，开展总行本部及条线自查，做好内外部审计检查问题整改，确保合规经营。五是努力化解不良，全年处置小企业不良贷款243.19亿元。

（七）完善制度建设，夯实基础管理

一是下发市场营销、产品创新、风险防控、科技金融等20余项指导意见，细化对分行的指导。二是强化小企业中心规范化建设，组织开展整改和自查验收，全面评估小企业中心规范化程度，与小微企业快贷试点等挂钩，促进标准化、集约化经营。三是创新优化产品19项，指导条线完成产品创新139项，产品移植推广61项。四是优化小企业信贷客户贷后管理办法，更加契合小额化、标准化转型，提高风险管控针对性。

（八）强化系统建设，提高支撑能力

一是引入工商、征信、司法等外部系统信息，推动部分分行与地方税务局、房屋管理局等部门系统直连，缓解信息缺失问题。二是开发小企业信贷客户监测工具、优化小企业统一催收工具，与早期预警工具共同构成立体式风险管理机控平台。三是开展小企业批量授信业务等16项系统开发优化，推动移动智能助手等11项系统功能上线。四是下发《小企业业务系统应用功能操作概述》及6个系统操作手册，做实做细系统应用推广。

（九）加强队伍建设，提高经营能力

一是按照《进一步加强客户经理队伍建设的意见》，研究小企业客户经理、小企业中心岗位人员配备与培养机制。二是完善多层次、多渠道培训体系，开展7期专题培训，直接培训人员近500人；认证55名小企业兼职师资，总数达到145名；赴广东等5家分行推动网点培训。三是提高条线执行力，先后赴20家分行调研，召开7次部分分行小企业业务座谈会，督导各项政策制度合规执行。

（十）做好业务宣传，“小企业　大事业”形成共识

一是提升品牌影响力，开展“小企业　大事业”宣传活动；组织新华社等9家中央媒体赴北京、深圳主题专访建设银行服务“双创”成效；在建行报开设“小微企业转型”专栏，连续3个月宣传小微企业转型成果。全年各类媒体刊发小企业业务宣传稿件5000余篇次。二是树立转型标杆，组织分行开展6次经验交流，编发20期分行以及二级分支行的转型经验案例，强化示范效应，打通转型“最后一公里”。

执笔：李　雪

托管业务

一、2016年主要业绩亮点

1. 托管业务规模继续保持快速增长。托管规模三年连续跨越六个万亿元台阶，2016年末达到9.25万亿元，较2015年新增2.08万亿元，增速29.05%。中国建设银行托管的股票型基金只数市场第一，托管的债券型基金、商品型基金和QDII（合格境内机构投资者）基金规模均为市场第一。保险资产托管中标规模和新增规模同业第一，保险托管规模达到2.58万亿元，较2015年新增1.05万亿元，增速68.97%。

2. 取得全国社保基金托管人资格。建设银行与全国社保基金理事会签署托管合同，标志建设银行正式取得全国社会保障基金托管人资格，为扩大与社保理事会合作范围，争取包括基本养老保险基金托管等其他服务资格奠定基础。

3. 托管专业能力持续获得市场认可。荣获《环球金融》（*Global Finance*）杂志2016年度中国市场唯一一家“最佳托管银行”，连续11年获得《全球托管人》《财资》《环球金融》（*Global Finance*）各项托管专业荣誉。

二、2016年主要工作举措

1. 托管运营中心筹建工作。2016年，围绕资产托管业务转型发展的要求，在工作组织和业务流程、经营管理职能、机构和条线管理三个方面进行优化调整。筹建托管运营中心，作为全集团统一的资产托管业务后台运营的集中作业平台。成立中心建设筹备组，起草托管运营中心建设方案，持续推进中心人员招聘、办公环境准备等相关工作。

2. 市场营销工作

（1）坚持灵活调整与价值选择原则，积极应对资本市场动荡形势。一是根据市场变化，适时调整基金产品结构。增加灵活配置混合基金和固定收益类基金比重，支持基金公司做大货币市场基金。二是敏锐捕捉政策动向，提前布局创新型基金——FOF，迅速与大的基金管理公司合作，抢占市场先机。三是密切配合销售部门，及时、多次上调托管主代销基金托管费收入分成比例，对销售最困难的权益类基金、QDII基金给予特殊政策。

（2）保险营销抓大不放小，保险托管规模快速增长。一是积极参与国寿集团未托管资产招标工作，中标未托管资产1000亿元。二是做好中标资产移交工作，与太平洋人寿、中国人寿、平安、人保等保险公司签署托管协议，2016年全年移交资产规模近万亿元。三是营销人保再保险公司、国寿投资控股公司、安邦、太平洋财险等大型保险集团，与十余家中小保险公司和保险资管公司开展托管合作。四是着力开展保险资管产品托管，指导分行开展保险实业托管业务。

（3）成功营销大型股权投资基金项目。相继中标“北京市政府投资引导基金”“中国政企投资基金”“北京外经贸发展引导基金”“贵州省铁路发展基金”“山东省政府引导基金参股子基金”等基金，其中“北京市政府投资引导基金”和“中国政企投资基金”均为千亿元级别的政府背景股权投资基金。

（4）推进跨境托管业务发展。一是加强海外市场营销。赴英国、美国，日本、澳大利亚等国家进行高层营销；积极营销银行、养老金、投资公司、央行等潜在客户和合作伙伴50余家。二是积极培育境外机构托管能力。建亚信托在香港本地初具市场影响力，11月末托管规模625亿港元，增速42%。三是强化海外机构业务培训。为每家海外机构指定业务骨干，专人提供培训、营销等支持。

（5）加强联动，推动托管与其他业务共同发展。一是联动营销。与资管中心联动营销具有政府背景的大型项目及重点客户；与机构部联动开展基本养老保险、职业年金等营销工作；与建信信托共同研究住房公积金资产证券化托管业务，成功营销上海公积金管理中心第二期资产证券化托管业务。二是相互搭台。与同业中心、资管中心合作开展建设银行同业资金、理财资金委外投资资产托管业务；与个人部联动，代销并托管建设银行首只券商公募基金；与金融市场部联动，打造债券代理与托管一站式银行间服务方案，并向金融市场部成功推荐客户十余家。三是积极推进行内与行外资源互换。与房金部联动个人住房贷款资产证券化互换业务，与工商银行、招商银行、华夏银行达成互换协议。

3. 托管运营工作

（1）承接养老金受托账管运营管理职能。2016年4月，养老金受托、账管运营管理职责，以及原养老金业务部部分人员划转资产托管业务部。组建养老金受托、账管团队，各项工作整体平稳，运营管理、业务组织、服务实施、系统运行等主要工作开展顺利。

（2）优化业务流程，提高运营效率。实现建设银行托管系统与上海清算所结算系统业务直通式处理，交易结算效率极大提升。实现银行间自动勾单流程，系统自动完成交易与结算信息的匹配，提高银行间处理自动化水平。

（3）有力应对市场突发事件及恶劣气候考验，确保托管资产安全。组织系统连续性测试和应急演练，建立总分行多地运营联动机制。成功应对上海证券交易所自“沪港通”机制开启后的首次延迟交收情况，以及台风“妮妲”导致部分分行停业的挑战，实现平稳运营。

4. 新一代核心系统建设工作

新一代托管系统实现全功能覆盖。新一代托管系统3.1期、3.2期成功上线，实现托管清算、核算、监督、绩效、外包、网银、分行运营等业务全线部署，新一代托管业务系统建设总体目标基本实现。

5. 基础管理工作

（1）启动业务组织管理和流程优化工作。围绕业务组织和流程、经营管理职能、机构和条线管理三个方面，提出优化构想和具体实施方案。

（2）加强内控与风险管理工作。启动内部控制标准化建设工作。根据分行经营能力，实施对分行差别化授权。持续实施反洗钱评估、不相容岗位管理、轻微违规行为积分管理等内控工作。聘请会计师事务所按照 ISAE 3402 标准进行内部控制审计。

（3）配合做好审计整改，组织业务自查和“一加强两遏制回头看”工作。一是配合审计条线做好托管业务审计，针对各行审计发现的问题，逐一落实整改。二是组织开展分行基金子公司专项资产管理计划托管业务风险自查，赴分行开展保险托管业务实物凭证检查。三是配合开展“一加强两遏制回头看”工作，指导分行进行发现问题的落实整改和问责。

（4）创新开展业务培训工作。一是深入开展条线业务培训。现场培训 17 家分行，近 1600 人。二是举办海外机构跨境托管业务培训。按时区，分两次对 26 个海外机构进行视频培训，提高海外机构对跨境托管业务的认知和业务技能。三是积极开展跨部门合作培训。与国际部、金融市场部合作组织海外机构业务培训，参与资债部中间业务培训，参加财会部、机构部、合规部、个人部业务培训等。四是主动邀请外部专家来行培训。先后邀请摩根大通、BBH、彭博资讯、安永华明会计师事务所等国际知名专业机构专家来建设银行，就区块链、增值服务等方面分享国际先进经验。五是踊跃参加外单位培训。先后参加证监会、外管局、全国社保理事会、基金业协会、建信养老、道富银行等单位组织的专项业务培训与研讨。

（5）加强业务宣传与信息共享建设。编发《托管业务动态》，向全行宣传托管业务；筹建托管共享信息库，缩短信息传递半径，提高信息共享效率，建设积累、分享、传承的知识文化氛围。

执笔：杨增亮　王云鹏

结算与现金管理业务

一、账户拓展开创历史新局面，持续夯实对公业务基础

一是账户总量实现同业进位。近年来，建设银行紧抓全流程电子化登记、电子营业执照等商事制度改革热点，经过近 5 年的持续追赶，建设银行单位人民币结算账户总量及基本户均完成对农业银行的赶超，跃居四行第二，取得历史性突破。7 家分行实现同业排名进位，37 家分行全部实现四行占比提升。二是继续巩固扩大账户增量优势。2016 年，建设银行继续巩固深化与工商部门的合作，优化开户流程，发行电子证照单位结算卡，加强工商登记代办服务等方式，开展源头客户营销。三是推动本外币账户一体化发展。制发外汇账户管理办法及实施细则，创建了单位客户外汇账户统一的、规范性、系统的管理制度体系，在账户层面迈出本外币一体化经营管理的坚实一步。

截至 2016 年底，单位人民币结算账户总量达到 672 万户，全年新增超百万户，反超农业银行 34.94 万户；与工商银行的差距 73 万户，缩小了 43.51 万户；领先中国银行 253 万户，扩大了 81.51 万户。基本户总量 475 万户，新增 89.63 万户；四行占比 27.16%，较年初提升 2.06%。账户总量四行占比 27.18%，较年初提升 1.70 个百分点；基本户占比 70.68%，较年初提高 3.14 个百分点，连续 7 年提升。

二、产品创新取得新进展，市场影响力持续提升

2016 年，结算与现金管理产品创新硕果累累。一是完成全球现金管理项目的落地实施，为海航集团、安利（中国）搭建客户全球成员单位账户信息视图。二是在四大行中首推“智能跨行收款”产品，使建设银行具备了完整的跨行 B2B、B2C 主动收款服务能力。三是领先同业推出电子证照结算卡、农民工工资监管服务、票据池同业投资等创新产品，同业优势持续巩固。四是推出微信预约开户，优化开户流程，联合工商部门发行电子营业执照、深化全流程电子化登记管理，

不断升级账户服务。五是在新一代推出代收、代付、缴费三大产品线，实现代收代付产品的标准化应用。

总行完成产品创新 18 项，分行自主创新项目 87 项、移植创新 30 项，总分行联动创新 16 项。现金管理“五大链池”“回款通 2.0”分获全行产品创新一等奖、三等奖，总行部门荣获 2015 年度“最具产品创新力奖”，建设银行荣获《贸易金融》《环球金融》《首席财务官》评选的“最佳现金管理产品创新银行”“2016 年亚太区最佳流动性管理银行”“2016 年度最佳现金管理品牌奖”。

三、不断深化产品场景应用，重点产品营销成效明显

一是持续深化“标准产品 + 增值服务”的场景化应用理念，大力推广对公一户通、多模式现金池、票据池等新型结算产品，重点拓展存款富裕行业的产品应用。二是结合商事制度改革试点，推出集成工商注册信息的电子证照单位结算卡，创新结算卡无实物介质收款应用，面向湖南、陕西省工商联优质企业发行“湘商”“陕商”联名卡，累计发行带有企业标识的结算联名卡 1 万张，通过以结算卡为载体的金融服务方案提供，形成围绕交通运输、民生、工商管理等领域的结算资金交易闭环。三是全面推广综合签约应用，开展产品套餐式批量营销，提高账单自助、电子商业汇票等基础产品在小企业客户中的覆盖率，扩大智能跨行收款、综合账簿现金池产品的试点范围，实现客户规模的快速增长。四是做好政府资金监管类账户产品的承接与应用，加强对目标行业的营销介入，发挥资金监管、代收代付业务在公私联动中的积极作用。

2016 年，在克服结算收费减免、传统结算产品收入下降等不利因素影响下，全行实现结算与现金管理业务收入 97.18 亿元，保持四行第二，四行占比 31.36%，提升 1.01 个百分点。新型结算产品收入增长 56.05% 至 29.28 亿元，占比结算收入达 41.10%，提升 15.44 个百分点，成为转型亮点。五项结算类产品覆盖度达 3.36，同比提升 0.43，占全量对公产品覆盖的 73.68%，总行级客户现金管理覆盖率超 90%。

四、客户营销多层次推进，现金管理综合服务能力不断增强

一是加强与客户部门的协同联动，组建团队开展综合营销，加强资金结算网络组建，为海航集团、国美集团、江西投资等总行级主办行客户制订现金管理综合服务方案 51 个，新拓展贵州茅台、中国铝业、一汽集团等票据池客户 7549 户，以及中铁财务、上海城投、中联重科、南京公交等多模式现金池客户 1130 户，为南海舰队、安利(中国)、碧桂园、首钢财务、北汽财务等 162 个重要客户组建现金管理服务网络。二是不断拓展全球现金管理产品应用，推出跨境信息报告产品，为海航集团搭建客户全球成员单位账户信息视图，成功上线河北钢铁外汇资金池，全球现金管理服务能力不断提升。三是快速响应客户需求，推进中石化代发工资、博世财务共享中心电子化付汇、国家电网银企直联优化、军人退役养老保险信息推送、辽宁鞍钢银企直联备份介入、北京燃气缴费等项目实施，为中航发集团定制资金管理系统设计方案及新老系统切换方案，全力做好“三大一高”客户个性化服务。四是组建了一支 40 余人的总行级结算产品经理团组，贴近市场，快速反应，垂直服务于前台营销，直接对接了安利（中国）全球账户信息交互和中石油大司库改造项目，成功实施京港联动，为嘉里集团提供全球现金管理重点产品组合服务。五是加强规模以下无贷户经营管理，加快岗位角色人员配备，切实落实基层网点无贷户营销维护职责。

2016 年，建设银行客户拓展取得新突破，现金管理综合服务能力进一步增强。现金管理活跃客户 113.07 万户，覆盖全行对公客户的 26.16%，新增 39.31 万户；对公网络活跃客户 166.52 万户，新增 48.81 万户，增幅 41.46%。对公一户通、多模式现金池、票据池等产品吸收存款沉淀 3.83 万亿元，固化集团客户存款余额 4.27 万亿元，分别占对公存款的 47.87%、53.37%，稳存增存效果持续显现。规模以下无贷有效客户 197.33 万户，较年初增加 26.92 万户，增速 15.79%，高出公司机构有效客户增速 10.37 个百分点；规模以下无贷户日均存款 4227.07 亿元，较年初增加 1105.70 亿元，增速 35.42%，3 年内存款翻了近两番。

五、大力开展流程和工具创新，强化前台营销支持

一是着力推动大数据工具创新。深入开展对公结算交易数据挖掘建模，上线结算产品柜面营销大数据支持工具，在线支持对公结算产品柜面营销；结算交易数据挖掘结果广泛应用于精准营销、产品推广、风险防控和业务精细化管理等各项工作，2016 年成功营销客户 32 万户，营销成功率达 17.45%。二是发挥产品组合优势，研发推出多款

结算综合产品套餐，支持灵活定制产品组合，实施综合定价和一体化营销，有力地提升柜面营销竞争力。三是推出基于开户、结算量、中间业务收入、存款等维度的对公客户结算积分功能，计量客户综合贡献，为网点开展客户识别、收费减免、积分换礼等营销活动提供工具支持。四是加快对公综合服务平台建设。完成对公网络系统主体功能迁移整合，实现26个常用对公产品和5个主要对公渠道的集成签约，提升一站式对公综合服务能力。

执笔：张　航　秦　婧

个人存款与投资业务

一、加快个人客户转型，客户经营“量质双升”

强化全量个人客户统筹，同业首家全面推动个人客户金融生态系统建设，着力提升客户综合经营能力。一是搭建全量个人客户经营体系。依托综合积分、综合签约和关系管理，建立全量客户分层、分级、分类“三位一体”管理体系。二是加速落地客群经营。试点推广老年、车主、房贷和跨境四类客群经营，加快百类核心客群建设。三是加强新客拓展，强化存量保有。坚持“三个并重”，着力新户拓展与质量提升，运用零资产客户“赢回”等大数据工具加强交叉营销，依托机构代发、新农合和新农保拓展县域，精准营销资产临界、潜在流失VIP客户。四是推广产品覆盖度提升策略。狠抓精准营销、综合签约、大数据支持和客群经营四大工具应用，力拓新开户、中高端、代发、个贷及信用卡、社保五大客群。

个人有资产客户新增2733万人（见图1），总量超3.4亿人，新增连续四年超过2000万人；其中，县域个人有资产客户新增992万人，总量达1.1亿人。个人有效客户新增1105万户，总量达11912万户。资产管理规模（AUM）2000元以上个人客户人均持有建设银行产品4.65个，其中福建、厦门、湖南、新疆等4家分行客户人均持有产品超过5个。个人客户金融资产新增8630亿元，余额突破9万亿元，达9.6万亿元。个人商户增长60%，达132万户。

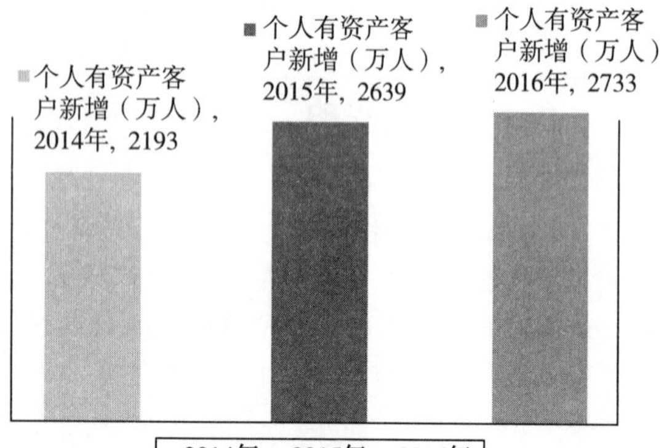

图1　2014—2016年个人有资产客户新增情况

个人有资产客户新增排名情况详见表1。

表1　个人有资产客户新增排名情况

（截至2016年12月31日）

单位：万人、%

排名	新增前十名	个人有资产客户新增	排名	增速前十名	个人有资产客户增速
1	广东	239	1	新疆	14.9
2	河南	181	2	西藏	13.8
3	山东	180	3	山西	13.3
4	河北	172	4	天津	11.7
5	江苏	129	5	河北	11.7
6	四川	128	6	江西	11.6
7	山西	116	7	广西	11.1
8	湖南	104	8	青岛	10.7
9	上海	88	9	河南	10.6
10	湖北	86	10	深圳	10.5

二、狠抓源头、加快创新，存款新增超5000亿元

坚持量价平衡，多策并举推动个人存款稳定增长。一抓代发源头。联动开展“拓源头、固留存”专项营销，大力提升对公基本户和有贷户代发覆盖率，拓展有效个人账户，推出涵盖六大重点行业代发农民工综合金融服务方案。代发有效个人账户新增1564万户，总量突破8000万户，代发金额超2.9万亿元。二抓产品创新。推出“聚财2号”“特色储蓄2号”等新产品，精细管理，着力吸收行外资金，加强大额存单定制化投放。三抓结算和县域低成本资金。优化推广“结算通”综合服务方案，深化与供销社、电商平台和电信运营商的合作，创新县域服务模式，“裕农通”服务点增至60000个。

个人本外币存款日均新增5141亿元，日均余额达67238亿元。个人人民币存款（考核口径，含保本）日均余额四行占比较上年末提升0.2个百分点，达24.4%（见图2）；日均新增4819亿元，四行第二，占比27.6%。付息率同比下降46个基点，达1.58%，降幅四行最大，升至四行次优。个人外币存款突破百亿元大关，达109亿美元，折合人民币760亿元，增速79%，外币储蓄增速与市场份额提升幅度“双第一”。甘肃、厦门、湖南、上海、福建、宁夏、吉林、陕西、内蒙古9家分行个人人民币存款日均新增位居四行第一。

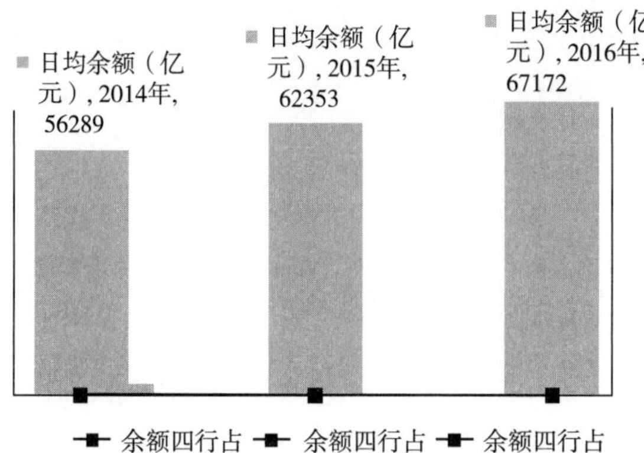

图2 个人存款（考核口径）日均余额四行情况

个人人民币存款日均新增排名情况详见表2。

表2 个人人民币存款日均新增排名情况

（截至2016年12月31日）

单位：亿元、%

排名	新增前十名	日均新增	排名	增速前十名	日均增速
1	广东	368	1	西藏	17.6
2	湖南	361	2	宁夏	12.7
3	上海	318	3	湖南	12.6
4	四川	317	4	上海	11.4
5	河北	278	5	福建	11.0
6	河南	269	6	河南	10.5
7	湖北	249	7	贵州	10.4
8	山东	236	8	云南	10.3
9	福建	235	9	厦门	10.1
10	北京	198	10	四川	9.9

个人外币（折人民币）存款日均新增排名情况表详见表3。

表3 个人外币（折人民币）存款日均新增排名情况表

（截至2016年12月31日）

单位：亿元、%

排名	新增前十名	日均新增	排名	增速前十名	日均增速
1	上海	40	1	江西	226.2
2	北京	33	2	内蒙古	207.7
3	广东	18	3	宁波	203.4
4	江苏	16	4	安徽	182.8
5	深圳	12	5	广西	179.4
6	四川	11	6	重庆	137.6
7	山东	11	7	云南	136.0
8	苏州	7	8	四川	131.9
9	江西	6	9	江苏	127.2
10	厦门	6	10	天津	113.9

三、积极应对增收挑战，重点产品“数一数二”

努力克服市场剧烈变化、减费政策等重重困难，积极把握客户需求，加强数据挖掘与交叉销售，着力提升支付结算与投资理财两大能力，2016年个人条线实现中间业务收入360.6亿元，同比增长5.1%；其中，中间业务净收入339.0亿元，同比增长4.9%。三项重点产品收入四行情况详见图3。

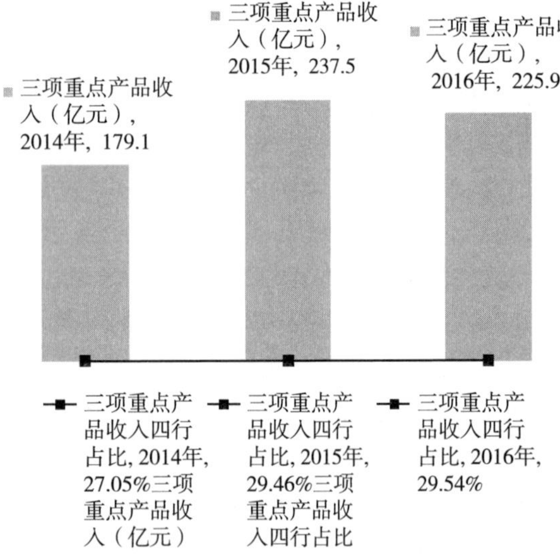

图3 三项重点产品收入四行情况

同业可比重点中间业务收入[①]四行第二，占比28.4%。内蒙古、辽宁、吉林、福建、厦门、河南、湖北、湖南、深圳、重庆、贵州、陕西12家分行位居四行第一。

个人中间业务净收入排名情况详见表4。

表4 个人中间业务净收入排名情况

（截至2016年12月31日）

单位：亿元、%

排名	新增前十名	净收入	排名	增速前十名	同比增速
1	广东	33	1	深圳	42.1
2	北京	22	2	浙江	29.7
3	浙江	19	3	湖南	21.1
4	江苏	19	4	内蒙古	19.4
5	上海	19	5	湖北	13.5
6	四川	18	6	海南	10.5
7	山东	17	7	苏州	10.5
8	河南	16	8	宁夏	9.6
9	河北	15	9	江西	9.3
10	深圳	14	10	四川	8.5

（一）加快落地移动优先，再造支付结算新优势

一是重磅推出“龙支付”建行支付品牌。整合现有支付产品，运用互联网思维创新，同业首家融合NFC、二维码和人脸识别等多种技术，覆盖线上、线下全场景，11月9日重拳推出“龙支付”自主支付品牌，50天即拓展客户超过400万户。二是全力推进支付结算生态圈建设。聚焦社保、医疗、公交、文教、社区、旅游、县域、车主、菜市场、ETC十大领域，建成超过700个支付结算生态圈。三是移动优先，龙卡云闪付产品同业第一。HCE、APPLEPAY、三星PAY等全系列移动支付产品全面布局，业内首家推出非接取现功能，首批开通小额“双免”功能，是产品种类最全、发卡和交易规模最大的商业银行。云闪付借记卡发卡699万张，居同业第一。四是打造“龙商通”综合服务品牌，满足个人商户“生意+生活”综合需求。

截至2016年末，借记卡新增超1亿张，达10644万张；总量突破8亿张，达8.3亿张。其中，金融IC卡发卡总量达4.1亿张，占比50%。借记卡消费交易额突破10万亿元，达107431亿元，同比增长61%。个人结算及借记卡业务收入126.8亿元，居四行第二，占比同比提升2.6个百分点，达29.7%；吉林、浙江、福建、厦门、湖南、深圳6家分行位居四行第一。

（二）着力提升投资理财能力，做强重点产品竞争力

一是牢牢把握发展良机，对私保险收入同比

① 同业可比重点中间业务收入数据来源于资债部同业交换，根据目前产品划分情况，2016年同业可比重点中间业务收入包括个人结算及借记卡、个人短信、代销基金、代理人身保险、代理财险、实物贵金属、账户贵金属、个人国际结算及代销国债，与个人条线中间业务收入口径不完全一致，仅做分析参考。

翻番，人身保险收入、期缴销量稳居四行第一。一手抓趸缴、抢规模，一手抓期缴、促转型。2016年实现代理对私保险业务收入88.8亿元，同比增长116.7%。代理人身保险业务收入居四行第一，占比31.6%；20家分行位居四行第一，其中重庆、贵州、新疆3家分行四行占比超过50%。代理财险业务收入四行占比较上年提升3.6个百分点，达22.6%；内蒙古、厦门、深圳、贵州、云南、西藏6家分行位居四行第一。期缴销量达181亿元，创历史新高，稳居四行第一，占比超四成。创新推出“双险双贷”产品，新拓智慧柜员机销售，电子渠道销售占比达57%。

二是深化客群经营与创新，个人理财业务核心指标创新高。深化客群经营，推出代发工资客户、跨行转出资金客户、年内新开户客户、原有理财客户、县域客户、老年客户、房贷客户七大客群产品；着力创新驱动，推出自营理财、子公司代理、消费信托三类十项新产品。年末个人理财余额接近万亿元，达9952亿元，较年初增长933亿元，连续4年每年提升一个台阶；销售收入33.5亿元，同比增长47%。

三是大力提升贵金属业务竞争力，实物贵金属收入跃居四行第一。做强自营品牌，推出近30款“建行金”新品，打造满足投资、收藏和馈赠需求的产品链；做大代理增收，“生肖压岁金”等经代销产品创收成效显著。实物贵金属收入跃居四行第一，占比较上年提升4.9个百分点，达31.7%；河北、山西、内蒙古、吉林、上海、苏州、福建、厦门、山东、湖北、深圳、广西、重庆、贵州、云南、新疆16家分行位居四行第一。个人贵金属客户突破1000万户；易存金、微黄金等新兴业务快速发展，易存金客户突破300万户。

四是克服市场影响，稳住基金收入位次。持续推动公募基金产品创新与营销，大力拓展一对多专户等增长点。做好“二次首发”营销、“基金服务万里行”活动。2016年实现代销基金业务收入28.2亿元，保持四行第二，占比24.7%；天津、河北、吉林、福建、河南、湖北、湖南、广西、四川、云南、西藏、陕西、甘肃、新疆14家分行位居四行第一。

四、密切集团战略协同，联动拓展成效显著

密切战略协同，大力推动子公司产品创新与销售，超额完成年度代销计划。代销建信人寿产品占其总销量的93%，建信人寿产品销量在全行代销合作保险公司中排名第一，助力建信人寿销量稳居银行系公司首位；代销建信基金占其代销总规模的64%，支持建信基金公募市场排名由第八位晋升至第六位，保持银行系公司第二位；全面构建建信养老代销机制，深化建信信托、建信期货联动创新，代销养老、期货、信托等新兴业务子公司产品销量同比增长129%。深化条线联动，个人条线联动信用卡客户净新增805万人，个人电子银行中间业务收入稳步增长，支持信用卡客户、电子银行收入同业领先。

五、新一代项目成功上线，大数据应用纵深推广

一是全力保障新一代对私项目成功上线。实现全量客户经营、统一客户评价和统一客户视图等重要功能，实现产品快速装配和多维度差异化定价，智慧化水平和移动优先能力明显提升，为提升综合服务、精细管理和精准营销奠定重要基础。牵头实施的智慧柜员机项目荣获2016年度产品创新一等奖，完成“个人客户金融生态系统重点客群方案”“龙支付”“智慧场景”三项战略性创新。二是深入开展大数据分析与应用。百大精准营销模型和非结构化数据分析应用同业首创，搭建个人客户数据分析与精准营销平台，丰富营销模型，依托精准营销平台创建超过1600个营销方案，优化个人客户统一视图，实现客户信息行内共享，上线电话银行和互联网等非结构化数据应用功能，为精细管理和精准营销提供重要抓手。

六、深入践行普惠金融，品牌形象持续提升

首家推动与全国供销合作总社合作，新增合作点7519个，县域金融服务进一步延伸。代发工资保持平稳较快发展，有效支持业务转型。以农民工工资代发为抓手，制定《农民工代发工资业务营销指引》，推出涵盖六大重点行业代发农民

工工资综合服务方案，将业务推广与普惠金融、服务“三农”等国家政策紧密结合。个人业务全面转型，市场形象持续提升，建设银行连续两年获评《亚洲银行家》国内唯一“最佳大型零售银行”，2016年获评《环球金融》“中国最佳消费者银行奖”，个人客户经理满意度评比连续7年四行第一。

七、加强个人业务合规管理，提升个人业务风险管理水平

一是总行个人部会同内控部、河南分行，以“两部一行”形式，下发个人存款业务领域级内部控制评价标准，提高了建设银行个人存款业务领域的内控效能，着力防范和化解业务风险。二是组织个人业务条线开展“一加强两遏制”专项检查“回头看”自查活动，梳理“存款业务、理财业务、代销业务”业务问题，督促分行整改落实。三是加强个人客户反洗钱、反恐怖融资、国际金融制裁等合规管理，做好个人业务审计检查的问题整改，推进个人业务制度和流程优化，确保个人业务健康、持续发展。

执笔：赵　鸿

财富管理与私人银行业务

2016年建行私人银行业务坚持综合化转型方向，以打造“个性化、专业化、全能式”为特征的商业模式为主线，以做强做优做大、对外增强市场竞争力和提升品牌形象为主攻方向大力推进转型发展。在全行的共同努力下，主要业务指标实现了快速增长，建行私人银行的客户满意度、品牌影响力和社会美誉度持续提升，荣获新浪财经评选的“2016中国最佳私人银行”。

一、私人银行业务快速发展，全面完成业务指标

截至2016年12月底，金融资产1000万元以上私人银行客户金融资产达到7863.37亿元，比年初增长1634.34亿元，增速26.24%，完成全年计划的163.93%；客户数量达到58721人，比年初增长8369人，增速16.62%，完成全年计划的110.80%。

二、为进一步加快私人银行业务转型发展做好谋篇布局

2016年以来，条线全面加快了私人银行业务转型发展，并迎来了王洪章董事长的专题调研。部门以此为重要契机，理清楚思路，领会好精神，落实好措施，为进一步加快私人银行业务转型发展谋好篇、布好局，并形成了《关于加快私人银行业务转型发展的请示》专题签报，阐述了对私人银行业务本质的认识，明确了私人银行业务面向客户、面向行内、面向客户的三维定位，通过同业对标明确了建设银行优势、建设银行差距和差距原因，在此基础上提出了下一步工作的总体思路和具体措施等内容。

三、以综合解决方案为抓手推进金融生态系统建设

为了抢抓市场机遇，迅速占领业务制高点，有效拓展客户，本着“抓住关键，互动推进，在实战之中建立能力”的策略，组织全行开展私人银行客群综合解决方案研制工作，通过细分客户、需求分析、场景设定、方案研制、成果总结等形成了72个客群方案储备库。

四、强化私人银行产品服务体系建设

2016年私人银行条线积极加快创新符合国际成熟私人银行高端本质的产品服务，努力提供契合客户主流需求的投资理财产品，差异化

改造传统金融产品服务，不断丰富完善客户专享的非金融服务，努力构建私人银行产品服务体系。一是积极学习借鉴国际先进私人银行的成熟做法和经验。总结财富管理与私人银行部、美国银行合作成果，形成《私人银行业务中美战略协助总结报告》。二是大力推进家族信托等高精尖产品服务。截至2016年底，全行共有26家分行累计签约家族信托业务365单，委托金额合计约246亿元，实现资产配置总额约98亿元。三是稳步推进投资理财产品供应力度，牵头组织私人银行各类理财产品供应7627.82亿元（全年计划供应量6700亿元），供应完成率113.85%，并创新总分行产品与机构准入及供应机制。四是新上线“金管家”功能，全年交易额5160亿元，新增签约客户数88.39万户，签约客户数累计达到287.68万户，当年服务费收入1507.5万元。五是不断丰富私人银行客户专享增值服务，养老规划上半年手工提出方案665份，促进理财产品、保险、基金等销售约38亿元；婚姻财产规划方案出具971份，间接促进信托、保险等产品销售57亿元；健康关爱服务使用量28376人次；全年全球礼遇服务客户840人次，13家分行举办25场活动，覆盖客户1000余名；办理出境签证200余人次，定制旅游线路10余次。六是落实推进私人银行海外业务，创新推出“建行乐享新西兰”理财产品；参与筹建新加坡分行私人银行中心，制订《新加坡私人银行中心建议方案》。

五、强化私人银行业务全渠道经营，提升私人银行专业团队经营能力

一是推进私人银行全渠道经营，着力提升私人银行专营机构专业化经营能力，下发《关于进一步强化私人银行业务全渠道经营的通知》；二是提升私人银行“1+1+1+N”专业团队经营能力，实施“计划—评估—设计—执行—检视”五步循环提升方法；三是搭建覆盖全行的私人银行视频服务网络，提升线上、线下服务能力。

六、优化部门职能，加强各条线队伍和专业能力建设

一是从厘清突破方向、凸显客户部门定位、强化产品服务体系建设、集成整合处室职能角度出发，重新调整部内职能处室架构；二是开展一线人员能力提升轮训，创新实施了“训前调研选拔—训中封闭集训与在岗应用结合—训后跟踪转化”专业人才进阶培养方式，获得多样培训成果；三是加强私人银行业务岗位培训，完成岗位考试题库优化，开展岗位考试；四是利用微信群创新推出“私享·荟”专家微培训，打造不受时间、地点限制的培训平台，全年完成38期，每期培训均覆盖私人银行客户经理等2000余人。

执笔：王　娟

住房金融与个人信贷业务

一、工作成果

（一）最大零售信贷银行地位更加巩固，余额领先工商银行2400多亿元

截至2016年末，全行个人贷款余额38963亿元，比年初新增8198亿元，同比多增2983亿元，余额、新增同业占比分别为29.72%和32.52%，居同业第一，余额领先工商银行的优势从2015年末的225亿元扩大至2439亿元。个人贷款余额在全行各项贷款中占比37.30%，比年初提升4.91

个百分点。

（二）个人住房贷款余额、新增、质量、定价均居同业第一，二手房贷款新增首次跃居同业首位

截至2016年末，全行个人住房贷款余额37692亿元，比年初新增8179亿元，同比多增2809亿元。信贷结构持续优化，二手房贷款新增2726亿元，占全部个人住房贷款新增的33.3%，同比提升7.83个百分点，当年新增首次超过主要竞争对手。

领先优势进一步扩大。个人住房贷款余额领先工商银行的优势从2015年末的2838亿元扩大至3966亿元；全年新发放贷款加权利率保持同业第一，领先工商银行的优势从2015年末的4个基点扩大到10个基点；个人住房贷款不良率0.34%，质量同业最优。

（三）快贷持续较快增长，个人消费经营贷款在四大行中唯一正增长

截至2016年末，全行个人消费经营贷款余额1272亿元，比年初增长19亿元，同比多增174亿元；快贷已成为个人消费类贷款业务增长的主力，快贷累计授信金额549亿元，比年初新增442亿元；快贷余额296亿元，比年初新增244亿元；客户比年初新增144万户，累计达到190万户。

（四）住房资金归集新增超上年同期，公积金个人贷款增长迅猛

2016年，全行住房资金归集新增3168亿元，同比多增650亿元，归集余额达到2.5万亿元。截至2016年末，住房资金存款余额6334亿元，其中住房维修资金存款余额1952亿元，比年初新增278亿元；住房公积金个人贷款余额1.85万亿元，比年初新增3431亿元，同比多增160亿元。

（五）个人贷款不良率、逾期率均比年初下降，资产质量保持四行最优

截至2016年末，全行个人贷款不良余额172.02亿元，不良率0.44%，比年初下降0.01个百分点；全行个人逾期贷款余额315.79亿元，逾期率0.81%，比年初下降0.08个百分点。四行个人贷款不良率平均水平0.74%，建设银行低于四行平均水平0.3个百分点。建设银行个人贷款、个人住房贷款、个人消费经营贷款资产质量均保持四行最优。

（六）个人贷款利息收入好于预期，中间业务收入保持平稳

克服五次降息的不利影响，2016年全行实现个人贷款利息收入1594亿元，其中住房贷款利息收入1527亿元，还原“营改增”影响后，个人贷款利息收入1659亿元，其中，住房贷款利息收入1590亿元，同比分别多增10亿元和34亿元，好于预期。全年实现中间业务收入34.02亿元，还原“营改增”影响后，为35.27亿元，超过上年全年水平，其中房改金融中间业务收入33.76亿元，同比增长5.4%。

（七）资产证券化业务稳步推进，获得多项同业第一

2016年全年完成10单资产证券化及资产转让项目，其中发行“建元”系列个人住房抵押贷款资产支持证券4单；发行“建鑫”系列不良资产支持证券2单，基础资产分别为个人住房不良贷款（境内首单不良个人住房抵押贷款证券化项目）与信用卡不良债权；发行“建盈”系列信托受益权转让项目2单（境内首单信托受益权流转项目）；发行“建融”系列资产转让项目1单（境内首单个人住房抵押贷款债权转让项目）；承销发行沪公积金16-2公积金贷款资产支持证券1单（境内发行规模最大的信贷资产证券化项目），累计发行规模732亿元。

二、2016年主要工作举措

（一）贯彻政策，精细管理，持续提升住房贷款领先优势

研判市场，提前部署，按照“早投放、早收益”的思路，持续加强客户和楼盘储备，进一步扩大市场领先优势。全年共投放13415亿元，同比多投放4234亿元。突出建设银行业务策略和价值导向，统筹推动不同定价水平区域、楼盘和客户的贷款投放，主动引领价格走势，实现量价同步提升，发放量和利率水平均居同业第一。

加强精细化管理，有效落实国家政策。在热点城市调控政策出台前，结合自有大数据平台分析结果，控制房价上涨过快城市、大额大面积住房等贷款的投放，主动调整贷款结构。差异化调控政策出台以后，建设银行坚持一手抓重点城市贷款投放调控，促进市场健康发展；一手抓三四线城市去库存，加大贷款投放力度，支持百姓合理住房需求，全年三四线城市投放笔数占比约为一半，支持购房面积占比52%。

推进住房贷款产品创新与应用。在13个分行试点农民住房财产权抵押贷款，浙江分行和湖北分行已成功发放贷款；在河南分行试点推出住房金融生态圈综合营销服务方案；推广个人司法拍卖房贷款业务和“赎楼贷”综合金融服务，提升建设银行二手房领域综合竞争力。2016年，建设银行连续4年蝉联《亚洲银行家》“中国最佳按揭及住房贷款业务奖”。

（二）推广系统，提升服务，守牢房改金融市场地位

深入践行“系统推广即是客户营销”的理念，全力打造房改金融业务银行系统、住房公积金业务客户系统、住房维修资金业务客户系统、住房资金综合服务平台、住建部系统（结算应用系统和转移接续平台）五大类系统，以科技优势锁定客户，构建客户服务新模式。截至2016年末，累计超过200家公积金管理中心（含管理部）委托人、500家维修资金委托人上线建设银行新一代住房资金管理系统，125家公积金中心上线和测试建设银行独家研发的住建部住房公积金结算应用系统。

灵活运用“公转商”、贴息、资产证券化等创新工具和手段，打通“公转商”“商转公”的双向渠道，帮助公积金中心实现资金流动性的有效调节和管理，并带动建设银行自营性业务发展。截至2016年末，共有19个一级分行开办了贴息贷款业务，全行贴息贷款余额683亿元。在做好总行战略级、重点级客户综合金融服务方案的基础上，继续开展分行级客户的综合服务方案制订和营销，目前累计有25个分行与113家委托人签订服务方案或协议。

（三）优化功能，丰富场景，以快贷带动消费信贷创新发展

快贷客户群体进一步扩大到代发工资客户、公积金缴交客户等。截至2016年末，代发工资白名单导入客户超过1000万户，公积金白名单在4个分行与8个公积金中心实现对接。持续加大快贷营销力度，不断完善产品功能，优化调整快贷在线审批模型，实现快贷在智慧银行渠道的部署和白名单灵活导入功能等。2016年首次荣获《亚洲银行家》“2016年度中国最佳消费信贷产品”奖。

积极拓展消费场景合作，加快培育业务增长点，促进个人金融生态系统建设。推广“沃e贷”，实现在全国范围的业务开展；与品牌汽车厂商等源头合作，创新网上“车e贷”模式，覆盖130个城市约200家汽车经销商；与新浪乐居家装平台开展“先装修后付款”业务合作，在25个城市分行线上、线下全面开展试点；推进“惠龙e通”合作试点，推动商用车贷款创新业务。

改进产品设计，促进传统业务转型发展。整合住房抵押类消费信贷产品，研发线上受理功能。持续完善质押贷款产品，拓宽可质押押品范围。创新支农贷款多种发展模式，探索“龙头企业担保+农户+订单”模式，探索涉及基本生活消费品的种植养殖类支农贷款和“两权”抵押创新试点，推动分行在精准扶贫定点帮扶地区开展生源地助学贷款、小额农户扶贫贷款和致富带头人助业贷款。

（四）加强个人贷款风险防范，持续推进风险化解和不良处置

综合运用风险预警模型和个人综合授信功能，加强风险机控机防。针对首付资金中介垫款等新情况新增18个预警模型，优化了19个旧模型，目前预警模型已达72个，风险核查的针对性和有效性大大提升。下发《加强个人贷款风险管控的指导意见》，对贷前、贷中、贷后重要的风险控制环节提出了明确要求，以精细化管理防控个人贷款风险。

加强逾期贷款管理，创新公告催收手段，吉林、内蒙古等分行已实施公告催收并取得一定成效。因应新暴露不良管控要求，强化早期催收，改进代偿代扣等手段的应用策略，减少贷款反复上下迁徙。大力推动个人贷款呆账核销工作，指导分行建立诉讼进度台账，把核销相关工作做实做细。

（五）强化内控建设，做好审计整改，提升合规经营水平

在全面梳理制度文件的基础上，将内部控制

理念、工具和建设银行的个人信贷业务经营管理实践相结合，结合近五年审计发现的问题和情况，明确关键风险点，制定控制目标和控制规则，形成《个人信贷业务领域内部控制标准》。

组织开展个人住房贷款首付资金来源和售房资金去向等问题自查、首付资金来源和消费信贷资金流向专项检查、个人贷款业务人员行为排查、住房委托个人贷款专项检查等，对内蒙古、大连、辽宁等分行进行现场检查，针对检查及审计发现的问题，组织分行认真落实整改，并举一反三，对现有制度、流程、系统、员工管理等方面进行反思和重检，进一步完善内控管理，为业务健康发展打好基础。

（六）夯实基础管理，丰富技术手段，提高经营水平和效率

在全行成功上线个人贷款新流程，目前系统运行平稳有序，流程优化成效显著。上线分行通过流程再造实现单笔个人贷款业务办理时间平均节约33%以上，客户申请资料及纸质档案材料平均减少50%以上，业务处理实现了移动化、电子化、影像化，在房金条线人员未增的情况下，为个人贷款业务持续实现转型发展提供了有力保障。

持续推进楼盘大数据分析和应用，2016年不仅引入了公积金贷款数据，还积极引入2010年至今的外部市场基础数据，构建面向市场—企业—楼盘—客户—产品的分析体系，积极研发房屋价值评估模型和建行价格指数模型等，进一步助力全行转型发展。

结合业务发展需要，细化培训课程，重点加强对分行房金部主要负责人的培训工作，提升经营管理能力；针对条线人员加大新业务培训和风险管理知识培训，提升业务技能和合规经营意识。全年共组织各类现场培训班9期，累计完成对全条线2970人天的现场培训。开发“农民住房财产权抵押贷款业务”等5个电子课件，进一步完善、维护岗位考试题库。

（七）加强指导，完善授权，强化海外个人贷款条线化管理

截至2016年末，已开办个人贷款业务的有建行亚洲、澳门分行、悉尼分行、建行新西兰、建行俄罗斯、法兰克福分行和新加坡分行7家机构，贷款余额超过64亿美元。结合业务实际，编制海外机构个人贷款业务综合经营计划，加强与海外机构的沟通和业务指导，对澳门分行、建行新西兰、悉尼分行进行了现场检查，提示业务风险，推进海外机构依法合规开展个人贷款业务；更新2016年海外机构行长授权书（股东意见书），差别化授予部分海外机构零售（个人）贷款业务审批权，规范发展海外个人贷款业务。

执笔人：王　毅　童学锋　蔡军花　郑　露

信用卡业务

一、主要成绩

收入利润贡献显著提升。2016年全行信用卡条线实现业务收入372亿元[①]，同比增长19.2%。其中，利息收入94.6亿元，同比增长14.1%；中间业务收入277.5亿元，同比增长21%，在全行总中间业务收入中占比首次超过20%。实现税后净利润69亿元，同比增长103%；经济增加值超过40亿元，同比增长196%。成本收入比35%，在2015年大幅下降19个百分点的基础上，又进一步下降13个百分点。

主要业务指标全面完成。2016年，全行信用

① 收入含增值税，下同。

2016 年 1 月 8 日，建设银行冠名的“龙卡信用卡号”京沪高铁专列从上海启程。

卡当年净增发卡 1333 万张[①]，全年计划完成率 107%；净增活动客户 682 万户，计划完成率 122%；消费交易额 23999 亿元，其中分期交易额 2677 亿元，计划完成率 112%；净增达标商户 16 万户，计划完成率 122%；含税业务收入 372.1 亿元，计划完成率 102%，其中中间业务收入 277.5 亿元，计划完成率 103%；贷款余额 4437 亿元，当年新增 540 亿元；贷款不良率 0.97%，控制在目标范围之内。主要指标超额、圆满完成年度计划。

效益、质量持续提升。信用卡客户活动率 60.62%，较年初提升 2.51 个百分点，创历史新高；贷款不良率 0.97%，资产质量继续保持同业最优；生息资产占比 60.24%，较年初提升 1.50 个百分点；贷款益率 6.83%，较年初提升 0.19 个百分点；成本收入比 34.59%，在上年下降 19 个百分点的基础上再次下降 13.5 个百分点。主要效益指标保持四行领先水平。

市场竞争力进一步增强。客户总量、净增客户、净增发卡、分期贷款新增、活动商户数、资产质量等核心指标同业第一。业务收入、利息收入、中间业务收入、新增贷款、消费交易笔数、商户总量、收单交易额四行第一，其中净增客户、净增发卡实现同业第一“五连冠”，业务收入连续 3 年四行第一。

品牌市场价值持续提升。先后荣获全国工商联、中国银行业协会、专业卡组织及主流媒体颁发的 2016 年度“信用卡消费信贷最佳合作银行”等 20 多个奖项，龙卡信用卡市场影响力和品牌声望持续提升。

二、主要举措

2016 年，按照总行提出的“综合性、多功能、集约化、创新银行、智慧银行”转型要求，全行信用卡业务围绕“以客户为中心”、坚持“效益、质量、规模、效率统筹协调发展，勇争第一”的转型思路和目标，优化经营结构，完善机制体制，提升效益质量，转型取得阶段性成果，主要体现在以下几个方面：一是全行对信用卡业务的认知和行动一致性空前提高。中心班子带领各处室负责人全年先后赴 28 家分行和 4 地运行中心开展 67 次调研，各处室又分别深入各分行交流培训，引导分行统一认识，切实提高认识与行动的一致性，提升信用卡业务发展能力，各分行一把手、分管领导对推动信用卡战略转型必要性、紧迫性的认知日益深化，基层分支行特别是二级分行一把手对信用卡重要地位、贡献、作用的认知得到极大改观和深化，各类业务网点开办率不断提升。二是效益、质量指标增长持续发力。全行进一步细化与招商银行的对标，找准差距，加快赶超。截至 2016 年底，客户活动率达到 60.6%，同比提升 2.5 个百分点，创历史新高；生息资产占比达到 60.2%，同比提升 1.5 个百分点；循环贷款占比 24.7%，同比提升 0.8 个百分点；贷款收益率达到 6.83%，同比提升 0.19 个百分点，在全行各类贷款产品中收益率最高。三是全面启动打造“一个体系”“两个引擎”“五个工程”。初步形成了以打造年轻化经营服务体系为核心，以做大做强消费与循环生息贷款、消费金融与分期信贷两个收入增长引擎为支柱，以抓好转型方案实施、手机银行信用卡、年轻化客户拓展经营、“网络化、智能化、平台化、自动化、数据化、流程化”六大核心能力建设、打造增值服务平台为基础的新的核心转型思路。

（一）基于年轻化经营服务体系的结构优化成效显著

客群方面，实施年轻化客群结构调整，全年新增 35 岁以下年轻信用卡客户 769 万户，占比 60%，同比提升 4 个百分点；新客户平均年龄 34 岁，同比下降 1 岁。

产品方面，契合年轻客群消费支付习惯，创新推出龙卡 e 付卡、腾讯 e 龙卡、HCE 云闪付，其中龙卡云闪付绑定的信用卡达到 125 万张，虚拟产品龙卡 e 付卡发卡 70 万张；近期又创新推出了龙卡腾讯游戏卡，升级了芭比美丽信用卡，延

① 当年净增数含 ApplePay 等绑定支付卡 124.83 万张。

伸了产品线，年轻客群产品体系进一步丰富完善。

商户方面，立足于满足年轻客群消费需求及其消费场景建设，大力拓展餐饮、娱乐、超市、百货等年轻人喜闻乐见的、和生活息息相关的特惠及收单商户，叠加促销、分期、积分等“商户＋”集约化经营，累计发展特惠、分期、积分、洗车等特色商户60000户；成功举办“2016年建设银行高端商户金融峰会”，联合37家全国知名商户代表大力推进“建设银行消费金融生态圈”建设，全年实现商户收单收入14亿元，同比翻番增长。

渠道方面，契合年轻客群移动社交生活特征，大力推进手机银行、微信银行交叉营销与外部电商平台渠道获客和客户服务，手机银行渠道新增信用卡客户96万户，同比增长264%；信用卡客户手机银行绑定量4792万户，渗透率达到64.4%，同比提升8.4个百分点，活动客户手机银行渗透率达到68.5%；微信银行绑定量1814万户，绑定率达到24.3%，同比提升4.3个百分点；腾讯、唯品会、蜘蛛网等外部渠道获客180万户，占比14.1%，同比提升7.8个百分点。

（二）循环信贷和分期信贷两个收入引擎快速增长

一是消费与循环生息贷款利基不断夯实。全年2.4万亿元消费实现发卡端回佣手续费收入64亿元，同比增长24%；非全额还款消费累计形成循环贷款余额427亿元①，较年初增长47亿元；创新推出现金转出业务，全年取现交易额突破1226亿元，同比增长14.5%，带来取现手续费收入4.3亿元；消费和取现产生的循环生息贷款全年共带来利息收入95亿元，同比增长14%。

二是全场景全覆盖的分期信贷投放持续做大做强。在进一步巩固汽车分期、装修分期、账单分期等产品市场领先优势基础上，创新推出分期通、旅游分期等新产品，加快留学、教育、车位、网购、商户等特色场景化分期产品推广，全年实现分期交易额2677亿元，同比增长34%，新增分期贷款538亿元，同业第一，创造手续费收入156亿元，先后荣膺“年度消费金融信用卡品牌”“最佳合作银行”等多个奖项。

（三）核心基础能力持续增强

一是圆满完成新一代信用卡业务功能上线。周密部署、精心组织新一代贷记卡、收单与商户管理、统一客服、综合积分、不良资产证券化、反欺诈等重大项目投产上线，基础运营能力大幅增强，基本实现信用卡业务功能全渠道、自助化、智能化和场景化部署。移动渠道业务办理占比较年初提升幅度超过20个百分点；审批作业周期4.8个工作日，同比缩短0.7个工作日，节约征信审批人力380名；电子账单替代率达到84.3%，同比提升14.3个百分点，累计节约成本近2亿元；约定账户扣款汇率从账单日调整为生成日，核销利息实现自动化处理，带来盈利8367万元。

二是服务品质和价值创造能力持续提升，稳步推进与总行客户服务中心的业务衔接与交接工作，落实行领导指示，针对客服人工电话接通率下降的情况，深入分析客户来电原因，围绕渠道推广、流程优化、主动服务等方面，制定了提升接通率的21项具体行动措施以及与总行客户服务中心联动的13项工作，尽最大努力缓解客服压力，在发卡总量、客户总量、业务服务总量快速增长的同时百万卡电话量从9.19万通降至8.97万通，自助服务渠道业务受理量超过87%。同时，与建信人寿开展外呼合作，加快外呼、交叉营销、催收等价值创造转型，全年催收回收金额1203亿元，单个坐席年催收回收金额1.2亿元；电话营销账单分期交易额311亿元，创造的中间业务收入超过13亿元，单个坐席全年创造中间业务收入340万元。信用卡客户满意度保持四行第一。

三是数据分析及成果应用转化能力全面提升。积极推广企业级数据应用平台，优化上线15个信用卡自助查询模型、41份固定报表，有效支持总分行信用卡业务经营管理。加大部门联动，与上海数据分析中心开展11个合作项目，其中优质信用卡客户拓展项目累计新增预审批商机4887万个，成功拓展203万名新客户；事件式营销项目针对行内购汇客户发送信用卡境外消费促销短信，两个月内客户响应率达到47%；早期预警风险管控项目上线后，已对1.76万名客户采取了额度管制，控制风险敞口2.3亿元。

（四）风险经营管理水平业内领先

一是成功发行首单信用卡不良资产证券化产品。2016年12月20日，建设银行在四大行中创先发行信用卡不良资产证券化产品，一次性剥离的不良资产本息总计28.1亿元，实现了建设银行信用卡不良资产处置手段与方式的重大创新突破。

二是全流程风险经营管理持续加强。贷前针对不同客群、不同产品、不同区域持续丰富优化差异化的授信政策，加强客户行外网络行为数据

① 以纯消费循环透支贷款余额为估算均值，循环贷款余额＝利息收入/18.25%－取现贷款余额。

拓展。贷中强化交易监控及动态额度管理，年内累计为1700万名客户调升额度1740亿元，带动户均消费额增长29%，户均贷款增长21%；为103万名低活动客户调降额度98亿元，累计节约14.7亿元表外资本占用；引入人民银行失信被执行人信息、行内司法冻结、P2P问题网贷平台等数据，扩大风险预警覆盖面，累计预警处置账户50万户，管控风险敞口55亿元。贷后创新协商还款、公告催收、公务员监察催收，实施逾期客户存款实时扣划，回收处置不良贷款66.3亿元，同比增长54%；已核销资产回收额6.09亿元，占全行已核销回收额的14%。

执笔：蔡莉华

网络金融业务

一、全面实施转型规划工作，积极主动推动全行各条线、各分行利用互联网的思维和手段打造金融生态系统

按照全行转型发展要求和CCB 2020的统一部署，围绕全行转型发展方向，积极组织推动相关部门抓好网络金融生态系统建设工作。会同12个相关部门积极组织推进各项工作，经过3次行长专题会议部署、2次分行研讨及意见征求、6次总行部门交流及意见征求，通过《关于印发〈中国建设银行网络金融战略发展规划〉的通知》（建总发〔2016〕256号），向全行印发。以条线协作、部门联动为目标，在全行范围深入开展“协作共赢 抢占高点”评先创优活动，向全行推广电子支付、政府招投标、校园解决方案等9个已有电子银行渠道重点应用，鼓励分行一方面加强电子银行创新应用，另一方面加大对电子银行典型应用的推广力度和成果转化。2016年全年共支持其他条线或二级行行级培训28次，覆盖6个条线机构的培训，以及十多家分行党委中心组或二级行行级管理人员授课，助力各条线和各分行转型发展。截至2016年底，电子银行账务性交易量占比［电子渠道/（电子渠道+柜面渠道+自助渠道）］达86.29%，较年初提升8.74个百分点。

二、紧抓客户随时随地随身的需求，移动优先战略领跑同业

（一）手机银行深得市场认可，用户规模同业第一

根据AC尼尔森提供的数据，建设银行手机银行用户满意度四大行第一。在中国金融认证中心、人民网、《金融电子化》杂志等机构举办的评选活动中，建设银行手机银行获得“金融渠道创新突出贡献奖”“2016年银行业创新大众口碑排行榜首位”“产品创新突出贡献奖”等荣誉。2016年，手机银行加快了产品创新与业务推广节奏，推出e账户、快贷、客户端消息推送及定制、基于位置的精准营销、结售汇、内嵌商户服务、银证e路通、纪念币预约等全新功能。截至2016年底，手机银行用户数达2.23亿户，较年初增长22.08%；2016年交易额达30.55万亿元，同比增长98.16%；交易量达207.63亿笔，同比增长86.16%。依据易观智库的标准，活跃用户数保持同业第一。

（二）微信银行创新与推广两手抓，用户数和影响力居同业第一

微信银行运用“推送+定制”服务方式为客户提供一站式金融服务；推出更多符合场景化、事件化、社交化的微金融服务，包括微黄金、智慧301医院、纪念币预约、微信善融、微信实物金等；为丰富非金融的生活化场景，与优秀第三方合作，在微信银行推出了全国加油卡充值、全国手机流量充值、去哪儿网商旅出行、“积分圆梦”微公益等服务。2016年底，建设银行微信银行用户数（关注并绑定账户数）3623万户，较上年末增长64.69%。用户数、业务规模稳居同业第一，在国资委、中国金融认证中心、金融界网站、每日财经新闻、《金融电子化》杂志等机构举办的评选活动中，建设银行微信银行获得“2016年度中国企业最具影响力新媒体账号”奖项。

（三）智能客服量超全行人工客服量两倍，助力全行集约化转型

智能小微在覆盖微信、短信、网银、网站、

易信等渠道基础上，在2016年进一步拓展渠道覆盖面，面向全行手机银行及微信企业号客户开放。2016年1～12月，智能小微累计服务客户3.1亿人次，12月智能小微服务量3345万人次，是"95533""400"人工服务量之和的2倍。

（四）电子支付加强总对总集中运营能力，市场份额领先同业，手续费收入预计增长1.5倍

整顿支付机构及投资理财平台；整合商户本行、他行支付产品及悦生活等不同协议；通过新一代集中运营项目，通过"双备份"完成银联对账等业务操作；对资金清算、对账体系进行重新梳理，所有快捷支付及网关支付清算对账已由CCBS迁移至收单系统；商户录入、参数维护已由ECTIP迁移至新一代P2系统。2016年，建设银行电子支付业务继续保持迅猛发展，电子支付总交易笔数142.7亿笔，较上年增长77%；总交易金额6.6万亿元，较上年增长80%；手续费收入预计可达50亿元，较上年增长1.5倍。

三、网银网站加大创新和推广力度，体验和品牌"双提升"

（一）瞄准业界领先、体验一流，网银网站实现协同全新改版

新版营销型网站顺利上线，组织人员持续开展上线内容测试和存量内容巡查工作，密切关注和收集来自"95533"客服中心、在线客服和行内员工的反馈，随时发现并解决问题，不断提升客户体验。同时，全面开启新版网站的对外宣传工作，已分别通过网站广告专题、微信、微博、易企秀、内外部新闻稿进行投放，新版营销型网站上线后一个月较上线前一个月，日均页面浏览量提升32.4%，获得了客户的广泛认可。新版个人网银完成全行37家分行推广。截至2016年底，个人网银用户数达2.37亿户，居同业首位。根据AC尼尔森提供的数据，满意度四大行第一。

（二）企业网银用户规模保持快速增长，已成为营销对公客户的利器

企业网银推出"慧医疗""e智联"（企业网银银企直联）、"保e生"三大品牌，建设银行电子渠道可为个人用户提供全国32个省（自治区、直辖市）近2000家医疗机构的医疗卫生服务，并为20余个地区用户提供医保缴费服务，拓展30余家医院开通"e智联"（企业网银银企直联），全行使用企业网银（含银企直连）渠道的社保客户2675户，使用网银渠道的社保客户占社保客户总数（5097户）的52.48%。截至2016年底，企业网银用户数达到486万户，比年初增长20.95%；2016年交易额214.88万亿元，同比增长20.30%。

四、推广两大跨界平台，推进全行金融生态系统建设

（一）善融商务为落实扶贫攻坚、军队改革、"一带一路"和自贸区等提供"建行解决方案"

一是真帮实扶、积极探索网络金融脱贫新路子。依托善融商务等网络金融平台，加强与政府和第三方公司或平台的合作，积极对接贫困地区特色产业基地，以当地龙头企业为抓手，商务与金融相结合、线上与线下相结合、生产与销售相结合、扶贫与转型相结合，提供一系列网络金融综合服务，帮助贫困地区脱贫致富。二是善融商务积极推进国防动员单位电子商务采购平台推广，继黑龙江省军区采购平台上线之后，陆续上线江西、上海、云南3家分行的军区采购平台，辽宁、吉林、山东、河北、陕西、广东、甘肃、青海、贵州、河南、天津11家分行已着手准备供应商营销入驻工作。三是抓住市场热点，借助"海淘"形式推广宁波自贸区商品"跨境购"。四是急海外分行所急，在善融商务积极建设海外商品的"国家馆"。截至2016年底，商城入驻商户5.8万户，注册会员1787.3万名；2016年全年交易额1384.0亿元。

（二）悦生活创新推出云服务，已经成为建设银行在全国范围便民服务的闪亮品牌

悦生活云服务在全行有序推进试点及平台建设工作，在央视综合频道投放"悦生活"电视宣传广告，在每晚《焦点访谈》内容提要后的黄金时间段隔天循环播出。2016年，悦生活平台实现交易量2.81亿笔，同比增长3.96%。

五、以智慧型银行为目标，统筹多维度资源，努力向客户提供简单、专业、有温度的优质金融服务

（一）夯实基础，推进数据的连接共享，为全行注入丰富的网络金融数据资产

在同业中率先采集网银、网站、善融商务等动态行为数据，增加了非结构化数据资源，并进行结构化转化，支持全行应用；加强与数据管理部的合作，基于电子银行数据实验室和部门视图环境，丰富网络金融的数据资源范围；以客户为中心，整合客户在网络金融渠道的交易、渠道偏好等行为特征，放入公共计算区，供全行使用。

（二）应用知识技术提升机器人应答准确率，智能客服“小微”更加聪明

在功能优化方面，实现智能机器人6.0版本到8.0版本的升级，在知识管理、交互体验、前端展示及报表管理等方面进行了优化，共计新增、优化功能38项，其中新增“数字+元”、扩展问词类顺序识别、降低词类权重功能，并对上下文及反问的设置进行优化，新增WEB渠道图文交互功能，极大地丰富了客户体验。在智能化水平提升方面，深入开展语义优化工作，2016年，累计分析客户日志517万条，新增及修订业务知识点7346条，维护词类543个，修订扩展问法9473条。目前，机器人知识库合计标准问6887条，扩展问46549条，测试样例42017条。2016年12月，全渠道智能小微服务回复准确率为93.21%，较2015年末提高1.74%。其中，手机银行渠道回复准确率91.70%，较上线时提升9.16%。

（三）引入外部数据服务商，在善融商务创新采用机器学习和实时推荐引擎，向客户提供贴心的个性化服务

通过引入外部数据服务商，在善融商务开展合作，利用其在大数据行业先进的算法、模型和推荐引擎等工具，创新实现了产品的个性化推荐；同时，将善融用户在电商、社交等外部互联网行为特征引入行内。善融商务个性化推荐栏一共向529万名访客推送了个性化商品，占所有访客的75.76%，累计推荐的商品金额为335.76亿元。

（四）反欺诈风控专业性和智能化水平“双提升”，避免客户资金损失超1.54亿元

大数据智能化系统防控研究成果不断释放，风控系统开始采集钓鱼网站监测、高风险交易等渠道数据，自动识别并控制高危账户及终端的功能，目前已添加高风险付款账户50959个、高风险终端72个、黑名单电话号码3353个，通过增强风控系统的自动化处理能力，不断提高风险交易识别的准确率和时效性，风控智能化程度进一步提升。2016年，拦截风险事件2.76万起，避免客户资金损失1.58亿元，运用网络爬虫技术处理关闭钓鱼网站及支付链接数量4.39万个。

执笔：边　鹏

金融市场业务

一、金融市场业务经营业绩

2016年底，金融市场条线资产规模达4.3万亿元，占全行总资产的21%；全口径收入1624亿元，同比增长3.8%。总行本币债券投资组合考虑免税后实际利息收益率4.35%，考虑价差收入后收益率达4.53%。全口径中间业务收入130亿元，同比增长15.7%，高于全行平均增速。金融市场代客交易业务总收入首次超过工行。贵金属业务收入和代客资金交易收入“双超”工行的分行由2015年的12家增至21家，成为全球第六家、中资首家芝加哥商品交易所（CME）白银定价行。

（一）债券投资组合收益率保持稳定

在市场利率下行条件下，本币债券投资组合考虑免税后实际利息收益率4.35%，考虑价差收入后收益率达4.53%，同比提升2个基点，对稳定全行NIM和利润增长作出重要贡献。上半年集团非重组类债券投资组合考虑免税后实际利息收益率四行第一。外币债券投资组合收益率2.45%，较上年末提升47个基点。

（二）货币市场组合兼顾流动性安全与资金运用效率

全年累计融出人民币资金21.57万亿元，融入5.39万亿元，有效熨平头寸大幅波动，确保全行流动性安全。人民币日均备付率0.97%，处于同业较优水平。人民币货币市场组合净收益率2.60%。

（三）中间业务收入快速增长，代客交易总收入首次超过工行

全口径中间业务收入130亿元，同比增长15.7%，对全行中间业务收入贡献进一步提升。其中，贵金属和大宗商品业务收入58亿元，同比增速达52%。2015年开办的债券借贷、黄金积存、白银租借、资讯服务等新产品全年实现收入3.88亿元，同比增长近2倍。金融市场代客交易总收入（包括代客资金和贵金属）、贵金属业务收入首次超过工行，代客资金交易收入与工行的差距进一步缩小。

（四）市场影响力进一步提升

外汇交易综合排名、远掉综合排名保持市场第一。债券交易账户做市交易量4943亿元，同比增长101%。成为全球第六家、中资首家芝加哥商品交易所白银定价行，以及“上海金”首批定价行，作为国内首家银行对外发布了“建行大宗商品指数”。在吉隆坡、中国香港、伦敦、莫斯科举办中国银行间市场投资论坛、推介会，引发境外投资者热烈反响。

（五）海外和特殊经济区域机构经营管理能力明显增强

伦敦机构全年离岸人民币交易量1973亿美元，同比增长58%，稳居当地中资同业首位。首尔分行韩币对人民币做市业务、台北分行人民币外汇期货做市业务居当地中资银行第一。上海、霍尔果斯、广东、天津等特殊经济区域分行金融市场业务实现收入约6亿元。向新加坡、中国香港、首尔、迪拜分行和建行亚洲调拨人民币债券以满足当地流动性监管要求，为集团节约了资金成本。

（六）获得多项荣誉

获2016年度银行间外汇市场“综合最佳做市机构”“优秀交易主管”“优秀交易员”等13个奖项，获银行间本币市场“优秀交易商”“优秀交易主管”“优秀交易员”等7个奖项。获中央国债登记结算公司颁发的2016年度中国债券市场“优秀发行人”“优秀承销商”“优秀自营商”和“优秀托管机构”奖项。获全行“创新进步奖”，“市场成员债券借贷”“代客人民币黄金掉期”分获产品创新二等奖、三等奖，“定报价平台”获流程优化奖；投资组合系统获“2015年度中国建设银行金融科技进步二等奖”，境内外一体化金融市场交易流程处理体系获人民银行主管的《金融电子化》杂志颁发的“2016年度金融行业产品创新突出贡献奖”。八人获得2016年度《建行报》“优秀撰稿人”称号，《银行间债市2015年上半年回顾与下半年展望》文章获《债券》杂志“2015年度十佳文章”荣誉称号。

二、主要工作措施

（一）认真执行年度投资策略和风险政策，优化债券投资组合结构

人民币债券投资组合方面，一是坚持以资本成本和所得税调整后的收益率为策略导向，持续优化品种结构，降低资本占用。首次开展基金投资，优先选择流动性好、随时可赎回的公募基金。二是根据行领导“交易要更生动、更活泼”的指示，积极开展债券组合波段操作和存量调整，实现价差收入，增厚投资收益。三是进一步完善信用债和地方政府债投资管理机制，形成专项投资利率底线要求。强化内部考核调整，将资本约束传导至分行，合理引导地方政府债发行定价，实现全行利益最大化。

外币债券投资组合方面，一是适当增加以美国国债为主的流动性储备。利用美元加息周期，优化外币组合结构，新增投资主要为流动性高、资本占用少的美国国债、中国政策性金融债等主权和机构债。二是把握市场波动时机进行波段操作，实现了可观的价差收入，提升了组合收益率。

（二）主动经营货币市场组合，拓宽资金融入与运用渠道

人民币货币市场组合方面，一是准确研判资金面走势，审慎匡算全行流动性缺口，把握融入融出节奏。提早加强春节、季末、年末等关键时点流动性储备，全力争取央行低成本逆回购资金，弥补短期缺口。对于中长期缺口，协助资债部扩大中期借贷便利融入规模，提高稳定资金比例。二是发挥大行“稳定器”作用，平抑市场价格波动。

外币货币市场组合方面，一是在流动性趋紧时通过境内外同业拆入、债券回购等措施保障总行外币流动性安全，在宽松时通过对各期限价格的调节加大融出力度。二是发挥本外币头寸统筹管理优势，捕捉市场套利机会，拓宽融资渠道。三是调节系统内拆借价格，引导海外机构拉长融资期限，降低其融资过度短期化带来的错配风险。

（三）多举措推进金融市场代客交易业务发展

一是进一步动员全行力量，加大对重点分行督导力度。举办全行范围的金融市场业务专题研修班，以及重点分行金融市场业务座谈会、重点分行及特殊区域分行金融市场业务专题会，研究部署业务推进措施。二是充分利用考核与激励手段调动条线积极性。围绕赶超目标，科学编制各产品收入计划，将代客资金和贵金属业务纳入一级分行KPI转型重点产品并列为必选业务，申请买单费用为条线营销活动提供支持。将原有的贵金属和大宗商品业务通报、代客资金交易业务通报加以整合，形成金融市场业务经营情况通报，突出“双超”目标导向。三是积极开展营销活动，加强专业销售队伍建设。继续开展总行直接营销，部门负责人带队逐户走访代客资金交易重点客户。开展全行范围个人交易类贵金属及商品业务客户大赛、金融市场交易业务“3721特别行动”等全行范围专项营销活动。支持指导分行举办营销会140余场，服务客户超7000人次。在境内外举办条线专业人员培训班6期，安排分行人员来总行跟岗培训46人次，完成《金融市场业务岗位培训教材》及网络课程开发。

（四）加快推进产品创新与流程优化

推出账户外汇、非交割利率互换、大宗商品指数、全新企业网银汇率交易等26项新产品和新流程，比2015年增加10项，其中包括“特殊经济区金融市场产品解决方案”等三项战略性产品，进一步完善了产品线。成功上线新一代2.3期海外资金交易系统和3.2期对私资金交易系统，新一代金融市场系统建设主体工程收官，并有序向境外机构、自贸区分行推广。

（五）加强风险和内控管理，确保稳健合规经营

本级和境内条线管理方面，一是加强信用债券投后管理。投资组合中未出现债券违约。全年累计出售煤炭、钢铁、有色等产能过剩和重点关注企业债券125亿元。成为我国首批信用风险缓释工具核心交易商并参与首批交易。二是防范市场波动引发的代客交易业务客户端风险，确保不新增垫款，根据监管要求做好结售汇逆差管控。三是加强授权管理，开展内控检查，有效降低操作风险。完成“一加强两遏制回头看”自查工作，总行本级未发现违规经营或违法犯罪等问题。

海外条线管理方面，一是持续开展非现场交易排查和现场顶岗检查。非现场交易排查覆盖20家机构，排查30余万笔交易，对发现的问题及时督导整改。派出7个顶岗团组对7家海外机构进行了现场指导和检查。二是修订“八不准”规定。对交易录入准确性不足、交易记录修改操作不规范和授权管理不完善等常见问题明确了管理要求。

（六）提升市场研究工作的支持能力和品牌效应

完成各类研究报告534篇，其中《金融市场评论》21期，向《建行报》供稿120篇，向《财新》《中国外汇》《债券》《中国货币市场》《经济观察报》《政府债务与金融》等期刊投稿87篇。通过微信公众号“建行金融市场业务”“建行贵金属业务”对外发布政策和事件点评、市场走势观察等资讯，全年推送文章逾千篇，点击量超过30万次。派研究骨干赴分行参加营销和培训37次，为客户和一线人员解读金融市场走势。

执笔：孙　逊

金融市场交易中心

一、主要经营成果

金融市场交易中心成立后，积极推动业务转型与发展，市场地位不断巩固，盈利能力持续增强，风险应对能力进一步提高。

2016年金融市场交易中心实现经营收入129亿元，同比增长15%；其中全口径中收119亿元，同比增长19%，高于全行平均水平。

（一）业务发展亮点纷呈，多项业务收入创历史新高

1. 贵金属业务收入排名市场第一

2016年，全行贵金属及大宗商品业务实现净收入58亿元，同比增长52%，计划完成率达120%。根据四行交换数据，2016年贵金属业务收入居四行第一，较2015年提升一名。

2. 汇率交易业务做市能力进一步提升，本级做市收入同比增长42%，刷新历史记录

2016年代客汇率业务受人民币贬值预期及监管政策影响，业务拓展受到很大制约，导致业务收入下滑。在不利的外部环境下，交易中心从自身挖潜，努力提升代客做市能力，不仅实现汇率业务本级做市收入同比增长创历史新高，还对稳定汇率业务收入起到了积极作用。截至年末，本级做市收入同比增幅高达42%。

3. 代客利率衍生交易更加活跃，收入同比增长11%

利率衍生业务全年完成收入8.4亿元，同比增长11%。利率衍生交易较活跃，全年客户端简单衍生产品交易量同比增长14%。

4. 债券收益率大幅跑赢市场指数

2016年债券市场呈现大幅震荡走势，尤其最后两个月出现了收益率快速上行的行情。面对市场剧烈波动，交易中心有效控制持仓债券久期，及时调整做市报价策略，在实现做市成交量稳步提高的同时，保证了收益率的稳定。全年实现收入9.7亿元，组合收益率大幅跑赢市场基准指数。

5. 债券结算代理业务交易量同比大幅增长107%

2016年，债券结算代理业务笔数同比增长9%；交易量同比增长107%。

（二）主要做市排名位居前列，积极参与国际做市报价，市场影响力不断提升

2016年荣获中国外汇交易中心颁发的“综合最佳做市机构”重量级奖项，这是建设银行连续第四年获得该奖项，另外还获得了最佳做市奖、最佳远掉做市奖、最佳标准化外汇产品做市奖、最佳外币对做市奖、最佳交易奖、最佳远掉交易奖、最佳非美货币交易奖、最受欢迎即期做市机构奖、最受欢迎远掉做市机构奖、最佳非美货币交易会员奖等10项奖项。银行间市场债券做市商最新综合排名位居市场前列；2016年下半年，被银行间市场交易商协会评为优秀综合做市机构、优秀信用债做市商；并成为银行间市场信用违约互换交易首批参与者以及报价机构。2016年债券结算代理交易市场活跃度同业第一。2016年荣获上海黄金交易所颁发的优秀金融类会员、银行间询价市场优秀做市商、易金通优秀推广奖、“上海金”定价市场杰出贡献奖、租借业务贡献奖、金融类会员二级系统技术保障工作优秀单位等6个奖项；荣获中国黄金协会颁发的“2016中国国际黄金大会年度大奖”特别贡献奖、“中国黄金行业社会责任大奖”杰出贡献奖。此外，2016年建设银行不仅成为全球第六家、中资首家芝加哥商品交易所（CME）白银定价行，还是“上海金”首批定价行，建设银行在贵金属市场定价权及影响力大幅提升。

（三）客户基础进一步扩大，对业务发展提供了有力支持

2016年交易中心通过系列客户营销和培训活动，发挥总分行、条线间联动营销优势，初步形成全行金融市场业务营销网络，建设银行主要资金交易业务的品牌知名度进一步提升，客户基础显著扩大。2016年，个人交易类贵金属及大宗商品客户较年初增加约15%；对公贵金属及大宗商品客户数是2015年的4.9倍，其中，对公黄金积存重点客户同比增长412%；对公汇率交易客户数较年初增长约15%。

（四）研究服务能力稳步提高，市场和客户导向日趋清晰

研究报告覆盖主要业务媒体，成果全面、及时、准确；具有研究优势的贵金属与大宗商品，已全覆盖贵金属、能源、基本金属、黑色金属及农产品大类，不同品类已形成基本面、技术面、市场面、资金面四位一体研究框架；研究成果直接对接客户需求，提供差异化资讯；着力打造总分行一体的研究、服务队伍。微信公众号直接关注客户比上年增长50%。

二、主要工作措施

交易中心成立以来，发挥机构设置带来的“专业专注”优势，以“抓落地、促营销、推转型”作为中心的工作重点，努力推动业务转型与发展。

（一）抓落地：加强党建工作，并夯实内控合规管理

1. 加强中心党建工作，为业务发展提供坚实组织保障。中心成立以后，积极申请成立金融市场交易中心党总支及支部委员会，认真组织开展各项党建工作，注重加强党员教育，发挥党员干部模范带头作用，为业务发展提供坚实组织保障。

2. 加强内控合规管理，提升精细化管理水平。中心成立之初，即将加强基础管理和合规管理、做好业务风险管控作为重点工作，并狠抓落实。通过四个月的工作，目前已逐渐搭建起了授权评估和优化、风险评估、业务连续性管理、反洗钱、关联交易、操作风险管理等中心内控合规管理架构。在日常内控合规管理工作中，认真对待内外部检查，积极整改发现问题；加强各类风险管控，持续关注代客资金交易和贵金属客户端信用风险；对违规操作零容忍，要求各业务板块严格在授权授信额度及各项风险限额内开展业务；加强交易对手管理，不与禁止名单、关注名单上的交易对手开展不合规交易；加强规章制度建设，规范内部管理流程。

（二）促营销：加强营销和培训力度，推动业务发展

1. 加强联动营销，夯实客户基础。联合相关部门策划开展了“真金白银？夏日‘金’惠”、“点滴积累，金彩无限”等系列专题营销活动，明显提升了建设银行个人交易类贵金属及商品业务市场营销和宣传力度。强化总分行联动营销，支持或指导分行累计开展140余场客户营销会，服务客户超7000人次，有效带动分行开展代客交易营销工作。此外，创新推出“3721特别行动”，改变以往层级式传递的传统营销模式，通过总行、一级分行、二级分支行及基层网点共同联动，提升营销实效。

2. 加强营销队伍培训，提升专业销售能力。倡导“加强学习才能加快转型”的理念，做好营销骨干队伍培养。打造“百里挑一”、“金彩同行”培训品牌，举办九期全行视频培训，累计培训5.9万人次；分赴广东、四川、湖南等27家分行开展现场培训，有效提升了一线人员对金融交易产品的营销和推介能力。同时创新业务培训模式，采用营销实战、微信直播间、微信互动问答工具等多种方式，完善线上线下培训布局。通过“魔鬼训练营”等活动中的优秀营销人员选拔，打造全行“金融市场专家坐诊”营销服务队伍。

（三）推转型：着力于产品创新、平台建设，促进业务转型

1. 加大产品创新力度，提升产品竞争力。对标领先同业，紧盯客户需求变化，着力提升产品竞争力。一是产品线日臻完善。2016年中心创新推出21项新产品和新业务模式，较2015年增加50%。增强了市场竞争力和客户服务能力，进一步拓宽收入来源，提升业务运营效率。二是重点产品形成领先优势。在业内率先推出账户贵金属转换交易等功能；“建行金”等成为有广大影响力和优质信誉的品牌；企业网银结售汇功能完善、界面友好、客户体验较佳，形成了良好口碑。

2. 加强系统平台建设，提升“大数据”分析对客户营销的支持。一是完成新一代三期项目上线。新一代三期项目陆续于9月、11月分期上线，成功将对私资金交易业务全部产品纳入了新一代金融市场系统中，业务处理能力和风险管控水平显著提升，为金融市场交易业务发展提供有力支撑。二是加强“大数据”运用，提高营销精准度。在相关部门的支持下，初步搭建了金融市场交易中心的数据实验室，并借助建设银行企业级数据平台，开发了“灵活查询报表”、对私贵金属及商品业务“营销响应模型”、“高端客户挽留模型”，对基层行和网点开展个人客户精准营销提供支持，受到分行的欢迎。三是多渠道发布研究信息，扩大服务受众面。除总行企业信息门户网站、电子邮箱、建行报、内部纸质文件外，积极利用新媒体，创建微信公众号“建行贵金属业务”，参加每周两次的“第一财经”节目播报，在“中国黄金报”《理财周刊》等权威媒体发表专业评论，扩大研究成果服务受众面，积极打造建设银行研究品牌形象。

执笔：陈　文

资产管理业务

一、资管业务收入首度突破两百亿元，增幅四行第一

2016年，全行实现资管业务收入206.12亿元（含拨备19.70亿元），增幅39.75%，增幅四行第一。与工行同口径资管收入比值为97%，较上年同期提高26个百分点。在全行中间业务收入中的占比由上年末的9.50%提升至14.20%，提升近5个百分点，贡献度大幅提升。实现账面收入186.42亿元，计划完成率117.68%。

二、资管业务规模首超两万亿元，同口径四行第一

截至2016年底，全行资管业务规模21250亿元，增幅31.36%，同口径四行第一。建设银行理财与一般性存款的比例由2015年末的1:8提升至1:5，资管业务对全行全量资金的影响力和贡献度进一步提升。

2016 年 3 月 24 日，建设银行资产管理业务中心举行资产管理业务专营化建设座谈会。

2016 年 5 月 26 日，建设银行举行投贷联金融中心揭牌仪式。

三、母子公司联动协作，“大资管”经营成效显著

资产管理作为全行“大资管”经营的重要平台，积极发挥对建信信托、建信基金、建信资本等子公司业务发展的支撑带动作用。截至 2016 年底，资管条线与子公司在理财资产投资、产品创新发行等领域合作的存续业务规模达到 11521.51 亿元，增幅 21.62%。其中，与建信信托在债券投资、同业存款投资等领域的合作规模为 6888.56 亿元，占其业务规模的比例为 52.74%；与建信资本在资管计划等领域合作的规模为 2240.93 亿元，占其业务规模的比例为 50.32%；与建信基金在专户投资、公募基金投资等领域合作的规模为 2378.76 亿元，占其业务规模的比例为 19.18%。

四、服务国家重大战略，有力支持实体经济发展

紧密围绕供给侧结构性改革和“一带一路”、“京津冀”协同发展等国家重大战略，加大优质高收益资产拓展力度。2016 年，全行理财资金配置债权、权益类高收益资产 7529 亿元，计划完成率 150.6%；高收益资产规模达到 11035.63 亿元，增幅 57.57%，有力支持了实体经济发展。

五、落实普惠金融，创新亮点纷呈

加大与客户部门联动，创新推出“薪享通代工专享”产品、“资深客户专享”产品、“安心悠享”产品、“满溢”半开放式产品，量化投资净值型产品，挂钩黄金、原油、沪深 300 指数等衍生品产品，QDII 境外投资产品、CPPI 策略保本专户产品、纯债基金 FOF 产品、固定收益灵活配置结构化产品等理财产品线进一步丰富。

六、积极稳妥推进标准化投资业务，初步具备自主交易能力

2016 年，通过“自主投资 + 委托投资”模式积极稳妥推进资产管理标准化投资业务发展。截至 2016 年底，资管业务委外投资和自主投资规模合计 5800 亿元，较上年同期增幅 32.81%，标准化资产投资业务取得重大进展。其中，委外投资业务规模 3000 亿元，较上年同期增长 137.15%；自主投资资产规模 2800 亿元。

搭建完成“投研 + 投资 + 交易 + 风控”的债券投资交易体系与流程，成立资管中心交易室，累计完成自主投资交易 50 笔，累计存放同业 581.02 亿元，平均存放价格高于建设银行回存价格 148 个基点，集中自主投资交易初见成效。

七、“两全”活动圆满收官，成功开启“两大”活动

2016 年，历时一年（2015 年 7 月 1 日至 2016 年 6 月 30 日）的“两全”活动圆满收官，全行上下“大资管”理念深入人心，员工队伍得到了很好的锻炼，市场表现大幅提升。在“两全”活动基础上，组织开展“大力拓展客户，大力拓展资产”活动，巩固“两全”活动丰硕成果，再接再厉、乘势而上，突出客户导向，夯实资产基础，推动资产管理业务做强、做优、做大，全面提升服务能力和价值创造力。第一阶段（2016 年 10 月 1 日至 2016 月 12 月 31 日）目标已圆满完成。

八、理顺发展机制，搭建专营化发展体系

2016 年是资产管理业务中心建立元年。根据

总行党委战略部署，搭建完成以总行资管业务中心、4家分行直营中心、13家开办资产组合型理财产品的分行和其余20家分行为主体的“四位一体”资管业务发展体系；完成相应的资管业务分级授权体系，并配套建立以资产管理业务管理委员会、资产管理业务投资决策委员会和资产管理业务产品创新委员会三个委员会为核心的投资决策机制。

根据上述专营化建设体系，制定下发《2016年资产管理业务经营策略》《中国建设银行一级分行资产组合型理财业务管理指引（试行）》《中国建设银行总行“乾元”系列资产组合型理财产品流动性管理投资指引（2016年度）》《关于下发资产管理业务标准化资产组合投资〈授权变更通知〉的通知》《中国建设银行资产组合型理财业务考评办法（试行）》等多个制度文件，专营化体制机制进一步理顺。

九、持续强化风险内控管理，筑牢风险管控基础

2016年，资产管理业务风险管理围绕“强化制度建设”“加大风险排查”“加快化解风险资产”和“积极配合各类检查”四条主线扎实推进。

一是建章建制，强化基础管理。下发《关于进一步加强理财业务规范管理的通知》和《资产管理业务合规风险实务手册》文件，起草了《中国建设银行资产管理业务风险资产处置管理办法》《中国建行银行资产管理业务债券投资风险管理规程》，完善制度建设，加强规范管理。

二是开展风险排查，组织“回头看”和交叉检查。对高风险领域开展常态化风险排查，以半年频率对新增理财基础资产组织全行开展“回头看”风险排查；助力“两全”活动，组织全行开展资产管理业务存续期管理和内控标准落实情况的交叉检查工作。

三是积极推动风险资产化解。针对分行风险资产处置工作进行现场调研和专题研究，推进风险化解和后续处置工作；协调子公司风险资产化解和处置；积极跟进潜在风险项目，督导采取措施，规避形成实质性风险项目。

四是积极配合外部检查。牵头组织总分行“一加强两遏制”专项检查“回头看”工作。落实监管要求，协同做好银监会现场检查。积极配合人民银行业务督查工作，认真配合审计署2016年专项审计调查。

截至2016年底，资管业务风险资产余额53.23亿元，较年初减少11.74亿元，降幅18.07%；风险资产率0.26%，较年初下降0.15个百分点；合计计提各类准备金余额77.28亿元，较上年同期增幅74.13%，风险抵补能力大幅增强。

十、全面加快系统建设，提升机控管理能力

一是积极推进运营流程电子化改造，提高运营效率。积极推动业务系统与制度管理的有机结合，持续优化作业流程，进一步提高自动化处理能力，提升风险机控效果。

二是持续优化现有系统功能，加快新一代系统开发。根据业务管理需要，持续推进现有系统功能优化。组织完成了新一代理财资管项目工作方案制订、系统框架设计、功能需求编写、项目建模等相关工作，为后续新系统的开发、上线奠定了良好基础。

三是加强数据标准化建设，提升数据运用能力。下发了《报表操作手册》《数据自查操作手册》，不断提升总分行数据质量管控能力，提升理财数据质量。主动引导基础数据服务于日常经营管理，挖掘数据价值。

执笔人：张　洁　张　静

投资银行业务

一、2016年业务情况

（一）收入方面

截至2016年底，投资银行业务总收入57.17亿元，其中财务顾问收入34.59亿元（新型财务顾问30.95亿元，常年财务顾问3.64亿元）。全年财务顾问业务收入中，新型财务顾问业务收入占比达到89.5%，同比提高3.4个百分点；债券承销收入18.52亿元；债转股处置收益4.06亿元。

2016年8月25日，建设银行与恒安国际在交易商协会领取熊猫债中期票据接受注册通知书。

（二）业务量方面

债券承销业务：非金融企业债务融资工具承销量5616亿元，实现承销量市场占比第一，确保"六连冠"；

并购业务：并购业务投放规模突破200亿元；

基金业务：基金业务规模突破4300亿元；

证券化业务：证券化业务规模突破210亿元。

（三）客户拓展方面

2016年投资银行业务转型发展取得成效，品牌知名度明显提升，客户签约数量和业务收入结构得到明显改善。着力推介我行专属的投资银行业务品牌"全面金融解决方案（飞驰，FITS®）"，20家分行的1100余家客户应邀参加，签约客户数达554家。

2016年12月9日，中国建设银行并购资本上海中心揭牌暨签约仪式在上海并购金融集聚区内举行。

二、主要举措

（一）承前启后，继续保持债券承销业务优势

投资银行部高度重视债券承销业务发展，延续自2011年以来我行债券承销业务承销量一直位列市场第一的优势。2016年我行累计发行非金融企业债券590期、5616亿元，非金融企业债券承销期数和规模保持同业"双第一"，有力支持实体经济发展，并对全行其他业务起到广泛的协同与联动效应，实现"六连冠"。在大力拓展债券承销业务的同时，强化风险防范和后督管理。通过制定准入名单，有效避免了与风险企业合作。

（二）多措并举，积极发展财务顾问业务

制定下发了《中国建设银行财务顾问业务管理办法》，制定11份财务顾问业务示范协议文本，修订投资银行产品手册，编写经典案例。下发《境内分行与建银国际投行业务联动指导意见》和《中国建设银行投资银行业务外部合作机构管理的指导意见》等。开展"两培训一推介建立投行客户群"活动，在陕西、北京、厦门、河北、吉林、广西、江苏等多地举办了多场FITS签约推

介会。

（三）牵头参与全行市场化债转股工作

响应国家关于综合性降杠杆要求，我行第一时间参与了市场化债转股试点，于2016年3月份专门成立项目组推动试点工作，成立“春雨项目组”推动此项工作，投资银行部作为牵头部门负责项目组内外部联络、组织协调等相关工作，并投入了1名副总经理、1名处长和3名业务骨干共5名正式员工参与项目推进工作。

（四）积极推动并购和基金业务

成立了并购资本中心，以上海地区为立足点，为并购业务发展搭建信息整合、资源共享、人才培养和服务支持的平台。积极参与和推动全行各类并购基金项目，搭建总分支三层营销团队，共同推动，如投资银行部与广东分行共同推进央企产业整合基金业务。积极参与国有资本风险投资基金、新兴产业创业投资基金、互联网基金等重点项目及重大客户的营销。

（五）资产证券化业务顺利开展

积极推动资产证券化业务在我行的落地：一是成功发行上海公积金资产支持证券。在总行房金部、上海分行的通力合作下，我行在全国银行间债券市场成功发行上海公积金资产支持证券。二是成功发行48亿元碧桂园购房尾款资产支持证券。

（六）投资银行业务创新成果不断

我行积极争取并担任世界银行在华首笔特别提款权5亿元SDR项目计价债券的主承销商，作为牵头主承销商为渣打银行（香港）成功发行首笔商业机构1亿元木兰债，助力中国SDR计价资本市场进一步拓展。同时，我行持离岸承销牌照的海外机构为匈牙利政府、海南美兰机场、中恒建、中行伦敦、国开行等承销发行了离岸人民币债（点心债）。

我行凭借丰富的金融债承销经验，主承发行恒安国际集团有限公司2016年度第一期20亿元中期票据熊猫债。累计承销发行830亿元绿色金融债，履行了大行责任，推动了绿色生态文明建设。

（七）开创投资银行业务研究和大数据应用

紧密结合分行业务需求和遇到的实际困难，共编撰了12期《投资银行业务参考》，深入开展投资银行业务大数据工作，目前已形成债券承销业务大数据报告和2016年重点营销客户名单。

（八）发挥一道防线作用，强化内控合规

财务顾问管理办法已完成修订并下发。做好投资银行条线授权管理工作，修订投资银行业务2016年行长授权书，按照统筹境内外投资银行业务的战略规划要求，授予境外分支机构投资银行业务权限。编制《投资银行部工作规则》和《投资银行业务舞弊及违规案件汇编》。

执笔：须　剑

国际业务

一、改革创新

持续深化境内外联动。境内外机构联动办理的贸易融资和保函业务余额共计5600亿元，联动业务资产在海外机构总资产中的占比超过30%，贷款占比接近一半；利用境外保函、跨境风险参与等产品，为中广核英国欣克利角核电项目、中金岭南收购澳大利亚佩利雅公司等大项目及中车股份、中铁建工、安邦保险等企业提供融资服务，支持“走出去”项目近380亿美元；把握跨境融资宏观审慎管理政策机遇，积极扩大金融机构利用境外低成本资金的来源和规模，境内外机构联动办理的出口风参、委托付款等业务累计投放超过6000亿元，有效支持实体经济，降低企业融资成本。

顺利完成单证中心集约化改革。根据总行直属中心规划方案，平稳完成北京和上海两个单证中心整合，增加国际保理、福费廷经营职能，人才聚集优势得到有效发挥。截至2016年末，共完成46家境内外机构单证业务集中，包括32家国内分行、12家境外机构、总行营业部和新疆霍尔果斯分行，国内一级分行集中覆盖率达到90%。

2016年1月14日，苏黎世市长将象征开启苏黎世经营大门的钥匙交给建设银行苏黎世分行。

2016年3月18日，建设银行与渣打银行举行全面业务合作备忘录签约仪式。

完成境内外机构单证业务人工处理笔数179万笔，较上年增长9.8%；金额1271亿美元，增长27.74%。国际保理发生额1925亿元，福费廷1094亿元，提前超额完成年度任务。全年业务运营、风险管控、人员培养、客户服务、精细化管理等工作目标圆满完成。

不断深化境外金融机构合作。截至2016年末，总行级代理行达到1456家，覆盖132个国家和地区；在海外机构和外资金融机构开立22个币种58个清算账户；为海外机构和境外金融机构开立人民币同业往来账户246个；为153家境外银行和非银行金融机构授信并开展广泛合作。

产品创新能力同业领先。围绕支持企业“走出去”、外贸稳增长、自贸区建设等国家重要战略，在同业率先推出支持企业“走出去”的“三建客”产品；把握互联网发展机遇，快速推动“跨境电商综合金融服务”战略性创新项目，在“全球跨境电商峰会”期间成功发布“跨境e+”平台，业内首家为跨境电商生态圈客户提供全流程、全线上、一站式综合金融服务；发挥集团牌照优势，与建信期货及建信商贸加强联动，研发推出国内首个大宗商品买断式融资产品，支持优质企业去库存。快速把握政策机遇和市场变化，多项产品实现“当年创新、当年投产、当年形成规模”，福费廷、跨境受托代付两项产品均达到千亿元规模，国际保理超过1900亿元，为业务发展提供了新动能。目前，建设银行贸易融资和境外保函标准化产品超过60个，国际业务的品牌影响力显著提升，蝉联“中国最佳贸易融资银行”“最佳贸易融资产品创新银行”“最佳贸易金融突出贡献大奖”等多项殊荣。

二、转型发展

（一）持续推进海外机构转型发展

进一步优化海外机构KPI考核办法和绩效工资挂钩方案，简化考核体系，引导海外机构提升效益、优化成本收入比并扩大规模；在6个总行部门的KPI考核指标中加入国际化转型指标，落实条线化管理责任；进一步细化海外机构“一行一式”定位，牵头对各机构“一行一式”特色指标进行优化；牵头组织海外机构制定“三重一大”决策细则与清单；开展海外机构“一加强两遏制”专项检查“回头看”自查工作；督促海外机构完成监管和内审检查发现问题整改，及时上报重大事项。

（二）加快贸易金融综合化转型发展

牵头下发《跨境电子商务金融服务指引》，批复在浙江成立“中国建设银行跨境电子商务金融中心”，推广善融商务“跨境购”并取得阶段性成果；“跨境e+”系统功能正式上线，通过与杭州“单一窗口”交互，满足跨境电商企业汇款、融资等业务需求，集合了收付款、结售汇、贸易融资、收支申报等功能，实现全流程在线化、自动化操作。

（三）加快境内外汇机构和功能建设

持续完善全行对公外汇分支机构布局，对公外汇业务网点覆盖率达17.91%；下发《中国建设银行分支机构外汇业务市场准入管理办法》，扩大一级分行准入审批权限，提出国际业务人员队伍建设细化要求；提交“在新一代系统中植入市场准入管理新功能”系统改造需求，进一步完善分支机构对公外汇业务准入流程。

三、经营管理

（一）主要经营指标再创佳绩

国际业务核心指标实现历史性突破。国际结算业务收入四行占比28.18%，首次超越中行并

2016年6月8日，建设银行与新开发银行举行战略合作谅解备忘录签约仪式。

2016年10月12日，建设银行与野村证券株式会社在东京举行战略合作协议签约仪式。

跃居四行第一，取得了建设银行自开办国际业务以来的最佳成绩；13家分行当地四行占比排名第一，27家分行四行占比较年初提升，北京、深圳、上海等重点分行市场份额大幅领先同业。

国际结算和贸易融资业务逆势增长。在全球贸易低迷、中国进出口持续下滑的大背景下，国际结算、贸易融资、境外保函等各项业务实现逆势增长。国际结算量突破万亿美元；贸易融资和境外保函投放量1.55万亿元，同比增加2650亿元，增幅21%，远超同期全国外贸进出口增速；国际业务信贷产品余额突破1万亿元；境外融资性保函余额实现三年翻一番。

海外机构申设步伐加快，顺利完成规划目标。苏黎世分行、智利分行相继开业，马来西亚子行和建行欧洲华沙分行获颁牌照，即将试营业；新西兰分行、哈萨克斯坦子行申设也已启动。截至目前，建设银行已经在全球29个国家和地区设立了31家境外一级机构，境外各级机构总数240余家，海外发展五年规划确定的机构布局目标顺利完成。

海外业务快速发展，量质齐升。海外机构资产总额2752亿美元，较上年增幅33%；海外机构实现净利润9.1亿美元，同比增幅9%；全部海外机构（不含巴西）实现管理口径净利润10.9亿美元，同比增幅15%；海外机构不良贷款率0.3%，较上年末继续下降0.16个百分点。

特殊经济区业务保持同业领先。上海市分行作为自贸区首批合作银行，截至2016年末FT账户数突破万户，存贷款居同业首位；新疆霍尔果斯边境合作中心支行在同业中首家开办跨境和创新离岸人民币业务，各项主要指标高居同业第一，成立三年来累计利润贡献近7亿元。

境外人民币清算行建设再创佳绩。英国、瑞士、智利人民币清算行平稳运营；英国人民币清算行已成为亚洲地区以外最大的清算行，清算量突破12万亿元，为全球金融机构开立账户69户，顺利实现“一点接入、汇通全球”目标。

（二）风险防控与合规管理成效显著

1. 国际业务资产质量持续向好。与数据管理部、上海数据分析中心合作构建了“大数据风险监测模型”，首次运行即确定36户拟退出客户和38户拟压缩客户，截至年末已压缩潜在风险敞口超过10.5亿元，成功退出潜在风险客户44家，显著提升了贷后管理针对性和有效性。截至2016年末，国际业务产品不良率0.34%，较年初下降0.14个百分点；境外融资性保函连续多年保持“零不良、零垫款”。

2. 外汇业务内控合规管理水平稳步提升。严格落实监管要求，坚决守住合规底线，积极配合监管机构做好外汇业务内控合规自查整改；针对2016年监管机构有关促进国际收支平衡的管理要求，多次召开部门协调会传达最新政策，做好贯彻落实；按照国家外管局考核要求积极推进外汇业务条线化管理，根据考核内容及评分标准变化合理调整部门分工，强化总行对分行执行外汇管理规定的指导与监督；持续开展多层次、全方位的外汇管理政策培训。2016年外汇合规考核排名在同业中提升7个位次，在五大行中位列第三。积极配合总行党委开展巡视工作。组织开展“一加强两遏制”专项检查和“回头看”自查工作。

3. 加强境外金融机构合规管理、授信管理和国别风险管理。下发系列规范性文件，加强境外金融机构及使用境外账户行代理行网络开展相关业务的合规管理；采取多项措施规范代理商业银行外汇清算业务管理；大力推动境外金融机构授信重检工作；下发《关于进一步加强境外金融机构客户风险预警与管理工作的通知》，制定过渡期境外金融机构客户分级预警和分类管控工作机制；下发国别风险限额管理文件，规范过渡期国别风险限额管理工作。

（三）人才队伍建设持续加强

全年共举办现场培训7次，培训人员335人次，授课内容涵盖国际业务转型、境内外联动、产品创新、合规管理等；举办海外业务管理及境内外联动培训班，为加深境内外机构对海外机构"一行一式"转型发展策略和联动业务及政策的了解、加强境内外机构业务交流与经验分享打下了良好基础。

（四）外事管理工作迈上新台阶

加强外事归口管理。进一步调整与控制全行因公出访团组总量和规模，全年因公出访团组331个（含港澳台地区），总计4024人次，较上年分别减少21.9%和11.4%。有保有压、科学限量的原则取得显著成效。促进对外交流合作。积极安排行领导拜会外国政府、监管机构、境外金融同业、企业客户等机构高层，支持海外机构申设与业务发展；全年安排外事会谈共计101场，其中行领导、高管外事会谈44场。积极配合国家领导人高访活动。与有关部委及其他单位密切沟通，促成建设银行领导参与国家领导人出席的高级别活动共计4次，得到了国内外媒体关注报道，提升了建设银行在当地市场的品牌形象和国际影响力。

执笔：陈　雯　刘子薇　甘小芳

渠道与运营管理

一、推进物理渠道转型创新，提升渠道综合服务效能

深化网点综合化建设。单功能网点综合化转型基本完成，全行综合性网点总数达14811个，开办对公业务的网点比例由71%提升至99%；综合柜员总数9.48万人，占比由27%提高至97%；累计组建综合营销团队21175个，覆盖全部综合性网点。

积极推进网点分类建设。制定网点分类建设指引及实施样例，全行建成开业21家综合网点旗舰店，展示建设银行高端服务品牌形象；打造"小精尖"综合网点轻型店453个，以低成本解决客户"最后一公里"服务需求；完成网点智能化转型12149个，大幅提升客户服务效率，网点竞争力进一步提升。批准网点新设指标82个、升格指标451个；加大网点迁址、改造力度，符合新VI标准的网点达1057个。

打造智慧柜员机新型渠道。自主创新研发智慧柜员机，替代原有柜面业务办理流程，做到无客户填单、无复印、无传票、无手工盖章，覆盖19大类180项业务，共投放4.3万台，年业务总量超2.17亿笔，占柜面非现金业务的60.94%，显著提升客户体验。

持续拓展和创新自助柜员机渠道。全行现金类自助设备新增6034台，总量达97534台，其中离行设备占比超过40%。自助银行总量达2.78万家，其中离行自助银行新增3019家，增幅28.51%，与网点之比超0.91:1。自助柜员机全功能服务率达98.18%，较年初提升0.56%，台日均业务量、台均中间业务收入四大行领先。领先同业推出了华为Pay、小米Pay、Apple Pay、Samsung Pay，率先实现"刷脸"和"声纹"取款，积极支持"龙支付"应用，同业首推"身份自动核查"，在深圳分行试点语音导航，助推线下渠道与移动支付有效协同。

不断完善网点综合营销机制和工具。全行基本建立起以网点客户经理或产品销售经理为核心，经营部门、专业中心、专营机构业务专家为支持的"1+N"综合营销机制。首次在全行开展网点综合营销团队竞赛，激发营销活力。全年通过网点推荐的小企业客户3万户，较2015年增长3倍。研发"龙易行"移动智能终端，服务外出营销，获"青年创新建行强"金点子大赛一等奖；开发"订单服务"，促进网点开展非现场营销并完成交易；上线"智慧柜员机营销服务协同APP"功能，支持新型物理渠道开展综合营销。

强化网点规范服务。推进国家服务标准落实，印发营业网点星级评定管理办法，开展"优质服务年"活动，统一规范55项网点服务标识和设施，加强服务环境建设。建立网点智能管控平台，统一管控网点所有宣传、展示设备及信息发布。

82家网点获评“中国银行业文明规范服务千佳示范单位”，较上期增长32%。根据神秘人调查结果，建设银行网点大众客户服务区域得分和客户平均等待时间指标领先。履行社会责任，开展“金融知识万里行”“防范电信网络诈骗”等消费者金融知识宣传教育活动。

持续提升网点岗位资源利用效率。全行网点高柜柜员累计转岗3万人，全部充实到营销服务岗位，网点营销服务人员占比提升至60%。印发营业网点场景化劳动组合转型指引和线上、线下渠道融合转型试点指引，促进渠道融合、协同服务。以物理渠道转型为核心，开展网点岗位人员转型培训，覆盖全部网点；打造面向网点的共享培训服务平台，累计在线培训超10万人次。

持续推进柜面设备与制度流程规范统一。将柜面业务凭证由220种精简为74种，常用对私业务回单规范为12种；柜面印章由19种整合精简至12种，清理柜面存量印章13.7万枚，平均每个网点减少9枚；精简优化登记簿167个，规范其准入、退出流程。将现有柜面设备升级整合为柜内清（柜面版）和柜外清（电子签名互动终端），试点推广印鉴卡集中保管。依托新一代，实施了18个方面617项柜面流程优化，精简优化柜面授权603项，远程集中上收413项，网点授权量减少85%。创新电子化签名功能，业务办理效率提升20%。优化指纹管控流程，提升机控水平。

建设银行物理渠道转型创新受到行内外普遍认可和好评，多次荣获各类奖项。其中，在工信部主管的《首席财务官》杂志“2016年度中国CFO最信赖银行评选”中，独家荣获“最佳物理渠道转型创新奖”；在《零售银行》杂志“2016年度锐榜评选”中，荣获“新锐零售客户体验渠道”称号；在中银协“2016年度中国银行业文明规范服务千佳示范单位”创建评选中，荣获“中国银行业文明规范服务工作突出贡献奖”；“柜面操作新流程——‘融易办’及电子签名”项目荣获人民银行“2016年度金融行业渠道创新突出贡献奖”。

二、推进集团集约化运营，提高集约化生产质量和效率

实现向集约化运营平台跨越式发展。以企业级角度统筹规划集团营运体系，打造集约化生产平台。印发集约化运营推进工作方案，建立跨部门协同推进机制，服务和支持网点柜面、客户自助、中后台条线、子公司及海外机构四个领域业务转型发展。推广外汇汇出汇款集中，处理效率平均提升50%。在建亚、香港和澳门分行试点汇出汇款集中处理，完成建信人寿、中德住房等子公司业务集中处理上线。支持分行本级核算批量电子化集中处理，标准化上收分行复杂业务处理环节，提高业务处理效率和质量。

持续完善集约化生产运营体系。明确集中业务环节生产配置标准，根据外汇、稽核等集中计划，做好集约化产能配置。规范实施标准与流程，整合简化业务规则，加强集中业务外包管理。合理制定高峰产能规划，有效应对节假日、年底业务量突增情况。全年业务量达1.76亿笔，增长11.11%，日业务峰值113万笔，立等业务处理时长由年初的50秒降至40秒，异常作业量由年初的9.9%降至8.06%，记账成功率由年初的94.99%提升至96.37%，保障了业务连续高效运行。研究集约化运营云生产新模式，推进集约化转型发展。

三、加强金库及现钞业务管理，提升精细化管理水平

夯实柜面现金业务管理基础。制发柜面现金业务管理办法，规范岗位设置及业务流程。加强调拨机构管理，整合配送资源，降低调拨风险，共清理撤销调拨机构164家，降幅21%。大额现金集中收付试点成效明显，试点行31个网点现金领缴次数降幅29%，库存下降18.4%。开展柜面现金业务大数据分析研究，改进设备功能、支付模式和分流措施。

加强金库及配送管理。修订下发四项金库基本制度，全面规范金库管理、金库建设、现金集中整点、库存实物贵金属产品管理要求。派出37个检查组，对93座边远地区金库进行了检查，实现综合业务库总行特检全覆盖。审批新建金库3个、建设方案5个，现场验收5个，确保新建金库合规、可用、安全。圆满完成本外币现金备付计划，人民币现金备付率0.474%，创近7年新低，较上年节约资金3259万元；外币现金备付率0.61%，创近10年新低。通过新一代运营配送实现金库业务、金库检查全流程电子化管理。在金库推广应用无线射频、手持扫描以及贵金属电子保管设备，上线海外凭证配送功能，有效提升作业效率和机控能力。实现地市级以上网点付出现金全额清分，落实人民银行冠字号码查询工作要求，部署2016年打击整治假币违法犯罪专项行动，获公安部及人民银行通报表扬。完成贺岁币、纪念币发行工作。

四、加强系统研发和风险管控，支持海外机构及金融市场业务发展

持续支持金融市场产品创新和业务流程优化。成功实施衍生产品中央对手集中清算；完成SDR计价债券、欧元负利率浮息拆借、上海清算所期权净额交易等新产品后台支持；完成对公大宗商品、浮动利率拆借交易、人民币IRS等多项业务系统直通处理；完成10种衍生产品、总分行5种衍生交易线上确认；参与11种新产品核算制度编制；协助金融市场业务“营改增”项目实施，完成产品应税与免税分拆。在除建亚以外的全部海外机构上线违规拦截，完善OPICS系统日终处理监控报警功能，建立总分行日终处理联系机制。发布新产品测试流程指引，规范海外机构新产品测试流程。

推进海外清算系统建设和集中作业。完成GMPS系统在马来西亚、华沙推广及在澳门、建亚优化上线，完成新西兰、约堡和智利分行与本地清算系统直联，完成伦敦分行芝加哥交易所结算功能、苏黎世分行接入外部合规系统等优化。推进海外清算集中作业，完成建亚、澳门业务上收及法兰克福协议签署。完善海外清算行运营体系，完成伦敦清算行由子行向分行迁移，协助智利和瑞士人民币清算行建设。拓展建设银行上海清算所综合清算会员职能，荣获优秀清算会员和优秀结算成员。

五、加强基础管理与内控合规，确保安全运营

加强机构员工用户权限管控及运营核算支持。配合新一代，做好机构员工用户信息初始化和上线准备。组织总行部门完成内设机构信息调整，组织完成全行5万个机构数据梳理和中文名称批量变更。机构及人员权限平台获中国人民银行科技发展二等奖。完成“银联跨行差错处理及核算信息管理系统”上线，成功实现自动化处理。牵头完成ACS零余额账户资金归集上线，日均降低备付167亿元，每年可增收5亿元。提升员工响应与知识管理工作质量，协同做好新一代上线支持响应，全年受理响应请求29.43万个。落实“营改增”要求，协调解决总行本级税务问题，有效控制增值税发票购领、入库保管、领用及作废等环节的风险；实现总行核算同业业务账务批量处理及影像传递；准确完成日常业务核算操作，业务处理无重大差错。

加强渠道运营内控合规管理。加强内控制度建设，下发渠道与运营内部控制标准，建立新一代已上线业务应急预案，修订本部集中采购工作规范。组织全行委派营运主管先进个人评选和10749人上岗考试，进一步提升委派营运主管履岗能力。严格落实巡视组及总行党委要求，牵头开展“加强柜面人员管理防范案件风险”专项整治，覆盖全部网点和现金类自助设备，发现问题15218个，责任追究8280人；开展“异地单位人民币银行结算账户风险排查”，全面排查17.2万个账户，发现问题账户3.8万户，对834人进行了批评教育及处理；对20家分行进行突击检查和暗访，同时针对审计、检查发现的问题，制定了48项综合治理措施。充分利用新一代稽核监测系统，发现问题162198笔，堵截潜在资金损失12876笔、238.42亿元。推进核对类稽核业务总行集中改革，提高风险防控能力。

执笔：杨益昌

数据管理工作

一、全面建成企业级数据管理体系，为大数据银行的建设奠定坚实基础

一是建立了拥有自主知识产权的完整的金融数据逻辑模型，为新一代系统开发提供了依据。以IBM公司拥有版权、凝聚了200多家金融企业知识和经验的业界领先逻辑模型为基础，结合建设银行实际扩展形成了全中文版本的金融数据逻辑模型，并以此为基础构建完整的数据规范体系。

二是制定了基础数据、指标等不同层级的数据标准和规范，建立了全行统一的数据语言体系。截至“新一代”三期结束，共识别和定义出业务数据8万多项，其中业务术语44866项、数据标准1710项、企业级数据C模型业务数据实体4420个、唯一业务数据属性25067个、衍生数据唯一视图中衍生业务数据8867项，构建了完整的数据规范体系，为智慧银行的建设创造了基础条件。

二、企业级数据应用体系基本建成，效果超出预期

一是持续建设企业级数据视图，为数据应用提供整合的数据基础。建立基于C模型九大数据概念的企业级数据视图。引入了外部工商数据、海关数据等，扩大建设银行共享数据资源范围。

二是开发多项重大企业级数据应用。通过数据线项目、各业务领域的管理分析类应用及SMIS、CMIS、NARMIS等系统建设，形成了跨层级、多渠道、灵活多样、完整的数据应用体系。

构建了功能更加强大的“新一代”企业级数据仓库，全面集成整合内外部、结构化和非结构化数据，为下游应用提供超过5000个的数据接口，有效支持企业级数据应用。企业级数据应用平台建立了满足总分行需要的数据应用定制环境，全年新增应用1461项，累计释放各类数据应用2169项，全年累计查询量达100多万次。新建监管统计数据系统，确保监管数据报送连续性，集中加工处理分行共享的监管报送指标，为基层行减负，提高监管合规数据报送的质量和时效性。完成了员工业绩计量系统的建设和上线试运行，实现了对各业务条线客户经理和网点岗位员工的业绩自动计量，上线后全面取代员工业绩手工账，可灵活支持各级行进行员工业绩评价和考核。开发慧视系列数据产品，以图形化、可视化的方式，洞察、揭示经营管理态势和变化原因，为高管层经营管理提供决策支持。持续完善元数据管理平台和企业级数据质量监测平台，提升对总分行数据服务的支持能力，进一步加强数据质量监测。

三、大数据战略稳步推进，助力转型发展初现成效

一是进一步巩固工作机制同业领先优势。完善了大数据工作领导小组议事和决策流程，建立了总行领导小组、总行部门、分行三级决策机制，全行大数据工作分工明晰，议事流程顺畅，决策高效，巩固了机制领先优势，很好地推进了全行大数据工作。与业务条线、技术部门联合，建立起快速高效的大数据工作协同和交流机制，促进全行数据应用能力的不断增强。

二是推动实施各类专业化大数据应用项目。全行共推动实施各类专业化大数据应用项目204个，其中分行自主牵头实施148个，有效支持了全行业务拓展。完成大数据工作平台项目上线，为全行开展大数据分析工作奠定重要基础；实施非结构化数据应用探索项目，该项目首次尝试探索分析建设银行客户来电语音数据，通过与信用卡中心、网络金融部的紧密合作，共同确定了客户满意度提升等11个应用方向并取得了初步成效；实施信用卡客户认知及价值提升项目，支持筛选出信用卡预审批客户615万户，额度提升客户248万户，成功助力手机银行预审批库的客户数首次突破1亿户；通过小企业客户价值分析与提升项目建立了覆盖两层交易对手的挖掘模型，该模型准确命中率达93%，同时按产品类型挖掘出14万户目标客户名单，用于支持开展客户营销；推进上海数据分析中心与集团内各机构合作项目实施，有效支持业务发展，助力业务转型。

三是创新大数据专业人才培养模式。通过实施“绿树工程”，在较短的时间内为全行培养了近百名大数据分析人才，完成了数据分析挖掘项目58个，为全行业务发展贡献目标客户名单、报表、分析报告、模型等共127项成果。“绿树项目”培养人才回行后，迅速引领了所在机构和条线的大数据工作，激发了全行大数据氛围。

四是组织开展大数据优秀成果推广。2016年通过ETC、资金大循环承接等项目，为分行的精准营销、提高价值创造力提供数据支持。此外，还积极引入外部专家资源和工具，为大数据应用项目的开展提供专家建议和专业技术支持。建立了大数据工作平台知识库，构建了企业级的大数据知识体系。

四、强化数据服务，充分发挥数据对于管理和决策的支持作用

一是建立了包含简单、复杂、专业三个层级数据需求的实施响应机制。对于简单数据需求，全行各层级可直接利用新一代核心系统提供的功能、工具，自主用数，自行解决；对于复杂数据需求，数据管理部或协调部内各处，或协同上海数据分析中心、北开和厦开数据长效团队，共同为总分行业务条线提供数据支持和服务，快速满足业务用户的临时性、急迫性需求；对于专业数据应用需求，则通过设立大数据应用项目的方式加以满足。2016年共处理各类数据需求1083份。

二是为总分行领导、外部监管部门和集团内各机构提供数据服务。根据董事长和行领导的要求，定期对同业战略新兴业务指标进行研究，全年撰写8期全行及北上广深同业数据分析，完成2016年上半年集团资产管理业务数据情况分析，得到了行领导的高度肯定。为行领导和高管层提供宏观经济及金融指标运行分析和同业信息周报。及时满足行长会、经营形势分析会等重要会议报表数据要求和外部监管机构临时数据需求。及时做好转型发展评价体系、关键考核指标等数据服务工作。有效支持个人存款与投资部、信用卡中心、公司业务部等26个总行部门和18家分行数据需求，促进数据在客户营销、风险管理等业务领域的应用。通过SMIS、CMIS、RWA等系统功能的优化，进一步减轻境内外分行报表工作量。

三是创新数据服务渠道。完成微信企业号项目开发工作并在上海、江西和广西等分行试点上线，按照数据安全管控权限进行资讯信息、共享数据和员工业绩等资讯的推送，满足了管理层和员工的移动化信息需要。

五、高质量完成各项监管工作，为国内外监管应用提供准确的基础数据

一是高质量完成人民银行、银监会、国家外管局、统计局等各类监管数据报送和资本充足率信息披露。全年向人民银行、国家外管局、统计局报送监管报表共计834张。加工完成各口径监管报表1037张，为全行378个机构生成报送银监局（分局）报表51408张，减轻分支机构监管报送压力。完成资本充足率报表报送、监管资本定量测算及信息披露工作，初步搭建起资本数据统一视图，为监管资本持续监测提供数据支持。顺利完成监管标准化明细数据采集、报送工作，推动监管标准化数据项目开发，大幅度减轻各项目操作工作量。完成客户风险统计数据报送工作，进一步加大数据质量监控和考核管理力度，调动分支机构力量参与数据核对清理工作，取得较好的考核成绩。

二是完成全球系统性重要银行（GSIB）相关数据工作。完成通用数据模板（CDT）业务与数据需求分析以及2016年恢复与处置计划数据收集。完成并提交通用数据模板系统开发需求，启动项目立项等相关工作。牵头完成全球系统性重要指标定量测算并在资本充足率报告中进行披露，向银监会报送2016年半年度全球系统重要性指标数据。

三是认真落实人民银行征信管理工作要求，确保征信报送安全、准确。做好征信数据报送、异议处理、异常查询核实等工作。2016年企业征信和个人征信考评得分持续提升。根据人民银行要求组织征信合规管理自查自纠工作，跟踪完成后续整改工作。认真组织征信中心二代征信系统建设调研活动，参与二代征信系统建设数据采集规范培训和讨论。

四是牵头实施《有效风险数据加总和风险报告原则》的自评估。通过访谈和调阅资料等，对信用风险、市场风险、操作风险等八大风险数据加总和报告原则现状进行了分析，并且根据发现的差距制订解决方案。共梳理出35个具体差距点，综合归纳形成12个总体差距点，针对差距提出72项整改工作事项，并落实了责任部门和整改计划。

六、完善数据管理制度体系，加强内控合规管理

一是完善规章制度体系，增强条线合规管理意识。印发信息统计管理办法、数据质量管理办法、大数据战略实施规划、大数据工作领导小组工作规程、大数据应用项目管理办法、大数据应用项目外部专家资源池管理规定、数据需求统筹管理等规章制度，修订完成《采集和发布外部资讯信息管理办法》。组织“一加强两遏制回头看”等工作，加强内控体系建设，进一步增强全条线合规管理意识。

二是审核监管报送数据和对外发布数据，确保数据一致性。根据2016年第11次行长会要求，数据管理部负责审核以总行名义对外发布或向监管部门报送的业务数据，备案非常规性和非规范性数据。全年共完成同业业务中心等总行多个部门报送外部监管机构数据的审核和备案工作。

三是落实银监会良好标准要求，组织开展了自评估工作。组织总行业务部门和分行进行了自评估工作，并重点关注前期监管外部评估和自评估暴露问题的整改情况，本次评估详细梳理了外部监管报送的各类报表，逐项分析了各类报表的数据质量检核情况，为良好标准达标管理打下坚实基础。

执笔：任岳辉

信息技术管理

一、主要工作完成情况

（一）全行信息系统安全稳定运行

全行各系统的业务交易量稳步增长。全年对私核心业务系统交易量为14129789万笔，日最高交易量达55008万笔；新一代对公核心业务系统交易量为1369422万笔，日最高交易量达5921万笔；对私网银交易量为4252157万笔，日最高交易量达27654万笔；手机银行交易量为5365482万笔，日最高交易量达22274万笔。

在交易量显著增长的情况下，各生产系统保持了较高的系统可用率。2016年，对私核心业务系统、新一代对公核心业务系统、贷记卡发卡前置、新一代客户渠道对私网银等重要系统的可用率均为100%；个人结售汇申报系统因国家外管局原因而中断，系统可用率为99.966%，其他各系统可用率均为99.99%以上。全行除第三方原因导致的事件外，未发生四级及以上生产事件，五级事件发生6件，事件等级和数量得到有效控制。

（二）新一代核心系统建设与投产

全年持续推进“新一代”建设，圆满实现了二期海外推广与三期投产工作，项目取得突破性进展。2016年5月，新一代信用卡成功上线；7月，新一代对公海内外一体化版本成功上线，8月在澳门成功投产，10月在建亚和香港分行完成切换；11月19日，对私存款借记卡等新一代对私核心功能上线，率先在江西省分行成功投入运行。至此，建设银行建成了一套覆盖总分行、境内外、母子公司全价值链业务活动，多维度，高水平的企业级信息系统，实现了“龙支付”、智慧柜员机、产品工厂、交易核算分离、渠道协同、集约化运营、综合授信、全面风险管理、综合信息应用等上万项优化和创新功能，新一代核心系统建设主体工程完美收官。

（三）“两地三中心”建设

1. 稻香湖建设有序进行，做好系统搬迁准备。2016年，信息技术管理部及北京数据中心主要完成了机房环境及智能化系统、园区入驻及管理、IT基础设施、系统建设及搬迁等方面的建设工作，包括完成机房模块规划及机房内强电及综合布线设计，完成总控中心大屏、大堂信息屏、生物识别门禁终端、网络会议系统、电视机的采购工作，完成园区办公网络设备和UC统一通信设施的方案设计。

2. 南湖建设稳步推进，系统搬迁圆满完成。2016年，历时近3年的南湖搬迁工作全部圆满完成，武汉数据中心顺利投产运行。全年组织完成ERPF、ITSM、CSM等洋桥第三批次共9套系统到南湖的搬迁工作，南湖新建操作系统117套、新建数据库10套，完成71T数据传输。整个搬迁项目共涉及65套生产系统从北京数据中心迁移至武汉数据中心运行，释放洋桥设备共547台，迁移数据1889TB，在武汉新建系统实例1350余套。

（四）重点项目建设

2016年，信息技术管理部对符合“市场特别急需、安全生产、外部监管”三原则的业务需求积极推进。

率先推出业内标杆产品“龙支付”。11月9日，建设银行正式发布“龙支付”产品，是同业首个融合NFC、二维码、生物识别技术覆盖线上和线下全场景的支付产品组合，具备建行钱包、全卡付、二维码、龙卡云闪付、随心取、好友付款、AA收款和龙商户管理八大功能。

持续推进移动支付项目。ApplePay和SamsungPay移动支付产品分别于2016年2月18日和3月29日完成产品发布，MIPay和HuaWeiPay分别于8月份和9月份完成产品发布。

完成小微快贷项目的立项、开发和实施工作。通过批量挖掘潜在客户并测算意向授信额度，向客户提供快捷的网上融资服务。客户可选择全流程线上办理、免抵、免担保、循环额度、自主支用的“快e贷”，随借随还，方便快捷。

积极支持创新存款和支付结算产品工作。推进电子商业汇票新功能的优化，支持业务发展，支持多家分行进一步加强了与战略客户、重点客户的合作；支持跨境电商金融服务解决方案，推进“跨境E汇”“第三方支付机构跨境支付”等新产品需求分析、方案，完成投产，支持了跨境电商业务发展。

积极推动网络银行产品创新及推广实施。网络银行标准化产品在2016年实现了惠龙易通、上海有色、北汽福田、蓝海中心、广菲克等21家新客户的切换上线，积极推进网络银行新模式的开发和推广，协调推进实施、测试和上线工作。

牵头组织协调最高人民法院司法网络查控相关工作。积极推进司法网络冻结项目的实施，协调解决立项和实施中的问题和困难；及时协调解决最高人民法院在使用建设银行司法查控系统中遇到的问题；协调解决村镇银行司法查控系统立项等问题。

牵头组织协调公安部人民银行、银监会两套网络查控平台相关建设工作。落实公安部办公厅涉案账户资金网络查控事项，包括人民银行电信诈骗风险交易管理平台及银监会电信诈骗风险交易管理平台建设事项；完成了人民银行查控平台查询、冻结、止付及柜面查询统计功能上线。

（五）IT专业能力建设

1. 实现全行终端安全一体化保障。全面推广终端安全组件，完成安全客户端在行内办公网的推广工作，已完成办公类终端部署32万余台；完善全行终端安全一体化保障服务，实现PC、移动设备等终端的安全策略统一管理、安全监控；启用了网络准入控制，加强对终端设备的合规接入。同时，引入华为、360等国产终端安全产品，实现终端安全产品全面国产化，有效提升了终端管控能力，降低了数据泄露风险。

2. 加强安全产品创新。推进研究适合网银终端移动化、便携化的安全认证产品，支持电子银行业务创新和发展。一是加强生物认证技术应用，开展指纹、声纹、人脸等基于生物体征的认证电子渠道应用，支持了“龙支付”刷脸、声纹支付以及VTM刷脸开户等功能，在保障安全的情况下提高了客户体验。二是在位置服务方面，建设银行与电信运营商开展移动设备位置服务合作，根据短时间内客户设备的地理位置移动情况判断客户交易的风险程度。三是在手机盾方面，充分吸取了二代盾在安全和客户体验上的经验，突出了便于携带、适用移动终端的特点，将网银盾功能集成在手机的安全芯片上，实现线上、线下支付介质的一体化。

3. 推动自主研发能力提升。发布《中国建设银行信息技术自主研发能力管理指引》，依据实际情况提出管理措施和管理流程，加强建设银行信息技术研发管理，提升系统研发自主掌控能力，降低研发成本，减少对外部供应商的依赖；在中心考核体系中加大自主研发考核力度，引导中心进一步加强提升自主研发能力的动力和主动性。

4. 深化科技风险内控管理。制定发布了《物理环境风险基础库》《网络通信风险基础库》《系统资源风险基础库》《应用系统风险基础库》，全行利用“风险库”，有效识别各类风险，针对性加强风险管控。持续组织第三方审计机构开展2016年海外信息科技服务体系评估、数据中心外包能力评估，形成相关鉴证报告供海外机构、境内子公司使用，不断提升海外机构、子公司信息科技监管合规水平。

5. 全生命周期IT管理平台项目建设。全生命周期IT管理平台项目建设工作稳步推进。组织3.2期的IT架构管理流程模型、应用分析成果的持续优化完善工作。从IT架构相关的业务模型出发，确认四级任务所需的支持系统，组织分析当前各领域架构现有流程及相关的表格，设计了通用的标准化、参数化、业务规则驱动的项目架构管控流程。

6. 积极开展行业课题研究。组织申报并高质量完成银监会2016年度银行业IT风险管理课题，建设银行“商业银行战略转型项目管理与实践”等四项课题荣获两项一类成果奖、一项二类成果奖和一项三类成果奖，整体情况居行业首位；研究总结的新一代安全架构文章——《商业银行SECaaS架构设计与实现》在国内核心期刊《计算机应用与软件》上发表；研究总结的网络金融安全保障文章——《商业银行网络金融反欺诈实践》在《金融电子化》上发表，行业影响力和贡献度不断提升。

7. 推进国产算法应用。鉴于国密改造涉及的系统多，建设银行按照项目群的方式推进整体国密改造工作。完成国家发改委试点项目申报工作；已完成跨网联网联合报文国密改造；完成POS、ATM软件改造；试点发行双算法金融IC卡；个人网上银行、企业网上银行、善融商务系统改造支持国产密码算法已按计划完成，并已全面向个人客户发放国密网银盾。

8. 深入开展信息安全防控工作。加强与外部机构间的深度合作，形成钓鱼网站处置、木马处置、系统漏洞处置、风险交易处置等风险信息共享和快速联防的机制，提高了建设银行电子渠道的风险防控能力，提升了风险监控工作的价值。各类风险监控工作的持续开展，有效遏制了犯罪分子的攻击行为，保障了客户的资金安全。

执笔：施光宇

战略规划工作

一、多方面提升全行转型推进能力

——积极做好《转型发展规划》与国家“十三五”规划衔接工作。启动转型发展规划与国家“十三五”规划纲要衔接工作，组织协调总行相关牵头部门和各一级分行，对照国家“十三五”发展规划，以五个发展理念为指引，依据监管部门对商业银行转型发展要求，根据外部环境变化趋势，对《转型发展规划》中的重要机制体制、重点问题及指标进行研究、论证和重检。经过与相关部门的多轮协商和讨论，对各部门的90余条意见进行了梳理和吸收，完成了《转型发展规划》修订工作建议。

——建立转型发展评价体系，明确对标重点，提高集团战略执行力。在梳理《转型发展规划》内容基础上，通过对标五个方向、三个能力、七个重点、七个保障等多个维度，对到2020年的转型战略、目标进行了指标分解，加工、整理出概括性和综合性的评价指标106个，在指标间建立起集团转型战略与条线、部门等方方面面的映射关系，形成了较为完善的指标体系。完成了建行转型发展的评价体系建设工作，并印发了《中国建设银行转型发展规划实施评价管理办法（试行）》。在制度完善方面取得的成果，标志着建设银行战略管理迈上了制度化、规范化、科学化的轨道。

——深入重点分行、重点城市行和困难地区分行开展调研，推动转型发展。先后赴北京、上海、广东、重庆等20多家一级分行以及多家支行、网点开展调研工作，听取基层行对转型发展的意见建议，了解制约转型发展的突出矛盾和问题，发现、总结和提升各分行在适应新常态和探索转型中的创新做法，形成多篇调研报告和可分享、可复制、可推广的转型创新案例。

——及时做好转型有关组织协调和沟通汇报工作。牵头各板块、条线、部门和分行推进转型发展落实方案，组织牵头部门填报转型发展规划推进实施进度表，参与组织转型规划推进指导小组会议和转型推进办公室会议，组织建立总行14个重点专题及37家一级分行转型推进及宣传工作联系协调机制等。

二、创新推进各类重点分行差异化转型发展

——推动重点城市行三年行动方案全面落地。协调总行相关业务部门适时制定、实施重点城市行发展支持措施，对重点城市行财务和信贷资源倾斜及时到位，督促一级分行准确传导总行政策意图，全面加大对重点城市行的支持力度。以考核为导向，以对标管理为手段，促进重点城市行立足自身、查找问题、发现差距、明确发展方向，不断提升在当地的竞争力和对全行的贡献度。

完善考核体系和评价表彰办法。对指标设置、权重安排进行反复论证，并与分行及总行相关部门多次沟通讨论，形成新的考核评价办法，并对23家重点城市行进行考核通报。

与此同时，《中国建设银行北上广深四家分行转型发展补短板评价办法》（建总发〔2016〕219号文）印发四家分行。根据该评价办法，战略规划部将对四家分行的“高水平上补短板”转型工作情况进行监测，每年形成评价报告，用于进一步指导四家分行的转型工作。

——组织北上广深和重点城市行会议。2016年4月组织了北上广深转型会议，5月组织了成都重点城市行会议，11月组织了北京部分重点城市行转型案例推广会议。其中，北京会议采取了案例交流形式，先后经过分行和条线部门的几上几下精选，最终在40多个典型案例中选取了21个汇编成集，其中8个案例在会议上由分行做了精彩现场汇报和交流。

三、加强转型宣讲和信息交流

——加强对各级机构特别是对分行和基层机构等的转型规划和案例的宣讲。2016年3月7日

至3月11日，在常州培训中心组织了2016年转型发展分行宣讲骨干培训班，各一级分行负责转型推进工作的负责人和部门主要负责人，以及重点城市行负责人参加了培训学习。

——加强信息交流平台建设。定期编制《转型推进动态》，传达总行要求，交流总分行转型先进经验，2016年全年共编发《转型推进动态》27期。建立重点城市行数据和转型推进信息共享机制，按季度收集重点城市行经营管理指标数据，加强跟踪监测与同业对标。同时，与23家重点城市行共享季度指标数据，推动其进行自身优势和短板分析，并将各地调研发现的好的转型案例挂在网上。

四、积极做好银行业对标分析和新动向跟踪研究

——及时开展银行业发展对标分析工作。跟踪国际、国内先进同业发展动向，进行国际先进银行经营情况和战略动态跟踪及其国际化和战略转型专题研究、新兴业务发展情况对标研究、国际银行业排名变化研究、国内大型银行业务对标分析。先后撰写了《德意志银行2020战略及一年实施效果》《四大行和国际先进银行2015年度经营发展情况对标》《我国银行业健康状况分析》《工商银行城市疏解贷款情况》《银行系子公司对标分析》《中国银行业近一年整体经营情况总结分析》等对标系列专题报告。

——密切跟踪国内外银行业新成果、新趋势。追踪国内外银行业的优秀研究成果并消化吸收，撰写了《中国银行业创新研究》《国际银行业实现规模化创新的三大要素与案例分析》和《银行业规模化创新的实施路径》创新系列报告。针对建行打造最具价值创造力银行目标，编撰了《价值创造研究核心发现与战略建议》《价值创造指标选择与价值管理案例》《中国银行业的价值创造比较》《中国银行业价值创造的关键驱动要素》《国际银行价值创造驱动对标分析》《中国银行业不良贷款与价值创造压力测试》、《提升银行价值价值创造能力的建议》等多篇系列报告。

五、做好国内经济形势分析和热点跟踪工作

——精心做好宏观经济金融形势分析研究。先后完成《经济下行压力依然较大，去产能去杠杆风险亟须防范——2016年宏观经济形势分析与展望》《供需两侧增长继续放缓，房地产去库存去杠杆任重道远——下半年宏观经济形势分析与展望》《国际经济形势分析与展望》《国际金融市场分析与展望》《对当前中国宏观经济形势的看法及银行的政策建议》等宏观经济形势分析报告。部分成果成为董事会、工作会议、经营形势分析会上的议题和材料。

——结合经营发展需要，对经济金融热点、敏感性问题展开分析研究，完成多篇深度专题报告。先后完成《利率市场化对建设银行存款业务的影响》《向消费驱动型经济转型，消费金融快速发展》《“债转股”对银行业的影响》《我国房地产市场会不会出现日本式泡沫崩溃》《美联储加息周期与路径分析》《英国脱欧研究》《美国大选后的经济金融走向》等深度分析专题报告，部分报告提交银监会、人民银行等机构。

六、积极加强对外交流合作，扩大建设银行对外影响力

2016年，建设银行牵头组织商业银行稳健发展能力（GYROSCOPE陀螺体系）调查问卷填报工作；为银监会提供“建设银行关于金融改革发展问题的交流材料”“国有大型银行快速稳健发展座谈会”汇报材料、“当前国际经济金融形势”“人民币汇率专题研究”“美联储货币政策预判”以及“美联储加息的经济金融影响”等材料；为银行业协会提供“银行业发展报告”有关素材；受银行业协会委托，面向建设银行各部门征集并报送监管高层会议议题等；根据银行业协会要求发文征集“中国银行家调查问卷”；参加银行业协会《中国银行家调查报告》发布会；参加银行业协会2016年行业优秀研究成果暨陀螺体系排名结果发布会；提供“一带一路”、债转股和银行处理框架等有关材料；参加第21届两岸金融合作研讨会并演讲。

七、配合建设银行转型发展，努力提升“两刊”办刊质量

一是努力提高“两刊”编审水平。不断提高《投资研究》审稿要求和水平，保证发稿质量和在学术界的地位，吸引多位国内一流学者向《投资研究》投稿并刊发，扩大了学术影响力。二是全力以赴保证发刊实效。《投资研究》处理稿件700多篇，刊发140余篇，每月审稿约40万字；《现代商业银行导刊》处理300多篇来稿，刊发198篇文章，每月审稿12万字（三审）。

八、积极推动博士后研究工作与转型发展密切结合

博士后人员如期完成博士后报告并于2016年12月12日顺利通过答辩。完成《商业银行资产管理业务发展研究》《金融健康指数研究》《商业银行大数据应用研究》等研究项目。

执笔：孙永红

子公司改革与发展

一、建信基金管理有限责任公司

（一）主要经营管理业绩

资产管理规模突破万亿元。截至2016年底，公司受托资产管理总规模达12401亿元，比上年增长5538亿元，增幅达81%。其中，公募基金规模3771亿元，比上年增长20%；专户资产规模4177亿元，增幅158%；建信资本管理规模4453亿元，增幅112%。公募基金规模行业排名前六，位居银行系第二；公募基金新增规模排名行业第六、银行系第一；专户资产管理规模连续两年居市场前两位。尤其是公募日均管理规模大幅增长，达到2839亿元，比上年增长近千亿元，增幅54%，规模增长和稳定性均为历史最佳水平。

收入和净利润大幅增长。2016年公司实现净利润9.13亿元，比上年增长91.05%，营业收入22.52亿元，较上年增长59%；管理费净收入16.20亿元，比上年增长77%。其中，公募管理费净收入10.17亿元，比上年增长44%；专户管理费净收入4.18亿元，比上年增长233%；建信资本管理费净收入1.85亿元，比上年增长119%。ROE为51.81%，比上年增加8.88个百分点；成本收入比32.58%，比上年下降3.45个百分点；人均创造利润263万元，增长48.5%。单位资本、人均创造收益都达到历史最高水平。

整体投资业绩表现良好。2016年公司公募投资业绩排名前五十分位，三年滚动业绩在前十大公司中居前三位。股票、混合和海外投资基金业绩均有较大提高。专户投资整体取得了良好的正收益和相对业绩。总行三个主要账户和私行部产品业绩优异，资管部委托系列产品整体表现优良，同业部账户获得了较好的绝对收益和相对业绩，投资与市场联动营销和协同能力明显提升。

客户数再度实现百万级增长。截至2016年末，公司客户数达到901万户。客户数量比上年增加145万户，增长16%。持有资产客户250万户，占28%，比年初提升2%。全年直销柜台开户近12万户，是上年的1.5倍。

（二）转型创新成果喜人

一是公募产品方面，2016年公司紧抓市场机遇，发行成立22只产品，募集规模达1195亿元，首发规模连续两年位居全行业第一。成功发行了首只货币ETF产品；两只陆港互认基金销量在所有赴港销售产品中位居第一；公募发行的量化、定增、“固收+”、打新等创新产品推动了资产规模有效增长，促进了业务结构的优化，全年公募债券和混合类产品规模增长超过千亿元，占比较2015年提升26%。

二是专户产品方面，研究开发了期权挂钩系列、类期权系列、FOF系列、量化多策略智能系列、量化定增系列、策略保本系列六类新产品，搭建起了行业内品类最全的专户理财业务产品线。截至2016年末，专户管理产品达到302只。其中，当年新增产品181只。由公司担任投资顾问的首只移民客户定制化产品填补了建行产品空白，获评总行创新类奖。

三是协同联动方面，立足全行综合金融服务体系，先后与总行及各分行联合开发了“速盈”“结算易”“T+0”货币基金试点、阿里企业宝等项目。同时，集中公司优质资源，全力满足总行资产管理中心、同业业务中心、金融市场部的资产配置需求，全年公募共承接委托投资规模1370亿元，专户理财承接规模3560亿元。与《建行报》《建行财富》、建行官网等平台开展常态化的宣传与合作。推动客服工作纳入“95533”统一管理，与上海数据中心合作，深入挖掘大数据精准营销。在2016年全行协同联动先进评选中，公司荣获先进集体奖。

四是渠道建设方面，全渠道业务布局和营销平台化建设成果显著，综合销售能力大幅提升。非建行渠道与17家股份制银行和30余家第三方机构开展产品销售合作，零售端重点发行产品销售规模超越建行渠道，年底存量规模在银行系中名列前茅；直销渠道全年公募直销规模599亿元，专户直销规模603亿元；互联网渠道业务存量规模突破160亿元，较上年增长53%；线上客户数量近300万户，较上年增长66%；机构客户规模存量比上年增长了近9倍；APP下载量和手机交易量均大幅增长。

五是建信资本方面，加快业务创新步伐，丰富产品体系，管理规模实现快速增长，经营领域和业务体系初步实现从股权投资、债权投资、收益权投资、有限合伙型基金、私募契约型基金到组合投资、资产证券化等的全覆盖。

六是风险管理和合规经营方面，面对监管政策变动频繁、资本市场跌宕起伏、机构资金无序进出、公司业务跨越发展经营形势，公司积极应对，严守各类风险，成功处置多起风险事件，强化公司内部信用风险管理体制，严密监控交易行为，强化合规自查和管控，开发应用新的电子系统，从制度和技术多个层面夯实风险管理基础。

（执笔：建信基金　侯英杰）

二、建信金融租赁有限公司

（一）主要经营成果

2016年公司经营效益取得新突破。截至年底，建信金融租赁有限公司（以下简称建信租赁）管理和持有的租赁资产余额达到1435.86亿元，比年初增长334.47亿元，按照持有的境内租赁资产规模排名行业第六位；实现净利润12.53亿元，ROE为11.09%，ROA为1.02%，其中净利润及ROE水平首次突破两位数。全年租赁资产投放662.05亿元（含管理资产），投放额居行业第二；租赁资产增幅、营业收入增幅、净利润增幅等业务新增指标以及不良率、租金回收率等资产质量指标均居行业领先位置，近两年连续在案防监管评价中获得最高等级“绿牌”。

（二）主要经营管理措施

一是专业化、特色化能力不断提升，深耕飞机、大交通、城市基础设施、民生保障及民生消费、战略新兴产业以及大型装备制造六大优势业务领域，打造飞机租赁、绿色租赁、民生服务三大品牌。截至2016年末，建信租赁拥有和管理飞机资产111架，较年初增加32架，机队规模位列同业第四，飞机租赁业务占比26%，其中经营租赁占比升至55%，租赁特色日益显现。积极支持新能源、节能环保等绿色产业，城市轨道交通覆盖15个省会级以上城市；新能源公交车突破万辆，居行业第一，覆盖10多个中心城市。为上百家县级公立医院及学校融资近百亿元，创新了支持浙江特色小镇基础设施建设的“萧山模式”，对旅游业租赁也进行了积极探索。同时，公司继续加大对京津冀、长江经济带、珠三角等重点区域的业务投入，加大沿海发达城市、区域中心城市业务拓展力度；紧跟国家西部大开发战略，积极把握新型城镇化、城市地下管廊、海绵城市等城市综合基础设施领域的业务机会，不断挖掘新的市场。

二是国际化发展稳步推进，落实集团海外业务发展战略，进一步完善海外布局，推进爱尔兰平台实体化，持续提升海外业务占比。截至2016年末，建信租赁通过爱尔兰平台管理飞机及船舶租赁资产余额106.98亿元，业务涉及16个国家和地区，全年实现海外业务收入4645万美元。公司紧抓国家“一带一路”战略机遇，积极参与总行“百户千亿、融通国际”海外项目专项营销活动，着力提高飞机、船舶、大型设备资产全球化配置和运营能力。

三是发挥租赁业务协同优势，在项目、资金和风险管理多方面不断深化母子公司战略协同。公司创新“租赁+”的协同产品，探索协同营销新模式，不断深化与北上广深等重点分行及23家重点城市行的战略合作，积极参与重点客户全面金融解决方案。此外，公司与母行联动开展资金业务合作，建立并不断完善协同开展项目租后风险管理的联动机制，与集团其他子公司的协同也在不断加深。

四是拓宽融资来源，通过发行金融债券和资产证券化等方式，优化负债结构。公司2016年在境内发行首笔50亿元人民币债券，以优于同业的价格在境外发行债券10亿美元，并成功获批资产证券化业务资格。2016年建信租赁及海外平台CCBLI获得了与建行一致的国际评级，为公司及海外平台境外业务拓展、融资渠道开拓奠定了重要基础。公司还注重加强资本管理，积极拓展次级债券发行渠道，盘活存量资产，释放资本空间。

五是严格贯彻母行风险政策与风险偏好，探索建立具备租赁特色的风险防控体系，在严控信用风险的基础上，强化租中、租后管理以及飞机、船舶等租赁物的余值风险动态管理，做好风险防范和处置；高度重视流动性风险防控，提升资产负债期限配置管理能力；主动适应利率市场化趋势，增强汇率风险应对的前瞻性，有效防范市场风险；同时，加强操作风险与声誉风险管理。

（执笔：建信租赁　王　欣）

三、建信信托有限责任公司（简称建信信托）

（一）主要经营成果

2016年，建信信托立足先发优势，奋力抢抓机遇，全面推进转型和改革，取得了较好的经营成果。

——全年实现净利润14.09亿元，完成全年预算13.74亿元的103%，较上年同期增长18%。

——信托资产规模达到13062亿元，较上年同期增加2093.57亿元，增幅19.08%。

——固有资产不良率保持为零，信托项目资产质量较好，总体风险可控，公司全年未发生重大责任事故和案件。

（二）主要经营管理措施

1. 加强客户营销工作，取得良好成绩。央企客户新增11家，省属大型企业客户新增30家，企业客户总量达到300家；与公司合作的银行客户新增15家，保险、财务公司客户新增16家，金融机构客户总量达到143家；财富榜单级客户新增11人，其他家族信托客户新增282人，家族信托客户总量达到419人。

2. 全面推进业务转型，实现多点突破、量质齐升。2016年是建信信托“转型业务年”，公司以十大转型产品为抓手，全面推进业务转型，呈现多点突破、量质齐升、蓬勃发展的良好局面。

（1）产业基金优势进一步扩大。新设立基金管理公司28家，总数达到42家，超额完成年度计划；新增产业基金规模120亿元，存续规模达到300亿元；与中车、中船等多家大型集团公司合作设立主题基金，扩大了产业基金领先优势。

（2）国企改革业务品牌效应凸显。参与中国电子、中航工业等央企混改，项目推进实现突破；地方国改业务新签约湖南、海南、山东、陕西四省，累计合作省市达到10个，辐射全国的格局基本形成。

（3）资产证券化业务快速发展。全年公募发行资产支持证券规模553亿元，行业排名第三位。在信贷资产、公积金贷款、不良资产和企业资产证券化等方面全面推进，实现多项创新突破，刷新行业多项纪录。

（4）家族信托保持行业领先。全年新增293单，规模103亿元；家族办公室业务签约3单，发布《中国家族办公室研究报告》；首创“财富管理+消费选择权”“财富管理+慈善捐赠”模式，慈善信托实现首单产品报备。公司财富管理类业务规模、品种均保持行业领先。

（5）PPP业务初具规模。全年中标PPP项目35个，规模384亿元；落地项目18个，投资规模130亿元。中标国内最大城市地下综合管廊项目及国家首批海绵城市建设试点项目。

（6）股权投资业务有亮点。参股蚂蚁金服，投资金额7亿元；积极参与建行春雨项目组，实现云锡集团债转股项目落地，其他项目同步推进中。

（7）并购重组业务有突破。与深圳燃气、特发信息等深圳国资上市公司合作设立并购基金，完成了3个项目的投资；参与京蓝科技、华菱钢铁等上市公司重大资产重组，形成转型业务收入增长点。

（8）海外业务机构有进展。设立国际业务部负责海外业务拓展，完成香港子公司设立，形成了丰富的项目储备。

（9）金融市场业务规模提升。全方位拓展债券类业务，全年规模新增600亿元；组建固定收益投资团队，开展自主管理型债券投资业务，管理资产规模达到50亿元。

（10）互联网金融机构即将挂牌。与大型央企共同组建互联网金融公司，以供应链金融为切入点，打造“互联网+产业+金融”的互联网金融信息平台。

3. 扎实做好各项工作，经营管理水平持续提升

（1）全面落实《建信信托市场化改革方案》。继续推进完善公司治理结构、资本实力补充、激励约束强化和运营模式升级工作，进一步优化市场化选人用人机制。

（2）风险管理和内控水平提高。落实集团并表授信管理要求，全年未新发生重大风险项目。建立了下属企业全面风险管控制度，风险管理体系进一步完善。开展项目交叉检查和档案滚动管理，推进内控长效机制建设。

（3）科技发展与保障能力增强。“新一代信托业务系统”成功上线，自主知识产权系统达到3个，整体信息化建设水平迈入行业前列；搭建私有云平台，移动互联IT支持体系逐渐完善。

（4）战略及业务研究水平提升。建立完善研

究体系，在宏观经济、行业、产品等不同方面推出研究报告200余期，为公司决策及业务开展提供广泛的智力支撑。

（5）重点运营管理工作完成良好。设立财务共享中心，实现下属企业财务管理的规范化、标准化和流程化。完成800多个信托项目、1500个核算单位的核算和管理，收益分配3500余次，托管工作效率持续提升。

（执笔：建信信托　赵　曼）

四、建信人寿保险有限公司（简称建信人寿）

（一）主要经营成果

2016年，建信人寿紧扣集团转型战略，主动把握保险行业发展机遇，全力推动公司转型，取得了良好的经营业绩。

业务发展持续向好。全年总保费收入597.2亿元，同比增长46.9%。其中，期缴业务保费增速达到120.4%，业务结构进一步优化。总资产自2016年3月起突破千亿元大关，年末达到1096.9亿元。

市场地位不断提升。根据保监会公布的数据，公司原保费收入全国市场排名第11位，较上一年度提升4个位次，居银行系寿险公司第1位。

经营区域进一步拓展。年内公司新设安徽、黑龙江2家分公司及20家中心支公司，年末湖南分公司的筹建也获得监管许可，公司的销售和服务半径有效扩展。

财务效益保持稳健。在寿险行业利润水平总体大幅下滑的背景下，公司采取有效策略，全年实现净利润4.26亿元，同比正增长3.2%。公司的核心偿付能力充足率和综合偿付能力充足率分别达到109%、156%，符合保监会“偿二代”监管标准。

对集团价值贡献持续增强。公司当前为建行187万个人客户、1.6万公司客户提供各类保险产品，为集团18.65万名员工提供专属保障。2016年，公司在建行开设账户206个，存款贡献30多亿元，为母行贡献中间业务收入10亿元。与建行亚洲、建行基金、建行信托等兄弟公司开展业务合作，总金额达70亿元。

（二）主要经营管理措施

一是完善公司治理模式。顺利完成公司股份制改造，制定并启动实施“十三五”规划。公司发起设立的建信保险资产管理有限公司、建信财产保险有限公司正式开业，建信保险代理有限公司取得营业执照，在线服务公司筹备工作有序推进。

二是推进业务结构转型。创新期缴业务推动方法，全年实现期缴价值型业务26.8亿元，同比增长120.4%；新保业务期缴占比达到4.9%，较2015年提升1.6个百分点；趸缴业务存续期五年及以上产品占比由上年的11%提升至26%。

三是深化与母公司的战略协同。公司与建行的战略协同提升到一个新水平，与建行共同开展“期缴年”活动，与总行同业中心建立了定期业务数据通报与联动信息交流机制，联合总行开展“百佳网点”和“百佳明星”创建活动。在建行手机银行“悦生活”平台成功嵌入保险投保服务，智慧柜员机（STM）实现保险出单功能，建行网点服务延伸项目服务种类更加丰富，可视远程销售服务系统实现与银行网点的连接。

四是推动渠道多元化创新发展。银保渠道全面启动销售序列人员“双身份制”改革试点，积极推广综合服务专员模式，有效激发销售队伍活力。团险渠道紧抓效益型业务，渠道价值贡献日益显著。网络业务渠道不断拓展新电商平台功能，官网、官微直销量比重不断提升，信用卡账单分期电销项目等新型业务稳步推进。高端渠道业务平台实现跨越式发展，重点产品大单频出，连创一次性缴费金额新纪录。个险渠道发展能力进一步提升，经营个险的分公司和网点数量进一步分别扩大到12家和101个。健康险渠道开局良好，公司成为第一家获得税优健康险产品销售资格的银行系保险公司，税优业务稳步发展。

五是加强专业领域管理能力。资产管理子公司正式开业后，积极申请各类投资资格，灵活调整投资策略，确保稳定的投资收益。稳步推进财会管理转型，加强费用管控，积极研究市场化资本补充机制，完成35亿元资本补充债券的发行。人力资源管理机制日益完善，通过公开竞聘选拔等多种形式加强班子建设，实施新接收大学生培养计划，制订人才培养“百人工程”方案，进一步突出薪酬分配的绩效导向。

六是提升运营IT保障水平。积极推动运营作业流程优化和服务流程电子化工作，运营流程改造初显成效，新契约、保全、理赔的平均作业时效缩短1~2天。将信息技术建设纳入总行IT整体规划，深入推进核心系统升级改造及“新一代”等重点项目，建立起公司的技术标准体系与应用运维体系。

七是进一步健全风险内控体系。全面推进“偿二代”各项落实工作，进一步健全风险管理制度体系，优化风险偏好体系，深入推进“两两”回头看自查整改工作，进一步加强反洗钱、关联交易和操作风险管理。进一步完善内部审计制度，加强对审计发现问题整改的追踪。

（执笔：建信人寿　鲍　威）

五、中德住房储蓄银行有限责任公司（简称中德银行）

（一）主要经营成果

2016年，中德银行圆满完成董事会下达的目标任务，部分指标超出计划，住房储蓄三大核心指标及利润指标均达历史最高水平。其中，实现利润1.97亿元，较上年增长3.31%，超额完成计划；成本收入比47.63%，ROA为0.70%，ROE为7.14%，符合预期。不良贷款5202万元，比计划控制数少了598万元；不良贷款率0.23%，资产质量总体控制良好，低于行业平均水平，体现了住房储蓄业务在保证资产质量方面的较强优势。全年新签有效住房储蓄合同额160.54亿元，同比增长32.70%，完成计划的100.34%；新增住房储蓄考核存款33.59亿元，同比增长71.50%，完成计划的104.95%；新增住房储蓄客户数3.06万户，同比增长13.64%，完成计划的109.35%。

（二）主要经营管理措施

1. 战略转型取得阶段性成果

（1）法规修订取得实质进展。建行集团领导和中德银行高管层积极协调天津市政府、银监会、住建部等多个机构推动修法进程。《中德住房储蓄银行管理暂行办法》于2016年12月22日正式颁布。

（2）“天津模式”顶层设计不断完善。天津市政府已将住房储蓄的相关内容纳入了《天津市金融改革创新三年行动计划》和天津市“十三五”住房保障规划，将政府补贴政策延长至2020年，实施了差别化的补贴政策，形成了相关的政策要点。

（3）销售体系建设积极有效。中德银行从销售体系、销售组织架构、销售渠道与方式、销售管理和培训五个方面对住房储蓄业务的销售体系进行了一次全新的规划，形成了一整套符合中德银行实际需求的销售体系模式及行动计划大纲，并打通了电子账户、微信银行、建设银行物理网点、自助设备共享的新渠道。

2. “一体两翼”和“战略协同”布局步履坚实

（1）在“一体两翼”的发展上，济南、大连分行筹建准备工作已基本就绪。在异地无机构地区代理上，中德银行试点了建行员工自主销售住房储蓄产品。

（2）在战略协同上，中德银行先后与总行信用卡中心以及建行天津市分行、山东省分行、大连市分行签订了战略合作协议。同时，委托建行代理贷款项目、建行网络金融渠道代理中德银行业务项目、建行“95533”代理中德银行电话服务、IT支持等也都取得了阶段性成果。

3. 宣传推广内外有声、精准有力

（1）“事件营销”抓实抓牢。通过“天津地区政府奖励新政新闻发布会”“第十届融洽会住房储蓄论坛”、出版《住房储蓄理论及在中国的实践》等渠道手段，向社会大众传播了正确的住房储蓄理念，宣传了中德住房储蓄银行。

（2）“联动宣传”积极推动。一方面实现了通过信用卡账单向建行7000余万信用卡客户宣传中德银行住房储蓄业务；另一方面实现了中德银行住房储蓄业务宣传资料在建行合作网点的全覆盖。

4. 风险内控管理水平提升显著，合规理念深入人心

（1）持续完善“大风险、大内控”管理体系。设立风险合规官，厘清各层级内控合规责任；开展2016年“一个加强两个遏制”专项检查“回头看”及住房储蓄专项检查活动；制定操作风险集中检查管理办法；在银监局的指导下，开展培训、集中研讨、“一日客户经理”等形式多样的合规提升活动。

（2）不断提高授信管理精细化水平。首次制定年度中德住房储蓄银行信贷政策；应用大数据技术方法，自主研发中德银行特色住房储蓄评分卡模型；成立中德银行贷后管理委员会；建立银行、租赁等同业客户审批指引。

5. 客户服务保障体系建设初见成效。将消费者权益保护纳入董事会议事范畴，修订消费者权益保护相关的制度体系，建立消费者权益保护委员会和专职管理部门。全面推行信访投诉集中管理机制、责任追究倒查机制等五大机制，建立了一整套从问题发现到解决的标准工作流程。

（执笔：中德银行　周　暄）

六、建信期货有限责任公司

（一）主要经营成果

收入利润大幅增长，市场排名快速提升。

2016年，公司共实现营业收入1.30亿元①，同比增长4805.86万元，增幅58.31%。全年实现净利润1220.30万元②，同比增长896.94万元，增幅277.39%。截至2016年末，公司客户权益达到55.29亿元，较年初增长188.12%。根据行业数据统计，公司2016年末客户权益余额名列第21位，比年初的47位上升26位。

客户结构不断优化，业务结构更加均衡。截至2016年12月末，公司法人类活跃客户数量较年初增长127%，比公司全部活跃客户增幅高出120个百分点。法人类客户权益较年初增长231%，占总客户权益的81.8%。18个品种单边持仓量进入行业前20位，形成了在有色金属、化工产业链方面的相对优势。

（二）主要经营管理措施

1. 深化业务创新和产品创新。公司在继续大力发展经纪业务的同时，加大业务创新和产品创新力度。通过丰富交易策略储备和提升自主管理能力，公司资产管理业务规模大幅提升，全年共发行资管产品46只，累计规模50.9亿元。截至2016年末，公司续存资管产品45只，管理资产规模50.1亿元，同比增长45.61亿元，增幅978.76%。公司设立了风险管理子公司——建信商贸有限责任公司，能够为客户提供仓单服务、合作套保、定价服务、基差交易等风险管理试点业务服务以及大宗商品货押风险管理、一般贸易等服务，业务范围进一步拓宽。在产品创新方面，公司与总行共同研发推出的“大宗商品买断式融资”业务产品已完成试点运行，未来将逐步推广。

2. 多层面推进银期协同联动。公司牢牢把握全行深入推进转型发展战略的有利时机，从点、线、面多个层面推进银期协同联动。一是继续扩大业务联动分行数量，居间协议签约分行数量增加至18家；二是与建行个人、公司条线先后合作开展了“助力期市大赢家”“金喜之秋”、跨年产业客户专项联动营销等活动，进一步开发集团客户资源；三是在产品创新上加强与建行集团合作，将期货功能融入建行信贷业务，对接建行已有衍生品服务，打造跨境、跨市场期货产品，更深层次满足客户需求。截至2016年末，建行推荐客户的客户权益达到14.48亿元，占公司时点权益的26.8%，同比增长13个百分点。

3. 加强客户综合服务体系建设。公司进一步加强客户综合服务体系的建设，重点提升研发、IT服务、套保交割等业务的服务质量，改善客户服务体验，着力于形成满足产业客户、特殊法人客户和高端个人客户不同需求的综合服务体系。

4. 夯实内控合规管理基础。结合内外部监管要求，对内控管理制度进行全面重检，将创新业务制度和流程的梳理、完善作为工作重点，促进内控标准化建设，强化事前控制，提高合规风险识别与防控能力。

5. 提高人力资源管理水平。根据经营管理需要加强员工队伍建设，一方面确定组织架构设置，完成全员聘任工作，加强岗位责任制的落实；另一方面配合重点业务区域布局需要，调整机构设置，优化人员结构，充实业务一线。

（执笔：建信期货　芮　玥）

七、建银国际（控股）有限公司（简称建银国际）

（一）主要经营成果

2016年，建银国际围绕总行提出的“综合性、多功能、集约化，打造创新型、智慧型银行”的转型方向，不断培育自身优势，提升市场竞争力，服务集团转型发展。截至年末，总资产达到608.07亿港元，全年实现净利润13.13亿港元，净利润增幅69.23%，近三年年均净利润增幅接近50%，大幅优于市场表现。与同业相比，公司2016年净利润位列中行、农行、工行、建行、交行五大行在港投行第一，相当于工银国际、农银国际及交银国际三家投行净利润之和。

一是投行业务市场竞争力持续增强。建银国际积极推进投行业务转型，加大大型项目参与力度，提高核心角色获取能力。以核心角色“全球协调人”深度参与IPO项目7单，完成项目数量和金额均列中资银行系投行第一，并在华润医药、天津银行等重点项目的上市过程中担任保荐人角色；共完成并购项目17单，完成项目数量和金额均位列中资银行系投行第一，完成海航集团收购香港上市公司泰升集团、华润医疗入股凤凰医疗等多个大型跨国并购项目。

二是公司品牌影响力进一步提升。建银国际作为金融界唯一代表获邀参加李克强总理主持的国务院专题会议，并就全球经济金融形势做分析汇报，此次获邀充分体现了建银国际在宏观经济研究等方面的综合实力。

① 该数据不含子公司营业收入及资管产品代销手续费收入。

② 该数据以公司个别报表为统计口径。

2016年共荣获境内外36个重要奖项，包括英国《金融时报》评选的“中国最佳投资人”（前三名）、国际知名财经媒体《环球金融》（*Global Finance*）评选的2016年“香港最佳投资银行”和“亚太区最佳股票行”、亚洲知名财经媒体《财资》（*The Asset*）评选的3A国家奖“香港本地最佳投资银行”及“香港最佳券商”、投中（China Venture）评选的“投中2016年中国最佳回报创业投资暨私募股权投资机构十强”、清科评选的“2016年中国私募股权投资家10强”等多项荣誉，公司品牌影响力进一步提升。

三是战略协同更进一步，投贷联动创新落地。在总行领导下，建银国际与苏州分行合作参与设立全国首家“投贷联金融中心”，通过投贷结合的方式为企业提供投融资服务，范围从长三角辐射至全国。建银国际和分行共同组成工作团队，以高新技术、新兴产业、自主创新企业为主要服务对象，通过实体、基金投资与建行贷款相结合的方式为企业提供投融资服务，为高成长性企业提供股权和债权相联合的融资服务。

（二）主要经营管理措施

资产管理业务快速发展。抢抓“大资管”发展机遇，与多个省市政府合作设立了产业投资基金，重点参与了长江经济带产业基金、陕西旅游产业投资基金、浙江省体育产业基金、山东PPP基金等，参与总规模超4000亿元；与中组部下属党建出版社合作设立扶贫公益基金，在保障公益基金资金安全的基础上创新了部委资金资产管理业务新模式，获得中组部领导的肯定；在总行支持下，设立建银（深圳）投资基金参与资本市场运作，首期规模100亿元已进行投资运作。

积极参与总行春雨项目。高度重视总行春雨项目，召开多次会议研究部署，由管理层亲自上阵，抽调专人参与“春雨”工作小组，安排相关产品、基金投资专家团队提供全方位支持，全面配合总行做好春雨项目相关工作。牵头负责筹资工作小组，精心设计筹资方案和路演文件，扎实推进云锡、中国化工、武钢等具体项目。作为基金管理人，配合总行完成国内第一单武钢集团240亿元债转股项目，相关工作成果得到国务院领导和总行领导的充分肯定。

大宗商品布局加速推进。完成对伦敦金属交易所（LME）圈内会员的收购交割工作，更名后的“建银国际—迈特迪斯特环球商品（英国）有限公司”成为LME第一家中资银行背景的圈内会员。联合外方股东进行3000万美元注资，进一步增强资本实力。在总行领导下，联合建信期货在京举办“环球商品市场论坛”，并与中国铝业、中国有色矿业、江西铜业、金川集团、铜陵有色等多家企业签订环球商品市场战略合作协议，加快业务拓展。

（执笔：建银国际　王　剑）

八、建信养老金管理有限责任公司

建信养老金管理有限责任公司成立一年来，在总行党委正确领导下，深入贯彻落实“综合性、多功能、集约化”战略转型要求，大胆创新，积极实践，有序推进养老金业务转型发展，公司运营快速步入正轨，各项业务实现了快速发展，国务院试点工作取得了一系列阶段性成绩。

1. 先发优势初步体现，管理养老金资产破千亿元。公司实现了养老金管理资产规模的跨越式增长。截至2016年末，管理养老金资产规模突破1300亿元，投资管理规模达到252亿元，超额完成全年业务发展目标。

2. 依托“全牌照”优势，实现养老金全链条服务。公司在集团层面率先实现了养老金业务的“全牌照”运营，成为国内首家为养老金客户提供“一站购齐的捆绑式服务”的养老金管理机构，充分体现集约化转型的要求。目前已有多家企业试点选择该模式，示范效应逐步显现。

3. 业务实现突破创新，为全国复制推广提供模板。充分整合建行集团总体优势，上下联动，协同努力，创新投资与授信服务模式，成功中标地方基本养老风险基金投资管理资格，将对各地基本养老风险基金市场化运作提供示范性的模板。同时，成功推出农民养老保障产品，改变了原有征地补偿款一次性发放的模式，通过对递延支付、资产配置等服务的整合，实现了资金的保值增值，受到政府和广大农民的普遍欢迎。

4. 打造投资管理核心竞争力，完成市场化投资体系构建。搭建专业化经营架构，做到高平台起步。借助建行集团资产管理的专业优势，强化投资管理核心能力建设，以“投研一体化”模式，搭建了较为先进的养老金投资管理架构，契合养老金审慎投资、责任投资、长期投资、价值投资的管理导向和市场化发展趋势。

5. 提升蓬勃发展势头，第二支柱业务快速跃进。公司将公司专业化服务与建行广泛的客户基础相结合，为客户提供综合化的养老服务解决方案，并通过“行司协同联动”加大业务储备，强化客户营销，央企和地方重点企业养老金业务拓展取得了显著成效。先后中标了中国铁建、中国铁路总公司、中国银联、青海农信社等一批具有影响力的企业。

6. 激发创新发展活力，第三支柱业务探索成效显著。大力发展养老保障产品，以产品创新驱动业务跨越式发展。截至 2016 年 12 月末，公司封闭式养老保障产品累计达 59.93 亿元。同时，浮动收益和预期收益型开放式产品、团体养老保障产品等系列推向市场，使公司在第三支柱领域形成了相对完善的产品体系，填补了市场空白，在市场竞争中抢占了先机。

7. 发挥行业创新引领作用，推动国家养老保障体系发展。公司积极配合银监会参与养老金管理公司管理办法制定，并配合人社部，为基本养老保险基金和职业年金基金顶层设计建言献策。公司发起成立了中国养老金融 50 人论坛，为中国养老保障体系和养老金融行业发展研究理论，建言献策。

（执笔：建信养老　陶　星）

九、建信财产保险有限公司（简称建信财险）

2016 年 10 月 19 日建信财险正式挂牌成立，顺利完成了筹建和开业运营，为建行集团做大做强保险板块、为客户提供更多金融服务增砖添瓦。

（一）务实高效完成公司筹建和开业

1. 建立了符合公司特色的治理结构。研究制定了公司章程及“三会”议事规则，建立了股东会领导下的董事会和监事会，聘任了经验丰富、年富力强的高级管理团队。

2. 全面搭建了公司制度体系。根据监管要求，组织制定了业务、资金和财会等 133 项制度。

3. 科学规划组织架构，初步组建了一支高素质员工队伍。组织架构设置体现出集约化程度高、突出银行系财险公司属性和协作联动高效的特点。人才队伍建设坚持外部引进与自我培养相结合，呈现出年纪轻（平均年龄 33 岁）、学历高（硕士以上学历占比超过 40%）、从业经验丰富（保险行业从业经历占比 38%，金融行业从业经历占比 75%）的特点。

4. 组织编制公司经营发展规划。对公司未来的发展目标、保费收入、盈利能力、分支机构铺设、业务渠道、偿付能力与资本补充机制、政策措施等一系列整体性、长期性、基本性问题进行了调查研究和顶层设计。

5. 公司筹建工作自始至终贯彻了“高效办司、创新办司、勤俭办司”的原则思路。

（二）主要经营成果

2016 年，公司在开业不到两个月的时间里，取得了初步的经营成果。

1. 全面启动了母子联动。与总行 22 个部门、多家分行及子公司进行了主动对接，积极探索建立母子公司联动机制。与总行签订了全面业务合作协议。有效发挥保险的功能作用，为总行 200 多万客户提供超过 200 亿元的风险保障。

2. 稳步推进了业务拓展。“第一单”成功承保宁夏宝丰集团团体人身意外伤害保险，保额 1000 万元。“第一笔”成功承保大型商业风险业务，项目总保额 40 亿元，公司承担责任限额 2 亿元。“第一次”发挥建行母子协同优势，独家承保建行信用卡中心“龙卡安心用”项目，服务客户预计超过 400 万人，年保费规模突破 2000 万元；成功竞得“龙卡信用卡”境内外失卡保障项目，实现保费收入 120 万元。

3. 加快产品研发和上线。完成 56 款基础保险产品的研发和备案。

4. 投资业绩可圈可点。在 12 月份市场出现股债汇大幅波动的严峻形势下，公司有效规避了债基和货基巨幅波动风险，获取了稳健的投资收益。

（三）主要管理措施

1. 重点做好顶层设计。制定了《建信财险 2020 转型发展纲要》《公司信息化建设规划》《产品发展规划（2017—2020 年）》，明确提出了发展目标、发展策略和发展路径。

2. 完善制度流程体系。制定、修改和完善了十大类规章制度，厘清了各业务板块、前中后台部门、业务和财务之间的运作机制和协同流程，扎实推进核心人才队伍、财务管理体系、信息技术系统、风险合规及企业文化五项基础工程建设。

3. 初步建立公司风险管理与内控合规体系。研究制订了以偿付能力为核心的全面风险管理整体工作方案，基本搭建了偿付能力报告工作机制，实现了 2016 年第四季度报告的独立编制和报送。逐步搭建公司内控合规管理体系。建立了对公司重大事项内外部双重审核的机制。

4. 高标准推进 IT 系统建设。高标准建设数据中心，达到了国家 A 类机房标准，有效保障信息系统安全平稳运行，构建了公司核心骨干网络。核心业务系统初步具备了支持高频大开发交易及快速接入第三方系统的能力，成功对接财务系统、支付平台、呼叫中心、车型库、配件库、中保信增值税平台、中保信全国车险平台。

（执笔：建信财险　张　磊）

海外机构改革与发展

一、香港机构（建行亚洲、香港分行）

（一）业务发展情况

2016年末，香港机构资产总额1158亿美元，较上年末增长16%；全年实现净利润5.72亿美元，同比增长16%，主要财务指标同比提升，不良资产率和不良贷款率保持较低水平。

（二）主要经营管理举措

1. 紧随国家发展战略，充分利用区位优势，以银团贷款和结构性融资为重点，打造跨境金融领先新优势。

2. 优化调整资产、负债和收入结构，有效提升盈利水平。

3. 充分发挥多牌照经营优势，新增资产管理业务牌照、保险经纪公司正式开业、全球现金管理业务实现零突破，业务功能不断完善，综合化经营成效初显。

4. 海外资金管理平台和人民币跨境汇率平盘机制运行良好。

5. 精心组织，周密安排，实现了“新一代”海外对公系统成功上线和平稳运行。

6. 为建行集团海外机构培养输送多名优秀人才，有效发挥海外机构桥头堡作用。

二、新加坡分行

（一）业务发展情况

2016年末，新加坡分行资产总额77.78亿美元，全年实现净利润4436万美元，不良率保持为零。

（二）主要经营管理举措

2016年，新加坡分行围绕总行综合性、多功能、集约化的战略定位，继续坚持“一行一式”转型发展方向，取得良好成效：

1. 打造对公业务新品牌

深入存量重点客户合作。2016年，分行与优质重点客户（中石油、中石化、中海油、中国林业、中国化工等集团在新加坡的子公司）的合作更加全面深入，累计授信量超过百亿美元。

拓展新项目取得突破。牵头印度尼西亚 Tangguh Expansion Project 项目融资业务；独家办理中化集团 Halcyon Agri（合盛项目）并购贷款；参与马来西亚 Marigold 炼油及化工项目；营销中国电建集团中南院泰国风电保函项目等。

2. 培育人民币业务新优势

8月11日，分行成功发行10亿元人民币2年期“一带一路”基础设施狮城债券。这是分行在本地市场首次发债，同时也成为新加坡政府宣布人民币纳入官方外汇储备以来在本地发行人民币债券的第一家银行。

3. 突出投行特色，加强境内外联动

营销和参加了中核建、重庆物流、工行新加坡、建银国际等客户海外发债业务；跟进浙江富春、上海绿地等 REITs 以及海外并购业务。

三、法兰克福分行

（一）业务发展情况

2016年末，法兰克福分行总资产39.54亿美元，全年实现净利润973万美元，不良资产为零。

（二）主要经营管理举措

1. 落地信贷业务发展显著，全年新增授信客户31户，发放本地银团、双边贷款30笔，累计投放3.51亿欧元。

2. 中间业务收入持续增长，全年实现净收入476万欧元，同比增长50%。

3. 本地代客外汇交易等高附加值产品快速推进，全年办理代客外汇交易143笔，实现收入133万欧元。

4. 清算业务稳步发展，逐步提高服务能力，全年完成清算240900笔，累计3639亿欧元。

5. 3月17日分行成为德意志交易所、中欧所现货市场和衍生品市场交易会员和直接清算会员，为交易业务发展奠定基础。

6. 12月2日德国银行审计协会对分行的评级从 BBB + 上调至 A - 。

四、约翰内斯堡分行

（一）业务发展情况

2016年末，分行总资产27.5亿美元，较上年末增长15%；客户存款23.97亿美元，较上年末增长7.2%；全年实现净利润1969万美元，同比增长87%。

（二）主要经营管理举措

1. 继续巩固和发扬本地特色。分行本地员工占比85%，当地客户占比80%，90%以上存款来源于本地客户，落地资产占比51%。作为分行重点营销目标，南非本地前50大上市蓝筹公司中有10家企业已成为分行稳定优质客户。

2. 认真落实总行“跟随”战略，抓住中非、中南贸易蓬勃发展的机遇，充分利用总行及国内分行与中资企业母公司的良好合作关系，积极发展内外联动业务，共同营销“走出去”中资重要客户。

3. 加强战略合作，为战略合作伙伴第一兰德金融集团提供了1.83亿美元贷款；推进并落实与南非工业发展公司的战略合作协议，增加其授信金额至2亿美元，加快推进与其成立合作基金的相关工作。

五、东京分行

（一）业务发展情况

2016年末，分行总资产211亿美元，较上年末增长93亿美元，增幅79%；全年实现主营业务收入6977万美元，净利润3542万美元。

（二）主要经营管理举措

1. 转型升级，金融创新。2016年在总行转型发展的战略指引下，分行坚持“一行一式”经营策略，结合区域特点积极开展业务转型。一是在传统优势联动业务方面不断推陈出新；二是在同业业务、资金业务等方面探寻新的盈利模式和利润增长点；三是依托集团优势，加快业务多元化发展，拓展当地优质客户。

2. 量质并重，合规立行。分行始终认真贯彻落实总行加强风险管理的各项方针政策以及当地监管要求，确保内控管理与业务发展两手抓、两手硬；正确把握分行所在地法律、总行有关规定、国际商业银行惯例的辩证统一关系，采取多种措施努力增强自身内部控制和风险合规管理能力。

六、首尔分行

（一）业务发展情况

2016年末，首尔分行总资产143.59亿美元，较上年末增长66%；全年实现净利润809.5万美元，同比下降84.4%。

（二）主要经营管理举措

1. 风险管理紧抓不放

贷款不良额、不良率均为零；“优先发展类”客户信贷余额占比超过90%，严格管理造船、船运、房地产等行业业务。2013起连续三年获得韩国评级公司AAA信用评级；首次获得韩国国家信息与信用评估中心AAA评级。

2. 巩固做市商业务优势

保持做市商资质，在当地中资同业中率先荣获韩国央行和企划财政部“2016年度人民币兑韩币直接交易最佳做市商”奖项。

3. 多项业务取得突破

跨境人民币结算市场占比26.74%，完成系统内首笔国际保理和跨境受托代付业务。荣获总行“2016年产品创新与流程优化奖”产品创新、创新进步及创新骨干奖。

七、伦敦机构（建行伦敦、伦敦分行）

（一）业务发展情况

2016年末，伦敦机构总资产余额91.8亿美元，较上年末增长30.6亿美元，增幅50%；全年实现净利润802万美元；信贷业务余额43.8亿美元，无不良贷款。

（二）主要经营管理举措

1. 积极推进落地转型，市场地位迅速提升。全年完成31家当地跨国公司及在海外中资集团的银团及双边贷款项目，提供授信超过28亿美元。

2. 改进营销组织方式，丰富完善产品体系。团队作业与专业专注相结合，分别组建本地融资团队及联动业务团队，显著提升工作协同效率；紧跟总行政策导向，抢抓市场机会，适时推出国际商业转贷款、跨境风险参与、跨境受托代付等新型境内外联动产品，全年投放16.07亿美元，占全部对公联动资产的49%。

3. 优化资金来源渠道，存款规模大幅提升。在大力发展贷款业务的同时，通过联动营销持续推进存款业务，以标准人寿、怡和集团、希思罗机场、建信租赁等优质客户营销为重点，狠抓存款取得成效。全年对公类存款较上年末新增超过6亿美元，余额超过上年末的3倍，日均存款余额3.04亿美元。

4. 持续推动清算行业务发展，顺利完成由子行向分行迁移。2016年7月31日，经中国人民银行与总行批准，建行伦敦人民币清算行职能由子行成功迁移至伦敦分行，为进一步增强人民币资金的灵活运用能力打下坚实基础。截至2016年末，伦敦清算行共为参加行开立人民币清算账户69户；人民币清算总量突破12万亿元，其中2016年清算量6.5万亿元；总清算笔数超过20万笔；业务直通率96.56%，系统自动化处理能力继续保持国际先进水平。

八、纽约分行

（一）业务发展情况

纽约分行以防范合规风险、保障运营安全作为工作重点，通过战略转型实现核心竞争力的不断提升与盈利的可持续增长。2016年末，纽约分行总资产193.30亿美元；全年实现净利润6504万美元。

（二）主要经营管理举措

1. 以国际化转型促发展，探索海外分行“本土化”盈利新模式。充分利用多种筹资工具，不断拓宽本地筹资渠道，为自身业务发展及集团美元资金管理提供支持。

2. 积极履行建设银行集团在美窗口的责任，打造战略客户全球化服务体系，提升建设银行整体客户利润贡献度，双向服务“走出去”中资企业以及来华投资的美国大型跨国企业。

3. 积极推动跨境金融业务，以联动贸易融资及转贷款业务为突破口，创新业务形式，利用海外低成本资金与海内外机构实现共赢。

4. 分行持续夯实合规基础工作，将合规管理嵌入业务流程，不断加大反洗钱与制裁名单审查力度，开展汇款信息调查工作，降低美元清算业务的合规风险，主动关停高合规风险金融机构美元清算账户。

九、胡志明市分行

（一）业务发展情况

2016年末，胡志明市分行总资产余额2.74亿美元，全年实现净利润54.46万美元，无不良资产和不良贷款。

（二）主要经营管理举措

1. 贯彻落实总行转型发展战略，围绕“一行一式”，坚定执行分行“两轴两翼”拓展计划，在同业客户与本地客户的营销方面取得显著成效。

2. 精细化管理初步建立，考核导向明确。2016年分行试行KPI考核导向机制，建立部门目标责任，考核到人，对员工的量化考核管理开展有益探索；将公司客户营销作为员工个人KPI考核指标，取得了显著成果，夯实了客户基础，促进了业务发展。

3. 资产质量保持良好水平，各项业务发展合规稳健。开业至今无不良贷款、逾期贷款，资产质量优良。

十、悉尼分行

（一）业务发展情况

2016年末，悉尼分行总资产约274.2亿美元，全年实现净利润364万美元；无不良资产和不良贷款。

（二）主要经营管理举措

1. 加快落地。2015年收购苏格兰皇家银行资产包后，分行继续加强资产包客户营销力度，对有信贷需求的优质客户增加授信额度。前三季度，澳大利亚最大的15个银团贷款全部邀请分行参加，分行选择参加8个，其中7个项目均获得牵头行地位。2016年8月，分行成功发行中长期可转让存款证5亿澳元，在当时本地中资银行中融资量最大、成本最低。

2. 深化跟随。为国家电力投资集团收购太平洋水电项目提供综合性金融服务，独家牵头25亿美元的银团贷款，独家办理近13亿美元的换汇业务。2016年末，分行贸易融资资产总额138亿美元。

3. “一行一式”。2016年，分行完成国际双保理业务5笔，牵头海外重大项目2个，吸收存款8.81亿澳元，发放贷款2.04亿澳元。

4. 风险管理与合规建设。分行风险及合规管理水平保持领先水平，顺利通过了当地监管及审计检查；上线反洗钱交易监控系统，进一步加强对反洗钱交易的分析监控。

5、筹建珀斯分行。启动珀斯分行筹备工作。

6、善融商务。开始搭建“善融商务？澳新馆”。

7. 文化建设。加强业务研究及文化建设，全年共计编撰完成《澳大利亚经济金融动态》12期。

十一、建行俄罗斯

（一）业务发展情况

2016年末，建行俄罗斯总资产3.84亿美元；全年实现净利润628.54万美元；无不良资产。

（二）主要经营管理举措

1. 积极开展境内外联动，加大对中资“走出去”客户的金融支持。成功办理重庆力帆集团28亿卢布外保内贷项目，并为中国建筑、紫金龙兴、九龙服等中资企业提供保函、贴现等金融服务。

2. 新增业务牌照，拓展利润增长点。获得俄央行颁发的贵金属业务和债券市场专业参与者牌照，具备了进入俄罗斯黄金业务市场和开展债券承销、债券场内交易的资质。

3. 强化制度和队伍建设，加强合规经营。成立操作风险管控任务型团队，及时发现并分析风险点，采取钉钉子措施彻底解决；针对关键岗位编写活页操作手册并持续更新，确保各项工作有档可查、有据可循、有效传承，在人员变动时做到无缝衔接；完善 KYC 流程，制作客户档案，一户一档，动态更新。

十二、迪拜国际金融中心分行

（一）业务发展情况

迪拜子行于 2013 年 4 月 28 日获迪拜金融服务管理局核发金融从业牌照，并于当年 5 月 13 日对外营业；2015 年 11 月 26 日获颁分行业务牌照，并于 2016 年 10 月 17 日正式注销子行牌照。2016 年末，分行总资产 38.82 亿美元；全年实现净利润 662 万美元，无不良资产。

（二）主要经营管理举措

1. 紧跟“一带一路”，突破沿线重点。2016 年，中东地区新签约 9 笔单项融资金额 10 亿美元级项目中，分行作为联合牵头行参与其中 3 笔，包括沙特政府贷款、沙特延布炼油厂及迪拜哈翔电站项目。成功营销阿联酋石油公司（阿联酋第二大石油公司）并开展综合授信。

2. 登陆债券市场，拓宽融资渠道。2016 年 9 月，分行中东地区债券市场业务实现突破，成功在纳斯达克迪拜交易所挂牌发行 6 亿美元 3 年期债券。

3. 严守风险底线，紧抓内控合规。2016 年，分行继续保持无不良资产。全年无重大风险、合规事项及监管处罚、警告事项。在本年各项监管检查中得到当地监管机构肯定，合规管理与内控水平领先当地同业。

十三、台北分行

（一）业务发展情况

2016 年末，台北分行总资产余额 193 亿美元，全年实现净利润 430 万美元，无不良资产和不良贷款。

（二）主要经营管理举措

1. 致力推进人民币国际化业务。连续两年获得台湾期货交易所颁布的“人民币汇率期货造市绩效卓越奖”。

2. 企业文化建设有成。积极落实企业文化建设，获得“2015—2016 年全国金融系统企业文化建设标兵单位”荣誉称号，为全国 13 家获奖单位之一，是建设银行唯一一家获得该标兵单位荣誉称号的海外机构。

3. 善尽社会责任，积及奉献爱心。秉持热心参与社会公益事件的态度，积极给予社会弱势群体关怀与帮助，在 2016 年台南地震后，分行第一时间捐款 300 万台币，充分体现履行企业社会责任的高度自觉与热诚。

十四、卢森堡机构（卢森堡分行、建行欧洲）

（一）卢森堡分行及建行欧洲整体情况

1. 业务发展情况

2016 年末，卢森堡机构资产规模 55.64 亿美元，较上年末增长 170.33%。全年净利润 -3647.03 万美元。无不良资产。

2. 主要经营管理举措

（1）完善服务网络。在 2015 年设立巴黎、阿姆斯特丹、巴塞罗那和米兰分行的基础上，2016 年增设华沙分行。通过在卢森堡集中处理中后台业务，有效整合欧洲整体资源，形成建行在欧洲的业务拓展平台和资金管理平台，为迅速在欧洲市场做大做强提供有力支持。

（2）培养重大项目融资能力。以“走出去”企业、跨国集团和积极参与中欧经贸往来的企业为目标客户，利用双牌照和机构布局优势，在公司金融和跨境业务领域形成区域性整体营销优势，进一步培养重大项目融资能力。2016 年建行欧洲作为主牵头行，代表建行完成倍耐力 67.3 亿美元再融资银团的最终签约，并负责进行贷后管理，在当地外资和中资银行同业中展现了一定影响力。

（3）推动产品多样化和服务综合化。依托全功能银行牌照优势，适时发展新业务。2016 年建行欧洲作为联席簿记管理人，成功协助国家开发银行发行欧元债券。

（4）规范内部管理，提升 IT 支持水平。一是重视合规经营，在欧洲总部和所辖分行建立了符合母国监管及本地监管要求的内控合规体系，确保各项业务及反洗钱工作依法合规开展。二是强化风险管理水平，完善内部作业流程，确保风险管理偏好统一，探索欧洲总部架构下的有效风险管理模式。三是提升 IT 支持水平，建成了以卢森堡为核心、连接下辖分行的同城灾备站点，实现了双活数据中心，在显著提升 IT 服务可靠性的同时，大幅度减低了运营成本。

（二）建行欧洲巴黎分行

1. 业务发展情况

建行欧洲巴黎分行成立于 2015 年。2016 年末，分行资产规模 1.68 亿美元，全年净利润 -536.92 万美元，无不良资产。

2. 主要经营管理举措

（1）重点抓“跟随”与“落地”，支持中资企业落地法国，同时聚焦在华投资的大型法资集团客户。2016 年，分行为北方重工、青岛圣元乳业等中资企业在法投资设厂提供账户开立、资金清算结算及内保外贷融资支持。高度重视客户授信工作，除为 15 家当地客户进行授信外，还牵头开展了法国标致雪铁龙集团（PSA GROUP）的全球授信工作。

（2）集中力量跟踪突破重点海外大项目。2016 年分行顺利完成中建投收购法国高端药用玻璃巨头 SGD 集团项目，牵头提供 9.26 亿美元并购贷款，并负责结构设计、组织安排及并购交割等工作。

（3）以“一行一式”为切入点，利用法国作为空客公司总部及全球主要飞机融资市场等地域优势，整合建行欧洲整体资源，大力拓展飞机融资特色业务，谋求业务发展新亮点。

（三）建行欧洲阿姆斯特丹分行

1. 业务发展情况

建行欧洲阿姆斯特丹分行成立于 2015 年。2016 年末，分行总资产 0.34 亿美元，全年净利润 -304.87 万美元，无不良资产。

2. 主要经营管理举措

（1）以项目为抓手，打造转型升级引擎。一方面，分行通过金融同业合作和集团内联动协作，成功参与了飞机融资租赁龙头企业爱尔开普、倍耐力公司等重大银团贷款项目；另一方面以服务“走出去”战略客户为重点，积极参与并购类融资业务。

（2）以客户为中心，创造业务发展新契机。积极营销新增客户，深度挖掘存量客户需求，成功为客户办理外汇买卖、信用证转通知等中间业务。

（3）以产品为基础，打造分行本地经营特色。与境内分行合作服务境内企业，成功办理海外代付、委托付款等业务；联合当地银行，成功为招商局旗下海联贸易公司办理 95 万美元海关保函业务，成为办理同类业务的首家荷兰中资银行；与荷兰豪氏威马（中国）签订跨境人民币账户信息报送协议；成功为本地三大银行申请授信额度，与同业深入发掘合作领域，探索开展保理、资产转让等特色融资业务。

（四）建行欧洲巴塞罗那分行

1. 业务发展情况

建行欧洲巴塞罗那分行成立于 2015 年。2016 年末，分行总资产 1.91 亿美元，全年净利润 -246.59 万美元，无不良资产。

2. 主要经营管理举措

（1）积极践行总行转型战略，狠抓本地业务。分行以大型西班牙上市企业作为目标客户，全年累计为 7 户本地业务客户审批通过授信金额 2.48 亿美元，截至年底提款约 1.58 亿美元；审批本地金融机构额度 2 户，获批额度共计 22 亿美元。

（2）充分发挥桥头堡作用，力促境内外联动业务。2016 年，共完成跨境联动业务 17 笔，共计 1.28 亿美元。

（3）拓展人民币市场业务，全年累计办理 5971.65 万美元人民币跨境融资性风险参与业务。

（4）开展代客外汇买卖业务，力争提供综合化金融服务。完成华意压缩公司多笔美元代客外汇买卖交易，以综合化金融服务提升客户满意度，增强客户黏性。

（5）以客户为中心，成立并购融资团队，参与总行及建行欧洲牵头的重大收并购项目，并主动营销西班牙当地并购项目。

（6）合规营运助力业务拓展，获当地监管机构认可。分行高度重视内控合规，建立了稳定的内控管理架构。2016 年完成跨境个人数据转移协议（DTA）及授权书等重大事项的监管审批工作。与西班牙央行建立了畅通的定期双向沟通机制，央行对分行开业以来的合规工作给予了充分肯定。

（五）建行欧洲米兰分行

1. 业务发展情况

建行欧洲米兰分行成立于 2015 年。2016 年末，分行总资产 0.42 亿美元，全年净利润 -423.49 万美元，无不良贷款。

2. 主要经营管理举措

（1）“跟随”与“落地”并举，成功营销倍耐力并购项目，向总行申报并获批 11 亿欧元银团贷款额度，使建设银行成为银团贷款中第一家完成信贷审批的中资银行。建设银行集团参贷 2.7 亿欧元，米兰分行自身风参 3627 万欧元。在总行推出跨境融资性风险参与等新产品后，积极与境内分行联动，全年共办理跨境联动业务 1.17 亿欧元。扩充市场部本地团队，专职负责本地业务的拓展。与 FCA Bank、HSBC、Natixis、Unicredit 等金融机构的银团（俱乐部）贷款团队建立了联系。

（2）创新“嫁接”，多元创收。2016 年分行整理了约六十家目标客户信息，并积极寻求国内意向投资者，促进双方合作。

（3）严控风险、合规经营。根据总行和建行亚洲相关政策制度以及当地监管要求制定了分行信贷业务管理政策，成立了风险与信贷委员会、风险与控制委员会，提高风险管控决策的合理性和科学性。2016年分行完成了信贷管理自评价、操作风险自评估等风险评估工作，优化KYC流程、反洗钱流程，设立了合规月报制度，保证日常合规经营。

十五、澳门分行

（一）业务发展情况

2016年末，澳门分行总资产48亿美元，全年实现净利润2037万美元，不良资产率0.12%，不良贷款率0.19%。

（二）主要经营管理举措

1. 加快联动业务转型，重点项目取得突破。分行积极提升工作效率，为客户提供多种金融服务。零售业务向本地、联动业务并重转型取得实质性进展，内房按揭合作楼盘与业务量迅速扩大。

2. 加大落地业务营销，品牌影响力稳步提升。持续加大对本地重点客户的营销力度，客户关系管理不断加强，有效客户实现较快增长并带动个人存款比年初增长25%，涨幅及市场占比均有提升。

3. 多元化负债来源，降低资金成本。积极落实大资产大负债业务发展，积极筹集资金，累计发行短期限存款证605亿港元。成功营销当地同业开立人民币清算账户及授信业务，资金业务全年贡献利润约4300万澳门元，助力分行业务转型。

十六、建行新西兰

（一）业务发展情况

2016年末，建行新西兰资产总额6.5亿美元，全年净利润实现扭亏为盈，达109万美元，成本收入比大幅降低；截至2016年末，建行新西兰无不良贷款。子行积极服务中国“走出去”的企业，并不断加强与本地支柱行业中的龙头企业和大型项目的合作，包括为本地一条高速公路PPP项目提供融资。子行以个人住房贷款和移民金融服务为拳头产品，积极服务高净值个人客户。2016年末，子行房贷余额达2.74亿美元，在贷款资产中占比43%。

（二）主要经营管理举措

1. 逐渐形成并坚定执行自身经营特色，即“对公业务和个人业务两轮驱动”、“深耕本地市场、聚焦落地业务”。

2. 抢抓战略机遇，突破重点客户和PPP等项目。

3. 完成总行1亿美元增资计划，破解发展瓶颈。

十七、多伦多分行

（一）业务发展情况

2016年是多伦多分行正式营业的第二个完整经营年度，资产余额达到16亿美元，全年实现净利润74万美元。

（二）主要经营管理举措

1. 深入当地市场，与本土知名企业开展业务合作。分行作为联合牵头行之一，为加拿大本地优质客户恩桥股份有限公司提供3年期6.5亿美元银团贷款并获得最大参与份额1.5亿美元，提升了建设银行在加拿大市场的知名度和影响力。

2. 加强内外联动，通过模式创新服务“走出去”客户。分行与青岛分行合作完成了中天能源并购项目。2016年9月22日，中国建设银行、中天能源、加拿大长征勘探三方签字仪式在加拿大国会山举行，国务院总理李克强及加拿大总理特鲁多出席签字仪式。

3. 强化合规建设与风险管理，内外检查结果良好。2016年，加拿大金融机构监管署先后对分行开展资产负债比率及资本等值存款比率的监控管理、流动性和融资策略、公司治理、内审、合规、反洗钱等检查，未发现违规问题，总体评价良好。分行外聘的德勤会计事务所对分行进行业务和合规等各项内部审计，均未发现重大缺陷。此外，分行购置的一体化反洗钱系统Surety已基本完成安装及测试，2017年起全面开始使用该系统，合规管理工作再上新台阶。

4. 履行企业社会责任，树立建行良好形象。分行组织参加慈善健步行活动，员工自愿向爱心基金提供捐助，并参与政府部门、社团、商会等举办的公益活动，在社会上树立了建设银行良好的企业形象。

十八、建行巴西

（一）业务发展情况

2014年并购BIC银行以来，巴西子行结合建行集团的传统优势和原BIC银行队伍、渠道、市场等方面特点，积极落实子行中长期转型发展战略，不断夯实持续健康发展的坚实基础。

（二）主要经营管理举措

1. 明确了“稳住小客户，审慎发展大中型客户，保证新客户质量”的发展策略，审慎选择客户，合理配置产品，降低全行风险水平，不断提升资产质量。

2. 落实“一行一式”发展方案，借助集团优势，着力业务转型发展。

3. 提升精细化水平，强化资本管理，优化资本及资金结构。

4. 加强与监管机构沟通，践行合规理念，坚守依法合规底线。

十九、苏黎世分行

（一）业务发展情况

苏黎世分行2016年1月14日正式开业。2016年末，资产总计8.23亿美元，全年实现净利润-812万美元，累计营销有效客户6户，营销授信客户10户，无不良资产，LCR满足监管要求。

（二）主要经营管理举措

1. 努力发展落地客户。营销对公客户14户，并成功为使领馆提供金融服务，积极拓展中资客户，抢占先发优势。实现落地信贷业务约8000万瑞郎，吸收当地客户存款4000余万瑞郎。

2. 积极拓展清算业务。签约7家人民币清算客户，其中落地客户5家。完成瑞郎清算系统本地化接入需求分析，签约2家瑞郎清算客户。此外，分行积极拓展RQFII业务，已和两家银行签署RQFII业务合作备忘录。

3. 逐步完善风险内控机制。认真贯彻总行及当地监管在风险和授信管理方面的要求，实现信用评级、授信风险评估评审、放款条件落实审核三个100%全覆盖。初步建立内部控制流程系统和风险内控例会制度，完成监管报表系统、反洗钱系统、灾备场所及双路备份电源建设，发展基础进一步夯实。

二十、智利分行

（一）业务发展情况

智利分行筹备组于2013年成立，历经三年多时间，于2016年5月取得最终营业许可，并于2016年6月20日正式开业，是第一家进入智利市场的中资银行，也是拉美地区第一家获得人行授权的人民币清算行。智利分行持有全功能牌照。2016年末，分行总资产合计2.5亿美元；全年净利润为-1502.35万美元。

（二）主要经营管理举措

1. 通过监管验收，获得营业许可。2016年5月10日，分行正式收到智利银行及金融机构监管局颁发的营业许可。自2015年12月监管机构正式进场验收以来，对分行各项业务系统进行全面的集成综合测试。测试中，通过设定业务案例，对分行各业务条线的营运操作能力进行了严格的全流程验收。同时，还要求分行组织两轮实地灾备演练，现场观摩分行灾备中心恢复能力。通过分行细致扎实的准备，分行成为了首家仅用90天通过监管现场验收的外资银行，也是智利第一家坚持使用本行核心业务系统并通过监管验收的外资银行，还是第一家根据监管新规定在本地建立处理中心的银行。

2. 分行开业暨人民币清算中心启动。2016年6月20日，分行在圣地亚哥举办了分行开业暨智利人民币清算中心启动仪式。智利政商界等200余人出席仪式。

3. 2016年11月，国家主席习近平对智利进行国事访问期间，在两国元首的见证下，董事长王洪章代表建设银行与国电投、太平洋水电公司签署了三方金融合作协议。该合作协议是此次两国元首会晤期间签署的首份协议，标志着中智经贸合作的重大突破。

二十一、建行马来西亚

2016年10月1日，经马来西亚公司审核委员会及内贸部审核并批准，“中国建设银行（马来西亚）有限公司”（China Construction Bank（Malaysia）Berhad）注册成立，成为建设银行在马来西亚的第一家机构。2016年11月1日，在马来西亚首相纳吉布见证下，马来西亚央行行长穆罕默德·易卜拉欣正式向董事长王洪章颁发中国建设银行（马来西亚）有限公司商业银行牌照。

获颁牌照后，子行与马央行密切沟通并合作推进，在三个月时间内配合马央行完成现场验收，获准于2017年1月27日开始试运营。

（执笔：马 佳 马京京）

二、内部管理与风险控制

办公室工作

一、围绕抓党建、促转型，积极推出创新举措

（一）完善制度建设，增强创新理念

1. 进一步完善制度，促进全行行务基础管理制度体系的健全。修订《中国建设银行行政会议管理办法》《中国建设银行突发事件信息报告情况通报办法》和《中国建设银行办公自动化系统管理办法》；根据国家档案局要求，完成《金融业务档案管理指南》银行业务档案部分的编写。强化业务发展和转型过程中的保密意识，督促全行各级领导干部遵守保密纪律，履行保密职责；代总行保密委员会制定并组织实施《中国建设银行领导干部保密工作责任制实施办法》；制定办公室《物业监管暂行办法》，持续完善《总行办公室本部装修及设备更新改造实施管理办法》《总行办公室集中采购操作规程》《总行本部办公家具及非IT办公设备等实物资产管理办法》《总行本部办公家具及办公设备配置标准》以及餐饮、行政管理等相关制度；持续完善办公室采购制度，打造阳光采购保障机制。

2016年11月17日，中国建设银行扶贫工作会议在山东省泰安市召开。

2. 积极应用信息技术，落实创新驱动，提高工作效率。通过在线化提高运行效率，牵头开发了OA系统总行大楼会议室预订模块；加强流程管控，在线请假报备模块投入使用；持续完善OA系统，积极推进优化立项工作。加强流程改造，完善办公系统。依照“流程银行”逻辑，持续完善OA系统，最大限度地满足管理要求和用户需要。上线值班电话系统V2.0版系统，基本实现行长办公会议无纸化，完成香港分行、新加坡分行、东京分行等29家海外机构商密公文传输系统的系统测试、验收工作，并启动系统正式上线。

增强创新意识，开展细微餐饮服务，开通微信“预购食堂自制食品”服务平台。开发并上线运行总行员工机票预订手机客户端，机票销售效率大幅提高，票务预订体验持续提升。试行选择标准化、用量大、易采购、易配送、易维护的项目，通过实行对全国一级分行的集中采购，统一标准，降低成本；会同财会部、采购部推行全行2016年新增办公用品、设备及办公家具的集中采购工作。

（二）认真履行职责，助力推进转型

1. 强化党建职能，改进工作作风，突出工作

重点。做好党办工作，推进集团党建。一是做好中央巡视反馈意见整改落实工作，牵头起草《中国建设银行党委关于进一步加强党的建设推进全面从严治党的若干意见》，统领并指导全行进行深入整改，并抓好督查落实。二是完善党建工作领导小组成员单位联席会议机制。三是从制度治党入手，牵头对党的十六大以来全行党建制度文件进行梳理。起草《中国建设银行党委2016年工作要点》。四是对总行党委巡视发现的个别分行落实党委工作规则不到位问题进行督促整改。五是编写总行党委工作规则讲义，对一级分行、二级分行党委书记进行了全覆盖培训。

加强工作指导，开展系统管理。制发《2016年全行办公室系统工作要点》；召开全行办公室工作会暨保密管理与科技管章推广工作座谈会，部署办公室条线主要任务和重点工作。

转变工作作风，加强调查研究。围绕推动转型下沉的要求，到分行调研基层转型发展情况，形成专题调研报告；会同党委其他职能部门赴分行开展“两学一做”学习教育以及党建工作督查调研，汇集第一手资料。加强与同业、外部机构以及本单位内部的业务交流。2016年，分别与中国进出口银行、信达资产管理公司、建信基金管理公司、金融租赁公司、华融证券公司以及工行、农行、中行相关人员就秘书工作、档案业务以及总务管理服务进行了交流。起草和修改多份重要文稿，起草报送《中国金融年鉴》有关建设银行材料，完成《中国建设银行年鉴2016》编撰。

2. 配合全行转型发展要求，加强督导、宣传。强化督查督办，助力推进转型。一是对李克强总理来行考察时重要讲话精神落实工作进行督办。二是开展对总行党委2016年工作要点的督查督办。三是抓好会议精神的落实。四是加强了对“三长”和其他行领导重要指示批示的督办机制建设，试行“挂销号”管理，加强跟踪督促，并将督查情况在企业内部网上进行公示。全年共发出督查办通知单117次，编发《督查情况通报》8期。五是抓好下级请示事项的办理。全年共受理下级请示事项9293件，平均办理用时约6个工作日。

借助多种平台，宣传转型发展。主动了解和掌握总分行的创新举措和特色做法，通过《每日动态》《信息专报》《建设银行报》等平台加强宣传，推动内外部交流。建设银行报送的积极构建互联网全流程反电信诈骗体系、完善多层次境外机构流动性管理体系等稿件被银监会《监管工作信息》采用，报送的建设银行认真学习贯彻李克强总理来行考察重要讲话精神情况、创新金融服务助力小微企业发展、积极服务新型城镇化建设等专报信息被国办采用，用稿量排名居五大行第一位。强化建行报作为宣传阵地的重要作用，使之成为全行舆论引领的思想阵地和全行员工的精神家园。

二、周密组织，做好定点扶贫工作

依据《中国建设银行“十三五”金融扶贫工作规划及2016年工作计划》，会同陕西省分行开展对安康市汉滨区、紫阳县、汉阴县和岚皋县以及总行四个定点帮扶村的定点扶贫工作。按照国务院扶贫办的要求，结合建设银行实际，起草了以总行党委名义制发的《中国建设银行总行定点扶贫工作方案》。组织开展全行定点扶贫工作摸底调查，掌握全行扶贫工作基本情况；组织召开了全行扶贫工作会议，总结好的做法，交流工作经验，对下一步工作进行安排部署和提出要求；协调组织召开安康定点扶贫现场座谈会6次；完成800万元捐赠资金的拨付，确保总行各定点帮扶村项目顺利实施。

三、统筹安排，持续提升办公室服务保障效能

（一）强化值班管理，周密组织重要活动

踏实做好值班管理，严格管理机要文件，全年接收并处理中办、国办、人民银行、银监会、财政部等上级单位和监管部门来文1868余件。组织各类行务会议和活动，全力保障重大事项的组织协调。特别是牵头完成了李克强总理来建设银行考察的组织协调工作，接待瑞士联邦主席施耐德—阿曼一行来访的组织、协调，安排接待卢森堡大公储纪尧姆殿下和财长格拉美亚阁下一行访问建设银行等重大接待任务。

（二）不断推进基础工作，保障行务运转顺畅

持续加强印章管理。结合“一个加强两个遏制”、案件风险专项治理及安全生产大检查等多项要求，持续加强印章管理工作。组织开展全行行务公章管理检查，严格执行总行印章和行领导名章管理规定，提高行章、总行党委印章和行领导名章使用的规范化水平。稳步推进科技管章全行推广工作。在前期试点基础上，编撰《OA系统印章管理模块操作手册》《用印机操作手册》和《远程机控平台操作手册》；为部分分行开放OA系统印章管理模块，实现用印、管印流程从线下向线上迁移。

提升办文质量。2016年，共处理各类公文、信件、报刊约61.8万件，收转系统内文件23261件，发文处理文件10171件，机要交换、发送信件17871件。加强对公文的审核把关，确保规范、高效。全年共审核行发文1852件，行签报2290件。收集、遴选了一批比较典型的公文错误案例，制作《问题公文案例点评》并成功举办网上公文展。

持续强化档案管理，积极推进档案管理信息化。完成“中国建设银行股份有限公司总行管理类文件材料归档范围和档案保管期限表”编制及报批工作，建立档案协作组机制，进一步规范档案管理。积极推进档案管理信息化，推进综合档案管理系统的研发。

严格落实保密管理要求，重点抓好网络保密管理。全年组织召开两次总行保密委员会会议和一次总行各部门综合处长会议，拟定了建设银行关于落实意见的工作方案和建设银行“十三五”时期保密工作计划，组织全行签署《中国建设银行领导干部保密工作责任书》，建立内派海外员工任前保密谈话制度，全年进行内派海外员工任前保密谈话115人次。

（三）加强办公场所管理，做好后勤保障，履行社会责任

调整优化总行办公场所。做好总行本部各办公用房基础设施运行维护、更新改造工作，完成总行本部大楼设施设备大中专修及装修改造工程，继续做好办公用房的专项清理和整改。加强办公大楼应急演练和设备维保。配套落实办公大楼日常管理和服务。保障洋桥数据中心基础设施安全运行，全年未发生一起安全生产责任事故。

优化车辆保障服务，积极做好员工健康管理，努力保障员工身体健康。加强住房保障服务。严控质量，促进餐饮服务进一步精细化、专业化、规范化。建立不定期的综合处长通报制度，就行内行务和总务事项及时与各部门进行沟通，提出要求。积极支持机关工会工作，按照“文化建行月”“体育健身周”等活动要求，以员工需求为导向，组织了丰富的文化、体育等活动。做好节能减排工作，以及其他相关社会责任的牵头履职。

执笔：杨　丹

风险管理

2016年，建设银行荣获《21世纪经济报道》颁发的“卓越风险管理银行”大奖，风险计量与分析项目获得《亚洲银行家》杂志年度“中国最佳安全与风险管理项目”大奖。

一、完善全面风险管理运行机制

一是健全完善风险偏好形成与传导机制，发挥风险偏好对集团风险管控的战略引领作用。根据内外部形势变化，重检集团风险偏好，重点对突破偏好后的纠偏管理、集团不良贷款容忍度以及三大业务、子公司等转型发展的重要支柱进行了调整优化，并通过综合经营计划、资产质量控制计划、经济资本、风险限额等政策载体加以传导。按季度组织21个责任部门监测执行情况，汇总有关情况并向高管层及董事会报告，确保各项经营管理活动符合风险偏好要求。

二是强化集团全面风险的分析和报告，突出当前主要风险和管理重点。对照集团转型发展目标，开展风险管理精细化研究，分析全面风险管理面临的挑战以及内部管理存在的问题，提出相应的改进措施。围绕重点、难点问题，开展深度分析，形成19篇研究报告，呈行领导参阅。做好向董事会和监事会的全面风险报告工作，优化集团综合风险报表体系，全面展现集团风险状况。

三是强化风险防控责任，有效落实监管要求。修订《风险防控工作责任书》，明确风险防控重点，进一步强化各级领导班子特别是一把手的风险防控责任，层层分解，细化落实。建立涉及12个部门的大型银行监管强化标准（HRS）工作机制，按季度监测执行情况，向高管层及董事会报告。组织监管会谈，针对重要监管要求，制订工作方案，建立跟踪反馈机制，逐条分解落实。

四是推进全球系统重要性银行监管达标，提升稳健经营能力。对标监管会谈相关要求，制定

《银监会全球系统重要性银行专题监管会谈要求落实工作方案》，提出61项具体工作措施。拟定《中国建设银行全球系统重要性银行管理办法》，建立达标推进治理架构和报告流程。完成2016年集团恢复与处置计划，经跨境危机管理工作组（成员单位包括银监会、财政部、人民银行及香港金管局）审议通过，标志着建设银行系统重要性银行监管合规取得重要阶段性成果。

五是强化海外机构和子公司风险管理，提升跨业、跨境的集团全面风险管理能力。针对子公司风险特征，建立差别化风险监测指标体系，初步形成七大类162项风险指标，揭示子公司关键风险和薄弱环节。以风险验收为基础健全新设海外机构风险管控机制，重点关注并购标的资产质量和风险政策稳健性。出台《中国建设银行海外机构实施资本计量高级方法指导方案》，印发《中国建设银行海外客户信用评级手册（2016年版）》及《中国建设银行客户违约认定实施细则（2016年版）》，完成海外客户评级、违约认定和监测报表功能在澳门和香港地区的推广上线。

六是优化经济资本和风险限额等工具，从总量和结构上把控集团风险。完善经济资本计量方法，应用优化后的债项评级模型，对评级违约概率偏离度较高的分行，根据历史实际违约率数据进行校准，探索将组合风险预警信息融入经济资本计量，为全行资本集约化转型奠定基础。严格行业限额管理，强化行业集中度风险管控，依托信息系统全年持续监测。

二、加强风险计量模型研发和应用

一是加快组合风险预警应用实践，前移风险关口。优化预警规则，完善预警流程，提升预警准确度。2016年前10个月的非不良重大风险事项中，在前几个季度曾被预警提示的客户占比高达94%。升级IT系统功能，实现将预警结果通过PAD“点对点”发送至客户经理，并实时收集客户经理对预警提示的核查处置情况。各分行对照预警客户名单，及早做好综合诊断和化解处置，全年有针对性地退出了3582个风险客户，合计1146亿元。

二是开展债项评级工作，形成客户、债项两维风险评级体系。完成了5个LGD模型和2个EAD模型IT系统开发部署，构建债项评级体系，全面覆盖境内信贷业务，实现信用风险管理从客户评级的一维管理扩展为债项、客户的二维管理。

三是优化完善非零售风险计量工具，提升风险排序能力和客户选择能力。优化大中型公司类客户评级模型，进一步细化敞口划分，新增模型11个。完善大中型公司类客户风险限额模型，整合限额计算步骤，突出经营模式和风险特征的差异化，为客户额度授信决策提供量化依据。会同机构部重检36家省级地方政府的风险限额，支持地方政府债券投资、承销和相关信贷业务。依托IT系统强化客户评级刚性控制，加大考核监测力度。

四是创新零售信用风险计量工具，支持个人金融业务综合服务。优化个人住房贷款行为评分卡，开发个人客户综合风险评价工具，建立跨产品的个人客户统一风险排序。重检优化零售小微企业评分指标，研发了基于行为评分卡的零售小微企业早期预警工具，助力零售业务转型。完成信用卡专项分期评分卡及风险分池模型研发，全面支持自动化审批、额度调整等关键决策。

五是运用压力测试工具，研判风险变化趋势。开展宏观信用风险压力测试、银监会银行业整体风险压力测试、人民银行大型商业银行压力测试、ICAAP压力测试等多项压力测试，量化评估宏观经济发展趋势对建设银行信贷资产质量的影响，为资产质量控制目标和信贷结构调整提供决策参考。开展美国EPS压力测试，建立覆盖主要风险类别的集团资本压力测试体系，完善宏观情景设计与信用风险压力测试方法，研发优化了127个压力测试模型。

六是以推进资本计量高级方法实施为契机，改进薄弱环节。向银监会报送《中国建设银行关于资本管理高级方法监管通报问题整改方案的报告》。组织开展金融机构、海外客户和零售小微企业评级模型达标自评估工作，开展信用风险暴露IT系统功能优化批量测试。印发《中国建设银行资本计量高级方法验证管理办法》，针对信用风险、市场风险和操作风险，分别制定了操作规程。

三、加大不良资产处置力度

一是全面提升处置“量、质、效”。开展“提质增效、颗粒归仓”现金回收专项活动，全年实现常规现金回收306.31亿元，增加134.78亿元。严把估值审核关，合理制定分包策略，加大营销推介，全年批量转让累计成交10个批次、76个资产包，涉及22家分行，实现现金回收223.22亿元。建立拟核销项目库，强化督导帮扶，落实“应核尽核”，核销不良贷款321.70亿元。

二是明确计划目标，强化考核、加大激励，

服务资产质量管控大局。全年分解下达不良贷款处置计划1350亿元，较历史上最高的480亿元增加近2倍。明确“4个30%”的结构性指标和处置进程序时进度。调整考核政策，设置非核销处置比率、处置比率和受托资产现金回收三项KPI指标，引导分行同步提升处置效益和效率。加大激励力度，按处置手段财务消耗设置差别化递减专项费用挂钩比率，加大对员工费用的倾斜力度。

三是紧抓重点分行、重点项目，优化专家诊断机制，带动全局工作。坚持重点联系行机制，8家重点联系行全年累计处置不良贷款893.72亿元，处置额全行占比达59.9%。坚持重点项目名单制管理，10户“30大”项目累计处置83.81亿元，20户重点参与项目累计处置88.26亿元，全年累计处置千万元以上对公项目1932户，共计1036.70亿元。

四是同步推进已核销和受托资产回收，全面完成各项处置任务。紧抓已核销余额较大分行，浙江、广东、福建3家分行累计回收15.33亿元，占全行的35.7%。紧盯重大项目回收进度，年初梳理的459户、18.79亿元回收项目。规范受托资产业务操作，制订并分解下达受托资产回收计划，强化考核督导。除1家分行外，其他12家分行均超额完成全年回收计划。

五是对公不良证券化产品成功发行，批量转让新模式落地，不良资产经营中心成立运行，处置创新持续推进。成功实施对公不良证券化试点，成立跨部门工作小组推动项目实施，成功发行建鑫2016－1对公不良资产支持证券，处置不良23.33亿元。探索批量转让新模式，形成“银行间同业互持”创新模式，第三季度成功落地实施并将回收率提升至43.0%。正式组建运行不良资产经营中心并实施一体化运作，对全行存量不良贷款进行了全面分类和分析，探索与外部投资者开展不良资产处置合作。

六是加强队伍建设，优化系统功能和工作机制，助力保全业务转型发展。持续强化保全队伍建设，内蒙古、福建、宁波3家分行提升了资产保全部门管理层级，一级分行补充保全专职人员44人，二级分行组建了专业处置团队226个，较年初增加87个，总行举办了十余期境内外业务培训，累计培训1000多人次。加强系统功能开发优化，实现不良资产管理处置全产品覆盖、全流程监控。开展资产保全专题研究，召开部分分行体制机制座谈会，形成专题报告。

七是优化流程、规范操作，持续加强风险防控。强化依法收贷，对千万元以上公司类不良项目的司法手段运用情况按季度监测并通报。截至2016年底，千万元以上对公不良项目已启动司法程序项目2631户，户数占比70%。优化批量转让流程，把控关键环节风险，第三季度、第四季度批量转让环节审计发现问题数及占比大幅下降。开展资产保全业务专项检查，做好“一加强两遏制回头看”检查。

八是加强研究，做好宣传，有效保障业务运行。强化业务支持保障，做好总行不良资产处置审批会议的组织，累计组织安排不良资产处置审批会议28次，审议项目456户、605.10亿元；完成授权方案重检和调整工作；做好文件受理和批复工作。加强业务分析研究，做好数据统计分析和挖掘工作，主动开展政策研究，定期与同业交流和调研。加大宣传力度，在建行报刊发宣传稿件10篇。

四、健全完善六大管控体系

一是建立健全直营业务风险管理机制，支持大资产转型。对接三大直营中心，成立直营业务风险管理处，研究梳理三个直营中心业务的风险特性，重检相关制度和流程，明确“风险隔离、风险自担、产品穿透、统一授信、集中托管、事前评估”六大风险管理原则。强化资管、同业业务市场风险限额管理，制定负面清单，细化标准化资产投资风险控制措施。做好资本约束和风险补偿，建立同业业务减值准备计提规则，完成同业委外投资债券的银行账户与交易账户划分，节约了76%的市场风险监管资本占用。

二是主动开展交易业务风险监控，有效应对金融市场波动。全年共形成11份重大市场应急报告和41期英国退欧事件跟踪日报。开展全流程风险监测和预警，全年共发出8份风险提示、25份超预警通知、17期沟通备忘。

三是完善覆盖全集团的市场风险管理政策体系，提升海外机构市场风险管理能力。印发《2016年交易业务及市场风险政策限额方案》，明确政策导向和风险承担边界；出台《市场风险内部控制标准制度》，保持内部控制建设与运行的有效性；修订《市场风险管理政策》，细化投资、交易、资管、同业业务的风险管理标准；完善《人民币信用债投后管理操作规程》，提出直营业务投后管理要求。

四是做好新产品全周期风险管理，支持业务创新。优化新产品风险管理机制和流程，将同业、资管业务纳入业务管理范畴，形成事前评估和事后评价的全周期风险管理模式，全年累计完成SDR计价债券、账户铜等12个新产品的风险评估，并对商业银行保本理财产品等31个新产品的运行情况开展跟踪评价，风险管理对业务发展创新的支持力度进一步增强。

五是针对债券市场信用风险事件持续暴露的情况，多管齐下强化信用债风险管控。严格准入条件，鼓励高等级债券投资，信用债风险敞口下降至654亿元；强化风险分类和投后管理，完成信用债风险十二级分类系统的分行端开发，开展前瞻性预警提示，协助业务部门做好风险应对，全年共减持产能过剩行业及亏损企业债券121.9亿元，自有资金投资（含同业业务中心）信用债投资保持零违约。

五、全面升级风险管理“机控”功能

一是完善集团统一风险视图功能，增强风险预警能力。在全面展示境内外机构全部风险类别、各类产品和交易对手风险暴露基础上，根据用户体验，深度优化统一风险视图，重点强化客户风险信息的归集、传递以及核查反馈，指导客户经理和风险经理用好组合预警功能，为经营一线提供实用有效的风险管控工具。

二是扩大中央风险计量引擎应用，支持业务发展。在国内银行中首家将对公评级和零售评分进行统一规划部署，搭建了企业级风险管控应用平台，覆盖对公评级和零售评分上百个风险计量模型，满足各个业务系统的灵活调用，为信贷流程管控、风险识别和预警提供全面支持。

三是打造国内一流的模型试验室，为风险计量工作提供有效保障。全面升级风险模型实验室功能，实现了自动化、批量化模型监控，填补了模型监测领域的空白，在国内同业中居于领先地位；同时，采用高性能数据库扩大存储空间，多渠道引入相关数据，为实施资本计量高级方法奠定坚实基础。

四是推进交易系统建设，提升市场风险管理能力。优化衍生产品交易对手风险管理系统，完成交易对手组件与估值组件对接，实现了绝大多数衍生产品业务每日自动更新估值。自主研发市场风险计量引擎，开展外汇和黄金即期、远期、掉期、债券的VaR值计量，在国内处于业界领先地位。建立金融市场业务智能化监测平台，通过智能化挖掘，实现价格偏离在50个基点以上的交易量占比为零，比上年降低6.07%。完成FMBRM系统数据源由POMS切换至“新一代”系统，实现了前中后台交易数据直通。

执笔：王　磊

信贷管理

一、持续加强资产质量管控

（一）总行党委亲自督导重点分行资产质量

2016年，面对错综复杂的经营环境和严峻的资产质量管控形势，总行党委高度重视，科学部署，实地指导推动风险化解处置和业务转型发展，统一思想认识、层层传导压力、压实主体责任，坚持转型发展与风险防控“两手抓”。落实“风险管理进党委”，强化信贷主体责任，明确各级机构领导班子对所在机构信贷业务质量承担主要管理责任，机构主要负责人是第一责任人，分管信贷经营、风险管理等的班子成员在职责分工内负领导责任，促进建立起各级班子成员研究和把控风险的领导机制，保持管控压力、守牢风险底线、细化工作措施、提升精细化管理水平的要求在基层落地。

（二）找准风险焦点，抓重点区域、重点项目

在重点区域上，建立宁波分行和10家重点二级分行“一行一策”的信贷管理帮扶机制，跨层级联动、跨条线会商，剖析管理薄弱环节，针对性地加强监督指导和政策资源支持，帮助分行提升风险管控水平。在重点项目上，强化重大信用风险项目管理，开展客户特征和风险成因分析，实施集约化管理和专业化处置，因户施策，加大化解处置力度。总行“30大”项目全年化解处置

199亿元，化解处置率达到50%。

（三）坚持抓早抓小，做实风险预警预控

开展集团全面信用风险统一监控，覆盖本行与子公司、表内与表外、信贷与类信贷、境内与境外业务。做实风险预警工作。完善信贷资产观察名单制度，将子公司客户纳入覆盖范围，有效预警全行新形成不良客户80%以上，提前化解622亿元。强化系统工具运用，对1.3万户客户发出预警信息3万条，核查处置比率达到93%，有针对性地退出潜在风险客户近2500户，化解550亿元存量信贷潜在风险。完善再融资政策，建立监控机制，指导分行合理运用再融资、贷款期限调整、变更借款人、贷款承接表外授信业务等债务重组手段，帮扶临时困难客户，年末四类授信调整业务余额3528亿元，较年初增长1240亿元，其中有近九成维持在正常或关注类，促进了风险的有序化解。

（四）资产质量管控成效显著，率先释放资产质量企稳信号

按照不良贷款"有序释放、有效管控"的目标，全行资产质量管控成效显著。截至年末，在拨备覆盖率保持稳定并满足监管要求的情况下，建设银行不良贷款率、逾期贷款率、新暴露不良贷款、信贷成本率、信贷损失率、关注类贷款占比实现同比下降，特别是不良贷款率、逾期贷款率在同业中率先下降。

二、进一步精准化信贷政策

（一）"去产能、去库存"行业信贷政策首次细化到客户和项目

去产能方面，同业中率先出台钢铁、煤炭行业化解过剩产能信贷指导意见，重检电解铝、水泥、平板玻璃、铅锌冶炼、铜冶炼及加工等行业政策，开展存量信贷客户风险排查，建立"去产能类"风险客户台账，逐户明确退出目标。全年，钢铁、煤炭"去产能类"风险客户信贷退出109亿元（涉及201户）。去库存方面，重检房地产行业和土地储备信贷政策，出台北上广深房地产行业差别化信贷政策，对房开贷业务高风险城市实施差别化管控。对与房地产高度相关的建筑业调整信贷策略，在6家分行实施差别化控制。

（二）构建绿色信贷管理体系

贯彻"创新、协调、绿色、开放、共享"发展理念，制定绿色信贷发展战略，出台绿色信贷发展指导意见，明确九大鼓励支持领域、五类严控客户和项目。印发绿色信贷实施方案，成立绿色信贷委员会，建立工作协调机制。开发CLPM系统绿色信贷模块，实施绿色信贷标识管理。

（三）主动对接国家重大战略

建立国家"三个支撑带""自贸区扩围"和"走出去"战略的配套信贷支持政策。坚持"三大一高"导向，大力支持国家重大项目和基础设施领域。加大对扶贫、小微和涉农等普惠金融资源倾斜，扎实做好大众创业、万众创新金融服务，促进发展消费金融。

（四）加强行业研究，细化行业政策

完成近三年对公信贷结构分析和建筑、汽车、火力发电、影视、新闻出版等行业研究报告。基于对重点行业的深入研究，对制造业12个重点子行业、火电行业实施区域差别化管理，控总量、抓底线、促执行。

（五）加强国别风险管理，支持国际化转型

制定国别风险限额管理办法，修订国别风险准备金计提管理办法。对海外机构所在地26个国家（地区）进行分析评估，在国内商业银行中率先形成《国别风险评估报告》。对英国脱欧、意大利修宪公投等国别风险事件进行预警、监测和处置。

（六）抓好信贷政策执行落实

将信贷结构调整与经济资本、拨备计提和KPI考核等挂钩，强化资源配置的激励约束机制。年末，全行优先支持和选择支持行业信贷余额达到7.68万亿元，较年初增加4390亿元；逐步压缩行业信贷余额6126亿元，较年初下降198亿元。

三、进一步精细化信贷管理制度流程

（一）推进押品专业化建设，推动解决押品风险缓释能力不足问题

重检押品管理体系，明确专业化管理方向。引入毕马威外部咨询服务，研究押品管理体系优化方案。优化押品管理机制，明确押品管理职责、队伍建设、价值评估、权证管理、例外事项审核、评估机构管理以及监控检查等要求，推动建立职责清晰、分工合作、专业专注的押品管理模式。调整押品准入政策，对处置难度大、管理成本高、变现回收率低的机器设备、存货、船舶等，不作为合格押品；严格抵（质）押率管理，降低林地、工业用地等抵（质）押率上限。

（二）加强信贷全流程关键环节管理

进一步规范贷前尽职调查流程，明确六大类真实性核查事项，提升信贷人员风险识别和防范能力；明确贷中授信审批和放款审核要求，强化实质性风险把控；统一贷后管理要求，实现"一

户一策”量身定制贷后管理方案，推动贷后管理从形式化规定动作向实质性风险管理转变；严格保证担保管理，做实风险缓释。

（三）强化放款中心风险把控作用

制定放款中心管理办法，修订操作规程，推进放款中心管理升级和业务扩容。全年累计放款审核24.5万笔、6.5万亿元，其中因放款条件无法落实等原因，对2334笔、824亿元信贷业务及时中止流程。

（四）推动信贷全流程信息共享

提出信贷流程要件的整合优化方案，设计客户评级、客户调查、贷后检查三合一报告模板，减轻一线客户经理工作负担，促进存量客户贷后信息充分利用。

四、强化检查监督，严格信贷责任管理

（一）梳理完善信贷责任体系，补齐领导责任与管理责任短板

梳理责任体系，细化机构领导班子主体责任履职要求；首次明确条线管理责任，做实“三道防线”；调整经营主责任人责任定位为管理责任。完善责任认定机制，将领导责任和管理责任纳入责任认定体系；转变责任理念，由以损失大小论责任轻重转向违规必究。年内，全行完成责任认定20.65万笔，同比增长24.8%；涉及信贷余额1892亿元，同比增长38.7%。

（二）建立常态化的信贷检查机制，补齐监督检查和有效纠偏短板

出台信贷检查管理办法，组建全行信贷检查专家库，首批入库人员278人，建立分层级、分条线、有侧重的常态化信贷检查机制。年内，总行集中开展3次信贷检查，累计派出26个检查组，覆盖36家分行，检查客户685户、信贷余额3654亿元；发现的问题602个，涉及问题客户313户、信贷余额1467亿元。对检查发现的问题，坚持“边检查、边整改”原则，提出整改要求及意见建议298条，狠抓整改成效。

五、强化信贷管理基础建设

（一）搭建信贷管理统一平台，加强流程“机控”

完善信贷业务系统监测规则，逐步建立在作业流程上统一、共享的信贷管理平台，实现对信贷全流程重要环节的持续关注和监测。建立企业级押品管理平台，实现全流程的押品管理、监控和分析。开发对公客户催收功能，实现到逾期贷款监测和催收策略自动化配置，为强化贷后管理提供有力支持。优化放款中心系统，提高流程效率，强化岗位制衡。搭建行业研究信息共享平台，促进研究成果的全行共享。

（二）强化考核约束，实现联防联控

实施层级和条线的双向考核机制。纵向上，按季度制定分行资产质量管控计划目标，并与奖惩性拨备挂钩，强化计划的刚性约束；横向上，首次对经营条线下达新暴露不良贷款控制计划，做实条线责任，强化对信用风险的齐抓共管，实现了风险的立体防御格局。同时，建立数据化、模型化的信用风险管理评价体系，紧扣当前新形势、新要求，突出全面、全流程的管理方向，并将评价结果与信贷主体责任问责、审批授权调整、差别化政策制定等挂钩，促进形成有效管理风险、保障可持续经营的激励约束机制。

（三）加强队伍建设，提升队伍素质

组织境内分支行按信贷全流程风险管理需要充实人员，解决信贷管理政策制度有效执行的队伍保障问题。年末全行专职信贷管理岗位人员4730人，比年初增加2112人，与客户经理比例达到1:5，较年初有显著提升（年初1:10）。开展大规范培训，完成真实性核查和信贷精细化管理推广方案等网络培训课件开发，运用现场培训、视频培训和网络学习等多种方式加强政策制度和案例培训，培训学员2.5万人次，培训对象覆盖至二级分行。

（四）推进全行信贷文化建设

下发《关于推进信贷文化建设　夯实信贷管理基础的通知》，聚焦信贷人员素质和尽职尽责意识的提升，组织全行各级机构落实“一带头”“两反思”“三必讲”，通过各级机构负责人带头宣讲信贷文化，反思信贷违规违纪、反思信贷损失教训，讲规范、讲操守、讲整改等，传导健康信贷文化理念，进一步提升信贷人员履岗能力和自觉遵守规章制度的意识。持续开展跟踪督导，建立信贷文化交流平台，宣传推广分行经验做法。

执笔：王　翔　张树林

授信审批管理

一、审批总量增加，结构改善，质量提高

1. 审批总量平稳增长，储备充足。2016年全行共审批公司类客户授信业务32万笔30.3万亿元，同比增加6.5万亿元，增幅27.6%。其中，总行审批3809笔12.5万亿元，增幅48.4%。审批个人贷款235万笔1.26万亿元，增幅44.2%。年末公司类客户有效信用额度23.7万亿元，增幅24.1%。

2. 审批结构改善明显。个人住房贷款快速增长，全年共审批个人住房贷款1.12万亿元，增幅52.4%。新兴业务增长迅速。单笔信用业务中，资产管理（含债券承销）业务审批2.46万亿元，增幅19%，较传统信贷业务审批增幅高出2.9个百分点，为建设银行债券承销业务获得“六连冠”提供重要保障。总行全年共批复基金设立业务7476亿元，增幅192%；基金投资业务1979亿元，增幅195%；信贷替代类理财1555亿元，增幅150%。2016年新开展的同业投资业务审批489亿元。

3. 审批质量有效提高。公司类授信业务审批通过率94.6%，同比上升1.5个百分点。合理引导全行调整信贷结构，以减额、续议等方式督促分行合理确定客户授信总量，坚决把不符合监管要求、建设银行信贷政策和客户标准的项目挡在门槛之外，全年公司类客户授信业务续议885笔3189亿元，否决2093笔3281亿元。严格把关，有效降低新发放贷款风险，年末全行公司纯新不良率0.1%，同比降低0.31个百分点。

二、服务战略转型，促进综合化、集约化、国际化发展

1. 多管齐下支持创新型业务发展。积极推动《资产管理业务审批机制优化方案》落地，持续推进31项配套措施实施，完善差别化授权及授信审批模式，加强受理审批流程精细化管理，建立资管业务项目评估制度，有力促进三大中心新兴业务高速稳健发展。

2. 提升全球金融服务能力。成立亚太审批中心，大幅提升区域内业务审批效率，平均审批时效由38天大幅压缩至18天左右。完善海外机构审批授权，优化建行欧洲及下辖四家海外机构授权，下放跨境内部银团贷款审批授权，放开境外分支机构全额信用支持业务审批权限，给予个别分行特别授权，全年海外机构（不含亚太审批中心）审批信用业务1.83万笔2644亿美元，增幅40.6%。积极支持海外并购业务发展，总行全年共批复同意跨境并购业务15笔1059亿元。

3. 全力推动“春雨项目”开展。大力支持债转股业务创新，为项目组输送高管及业务骨干，全程参与各环节工作，武钢、云南锡业、山东能源3家方案审批落地，促进供给侧改革步伐加速。

4. 优化同业授信制度流程。适应银行同业业务快速增长需要，优化银行同业授信业务流程安排，编写审批指引，制定操作细则，提高业务审批质效，引导信贷结构调整。

三、超额完成预定目标，提高全行客户项目选择能力

1. 授信工作快速推进，有效提升资源配置能力。全年完成综合授信2708户，综合授信客户累计达4923户；授信覆盖率95.41%，同比提高27个百分点，超额完成覆盖率目标（85%），综合授信已延伸到732个行业小类，跨区域集团客户（A类、B类、C类集团）实现存量客户全覆盖，区域内集团（D类）覆盖率94.19%，同比提高27个百分点。新增全球授信125户，授信总量2.67万亿元，覆盖100%的海外机构和全部456户“走出去”集团客户。强化集团并表管理，摸清102户集团（并表）授信客户家底，其中92%的客户实现集团并表授信统一管理。

2. 项目评估能力增强，重塑金字招牌。完成项目评估4812个，增幅29%；申请建设银行贷款3.16万亿元，增幅45.4%。以“一带一路”“中

国制造2025”等重大国家发展战略规划实施为契机，加大对重点区域、客户、项目支持力度，推进国家和省级重点项目库建设，已确认国家级重点项目847个，增幅37.72%；总投资9.98万亿元，增幅为27.95%。确认京津冀协同发展重点项目63个，比2015年末项目增加31.25%；总投资9460亿元，增加35.87%。

3. 完善评级制度，保证评级客观准确性。修订完善《中国建设银行信用评级审定指引》，动态调整电力、房地产等八大传统行业评级审定指引，丰富评级推翻指标体系。全行评级推翻率4.57%，控制在10%的监管要求以内；评级偏差124.6%，大幅下降198.8个百分点。

四、加强专业化建设，全方位提升授信审批能力

1. 专业化建设提速，研究成果覆盖九成以上授信业务。2016年专业化建设突出“研究精细化，方法体系化”的要求，研究选题贯穿综合授信、项目评估、合规审查、信用审批全部流程环节，覆盖全部一级分行。共完成授信评估专业化研究课题96个，比计划多出17个：发布“互联网+”等8个行业授信工作方法、城市轨道交通等5个行业项目评估指引。发布债券类业务、文化产业等审批指引研究成果14个、《授信审批工作参考》23期。

2. 强调研究成果落地转化，指导营销和审批决策。探索建立“行业+区域+客户”的信贷资源配置体系，提出行业控总量、区域调结构、客户策略差别化的三维管理要求，重点选取电力等五个行业和十家分行重点开展“行业+区域”的授信策略研究。按照电力供需情况，区分不同区域类型，制定差别化区域授信策略；制定区域房地产授信策略模板，并在贵阳等三城市试点；制定养老社区授信的区域—客户—产品组合策略。

五、区分存量增量，有序推进流程机制差别化安排

1. 推动综合授信差别化流程落地。下发《大中型集团客户综合授信差别化管理实施意见（试行）》，区分存量增量，在申报材料、流程、评审方式上实现差别化，提升关键领域、关键客户、重点项目的评审层级。分行综合授信业务评审层级、质效明显提升，从发起到评审的平均周期缩短14天。

2. 优化差别化信用审批流程机制。重检优化《大中型对公客户综合授信与信用审批操作规程》，提高存量客户综合授信方案调整和存量客户信用审批效率，规范创新产品受理安排、预审批等业务办理流程。修订《大中型对公客户综合授信与信用审批申报材料管理规定》，完善申报材料要件模板，简化存量客户材料申报要求。优化调整一票否决行使方式及范围，对重点优质客户制定差别化流程。

3. 推进小企业审批专业化、精细化。下发《关于推进小企业审批专业化　支持业务转型发展的实施意见》，选取12家分行开展试点工作，贯彻落实“小额化、标准化、集约化”的转型方向和“以小为主、以微为重”的客户定位要求，积极支持小企业业务转型发展。

4. 规范海外机构授信业务申报流程，实现绝大部分海外机构①全部授信业务均通过新一代系统申报审批。

六、创新管理方法，提升条线执行能力

1. 加强巡视问题整改。制订《巡视发现问题整改方案》，下发《进一步加强信贷管理工作的实施意见》，提升审批人员履职能力和决策专业化水平，确保独立决策，防止以权谋私和道德风险。

2. 加强人员队伍建设。开展岗位任职资格培训等各类专项培训，全年共举办24期信贷人员岗位培训。严把准入关口，完成33家分行113人次的高职等审批岗位人员任职资格审查。加速推进“163”工程实施，完成选聘58名总行项目评估委员。

3. 建立监督考核机制。制订《2016年度境内各一级分行授信审批能力评价方案》，下发《授信审批工作检查操作规程（试行）》，填补授信审批条线监督管理方面的空白。

4. 完善信息沟通机制。建立一级分行授信审批工作定期报告制度，组织11家分行多次召开区域性现场交流会议，优化完善授信审批联系行制度，全年共组织31个小组赴31家一级分行开展重点项目现场调研。

5. 加大监督检查力度。完成CRMS系统核查处置525笔1116亿元，下发核查整改意见书18份51亿元。对山东等9家分行开展现场调研，从审批角度分析查找存在的问题，及时督促整改。

① 台北分行和苏黎世分行因当地监管原因暂未实现。

七、动态调整授权机制，提高市场反应效率

1. 重检下发审批授权方案。加大区域差别化授权力度，对北上广深等先进分行予以授权倾斜；加大行业、产品差别化授权力度，优化对基础设施建设、房地产、外部银团、内保内贷等授权规定；适度放宽各一级分行存量授信业务审批权适用条件，缓解目前风险化解严峻态势和质量管控压力；优化转授权管理，适当下放客户信用额度审批权至部分重点城市行；优化小企业不良率警戒线设置机制，强化二级分行监控和督导。

2. 创新专户授权制度，全面重检AB类和差别化授权客户。下发3批99户专户授权客户名单，重检后共保留AB类集团客户216户，差别化授权客户增至612户。

3. 因地制宜给予特别授权。根据特定区域、特定业务需要给予不同分行特别授权，促进北上广深等重点分行发展。

4. 优化评估作业权限安排。下发《项目评估作业权限划分方案》，下放作业权限，加大对重要区域及重点客户建设项目的支持力度，权限下放后全行评估数量与金额逐季度增加。

5. 组织其他授权相关事项。完成17笔风险快速化解项目审核、19户异地审批授权核准事宜，7家优质施工企业纳入在藏融资差别化审批机制名单。

执笔：周　言

内部审计

一、坚持守土有责，促进风险防控

（一）完善守土有责配套机制，增强审计责任意识

一是健全审计责任体系，层层传导压力、明确责任。通过各类形式和途径，不断强化对各层级审计人员，特别是机构负责人的责任要求，制发《关于审计条线落实守土有责工作要求的实施意见》，严格落实审计责任制。二是推进信贷风险审计监督及重点客户跟踪两项机制建设。围绕区域、行业、产品、客户等维度，组织审计监督。针对大额信贷客户，进行差别化的动态跟踪，促进风险防范和化解。三是持续跟踪分行总体经营情况，加强由点及面的综合分析研判。加强日常监督，建立分行层面的审情分析机制，强化对分行整体风险的研判，及时预警重要风险和内控缺陷。

（二）揭示重大风险和违规问题，促进从严治行

牵头开展全行“一加强两遏制回头看”自查。发现并上报问题1.1万个，全行立足边查边改、立查立改，整改率超过了96%，促进了内部控制改进和风险管控能力提升。开展16家分行全面业务审计。深入查证信贷、类信贷、存款与同业业务、财务与渠道等领域的“四重大一隐患”①问题，从经营业绩、转型发展、信用风险、内部控制四个维度对驻地分行出具全景视图报告。针对不良贷款和垫款、批量转让、不良资产证券化、呆账核销等开展检查，深入分析信贷损失原因，将典型案例通报全行，发挥警示与督促作用。

（三）加强潜在风险的预判和分析，提升审计前瞻性

一是加强对行业潜在风险的分析。关注供给侧改革中的潜在风险行业、受宏观调控政策影响较大的产业链风险，以及制造业、批发零售、国内贸易融资等高风险信贷领域，分析风险特征和突出问题，促进提升信贷政策和风险管理的有效性。二是加强对产品潜在风险的研究。关注新的违规事项、变种业务及操作手法，揭示业务创新中可能出现的趋势性、苗头性问题。三是加强对客户潜在风险的关注。分析“僵尸企业”和疑似

① 重大违规、重大风险、重大浪费、重大失职及案件隐患。

“僵尸企业”的主要特征和风险前兆，关注黄河流域分行“绿色信贷严控客户”的环保风险，提出了差别化、动态化的风险防范策略和应对措施。

2016年12月13日，建设银行总行审计部参加2016年中国内部审计信息化优秀成果展示活动总结交流大会，荣获“内部审计信息化优秀成果”奖。

二、融入转型发展，创造审计价值

（一）多维度加大对全行战略转型纵深推进情况的审计调查

一是分层督促各级机构转型纵深推进与有效落地。开展37家分行转型特色化调查，关注一级分行结合区域特色与经营实际，差异化、特色化推进业务发展情况。开展23家重点城市行调查，总结省会城市行发展可借鉴的经验、重点城市行转型中存在的短板及需要重点解决的问题。开展百家二级分支行转型问卷调查，梳理基层行转型落地七大难题。跟踪2015年转型调查提出的相关建议，多维度透视、分析问题改进情况。二是努力推动全行集约化建设。开展了37家分行人力资源结构与配比审计调查，分析了全行人力资源层级、条线、岗位分布特征和效能特点，提出了加强前台营销人员、优化营业网点和分行下设中心人力资源配置的建议。梳理14类中心集约化建设推进情况，归纳提炼集约化转型6类问题，形成的专题报告得到行领导的高度认可。

（二）为重点业务领域经营管理和转型发展建言献策

在信贷管理方面，结合全行信贷精细化管理，开展动态审计、分析调查和专业研究。针对信息、数据、资源的收集、整合、应用，提出解决部分信贷重点、难点问题的九项应用性建议。在批发、零售、网络金融业务方面，针对国有企业改革相关业务机遇、新发放个人住房贷款情况、信用卡业务、网络金融业务转型发展落实情况等开展调查，分析业务流程的健全性、合理性和有效性，促进业务管理水平有效提升。在“大资管”业务方面，配合资管投行、同业业务专营化建设开展专项审计，研究如何破解业务转型发展中遇到的难题。在海外和子公司以及国际业务方面，开展8家海外机构[①]主要业务经营管理审计，重点关注海外机构“一行一式”转型发展、合规管理、整改效果，以及盈利水平和成本控制等情况，督促相关部门持续加强合规管理。

（三）运用跨界优势和大数据分析直接体现价值

一是开展盈利空间拓展审计调查。以客户、产品、渠道、资源配置等盈利要素为出发点，以外部空间拓展、存量业务价值挖掘、内部管理挖潜为主线，分析影响经营效益的主要因素，寻找新的盈利增长点。二是开展客户群体金融行为特点审计调查。从存量客户提升、流失客户挽留及外部客户挖掘三个方面，研究客户群体金融行为特点，分析具有潜在营销价值的公司、机构及个人客户群体，提出Ⅱ类、Ⅲ类账户业务发展建议。三是开展外包管理审计检查。从内部人力资源替代、优化外包计价方式、降低外包单价、减少不合理外包内容等方面，向分行提出成本压缩建议，促进外包管理的集约化、精细化、科技化、规范化。

三、落实监管要求，助力内控管理

针对资本管理、系统重要性银行、消费者权益保护、反洗钱、贷款减免等外部监管关注事项开展审计，全面跟进和落实各项监管要求。进一步完善经济责任审计评价标准、流程和方法，不断提升经济责任审计质效，促进对领导干部的从严管理和从严监督。认真配合国家审计署、中央巡视组、中央国家机关纪工委的相关工作，派员参加总行巡视和其他部门组织开展的检查，得到外部单位和总行相关部门的认可和赞誉。

四、强化督促整改，推动问题解决

一是完善覆盖全年的审计跟踪机制。开展严峻形势下有效规避操作风险审计调查，不断加强

① 新加坡、法兰克福、东京、胡志明市、悉尼分行、建行俄罗斯、伦敦及迪拜机构。

审计跟踪工具和方法的探索和研究，对问题分布状况进行整体和趋势分析，为整改工作提供大数据支持。加强审计发现问题整改效果持续跟踪，针对屡查屡犯重点问题，加大整改督促力度，全程监控整改措施落地及整改效果。二是推动重点问题根源性整改。探索审计发现分层分类，关注重大风险、重要控制缺陷整改，研究分析问题背后的深层次原因，推动根源性整改。归纳提炼整改工作典型案例，帮助总结经验教训，针对整改不力的典型案例进行再督促、再跟踪，推动问题真正解决。

五、增强责任意识，夯实履职能力

（一）强化内部管理，持续推进自身转型

一是完善内部审计规范体系，强化制度引领。搭建落实守土有责规范框架。编写新准则释义，指导实际操作，更新岗位培训教材、配套远程培训课件、衔接新系统，有序推进新准则在条线内有效执行。二是专题研讨审计转型重点，推动解决转型中遇到的问题。围绕六个专题①开展研讨。针对转型中存在的主要问题，研究解决对策和转型深化推进措施，统一认识，明确方向。三是深入探索审计效果后评估，推动审计成果的转化利用。选取项目实施情况、直接效果、间接效果、增值效果、非项目成果五方面59项可量化的指标，全方位评估审计工作成果，总结经验，提高效率，促进审计质量提升。

（二）重视专业能力培养，全面提升审计能力

一是拓展专业领域，发挥专业优势。持续推进审计专业化建设，以前瞻研判风险和精准支持审计实践为抓手，进一步探索专业化运作模式，发挥专业机构的主体作用，加强专业研究与审计项目良性互动。二是扎实做好条线培训工作，精心组织和推动各类培训。审计条线人均参加培训13.1次，有效推动了整体能力提升。三是OAS系统功能进一步优化，非现场审计能力进一步提升。针对数据分析与风险监测工作开展专题研讨，推动了大数据审计方法的运用和探索。

（三）完善内部考核，切实发挥激励约束机制作用

结合内外部新形势和新要求，修订、完善了2016年度审计系统工作考评方案，将考评与驻地分行风险管理及内控状况挂钩，体现了审计自身转型工作要求。加大现场检查频率，完成了20家审计机构的现场检查工作，促进了审计机构内部管理精细化水平的提高。开展审计条线2014—2015年度评优活动，树立标杆，推广经验，在审计条线内营造了学习优秀、争当优秀的良好氛围。

执笔：任　毅

内控合规管理

一、持续推进内控合规管理转型

深化“合规建行，人人践行”创建工作，在全行召开深化动员（视频）会议，在合规文化、组织体系建设、制度管理、合规风险防控、境外机构合规管理和违规专项整治等方面提出“六个着力”的工作要求。

以合规官试点为契机加强合规体制机制建设。指导和督促各试点分行进一步健全合规组织体系，截至2016年底，试点一级分行的8名合规官全部到任，二级分支行合规官选聘工作逐步落实，二级分行以下机构合规经理的设置突出差别化，综合型支行、县（市）支行及网点的兼职合规经理或合规主管逐步到位。一级分行均设立了合规部门，二级分支行均设立了单独或合署办公的合规部门，综合型支行、县（市）支行及网点均指定了部门或岗位负责合规工作。一级分行同级部门

① 落实“守土有责、创造价值”、落实“有效督促整改、推动问题解决”、审计机构基础管理、专业化建设、审计项目组织管理和审计项目质量控制。

2016 年 3 月 7 日，建设银行合规官培训班开班式在香港培训中心举行。

均设置了合规团队或岗位。

形成了以合规管理体系机制为统领、其余 16 个机制为补充的一整套合规工作机制，全面覆盖了整体架构、管理流程、组织机构、评估考核、支持保障等方面，细化指导工作。在各试点分行的积极探索和配合下，进一步对合规工作指导意见进行了细化，基本形成了监管规则及变更管理办法、负面清单管理办法、合规风险识别与评估管理办法、合规风险与运行情况报告管理办法等多个制度，初步搭建了合规工作制度体系。

推动合规转型“最后一公里”落地，建立了“三审三建议三沟通两查一报告”的合规官工作机制，即实施合规审核、审查、审批，提出停办业务建议、违规人员岗位调整建议、处理违规行为与案件线索移送建议，开展与员工、与机构负责人和上级机构合规负责人、与监管部门的沟通，做好内部检查与外部监管检查，形成全行统一的报告体系。积极开展培训与交流，组织合规官、合规部门负责人等 39 人在深港两地参加了第一期合规官培训班，初步建立了合规培训管理制度。启动了合规体系建设咨询项目，通过收集国外先进银行领先实践、欧美发达国家监管要求等资料，总结提炼了国外银行合规体系较佳实践，开展分层次的差距分析。

持续加强合规文化建设，围绕“学”与“做”重点加强全行员工规章制度学习，营造合规有奖、违规必罚的工作环境，使员工不敢违规、不愿违规。完成了“培育合规文化，建设合规建行”课题研究，获得“全国金融系统思想政治工作和企业文化建设”一等奖。

二、落实“制度建设抓条线”

加强规章制度管理，从源头上强化事前控制。对于拟提交行长办公会审议的规章、新业务、新产品进行合规性审查，审查重点包括是否符合监管规定、规章间是否交叉矛盾、规章可操作性及风险内控措施是否完善等。37 家分行均已开展规章制度、新业务合规性审查工作，全行基本建立了合规性审查工作机制，强化了对规章制度、新业务、新产品的事前控制。制定下发了《建设银行规章管理办法（2016 年版）》，从规章起草、审议、重检、废止、解释与监督等环节明确了具体的管理规范和管理要求，加强了规章的全流程管理。目前全行新规章发布时均注明年度版本，运转顺畅，为按照年度版本实现规章及时更新、便于查阅奠定了基础。规章制度运行情况的监测工作已经常态化。根据各部门制订的修订计划，通过督办跟踪、电话沟通等方式，推进重检修订计划落实。推动对规章制度的分层分类管理，完成规章制度管理系统需求编写和项目开发立项。

持续推进内控标准化建设，以“两部一行”“两部多行”等模式加快领域级内控标准建设进度，推广内控标准化建设成果，推动标准在经营管理实践中的应用。落实内控“机控”与监控预警，构建全行通用“机控”规则库，推动“机控”在主要业务领域关键控制点的有效落实，为业务部门有效防范操作风险提供抓手和准绳。

三、落实“合规管理抓同级”

加强违规行为管控与责任追究。落实中央巡视发现问题整改工作要求，组织开展了违规操作谋求私利专项整治，并针对发现的共性问题提出出台员工违规参与民间融资的禁止性规定、制定全行统一的理财产品公示和风险提示要求、进一步明确“飞单”行为的认定情形与标准等七条工作建议。结合银监会 2016 年监管重点，组织逐一排查了全行转贴现交易，覆盖所有存量业务及客户；清查了业务流程中 21 个环节 90 个风险点，覆盖了所有业务环节和主要风险点。对部分管理、控制、操作存在的薄弱环节，已从业务内控合规视角提出相关建议，并支持业务部门提高内部控制水平。联合开展打击治理电信网络新型违法犯罪、银行卡信息泄露风险排查、金库联合检查等有关工作与“加强柜面人员管理，防范案件风险”专项整治行动，做好非法集资监测预警工作。

主动识别与评估操作风险，不断提升业务连续性管理。深入推进操作风险自评估工作，选取十多类重点业务、产品或管理活动，组织境内 37

家一级分行开展触发式自评估，累计开展项目 33 个，参与一级分行 141 行/次，识别评估风险点 1167 个/次；重检以前年度完成的自评估项目 47 个，及时采取防控措施，消除风险隐患。组织业务专家重检完善总行级指标，指导组织境内 37 家一级分行全部建立了分行级关键风险指标体系，有效发挥监测预警效果。重检并调整全行不相容岗位（职责），共覆盖全行各条线的 511 组不相容岗位，同上年相比“机控”比率上升了 2.26%。

针对新一代核心系统上线后技术架构和业务运营变化情况，组织推动总行各部门制订专项应急预案，确保有效应对运营中断突发事件。组织全行 27 个业务部门，共同开展了 87 个业务领域、796 个无重复项业务活动、123 个基础产品、100 个新一代核心系统应用组件的业务影响分析工作，形成了全行应急管理及灾备管理的统一策略。

深入开展内控评价与整改管理。组织完成了 2015 年度全行内部控制评价工作，补充完善适用于业务条线、境内分行、海外机构和子公司的内控评价指标，持续开展内控评价工作，推动全行各级机构强化内控合规管理。全年共对 32 类审计项目、136 个主要审计发现问题的整改工作实施督促，推动落实整改计划。不断优化整改评价指标，持续强化整改考核导向，对存在整改结果不真实现象的分行实施整改结果一票否决。开发新一代核心系统整改管理子模块，实现整改信息的及时传递与共享。

四、强化境外机构与子公司内控合规管理指导工作

配合海外机构布局，同步加强境外机构内控合规管理与指导。建立了境外机构合规官选聘机制，明确了合规官选聘标准并开展审核工作。建立境外机构合规官双向报告与重大事项报告制度，合规官对总行与本机构实行双向负责与报告，明确了监管指标与政策监测、监管检查等重大事项的报告路线与流程，有效提高了总分行响应能力。建立了合规辅导机制，每年组织对新任职的境外机构负责人进行全面的合规辅导，确保其在履职之初就熟悉监管环境和政策要求。建立了合规官培训与述职机制，密切了总分行之间的沟通。

实时跟踪并分析境外监管动态，为行内管理决策提供依据。建立了监管检查问题整改协调机制，对建行亚洲、纽约分行、伦敦机构、多伦多分行等的监管检查整改工作进行督促与指导，对境外机构设立、收购、增资以及业务开展等事宜进行合规性审查。以实施美国“沃尔克规则”和《强化外资银行集团审慎标准规则》（EPS 规则）为契机，建立了全行监管政策的联动执行机制，建立了符合规则要求的集团合规管理机制，确保了满足有关监管要求。

落实集团管控要求，协助指导子公司开展外规内化工作，对子公司股东会、董事会议案进行审核。提升预判和评估风险的能力，对相关子公司进行风险提示，督促其加强制度建设、机构和人员管理。参加子公司“一加强两遏制回头看”工作，对建信租赁、建信养老金、建信基金三家子公司开展现场检查，持续督导落实监管检查与审计整改工作。

五、加强反洗钱和关联交易管理工作

有序推进反洗钱集中作业，形成总行集中初步方案并组织实施。结合集中作业模式改革，深入开展可疑交易分析，通过改进流程、加强管理、完善系统等手段，我行反洗钱数据需补录率大幅降低，可疑交易报告总量显著下降，报告质量明显提升。印发《关于严格把握客户准入工作中反洗钱反恐怖融资等合规要求的通知》，明确反洗钱、反恐怖融资在客户身份识别与尽职调查等环节上的要求。开展全行洗钱风险评估，查找风险漏洞和薄弱环节。制定《中国建设银行涉及恐怖活动资产冻结工作管理办法》，持续提升涉恐融资与金融制裁合规管理。

继续完善关联交易和内部交易管理。修订下发《关联交易管理规程》和《关联交易管理专岗工作规定》，进一步明确职责分工，规范管理行为。编制术语词典，帮助现有岗位人员提升管理水平及新上任岗位人员迅速掌握。加强对附属公司和海外机构关联交易的管理，不断扩大系统的覆盖范围，优化系统功能，全面提升关联交易数据管理的精细化程度。

执笔：张　杨

产品创新与管理

一、研究出台产品创新若干意见，加快建设创新型银行

1. 推进落实转型发展规划，加快向创新型银行转型。持续贯彻落实转型发展规划，积极推进创新型银行建设相关事项落实，相关牵头及参与工作均取得阶段性成果。全行产品创新氛围日益浓厚，创新体制机制持续改善，创新能力不断提升，创新数量、质量不断攀升，正朝着创新兴行、创新强行的目标不断迈进。

2. 研究出台产品创新若干意见，激发全行创新活力。为贯彻国家创新战略，落实转型发展规划相关要求，经过四个阶段、八次大幅修改，拟定了《关于完善体制机制 加快产品创新的若干意见》（以下简称《若干意见》）。经产品统筹与创新委员会审议、第 12 次行长办公会审定通过，于 2016 年 9 月正式印发。《若干意见》以落实全行转型发展规划和创新型银行建设为目标，在对全行产品创新体制机制现状进行深度思考的基础上，充分吸纳互联网思维及先进企业创新经验，从企业级视角，提出了十个方面 30 条措施。

为加快《若干意见》实施落地，撰写了“释放创新活力 勇拔创新头筹 阔步迈向创新型银行”——《若干意见》解读文章印发全行，帮助分行学习理解；召开视频会，向相关业务部门和各一级分行宣讲《若干意见》落实要点和要求；分赴分行进行实地宣讲和执行指导；加强组织推动，研究分工、跟踪落实，切实发挥《若干意见》对全行创新的纲领性指导作用。

3. 发挥统筹协调作用，增强创新领导力。一是协助召开两次产品统筹与创新委员会会议，审议全行创新计划、战略性项目、创新激励、产品评价等重大事项。二是协助召开部分分行产品创新工作座谈，切实落实王洪章董事长传达的李克强总理视察建设银行时的重要指示精神，深入了解全行产品创新工作现状，分析解决当前在产品创新推进和服务转型发展过程中遇到的共性问题，进一步推进全行创新，把创新融入日常工作流程。三是开展产品创新专题培训辅导，对创新形势、转型研究、产品移植、考核评价要求等进行了研讨和传导。

4. 加大考核激励力度，激发创新内生力。一是在 2016 年 KPI 考核中，通过细化创新项目分类、指标系数权重和产品移植考核口径，进一步强化创新质量考核，拓展产品创新统筹联动指标内涵。二是加大财务支持力度，为移植创新和实验室创新研发配置专项费用。三是将海外机构及子公司纳入创新计划管理范畴，促进创新联动，初步建立起集团一体化的产品创新管理模式。四是推动各分行基于自身实际，开展辖区内的创新计划管理，推进全员创新。

5. 加强队伍建设，提升队伍素质。持续推进产品经理队伍建设，加大培训力度，全年共组织产品经理培训两期，支持业务部门和分行培训十余期，累计培训产品经理近千人次，促进了创新队伍素质的提升。

6. 营造全员创新氛围，培育创新文化力。一是建立多层次、全方位的创新激励评奖体系，修订印发《中国建设银行产品创新与流程优化奖励办法（2016 年版）》，通过完善奖项序列，适度扩大评奖覆盖面，进一步调动全员创新积极性。2016 年全行共评选出七大序列 120 余个奖项，涉及 19 个总行部门、26 个一级分行、1 个海外分行和 1 个子公司。二是扩大创新动态专刊的信息量和覆盖面，全年共发布文章 180 余篇。三是协同总行团委开展第四届“金点子”创意大赛，进一步营造了全员创新的良好氛围。

二、提升项目管理水平，移植创新成效显著

1. 探索创新模式，改进项目管理。一是严格审核标准。细化产品创新认定标准，明确了不符合转型发展要求等 19 种非产品创新的判定标准。开展产品创新计划项目审核与产品目录对接的有益尝试，进一步突出战略重点，提升了项目质量要求。二是加强项目管理。通过双人复审、集体

决策等方式，有效组织总分行业务骨干开展计划外新增项目审核，提高了分行项目的审核效率和质量。三是强化项目实施跟踪和结项备案审查等日常管理，定期通报计划调整和执行进程。

2. 推动战略性项目研发，拓宽项目来源。一是战略性创新项目总体进展顺利，一批领先同业的产品上市并产生了良好的综合效应。截至2016年末，全行共新增战略性项目15个，连同存量延续项目，共计在研战略性项目31个，本年度完成项目15个、需延续项目16个，全面覆盖了“一带一路”“走出去”、支持小微金融、大数据、云计算、个人金融生态系统、自贸区及特殊经济区等创新热点领域，“龙支付”、小企业快贷、新版手机银行等一批有影响力的拳头产品正陆续投入市场。二是拓宽了战略性创新项目来源。首次将一级分行、海外分行、子公司纳入研究范围，从集团视角开展战略性创新项目筛选，促进更多跨界、连通的创新思想交流与碰撞。三是广泛开展调研，充分了解市场、客户、分行创新需求及同业创新动态。赴各实验室所在分行开展调研，通过现场员工座谈、实地走访企业等方式深入基层和一线，针对人才互用共享、原型快速制作平台、科技金融、互联网金融等主题开展深入研讨。

3. 优化移植创新工作机制，重点产品、重点区域移植成效显著。一是进一步完善产品创新移植推广平台。对当前在库产品进行分级管理，对重点产品进行标注。二是制定差异化移植策略。根据产品面世时间不同给予不同考核权重，引导分行快速复制当年研发的新产品。设立移植独立评奖序列，配置600万元移植专项支持费用，向重点产品倾斜。三是推动重点产品移植。聚焦大资产、大负债、绿色信贷、网络金融、母子公司联动、国际化和海外业务等重点业务领域，提取符合市场热点、效益突出、风险可控的分行优秀原创产品，突出重点，通过线上、线下多方位的培训交流，促进其在全行的快速推广。四是推动重点地区移植创新工作。举办西南和西北片区两场移植创新交流会，结合分行实际需求，展开一对一指导，推动优秀原创产品在西部地区分行的有效落地。五是对移植行提供实施支持，对移植成果进行大力宣传。

三、推进母子公司一体化创新，联动创新取得突破

1. 建立一体化创新机制，加大培训和宣传力度。一是以集团一体化产品创新管理为基础，建立沟通交流平台。通过组织培训、联动创新交流会、产品展示会、微信交流、网页宣传等方式，畅通子公司与总行部门及分行的交流合作。二是积极开展母子公司联动创新调研。通过对在京子公司逐一走访调研，充分征集子公司的联动创新需求和建议。通过对平安集团的实地调研走访，深入了解平安集团母子公司联动工作现状、举措和经验等，为建设银行母子公司联动创新提供有益借鉴。

2. 协同推进创新项目，加强子公司与分行的联动推广。积极挖掘新的适宜在分行推广的联动创新产品，持续了解并商定解决联动创新推进中的问题，依托总行产品创新移植推广平台，建立子公司“可推广产品库”，共享产品信息，加强人员联系，有效促进子公司产品在分行销售推广。建信智能领享1号资产管理计划、建信龙粤挂钩13号资产管理计划、养颐添福个人养老保障管理产品3个产品已实现37个分行全面推广，建信期货－双辉6号1－2期资产管理计划、龙行富贵保障计划、保无忧等15个产品已分别在19个以上分行推广，PPP产业基金、龙佑e生保障计划、建信期货－耀之1－3号资产管理计划等9个产品实现分行推广零突破。

四、强化需求管理，提升需求分析水平和转化效率

1. 差异化管理需求来源，规范信息收集整理工作。一是推动总行业务部门及各分行应用产品目录和业务模型知识资产，快速定位客户需求，重点加强战略性产品创新向IT设计开发转化的全流程支持能力，提升需求分析质量和效率。二是完善同业信息收集渠道，以创新活跃分行为主渠道，依据报告性质采取不同信息收集方式，建立日常信息监测体系。同时，辅之以同业信息交换、第三方合作等其他渠道，建立健全自下而上、分级负责的同业信息快速收集网络。

2. 深化同业产品比对，尝试泛金融同业分析工作。一是以四大行上年度400余项差异产品和2015年500余项创新产品为基础开展了对比分析。针对新发现的他行优势产品，依从新领域、新模式、新技术、新应用等标准，将差距产品细分为他行重大、亮点、一般三个类别，为业务部门的产品优化改进提供了线索和依据。二是以四行产品竞争力分析为核心，将同业工作分为年度报告、特定业务领域报告以及日常监测三类，建立涵盖四大行、中小商业银行的同业信息分析架构，形成滚动、连续的同业信息研究工作模式。在上年度中小商业银行重点产品比对基础上，比

对范围扩展至中小商业银行特定业务领域，形成兴业银行同业业务、民生银行小企业业务、招商银行卡类业务、平安陆金所平台四个专题研究报告。三是尝试与第三方机构合作，开展国外先进银行特定业务领域的同业比对分析工作。与总行小企业业务部合作，委托北京银联信科技股份有限公司针对富国银行小企业业务的产品和管理模式进行研究，并形成初步的研究报告。四行比对工作开展四年以来，已形成常态化的工作机制，为产品创新提供了有价值的参考。

3. 加强开展前瞻性课题研究和同业交流。一是研究海尔创新发展模式，并赴青岛调研，形成了《海尔创新转型的简要分析及对我行创新的启示》和《海尔创新转型调研及访谈报告》。二是研究撰写《〈上海系统推进全面创新改革试验加快建设具有全球影响力的科技创新中心方案〉对我行产品创新工作的启示》报告，为行领导提供创新决策依据。三是加强同业交流，先后与工商银行、邮储银行、渤海银行进行创新工作交流，探讨行业发展趋势，学习创新模式。

五、夯实基础管理，提升 IT 支撑力

1. 探索构建产品及产品管理评价体系。梳理完善产品与产品管理评价指标、模型和流程，构建起适用于不同产品、不同阶段、不同机构层级、不同应用场景的评价体系，包含两大类 83 个评价指标、7 个评价场景、55 个评价模型。该系统已随新一代 3.2 期上线，相关指标的数据来源已初步明确，能够为产品迭代优化和营销策略制定提供部分数据支持，有力提升了建设银行产品管理的精细化程度。

2. 扩展产品研发平台应用范围。一是横向扩大适用机构范围，支持海外分行应用平台开展产品管理工作。已完成澳门、香港适应性改造，作为模板可推广至其他海外机构，为实现全球一体化的产品管理奠定了系统基础。二是纵向扩展产品研发平台对产品全生命周期管理各阶段需求覆盖程度，提供产品监测与分析评价功能。三是产品研发作为新一代系统的基础性组件，可以为存款、信贷、支付结算等系列产品组件及客户关系管理、营运配送等后台管理组件提供灵活便捷的定制服务。四是理顺产品发布流程。以标准流程为参照，对不需要突破定价、核算要求的同类产品发布采用快速流程，显著提升了产品响应客户需求及市场变化的效率。

3. 完善全集团产品目录，提供统一产品标准。一是重点针对分行特色产品，澳门、香港批发业务，建信期货、建信养老金、27 家村镇银行等子公司业务，对产品目录进行修订。修订后的产品目录包含了全部境内机构及子公司、部分境外机构及子公司的可售在售产品 10498 个，为实现总分行联动、境内外联动、母子公司联动的产品营销、产品快速创新、会计核算、综合定价、合规检查、监管报送等场景提供了产品标准信息，为加强全球一体化经营管理和一站式全球化客户服务提供了产品基础。二是更新 2016 版产品手册，完成 111 个产品文档的新增、修改和聚类，新手册包含 465 个产品文档和 665 份可供链接查询的制度文件，并完成在客户经理 Pad 的更新布放。

4. 以模型为基础，强化业务架构管控执行。一是持续完善企业级模型，强化业务需求分析。2016 年发布了业务模型 V1.9 版，基本建成了集团一体化、结构化、数据化的流程模型，为新一代各期项目的业务需求和模型分析提供了 IT 实施范围划分依据。二是支持业务架构的顶层设计和决策。发挥企业级模型总览全局的优势，支持部门和开发团队定位业务需求，界定流程边界和职责，合理运用已有组件功能，避免了竖井式和重复开发，提升了 IT 资源分配的合理性。

六、强化实验室管理，战略性产品研发平台价值显现

1. 支持战略性项目研发，研发平台建设成效显著。一是完善原型工具方法，打造实验室专业特长和核心能力，构建原型快速制作平台，提升实验室原型设计能力和水平。二是规范操作流程标准。制定了《产品创新实验室支持总行战略性项目操作指引》和《产品创新实验室原型评价规范》，梳理关键管理环节，明确规范及重点。三是加大实验室类战略性创新项目的日常管理。通过派员深入项目指导、统筹委定期听取报告、多次组织期中推进会、季度简报等手段，加大了战略性项目的日常协调沟通和问题解决力度。四是加强战略性项目资源保障。下达 2016 年度实验室专项财务费用预算 1496 万元，专项用于实验室研发中的原型开发制作、外部咨询等事宜；推动增设广东产品创新实验室的有关事宜，充实研发力量，满足研发需要；联合人力资源部、机构部，尝试建立大学生创新创业实习基地，探索人才复用共享机制。截至 2016 年末，实验室承接并完成战略性项目原型 31 个、同业比对报告 20 份、客户体验 23 项，均较上年有所增长，有力支持了总行战略性项目的质量提升和营销推广。

2. 完善运行机制，加强自身建设。一是制定《产品创新实验室支持分行特定项目操作指引》，增强实验室在分行创新体系中的辐射效应。二是完善日常管理机制。按照“任务全覆盖、突出重点、强调质量”的总体原则，制定《2017 年产品创新实验室绩效评价方案》，对原型质量进行评价并给予了较大考核权重，同时对实验室项目经验总结和宣传提出明确要求。三是构建创新项目授权绿色通道。以厦门试点为基础，建立了与风险、审批、资产管理四方协同的定期会商机制，尝试建立创新授权快速通道。

3. 鼓励开放式创新，搭建内外部合作及展示发布平台。鼓励实验室“走出去，请进来”，建立与第三方合作创新的渠道，形成《华为、腾讯、平安创新体制机制》《区块链技术及典型应用场景》《大数据商业化》等一系列专题报告。

七、完成优化业务流程工作方案，积极参与课题研究

1. 完成优化业务流程工作方案撰写。按照总行 2015 年第 18 次党委会关于推进集约化建设重点专题工作的要求，牵头组织《流程优化工作实施方案》的制定、汇报和落实工作。其间，与“新一代”项目组、14 个业务部门、信息技术管理部等协同配合，完成了该方案的编写、修改和讨论定稿，明确了 2016—2020 年流程优化工作的内容、职责分工和分步实施计划等。该方案经 2016 年第二次行长办公会原则通过。按照行内相关要求，对流程优化工作的上半年进展情况做了总结汇报。

2. 研究构建流程优化长效管理机制。调查研究国内外银行开展流程优化的工作模式、组织架构和方法体系，结合建设银行近年来的实践经验和现有的资源条件，研究构建以流程优化项目实施管理为核心、以企业级流程体系和需求管理平台为基础、以客户体验和流程评估为驱动的管理体系和运行机制，探索新一代结束后流程优化的组织方式，提出三种备选运作模式。草拟了《流程优化项目管理办法》，明确了项目定义和分类标准、选择立项程序、实施过程和管理规范。

执笔：何　静

法律事务管理

一、全年工作基本情况

一是诉讼回收再创新高。2016 年，建设银行诉讼回收现金和避免被诉案件潜在赔偿责任两项合计实现效益 334.71 亿元，同比增长 22.57%。共办理各类诉讼 63587 件，办结诉讼 27925 件，涉及金额 1088.02 亿元，胜诉率（金额）98.77%。二是法律服务保障有力。共审查法律性文件 21.51 万份，法律审查意见得到普遍认可，有力推动综合化、多功能、集约化发展和创新型、智慧型银行转型。三是知识产权领先同业。专利申请数量首次跃升至四大行第一，商标申请数量继续保持四大行第一。截至 2016 年底，全行共有专利 890 件、商标 1512 件、著作权登记 509 件，知识产权含金量进一步提升。四是授权差别化力度加大。完成对建设银行集团所有单位的新授权，新授权全面覆盖 70 家境内外机构和 33 个业务条线的重要经营管理、风险控制事项，覆盖面在同业中领先。2016 年，建设银行再次被中国银行业协会评选为“法律风险管理先进单位”。

二、认真履职尽责，法律工作价值创造能力进一步提升

（一）全力抓好诉讼攻坚，有效维护建设银行合法权益

把抓好诉讼维权作为重中之重，采取措施强化诉讼案件管理，调动一切力量和可用资源，集中全条线力量办好大案要案，坚决打好诉讼攻坚战，力争最佳诉讼结果。对事关全行整体利益、形象的重大诉讼案件，采取以下措施提升管理成效：（1）加强全行统筹，改进诉讼案件管理机制，将分行发生的金额巨大、性质严重、监管重视、媒体关注、影响业务运营、具有示范效应的重大案件，改由总行直接管理；（2）强化工作指

导，加强对分行重大案件的指导支持，帮助制订有针对性的诉讼策略方案，上下联动，持续跟进推动；（3）增进司法沟通，通过多种渠道加强与法院民事审判和执行机构的沟通，争取理解支持，积极参加最高人民法院组织的金融不良资产处置等各类研讨，推动形成有利于银行债权保护的司法解释或审判思路；（4）完善问责机制，进一步重申重大被诉案件的问责要求，明确责任认定程序，强化问责的震慑效应。

（二）全力抓好法律支持，深度参与业务决策，助力建设银行转型发展

深度参与产品创新。参与了“海绵城市及综合管廊贷款”等20余项PPP业务研发，“税易贷”等20项小微企业新业务、“e采通大交所项目”等20项网络银行产品、“三农”产品、“出口双保理”、“沃e贷”等产品创新研发。在“海绵城市及综合管廊贷款”研发中，围绕业务核心问题——PPP项目收益的可质押性，对产品结构提出法律意见并决定了最终的交易结构，法律工作独立性和专业价值进一步体现，法律人员也逐渐从“业务参与者”转变为“业务构建者”。

大力支持重大项目。一是为子公司设立、并购、整合、增资、公司治理以及20余项集团成员联动业务提供法律服务。在收购中建投咨询公司、建信财险与马来西亚子银行申设、建信人寿股改以及建信信托增资、“大宗商品联动套保业务与大宗商品买断式融资业务”等重大项目中，就项目谈判和交易结构、权利义务设计，创造性地提供咨询意见，不但推进了新项目的实施，还彻底解决了有些项目中的历史遗留问题。二是参与全部市场化债转股项目（“春雨项目”），围绕项目中银行的核心风险——资金的进入和退出机制，在交易结构上协助设计了“债权融资+还本付息”等多种形式，确保了投资权益和资金能够安全退出，有力推进了武汉钢铁、云南锡业等十余个项目的落地实施。

（三）全力抓好知识产权保护，助力创新型、智慧型银行建设

强化权利申请，保护建设银行知识产权。主动加强与产品管理部门、技术研发部门以及新一代核心系统项目组的联系，深入挖掘产品设计、技术研发中的创新点，分别采用专利、商标、著作权加以保护。取得了“一种反钓鱼监测方法和系统”等12项发明专利授权和“财富贷”“速盈”等40个注册商标。配合全行国际化发展战略，加强知识产权国际布局工作，已在86个主要国家（地区）注册成功273件商标。

强化风险提示，防范知识产权侵权风险。针对近年来建行微博、微信等自媒体图片侵权风险事件多发的现象，起草下发了多个风险提示。

强化权利维护，打击恶意注册商标行为。对侵犯建行商标权的行为，及时采取有效手段予以打击。如对某自然人在果酒、米酒等商品上注册的“建善行者”商标及时提出撤销申请，获得商标评审委员会的支持裁定和北京知识产权法院一审胜诉判决，维护了我行品牌形象和商业声誉。

（四）全力抓好授权管理，防控风险与提升效率的平衡能力显著增强

坚持风险与效率平衡的原则，优化授权策略，重视动态调整，提升授权的有效性。结合建设银行业务发展、风险状况和内控要求，加大差别化授权力度。牵头完成行长对集团各单位的新授权，制发新版行长授权书和股东意见书。总行下发新授权后，各分支机构也按时完成了对所辖分支机构的转授权。加强授权执行情况检查，连续第三年组织开展对境内外分行、海外子行的授权管理和执行情况自查，强化各级机构遵守授权意识，防范越权风险，纠正越权行为。

三、夯实管理基础，法律风险防范能力和法律工作内生动力进一步提升

持续加强和改进法律工作基础管理，优化法律风险防控措施，增强法律风险防范能力，不断提升法律工作科学化、精细化管理水平。

1. 深化合同文本管理，防范业务法律风险。一是根据“营改增”要求，对业务标准合同文本进行全面梳理和修订。二是完善采购类业务合同文本系列，更新了计算机软硬件采购等12种采购合同文本。三是连续第四年开展合同文本填写范例编写，2016年下发了40种范例，四年来累计下发137种范例，有效覆盖信贷、担保、贸易融资、保理、承兑汇票等对公日常业务。

2. 加强制度体系建设，增强制度的科学性、适用性。修订完成《行长授权管理办法》，新办法体现了授权管理机制的与时俱进和改进创新。修订完成《员工违规处理办法》。

3. 加强重大法律课题研究，解决业务发展的法律难题。就电子签约法律问题、农村土地流转与抵押法律问题等前沿性课题撰写研究报告；针对贵金属代销、出口双保理法律风险防范下发指导意见，下发《对私业务合同格式条款拟定的指导意见》，为业务开展提供有益参考。

4. 全力遏制逃债行为，提升银行债权保护能力。完善逃债应对工作机制，下发了《切实防治债

务人逃债 坚决维护银行权益的指导意见》《对逃债企业及其实际控制人采取法律措施维护银行权益的指导意见》，指导全行采取各种法律措施遏制逃债行为；印发《关于在我行对公业务合同文本中补充“约定送达条款”的通知》，努力解决在清收不良资产时经常遭遇的“债务人下落不明”难题。

5. 深化纠纷处理内外协作，提升外聘律师服务质量。在全行范围内提倡自行代理，以节约诉讼成本，提升专业人才素质；以总行直接管理的重大诉讼为抓手，对分行外聘律师提出要求；更新了总行备选律师库。

6. 加强信息化建设，提升法律风险预警监控水平。完成最高人民法院“‘总对总’网络司法查控系统”的优化升级，启动“法律工作管理信息系统”优化，参加了“对公司法催收系统”建设、最高人民法院“失信被执行人名单信息共享系统”建设。

7. 加强法治宣传教育，促进依法治行。响应中央全面推进依法治国号召，制定下发了法治宣传教育第七个五年规划，在《建设银行报》开设“善建法治”专栏，以法律法规政策解读、案例评析、基于业务实践的法律问题研究为主要内容，11 月开栏以来已刊登十多期文章。各分行积极行动，开展“送法到条线、到基层”活动 1128 次、宣传教育 10 万人次；编发法律刊物 331 期，发布法律风险提示（指导意见）1775 次，开展法治征文 81 次、演讲比赛 43 次、知识竞赛 63 次。2 家分行、5 名员工获得中宣部、司法部、全国普法办“六五”普法先进表彰。

8. 加强法律条线建设，提升队伍素质。总行举办了 3 个培训班，培训 150 人次。各分行举办面向法律人员的培训、研讨 305 次，培训 5551 人次。对银行同业及我行法律工作机构和人员情况进行摸底并撰写了报告。调整法律事务审批权限，下放律师费用的总行审批权，提升诉讼案件处置响应效率。

执笔：宁 欣

采购工作

一、2016 年基本工作情况

（一）围绕中心工作，圆满完成采购任务

2016 年度，建行共实施采购项目 21286 个，采购金额为 340.6 亿元。与 2015 年相比，建设银行探索和推动招标采购，扩大招标采购范围，占比达到 39.9%。

（二）统筹规划，多措并举，服务质量和效率进一步提升

一是加强计划约束，合理安排采购进度。在编报集中采购计划时，加强沟通，统筹安排，保证了采购计划编报的完整性，减少了计划外采购项目。在整理汇总各部门报送的采购计划时，合理均衡安排采购启动时间，避免采购事项过于集中。特别是采用邀请招标方式的项目和全行性重点项目，与部门提前沟通、反复衔接，有效保障了商品供应，达到质量、效率并重。

二是加强计划执行进度监控和精细化管理，维护采购计划执行的严肃性。为确保采购计划管理落到实处，及时跟踪了解项目启动前的预算落实、需求明确等启动工作进度，督促需求部门尽快按计划启动采购程序。

三是针对打包项目，采取一人牵头、多人配合的“1+N”采购小组模式，多个采购事项同时推进，加快了采购进度，确保采购项目完成质量。

四是特事特办、急事急办，全力保障业务开展。对于紧急采购需求，本着特事特办、急事急办的原则，在保证合规的前提下，积极研究工作措施，提前介入，满足了部门采购需要。

（三）进一步加大总行采购集中度，提高全行性项目集中采购管理水平

2016 年将新业务和新产品所需的机具设备和服务等项目纳入总行集中采购目录，调整后的目录有 194 种商品，较 2015 年度净增 8 种商品，其中 IT 产品采购集中度达到 95% 以上。

（四）深入研究和探索特殊重要项目采购规律，为大型项目采购积累了经验

智慧柜员机采购方面，积极协调渠道部提前

对采购方案进行深入研究，制定了详细完整的采购策略，用不到两个月时间完成了招标采购。标准版的两万多台智慧柜员机迅速摆进网点，支持了建设银行网点的转型发展。

（五）改进评审思路，设备国产化效果显著

引入设备自主可控指标，从实际出发，既照顾国产设备，又兼顾国内外厂商公平竞争，合规操作，优化了设备采购评审标准。2016 年新一代核心系统建设开放平台基础设施设备采购项目，使国产品牌参与竞争的标的，经综合评审均以最优性价比入选。

（六）加强服务创新，提高对部门的服务能力

建立采购经理预沟通预审核机制和责任制。对重大采购项目，在采购需求提出初始阶段，即安排采购经理跟进，通过召开讨论会、采购经理现场答疑、预审采购需求等措施，协助需求部门完善和提高采购需求的编制质量，缩短采购需求编制时间，形成规模采购优势，提高议价能力，促进全供应链的整体工作效率提高。部分分行借助“善融商务”平台，大力推广全行办公用品、计算机耗材等网上订购业务，一方面支持保障建设银行日常及营销用品的供给，节约费用成本开支；另一方面通过该平台加强与供应商的业务合作，发展和拓展优质企业客户。

（七）整合采购需求，推进产品标准化，提升价值创造能力

主动协调部门最大限度地进行采购需求整合，使产品标准化，并商定好采购结果后续应用策略。后续同类采购需求可直接延续前期通过规模采购获得的价格优势，采用订单方式或续约方式采购，既提高工作效率，又在源头上和战略上使建设银行处于优势地位。

精心筹划采购项目，事先研究制定有针对性的采购策略，从具体措施上保证建设银行议价优势得到落实。对于没有平台兼容限制的 PC 服务器、网络产品、存储设备等，进行一次性打包招标采购，提高竞争力度；对于涉及平台兼容、品牌限制的小型机等，加大竞争力度，性价比最优者入选。

（八）优化供应商群体建设，从源头上化解和防范供应风险

一是加强供应市场和供应商调研、考察工作，从源头上防范供应风险。组织了银行现金类设备等 29 种产品供应市场的调研工作；对智慧柜员机、柜内清和柜外清 3 个采购事项的相关供应商进行了实地考察，为选取优质供应商打下了坚实基础。二是建立分行供应商动态信息报告、处理机制。受理分行反映的问题，协助分行解决供应问题。同时，将分行供应商禁用、退出情况通报全行。全年共通报禁用供应商 6 家、退出供应商 4 家。三是加强对供应商的监测和动态管理，及时防范风险。对 379 家全行性采购项目和预算金额大于 500 万元的总行本级采购项目供应商，委托“金采网”进行了外部信息监测。结果显示，建设银行库内供应商整体社会形象良好。四是建立健全履约考核机制，确保合同按约执行。对考核发现问题或考核成绩在 70 分以下的供应商进行约谈，提出整改要求，跟踪、督促供应商及时进行整改。

二、以中央巡视整改和总行党委巡察为动力，深化体制改革，促进转型发展

（一）认真落实中央巡视组整改要求和专项审计整改工作，保证集中采购工作健康发展

按照中央巡视组整改要求，本着立行立改的原则，认真研究分析问题原因，分门别类处理，制定针对性措施，明确具体责任人，限定整改完成时间，明确验收标准，做到事事有回音、件件有着落，确保巡视整改工作落到实处、取得实效。同时，通过继续增强采购人员责任意识，举一反三，建立长效机制，巩固整改成果，积极研究建立防错纠错机制，进一步提高采购精细化管理水平。

针对审计部发现的问题，逐一分析原因，有针对性地提出整改要求，督促分行严格按照整改计划规定的时限和目标，有效、系统地开展整改，以保证整改工作质量和效果，同时要求分行在做好整改工作的同时，提高认识、全面排查、深入挖掘，进一步弥补控制缺陷，消除风险隐患，提升制度执行力和风险控制力，并提出了针对性的解决措施和建议。

（二）优化集中采购管理流程，组织调整全行集中采购决策机制

按照“三重一大”决策制度要求，总行成立中国建设银行集中采购决策委员会和采购部决策委员会，分别负责指导、监督、审查和审批总行重大采购项目和一般采购项目的组织和实施。各分行比照总行调整完善决策机制，决策会议发挥了集体决策的重要作用，进一步规范了集中采购管理，防范了采购风险，保证了阳光采购。

（三）组织实施集中采购管理体制改革，加快实现总行集中统一采购和配送模式

全行办公用品、办公家具由总行集中采购。

各一级分行积极推进二级分行采购权限上收，努力推动建立总分行两级集中采购管理体制。优化集中采购目录管理，加大集中采购商品上收力度。基层行所需商品具备条件的，均已集中到一级分行实施集中采购；暂时不具备条件的属地化商品，为保证业务正常开展和运营需要，仍由二级分行实施采购；各分行集中采购集体决策机制得到迅速落实。加强了集中采购和善融商务的结合运用。不断创新，在供应商、评委、流程管理等方面进行有益探索和研究，推动了集中采购工作的精细化管理。

（四）修订采购制度，操作流程更加科学规范

对现行采购制度进行修订和完善，使全体员工熟悉掌握了集中采购相关制度办法，提高了政策制定水平，促进了集中采购操作的进一步规范。

（五）完成“一加强两遏制回头看”自查工作，持续加强条线管理

根据自查工作方案，结合自查重点，全流程、全方位、多角度地查找违法违规问题，大范围、深层次查找内部控制隐患和漏洞，及时纠正和消除，完善了内部控制，达到了预期效果。

指导分行做好自查整改工作，跟踪了解分行自查的开展情况，解答自查中的问题，督促分行有效、系统地开展整改。

（六）加强队伍建设，在同业保持“三先两高一个零”

开展个人自学、集体学习并撰写学习心得、组织专题讨论、开展党日活动、创新讲党课方式等一系列活动。举办采购技能培训班和多种形式的员工培训，重点就业务沟通与谈判技巧、集中采购内部审计重点及典型案例分析、采购合同相关法律问题、廉洁采购、内控合规、采购业务等内容进行培训。

2016 年，建设银行荣获了全国“2016‘互联网＋’企业采购标杆企业”荣誉大奖，是全国银行同业唯一获此殊荣的单位；在“2015 年度中国金融系统采购工作优秀业务研究成果”评选中，斩获唯一的一等奖和优秀奖。

执笔：郭金江

安全保卫工作

一、安保“三化三型”创新取得重要突破

一是召开厦门会议聚焦转型创新落实落地。2016 年 9 月下旬在厦门召开“五统一”项目推进暨安保工作转型创新座谈会，要求安保条线不忘初心，牢记使命，紧跟转型步伐。目前，建行安保工作“条块结合、以块为主”的管理体制转型已基本完成，“专业型、智能型、创新型”的管

2016 年 5 月 11 日，总行本部开展“安全宣传月”活动，董事会办公室员工进行消防灭火实操演练。

2016 年 9 月 27 日，中国建设银行远程报警监控系统“五统一”项目推进暨安保工作转型创新座谈会在厦门召开。

理方式进一步加速，海外机构安全管理“全覆盖”正在有序推进。二是远程监控系统“五统一”项目完成顶层设计。基本完成了统一规划设计和统一标准制定。统一软件工作通过集采招标，确定与安防行业龙头企业海康威视合作开发软件。坚持“节约成本，发挥功效，服务业务”的思路，着眼于技防领先、行业领先，构建安全防范、应急指挥、对接业务、综合应用四大板块、600余项功能，打造智能化、集约化、综合化新一代远程监控系统。三是外部欺诈风险管控系统（一期）实现“总对总”监管对接。开发外部欺诈风险管控系统，系统一期顺利完工，通过与人民银行和银监会平台对接，实现建设银行全国账户的直连查控、系统反馈，以及全渠道欺诈交易风险的精准识别、快速拦截和自动控制，该系统投入使用后每天可为全行网点节约1万多个工时。此外，安全管理系统（V2.0）成功上线运行，提高了安保工作的科技化、信息化水平，打造了安全管理工作的“顺风耳”。

二、安全生产基础管理更加巩固

一是持续推进安全检查全覆盖常态化。认真贯彻习近平总书记、李克强总理关于加强安全生产重要批示精神，持续推进安全检查全覆盖常态化，总行连续三年开展安全生产大检查，做到“全覆盖、零容忍、严治理、重实效”。2016年，建行为解决隐患投入安防、消防专项费用逾9000万元，为整改问题修订制度、完善流程721个。总行还对15个一级分行、4家总行直属中心进行常态化安全检查，开展金库、自助设备、计算机房专项安全检查，发现的问题隐患均得到及时整改。在2016年4月公安部、银监会通报的第四轮银行业安全评估中，建行成绩位列全国性商业银行前茅，实现安全评估“两连冠”。二是全力做好“大灾之年”防灾减灾工作。密切关注全国大范围的“霸王级”寒潮、“莫兰蒂”、“尼伯特”等自然灾害，总行一级预警平台共下发安全预警12期、微信预警信息数百条，指导全行做好预防和应急处置工作，会同有关部门赶赴遭受洪涝和台风灾害的武汉、厦门等地深入了解灾情，最大限度减少损失，确保了业务连续性。三是强化生产基地核心部位安全监督管理。大力强化生产基地核心部位安全监督管理，对南湖、稻香湖基地实施“最高级安全策略、零容忍安全制度、准军事化安全管理”，加强对北京稻香湖园区、洋桥数据中心施工安全及安全管理的检查，指导武汉南湖园区强化安防和防汛工作，探索加强子公司和京外直属机构安全管理，建立健全各类制度、预案，开展应急演练，强化实体防护，确保了核心系统安全运行。

三、外部案件防控实现监管“零立案”

一是突出抓好外部案件风险化解工作。积极应对复杂严峻形势挑战，强化总分行协调配合，积极做好重大风险事件的处置工作，突出抓好打击治理、案件堵截、风险化解工作，努力防范化解资金风险、案件风险、声誉风险，实现了外部案件监管“零立案”目标。全年共指导处置化解外部案件风险事件20件，涉及金额3.76亿元，涉及同业投资业务风险、电信网络新型犯罪、抢劫取款客户、打砸自助设备、窃取客户信息、挟持人质抢劫、伪造印章欺诈等类型，包括快速化解安徽淮南假理财重大案件风险，果断处置数起重大暴力抢劫银行案件。会同信息技术管理部查处多起员工违法倒卖、违规使用客户信息案件。二是重点打击电信网络诈骗犯罪。落实国务院严厉打击电信网络诈骗犯罪的指示要求，坚持“防打并举”的方针，研究制定案件冻结资金返还工作机制，建立一级分行司法查控行际协作机制，完善涉案账户查控绿色通道机制、7×24小时即时控制机制、限额冻控机制等三个机制，全年共布控81批次、1.5万个账户，受理公安机关现场办案745件、10.26万个涉案账户，妥善处置贵州都匀电信诈骗财政资金案等，有效防范了资金风险和案件风险，维护了建设银行良好声誉。三是积极推进“外防+内控”联防联控。认真总结近年来内部案件的发案规律和经验教训，突破防范外部案件的安保职能划分和传统固有思维，积极探索推进“外防+内控”联防联控模式，充分发挥技防手段对加强外防和内控的综合作用。积极推进安保监控系统与有关业务系统对接，将业务部门内控要求嵌入安保监控系统，积极研发金库、自助设备等重点部位违规行为智能化甄别，提升监控系统综合化应用水平。会同有关业务部门全面梳理出30个违规场景，加强与业务部门的协调沟通和配合，全面梳理营业场所等重点部位违规行为，提升“机控”覆盖能力。

四、综治维稳工作获得中央国家机关考核“三连优”

首次举办总行本部安全宣传月活动，组织开展消防警示教育和防灾减灾宣传；注重加强重大活动协调，周密部署安排，确保了国家领导人来行视察、外国政府首脑来行访问、香港股东大会等活动的安全顺利。积极应对维稳形势变化，针对上访组织化、规模化、集中化、多元化、极端化等特点，注重把握重要时间节点，增强维稳工作主动性和预见性，在“两会”和传统节假日之前及时发布安全预警。坚持事前抓源头、事中抓处置、事后抓考核，变被动维稳为主动维稳，妥善应对闹访缠访事件，确保了总行本部正常的工作秩序。继 2014 年、2015 年后，2016 年建行再次被中央国家机关综治委评为“综合治理目标考核优秀单位”，是金融机构唯一获得“三连优”的单位。

五、“平安建行”创建工作不断深化

一是安全管理主体责任得到强化。分别与总行各部门、各一级分行行长签订安全管理责任书，落实各级机构安全管理主体责任，明确部门条线安全管理责任，各级机构对安全管理的重视程度、各级主要领导的第一责任意识普遍提升。主动邀请总行渠道与运营管理部、信息技术管理部和北京市分行、湖北省分行等 12 个单位一把手进行“平安创建”高端访谈，彰显各级党委主要领导重视安全、狠抓安全的责任意识，在全行产生了广泛而深入的影响。二是平安文化宣传深入人心。注重引导和发挥各级机构首创精神，努力营造平安文化。各级机构结合自身实际，利用年度工作会议、业务培训、晨会夕会、新员工入职等时机，深入开展合规安全教育，积极灌输和强化“平安是商业银行第一法则”“100 - 1 = 0”“大安全”等理念，“平安建行，人人有责”“合规建行，人人践行”等理念广为人知，并渗透到各项业务工作中去。三是平安创建典型不断涌现。着眼于鼓舞工作干劲，弘扬平安文化，开展评选“平安建行”创建活动先进集体和先进个人活动，并首次将评选范围覆盖到总行部门、海外机构、直属中心和子公司，首次组织开展“平安建行十大标兵”评选，首次通过微信平台投票评选，超过 50 万人参与投票活动，评选表彰的 10 名标兵来自全行不同条线，表率作用突出，产生了良好的导向和示范作用。四是“平安建行”新媒体不断做强。积极运用新媒体推动“平安建行”创建工作，“平安建行”微信公众平台自 2013 年开设以来逐步发展、影响日增，2016 年发刊期数、发稿数量和用户数量达到新高峰，总阅读量近 316 万人次，平台独家策划采编的系列高端访谈、标兵访谈受到广泛关注，平台传播力超过 90. 7% 的公众号运营者。

执笔：李海斌

三、党建工作与队伍建设

人力资源管理

一、落实党建责任，构建党建格局

1. 切实履行全面从严治党政治责任。组织召开全行组织人事工作会议，进一步强化党建工作与转型发展的同步谋划、同步推进，明确党建责任，强化党建考核，严格党建问责。从严落实组织部门党建工作职责，认真履行抓关键、强基础两大任务。组织召开中国建设银行党的建设工作会议，深入学习贯彻党的十八届六中全会和全国国有企业党的建设工作会议精神，积极推动党建工作写进公司章程，结合国有大型商业银行实际，研究部署进一步加强和改进党建工作，推动全面从严治党在全行落地落实。

2. 扎实开展“两学一做”学习教育。按照“基础在学、关键在做”的要求，坚持全覆盖、重创新，推动学习教育在全行 1.6 多万个党组织和 20 多万名党员中全面开展。总行党委书记、党委成员带头学习研讨，以普通党员身份参加组织生活，为所在支部讲授专题党课。积极运用微党课、“联学 + 实践”等创新模式，依托井冈山等红色教育基地，打造线上、线下学习课堂，促进学习教育融入日常、深入基层，为中心工作与转型发展提供有力服务。

3. 从严落实基层党建重点任务。认真抓好党员组织关系排查和基层党组织换届选举工作；进一步推进党组织规范化建设，将 2016 年作为全行党员活动阵地建设年，总分行投入 1611 万元，建立 800 个“党员之家”示范点；开展党费收缴工作专项检查；选派优秀人员挂职扶贫；重视基层党组织负责人、党务工作者培训，全年举办井冈山党性教育示范培训班 8 期，培训 350 人；全面开展基层党建述职评议考核工作，组织开好现场述职评议会，严格考核并强化结果运用；持续加强党建工作宣传，推进党务工作公开，在全行营造从严治党、护党兴党的浓厚氛围，积聚改革发展正能量。

二、强化班子功能，打造过硬队伍

1. 选优配强各级领导班子。全年共调整总行部门、一级分行、审计机构、直属中心、境外机构及子公司领导人员 282 人，其中新提拔任用 155 人，交流任用 84 人。坚持老中青相结合的梯次配备，注重使用党委副书记，把副书记岗位作为一把手的储备和培养平台，为 8 家一级分行选配 8 名党委副书记，平均年龄 51.1 岁；下大气力抓好优秀年轻干部培养选拔工作，建立常态化的选拔工作机制。2016 年新提拔的总行部门与一级分行领导人员平均任职年龄 46.7 岁。

2. 严格按规定程序选人用人。突出党组织领导和把关作用，进一步规范动议程序，完善民主推荐，改进干部考察方式方法，坚持党委集体讨论决定干部任免事项。严把人选廉政关，党委会议讨论决定前，对拟提拔或进一步使用人选的干部档案必审、个人有关事项报告必核、纪检监察机关意见必听、线索具体的信访举报必查，坚决防止带病提拔。强化党委和组织部门在干部选拔任用和考察识别中的责任，利用考察、调研、参加民主生活会等机会，多渠道、多层次、多侧面识别干部。持续强化选人用人工作自查与检查工作，认真开展干部选拔任用“一报告两评议”工作，组织检查组赴一级分行开展选人用人工作专项检查。

3. 加强干部培养锻炼。着眼于未来5年分行领导班子建设需要，稳妥推进新一轮一级分行、培训中心副职后备干部和中长期培养对象推荐选拔工作，抓紧选拔储备一批20世纪70年代、80年代出生的优秀干部。完成32家分行和2家培训中心的推荐调研工作，初步确定副职后备干部建议人选242人、中长期培养对象建议人选60人。树立干部在基层成长、从基层选拔、到基层培养的导向，让基层作为培养、锻炼干部的主阵地，有计划地安排没有基层经历的领导人员到基层机构或地方任职挂职。

4. 坚持从严管理干部。严格执行领导干部个人有关事项报告制度，2016年全行共抽查核实领导干部3392人，因未如实报告而受到组织处理的共805人，其中批评教育552人、诫勉251人、取消提拔资格2人，另有1人被党内警告处分。坚持抓小抓早抓苗头，加大提醒函询诫勉等组织措施运用力度，全年组织部门共提醒753人、函询5人、诫勉270人。认真开展干部人事档案专项审核工作，全行审核43361人，发现问题10697人，组织重新认定10487人，补充收集材料18259份。

三、巩固人才优势，完善培养机制

1. 实施“213人才工程”。坚持重大人才工程引领，制订印发《“213人才工程”实施方案》，在全行范围启动实施“213人才工程”，为转型发展提供充足的人才储备。经各机构择优推荐，经总行党委审定同意，在全行范围确定领军人才232人、拔尖人才1000人、骨干人才3000人，平均年龄分别为43.3岁、39.7岁和32.7岁。制定印发《关于全面推进“213人才工程”的通知》，对各层级“213”人才培训培养工作进行总体规划和详细部署，重点对领军人才加强党性修养、综合领导能力、国际视野和转型发展等方面的培训，持续加大培训、培养力度。

2. 完善干部选任机制。借鉴中组部公开遴选中管金融企业副职成功经验，先后组织开展总行部门副总经理、总行处级干部与境外机构副职三个层面的领导人员公开竞聘工作。坚持将组织选拔和竞争性选拔有机结合，科学设置资格条件，充分发挥党委班子成员、用人部门和人选所在部门把关作用，全面衡量、综合比选，有效打破干部部门化、条线化，促进优秀年轻干部融合使用。最终脱颖而出的13位总行部门副总经理全部具有研究生学历，平均年龄40.5岁，其中40岁以下7人，最年轻的35岁，12人为交流任职。57名总行处级干部中，处长17名，平均年龄38.4周岁；副处长40名，平均年龄33.8周岁。3名境外机构副职平均年龄40.3岁，且均具有较为丰富的任职经历。

3. 加强专业技术人才队伍建设。围绕综合性、多功能、集约化以及创新银行、智慧银行转型方向，持续加强客户经理、产品经理、风险经理等各类专业人才队伍建设。制定印发《关于进一步加强客户经理队伍建设的意见》，系统设计政策制度，将更多资源向客户经理岗位倾斜，引导更多员工从事客户营销工作，提高直接创造价值的基层一线人员占比。截至年末，全行共聘任各类专业技术人员88267人，占在岗人员总量的24.69%，其中客户经理50832人，占在岗人员总量的14.22%，比2015年末增加2442人，占比提高1个百分点。研究制订《人才布局与人才盘点工作总体方案》，围绕全行转型发展战略和组织人事转型实施意见，提出了人才布局与人才盘点工作的主要目标、基本原则、工作机制、工作计划和三个方面十项工作任务。

4. 增强人才吸引。一是持续推进高端紧缺专业人才市场化选聘。根据转型发展需要，全面开展人才需求调查，与业务部门和分行通力合作，通过社会招聘引进13名市场化人才。二是持续创新校园招聘工作。首次拍摄并发布校园招聘宣传片，自主创意谋划，展现员工风貌，视频浏览量超280万人次，为当年各行招聘宣传片最高。重视雇主形象建设，加强行业沟通，在中华英才网“第十四届大学生“最佳雇主”评选中获得“最佳雇主综合排行榜十五强”及“金融行业排行榜十强”称号。在国内最大考试测评机构ATA主办的“2016中国企业选才大奖”中获得“最佳人才测评奖”“最佳校园影响力企业”“卓越选才企业TOP50”等奖项。

四、提高集约水平，推进效能管理

1. 推进机构集约化改革。一是前台部门业务直接经营。组建资产管理、同业业务、金融市场交易三大直营中心，明确工作职责与内设机构，完成人员划转与补充。二是中心整合。制定总行直属中心整合实施规划，目前主分中心的管理模式已顺利运行，向园区集中的中心布局已基本确立，客服、后台业务处理、单证业务、托管运营的企业级平台已初步建成，总行直属中心数量从25个减少到16个，内设处室数量从165个减少到141个，集约化营运效果已经显现。三是子公司管理。以建信信托市场化改革为抓手，探索完善子公司高级管理人员市场化用人机制，先后完成信托、租赁、人寿、基金、财险、期货6家子公司高管市场化招聘工作，通过差额选聘方式选拔高管14人，平均年龄44.7岁，硕士及以上学历13人。四是合规官试点。为有效推动全行内控合规管理工作转型，制定印发《关于在分行开展设立合规官试点工作的通知》，选取8家一级分行试点设立合规官，明确工作职责和选任程序，加强合规队伍建设，完善合规工作机制。

2. 推进人才资源优化配置。一是量化分析。研究撰写《人力资源优化配置量化分析报告》。运用大量数据，定量分析新形势下建设银行人力资源配置面临的问题，指出坚持人员总量负增长政策的必要性，把调整优化存量结构、转变生产经营方式、提升人力资源效能作为优化人力资源配置的重点。二是总量控制。坚决落实总行党委决策精神，确保机构总量基本稳定、人员总量负增长。截至2016年末，全行营业机构总量14956个，比上年末增加39个；员工36.7万人，比上年末减少7000余人。三是结构优化。通过增设网点员工专项补贴、给经营机构负责人更优的晋升机会、打破基层干部员工职业发展“天花板”等一系列政策措施，引导优秀人才主动到基层干事创业。截至2016年末，全行从事公司、个人、金融市场及营业网点等前台业务人员总量达到26.6万人，占员工总量的73%，在同业中占比最高。

五、优化薪酬分配，强化绩效考核

1. 有保有压分配薪酬总量。从紧核定总行本部及直属机构、审计条线人力费用预算。对审计机构、直属单位等非经营机构建立与所在地分行工资升降联动机制。按照“增人不增资、减人不减资”原则，精细化核定一级分行及境外机构人力资源预算。坚持“三高于一保护”原则，对因资产质量问题导致员工收入下降的分行给予帮扶政策，帮助分行尽快突破困局，走上良性循环。

2. 强化绩效考核导向。制定印发《关于进一步做好绩效考核分配的若干意见》，总结推广先进分行典型案例，紧密围绕转型发展战略导向，树立鼓励价值创造的考核分配理念，强化绩效考核约束机制，规范绩效工资分配秩序，充分调动激发各级机构、各层级员工价值创造的积极性。不断完善领导班子和领导人员综合考核评价体系，持续抓好一级分行领导班子综合经营竞争力监测工作，加大各类机构负责人薪酬分配与业绩考评挂钩力度。

3. 创新直营中心激励约束机制。组建专项课题组，会同财会部等部门进行共同研究，借鉴同业经验，结合建设银行实际，建立总行直营中心配套管理机制，通过创新人、财、物等资源（包括资源分配权）配置与业绩贡献挂钩的机制，并建立协商谈判机制，促进中心稳步提升自身直接经营能力，成为真正的利润中心，并带动整个条线业务做大做强。

六、聚焦中心全局，加强教育培训

1. 加大全行员工教育培训力度。紧密围绕全行转型发展规划的实施，加大全行员工教育培训力度，突出理想信念和党性党建教育，强化金融专业知识能力的培养，不断提升全行干部员工推进转型发展的能力素质和业务水平。全年全行共举办各类现场培训班28215期，培训158万人次，完成培训工作量 280 万人天，使用培训经费 7.25 亿元。网络培训 800 万人门，折合培训工作量 133 万人天。

2. 初步建成全面系统的领导人员教育培训体系。培训对象从新任职管理人员到各级一把手和总行高管人员，培训内容涵盖党性修养与转型发展重点业务，培训渠道包含国家培训机构、行属培训中心、境外高校等。举办一级分行党委书记总行部门总经理高级研修班 2 期 220 余人次、二级分行党委书记培训班 2 期 402 人、新任职管理人员培训班 2 期 163 人、党校培训班 77 期 6340 人次、境外高级研修班 2 期 62 人次、井冈山党性教育培训班 44 期共 2245 人次、其他各类领导力培训班 24 期 1440 人。

3. 扎实推进对公信贷人员大规模培训和岗位资格考试。举办对公信贷人员培训班 1636 期，完成现场培训 96537 人次。坚持对公信贷人员持证上岗，举办两次对公信贷人员岗位资格考试，全行共有 72534 人参考，35929 人取得岗位资格，总行统一进行认证管理。

4. 高标准开展境外培训。按照中央“严格规范、突出重点、注重实效”的要求，坚持从严、从紧、从简和从实的原则，结合全行战略转型与人才培养改进和加强境外培训工作，加大对直接参与市场营销和业务经营的核心人才的培训力度，重点组织二级分行行级管理人员、基层机构负责人、海外人才库人员、从事跨境业务人员、涉及转型发展重点方向的条线人员赴香港培训中心、境外知名高校、战略合作伙伴进行专题培训，到境外机构进行跟岗培训，全年举办各类境外培训班 91 期，培训 3009 人。

5. 大力推进网络培训。通过定制开发、录制开发、现场班转网络等多种形式开发网络课程，新上线网络课程 322 门，课程时长 240 小时，涉及 21 个业务条线和专题。积极组织开展网络培训学习，全行员工完成网络课程学习 800 万人门，人均学习网络课程 21 门，基本实现一线员工网络培训全覆盖。

6. 加强培训能力建设。一是加强培训机构管理。落实中央文件要求，研究制订全行现有培训疗养机构改革实施方案，研究青岛、上海等行属培训基地建设方案，加强高校培训集中统一管理。二是扎实开展岗位培训教材开发及岗位资格考试工作。三是加强培训项目管理。编制境内外重点培训项目流程图，细化各阶段操作要求，科学规范项目管理。加大优秀培训师资的全行共享力度，初步建立 400 余人的优秀培训师资课程档案库。

七、健全制度体系，夯实工作基础

1. 统筹推进制度建设。一是加快出台重要制度。制定印发《中国建设银行组织人事工作转型发展实施意见》，明确组织人事工作的转型目标、路径、任务和要求，全面推进组织人事工作战略转型。研究起草领导班子建设、干部交流等干部管理相关制度。二是强化规划制度的落实落地。总行扎实做好方案统筹、配套对接和协同推进工作，要求分行结合实际研究制订平稳衔接、平滑过渡的操作方案或实施细则，报总行审核后执行。健全制度执行和监督检查机制，防止出现“破窗效应”。积极开展制度实施后评估工作，并根据评估反馈情况及时修改完善相关制度。三是加大宣传力度。在《人民日报》《中国组织人事报》《金融时报》、中组部《组工通讯》等中央级权威媒体连续刊发文章，报道建设银行党建和组织人事工作转型的经验做法。注重做好文件解读宣传，通过数字图表等简明易懂方式加深员工对制度的理解。

2. 加强信息化建设。为服务转型发展大局，发挥数据资源等新生产要素在工作中的作用，制定印发《组织人事工作信息化建设规划纲要（2016—2020）》，明确了近五年信息化工作的目标、任务和配套措施。改变思维，创新模式，牵头成立总分行共同参与的专题研究小组，调动全行力量推进信息化工作，对员工全景视图、机构全景视图、内部人才库、内部人才市场、人才互用共享平台等 12 个信息化专题进行深入研究。目前，组织人事信息化工作正在加快推进，自 2017 年开始陆续释放功能，待各类平台上线后，将全面提升建设银行组织人事工作信息化、流程化、智能化水平。

执笔：方　源

反腐倡廉与纪检监察工作

一、突出真抓实改，全力以赴做好中央巡视整改工作

紧扣问题制订整改方案。认真贯彻党委“顶层设计、问题导向、制度为本、重在长效”的总体整改思路，制订全面系统的整改方案。针对中央巡视指出的三个方面问题、十个方面的具体表现，会同相关部门，逐个查找问题根源、逐项研究整改工作、逐条进行审核把关，共形成87项具体整改措施。

坚持条条要整改、件件有着落。密切跟踪整改工作进展，加强过程督导。先后三次召开整改工作推进会，逐一与各责任部门研究整改措施，强力推进工作落实。制定出台了《党委关于进一步加强党的建设 推进全面从严治党的若干意见》，对党建工作进行全面系统的谋划部署。围绕“权、钱、人”关键环节，采取严密管控措施，完善制度49项。针对员工“飞单”私售理财产品等违规行为，开展专项整治，取得了良好效果。

严肃查处巡视移交问题线索。对中央巡视组移交的465件检举控告类线索进行全面梳理、逐一分析，按照规定进行分类处置。其中，初步核实360件，谈话函询33件，暂存4件，了结68件。全行各级纪委累计派出200多个核查组。

2016年3月4日，建设银行召开全行纪检监察工作会议。

二、保持压力传导，协助党委推进主体责任落实

进一步强化责任意识。组织各级机构党组织主要负责人层层签署“全面从严治党责任书”，明确各自的“责任田”。检查15家一级分行落实主体责任情况，面对面地“把脉诊疗”，把责任压实。把落实主体责任、履行“一岗双责”作为新任职领导干部廉洁谈话的重要内容，强化责任意识，2016年共谈3批次57人，包括6个分行和2个部门的一把手。

在考核评价上狠下工夫。根据《党委主体责任考核办法》，对37家一级分行主体责任落实情况进行了考核，按照考核得分高低进行排序，并在全行通报。深入总结经验，抓住分行党委书记这一“关键人”，进一步细化了2016年的考核方案，导向更清晰、针对性更强、约束更有效。

通过严肃问责倒逼责任落实。年初制定了《党委主体责任和纪委监督责任问责办法》，形成有权必有责、有责必担当、失责必问责的制度约束，持续释放全面从严治党、从严治行的强烈信号。对“两个责任”落实不到位的分行党委书记和纪委书记进行公开约谈，约谈情况公开通报。加强正面宣传和舆论引导。在《中国纪检监察报》刊发2篇文章，全年共向中央纪委网站报送信息稿件51篇，采用16篇，稿件报送数、采用数和考评得分长期位列中央企业单位第一名，超过其他四大行的总和，中央纪委网站专门来函予以表扬。在《中国建设银行报》头版建立“党风廉政建设”专栏，组织刊发评论员文章十余篇，在行内营造良好的舆论氛围。

三、加大监督执纪问责力度，唱好“三部曲”

严管严查问题线索，突出问题导向。进一步规范问题线索分类处置，建立严格的审批制度，要求所有问题线索一律上报至一级分行集中管理，

对反映全行副处级以上领导干部的问题线索，一律上报至总行，由总行提出分类处置意见。2016年，全行各级纪委信访核查率达到85%，同比上升43%。调整问题线索管理机制为由一个专门处室集中管理、统一分办，对线索管理和核查职能进行分离。大量采用总行直查和分行间交叉核查的方式。全行共查实问题线索252件。

准确把握执纪执规政策尺度。综合运用“四种形态”，提出“严肃、严格、严谨、适度”的执纪执规要求。着力用好第一种形态，针对一些苗头性、倾向性问题和轻微违规违纪问题，共谈话、函询、提醒、诫勉1156人次。严格规范谈话函询的审批手续，函询结果由本人和本单位党委书记签字。2016年，对一级分行和总行部门主要负责人谈话函询49人次。对较为严重违纪行为，及时运用第二种形态和第三种形态进行严肃查处。

加强警示通报整改，举一反三，形成长效。总分行纪委建立了常态化通报制度，对严重违规违纪和违法案件，查处一起、通报一起，共编发163份案件通报。定期选取典型案例编发警示教材下发全行学习。选取近年来行内发生的典型案例，拍摄警示教育片《不可逾越的底线》，组织全行干部员工观看学习，用身边事教育身边人。充分运用纪律检查建议书、监察建议书，提出堵塞漏洞的建议，督促部门做好整改工作。2016年，发送监察建议书和纪律检查建议书共731份。

四、坚持不懈纠正“四风”，促进中央八项规定精神落地生根

一是组织开展“四风”问题整治情况“回头看”自查自纠，要求党员领导干部主动向组织报告党的十八大以来的“四风”问题、退赔相关费用，在民主生活会上进行批评与自我批评。全行各级领导干部申报“四风”问题351个，退赔相关费用281万元。

二是坚持越往后执纪越严，对顶风违纪的，严肃查处。全年共查处26起违反中央八项规定精神问题，严肃处理33名责任人，并指名道姓公开通报。

三是针对“四风”问题反映出的制度漏洞，督促相关部门及时整改，细化标准、完善制度，各级机构修订会议、差旅、招待、出国（境）、办公用房、交流干部周转住房等方面的制度规定近300项。如针对违规操办婚丧喜庆事宜较为突出的问题，明确了一系列禁止性要求；同时，建立干部婚丧喜庆事宜专项报告和报备制度，加强约束和监督。

五、加强组织队伍建设，打造忠诚、干净、担当的纪检监察干部队伍

一是优化纪检监察机构与人员配置，推进纪检监察机构全覆盖。试点开展二级分支行纪检组派驻制，在增强监督独立性同时，尽可能减少人力资源占用。在海外机构设置了监察专员，由内派高管兼任，明确了监督职责和报告路径。根据子公司的人员和业务规模，因地制宜地设置纪检监察机构或岗位，明确设立纪委监察部门、派驻纪检组、派驻纪检监察特派员、配备兼职纪检监察员四种人员配备模式，推动“三转”下沉。

二是加强上级纪委对下级纪委的领导。深化“纪委书记、副书记的提名考察以上级纪委会同组织部门为主”与“执纪审查工作以上级纪委领导为主”的贯彻落实。建立一级分行纪检监察工作季度报告和季度通报制度。加强对分行纪检监察工作的指导和考核，全年共对29家一级分行纪检监察工作开展了现场督导。开展纪委履行监督责任考核和纪检监察部门工作评价，对考核排名后三位的，进行公开约谈。

三是加强纪检监察干部教育、管理和监督。抓好纪检监察干部学习，明确五大学习平台，编发《学习快报》，建立纪检监察干部考试制度，考试成绩排名通报。建立纪检监察工作人员日志制度，督促勤勉履职。对纪检监察干部履行监督责任不力，导致辖内发生严重违纪问题或者风险案件的，实行“一案双查”。对纪检监察干部违规违纪问题，从严处理，防止“灯下黑”。

六、扎实开展案件防控和预防腐败工作，强化责任落实

一是建立常态化的案件防控和预防腐败工作联席会议制度，定期对系统性、原则性和全局性的重大事项进行统筹研究和部署。充分发挥案件防控、预防腐败牵头部门的组织协调作用，根据监管要求和管理需要，将案件防控融入合规管理。

二是落实案件防控和预防腐败“九责”，即合规廉洁教育之责、完善制度之责、落实制度之责、自查自纠之责、违规处理之责、报告移送之责、约谈通报之责、配合查处之责、落实案防之责，构建完整的责任体系，将各级机构的案件防控和预防腐败责任纳入全面从严治党责任。组织总行各部门、一级分行主要负责人签署“案件防控和预防腐败工作责任书”，进一步明确工作责任、强化责任意识。

三是与业务主管部门和审计部门密切合作，

部署开展专项整治活动，重点围绕盗取客户资金风险、盗取银行资金风险、外部诈骗风险三个方面，开展拉网式排查，进行集中整治。开展“三清查”自查自纠专项工作，斩断利益输送的链条。

执笔：张晓彬

巡视工作

一、党委高度重视，亲自部署和指导巡视工作

2016 年，是巡视工作由业务巡视向政治巡视全面转变的第一年。建设银行党委专门安排时间听取每批次巡视情况汇报，共听取汇报 4 次。党委书记王洪章多次在巡视报告上作出批示，对巡视发现的问题提出处理意见。巡视工作领导小组组长、纪委书记朱克鹏深度参与、指导巡视全过程，对巡视发现的问题较多的分行，约谈党委书记、纪委书记。

二、提升政治站位，突出问题导向，巡视作用不断彰显

（一）深化政治巡视，突出巡视重点

深刻领会十八届中央巡视工作与时俱进深化的内在要求，把落实巡视责任作为从严治党、从严治行的内在需要。坚持政治巡视的战略定力，聚焦全面从严治党，对照党章及其他党内规章制度，紧扣“六项纪律”，紧盯“党的领导弱化、党的建设缺失、全面从严治党不力”三大问题，紧抓“重点人、重点事、重点问题”三个重点，深挖细查，发现问题，形成震慑，督促被巡视党组织切实肩负起全面从严治党、全面从严治行的主体责任。积极探索，破解在业务领域开展政治巡视的难题，坚持从业务问题中挖掘背后深层次廉洁风险、道德风险。抓住领导班子及其领导人员这个关键，坚持以下看上、见微知著，重点关注在信贷审批、不良资产处置、基建工程、集中采购等关键环节，以及在行使审批权、人事权、资金分配权等方面存在的突出问题。2015 年巡视发现的审计条线党的建设弱化问题、集中采购中的廉洁风险问题、信贷业务中的道德风险问题、自办经济实体“名脱实不脱”等问题，以及一些涉及管理机制体制等方面的问题，引起建设银行高度重视，巡视监督的利剑作用有效发挥。

2016 年 11 月 11 日，建设银行召开 2016 年总行部门巡察进驻动员会。

（二）创新方式方法，发挥探头作用

进一步拓宽发现问题的途径和手段，增设专用移动电话，开通内外网举报信箱；抽查核实个人有关事项报告；对重大问题和重要线索采用突击检查、明察暗访等方式，“下沉一级”进行延伸了解；强化对巡视全流程的模板化管理，优化巡视工具模板，实现巡视流程的标准化、巡视内容的定制化和巡视报告的模板化。首次尝试利用系统工具发现问题线索，充分运用审计系统寻找违规违纪问题的蛛丝马迹，在以往对员工行为进行排查的基础上，巡视将领导人员及关键岗位员工作为筛查重点，特别是将其配偶、子女列入筛查范围，取得较大突破。积极推行立行立改、边巡边改，巡视成果立显成效。通过运用多种方式和手段，巡视探头作用得到进一步发挥，2016 年，建设银行共发现问题 492 个、重要问题线索 33 个，形成信访核查报告 9 个。

（三）抓好抓实整改，巡视推动改革

向被巡视党组织提出工作建议 123 条，向总行党委提出工作建议 35 条。同时，2016 年开始

实行立体双向巡视整改监督，在向被巡视单位反馈巡视意见的同时，将问题移交总行相关部门，要求总行部门加大对条线督促、整改的力度。为进一步强化巡视震慑作用，对每批次巡视发现的带有普遍性、典型性的问题，在全行范围内通报，引起强烈反响。为使巡视成果转化为生产力，促进深化改革，推进源头治理，将在巡视过程中发现的一些带有普遍性、倾向性，事关全局系统性的突出问题进行总结归纳，从体制机制、监督管理上深挖问题根源，提出标本兼治、操作可行的意见建议，形成专题报告共9份。

三、扎实推进巡视全覆盖，实现全行“一盘棋”

（一）制订全覆盖计划，有序推进建行巡视工作

落实中央全覆盖要求，制订2016年巡视全覆盖计划，继续推进总行对一级分行、直属培训中心、子公司、总行直属中心的巡视，并将总行驻地审计机构、总行部门纳入巡视监督范围。在四大行中率先开展对总行部门的巡察，将监督横向延伸，有力促进部门加强党的领导、党的建设，强化主体责任，防止“灯下黑”。2016年总行共完成对28个机构的巡视（巡察）任务，完成对6个部门的巡察。

（二）配备精兵强将，充实巡视力量

在原有四个巡视组的基础上，增设了第五巡视组。从财会、人力、审计、纪检等条线抽调中层领导干部，共配备巡视人员40余人，是有史以来配备最全、最强的巡视队伍。同时，首次安排新任职的一级分行纪委书记参加至少一批次巡视，在增强巡视力量的同时，促进纪委书记履职能力的提高。

（三）加强组织领导，确保全行巡视工作步调一致

将总行对一级分行巡视工作的指导关系明确调整为领导与管理关系，实行分级负责、双重领导，确保在工作部署上同步推进、在巡视要求上同等标准、在制度建设上同一规范。制定《2016年一级分行巡视工作要点》，明确分行巡视工作的目标和要求，进一步加强对分行巡视工作的指导。按照全覆盖要求和四年一轮的节奏把握巡视进度，有序推进一级分行开展巡视工作，将所辖二级分支机构、分行部门及直属机构纳入巡视监督范围，做到巡视无空白、监督不例外。2016年分行已完成对296个机构的巡视任务；部分分行已开展对分行部门的巡察，共巡察99个；部分分行已将巡视工作向基层延伸，开展了对县支行的巡察。同时，总行抽取8个一级分行开展专项检查，就如何发现问题、撰写报告等进行现场交流和指导，及时收集分行巡视工作面临的问题和困难，为今后强化管理、加大指导力度掌握第一手信息。

四、加强巡视工作基础管理，确保规范高效开展工作

（一）构建巡视制度体系框架

为贯彻落实中央巡视工作条例精神，制定《贯彻〈中国共产党巡视工作条例〉精神，加强和改进巡视工作的意见》，作为今后一段时期全行巡视工作的基本纲要。在此基础上，先后制定了《总行巡视工作操作规程》《总行巡视工作领导小组、巡视办、巡视组工作规则》《被巡视单位配合巡视工作规定》《巡视组工作人员纪律规定》等多项工作规定和操作规程，基本形成了巡视制度体系框架。同时，以发现问题为导向，探索建立巡视工作业绩评价机制；以夯实基础为抓手，制定印发《巡视工作档案管理办法》《总行党委巡视组管理办法》等规范性管理制度。

（二）强化巡视人员培养与管理

总行先后组织了两期总分行巡视人员培训班，总行巡视组、一级分行纪委书记、巡视办负责人及部分分行巡视组成员共计269人参加了培训，培训突出实战性和针对性，在提升巡视业务技能的同时，重点强调巡视人员的责任和担当。同时，全面组织巡视人员签订“巡视工作保密责任书”和“个人清退巡视资料报告”；从廉洁从业、“四风八条”、工作纪律、劳动纪律等方面加强对巡视人员的约束，防止“灯下黑”，切实做到忠诚、干净、担当。

执笔：梁　伟

公共关系与企业文化

一、讲好建行转型故事，为建行转型向纵深推进提供舆论支持

1. 在北京举办“CCB2020”大型宣传推介活动。继香港CCB2020宣传推介活动之后，又精心策划并在北京成功举办了CCB2020转型发展大型宣传推介活动。王洪章董事长、王祖继行长亲自上台演讲，向全社会宣传转型规划、讲述发展故事，引起海内外投资者、社会公众、媒体记者的积极关注和良好反响，赢得高度评价。

2016年9月8日，建设银行在京举办“CCB2020：善建者 新活力”转型发展宣传推介会。

2016年12月27日，建设银行与中国妇女发展基金会合作举行“母亲健康快车”捐赠暨发车活动。

2. 持续组织开展“走进建行 走近建行人”媒体采访活动。2016年，继续开展“走进建行 走近建行人”大型主题采访活动，先后组织中央媒体记者赴基层开展“一带一路”、扶贫攻坚、科技金融、投贷联动、“双创”、服务小微、综合化转型及普惠金融等各类型采访活动42次，参与媒体380多家，记者240余人次，刊发各类专题稿件180余篇，转载4600余篇次。其中，在金融扶贫、2016新春走基层等采访活动中，建设银行组织的《体验有“温度”的金融服务》等新闻通稿先后登上《经济日报》头版头条、人民网首页头条和央视《新闻联播》。

3. 组织开展多种形式的新闻宣传活动。全年共安排各类新闻发布会、通气会、媒体见面会及各类采访活动120余场（次）。在国内外媒体刊发稿件18多万篇次，位居业内前列。围绕服务供给侧改革、“一带一路”、扶贫攻坚等国家战略及重点领域，成功推出“CCB2020”“小企业大事业”“裕农通”等建行宣传标签；抓住国家领导人出访、年报发布、“三经”论坛等重要时机，在海外20多家国际及区域媒体策划安排50余篇专题文章，扩大建行的海外影响力。修订完善《新闻宣传管理办法》《新闻发言人制度》。建设银行战略转型作为国内唯一典型案例编入哈佛商学院教学库。

二、突出集团化品牌建设，不断优化建设银行品牌形象

1. 服务和支持业务发展。共设计25支重点平面产品及近10支电视广告和视频片，并在央视、网络、机场等核心渠道投放重要产品服务广告，审核200余张信用卡卡面及业务部门广告，制作“为你创造价值的银行”品牌形象广告，支持和服务全行业务发展。结合李克强总理到建设银行视察、参加银监会例行新闻发布会、“龙支付”品牌发布、重要签约活动等重大事件，策划制作相关专题宣传和专业VI设计服务；配合元宵节、母亲节、高考等重要时点，创作手机宣传画

面，设置宣传话题，“逢节必有图”得到社会大众和员工的良好赞誉。

2. 规范品牌视觉形象。2016年，重点加强网点服务标识设施设计，完成子公司品牌视觉形象手册，完善集团化品牌管理；优化完善网点形象，完成智能服务区设计，统一智慧柜员机外观形象和营业网点服务标识及设施设计；支持新机构开业，设计规范子公司视觉形象（VI）；推进网点VI用品和行服全行集中采购，对近百项网点用品和各类行服材料工艺逐项梳理，形成可行性报告；建立营业网点视觉形象、海外品牌视觉形象规范。

3. 优化广告投放策略。加大战略性业务和重点业务广告投放，加大广告资源总行统筹的力度，强化分行机场大牌、户外路牌、城市大型LED屏等重大广告资源审核，充分发挥自有网点广告宣传成本较低的资源优势；创新海外宣传方式，增加海外机构广告宣传力度。重点做好伦敦、新加坡、悉尼等国际机场和《银行家》《华尔街日报》等国际主流媒体的广告投放，2016年海外机构广告资源同比增加34%。研究推出《广告管理办法》，使建设银行广告宣传管理工作逐步系统化和规范化。

4. 开展全行VI大检查。2016年6～10月，在全行范围内组织开展了VI大检查。采取培训宣介、分支行自查整改、总行检查方法，从强化员工品牌意识和VI管理机制源头抓起，重点对新版网点形象、海外品牌新形象、网点智能服务区推广情况等进行检查。共对12个分行60余个不同类型网点进行为期两周的实地检查，编辑9期《检查小记》，加强工作指导和对标管理。

三、突出核心价值观主题，大力开展理论教育和文明创建工作

1. 成功承办金融系统核心价值观研讨活动。2015年11月，中央国家机关工委主办，建设银行和《紫光阁》杂志社共同承办了“金融系统培育践行社会主义核心价值观案例展示和理论研讨活动”。建设银行有18个案例入选“百优案例”，有4篇研讨文章被评为“30强优秀理论成果”。“讲好建行故事 弘扬核心价值”获评“十佳案例”并在大会上交流。山西省分行李红英、广西区分行韦镇雄分别荣获“全国最美人物”“银行业最美人物”荣誉称号。建设银行在2016年全国金融系统思政工作和企业文化调研评选中荣获“优秀组织奖”，各类奖项居同业首位。

2. 梳理完善中心组学习制度。梳理整合自2003年以来关于中心组学习的文件规定，研究出台了《中国建设银行党委中心组学习管理规定》。党委中心组坚持主讲人制度，先后举办以学习习近平总书记系列重要讲话精神为主要内容的15次集中学习。

3. 开展全国文明单位复查工作。根据中央文明办关于文明单位的管理要求，研究制定《关于做好“全国文明单位”复查工作的通知》，对第四届全国文明单位、第四届总行级文明单位复查工作进行部署。重点对河北沧州分行等7家第四届全国文明单位开展复查工作。探索开展“十小文明”创建活动。研究制定《关于深化“十小文明”创建活动的通知，对持续推进全行“十小文明”创建活动提出具体要求。通过“窗口服务树形象”“团队协作顾大局”“公共活动讲文明”“幸福家庭重美德”“志愿服务我先行”等活动，营造“当文明人、办文明行”创建氛围。

四、建立声誉风险防控机制，实现集团无重大声誉风险事件目标

1. 实施集团联动化解风险。全年共监测并处置各类负面舆情8600条。编发《媒体监测快报》236期，预警舆情信息150余次；组织开展声誉风险排查13次，排查发现潜在声誉风险点23项；组织开展由业务部门及声誉风险管理部门共同参与的应急演练11次；组织核心信息系统上线等风险事项应对80余次；组织开展网评31次，累计跟帖评论达7900余篇，转载重点报道1.5万余篇次。

2. 开展经济资本计量管理。在国内同业中率先实施声誉风险经济资本计量。总行多次组织召开专题研讨会，优化计量模型、细化舆情台账、测试经济资本值分配方法，研究确定以一级分行声誉风险管理水平及年度舆情发生量作为关键指标，考评计算声誉风险经济资本占用，把分行声誉风险管理与经营管理、业务发展、等级行评定、全员绩效直接挂钩，提升各级机构、领导声誉风险防控的责任意识和管理水平。

3. 编制声誉风险系列教程。借鉴国际一流银行优秀成果经验，编制完成《声誉风险案例集》、《声誉风险管理手册》、《员工声誉风险操作手册》（口袋书）、《声誉风险管理》网络学习课件、《媒体采访及舆情应对系列微教程》五项培训材料，成为国内同业首家成体系编发的声誉风险系列教程，并将声誉风险培训纳入各级党委中心组学习、条线轮训、员工业务培训。2016年，总各分行部门负责人和业务骨干赴基层讲授声誉风险管理、舆情应对、媒体关系维护等课程，直接受训人员达8000多人。

4. 开展声誉风险专项自查。专门制订总行本

级、境内分行、海外分行、子公司四级声誉风险自查方案，采用资料调阅与现场访谈、工作指导与抽查调研相结合的方式，累计对总行10个重点部门38人进行访谈，对24个部门书面访谈，收集反馈材料40余份；审查68家分行、子公司工作报表及报告136份；专项工作小组八批次分赴17家二级机构现场抽查；排查总结重点薄弱环节5个，以查促管、以查促改、以查促建。

五、落实监管部门消保要求，客户满意度稳步提升

1. 推进理财专区及“双录”工作。按照银监会年度工作要求，研究制定包括五大类21项工作任务、涉及22个部门的工作要点贯彻落实措施，并积极协调6个相关部门，逐日跟踪工作进展，重点督办关键环节，确保“双录”工作高效有序推进；推动有关部门压缩采购费用，提前对候选服务商设备接口进行调测，实行多版本滚动开发上线，缩短系统开发周期；预估设备需求数量，安排入选服务商提前开模生产，缩短供货周期。目前，“双录”各项工作已在全行范围内圆满完成，配套制度办法已印发。

2. 开展“金融知识宣传服务月”活动。依托营业网点、互联网站、微信公众号等渠道，开设“消费者权益保护知识问答”专栏，突出防范网络及电信诈骗，针对老年人等特殊消费者群体开展特色宣传。全行1.4万个营业网点、15多万员工参与，组织专项活动约7000次，发放宣传材料约650万份，现场服务消费者约350万人次，发送公益短信、微信和微博超过400万条，各类媒体宣传报道达2500余次，被银监会评为2016年度“金融知识进万家”活动先进单位。

3. 开展客户满意度调研工作。协调8个相关部门，启动实施人民银行金融消费者投诉分类标准应用试点工作。依托系统开发实现对“95533”投诉自动统计分类，对信用卡热线及信访投诉实行手工统计分类，重点强化对投诉处理过程的干预和跟踪回访，接听处理投诉监督电话2000余通。聘请国际领先的第三方专业市场调查公司，开展客户满意度大样本调查，全程控制调查质量和进度。2015年印发客户满意度相关报告78份。2016年上半年，建设银行个人客户总体满意度76.5%，位居五大行第二。建设银行消保工作得到人民银行等监管部门的充分肯定。

六、加强转型期企业文化建设，为建设银行转型发展提供良好的文化支持

1. 出台企业文化实施意见。研究制定《加强转型时期企业文化建设的实施意见》。配合该意见的贯彻落实，专门出台《中国建设银行企业文化展示标准》，研究确定“建设最具价值创造力的国际一流银行集团”建行愿景最新表述，进一步强化全行员工对建行价值理念和转型理念的认知认同。2016年，建设银行被中国企业文化研究会授予“‘十二五’全国企业文化传播全媒体建设三十强单位”，并荣获“全国企业文化优秀传媒组织”，建行文化丛书、建设银行企业形象宣传片荣获“全国企业文化优秀传媒作品”等奖项，获奖数量居同业前列。

2. 开展“百家优秀网点”专题调研工作。围绕服务“一带一路”战略、供给侧改革、小微企业、“三农”等实体经济，总结推出17个优秀网点的经验，提炼60个产品服务模式和51条管理经验，涉及高校、医院、采掘制造、电子商务、军队武警、住房金融等行业。各分行在充分学习吸收的基础上，复制优秀产品营销与客户服务模式，小网点推动大转型。共开展学习交流4389次，编辑学习心得1594篇。结合调研宣传工作，举办“百家优秀网点企业文化管理实务”香港培训班，提升基层网点负责人文化管理和服务营销实战能力。

3. 开展“文化聚共识，转型促发展”主题实践活动。深入开展“文化聚共识，转型促发展”主题实践活动。全行共刊发宣传稿件2751篇，编制合规文化和信贷文化新媒体1331个，撰写笔谈文章4069篇，取得优秀文化成果3043个。发挥“文化建行”微信宣传品牌作用，全年共发布稿件301篇，点击量206.31万次，阅读人次157.85万人。

七、推进长期公益项目管理与宣传，全面履行建行企业社会责任

1. 支持全行扶贫工作。对27家分行定点扶贫捐赠额度实施年度预算管理，授权分行在预算额度内自行审批安排。对分行定点扶贫捐赠额度使用提出严格要求，保证分行定点扶贫捐赠额度合规使用并发挥最大效用。建设银行向安康和中西部29家分行分配扶贫捐赠资金近4300万元，总行重点公益项目如“母亲健康快车”“成长计划”等均重点向定点扶贫地区倾斜。

2. 实施长期公益项目。修订印发《公益捐赠管理办法》，实施了资助高中生“成长计划”、“母亲健康快车”捐资计划、捐助百年职校三亚分校、“建行希望小学”教师专题培训四个公益项目。成功组织“建行希望小学”20周年座谈

会、“母亲健康快车”捐赠暨发车活动。建设银行被 CDP 全球环境研究中心授予“应对气候变化企业优秀奖”，成为国内金融业唯一获奖单位，被民政部授予第九届“中华慈善奖”提名奖、希望工程杰出贡献奖，并获中国银行业协会颁发的“年度最具社会责任金融机构奖”综合大奖。

3. 开展“建行公益，有你最美”主题宣传活动。重点策划开展编写一本公益故事集、宣传一批公益故事、制作一部建行公益宣传片、评选表彰建行公益三十佳、开展公益故事集中展示“五个一”宣传活动。全行报送公益故事、案例 420 多个，建行报全年刊载重点公益故事近 40 个，各类信息网专题刊载公益故事 130 余个，200 万人直接参与三十佳网络投票和传播。

4. 编制年度社会责任报告。充分利用 ESG 咨询项目成果，使 2015 年社会责任报告在满足银监会、上交所、银行业协会等机构监管要求的基础上，进一步满足港交所 ESG 报告指引的要求，继续走在同业前列。修订下发了《公益捐赠管理办法》和《社会责任报告编制披露工作规程》，促进相关工作管理科学化、规范化。

八、协调行领导参加媒体活动，不断提升建行的海内外影响力

全年共协调安排各级领导参加国内外各种论坛、年会、研讨、对话、颁奖等公关活动 50 余次。2016 年，积极协调王洪章董事长出席第六届两岸及香港《经济日报》财经高峰论坛、王祖继行长出席央视《对话》栏目录制、陈彩虹董秘出席 2016 年新浪银行业发展论坛、许一鸣首席财务官出席 2016 中国银行家论坛、黄志凌首席经济学家出席《金融时报》年会等重要媒体活动，并协调相关业务部门负责人出席国内外公关活动，在国内、国际重要平台上大力传播建行好声音、好形象。

九、加强前期设计及采购等工作，积极推进文化馆和展示中心建设

对企业文化馆和稻香湖基地相关场所进行认真规划与设计。先后实地考察工行、农行、中行、交行和华为等国内外优秀企业展厅、行史馆和金融博物馆等，走访众多有特色的体验馆、博物馆，组织行内外专家和多个部门开展三轮研讨，形成最终设计方案。

十、积极参与奖项参评活动，获奖质量和层次实现较大突破

通过收集奖项清单、制订参评计划、主动与媒体沟通协调、发动网络投票、协调当面访谈等多方面的策划和努力，共获得国内外各类奖项 100 余项。独家获得英国《欧洲货币》杂志“2016 年中国最佳银行”称号、美国《机构投资者》“人民币国际化服务钻石奖”，在英国《银行家》杂志发布的 2016 年“世界银行 1000 强”排名中位列第二，在全球权威的 Brand Finance 最新品牌价值估值中，获“世界品牌力最强的银行品牌”称号。同时，获评国内《金融时报》金龙奖“年度最佳商业银行”，《银行家》杂志“老百姓最喜欢的国有商业银行”票选第一名。

执笔：娄　芸

离退休人员管理

一、进一步加强和改进离退休人员服务管理工作

2016 年 3 月 29 日，转发中共中央办公厅、国务院办公厅印发《关于进一步加强和改进离退休干部工作的意见》的通知，提出明确的学习贯彻要求，采取集体学习、个人自学、讨论交流、专题培训等方式，组织老干部和老干部工作者学习意见及答记者问，帮助全行离退休条线工作人员全面领会和准确把握意见精神，统一思想，深化认识，切实增强贯彻执行的自觉性，提升做好离退休服务管理的能力和水平。

二、广泛开展各类离退休人员文体活动

从 2016 年 4 月中旬开始，在全行系统内组织开展了第三届“和谐杯”离退休人员“双升”比

2016 年 6 月 22 日，建设银行举行第三届“和谐杯”离退休人员“双升”比赛。

赛，分别在湖北、河南、苏州、天津 4 个赛区举行了预赛，6 月 22～23 日在辽宁举行了决赛，全行 40 家分行（中心）和总行本部分别派出离退休人员代表队参加了比赛。“双升”比赛的举办，活跃了全行老同志的精神文化生活，促进了其身心健康，提升了他们对建设银行大家庭的归属感，进而促进其在家庭和社会中发挥积极的正向作用。

三、深入推进“两学一做”学习教育活动，进一步加强离退休人员思想政治建设和党组织建设

1. 召开了四次党总支扩大会，研究制订了《关于在总行机关离退休党员中开展“学党章党规　学系列讲话　做合格党员”学习教育实施计划》，组织召开本部全体离退休老同志动员部署大会，向全体党员发放了学习资料，为行动不便和长期有病卧床的老同志“送学上门”。

2. 2016 年 5 月 27～31 日，在井冈山培训中心举办了第一期一级分行离退休人员管理部党支部书记培训班，全行共 70 名一级分行离退休人员管理部党支部书记及部分二级分行离退休管理人员参加了培训。通过培训，学员们经历了一次世界观、人生观和价值观的净化，更加深刻地认识到作为一名共产党员，要把党性修养、党员意识融入工作中去，为离退休党支部工作更好更快地适应全行转型发展贡献力量。

四、为庆祝建党 95 周年，落实中央组织部关于开展走访慰问老党员、困难党员活动

对本部离休干部、老行长、高管人员、老主任、老病号等挨家挨户开展走访慰问，给老同志送去建设银行的亲切关怀与问候，认真听取他们对离退休工作的意见与建议，并就老同志提出的有关问题答疑解惑和解难。

五、组织开展“全国老干部工作先进集体和先进工作者”评选工作

2016 年 7 月 25 日，按照中央组织部的有关要求开展“双先”评选表彰活动，吉林省分行离退休人员管理部总经理于大芳获得“全国老干部工作先进工作者”称号，同时在企业网站和建行报对“双先”事迹进行宣传报道，为离退休工作树立和宣传先进典型。

执笔：管　非

党群工作

2016 年 1 月 11 日，中共中国建设银行委员会发出《关于总行成立党群工作部的通知》（建党发〔2016〕1 号）：“根据工作需要，经研究决定：成立党群工作部（机关党委、工会、团委），党群工作部（机关党委、工会、团委）是中国共产党中国建设银行机关委员会、中国建设银行股份有限公司工会委员会、共青团中国建设银行委员会工作机构合署办公的综合管理部门。主管总行机关党的思想建设、组织建设和作风建设、全行工会工作、全行团青工作。内设综合处、机关组织处、机关宣传处、机关纪律检查处、机关群工处、系统工会工作处、系统女工工作处、系统青年工作处等 8 个处室。”

2016 年，新成立的党群工作部在中央国家机关工委、中央金融工会和总行党委的直接领导下，带领全行群团条线围绕中心、服务大局，以人为本、服务员工。按照“强基层、打基础、抓服务”的工作思路，对内凝心聚力，服务转型发

展；对外树立品牌，传播建行好声音。新的部门带来新的思路和新的作风，部门团队建设呈现出新气象。

一、夯实党建基础，创新工作思路，机关党建工作呈现新的活力与生机

1. 全面开展“两学一做”，以活动保障党员学习效果。制发总行本部学习教育的具体方案，坚持领导带学和专家导学紧密结合，举办形式多样的教学活动近千场次。坚持集体研学与个人自学紧密结合，保障总行机关党员学习人数全覆盖、学习内容全覆盖。有效地转变了“重业务、轻党建”现象，强化了总行机关各支部党建工作的主体责任意识。

2. 创新学习教育模式，以纵横联合探索联学实践。2016 年创新开展跨机构、跨部门、跨层级主题联学活动，探索形成了“联学 + 实践”的创新模式，分别开展了“聚焦‘十三五’共谋建小康——融资融智助力万众创新”“同心谋转型 · 建功‘十三五’”等主题联学实践活动。我行的《主题联学示范带动党员模范履行岗位职责》被评为全国机关党组织“两学一做”最佳案例。

3. 加强机关组织建设，以制度落实党员日常管理。坚持“三会一课”等党的基本组织生活形式，印发《关于明确党支部组织建设的几个问题》，规范基层党组织设置、党员组织关系接转和发展党员等基础工作。按照党章相关规定，2016 年完成 19 个支部（总支）换届改选，发展 38 名新党员并按期转正 37 名预备党员。完成6 个支部“党员之家”建设；对3600 余名党员进行了组织关系集中排查和党费缴纳专项检查，完善各类党员的管理信息。

4. 推进全面从严治党，指导支部落实“两个责任”。一方面，通过参加支部民主生活会、支部廉洁工作专题会等，机关纪委加强日常指导，帮助支部书记转变思想认识，强化支部及支部书记的政治自觉和责任担当。引导支部对照党建述职评议考核内容，加强日常监督工作，强化党支部的主体责任意识。另一方面，机关纪委通过采取培训、专题调研督促等措施，加强重点指导，督促各支部纪检委员履职尽责，发挥监督职能，协助推动做好所在支部主体责任的落实工作。

5. 强化队伍，拓宽思路，锻造总部机关廉洁文化。首先，落实党员的党章党规党纪教育。组织党员干部参观中央国家机关反腐倡廉警示教育基地、观看《永远在路上》电视专题片，推进廉洁教育。开展党员干部述职述廉工作，强化廉洁自觉。其次，严格落实任职廉洁谈话制度。机关纪委对总行本部新提拔任职的 47 名处长进行集体廉洁谈话；督促各支部对新提拔的副处级干部进行廉洁谈话，做到从严教育和管理，绷紧廉洁自律之弦，筑劳防腐防变之堤。最后，加强组织队伍建设，组织专题培训，提升各支部纪检委员履职能力。

6. 加强宣传占领阵地，传播建行系统红色旋律。一是利用“机关大讲堂”学习活动，统一广大党员干部思想行动。二是充分利用多种宣传载体，加大政策宣传力度，让全体党员及时了解、学习，做到自我约束、检查、提高。三是推选“身边的榜样”，全年共收到 25 个基层党组织报送的 74 篇“身边的榜样”文字材料并陆续予以宣传推广，营造崇尚先进、赶超先进的氛围。四是强化外部宣传。2016 年，在人民网、紫光阁网等权威党宣媒体刊发总行信息稿件 200 余篇，传播了建行主旋律，树立了建行好形象。五是积极指导和引领各支部构建部门党建宣传小环境。各支部在深入学习总结的同时，注重自身学习品牌的创建。2016 年涌现出“躬耕乐道”（信息技术部与北数）、“小企业大事业”（小企业部）、“三好”活动（房金部）等十多个党支部学习品牌，其中“躬耕乐道”学习品牌被授予第二届中央国家机关基层党组织“十大学习品牌”称号。

二、树立平台意识，健全体系架构，工会工作得人心、暖人心、稳人心

1. 建立健全组织机构，以岗位落实层级责任。为彻底转变以前总行工会系统组织机构不健全、责任主体不明、不按工会法行使相关职责等情况，2016 年我们进行了集中清理整顿。一是做好金融工会第四届全国委员会相关职务人员的替补工作。二是完成了第二届工会委员会的换届选举工作。三是完成了总行机关各部门、在京直属中心和子公司的工会小组的组建。

2. 建章建制，强化培训，以制度保障规范操作。一方面，制定了《中国建设银行工会常务委员会议事规则》《中国建设银行工会常委联系点制度》《建设银行基层工会经费审查委员会工作条例》《一级分行工会经费审查规范化建设考核标准》以及党群工作部内部财务支出流程规范等相关制度和规则，保障相关工作有据可依、有章可循，堵塞漏洞、防范风险。另一方面，举办了总行工会常务委员会、经审委员会、女工委员会

委员候选人和各一级分支机构工会副主席及女工委主任培训班，各一级分行工会财务、经审人员业务培训班，总行机关工会小组长和兼职财务人员培训班等，提升了全行工会工作人员的履职能力。

3. 上下联动，健康文体，以活动强化会员交流。一是组织举办了以“健康建行、快乐共享”为主题的全行第五届职工羽毛球赛，坚持“全员参与、全员设计”的活动原则，共吸引了全行7000余名羽毛球爱好者参加各级比赛。二是积极组队参加了金融系统组织举办的健步走、桥牌、网球、器乐和戏曲等各类大赛，均取得历史最好成绩。三是组织举办了“中国梦·劳动美”全行员工微影视大赛活动。其中，《爱在建行》在全总评选中荣获宣传类银奖，《创新建行》荣获纪实类铜奖。四是组织开展了“建行人写建行事”文学艺术作品征集活动，展现了建行员工的艺术才华和精神风貌。五是在总行机关创新开展“文化建行月”“体育健身周”和“主题活动日”，做到总行员工全覆盖，活跃了总行机关氛围，融洽了部门团队关系。

4. 聚心齐力，扶贫帮困，以救助彰显员工关怀。积极落实总行党委“加大人文关怀”的要求，加强对困难员工的综合关爱。一是用好员工互助机制，形成帮扶合力。2016年总行工会对遭遇重大疾病、家庭生活困难的5名员工及时给予了特困救助。同时，给予受到极端恶劣天气影响造成较大损失的156名员工35万元的救助金。二是组织开展全行元旦、春节期间送温暖工作，对全行困难员工、困难劳模、困难单亲女职工以及境外机构的内派员工、挂职锻炼干部、定点扶贫干部、内部交流干部等进行慰问，同时由总行工会配置500万元工会和行政资金，对全行5000名困难员工按1000元/人的标准进行补助，基本覆盖了全行所有在册困难员工。三是结合总行领导年终慰问基层，对部分二级分行困难员工进行重点慰问。四是梳理总行机关困难员工情况，进行分级分类帮扶救助。2016年对总行机关43人进行了救助，发放互助基金90.2万元；同时，加强对困难员工在传统节日时的慰问走访，彰显对困难员工的人文关怀。

5. 专业审计，全面监督，以检查防范财务风险。一方面，组织专业审计人员，对全行24家单位（分行、直属中心和子公司）近两年的工会费用支出进行了全面审计，并对发现的问题提出了整改意见。另一方面，进一步强化工会经费审查委员会职责，加大对本级和下级工会年度经费预算编制审查力度和预算执行情况及重点项目审计力度，逐步建立起工会费用支出事前、事中、事后的全流程管控。

6. 评先创优，表彰先进，以模范带动比学赶超。一是在劳模先进的评选上始终坚持面向基层、面向一线，严格把控评选程序，确保31个全国金融级五一劳动奖章、3个全国金融五一劳动奖状、1个全国五一劳动奖章、1个全国五一劳动奖状、1个全国金融先锋号的候选人和候选集体具有较高的公信力和群众基础。二是将先进事迹制作成专题宣传材料，做到有影、有声、有文字，形成立体式、全方位的宣传阵势，取得较好的宣传效果。三是不断优化劳模疗休养活动内容和形式，将疗休养与学习、教育、交流和传经送宝有机结合起来，形成五位一体的疗休养模式，2016年组织60余名金融级以上劳模代表分批疗养。四是制定下发了《关于在全行系统开展劳模创新工作室创建工作的指导意见》，对劳模创新工作室创建工作进行了安排部署，推动全行工会组织搭建服务业务中心工作的新载体和新品牌。

三、加强思想引领，激活创新原力，青年员工集智聚力助推转型发展

1. 加强思想政治引领，充分发挥桥梁纽带作用。一是建设“互联网+”思想阵地，利用行内外网站、微信公众号等媒体，广泛宣传党的理论和路线、方针、政策，引导青年听党话、跟党走。二是通过座谈、研讨、讲座、沙龙、团日活动等多种形式，以青年党员“两学一做”“重温长征不忘初心，转型发展青年先行”等为主题，引导青年把握时代主题，深入贯彻中央、总行党委和上级团组织的各项指示精神。三是坚持开展青年员工“与行领导面对面”座谈活动，在倾听青年呼声、问计于青年需求的同时，把党委的关怀送到青年中去，把党委的决策部署变成青年的自觉行动。

2. 激活青年创新原力，集智聚力助推转型发展。一是举办了第四届“青年创新建行强”金点子大赛，共征集到优秀金点子方案300余个，展现青年才华，推进创新创效，为建行转型发展建言献策。二是结合全行业务发展重点，深入开展“机构业务营销年”、小企业“拓客户 促转型”、“全员参与大资管，全力发展大资管”“优质服务年”和“大数据应用”等劳动竞赛活动。以“青年营销创佳绩”为主题，发动和鼓励青年员工深入业务一线，积极参与业务营销。三是组织青年参与了以“供给侧改革中的金融创新”为主题的

青年论坛和征文活动，为金融改革创新献计献策。

3. 关注员工所急所需，强化全行青年支持服务。一是推进“青年读书角”建设，开展“超鲜英语”等技能培训，承办“金缘青年汇”单身联谊和中央国家机关龙舟赛，举办行内婚恋交友、科教文体等各类活动，解决青年的现实问题，为青年成长提供帮助和支持。二是在全行推进“温暖工程”走基层项目的实施，完成33家网点和总行三个部门的落地工作，实现了分行全覆盖。三是进一步加强青年志愿服务工作。成立“中国建设银行青年志愿者协会”，规范和指导全行青年志愿者活动，提升我行青年志愿工作专业化水平。

4. 搭建社会公益平台，助力青年员工自我提升。持续开展“积分圆梦·快乐音乐教室”活动，2016年新增20所、总计87所音乐教室的捐建工作，密切与当地政府和客户的关系；丰富“积分圆梦”公益平台，在“快乐音乐教室”“七彩小屋”“乡村教师培训”三个项目的基础上，结合团中央和中央金融团工委的部署要求，整合“青年之家”平台下的“梦想村塾”“四点半课堂”项目，打造“关爱农民工子女”项目，保持了我行在“积分圆梦”公益项目上的领先优势，在体现我行社会责任的同时，为青年实现自我价值提供了平台。

四、整合现有资源，加强作风转变，部门和谐团结、积极向上的风气基本形成

2016年度，重点加强了部门团队建设和员工自身建设，一方面，打破原部门人员结构，破解“一亩三分地”的惯性思维，结合员工特点，加大内部员工岗位交流力度；另一方面，加大与总行本部业务部门之间的人员交流力度，优化部门人员结构。坚持风清气正导向，树立讲大局、讲团结、讲规矩、讲学习的价值取向，营造勤勉务实、廉洁高效的部门工作氛围。秉持坦诚相处、相互尊重、愉快共事的态度，工作中，大家齐心协力、相互支持，各负其责又互相补台，部门团队合力得到凝聚；生活上，大家互帮互助、相互关心，部门融洽的环境日益浓厚。一年来，通过部门全体员工的不懈努力，部门员工精神面貌焕然一新，工作积极性大幅度提高，士气得到了大力提振，部门风气得到根本好转，“团结、和谐、服务、创新”的团队文化已经形成。

执笔：易　非

党校（高级研修院）教育培训工作

一、教育培训工作概述

2016年，党校（高级研修院）举办两期干部进修班，与部门合作承办了8期高级研修班和3期业务培训班，共计培训665人次，培训时间237天，培训量为14823人天，总行党校、哈尔滨分校和常州分校“一校三地”共举办各类培训班90期，培训114700.5人天。

（一）高质量地实现了两期干部进修班的培训任务

2016年，成功举办了第34期、35期干部进修班，130名学员圆满完成了学习任务，取得了中共中央党校颁发的毕业证书。学员对干部进修班的课程设置与教学管理、服务保障两个方面20项测评，非常满意率达到90.87%。学员们普遍感到，通过党校的系统学习，在夯实理论基础、加强党性修养、拓展世界眼光、培养战略思维等方面都有了长足进步，综合素质与履职能力有了明显提升。同时，学员们运用所学的科学理论与方法，联系全行改革发展管理中的重点、难点问题开展课题研究，两期干部进修班共形成了12篇具有较高质量的小组论文，已发送党委成员、高管层和各部门、各一级分行参阅。同时，在部门主页增设一级栏目“党校重要课题成果专栏”，强化党校学员学习研究成果的运用。党校“一校三地”6期干部进修班共撰写论文（课题报告）522篇，其中147篇次被评为优秀论文。

（二）圆满完成了各类高级研修项目的承办工作

成功承办了对公业务、零售业务、审计专题、金融市场业务、资产负债业务、风险管理以及国际业务等高级研修项目，围绕中心、服务大局，为高级研修项目的教学管理和后勤保障提供优质服务。

二、主要做法

（一）强化党委办党校的主体责任，高度重视党校工作

2016 年，总行党委成员和高管人员先后 19 人次亲临党校，与学员座谈交流、授课。党委副书记、行长王祖继与第 34 期干部进修班学员座谈，听取了来自总行各部门、各分行的学员代表发言，并就资产质量和风险管控、内控合规、基层党建以及员工职业生涯发展四个方面问题谈了自己的看法。党委副书记、监事长、党校校长郭友先后四次专程来党校出席干部进修班开学和毕业典礼，与学员座谈交流。总行党委委员、副行长余静波以“积极实施资管、投行双轮驱动策略 打造建行转型发展新优势”为题，为党校第 34 期干部进修班学员授课。总行党委委员、纪委书记朱克鹏以“如何做一名优秀的基层经营管理者”为题，为党校第 35 期干部进修班学员授课。总行首席经济学家黄志凌以“金融危机之后中国经济一直在困惑中寻找方向”为题，为党校第 35 期干部进修班学员授课。

（二）坚持“党校姓党”的根本原则，突出主业主课

党校严格按照习近平总书记在全国党校工作会上的讲话精神，全面落实“党校姓党”的根本原则，认真办好两期干部进修班，并把“党校姓党”贯穿于一切教学和科研活动之中。一是强化理论教育。党校始终把主业主课放在教学育人突出地位，把马克思主义中国化最新成果作为理论教育中心内容，组织学员系统学习马克思列宁主义基本问题、毛泽东思想基本问题、中国特色社会主义理论体系特别是习近平总书记系列重要讲话精神；认真组织学习贯彻党的十八届六中全会精神和全国国有企业党建工作会议精神，并组织研讨交流活动。二是强化党性教育。把党性教育作为干部进修班教学活动重要环节，通过现场教学，使学员切身感受理想信念教育和爱国主义教育，加深对全面建成小康社会和全面深化改革的理解。总行党校组织学员到中央党校聆听了专题报告会，赴革命圣地延安开展了以增强党性修养为主题的教学实践活动，聘请中纪委领导为“一校三地”学员做反腐倡廉专题报告，参观了国家博物馆、中国科学院两弹一星纪念馆等。哈尔滨分校组织学员参观了铁人精神纪念馆、北大荒博物馆、东北烈士纪念馆、安重根义士纪念馆、侵华日军第七三一部队罪证陈列馆等。常州分校组织学员参观了上海一大会址、南京中山陵等，赴江阴参观了华西村和海澜集团等。通过这些实地考察交流活动，坚定信念、锤炼党性。

（三）坚持质量立校的办学理念，提升教学质量

认真贯彻质量立校的要求，积极探索和运用党校教育规律和干部成长规律，大力提升党校办学的质量和水平。一是不断改进教学方式方法。优化教学环节设计，在以往“自学—讲授—研讨—作业”的基础上，增加了单元导读和测验环节：通过每个教学单元开始前的导读课，为学员讲解、梳理单元重点，引导学员整体把握单元学习要求、确立学习目标；通过每个教学单元结束后的单元测验，考察学员对理论知识的掌握程度，反馈教学效果。采取专题讲座、辅导报告、座谈交流、课题与论文答辩等对学员开展全方位培训，尤其是金融特色课，聘请了总行高管以及中纪委、国务院发展研究中心、中国社会科学院、中国人民大学等领导或专家，解读经济金融形势，研讨建设银行战略转型中的重大问题；开展晨读活动，组织学员朗读党章、总书记讲话和国学经典；邀请学员开展专题讲座，讲授当今世界经济及金融形势、人民币国际化与汇率、美元趋势等问题。二是加强“一校三地”联动。积极发挥党校的龙头作用，通过建机制、强交流，一方面在党校主体班实施过程中针对课程设置、教学组织、学员管理等方面加强沟通和指导，另一方面定期召开“一校三地”工作研讨会，围绕培训计划、教学管理、研发创新等方面开展深入研讨和交流，促进和推动“一校三地”有效联动，共同提升培训质量和管理水平。三是发挥教研支撑作用。紧紧围绕教学工作开展各项教学研究工作，内部培训师在党史党建、领导力、声誉危机管理、员工心理管理等领域继续深入研发，课程逐步丰富完善，全年累计在哈尔滨、常州分校及各地分行、中央国家机关分校等机构完成30 多次授课任务，同时定期举行研讨学习会，开展对案例学习法、行动学习法等先进教学方法的专题学习，及时掌握培训行业最新动态。

（四）坚持从严治校的基本方针，严明校规校纪

把从严治党与从严治校结合起来，实行严格的教学管理和学员管理制度。抓入学教育，规章制度宣传到位，促使学员尽快完成“三个转变”，全身心投入党校学习；抓自我管理，明确各项规章制度，签署“学员自律承诺书”，充分发挥学员党支部的自我管理职能，通过支部会议、党小组会议、带队负责人联席会议等，对教学和学员管理中发现的问题苗头及时提醒；抓检查督促，对学员读书笔记、自学情况、安全状况等例行检查；抓即时动态，通过建立微信群、微视频深入与学员沟通，了解学员思想状态和即时动态，及时进行安全提醒和警示；抓考试考核，组织学员做好摸底测试、单元考试，及时批阅试卷、统计成绩，了解学员学习情况，对阶段学习做重点提醒。

执笔：邹　玲

CHINA 中国建设银行年鉴 2017
CONSTRUCTION BANK ALMANAC

第四部分　境内分行改革与发展

北京市分行

北京市分行行长　廖　林

一、业务发展概况

【主要业务指标完成情况】

主营业务收入315亿元，同比增长8.3亿元；员工费用增幅为12%。市场地位提升，对追随者的优势扩大，其中全口径存款优势扩大到4800亿元，各项贷款扩大到2200亿元；中间业务收入和利润大幅领先；账面利润增幅7.8%，地区四行排名第一。全口径存款、企业存款、同业存款、同业资产、对公贷款的余额，托管、债券承销、境外保函、单位电子银行的收入系统第一；同业存款日均、个人房贷余额，承诺担保、贵金属、信用卡的收入同业四行第一。全年未发生案件和重大风险，成功堵截各类诈骗案件61起。

综合筹资18172亿元，新增1985亿元，其中全口径存款15237亿元，一般性存款余额破万亿元，新增1272亿元；同业存款4399亿元；全口径理财2681亿元，增幅为53%；结构性存款254亿元，增幅为97%。综合融资10369亿元，其中各项贷款6779亿元，对公贷款5285亿元，个人贷款1494亿元（个人住房贷款1341亿元）；理财融资989亿元，增幅为68%；表外信贷资产2601亿元，增幅为18%。

2016年10月22日，北京市分行举办2016年员工健身操展示赛活动。

税前利润232亿元，系统第一，同比增幅为9.52%；实现中间业务净收入83.61亿元。不良贷款15.64亿元，较年初下降5.93亿元；贷款不良率0.28%，下降0.11%；不良贷款金额、贷款不良率在系统北上广深四行中最低，不良额在地区四行中最低。客户服务及消保评级同业第一。

【公司业务】公司机构客户总量21.39万户，其中有效客户10.24万户，较年初新增1.22万户，增幅为13.49%；人民币核心企业存款时点余额6956亿元，总行系统排名第1，较年初增长840亿元；日均余额6525亿元，较年初增长705亿元，总行系统余额及新增排名第一位；人民币对公贷款时点余额3837亿元，比年初新增149亿元，其中，非贴贷款余额3663亿元，总行系统排名第一。创新“非首都城市功能疏解贷款”等产品，连续三年蝉联总行年度“最具创新力分行”称号。

【个人金融业务】个人客户总量1164.91万户，其中有效客户433.59万户，新增25.76万户，增幅为6.32%。本外币个人存款时点余额3613.93亿元，新增338.45亿元；日均余额3440.58亿元，新增230.56亿元。AUM 1000万元以上私人银行客户3644人，金融资产527亿元。

【房地产业务】自营性个人贷款余额（还原证券化贷款）1404.92亿元，比年初增长293.27亿元；公积金贷款余额1379.39亿元，比年初增

2016年11月16日，北京市分行与中国邮政储蓄银行北京分行签署全面合作协议。

长302.86亿元；实现中间业务收入18351.44万元；自营性个人贷款不良率为0.33%，比年初下降0.2%。公积金贷款余额、余额新增同业排名第一、系统排名第一。

【国际业务】外汇全口径存款余额91.69亿美元，外汇贷款余额38.25亿美元，累计实现国际业务中间业务收入7.68亿元，实现外汇账面利润1.56亿美元。

【信用卡业务】全年分期交易额达80.64亿元，同比增长6%。信用卡贷款余额为143亿元，继续保持四行第一，同比增长4%；增幅为6亿元；收单交易额达3405亿元，超额完成年度计划，计划完成率237%，同比增长141.3%。消费交易额达799亿元，同比增长5%。

【资产质量与风险控制】不良贷款、逾期贷款、垫款余额分别为15.65亿元、24.77亿元、4.37亿元，不良率为0.28%。全面完成总行资产质量控制计划，并在系统和地区同业四行中排名领先。审批信贷业务17537笔，审批金额18567亿元，审批通过率96.69%。分行223个集团客户实现综合授信全覆盖；全球授信客户达到68户，除台北、阿姆斯特丹、巴塞罗那3家海外机构未覆盖外，其他海外机构均实现了全球授信覆盖。完成各类项目评估共168个，涉及建行贷款总额共计2693.50亿元，其中非传统项目评估业务44笔。信用评级推翻率11.15%，控制在合理水平。

【内控合规】制订《北京市分行2016年度内部控制上级评价实施方案》《北京市分行2016年度分行部门内部控制评价实施方案》《北京市分行2016年度内部控制评价方案》，构建了覆盖分行横纵两条主线的完整的内控评价工作体系。共上报重点可疑报告7份，涉及交易82577笔，涉及交易金额424094.79万元。通过诉讼方式处置不良贷款62049.19万元，实现现金回收50159.28万元，处理被诉案件273件，涉案金额18235万元，结案159件，避免经济损失约9517万元。

【电子银行业务】移动金融柜面替代率达到69.91%，比上年提升9.55%。手机银行存量客户突破700万户，系统内城市行保持第一，区域同业保持领先；手机银行活跃客户超过100万户；个人网银客户突破800万户；微信银行客户突破100万户。企业网上银行客户当年新增活跃客户1.8万户，存量突破20万户，存量企业客户网银覆盖度达到92%。

二、主要工作举措

【精准发力“三大一高”和重点营销】《“三大一高”营销指引》精准狩猎图全面梳理地区重点客户2092户，年末紧密、松散、空白三类型客户各向上晋级约10%；突破空白型“三大”客户130户；“高端客户”中，个人中高端客户数较年初增长27%，手机银行客户增长16%，私人银行客户增长7%，房贷客户增长6%。狠抓改革发展红利，吸存央企改革资金200亿元，央企开户覆盖率近98%，地区财务公司合作全覆盖；“走出去”海外项目签约量增至167亿美元，储备重点客户和项目近210个；同业资产2780亿元，系统第一；社保和养老金营销在中央国家机关、全国社保理事会、北京市机关全面中标，中标层级最高、数量最多；财政金中标金额和市场份额较前两年大幅提升。区域热点方面，营销京津冀11个重点项目，沉淀资金87亿元，投放贷款75亿元；各项贷款、中收在通州地区保持第一；市国资委本部级企业开户覆盖率达84%；营销央企设立产业基金共4只，新增金融资产近50亿元。

【精准补短构建转型的“四梁八柱”】公司、机构、同业、个人业务“四柱”协同发展，机构客户日均存款已达2600亿元，同业板块总收入突破200亿元，个人贷款在四大板块中的占比由上年末的18%提高到22%。补足军警、社保、个人客户“三大软肋”，军警时点和日均存款均破千亿，余额和新增均列系统第一；社保业务独家代理中央国家机关3500余家单位、近70万人的养老险及职业年金；个人代发工资1925亿元，同比增幅为18%；成立造价、托管、资管、同业中心打造转型“特种部队”，推动特区行、重点行、整合行成为“高水平上补短板”主力军。在“3881”加时赛中表现不俗，3 项关键指标得分率均在 90% 左右，其余 17 项指标中 7 项得分率超过 90%，从总行获得 3000 多万元人力费用；“11 +5”转型推进指标中，3 项地区四行第一，5 项系统第一。

【精准转型布局未来银行】传统银行一轴加速升级，“大资产大负债”跳出存款抓全量资金，跳出贷款抓优质资产，直接融资在综合融资中占比提升至 35%；“三综合”试点网点新增对公客户占分行新增总量的 52%，STM 布放 1126 台，已释放约 300 名柜面员工补充到客户经理队伍；“四轮驱动”中优质资产的利润贡献高达 30 亿元，资本占用率降至 2.71%，经济资本回报率 52% 以上，存款付息率保持同业四行最低，成本收入比降至 19.76%，围绕激发内生动力，进一步将“爱和严”内化为分行文化基因；FITS（飞驰）品牌全面推广，67 个重点综合金融服务方案投产见效，带动存款新增 120 亿元、贷款新增 190 亿元。创新和智慧型银行两翼分别以“投行业务 + 交易型银行”“移动金融 + 数字型银行”建设为抓手，托管自营规模 1.5 万亿元，占全系统的 1/6；手机银行客户总量 731 万户，排四行第一；“银医通”“银校通”“银财通”等创新产品打造行业应用典范，被广泛复制推广；“非首都城市功能疏解贷款”全年授信 237 亿元；ETC 速通卡新增占北京地区银行渠道发行量的 50%；构建“薪享通”“悦邻”等 9 个生态圈和 46 个行业应用项目；私行净值型产品销售量系统第一。

【精准控险创建“平安 · 合规”建行】行领导挂险重点项目，化解 11.47 亿元，减值回拨 5.25 亿元，降低经济资本占用 15 亿元，创造经济增加值 1.57 亿元。客户投诉数量特别是监管机构受理的投诉数量同比减少 72%。会议、招待等六项压缩费用同比下降 3645 万元，降幅为 19%。开展员工行为管理专项活动，加强警示教育，严查严处违规问题。内外部审计发现问题整改率达 99.1%。

精准引领凸显制度机制作用。“航标、路标、坐标”分别明确了转型方向、考评导向和自画像；“精准转型导图”通过精确对标实时评价转型推进情况；“5331”综合考评体系全面考核转型发展控险各项工作，构建起严密的推进制度体系。探索将“零容忍”“一票否决”“上追两级”“三个不放过”“四严四查”形成一套从严治行的制度体系；两年间共对 18 个二级行和 4 个部门开展巡视和巡察，4 年内完成巡视全覆盖。

【开启“红色引擎”，激活发展动力】聚焦党委、支部、党员三个层面，强化党建工作。党委层面以抓传导、抓制度、抓典型“三个抓手”落实党委主体责任；以唱好“三部曲”落实纪委监督责任；以“三项措施”落实干部岗位责任，一是各单位一把手扮好党委书记、行长、法定负责人三种角色；二是以“三挂三促”落实“两学一做”；三是党员领导干部带头落实“一岗双责”。支部层面以轨迹管理加强规范化建设，探索在基层网点实施“九宫格管理”；实现网点支部“党员之家”全覆盖。党员层面充分发挥先锋模范作用，树立“刘艳快线”“林森守规”等一大批先进典型。

执笔：杜国增　何　冰

天津市分行

天津市分行行长　邱书民

一、业务发展概况

2016年，天津市分行负债业务时点与日均新增指标全部超额完成年度计划。截至年末，本外币全口径存款余额2575亿元，当年新增291亿元，增幅为9.4%，超过总行平均水平3.4个百分点，系统内位列第八。资产业务平稳推进，各项贷款余额达到2698亿元，新增302亿元，余额、新增额均列四行第一。组织完成多项大额授信申报工作，全年累计投放人民币对公贷款1145亿元。个人住房贷款全年净新增226亿元，余额达到732.8亿元，余额、新增均保持四行第一。客户拓展成绩突出，对公人民币全部结算账户年度新增3万户，总量实现“两年晋两位”，跃居四行第二。个人有资产客户总量达到531万人，年度新增55万人，增幅列系统内第四位，有资产客户保有率95.16%，排系统内第一。经营效益再创新高，全年实现中间业务净收入27.86亿元，同比增速9.7%，四行占比接近40%，总量、增量、增速均列同业第一，系统内名列前茅。实现拨备前考核利润75亿元，同比增长9.5%，创历史最好水平。

2016年7月5日，天津市分行组织专题党日活动，参观天津大火箭基地。

二、主要工作举措

【一】全面落实转型要求，传统优势更加巩固

公司业务方面　较好发挥对分行转型发展的引领和带动作用。以增加有效客户总量、打通各类资金供给通道为抓手，巩固负债业务同业领先地位。大力支持京津冀协同发展和城市重点领域建设项目，持续加大对“三大一高”客户的信贷支持力度，保持资产业务传统优势。

投资银行业务方面　认真贯彻落实“两全”“两大”[①]活动要求，加快推进资产管理和投行业务转型发展，发挥传统信贷与直接融资产品融合优势，合理搭配固贷、房开贷、永续债、私募债及理财产品，支持本市基础设施建设、政府债置换融资平台贷款、国有资产重组整合工作，全年理财、债券承销项目审批通过金额双超300亿元，实现账面业务收入8.77亿元，同比增幅高达51.4%，系统内排名第十，同业领先优势扩大，在分行全部中间业务收入中占比超过30%。

机构业务方面　与财政社保、教育卫生、军

① “两全”指全员参与大资管、全力发展大资管；“两大”指大力拓展投行客户、大力拓展高收益资产。

队武警等大系统客户的合作黏性不断增强。机构类一般性存款年度新增80亿元，再创历史最好水平。主动跟踪地方财政国库现金管理政策变化，为市国税局搭建资金监控平台，积极推动农民工工资代发业务发展，不断争取更大市场份额。加大社保金融服务力度，积极参与全市医保注资社会化发放工作。此外，不断扩大同业授信规模，提高银证合作产品覆盖度，承接建信资本专项资产管理计划托管业务，托管运营总规模达到215亿元。

国际业务方面　践行国际化转型战略，积极寻找业务增长点，完成首笔自贸区跨境双向人民币资金池业务备案和资金划转工作，办理自贸区首笔中资企业外币跨境借款业务，入选本市公布的第三批自贸区创新典型案例。金融市场业务取得长足进步，全年代客资金业务总量达到146.74亿美元，同比增长52%；实现中间业务收入1.37亿元，同比增长41%，均创历史最好水平，同业排名均列第二，完成“双超工行”转型目标。全年实现外汇中间业务收入3.14亿元，同比增长19%，连续三年获得市外汇局考核A类银行称号。

造价咨询业务方面　成功中标市城投集团建设工程、滨海新区轨道交通、天津港南疆港区等多个重点项目。创新推出分行首笔建设资金管理业务，自主研发完成造价咨询信息化平台，创新应用BIM① 技术进行工程项目全寿命周期全要素管理。通过中国建设工程造价管理协会首批AAA等级（最高等级）工程造价咨询企业信用认证。

【二】结构调整深入推进，战略业务稳步前行

个人金融业务方面　建立起涵盖多个行业领域的个人客户金融生态圈，形成批量获客和拓展营销的新模式。通过加大特色存款产品营销力度、启动“行外吸金”项目以及提升个人客户承接对公经营类资金水平等多项举措，促进源头类资金对存款和金融资产新增贡献显著。通过加强融智类产品协同推动、综合考核，对条线价值创造能力发挥了关键支撑和拉动作用，全年共实现条线牵头中间业务收入3.59亿元，同比增长6.4%。

住房金融业务方面　全年实现中间业务收入2.6亿元，系统内排名第三。以“快贷”产品为龙头加大个人消费贷款推进力度，贷款余额达1.22亿元，较2015年实现翻番增长。

信用卡业务方面　紧抓消费金融发展契机，明确以网点为核心的场景化获客金融生态圈发展方向，强化与个人、房金、私行客户交叉营销，全面提升分期市场竞争力，构建特惠收单商户体系，保持稳步提升发展态势。到2016年末，消费交易额、分期交易额、贷款余额、当年新增贷款列同业四行第一，资产不良率保持同业领先。

小企业业务方面　稳步推进服务渠道建设，积极推动“助保贷”、大数据等重点产品发展。截至2016年末，四部委口径小微企业贷款余额达到188.84亿元，同比增加29.33亿元，增幅为18.39%，高于各项贷款增速5.8个百分点；小微企业贷款客户1229户，同比增加344户；小企业申贷获得率为90.35%，同比提升0.44个百分点，全面完成“三个不低于”监管指标并实现不良额、不良率“双降”。

【三】渠道建设成效显著，服务客户能力不断提升

2016年，分行继续深入推进包括网点、自助设备、电子银行等在内的全渠道建设和结构调整工作，推动资源利用效率、服务客户能力以及综合化营销效果不断提升。在完成全部单功能网点综合化转型的基础上，有序推进旗舰、综合、轻型网点分类建设，加大离行自助设备布放力度，按计划完成智慧柜员机布放开通工作，对柜面非现金业务替代作用显著。电子银行交易和服务主渠道作用得到更好发挥，全年电子银行账务交易量达到柜面交易量的5.74倍、自助渠道的2.05倍，企业网银客户规模保持高速增长态势，电子商务业务在严控风险的基础上稳步推进，电子支付业务实现快速发展。

【四】信贷资产安全可控，基础管理不断夯实

面对经济下行、信贷不良暴露风险加大的严

① 应用于总造价约267亿元的滨海新区轨道Z4线一期项目，预计项目建成后将成为国内首个运用BIM技术进行工程项目全寿命周期全要素管理案例。BIM，即建筑信息模型（Building Information Modeling），是以建筑工程项目的各项相关信息数据作为基础建立的三维建筑模型，通过数字信息仿真模拟建筑物所具有的真实信息。

峻局面，分行全面落实层级和条线风险管控职责，健全“三道防线”联防联控机制，“一户一策”制订落实风险化解处置方案，促进了风险化解处置效率和效果的提升。到2016年末，不良贷款余额20.47亿元、不良贷款率0.76%，垫款额为零，资产质量指标四行最优。持续加强合规文化建设，组织开展“一加强两遏制”回头看等多项专项整治工作，推进审计成果运用工作，不断提升内外部检查发现问题整改工作质量和效率。圆满完成总行“新一代核心系统”三期推广和分行特色配套改造工作，持续优化IT基础环境运行支撑能力。深入推进“平安建行”建设，认真做好信访维稳和安全运营管理工作，成功实现全年不发生案件、不发生重大安全生产责任事故的目标。

【五】党的建设扎实推进，企业文化构筑和谐

2016年，分行党委认真贯彻落实“党要管党、从严治党”要求，在全行形成主要领导亲自抓、分管领导具体抓、职能部门深入抓，一级抓一级、层层抓落实的党建工作新格局。坚持责任导向、问题导向、目标导向，深入开展“两学一做”学习教育，将党建与业务深度融合，增强全体党员干事创业的责任心和自觉性。认真落实全面从严治党党委主体责任和纪委监督责任，持续抓好“四风”问题整改落实，努力推动改进作风工作常态化、长效化。全行各级领导班子注重加强人才队伍建设，各级党政工团组织切实落实“温暖工程”建设要求和关爱员工十件实事，积极开展丰富多彩的劳动竞赛和文娱活动，充分体现“发展依靠员工、发展成果与员工共享”的核心理念，使全行的向心力和凝聚力不断得到加强。

执笔：吕树楠

河北省分行

河北省分行行长　程远国

一、业务发展概况

【负债业务】年末一般性存款日均余额5852.54亿元，比年初新增351.19亿元，新增位居系统第十四、当地同业第四。一般性存款时点余额6205.76亿元，比年初新增685.08亿元，新增位居系统第七、当地同业第一。

【资产业务】年末本外币各项贷款余额4576.04亿元，比年初新增602.79亿元，新增位居系统第五、当地同业第一。

【中间业务收入】全年实现中间业务净收入46.3亿元，市场份额为30.4%，位居系统第十、当地同业第二，有11项产品收入、网均中间业务净收入和人均中间业务净收入位居当地同业第一。

【经营效益】全年实现拨备前利润133.5亿元，同比增长8.1%；实现账面利润112.5亿元，位居系统第七、当地同业第一。

【公司业务】年末本外币对公存款日均余额2314.83亿元，比年初新增69.52亿元，新增位居系统第二十七、当地同业第四。本外币对公贷款比年初增加 -36.89亿元，位居当地同业第二。实现公司牵头口径中间业务收入6.77亿元，位居系统第五。

【机构业务】年末机构客户人民币存款日均

2016年10月28日，河北省分行在石家庄举办全面金融解决方案（FITS）签约仪式暨投资银行业务推介会。

比年初新增 -34.4亿元。总行考核口径中间业务收入实现2472万元，位居系统第十四。累计发放机构客户贷款31亿元。金融社保IC卡发卡86.49万张，完成总行计划的577%，位居系统第二；银医银校通客户新增50户，位居系统第四。

【小企业业务】年末小企业授信客户比年初新增1022户，位居系统第二。单户贷款余额500万元（含）以下客户新增1198户，位居系统第二。“五贷一透”大数据产品客户新增872户，位居系统第一；贷款余额比年初新增5.7亿元，位居系统第二。

【个人金融业务】年末个人存款日均余额3537.71亿元，位居系统第三，比年初新增281.66亿元，位居系统第五。个人有效客户总量达到635.8万户，折算后新增408万户、位居系统第三。个人有资产客户达到1648万户，位居系统第五。累计实施金融生态圈项目135个。大力推广移动支付业务，拓展龙支付客户42.3万户，交易笔数位居系统第一；线上线下商户龙支付改造4.87万户，位居系统第一。

2016年12月5日，河北省分行组织召开龙支付产品推介会。

【住房金融业务】年末个人贷款（不含信用卡透支）余额1925亿元，比年初新增608亿元，新增位居系统第四、当地同业第一。房地产开发贷款余额110.07亿元，当年累计投放44.63亿元。年末“快贷”累计客户29.69万户，新增17.81万户，授信金额47.81亿元，三项指标均位居系统第一。

【国际业务】年末对公外汇存款日均余额7.1亿美元。实现外汇中间业务收入4.42亿元，位居当地同业第一。在省内同业率先实现跨境融资突破，全年跨境融资投放29亿元。国际收支客户比年初增长424户，位居系统第四。金融市场业务实现中间业务收入2.94亿元，位居当地同业第一，市场占比43.36%，比上年末提高11个百分点。代理金交所开户数、对公黄金积存客户数分别位居系统第一和第二。办理系统首笔国内盘玉米套保交易。

【信用卡业务】当年净新增客户56.89万户，存量客户达366万户；当年净增发卡、累计发卡、净增客户、累计客户、账户活动率、消费交易额、收单交易额、新增商户、累计商户、不良率均位居当地同业第一。新增活动商户1.6万户，位居系统第二。实现信用卡中间业务收入11.17亿元，同比增长30.2%。消费交易额1112亿元，同比增长4.71%。分期业务交易额132亿元，同比增长55%。

【电子银行业务】个人网上银行、手机银行、企业网上银行活跃客户净新增分别位居系统第四、第五、第五。电子银行直接业务收入2.42亿元，同比增长5.83%。移动金融柜面替代率达到70.9%，位居系统第五，比上年末提高19.1个百分点。善融商务交易额达到123亿元，同比增长241%，其中个人商城交易额10.7亿元，位居系统第二，同比增长346%；善付通交易额79亿元，位居系统第二，同比增长1875%；悦生活交易量1361.97万笔，位居系统第五；自主开发的代缴费平台活跃商户达到473户。

【资产质量与风险控制】不良资产处置32.98亿元，其中不良贷款处置30亿元，完成总行计划的116.7%；现金回收5.39亿元，完成总行计划的185.7%。五级分类口径不良贷款额（审计后）为48.25亿元，不良贷款率为1.05%。全年未发生案件和严重违规违纪事件。

【内控合规建设】组织开展“合规文化教育年”活动，编制50项业务产品手册，营造了“合规建行、人人践行”良好氛围。有效开展员工行为排查和突出风险专项治理，强化柜面服务与规范管理，做好内控评价及审计发现问题整改，外审问题整改率保持100%。

【其他业务】在投行业务方面，实现投行业务收入7.25亿元；投行融资总量实现689.8亿元，同比增长70%；理财融资133.6亿元，存量规模达到254亿元；资产池规模达227.48亿元；首创中票发行应收账款质押引入政府信用，开市场先河。在同业业务方面，持续推进法人金融机构客户评级授信，多领域拓展托管业务，加快推动债权类投资和委外投资等资产业务，年末同业资产业务规模达484.6亿元，比上年增长241.4亿元；实现同业业务收入5.13亿元。在私人银行业务方面，AUM1000万元以上私人银行客户新增736户，金融资产规模比年初新增123.19亿元，分别位居系统第一和第二；新增签约“金管家”7.9万户，累计达到26.3万户，余额位居系统第一；成功完成系统首单新西兰投资移民业务。财富卡、私人银行卡新增发卡2741张，位居系统第二。在资金结算业务方面，单位人民币结算账户和基本结算账户的总量、新增均位居当地同业第一。

二、主要工作举措

【服务实体经济，提升发展能力】一是保持批发业务优势。一方面，把握京津冀协同发展、京张冬奥、PPP、政府购买服务等机遇，发挥基建领域优势，加强银政企联动，大力拓展“三大一高”客户，积极为铁路、港口、新能源、高端装备制造等领域以及电力、水利等龙头企业提供综合金融服务，服务烟草等大系统客户取得突破。全力支持“一带一路”建设，累计投放国际业务信贷448亿元。小微企业贷款和涉农贷款分别完成“三个不低于”和持续增长的监管要求。另一方面，抓大额资金和重点领域资金，加大农民工工资业务等营销力度，抢抓出口收汇资金沉淀，着力打造资金承接闭环。二是零售业务发展提速。抓全量资金吸纳，推广“增存八法”。以轻银行建设为抓手打造社区根据地，加强基金、保险和贵金属等重点产品销售。抓全量客户经营，重点发展潜力大、具有关键推动作用的代工、个体工商户、社区等八类客群。抓全场景应用，着力打造线上线下协同、多元场景覆盖、客户体验优化的金融生态圈。抓县域市场拓展，在资源丰富的乡镇、行政村加快建设助农服务点。积极支持房地产“去库存”，依托“投贷按”融资支持，抓住廊坊、石家庄、保定、沧州、张家口重点区域加快个人住房贷款投放。

【加快推动转型，迸发新的活力】持续加大转型推进力度，搭建“3+1”转型发展框架①，组织开展“支行转型发展精准帮扶行动”，选取转型指标相对落后且具有发展空间的150家支行作为重点帮扶对象，省市分行联合开展精准帮扶。健全大资产管理机制，加大标准资产投资和资本市场业务创新力度，举办“FITS签约仪式暨投资银行业务推介会”，为重点企业量身定制《全面金融解决方案》。加速资金结算业务转型，推进现金管理场景化应用。开展“金汇共赢”活动，加快金融市场业务发展。持续扩大同业业务规模。推行移动优先策略，构建与全渠道产品和服务高度融合的互联网金融体系。进一步强化部门、条线、层级、境内外、本外币以及母子公司之间的协同联动。

【强化精细管理，提供转型保障】加大强县富镇、空白县域网点建设力度，加快离行式自助银行建设，加强智慧柜员机布放及推广应用。推动网点建设向“三个平台”转型，加快推进网点劳动组合优化，强化综合营销支持。加快推广产品服务创新，做好创新产品推广和移植引进工作，荣获2016年度全行系统最具创新力奖。强化柜面服务与规范管理，加强金融消费者风险意识教育，切实做好消

---

① “3”指2016年转型重点业务推进方案、KPI考核中转型指标以及“建网杯”竞赛活动中七大转型领域指标；“1”指支行转型发展精准帮扶行动方案。

费者权益保护工作。强化大数据推广应用。

【加强风险防控，合规氛围浓厚】落实党委信贷经营主体责任，省分行党委成员牵头督导二级行强化资产质量管控。优选客户和项目，强化对问题客户潜在风险化解、处置的督导，强化风险监测排查和到逾期贷款管理，对问题客户实施差别化处置。明确5000万元以上大额不良项目由省分行资产保全业务部牵头处置，积极推进资产保全工作“四个转变”[①]，强化不良贷款处置量、质、效。持续推进“平安建行”创建，稳步推进“五统一”项目试点建设，全面落实安全管理责任制，实现了安全与案防责任全覆盖。扎实开展安全隐患治理。加强敏感数据保护。及时妥善做好负面舆情处置。进一步筑牢保密管理防线。主动做好信访维稳，未发生群体性上访及恶性事件。

【坚持党建引领，凝聚整体合力】树牢大局意识，坚定不移推进全面从严治党、从严治行。深入开展“两学一做”学习教育，进一步夯实基层党建基础，严格落实中央八项规定精神，扎实开展巡视工作，推动党风廉政建设和反腐败工作向纵深开展。做好干部调整充实交流。实现员工职务晋升常态化，规范省分行本部内设科室设置，建立核心人才库、择优选派优秀年轻干部挂职锻炼，进一步调动了员工积极性。加强民主管理，深入落实关爱员工各项措施，广泛开展优抚慰问活动，凝聚起了推动转型发展的强大合力。

执笔：赵亚旗

山西省分行

山西省分行行长　尚朝辉

一、业务发展概况

【负债业务】全口径存款年末余额3089亿元，一般性存款日均余额2932亿元，四行占比24%，较上年末提升0.59个百分点；日均新增228亿元，四行占比34%，排名第一。其中，企业存款日均余额1265亿元，四行占比27%，排名第二；日均新增111亿元，四行占比51%，排名第一。个人存款日均余额1667亿元，日均新增116.7亿元。

【资产业务】各项贷款年末余额1853亿元，四行占比27%，排名第二；新增221亿元，四行占比38.4%，排名第一，为近几年新增最多的一年。其中，对公类贷款新增99亿元，系统排名第7位，较上年末前移7位；个人类贷款余额四行占比46%，新增占比65%，连续两年四行排名第一。

【中间业务】全年实现中间业务净收入16.7亿元，同比增速11.7%，系统排名第5位；四行占比突破30%，同比增量、增速位居四行第一。

【账户发展】全量账户11万户，四行占比26%；新增1.58万户，四行占比38.6%。增速和增量连续三年保持四行第一。

① 在思维方式上由被动应付向主动作为转变，在处置理念上由处置资产向经营资产转变，在处置方式上由过度依赖呆账核销、批量转让向多措并举转变。

2016 年 3 月 15 日，山西省分行与山西省阳泉市政府签署银政战略合作协议。

【经营效益】实现主营业务收入 81.35 亿元，在增提减值损失支出 27.83 亿元的情况下，实现考核利润 23.3 亿元。

【资产质量与风险控制】不良贷款额 35.9 亿元，低于总行控制计划 11.34 亿元；不良贷款率 1.94%，由低到高位居四行第二；全年累计处置不良贷款 23 亿元。

【公司业务】存款日均新增连续三年保持同业第一；融资租赁款余额系统排名第 4 位；国内保理业务新增系统排名第 8 位；黄金积存业务签约客户系统排名第 9 位。

【个人业务】推进“县域、代工、社保、外汇、专业市场和社区金融”六大工程，打造“旅游、社保、车友、银医银校、社区”生态圈。助农 EPOS 布放 1.42 万台；ETC 发卡 51 万张，市场占比 40%，居同业第一位。

【住房金融业务】个贷余额、新增、资产质量、利率水平 4 项指标保持同业最优；个贷累计投放 185 亿元，新增 122 亿元，余额突破 400 亿元，建立起同业绝对优势和领先模式。

【国际业务】对公外汇存款时点、日均新增均居同业第一；国际结算量同比增长 50%，增速系统第二，跃居同业第二位。

【内控合规建设】持续梳理与规范规章制度，实现电子化和常态化管理；开展“合规建行，人人践行”活动，安排部署 48 项专项任务，提升内控合规水平。

【其他业务】机构业务建立银医银校金融服务生态圈 25 个，位居同业第一。投行业务产品融资额达到 317 亿元，同比多增 79 亿元。同业业务累计办理 450 亿元，同比增幅 480%，票据贴现 162 亿元，买入返售票据累计业务量系统排名第四，同业资产、负债、客户等实现新突破。信用卡业务累计发卡量、特约商户、分期交易额、中间业务收入等 7 项指标位居四行第一。私人银行业务客户保有率位居系统第一。电子银行业务手机银行客户总量、新增位居同业第一；持续参与山西品牌“中华行”“网上行”活动，被山西省劳动竞赛委员会荣记集体三等功。

二、主要工作举措

【加强形势研判，明确工作思路】山西省分行党委班子直面危机、砥砺前行，认真贯彻落实总行转型发展决策部署，紧紧围绕“促转型、强发展、降不良、夯基础”指导思想，全力践行“一个核心、两篇文章、三个着力、四创联动”工作思路，即“以提质增效为核心，做好转型发展和质量管控两篇文章，着力提升转型创新能力、精细化管理能力、综合协同能力，推进战略转型业务发展，提比争先，努力打造最具价值创造力的当地最优银行”。进一步明确“大资产、大负债、大同业、大数据、大太原”五大转型发展路径。

【服务地方经济，履行社会责任】紧扣地方经济发展支点，不遗余力支持煤炭行业脱困转型、非煤产业提质增效、工业产业结构调整和转型升级。发挥全牌照优势，为 35 户重点客户制订综合金融服务方案。作为主债权行对 34 户企业牵头组建债委会，在同业中国数量最多。对七大煤业信贷支持 290 亿元，在完成转续贷、承销企业债券、融资租赁业务等方面得到山西银监局肯定。与山西焦煤集团、省国资委签订山西首单市场化“债转股”协议，设立 250 亿元专项基金，引领同业。副省长王一新对建行 2016 年工作高度评价，做出重要批示。

【推进转型创新，释放发展活力】抽调业务骨干组成宣讲团，完成对所有二级分行及交流干部、新员工培训班宣讲。制订转型方案，省分行业务部门、二级分行均制订体现特色和差异性的转型发展行动方案。整合升级太原地区机构，成立并州分行，加大资源倾斜力度，强化服务保障职能，综合竞争力跃居同业第一。监狱管理系统金融生态圈建设、重点城市行机构改革被总行作

2016年6月28日，山西省分行开展“两学一做”党日主题活动。

为典型案例在全行推广。优化创新机制，出台《创新管理办法》，重构创新统筹委员会，推动“1+1+N”创新移植平台落地，自主创新项目同比增加5项，移植创新项目增加12项。智慧转型加速推进，新一代3.2期系统、个人业务营销辅助及对公客户经理考核系统陆续上线；布放智慧柜员机1275台，渠道迁移率升至系统第五位。

【持续优化信贷结构，推进资产业务发展】紧紧围绕“控煤、增电、强化双基、全力做大个人类贷款”信贷业务发展主体思路（即，严控煤炭行业信贷余额零增长，适度支持国有五大发电集团优质项目、电网项目，强化基础设施建设和机构类业务）。突出“三大一高”非煤产业，交通、租赁和商务服务业以及电力行业合计新增78亿元，占全部新增的145%。全力拓展机构客户，以“机构业务营销年”为契机，成功营销太原理工大学、太原科技大学、武警山西警卫局基本户；与山西省人民医院、解放军27集团军、山西省监狱管理局等建立合作关系。强化个贷业务发展，持续完善“个贷中心+网点”的营销体系，叫响“要买房到建行”口号。

【建设金融生态系统，做实负债业务基础】打造金融生态系统，以“打造个人金融生态圈建设”为抓手，布局旅游、社保、车友、银医及银校、社区五大方面，建设26个金融生态圈项目。开展精准营销，统筹结合总行大数据分析结论和全行客群实际，重点关注“价值客户提升”“优选临界有效客户”“投资理财潜力客户”“关系圈潜力客户”“代工客群及“产品覆盖N+1”六大客群。抓好资金体内循环率和承接率，发挥机构存款“稳定器”作用，做好公积金存款的“缓降控流”工作。

【强化资产质量管控，提升不良资产处置成效】严控欠息逾期类贷款，通过实时调度、持续督导、重点检测、联合帮扶、现场指挥等多种方式，千方百计消除逾期贷款。2016年逾期贷款低于总行控制计划25.8亿元，逐季均完成总行资产质量控制计划。全力控制新暴露不良贷款，对“30大”风险项目严防死守，全力化解，项目处置金额17.7亿元，确保全年新暴露不良贷款低于2015年。加大不良资产处置力度，首次通过资产证券化处置不良贷款7527万元，批量转让处置12亿元，现金回收4.4亿元，平均回收率高于上年度4.98个百分点。

【严格责任落实，严守风险底线】明确将“管控好资产质量”作为全行重中之重的工作来抓。强化信贷流程控制，贷前环节实施差别化分类管理；贷中环节充分发挥授信审批把关和调节作用，全面实施集中放款中心模式；贷后环节推动信贷管理责任实施，将风险防控责任落实到各级机构、各业务条线和各管理岗位，率先实行预警客户分级差别化管理。强化信贷主体责任落实，召开30次对公预警客户跟踪管理高层分析会、重点项目专题分析会、部门联动信贷会商会、资产质量管控调度会，部署资产质量管控工作。

【筑牢案件防控基础，维护全行安全稳定】强化员工教育管理，组织开展“学准则守规矩 学条例守纪律”教育活动，召开万人警示教育大会，开展主题教育“五学”活动，全年未发生重大违规案件。加大监督执纪问责，发挥巡视“利剑”作用，完成对两个二级分行及所辖15个县支行，以及省分行两个部门巡视巡察。深化“平安建行”创建，示范点达到191个。加强信访维稳，预警得力、反应快速，妥善处置重大风险事项，2016年度信访工作考核名列系统第一。

【坚持党建引领，强化组织建设】深入开展“两学一做”学习教育，党委书记带头讲党课，行级领导全部深入基层党建联系点进行党建调研并讲授专题党课；省分行、二级分（支）行107个本部党支部与基层党支部开展结对子主题联学。层层压实“两个责任”，省分行党委书记、党委委员就经营、党建、党风廉政建设8次约谈二级分（支）行领导。优化调整党建党务岗位，创建“山西建行党员 e 站”微信公众平台。

【优化队伍建设，激发内生动力】重视人才培养，落实总行“213 人才工程”，开展“百人工程”选拔交流，建立各条线后备人才库。强化全员培训，举办各类培训项目 908 期，累计受训 7.92 万人次，同比增加 9400 人次，其中集中培训 6.2 万人次。关心关爱员工，以建晋党发“一号文件”明确关爱员工十件事，推行“行长接待日”至基层，激发员工内生动力。弘扬先进典型，召开建党 95 周年暨“两优一先”表彰大会，开展创建红梅品牌 13 周年纪念活动，举办“因为有你，转型发展更精彩”表彰大会。开展丰富多彩文体活动，开展“创新创效金点子，提质增效好办法”产品创意大赛；举办省分行职工运动会、第四届职工羽毛球比赛。

执笔：薛　峰

内蒙古自治区分行

内蒙古自治区分行行长　张　勤

一、业务发展概况

【负债业务】全口径存款年末余额 2736 亿元，领先地区四行排名第二的行 529 亿元，当年新增 401 亿元，地区四行占比为 57%。一般性存款日均余额 2482 亿元，领先地区四行排名第二的行 424 亿元，当年新增 338 亿元，地区行占比为 57%。

【资产业务】各项贷款年末余额 2294 亿元，是自治区第一家贷款余额突破 2000 亿元的商业银行，领先地区四行排名第二的行 590 亿元，当年新增 361 亿元，地区四行占比为 81%。

【中间业务】全年实现中间业务净收入 14.7 亿元，地区四行占比为 32%，排名第一。

【经营效益】全年实现税前利润 32.4 亿元，地区四行占比为 146%，排名第一，同比增加 45.4 亿元。

【资产质量与风险控制】不良贷款实现“双降”，资产质量地区四行最优。不良贷款余额 48.5 亿元，比年初减少 25.9 亿元；不良贷款率 2.12%，比年初下降 1.73 个百分点。

【个人金融业务】个人存款余额 1364 亿元，地区四行排名第一；个人存款日均新增 107.4 亿元，地区四行占比为 30%，排名第一；个人类贷款余额 514 亿元，地区四行占比为 31%，当年新增 57 亿元，地区四行占比为 67%，均排名第一；个人金融重点产品收入增幅均列系统前十，同业可比产品收入连续两年地区同业排名第一；个人有效客户（折算前）新增 28.8 万人，增速系统排名第五。私人银行客户增速 13.3%；手机银行客户总量、新增，个人网银客户新增四行排名第一。

【公司业务】对公存款余额 1325 亿元，地区四行占比为 36%，排名第一。对公存款日均新增 231 亿元，地区四行占比为 96%。对公贷款余额 1780 亿元，地区四行占比为 33%，排名第一；当年新增 304 亿元，系统排名第二，地区四行占比为 85%。对公有效客户（折算前）新增 3652 户，对公加权有效客户（折算后）新增 14387 户，计划完成率达 151%，新增系统排名第 11 位。

【国际业务】对公外汇存款时点、日均新增

2016年3月15日，内蒙古准格尔分行开展“3·15金融消费者权益日”宣传活动。

均地区四行排名第一；贸易融资累计投放53.5亿元，地区四行占比为45%，贸易融资余额25.8亿元，地区四行占比为59%，均排名第一；完成跨境人民币结算32.75亿元，计划完成率达109%；对公外汇账户新增计划完成率达136%。

【内控合规建设】合规官试点工作稳步推进，建立了横向到边、纵向到底的组织体系。区分行、二级分支行全部配备合规官，区分行设立一级部建制合规部，二级分支行全部设立合规部门，计划单列支行、旗舰行及县域支行，在综合管理部内设合规岗。各层级合规部向同级主要业务部门派驻专职合规员，其他部门设兼职合规员。全区同级专兼职合规员234人。

【其他业务】单位人民币结算账户总量、新增、增幅保持四行第一。新型结算产品和现金管理业务完成计划任务。大力推进政府购买服务贷款业务，全年累计投放337亿元。“棚改融”批复授信155亿元。投资银行业务，成功获批6只基金、金额183亿元，16个理财项目、金额50亿元。教育、医疗行业贷款余额、新增均四行排名第一。全面完成银监会四部委口径小微企业“三个不低于”监管指标。工程造价咨询业务收入超额完成全年计划。信用卡中间业务收入同比增长22.5%；账户活动率等指标系统排名靠前，发卡等多项关键指标实现同业“五连冠”。Epos商户增量系统排名第二。移动金融柜面替代率、个人电子银行产品覆盖度提升值，系统排名靠前。委托性住房金融业务市场占比为70%。私人银行客户专属理财产品销售系统排名第12位。

二、主要工作举措

【多措并举，全力化解不良资产】一是强化信贷主体责任。调整区分行领导班子分工，一把手主抓资产保全工作，一位副行长和两位行长助理协助管理。实施行领导挂钩督导机制，对重点机构进行有效帮扶。摸查潜在风险客户底数，建立“一户一策”化解处置责任制。二是建立健全不良资产防范化解工作机制。全年累计整户处置不良贷款111户，贷款本金74亿元。加强队伍建设，二级分行均成立了不良资产处置团队。三是加大、加快存量不良资产处置力度和进度。完善“重心下沉、三级经营”的工作机制，抓好总分行重大不良项目处置。抓依法收贷和现金回收，全年实现现金回收不良贷款28.15亿元。用好用足不良贷款重组新政，加大催收力度。天润化肥项目通过单户债权转让方式处置，本金无损。提升批量转让处置效率，全年通过批量转让累计处置贷款本金29.8亿元，涉及项目77户。加快核销进度，全年累计核销不良贷款7.7亿元。参加总行证券化试点工作，全年通过不良资产证券化处置不良资产4.5亿元。全面启动不良资产处置外部风险代理工作。采取“后银团”贷款管理模式，处置重大风险项目。

【发展客户，夯实账户基础】拓展个人客户方面。通过开展重点指标专项攻坚活动，累计提升有效客户14万（折算前），激活零资产客户45.5万人；组建以“专业侧重+团队联动”为模式的综合营销团队；完善营业网点“双客户经理”维护客户机制，开展精准营销，做大私人银行客户规模。拓展对公客户方面。开展“大干50天，授信上台阶”等竞赛活动，加强项目储备。活动期间，对公授信新增1307亿元，投放480亿元。利用“资金体内循环承接系统”功能，加强精准营销。组建各层级由行领导为组长的营销团队，拓展政府类客户。拓展账户方面。开展账户全员营销等系列活动；紧跟商事制度改革，调整营销策略；抓住“圈”“链”“会”的集群特点，加强账户批量营销；在存量客户中挖掘新商机。

【抓住重点，发展存款业务】发展个人存款方面。搭建服务场景，全年完成生态圈项目22个。围绕理财业务“两个百亿”目标，强化重点

2016年9月1日，内蒙古鄂尔多斯分行开展“金融知识进万家”宣传服务月活动。

产品销售，理财产品销售增幅为21%。深入推进“个人客户一体化”经营和代发工资业务发展，累计代发626亿元。发展对公存款方面。公司条线开展“抓存款 拓客户 全面提升资金体内循环水平”主题竞赛活动，加大精准营销力度。同时，以信贷资源为撬动，对依赖性较强的客户做到受托支付资金全流程体内循环，对信贷需求相对较弱客户争取第一手受托支付资金体内承接。针对资金体内循环承接工作明确专职联系人，建立跨二级分行联动营销机制。对公资金体内循环率系统排名第五，对公资金体内承接率系统排名第三。关注机关事业单位养老保险制度改革，各类社保存款新增28亿元，增幅为20%。

【加强创新，扎实推进转型】制订区分行转型发展规划实施方案和条线、板块实施方案，确定九大板块转型重点。开展转型宣讲、培训，强化理念传导，加强考核激励引导。深入推进渠道转型、网点“三个平台”建设、网点分级分类管理。加大改革创新力度，全年创新产品18项，移植10项。推出政府购买服务贷款、“棚改融”、金融顾问服务等特色业务。加强小微企业产品创新，推出“保链融”“质链融”“企链融”“惠农融—雏鹰贷”“惠农融—华蒙贷”“政保融、政担融”“小押融”“押监融”等标准化产品。加快个贷产品创新和流程优化，推出了“房易贷”“组合贷”“消费易贷”等产品。加强产品创新移植，完成了私人银行“天使成长”和“保险定制”，资金结算业务“结算产品组合服务套餐项目”等。

【多管齐下，加强队伍建设】一是从严管理干部。健全干部日常监督管理机制；强化人力资源集中统一管理，加强对领导班子和领导人员的管理监督、激励约束；对区分行管理的领导人员、后备干部及中长期培养对象进行核查；进一步规范二级分支行干部管理。二是优化领导班子结构。配齐配强二级分（支）行及区分行部门领导班子，为所有二级分行配备了合规官；积极推进“213人才工程”选拔推荐；选拔20名优秀青年干部到旗县支行挂职锻炼；开展区分行内设机构科室负责人推荐选拔工作。加强专业技术岗位职务聘任工作。进一步打通经办岗位员工职务晋升通道，员工职务晋升速度由8年缩短到2～4年。扎实开展员工教育培训，全年累计培训3.9万人次，人均培训达10.1天。

【多管齐下，强化风险内控】加强全面风险管理。强化信用风险管理；严格落实“风险管理职责进党委”；加强经济资本应用管理；加强三大业务风险管控；加强押品管理；率先实现系统内省分行全辖以二级分行为单位的个贷业务放款集中审核。积极调整客户、产品选择策略，信贷结构优化成效明显，基本建设贷款、中长期贷款、央企、地方国企等客户贷款占比实现两位数增长。加强信贷检查工作，区分行设立一级部建制信贷检查中心，12个二级分行成立一级部建制信贷检查中心，3个分支行设置信贷检查岗位；开展全区信贷大检查。不断提高授信审批质量和效率。强化法律工作在风险防范与化解中的作用。持续加强案件防控工作。进一步加强防范声誉风险，全年未发生媒体负面舆情。持续深化“平安建行”创建，实现了无重大恶性案件、无重大安全责任事故、无重大群体性事件目标。

执笔：其木格

辽宁省分行

辽宁省分行行长　袁桂军

一、业务发展概况

【主要业务指标】一般性存款日均余额、时点余额和时点新增额四行排名均为第一，一般性存款日均余额4079亿元，四行占比为33.66%，日均新增301亿元，四行占比为35.78%；各项贷款余额、新增额四行排名均为第一。各项贷款余额2944亿元，四行占比为33.13%；新增305亿元，四行占比为46.75%；中间业务收入四行排第一，占比提升，实现中间业务净收入31.15亿元，四行位列第一，四行占比为40.22%；实现税前利润73.88亿元，四行占比为61.9%，领先第二位的工行52.8亿元；创造经济增加值35.34亿元，增幅为5.1%。资产质量位居四行第一；不良贷款额19.72亿元，比年初增加2.78亿元；贷款不良率为0.67%，四行最低，系统内排名第七；累计处置各类不良资产21.13亿元，转让三个资产包，总额9.96亿元，本金回收率均位列系统前三。

2016年2月16日，辽宁省分行召开全省2016年工作会议。

【公司业务】对公存款日均余额1714.67亿元，四行排名第一，四行占比为40.82%；对公贷款余额1970.36亿元，新增150.91亿元，四行排名第一，其中对公非贴贷款余额1661.77亿元，比年初新增134.10亿元，四行排名第一。全行对公全量客户85350户，较上年末新增8006户，增速为10.35%；其中折算前有效客户41675户，较年初新增2766户，增速为7.11%。实现对公条线中间业务收入17.32亿元，四行排名第一。

【个人金融业务】个人存款日均余额2364亿元，系统内排名第13，同业排名首位，占一般性存款余额的58%，日均新增169亿元，系统内排名第13，同业排名第二，占一般性存款新增额的56%；个人贷款余额889.7亿元，全年新增141.5亿元，余额、新增四行占比分别为37.62%、44.25%，分别比年初提高1.04和4.05个百分点；全年实现条线中间业务收入15.89亿元，占全行中间业务收入的48.50%，同比增加1.5亿元，同比增速为10.42%。加权个人有效客户余额1635万户系统内排名第14，新增184万户，系统内排名第14位，较年初提升2位，增速为13%。战略级私人银行客户较年初新增26户，余额达到74户，增量和增速分别排在系统内第7位和第5位。全年实现个人客户金融资产日均新增287亿元，系统内排名第12位，其中非存款类金融资产日均新增118亿元，系统内排名第10位，比同期多增40亿元，增速为18%。移动金融交易量占比为64.21%，较上年提升14.14个百分点。

信用卡累计客户 217.36 万户，系统内排名第 14 位，同比提升一个位次，四行占比为 36.31%，四行位居第一；当年净增客户 33.94 万户，系统排名第 10 位，同比提升 2 个位次，四行占比为 43.56%，四行排名第一；累计发卡 285.98 万张，系统内排名第 14 位，四行占比为 33.61%，位居四行第一；当年净增发卡 48.01 万张，系统内排名第 11 位，四行占比为 35%，位居四行第一。

【房地产业务】房地产开发贷款累计投放 11.19 亿元，房地产开发贷款余额为 41.67 亿元，综合收益率达到基准利率上浮 20%。个人住房贷款余额 868.5 亿元，四行占比为 38.2%，比年初提升 0.69 个百分点，新增 142.9 亿元，四行占比为 42.14%，比年初提升 3.64 个百分点，新增领先第二位的工行 62.1 亿元，余额领先第二位的工行 263.3 亿元，份额四行占比稳步提升。

【中间业务】实现中间业务净收入 31.15 亿元，位居四行第一，四行占比 40.22%，比上年提升 2.45 个百分点，增速 9.40%，系统内排名第 8 位。对公条线中间业务收入再创历史新高，四行排名继续保持同业首位，全年实现中间业务收入 17.3 亿元，同比增长 1.7 亿元，增速 11.0%；对私条线实现中间业务收入 15.4 亿元，同比增加 1 亿元，保持四行第一。2016 年理财销售 917 亿元，债券承销 522 亿元。2016 年对公资管业务实现中间业务收入 7.77 亿元，同比新增 3.2 亿元，系统内排名第 9 位，较上年末前进 1 位。信用卡全年实现中间业务收入 5.4 亿元，同比增长 9446 万元，贷记卡收入四行占比达到 35%，保持四行第一。

【国际业务】国际业务取得对公外汇存款时点余额、日均余额及新增、国际业务中间业务收入、外汇资金交易收入、跨境人民币业务量及增量七个四行第一。对公外汇时点存款折人民币 76.1 亿元，新增 16.5 亿元，四行占比 46.1%；对公外汇日均存款折人民币 93.3 亿元，新增 30 亿元，四行占比 50.9%，提升 7.9 个百分点；国际业务收入 26484 万元，四行占比 37.7%，提升 4.7 个百分点；代客资金交易收入 8999 元，四行占比 43.2%；跨境人民币业务量 278.3 亿元，增长 32.3 亿元，四行占比 34.1%，提升 10.4 个百分点；外汇利润 1814 万美元，系统内排名第 4 位。

【资产质量与风险控制】不良贷款额 19.85 亿元，比年初增加 2.90 亿元；贷款不良率为 0.67%，四行最低，系统内排名第 7 位，比上年提高 5 位；累计处置不良资产 24.72 亿元，总行计划完成率 148%，现金回收已核销呆账资产 0.95 亿元，完成总行计划的 203%。

【内控合规建设】巩固和深化制度梳理规范工作成果，完成规章制度修订 14 份，新订规章制度 46 项。开展新一轮全行性《辽宁省分行重点业务严重违规行为处罚手册》（简称《红线手册》）的再学习、再培训活动，累计培训 12651 人，加强合规文化传导，组织开展查找身边风险点、内控合规标兵事迹、“合规大家谈”笔会等文化宣传活动，促进全行业务健康发展。

2016 年 12 月 20 日，辽宁省分行与中国医科大学举行战略合作协议签约仪式。

二、主要工作举措

【上下同心，转型发展落实落地】

2016 年提出“向下做、往外走、向上要、强沈阳、机代人”的深化转型策略，综合性服务能力显著提高。对公有效客户扭“负”为“正”，较年初增长 4579 户，增速 2.75%。个人加权有效客户较年初新增 184 万户，增幅 12.71%，完成总行计划的 113%。结算账户新增和增速继续保持四行第一，累计引进客户 3707 户。推动全省“机构业务营销年”十大主题营销活动，新增机构类客户 994 户，计划完成率 276%。成功与沈阳、鞍山、本溪等 9 个地市政府签署了战略合作协议。全年信用卡净增发卡 48 万张，净增客户 33.9 万户。交通龙卡发行和 OBU 安装领先同业，ETC 龙卡累计发卡 124 万张；OBU 累计安装 41.7 万台，市场占比 41%。截至 2016 年末，全量商户 2.36 万户，当年净增达标商户 3490 户。

中间业务收入拓展呈现新增长点。通过加大

销售理财、做强做大资产池规模、积极拓展同业客户等措施，实现投行中间业务收入9.18亿元，四行占比为65.08%。促进国际业务发展，实现对公外汇中间业务收入2.63亿元，四行占比37.7%，较上年提升4.7个百分点。重点围绕省、市、区三级财政投资评审项目、公共事业单位、国家重点投资领域等项目，开展造价咨询服务，实现收入0.68亿元。加大"两金一险"高弹性产品销售，全年实现保险销售收入3.32亿元，占个人金融业务中间业务收入的38.42%。全年实现信用卡中间业务收入5.4亿元，四行第1；贵金属业务收入突破亿元，实现收入1.29亿元，同比增加0.74亿元，完成全年计划160%；收入比工行达到366%，系统内排名第2。

产品服务输送能力提升。全行565个营业网点，全部取得综合经营执照，网点综合化率达到100%；综合柜员2099人，柜员综合化率达到99%。先后与辽宁省供销社，以及沈阳、鞍山、本溪、丹东、营口、铁岭、朝阳、葫芦岛8家地市供销社签署战略合作协议，实施"村口银行"战略积极打造县域金融生态圈，开展"一县一市场"营销拓展活动，新增区县级新农合专户18户。

多功能服务转型加速提质。积极落实总行"三大一高"战略，当年金融总量日均5000万元以上客户新增84户。实现军警、代理财政、地方债资金承接存款的有效增长，其中，军警存款首次突破100亿元大关，系统内排名第3。新增代发工资个人客户59万户，代发金额新增116亿元。以现金池、票据池、一户通等创新产品及银企直联渠道应用维系客户存款632亿元，较年初增长119亿元。全年住房资金归集新增80亿元。

全省东北振兴项目2647个，分行已对接1845个，当年新增投放113.9亿元，新开户84户。PPP贷款继续保持同业及系统内领先，当年新增投放10笔，总计23亿元。信用卡消费交易额380亿元，取现交易额44亿元，系统内排名第10，成功取得沈阳公积金贴息贷款业务承办权，共投放贴息贷款32.8亿元，同业占比54.5%。母子公司联动快速增长，实现联动额56.7亿元，同比新增23.8亿元。

集约化管理水平不断提高。建立"多方位、全覆盖、全面考核、压力均等"的绩效考核体系，加大"转型规划推进"指标考核权重。坚持"价值创造""上不封顶、下不保底"的原则，坚持经济增加值、主营收入、KPI挂钩配置导向。加大对条线业务拓展的配置力度，集中当期挂钩绩效薪酬的50%、营销费用的50%，以埋单的形式兑现到各行。

资产池运营领先，规模达到366亿元，系统内排名第8。理财产品时点余额917亿元，系统内排名第5；新增553亿元，系统内排名第4。承销及认购辽宁省地方政府债券424亿元，在全省金融机构中排名第1位。对接沈阳市东北振兴项目325个，实现开户94户，提供金融支持130亿元。

加强银政合作，争取到12个"一带一路"及"走出去"项目。与多家海外分行联动，办理跨境贸易融资320亿元、跨境购汇9.2亿元，带动跨境量91亿元、外汇日均存款51亿元，带动中间业务收入1.41亿元。

成功开展首笔结构性存款同业投资、存单质押同业投资、债权类同业投资、同业代付、新型同业投融资5个同业产品。同业存款日均余额70亿元，比年初增长25.8亿元；同业资产余额246亿元，系统内排名第8；同业日均资产321亿元、利息收入10亿元，系统内排名均为第6位。

全年贴现余额309亿元，位居四大行第一，系统内排名第2，实现收入14.98亿元，系统内排名第2。

2016年，产品创新项目142项，系统内排名第4。

电子银行客户规模不断扩大，手机银行客户净增126万户、微信银行客户新增45万户，系统内排名均为第12。善融商务交易35.3亿元，完成总行计划的231%。全行在用智慧柜员机2541台，台日均交易量由上线初期的9笔提升至55笔；全行高柜由1537个精简到1202个，点均高柜数量由2.8个降低至2.2个，释放出智慧柜员机推广人员1319人。

【严防案件，牢树稳健经营理念】

资产质量管控得力。建立清收处置工作机制，通过"定人、定责、定方案、定时间"，全年现金回收已核销资产0.95亿元。推进案件防控工作责任体系建设，强化业务部门和各级机构的案件防控第一责任，突出纪委监察部门查处职责；健全完善内控合规组织体系建设，在二级分（支）行和省行部门设置合规团队或岗位；深入推进“员工业务行为规范专项治理年”活动，开展员工行为排查，养成规范操作的良好习惯。2016年，审计检查发现问题799个，整改率98.5%；辽宁分行荣获“2011—2015年度全国法治宣传教育先进单位”称号。

【敢于担当，充分发挥党建优势】

稳步推进“两学一做”。开设“两学一做”学习专栏，及时传达党中央及总、省行的政策精神，实时更新学习动态240余篇。下拨“两学一做”专项经费46万元，支持全行党员“全面学”工作；组织召开了“两优一先”表彰大会；针对“三严三实”专题民主生活会中征求的37项意见建议，全部进行了整改。

切实履行“两个责任”。与二级分（支）行、省行部门主要负责人签署60份《全面从严治党责任书》，开展对9家二级分（支）行“两个责任”落实情况及案件防控工作现场检查；从思想建设、组织建设、作风建设、党风廉政建设和制度建设五个层面入手，强化领导班子党建工作主体责任，使党建工作由软任务变为硬指标；选定26个总行级和29个省行级“党员之家”示范点，下拨专项经费127万元；制定《加强党的建设推进全面从严治党的实施意见》，切实解决党的领导弱化、党的建设缺失、全面从严治党不力等问题，打造党建优势，促进全行深化改革和转型发展。

加大巡视工作力度。成立省分行党委第三巡视组，确保巡视“全覆盖”；紧扣“六项纪律”，紧盯“三大问题”，不断规范巡视整改工作，落实管党治党“严”要求；采用“一拖二”的形式，对县域支行进行了专项巡视。截至12月末，三个巡视组完成了对10家二级分（支）行的巡视工作，并对8个县域支行开展了专项巡视。

保持高压惩治态势。全年共处理各类违规违纪人员180人次，其中，给予党纪处分25人次（警告16人次、严重警告9人次），给予行政处分155人次（警告93人次、记过48人次、记大过13人次、降级1人次）。在全行推广开展“治懒、治拖、治散、治假”的“四治”活动，持续打造“风清气正，敢于担当”的良好氛围；加强经费核算管理，坚持勤俭办行，节俭办事。2016年，全行招待费和宣传费同比下降了12%和23%，差旅费和会议费同比下降了6%和24%，公务用车费同比下降29%。

【激发动力，“人才”大行显现成效】

打造优秀班子队伍。全年共完成43个单位共计60名省管领导人员的择优聘任工作；全年对二级分（支）行领导班子综合竞争力呈下降趋势的16名行级领导进行了提醒谈话、诫勉谈话；坚持党管人才，按照总行党委要求，积极选拔总行“213”人才库推荐人选；让“红脸出汗”成为常态，加大了对领导人员提醒、函询和诫勉力度，起到了防微杜渐的作用。2016年因个人事项填报问题处理了18名领导人员，其中提醒13人，诫勉4人，移交纪委1人。

加强员工队伍建设。进一步完善以业绩挂钩和价值创造为核心的绩效分配机制；围绕提升转型发展能力，全年共举办培训项目529期，培训3.04万人次；对县域支行7名负责人进行内部等级晋升；聘任客户经理1412人，风险经理113人，产品经理158人。积极履行社会责任。完善员工医疗保障体系，增加员工重大疾病保险保额，2016年，已有59名员工得到880万元的保费兑现；完成了全行离休人员护理费、艰苦边远地区离休人员津贴补助、全行退休人员2016年增资的调整及补发工作；全年共帮扶困难职工708人，发放扶贫帮困资金163万元；认真落实总行公益项目要求，围绕核心民生需求，精选12个捐赠扶贫项目，合计捐款80万元。

执笔：李远策

吉林省分行

吉林省分行行长　杨铁军

一、业务发展概况

【负债业务】全口径存款日均余额2385亿元，日均新增117亿元，增长5.2%。一般性存款日均余额2318亿元，日均新增204亿元，增长9.6%。其中，对公存款日均新增97亿元，个人存款日均新增106亿元。全口径存款、一般性存款、企业存款的日均余额和新增额及个人存款日均新增额等7项指标居四行第一。

【资产业务】各项贷款余额1625.9亿元，新增66.7亿元，增长4.3%。其中，对公贷款余额1110.4亿元，新增28.6亿元，增长2.6%；个人贷款余额515.5亿元，新增38.1亿元，增长8%，各项表外理财融资341.7亿元，增加99.1亿元。对公非贴贷款新增、个人住房贷款新增居四行第一。

【资产质量】全行不良贷款余额43.72亿元，增加4.35亿元；不良贷款率为2.69%，上升0.16个百分点，均控制在总行计划之内。贷款不良额、不良率居四行第三。

【效益指标】税前利润39.8亿元，同比增加18.1亿元，居同业第一；EVA15.2亿元，同比多增13.4亿元；中间业务毛收入21.7亿元，市场占比42.2%，居同业第一。

【客户新增】单位人民币结算账户10.6万户，增长9.9%。其中，基本户7.9万户，增长13.6%，结算户、基本户总量及净新增均居四行第一。

【公司业务】紧盯“三大一高”、城镇化、基础设施建设、PPP项目、政府购买等优质项目，全力提供综合金融服务方案。重点加大了对汽车、医药、涉农、装备制造、电力等支柱产业和优势行业的支持力度，营销了伊通河流域综合治理、鲁能漫江旅游开发等一批优质项目，作为牵头行和代理行组建了吉林省有史以来最大规模的伊通河综合治理银团贷款项目。全年累计投放人民币对公贷款1286亿元。

【个人金融业务】积极融入客户需求场景，累计搭建结算生态圈25个，拓展IC卡行业应用，金融IC卡增长33%，金融社保卡增长105%，大力推广龙支付、龙卡云闪付等移动支付产品，建立了“一卡通”农民工代发工资平台和代发工资监管平台，做好基金、保险、贵金属等投资理财产品销售，实现中间业务收入5.4亿元。私人银行以“金管家”现金管理为切入点，整合了“私享联联+跨境服务”体系，私人客户现金管理交易额新增列系统第六，私人银行客户、金融资产新增均居同业第一，实现了10亿元的系统内最大家族信托签约额。

【房地产业务】全力“做大”个人住房贷款。在保持一手房贷款优势的基础上，加大二手房贷款市场拓展，通过产品创新、流程梳理、加强与优质中介合作等方式，提升二手房贷款业务的社会认可度和市场竞争力。

【中间业务】开展了服务收费合规性自查，梳理了自2012年以来服务收费相关制度，编制了《服务收费相关文件汇编》，进一步规范了中间业务发展。国内保理、债券承销、国际贸易融资手续费、代客资金业务收入等16项产品排名四行首位。

【国际业务】举办了支持企业“走出去”推介会，向140余户重点企业推介了综合服务方案，办理了省内同业首笔跨境融资风险参与业务，实现了出口代付、网银外汇汇款、黄金租借配套远期套保等业务零的突破，成功为长客股份三个重大海外项目办理境外保函5000万美元。

【风险管控】持续推进信贷结构优化调整。积极办理绿色信贷业务，加大对产能过剩、“去库存”行业及风险缓释措施不足企业的退出和压缩力度；加强了信贷全流程管理。授信审批实行了差别化授权和动态调整，明确了放款中心审查把关职责，研发了风险监测机控工具，完善了押品管理措施；强化信贷主体责任，实行双线考核奖惩。梳理不良项目清单，明确了各层级主要经营责任人和回收方案。实时调度、逐户督导推进风险处置化解；灵活运用常规催收、司法诉讼、盘活重组、呆账核销等“组合拳”全力推进，全年共处置不良贷款30.2亿元，完成总行计划的125%。

【内控合规】建立了预警信息跟踪处置管理制度，召开了深化合规管理全行员工大会，开展了“合规建行、人人践行”创建活动，持续开展“一加强、两遏制”等系列内控专项检查和排查，开展了“保密涉及你我他”和“合规用印、人人有责”宣传展，重点落实外部监管事项，稳步推进反洗钱集中作业，持续优化内外部审计问题整改机制。

二、主要工作措施

【转型引领，创新驱动】

以具有分行特色的系列转型发展实施方案为依托，全行转型继续向纵深推进。制订了县域支行转型发展三年行动方案，着力打通基层一线转型“最后一公里”。建立了“一点接入、多方协同”的“1+N”客户综合营销服务模式，实现了客户分层管理、团队综合营销和责任利益匹配。对公板块加速向综合化服务方向推进，对私板块强化运用互联网思维，突出打造金融生态圈，中后台遵循“流程银行”逻辑加速向集约化管理推进。不断加大自上而下调研督导、典型引导和集中调度力度，推动转型要求落地。在总行16项战略转型考核指标中，单位人民币结算、小企业助保贷、ETC发展等9项指标列系统前15位。

物理渠道转型持续优化。建立了“以旗舰网点为龙头、以综合网点为骨干、以多功能离行自助银行为补充、以自助银行为延伸”的物理渠道体系。全年建设56个多功能离行自助银行，50个离行自助银行，新安装、升级智慧柜员机1090台，智慧柜员机迁移率为67.4%，列系统第七位，柜面业务单笔平均处理时间、客户平均等候时间均列系统第二位。

创新服务转型能力显著增强，坚持自主创新和移植推广并重，举行“融智创新分享会”，持续开展创意征集、创新竞赛等活动，创新驱动作用有效发挥。全年设立创新项目51个，开发大数据应用项目42个。重点推出了“票据池”一汽产业链质票融资产品、“商事通”工商注册资金存管产品、“政购通”等一批创新产品，有效支撑了全行转型发展。

【考核引导，中后台保障】

完善考核机制，提升了价值创造能力。突出了大资产、大负债导向和价值创造导向，强化了经济资本和转型重点业务指标考核，将RAROC纳入贷款绩效考核系统。强化综合定价管理，各类贷款加权利率与加权浮动均高于系统平均水平，完善资本性支出项目“三重一大”决策机制，严控非生产性投入，压缩闲置资产净值350万元。高效完成了“营改增”工作，得到省财政厅积极评价。全年六项压缩类费用较上年压缩2767.2万元，降幅为21%，减少经济资本占用约12.6亿元。强化了中后台保障支持能力。圆满完成了“新一代”各期上线和分行推广工作，完成了33个分行特色业务和20个大数据项目的开发上线，为产品创新和客户营销提供技术支持。开展了柜面业务集中处理系统应急演练，细化了现金、贵金属和重要空白凭证的配送管理。优化了“行务直通车”系统功能，受理请办事项1196件，时限内办结率100%。加强授权管理及执行情况督导，审查法律性文件1436份，改进了长春城区支行网点物品配送和物业管理，加强了网点防护设施和消防配套工程建设，全年无外部侵害和安全责任事故发生。

【从严治党，从严治行】

强化落实党委主体责任和班子成员“一岗双责”，扎实开展了“两学一做”学习教育。建立了党建工作联系机制，开展了党委书记和班子成员讲党课活动，组织了党组织书记抓基层党建述职评议考核，全面落实《领导干部保密工作责任制》。完善了重点联系行制度和行领导每季度深入基层调研推动制度，党委成员基层调研64次，调研分支机构101个，研究解决问题83个，组织中心组学习研讨和视频扩大会12次，加强了“党员之家”示范点建设，长春一汽支行党总支被党中央授予全国先进基层党组织荣誉称号。

层层压实全面从严治党“两个责任”，持续深入推进党风廉政建设。制定责任清单，推动党委主体责任和纪委监督责任的有效落实。开展“四风”问题专项整改整治，巩固了作风建设成果。深化党纪行规教育，进一步增强了党员干部廉洁从业意识。开展6个批次政治巡视，发挥了巡视监督作用。突出问题导向，运用监督执纪“四种形态”，加强了干部监督管理，加大了违规违纪追责力度。

不断加强人才队伍建设，搭建了全覆盖、分层级、专业化的青年人才储备库，推进了“213人才工程”选拔工作，完成了省行部门定岗、定责、定编，举办培训147期，培训9769人次。组织了丰富多彩的员工文体活动和老干部文化养老活动，慰问帮扶困难员工542人次，发放慰问金183万元，持续开展“衣旧情真”公益捐赠活动。积极开展产业扶贫、捐赠扶贫和普惠扶贫，扶贫工作取得阶段性进展。

执笔：任天威

黑龙江省分行

黑龙江省分行行长　石永拴

一、业务发展概况

【经营效益】全年实现主营业务收入69.47亿元，拨备前利润37.48亿元，净利润15.3亿元，居同业四行第2位，较上年末提升2个位次。

【资产负债业务】本外币全口径存款年末余额2586.16亿元，新增156.66亿元，系统内排名第25位，较上年末提升5个位次，同业四行排名第2位，较上年末提升1个位次；一般性存款年末余额2568.87亿元，新增159.18亿元，系统内排名第29位，较上年末提升4个位次，同业四行排名第2位，较上年末提升2个位次；一般性存款日均余额2477.97亿元，新增106.77亿元，系统内排名第31位，与上年末持平，同业四行排名第2位。本外币各项贷款余额1102.17亿元，其中：对公非贴现贷款余额608.45亿元，系统内排名第26位，同业四行排名第3位；个人类贷款余额388.65亿元，新增14.12亿元，系统内排名34位，同业四行排名第2位。

【中间业务】全年实现中间业务净收入15.7亿元，同比增长10.9%，计划完成率100.7%；短板领域实现突破，银团贷款项目见成效，办理两年来首单资产收益权类理财业务；收入结构进一步优化，重点服务类产品收入贡献度同比提升

2016年7月8日，黑龙江省分行参加黑龙江省公共资源交易保证金集中收退账户服务及相关金融合作协议签约仪式。

12.2个百分点，代理保险、代客资金、托管业务等重点产品收入增速高于总行指导增速9.6个百分点；中央及地方财政业务代理手续费收入同比增长110%。

【客户发展】公司机构有效客户折算前增加1711户，完成年度计划的570.3%。全年开立对公结算账户20976户，居同业四行第1位，净增4386户。个人有效客户折算前总量为234.54万户，较年初新增13.97万户；信用卡客户净增12.64万户。

【资产质量】与地区同业不断恶化的态势相比，分行资产质量稳步反弹、逐季向好，新增信贷不良率低于系统平均水平。全年累计处置化解不良贷款22.1亿元，实现了一年退出系统十大不良贷款行的承诺。截至2016年末，不良贷款额45.62亿元、较年初增加6.66亿元，不良贷款率4.14%，较年初上升0.67个百分点。若剔除政策性因素，不良贷款额和不良贷款率同比分别下降4.7亿元和0.36个百分点。

【重点地区】哈尔滨地区贡献突出，一般性存款时点新增由四行末位跃居第2位，个人存款新增列四行首位、份额同比提升16.6个百分点；中间业务收入领跑同业，四行占比为34%，系统贡献度高达52.2%、同比提升1.9个百分点；个人贷款增速为系统总体增幅的2.4倍。

二、主要工作举措

【加快推进转型发展】将转型发展作为摆脱被动、追赶跨越、争先晋位的有力抓手，紧锣密鼓研究、部署和推动，在加快转型创新方面取得了积极进展、积累了宝贵经验。

全年完成自主创新项目17个、移植创新项目21个，同比分别增加4.7倍和2.5倍，自主创新项目审核通过率达到69%，列系统第4位；协助黑龙江省军区研发上线物资采购监管系统并顺利推广至全国28个省军区，为总行启动与国防动员部的战略合作提供了有力支点，打造了以点带面、以小搏大的经典营销服务案例；集成“助农贷”和“农监融”应用的“庆安模式”，为涉农业务发展打开了突破口，得到总行认可并拟在全国系统推广；创新开发“热万家”业务，投放额突破4亿元，且为兄弟分行移植；并购贷款、同业投资、“私享联联”、内保内贷、人民币对外汇期权组合业务成功“破零”；在全省金融机构中先行办理跨境融资性风险参与业务，并率先实现地方财政电子化与自助柜面系统、跨省与省内交通罚款系统的整合上线。

成功中标全省公共资源交易中心项目，移动和烟草公司账户及资金业务喜结硕果；冠名开展全省“互联网+”大学生创新创业大赛，与省教育厅签署全面战略合作协议；依托深化国际业务合作，有效撬动农垦北大荒集团基本账户；独家中标龙江银行企业年金账户管理人和托管人两项资格。

在地区同业中率先完成无追索权海外融资项目审批并实现系统内首笔签约，迪拜哈翔项目荣获中东最佳电力项目融资奖，海外项目营销新增签约额列系统第5位；推动直接融资快速发展，债券承销及投资收入同比增长418%，地方政府债券投资比例远超系统平均水平，承销及投资额均居同业首位，投资额四行占比33%；IC卡应用实现拓展，建成支付结算生态圈31个，计划完成率为207%；启动“龙支付”体验推广；“银医通”“银校通”新签约项目量为以往年度总和；信用卡业务收入、客户规模等6项指标继续保持同业领先；ETC业务后来居上，发行OBU设备6.78万台，同业份额高达83.3%；私人银行客户资产新增和县域存款日均余额系统排名同比分别前移8位和6位；黄金租赁业务独占鳌头，收入四行占比为98%；跨境风险参与和境外保函规模翻番；善融商务交易额和推荐建信信托通道业务发生额同比分别增长6.4倍和8倍；私人家族信托业务委托规模超额完成年度计划。

推进渠道转型，对公业务实办率和综合柜员占比分别达到100%和88.4%，点均高柜数量减少0.8个，综合营销团队发展到488个；完成哈尔滨城区37家营业机构的10项柜面交易授权和53项智慧柜员机远程身份审核业务集中处理工作；离行式自助银行总量同比增加73.1%，与物理网点数量比提升至0.5；自助渠道价值创造水平逐渐提升，收单收入居东北三行首位；建成4家轻型网点并正式对外营业，完成2个空白县域网点进驻和20家营业网点升格，并将2家综合性网点打造为智慧转型样板；新上线投产智慧柜员机880台，设备日均交易量增至1.9万笔，增幅列系统第2位，柜面业务迁移率达到56.1%；“悦生活”交易量和移动金融柜面替代率提升幅度均列系统第1位。

【夯实经营管理基础】

平稳有序推进体制优化调整，顺利实施哈尔滨城区组织机构优化调整，总体解决了省行管理幅度过宽等支行责任配置不到位、风险管控弱化等问题，使骨干支行力量及其对网点型机构的管理和服务得到加强。对省行和二级分行营业部以及哈尔滨郊县支行管理体制进行调整，在哈尔滨地区组建5个专业支持及中后台业务处理平台，进一步理顺省行及市地分行营业部与所在城区机构的营销关系，构建起错位发展、有序竞争的经营格局。全面启动合规转型，基本完成各级合规管理机构、岗位设置及人员选聘工作，合规管理体系和制度更趋完善。

扎实推进队伍建设，以实施“213人才工程”为依托，加强各条线优秀人才储备及梯队建设，完善基层班子配备，开展部分七职等副职岗位公开竞聘、二级分支行合规官以及哈尔滨城区支行纪委书记和纪检监察特派员选聘工作，对62名六七职等管理岗位人员和3名高级专业技术岗位人员进行交流调整；二级分支行实现纪检监察机构全覆盖，新增专职纪检监察干部104人，增幅为153%。

加强信贷基础管理，制定和启用对公资产业务营销指引及准入“负面清单”，按季开展信贷真实性核查、风险监测预警、贷后押品管理专项强化工作；明确信贷主体问责底线要求，风险管控精细化、标准化、规范化水平进一步提高。

开展全员警示教育和违规操作谋求私利专项整治等活动，内外部审计问题整改完成率达到96%，其中“一加强、两遏制”专项检查“回头看”发现问题整改完成率为98.3%；加大问责惩处力度，共处理违法违规违纪责任人122人，其中开除9人、留用察看4人、撤职3人。

加强对营业网点服务突出问题的检查、通报和整治，服务质量、效率和形象持续改善，客户等候时间少于系统平均水平20.1个百分点，2家机构入选银行业文明规范服务千佳行列。

【大力强化管党治党责任】

围绕学、做、改、干“四位一体”布局，认真开展“两学一做”学习教育。建党95周年活动丰富多彩，78名优秀共产党员、47名优秀党务工作者和47个先进基层党组织受到省行党委表彰。建成“党员之家”示范点24个。作风建设驰而不息，切实贯彻中央八项规定精神和总行党委十项要求，重点费用列支均控制在总行核定计划内。深入开展“四风”整治“回头看”自查自纠，查处问题3起，给予4人党纪处分，收缴违规收受礼金1.8万元。纪检监察干部深化“三转”，在总行统一考试中取得平均98.9分的优秀成绩，列系统第7位。对党风廉政建设“两个责任”落实不力的7个分支机构党委、纪委主要负责人进行公开约谈和通报；分3批次对18家分支机构和省行本部3个部门进行巡视巡察，发现问题166项。积极配合总行党委巡视工作，并获得总体较好评价。企业文化活动和职工文体生活有声有色，员工认同感和队伍凝聚力不断增强，和谐创业、活力干事的发展氛围更好、更浓。

执笔：王玉明

2016年1月4日，深圳市分行在保利剧院举办CCB新高度新未来暨三大男高音（戴玉强、莫华伦、魏松）与殷秀梅新年音乐会。

2016年1月8日，广西壮族自治区分行举办“禹道·智胜的现金管理客户推介会”。

2016年1月18日，广东省分行举办“建行龙行四海”平台发布会。

2016年1月28日，上海市分行与上海市经济和信息化委员会签署“星罗科技园”战略合作协议。

2016年2月3日，贵州省分行推出特色服务——新春佳节，为客户书写春联。

2016年2月14日，湖南省分行举行“爱我中华兴我建行”迎新春、升国旗、唱国歌活动。

2016年2月24日，安徽省分行举办“因您而精彩”2015年度先进典型颁奖典礼。

2016年3月4日，重庆市分行举办第一期读书分享会之国学五道。

2016年3月5日，广东省分行举办2016年“双先”表彰大会。

2016年3月5日，青岛市分行工会举办庆“三八”网点员工健身操比赛。

2016年3月15日，内蒙古赤峰分行青年志愿者走进特殊学校开展爱心捐助活动。

2016年3月18日，吉林省一汽支行获中国银行业文明规范服务“百佳示范单位”殊荣。

2016年3月18日，江西省分行旺季营销期间举办青年骨干员工送金融服务暨返迁安置房项目工地活动，现场为农民工办理工资专用账户。

2016年3月28日，陕西省分行举办助力小微企业“走出去”产品推介会。

2016年3月29日，甘肃省分行与中国妇女发展基金会举行捐赠甘肃省母亲健康快车发车仪式。

2016年4月9日，吉林省分行与吉林省住房和城乡建设厅举行全面站战略合作协议签字仪式。

2016年4月24日，江西省分行工会联合江西省烟草局、江西省中烟公司、江西省卫计委举办鹊桥联谊活动，为青年员工搭建沟通交友平台。

2016年5月3日，常州培训中心举办“红旗飘飘　青春飞扬，歌唱祖国　歌颂党”歌咏比赛。

2016年5月4日，西藏自治区分行专职贷款审批人、项目评估人员与经营主责任人、客户经理共同前往西藏华泰龙矿业开发有限公司实地调研。

2016年5月6日，陕西省分行举办“星耀建行　超越梦想”表彰颁奖典礼。

2016年5月19日，云南省分行与昆明市人民政府举行昆明创客合作银行签约暨揭牌仪式。

2016年5月20日，河北省分行举行“乾元通宝—全鑫全溢”理财产品发布会。

2016年6月14日，山西省分行开展“强化信用风险防范提升全民信用意识”征信关爱日宣传活动。

2016年6月30日，宁波市分行冠名参加奉化市政府主办的“建行杯”海峡两岸山地桃花马拉松活动。

2016年7月2日，贵州省分行在革命历史名城遵义举办团干部及入党积极分子培训班。

2016年7月16日，大连市分行与大连普湾经济区举行重点项目签约仪式。

2016年7月20日，湖北省分行与宜昌市人民政府举行支持宜昌市“十三五”规划建设战略合作签约仪式。

2016年7月26日，北京市分行参展第二届“中国国际黄金大会”，国际投资巨头吉姆·罗杰斯在建设银行展位与机器人“小智”交流互动。

2016年7月30日，内蒙古通辽分行开展关爱贫困乡村儿童活动。

2016年8月5日，甘肃省分行与大禹节水集团股份有限公司签订战略合作协议。

2016年8月8日，河北省分行组织本部员工开展为洪涝灾区献爱心活动。

2016年8月23日，浙江省分行与浙江石油化工有限公司签署战略合作协议。

2016年8月23日，海南省海口新海航支行举行“中国银行业文明规范服务百佳示范单位”揭牌仪式。

2016年9月1日，山西省分行参加2016年银行业金融知识宣传服务月活动。

2016年9月9日，上海市分行以“传承创新，砥砺前行”为主题，举行青年员工岗位成长师徒制拜师仪式。

2016年9月13日，辽宁省分行与沈阳市铁西区人民政府签署战略合作协议。

2016年9月14日，为期3个月的第二届“建行杯”黑龙江省“互联网+”大学生创新创业大赛圆满落幕，黑龙江省分行作为唯一合作银行，全程冠名并提供金融服务。

2016年9月14日，建设银行宁夏回族自治区分行赴定点扶贫村固原市原州区张易镇贺套村调研扶贫工作。

2016年9月16日，厦门市自贸区分行在超强台风莫兰蒂袭击厦门后开展抗灾自救。

2016年9月19日，大连市分行举办“同心协力转型发展携手共唱美好明天”好声音总决赛。

2016年9月19日，苏州分行与太仓市文明办共建成果“太仓好人馆”揭牌。

2016年9月26日，哈尔滨培训中心召开对公信贷人员大规模培训工作座谈会。

2016年9月28日，福建省分行举行2016年“合规建行人人践行”演讲比赛。

2016年10月14日，天津市分行与天津市引进人才综合服务中心、开发区留学生创业园联合举办“人才服务在一线”主题活动，现场为开发区内高端人才及其企业现场提供政策和服务咨询。

2016年10月15日，江苏省分行联合苏黎世分行与中瑞镇江生态产业园签订战略合作协议。

2016年10月17日，广西壮族自治区分行参加马中关丹产业园年产350万吨钢铁项目银团贷款提款启动仪式暨广西壮族自治区分行、中国信保南宁营管部全面业务合作协议签约仪式。

2016年10月21日，苏州分行与苏州市工商行政管理局举办“工商e线通”工商注册合作协议签约仪式。

2016年10月25日，湖南省分行深入定点扶贫点湘西自治州凤凰县麻冲乡扭仁村，开展帮扶工作调研。

2016年11月8日，西藏自治区分行党委召开分行党员大会，传达学习十八届六中全会精神。

2016年11月12日，新疆维吾尔自治区分行首批结对认亲干部到墨玉县普恰克其乡巴西普恰克其村参加“民族团结一家亲”结对认亲活动。

2016年11月15日，青海省分行与青海省教育厅举行全面业务合作协议暨“普通高中、中职学生资助卡”项目合作协议签约仪式。

2016年11月18日，海南省分行在三亚举行中国建设银行三亚百年天域职业学校毕业典礼暨建设银行捐赠仪式。

2016年11月19日，河南省分行举行第九届职工趣味运动会。

2016年11月25日，江苏省分行举办以“讲文化说业务”为主题的信贷业务知识竞赛活动。

2016年11月25日，安徽省分行召开全员创新成果交流会。

2016年11月30日，天津市分行举行盗刷险新闻发布会，现场接受中央电视台等主流媒体采访。

2016年12月2日，重庆市宜宾分行开展积分圆梦·微公益——走入珙县：建行龙卡“快乐音乐教室”捐赠活动。

2016年12月8日，辽宁省分行与辽宁广播电视台举办战略合作启动仪式。

2016年12月19日，重庆市分行举办“建行渐善评说丁酉”财富论坛。

2016年12月20日，厦门市分行针对老年客户推出养老金融生态圈。

2016年12月21日，北京市分行代表队参加“北京市手语风采大赛”团体赛决赛，获得一等奖。

2016年12月26日，常州培训中心举行微课设计大赛现场展评活动。

2016年12月27日，山东省分行举办重点客户战略合作协议签约仪式暨全面金融解决方案（FITS）产品推介会。

2016年12月29日，宁波市分行召开建设银行宁波市分行合规宣誓（视频）大会。

上海市分行

上海市分行行长　段超良

一、业务发展概况

【负债业务】全口径存款年末余额12714亿元，新增1525亿元；一般性存款年末余额9474亿元，新增1288亿元，时点新增和日均新增四行占比分别为32.3%和38.2%；实现全口径存款、一般性存款、对公存款、个人存款、同业存款时点新增和日均新增10项指标四行第一。

【资产业务】各类贷款全年新增689亿元，对公贷款新增和个人贷款新增四行第一；各类贷款年末余额达到6070亿元，超过工行实现四行第一。

2016年10月28日，上海市分行举行30家智能银行揭牌仪式。

【中间业务】全年实现中间业务收入91.44亿元，新增11.41亿元，增速为14.03%；中间业务收入在主营业务收入中的占比为30.10%，较上年提升1.89个百分点；中间业务收入年末四行占比达到30.35%，较上年提升1.39个百分点。

【经营效益】全年实现拨备前利润205.42亿元，新增12.44亿元，增速6.35%。实现税前利润207.95亿元，新增28.34亿元，增速为15.78%；在2016年上海第三产业纳税百强中排名提升至第15位，是纳税额最高的在沪银行分行。

【资产质量与风险控制】不良贷款年末余额29.99亿元，下降0.10亿元；不良贷款率0.49%，下降0.07个百分点，不良贷款率继续保持四行最低；逾期贷款余额26.47亿元，下降6.48亿元；逾期贷款率为0.44%，下降0.17个百分点。

二、主要工作举措

【"客户服务发展年"成效显著】为深入贯彻总行工作会议精神以及北上广深重点分行广州座谈会精神，努力提升传统业务贡献，集中精力补齐客户短板，上海市分行以"客户服务发展年"活动为抓手，紧紧围绕"以服务质量为主线，抓好渠道服务、结算服务和产品服务"等四方面目标，推动客户发展战略向纵深迈进。活动重点聚焦"三类客户、九类账户、十九类重点客群"。聚焦包括公司机构、个人和同业在内的"三类客户"；单位人民币结算账户、公司机构有效客户、个人有资产客户、个人有效客户、私人银行客户等"九类账户"；核心客户、国资国企、代发工资、支付结算、银行、证券、要素市场等"十九类重点客群"。通过不断强化客户与账户的"双户"拓展力度，全面夯实客户发展根基，同时强化督导、狠抓落实，取得了较好的成效。

2016 年 12 月 21 日，上海市分行举办龙卡上海旅游热购卡产品发布会。

【客户拓展全面提速】进一步强化集团客户和核心客户的强干拓枝，本市各大集团客户内部渗透率明显提升。在全面深化改革中抓机遇，在自贸区金改、“四经济”客户、国资国企改革、军队武警改革中赢得了一大批新客户。个人客户方面，客户总量增长 9%，超过农行，个人有资产客户增长 8.7%，个人加权有效客户增长 14%，CTS 客户新增继续保持四行第一，手机银行活跃用户居四行第一，信用卡累计客户数和活动商户数位列四行第一，全年发卡量 110 万张，创历史新高，新增外汇跨境客户系统第一。同业客户方面，客户新增较上年提升近 4 倍，同业账户新增较上年翻番。同时，争取到了保交所、票交所、中保投、中信登等一批全国性金融要素平台，以及申港证券、华菁证券等一批全国首批合资券商。

【客户服务持续完善】以“提高客户满意度、提高服务能级、提高品牌美誉度，降低客户投诉、降低客户等候时间”为目标，初步打造成功了“全渠道、全触点”的大服务体系。在总行消费者保护考核中排名第一，提升了 8 位，从二类行跃升为一类行；在总行神秘人检查中排名系统第二；7 家网点获评中银协千佳示范单位，获评数系统第一、四行第一（四行占比 50%）；8 家网点被评为上海市金融系统五星级优质服务网点，12 名员工获五星级优质服务明星称号。在上海银监局 2016 年银行业投诉处理工作考核中名列四行第一，监管部门转来投诉下降了 46%，各类投诉总量下降了 29.6%。

【五大转型卓有成效】制定转型发展工作要点，明确 6 条工作主线、25 项主要工作，77 项细化措施。成立大数据工作领导小组和投资银行部、资产管理业务中心、资金结算业务部以及第三支行。实现子公司联动项目合作 208.4 亿元，规模大幅增长，荣获总行“母子公司协同联动先进集体”称号。全年与 16 家海外分行进行了沟通交流，实现跨境人民币结算 2542 亿元，系统第一，四行占比为 25%，提升 1.6 个百分点。在总行大力支持下，总行并购资本上海中心落地上海，为联动全行推进并购业务打下了扎实基础。多功能服务日趋完备。积极打造支付结算生态圈，围绕“客群化、场景化、个性化”推进要求，开展以新拓百万移动支付客户、深耕百家专业市场、打造百个智慧应用项目为目标的“三百计划”。移动金融交易量占比 KPI 得分系统第一，借记卡交易量四行第一，信用卡 10 项经营指标四行第一，ETC 发卡量占到了整个市场的 87%，112 项创新智慧项目扎实落地。个人外汇金融生态圈建设收获 12 项第一。集约化发展稳步实施。分离网点业务，完成 25 大类前后台业务分离，市分行集中处理业务、集中处理环节向总行迁移集中处理转型，远程集中授权项目启动试点；柜面业务集中处理安全稳定高质高效，全年集中处理业务量 1069 万笔，生产质量效率指标在系统内名列前茅。创新银行建设系统领先。完成自主产品创新项目 138 项，增长 35.3%，位居系统第二。112 项创新产品纳入总行可移植创新产品库，位居系统第二。上海产品创新实验室承接 5 项总行战略性创新任务，质量和数量在各实验室中名列榜首。连续第五年被评为系统内最具创新力分行。荣获上海第一财经年度大数据金融机构大奖。智慧银行建设卓有成效。加快推进网点智能化转型，30 家智能银行揭牌，500 台标准版智慧柜员机完成投放，柜面业务分流率提升到 69.74%，释放网点柜面人员 604 人，网点营销人员占比达到 64.29%。移动金融柜面替代率突破 70%，手机银行活跃用户 161 万户，位居四行第一且保持系统内城市行第一。

【转型短板实现突破】全市新设企业开户占比达 25%，提升 14 个百分点。全量账户总量 32.3 万户，系统排名提升三位至第二，净增 6.3 万户，系统排名提升十位至第二；基本账户总量 22.6 万户，系统排名提升两位至第三，净增 5.8 万户，系统排名提升八位至第二。基本账户实现历史性突破，总量首超工行，排名升至第2。新开基本账户的时点存款150.4亿元，系统第一；加权公司机构有效客户增量连续两年保持系统第一。启动私人银行“明珠工程”建设，构建以“五优驱动机制、五优拓客来源、五优管理工具、五优臻享礼遇、五优支撑保障”为核心的“五优”推进体系，“多管齐下”加速私人银行转型发展，私人银行客户从2570户增至4152户，增长62%，私人银行AUM从374亿元增至657亿元，增长76%。私人银行客户和AUM增量、增速“四超越”工行。全年实现资产管理业务收入9.67亿元，收入规模同比实现翻番，系统内排名第五，四行占比20.48%，较上年末提升7.7个百分点。销售总分行理财产品余额1836亿元，系统内排名第四，销售规模同比增长24%；资产组合理财产品规模突破千亿元，达到1100亿元，同比增长90%；全年共发行固定期限理财产品721期，募集资金4376亿元，产品收益率稳居四行第一，建行理财产品的品牌影响力不断增强。

【“蓝海计划”稳步推进】以“重整对公经营结构、重建对公客户基础、重塑客户服务模式、重检业务营销方式、重启责任经营体系”为目标的对公“蓝海计划”扎实推进，聚焦八个重点，完善六项机制，夯实四项基础，不断强化组织推进，完善配套措施，市场竞争力和价值创造力持续提升。通过动员推进会、条线工作会议、专题研修班等方式，加深全行对公条线对“蓝海计划”战略意图和重点工作的认识理解，确保“蓝海计划”推进实施效果。及时梳理“蓝海计划”重点工作，逐项细化落地措施。细分客户，精准定位，分类开展市场调研，制定80项配套文件。组织开展重点客户推介会、座谈会、专题营销活动25次。通过“蓝海计划”专栏，定期通报重点工作进展情况，加强指导和督导。组织举办10期“蓝海计划”系列培训班，参训人员793人次。当年签约投放重大资产项目24个，投放金额114亿元；储备项目123个，储备金额2700亿元；承销非金融债券459.31亿元，位居四行第一，系统第二，增幅为41.63%。荣获上海市银行同业公会2016年银团最佳机构奖和最佳项目奖。

【自贸区业务亮点纷呈】上海市分行成为自贸区成立三周年上海银监局唯一推荐参与视频宣传的金融机构。全年累计拓展FT客户8906户，位列市场第一；跨境人民币业务结算量达2542亿元人民币，总量居系统第一；国际双保理业务累计办理量折合人民币约33.4亿元，办理量系统第一；国际收支客户数连续两年保持系统内总量和增量第一，总行战略性创新项目大宗商品买断式融资成功落地，“拓展FT账户功能，服务科技创新和实体经济”等三个案例入选自贸区官方创新案例，“风和日丽”自贸区财务公司分账核算综合金融服务方案荣获2016年度上海银行业年度创新大奖。

【助力科创中心建设】加强金融创新与科技创新的联动，在国有四大行中率先成立科技信贷部和科技支行，在每家支行均成立了科技信贷三人团队，形成科技金融新模式。“星罗科创”整体服务方案深化实施，为671家科技型小微企业提供69.02亿元的信贷支持。通过与10家优质科技型园区签署“星罗科技园”合作协议，为张江高新技术创业园、漕河泾开发区松江新兴产业园、南翔智地总部园、杨浦科技创业园“一园一策”落实服务方案；全年为212家小微企业发放贷款16.92亿元；与股交中心积极对接，为102家在科创板挂牌的企业开展开户、结算、直融、间融、投贷联动等全方位合作；持续完成“三个不低于”监管目标，获上海市促进中小企业发展工作领导小组“2016年度上海中小企业融资服务杰出合作伙伴”称号。“星罗科创”科技金融系列服务方案，荣获上海市金融公会“促进上海科创中心建设金融职工创新活动立功竞赛”建功奖。

【风控案防措施有力】认真落实“一加强、两遏制”专项检查“回头看”、三个“一把手”工程，以及“双录”等监管要求，强化问题导向，狠抓问题整改。开展“知规笃行、牢筑底线”教育活动，实施违规处理办法全员线上测试，提升员工对制度的敬畏。贯彻落实“三去一降一补”政策和监管要求，主动牵头联动长三角各分行防范系统性风险，尤其是输入性风险，维护金融稳定。创建“平安建行”，开展安全大检查，严防诈骗活动，加强保密管理，实施全行印章管理检查，建立信访工作新机制，协同打造转型发展安全稳定环境。

【党建引领不断深化】认真贯彻落实党的十

八届六中全会精神，深入开展“两学一做”学习教育，严格落实全面从严治党要求，努力推动党建工作和转型发展融合共进。开展市分行党委年度重点课题调研，形成3个专题及12个子课题近13万字的调研成果，为转型发展向纵深迈进做出了积极探索。开展与客户党建共建活动，共结对客户单位284家，进一步巩固了与客户群体的良好关系，带动各项业务同步增长。创新实施党员“登高计划”，推动党员发挥先锋模范作用，涌现出了一批党建和发展两手抓、两手硬的先进典型。出台了16项党风廉政建设制度和5项巡视工作规则。层层压实“两个责任”，全面落实“三转”要求，配齐配强纪检队伍。运用监督执纪“四种形态”，抓小抓细抓早。对6家支行9个部门开展了巡视巡察。做到全行党员警示教育全覆盖。

【关爱员工人才辈出】搭建“2131人才工程”发展培养梯队，形成系列完整的职业发展体系，实施百人工程和师徒制，促进青年员工成长。组织开展辖内机构副职和专业技术四级岗位公开选拔工作，拓宽选人视野和渠道，促进优秀年轻干部脱颖而出。加强客户经理队伍建设，已聘任客户经理2293人，比重达到22%，打造了一支适应转型发展的客户经理队伍。财务资源向基层和转型重点领域倾斜，建立采购新体系，勤俭办银行，强化了资源在转型中的引导功能。举办职工运动会和歌咏比赛，提升“六小阵地”覆盖，改善本部食堂，为员工生日送上贺卡，关心关爱离退休老同志，鼓励青年创新创效，彰显温暖人心的力量。齐红同志荣获“全国金融五一劳动奖章”，第五支行荣获“全国金融五一劳动奖状”，一人荣获“上海市五一劳动奖章”“上海金融五一劳动奖章”，一人荣获“上海金融巾帼创新之星”。在上海银行同业公会年度评奖中，两人荣获“年度个人贡献奖”，一人荣获“服务小微企业最佳客户经理奖”，一人荣获“年度优秀宣传员”，一人荣获“投诉处理培训优秀讲师”，在各家银行中名列前茅。

执笔：邱　博

江苏省分行

江苏省分行行长　张　毅
（2016年3月任）

一、业务发展概况

2016年末，总行考核口径存款8256亿元，位居当地四行第三，余额份额24.3%，较年初提升0.4个百分点，其中一般性存款新增621亿元，创近6年来新高；各项贷款余额6363亿元，四行第二，余额份额25.78%，较年初提升0.5个百分点，当年贷款新增711亿元，四行第一。盈利能力增强，全年中间业务净收入80亿元，拨备前利润191亿元，均达到两位数增长。资产质量平稳，不良贷款额（审计前）86.49亿元，不良贷款率1.36%，成功实现双降。

【公司业务】本外币企业存款日均余额4126亿元，四行第三，新增463亿元，四行第一，其中：人民币企业存款日均余额3953亿元，新增625亿元，新增四行第一。本外币公司类贷款余额3663亿元，新增27亿元，其中：人民币非贴贷款余额3368亿元，新增141亿元，余额及新增均居同业第二。对公基本户新增4.8万户，四行第一，新增份额40%。小微企业贷款（四部委口

2016年8月11日，江苏省分行与江苏省教育厅签署战略合作协议。

径）余额967.7亿元，新增72.8亿元，增量高于上年15.84亿元，达到“三个不低于”要求。

【个人业务】储蓄存款日均余额3845亿元，四行第二，新增192亿元，四行第三。个人有效客户（折算后）3057万人，新增440万人，余额及新增均居系统第二。私人银行客户3350人，新增658人，新增系统第二。代发工资个人客户428万户，同比净增11.6万户。个人类贷款余额2699亿元，新增684亿元，新增系统第二，其中个人住房贷款余额2403亿元，四行第二，新增637亿元，系统同业均居第二。信用卡收入19.6亿元，客户超430万户，多项核心指标连续三年保持四行第一。

【中间业务】全年实现中间业务净收入80亿元，系统第四、四行第二，市场份额26.06%，较年初提升1.19个百分点；同比增长11.7%，高于全国建行平均水平6.76个百分点。中间业务收入在主营收入中占比28.87%，较年初提升1.93个百分点。中间业务结构优化，对资产业务依赖度下降，产品和服务收入同比增长14.8%，其中对公产品服务增长20.3%，个人产品服务增长9.8%。

【国际业务】全口径外汇存款日均余额30.6亿美元；外汇贷款余额11.8亿美元，四行第二。国际收支客户数5342户，较年初增长370户，完成国际结算量534亿美元；跨境人民币业务量550亿元，四行第二。本外币表内贸易融资累计发放292亿元，增幅为63%。

【资产质量】资产质量全面企稳，不良贷款额（审计前）86.49亿元，比年初下降25.01亿元；不良贷款率1.36%，比年初下降0.61个百分点；新暴露不良贷款64.88亿元，同比减少72.66亿元，且信贷成本率、逾期贷款、表外垫款均呈现下降态势。不良贷款处置结构优化，全年累计处置不良贷款89.89亿元，其中现金回收和盘活上迁合计30.21亿元，占处置总额的33.61%，同比提升12.31个百分点。

【其他业务】金融市场业务主营业务收入13.4亿元，四行第一，四行占比42.6%，较年初提升9个百分点。投行及资管产品中间业务收入14.3亿元，四行第二，四行占比27.98%，提升6.2个百分点。养老金受托资产规模新增57.4亿元，四行第一，增速123.2%。新型资金结算产品业务收入2.36亿元，系统第二。小企业“五贷一透”大数据产品客户新增1014户，位居系统第四。8个区县取得代理国库集中支付突破，打破当地同业独家垄断。

【内控合规】深入贯彻落实总行内控合规管理年工作部署，健全合规管理架构，所有二级分行均配置专职合规官。明确各职能部门的条线合规管理职责和合规条线对全行的合规统筹管理职责，建立合规官风险提示平台，上线企业网合规互动平台，选取16家基层机构开展“三审三建议三沟通两查一报告”试点推进基层合规转型。

二、主要工作举措

【坚持党建核心统领】强化党建主体责任落实，建立健全党建工作责任体系。坚持党管干部原则，给有担当、出业绩的人提供机会。坚持领导带头，强化工作督导，扎实推进“两学一做”。强化基层党组织建设，加强党建示范引领。严密责任认定和追究工作机制，制发员工违规行为责任认定参考标准。在全辖开展“四风”问题回头看现场复检，督促立查立改。在省分行增设第三巡视组，对二级分行巡视全覆盖。组织开展万人警示教育。推动省分行加快简政放权，全年对省分行权限内审批事项精简一半，剩余事项全程上网公示、限时审批。在省分行本部提出转变工作作风十项要求，强化效能监督，提升干部执行力。重新梳理明确省分行部门职责，划清责任边界，推行首问负责制。

【聚焦转型发展取得实效】一是深入做好信

2016年11月1日，江苏省分行联合建信养老金管理有限公司与大明集团签署企业年金基金管理合同。

贷投放基础性工作。向政府类客户、重大基础设施项目、大型龙头企业和供应链金融四项重点投放247亿元，加大对战略新兴行业和互联网平台经济信贷渗透，向节能环保等七大新兴行业发放贷款超150亿元。零售贷款优先保障资源供给，促进个人住房贷款量价平衡强势增长。二是加大综合金融服务力度。推进信贷和非信贷、融资和融智相结合，全年综合融资总量1325亿元，同比多增868亿元。成功推进1000亿元江苏省新型城镇化投贷联合业务。全年母子公司协同联动总量321亿元，同比增长52%。三是负债业务向产品和服务转变，做好资金承接筹集低成本资金。年末新型结算产品吸收存款新增185亿元。管理客户金融资产突破万亿，新增1110亿元。不断提升个人业务议价能力，储蓄存款付息率下降59BPs，四行降幅最多；新发放个人住房贷款平均利率浮动水平均为四行第一。年末协定存款超挂牌余额较年初下降227亿元，超挂牌比例下降节省利息支出3.42亿元。轻资本占用表外产品增势良好。将对公基本户、代发工资客户、收单商户等数量和质量指标作为“一把手工程”加以统一推动。坚持大中小客户并重发展，抓源头营销，与省工商局开展全面商事登记合作，实现53个网点线下代办，54个行政服务大厅驻点营销，工商e线通系统成功上线；部门联动营销收获收单商户新开户1170户，总战总重上下游目标客户87户。构建多渠道立体化的服务网络，互联网及移动金融应用成效明显，移动金融柜面替代率较年初提升17.9个百分点。物理网点向体验型、服务型和营销型转变，深化智慧机具应用，全年1800台标准版智慧柜员机成功覆盖所有网点，柜面交易核算人员净减少1677人，完成轻型网点建设40家。积极探索助农服务新模式，南通分行已建成助农金融服务点112家，盐城分行正式挂牌营业“乡邻小站”30家。

【深化改革创新提供制度保障】成立信贷经营管理委员会，统一全行风险偏好，协同风险管理、授信审批和信贷经营条线，形成信贷经营管理合力。省分行成立客户经营中心，对直接经营客户的综合贡献和经营质量负责，提升市场响应速度和市场竞争力。辖内二级分行成立授信业务中心和贷后管理中心，直接参与重点客户尽职调查、项目评估和方案设计等流程，做实常态化贷后管理，夯实信贷经营管理基础。坚持价值创造、奖惩兑现、以上率下，从领导干部和省分行机关着手推进改革。拉开领导人员收入差距，增强领导人员对业务发展的担当。对各级机构本部减员控薪，资源向基层一线倾斜，推动省分行本部工资费用总量增幅低于二级分行平均增幅，12家分行机关本部薪酬总量占比较年初实现下降，腾挪员工费用近9000万元支持一线。对金融市场部和信用卡部实行市场化考核，对分行效益增长形成有力支撑。着手打通绩效考核“最后一公里”，将效益和成本意识传导至最基层。向重点城市行和集约化经营程度高的机构倾斜，向直接价值创造岗位倾斜，全年增配客户经理740人、产品经理100人、风险经理100人。组织开展四个层次领导后备人才以及总行“213人才工程”人选推荐选拔工作，优选14名年轻干部安排在上下级行间挂职，8名年轻员工跨前中后台部门交流，加快年轻员工成长。

【全面做好风险防控】明确各分行“一把手”是风险管理第一责任人并担任风控委主任，实行一票否决、末位调整、按季考核、约见谈话制度。组织以新发放贷款为重点的回头看工作，建立重大潜在风险处置行领导挂钩机制，省分行行领导挂钩亿元以上潜在风险化解项目，压缩处置38亿元，压缩处置比率为34.5%；二级分行行领导挂钩2亿元以上重大信用风险项目，压缩处置25亿元，占挂钩项目贷款总额的38%。全辖潜在风险客户累计化解处置86亿元。深入推进层级和条线部门风险管理指标双线控制、双线考核。二级分行风险指标考核权重由35分提升至45分，增设潜在风险客户前瞻性管理及评级管理等多项指标。强化条线部门风险管控职责，对前中后台部门实行差别化、个性化考核。

【不断加强基础管理】深入开展平安创建“转型创新年”活动，全面开展“安全生产大检查”，金融消费者权益保护改进明显，全年客户投诉量从四行最多下降到四行第三，提升两位。关爱基层一线员工，推动员工“快乐工作、健康生活”，发挥团员青年积极性与创造性，参加总行金点子大赛活动，组织开展离退休摄影书画作品展评比，实现企业文化建设有声有色地发展。

执笔：王　璐

浙江省分行

浙江省分行行长　高　强

一、业务发展概况

【负债业务】截至2016年12月底，一般性存款余额6622亿元，较年初增加736亿元，个人存款2659亿元，比年初增加102亿元；对公存款3963亿元，比年初增加634亿元。保本理财余额150亿元，比年初增加117亿元。

【资产业务】截至2016年12月底，各项贷款余额5251亿元，比年初减少83亿元，还原政府贷转债190亿元，不良贷款化解194亿元，贷款实际增长超过300亿元。个人贷款余额2139亿元，历史性突破2000亿元大关。其中，个人住房贷款余额1938.2亿元，保持四行首位；“快贷”余额19亿元，列系统首位。

【资产质量】不良贷款出现双降，截至2016年12月底，不良贷款余额190亿元，比年初下降28亿元；不良贷款率3.62%，比年初下降0.5个百分点。

【经营效益】实现拨备前利润144亿元，较上年增长4.85亿元，增幅为3.49%。实现账面利润22亿元，比上年同期增加27亿元。中间业务收入52.67亿元，较上年下降0.96亿元。

二、主要工作举措

【抢抓机遇，优化结构，加快坚持发展】

多项举措发展负债业务，一是积极拓展行外客户资金。抓住央行账户新政、收单价改、商事登记制度改革、企业融资、重点项目建设等带来的机遇，寻求客户营销突破口，加快拼抢源头性客户资源，提升负债业务合作深度。二是抓好资金体内循环工作。加强对平台类客户、代发工资客户、个人商户等的营销推进，抓住存款资源管理核心，带动关联客户资金流入。三是提升客户的资金留存率。挖掘客户对产品、业务、价格的需求，丰富金融服务产品层级，提供更为周到完善的金融服务，提高客户黏性和认可度。针对高净值客户，通过产品营销和公私联动“双管齐下”稳固资金。

多头并进发展资产业务，一是继续坚持以“六型”客户（优质政府类项目、央企国企等大型企业、机构客户、民营上市公司、优质小微企业、高科技企业）为营销重点。二是紧盯亚运会、美丽浙江、特色小镇、舟山新区、五水共治、海绵城市、地下管廊建设、城中村改造等重点项目建设，加大对基础设施领域的投放力度，加快投放进度。三是积极介入医院、学校、养老、旅游等民生消费领域，借鉴广东分行“三破零”工作经验，对标系统兄弟行和当地同业，开展机构业务破零工作。四是加强重点民营企业的需求研究和营销拓展，积极有效地推进账户和资产拓增工作，磨炼发现并服务好客户的本领。五是巩固并扩大住房贷款传统优势，对于基础相对薄弱的二手房贷，重点利用“安居金通”平台和“易房贷”产品实现上量进位。同时，从大消费金融的角度创新产品和服务，培育消费贷款特色优势。扩大“快贷”、信用卡循环信贷、分期消费信贷系列产品的影响力。六是以新农村及城镇化建设为切入点，把握农户的真实贷款需求，拓展农村金融优质蓝海。

重点领域抓业务转型，分行将切实抓好重点转型领域的相关工作，确保取得实效。投行、资管业务上，以“两大”拓展活动为抓手，明晰客户群体，全力做大规模、做厚资产。做好资产池产品管控，从价格管理、发行节奏、销售联动三个方面加强控制，加大高收益资产投放力度。国际业务上，认真落实总行海外暨国际业务工作会精神，把握“走出去”机遇，加快实施“两全三化”发展战略（“两全”指全量客户、全部区域，“三化”指“本外币一体化、境内外一体化和线上线下一体化”）。客户拓展方面，通过跨境联动产品快速覆盖公司类客户；借助大数据和“助贸贷”等产品拓展中小优质出口企业，发挥“跨境e+”优势，拓展跨境电商小微企业客户群体；发挥国内证优势，加强同业机构跨境代理、代付、福费廷等业务合作，为优质核心企业及上下游供应链、学校医院等机构客户提供融资服务；推动传统出口商票融资向双保理模式转型，大力发展境外保函、“三建客”等产品。区域拓展方面，要求国际业务发展落后的分行对标人民币业务市场份额、对标先进同业，着力提升国际业务在当地市场的份额，力争1—2年内消灭排名第四的分行。同时，加快推进本外币一体化和线上线下融合发展，深化境内外双向联动，加大与建银国际、建信期货、建信租赁等子公司联动。同业业务上，以丰富业务品种为抓手，努力做大资产规模。积极布局信托、证券、保险资管等同业通道，不断提高同业业务的效益和灵活性。扩大托管业务范围，不断提升市场占比。网络金融上，按照“智慧、生态、协同”的发展方向，打造网络金融生态系统。进一步深化“移动优先”策略，重点打造“悦生活”“善融商务”“微生活事事通”三大平台。重拳推广“龙支付”产品。加快推进“e贷款”移植落地。围绕阿里B2B、微医网、浙金、连连科技等重点项目寻求平台服务模式的突破。ETC业务上，浙江省分行已经成为省内第四家与省公路局开展ETC业务合作的银行，下一步将积极学习借鉴同业和系统先进经验，深挖客户需求，构建丰富的应用场景，提供更多的增值服务，确保完成新增50万名签约客户的任务。此外，集约化经营方面，提高运营效率，通过不断完善经济资本、经济增加值、管理会计、风险定价等内部管理措施，提升资源运用效率。提升综合定价能力；主动实施资产业务结构的轻资本化调整；加强评级管理；继续推进闲置房产的压缩整改；开展二级分行本部人员集约化试点；持续推进劳动组合优化，2017年轻型化网点（包括一高一低、一高无低和无高柜网点）数量力争达到289个。

【顺应市场，改革创新，抓好转型发展】

一是紧跟市场热点，提升客户黏性。紧密结合浙江经济发展的趋势，围绕八大万亿级产业，围绕“六型”客户，互联网+、特色小镇、跨境电商、个人金融等领域打造有针对性的拳头产品，不断丰富金通系列产品线。提升金通产品的体系化和基层化，形成创新品牌。

二是对标系统同业，迸发转型活力。学习和借鉴系统内其他兄弟分行的先进经验，做好同业创新的动态检测，及时吸收同业好的产品、做法和经验。

三是发挥数据价值，助力转型发展。树立大数据应用理念，营造“用数据说话”的工作氛围。通过大数据工作平台推广、大数据应用成果分享、大数据竞赛、宣讲培训等形式，全面提高全行大数据应用的主动意识和能力。建立“业务+大数据”的发展模式，将大数据服务全程融入业务发展，融入产品创新，抓住部门痛点，解决业务难点，推动发展方式的根本转变。

四是营造创新氛围，变创新为常态。不断完善创新的激励约束机制，健全为创新者担当的容错机制，鼓励尝试、允许试错，通过推出创新券等激励措施，激发创新活力与创新激情，形成从愿意创新到收益创新的良性循环，营造全员参与创新的良好氛围。

【合规经营，推进合规官试点，从严治行】

通过抓教育培训，提升员工廉洁合规意识与防范风险能力；抓检查监督，提升员工制度执行力；抓执纪问责，营造不敢违规、不愿违规的良好氛围。严明规矩，齐抓共管，纵深开展“违规经营歼灭战”。

继续抓紧抓好合规官试点工作，落实合规转型“最后一公里”的相关要求，明确基层机构营业经理（合规主管）的岗位职责，案件防控、业务检查和合规管理的岗位关系和工作边界，理顺条线关系。充分发挥“合规管理抓同级”和“制度管理抓条线”的作用，大力宣传“合规建行，人人践行”，进一步增强全员合规意识。

推进全行检查计划、检查配合与问题整改工作的规范化、制度化和流程化，避免重复检查，减轻基层行压力。以问题为导向、抓基层机构为关键、狠抓违规事项的整改，督促整改问责迅速到位、真实有效，加强责任追究和处理，尽快遏制全行“屡查屡犯、此查彼犯”现象。

在省分行营业部、各二级分行成立反洗钱分中心，集中上收反洗钱重点可疑交易分析，统一反洗钱工作偏好，提升集中作业能力和工作效率。加强全行反洗钱培训和检查，强化专职反洗钱员工技能培养，进一步提升全行员工反洗钱工作水平。

【加强信贷管理，确保资产质量不断向好】

一是落实责任，打好资产质量管控的持久战。深化信贷主体责任，进一步做实风险管理进党委。探索预警平台建设，提升预警有效性。同时，严格控制新暴露不良，加大不良处置力度，做好资产质量有序管控工作。

二是优化结构，加强精细化管理。加大信贷政策引导效用，强化行业研究分析，从客户结构、行业结构、产品结构三个维度明确信贷结构调整的主目标和工作措施，充分运用经济资本等工具强化政策引导，加强信贷政策精细化管理。坚持“六型”客户和“零售优先”的结构调整方向，加快重点领域信贷投放。做好行业预警信息提示，引导行业结构调整。

三是加强整改，举一反三做好检查成果应用。按区域、条线，建立信贷检查发现问题库。对下要求严重问题、屡查屡犯的问题，必须作为检查“回头看”的重要内容。建立风险提示书制度。对于检查发现的重大问题、普遍性问题，在分行范围内通过风险提示书的形式做好风险提示。加强不良贷款暴露过程中的经验教训总结和案例分析，强化案例通报和宣讲工作，进一步发挥警示教育作用。

【加强全面从严治党，充分发挥党建引领作用】

一是全面抓好“两个责任”的落实。组织各级机构层层签订《全面从严治党责任书》。充分运用“两建议一报告”，强化各级行领导班子“两个责任”和领导干部“一岗双责”的落实，强化政治担当，做到讲政治和搞业务相互促进。

二是扎实做好抓基层打基础工作。进一步推进落实“强堡垒　争先锋　转型发展作表率”党建主题活动、向兄弟行和“红船旁的党建高地”桐乡支行党委学习活动、“一对一”党建工作联系点制度等既定的工作举措，查找并解决当前一些机构、党员自身存在的各种问题，切实做到习近平总书记要求的从“宽松软”走向“严实硬”，把党建工作融入业务发展，融入员工的日常工作生活。

三是寸步不让抓好作风建设。分行班子成员带头严格执行中央八项规定和总行党委十项要求，推进党风廉政建设和作风建设不断深化。牢固树立“守土有责”的理念，完成省分行对二级分行巡视全覆盖，扩大对基层支行巡察范围，尝试对省分行部门巡察。对触碰从业底线的问题一律从重处理。坚持纪委书记上讲堂、纪检监察特派员送案例到基层，积极探索“入心入脑”的廉洁合规警示教育新方式。

【加强队伍建设，为转型发展做好人才储备】

按照好班子标准，进一步优化各级班子结构，加快人才梯队建设，配强配好各级班子。结合总行“213 人才计划”，完善在更大视野更快领域广纳群贤、让年轻优秀人才脱颖而出的选拔机制。

在加强各类型专业队伍、关键性岗位建设的同时，重点打造两支特别能战斗的客户经理队伍。加快物理渠道转型转岗培训，试点推进二级分行本部人员集约化管理，保证两支客户经理队伍的人员数量。强化队伍能力培养，加大新兴业务、投资银行、私人银行、国际业务、“互联网+”等领域的业务培训，加强其经营客户、服务客户能力的提升。

【外塑造形象，内振奋精神，打造拼搏进取的企业文化】

扎实推进消费者权益保护工作，保持在当地同业和建行系统内的领先位置，提升全员消保意识和自我保护意识。加强与各类公益组织的合作，完成定点扶贫工作，助力精准扶贫，塑造分行积极担当社会责任的良好形象。进一步转变工作作风，加强效能建设，实现“一点接入、快速响应、综合解决”的客户服务模式。领导干部要关爱员工的点点滴滴，尤其是交流干部要融入当地，营造“快乐工作、健康生活”的企业文化。深入挖掘先进事迹，广泛宣传表彰先进典型，丰富各类文体活动，提高员工的归属感、凝聚力和向心力。

执笔：陶　懿

安徽省分行

安徽省分行行长　戴跃明

一、业务发展概况

【主要指标】截至2016年末，全行全口径存款余额4174亿元，新增546亿元；各项贷款余额2873亿元，新增237亿元；中间业务净收入24.7亿元；实现税前利润68.3亿元；不良贷款率为1.23%。

【对公业务】全行对公存款余额2257亿元、新增468亿元，余额和新增均四行第一；全行对公贷款余额1347亿元，四行第二；单位结算账户余额20.9万户，四行第二，新增3.4万户、四行第一；基本结算账户余额14.8万户，四行第二，新增3万户，四行第一；公司机构加权有效客户新增1.2万户（折算后），系统内排名提升15位；小企业单户贷款金额500万元以下的客户达到3006户，占比为71.6%，比年初增加551户，系统排名第七位；评分卡业务模式贷款余额23.76亿元，系统排名第六位，较年初新增7.32亿元、系统排名第五位。

【个人业务】个人存款年末余额1858亿元、新增126亿元，余额和新增均四行第三；全行个人贷款余额1526亿元、新增343亿元，余额和新增均四行第一；全行个人中高端客户新增3.26万户、增速10.24%，新增户数排名系统内第九，增速系统内第五；个人有效客户（折算后）新增243.7万户，系统内排名第十一；增速为17.09%，系统内排名第九；个人产品覆盖度新增系统排名第一；信用卡分期当年累计交易额已达到125亿元，四行第一，递延前收入14.4亿元，系统内排名第五；平均收益率为11.5%，系统内排名第一；信用卡贷款新增额系统内排名第一；个人商户8000户，系统内排名第六。全行代发工资个人户新增和增速排名系统第九；理财规模新增71.4亿元，规模增长额系统内排名第四。

【中间业务】全年实现中间业务净收入24.73亿元，比上年增加1.74亿元，实现连续三年四行第一。中间业务收入在主营业务收入中占比持续提升，较2014年提升1.73个百分点。

【重点业务】投行和资管业务市场领先，理财融资类业务再创新高，四行第一；总行“两全”活动中，基金业务投放量居系统内第四；非金融企业债券承销量继续保持四行第一，同时首次实现市场第一；荣获总行资管业务竞赛活动“先进分行资产池”“债券承销先进分行”两项荣誉称号；同业业务起步迅速，实现收入3.25亿元，增幅居系统前五位；国际业务领跑同业，国际结算收入四行第一；电子银行业务独占鳌头，手机银行及个人网银用户总量、新增、交易量，手机银行交易额相关九项指标均实现同业第一。

【资产质量与风险控制】成功实现不良贷款额、不良贷款率、逾期贷款额、逾期贷款率的“四降”，不良贷款率低于总行0.29个百分点，保持同业第二；表外垫款保持较低水平。全年不良贷款处置额达36.43亿元，比上年多处置10.25亿元，增幅达39.16%。全年未发生案件和严重违规违纪事件。

二、主要工作举措

【围绕推进转型，做强业务发展规模】针对2016年面临的新形势，分行在反复研讨的基础上，梳理分析面临的十大变化以及要处理的十大关系，并制订了应对变化的十大举措，持续做大做强业务发展规模。将资管投行、同业、信用卡、国际以及电子银行等五项战略性业务，作为重要抓手。注重在巩固传统业务优势的同时推进资产业务经营转型，在总行的直接指导下，在省内率先与“三煤一钢”企业签署全面战略合作暨市场化债转股项目协议。开展公司业务“攻城掠地”活动，省分行牵头，对各二级行一行一策，找出短板，逐行制定行业与客户提升目标，努力实现省属企业、主板上市公司开户全覆盖，以及优质省属企业和主板上市公司授信全覆盖。为适应普惠金融发展趋势，分行积极推动小企业、信用卡、个贷以及快贷等四项资产业务下沉网点。在做大做强对公业务的同时，把提升个人业务摆到经营布局的突出位置，实施城区支行个人业务发展三年规划，提升个人业务的市场份额和业务贡献度；把个人贷款作为优化贷款结构的主要方向，加快提升市场地位；加强个人业务基础经营能力建设，从渠道、服务、人力资源配置等方面，推动总行转型发展方向在营业网点落地。智能替代进展迅速，智慧柜员机布放超过1700台，整体业务迁移率超过65%，综合排名系统内第四。网点营销人员占比由30%提升到61%，系统内第六。个人业务经营能力明显提升，个贷余额和新增四行第一。

【推进转型落地，开辟价值创造源泉】进一步增强全行效益观念，省分行统一编制，按季下发各机构效益情况表、经济资本占用情况表，引导各经营主体、本部部门等600多个责任单位，人人关心利润，个个懂得算账，寻找新的利润增长点。把信用卡分期作为增加中间业务收入的战略性业务，开展“决战分期 同业第一”专项行动。实行国际、投行、私人银行以及同业业务直营模式，由省分行直接集中经营，理顺了战略性业务经营模式。将龙支付作为消费金融的龙头，搭建好线上平台和线下场景应用，由省分行牵头，二级行分头组织，整合全省百余家有影响力的商户，开展近200场“龙支付之夜”专场优惠活动。将“个体工商户+”“ETC+”作为消费金融的载体，按照场景化、客群化、批量化要求，积极推动金融生态系统建设，通过差别化服务充分挖掘客户潜力。在开源的同时最大限度挖潜，开展“控拨备，降资本”专项活动，仅2016年第四季度，就实现拨备回拨1.9亿元。努力降低成本支出，下大力气抓低成本的客户结算沉淀资金，降低利息支出。加强费用管控，业务管理费同比下降29%，比全国平均低15个百分点。

【强化风险合规，提升经营管理水平】将资产质量作为全年工作的“重中之重”，从严从重落实风险管理责任，进一步压实一把手资产质量第一责任，班子成员分片包干，亲自参与二级分行不良资产压控工作，一户一策。贯彻落实总行战略部署，围绕服务实体经济，贷款结构不断优化，贷款风险持续分散，个贷余额占比已超过50%。进一步加强风险源头控制，持续实施小企业“南压北退”和“小额化”调控政策，小企业500万元以下贷款客户占比达到71%。全年资产质量持续保持“双降”，良好的资产质量在政界、商界和社会上赢得了良好口碑，成为同业的标杆。倡导“合规就是保饭碗，违规就是砸饭碗”的理念，在不良授信责任追究、重点财务费用管理审计发现问题问责中，突出了对领导人员的追责。召开全行性视频会，专题强调内控管理，集中通报违规违纪处理情况，公开处理责任人，充分体现对违规违纪行为决不手软的强势立场。在注重结果的同时，重视过程管控。“把审计成果当作资源使用”，主动商请总审对重点风险事项进行全面审计，问题个数整改率和金额整改率100%。在全行开展了“屡查屡犯问题专项治理”活动，加大对内控薄弱机构的业务管控，有效遏制违章操作、屡查屡犯等突出风险问题，防止风险蔓延。大力培育“合规建行，人人践行”文化，将内控评价指标逐一分解到分管领导、经办部门和具体责任人，内控评价对象实现所有单位全覆盖，评价频率由每年一次增加到半年一次。

【持续文化建设，集聚转型发展正能量】着眼于转型发展规划和实现“二次飞跃”的要求，围绕“充分重视人、正确评价人、有效激励人、全面发展人”，提炼出转型时期文化建设的十个要点，制订2020年企业文化规划，并在全行开展大讨论，得到员工广泛认同，全行目标更加统一，行动更加一致，文化建设的热潮转化为转型发展的新动力。深入关爱员工，重新梳理几年来累计实施的100条关爱员工举措，全行公示，深入推进。充分尊重员工、信任员工、鼓励员工，使关爱成为传播正能量的平台。持续将关爱向社会延伸，开展“善建者行 成其久远”为主题的公益活动。“员工爱心基金”募捐377万元，实施各类公益项目126个，争取总行公益资金60万元实施中科大校长奖励基金项目，继续实施“成长计划”奖励省内13所高中贫困学生250人。此外，在太湖县小池镇中心卫生院和金寨县吴家店镇卫生院各投放一辆价值约15万元的“母亲健康快车”；完成贫困英模母亲2016年资助款发放工作，共发放75人合计21.5万元。

【全面从严治党，发挥党建统领作用】把主体责任作为各级党委必须种好的“政治责任田”，明确任务清单，制定“党建工作十件事”，作为阶段性的工作抓手，集中时间逐个解决。制定《党建工作考核办法》，将党建任务细化成50项要点，全行一个标准，一竿子到底，省分行党建工作考核实现16个二级分行全覆盖，并在全行明确，今后评价二级分行看“三张表”，即等级行和KPI考核结果、内控评价考核结果、党建工作考核结果。增强基层党建工作的规范化水平，对照民主集中制、中心组学习、“三会一课”、组织生活会等重要制度要求，逐项梳理要点，补缺补差，完善基层组织生活，并通过现场检查，对基层党组织制度执行情况一一对比，执行不到位的责令限期整改。发挥标杆支部的示范引领作用，在每个二级分行打造2家标杆党支部，以点带面，带动所有基层支部全面进步。加强基层党组织阵地建设，进一步规范全行党总支、党支部和党小组的设置，按照“把党员培养成业务骨干，把业务骨干发展成党员”的理念，按时按质完成党员发展工作。建设“党员之家”阵地428个，重点建设示范点50个，阵地建设做到“全覆盖、求实效、受欢迎”。扎实深入开展“两学一做”学习教育，进一步增强全体党员“四个意识”尤其是核心意识和看齐意识，党员的政治觉悟和理论水平得到提升。

执笔：陈 琦 凌 云

福建省分行

福建省分行行长　刘丽华

一、业务发展概况

【负债业务】至2016年底，一般性存款日均余额3989亿元，四行占比为33%；日均新增335亿元，四行占比为35%；至年末，全行一般性存款时点余额4023亿元；存贷款总量在同业中率先突破8000亿元大关，连续13年四行第一，市场占比继续提升。

【资产业务】各项贷款日均余额3561亿元、日均新增177亿元，四行占比均超过30%，各项贷款时点余额4033亿元。

【效益指标】一般性存款付息率为1.08%，四行最低；存贷利差3.45%，四行最高。中间业务净收入46.5亿元，是工行的1.7倍、中行和农行的2.2倍；四行占比40.1%，比上年提升1.2个百分点；实现税前利润31.33亿元，成功扭亏为盈。

2016年4月28日，福建省分行第六届职工羽毛球赛在福州举办。

【公司及机构业务】单位人民币结算账户总量、增量四行“双第一”，新增结算户、基本户四行占比都超过46%。对公综合金融服务覆盖50家龙头企业，实现综合贡献10亿元；新增储备大中型客户贷款1113亿元、投放222亿元；成功营销福厦高铁、中化集团在闽成员企业等具有重大影响的项目。新增超亿元造价咨询项目39个，创近年最高。全省机关养老保险承办权覆盖度、财政国库现金存款、新开立法院和检察院账户数四行第一，省属高校、三甲医院客户实现账户全覆盖。对公信贷结构持续优化，优先支持类行业信贷增速，高出对公信贷平均增速14个百分点，国有企业信贷占比提升10个百分点。公司机构客户产品覆盖度位居系统第4。同业业务主营收入1.6亿元，增幅为91%；金融市场业务收入4.5亿元，增幅为73%，特别是黄金租借创造中间业务收入2亿元，增幅为290%；新型结算产品收入增幅为51%，占到结算总收入的49%；应用大数据工具，新增的小微企业大数据产品客户和“小微快贷”客户，分居系统第三和第一，小微企业贷款实现“三个不低于”的监管要求；成功实施“票据电子眼”“他行高端客户营销”等12个数据挖掘项目，成效显著。

【个人金融业务】借记卡、信用卡、武警军人保障卡，以及证券第三方存管、ETC客户数量四行第一；私人银行客户新增、金融资产新增同业第一；移动金融用户总量、增量连续10年同业第一，交易额是其他三大行总和的2倍。全年新增个人贷款322.4亿元，是上年的2倍，余额领先第二位农行的优势扩大到748.5亿元。个人类

2016年10月12日，福建省分行与中信建投证券福建分公司在福州举行战略合作协议签约仪式。

贷款（含信用卡）新增占到全部贷款新增的90%，其中，个人住房贷款新增330亿元，同比多增148亿元。信用卡业务在系统内第二家实现中间业务收入突破20亿元，对分行中间业务收入贡献度达38.3%。个人金融生态圈建设全面启动，个人客户产品覆盖度系统第一。

【投行资管】高收益资产余额261亿元，增幅为134%，居系统第五。分行资产组合型理财产品余额224亿元，累计创造中间业务收入1.4亿元；理财业务收入增幅为51%，超过系统平均增幅10个百分点；资管规模、托管规模双双突破500亿元，增幅分别为89%、334%；债券承销量四行占比34%，同比提升13.5个百分点。为客户提供非信贷融资达到对公贷款新增的5倍，特别是"海丝"系列子基金审批通过440亿元，投资规模跃居系统第四位。投放系统首笔房地产综合金融服务客户前端土地款融资理财产品，全年累计配置房地产类理财资产48.57亿元，居系统第五位。

【渠道建设】网点转型实现"双降双升"（柜面现金、非现金业务可替代率分别下降15.3和19.8个百分点，智能设备交易替代率提升4倍，新增大堂经理、客户经理、产品经理811人），网点营销人员占比为71%，居系统第二位。"移动金融交易量占比"保持省级行首位，"善融商务"多项指标系统第一；创新"学易收"业务，覆盖120所学校、超10万名学生家长。

【风险管控】不良贷款额、不良贷款率"双降"，资产质量回归四行最优。不良贷款率、逾期贷款率分别较年初下降0.37和0.25个百分点，表外垫款降幅为20.8%，新暴露不良贷款比上年减少41.1%。不良贷款率比四行平均水平低1.38个百分点。处置不良贷款115亿元，实现现金回收28.4亿元，同比增长87%；已核资产现金回收3.1亿元。同时，内控合规基础得到夯实，"一加强两遏制"问题整改率达98%，主诉案件全部胜诉。全辖应用系统、网络设施可用率为100%；实现连续17年安全稳定运营。

【文明创建】全辖四个全国文明单位顺利通过届初考评，系统连续七届在全省创文明行业竞赛活动中获评"先进行业"，获评中国银行业文明规范服务"千佳"示范单位网点数居同业第一。在上半年总行"神秘人"调查中，普通客户区服务、理财中心服务评价系统"双第一"；蝉联总行消保考评第一档、福建银监局消保考评第一名。

二、主要工作举措

【坚定不移抓发展】追求"当地最好、系统领先"的目标，并将目标细化为"一进一保"，即"等级行进位，从三类进到二类；工资保持不降"。坚持"同业看份额、系统看位次、发展看速度"的要求推进业务发展。聚焦存款效益，合理有效地控制付息成本，打造交易型银行。聚焦全量资金，加快推进全量客户分群管理和精准营销，为客户提供综合服务。聚焦"八个问题"，大力发展ETC、社保、代工等业务。抓住国家和地区产业政策的机遇，争取客户主办银行资格，夯实客户项目储备；把握自贸区政策机会，大力推进跨境融资性风参等业务；把个贷作为"一把手"工程，全力营销一手房、二手房"两个市场"；坚持小额化和渠道协同，利用大数据等多种产品发展小企业业务。发挥信用卡中间业务收入的"火车头"作用、探索理财产品入池资产多元化措施，大力推广积存金、代理金交所等新产品，做大借记卡及收单业务客户消费交易量，大力发展对公结算新型结算产品等。

【务求实效抓转型】全力以赴把转型工作打造成为最大亮点，将转型工作与综合经营计划对接，在二级行KPI考核中，转型推进指标的分值由35分调增到43分。推进资管业务模式向"自主＋合作＋委托”型转变，构建完善的资产管理平台；强化本外币联动、境内外联动、公私条线联动、母子公司联动，以金融集团的视角实现综合营销。利用贵金属、基金、理财、寿险等产品为客户提供多功能服务；拓展第三方合作平台，打造20个生态圈。新成立金融市场部、同业专营中心，对私人银行、造价咨询业务实施直营。加强各项营运后台集中作业标准化、规范化管理。成立渠道管理部，立足战略层面推进渠道转型，加快物理渠道和电子渠道融合，提升综合效能和价值创造力。加大大数据采集、管理、分析和应用，深入推进大数据挖掘。加大产品创新考核力度，全面推进产品创新，全年产品创新计划同比增加20项，增幅为87%。

【加快突破控风险】严格落实“风险管理职责进党委”，省分行成立资产质量管控工作领导小组，除纪委书记外，每位行领导包行包项目，沉下去抓督导；狠抓重点区域重大项目处置，确定10家重点帮扶县级机构、10个金额大、处置化解难度大的项目，列为省分行“一号工程”。坚持资产质量管控考核横向到部门、纵向到支行，对未完成计划并对全辖造成重大影响的，在班子综合竞争力评价上实行“一票否决”；明确问责底线，全年分行党委公开约谈、通报了6个二级行领导班子。在做好控新化旧的同时，抓现金回收和盘活上迁，向风险管理要效益。优先支持行业信贷增速比对公信贷业务增速高13.2个百分点，逐步压缩行业信贷降幅为15.8%，结构调整不断优化；组建对公业务人员的核心人才专家库，升格资产保全部等，提升专业建设；组织贷后管理专题大讨论、开展信贷大检查等，培塑信贷文化；加强授信管理工作向“两头延伸”。同时，把2016年确定为“合规文化建设年”，加强案件防控和安全生产的预防预警预判和专业性建设等，强化全面风险管控。

【从严从实抓党建】制定全面从严治党实施意见，从严落实总行纪律检查建议书的整改。实施党建工作量化考核，开展党建述职，公开约谈“两个责任”考核落后机构的党委书记、纪委书记。深入开展“两学一做”学习教育，领导干部带头讲党课，加强基层党建调研；组织党性修养培训55期，加大对基层党组织书记、党务工作者的培训。实施“1＋N”党建先锋行动计划，焕发基层党建活力。对6个二级行、4个省分行部门开展巡视（巡察），发现问题187个，提出整改建议128条；充分运用“四种形态”，预防为主、抓早抓小，全年开展责任追究311人次；开展“四风”问题整治“回头看”，招待费、会议费等压缩类费用下降14%。2016年纪检监察工作考核位居系统第二。加强队伍建设，开展“争当好行长、争做好员工、争办好银行”的“三好”工程。配齐配强各级领导班子，加大领导人员调整交流力度，新提拔人员平均年龄比现职降低3.7岁。加强专家、专业型人才队伍建设，坚持专技人才培养向客户经理、向一线和基层机构倾斜。加强青年干部培养和选拔，加大双向交流力度。整合二级行本部内设职能部门，加大直营力度。出台进一步倾斜基层、关爱员工21条意见，全面推行为员工办“十件实事”活动。

执笔：蒋斯彦

江西省分行

江西省分行行长　万国平

一、业务发展概况

【负债业务】客户金融资产日均余额3207亿元，日均新增444亿元，增幅为16.1%；一般性存款（含保本理财）日均余额2474亿元，四行占比25.3%，比上年提升0.35个百分点；日均新增233亿元，四行占比29.2%，四行第一；对公存款日均新增148亿元，四行占比41.4%，四行第一。

【资产业务】各项贷款余额2001亿元，四行占比26.7%，比上年提升0.55个百分点；全年新增218亿元，四行占比32.3%，四行第一，其中：个人类贷款余额1106亿元，占全行贷款的55%，全年新增189亿元，余额及新增均排四行第一。

2016年11月28日，江西省分行举办“综合服务在建行 专业专注展风采”2016年客户经理风采决赛暨私人银行专业能力提升大赛。

【资产质量】全年新暴露不良贷款22.71亿元，处置不良贷款20.8亿元；不良贷款余额32.41亿元，比年初增加1.91亿元；不良贷款率1.62%，比年初下降0.09个百分点，低于五大国有银行0.54个百分点；不良贷款额、不良贷款率保持四行最低。不良贷款累计处置额完成总行计划的129%，现金回收已核销资产1.1亿元，完成总行计划的216%。

【中间业务】全年实现中间业务净收入24.31亿元，四行占比30.82%，比上年提升1.62个百分点；同比增加2.97亿元，增幅为13.9%；收入总量、增量和增幅均保持四行第一。实现拨备前利润60.8亿元，四行第一，增幅为13.76%；税前利润47.6亿元，增幅为6.37%；经济增加值21.6亿元，增幅为7.22%。

二、主要工作举措

【助推实体经济发展】顺应国家调整产业结构、转变发展方式要求，主动优化信贷结构，积极支持基础设施建设、小微企业贷款、涉农贷款、个人类贷款发展。一是充分利用建行全集团力量，通过信贷、理财、债券、母子公司、保函、产业基金等多渠道筹措各类资金534亿元，支持实体经济发展。二是助推全省产业转型升级，支持高端制造、生物医药、建筑施工、旅游等产业发展，航空制造领域信贷余额48亿元，生物医药领域授信总额27亿元，建筑业和旅游业贷款余额分别达到54亿元和10亿元。三是多措并举支持“双创”，小微企业贷款新增28亿元，余额达到273亿元，增速为11.55%，小微企业申贷获得率为95.1%，比上年高出1.73个百分点，完成“两个不低于”监管目标。四是体现大行担当，主动配合做好“三去一降一补”工作，为完成全省去产能、去库存任务做出了积极贡献。

【转型发展提质增效】一是“4816”客户战略成效显著①。对公账户新增2.84万户，四行占比为44.73%，账户总量17.27万户，四行占比为31.02%，新增及总量均四行第一，基本结算账户保持四行第一。借记卡净增339万张，四行占比为46.53%，总量1947万张，四行占比为30.67%，新增及总量均四行第一。贷记卡新增50万张，四行占比为35.49%，四行第一，总量181万张，四行占比为26.81%，四行第二。抓全员、抓代发及“十六大”战役取得明显成效，多项业务保持市场前列，系统排名实现前移，转型发展的客户基础更加牢固。二是“八大业务”全面发展，大公司、大零售、大结算、大交易、大同业、大托管、大资管、大渠道协同推进，为有效客户增加、全量资金增长、产品覆盖提升打下了扎实基础。

【经营管理持续优化】一是发扬拼搏奉献精神，圆满完成总行交付的新一代3.2期系统上线任务。二是强化渠道建设顶层设计，加快网点改造和设备投放，全年建成轻型网点4家，新增智慧设备685台；智慧柜员机迁移率达66.78%，综合考核排名系统第五位。三是提升运营管理效能，前后台业务分离度达95%，达到全国先进水平；在南昌城区试行“大额现金集中支付、营业网点尾箱错时配送、小票面自助服务”，提升了员工和客户体验。四是成立“稽核监测、远程监控和贷后管理监控”三个中心，强化“操作风险、信贷风险、财务规范和员工行为”四项管控，累计发现问题6066个，问题数量逐月下降。五是组建大数据专家组，完成11项数据分析报告、17项目标客户清单和27份数据取数，为精准营销、经营决策提供了数据支持。

【风险内控得到加强】一是信贷资产质量管控取得明显成效，全行新暴露不良贷款四行最少，不良率低于全省同业0.62个百分点。二是内外部审计检查成效显著。内部审计积极主动作为，审计检查发现问题599个，提出了许多很好的建议，审计成果质量再创新高，充分发挥了对转型发展的支持和保障作用。认真组织开展“一加强、两遏制”专项自查“回头看”和“雷霆行动”专项排查活动，问题整改率分别达到93.5%和98.47%。三是员工行为排查扎实有效。累计发现需关注员工721人，有效预防和化解了风险。四是各类基础管理有序高效。合规建行、平安建行创建取得实效，反洗钱工作得到加强，法律工作的作用日趋明显，IT和各类生产系统运行稳定，安保防控体系不断完善，消费者权益保护、舆情监测、印章保密和信访维稳工作持续加强，行务政务及后勤保障运行平稳，全行保持了安全稳定。

【管党治行全面从严】强化党建引领，深入开展“两学一做”学习教育，全行党员的党章党规意识进一步增强。压实“两个责任”，落实“一岗双责”，全行党建和党风廉政建设取得明显成效。强化巡视巡察工作，完成对3个二级行的常规巡视、3个县支行和2个省分行部门的巡察工作。保持违规违纪高压态势，加大执纪问责力度，全年累计问责并给予党政纪处分113人次，较上年增加60人次。坚持正确选人用人导向，累计提拔、交流领导干部57人；制定《关于加强人才工作的意见》，启动“158”人才培养工程；举办各类培训275期，累计培训1.8万人次。积极开展老干部、工青妇团等工作，落实员工关爱政策，推进“温暖工程”，激发员工爱岗敬业热情。

执笔：卢　松　吴建辉　丁　璐

① “4816”客户战略。四抓：抓户、抓卡、抓代发、抓全员；四进：进校区、进社区、进园区、进商务区；八大市场：收入分配、县域、支付结算、理财资金、资本、信贷、消费和社区金融市场；八大业务：大公司、大零售、大结算、大交易、大同业、大托管、大资管、大渠道；十六大战役：社保战役、学校战役、医院战役、建筑业战役、年金战役、商户战役、善融商务战役、结算通卡战役、私人银行战役、对公有效客户战役、零资产客户激活战役、资金体内循环战役、OBU战役、CTS战役、二手房贷款客户战役、公积金贷款客户战役。

山东省分行

山东省分行行长　薛　峰
(2016年7月免)

山东省分行行长　段红涛
(2016年7月任党委书记，8月任行长)

一、业务发展概况

【效益指标】全年实现拨备前利润165.0亿元，同比增加7.7亿元。

【负债业务】一般性存款日均新增417.1亿元，居四行第二位，日均余额达到6812.3亿元，赶超工行居四行第二位；对公存款日均新增170.9亿元，居四行第二位，日均余额3435亿元，居四行第一位；个人存款日均新增246.2亿元，居四行第三位。

【中间业务】实现中间业务毛收入66.51亿元，实现净收入61.96亿元，四行占比为29.08%，为历年最高，较上年提升1.19个百分点，总量、增量、增速均居四行第二位，净收入与工行差距同比收窄1.49亿元，缩小27%。

【资产业务】各项贷款余额4727.1亿元，居系统内第七位，比年初新增88.7亿元，还原政府债置换及个贷证券化、核销等因素后，各项贷款新增317亿元，居同口径四行第一位，其中个贷新增258.9亿元（含信用卡），居四行第一位。

【战略业务】非标理财和非金融企业债务融资规模651.6亿元，较上年同期增加40.4亿元；其中承销非金融企业债务融资工具401亿元，信用债承销规模及市场占比均保持同业第一位；理财产品余额868.03亿元，较年初增加219.44亿元；实现黄金远期卖出和人民币交割大宗商品套保业务突破，黄金远期收入居系统第一位，大宗商品套保业务客户数量、交易量及收入均居全国首位；同业投资业务余额65.2亿元，居四行第一位，新型投融资业务余额47亿元，实现同业代付业务突破；养老金受托资产余额43.19亿元，账管余额18.59万户，托管余额95.52亿元，受托资产余额及新增、账管新增均居同业第一位，账管余额、托管余额及新增均居同业第二位；手机银行、个人网银、企业网银客户总量分别达到1428万户、1538万户、25.1万户，均居四行第一位，四行占比分别达到32.6%、31%、28.5%，其中手机银行连续六年保持四行第一位；移动金融交易量占比为64.13%，获得KPI考核并列第一名；小企业业务贷款余额721.4亿元，较年初新增72.5亿元，全面完成“三个不低于”目标。社保卡发卡全牌照获批，新发卡187万张，四行第一；住房资金归集余额达1268亿元，新增124亿元，居同业首位。

【资产质量与风险控制】不良贷款 122.1 亿元，不良率为 2.58%（审计前），分别较年初下降 3.2 亿元、0.12 个百分点，近三年首次实现双降；逾期贷款 138.1 亿元，较年初增加 47.68 亿元；表外垫款余额 2.98 亿元，较年初增加 0.1 亿元。

二、主要工作举措

【三大战略落地生根，发展动力进一步提升】致力打造支持地方经济建设的主力银行，重点跟进国有骨干企业、中央企业、集团客户，按照基础设施领域、重大民生领域、棚改以及农村“七改”、学校、城市交通、能源电力、机场等“七大方向”，列出优秀客户项目投放名单，做实项目储备，加快信贷投放，9—12 月对公人民币非贴现贷款增长 154 亿元，居四行第一位。在政府购买服务方面，以棚改和大班额项目为重点，储备项目 185 个、金额 918 亿元，投放 105 亿元，居商业银行首位。加快个贷业务发展，在同业中争做最大个人住房贷款银行，在系统内积极向个贷第一集团靠拢，根据各地去化周期不同，实施住房信贷差别化政策，支持重点区域加快突破。量质并举拓展对公客户，聚焦“十三五”规划和“一带一路”“走出去”战略，积极营销重大基础设施、网络工程、交通等项目和政府机构、社保、文教卫生类客户，年末结算账户总量、基本结算账户总量和新增均居同业第一位。深化个人客户经营转型，开展 POS、信用卡、ETC 等业务“点周户”“点天人卡”竞赛活动，个人有资产客户达到 2039 万户，新增 150 万户，均居系统第二位；信用卡有效活动客户新增、年轻客户新增均居系统第三位。坚持继承传统与夯实基础相结合、经验借鉴与二次创造相结合、筛选优化与动力激发相结合，加快推进“五大应用”，为转型发展注入新动力，赢得新空间。投行业务方面，与省金融办联合举办全面金融服务方案推介会，与省国资委、能源集团合作完成山东省首单、煤炭行业全国首单市场化债转股项目。移动互联方面，创新推出家园龙卡社区金融服务模式，开辟新的蓝海；手机银行、个人网银、企业网银客户总量均列四行第一，善融商务交易额居系统首位。金融市场方面，同业投资业务额、黄金远期收入、大宗商品套保业务客户数量、交易量及收入均居系统第一位。国际化转型方面，国际业务中间业务收入系统第四、四行第二，国际收支客户增幅四行第一，为华能山东、山东电建三公司等一批重点客户“走出去”项目开展融资服务。传统战略业务方面，养老金业务受托资产余额及新增、账管新增均居同业首位，账管余额、托管余额及新增均居同业第二位。社保卡获得发卡全牌照资质，新发卡 155 万张，居四行首位。住房资金归集余额、新增均居同业首位。小企业“助保贷”县域覆盖率达 86%，综合性网点大数据产品覆盖度达 97%；“五贷一透”大数据产品贷款余额 16.9 亿元，新增 5.2 亿元，贷款客户 1.5 万户，同比增长 980 户，申贷获得率为 96.3%、同比提升 2.68 个百分点。

【三大板块分类施策，各级机构活力持续提升】结合山东经济特色和分行发展状况，确定了“一主两副、多极支撑、多核带动、多点突破”的区域发展战略，形成了“龙头带动、两翼齐飞、奋力争先、竞相发展”的良好局面。赢在济南，率先突破。坚持“竞争同业、决胜山东、赢在济南”，研究制定济南地区率先突破达标评价方案和差别化政策，努力让济南地区率先实现同业最佳的发展目标。确定了烟台、潍坊两个副中心，分别研究制订了达标方案，推动两家分行加快发展。其他分行，竞技突破。围绕存款、中间业务收入等主要指标，全面对标先进，两两分组对决，加快转型发展，进一步巩固优势、补足短板，争做全行同业竞争的重要前沿阵地。县域支行，全力突破。制订县域支行潜力突破方案，区分强县强行、强县弱行、弱县强行、弱县弱行，分档设定激励标准；建设“村口银行”，构建线上线下协同的服务网络，打通金融服务的“最后一公里”，2016 年分行已试点建设“智慧版”与普通版慧农通金融服务站各 1 家，计划 2017 年覆盖所有地市。

【不良管控成效明显，资产质量进一步提升】将资产质量管控作为全行工作的重中之重，明确“有力管控，有序释放，有效处置”的工作原则和“对象精准、目标精准、内容精准、方式精准、考评精准、保障精准”的工作要求，全面摸清信贷资产质量底数，实施风险客户“三分类”，强化不良贷款精细管理，不良贷款余额和不良率近三年首次实现“双降”，资产质量在同业中继续保持领先。提升不良贷款处置质效，对全部不良贷款明确任务书、路线图、时间表，倒排进度加快处置，全年累计处置不良贷款146亿元，为历年最高。加强逾期贷款管控，年末逾期贷款余额138.1亿元，表外垫款余额2.98亿元，分别低于总行管控计划22.38亿元和0.52亿元。

【基层基础持续强化，内控水平进一步提升】认真开展“合规管理提升年”活动和“一加强、两遏制”回头看工作，把合规管理评价纳入各二级分行和省分行各部门核心工作。组织对授信业务真实性、开发贷款封闭管理、贸易融资回款监控、已核销资产追索、客户关联关系识别等五类问题进行专项清理，加大屡查屡犯问题惩治力度。全面梳理民营企业集团客户，严密防范授信风险。落细落实“四清查”工作，开展员工参与民间借贷、大额博彩、飞单等违规行为专项排查，对严重违规典型问题严厉问责。以深化“平安建行”创建为主线，开展“七个一”检查，强化重点部位安全防范。加强新综合营业楼建设，开展安全生产专项检查，打造百年工程。全面梳理省分行本部外包业务，建立外包管理长效机制。积极改进客户服务，建立客户信息管理制度，加强消费者权益保护。配合总行推进内控标准化建设，进一步提升了流程控制能力。

【党的建设不断强化，凝聚力向心力进一步提升】把全面从严治党与全面从严治行结合起来，把全面夯实党建基础与推动转型发展结合起来，把持续改进作风与探索党建工作的新路径、新方法结合起来，以思想建设为首要，以干部建设为重点，以制度建设为保障，以作风建设为牵引，抓住四个关键（党委班子建设、组织体系建设、干部作风建设和党风廉洁建设）、畅通三条路径（让员工知道、让员工说话、让员工追随）、坚持两个促进（干部促进业绩提升，业绩促进干部成长）、找准一个落脚点（增强员工获得感），建立“四三二一”党建工作体系，逐步形成党委、支部、党员、员工之间的“四级带动”机制，为全行转型发展注入新的活力。坚决落实中央八项规定精神和总行党委十项要求，扎实做好“两学一做”学习教育，加强党风廉洁建设，层层压实“两个责任”。积极探索巡视巡察新模式，将巡视全覆盖与专项巡查相结合，把全面从严治党和党风廉洁建设引向深入。组织开展部分二级分行和省分行部门主要负责人岗位公开竞聘，把“选好人、用对人、激励人”作为干部工作的关键，努力营造“干部促进业绩提升，业绩促进干部成长”的良好氛围。抓实“第一书记”抓党建促脱贫工作，省分行重点帮扶的泗水南仲都村和西仲都村扶贫成效显著，赢得了总行党委的充分认可和地方各级党委、政府的广泛赞誉，其中南仲都村党支部被山东省委评为先进基层党组织。大力改进本部作风，开展互联网、请休假、出缺勤整顿，完善工作目标责任体系，强化督查督办，形成快节奏、快行动、快落实的工作氛围。拓宽员工职业发展通道，实行职务职等并行晋升机制；开展基层一线“暖心”行动，继续为员工办理“十件实事”，推进关爱员工向“一老一小”两头延伸，努力帮助员工解决后顾之忧。

执笔：刘太丽

河南省分行

河南省分行行长　石亭峰
（2016 年 8 月免）

河南省分行行长　李尚荣
（2016 年 8 月任）

一、业务发展概况

【主要业务指标】

一般性存款日均余额 4990.55 亿元，比年初新增 420.39 亿元，位居系统第十一位，同业第二位。各项贷款余额 3831.57 亿元，比年初新增 510.79 亿元，位居系统第七位，同业第一位。

实现账面利润 66.53 亿元，排系统第十一位、同业第二位。不良贷款余额 69.96 亿元，不良贷款率为 1.83%，控制在总行年底计划之内。

【公司业务】对公存款比年初新增 147.9 亿元，居系统第十六位、同业第一位；对公贷款新增 135.57 亿元，居系统第六位、同业第二位；

2016 年 7 月 28 日，河南省分行举行“合规建行 人人践行”知识竞赛总决赛。

【个人金融业务】个人存款比年初新增 272.5 亿元，居系统第六位、同业第三位。个人贷款新增 375.22 亿元，居系统第七位、同业第一位。个人住房贷款新增 383.83 亿元，同比多增 105.03 亿元，创历史新高。

【房金业务】住房资金归集余额 969.16 亿元，比年初新增 134.86 亿元，完成总行计划的 224.76%，新增系统内排名第七位，市场占比为 51%。公积金委托贷款余额 743.41 亿元，比年初新增 164.8 亿元，完成总行计划的 181.3%，新增系统内排名第六。

【中间业务】实现中间业务净收入 48.93 亿元，居系统第八位、同业第一位，市场占比为 31.85%。

【国际业务】对公外汇存款时点余额 17.73 亿美元，时点新增 3.89 亿美元，系统排名分别为第十位和第九位；外汇贷款余额 57.38 亿元，贷款新增系统排名第三位；跨境人民币结算量 166.49 亿元，国际结算收入同业第一位，市场占比为 38%。

【资产质量与风险内控】不良贷款余额 69.96

亿元，比年初增加 53.81 亿元；不良贷款率为 1.83%，比年初上升 1.34 个百分点，实现了预期控制目标。“逐步压缩”类行业信贷余额 218.98 亿元，较年初减少 5.13 亿元，占比为 9.76%，比年初下降 0.93 个百分点。

【内控合规建设】成为总行级合规转型试点行之一，积极推进 4 个触发式项目和 3 个重检项目的操作风险自评估工作，识别风险点 43 个，提出优化建议 12 个。

【其他业务】电子银行业务量质齐升，客户金融服务生态不断丰富，客户指标全面进入系统前十位，移动金融保持同业第一。投资银行业务收入再创新高，居系统第七位。小企业贷款比年初新增 52.76 亿元，全面完成“三个不低于”。私人银行客户较年初新增 311 人，增幅为 20.16%；客户 AUM 较年初新增 54.52 亿元，增幅为 30.56%。养老金个人账户数较年初新增 4.13 万户，居系统第四位；受托资产规模较年初新增 21.11 亿元。信用卡客户数净增 37.03 万户，居系统第八位；累计消费额 1257 亿元，居系统第四位。实现结算业务净收入 3.88 亿元，居系统第二位、同业第一位。

二、主要工作举措

【推进转型创新】

转型顶层设计更加完善。坚持问题导向，整体谋划、周密安排，推进转型发展规划和五个配套方案研究，明确转型发展目标、方向、路径和重点。加强系统内和河南分行转型案例的总结推广力度，取得了良好成效。

综合融资快速发展。充分依托总行全牌照优势，推进贷款向综合融资转型。全行综合融资办理量 943 亿元，增幅达 21.5%，其中战略协同 312 亿元。举行“支持中原崛起签约仪式暨战略协同业务推介会”，邀请总行、子公司、海外分行以及省内优质企业参会，打造了高端化的综合金融服务平台。作为河南省政府债券唯一牵头主承销商，全年共发行地方政府债券 1904 亿元，其中分行认购 328.43 亿元。办理票据买入返售 741 亿元，系统第 1 位；投资托管规模达 923.53 亿元，同比增长 415.94%；办理养老金直投 13 亿元，成为养老金业务新的增长点；累计办理跨境融资性风险参与 57 亿元，居于同业领先地位。

金融生态圈建设成效明显。紧盯重点领域，加快车包、房包、薪包、商包建设，提升客群经营能力与产品覆盖。累计发行车主卡 487 万张，沉淀存款 225 亿元，较上年末增加存款 77 亿元。制定有车客群、高校、专业市场、银医、物流和社区等六类客群生态圈建设模板和评价标准，为全行生态圈建设提供了统一推进模式和落地标准。

渠道转型稳步推进。实施综合性网点装修 66 个，建设并开业轻型网点 4 个。持续完善自助渠道服务网络，全行现金类自助设备达到 4477 台，建设智能型自助银行 20 余个。新配备标准版智慧柜员机 1650 台，综合版智慧柜员机 700 台，合计达到 2350 台，交易量位居系统前列。在总行个人客户满意度调查中，位居当地四行第一。在省银协组织的“千佳网点”创建中，分行又有 5 个网点通过验收考评，同业排名第一，创历年最佳。

集约化运营不断深化。加强授信审批精细化管理，累计完成各项授信审批 143986 笔，金额达 5638 亿元。放款中心共审核项目 2665 笔，金额达 1430.97 亿元。持续加大前后台业务分离力度，完成信用卡分期业务集中处理的全辖推广；加快外汇业务集中处理，简化柜面外汇业务操作；实现智慧柜员机远程审核，进一步减轻前台负担。积极做好“新一代核心系统”建设项目在分行的实施推广。

【夯实客户基础】

以源头营销抢抓对公客户。抢抓十三五开局机遇，相继与地方政府和相关单位签订 9 个战略合作协议，密切了与地方政府和省直厅局的战略合作关系。开展“大干 100 天、储备 200 亿元”政府购买服务贷款专项营销活动，累计审批通过 438.62 亿元，实现投放 122.71 亿元。

以“五大工程”拓展机构客户。机构业务“五大工程”营销成效显著。军警存款较年初新增 19.5 亿元，账户较年初新增 69 户。一举拿下省级机关事业单位养老保险财政、收入、支出全套账户，养老保险账户较年初新增 195 户，综合覆盖度达到 77.2%，系统排名第三位。成功营销省公共资源交易中心基本账户，上线网上交易系统，与 14 个地市级公共资源交易中心进行合作。

省人民医院银医挂号系统顺利上线，有32家医院开发上线银医系统，教育、卫生行业传统优势持续巩固。与省财政厅、公安厅联合打造网上缴纳交通罚款平台。

以五大战役做实个人客户。个人业务五大战役成效明显。代发工资客户新增83.35万户，居系统第七位。电话POS活动终端35213台，平均终端活动率为54%，沉淀存款116亿元，月均交易金额62亿元；结算通有效卡新增9.8万张，日均存款新增72亿元。拓展社区特惠商户968家，有效拓展社区176个。县域个人存款余额1001亿元，全行占比为33.53%；县域个人存款新增124亿元，全行占比39.60%；增速为14.14%，高于全省2.42个百分点。县域个人有资产客户数663万人，全行占比为35%。

【提升风控能力】

不良贷款攻坚取得阶段性成果。综合运用分级诊断、项目会商、分片包干等方式，全力开展不良贷款清收处置。加大已核销资产回收力度，持续提升已核销资产价值。全年累计处置各类不良资产17.01亿元，实现不良资产现金回收3.74亿元。

内控合规体系建设初见成效。深化“合规建行 人人践行”创建工作，倡导合规文化，培育合规意识，培养合规习惯。南阳分行某员工坚守业务操作流程，为公安机关破获特大恐怖组织提供了宝贵线索，为建行赢得了荣誉。

风险排查和案件治理持续强化。组织“一加强两遏制”专项检查回头看和2015年检查发现问题重检活动，提高自查精准度。持续保持案件防控高压态势，全面签订《案件防控工作目标责任书》，落实案件风险防控责任。强化责任追究，全行共处理违规违纪责任人167人次，其中党纪处理36人次，政纪处理131人次。持续做好内部审计配合及整改工作，完成内部审计检查配合项目21个，落实内部审计整改项目62个，其中内审系统项目8个，离任审计54个。

基础管理不断加强。强化规范管理，会计核算质量不断提高。持续加强安全防护设施的管理和日常维护，提升科技含量和专业程度，不断提升安全管理风控水平。充分做好应急演练工作，确保全行安全生产和稳定运营。抓好信访维稳，做好突发性、群体性事件的应急处置。

【加强队伍建设】

管党治党全面从严。深入开展“两学一做”学习教育，筑牢思想根基。巡视利剑作用充分发挥，共巡视（巡查）了51个机构。不断完善党建制度体系，向基层派驻了278名党建纪检特派员，形成了一级抓一级、层层抓落实的工作格局。

队伍建设不断加强。加强干部及人才管理，完成57名拟提拔任用人员和13名交流任职人员的考核聘任、谈话和调整工作。推荐拔尖人才和骨干人才，建立“213人才”库。加大培训力度，举办各类现场培训班3522期，人均现场培训10.2天；网络课程培训459877人次，人均培训26.9门。

党风廉政建设和作风建设常抓不懈。严格执行中央八项规定精神和总行党委十项要求，对顶风违纪行为深查严处。规范财务管理，压缩类费用完成总行控制计划，降幅达到8.4%。逐级逐层签订《2016年全面从严治党责任书》，严格落实“两个责任”，明确责任清单，搭建纵向到底、横向到边的责任网络。组织制定省分行本部“重基层转作风、提效能促发展”实施意见，统一思想认识，明确工作重点，持续转变作风，提升服务效能。

员工关爱成效凸显。完成职工代表换届选举，成功召开五届一次职工代表大会。举办省分行第六届职工（趣味）运动会，组建篮球、足球、棋牌、合唱团等员工俱乐部，搭建活动平台，舒缓员工压力。开展“爱心助学”活动，资助员工子女5359人；组织“元旦春节特困关爱”送温暖活动，慰问员工1659人；青年、老干部等工作成效显著；打造“好声音”平台，发布77期近300条“好声音”信息，通过多种形式弘扬正气、凝聚人心。

执笔：孙俊岭

湖北省分行

湖北省分行行长　林顺辉

一、业务发展概况

【经营效益】全年实现税前利润93.11亿元，比上年增长6.85亿元，增幅为8%。实现经济增加值40.17亿元，比上年增加2.58亿元。

【负债业务】本外币全口径存款时点余额5713亿元，四行占比28.64%，同业四行第二，新增582亿元；一般性存款时点余额5652亿元，四行占比28.74%，同业四行第二，新增616亿。本外币全口径存款日均余额5649亿元，四行占比29.22%，新增573亿，同业四行第一；一般性存款日均余额5545亿元，四行占比29.26%，新增604亿元，同业四行第一，位居系统第八，其中对公存款日均新增340亿元，位居系统第十，个人存款日均新增264亿元，位居系统第七。

【资产业务】各项贷款余额3731亿元，新增社会融资总额1407亿元，其中各项贷款新增522亿元，同业四行第一。

【公司业务】对公存款余额（本外币）2438亿元（含保本理财），同业四行第二，新增335亿元，同业四行第二，增速15.94%；对公贷款余额2142亿元（含贴现），新增87亿元，增幅为4.21%。

【个人金融业务】个人存款时点余额3213亿元，位居系统第九，新增281亿元，位居系统第七，同业四行第一；个人存款日均余额3193亿元，位居系统第九，日均新增264亿元，位居系统第七，同业四行第一；个人存款日均新增264亿元，位居系统第七。个人类贷款余额1589亿元，新增435亿元，同业四行第一。

【中间业务】全年实现中间业务收入39.8亿元，增幅为6.62%，考虑营改增因素后实现中间业务收入41.2亿元，增幅为10.2%。同业四行份额33.5%，提升3.7个百分点。其中，公司条线实现中间业务收入24.1亿元，个金条线实现中间业务收入17.1亿元。

【资产质量】不良贷款余额43.91亿元，比年初减少4.1亿元，低于总行年底控制计划20.57亿元，不良贷款率为1.18%，比年初下降0.32个百分点，实现“双降”，不良率系统排名提升四位，同业排名第二。

【战略性业务】新增个人有效客户308万户，系统第七，完成总行计划172%；新增公司机构有效客户2.38万户，系统第六；新增对公账户3.94万户，同业四行第一。累计注册“裕农通”服务点10596个，累计发放“裕龙卡”155万张，较年初新增100万张；沉淀个人存款118亿元，较年初新增84亿元，圆满完成“双百万点”年度目标。高速ETC客户签约量净新增38.4万户，同业四行第一，系统第七。CTS客户新增61.23万户，同业第一。烟草经营户比年初净增3997户。搭建“助保贷”合作平台102个，比年初新增13个，政府风险补偿金余额24亿元，比年初新增11.67亿元，余额与新增均排名系统第一；小额化转型取得实效，单户贷款余额500万元（含）以下小企业授信客户3292户，比年初新增523户，余额与新增系统排名均位列第八。私人银行客户新增387户、金融资产新增61.69亿元，居系统内中部六省第一。信用卡累计发卡同业四行第一。承销地方政府公开债350.5亿元，四行占比30%，排名第一；作为牵头主承销商和唯一簿记管理人，完成省政府870亿元定向债券发行。

【内控合规建设】连续两年内控评价等级一类行，2015年度内控缺陷问题的整改，整改率达到100%。扎实开展“平安建行”创建，无重大负面舆情，实现了“三无三安全”，即无重大恶性案件、无重大安全责任事故、无重大群体性事件，员工人身安全、银行资金安全、业务营运安全，被湖北省委、省政府评为“社会治安综合治理优胜单位”。

【获得荣誉】2016年，连续第三年被湖北省政府授予“支持湖北省经济发展突出贡献奖”，独家荣获武汉市政府颁发的“金融支持武汉经济社会发展特别贡献奖”，在人行武汉分行商业银行综合竞争力评价中排名第一，在湖北银监局监管评价中居国有五大行首位，连续第二年获得湖北省“十佳优质文明服务银行”第一名。

二、主要工作措施

【加强党建与队伍建设，全面从严治党治行】深入推进“两学一做”学习教育，逐级签订《全面从严治党责任书》，将党建工作纳入领导班子和领导人员的年度综合考评及二级分支行KPI考核。加强各级党组织建设，实现了“四个全覆盖”，即省分行和各二级行党建工作领导小组全覆盖，二级行党委和纪委全覆盖，总行驻汉机构组织关系属地化管理全覆盖，基层网点党组织全覆盖。完成总行“213”人才工程选拔推荐。提拔重用93名管理职务和高级专业技术职务干部。4名干部到子公司、总行驻汉机构任职。17名任职时间较长的交流干部结束交流。选派18名干部到金融办、地方政府和监管机构挂职。营业网点全面试行职务与职等并行、十二职等及以下员工内部等级调整制度，惠及一线员工4600人。落实了网点轮休、最低工资保障等员工关爱措施。扎实推进金融精准扶贫，成立了领导小组，制定了发展规划，开展部门结对扶贫和公益捐赠，推出了“扶贫脱贫个人小额贷款”和“扶贫脱贫小微企业贷款”并实现投放。实现二级分支行巡视全覆盖，完成8个省分行部门的巡察。

【把准转型创新方向，加快重点指标发展】全面落实“1+10”的转型方案，ETC、银医、银校通客户新增、个人住房贷款、对公直接融资、县域业务、善融商务增长额、理财业务收入、集团私人银行客户金融资产新增等重点转型指标系统排名前十。新发行社保卡、新增CTS客户、新承接长江经济带产业基金财政出资资金等均居同业四行第一。大资产大负债深入推进。综合融资总量突破1400亿元，本外币同步推进，外汇贷款新增系统排名第8。渠道转型力度加大，启动2个旗舰店试点建设、推进30个网点转型轻型，整合撤并网点20个。重点区域转型持续推进。武汉市总体竞争力持续提升，一般性存款余额、新增及各项贷款新增均居同业四行第一，战略性客户合作迈出新步伐，代表总行协助华科大承办“建行杯”第二届中国“互联网+”大学生“双创”大赛总决赛，取得省级复赛冠名权，以此为契机与省教育厅和11所高校签订了战略合作协议。成功中标武汉大学“智慧校园”一卡通、湖北省公共资源交易中心招标保证金等项目。圆满完成了总行交付的新一代3.2期项目试点上线任务。

【抢抓发展机遇，支持服务实体经济】认真推进落实总行与湖北省政府“1+8”战略合作协议，近两年新增社会融资2510亿元，提前一年完成2500亿元协议目标任务。积极服务供给侧结构性改革，与宝武集团共同设立转型发展基金，完成全国首单央企降债去杠杆项目。承销并认购湖北省政府债券350.5亿元，协助省财政厅圆满完成870亿元定向债簿记发行工作。积极践行普惠金融要求，“裕农通村口银行”布点超过1万个，辐射省内50%以上乡镇和40%以上行政村，品牌影响力持续扩大，发卡155万张，沉淀存款118亿元。积极支持“大众创业、万众创新”、小微企业和三农领域发展，实现“三个不低于”。

【坚守资产质量生命线，标本兼治分类施策】严格落实各级党委信贷风险管控主体责任，坚决落实信贷风险管理进党委的要求。各级行党委每季度要专题听取信贷风险管控汇报，专题研究目标措施。强化领导班子分兵把口，严格落实管控计划刚性要求。强化贷款到期预期管理，严控新暴露不良和非不良贷款拖欠，实施行领导“分片包干”“三十大”等机制，“一户一策”加快重点项目化解处置。贷款不良额、不良率分别由年初的48.01亿元、1.5%下降至43.91亿元、1.18%，贷款不良率、逾期率系统位次首次优于中位值。

【内控案防先行，确保安全维稳】开展“员工合规严管年”和“坚守真实、拒绝违规、强化双基”专题活动，健全联防联控机制，加强日常监督检查与突发事件应急演练，成功处置化解“9·21”南湖持刀劫持抢劫事件，积极应对百年一遇特大洪涝灾害的挑战，全年没有发生重大案件、重大安全责任事故。

【提升服务质效，凝聚发展合力】总行“双创”中心落户我行，服务客户的组织体系得到增强。开展“优质服务年”活动，突出提升服务质量、服务效率、服务创新能力和服务示范效应，以网络投票和综合评分“双第一”的成绩再次获评全省“十佳优质文明服务银行”。全面开展“关爱万名员工大家访”，受到中国金融工会和总行的肯定。评选“双十大感动人物”“十大优秀企业文化品牌”，举办“双先”表彰大会、“好声音”歌唱大赛等多种形式的文化活动，增强了员工自信和激情。

执笔：张　旭

湖南省分行

湖南省分行行长　刘力耕
（2016年7月免）

一、业务发展概况

【主要业务指标完成情况】一般性存款5687亿元，四行占比为36.07%，系统第10，新增609亿元，四行占比为33.9%，系统第十，增幅为11.99%。各项贷款3773亿元，四行占比为36.74%，考虑打包核销、地方债置换等因素，实际新增447亿元，增幅为12.85%。中间业务收入46.22亿元，四行占比为41%；税前利润104亿元，四行占比为44.4%。

【公司业务】公司机构有效客户29.8万户，新增1.27万户；公司机构产品覆盖度达到5.69个。企业存款余额2409亿元，四行占比为38.99%，较年初新增275亿元，增幅为12.88%。公司贷款余额2420亿元，四行占比为36.26%，较年初新增78亿元，增幅为3.31%。营销PPP项目52个，授信余额达50亿元；投放基础设施建设贷款455亿元，投放民生领域贷款105亿元，新农村和城镇化建设贷款137亿元，涉农贷款132亿元。与建信信托、建信租赁等总行子公司合作，引入资金28.18亿元，利用投行工具多渠道融资270亿元。

【个人金融业务】个人有效客户2246万户，新增295万户；私人银行客户数1965人，新增363户，首超招行，同业第一；个人产品覆盖度达到5.18个。个人存款余额3278亿元，较年初时点新增334亿元，增幅为11.35%，四行占比为39.12%，位居系统第四，日均新增364.78亿元，位居系统内第二，新增连续六年四行第一，创历史最好水平。个人贷款余额1353亿元，四行占比为37.62%，新增217亿元，增幅为19.06%，四行占比为41.14%。

【转型指标】单位人民币结算账户新增1.92

2016年8月8日，湖南省分行与湖南联通、银联、美诺公司举行"金湘通"县域金融生态圈四方合作签约仪式。

万户，结算业务收入3.1亿元，同业第一。实现跨境人民币结算量155亿元，新增51亿元，创历史最高水平。银医通、银校通客户数新增60户，银校通、银医通市场占比分别为43.51%、32.63%。信用卡分期交易额160亿元，两年翻番，首次超工行，系统第四。资管理财业务和债券承销收入5.2亿元，四行占比为52%，提升23个百分点，其中理财收入4.78亿元。承销地方政府债544亿元，市场占比为19.52%；累计设立产业基金11只总规模135亿元，投放58亿元。手机银行活跃客户286万户，系统第三；善融商务交易额109亿元，系统第五，增幅为205%，善融商务有效会员8.8万户，系统第一；"悦生活"项目259个，县域全覆盖；离柜账务性交易量占比为98%。造价咨询业务收入1.8亿元。养老金业务综合折算数余额100亿元。私人银行客户金融资产新增59亿元，增幅为40%。

【资产质量和风险控制】不良贷款39.52亿元，比计划多压缩6.51亿元；不良率1.05%，较年初下降0.02个百分点；顺利完成总行"三十大"不良项目浏阳河酒业1.1亿元和名酒城6.05亿元不良处置；全年处置不良贷款44亿元，已核销资产现金回收1.87亿元。

二、主要工作举措

【主动对接服务，支持实体经济发展】紧跟国家战略部署和湖南省"十三五"发展规划，加强与省发展改革委、国资委等政府职能部门的联系沟通，对湖南省"10项重大工作、20项重大工程、46项重大产业"项目以及"511""313"重点项目，责任到具体经办行，做好一一对接。全力服务国企改革，设立湖南省国有企业改革基金200亿元，作为牵头合作银行重点参与了华菱集团重组改制。率先与娄底市人民政府签订战略合作协议，承诺"十三五"期间为娄底市提供融资300亿元以上，支持娄底重大工程、重大产业、重大工作及PPP项目等，共同打造娄底金融安全区。与中国出口信用保险公司签订"一带一路"跨境融资战略合作协议，为中车株机、中联重科等24家省内重点企业"走出去"提供金融服务支持。支持小微企业发展，与省工商联开展全面战略合作，利用助保贷、科技贷、税易贷等平台，支持市场前景广阔、成长性好的小微企业做强做大，全年小微企业贷款新增70亿元，贷款户1.17万户，获贷率为93%，提升3.26个百分点，完成了监管部门"三个不低于"要求。

【加快转型创新，提升综合服务能力】大力推进金融生态圈建设。利用建行集团优势与第三方合作，共同为客户提供金融与非金融服务，构建客户、银行和第三方共存共荣的生态圈，全年金融生态圈立项700个，新上线项目453个，做深做透项目51个，为中联重科、烟草系统、上汽大众等大型企业集团量身定制综合金融服务方案99个。扎实推进个人客户分层分群维护营销一体化。充分利用个人客户分析系统，实行名单制管理，针对不同层次、不同群体的客户，实行有针对性地营销和服务，全行平均每天有5000人次在利用系统做客户维护营销工作，效果逐步显现。打造专家（门）团队。着眼于长远发展实际，为政府当好参谋顾问，从源头介入抢占市场先机，组建政府营销服务、"一带一路"走出去业务和资管业务三个专家（门）团队，从政策、市场行情、专业知识、营销方式方法、案例讲解等多个维度加强专家团队培训工作，使专家（门）团队具备为政府、客户提供实实在在服务的能力。加快发展互联网金融。坚持"移动优先"战略，网上银行、手机银行、微信银行用户数连续多年保持同业第一，电子渠道已成为交易服务的主渠道，移动金融交易量占比达到71.86%。加强跨界合作，继美团网之后，又成功拓展了航班管家、奇虎360、全国最大涉农电商乐村淘等一大批互联网金融客户，有效地突破了时空限制，实现与客

2016年9月23日，湖南省分行与娄底市人民政府举行战略合作协议签约仪式。

户的跨区域合作，带来了大量的追随客户、低成本的沉淀资金、可观的支付结算手续费收入，真正成为了全行业务发展新的增长点。与湖南联通、银联和美诺公司共同打造“金湘通”服务点，为农村用户提供基础金融、投资理财规划、电信通讯、物流配送等“一站式”综合服务，推动普惠金融服务向县域农村延伸，建成“金湘通”服务点突破1000个。深化渠道转型。全年网点建设立项83个，建成湖南首家微银行，投产离行自助银行48个，布放智慧柜员机536台，客户体验进一步提升。加快产品创新和流程优化。全年完成产品创新项目108个，其中自主创新项目72个，流程优化项目59个，荣获总行“最具创新力奖”，服务品牌和形象更加深入人心。

【强化风险管控，确保平安运行】加强信贷管理。在全行着力打造“廉洁、高效、双赢”的信贷文化，落实信贷管控责任，明确风险管理职责进党委，实施信贷管理“315”工程，实行资产质量一把手负责制和领导班子岗位责任约束，形成齐抓共管，协同防范效果。实行省行领导分片督导帮扶机制，筛选出“二十大”重点信用风险项目进行重点攻关化解，浏阳河酒业、名酒城等重点不良贷款项目得到有效处置。综合运用现金回收、打包转让、盘活上迁等手段，加大不良贷款处置力度，全年共处置不良贷款44亿元，信贷资产质量保持了基本稳定。持续推进“双基”管理长效机制建设。加强合规文化培育，扎实推进“合规建行、人人践行”创建工作和“全员合规，学讲查改”专项行动，进一步强化员工合规意识。积极组织各类风险排查和屡查屡犯问题整治，抓好审计发现问题整改，审计检查发现问题1149个，减少29.98%，其中严重问题和比较严重问题36个，减少41.94%。严格责任认定和责任追究。坚持问题导向，责任认定和追究坚持实事求是、客观公正，在全行大力倡导尽职免责。落实案件防查责任制，开展“平安建行”创建活动，依法有效维护稳定，积极防范和化解声誉风险，强化“新一代”系统功能运用，基本实现了安全运行“三无”目标。

【完善管理机制，提升价值创造能力】财务资源坚持向业务一线倾斜。在业务管理费用大幅下降的前提下，基层行费用占比提升0.63个百分点，加大对有利于全行业务持续健康发展的项目业务支持力度，全年实施业务延伸项目139个，重点向金融生态圈、移动金融、县域金融等战略业务倾斜。大力压缩招待费、差旅费、会议费等，同比压缩11.86%。信贷资源配置突出综合效益。经济资本优先配置业务发展快、产品销售好、议价能力强的行，发挥经济资本在信贷决策、市场拓展等方面的积极作用。全量信贷业务经济资本占用率为5.86%，下降0.65个百分点，其中经济资本占用低的个贷业务占信贷余额总量比例提升2.06个百分点；对公客户风险调整后收益（RAROC）22.63%，比系统平均水平高9.24个百分点。人才培养和选拔机制进一步优化。严肃任用干部工作纪律，首次引进第三方专业机构科学选人，营造风清气正良好氛围；组织实施“213人才工程”，选拔青年员工交流锻炼；规范培训管理，拓宽培训渠道，提升员工业务素质和营销技能。

【加强党建工作，落实全面从严治党要求】落实全面从严治党责任。组织层层签订《全面从严治党责任书》，细化了二级行、部门、班子成员责任清单。开展了3次“两个责任”现场检查，发现问题153个，下发《监察建议书》52份，完善了“两考核一评价”，发挥了考核引领作用。深入开展“两学一做”学习教育。以“两学一做”学习教育为契机，通过党委中心组学习、专题培训、专题民主生活会、讲党课、微党课等各种形式，树立“四个意识”，筑牢思想根基，党员的基本标准、行为规范、宗旨意识进一步入脑入心，有效提升基层党建工作水平。加强基层组织建设。推行省行班子成员党建工作联系点制度，下拨专项资金72万元，用于基层党支部建设，新增党支部148个，87个县支行建成高标准“党员之家”，36个“党员之家”建成示范点，180名基层党支部书记得到轮训，党员履岗尽职，创先争优氛围进一步增强。加大监督执纪问责力度。扎实开展“四风”问题整治“回头看”工作，下发文件并召开专门会议严格领导人员身边人管理，开展防止利益输送自查自纠；充分发挥巡视利剑作用，对10个二级行和村镇银行进行了巡视，对本部两个部门开展了巡察，严肃查处违规违纪行为。关心关爱员工落到实处。注重企业文化建设，把践行建行核心价值观与强化员工思想政治工作有机结合；工会、团青等群团组织活动丰富多彩，困难员工得到及时帮扶，员工归属感和幸福感进一步增强。关心老同志政治和生活待遇，老同志思想稳定、队伍和谐。

执笔：杨　红

广东省分行

广东省分行行长　刘　军

一、业务发展状况

【存款】截至2016年末，全口径存款（含保本）日均余额12431亿元，较年初新增897亿元；一般性存款（含保本）日均新增1113亿元，企业存款和个人存款（含保本）日均余额分别为6103亿元和5854亿元，较年初分别增长740亿元和373亿元。全行一般性存款余额达12061亿元，站上1.2万亿元台阶，四行占比为24.59%，新增1725亿元。

【贷款】截至2016年末，本外币各项贷款余额7484亿元，四行占比为23.65%，提升1.17个百分点，其中外汇贷款余额47.88亿美元，四行占比为39.7%，新增25.42亿美元，增幅四行第一。

【经营效益】全年实现税前利润201.12亿元，同比增长13.02%；拨备前利润256.75亿元，同比增长11.15%，总量继续保持系统第一；实现中间业务净收入106.9亿元，是系统内唯一一个超百亿的一级分行，对主营业务收入贡献度超30%（占比为30.11%）。

【资产质量】不良贷款额和不良贷款率实现“双降”。不良贷款额113.45亿元，较年初下降5.8亿元；不良贷款率为1.52%，较年初下降0.41个百分点。不良处置119.5亿元。与此同时，经济资本管理水平大幅提升，存量经济资本压缩70亿元，经济资本总量较年初下降33亿元。信贷经济资本占用率为5.69%，比年初下降1.44个百分点。

二、主要业务情况

【公司业务】截至2016年末，企业纯存款余额5711亿元，日均新增520亿元，余额保持四行第一，余额四行占比为28.34%；时点余额6038亿元，时点新增1164亿元，时点新增四行第一，余额四行第二，余额四行占比为27.84%，比年初提升1.14个百分点；公司类贷款余额3555亿元，比年初减少25亿元；客户规模持续增长，公司机构有效客户净增1.79万户，系统内排名第一；有效加权客户净增4.39万户，系统内排名第

2016年6月16日，广东省分行举行科技金融创新中心揭牌仪式。

二，全量客户新增5.23万户，系统内排名第二。

【个人业务】2016年个人存款新增系统排名“双第一”，余额四行占比“双提升”。2016年个人纯存款日均新增、时点新增、含保本存款日均新增、时点新增均居系统首位，超额完成总行下达的个人纯存款计划，日均新增和时点新增完成率分别为106%和148%。个人纯存款日均余额四行占比21.91%，时点余额四行占比为22.02%，分别比年初提升0.01和0.41个百分点。个人存款付息率为1.36%，保持四行第三，比年初下降0.52BPS，降幅四行最大。个人有效客户系统新增、余额占比“双提升”。2016年有效客户新增排名系统第一，新增系统占比为9.24%（实际）和9.61%（加权），同比分别提升0.2和1.67个百分点，实际余额（8.41%）和加权余额（8.36%）占比同比提升0.09和0.18个百分点。个人产品覆盖度稳步提升。2016年AUM0.2万以上客户产品覆盖度为4.56，比年初提升0.29。

【投资银行业务】投行业务全年承销债券970亿元，其中地方政府债承销量621亿元，非金融企业债券承销量349亿元。投放基金27只，总规模1515亿元，分行出资449亿元，已投资160亿元。

【信用卡业务和电子银行业务】2016年信用卡业务收入超30亿元，中间业务收入超24亿元，中间业务收入增量贡献达到47%，价值创造能力进一步增强；信用卡贷款余额、中间业务收入跃居四行第一，资产质量同业最优，信用卡累计发卡、消费交易额、分期交易额等核心指标保持当地四行第二；信用卡业务规模再上台阶，取得“五大突破”和“十项系统第一”，当年新增发卡突破100万张，客户数系统内率先突破600万户，消费交易额超1700亿元，分期付款交易额超250亿元，贷款余额突破380亿元，分期付款交易额等十项指标系统排名第一，各项主要指标均超额完成总行计划。移动金融交易量占比为66.99%，较年初提升15个百分点，一级分行KPI考核获得满分；手机银行活跃客户总量327万户，同比增长36%，居系统内第一；个人网上银行活跃客户123.2万户，位居系统内第五；微信银行用户（关注并绑定银行卡）总量266万户，当年净增121万户，同比增长82%，系统内第一；短信金融客户总量2037万户，当年净增309万户，同比增长18%，系统内第一；善融商务个人商城实现8亿元交易额，同比增长380%，较上年底提升六个位次，系统内排名第五。

【国际业务】实现跨境人民币结算量超过2360亿元，大幅增长，创历史新高，跨境人民币结算客户数系统内第一，全市场占比逆势上升。国际结算量超过1800亿美元，系统内排名第二，四行占比较上年底提升4.68个百分点，实现量比齐升。贸易融资累计发放超过1470亿元，余额新增676亿元，系统第一，贸易融资不良额及不良率实现双降，量质双升。

【房地产业务】“两轮驱动”效果显著，2016年广东省分行个人住房贷款余额3469亿元，排名四行第二，比上年提升一个位次（超农行），全年新增1308亿元，排名四行第一，比上年提升一个位次（超工行）；二手房贷款余额552亿元，同比增长90%，排名四行第二，全年新增261亿元，排名四行第一，比上年提升两个位次。2016年，广东省分行是目前全国系统唯一一家突破3000亿元的一级分行，房贷余额、新增额均排名系统内第一。同时，房改金融业务市场优势地位持续巩固提升，住房公积金存款、贷款及住房维修资金余额均排名四行第一，房改金融中间业务收入排名系统及同业双第一。

【资产质量与风险控制】2016年分行合计共有688户预警客户取得压缩成效，合计压缩金额80.03亿元。部分机构压缩成效显著，包括肇庆高新区建设投资（9亿元）、开发区启德酒店（7.48亿元）、佛山华星置业（3亿元）、东莞黄河商业城（3亿元）、佛山欧泰置业（2.56亿

2016年11月8日，广东省分行与广东广晟公司举行市场化债转股合作框架协议签约仪式。

元)、海珠绿野侨建（2.32亿元）、东莞天意电子（2.07）等实现全额退出。

【内控合规建设】2016年持续保持总行内控评价一类行，合规官试点及合规管理转型扎实推进，组织架构和工作机制初步建立，基层行合规管理和合规同级管理逐步探索完善，合规转型工作获得总行领导的肯定。网点授权工作全面铺开，以授权为核心的网点经营管理体系初步建立。全年未发生重大案件，案防管理得到强化。屡查屡犯问题得到初步遏制，2016年屡查屡犯问题下降了66%。反洗钱功能不断拓展，全年共挖掘报送重点可疑线索152份，在系统内排名第一；合规文化建设活动持续开展，突出抓好合规底线手册与违规红线手册的学习宣传，“合规建行，人人践行”的合规理念深入人心。

三、采取的主要工作措施

【全面深化改革】经营管理机制改革是贯穿2016年全年的一项工作，广东省分行党委经过深入调研和谋划，决定以经营管理机制改革为突破口，全面扫除制约转型发展的机制性障碍。于2016年2月正式启动广州地区经营管理机制改革，自下而上，以网点授权为中心，有条不紊地推进58项工作。目前广州的“321”经营管理模式基本建成；在吸收借鉴广州地区成功经验的基础上，二级分行经营管理机制改革全面启动，珠三角、粤东西北地区各行因地制宜、大胆探索，走出了一条各有特色的改革之路；广东省分行本部机制改革深入推进，实行领导干部前中后台及上下交流机制、建立内部人才市场，柜面远程集中、网点需求集中响应、档案集中等集约化管理减轻了基层负担，为基层服务的能力与效率不断提升。

【全面推进转型发展】广东省分行在转型发展上提出“两开两合”（开发+开放，综合+融合）、少管多理等理念，准确提出了转型发展的指导思想、发展格局、工作抓手，为工作开展找准了方向。坚持“决战大广州、深耕珠三角、提升东西北、对接深港澳”的发展格局，集中投入资源，实施产品、营销、培训等资源差异化倾斜，加快重点区域业务发展。2016年全省重点转型业务推进顺利。综融业务年化办理量达到3123亿元，增幅为103%；理财规模达2205亿元，增幅为40%，四行第一；完成政府类基金营销近百只，涉及规模超6000亿元；同业负债新增四行第一，同业投资、期权、代理对公保险收入均为系统第一；投资托管规模（含养老金托管）5446亿元，增幅为108%；托管交易6万亿元，为上年全年的2.9倍；跨境人民币结算量2360亿元，增幅为7%。

【品牌创新驱动发展】2016年广东省分行加强了品牌建设和产品创新，创造了多个同业、系统第一。“科技金融，首选建行”，在当地同业口碑第一。总行科技金融创新中心落户广东，5581家高新技术企业资产业务余额破千亿元，服务全覆盖、产品全覆盖、授信半覆盖；开发推广了业内第一个集“衣食住行休养娱学”为一体的O2O综合金融服务平台——“龙行四海”APP，目前会员已超260万人、入驻商户超2万家；在当地同业第一个推进市场化债转股，250亿元资金助力地方国企降杠杆，开创省属国有企业改革转型新模式；唯一的省级机关事业单位职业年金归集户花落建行，惠州、云浮、揭阳、湛江、韶关等5个地市的机关事业单位养老保险财政专户获得突破；42家校园e银行入驻各大校园，形成业内第一个“金蜜蜂”校园金融品牌；粤通卡总量在同业和系统双第一，发卡已超260万张；发行系统内第一笔绿色债、投放当地同业第一笔投贷联、办理第一单可交换债券、行外资金委外投资托管、完成系统内第一笔公募基金综合授信。

【加强风险控制，建设内控合规】为了牢牢守住资产质量生命线，广东省分行运用“四个强化”严防信用风险。一是强化高层管理，落实“风险管理职责进党委”要求。成立了合规与风险管理委员会，全面部署“合规平安年”活动，开展“查风险、强处置、促合规”活动摸清家底。认真落实“风险管理职责进党委”要求，党委成员督导16家重点机构。二是强化信贷结构调整，积极实施差别化信贷政策和授权管理。整体信贷业务以零售业务为未来五年战略发展的重中之重，公司业务以“5+2”板块为着力点，小企业客户向小额化转型，存量贷款加快高风险领域退出。三是强化不良贷款处置，资产质量明显改善。通过组建重点项目处置团队、实行重点联系行工作机制、对广州地区大中型对公不良贷款集中经营、开展高风险及不良资产处置专项行动等方法加快风险化解处置。四是强化风险管理创造价值，经济资本占用持续改善。广东省分行开展了“风险管理创价值、结构调整出效益”经济资本管控专项活动，将RAROC测算纳入准入、审批环节，强化新增贷款资本效益管理。全年实现无重大案件、无重大违规事项、无重大责任事故、无重大监管处罚的目标。

【全面加强党建工作】广东省分行党委坚持全面从严治党，各级党委班子将“两个责任”牢牢扛在肩上，不断强化主体责任和领导干部“一岗双责”的落实，运用履职监督、教育监督、执纪监督、巡视监督、同级监督、基层监督等多种形式开创党风廉政建设新局面。2016年广东省分行党委提出“党建引领转型发展”、“两学一做”、“帮扶、领航、强基、模范、责任”五大党建工程、百日帮扶、“闪亮在岗位、标杆看支部”等党建措施；实施“521”人才战略，抓好人才梯队建设，建立员工成长学院，完善干部员工的培训工作机制。将支部建在网点上，普遍设立基层机构党总支，增设党总支106个、党支部209个，配备了90多位党总支专职副书记，在全省党员中建立党员先锋岗1200多个、党员示范岗1100多个、党员责任区540多个，党员的先进模范作用进一步提升。

【全面落实员工关爱】“温暖工程”十件实事精准落地，“三堂一所”环境改善，“六必访、六必贺”入脑入心，建设劳动基地和丰富多彩的文体活动舒缓了员工工作压力，网点非管理五岗位晋级晋升常态化、规范化开辟了员工更广阔的职业通道，员工收入有了增长，满意度有了提升，幸福感更加高涨，“用管理者的辛苦指数换取员工的幸福指数”成为了全行各级管理人员的宗旨。

执笔：章含舜

广西壮族自治区分行

广西壮族自治区分行行长　胡昌苗
（2016年8月免）

一、业务发展概况

2016年广西区分行一般性存款日均余额2610亿元，日均新增263亿元，增速为11.2%，连续四年居四行第一，四行占比提升0.83个百分点；其中，企业、储蓄日均存款分别新增158亿元、105亿元，分别居四行第一、第二。各项贷款余额2152亿元，新增202亿元，增速为10.3%，连续三年居四行第一。实现净利润40.6亿元，同比增长-1.4%；实现经济增加值25.8亿元。不良贷款余额12.97亿元，不良率为0.6%，系统排名

2016年12月10日，广西区分行在南湖公园开展“旺季营销开门红”南湖健步走活动。

第六，保持四行最优。

【公司业务】企业存款日均余额1423亿元，新增158亿元，增速为12.49%，新增、增速均居四行第一。对公非贴贷款余额1193亿元，新增94亿元，增速为8.55%，新增占比46%，居四行第一。新增对公结算账户1.6万户，四行占比为38.4%，增速为15%，新增、增速连续五年居四行第一。

【个人金融业务】储蓄存款日均余额1187亿元，新增105亿元，居四行第二，新增份额达到30%以上；增速为9.7%，居四行第一。个人贷款余额786亿元，新增106亿元，保持四行第一。个人有效客户折算后新增112.1万户，增速系统排名第十；个人客户日均金融资产突破1500亿元。

【房地产业务】个人住房贷款新增101亿元，个人住房贷款余额同业四行第一；快贷客户总量达到5.9万户，新增10亿元，系统排位第八名；住房资金归集余额349亿元，新增49亿元；住房公积金贷款余额252亿元，新增58亿元。

【中间业务】实现中间业务净收入20.8亿元，居四行第一，四行占比为31.6%，提升1.34个百分点。六大重点中间业务产品增收显著，合计实现中间业务收入11.1亿元，占比为53.5%。

【国际业务】全口径外汇存款余额58877万美元，比年初新增13353万美元，增长29.3%。全年累计办理国际结算78亿美元。其中办理跨境人民币结算314亿元，同比新增12亿元，增长3.9%。外汇中间业务收入实现1.24亿元。

【资产质量与风险控制】不良贷款余额12.97亿元，不良贷款率0.6%，居系统排名第六，保持四行最优；处置各类不良贷款16.4亿元，已核销资产现金回收2673万元。创新运用不良资产证券化工具提升资产质量，个贷不良率降低0.13个百分点。

【内控合规建设】完善内控合规管理体系，全面完成“一加强两遏制”自查及回头看工作；加强监督检查和审计发现问题的跟踪整改和问责，配合银监现场检查工作，确保按章合规操作；加强维稳和案件防控管理，全年未发生已遂四类案件和重大责任事故。

【其他业务】资管投行业务实现收入4.2亿元，居系统第十八位，同比提升四位；同比增长34%，增幅居系统第八位。对公直接融资379.7亿元，同比多增27亿元，增速为7.7%。信用卡客户净增16.91万户，新增发卡19.96万张；实现中间业务收入4.37亿元，同比增长23%，居系统第十；实现信用卡分期交易额55亿元，同比增速为34%；信用卡专项分期34亿元。借记卡新增193.6万张，年内实现借记卡消费额1486亿元，同比增速为49%，借记卡新增发卡及消费额创历史新高。电子银行业务实现收入1.36亿元；移动金融柜面替代率为65%，比年初提升18%；手机银行活跃用户突破百万大关，达到102.28万户，增长66%，系统排名第四；善融商务交易额实现23.44亿元，增幅为199%。小微企业贷款余额221亿元，比年初新增37亿元，增速为20.3%，高于各项贷款平均增速10个百分点。

二、主要工作举措

【扎实推进转型发展】一是积极推进大资产业务转型。综合运用信贷、投行、租赁、母子公司联动、境内外分行联动等多种融资渠道为区内客户融资1275亿元；基本建设贷款新增50.7亿元；四部委口径小微企业贷款新增37.2亿元，居四行第一，全面完成“三个不低于”监管目标；投放涉农贷款255亿元，教育、卫生领域市场份额连续十年居同业首位；通过债券、理财、基金、租赁等资管投行产品共为区内客户实现直接融资379.7亿元；加大包括个人住房、小微企业、信用卡分期、“快贷”等轻资产业务发展力度。二是积极推进大负债业务转型。围绕“跳出存款抓存款，不看任务看标杆”的思路，强化考核导向，考核管理和资源配置向抓平时、抓日均、抓客户全量资金倾斜，组建现金管理服务网络作为重要抓手，紧盯客户资金的“源头”和“链条”，通过结算、现金管理和综合服务来提升产品覆盖度和资金留存率，12 月末分行资金循环率、体内承接率均排名系统第八位。三是强化创新驱动，激发转型活力。全年共完成产品创新计划 62 项，创新数量排名系统前列，43 项原创产品进入总行可移植创新产品库，18 家兄弟分行共提出了 26 项移植需求。支持 21 世纪海上丝绸之路建设综合金融服务方案获总行“产品创新奖”；交警罚没款跨行缴费平台被总行列入移植创新典型案例。

【深化综合金融服务】一是不断深化“一点接入、专业解决、综合服务”模式。与云贵铁路广西公司、区工商局、区国家安全厅等 37 个客户签订战略合作协议；为南宁轨道交通集团、北部湾港务集团等 6 家客户制订全面金融解决方案；打造专业化市场资金结算平台，为玉林宏进农产品批发市场、南宁二手车交易市场等提供现代化资金管理系统及配套方案；为广西冶金建设公司、南部战区陆军装备部、各地市公积金中心等搭建全国性（区域性）资金结算网络，吸收资金近 20 亿元；为客户搭建“电子商业汇票 + 票据池 + 上下游客户”的服务方案，吸收存款 10 亿元。承接桂林两江国际机场等工程招标代理项目 48 个，涉及投资约 32 亿元。二是加速推进支付结算生态圈建设。针对商圈、交通、社区等领域，探索并形成 8 种推广模式，共完成 7 个大类、52 个支付结算生态圈建设。三是加强与境内外、母子公司联动，跨境融资累计 37 亿元。与马来西亚子行筹备处联动，成功实现马中关丹产业园钢铁项目银团贷款首笔提款；与建银国际、建银亚洲、建信信托等集团子公司联动，中标广西交投集团 3 亿美元境外发债全球协调人资格，成功完成 3 亿美元境外发债并实现资金回流沉淀，该债券为广西国有企业境外第一次直接公开发债。

【夯实业务发展基础】一是持续推进“抓户工程”，夯实客户基础。机关事业单位养老保险营销成效显著，新开立账户 82 个，账户综合覆盖率达 80%，系统排名第二；营销“八一工程”军警账户 42 个，存款新增 27 亿元；成功中标自治区本级财政国库集中支付业务代理银行服务采购项目，新开立各级财政专户 26 户，财政预算单位零余额账户 166 户，存款新增 22.7 亿元；社保卡新增发卡 33.8 万张；持续加强对落地央企的营销服务力度，成为中广核集团防城港核电项目牵头行及结算代理行，实现南宁铁路局等客户基本户落户；成功拓展了南部战区陆军装备部、广西气象局等 2800 个重点机构客户账户；拓展了铁塔公司、机场集团、中马钦州产业园等一批亿元以上企业账户。二是积极推进全渠道转型。新增现金类自助设备 103 台、离行自助银行 42 个；投产智慧柜员机 1357 台，迁移率为 63.6%；减柜 255 个，柜面操作人员转岗 351 人；搬迁低效网点 6 个，完成 10 个低效网点转轻型；组建综合营销团队 428 个，网点营销人员占比较年初提高 11%；推动“移动优先”战略，电子银行活跃用户达 125.8 万户，其中手机银行活跃用户破百万，同比净增 39.4 万户，增幅为 66%；善融商务实现总交易额 23.4 亿元，增长 2 倍。

【增强风险管控能力】一是突出信用风险管理。各级领导班子特别是一把手，亲自挂钩并参与重大风险项目化解；控新降旧，严格落实总行信贷政策要求；加大重大信用风险项目的处置化解力度，积极参与总行不良资产批量打包转让，成功实现 10 户共计 5.73 亿元不良资产出表；首次创新运用不良资产证券化工具提升资产质量，个贷不良率降低 0.13 个百分点。二是强化合规管理和案件防控。全面完成一加强两遏制“回头看”自查和配合银监现场检查工作，未被监管部门处罚；建立与审计部门联动整改工作机制；强化制度合规管理，梳理一级行规章制度与规范性文件；成功防范和堵截外部侵害风险事件 140 起，涉及金额 466 万元；荣获全国“六五”普法先进单位，是全国建行系统和广西同业唯一连续三年获得此殊荣的单位；被总行授予“一级分行先进集体”称号；全年未发生已遂四类案件和重大责任事故。

【强化全面从严治党】一是认真落实“两个责任”。班子成员严格落实“一岗双责”，纪委认真履行监督职责；把落实巡视整改作为重要政治任务，按时保质完成巡视整改任务；组织层层签订《全面从严治党责任状》，严格落实“两个责任”情况检查考核和督促整改。二是扎实推进全面从严治党。开展领导干部个人有关事项报告集中填报、核查和处理；严肃查处违纪违规问题；开展“四风”问题整治情况“回头看”，重申廉洁自律要求，坚决遏制“四风”反弹。三是深入开展“两学一做”学习教育。在突出“规范性”和“先进性”上狠下功夫；打造党员之家示范点2.0升级版，切实发挥好党组织的战斗堡垒作用和党员的先锋模范作用；继续巩固拓展党的群众路线教育实践活动、“三严三实”专题教育成果，坚持“三会一课”制度；抓紧抓好党员日常教育管理；严把党员发展质量关。

【深化队伍文化建设】一是加强领导班子队伍建设，搭建领导人员与高级专务的“互联互通”机制，着力搭建年轻干部成长体系，提聘总经理助理级以上人员44人，交流任职29人；初步建成了“新员工成长计划—雏鹰计划—百人工程—213人才工程—后备干部—高级管理人才”立体式员工培养体系，进一步强化人才保障。二是严格落实职代会制度，逐件落实代表提案办理工作，激发员工主人翁意识。三是认真落实温暖工程关爱员工十件实事，切实提升员工幸福感和满意度。四是制定《“十三五”金融扶贫工作规划》，向融水县大浪镇高培村等三个定点扶贫村捐赠73万余元，切实履行企业社会责任。

执笔：彭瑞娟

海南省分行

海南省分行行长　张中科

一、业务发展概况

2016年，海南省分行实现税前利润17.5亿元，比上年增加2.8亿元，增幅为18.8%；净利润13.1亿元，比上年增加2.1亿元，增幅为18.7%。分行一般性存款时点余额970.5亿元，比年初增长191.3亿元，排名当地四行第一；一般性存款日均余额882.3亿元，比年初增长135.3亿元，增速为18.12%。分行各项贷款余额615.6亿元，比年初新增64.5亿元，增速为11.7%。

【公司业务】企业存款时点余额622.6亿元，比年初增长163.7亿元，新增当地四行第一；企业存款日均余额550.31亿元，比年初增长117.27亿元，增速为27.08%。对公贷款余额351.6亿元，比年初增长9.7亿元；当年累计投放156.8亿元，比年初新增9.7亿元。

【个人金融业务】个人存款时点余额347.9亿元，比年初增长27.6亿元。个人类贷款（不含信用卡）余额231.4亿元，比年初新增59.4亿元，个人类贷款余额、新增额均位居当地四行第一。

【中间业务】分行实现中间业务净收入6.5亿元，总量排名当地四行第二；同比增加0.5亿元，同比增速为8.4%。

【资产质量与风险控制】按五级分类口径，分行本外币不良贷款额3.51亿元（含信用卡透支），不良贷款率0.57%，资产质量继续保持当地当地四行和同业前列，全年无重大风险报告事项。

【创新业务】国际业务创新取得多项历史性突破。与建银国际、建银亚洲联动，实现泰升集

2016 年 12 月 21 日，海南省分行赴定点帮扶村五指山市毛路村进行扶贫调研。

团20亿美元并购；与悉尼分行联动，成功完成26亿元并购；与纽约分行合作，在参加海航英迈并购项目中创新了投资方式，综合收益显著。此外，跨境人民币双向资金池业务、跨境风险参与业务以及企业网银结售汇业务均取得了新的突破。投行资管同业业务实现跨越式发展。与建信养老金合作，创新引进养老金投资资本金业务成立了23亿元的产业基金“南海明珠基金”，可累计为分行带来收益超亿元；与海南银行5亿元信贷合作，填补分行与当地法人银行合作空白；成功办理债券类业务5亿元，实现海南行同业投资业务零突破，预计为分行带来综合收益1.07亿元。养老金业务，截至2016年末，受托资产规模新增2432万元，个人账户数新增687个。海南科技职业学院、文昌宏达海产发展有限公司企业年金计划正式建账运营，新增个人账户533个。PPP项目和政府购买服务贷业务均取得突破。PPP项目方面，接洽17个海口市PPP项目，其中成功为澄迈神州车用沼气、海口美兰盈盛基础、海口山江环境等项目投放PPP项目贷款；政府购买服务贷款方面，已审批通过三亚荔仙园12000万元政府购买服务贷款。造价咨询业务发挥品牌优势，有力地支持了海军亚龙湾项目、海警某项目、市财政PPP项目等营销，2016年以综合得分第一的成绩被评为“海南省工程造价咨询优秀企业”。

二、主要工作举措

【深入推进“抓基础 促转型 强发展”工作】

1. 大力拓展“三大一高”客户综合服务平台，实现企业链、产品链、供应链系统服务。创新服务模式，支持政府搭建公共服务平台。独家代理省政府对农民工工资保证金监管业务，并向建设单位、施工单位、农民工工资代发等上下游服务延伸，截至2016年末，农民工保证金存款余额27.99亿元；495家施工单位在建行开立结算账户，存款余额达6.8亿元；共为304个施工单位代发农民工工资近12500人次、代发金额1.2亿元，并为农民工办理了短信通、手机银行等业务。海航集团综合投融资规模进一步扩大，综合金融服务向其上下游延伸。截至2016年末，海航集团客户存款日均余额78亿元，贷款余额34.35亿元，表外业务量168.9亿元，贡献中间业务收入1.74亿元。分行为海航集团提供的金融服务已从原来的存贷款业务向境外融资性保函、飞机融资等投融资综合金融服务转变。与此同时，还搭建了海航售票网上支付系统，发放了海航联名卡，拓展了供应链下游客户的安居分期、商户、“快贷”等业务。海胶集团综合金融服务取得成效。为海胶集团7个子公司搭建银企直联现金管理平台。截至2016年末，授信余额14亿元、实现贷款投放6.5亿元，存款1.2亿元。四是海南高铁全方位金融服务进一步深化。为海南高铁及其下游企业提供信贷及结算全方位产品服务，贷款余额74.97亿元，日均存款5725多万元。

2. 巩固传统基础设施建设服务领域优势，有效支持实体经济发展。重点支持全省重大基础设施项目建设。截至2016年末，分行基本建设贷款新增12亿元，贷款主要投向道路交通、城市综合管廊等政府投资PPP项目。加大个人住房贷款服务，积极支持政府“去库存”政策，截至2016年末，分行个人住房贷款余额221.10亿元，比年初新增56.67亿元，余额、新增额均居当地四行第一。大力支持“双创”，全年小微企业累计投放贷款26.3亿元，其中“七贷一透”大数据产品余额6.22亿元，新增3.06亿元，增速为97%。分行小企业业务，单户500万元以下的贷款客户1160户，占全部小企业贷款客户的88%，小额化转型效果显著。综合性投融资业务向多领域延伸，全年非信贷融资280亿元，创造中间业务收入1亿元，其中，当年承销债券33亿元，理财融资38亿元。

3. 以“三大工程”和“十二大战役”为抓

手，有效推进转型业务精准落地。分行单位人民币结算账户新增9914户，增速为4.62%，增量增速居当地四行第一；对公加权有效客户新增7988户，增速为14.44%；个人有效客户（折算后）新增35.62万人，增速为17.67%。公司机构客户产品覆盖度5.2；个人产品覆盖度4.1，客户黏性不断增强。手机银行当年活跃客户增速为55.78%；信用卡客户当年净增4.7万户、净增发卡5.69万张；新增达标商户1459户，居当地四行首位。代发单位户、代发个人户分别比年初新增761户、4.49万户。资金体内循环率为52.86%，累计资金体内承接率为48.58%。

4. 实施大零售业务发展战略，加快金融生态圈建设。一是打造个人客户金融生态圈。与中石油及保险公司合作发行“车友卡”，打造有车一族支付生态圈；与海南公交IC卡指定发行单位合作发行“宝岛通卡”，打造无车客群金融生态圈。二是加快海南农资金融生态圈建设。2016年分行已与4家农资龙头企业合作，建立惠农支付服务点62个。三是搭建政府政务服务平台系统。独家承办海南省、海口市、三亚市等三大政务中心项目招投标的相关业务。四是全面拓展各类专业市场、商圈等金融生态圈。以小微“快贷”和个体工商户“易贷通”为切入点，针对家具、福彩等不同行业制定差异化综合金融服务方案，全年新切入专业市场61个，新增拓展个体工商户7448户。

5. 狠抓五大重点业务转型，县域业务转型发展加速。分行结合区域实际，制定县域行三年发展规划，加快推进县域行转型发展。截至2016年末，市县行一般性存款新增48亿元，新增当地四行占比为39%；各项贷款新增15.1亿元；对公结算账户、个人消费贷款新增均居当地四行第一；县域个人住房贷款总量及新增当地四行第一；县域代发单位户新增260户，占全省单位户新增55%；县域商户新增1207户，占全省商户新增总量的59%。

6. 建立新的网点经营模式，物理渠道转型取得成效。有序推进网点柜台“1+1”或“2+1”模式，分行优化网点柜面高低柜柜台116个，释放柜台人员173人。分行营销服务人员占八岗位人员比例提高至65%。全年共投放智慧柜员机400台，智慧柜员机渠道产品服务迁移率达67.82%。客户服务有效提升，总行“神秘人”检查中多项指标排名全国前十，海口新海航支行被评为银行业百佳示范单位。

【完善转型发展体制机制，精细化管理效能显著】

1. 强化本级经营能力。一是成立省分行资产管理业务中心和同业业务中心，直接经营分行投行、资管和同业业务。截至2016年末，全年实现投行收入9788万元；理财产品余额总计43亿元，比年初新增15亿元。二是设立海口小企业经营中心，实现小企业集约化、专业化的全流程经营。三是在海口地区单点型支行设立个人贷款中心，提高对区域、网点的集约化经营能力和信用卡分期等重点消费金融类业务的拓展力度。

2. 实施海口地区行“大片区管理制”。深化分行扁平化管理架构，由海口地区八大牵头行分别吸纳5个左右网点型支行组建“大片区”，以党建工作为引导，通过人、财、物的资源整合，促进大片区内成员行协同发展，实现“组织扁平、划小承包、主营清晰、重点专营、倒三角服务、集约支撑、权力下放、服务下沉、逆向考评”的管理目标。

3. 坚持创新引领转型发展。设立了个人业务、对公业务创新工作委员会，并在省行部门和主要分支行建立“微创新工作室”，加大产品服务和管理创新力度。

4. 完善激励约束机制。一是设立“投行资管同业业务”“贷款增长”“分期业务”三项专项奖励基金，直接激励到业务团队成员。二是通过实施县市分支行“五大底线”目标管理，提高经营管理水平。

【完善风险管控机制，守牢风险防控底线】

1. 加强全面风险管理。层层签订《风险防控工作责任书》，做实“风险管理进同级党委”。全年共消除65户公司类非不良逾期贷款7.76亿元，防止逾期61—90天的关注类个贷6.56亿元下迁为不良贷款。加强风险过程管理，并对信贷业务重点业务环节开展“一加强、两遏制”回头看自查，及时发现、化解和处置风险。

2. 加强合规创建和案件防控。压实合规管理主体责任，主动识别内控缺陷，推进合规转型，深入开展“平安建行”创建工作。

3. 认真抓好分行巡视和总行巡视反馈问题整

改。2016年共对3个县市支行巡视、12个海口地区行和3个本级部门进行巡察。坚持问题导向，完成总行巡视反馈五大方面29个具体问题整改工作。

4. 积极推进纪检监察特派改革试点工作。落实纪检监察派驻试点改革各项工作，实现18个市县支行纪检监察派驻工作的全覆盖，共派驻人员20人。做实“特派”工作，分行工作作风得到增强、四风问题减少、转型发展工作加快推进。

【坚持党建引领转型发展，全面实施从严治党治行】

1. 从严抓实领导班子思想政治建设和分行党建工作。一是全面落实从严治党从严治行主体责任。扎实抓好“两个责任”落实，抓好“两学一做”学习教育、“两学两守两为”主题活动、开展“十破十立”大讨论和“五去五求”整顿活动等，将从严治党从严治行落实到提高认识、学习教育、工作作风、经营管理等方方面面。二是发挥好基层党组织和党员的两个作用。规范基层党组织党建规定动作，创新开展基层党建工作，充分发挥基层党组织的战斗堡垒和党员的先锋模范作用。三是将金融扶贫工作作为一项重要的党建工作来抓，2016年全面完成年度定点扶贫攻坚任务。

2. 加强干部队伍建设。坚持正确的用人导向，形成合理的干部梯队。从严管理干部。制定分行领导人员聘任管理实施细则，把好干部入口关。加快分行“双百人才库”建设，目前支行行长后备和支行副行长后备人才有近93人。其中，2016年选拔入库的第二批基层行副行长后备人才36名。

4. 加强员工队伍建设。结合转型发展的需要，实施投行资管同业业务骨干“百人工程”。按季组织“最佳业务标兵”“最佳技能标兵”的“双标”员工评比。多渠道加强客户经理队伍建设，截至2016年末，分行共聘任客户经理520人，占分行员工总数的21%。

执笔：张　斌　王天雷　黄　智

重庆市分行

重庆市分行行长　李云泽
（2016年8月免）

重庆市分行行长　王晓永
（2016年9月任党委书记，12月任行长）

一、业务发展概况

2016年，实现税前利润76.8亿元，四行第一；一般性存款余额2683亿元，日均新增195亿元，四行第二；本外币各项贷款余额2821亿元，新增177亿元，四行第三；贷款不良率为0.74%，

2016年5月25日，重庆市分行与巫溪县举行全融扶贫合作协议签约暨“精准扶贫”捐赠仪式。

资产质量继续保持同业最优、系统前列。

【公司业务】对公人民币存款日均新增56亿元，贷款新增37.2亿元、增幅为2.8%；对公账户新增1.29万户，四行第二；基本户新增1.19万户，总量、新增保持四行第一；公司机构有效客户达4.12万户，占全量客户的46%，系统第八。完成小企业“三个不低于”监管目标。

【个人业务】个人客户全量资金新增197亿元，增幅为13.18%，系统第七；个人类贷款新增153亿元，总量1229亿元。个人有资产客户新增69.45万户，增速为10.25%、系统第十一，其中私人银行客户增幅为31%，系统第五；个人贷款客户新增16.9万户，增幅为29%，公积金贷款客户新增3.6万户，增幅为178%，系统第十一。

【中间业务】中间业务净收入26.3亿元，四行第二。中间业务收入占主营收入比重达23.28%；投行、同业等新兴业务中间业务收入占对公中间业务收入的49.92%，较上年提升5.28个百分点。

【国际业务】外币存款日均余额85亿元，系统第十三、四行第二；外币贷款余额140亿元，系统第六、四行第二；跨境人民币结算量和国际收支量分别为298.5亿元、246.6亿美元，均居全市第一；外汇客户940户，增幅为31%。连续五年获市外汇局外汇政策执行情况A级评价，贸易融资不良率保持为零。

【资产质量】全面完成资产质量管控目标，贷款不良额、不良率同比少增5.53亿元和0.22个百分点，不良贷款新暴露21.93亿元，低于总行计划10.56亿元；逾期贷款26.71亿元，同比少增7.77亿元；逾期不良“剪刀差”1.28，较年初下降0.06；逾期不良比连续三年缩小。整体资产质量处于四行第一，系统前列。表外业务保持无垫款。

【其他业务】同业专营中心资金运用量1209亿元，业务日均余额系统第三，实现利润系统第二；投资托管规模1430亿元，实现收入8900万元，分列系统第七和第九位。信用卡净增22万张，客户净增14万户，新增商户7151户。移动金融交易量占比为70.3%，系统第八；手机银行客户新增108.05万户，交易额4519.7万元；善融商务交易额48.27亿元，居系统第八，活跃商户180户，系统第十；网络金融各项指标均位列四行首位，手机银行客户数市场占比超三分之一，交易量和交易额超50%。养老金业务全部中标重庆市场公开招投标的5个重点国企年金项目托管资格；新增运营2.78亿元，新增企业年金客户数市场第一。

二、主要工作举措

【坚持自足本源，服务实体经济】密切跟进国家和区域重大战略，综合运用存量和增量信贷资源、信贷和非信贷手段，加大对重点领域的支持力度。一是在推进总行与重庆市政府签订的战略合作协议中做大规模。践行大资产、大负债经营理念，把握“一带一路”“长江经济带”和重庆五大功能区发展战略，通过贷款、理财、债券等方式，全年实现综合投放1898亿元，其中非贷款融资投放529亿元，增幅为26%。大资产带动大负债成效明显，归集公司债和企业债224亿元，投行资产投放带动存款429亿元、托管805亿元，大负债总额达3721亿元，同比增长534亿元，增幅为17%，居系统第十三位。二是在支持供给侧结构性改革中做优结构。向基础设施、支柱产业、战略新兴产业等领域提供资金794亿元，为115家重点招商引资企业提供综合金融服务，公司类贷款中基础设施贷款占比提升至52.8%；压缩产能过剩行业非贴贷0.71亿元，退出民营中小房企23户、14.58亿元；分别与建工、化医集团签订100亿元合作协议，落地重庆首单市场化债转股

2016年6月21日，重庆市市分行与重庆医科大学举行战略合作签约仪式。

业务，成为全市市场化债转股唯一落地金融机构；认购重庆市政府债券209亿元，市场第二。三是在助推内陆开放高地建设中提升国际业务市场竞争力。设立中新（重庆）跨境金融服务中心，实现示范项下首笔跨境融资、融资笔数及金额分获“三个全市第7”。海外机构合作数增至9家，联动业务量达544亿元，增幅为110%。国际收支量、跨境人民币结算量均居全市首位。

【坚持转型创新，释放内生活力】研究出台《重庆市分行转型发展方案》，由班子成员牵头组建都市功能区、城市发展新区以及生态区三个转型发展推进委员会，配套启动14项机制改革，稳步推进“五大转型”，部分工作取得阶段性成果。一是综合化经营能力有所提升。联动意识和能力持续增强，与9家子公司实现合作，母子公司联动覆盖面提升至90%；实现公私联动代发629亿元，同比增幅为39%；资金体内循环率和承接率综合排名系统第三。二是多功能服务优势逐步显现。在四行中首家开办资产组合理财产品，规模接近400亿元上限，居第二批开办分行第二位；新增11个支付结算生态圈，带动新增借记卡65万张；围绕“商户+”场景化消费，实现信用卡消费交易400亿元，系统第十。三是集约化发展稳步推进。成立对同业、投行、造价三个经营中心，投行管理资产规模达1015亿元，接近人民币对公贷款总额，债券承销实现“三连冠”；创新开展结构性存款同业投资、同业代付等业务，同业专营中心实现利润系统第二。四是创新服务能力有所提升。成立系统内首家直属总行的“对公业务创新中心”，创新项目占比达60%；安排30万元专项费用，奖励创新项目，破格提拔创新人才，累计创新产品119项，系统第十位。其中，《建立地方政府实力评价指标体系》项目，代表总行参加中央金融团工委、全国金融青联创新大赛，荣获一等奖。五是智慧型银行建设效果显现。加快网点分类建设，推进智慧化转型，完成7个旗舰网点、9个轻型网点建设，投放智慧柜员机1237台，运行效率系统第三；优化网点劳动组合，释放营业网点人力资源，营销人员占比提升7.7个百分点至60.6%。移动金融优势持续巩固，个人手机银行覆盖度、活跃度分居系统第六和第三；微信银行客户覆盖度23.08%，系统第一；“学易付”“医易付”系统分别在160所学校和38家二甲以上医院上线运行。

【坚持稳健经营，守牢风险底线】一是强化资产质量管控。坚持信贷风险一把手负责制，行领导牵头“十大不良”“十大关注”项目风险化解工作，余额分别较年初减少4.17亿元、5.92亿元。开展房地产、汽摩配套等专题研究，对去产能、僵尸企业等10个重点领域开展风险排查，制定风控措施和授信策略；开展“压逾期、控不良”和“百行千户”升级版专项活动，累计处置不良贷款18.2亿元，全量集团客户综合授信覆盖度由年初的35.34%大幅提高至97.22%，授信审批能力初评为A档。二是夯实内控合规管理。扎实开展检查整改，抓好“一加强两遏制”回头看，检查存量问题整改率达99.18%；召开“强化依法合规经营”动员会，开展“两违”问题专项治理，进一步增强全行合规文化氛围；注重审计成果运用，抓好系统性、根源性整改，审计确认整改率99.48%；人民币结算账户非现场监管及外汇管理执行情况均被人行评为A档，获评“反洗钱综合履职优秀机构”。三是保障安全运营。切实做好案件防控，建立全员参与案件防控的责任体系；推进“员工行为管理深化年”“平安建行”“固本工程”，多途径、全覆盖开展员工违规违纪行为排查；开展网点“双提升”活动，消费者权益保护系统初评上升十位。

【加强队伍建设，持续改进作风】一是坚持从严管党治党。落实党建工作主体责任，逐级签订《全面从严治党责任书》，完成8个分支行和1个部门的现场巡视；出台党建工作量化评价办法，扎实开展“两学一做”学习教育。加强组织建设，增设党委2个，党总支3个，建成163个“党员之家”，全面消除党员空白点。二是着力推进作风建设。制订改进机关作风实施方案，完善基层联系行制度，实现分行班子对基层行、直管党员干部对营业网点两个“全覆盖”，全年党员干部到基层调研390余次，讲党课260余次，解决实际问题500余个。开展“四风”问题整治“回头看”自查自纠，重点管控费用均控制在计划目标内。三是加强队伍建设。推荐90名“213人才”，建立市分行“双百人才库”。完善市分行职务序列体系，畅通员工晋升通道；开设“建微知行”微课堂，开办各类培训、送训556期，累计近3万人次参训。四是落实员工关爱。组织开展迎春员工趣味运动会、“光盘行动”、文艺鉴赏活动，完善员工保障体系，提高工作餐和体检标准，开展离退休干部、困难员工慰问与帮助，有效提升全行员工的归属感。

执笔：余 婧

四川省分行

四川省分行行长 杨丰来

1. 业务发展概况

2016年，一般性存款时点余额7972亿元，日均余额7462亿元，均居系统第五。时点新增933亿元、日均新增685亿元，均创历史新高。各项贷款余额4133亿元，新增351亿元。实现中间业务净收入45.6亿元，系统第十一。账面拨备前利润137亿元，系统第七。

【公司业务】对公存款时点余额4349亿元，新增600亿元，新增额创历史新高，排名四行第一。日均余额3932亿元，新增额357亿元。单位结算账户新增3.8万户，四行占比为42%，四行第一；对公有效客户加权后29.8万户，新增1.8万户，新增数创历史新高。落实总行与四川省政府签订的战略合作协议，主动对接重大基建项目，各项融资发放额1250亿元，其中人民币非贴贷款实现投放718亿元。基建贷款余额在非贴贷款中占比达65.8%，较上年提升0.3个百分点。

【个人金融业务】个人存款日均新增328亿元、系统第四，时点新增333亿元，系统第五，均居四行第二。个人有效客户数（加权）新增350万户、系统第五，个人客户金融资产新增582亿元、系统第一。完善个人客户经营管理的基础构架，纵深推进客户经营、产品经营，AUM5万元以上客户新增11万人，增幅为6.6%。围绕总行金融生态系统建设部署，针对四川特点，狠抓商户建设，新增商户逾2万户、增速150%，新增个人收单商户1.1万户，增速为84%。锁定代发、CTS、结算（经营）、高端等四个重点客群，着力拓展医疗、交通等民生应用场景，全年重点客群AUM增长405亿元，对全量AUM贡献度达86%，新增40.6万户，占净增客户总量的32%。

【房地产业务】个人贷款新增274.7亿元，四行第一，其中个人住房贷款新增271.8亿元，四行第二。累计投放个人住房贷款463.2亿元，为12.6万户客户提供贷款支持，居系统第五。新发放个人住房贷款加权利率为4.71%，四行第一。二手房贷款新增88.9亿元，在住房贷款中的占比

206年8月2日，四川省分行与四川省政府国有资产监督管理委员会签署支持四川省国有企业发展金融战略合作协议。

为35.7%，同比提升7个百分点。公积金住房贷款新增140.4亿元，四行第一、系统第八。快贷新增8.4亿元。

【中间业务】实现中间业务净收入45.6亿元，系统第十一，四行占比为27.9%，提升0.2个百分点。账面拨备前利润137亿元，系统第七。委外投资规模突破100亿元，同业存放增长77%，CTS客户数、手续费收入继续保持四行第一。办理省内首笔跨境风参业务，并在全国金融系统中唯一获得新型跨境融资业务试点资格，累计投放跨境融资业务91亿元，创造中间业务收入1.2亿元。成功办理首笔对公黄金积存、黄金租借掉期业务，金融市场业务收入以及国际结算收入均反超工行，排名四行第一。

【国际业务】企业外汇存款日均余额18.2亿美元，新增6亿美元，排名系统第八，较上年提升三位，四行第二。企业外汇存款时点余额21.6亿美元，新增6.3亿美元，系统第七，提升两位，四行排名第一，提升一位。实现国际业务及对公金融市场业务收入2.78亿元，增速为32%。在省内同业中率先投放跨境风险参与及转贷款业务，并通过配套代客汇率风险管理带动代客资金业务的较快增长。

【资产质量与风险控制】主动压退出现风险苗头的房地产行业贷款19.6亿元，全额回收12户、11.4亿元。加强重点区域风险监测，细化管控措施，重点监控分行贷款不良率逐步下降。完善不良资产联合处置机制，一户一策制订不良资产处置方案，成功处置启明星、金宇集团等一批重点项目，累计处置金额15.2亿元，回收盘活占比为70%。截至2016年末，不良贷款58.13亿元，不良贷款率为1.41%，逾期贷款58.74亿元，垫款余额1.75亿元，全面完成总行计划，不良贷款余额持续保持四大行最优，四川银监局监管评级中连续五年四行排名第一。2016年总行境内分行信用风险管理评价系统排名第三。

【内控合规方面】51个分支行和省分行各部门均建立了内控合规联系人工作机制，有力保障了各项工作的有序推进。强化内控管理，积极组织开展内控等级评价工作，持续开展规章制度梳理与规范工作，深化合规文化建设。开展违规操作谋求私利专项整治、转贴现票据业务排查、风险管理外包业务操作风险管理专项检查、反洗钱工作现场检查等工作，加强问题分析、整改，制定系统性预防措施。分行保持总行内部控制等级一类行地位，省分行（含18个城区支行）连续三年反洗钱工作考核评级获评人民银行A级机构，关联交易管理工作总行考核排名第二名。

【其他业务】

电子银行业务 移动金融交易量占比为70%，系统第十，提升十二位；交易量占比提升26个百分点，提升值系统第二。手机银行活跃客户突破200万户，微信公众号粉丝量较上年增长14倍，点击量近1500万次，综合排名同业第一。创新网络金融场景应用，开通“e智联”客户19户，善融商务交易额增长111%。大力拓展移动金融，云闪付市场份额为22%，四行第一，龙支付注册用户数35.8万户，系统第四。

二、主要工作措施及成效

（一）推进综合性经营，全力发展“大资产”业务

落实总行与省政府签订战略合作协议，主动对接重大项目，加强高层营销，加快贷款投放进度。与宜宾、德阳、凉山等5个市州政府签订战略合作协议，成都市、天府新区拨改租项目合同融资额同业第一。狠抓“双大”客户市场份额提升，上年独家承贷部分央企在川BT类项目，完成40余户客户综合授信，重点客户市场份额持续提升。

深入推进“两大”活动，创新基础设施融资

模式，系统内首家成立以二级城市（德阳）为授信主体的产业基金。承销省政府地方债43期，认购金额512亿元，其中债券承销72亿元，收入四行第一。系统内首次运用资产支持型理财产品为客户提供资本金融资。

坚持“以小为主、以微为重”，创新推出“押快贷”等零售化产品，加快推进“助保贷”业务，单户500万元以下贷款余额占比为59%，系统第二。助保贷和大数据转型指标计划完成率102%，小企业贷款不良率、不良额实现“双降”，全面完成“三个不低于”监管要求。

（二）完善多功能服务体系，推进“大负债”业务转型

围绕重大项目、关键账户开展营销，一批重点客户基本户落户分行。巩固机构业务领先优势，机构一般性存款余额及新增均居系统第一、四行第一。以独家中标机保业务为契机，创新开发系统，运用对公一户通、定时现金池等产品，深挖业务潜力，有网点区域实现业务全覆盖，我省成为全国唯一全面征缴到人、唯一全面发放到人的省份，得到人社部高度评价及参保人员充分肯定。开展法院诉讼费账户营销攻坚，新增法院涉案款专户31个。签订系统首单“军建安鑫”合作协议，“银医通”“银校通”项目新增系统第一。

推进个人金融生态系统建设，拓展医疗、交通、市民生活等民生应用场景，四行中首推通过借记卡进行省内交通违章罚分处理、罚款缴交服务。全年发放居民健康卡130万张，OBU总量、新增均居四行第一。

充分运用移动互联、大数据、智能感知等技术手段，创新推出“活客通”产品，实现网点O2O场景营销，日均获客10万人次。推广“渠道管家”系统、精准营销平台，有效推动网点智慧化转型。

（三）发挥集约化优势，深化前后台业务分离

按照“彻底分离、高度集中”思路，提升前后台业务分离覆盖度。持续整合中后台及专营机构同质事项，同业及系统内率先完成养老金、同业、资产保全、商户及ETC清算等核算运营类事项横向集中。稳步推进反洗钱作业集中，作为唯一国有大型银行分支机构，接受国际货币基金组织和世界银行的反洗钱与反恐怖融资现场访谈，受到肯定。

坚持以业务创新建立市场竞争领先优势，推进中间业务收入结构调整。在全国金融系统中唯一获得新型跨境融资业务试点资格，累计投放跨境融资业务近百亿元。按照专业、专营发展思路，加快同业、金融市场业务发展。加快发展智能跨行收款业务，系统首家实现跨行收款破万户。运用“定时现金池+定向收付”结算产品，为成都铁路局打造“资金定向集中管理综合服务方案”。

加强母子公司业务联动，成功营销系统首单建信人寿税优健康险，成功办理系统首单PPP项目建工险，以及同业首单应收租赁款买断、融资租赁跨境贷款业务。完成分行首笔城镇化农民养老保障计划、金额11亿元，通过发行定制理财产品既让失地农民安置款得到有效增值保值，又协助政府解决城镇化过程中的社会治理问题。养老金受托、托管等业务总量保持四行第一。

加快智慧化转型，深入推进渠道建设。优化渠道管理机制，完成二级行渠道部门设置，实现线上、线下统一管理。抓住区域规划调整契机，提升简阳支行管理层级，启动自贸区支行设立工作，积极升格网点型支行，全辖网点均实现受理对公业务。系统内率先完成标准版智慧柜员机布放，柜面非现金业务迁移率75%、系统第一。大力推行“移动优先”，将移动渠道作为交易主渠道和获客主阵地。

（四）坚守底线，做实风险控制和案防工作

强化资产质量管控。按照“不死退、不退死”原则，在信贷资产全面检查基础上，加强产能过剩、房地产等重点行业管控，总行、省分行“三十大”风险客户贷款余额稳中有降。加强重点区域风险监测，细化管控措施，重点监控分行贷款不良率逐步下降。对核心经营能力尚存、预判可能走出经营困境的企业，综合运用调整还款期限、补充有效抵质押担保等手段，以时间换空间，既努力化解风险，又支持潜力企业发展。

发挥稽核监测覆盖面广、触及度深、穿透性强的优势，系统内率先将集中稽核监控运用于小企业信贷全流程管控，加强对小企业、企业主资金流向事前体检和事中监控，逐户制订管控方案。

加强个贷项目分类管理及过程控制、利用大数据强化风险预警，提升管理效能。

严防案件风险隐患。按照“机控优于人控、机制优于人治”思路，加强对系统控制、非现场检查的运用，继续发挥案防监测系统、远程监控系统发现和预防风险隐患的功能，紧跟风险热点持续开展专题稽核作业。坚持“小得罪是大保护”理念，持续开展参与民间借贷、违规代客理财等专项排查。扎实推进“合规建行、人人践行”“平安建行”创建等活动，做好内外部审计检查发现问题整改。以提升人防、技防等“六个能力”为重点，加强安保工作，进一步提升合规管理能力。

（五）统筹资源，提升精细化管理水平

优化财务资源配置。坚持激励效益增长、价值创造和市场竞争力提升，加大对重点业务和经营一线的资源倾斜，坚持对客户、渠道等长期竞争力建设项目的资源保障。严格落实成本管理和勤俭办行要求，全年招待费、宣传费、广告费、业务用车费持续下降，房租、钞币、外包等基础运维费用零增长。

提高管理营销效能。优化对公条线部门职能，公司业务部增加中型客户拓展和贷后管理，集团客户部牵头重点客户营销、贷后管理和综合服务，国际业务部主抓外汇产品推广运用，小企业业务部更加专注于零售化转型。成立数据管理部，提升数据挖掘和捕捉能力，从资金性质、流向等维度，捕捉大行业、大系统客户资金规律，找准营销关键点。

加强选人用人。严格按照“坚持原则、执行标准、履行程序、遵守纪律”的要求，进一步加强选人用人工作，严明动议、民主推荐与考察、讨论决定等工作流程。丰富干部选拔形式，以干部流动和梯队建设提升队伍朝气、以交流锻炼避免隧道视野和惯性思维，打造优秀干部队伍。交流处级干部62人次，持续开展科级后备干部交流任职，通过跨层级、跨区域、跨条线培养，已有21人提拔使用。按照总行“213人才工程”要求，选拔推荐4名领军人才、35名拔尖人才、100名骨干人才进入人才库，纳入培养序列。分行干部选拔任用工作满意度始终保持在90%以上，无领导人员测评满意度低、测评结果异常、群众反映突出的情况。

（六）全员参与，推进金融扶贫和企业文化建设

扎实推进金融扶贫工作。成立金融扶贫工作领导小组，制订《金融扶贫重点工作方案》，明确细化工作任务。进一步加大对贫困地区能源、交通、水利等基建领域信贷支持力度，金融扶贫贷款375亿元，新增42亿元。动员全员参与扶贫，通过多种方式支持贫困地区改善教学、医疗条件，累计捐款捐物超过500万元。《四川日报》刊载建行扶贫系列报道，团中央领导到川调研期间肯定建行扶贫工作成效。分行2016年荣获“最具社会责任金融机构奖”“四川银行业助力精准扶贫十大爱心组织”。

加强企业文化建设。组织分行首届“十大杰出青年”评选活动，为优秀员工发挥先锋示范作用搭建平台。开展“文化聚共识，转型促发展”“员工故事会”等主题活动，培育践行建行核心价值理念。深化文明创建，创新“十小文明”，2家单位通过省级（最佳）文明单位创建考核。加强员工关爱，推广网点健身操，送健康知识到基层，建成职工之家12个、职工小家78个，看望慰问老同志1000余人次，帮扶困难人员257人次、金额103万元。先后开展银企、银政、银军、银警系列文体联谊活动，创新营销模式，既增进员工身心健康，又有力促进业务发展。

执笔：康晋阳

贵州省分行

贵州省分行行长　李　果
（2016年6月免）

贵州省分行行长　王　浩
（2016年6月任党委书记，8月任行长）

一、业务发展概况

【主要业务指标完成情况】2016年，分行一般性存款日均余额2327.24亿元，新增356.15亿元，增幅为18.07%，新增额及增幅系统排位靠前，余额及新增均位列四行第二。其中，对公存款日均余额1409.42亿元，新增269.23亿元，增幅为23.61%；个人存款日均余额917.82亿元，新增86.93亿元，增幅为10.46%，时点新增106.19亿元，排名四行第一。各项贷款时点余额1729.41亿元，新增134.27亿元，增幅为8.41%。其中，对公贷款时点余额1164.96亿元，新增22.92亿元；个人贷款时点余额564.45亿元，新增111.36亿元，增幅为24.58%，增速高于西部建行和同业平均水平，新增额四行第一。实现税前利润54.25亿元，增幅为6.16%。经济资本回报率为32.82%，系统内处于领先水平。

2016年12月9日，贵州省分行与建信金融租赁有限公司举行助推贵州脱贫攻坚－－引资入黔暨多方合作协议签约仪式。

【公司业务】2016年贵州分行单位结算账户总量突破10万大关，达102149户，增速四行第一，新增四行第二。公司机构加权有效客户增速系统排名第十二位，产品覆盖度为5.04，提升值系统内排名第五位。一是传统业务的优势持续巩固。加大对铁路、高速公路、水利、市政建设等基础设施重点项目、“三大一高”领域项目及客户的营销，累计发放169.02亿元，占公司类人民币贷款投放的57.01%。二是大力拓展新兴业务领域。积极拓展政府购买服务贷款，审批完成项目9个，金额共计45.3亿元。加快PPP贷款营销推进，完成贵州双龙航空港道路建设、瓮马铁路、三都至荔波高速公路等5个PPP项目的审批，审批金额共计78.6亿元，实现投贷10.6亿元。三是力促票据业务健康发展。将票据贴现业务定位为对公信贷业务发展的稳定器和调节池，全年累计完成贴现业务量56.11亿元，同比增长77.11%，利息收入9683.98万元，系统排名第二位。四是全流程跟踪大宗资金拨付。累计引入中央和省级大宗资金近400亿元，占省本级财政支出的55%以上，累计获得省级国库定期存款241亿元。采集债务转贷下拨明细信息7期，涉及金额1480亿元，累计承接偿债转贷资金近200亿元。五是推进同业业务转型发展。完成自主匹配资产和负债的新型同业投融资业务。实现同业黄金租借业务突破。办理保本理财投资22.6亿元。实现存放同业111亿元。在系统内首批完成电票买返业务办理，代理政策性银行项目金额33.8亿元。六是军警业务市场份额持续巩固。开展“八一工程攻关年”主题活动，在全国范围率先实现军人住房公积金贷款流程制定及贷款投放，发放代款逾3700万元。七是小微企业业务发展迅速。单户500万元及以下的贷款和客户占比分别为60.09%、90.51%，分别居系统内第一位、第三位。加强定价管理，新发放非贴贷款利率相对基准上浮42.19%，居系统内第一位，高出全行平均水平17.95个百分点。

【个人金融业务】个人有效客户185.41万户，增速为12.47%，系统排第九位。个人有资产客户535.30万户，增速为10.24%。私人银行客户587人，增速为31.03%，系统排第四位。代理保险、个人业务8项同业可比产品收入均为四行第一。其中，实物贵金属、代理寿险、国债、短信银行4项排名四行第一。龙卡云闪付借记卡当年发卡突破20万张，云闪付银联POS机交易笔数和交易金额同业第一。信用卡发卡净增22.76万张，计划完成率为118.54%。ETC客户累计突破20万户，超过工行。代理保险中间业务收入首次突破1亿元，同比增速85.39%。移动金融交易量占比69.5%，全国排名第十位。手机银行活跃用户增速全国排名第三位。个人短信银行账户数增速全国排名第三位。微信银行用户数增速全国排名第四位。手机银行签约数、手机银行交易额、短信收入等三个指标排名四行第一，占比分别达到40.76%、53.47%和41.53%。

【房地产业务】2016年，涉房贷款余额34.55亿元（房地产、保障房、土储），不良贷款0.72亿元。累计发放涉房类贷款9.95亿元，其中投向总行级战略客户占比达91.46%。累计实现涉房贷款回收30余亿元，其中成功回收存在潜在风险的涉房类贷款超8亿元。个人住房贷款（小口径）余额455.21亿元，较年初新增96.78亿元，四行占比分别为30.46%和38.30%，较年初分别提升1.6和3.15个百分点。全年住房资金存款较年初新增7.06亿元，同比多增34.7亿元。公积金个人住房贷款余额（377.83亿元）和住房资金存款余额（69.64亿元）稳居同业首位。

【中间业务】实现中间业务净收入17.21亿元，总量以及四行占比保持四行第二，市场占比提升1.12个百分点，系统内排名第一。中间业务产品重点转型产品表现好，产品结构持续优化。贷款相关类占比下降9.14个百分点，其他服务类收入占比达到82.11%，同比增速达到26.7%，其中，理财、信用卡、保险、代客、贵金属等转型重点产品同比快速增长，合计增速超50%，超过分行中间业务收入整体增长水平37个百分点。

【国际业务】外汇一般性存款余额6.89亿元，比年初新增2.9亿元，其中对公外汇日均存款4.32亿元，对公外汇存款余额4.75亿元，比年初新增1.78亿元，计划完成率271.25%。完成国际结算量16.18亿美元，较上年末增长1.61亿美元。跨境人民币结算量37亿元，四行占比较上年提升3个百分点。全年表内外贸易融资累计投放量24.09亿元，同比增长62.77%。

【资产质量与风险控制】不良贷款余额17.12亿元（含信用卡，下同），比年初（审计后）减少0.73亿元；不良贷款率0.99%，较年初（审计后）下降0.13个百分点。不良贷款实现双降，并顺利完成总行下达的资产质量控制目标。全年累计处置各类不良资产12.61亿元，实现不良资产现金回收2.66亿元。

【内控合规建设】制订《贵州省分行合规工作转型发展方案》，实现“横向到边，纵向到底”的内控管理。制定《员工轻微失范行为积分管理办法（试行）》，强化员工行为管理。组织开展合规文化建设活动，营造良好的合规文化氛围。全年共计开展“内控合规知识竞赛”21场，1328

人次积极参与竞赛；举办“建行人 合规事”员工风采展示比赛29场，参与人员277人次；组织“我看合规”征文，收集稿件489篇。组织开展“一加强 两遏制回头看”专项工作，“立查立改”提升合规管理水平。加强对新产品（服务）洗钱风险评估管理的督促和提示，全年共完成“银直通”等57个产品的洗钱风险评估审查。

【其他业务】全行通过理财资产及债券承销完成直接融资102.72亿元，全年完成地方政府债券承销504.53亿元，市场占比为19.48%。积极推进产品创新工作，全年完成产品创新项目42项。推出“水利投资通”“政采保”产品，积极支持地方经济发展。2016年11月24日成功办理贵州省首笔全程电子化工商注册登记业务，截至年末成功办理31笔，在开办该项业务的三家银行中名列第一。在总行2016年度“产品创新与流程优化奖”评选中，荣获“创新进步奖”，“服刑人员个人资金及消费管理平台”荣获“产品创新奖”三等奖。善融商务交易额11.68亿元，是上年同期的13倍，增速全国排名第三位，全年计划完成率达389%。“善融茅台”“黔货出山周四惠”等品牌深入人心，善融茅台销售额达5186万元，在茅台自营的19家电商中名列第三位，仅次于天猫和茅台商城。

二、主要工作措施

【强化大资产大负债意识，拼抓发展先机】一是传统领域与新兴领域并重，做大资产业务。加大对实体经济的支持力度，全面推进与子公司、总分行以及跨部门联动营销。通过贷款、保理预付款、理财资产实现投放45.1亿元。办理27.2亿元融资租赁保理，新增系统内排名第五。实现PPP项目贷款投放10.6亿元。加强母子公司联动，新增投放融资租赁87亿元。持续推进“两全”活动，通过理财资产及债券承销完成直接融资102.92亿元。地方政府债券承销504.53亿元，排名第二。跟进省内重点项目建设，基础设施贷款累计发放169.02亿元。二是公私存款、同业存款、理财资金并重，做大负债业务。省级代理集中支付资金量近600亿元，排名第一。综合运用大额存单、聚财存款等存款创新工具，加大理财产品销售力度，促进全量资金增长。吸收非结算性同业存款65.3亿元。营销贵州省铁路发展基金等托管业务，资产托管余额78.19亿元，新增136%。抓住代发源头，开展公私联动，全年代发资金481亿元，同比增加15.69%。深化与监狱系统合作，监狱系统对公存款市场占比达70%。

【强化客户营销拓展，深化业务转型】一是深入推进“机构业务营销年”主题活动。全年新增机关事业单位养老保险账户56户，市场份额位居第一。财政、社保业务代理资格覆盖度达78.1%和88.15%。二是开展银医信息化建设。“智慧医院”合作项目38个，累计发行居民健康卡33万张，交易金额突破5600万元，成功营销贵州大学“智慧校园”项目。三是完成“工商注册通”的全辖推广。全辖开办网点达132个，为账户拓展增加新的渠道。四是加强境内外、母子公司联动。成功办理首笔澳大利亚投资移民业务。与建信租赁举办“助推贵州脱贫攻坚——引资入黔暨多方合作协议”签约仪式，开展产品创新试点工作。五是大力发展普惠金融。推进城市通龙卡、黔通龙卡等行业发卡，金融IC卡新增179.25万张。

【强化渠道运营转型创新，助推业务发展】一是加强物理渠道建设规划。对贵阳地区营业网点隶属关系进行调整，进一步深度整合和提升管理效率，调整低效网点，开展分类建设管理。二是完善自助渠道服务网络。新建离行式自助银行61个，营业网点与离行式自助渠道比值达1:1.19，系统排名第十一位，自助设备净新增157台。三是深入推进“三综合”建设。新增综合型网点14个，网点营销服务人员新增421人，占比为60.76%，提升18.08个百分点。四是创新营业网点服务模式。选取试点网点开展个贷业务下沉经营，推动网点开办大数据小企业信贷业务，全省营业网点均可受理小企业信贷业务。五是持续优化交易结构。柜面渠道交易占比下降3.54%，电子银行渠道交易占比提升18.44%。六是稳步推进网点智慧化转型。智慧柜员机业务迁移率为65.75%，系统排名第九位。

【强化风险案件防控，保障运营安全】一是严格落实风险防控责任制。以资产质量管控目标为衡量经营管理的标准之一，落实好条线和所辖风险管控责任。全面开展合规文化建设活动，深入推进“合规建行，人人践行”创建工作。二是建立信贷管理“三项机制”。强化信贷业务和客户的有效性管理，加大不良贷款处置力度，累计收回风险问题类贷款11.8亿元。三是完善内控评价机制。建立合规约谈告诫、重大合规事件报告等工作机制。开展“一加强两遏制回头看”，加强对审计检查发现问题的整改督导。四是加强案件事故风险的有效防控。精简行务公章，严防涉印风险。成功堵截案件和防范风险事件47起，堵截金额240.58万元，实现全年零案件、零事故和无群体性事件的工作目标。

【做好基层党建工作，强化队伍建设】一是深入开展“两学一做”学习教育。坚持全面从严治党治行，严格“三会一课”组织生活制度，实现党的组织和工作全覆盖。持续加强和完善基层党组织建设，全年发展党员56人。二是积极开展党建扶贫。规范驻村第一书记管理，有效发挥驻村帮扶人员作用。通过“结对联系”、“为定点扶贫村办一件实事”等活动，扎实推进定点扶贫工作，向定点扶贫村共11个项目捐赠158.45万元。三是加强干部员工队伍建设。完善干部选拔任用机制和流程，实施“220人才工程”，逐步建立与业务发展相匹配的职务管理体系。全年完成经办岗位员工职务聘任2933人，晋升职等50人。客户经理、风险经理、产品经理专业技术岗位人员分别较上年新增82.7%、22.5%和19.4%。四是将关心关爱员工落到实处。统一为员工购买交通意外保险，开展员工体检，切实落实员工互助机制和节假日慰问机制。多渠道、多形式评先进、塑典型，提振员工精气神。

执笔：邓　欢

云南省分行

云南省分行行长　高升亮
（2015年5月任行长）

一、业务发展概况

【经营效益】2016年，实现税前利润58.42亿元，四行占比为45.95%，稳居首位；净利息收益率2.58%，高于全国建行平均水平。实现中间业务净收入22.53亿元，四行占比为36.31%，排名四行第一。贷款不良贷款余额21.18亿元，控制在总行下达目标内；贷款不良率0.96%，资产质量四行最优。等级行评定由2012年的系统二类行第十八名提升至2015年的系统一类行第八名；KPI考核由2012年的系统第二十三名提升至2015年的第十三名。

【负债业务】一般性日均存款余额3163.77亿元，较年初新增335.7亿元，增长11.87%，新增四行占比为36.28%。其中对公日均存款余额1894.25亿元，新增217.6亿元，增长12.98%，新增四行占比为42.57%，排名第一；个人日均存款余额1269.52亿元，新增118.09亿元，增长10.26%，新增四行占比为28.51%，四行第二。

【资产业务】各项贷款余额2201.77亿元，较年初新增94.16亿元，增长4.47%，新增四行占比为30.86%，居四行第二。其中公司类贷款余额1309.88亿元，新增20.65亿元，增长1.6%；个人贷款余额891.90亿元，新增73.5亿元，增长8.98%，新增占比为63.14%，四行第一。

2016 年 9 月 28 日，云南省分行举行“2013－2015 年度基层贡献奖”荣誉表彰大会。

【战略性业务】客户经营管理体系更加完善，覆盖面不断扩大。对公账户增量、增速四年蝉联四行第一；个人全量客户 1005 万人，有资产客户突破 700 万人，达 735 万人，有效客户增长 10%；信用卡累计发卡连续五年、净增发卡连续七年四行第一。手机银行活跃用户突破百万，交易量、交易额同业第一，善融商务交易额是上年的 6.27 倍，“快贷”白名单各项业务指标均列全国系统前十位。

二、主要工作举措

【从严治党，主体责任层层压实】以“两学一做”学习教育为契机，将全面从严治党与从严治行紧密结合，党建优势不断转化为发展优势。省分行营业部和 15 家州、市分行已全部完成党委工作规则修订；制定《中国建设银行云南省分行党委关于进一步加强党的建设推进全面从严治党的实施意见》，分解细化相关部门责任，对 32 个责任项目纳入督促检查范围进行表单管理，及时跟进并通报 2016 年度责任完成情况；建立和完善党建工作领导小组以及成员单位联席会议机制，规范干部选拔任用程序，完善干部管理监督，统一干部考核评价体系，健全廉洁建设、巡视工作、意识形态工作等方面的制度。强化各级党组织领导班子主体责任和领导干部“一岗双责”，逐级组织签订责任书，分层级制订责任清单，涉及省分行、二级分行、部门党组织职责 200 条，建立责任落实情况公示制度。紧盯重点人、重点事、重点时段，加强对廉洁风险点和案件风险点的监督，做到抓早抓小。开展“四风”整治“回头看”和防止利益输送自查自纠。从业务巡视向政治巡视转变，敢于揭露问题，巡视利剑作用充分发挥。强化执纪问责，对严重违纪违规行为严肃查处。广泛开展“基层党建推进年”，扩建 23 个党员之家示范点，首次实现党建述职、考核向基层全覆盖。

【乘势而上，拼抢市场再拔头筹】2016 年为地方经济建设和个人客户提供资金支持 1546 亿元。一是回归主业，金融服务取得突破。与省政府签署《支持云南“十三五”发展战略合作协议》，发挥基础设施建设领域传统优势，以优质综合金融服务开展电力保卫战、综合交通突围战、特色产业攻坚战“三大战役”，积极支持“五网”建设及产业转型升级项目建设、滇中引水、政府购买等一大批关系国计民生的重大项目发展。设立省内第一支“彩云之南一带一路”千亿基金群，储备项目 1321 亿元，实现投放 124 亿元；与省发展改革委合作设立 500 亿元重点项目基金，成为全国首支金额最大、期限最长、涵盖项目最广、调整机制最灵活的政府背景基金；围绕 5＋1 营销年突破重要业务领域，全省两院零余额账户营销实现全覆盖。积极支持“双创”项目和小微企业发展，小微企业贷款客户数较上年同期增长 13.26%，小微企业申贷获得率达 90.45%，比上年同期高 4.43 个百分点。积极巩固住房金融业务领先优势，个人贷款新增四行占比为 59.95%，房改金融市场占比超过 50%，个人消费经营类贷款六年来首次超越中行，“快贷”授信额度突破 10 亿元。二是创新引领，合纵连横抢占先机。稳步推进综合化经营战略，对内打破部门边际，对外主动携手子公司和海外分行营销重大项目，形成协同联动常态化机制，有效联动总行、母子公司、兄弟分行、政府机构、金融同业等，因地制宜、联动协调，金融创新引领市场，2016 年，创下了 10 余项全国、系统和云南省同业的首家。落地全国首单地方国企市场化债转股项目，争当云南服务供给侧结构性改革的领先者；积极探索实践投贷联动创新，保山综合管廊项目得到了总理考察建行的驻足关注。挂牌成立“中国建设银行泛亚跨境金融中心”和“中国建设银行泛亚跨境金融中心河口分中心”，打通同业合作路径，与中信保、施工企业建立起“铁三角”合作关系，打造“建信通”金字招牌。同业合作全面拓宽，实现12个总行同业业务创新产品中8个产品首次突破，成为唯一获总行托管部产品创新奖的分行。

【统筹部署，战略转型有效推进】2016年，全行21项转型重点业务中有十个指标综合排名全国系统前十五位。一是明确导向，转型思路更加清晰。积极思考符合云南省情、分行自身经营管理实际的转型方法和路径，不断完善顶层设计，细化体制机制，并结合区域实际深入推进落实。围绕“六个关注六个更加注重”引导全行推进转型落地，既注重在熟悉的领域把传统的打法打出新意，又积极从新兴领域找到新的突破。二是找准重点，转型抓手更加有力。批发业务打造任务型团队联动拓展业务，建立跨部门、跨层级、跨条线工作机制，探索打造符合分行转型发展实际的业务专营团队，建立集约而不集中的工作营销机制，以点带面赢取转型突破，目前已组建资产业务、金融市场与交易、同业与票据、大数据四个团队。零售业务率先布局金融生态系统建设，构建“旗舰网点+综合性网点+轻型网点+自助银行+POS+二维码和闪付”的金融生态圈，围绕交通、旅游、社保、医疗、住房等重点领域，构建金融生态圈近40个，生态圈打造数量及IC发卡量同业领先。三是综合用力，转型措施更加落地。制定本地化转型考核指标体系，将转型指标分为“基础类、发展类、补短类”三个大类分别制定差别化的推进措施和发展目标，补短促发展。从EVA挂钩考核和主营业务收入增长挂钩考核资源中分切一定比例财务资源用于对战略转型业务指标进行直接挂钩考核，有效地传导分行党委对转型业务的政策导向。主动落实经营责任，继续以市场竞争力为目标加强对二级分行及省分行本部经营部门主要负责人进行专项考核。优化“两个办法”，加大挂钩力度，进一步释放基层经营机构发展动力与经营活力。围绕总行KPI转型发展指标及“建网通天下”“奋战100天，巩固一类行”等专项活动，将转型目标和转型发展方向融入基层营业机构的工作当中，不断强化客户基础，巩固经营优势，缩小业务差距，加快产品创新。区域战略持续推进，中心城市行引领作用更加突出，县支行以资产业务撬动经营潜力，发展后劲越来越强。

【标本兼治，风控水平持续提升】一是由标及本，掌握风险管控主动。全面落实党委信贷经营主体责任，各级行领导分片包干压控不良资产及潜在风险，“一户多策”化解处置风险。同时，稳步推进“三授信”，健全放款操作制度程序，进一步完善分层级、多角度风险预警机制，落实“三道防线”联防联控，提升全流程风险管控能力，做到心中有数、整体可控，资产质量连续四年保持四行最优。二是合规经营，构建内控长效机制。全面构建“横向到边，纵向到底”合规管理体系，从宣教、监督、处罚三方面入手，积极营造全员、全面、全过程的内控合规文化，建立内控评价、问题整改、规章管理和合规督导四大机制，以违规参与民间借贷、违规参与“飞单”业务，造价咨询人员以权谋私为重点持续开展专项整治，进一步深化“制度建设抓条线、合规管理抓同级”，“平安建行、人人有责”“合规建行、人人践行”氛围更为浓厚。将内控评价结果与二级分行机构管理业绩考核、领导班子和领导人员考核评价等挂钩。强化审计整改和案件防查力度，高度重视审计和外部监管结果运用，从制度、流程、系统等层面落实对问题的根源性、系统性和持续性整改。持续推进“平安建行”创建工作，做好案件防控。

【文化聚力，发展潜能有效激发】一是突出文化引领，凝聚发展正能量。开展覆盖全行各层级各条线的领军人物奖、突出贡献奖和基层奉献奖评选活动，不断延伸“感恩忠诚、激励奉献”内涵，关心关爱员工措施不断落实落地，再次掀起学先进、树标杆、促转型热潮。加大人文关怀，做好关心关爱员工实事。充分发挥党团工会作用，开展丰富多彩的群团工作，把关爱员工的工作做实做好，有效激发全行员工参与转型发展的热情，全行向心力、凝聚力、荣誉感、归属感进一步激发，逐渐形成团结一致、士气高涨的工作氛围，全行员工面对市场与客户敢于竞争、充满自信。

二是坚持培养人才，构建特色人才队伍体系。通过“人才辈出”计划，抓紧构建符合云南分行实际的人才队伍建设体系，更加突出人才队伍的差异化培养，重点打造一支具有较高管理水平、较强专业能力和较强处理复杂问题等能力的职业经理人队伍，为优秀人才脱颖而出搭建桥梁和机制。加大后备干部培养力度，科学制订并开展定制化培养计划。畅通管理岗位和专业技术岗位双晋升通道，公开选拔专技四级，更加突出人才队伍的差异化培养，不断提升各级员工的履岗能力。建立省分行党委管理领导人员选拔任用工作规定，完善领导班子和成员年度考核评价体系。严格按照干部选拔任用条例选人用人，从政治上、业务上强化责任担当，完善干部能上能下、能进能出的考核激励机制，加大一把手的发现、培养和选拔力度，形成科学有序有效的分支行领导班子梯队的递进机制。二是履行社会责任，助力公益事业发展。建立“挂包帮”长效机制挂钩，全年累计捐赠扶贫资金 145 万元，支持昭通、怒江、德宏、保山等州市贫困县 8 个项目建设，利用善融商务平台针对昭通盐津开展业务扶贫试点，引起良好社会反响。荣获“云南省最佳商业银行品牌”“云南省银行业最佳民生金融服务”等 24 项大奖。

执笔：杨　勰

西藏自治区分行

西藏自治区分行行长　韩文贞

一、2016 年业务发展概况

【存款】人民币存款时点余额达到 879. 18 亿元，比年初新增 83. 58 亿元，计划完成率为 101%，增速为 10. 50%。其中，对公存款时点新增 55. 93 亿，增速为 8. 80%；个人存款时点新增 27. 64 亿元，增速为 17. 30%。人民币存款日均余额达到 855. 46 亿元，比年初新增 134. 94 亿元，计划完成率为 180%，比年初增速 18. 73%。其中对公存款日均余额达到 691. 96 亿元，增速为 19. 01%；个人存款日均余额达到 163. 49 亿元，增速为 17. 56%。日均、时点增速首次实现系统第一。

【贷款】各项贷款余额 549. 02 亿元，同比新增 77. 67 亿元，增速系统第四。对公贷款累计投放同比新增 33. 69%，个人贷款增幅为 29. 62%（不含信用卡）。

【中间业务收入】全年实现中间业务净收入 1. 18 亿元，同比增长 1448. 4 万元，增速高出系统平均水平 8. 6 个百分点，系统第三。

【经营利润】实现税前利润 27. 28 亿元，净利润 20. 4 亿元，经济增加值 16. 1 亿元，均全面完成年度计划。成本收入比为 18. 22%，同比降低 0. 44 个百分点。存贷利差 3. 54%，同业第二，居系统第四。不良贷款余额 6507. 37 万元，不良率为 0. 12%，资产质量保持系统最优。

【不良资产】不良贷款余额 6507. 37 万元，不良率为 0. 12%，资产质量保持系统最优。

【账户客户基础不断夯实】对公基本结算账户新增 3841 户，增幅为 32. 65%，完成全年计划的 384. 1%，总量同业第二，增量第一。公司机构有效客户净新增 1625 户，增速系统第一；对公网络客户新增 3637 户，增速系统第一。个人全量

2016 年 10 月 20 日，西藏区分行五名职工荣获西藏区金融五一劳动奖章。

客户 67.75 万户，增速系统第三，个人有效客户增速、金融资产总量增速、零资产激活质量列系统第一。

二、主要工作举措

【进一步贯彻落实中央第六次西藏工作座谈会精神】2016 年 7 月，国务院下发《关于进一步支持西藏经济社会发展若干政策和重大项目的意见》后，紧密结合区分行转型发展实际，深入开展调研工作，密切与总行相关部门沟通协调，认真组织学习研究，向总行提出了更加深化、细化的差别化政策建议，加快支持西藏经济社会发展。

【全力推进转型发展，在多个领域成效显著】深入传导转型发展理念，充分发挥考核引导和资源配置激励促进作用，系统推进转型规划各层级实施方案落地，取得良好成效。综合服务能力不断提升，全年会商客户 43 次，为 10 余个重点客户量身定制了综合金融服务方案。承销发行首笔西藏自治区地方政府债券 2.8 亿元，办理了首笔股权投资基金托管业务和保险资金托管业务，发放了首笔信用贷、税易贷。信用卡新增发卡 1.13 万张，新增客户 9290 户，消费交易额、贷款余额、新增贷款、跨行收单交易额等多项指标四行第一。新增私人银行级客户 53 户，计划完成率达 357.14%，增速系统第一。坚持“移动优先”，电子银行账务性交易量占比为 93.81%，同比提升 7.88 个百分点。与西藏大学合作开展“银校通”，金融生态圈建设迈出坚实一步。

【持续强化基础建设，发展后劲不断增强】渠道建设不断完善。深入推进渠道转型，完成智慧柜员机系统等十多个新项目建设，生产集约化显著提高。落实网点分类打造，完成北京中路支行旗舰店、江塘纳卡轻型网点的改造。加快自助设备提质增效，新增自助银行 17 个、自助设备 65 台，自助设备交易增长量系统第一，台均手续费收入系统第三。完成全辖 136 台智慧柜员机的布放运营，柜面替代效果快速显现，交易规模快速提升，网点生产力得到进一步释放。

科技信息支撑能力不断提升。顺利完成“新一代”三期上线推广工作。完成拉萨交警罚没款代收等多个系统优化建设，有力支持业务发展和综合管理能力提升。初步建立了分行数据队伍，自主开发完成 84 个报表，有效助推精准营销客户、助推公私联动，大数据挖掘运用能力持续提升。

【风险管控有效，发展质量持续提升】信用风险管理良好。进一步加强信贷风险全流程管理，增强放款中心贷中风险控制作用，基本实现客户与业务类型的全覆盖。持续做好常态化风险监测预警和处置，加强业务运行各环节的风险控制。加大不良资产处置力度，全额回收了 4 笔历史不良贷款，全年现金回收 8351.20 万元，计划完成率达 139%，已核销呆账资产回收计划完成率达 163%，资产质量稳步提升。

内部控制成效显著。内控评价持续保持二类行且排名不断提升。完成内控体系建设三年工作任务，流程控制措施不断优化；“同级管理、条线管理”的合规机制进一步完善。审计发现问题整改率 98.6%，审计后续责任认定及追究工作从 14% 提高到 68%。深入开展“一加强、两遏制”专项回头看活动、“声誉风险管理加强年”活动和印章、保密、财务会计、安全生产大检查，有效管控各类风险。反洗钱工作质量持续提高，连续三年在监管机构同业评价中名列前茅。

【党的建设和队伍建设全面加强】

持续强化基层党建。扎实开展“两学一做”学习教育，各级领导干部深入基层调研，查找解决实际问题，带头讲党课，以学促做、学做结合。完善党建工作机制，严格落实基层党建重点任务，制订实施基层党组织党建工作考核方案，进一步压实“一岗双责”。完成分行机关党委和各二级分行各支部换届改选工作，增设了 6 个党支部，建设 4 个党员之家示范点，党的基层组织得到进一步增强。各级党组织广泛开展征文、演讲、

"结对子"等特色主题活动，促进党的建设与业务发展有机融合。

党风廉政建设常抓不懈。加强纪检监察队伍建设，二级分行设置纪委、监察部。强化监督执纪问责，制定并落实"两个责任"考核实施细则，加强下辖机构巡视、巡察，保持反腐败高压态势。严格执行中央八项规定和总行党委十项要求，深入开展党风廉政专题教育，经常性推送廉政提醒，常抓作风建设不懈怠。

加强班子队伍建设。注重选拔立场坚定、有基层工作经历的干部，全年共提拔使用中层干部55人次，平级调整30人次；突出抓好班子一把手的任用工作，共提任一把手9名，其中交流任用6名。加强干部日常监督管理，认真落实领导人员个人事项报告、离任经济责任审计、任前谈话和诫勉谈话制度。加强后备人才队伍管理，开展"213人才工程"推荐选拔工作，选拔44人次进入人才库。打通并拓宽经办岗位员工晋升通道，建立职务与职级并行制度，营业网点晋升职等11人，经办岗位职务晋升72人，转制中长期定向招聘员工26人。

文化引导汇聚正能量。推进"十小文明"和企业文化示范点创建，积极践行社会主义核心价值观。认真开展强基惠民扶贫驻村工作，累计投入精准扶贫资金180余万元，落实扶贫项目4个。认真开展扶贫驻村工作。全年共派出32人到平均海拔5000米以上地区从事驻村工作，累计召开24场感党恩教育宣讲活动，教育群众5300余人次，与43个特困户、由48户困难户组成的畜牧经济合作组织开展了结对认亲工作。全面落实西藏自治区党委政府关于精准扶贫的相关要求，制订了《中国建设银行西藏自治区分行精准扶贫工作方案》，与拉萨人民政府签订了《金融支持脱贫意向合作协议》，大力支持易地搬迁、棚户区改等扶贫项目。工会、团委深入落实关爱员工措施，开展了"温暖工程走基层"活动，走访慰问困难党员、员工14人次；组织开展丰富多彩的群团活动，营造和谐氛围。

执笔：雷　勇

陕西省分行

陕西省分行行长　杨新丰

一、业务发展概况

【主要业务指标】截至2016年末，本外币一般性存款日均余额4023亿元，时点余额4114亿元，均居四行第一，分别新增293亿元、269亿元。本外币各项贷款余额2595亿元，新增249亿元，四行第一。拨备后利润69.74亿元，四行第一，占比为55.38%。实现经济增加值39.22亿元。

【公司业务】对公存款日均、时点余额分别为1812亿元、1845亿元，各新增87亿元、54亿元，均居四行第二。对公贷款余额1652亿元，新增154亿元，四行第一；贴现新增114亿元，居系统内第二。对公结算账户总量16.38万户，四行第二；新增2.47万户，四行第一。对公基本账户总量11.75万户，四行位次"脱三进二"；新增2.19万户，四行第一。

【个人金融业务】个人存款日均、时点余额

2016 年 3 月 17 日，陕西省分行与西安秦华天然气有限公司签署战略合作协议。

分别为 2212 亿元、2269 亿元，首次跃居四行第一，各新增 205 亿元、215 亿元，四行第一。个人有资产客户 901 万户，四行第二；个人有资产客户净增 69 万户，全国第 12 位。个人产品覆盖度 4.86，系统内第八。信用卡发卡总量 314 万户，净增 86 万张，四行第一、系统内第一；年轻客户新增 46 万户，系统内第二。活动商户 1.11 万户，跨行收单交易额 451 亿元，首居四行第一。

【房金业务】个人贷款余额 943 亿元，新增 95 亿元，四行第一。住房委托贷款余额 242 亿元，新增 49 亿元，均居四行第一。住房资金归集余额 390 亿元，新增 44 亿元。住房维修资金存款新增 12.4 亿元，系统内第六。

【电子银行业务】电子银行客户总量 2038 万户，新增 328 万户，同比增长 19.22%；活跃用户 279 万户，系统内第八。个人网银活跃客户系统内第六，占比为 16.8%，系统内第一；手机银行活跃客户系统内第十一位，占比为 25.2%，系统内第八。移动金融柜面替代率 70.02%，全国第七，提升值 15.29 个百分点。“善融商城”个人有效买家增幅为 65%，系统内第九。

【中间业务】中间业务净收入 25.5 亿元，四行第一，占比为 38.56%；中间业务收入占主营业务收入的 21.54%，同比提升 2.69 个百分点。战略新兴产品收入增速为 40.73%，信贷相关产品收入同比降幅为 41.92%。80% 的可比口径中间业务收入产品收入，位居四行前两位。投行创造中间业务收入 6.85 亿元，同比增幅为 55%；信用卡业务实现中间业务收入 5.13 亿元，四行第一。

【国际业务】对公外汇存款时点余额 52.9 亿元，新增 25.9 亿元；日均余额 37.9 亿元，新增 10.5 亿元。外汇融资余额 46 亿元，四行第二。国际结算量 48.9 亿元，四行第二；跨境人民币结算量 32 亿元，同比增幅为 32.5%。

【资产质量与风险控制】不良贷款额 33.92 亿元、不良贷款率 1.31%，四行第二；逾期贷款 40.63 亿元，垫款 6.26 亿元，均控制在总行计划之内。全年未发生案件和重大风险事件。

二、主要工作举措

【全面发力战略转型，打造持续发展力】聚焦重点业务、重要区域、重大布局，提出转型发展的“三重”战略，闯出了一条独具分行特色的转型发展之路，转型先发优势不断扩大。重点业务方面，聚焦打造资管、投行两块金字招牌，促成总行与省政府联合举办“FITS”首站推介会、“丝路”系列基金签约会，开办分行资产池，“做投行、找建行”叫响市场。资产托管业务规模 697 亿元，同比增幅为 180%；同业资金运用同比增幅 121%，收入增幅全国第六；存放同业交易量四行第一。重要区域方面，将七大类 29 项重点转型指标，纵向分解到西安城区行，横向落实到省分行部门，逐行签订转型目标责任书，考核结果与 KPI 挂钩。重点城市行西安地区利润、存贷款、中间业务收入稳居四行第一，占比分别较上年提升 0.74 个、1.18 个、1.35 个和 4.38 个百分点。重大布局方面，纵深推进“网点 + 团队”经营模式调整，实施“一部门一表”、“一团队一表”“一网点一表”和“一员工一表”考核。综合性网点、综合营销团队实现全覆盖，98% 的综合性网点实施了综合柜员制。新设渠道管理一级部，加快渠道智慧化转型，减高减低，释放交易核算人员 900 余名，网点营销人员占比由 42.4% 提升到 60.6%，柜面交易量占比由 14% 下降到 7%。持续推进物理渠道建设，恢复空白县域支行 1 个，搬迁网点 17 个，低产网点减少到 9 个。

【综合融资支持实体经济，叫响服务“一带一路”金融品牌】积极融入“一带一路”大格局，建立国家重大工程项目、省级重点建设项目、西咸新区项目三级储备库，全面实施传统信贷、投行融资、第三方引资的“三轮驱动”策略。构

2016年5月9日，陕西省分行与陕西省教育厅签署深化高校创新创业教育改革战略合作协议。

建重大项目绿色通道、新兴业务专项通道、存量优质客户快速通道、预警客户特殊通道等四个差异化审批通道。全年累计提供融资1355亿元。其中，传统信贷投放788亿元、投行融资515亿元、第三方引资52亿元，均居四行第一。坚持“以小为主、以微为重”原则，助保贷、大数据、商圈等三大业务并重，下沉经营重心到网点，努力把小企业做成大事业。小企业贷款新增、增速和客户新增四行第一，完成“三个不低于”，小微企业授信客户新增系统内第四，基本户新增系统内第六，助保贷系统内第五，大数据客户新增是上年的8.7倍。

【淬炼三大“互联网+”平台，批量成片开发市场】主动拥抱“互联网+”，将金融服务嵌入客户经营管理流程，同业系统率先搭建“悦缴费”、“扫码付”“陕西惠”等三大“互联网+”平台。开放式、平台化、场景化的“悦缴费”平台荣获总行移植创新一等奖，商户1196户，覆盖五大类、23个应用场景，惠及居民2100万人次，月均存款50亿元，被全国15家一级分行移植推广。“扫码付”推出5个月，商户2503户，沉淀个人时点存款过亿元，户均5.18万元，是分行个人户均的5倍。“陕西惠”开通仅3个月，举办大型营销活动60多场，覆盖商户50多户，实现移动支付60多万笔。

【系统工程布局个人业务，建立市场领先地位】全国率先运用系统工程思维布局个人业务发展，依托商圈、代发工资、POS、渠道、社区、政府平台、交通安全信息卡等分行九大特色平台，借助旺季营销、买单制、员工队伍等三大法力，立足全量客户经营、全量资金经营、打造支付结算新优势、创新提升客户体验、用好大数据等五个着力点，全面获客、活客，个人业务更具战略性、系统性。个人存款连续六年新增四行第一，余额首居四行第一。累计代发工资1161亿元，同比增幅为30%；对公规模客户代发渗透率为43%，同比提升8.25个百分点。交通安全信息卡发卡122万张，ETC新增、归集资金，四行第一；车主客群新增73万户，系统内第一。累计突破商圈273个，营销产品11.1万个。建设支付结算生态圈118个，覆盖公共事业、医保、社保等六大领域，搭建场景40多个，销售产品72万个。

【构建“12345”党建工作体系，从严管党治党】以党建引领发展，创造性推出以党建、纪检两个下沉为核心的“12345”党建工作体系，党建主业地位进一步体现。坚持工作视线下沉、责任考核下沉、组织力量下沉和载体建设下沉，扎实开展“两学一做”，领导干部带头讲党课192次，开展党建专题调研552次，解决问题126个。首创延安红色教育基地，轮训基层党支部书记200人。深化双百工程，启动八九工程，一批优秀干部、年轻干部走上了领导岗位。增设支部169个，建立“党员之家”302个，支部和“党员之家”实现全覆盖。坚持责任链条下沉、工作重心下沉和监督力量下沉，公开通报“两个责任”考核，公开约谈排名靠后的党委书记和纪委书记；送培训下基层，纪委书记上讲堂340多次；全国率先设置部门兼职纪检监察员，监督力量实现了省分行部门、二级行和网点“三个全覆盖”；站在讲政治的高度，全力配合总行巡视，分行巡视横向到部门、纵向到县支行，巡视二级行6个，巡察部门1个、县支行14个，发现问题87个，提出巡视建议32条。

【强化风险内控管理，守牢经营底线】全面上移大额不良贷款、大额逾期贷款、大额垫款和榆林重灾区等“三大一重”不良资产管控层级，探索推行个贷不良集中经营，经营盘活、借力供给侧改革、依托政府等多种方式并举，盘活为主、核销为辅，以时间换空间，有序释放资产风险，有效避免了24.35亿元问题贷款分类下滑。全年累计处置不良资产21.94亿元，现金回收和盘活上迁占总处置额的61.53%。不良贷款、逾期贷款和垫款均控制在总行计划之内。开展“送理念、送培训、送手册、送工具、送模板、送提示”的“送合规到基层”活动，举办合规培训97场次，发放合规手册1.6万多册、模板11个、提示49期、工具5个。建立“横向到边、纵向到底”的内控组织架构，二级行设立合规与风险管理部，省行部门设立内控管理科室或专岗。实现反洗钱作业、关联交易和内部交易管理的全面集中，集约化水平进一步提高。

执笔：江思恩

甘肃省分行

甘肃省分行行长　李尚荣
（2016年8月免）

甘肃省分行行长　朱博海
（2016年9月任党委书记，12月任行长）

一、业务发展概况

【主要业务指标完成情况】2016年，全口径存款时点余额1736.34亿元，实现税前利润24.84亿元，经济增加值6.38亿元。各项贷款余额1244.53亿元，较年初新增120.96亿元，增幅为10.77%。其中，对公类贷款余额891.78亿元，新增36.19亿元，增幅为4.23%；个人类贷款余额352.75亿元，新增84.77亿元，增幅为31.63%。

【公司业务】对公存款日均余额855.58亿元，较年初新增12.58亿元；时点余额891.78亿元，较年初下降1.78亿元；大中型公司客户贷款余额696.24亿元，占全部贷款的78.07%，当年新增102.55亿元，增速为15.45%，其中贴现余额69.83亿元，比年初新增9.85亿元。

【个人金融业务】全行个人存款时点余额935亿元，同业排名第一。个人有资产客户537万户，本年新增46万户，增速为9.3%。个人加权有效客户630万户，本年新增70万户，增速为12.5%。借记卡累计发卡1262万张，金融IC卡当年发卡新增142万张，同比增长12.1%；借记卡消费交易额1052亿元，同比增速为44%。代销基金、证券投资基金托管、账户贵金属、代理国债、保管箱均排名同业第一；借记卡及结算、代理保险排名同业第二。

【房地产业务】住房资金归集余额364亿元，新增39亿元，余额四行占比为58%，继续保持第一。2016年实现中间业务收入5128万元，完成全年计划的103%。个人贷款余额294亿元，新增66亿元，余额四行占比为35%，新增四行占比为59%。其中，个人住房贷款余额272亿元，新增

2016年2月2日，甘肃省分行与甘肃省广播电影电视总台签署战略合作协议。

65亿元，余额和新增四行占比分别为38%和53%，同业领先优势进一步扩大。“快贷”产品实现快速增长，快贷客户累计新增45188户，授信10.75亿元，贷款新增5.1亿元，系统内排名第八位。

【中间业务】实现净收入13.41亿元，计划完成率达91.83%；同比新增0.80亿元，全国系统内排名第二十七位，同比增速为6.11%，系统内排名第二十六位；占主营业务收入的24.68%，全国系统内排名第十九位，高于全国平均水平。

【国际业务】外汇对公存款时点余额12.75亿元，同比增长5.82亿元，日均余额9.65亿元，同比增长1.09亿元，创历史最好水平。外汇贷款余额20.56亿元，位列四行第一。实现国际结算量43亿美元，同比增长3.74%。跨境人民币结算量45.3亿元，市场占比为18.72%，较上年提升7个百分点。实现中间业务收入2.32亿元，较上年增长6342万元，其中国际结算收入实现5698万元，四行占比为65.33%，系统内排名第一位。对公贵金属业务实现市场三连冠，列系统内第8位。代客资金业务收入与工行占比为524.4%，系统内排第三位。

【资产质量与风险控制】2016年末，全行不良贷款额30.25亿元，不良率2.43%。逾期贷款额31.11亿元，逾期率为2.50%。垫款3521万元，低于总行控制计划979万元。2016年，全行共处置不良贷款168597.12万元，完成全年计划的121.07%。其中：公司类处置143787.98万元，个人类处置19430.14万元，不良信用卡透支5379万元。通过批量转让处置68605.98万元，核销呆账贷款27979.82万元，回收盘活不良贷款71018.32万元，信用卡证券化处置993万元。

【内控合规建设】全面深化内控合规工作转型，推进合规官试点工作，建立基层机构“三审”制度，开展八项文化建设，坚持把合规挺在一切经营管理的前面，持续开展内控“攻坚深化年”行动，以重点领域治理为抓手，着力从内部环境、风险评估、信息沟通、控制活动、内部监督五个方面加强内控建设，并加强对多发问题整改的督导、核查，加大违规违纪问题的惩戒力度。内控管理水平明显提升，案件防控效果明显，全年实现无案件、无重大安全责任事故和严重级以上违规违纪事项。

【其他业务】结算账户总量102349户，四行占比为35.24%，其中基本账户68358户，四行占比为35.28%，账户总量及基本户总量均四行排名第一。管理“养老金受托资产”8.23亿元，新增1.94亿元；管理“养老金托管资产”28.41亿元，新增1.4元；管理“养老金个人账户数”8.98万个。兰州地区一般性存款日均余额789.28亿元，四行占比为31.09%，四行排名第一。其中个人存款日均余额323.9亿元，四行占比为35.66%，四行排名第一。

二、主要工作举措

【坚定不移地落实总行转型发展战略，全面打造甘肃分行新优势】2016年，甘肃省分行围绕经营发展实际与区域经济特色，以“开放融合、转型发展、严守底线”为总思想，以“一加强、两提高、三提升”为总目标，以“变中求进、快字当头、实干兴行”为总基调，以“两经营、两服务、两体验”为总主线，以“转观念、转语境、转行为”为总要求，全面推动落实总分行转型发展规划。一是以“开放 进取 自信 担当”的企业精神为宗旨，培育“人本文化、服务文化、品牌文化、创新文化、合规文化、典型文化”，在全行深入开展“点梦建行、感动建行、激情建行”三大系列活动，营造了良好的工作氛围。二是稳步推进表内外业务，做实“大资产、大负债”。不断促进信贷结构优化，加强中间业务收入管理，突出价值创造在资源配置中的主导地位，持续提升市场份额和集约化指标增长的考核激励

2016 年 5 月 16 日，中国建设银行与甘肃省人民政府签署金融精准扶贫战略合作协议。

力度。三是深入推动“大对公”转型，不断提高金融服务能力。以综合金融服务方案为抓手，建立对公委例会、对公委专题会议和项目诊断会议制度，加强产品及服务联动，大力提升全行综合经营能力。四是创新消费合作模式，打造个人金融生态圈。以零售业务批量化拓展与综合化经营为重点，推动“联动高端”“决战商圈”“代发工资”“经营社区”四项战略性工作，出台专项实施方案，建立全方位的目标管控和过程管控机制，推动零售转型理念和思路的全面落地实施。

【抓好三大区域转型发展，打造新的增长极】一是做强兰内，打造核心增长极。围绕“大规划、大协调、大配置、大联动、大保障”的转型发展要求，充分运用兰内各种有利资源，提升市场竞争力和对全行业务发展的引领作用。二是做大兰外，助推重点增长极。兰外行对公抓机构、抓集团、抓客户、抓产品、抓系统，扩大客户覆盖度；对私抓高端、抓理财、抓联动、抓分期、抓社区、抓商圈，建立客户差异化分层维护体系。三是做广县域，形成新兴增长极。县域支行紧紧围绕支付结算生态圈场景建设，抓个人类贷款、小微企业贷款投放，抓 POS 商户拓展，抓电子渠道体验式营销；大力发展机构客户，抓财政资金的承接和项目建设的落地，抓学校和医院目标客户，进一步壮大客户群体。

【全面深化营业网点“三综合”建设，夯实业务发展基础】一是从优化劳动组合、做好市场规划、加强综合营销团队建设、强化公私联动、强化大厅管理、深化“三会”内涵、优化考核管理、落实“1 + N”营销模式、加快“网点 +”营销管理等方面深化营业网点“三综合”建设对标工作要求和措施，通过分层分类实施全过程控制，落实第二轮对标，深化转型发展。二是持续推进网点“三综合”建设工作重心向经营网点、经营客户转变。开展关键岗位人员转型培训、综合营销案例评优活动和网点综合营销团队竞赛活动，增强网点综合化营销能力。三是加快物理渠道智慧化转型，释放网点经营效能。截至 2016 年底，全行综合性网点覆盖率达到 100%，对公业务开办率提升至 97%，综合柜员占比达到 93%，组建综合营销团队 563 个，网点营销岗位人员占比达到 61%。

【持续开展内控“攻坚”行动，全面提升内控精细化管理水平】坚持把合规挺在一切经营管理的前面，持续开展内控“攻坚深化年”行动，以重点领域治理为抓手，着力从内部环境、风险评估、信息沟通、控制活动、内部监督五个方面加强内控建设，并加强对多发问题整改的督导、核查，加大违规违纪问题的惩戒力度。内控管理水平明显提升，案件防控效果明显，全年实现无案件、无重大安全责任事故和严重级以上违规违纪事项。一是树立底线意识，加强基层机构的底线红线教育，使全体员工对规章制度心存敬畏，做到知禁令，遵规章。二是加强合规文化建设，通过举办“合规大讲堂”等活动，强化与基层机构对接，宣传合规知识，传导合规理念。三是整合完善合规管理体系与机制，全行初步搭建起了“省分行—二级行—基层机构”全覆盖的合规组织管理体系，实现了组织体系“横向到边、纵向到底”。四是深化基层合规转型，着力推进“三审、三建议、三沟通、两查、一报告”机制，强化事前控制。五是开展问题整改、信贷业务、柜面业务、综合领域等四项专项治理工作，推进合规管理融入业务。六是研发表单模块化系统，将内控管理方面的所有问题模块化并汇总成一张表，横向到时间，纵向到事项，加强合规事项的统一调度，推进大内控建设。七是深入推进合规官试点工作，提升全行合规风险防范水平。八是狠抓“关键风险、关键领域、关键环节和关键岗位”，强化信用风险管控，加大不良贷款的处置，最大限度压缩逾期贷款。

【狠抓党建和队伍建设，创造持续发展的内

生动力】一是深入贯彻党的十八大以来历次中央全会精神，扎实开展“两学一做”学习教育。党员领导干部带头讲党课，各级党组织和广大党员在“学”和“做”上对标看齐，开展纪念建党95周年主题党日实践活动，打造百家党支部故事会品牌，评选“十大陇原最美建行人”等系列先进模范，表彰先进典型，营造了学先进、比先进、赶先进的干事创业氛围。二是全面推动落实“两个责任”，深化从严治党从严治行。落实“两个责任”季度报告制度，制订两考核一评价实施方案，对履责不到位的党组织公开约谈。强化监督执纪，严肃问责各类违规违纪事件。聚焦主业，加大巡视工作力度，完成7个二级行党委（党总支、党支部）、13个县域支行及省分行2个职能部门的巡视巡察工作。三是全面规范党内生活，促进党建工作的规范化、制度化。各级党组织认真落实“三会一课”、民主生活会、民主评议等组织生活制度；开展基层党组织规范设置工作，建成“党员之家”“党支部活动室”和“党员墙”等阵地235家。四是坚持正确的选人用人导向，全力推进领导班子和干部队伍建设。开展实施人才培养倍增计划，强化后备人才梯队建设；完善领导人员退出通道，实现领导人员新老交替，促进干部队伍结构持续优化；开展省分行部门副总经理岗位公开竞聘，选拔优秀骨干到县域支行挂职锻炼；开展全行“资深员工”评选活动，挖掘员工潜力、充分发挥资深员工的典型示范和带头作用。努力打造组织保障有力、资源配置高效、人才竞争优势明显的组织人事工作新格局，营造愿干事、能干事、干成事的良好机制和氛围。

执笔：王敦生

青海省分行

青海省分行行长　李振宇

一、业务发展概况

截至2016年底，实现账面利润16.44亿元，完成计划的108.82%，四行占比为59.37%，稳居同业第一。实现中间业务收入3.77亿元，四行占比为30.7%，居同业首位。一般性存款时点余额917.75亿元，新增20.95亿元；日均余额919.59亿元，新增47.73亿元。其中，对公存款时点余额508.93亿元，减少1.2亿元；日均余额529亿元，新增27.22亿元。个人存款时点余额408.82亿元，新增22.15亿元；日均余额390.6亿元，新增20.5亿元。同业存款余额2.2亿元，新增0.86亿元。一般性存款、对公存款、个人存款余额四行占比分别为32.57%、32.61%和32.51%，继续保持第一位。各项贷款余额665.94亿元，新增3.52亿元，余额四行占比继续保持同业第一。其中，对公贷款余额（含贴现）585.84亿元，减少9.08亿元；个人贷款（含信用卡透支）余额80.1亿元，新增12.6亿元。不良贷款余额23.12亿元，较年初减少2.77亿元；不良贷款率为3.47%，较年初下降0.44%，不良贷款实现“双降”。

【公司业务】制定专项建设基金建设项目进展情况表和“十三五”非贷项目清单，对800户潜力客户进行精准跟踪营销，成功中标省烟草公司跨行支付结算银行服务项目，成为该项目全省

2016年11月3日，青海省分行与青海省供销合作社联合社普惠金融合作框架协议签约仪式在西宁举行。

唯一资金归集银行。有效利用单位大额存单稳定定向客户存款，销售大额存单26.89亿元。持续加大支持实体经济力度，重点支持了中电投、华电、大唐等集团建设的新能源发电项目及兰新第二双线、敦格铁路等项目，累计发放对公贷款719.22亿元。成功获得中建五局海东地下综合管廊PPP项目融资银行资格；积极推进绿色信贷、普惠金融，节能减排专项信贷投放新增20.11亿元；发放“助保贷”和“六贷一透”贷款4.11亿元，小微企业信贷投放实现了“三个不低于”监管目标。

【机构业务】成功开立青海省机关事业单位养老保险省级财政专户（全省唯一财政专户）、城乡居民基本医疗保险省级统筹账户及在职职工住院医疗互助保障计划资金账户，全年资金流量58.2亿元。连续四年获得省级财政国库集中支付业务考评第一名，全年吸收国库定期存款25.55亿元。建立军警业务高层访问机制，成功开立三江源国家公园管理局零余额和捐赠账户，独家中标省教育厅代理普通高中、中职学生资助金发放项目。成功与西宁国家低碳产业开展60亿元托管规模的业务合作，实现股权投资基金托管业务零突破。不断扩大对民生领域服务的深度和广度，累计发放民生类贷款4.33亿元。

【个金业务】紧盯代发工资、行业应用、专业和县域市场，积极拓展资本、消费收单、互联网金融等潜力市场，狠抓全量资金，代工业务取得突破性进展，客户新增9.51万户，代发额208亿元。借记卡新增220.3万张，其中，金融IC借记卡（不含社保卡）新增38.59万张，ETC青通龙卡新增1.33万张。优化社保卡零星制卡业务功能，实现海北州参保人员医疗保险金批量代扣。加大私人银行专属理财产品销售力度，大力推广私人银行客户专享增值服务，私人银行客户新增26户，AUM值较年初增长3.73亿元。

【房金业务】个人贷款新增10.04亿元，四行占比为85%。二手房贷款投放和新增均创历史新高，居同业第一。个人消费贷款新增6138万元，跃居四行首位。委托性个人住房贷款累计投放20亿元，新增12.8亿元，投放和新增首次超过自营性住房贷款并创历史最高。住房资金归集新增完成率系统内排名第一。“新一代”住房维修资金管理系统成功上线，新增维修基金1923万元。

【中间业务】制定重点产品发展指引和考核办法，优化产品和收入结构。对公条线大力推广小企业贷款、年金及类年金产品、代发工资、商户收单和新型结算产品等业务，做好造价咨询类业务，成功营销人民公园改造、大柴旦镇绿化等一批优质项目，实现中间业务收入1.52亿元。对私条线扎实开展“满立减”“一元购”、个人交易类产品开户等营销活动，强化客户签约基金定投营销，重点拓展维护高交易类客户，积极推广积存金、易存金、TD等新业务，实现中间业务收入2.07亿元。

【国际业务】大力发展中短期货物项下进出口贸易融资业务，为桥头铝电办理2100万美元境外非融资性保函业务及1619.56万美元信托收据贷款，为黄河水电等企业开立信用证共计757.24万美元。加快重点产品推进和创新产品应用，为西部矿业等企业办理折合3623.19万美元跨境融资性风险参与业务，为昆仑黄金累计办理250公斤黄金租借业务。全年新拓展对公国际收支客户31户，有效客户60户。

【战略性业务】作为牵头主承销商完成469亿元地方债发行工作，沉淀财政存款16.6亿元。实现西部矿业等5家企业7.3亿元理财资产入池投放，建立了60家企业投行客户群。手机银行活跃客户18.28万户，同比增速为91.97%，列系统内首位。代缴费签约100户，激活29户，交易量1.8万笔，交易额1756.9万元。信用卡客户净增

2016 年 2 月 1 日，青海省分行 2016 年工作会议暨四届一次职工（会员）代表大会在西宁召开。

3.6 万户，发卡净增 4.84 万张，发卡净增和总量跃居同业第一。养老金业务母子公司协同营销实现系统内首单投资管理资格项目上线，取得海南、海北州工程招标中心等 7 家客户企业年金集合计划“受托 + 账管”资格，机关事业单位基本养老保险和职业年金受托资产规模达 4.51 亿元。

二、主要工作措施

【加强财务和风险管理】综合经营计划和 KPI 考核突出转型发展重点，加大对不良资产处置、金融市场、资产管理和投行、小微企业授信客户等业务的激励力度。对专项控制类费用推行部门预算管理，招待费、宣传费、会议费同比分别下降 14.61%、20.3% 和 18.7%。开展审计和巡视发现问题“回头看”及财务纪律执行情况检查，制定采购管理体制改革方案及实施细则。完成本外币存贷款定价上线和系统导入工作，定价议价能力进一步提升。

加大对制造业、批零业、采矿业等行业的信贷退出力度，合计减少 5.88 亿元，余额占比下降 1.82%。加强押品日常监控，严格把控押品经营与风险状况。充分发挥放款中心职能作用，发现问题并退回经办行补充、完善材料的业务 570 笔，金额 380 亿元。运用“再融资”、解除部分抵押物、减免息、核销、争取政府支持等方式，加大不良贷款处置力度，成功化解最大单笔不良黄河再生铝不良贷款 10.07 亿元，全年共处置不良贷款 16.49 亿元。

【促进转型发展】对转型规划和方案及相关政策、措施等进行梳理重检，通过领导班子成员带队下基层、开展现场和视频培训以及闭卷测试等方式进行转型宣导，进一步明确转型发展目标，促进转型发展措施平衡落地。以“保存量、抓增量，强优势、补短板”为目标，在保持传统业务优势的同时，大力拓展新兴业务，用“大资产、大负债”“融资 + 融智”的创新理念引领各项业务转型发展。完善对公业务综合考核办法，开展综合金融服务“直通车”等资产配置类业务营销，对公有效客户加权后新增 2800 户，计划完成率系统内第三；个人全量客户新增 50.41 万户，个人有效客户折算后新增 34.35 万户，完成 32 个支付生态圈建设。

【深化内控管理】制定深化“合规建行，人人践行”创建工作实施方案，明确 14 个方面 43 条工作措施。完成 8 个审计项目及 1 个内部控制评价检查项目的整改工作，整改问题 431 个。首次开展省分行部门内部控制评价，覆盖面 100%。梳理重检全辖不相容岗位（职责），制定不相容岗位（职责）对照手册。加强印章、保密管理，全面开展自查自检，认真整改存在问题。全面做好反洗钱工作，处理可疑交易补录 169 笔，监控高风险客户 104 户，处理可疑甄别业务 11923 笔。

【完善渠道建设】制订物理渠道转型发展三年规划实施方案，全行按新 VI 建设网点项目 14 个，新设 11 家离行自助银行，布放自助设备 137 台，离行自助银行与网点之比由 0.45：1 提升至 0.54：1。完成首家旗舰店和 4 个综合转轻型网点建设，其中创新建设 1 家校园 e 银行。布放 418 台智慧柜员机，日台均交易量由 14 笔提升至 69 笔。核查稽核问题 1012 笔，发现问题 629 笔，稽核问题率万分之 0.66，下降 0.52 个万分点。

【推动党建工作】制定党委年度工作要点，印发全面从严治党基础工作清单，推动党建工作主体责任落实。层层签订《全面从严治党责任书》，制订“两个责任”考核方案，组织党组织书记抓基层党建述职评议和党员民主评议，各级领导班子做好党建工作的主动性进一步提高。建立党建工作领导小组成员单位联席会议制度，搭建党建信息交流平台，凝聚了党建工作合力。把“两学一做”学习教育与中心工作紧密结合，抓住学、做、改三个重点环节，推动学习教育融入日常、抓出成效。完成了对城北支行、格尔木分行、共和支行的常规巡视和省分行造价咨询业务部的巡察工作。选拔任用副总经理级以上领导人员24人，50名优秀年轻员工到基层挂职锻炼，建立了200名青年骨干人才库，完成培训项目79期。

【细化文化建设】深入开展“十小文明”创建、“书香建行”、健步走等活动，丰富了员工文体生活，营造了浓厚的企业文化氛围。建立消保工作人才库，消保工作水平进一步提高。开展“抓‘四有’、转作风、提效率”专项活动，促进工作执行力不断提升。细化产品创新管理，制定了产品创新推进考核办法。开展送温暖和关爱员工活动，对全辖210名困难职工、困难离退休老干部和单亲女工进行了慰问。制订精准扶贫方案，组织召开2016年扶贫工作会议，向定点扶贫村捐助资金160万元，定点扶贫工作得到当地政府的肯定。

执笔：衣　宁

宁夏回族自治区分行

宁夏回族自治区分行行长　郑海峰
(2016年12月免)

宁夏回族自治区分行党委书记　张　敏
(2016年12月任)

一、业务发展概况

【主要业务指标完成情况】截至2016年底，宁夏区分行全口径存款日均余额649.2亿元，比年初新增71.3亿元，四行占比分别为31.0%、36.8%，均为四行第一。全口径存款时点余额648.4亿元，比年初新增25.8亿元，四行占比分别为30.2%、22.9%，均为四行第二。各项贷款余额635.5亿元，四行占比29.5%，四行第二。实现税前利润8.11亿元。

【公司业务】对公存款日均余额335.4亿元，市场占比为31.8%，四行第一；本年新增36.5亿元，四行占比为36.7%，排名第一。对公存款时点余额329.6亿元，市场占比为31.0%，四行第一；比年初新增3.6亿元。对公贷款余额462.5亿元，四行占比为29.8%，四行第二。

【个人金融业务】个人存款日均余额311.79亿元，时点余额317.83亿元，占全行一般性存款的49%。日均新增35.15亿元，计划完成率为160%，增速为12.7%，系统排名第二。个人贷款余额173.1亿元，比年初新增5.7亿元，贷款余额四行第二，新增四行第三。

【中间业务】实现中间业务净收入4.58亿元，四行占比为30.4%，继续保持四行第一。同比增加0.26亿元，增速为6.0%。完成总行计划的101.8%。

【国际业务】完成国际结算量82075万美元，其中跨境人民币结算量（实收实付口径）19.76亿元，同业排名第一，市场占比为31.2%。

【资产质量】不良贷款余额33.4亿元，比年初上升24.44亿元；不良率为5.26%，比年初提升了3.89个百分点。

二、主要工作举措

【大力推进转型落地】将2016年确定为“转型发展年”，制订下发了“转型发展年”实施方案，积极推动转型规划实施，促进转型业务发展。增加转型业务指标权重，将转型工作推进状况纳入分行等级行和KPI考核体系，加大对转型业务的费用与资本性支出配置。在分行网站开辟“践行新理念，开创新局面”笔谈栏目，由部分分行行领导、部门负责人、二级行（部）负责人撰稿发表；组织“转型发展年”有奖征文活动；举办总、分行转型发展规划和分行实施方案解读视频讲座（五期），通过系列措施的实施，有力推动转型工作落地。通过大力推动转型落地，部分转型业务和产品实现突破，现金管理新产品应用、工程项目资金监管、私募证券基金托管、融资租赁、跨境资金池、宁贸通担保、网银结汇等业务实现“破零”。成功与宁夏交通运输厅签订《高速公路电子不停车收费项目合作协议》，填补了区分行近些年未开办高速公路信贷业务的空白。与宁夏社保部门共同建设了宁夏社会保障卡服务大厅，成为宁夏地区首家面向全区广大参保群众的社保卡综合性服务机构，为拼抢社保卡业务市场打下了基础。成功成为区内首家代理跨省异地缴纳交通违法罚款业务的银行。

【着力推动大资产业务发展】严格执行信贷结构调整政策，积极支持实体经济，巩固和提升市场地位。累计办理贴现业务875笔、61.7亿元；办理电子银票系统内外转贴现业务150笔、27.1亿元。小企业业务全力推进“助保贷”业务模式，搭建助保贷及类助保贷平台9个，实现辖内“助保贷”业务全覆盖，吸收政府风险补偿资金1亿元，当年客户新增38户、贷款新增1.037亿元。加快信贷结构调整，持续抓好民生、绿色信贷、涉农等领域贷款。加大个人消费贷款和个人助业贷款的营销力度，新增个贷客户2.24万户，完成年度计划的172.63%；累计营销“快贷”客户9947户，当年新增7985户，发放贷款23155万元；全年实现信用卡消费交易额230亿元，同比增长19%。大力推进综合融资服务，积极联动建信信托，实现银川滨河新区百亿城镇化建设及产业基金项目成功签约；与建信租赁联动组建营销团队，完成中民新能、吴忠市人民医院共6亿元融资租赁放款落地，实现融资租赁业务破零。积极发放涉农和扶贫贷款，向闽宁镇等移民吊庄发放基础设施建设贷款，支持了冷凉蔬菜种植、厚生记食品等一批优质龙头企业。

【持续提升大负债业务实力】持续推进对公负债业务由抓存款为主向抓金融总量转变，通过产品之间的有效衔接和链条上下的综合服务，实现跨条线资金的统筹协调，提高资金体内循环沉淀能力。积极研究债券、基金、IPO、理财等市场发展对存款的影响，以客户为中心创新产品和服务模式，挖掘业务增长新的切入点。对公人民币结算账户数达43201户，本年新增5452户，比年初提升14个百分点，四行占比为31.55%；四类性质账户数均保持四行第一。个人业务重点做好客户、服务、产品、渠道及营销五个方面转型工作，用综合服务提高客户黏性和资金沉淀量，积极搭建个人客户金融生态系统。全行个人全量客户316.30万户，占宁夏常住人口的近一半。有效客户存量75.65万户，当年新增8.46万户，增速系统排名第八。个人客户金融资产当年新增47.72亿元，增速系统排名第四。

【不断巩固中间业务领先优势】拓宽收入渠道，按照“零售领先、结算支撑、产品为本、市场为上”的工作思路，全年围绕转型重点产品，突出抓好特色业务。虚拟平等现金池产品、资金预算管理产品、企业级财务公司现金管理直连业务等产品实现破零。完成造价咨询业务收入1799.24万元，系统排名第四，同比增长率23.89%，系统排名第三。信用卡客户总量、净增客户、商户数、消费交易额、贷款余额、贷款余额新增等均为四行第一；活动客户新增、账户活动率、卡均消费交易额、卡均收入等指标均居系统第一。电子银行业务增势强劲，手机银行、个人网银用户增速系统排名前三，用户总量同业占位第一，电子银行同步率系统排名第一。达标私人银行客户共238人，较年初新增73人，计划完成率位居系统第二；AUM23.52亿元，较年初增长8.18亿元，完成全年计划的314.69%，计划完成率位居系统首位。大力推进金融市场业务转型增收，持续推动债券承销、代客资金业务、贵金属及大宗商品与期货交易等金融市场业务转型发展，实现业务量和收入较快增长。

【进一步强化信贷风险防控】。在全行范围内开展“大排查、大清理、大整顿”工作，特别是对“去产能、去库存、去杠杆”影响较大的重点行业和关键业务加大排查力度，强化不良与潜在风险客户的处置化解。实施重大风险项目行级领导分片包干负责制、重大风险事项专题研究分析制，重大风险事项得到有效控制和化解。多渠道压缩不良贷款，加强风险分类管理，通过现场检查与非现场监测等方式，密切跟踪客户及其保证人风险状况，切实做好信贷资产首次风险分类和定期重检工作。全年处置不良贷款62765万元，完成总行处置计划的118.64%，

【构建合规经营长效机制】明晰内控合规主体责任，围绕内部环境、风险评估、控制活动、信息沟通、内部监督等内控五要素，研究制订分行部门内控同级评价考核方案，开展违规操作谋求私利专项整治工作，针对违规参与民间借贷、违规参与“飞单”业务、造价咨询人员利用执业资格与身份收受好处等重点问题全面开展专项整治工作。抓好深化“合规建行，人人践行”创建工作，组织开展了“寻找身边的合规故事”“2015年度合规标兵评选”“合规理念大家谈征文评奖”等活动，促进合规文化建设做好内外部审计监管检查的配合、协调和整改落实工作。加强案件防控工作，坚持案件事故的“零容忍”和“三个不放过”，认真开展员工参与非法集资排查工作和员工行为排查工作，及时化解各类案件风险和隐患，实现了无“三类”案件和重大安全生产责任事故的目标。

【深化加强党的建设】深入开展“两学一做”学习教育，进一步发挥党员的先锋模范作用和基层党组织的战斗堡垒作用。按照区分行党委“突出党的建设”的工作要求，制定出台了党建工作条例和党建考核办法，建立基层党组织书记抓党建工作述职评议机制。加强基层党组织建设，党支部阵地建设，确保基层党组织与经营管理架构同规划、同设置、同管理，建设党员之家94个，其中示范点共14个。制定党风廉政建设党委主体责任分工清单，明确责任，严格落实“主体责任”考核办法及相关问责办法，确保主体责任落实到位。强化廉洁教育和警示教育，开展领导干部“四风”问题整治“回头看”工作，认真举办纪委书记上讲堂活动。选人时严把廉政关，严格考察人选对象党风廉政情况，防止“带病提拔”。高度重视巡视工作。主动配合总行巡视组对区分行巡视的各项工作，积极推进巡视整改工作。进一步加强巡视工作，制订区分行巡视工作计划、工作方案和实施细则，完成4个二级分支行的巡视任务，全年完成巡视报告4份，发现问题72个。坚持从严治行，对案件和严重违纪违规问题“零容忍”，全年给予行政处分共计42人、党纪处分8人。不断加强队伍建设，交流调整了32名副处级以上领导人员，不断优化各级领导班子知识、年龄结构，提高整体效能。坚持从严管理干部，切实加强对干部的监督管理。加快年轻干部培养，积极落实总分行“213人才工程”实施方案。

执笔：乔惠婷

新疆维吾尔自治区分行

新疆维吾尔自治区分行行长　杨险峰

一、业务发展概况

截至2016年底，新疆区分行全口径存款时点余额2129.95亿元，新增150.02亿元，增速7.58%。一般性存款时点余额2103.90亿元，新增217亿元，同业第一。一般性存款日均余额1996.18亿元，新增189亿元，同业第二。其中对公存款日均、时点新增均位居同业第一。各项贷款（含霍尔果斯）余额1648.32亿元，同业第一；新增143.58亿元，同业第一。实现账面利润38.64亿元，同业第一；拨备前利润（含霍尔果斯）45.15亿元，增速的4.22%，高于总行集团利润增速为2.7个百分点；经济增加值（含霍尔果斯）22亿元，完成总行计划的101%。实现中间业务净收入14.27亿元，同业第一，市场份额提升1.26个百分点。

【转型发展】转型创新亮点频出，新兴业务实现跨越式发展。开办首单“租融保”业务，资管投行联动投放9.65亿元，同比增长近1倍。首次在兵团社保领域实现金融IC卡发卡近8万张。创新全国建行领先的建筑劳务实名制管理模式，独家进入农民工代发市场，全行代发金额增速为37.8%，系统内第四位，高于全国平均水平34个百分点。ETC战果异常精彩，半年累计签约33.6万户，带动信用卡发卡20余万张，存款沉淀65亿元。政府购买服务贷款启动良好，网络银行供应链实现突破，金风科技“E点通”成功上线，累计投放金额系统内第十一位，中石化代理贴现融资产品创新落地。渠道转型加快推进，移动金融交易量占比达63.9%，提升值、增速分别列系统内第四、第七位，移动金融交易量是柜面的1.8倍。积极推动旗舰型网点、轻型网点、离行式自助银行建设，自助设备综合系统内排名第十二位，达到历史最好水平。

【公司业务】对公存款时点余额1305.76亿元，新增147.20亿元，增速为12.71%，同业第一。结构性存款、保本理财、非保本理财等全量资金高速增长。机构类存款日均新增首次突破百亿元，增速为21.6%。公司类贷款增速为8.65%，系统内第五位。小微企业授信客户新增370户，系统内第八位，实现“三个不低于”监管指标。单位人民币结算账户新增连续三年同业第一。公司机构全量客户新增1.33万户，增幅为29.1%，系统内排名第二；公司机构有效客户加权后新增1.07万户，超额完成总行计划17倍。对公网络客户、收入增幅均位居系统内前三位。

【个人业务】个人存款时点余额798.15亿元，新增40.55亿元，同比多增长17亿元。个人有资产客户新增57.61万人，增速系统内排名第一，创历史最好水平；代发个人账户增速为72.6%，系统内排名第一，高于全国建行平均水平49个百分点，净增47.8万人。信用卡业务8项指标同业第一，累计发卡量、存量商户规模跃居同业首位，净增发卡市场占比达45%，连续五年同业第一，信用卡贷款新增市场占比为41.9%、中间业务收入市场占比为39.4%，均大幅领先于同业。手机银行存量客户规模达到285万户，首次跃居同业第一；电子渠道代缴费服务场景达十大类30余

2016年9月28日，新疆区分行与宝钢集团新疆八一钢铁有限公司举行金融服务合作协议签约仪式。

项，对民生领域实现主要覆盖；善融商务个人商城交易额突破亿元大关，是上年的1.8倍。

【房地产业务】个人类贷款累计投放98.33亿元，余额307.13亿元，新增28.84亿元，占比为36.21%，同业第一。积极发挥建行房改金融优势，个人住房贷款余额274.42亿元，累计投放58.44亿元，新增24.25亿元，占比为31.31%，同业第一。个贷不良率1.04%，逾期新增2.23亿元，系统内第九位。持续加大快贷产品营销力度，加快个人消费贷款发展，助力全行ETC业务营销，赢得了良好的社会口碑。

【兵团业务】兵团对公存款时点余额261.47亿元，新增61.6亿元，增速为30.82%，近三年新增在全行新增占比分别达到19.5%、24.43%和40%，贡献能力持续提升。兵团大资产本外币时点余额190.33亿元（不含债务融资工具），较年初增长1.09亿元。兵银顶层合作持续加强，兵团"百团大战""一师一基金"、地方债承销等工作快速推进，为兵团PPP领域项目建设提供综合金融服务。

【国际业务】充分利用霍尔果斯两种资源、两个市场，全年霍尔果斯创新离岸累计投放413亿元，余额245亿元，其中支持疆内实体经济51亿元，占比达21.13%，当年实现净利润2.7亿元，有效带动了境内存款、中间业务收入等相关业务协同发展。跨境结售汇、跨境期权、结构性存款等与境内外分行联动效果突出。境内业务同步发展，代客资金、贵金属租借业务收入市场占比分别为35.1%和81.9%，均列同业第一。大宗商品套保、与建信期货的联动业务开始起步。跨境人民币业务量同业占比及增幅在系统内名列前茅。

【中间业务】中间业务优势明显，效益贡献快速提升，区分行中间业务净收入（含离岸）14.27亿元，同业第一，市场份额提升1.26个百分点。其中公司、个人净收入双双位居同业首位。中间业务产品协同发展，13项产品均居同业第一，16项产品同业市场占比提升，8项产品同业排名进位。贷记卡、代理保险、代客资金、理财、贵金属、托管、债券承销等7项转型重点产品处于市场领先地位。

【资产质量与风险控制】风险防控成效显著，资产质量同业领先，区分行不良贷款额9.73亿元，比年初下降5.18亿元，不良贷款率0.69%，比年初下降0.41个百分点，同业第一，新暴露不良贷款同比下降43%。全行处置不良贷款13.97亿元，已核销呆账资产现金回收3991万元，不良贷款、逾期贷款、垫款和不良处置均控制在总行计划内。

【内控合规建设】强化合规管理意识，坚持标本兼治、惩防并举，认真贯彻落实案件防控责任制，扎实开展"合规建行、人人践行""一加强、两遏制"等活动。内控评价在系统二类等级行中，综合得分名列前茅，位次不断提升，反洗钱工作水平同业领先。年内开展了两次大中型信贷客户"体检"，对14家二级分行进行为期3个月的大资产业务现场检查，排查客户248户，涉及信贷余额253亿元。加大审计发现问题责任追究力度，出重拳限时整改，累计处理相关责任人967人次，内部审计整改率98.03%，问责率为82%，系统内排名第六。开展安全生产大检查，加强远程报警监控系统建设，全行安全管理水平不断提升。

二、主要工作举措

【坚持党建引领，统筹发展】区分行认真贯彻落实中央和总行党委要求，突出党建引领作用，做到党的建设和转型发展同步加强，具体来说就是"四个同步"，即党的基层组织和经营管理组织同步建立，党务干部和经营管理干部同步配备，党建工作制度和经营管理制度同步制定，党建工作和经营管理工作同步考核，形成齐抓共管、共同负责的工作机制。通过这些指导思想的确立和传导，全行不断强化责任担当，坚持守土有责、守土负责、守土尽责，使党建工作由软指标变为硬约束。党建工作得到了总行的充分肯定，在全国建行党建工作会上做了先进典型经验介绍。区分行本部25个党支部与27个县支行开展结对帮扶，举办8期党建工作和党风廉政建设培训班，对全辖203名支部书记和153名处级党员干部进行轮训，通过“我是向党”“e路向党”“丝路善建行”等微信平台和转型期刊，将党建与企业文化建设有机结合，在ETC营销、增存竞赛、网点值大堂等活动中，处处都有党员同志的身影，时时都有帮扶和回应，员工队伍斗志昂扬，精神面貌焕然一新，充分彰显了党建引领的无穷力量。

【坚持转型驱动，创新发展】区分行把转型作为拓展发展空间、提升发展效能的根本遵循，坚持做到“三个并重”“两个一体”，即增量拓展和存量保有并重、做大规模和做优结构并重、传统信贷与资管投行并重；本外币、境内外一体化发展。着力创新金融产品和服务模式，全渠道服务能力大幅提升，实现对公和零售客户服务“三综合”，推行“大资产大负债”策略，运用“商行+投行”模式，提升资金组织能力，实现贷款提供者向资金组织者转变，营造了转型的浓厚氛围。区分行大力推广综合金融服务方案，不断优化综合授信方案流程，为客户量身定制产品组合，持续提升客户综合融资服务能力和资产配置能力。大数据系统呈现全景化应用，对公客户行为分析、个人客户精准营销系统持续发挥效应，全力助推公私联动及账户新增，系统内首创个人存款清分系统及VIP客户分配系统，实现了客户向上向下延伸发展，精准营销成效显著，大数据分析成果切实转化为实实在在的生产力。持续推进“三个优先”，即“移动优先”“智能优先”“体验优先”，更好地满足客户个性化和差异性需求。产品创新实现飞跃，2016年完成创新项目43个①，是上年的3.1倍，创历年新高。其中自主创新20项，移植创新23项，征集“金点子”94个，九项优秀创意在总行获奖。通过转型创新，持续夯实发展基础。

【坚持质量为先，持续发展】区分行提前布局抢抓先机，及时优化各类资源配置策略，推动全行业务持续快速发展。信贷资源方面，向收益更高、轻资本占用的资管投行业务倾斜，实现离岸业务与境内业务的良好互动，有效发挥票据业务信贷资金池的调剂作用，大力发展消费金融、快贷和信用卡贷款等业务，最大限度支持实体经济发展。财务资源方面，强化以资本为核心的计划与激励约束机制，强调资本回报和价值创造，积极支持ETC、客户积分回馈等大型项目。薪酬分配继续向基层倾斜，向一线员工倾斜，二级分行人均绩效工资增速为8.5%，高于全行人均增幅2个百分点，高于区分行本部人均增幅2.5个百分点。人力资源方面，持续加强人才培养和岗位培训，共举办各类现场培训班277期，累计培训2.3万人次。通过跨层级、跨部门、跨条线培养，加快干部流动和梯队建设，锻造优秀干部队伍。将前后台分离、智慧柜员机运用释放的人力资源，补充到综合营销团队中去。

【坚持风控保障，稳健发展】区分行继续加强风险管理和案件防控工作，坚持标本兼治、惩防并举。区分行班子成员带头下基层督导风险化解工作，创新市场化处置手段，通过五方会谈、三级联动实现资产质量持续向好。同时在疆内外产能过剩行业风险频发的情况下，独善其身，保持钢铁等过剩行业信贷资产零不良。深化全流程风险管理，全面风险排查两次，现场走访达100%，重点观察客户名单管理有效性为100%，建立逐日监测、督促机制，实现65.28亿元贷款的及时归还。落实“消保”工作主体责任，在新疆银监局对所辖金融机构“消保”工作考评中得分98.5分，评价结果为一级。区分行强化知守合一，即：“知”，抓好合规教育，提升合规意识；“守”，强化执纪问责，打造合规文化，把依法合规融入日常经营管理，严守合规底线，推进合规管理转型。

【坚持以人为本，和谐发展】区分行立足员工需求，多层次、多渠道予以激励，充分尊重员工的价值实现，为员工搭建成长平台。2016年，

① 43个项目中总行已审核确认33项，其余10项已将备案材料报总行待审核。

区分行有1241人晋升经办岗位职务，占在岗人数的23%；552人实现职务与职等晋升，占二级分行在岗人数的12%。加快储备后备干部，着力优化领导班子结构，达到“1+1>2”的效果。组织开展专业技术岗位职务公开竞聘，最大限度地调动员工的积极性和创造性，增强向心力和凝聚力。“区分行关爱员工30条措施”温暖落地，从特困员工救助、交流干部关怀、文化体育建设、“职工之家”打造等方面推进渗透。做实员工减负，取消30个手工登记簿，合并电子化登记簿26个，精简整合柜面印章2856枚。增强先进文化对转型发展的引领作用。在一年的工作中，全行干部员工强大的执行力和战斗力得到了检验，共享了转型发展的新成果。

执笔：汪俊生

深圳市分行

深圳市分行行长　王　业

一、业务发展概况

截至2016年底，深圳市分行全口径存款余额7401亿元，新增1159亿元，增长18.6%，其中，一般性存款余额6186亿元，新增1773亿元，增长40.2%；同业存款余额1215亿元。各项贷款余额5648亿元，新增1599亿元，增长39.5%。全口径存款、一般性存款、同业存款日均余额、各项贷款余额及新增等主要指标均保持四行第一，全面巩固了市场领先地位。全年实现税前利润133.4亿元，增长5.4%；主营业务收入219.7亿元，增长2.8%，收入结构持续优化，转型发展成效显著。

【公司业务】分行本外币企业存款日均3973亿元，新增848亿元，增幅为27%，其中，人民币企业存款日均3235亿元，新增569亿元，增幅为21%，本外币和人民币企业存款日均四行份额保持同业第一，本外币企业存款日均新增及增幅创历史新高。人民币对公非贴贷款余额1965亿元，累计实现投放1519亿元，余额及投放量均居同业第一，收息率、加权利率及加权浮动比例继续保持同业最高。对公中间业务收入实现46.25亿元，继续保持同业第一。公司机构有效客户增长3.05万户，增量系统内排名第五。

【个人金融业务】分行储蓄存款日均（不含保本）1416亿元，比2013年新增97亿元；个人贷款余额2501亿元，比年初新增667亿元，余额和新增额均居同业第一；个人加权有效客户新增241万户，增速为30.7%；对私中间业务收入同比增幅为14.42%，四行份额30.88%，四行第一；信用卡业务盈利能力进一步提升，分期业务中收、分期投放额、购车分期交易额等指标继续保持同业第一。在总行2016年度产品创新与流程优化评奖中，分行斩获“单位、产品、人物”三类重量级奖项，产品创新项目获奖数量和等级居系统首位，首次囊括产品创新“一、二、三”三个级别奖项，并连续第四年蝉联“最具创新力奖”。

【房地产业务】分行房地产公司类贷款余额233.1亿元，比年初减少23.21亿元，占比由2009年的23.35%下降到了2016年末的11.86%，AA-级（含）以上客户贷款余额188.29亿元，

2016 年 11 月 19 日，深圳市分行在深圳市体育场举办 2016 年职工趣味运动会。

占比为 80.78%；住房开发项目贷款余额 204.35 亿元，占比为 87.67%。

【中间业务】2016 年中间业务保持良好发展，中间业务净收入 71.2 亿元，增幅为 13.6%。对公、零售、资管业务分别实现中间业务收入 29.9 亿元、27.1 亿元和 17.4 亿元，占比分别为 40%、36%、23%，发展较为均衡。非利息收入合计 74.1 亿元，在主营业务收入中占比为 33.7%，比 2015 年提升了 4.5 个百分点。

【国际业务】国际业务坚持利润主导的经营策略，国际业务收入 8.90 亿元，同比增长 8.9%，继续保持同业第一、系统第二的领先地位。外汇存款余额位居同业和系统第一。产品创新成效显著，9 个创新产品和 2 个流程优化均实现投放，并进行了一达通系统系列重大创新。稳步推进合规建设，在贸易融资未发生新风险事项、监管零处罚事项的同时，精细化管控跨境收支，扭转逆差为顺差，得到了监管部门的充分认可。

【资产质量与风险控制】风险内控水平不断提升，贷款不良率、逾期率持续下降。分行不良贷款额 63.54 亿元，不良率 1.09%，分别比年初减少 3.8 亿元和下降 0.52 个百分点，分别比半年末减少 8.73 亿元和下降 0.34 个百分点。逾期贷款余额 73.72 亿元，逾期贷款率 1.26%，分别比年初减少 2.53 亿元和下降 0.57 个百分点，分别比半年末减少 2.53 亿元和下降 0.56 个百分点。

【内控合规建设】深入推进合规官试点工作，开展了为期 3 个多月的外资银行合规管理调研，在借鉴外资银行合规管理先进经验基础上，结合分行合规管理现状，制定了分行合规建设方略、基层机构合规管理方案，并明确了合规审查等 8 项主要合规管理工作流程；开展“合规建行、人人践行”的合规管理年活动，通过开展“平安年”创建活动，内部管理和内控合规基础不断夯实。通过合规架构重组、合规审查、检查整改、操作风险管理、授权管理、内控评价等一系列合规管理工作，全面梳理了分行合规管理工作，强化了分行合规管理能力，确保了分行 2016 年未出重大合规事件。分行合规官试点及合规管理工作受到监管机构及总行肯定及好评，经验介绍被深圳银监局登入《深圳金融》并上报给银监会，也得到了总行王洪章董事长、余静波副行长批示肯定。

【其他业务】分行同业资产余额 336.39 亿元，新增 240.3 亿元，同业资产总收益 2.73 亿元；金融市场中间业务收入 14.94 亿元，增长 73.7%；信用卡分期交易额 136 亿元，同比提升 32%，实现中间业务收入 8.7 亿元，同比增长 9.68%；新发放人民币对公非贴贷款平均利率 5.46%、新发放个人住房贷款平均利率 4.9%、人民币存贷利差 3.03% 等均为四行第一。

二、主要工作措施

【大资产、大负债管理模式引领转型】2014 年底分行提出大资产、大负债管理的经营理念，强调“资产优先”，以资产业务来引领，负债业务进行匹配，全力推动资产业务发展，同时根据价格、期限、结构匹配和利率走势等因素有选择地积极推动主动负债。两年来，在全行全力推动下，大资产、大负债管理的效果日趋显著，资产、负债业务均得到了良好的发展，也带动了盈利水平的提升。

投行（资管）业务持续创新。2016 年投行业务创新产品与服务共 18 项，投行（资管）业务规模、收入增长迅速，理财产品规模由 1440 亿元增长到 2182 亿元；高收益资产余额由 1270 亿元增长到 1407 亿元；高收益资产日均由 823 亿元增长到 1280 亿元。高收益资产位列四行第一，系统内排名第一。投行（资管）业务规模、收入均位列四行第一。

云快贷平台推动小企业业务快速发展。云快贷平台依托集约化的小企业经营中心、标准化的资产转让和综合化的风险处置方案，使小企业业务实现了量大、效好、质优的发展。截至2016年末，云快贷余额192亿元；客户数7656户，超过近十年峰值3倍；贷款利率执行同期基准利率上浮73.6%，达7.55%；贷款不良率为零，即期逾期率为0.75%。

把握消费升级契机，大力发展住房金融、消费金融。主动抓住市场机遇期，大力发展个贷业务，个贷余额近两年新增接近过去30年增长的总和。特别是个人按揭业务，取得了量效两优的成果，2016年末个人住房贷款余额2266.92亿元，新增611.64亿元，新增四行第一，系统第二，实现贷款投放1237.6亿元。新发放个人住房贷款利率4.9%，四行第一。

存款总量及新增份额保持同业领先，一般性存款余额新增系统内首次排名第一。面对市场竞争白热化、同业存款受市场环境影响等不利因素，分行主要存款指标在全行的不懈努力下依然保持同业领先，而且进一步巩固了市场优势。本外币一般性存款（含保本）日均5749亿元，四行占比为30.32%，较年初提升0.79%，份额四行第一；日均新增1203亿元，四行份额33.7%，排名第一。

【全渠道转型全面深化，形成集约、立体、高效的服务体系】围绕“一个中心、四大转型”（以渠道价值创造为中心，推动渠道布局、运营、经营、风控转型）的工作思路，全渠道转型不断深化：全行推广智慧柜员机，全面启动网点轻型化及柜面流程优化，先行探索B+互联网银行，抢占未来银行运营模式上的先发优势，已形成涵盖以116家综合网点、19家轻型网点、38家微银行、601家离行自助银行等为触角的线下渠道和线上渠道相融合的全渠道客户服务体系。

深入推进“移动优先”战略，电子渠道核心指标均位居系统前列，其中电子渠道账务性交易量、移动金融交易量占比均为系统第一，电子渠道理财销售占比系统第三。

在支行网点层面，也通过网点轻型化建设、公司投行业务适度集中经营等手段探索专业化发展的新路径。

【上下一心严控风险，资产质量持续向好】坚持实质性风险管理。开展了9次大检查，范围覆盖全行对公信贷客户，及早发现风险隐患，及时处置化解，提升了全行防风险控风险能力；通过贯彻“穿透原则”，掌握资产池基础资产真实风险情况。2016年9月，总行《建设银行报》在头版头条对行授信审批及信贷基础管理工作的亮点和经验进行了详细报道。

持续加强风险处置工作，分行领导分片包干，牵头负责重大风险项目处置化解，及时召开专题会议研究风险事项的处置进度及化解措施，众志成城做好风险处置工作。2016年处置表内贷款不良42.08亿元，表外31.49亿元，合计73.57亿元，实现了贷款不良额和不良率双降，确保了分行资产质量持续稳步向好，在总行工作会上获得表扬。

【专业化经营稳步推进】通过提升专业化经营水平来更好地适应转型发展的需要。资管和投行业务方面，成立了分行资产管理业务管理委员会、投资决策委员会和产品创新委员会，设立上步、福田、南山三个资管业务直属中心，让资产管理业务在管理体制上更严谨、流程更规范，在业务发展上更贴近支行，更贴近市场，更贴近客户。对公方面，成立公司业务、文教卫两个直属经营团队，对重要的集团客户、政府机构客户进行直营。私人银行业务方面，建立了标准、丰富的产品体系，形成了私人银行专业人才梯队。

【持续探索大数据管理，有效支撑经营管理工作】为积极落实总行大数据战略部署，充分发挥对经营管理的支撑作用，分行成立了以14个部门组成的跨部门数据挖掘项目组，建立了完善的工作机制与流程，全年共开展大数据项目58项，其中在智能营销、智能风控、智能决策支持等领域取得了较大的成效。

客户智能营销方面，开发了“数字零售平台”系统，初步实现了对零售业务客户经营、资产配置、精准营销、队伍建设、考核激励等各方面的一体化系统支持；打造“智云推荐”平台，整合了短信、外呼、网点Wi-Fi等渠道，开创场景化、自动化、批量化经营长尾客户的新模式等。风险智能防控方面，开发“智云风控平台”，通过标准化、批量化的电子操作替代手工操作，提高效率，实现了云快贷业务贷中、贷后、转贷阶段的电子合规审查，做到了审批风控智能化、自动化。智能决策支持方面，开展了如大集团客户及其上下游客户数据梳理、零售资金流向分析等专项项目，对相关业务的经营决策起到了参谋作用。

【全面履行“两个责任”，党建工作再上台阶】逐步建立以“五个建设一个巩固”为主线的党建工作体系，重点围绕“一个载体、两项监督、三级培训、四类关爱”进一步全面加强分行的党建工作。

全面贯彻中央及总行党委的工作要求，切实履行全面从严治党及党风廉政建设“两个责任”，进一步完善“两个责任”考评制度，强化责任追究，打造令行禁止的党组织。

积极配合总行巡视工作并扎实推进发现问题的整改，6 次召开党委、纪委会议等专题研究，整改方案数易其稿，共立行立改了 16 项工作事项，制定了 67 项整改措施，制定完善制度 39 个。配齐配强分行巡视力量，组建两个巡视组，增加专职巡视人员，完成对 4 家支行的巡视。

以党群工作为抓手，让员工分享发展成果。倡导并大力推行“勤奋工作、愉悦生活”理念。全年推行了 19 项员工关爱工作为员工解决困难、分享成果，得到一致拥护。

【积极履行社会责任，不断提升企业形象】担任深圳银行业协会会长、深圳市银行业消费者权益保护促进会会长，消费者权益保护工作常规化，全年开展不同类型的金融知识宣传教育活动 270 余次，发放宣传折页、宣传手册 35 万余份，宣传公益短信 3 万余条。分行营业部、罗湖支行营业部 2 家网点荣获中国银行业文明规范服务“千佳”示范单位。

扎实开展精准扶贫。深入扶贫对象河源市在上村现场调研，精心制订扶贫方案，选派优秀干部驻村，已安排扶贫专项资金 5 笔，共 61.82 万元，在上村于 2016 年度扶贫工作考核中获得紫金县 54 个省定贫困村第 3 名的好成绩。连续 12 年坚持开展“怒江助学”活动，援助贫困山区失学儿童，得到总行及社会的高度认可，荣获建行公益“十佳案例”奖项；还连续十年开展大埔助学活动，产生良好社会影响。

先进人物及先进典型也不断涌现，智慧柜员机（STM）团队荣获“全国金融青年五四奖章集体”，袁英荣获“全国五一劳动奖章”等均为其中的突出代表。

执笔：李睿杰

大连市分行

大连市分行行长　郭元析
（2016 年 6 月免）

大连市分行行长　张喜军
（2016 年 6 月任党委书记，8 月任行长）

2016年12月16日，大连市分行与旅顺口区人民政府签署全面战略合作协议。

一、业务发展情况

【主要业务指标】负债业务后程发力。截至2016年底，大连市分行一般性存款（本外币）日均余额1381亿元，四行第二，新增62亿元，增速为4.67%，新增、增速跃居四行第一。其中对公存款日均余额761亿元，余额、新增、增速四行第一；个人存款日均余额620亿元，余额四行第三，新增、增速四行第四。外币存款实现突破，超越领先同业，日均新增2.4亿美元，新增、增速四行第一。

资产业务保持稳定。本外币贷款余额1005亿元，余额、新增、增速四行第二。（总行口径）非贷款综合融资余额586亿元，比上年新增88亿元，增速为16%。

资产质量基础夯实。不良贷款余额33.56亿元，四行保持最低；不良率3.34%，四行第二。

实现主营业务收入39亿元，拨备前利润25.44亿元，税前利润11.40亿元，中间业务净收入10.13亿元。

【客户账户】客户账户稳定增长。公司机构有效客户净增338户，单位人民币结算账户4.5万户，新增3986户，新增四行第一，账户总量跃升四行第二。个人有效客户84.9万户，个人有资产客户290万户。对公和个人客户产品覆盖度分别为4.94个和4.42个。

【住房金融业务】住房金融业务保持优势。住房资金归集余额458亿元，余额四行占比为66%，余额城市行排名第一。

【国际业务】国际业务逆势增长。结售汇业务量50亿美元，四行占比为28%，四行占比系统内排名第五；国际结算收入四行占比为32.5%，四行第一；跨境人民币结算78亿元，四行占比为28%，系统内排名第八。

【机构业务】机构业务拓宽领域。取得代理地方财政非税收入收缴业务资格；实现首笔同业代付业务、首笔自主匹配新型同业投融资业务。

【投资银行业务】投行业务持续发力。承销各类债券90亿元，同比新增30亿元。其中承销非金融企业债务融资四行第一；承销地方政府债同业第二；全年理财非标资产配置新增68亿元，总行计划完成率达372%，余额、增速系统内排名第一。

【小企业业务】小企业业务向纵深发展。推进“五贷一透”大数据业务产品，成功搭建政府采购贷平台。小企业授信客户1057户，新增107户，新增系统内排名第十六；贷款利率上浮35.5%，系统内排名第四。

【养老金业务】养老金业务异军突起。养老金运营个人账户新增总行计划完成率达151%，地区客户新增市场份额同业第一；企业年金基金托管规模新增总行计划完成率达193%。

【银行卡业务】银行卡业务同业领先。借记卡累计发卡量860万张，新增239万张，四行总量、新增均排名第一；居民健康卡累计发卡22万张，同业第一。信用卡累计发卡69.97万张，银联口径信用卡活卡占比四行第一。

二、主要工作措施

【突出重点，加快推动转型发展】

1. 以资产业务为引领，全力提升综合金融服务能力

一是对公综合营销服务成效明显。不断深化与财政、社保、高校、医疗卫生等系统，地方区市政府以及政府机构的合作。密切跟进大连市重大基础设施项目、招商引资项目及新业态发展，拓展了国企改革、政府债务重组、地铁五号线、大连湾海底隧道、新农合等在地区有影响力的项目。注重从源头拓展客户，完成了“工商信息通”移植工作。稳健发展供应链金融业务，重点推动了产业互联网创新平台建设。全年新增链条客户289户，并成功发行首笔1亿元供应链融资

理财。扎实开展综合金融服务方案设计工作，完成12户总行级主办银行客户的综合金融服务方案，完成率171%。此外，率先申请建立数据模型实验室，并正在推动试点成立航运金融中心，筹建公司业务产品创新中心。

二是个人金融业务稳步发展。重点推进医疗、公交、跨境游学、社区、县域五大客户金融生态系统建设。走进县域，设立助农取款点469个，发展助农取款商户256户；推出了明珠龙卡，为大连首张公交领域金融IC卡。个人资产业务加快向消费经营类贷款转型，全年“快贷”发放2.87亿元，占消费类新发放的35%。深化客群经营，推动个人客户经营转型，成立了个人条线大数据分析挖掘团队。全力推进龙支付业务，推出龙卡云闪付产品。

2. 适应区域布局，整合优化市区机构网点资源

以“支持保障扁平化、业务经营层级化”为原则，在市区构建了13家核心支行和一家专业支行，完成了全部市区营业机构整合工作，形成了以核心支行为中心，联动周边网点的区域综合金融生态服务体系。整合后的核心支行不断强化对资源和市场的整合能力、辐射能力和精细化管理能力，整体经营发展能力和市场竞争力得到增强。

3. 加快渠道迁移，全面推进渠道转型

加快线上线下渠道融合，推动释放柜面营销力量。全年完成166台简版智慧柜员机升级，225台标准版智慧柜员机投放；柜面业务迁移率提升至65.05%，系统内排名第十四；年末柜面与全渠道交易占比下降至5.88%，降幅系统内排名第四。落实“移动优先”战略，全年移动金融交易量占比为53%，较上年提升19个百分点，提升幅度系统内排名第十。

4. 强化人才队伍建设，完成“512”人才培养工程

推动分行“大人才”战略实施，“抓两头，促中间”，着力优化各级班子配备，完善干部考核体系。坚持正确选人用人导向。加强各类人才的储备，建立了三个层级的后备人才库，选拔核心人才45人、骨干人才101人、潜力人才194人，保证了建行事业衔接有序，后继有人。重视年青干部培养使用，年内从后备人才库中提拔使用24人，优化了干部队伍结构；完善选拔交流机制，全年公开竞聘和民主推荐新提拔30人，平级交流30人。

5. 精细化管理全面推进，为内涵式发展注入动能

组织召开全行精细化管理案例学习动员会和精细化管理经验推广工作汇报会。加强定价管理，建立了利率监测分析体系和定价通报机制。2016年分行非贴公司贷款加权利率4.70%，系统内排名第十；加权上浮6.51%，系统内排名第七。加强资本管理，降低经济资本占用，全年累计减少经济资本占用8000余万元；分行授信客户风险调整后收益率（RAROC）为17.65%，高出系统平均水平4.03个百分点，系统排名第四。同时，推动“一行一表”扩展至“一科一表”“一人一表”“一户一表”，将精细化管理要求贯穿于经营管理全过程。

【坚持从严要求，从严治党和从严治行紧密融合】

深入推进学习教育活动。召开了全行“两学一做”学习教育工作部署会议，开展了党建知识竞赛和“六个一”主题教育实践等活动，建立了106个党员示范岗。

重视加强党的建设工作。落实党建工作责任制，完善党建工作制度，先后制定推出《党组织书记抓基层党建工作述职评议考核实施方案》和《加强基层党组织建设的指导意见》。年内建成基层党支部活动阵地33个，并全部实现了“三亮、六有、八上墙”。

强化党风廉政建设和作风建设。组织召开全行从严治行警示教育大会，明确各级党组织党风廉政建设十项主体责任清单，层层签署《全面从严治党责任书》《党风廉政建设工作责任书》和《廉洁合规从业承诺书》；制定了《2016年度党风廉政建设党组织主体责任考核实施方案》；进一步健全巡视组织架构，年内对12家单位开展了巡视工作。

【强化信贷管理，提升风险管控水平】

完善信贷责任体系。制定了《强化信贷主体责任实施方案》，将风险责任落实到机构、条线和岗位；加强信贷管理岗位队伍建设，充实专职信贷管理岗位人员32人。

注重风险有效管控。建立了贷后管理工作月度通报与约谈工作机制。主动再造业务流程，推进放款审核扩容。信贷结构进一步优化，全年五大产能过剩行业信贷增速为－38%，逐步压缩行业信贷增速为－40%，信贷退出计划完成率为505%。

提高资产保全处置效率。全年核销处置不良贷款9.93亿元，证券化出表不良贷款2.11亿元。

【加强基础管理，营造良好发展氛围】

推进内控合规管理转型。搭建智能化内控评价系统，增加评价周期和评价点，提高内控评价质量和效率；成功化解东特敞口扩大风险。大力加强反洗钱工作，2016年分行在金融机构反洗钱工作评比中荣获银行业第一名。

加强信息技术保障。平稳过渡完成新一代系统五个批次的配套改造和业务测试、演练、上线工作。在银监局金融机构信息科技监管评价考核中，同业第一。

坚持创新促发展。简化创新立项流程，建立了移植创新绿色通道。全年实施创新项目52项，项目总数及完成数量同比新增100%；开展创意竞赛，共收集199条创意，其中8条获得总行大赛奖项。

强化案防和安全管理，明确主体责任，加强员工行为排查，完善突发事件应急预案，稳妥做好信访和维稳工作。

推动企业家园文化建设。组织开展了“员工故事会”和“先进人物走基层”活动。丰富员工文体生活，举办了“网点员工健身操大赛”、员工摄影作品展、“建行好声音员工歌手大赛”等活动。在大连金融系统2016“建行杯”健身操大赛中，分行荣获团体第一名；在总行级主办银行客户综合金融服务方案活动评比中，荣获先进团队；在总行第四届金点子大赛中，分行产品创新实验室服务方案获总行一等奖。

执笔：胡聚芳

宁波市分行

宁波市分行行长　葛王杰
（2016年4月免）

宁波市分行行长　江文波
（2016年4月任党委书记，5月任行长）

一、业务发展概况

【利润指标】截至2016年12月末（下同、数据未经审计），税前利润－10.72亿元，同比减亏9.13亿元，减亏幅度为46%；经济增加值－27.7亿元，同比减亏2.62亿元，减亏幅度为8.6%，

2016年8月17日，宁波市分行举办“承载希望 放飞梦想”2016“希望之星”表彰会。

达到分行2016年减亏目标。

【战略性业务】投行业务承销非金融企业债券47.2亿元，四行占比为41.88%，承销额、发行只数蝉联全市同业第一。国际业务完成国际结算206.65亿美元，跨境人民币结算154亿元；福费廷业务完成率列系统第三。金融市场业务中黄金租借业务规模翻两番，对公贵金属业务收入为上年的2.65倍，对工行比值达到116%，较上年提高6.8个百分点。新型结算产品收入计划完成率系统排名第七；实时现金池直接吸收存款增幅170%，居系统第三。善融商务交易额12.16亿元，完成总行计划的115.7%；作为系统唯一试点行，积极推进境外企业入驻善融商务，已与新西兰、悉尼分行的3家商户达成合作意向。

【资产质量】处置不良贷款69.14亿元，完成追加后年度处置计划的101.8%；逾期贷款和不良贷款的剪刀差为3.73亿元，比年初缩小14.2亿元；关注类贷款余额35.9亿元，四行最低；全年新暴露不良贷款50.4亿元，同比减少47%。年末，不良贷款余额70.78亿元，比年初减少18.08亿元；贷款不良率5.1%，比年初下降0.67个百分点，贷款不良额、不良率实现“双降”。

【社会形象】连续五年获得市政府金融服务业考评一等奖，全市唯一一家银行荣获“浙江省银行业金融机构安全评估工作先进单位”称号；外汇管理规定执行情况考核获A类行称号；荣获人行宁波市中心支行组织的银行业金融机构金融消费权益保护工作评估A级荣誉称号。

二、主要工作举措

【坚定信心，进一步明确经营管理思路】

分行新一届领导班子一手抓转型发展，一手抓风险管控，重点解决信贷投放、信用卡分期业务、房金业务、物理渠道调整优化等业务短板。强化城市行的集中经营和精细化管理，标本兼治落实信贷整改，重塑信贷文化和合规文化，狠抓廉洁从业，坚决斩断员工与客户间的不正常资金往来，着力推动分行“客户基础夯实、业务流程优化、客户结构改善、风险管控有效、队伍素质提升、工作作风转变”。针对分行实际，号召员工树立“六有”工作理念，处理好“困难和希望、发展与合规、速度与质量、问责与作为”四大关系，出台夯实基础、健全机制等一系列措施。2016年末，综合考虑不良贷款处置和业务增长，提出了“2016年减亏、2017年扭亏、2018年盈利”总体目标。

【多管齐下，主要业务发展稳中有进】

1. 主动选择客户。对公条线重点选择政府项目、优质民企、上市公司、拟上市公司。全年净新增对公人民币结算账户5160户，四行第一，总量领先中行已超千户；基本户净增5927户，占客户净增总量比重超100%。个人客户拓展重点是“获客活客，批量拓展”。个人客户总量突破530万户、金融资产总量突破650亿元，代发工资有效客户数新增完成总行计划的550%。

2. 狠抓全量资金拓展。对公条线是“抓点、拓面、建网”。个人条线是坚持“上拓、下延、抓外”。截至12月末，分行全量资金1610.8亿元，较上年末新增130亿元；其中，投资理财日均余额287.56亿元，占全量资金比重为17.86，较上年末上升3.02个百分点。个人外汇存款新增居四行第二，系统内增量和增速分别位居第十一位、第八位。公款存放竞标硕果累累，226个公款存放招投标项目中，中标率为59%，中得账户526个；成功保有存量机构存款超160亿元，新增存款将近26亿元。

【标本兼治，信贷全流程管控持续强化】

全面对接总行信贷管理整改督导帮扶组工作要求，成立由主要领导任组长的信贷管理整改工作领导小组，下设风险排摸、信贷结构调整、信贷流程优化三个工作小组，将其作为宁波行信贷管理最为核心的工作措施，努力为分行健康持续发展奠定更好的基础。风险排摸小组重在通过存量客户反复排查，建立风险客户台账管理、健全分层化解会商、强化条线经营责任，及时发现风险隐患、及时加固风险缓解措施，对风险状况做到心中有数。信贷结构调整重在践行“主动选择客户理念”，重点选择政府项目、优质民企、上市拟上市公司等，实施“双优目标库”、客户选择负面清单等工作，有针对性营销优质客户。信贷流程优化重在实施“八个集中、一个统一、一个机制”，通过信贷流程的再造和优化，适当集中分散的管理权力，实现对贷前、贷中、贷后的全流程信贷风险管控，提高信贷经营管理的集约化水平。2016 年，贷款不良额、不良率实现“双降”，是区域四大行中唯一一家双降的银行、是系统实现双降的 16 家分行之一。全年核销不良贷款 28.13 亿元；回收盘活 14.81 亿元，较上年增长 147%；实现已核销资产现金回收 8064 万元，创历史新高。

【牢记底线，合规经营文化持续打造】

刷新合规经营理念。分行班子高度重视合规经营工作，反复强调合规经营的重要意义。党委书记讲授合规经营专题党课，提出“六个自觉①”具体要求，明确新一届领导班子抓好合规经营、杜绝违规行为的坚定决心；启动“合规建行 人人践行”创建工作，明确 12 项工作任务、27 条具体措施；组织全行合规宣誓大会，全行所有员工全部参加，时刻绷紧合规经营这根弦。严防操作和运营风险。完善柜面业务制度建设，制定《宁波市分行柜面现金业务管理实施细则》等制度，确保有章可循；加大稽核力度，共完成 6 项专题稽核，被总行录取典型案例 34 个；完善关键风险指标体系，及时分析“关注”或“异常”指标，落实针对性的管理措施，确保运营安全。提升审计整改效果。强化责任主体，落实“一把手”责任制，强化条线部门的牵头责任，突出整改系统性和有效性；分类制定主要业务经营审计发现问题的整改思路，逐一明确不良客户、风险客户、民营企业客户、政府背景客户的整改要求，提高整改质效。截至年末，全行审计发现问题个数整改率为 91.28%。

【突出转型，精细化管理水平持续提高】

扎实推进精细化管理案例推广“21 + N”工程。在总行精细化管理案例推广工作基础上，提出了“ + N”的思路，形成行领导督办、案例归口部门具体推进的多层次联动工作机制，通过点滴积累，不断提升精细化管理水平（目前 N = 34）。加快布局调整和智慧机应用。成立渠道管理部，制订分行物理渠道转型创新建设实施方案，明晰总体工作思路及推进策略。存量网点通过“迁、改、扩、并、换”等方式，加快渠道布局优化调整，加快离行自助建设和智慧柜员机推广，提高营业机构设置的科学性。全年升格、撤并网点 12 个，整改低效网点 22 个；精简高柜 174 个、增加低柜 35 个，释放 221 人从事营销岗位。强化激励和约束机制。坚持层级和条线分配相结合，坚持薪酬福利增长向基层倾斜，不断完善等级行、KPI 等考评体系，引导分支机构创利增效，提升贡献度；树立集中经营的理念，逐步加大分行直接经营力度，凡是分行能做的，力求由分行去做，尽力解放基层机构的生产力；加大战略性埋单工资的配置力度，并由分行直接兑现到员工本人，调动员工的积极性，拉动业务的发展。

【聚焦队伍，队伍战斗力持续增强】

加强干部队伍建设。配齐配强各级班子，打造年轻化、专业化、知识化的干部队伍，通过组织推荐方式选拔 3 名 35 岁以下的优秀年轻干部到分支机构担任领导职务。高度重视领导干部个人事项报告和核实工作，对瞒报、漏报的按规定严肃处理。累计对 12 名干部给予诫勉谈话处理、1 名干部给予警告处理。加强员工队伍建设。以总行“213 人才工程”为契机，实施分行青年员工培养“双百”工程，加速青年员工的递进式培养；建立职务与职等双轨制度，管理人员、专业技术和经办岗三大序列职等最高均可晋升至六职等，加大非中长期合同制员工转制力度，389 名

① 自觉做合规文化的传承者、自觉做合规理念的传播者、自觉做合规经营的捍卫者、自觉做稳健经营的践行者、自觉做党规行规的坚守者、自觉做转型发展的引领者。

非中长期员工转制，历年最高。加强人才培训培养。创办“建行大讲堂”，由分行行领导、中层干部等亲自上台讲课，突出实战管用，实施案例教学，全年完成18个课题的集中式培训。

【坚持全面从严治党，深入落实“两个责任”】

分行党委高度重视总行党委下发《宁波分行党委 纪委落实两个责任不力被问责情况的通报》，要求全行痛定思痛、吸取教训，更加旗帜鲜明地落实从严治党、从严治行，坚决杜绝与客户不正常资金往来等违规行为。深入推进“两学一做”学习教育，着力抓好基层党建关键环节，创造良好学习氛围，召开13次党委中心组学习会议。坚决把问责作为从严治党、从严治行的重要抓手。全年问责282人次，其中党纪处分12人次（上年为零）；政纪处分80人次，比上年增加56人次，增幅233%；七职等以上35人次，占比38%。建立违规违纪案例通报和警示平台，发布员工与供应商资金往来等典型案例30多起。设立巡视办、增设一个巡视组，充实专职巡视人员，共完成5个综合性支行、1个村镇银行的巡视，2个部门巡察，3个支行巡视回访。

执笔：张凯锋　薛　野

厦门市分行

厦门市分行行长　生柳荣

【业务概况】截至2016年末，厦门市分行一般性存款余额1290亿元，当年新增128亿元，余额、新增均保持本地四行第一。各项贷款余额1195亿元，当年新增92亿元，四行占比为32.8%；其中低资本占用的个人贷款新增119亿元，保持四行第一。

综合负债总量（含存款、理财、结构性存款、代销代理产品）的客户金融资产总额突破1700亿元，年增长16%。机构类日均存款新增占对公人民币存款新增比重达到79%。外币储蓄余额突破2亿美元，四行占比首次超过30%。

实现税前利润37.2亿元，计划完成率为126%，同比增长8.4%，实现中间业务收入14.8亿元，计划完成率为102%，同比增长10.5%；两项指标四行占比分别为40%和37.9%，均保持四行首位。

信用卡年新增发卡10.8万张、累计发卡90.7万张，新增及总量保持本地同业“双第一”。

累计处置不良贷款4.09亿元。五级分类不良贷款余额7.6亿元，不良贷款率0.64%，低于厦门区域平均水平1.23个百分点，资产质量保持四行最优。

【坚持服务实体经济的大方向】在做好经营管理的同时，分行坚持把服务实体经济摆在最重要的位置，全年信贷投放量累计1300亿元。全力服务“三去一降一补”：率先签约全市首单地方国企市场化债转股；利用财务顾问，帮助象屿等上市公司优化财务报表，降低财务杠杆；新发放非贴公司类贷款利率下降0.84个百分点，有效降低了企业成本；为造价约80亿元的“厦门路桥集团大小嶝工程”提供咨询服务，刷新厦门史上最大单体咨询项目记录。与市、区两级政府签订“十三五”战略合作协议；总行级跨境同业金融服务中心、对公业务创新中心成功落地厦门，为后续深度服务奠定了坚实的基础。

【整合建行系统全球资源入厦】建行集团拥有建信信托、建信人寿、建信财险、建信租赁、建信基金、建信养老金、建信期货、建银国际等子公司和境外机构资源，并在27个国家和地区拥有29个分行、子行，240多个营业机构。利用这种优势，近年来厦门市分行积极调动全球建行机构及业务等方面资源，携手集团各子公司及海外分行，打通境内外金融平台，打通直接融资和间接融资通道，积极助力厦门经济建设。

建信租赁在福建自贸试验区厦门片区设立SPV，已经为厦门航空签约提供23架飞机的融资租赁业务，目前已交付18架，金额约60亿元人民币。2016年成功办理福建自贸试验区厦门片区首笔“租融保”业务，为新成立的厦门陇能融资租赁有限公司成功投放3.5亿元融资租赁保理预付款。建信租赁还拟与厦门自贸区管委会签订战略合作协议，推动厦门形成高端医疗设备租赁产业集群。

2016年建信信托与厦门建行合作发行54.8亿元保本理财，有力支持了相关企业的发展。

分行还通过总分行、境内外、母子公司之间的信息共享、资源共享和经验共享，为客户“走出去”提供金融服务：与新加坡分行联动，全力支持我国首个走出去的教育行业“一带一路”项目，截至目前已对厦门大学马来西亚分校累计授信1亿美元。

分行还为自贸区区内企业办理了金额1亿元人民币的跨境融资。全口径跨境融资宏观审慎管理试点政策扩大至全国范围企业后，先后为区内外中外资企业从境外引入10多亿元有竞争力的资金，有力支持了实体经济的发展。

借助先进的全球现金管理系统，为跨国企业建立包括账户管理、收付款管理、投融资、风险管理等在内的一站式、全方位、专业化现金管理。截至2016年底，为16家跨国企业集团办理跨境双向人民币资金池业务，累计跨境收支45亿元人民币；为5家跨国企业集团办理外币资金池业务，累计境内资金归集6.3亿美元。

【财富管理赢得客户信赖】分行2016年主推的基金收益率均在20%～30%。针对高净值客户，厦门建行提供专属的家族信托服务，满足客户对资产保值、增值、保护以及资产分配等个性化和多元化需求。

分行紧密关注供给侧结构性改革所催生的新市场、新业态，重点培育创业创新型小微企业，量身定制小微金融服务，充分运用大数据、云计算、物联网等新技术，将小微金融服务与“互联网+”深度融合，提高金融服务实体经济效率。同时，开拓思路，为小微企业量身定制金融产品，为实体经济补短板增活力。例如，免担保免抵押的大数据纯信用产品包——“信易助保贷”，政府增信降低企业融资门槛的“小微信保资金贷款”“海洋助保贷”“农业担保贷”，针对科技型小微企业的“科技成长贷”“知识产权质押贷”“科技保险贷”“双百人才创业贷”和“科技投联贷”，针对中标供应商的“政府采购贷”，简化还款手续、减轻融资成本的“续贷无忧”等。分行连续八年获评市政府颁发的“厦门市银行业金融机构小微企业金融服务优秀机构”称号。为近5万家小微企业提供结算、理财、咨询等一系列综合服务；每年为2000多家小微企业提供信贷支持，每年贷款投放额超过100亿元，近5年扶持200多家小微企业成长为大中型企业。

【服务向智能化方向发展】分行服务渠道已经全面走向智慧化、移动化、轻型化，每天交易笔数中99%是通过电子渠道完成的。

2016年分行推出以智慧柜员机（STM）为核心的新一代智能机具200多台，设备覆盖岛内外全部71家营业网点，月交易量超过20万笔，占网点总交易量的36%，大大节约了客户时间成本，提升了客户体验。STM机服务功能超过150个，可办理绝大部分对私对公业务，办理业务速度比传统柜台快3倍以上。

2016年11月，分行手机银行客户突破200万人，这意味着每两个厦门人就有一人使用建行手机银行。同时，手机银行当年交易量已近5000万笔，交易金额超过7000亿元，在用户规模和市场占有率上遥遥领先于同业；手机银行的功能已不仅局限于查询、转账、理财、信用卡等金融功能，还覆盖各类缴费、法律咨询、家政等生活服务领域。

【运用大数据促进服务升级】分行在行业中率先成立了大数据应用团队，通过大数据技术，对一手、二手房贷流程全面升级优化，创新推出“住房贷款限时服务”，原来办一笔住房按揭贷款少则两三周，长则几个月，现在1天完成审批最快5天放款，市民轻松购房、一省到底。2016年，分行全口径个人贷款余额首家超800亿元。在通过商品房按揭、经济适用房、保障房、安居工程贷款等方式保障各阶层百姓需求，构筑多层次的住房保障体系的同时，为累计超过50万名厦门市民提供购房、购车、装修、车位、大宗消费等方面的支持。

利用“大数据”推出的全自动化审批“快贷”产品，在手机、电脑、自助终端上可以随时办理，随时取款。目前已有10多万建行代发工资客户、公积金缴交客户、优质个人客户和存量房贷客户获得了最高可达30万元的快贷额度，与此同时，“快贷”优惠期间利率低至4.78%；许多时尚达人已将快e贷视为婚庆生育、装修购车、教育旅游、安心养老的首选消费融资产品。2016年底，又推出了新款个人房产抵押贷款产品，额度最高500万元，一次签约、循环使用、自助网上支付，用途广、速度快、费用省。

此外，分行还配合市住房公积金管理中心实现多种场景自动绑定公积金联名卡，市民办理公积金提取业务，只需登录网站就能轻松搞定。

【跨界服务建设金融生态圈】分行通过提供金融和非金融综合服务方案，满足客户全方位的金融服务需求。2016年推出的“金融生态圈”就是厦门建行对做“全能的银行”的一个新尝试，全年建成了养老、旅游、智慧停车、智慧菜场4个支付结算生态圈。养老支付结算生态圈完成全市2.8万名80岁以上户籍老人发卡；旅游支付结算生态圈实现旅游年卡发卡21.1万张；智慧停车生态圈实现全市道路停车交易555万笔，总交易金额3513万元，占全市道路停车费交易份额近85%。

将信息流、商流、资金流、物流进行连接，在紧密围绕客户这一核心前提下，通过整合集团资源、优质第三方产品及服务，满足客户金融需求和相关非金融需求，打造客户、银行、第三方之间“三位一体”的共存共荣、实时互动的客户金融生态圈。客户在建行的系统之中，可以享受像阳光、空气和水一样的服务，却又感觉不到这个系统的存在，形成全景式、多样化、开放式、自演进、智慧型的生态系统。

【精细化管理成为建行系统内标杆】5月19—20日，总行在厦门召开厦门市分行精细化管理经验推广会议，会议由首席财务官许一鸣主持，行长王祖继、总行资债部等8个相关部门以及天津等五个城市分行的相关负责人参加了本次会议。

会议集中讨论了分行在营销服务、信贷管理、资本定价、成本渠道、机构与员工管理等方面形成的21个精细化管理案例，采取总行部门介绍、5家城市分行讨论的形式，将经验介绍、案例解读、文件引述相结合，以点带面，面向上述5家城市行推广厦门市分行精细化管理经验。

王祖继行长在总结中高度肯定了分行在精细化管理方面取得的突出成果，对与会的总行部门及分行提出了三点要求：

一是充分认识，高度重视精细化管理的重要性。面对日益竞争的国内及国际环境，精细化管理是提升内在竞争力的重要方面，具体包括：精细化管理是实现各项业务稳健可持续的抓手，是提升经营管理水平最重要的手段，是转型发展的重要手段，是实现转型发展目标的重要途径。

二是准确把握厦门行精细化管理的精髓。厦门市分行在总量不大的前提下，存贷款、中间业务收入、利润等主要竞争力指标不但在系统内居于领先，更是十多年来稳居当地银行业第一的位置，主要的原因就在于分行深入研究并落实精细化管理，具体体现在：分行准确把握扁平化管理的理念，是管理扁平化而不是机构扁平化；不断完善和丰富人性化的管理理念；在各个环节都做到了细致务实；把市场化的理念和与客户为中心的理念落到细节上等多个方面。

三是把精细化管理作为建设银行稳健经营文化的最重要组成部分，全面持续推进精细化管理。

执笔：陈勇鹏

青岛市分行

青岛分行行长　段红涛
（2016年7月免）

青岛分行行长　郝子建
（2016年7月任党委书记，9月任行长）

一、业务发展概况

截至2016年末，青岛市分行本外币全口径存款时点余额1214.38亿元，同比新增55.80亿元，增幅为4.82%，同业四行第四；本外币一般性存款时点新增38.57亿元，同业四行第四；本外币一般性存款日均新增65.51亿元，同业四行第三。各项贷款余额1151.87亿元，同比新增115.78亿元，增幅为11.17%，同业四行第二。实现拨备前利润25.99亿元，同比新增-1.94亿元；实现经济增加值-12.62亿元，同比新增-9.61亿元，实现中间业务收入8.41亿元，同比新增-1.45亿元，增幅为-14.67%；不良贷款余额44.04亿元，同比上升19.18亿元，不良贷款率为3.82%。

【公司业务】对公存款时点余额591.03亿元，同比新增21.33亿元，增幅为3.74%。对公贷款余额587.53亿元，同比新增-13.48亿元，增幅为-2.24%；存款类金融机构存款时点余额96.56亿元，同比新增24.46亿元，增幅为33.93%；非存款类金融机构存款时点余额12.66亿元，同比新增-7.23亿元，增幅为-36.34%。

【个人业务】储蓄存款本外币时点余额514.12亿元，同比新增17.24亿元，增幅为3.47%；个人类贷款余额542.43亿元（不含信用卡专项分期），同比新增130.65亿元，增幅为31.73%。

【住房金融与个人信贷业务】个人住房贷款余额533.11亿元，本年投放208.68亿元，同比新增91.31亿元，比年初新增132.47亿元，同比多增77.12亿元，个人贷款投放创历史新高，个人贷款余额、个人贷款发放额均位居同业第二。个人消费贷款余额9.32亿元，比年初下降1.82亿元。

【国际业务】实现国际结算业务量191.78亿美元，同比新增41.82亿美元，增幅为28%；其中，国际结算单证业务量57.67亿美元。实现外汇中间业务收入1.96亿元，同比增长0.09亿元，增幅为4.8%，同业四行中唯一正增长；完成跨境人民币结算业务量184亿元，同比增长10.28亿元，增幅为6.36%。

【信用卡业务】信用卡净增发卡4.28万张，发卡总量75.87万张；净增客户2.49万户，客户总量61.01万户；消费交易额154.48亿元，增速为2%，分期交易额9.26亿元；实现信用卡中间

2016 年 10 月 18 日，青岛市分行举办党建知识竞赛决赛。

业务收入 1.46 亿元，增速为 -7.5%；净增达标商户 1835 户；信用卡贷款余额 21.92 亿元，下降 1.39 亿元；贷款不良率为 1.53%。商户收单额、信用卡资产质量同业四行第一。

【网络金融业务】电子渠道交易量占比 85.24%，提升 10.25 个百分点；离柜账务性交易量占比为97.1%，提升 3.06 个百分点；移动柜面替代率 54.06%，提升 17.96%；手机银行覆盖度 26.52%，提升 5.73%。

二、主要工作措施

【强化目标引领，制定中长期发展规划】分行把握青岛地区发展机遇，在综合考虑未来发展趋势和条件的基础上，紧紧围绕“打造市场份额大、资产质量优、内部机制全、经营效益好、队伍素质强、社会形象佳、幸福指数高的最具价值创造力银行”的总体目标，制定《中长期发展规划》。通过明确市分行跨越式发展的任务书、时间表和路线图，逐步形成目标引领、干事创业、争先创优的良好氛围，实现用发展战略和愿景鼓舞士气、激发干劲的管理目的。

【完善机制建设，提高精细化管理水平】以公平、公正、透明为基本原则，搭建“六位一体”考核评价体系，形成一个全覆盖、多维度的考核评价整体，强化结果导向，作为收入分配、评先评优、选人用人的主要依据，用制度管人、用机制评价人、用氛围鼓舞人。

一是突出党建工作引领的“总抓手”。制定了《加强党建工作的指导意见》，将党的政治优势、思想优势和组织优势不断转化为科学管理优势和市场竞争优势。

二是构建经营计划激励的新体系。优化薪酬结构，围绕“价值创造—价值评价—价值分配”核心主线，强化业绩导向，降低固定薪酬占比，提高财务资源使用效率；针对直管支行和部门制定 15 个配套办法，以市场竞争力、集约化水平、客户基础、产品覆盖度和渠道便捷智能五类业务指标，配套 KPI、服务质量、基础管理、网点竞争力、客户拓展五类考核指标，形成以“5 + 5”为核心，覆盖全行的考评体系，并以此为基础形成绩效考核、工资分配、激励资源配置和评先评优的系统化激励约束机制。

三是实施基础管理考核的全覆盖。制定《直管支行基础管理综合评价方案》和《部门基础管理综合评价方案》，涵盖柜面管理、信贷管理、综合管理三大领域，共 163 个考核事项，481 个评价点，同类机构分组对标，将总行和监管机构的基础管理重点考核指标、分行“四个关键”的核心指标，统一纳入基础管理综合评价体系，从分行、支行、网点三个维度，搭建了全员、全面、全过程的基础管理框架体系。

四是营造提升服务质量的好氛围。制定《分行本部、直管支行及网点服务质量考核方案》，构建涵盖“部门、支行、网点”的三级服务管理体系，强化分行本部服务基层的意识、提升服务基层的效率和质量，提高基层服务质量和消费者权益保护工作水平，完善市分行对营业机构服务质量的监督机制，营造一个“二线为一线、中后台为前台、全行为客户”的大服务格局。

五是激活营业网点竞争的原动力。制定《2017 年网点竞争力提升考核办法》，将网点按照性质、区域禀赋、人员数量等方面划分六个序列，每个序列网点设置四个等级，每季按序列进行大排名，按排名确定等级，搭建起“赛马机制”，全面激活营业网点的基础支撑作用。

六是制订目标客户发展的大规划。制定公私两大条线、涵盖 13 类客户的《客户发展规划》，成立 11 个推进工作小组，通过税务、海关等渠道，精确掌握青岛辖内的纳税客户、进出口贸易客户、高端个人客户等各类客户信息，分类营销，编制客户营销地图，抓源头、抓信息、抓关键人物，增强市场把控和主导能力。

【强化客户营销，实现重点项目突破】党委成员带头“高层营销”。一是紧跟区域发展规划，抢抓客户源头。围绕青岛市建设“三中心一基地”的历史机遇，制定《信息收集及快速响应管理办法》，强化市场信息收集，强化高层营销，分行主要负责同志带队多次走访市委市政府及各区市主要领导，密切银政关系。二是持续强化银政深度合作，先后与市北区、李沧区政府签订全面战略合作协议，全面参与青岛市国际邮轮港建设、李沧区千亿产业基金等重大项目的合作，并围绕区市发展规划，重点在旧城改造、旧厂改造、产业园区建设等基础设施项目领域寻求合作，并以两区银政合作为模板，逐区推广。

实施“七个一批”全流程管控。通过强化过程管理来督促每个条线、每个支行的业务发展和客户规划工作。按照已发放的一批、等待规模发放的一批、已审批待落实条件后发放的一批、已上报总分行待上会审批的一批、已营销正在制作授信材料的一批、经初步筛选已确定为目标客户的一批、已授信但暂无资金需求的一批，按月通报大中型公司客户、机构客户、国际业务客户、小企业客户、房地产客户、投行客户、同业客户、个贷客户、信用卡客户和分期客户等营销拓展情况，确保每个环节都有充足客户储备，夯实客户基础，形成良性循环。

开展核心客户“攻坚战”。一是成立分管行领导、部门、支行“三位一体”的重点核心客户攻关（服务）小组，梳理下发青岛市125个重点核心客户名单，涵盖政府机构、教育、交通、卫生医疗等多个行业。将重点客户划分为公司业务类、国际业务类和机构业务类，逐户制定“三图一表”①。二是梳理关键人、关键点、关键流程，采取一对一、人盯人式营销策略开展营销工作，做到“明确目标、明确客户、明确责任人”。三是实现重大项目的重点突破。成功营销青岛市高等教育发展基金，进一步密切银政合作关系，实现市级“社保基金财政专户”开户和市土地储备中心一般结算账户变更为专用结算账户的两大突破。强化全市教育系统合作的广度和深度，所有签约高校以及参与项目建设的上下游企业，均在分行开立各类结算账户及办理代发工资等业务，并由分行提供高校建设的工程造价咨询服务。成功营销青岛高新区31个村的棚户改造项目，提供150亿元融资支持，服务居民3万余户，总投资600亿元。成功与山东银丰集团签订全面战略合作协议，独家在青岛山东头旧村改造项目上为企业提供“一揽子”金融服务，8亿元项目启动资金已落地。

实施项目储备“大会战”。集中人力、物力、时间开辟两大“战场”：一是成立大中型公司客户项目储备“大会战”领导小组，重点做好存量大中型客户挖潜增效工作和新客户营销拓展授信工作；二是成立机构暨小企业客户项目储备“大会战”领导小组，重点加强财政、社保、军警、海关、教育、卫生和小企业八类客户项目的营销和储备。截至年末，大中型公司客户项目储备共计757亿元，机构客户项目储备共计62.6亿元。总计储备贷款1012亿元，累计实现贷款投放185亿元。

【积极主动作为，努力实现风险管控目标】实事求是摸清风险底数，不断夯实资产质量基础。加大重点不良贷款项目化解、处置力度。通过制定不良项目、风险项目和已核销回收项目“三项清单”，周调度、月专题、季督导，“一户一策”专班诊断推动，成功突破了奥利德、卓远等大额难点项目，全年累计处置不良贷款14.45亿元。积极协调债权委员会和总行相关部门，重点推进新兴东方不良贷款重组方案，并得到各方认可，为后续化解盘活创造了有利条件。2016年末，贷款不良额42.55亿元，不良率为3.69%。逾期贷款37.59亿元，比年初增加5.72亿元。成功将“王志军系”贷款余额纳入不良口径，逾期贷款四行最低且不良和逾期贷款的“剪刀差”为负（-4.96亿元），风险暴露总体趋于见底，为2017年不良贷款大幅“双降”、资产质量持续优化的目标奠定了坚实的基础。

【开展“两学一做”，强化思想作风建设】把“两学一做”活动的开展与从严治党、从严治行、从严管理干部紧密结合，与推动作风建设、推动

① 规划图、配置图、施工图、重点核心客户营销工作表。

转型发展结合，切实为全行改革转型提供坚实的保障。一是要求党员领导干部先学一步，做信仰坚定的表率，带头学习讨论，带头谈体会，带头在所在组织讲党课；常态化实施基层党组织书记培训，持续增强领军力量；将重温入党誓词纳入任职廉政谈话环节，提醒领导干部牢记承诺、不忘初心。二是要求各级领导干部要“把行事当家事，把自己当主角”，强化主人翁意识：强化“十三种意识”，将其作为解决进取精神不强、工作定位不高的思想引领；树立“五个有利于”的处世观，将其作为考虑问题、处理问题的准则和出发点，与市分行党委保持思想和价值观一致；坚持“不仅听你说什么、看你干什么，关键看你干成什么”的结果观，以业绩贡献作为评价工作的唯一依据；坚持“细节决定成败”的落实观，丰富管理手段，提高精细化管理水平；坚持“速度制胜”的效率观，快速响应、积极跟进、狠抓落实，提高工作效率；坚持“五带头、六提升”的能力观，加强领导干部的各项能力建设，发挥引领作用。

执笔：谭庆勋

苏州分行

苏州分行行长　刘兴华
(2016 年 2 月免)

苏州分行行长　张伟煜
(2016 年 2 月任党委书记，3 月任行长)

一、业务发展概况

【总量指标持续向好】

截至 2016 年末，苏州市分行资产总额 4036 亿元，当年新增 669 亿元；负债总额 3383 亿元，当年新增 480 亿元。

各项存款日均余额 2727 亿元，列四行第二，四行占比为 23.69%；日均新增 232 亿元，列四行第一，四行占比为 34.33%。

各项贷款余额 2750 亿元，列四行第二，四行占比为 25.98%；新增 352 亿元，列四行第一，四行占比为 37.96%。

中间业务净收入 30.23 亿元，列四行第一，四行占比为 29.57%，较年初提升 2.62 个百分点。累计实现拨备前利润 76.45 亿元，同比增幅为 8.68%，总行计划完成率为 100.82%。

公司机构有效客户 4.63 万户，新增 4584 户，计划完成率为 489%；单位人民币结算账户总量列四行第二，增量、增速均列四行第一；个人加权有效客户 957.79 万户，当年新增 117.18 万户，新增计划完成率为 196%。

不良贷款额 26.4 亿元，比年初下降 2.73 亿

2016 年 1 月 28 日，苏州分行举办“创新融合　成就未来”自主创新金融联盟启动会及“聚焦地产　策动未来”房地产行业银企交流会。

元；不良贷款率 0.96%，比年初降低 0.26 个百分点，资产质量持续保持四行最优。

【转型指标亮点纷呈】

对公直接融资 600.75 亿元，同比增幅为 169.03%。

善融商务交易额 38.8 亿元，同比增幅为 156.71%。

债券承销金额四行占比为 80%，列四行第一，资管业务收入 7.89 亿元，计划完成率为 112%，系统排名第七位。

代客资金业务结售汇签约量 192 亿美元，与工行比值为 110%，系统排名第五位。

单位人民币结算账户新增四行占比为 38.97%，列四行第一。

资金承接率 65.71%、循环率 69.28%，系统排名第一位。

信用卡发卡量 142.35 万张，完成率 122.56%，系统排名第九位。

二、主要工作举措

【扎实推进创新转型】

（一）转型架构与创新平台初步完善

1. 优化调整分行各委员会职能设置，分设资产负债与成本控制管理委员会、薪酬管理委员会，加强资源统筹与配置，激励转型业务发展；增设网络金融领导小组，推动全面网络金融服务模式转型；增设大数据管理领导小组，着力提升大数据管理与运用水平。

2. 增设投贷联金融中心、渠道管理部、金融市场业务部、数据管理部（二级部），完善平台搭建，深化业务转型；健全二级分支行信用卡业务组织架构，加快信用卡业务发展。

3. 重新调整张家港地区经营模式，进一步降低管理成本，提高人员使用效率，增强地区整体工作统筹能力。

（二）对公存贷资管并重协同发展

1. 实施对公项目制管理，打破条线、层级限制，促进分行部门、二级分支行间加强沟通；发挥对公雷达系统作用，促进资金体内循环；强化全量客户、全量业务和全量资金管理，累计实现新开户 2524 户；制定重大项目营销管理机制，实施全流程动态跟踪管理，纳入分行重大项目库项目 44 个，参与竞标项目中标金额 70.5 亿元，实现投放 24.7 亿元。

2. 资管资产投放突破 400 亿元，列系统第五；首创“债券生态系统”，债务融资工具承销总量 194 亿元，列同业第一、系统第七；设立投贷联金融中心，与常熟市共同设立 300 亿元投资基金；设立分行资产池，年末资产池余额 473 亿元；实现资金交易及贵金属收入 2.74 亿元，列四行第一；成功实现券商收益凭证同业投资、同业代付、同业借款、SPV 美元存放等新兴业务的突破，累计投放同业资产 193.24 亿元。

3. 扎实推进“机构业务营销年”活动，全年新增上线银医银校系统客户 14 家。发起成立“自主创新金融联盟”，重点支持战略性新兴产业和科技创新创业企业；与政府合作创新信保基金项目，“信保贷”余额 1.2 亿元，列四行第一。

4. 抢抓苏州跨境新政机遇，实现外汇对公存款余额、新增均列四行第二，外汇贷款时点新增四行第一；跨境双向资金池客户覆盖率、跨境直贷份额均列市场第一；跨境并购业务列系统第一；与纽约分行协同合作，成功实现国际银团贷款破冰。

（三）零售聚力融合实现质效双升

1. 率先推动金融生态建设，上线“智慧菜场”项目 5 个，推进中项目 3 个，批量拓展商户 610 户；与同程合作成功上线“智慧旅游”项目，打造旅游金融生态圈；发行“智慧校园”一卡通联名卡旅财龙卡 6146 张。

2. 强化推进住房金融"楼盘大数据项目",创新推出"二手房交易综合金融服务方案""结算通客户快贷"等产品;率先在昆山上线物业信用信息管理系统;实现个人贷款、个人住房贷款余额、新发放房贷利率浮动水平、房改金融中间业务收入四行第一。

3. 信用卡实现中间业务收入4.98亿元,同比增速为13.4%,四行占比为30.36%,列四行第一;分期交易额40.77亿元,同比增长99.2%,列系统内第四位。

4. 新增上线各类电子银行应用推广项目400余个(户)、扫码付入驻平台商户5200余户;实施网络金融在网点行动计划,在37个网点开辟善融商务体验区,18个网点布放移动金融体验机。

【不断夯实发展基础】

(一)制度建设进一步完善

1. 建立和完善规章制度,2016年累计出台各类规章制度108项,涵盖业务操作管理、行务管理、人力资源、财务会计、授信审批、风险内控、渠道管理、信息技术、党务、纪检监察等各领域。

2. 完善用人机制,落实总行"213人才工程",实施分行"8212人才工程①",启动年轻优秀干部挂职锻炼及中层副职后备人才调整和选拔,规范员工离职谈话制度,加强四大培训体系建设。

3. 完善激励约束机制,综合管理考核增加360度测评,二级分支行加大综合管理考核力度,加强领导干部人员综合评价,创新"半市场化"绩效考核机制。

4. 完善风险防控机制,明确部门风险内控负责人、团队或岗位人员,明确二级行风险内控对应管理部门,建立以各级分支机构管理层为责任主体、风控管理部门与业务经营部门紧密联系的双向报告制度。

5. 完善创新机制,实施产品创新常态化管理模式,建立创新管理考核评价机制、创新互通交流机制。2016年,分行自主产品创新完成并向总行申报70项,审核通过62项,同比增长100%。

(二)"一把手工程"成效显著

推出"薪享通"综服方案和专属薪资卡,实施名单制拓展,累计代发量601亿元,比上年增长7.1%;基本结算账户新增1.55万户,四行占比为32.67%;机构同业账户累计新开633户,年度计划完成率为124%;移动金融柜面替代率61.1%,年度提升19.6%,列系统第十一位;手机银行活跃用户64.55万户,同比增速为47.05%,列系统第七位;善融商务交易额38.75亿元,超额完成总、分行年度计划。

(三)渠道转型有序推进

加强网点建设,建成轻型化转型网点20个,新增离行网点31个,成功上线视频银行和流动柜台,积极推进管道银行建设。全年柜面业务替代率提升至36.95%,低效网点减少率为23.8%,低效设备减少率为20.8%。深化网点"三综合"建设,完成11个网点升格;优化网点劳动组合,充实营销队伍,网点营销人员占比为62.18%,比年初提升20.14%;综合营销团队242个,覆盖223个综合性网点。

(四)信息科技助力发展

全行动员,成功完成"新一代"3.2期上线试点工作,为业务发展创新注入新动力;充分发挥数据管理对转型发展的支撑作用,完成有效需求项目30个;强化利用科技手段,全年完成30项特色系统及31项信息管理系统的开发。

【持续强化风险内控】

(一)齐抓共管,资产质量持续向好

严格落实资产质量"一把手"负责制及信贷主体责任,建立行领导挂钩制度,完善行领导牵头、分支行联动处置工作机制;完善信贷全流程精细化管控,坚持开展滚动式风险排查,高度关注重点风险领域;全力以赴化解、处置不良资产,累计处置不良贷款30.28亿元。

(二)完善机制,内控案防不断强化

健全内控合规管理责任制,强化内控评价考评机制;建立同级部门合规管理"双向报告"机制、管理追踪报表制度以及联动工作机制,开展以"合规讲堂"为载体的合规文化建设,扎实推进"一加强两遏制""回头看"专项检查自查工作;接受各类内部审计项目33个,整改完成率为

① 8212人才工程:到2016年底,培养储备80名分行中层、200名二级行中层干部后备,到2017年中,培养形成1000人客户经理队伍、200人产品经理、风险经理和转型业务专业人才队伍。

98.15%；实现连续7年无案件、无重大风险事件、无重大违规违纪事件、无重大声誉风险。

【党建引领凝聚力量】

（一）夯实责任，党建工作全面深化

全面推进“两学一做”学习教育，组织全行各级签订《责任书》，切实落实“两个责任”；深入开展“一建带二建、三建促共建”活动，进一步提升党员干部素养；对四个二级分支行开展第二轮巡视，首次组织对分行部门进行巡视。

（二）凝心聚力，企业文化精彩纷呈

加强文化创新，组建全媒体宣传网络体系，荣获“十二五”全国企业文化优秀传媒组织；积极推进文明建设，在“建行公益三十佳”评选、“苏州金融创新风云榜”等活动中取得优异成绩；组织开展全行表彰大会、“新行员文艺汇演”、“党建共建成果展示会”等大型文化活动，凝聚全行共识。

（三）细致入微，员工关爱扎实推进

建设温馨职工小家；搭建青年员工联谊交友平台；全面推行“六必访”“六必贺”，全年就员工生日、子女考入大学、退休等累计慰问员工达4738人次；建立员工特殊关爱机制，组织员工年度健康体检，切实解决夫妻两地分居、上班路途遥远等问题，将关心关爱工作落到实处。

执笔：杨雪梅

哈尔滨培训中心

哈尔滨培训中心主任　孙平生

2016年，哈尔滨培训中心全年共承办培训班494期，培训学员34444人次，完成培训工作量238544人天，培训工作量同比增幅11.38%，培训规模再创历年新高。

一、不断完善培训功能，最大限度满足全行培训需求

【紧密围绕全行战略转型和业务发展，推进培训模式转变】以全行深入推进战略转型为契机，紧跟全行战略转型发展脉搏，立足于支持和服务全行业务发展和满足日益专业化、职业化培训需求的高度，持续推进培训体制、机制、渠道等改革和创新，研究制定了培训中心2016—2018年三年发展规划，对培训体制机制、培训项目和课程建设、培训项目组织实施、培训保障支持以及管理和党建等各项工作做出详尽规划和安排，真正做到一心一意抓培训，全心全意抓管理，力求使由侧重现场培训的单一型培训模式向培训、研发、远程、考务并重的综合型培训模式有实质性转变，使专业化、职业化培训中心建设取得明显成效，有效发挥全行员工教育培训主阵地作用。

【努力保持培训规模稳定增长，最大限度满足全行培训需求】一是认真抓好现场培训，抓好重点培训班的管理工作，做好对公信贷人员培训工作，全力以赴顺利完成198期对公信贷人员的培训工作，做好一级分行新任职管理人员培训班、二级分行党委书记培训班、一级分行处级管理人员领导力培训班、基层机构负责人培训班等重点培训班的现场培训工作。全年承办现场培训班448期，培训学员29644人次，培训工作量

224775 人天，同比增加 26915.5 人天，增幅为 13.62%。其中，总行培训班 327 期，培训学员 21695 人次，培训工作量 179853 人天，分行培训班 121 期，培训学员 7949 人次，培训工作量 44922 人天。二是积极组织开展非现场培训，不断推进远程培训工作，进一步发挥领导力研发中心、人才素质测评中心和考务中心的作用，开展了案例库建设工作，开发了 600 多个业务案例并整理入库，为案例教学和学员培训提供了真实的素材。全年为 15 家分行及 2 家子公司送去上门培训，培训 4800 人次，培训工作量 7800 人天，课件课时折合培训工作量 5969 人天。完成人才素质测评 12070 人次，完成试题库建设 600 套，其中单一类试题 450 套，综合类试题 150 套。

二、加大培训教学改革创新力度，提高培训教学质量

一是不断优化培训项目与培训课程清单，扎实做好课程及项目开发和维护工作。紧跟全行战略转型发展脉搏，开发了《建设银行转型与发展》《对公业务的转型与发展》《对私业务的转型与发展》等新的专业类课程，开发了 10 门党建类培训课程，形成了较为完整的党建类课程培训体系。全年开发培训项目 3 个，培训课程 21 门，维护原有项目 38 个，维护原有课程 180 门。不断提高项目和课程的利用率，2013 年以来新研发项目实施率为 52.94%，研发新课程利用率为 86.67%。优化培训教学效果评估考核，完善评估考核制度机制，提升培训教学满意度，全年培训师教学人均满意度为 99.76%，其中非常满意度为 86.63%。积极参加总分行项目，提升培训中心项目研发能力，顺利完成 4 个总行项目。二是不断丰富培训教学方式方法，建设了以智慧柜员机等自助设备为核心的智慧大堂模拟培训环境，参训学员通过全真情景模拟消化理解课堂所学理论知识，有效提升了学员业务操作能力。积极推进精品课和优秀课评选工作，加大对精品课和优秀课的宣传力度。三是进一步完善培训课程 AB 角制度和公开竞课机制，提高教学质量。全年共计为 25 门课程配备了 B 角培训师，使配备 B 角培训师的课程达到了 154 门。

三、加强培训管理工作，提高培训项目管理水平

一是进一步加强培训管理制度流程建设，全力推行班主任坐班制和电教人员分包管理制，强化课堂管理，坚持落实中心领导和培训管理部门管理人员深入课堂坐班听课制度，全年通过坐班听课共发现并整改问题 147 个。二是全面推进 360 度评价系统，完善学员考核制度，进一步扩大考核结果运用，提高考核结果向分行反馈的比率。全年共对 323 期培训班进行了考核，考核学员 20271 人次，向分行反馈 5478 人次。三是主动为学员提供培训和生活信息，通过定期开展巡检等方式了解学员需求并及时反馈。进一步做好为学员播放电影，开展学员沙龙，组织开展丰富多彩的文体活动，丰富学员的文化生活。四是切实抓好学员安全管理工作，将学员安全管理作为培训管理工作的重中之重，强化安全教育，提高安全意识，进一步完善学员动态管控制度、学员考勤制度和晚归登记与谈话制度，将学员安全管理相关制度要求落实到位，保障学员安全。

四、进一步夯实管理基础，不断完善后勤保障功能

【切实抓好整章建制和规章制度落实工作】完成了《2015 年制度汇编工作》编辑制发工作，同时，为进一步巩固整章建制成果，强化制度落实，在全体员工中组织开展了“学制度、抓落实、防风险、促发展”主题活动，修订制度 32 项，新建制度 3 项，查摆问题 269 项，召开专题会议提出整改措施，落实整改工作。

【提升管理工作的精细化程度】进一步加强了工作的计划性管理，各部门年初都制订详细的工作计划，将全年的计划指标细化分解到实处，明确时限、人员和措施，定期检查计划完成情况，对没有按计划推进的工作，责令相关部门采取措施迎头赶上。进一步发挥督查作用，对列入督查计划的事项，督促相关部门按时保质保量地完成任务。

【加强财务和采购工作管理】强化财务预算管理，年初制定财务预算，并在年中和年末召开财务预算执行情况专题会，有效推进财务预算执

行。进一步强化集中采购管理，严格执行总行及培训中心集中采购管理规定，对符合集采条件的项目全部实行了集中采购，对两年以上的供应商进行了清理，并对不足两年的供应商进行了考评与调整，进一步规范了供应商管理。

【加强员工队伍建设，增强员工积极性和主动性】通过校园招聘，岗位交流等形式进一步优化员工队伍结构。认真做好员工培训工作，进一步扩大员工培训覆盖面，加大培训投入，全年培训员工 364 人次。继续加强培训师队伍建设，对培训师参加培训、调研、实习等方面均下达任务，明确指标，强化考核，有效提升了培训师队伍的岗位能力。

【不断完善后勤保障功能】加快推进培训基础设施设备改进升级，改善培训环境。继续狠抓安全管理，持续开展“平安培训中心”建设活动，做好安全防范工作，确保学员安全。在学员管理、食品卫生、车辆运输、安全保卫等方面加强研究，严格管理，深入细致地开展工作，不断丰富后勤保障服务内容，创新服务方式，提升服务人员队伍服务意识和服务能力。

五、加强党建工作和党风廉政建设，全面落实从严治党

一是进一步加强党委领导班子建设，认真开展理论学习，提高决策水平，认真开展“两学一做”学习教育，加强员工队伍建设，落实党建工作责任制，形成党委统一领导、班子成员齐抓共管、职能部门各司其责的工作机制，抓好基层党建的考核评议，将党建工作落实到位。二是盯紧抓实党风廉政建设，落实总行立行立改相关要求，修订完善了 9 项规章制度，进一步深化作风建设，落实中央八项规定和总行党委十项要求，进一步加强从严治党主体责任落实，真正做到党风廉政建设和业务工作同部署、同研究、同检查、同考核。进一步开展合规文化建设，强化员工合规意识，形成合规经营的良好文化氛围。三是深入推进企业文化建设，创建积极向上的工作氛围，做好困难职工帮扶工作和离退休人员管理工作，把对员工的关爱落到实处。

执笔：和素军

常州培训中心

常州培训中心主任　屈建伟

一、培训工作概况

2016 年，常州培训中心完成全口径培训总量 22. 65 万人天。全年共举办各类现场培训班 468 期，完成培训量 22. 19 万人天，同比增长 4%。全年培训师教学平均满意度达 98. 52%，培训组织管理平均满意度达 99. 8%。

【项目研发持续推进】一是全行对公信贷人员岗位轮训项目取得圆满成功。2016 年，组建对公信贷培训团队，配合总行圆满完成了 200 期对公信贷人员岗位培训任务，教学平均满意度达 97. 42%。二是精品项目深化改造成果显著。全年有重点、有选择地对一批重点项目进行升级改造，模拟银行决策专题培训班首次对总行本部处级管理人员开设，收获了较高学员满意度；团干部能力提升体验式训练营项目成功实施 5 期，覆盖 14

2016年4月8日，常州培训中心召开第四届第一次职工（会员）代表大会暨群团工作会议。

家分行，受到总行团委高度认可和关注。

【网络培训有所突破】一是通过完善课件开发制作流程，引进新技术新工具，促进课件开发质量和效率提升。全年共完成课件开发442个，其中微课174个，较上年增长了3倍。二是积极推进自主项目研发，2016年重点开发完成了新一代模拟训练系统、公司客户经理进阶式网络培训项目等5个项目，并投入培训实施，全年完成网络培训6.8万人次。三是移动学习探索初见成效。参与总行融学堂移动学习平台建设，完成APP移动学习渠道定位、微课开发模式和功能应用的业务需求分析及系统测试。四是积极承担全行网络学习系统运维工作。全年完成网络课程注册1112.35万人次，现场班课程注册156.54万人次，提供技术咨询服务近3.5万人次。

【考试测评口碑响亮】全年共完成考试项目126个，测评项目40个，组卷247套，累计测评4750人次，完成考试考务工作量18.8万人次。考试考务方面，首次实现全行岗位考试全流程在线实施，首次承接建行子公司高级管理人员招聘面试命题任务。人才测评方面，多次承接行内七职等管理人员竞聘测评任务。线上测评工具进一步丰富，线下测评业务进一步扎实，考试测评品牌影响力日益深远。

【党校办学成效显著】全年共完成了36期班的教学组织和学员管理任务，参训学员2749人。一是坚定不移地严格执行中央党校教学计划，做好规定动作，做精自选动作。通过组建课题组、举办学员论坛、现场教学等方式丰富教学内容和形式。二是紧跟全面从严治党新要求，结合“两学一做”学习教育，及时更新维护教学内容，组织研发实施全面从严治党专题培训项目，充分发挥党校在夯实从严治党基础中的重要渠道作用。三是坚持从严治校、从严治学，切实抓好学员入学教育、自我管理和日常动态，营造从严治学的良好学风。

二、主要工作措施

【创新引领，转型发展稳步推进】一是完善制度流程。中心出台了课程开发管理办法、培训师绩效考核办法、教学质量评估规范等规章制度，进一步规范课程开发流程，严格课程验收标准。全年申请立项23门课程，通过验收13门课程。二是创新评估机制。全年开展客户之声研究工作，通过收集分析学员“声音”，有效推动培训质量持续提升。三是推动教研结合。组织培训师参与总行多个部门的培训教材开发、编审等工作，鼓励培训师把参与教研工作的成果转化为培训生产力。四是紧跟形势变化加强思想引领。在部分重点培训班上增加合规工作转型发展、物理渠道转型创新与建设等教学内容，积极向学员宣传和传导全行战略转型规划。五是创新运用体验式训练、心理咨询、行动学习催化、诊断式培训、沙盘模拟、世界咖啡、迪斯尼策略等新的培训手段，为学员营造新鲜的学习体验。在多个重点项目中积极实践行动学习和体验式培训教学方式，收获较好培训效果，项目教学平均满意度大幅提升。

【对标看齐，管党治党全面从严】一是深化“两学一做”学习教育，筑牢思想根基。党委书记带头讲党课，其他党委成员在分管部门讲党课，各支部书记在部门讲党课，组织开展全体党员学党章专题辅导课、党的理论知识竞赛、合格党员标准大讨论等活动，确保学以致用、以用促学，提高党员干部的政治觉悟和自身素养。二是认真配合总行巡视工作，层层压实“两个责任”。出台了常州培训中心委员会工作规则、党风廉政建设工作任务清单、进一步加强党的建设推进全面从严治党的实施意见等，建立党建工作联席会议制度，切实推动党建工作常态长效发展。加强巡察监督，对重点部门、关键岗位加大政治巡察力度。三是认真开展“四风”问题整治“回头看”自查自纠工作。出台关于重申财务报销相关要求的通知、关于规范培训班文体活动费用支出及课堂教学用品管理的通知、公务车辆安全管理暂行规定等制度要求，进一步严格实施招待费、差旅费、教学用具采购、公务车辆管理等重点管控制度，中心务实廉洁的工作作风逐步形成。四是做细做实党建工作。调整建立支部活动阵地 10 个，建设“党员之家”示范点 2 个。出台党建工作量化目标、党支部工作考核要点等，将抓党建工作作为评价部门负责人和基层党支部书记履职尽责的重要标准，并列入部门年度考核。开展支部阵地建设情况检查、党支部工作检查等，督促推动各支部规范开展党内生活；举办党务骨干培训班、开展党内组织生活现场观摩活动，不断提升党建工作水平。五是着力抓好队伍建设。出台了党委管理的领导人员选拔任用工作规定、新任职领导人员跟踪考核办法等制度，形成完备的干部选拔任用和监督体制机制。优化、完善领导人员绩效考评办法，强化考核结果运用。根据总行岗位职务序列管理相关文件精神和中心科级管理岗位职务聘任实施办法，组织开展科级管理人员聘任工作；进一步完善管理岗位、专业技术岗位和经办岗位职务序列设置，出台了专业技术岗位职务聘任管理办法，积极推进中心专业技术人员队伍建设；积极拓宽总分行项目跟进、外出培训学习等培养途径，培养好业务骨干和业务能手。

【加强管理，激发活力汇聚力量】一是引入大数据思维，加强数据分析应用能力建设，针对不同区域、不同岗位的参训人员制定个性化服务管理方案，真正实现精准服务。完善优化培训管理系统，全面提升培训资源利用率；依托智能园区系统，随时随地了解学员动态，精细化管理水平再上新台阶。二是不断深化“平安常培”创建。建立安全工作联席会议制度，加强安全教育培训和警示提醒，促使安全制度得到落实、安全生产意识深入人心。强化监管责任，加强重点部位管控；持续大力投入技防方面的建设，完成集中监控系统改造，保障中心安全运营。三是进一步完善绩效考核机制，优化绩效工资分配方式，充分发挥绩效管理在激励机制中的作用。完善建立新项目新课程开发流程、课件开发浮动绩效管理办法等，鼓励培训师积极、大胆创新，强化理论研究和成果转化，推动引导员工把创新转化为生产力。四是主动关心、了解困难员工和离退休人员的具体情况，尽可能地帮助他们解决实际困难；落实总行工会“六必访六必贺”要求，把员工关爱落到实处。充分发挥工会和团委的引领作用，组织开展书画摄影展、运动会、歌咏比赛、演讲比赛等形式多样的文体活动，组织开展“优秀青年员工”“两优一先”评选表彰活动，参与总行金点子大赛活动并再创佳绩，员工爱岗敬业、干事创业热情高涨，为中心转型发展凝聚积极向上正能量。

执笔：田　艳

第五部分 综合统计

中国建设银行股份有限公司资产负债表

（2016 年 12 月 31 日）（除特别注明外，以人民币百万元列式）

	本集团		本行	
	2016 年	2015 年	2016 年	2015 年
资产				
现金及存放中央银行款项	2849261	2401544	2842072	2383573
存放同业款项	494618	352966	389062	361141
贵金属	202851	86549	202851	86549
拆出资金	260670	310779	318511	333398
以公允价值计量且其变动计入当期损益的金融资产	488370	271173	360628	260207
衍生金融资产	89786	31499	81425	24396
买入返售金融资产	103174	310727	67391	309539
应收利息	101645	96612	98040	93988
客户贷款和垫款	11488355	10234523	11084938	9899993
可供出售金融资产	1633834	1066752	1473168	945797
持有至到期投资	2438417	2563980	2410110	2554049
应收款项类投资	507963	369501	508363	350966
对子公司的投资	—	37024	32885	—
对联营和合营企业的投资	7318	4986	—	—
纳入合并范围的结构化主体投资	—	—	211908	—
固定资产	170095	159531	145421	144363
土地使用权	14742	15231	14277	14795
无形资产	2599	2103	1588	1359
商誉	2947	2140	—	—
递延所得税资产	31062	25379	28281	24298
其他资产	75998	43514	106344	69437
资产总计	20963705	18349489	20381402	17890733
负债				
向中央银行借款	439339	42048	438660	41154
同业及其他金融机构存放款项	1612995	1439395	1582881	1442259
拆入资金	322546	321712	311095	304195
以公允价值计量且其变动计入当期损益的金融负债	396591	302649	395769	301778
衍生金融负债	90333	27942	83332	23320
卖出回购金融资产	190580	268012	170067	264569
客户存款	15402915	13668533	15114993	13393246

续表

	本集团		本行	
	2016 年	2015 年	2016 年	2015 年
应付职工薪酬	33870	33190	31779	31593
应交税费	44900	49411	43653	48515
应付利息	211330	205684	210035	204336
预计负债	9276	7108	7336	5813
已发行债务证券	451554	415544	386491	356711
递延所得税负债	570	624	53	81
其他负债	167252	122554	54015	53067
负债合计	19374051	16904406	18830159	16470637
股东权益				
股本	250011	250011	250011	250011
其他权益工具				
优先股	19659	19659	19659	19659
资本公积	134543	134911	135109	135109
其他综合收益	(1211)	17831	(1990)	21421
盈余公积	175445	153032	175445	153032
一般风险准备	211193	186422	206697	182319
未分配利润	786860	672154	766312	658545
归属于本行股东权益合计	1576500	1434020	1551243	1420096
少数股东权益	13154	11063	—	—
股东权益合计	1589654	1445083	1551243	1420096
负债和股东权益总计	20963705	18349489	20381402	17890733

中国建设银行股份有限公司利润表

（2016 年度）　　　　除特别注明外，以人民币百万元列示

	本集团		本行	
	2016 年	2015 年	2016 年	2015 年
一、营业收入	605090	605197	535687	566265
利息净收入	417799	457752	402900	447252
利息收入	696637	770559	670855	745758
利息支出	(278838)	(312807)	(267955)	(298506)
手续费及佣金净收入	118509	113530	115876	109928
手续费及佣金收入	127863	121404	125024	117671
手续费及佣金支出	(9354)	(7874)	(9148)	(7743)

续表

	本集团		本行	
	2016 年	2015 年	2016 年	2015 年
投资收益	19112	6652	13383	1808
其中：对联营和合营企业的投资收益	69	275	—	—
公允价值变动（损失）/收益	(1412)	3344	(458)	3480
汇兑收益	2817	2716	3377	3208
其他业务收入	48265	21203	609	589
二、营业支出	(312701)	(309107)	(252071)	(275375)
税金及附加	(17473)	(36303)	(17019)	(35711)
业务及管理费	(152820)	(157380)	(143229)	(149455)
资产减值损失	(93204)	(93639)	(90534)	(89576)
其他业务成本	(49204)	(21785)	(1289)	(633)
三、营业利润	292389	296090	283616	290890
加：营业外收入	4257	3925	3931	3705
减：营业外支出	(1436)	(1518)	(1360)	(1335)
四、利润总额	295210	298497	286187	293260
减：所得税费用	(62821)	(69611)	(62059)	(68084)
五、净利润	232389	228886	224128	225176
归属于本行股东的净利润	231460	228145	224128	225176
少数股东损益	929	741	—	—
六、其他综合收益	(19752)	20837	(23411)	18278
归属于本行股东的其他综合收益的税后净额	(19042)	20166	(23411)	18278
最终不计入损益	(771)	55	(771)	55
补充退休福利重新计量的金额	(839)	51	(839)	51
其他	68	4	68	4
最终计入损益	(18271)	20111	(22640)	18223
可供出售金融资产产生的（损失）/利得金额	(26932)	27262	(26344)	26398
可供出售金融资产产生的所得税影响	6828	(6841)	6597	(6633)
前期计入其他综合收益当期转入损益的净额	(3930)	(1429)	(4015)	(1504)
现金流量套期净（损失）/收益	(150)	10	(150)	(1)
外币报表折算差额	5913	1109	1272	(37)
归属于少数股东的其他综合收益的税后净额	(710)	671	—	—
七、综合收益总额	212637	249723	200717	243454
归属于本行股东的综合收益	212418	248311	—	—
归属于少数股东的综合收益	219	1412	—	—
八、基本和稀释每股收益（人民币元）	0.92	0.91	—	—

中国建设银行股份有限公司现金流量表

（2016 年度）　　　　除特别注明外，人民币百万元

	本集团		本行	
	2016 年	2015 年	2016 年	2015 年
一、经营活动现金流量：				
客户存款和同业及其他金融机构存放款项净增加额	1829273	1163129	1808250	1141828
向中央银行借款净增加额	395118	—	395343	—
存放中央银行和同业款项净减少额	—	130948	—	138911
拆入资金净增加额	—	110038	—	141718
卖出回购金融资产净增加额	—	86340	—	87313
已发行存款证净增加额	12653	—	20006	—
拆出资金净减少额	10762	—	—	—
买入返售金融资产净减少额	208433	—	242148	—
收取的利息、手续费及佣金的现金	842155	884171	810378	854147
以公允价值计量且其变动计入当期损益的金融资产净减少额	—	62142	—	60029
以公允价值计量且其变动计入当期损益的金融负债净增加额	92919	6639	93010	9135
收到的其他与经营活动有关的现金	37734	27087	4573	5604
经营活动现金流入小计	3429047	2470494	3373708	2438685
客户贷款和垫款净增加额	（1258420）	（1059060）	（1205481）	（1078708）
存放中央银行和同业款项净增加额	（328481）	—	（257744）	—
向中央银行借款净减少额	—	（50300）	—	（50387）
拆入资金的减少额	（16216）	—	（14329）	—
卖出回购金融资产净减少额	（78104）	—	（94502）	—
拆出资金净增加额	—	（27495）	（24082）	（46796）
支付的利息、手续费及佣金的现金	（276489）	（290308）	（265453）	（278053）
支付给职工以及为职工支付的现金	（93055）	（92932）	（87231）	（88822）
支付的各项税费	（102743）	（112987）	（103617）	（111026）
已发行存款证净减少额	—	（69604）	—	（50158）

续表

	本集团		本行	
	2016 年	2015 年	2016 年	2015 年
买入返售金融资产净增加额	—	(36975)	—	(36095)
以公允价值计量且其变动计入当期损益的金融资产净增加额	(211099)	—	(97478)	—
支付的其他与经营活动有关的现金	(181908)	(97339)	(192369)	(96119)
经营活动现金流出小计	(2546515)	(1837000)	(2342286)	(1836164)
经营活动产生的现金流量净额	882532	633494	1031422	602521
二、投资活动现金流量：				
收回投资收到的现金	777941	525257	685822	456181
收取的现金股利	2566	747	104	71
处置固定资产和其他长期资产收回的现金净额	1187	2064	1536	1552
投资活动现金流入小计	781694	528068	687462	457804
投资支付的现金	(1363040)	(1091451)	(1239507)	(982039)
购建固定资产和其他长期资产支付的现金	(27742)	(28589)	(16827)	(21856)
取得子公司、联营和合营企业支付的现金	(1393)	(1657)	(2503)	(1955)
对子公司增资支付的现金	—	—	(2256)	(4519)
投资纳入合并范围的结构化主体支付的现金	—	—	(211908)	—
投资活动现金流出小计	(1392175)	(1121697)	(1473001)	(1010369)
投资活动所用的现金流量净额	(610481)	(593629)	(785539)	(552565)
三、筹资活动现金流量：				
发行债券收到的现金	16522	55053	—	39788
子公司吸收少数股东投资收到的现金	13	142	—	—
发行优先股收到的现金	—	19659	—	19659
筹资活动现金流入小计	16535	74854	—	59447
分配股利支付的现金	(69574)	(75262)	(69570)	(75253)
偿还债务支付的现金	(11711)	(2815)	(3500)	(500)
购买少数股东股权支出的现金	(144)	(1027)	—	—
偿付已发行债券利息支付的现金	(10474)	(9573)	(9682)	(8631)
筹资活动现金流出小计	(91903)	(88677)	(82752)	(84384)

续表

	本集团		本行	
	2016 年	2015 年	2016 年	2015 年
筹资活动所用的现金流量净额	(75368)	(13823)	(82752)	(24937)
四、汇率变动对现金及现金等价物的影响	14520	8161	15617	8473
五、现金及现金等价物净增加额	211203	34203	178748	33492
加：年初现金及现金等价物余额	387921	353718	413665	380173
六、年末现金及现金等价物余额	599124	387921	592413	413665

中国建设银行存、贷款主要指标统计表（人民币）

（2016 年 12 月）　　单位：亿元

项　　目	本期余额	比年初新增		新增比 2015 年同期（±）
		2016 年	2015 年	
一、一般性存款	144873.74	15760.65	8034.90	7725.75
1. 对公存款	76292.52	10452.43	3397.16	7055.27
其中：活期存款	49961.90	9036.75	2627.76	6408.99
定期存款	26330.61	1415.68	769.39	646.29
2. 个人存款	68581.23	5308.21	4637.74	670.47
其中：活期存款	29621.19	3927.66	-1126.62	5054.28
定期存款	38960.03	1380.56	5764.36	-4383.80
二、归入存款口径的金融机构存款	8931.34	-1387.44	1274.92	-2662.36
三、保本理财资金	3284.90	697.76	238.24	459.52
1. 对公保本理财资金	2764.60	655.31	669.60	-14.29
2. 个人保本理财资金	520.30	42.44	-431.36	473.80
四、同业存款	3729.64	1775.98	975.39	800.59
五、各项贷款	104451.82	9469.12	9168.75	300.37
1. 对公贷款	59720.39	1025.67	2668.18	-1642.51
其中：贴现贷款	5001.71	603.66	2679.52	-2075.86
2. 个人类贷款	43391.50	8737.83	5824.56	2913.27
其中：个人住房贷款	37691.57	8178.82	5369.77	2809.05

注：1. 个人类贷款包括个人住房贷款、个人消费类贷款和信用卡透支，不含“个人买方信贷”。

2. 个人住房贷款中含个人商业用房贷款。

中国建设银行存、贷款主要指标统计表（外币）

（2016 年 12 月）　　单位：亿美元

项　　目	本期余额	比年初新增		新增比 2014 年同期（±）
		2016 年	2015 年	
一般性存款	**645.83**	**154.55**	**38.82**	**115.73**
一、对公存款	536.48	110.66	19.12	91.54
其中：活期存款	159.38	42.08	12.67	29.41
定期存款	377.10	68.58	6.46	62.12
二、个人存款	109.35	43.89	19.70	24.19
其中：活期存款	45.19	16.60	5.67	10.93
定期存款	64.16	27.29	14.03	13.26
归入存款口径的金融机构存款	**19.79**	**-6.61**	**4.21**	**-10.82**
同业存款	**76.59**	**0.79**	**-22.47**	**23.26**
各项贷款	**592.06**	**29.87**	**-42.55**	**72.42**
一、短期贷款	73.67	-60.68	-27.72	-32.96
二、中长期贷款	172.73	-26.11	69.97	-96.08
三、进出口贸易融资	313.88	115.60	-39.10	154.70
四、各项垫款	1.96	-0.05	-1.44	1.40
五、境外贷款	29.83	1.11	-44.26	45.36

中国建设银行个人贷款主要指标统计表（本外币）

（2016 年 12 月）　　单位：亿元

项　　目	本期余额	比年初新增		新增比 2014 年同期（±）
		2016 年	2015 年	
个人贷款合计	**43400.63**	**8738.33**	**5824.61**	**2913.72**
1. 个人消费贷款	750.39	195.70	-25.72	221.42
2. 个人助学贷款	1.15	-0.47	-0.63	0.16
3. 个人住房贷款	35856.44	8117.49	5200.80	2916.69
4. 个人商业用房贷款	1761.44	76.85	175.89	-99.05
5. 个人其他消费贷款	0.04	0.00	-0.01	0.01
6. 下岗失业人员小额担保贷款	1.25	0.14	0.04	0.10
7. 个人助业贷款	463.95	-167.58	-118.49	-49.09
8. 个人住房最高额抵押贷款	73.78	-15.57	-6.97	-8.59
9. 个人支农贷款	55.03	-8.44	-9.38	0.94
10. 个人信用卡透支	4437.15	540.20	609.07	-68.87

中国建设银行各分行存款主要指标统计表（本外币）

（2016 年 12 月） 单位：亿元

地区	一般性存款		其中：对公存款		其中：个人存款	
	本期余额	比年初新增	本期余额	比年初新增	本期余额	比年初新增
境内合计	**149361.97**	**17058.58**	**80020.80**	**11415.50**	**69341.17**	**5643.07**
总行本级	27.49	-26.52	27.49	5.76	0.00	-32.27
信用卡条线	93.67	13.41	0.22	0.08	93.45	13.33
长三角	28177.36	3257.21	16953.93	2659.26	11223.43	597.95
上海	9474.48	1288.11	6142.09	1008.11	3332.39	280.00
江苏	8199.50	1033.77	4342.87	824.24	3856.63	209.54
浙江	6471.81	614.41	3882.79	572.13	2589.03	42.28
宁波	1349.04	57.40	896.03	51.40	453.01	6.00
苏州	2682.52	263.51	1690.16	203.38	992.36	60.13
珠三角	23559.24	3983.74	12988.40	3020.31	10570.84	963.43
广东	12060.71	1725.01	6038.01	1163.78	6022.70	561.23
深圳	6186.19	1773.47	4671.96	1601.30	1514.23	172.17
福建	4022.51	357.69	1619.96	177.90	2402.54	179.79
厦门	1289.84	127.57	658.47	77.33	631.37	50.24
环渤海	27586.61	2873.61	15185.37	1722.11	12401.24	1151.49
北京	10816.30	1267.98	7202.37	929.53	3613.93	338.45
山东	7006.24	622.60	3508.91	319.23	3497.33	303.37
天津	2473.66	274.99	1404.32	160.07	1069.34	114.92
河北	6205.76	685.08	2493.20	302.31	3712.56	382.77
青岛	1084.65	22.96	576.56	10.97	508.09	11.99
中部	29761.80	3223.87	14013.71	1853.14	15748.09	1370.73
山西	2983.60	182.05	1274.13	74.07	1709.46	107.98
广西	2606.06	221.13	1400.12	130.53	1205.94	90.60
湖北	5613.47	601.08	2412.59	330.58	3200.88	270.50
河南	5230.97	587.29	2245.86	274.21	2985.12	313.08
湖南	5687.15	608.90	2408.76	274.82	3278.39	334.08
江西	2555.10	237.67	1393.10	137.23	1162.00	100.44
海南	970.53	191.34	622.62	163.72	347.91	27.62
安徽	4114.92	594.40	2256.53	467.98	1858.39	126.42
西部	29444.87	2977.86	16140.88	1850.79	13303.99	1127.07
四川	7972.45	932.98	4348.72	599.64	3623.73	333.35
重庆	2724.59	272.29	1465.59	180.40	1259.00	91.89
贵州	2480.82	349.70	1518.98	243.51	961.84	106.19
云南	3336.21	379.29	2005.57	255.47	1330.64	123.82
西藏	879.19	83.59	691.76	55.94	187.43	27.65
内蒙古	2688.89	415.52	1325.21	298.20	1363.68	117.32
陕西	3974.45	268.46	1756.22	69.84	2218.22	198.62
甘肃	1719.18	39.39	884.53	-1.78	834.65	41.17
青海	917.75	20.95	508.93	-1.20	408.82	22.15
宁夏	647.43	27.94	329.61	3.57	317.83	24.37
新疆	2103.90	187.75	1305.76	147.20	798.15	40.55
东北	10710.92	755.40	4710.80	304.05	6000.12	451.35
辽宁	4360.26	332.86	1873.16	153.88	2487.10	178.98
吉林	2405.45	199.41	1078.24	74.63	1327.21	124.77
黑龙江	2568.87	159.18	1017.80	36.69	1551.07	122.49
大连	1376.34	63.95	741.60	38.85	634.74	25.10

注：存款不含保本理财资金。

中国建设银行各分行贷款主要指标统计表（本外币）

（2016 年 12 月）　　单位：亿元

地区	各项贷款		其中：对公贷款		其中：个人贷款	
	本期余额	比年初新增	本期余额	比年初新增	本期余额	比年初新增
境内合计	**108566.37**	**9932.93**	**63617.70**	**1473.26**	**43400.63**	**8738.33**
总行本级	1644.38	441.79	109.96	-14.62	0.00	0.00
长三角	21821.42	1478.78	12963.03	-313.53	8847.80	1807.30
上海	6070.31	656.33	4098.44	183.62	1961.37	482.72
江苏	6362.74	705.80	3662.73	26.94	2699.92	683.86
浙江	5250.87	-82.77	2875.07	-360.87	2375.80	278.10
宁波	1387.24	-152.31	903.72	-189.25	483.52	36.95
苏州	2750.27	351.72	1423.07	26.04	1327.20	325.67
珠三角	18572.24	3323.84	9015.05	932.23	9554.20	2430.62
广东	7483.77	1251.90	3555.20	-24.78	3925.59	1282.69
深圳	5859.87	1615.24	3146.21	965.24	2713.66	683.00
福建	4033.01	364.50	1841.03	23.00	2191.98	341.50
厦门	1195.59	92.20	472.61	-31.23	722.98	123.43
环渤海	18749.22	515.85	11990.61	-317.17	6758.61	1505.60
北京	5596.63	-593.06	4102.17	-169.41	1494.46	245.90
山东	4727.08	88.73	2931.30	-170.07	1795.78	258.94
天津	2697.60	301.62	1917.81	71.80	779.78	231.82
河北	4576.04	602.79	2451.80	-36.02	2124.24	639.68
青岛	1151.87	115.77	587.53	-13.48	564.34	129.26
中部	20830.33	2268.31	11889.22	413.21	8941.08	1856.60
山西	1853.40	220.94	1362.45	98.89	490.95	123.05
广西	2152.06	201.61	1274.51	93.96	877.53	108.15
湖北	3730.58	521.62	2142.00	86.53	1588.59	435.09
河南	3831.57	510.79	2089.93	135.57	1741.63	375.22
湖南	3773.20	294.23	2420.17	77.65	1353.03	216.58
江西	2000.93	217.64	894.76	28.32	1106.17	189.33
海南	615.58	64.54	358.48	-1.41	257.10	65.96
安徽	2873.00	236.94	1346.91	-106.29	1526.09	343.23
西部	20272.18	1574.44	13206.29	664.19	7065.89	917.25
四川	4133.33	350.86	2320.85	76.43	1812.49	274.43
重庆	2820.52	170.29	1506.58	27.29	1313.94	150.00
贵州	1729.41	134.27	1164.96	22.92	564.45	111.36
云南	2201.78	94.16	1309.88	20.65	891.90	73.50
西藏	549.02	77.67	503.82	66.95	45.20	10.72
内蒙古	2293.88	360.58	1779.91	303.50	513.97	57.08
陕西	2595.62	248.97	1652.44	154.02	943.18	94.96
甘肃	1244.53	120.96	891.78	36.19	352.75	84.77
青海	665.94	3.52	585.84	-9.08	80.10	12.60
宁夏	635.52	-23.72	462.45	-29.38	173.07	5.66
新疆	1402.61	36.87	1027.78	-5.30	374.84	42.17
东北	6676.60	329.91	4443.54	108.95	2233.05	220.96
辽宁	2943.71	305.16	1970.36	150.91	973.35	154.25
吉林	1625.87	66.66	1110.38	28.55	515.50	38.12
黑龙江	1102.17	-20.47	713.51	-34.58	388.66	14.11
大连	1004.84	-21.45	649.30	-35.93	355.55	14.48

注：信用卡透支数据已拆分至各分行。

中国建设银行各分行国际结算业务量情况统计表

（2016 年 12 月）　　单位：笔、万美元

地区	进口业务		出口业务		边贸业务		收入（人民币万元）
	笔数	金额	笔数	金额	笔数	金额	
境内合计	**1428694**	**58753960**	**2796554**	**67252141**	**34300**	**690348**	**415706**
总行本级	1468	469955	5365	3960	0	0	2192
长三角	634128	16639751	1201784	20028699	0	0	123044
上海	200187	9150256	172482	6174130	0	0	73882
江苏	80061	2480318	174260	2859376	0	0	16490
浙江	176769	1192606	615377	6282258	0	0	12638
宁波	24582	909385	82710	1157127	0	0	7551
苏州	152529	2907186	156955	3555808	0	0	12483
珠三角	298653	18014919	803971	21647734	0	0	97291
广东	111176	9383105	314371	9071013	0	0	29028
深圳	131003	6566142	164226	9829971	0	0	47983
福建	29553	967475	190805	1418760	0	0	12857
厦门	26921	1098197	134569	1327990	0	0	7423
环渤海	233915	14336680	421927	17224180	0	0	104835
北京	112200	8125823	99942	11928025	0	0	33229
山东	63477	2895938	185184	2374800	0	0	33782
天津	21403	1620078	22141	1231341	0	0	16433
河北	21365	672380	66271	801235	0	0	12662
青岛	15470	1022461	48389	888779	0	0	8729
中部	102869	3967783	185429	3640370	19604	410297	38331
山西	1569	191138	3958	339397	0	0	2728
广西	5626	242086	7238	127350	19604	410297	3241
湖北	28044	856336	35289	498554	0	0	3304
河南	22246	606254	59051	1019422	0	0	9134
湖南	17226	419124	20504	376539	0	0	7138
江西	6208	389938	20844	464112	0	0	3113
海南	5937	425146	4169	32330	0	0	2864
安徽	16013	837761	34376	782666	0	0	6811
西部	87948	2792223	80438	3277124	12171	258993	26920
四川	32867	620034	28491	612805	0	0	6506
重庆	17555	1155942	20266	1803205	0	0	7256
贵州	3731	71925	2132	89898	0	0	526
云南	7135	107556	5438	78199	3245	75898	1634
西藏	43	1285	159	120	0	0	1
内蒙古	11709	168055	3629	67775	5824	92854	663
陕西	6474	302787	9480	246059	0	0	3108
甘肃	1138	210477	2808	219619	0	0	5698
青海	672	7432	374	2787	0	0	207
宁夏	1058	44720	1675	38649	0	0	138
新疆	5566	102010	5986	118008	3102	90241	1183
东北	69713	2532649	97640	1430074	2525	21058	23093
辽宁	18518	1116309	37362	692200	475	4723	11003
吉林	15699	572148	19182	104034	0	0	2823
黑龙江	7771	178845	8676	54356	2050	16335	1190
大连	27725	665347	32420	579484	0	0	8076

中国建设银行各分行中间业务收入情况统计表（本外币、境内）

（2016 年 12 月）　　单位：万元、%

地区	中间业务毛收入	中间业务支出	中间业务净收入	同比增速（毛收入）
境内合计	**13131601.54**	**878800.24**	**12252801.30**	**5.70**
总行本级	137166.93	29973.28	107193.65	-16.51
长三角	2767570.19	160165.49	2607404.70	6.14
上海	912818.35	40885.14	871933.21	9.33
江苏	839648.94	44705.68	794943.27	11.37
浙江	573740.17	47081.51	526658.66	1.22
宁波	124536.29	8242.17	116294.12	-21.08
苏州	316826.43	19250.99	297575.44	7.81
珠三角	2534539.45	145163.03	2389376.42	7.85
广东	1135176.64	66347.11	1068829.53	8.28
深圳	744525.65	32446.48	712079.17	14.37
福建	501581.57	37008.88	464572.70	-1.20
厦门	153255.58	9360.56	143895.02	7.13
环渤海	2426530.98	145630.94	2280900.04	3.65
北京	879966.83	44683.58	835283.25	2.92
山东	665076.87	45493.92	619582.95	-0.20
天津	289232.40	10645.62	278586.79	9.95
河北	501569.81	38248.43	463321.38	10.93
青岛	90685.07	6559.39	84125.68	-13.18
中部	2423836.13	200040.61	2223795.52	7.81
山西	180291.04	13062.89	167228.15	12.21
广西	220436.92	12192.86	208244.06	3.48
湖北	429484.23	31034.09	398450.13	6.97
河南	528138.66	38793.53	489345.13	3.93
湖南	462205.07	57748.20	404456.87	8.64
江西	264484.01	21355.04	243128.96	16.46
海南	71374.93	5764.85	65610.08	10.19
安徽	267421.28	20089.14	247332.14	8.01
西部	2026441.72	153015.99	1873425.73	4.78
四川	492718.83	36782.19	455936.64	6.46
重庆	284326.26	20981.74	263344.52	0.46
贵州	184112.86	12049.42	172063.44	14.83
云南	240863.05	15612.68	225250.37	-0.45
西藏	13195.22	1335.48	11859.74	10.18
内蒙古	158321.29	11582.24	146739.06	6.40
陕西	271241.69	20978.10	250263.59	9.75
甘肃	145742.32	11692.04	134050.28	4.38
青海	37670.10	3193.77	34476.33	5.22
宁夏	50833.51	4988.22	45845.29	10.23
新疆	147416.57	13820.11	133596.45	-5.79
东北	815516.14	44810.91	770705.23	4.80
辽宁	327684.56	16140.13	311544.42	9.08
吉林	217423.04	11493.97	205929.07	2.00
黑龙江	162494.71	11042.87	151451.84	8.00
大连	107913.83	6133.93	101779.90	-5.47

中国建设银行各分行借记卡主要指标统计表（本外币）

（2016年12月）

地区	发卡总量（万张）	存款余额		交易总额		购物消费额（万元）
		余额（万元）	卡均（元）	余额（万元）	卡均（元）	
境内合计	**84597**	**385850793**	**4561**	**7148343239**	**84499**	**1008026763**
长三角	12646	58695791	4641	1374057817	108653	184000820
上海	2153	17812056	8272	355373535	165032	44284349
江苏	4607	16389280	3558	372803778	80928	56219534
浙江	3543	16300054	4601	420039614	118552	56633300
宁波	847	2505003	2957	85839999	101336	7915603
苏州	1496	5689398	3803	140000892	93575	18948032
珠三角	14026	66779067	4761	1378857396	98308	191980934
广东	8358	32674980	3909	538463479	64425	86529808
深圳	2253	11568743	5135	246908106	109603	27477974
福建	2696	17594328	6525	463478601	171892	61939719
厦门	719	4941015	6874	130007210	180859	16033432
环渤海	13899	62499278	4497	1110999290	79933	162350601
北京	2312	19920600	8616	333972134	144451	53779605
山东	5496	16494526	3001	323153819	58794	47281520
天津	1513	4237684	2802	81978321	54200	11925527
河北	3935	19523807	4961	327466385	83214	41978518
青岛	643	2322660	3612	44428631	69093	7385431
中部	21480	90637078	4220	1646815915	76667	246258813
山西	2468	7364291	2983	121225944	49111	15958660
广西	1675	6951673	4150	119288385	71210	17386516
湖北	3411	18517564	5429	303404658	88956	51019775
河南	5350	19668875	3676	344327063	64355	53006915
湖南	3719	19158226	5151	341962120	91948	52050054
江西	2088	7514457	3600	178926081	85709	22121089
海南	361	2142296	5931	35033358	96989	5003861
安徽	2408	9319697	3871	202648306	84173	29711943
西部	15928	80745726	5069	1174220506	73718	163217404
四川	3568	22146391	6207	304138260	85240	45386778
重庆	1836	7962457	4337	133062225	72485	18524562
贵州	1232	6847580	5559	98768903	80183	13848000
云南	1675	8287523	4949	131418068	78472	18421199
西藏	112	1472988	13136	18299092	163195	1962450
内蒙古	1751	7980024	4557	110912531	63337	14551813
陕西	2207	11444283	5184	146232987	66246	22430624
甘肃	1262	5335592	4229	76306881	60488	10516343
青海	670	2409288	3594	29392144	43844	3511556
宁夏	443	2200976	4972	47220619	106669	4753879
新疆	1173	4658624	3972	78468797	66898	9310201
东北	6617	26493854	4004	463392316	70031	60218192
辽宁	2444	10557968	4320	170214532	69648	21999840
吉林	1387	6793665	4900	131807464	95063	15895756
黑龙江	1927	6679810	3467	115608602	60008	16302141
大连	860	2462411	2863	45761719	53214	6020455

中国建设银行各分行信用卡主要指标统计表（本外币、境内）

（2016年12月）　　单位：户、张、万元，元/户

地区	一、规模类指标										二、效率、质量类指标			三、效益类指标			
	客户拓展				消费交易			贷款投放									
	1. 累计客户数	2. 净增客户数	3. 新增年轻客户数	4. 净增发卡	5. 消费交易额（不含分期）	6. 分期交易额	7. 收单交易额	8. 贷款余额	9. 其中：分期贷款余额	10. 当年新增贷款	11. 客户活动率	12. 贷款收益率	13. 不良率	14. 业务收入（不含增值税）	15. 其中：中收	16. 活动户均收入	17. 信用卡中收在分行占比
全国总计	**74434497**	**8518782**	**7687847**	**13329298**	**213217284**	**26769552**	**294976629**	**44373298**	**22406388**	**5401111**	**60.62%**	**6.58%**	**0.97%**	**3572550**	**2663654**	**792**	**20.28%**
长三角	14111922	1020793	1237831	2089613	35694359	5017040	82688488	7801735	4050114	782081	54.45%	6.67%	0.90%	665016	497821	865	17.99%
上海	4275989	112647	336042	460261	10380553	1231118	30221808	1961671	859543	120111	54.54%	6.88%	0.54%	182802	134149	784	14.70%
江苏	4303325	523274	407187	750647	10355218	1767137	13301531	2547275	1493358	487339	52.22%	6.62%	0.96%	196369	151712	874	18.07%
浙江	3780759	273912	318542	649287	10695417	1436281	33004643	2365099	1240816	9941	55.77%	6.40%	1.07%	206765	157783	981	27.50%
宁波	680797	-10291	46786	8554	1774246	174838	2420130	322211	134063	-8559	50.73%	7.01%	1.58%	29353	19464	850	15.63%
苏州	1071052	121251	129274	220864	2488926	407665	3740375	605480	322333	173250	60.74%	7.17%	0.81%	49728	34714	764	10.96%
珠三角	12251184	1152235	1285270	2099018	39075475	5984907	32450915	9778475	5562283	997416	64.65%	7.04%	0.99%	775071	581600	979	22.95%
广东	5880079	503780	644877	972574	14756895	2510602	16716432	3879051	2229059	599834	61.68%	7.33%	0.97%	313648	232296	865	20.46%
深圳	2119962	199103	238170	320894	7724524	1363350	7770272	2122313	1246253	164185	66.83%	7.75%	0.85%	182984	131239	1292	17.63%
福建	3511017	355753	316483	675240	14473678	1846800	7353773	3310433	1841768	191396	69.18%	6.40%	1.16%	245754	192260	1012	38.33%
厦门	740126	93599	85740	130310	2120378	264155	610438	466678	245204	42001	60.52%	6.00%	0.56%	32684	25805	730	16.84%
环渤海	12590524	1204962	1254383	2030891	36552584	3833593	68332799	6539651	3002218	724031	62.04%	6.05%	0.86%	519017	395279	664	16.29%
北京	3135532	39604	233877	335098	7178579	806387	34052895	1429044	693161	59100	53.39%	7.19%	0.86%	134364	101966	803	11.59%
山东	4119918	519696	435564	750674	15232735	1294464	13065475	2442791	997480	313535	66.42%	5.38%	1.01%	181195	136900	662	20.58%
天津	1066691	53020	110937	78827	1758386	314643	4038531	457424	280162	51322	46.81%	7.39%	0.63%	39034	30888	782	10.68%
河北	3658442	567926	418867	823524	10838367	1325439	11684275	1991197	966895	314017	69.62%	5.68%	0.67%	142790	110914	561	22.11%
青岛	609941	24716	55138	42768	1544517	92659	5491624	219196	64521	-13944	58.07%	6.49%	1.53%	21634	14611	611	16.11%
中部	15772097	2029179	1646849	2695107	53129387	6283124	51748046	10506361	5255026	1772148	61.01%	6.03%	1.14%	760205	572016	790	23.60%
山西	2071743	215092	169109	282929	6751298	328937	2425123	908792	261553	67310	64.56%	5.57%	1.19%	68755	46161	514	25.60%
广西	1281649	170635	137004	215990	3623840	550170	4233969	913631	515635	196896	63.07%	6.55%	1.13%	64231	46929	795	21.29%

地区	一、规模类指标										二、效率、质量类指标			三、效益类指标			
	客户拓展				消费交易			贷款投放									
	1. 累计客户数	2. 净增客户数	3. 新增年轻客户数	4. 净增发卡	5. 消费交易额（不含分期）	6. 分期交易额	7. 收单交易额	8. 贷款余额	9. 其中：分期贷款余额	10. 当年新增贷款	11. 客户活动率	12. 贷款收益率	13. 不良率	14. 业务收入（不含增值税）	15. 其中：中收	16. 活动户均收入	17. 信用卡中收在分行占比
湖北	2650123	283638	281010	380957	6813541	670866	5305534	1247012	536729	154207	55.95%	6.18%	1.27%	92975	65533	627	15.26%
河南	3043433	369215	316167	514226	12572749	763430	7533015	1693924	517601	-23414	68.39%	5.20%	1.60%	135335	104861	650	19.85%
湖南	3176441	397446	324284	520781	10487938	1599568	13939781	2499807	1463638	389965	56.77%	6.44%	1.05%	187989	144373	1043	31.24%
江西	1503424	267080	187364	361485	7416369	981021	10439304	1637222	921304	171273	62.37%	6.32%	1.20%	119949	96862	1279	36.62%
海南	270365	46881	36424	61543	1288899	137126	2449455	256911	121080	65702	69.40%	6.49%	0.67%	20304	14205	1082	19.90%
安徽	1774919	279192	195487	357196	4174753	1252006	5421863	1349062	917485	750209	55.40%	5.77%	0.59%	70667	53091	719	19.85%
西部	13851006	2391679	1742515	3314278	37158216	4320141	47522054	7382367	3411136	882719	63.49%	6.90%	0.83%	639694	463388	727	22.87%
四川	3347833	402670	333036	619008	7314358	1147262	10272240	1751644	913340	224437	61.94%	7.39%	0.63%	158366	115422	764	23.43%
重庆	1384651	141928	136788	253175	4349885	459613	6206332	846940	387110	-32441	61.90%	7.58%	1.39%	87925	62748	1026	22.07%
贵州	933599	164801	128410	242443	2273552	370866	3595821	632645	367296	142688	63.44%	6.91%	0.59%	47375	33874	800	18.40%
云南	1231237	151378	125826	236966	3818600	325724	4934339	650009	242811	57502	65.28%	6.51%	1.11%	54920	37131	683	15.42%
西藏	53528	9227	7626	12794	173661	19408	1176654	34027	14898	11643	72.61%	7.36%	0.34%	3190	1967	821	14.90%
内蒙	1417903	198202	138365	248484	6701207	570942	2473935	1067943	419539	-4921	73.29%	6.35%	1.18%	86498	62858	832	39.70%
陕西	2508285	713535	482708	878552	3703095	452574	5843432	758171	362961	97375	54.24%	7.00%	0.93%	68680	51352	505	18.93%
甘肃	1123400	203433	149057	282542	2965162	405773	5330116	589951	270626	191007	66.85%	6.11%	0.45%	43463	32399	579	22.23%
青海	264825	36038	28144	53651	600870	58224	1602319	105083	39719	25643	66.36%	7.13%	0.44%	10052	6699	572	17.78%
宁夏	424917	80242	59256	103275	2205566	97193	2337135	268842	54469	36516	79.40%	5.12%	0.83%	22068	14757	654	29.03%
新疆	1160828	290225	153299	383388	3052260	412563	3749731	677111	338368	133270	65.84%	7.12%	0.39%	57155	44181	748	29.97%
东北	5857675	732804	520999	1100368	11607234	1330746	12234327	2364708	1125611	242716	56.15%	7.27%	1.04%	213331	153454	649	18.82%
辽宁	2173020	338885	218970	511010	3840826	497769	3629707	836705	418954	127078	55.43%	7.57%	1.22%	75893	54023	630	16.49%
吉林	1552538	187854	145225	237573	3702660	474075	3730804	793270	407695	120843	60.58%	6.87%	0.79%	65258	48415	694	22.27%
黑龙江	1540919	177355	113024	303759	2895435	234300	3542467	495460	187510	2010	54.21%	7.27%	1.03%	48662	34486	583	21.22%
大连	591198	28710	43780	48026	1168313	124603	1331349	239273	111451	-7215	52.20%	7.52%	1.26%	23518	16530	762	15.32%

注：收单交易额含网络商户收单交易额。

中国建设银行100个中心城市行各项存款综合排名表（本外币）

（2016年12月） 单位：亿元

名次	地区	一般性存款		其中：对公存款		其中：储蓄存款	
		本期余额	比年初新增	本期余额	比年初新增	本期余额	比年初新增
1	北京	10816.30	1267.98	7202.37	929.53	3613.93	338.45
2	上海	9474.48	1288.11	6142.09	1008.11	3332.39	280.00
3	深圳	6186.19	1773.47	4671.96	1601.30	1514.23	172.17
4	成都	4742.92	576.47	2827.34	401.54	1915.58	174.93
5	广州	4192.76	433.07	2164.53	270.89	2028.23	162.18
6	重庆	2724.59	272.29	1465.59	180.40	1259.00	91.89
7	苏州	2682.52	263.51	1690.16	203.38	992.36	60.13
8	天津	2473.66	274.99	1404.32	160.07	1069.34	114.92
9	武汉	2377.55	270.18	1173.87	164.93	1203.68	105.25
10	杭州	2339.29	390.61	1732.00	381.12	607.29	9.49
11	西安	2209.26	152.24	1057.26	63.95	1152.00	88.29
12	沈阳	2161.33	197.70	1083.49	128.37	1077.84	69.33
13	长沙	1836.65	154.11	979.72	73.75	856.93	80.36
14	南京	1835.75	255.27	1187.59	212.01	648.16	43.26
15	福州	1732.66	193.92	709.45	92.84	1023.21	101.08
16	郑州	1699.96	265.95	962.07	189.80	737.89	76.15
17	昆明	1532.67	214.94	942.44	167.81	590.23	47.14
18	济南	1459.92	154.05	855.88	117.59	604.04	36.46
19	合肥	1378.04	315.82	948.74	289.67	429.30	26.16
20	大连	1376.34	63.95	741.60	38.85	634.74	25.10
21	宁波	1349.04	57.40	896.03	51.40	453.01	6.00
22	厦门	1289.84	127.57	658.47	77.33	631.37	50.24
23	石家庄	1283.28	-49.53	667.27	-124.06	616.00	74.52
24	长春	1267.82	103.61	631.99	42.50	635.83	61.11
25	贵阳	1162.18	41.48	736.19	2.59	425.99	38.89
26	南宁	1160.04	110.46	723.44	70.32	436.60	40.14
27	佛山	1127.94	181.95	574.14	137.63	553.81	44.32
28	南通	1121.17	137.02	498.11	99.72	623.06	37.30
29	哈尔滨	1101.28	50.02	436.59	1.22	664.68	48.81
30	青岛	1084.65	22.96	576.56	10.97	508.09	11.99
31	无锡	1076.98	74.17	582.59	68.17	494.38	6.00
32	东莞	1076.00	180.33	495.40	125.30	580.60	55.03
33	常州	1014.62	94.23	472.59	80.18	542.03	14.05
34	唐山	1008.65	78.39	388.74	36.23	619.91	42.17
35	太原	990.14	85.31	574.29	49.13	415.85	36.18
36	泉州	986.39	56.08	360.03	20.52	626.35	35.56
37	乌鲁木齐	947.75	66.38	575.86	61.44	371.89	4.95
38	南昌	923.46	77.10	578.30	46.24	345.16	30.86
39	惠州	859.60	239.20	503.06	192.62	356.54	46.58
40	温州	812.54	85.73	311.55	70.96	500.99	14.76
41	兰州	782.63	16.60	440.39	-3.19	342.23	19.79
42	中山	778.51	151.99	426.19	107.92	352.32	44.07
43	金华	749.04	26.75	382.20	19.32	366.84	7.42
44	保定	746.35	111.89	245.03	47.53	501.32	64.35
45	烟台	723.73	35.14	419.86	20.91	303.88	14.23
46	廊坊	687.33	129.42	347.29	78.75	340.04	50.67
47	嘉兴	663.38	52.42	371.39	54.04	291.98	-1.63
48	扬州	660.44	77.56	329.46	53.64	330.98	23.92

续表

名次	地区	一般性存款		其中：对公存款		其中：储蓄存款	
		本期余额	比年初新增	本期余额	比年初新增	本期余额	比年初新增
49	潍坊	653.80	82.78	290.30	41.59	363.50	41.19
50	珠海	649.06	160.86	380.82	131.44	268.24	29.41
51	西宁	613.56	15.88	320.44	1.56	293.12	14.32
52	海口	594.67	169.57	385.52	152.78	209.15	16.79
53	拉萨	576.33	32.56	440.77	12.76	135.56	19.80
54	呼和浩特	576.27	25.15	326.50	12.04	249.76	13.11
55	邯郸	531.13	41.95	175.96	14.24	355.17	27.72
56	泰州	526.31	60.14	237.65	40.81	288.65	19.33
57	襄樊	521.16	57.77	178.42	31.24	342.74	26.53
58	沧州	505.82	57.30	164.74	28.79	341.08	28.51
59	徐州	493.26	56.38	205.74	38.94	287.52	17.44
60	洛阳	487.74	38.10	192.99	14.28	294.75	23.82
61	江门	486.73	78.74	187.80	43.04	298.93	35.70
62	鄂尔多斯	480.56	80.28	207.31	63.46	273.25	16.83
63	绍兴	475.86	1.07	264.63	-3.94	211.24	5.01
64	三峡	475.27	46.66	174.44	19.42	300.84	27.25
65	临沂	461.14	59.09	244.05	35.44	217.08	23.65
66	衡阳	448.42	52.49	167.57	26.24	280.84	26.25
67	淄博	446.01	50.30	177.22	31.82	268.79	18.48
68	镇江	441.80	75.21	241.51	66.22	200.29	8.99
69	济宁	440.65	44.40	175.76	15.66	264.89	28.74
70	台州	428.01	22.23	241.36	22.07	186.65	0.16
71	盐城	418.05	79.23	225.80	58.71	192.25	20.51
72	东营	416.91	-10.65	243.05	-20.04	173.85	9.40
73	汕头	416.61	41.71	148.01	11.45	268.60	30.26
74	包头	411.92	42.74	158.18	21.23	253.74	21.51
75	咸阳	403.43	49.88	155.64	23.89	247.80	25.99
76	鞍山	383.07	5.08	87.31	-15.58	295.76	20.66
77	滨州	363.98	26.36	199.42	4.42	164.56	21.94
78	柳州	360.79	43.44	185.85	30.20	174.94	13.24
79	榆林	357.47	34.33	128.10	-0.95	229.38	35.29
80	大庆	354.09	-2.44	141.77	-15.89	212.31	13.46
81	漳州	333.68	16.80	155.47	11.88	178.21	4.92
82	银川	332.32	2.21	158.09	-7.38	174.23	9.59
83	莆田	330.10	29.96	92.73	12.01	237.37	17.96
84	湖州	328.99	21.34	176.71	14.78	152.27	6.56
85	南阳	319.50	25.38	132.74	3.22	186.77	22.16
86	盘锦	310.61	-19.18	110.81	-37.90	199.80	18.72
87	菏泽	304.90	39.58	128.73	16.19	176.18	23.39
88	聊城	294.80	37.47	140.40	18.83	154.40	18.64
89	泰安	271.12	1.49	111.39	-16.20	159.72	17.69
90	新乡	269.69	26.86	100.69	7.28	169.00	19.58
91	吉林	251.41	27.82	89.28	14.69	162.13	13.13
92	平顶山	246.44	26.89	99.11	11.31	147.32	15.58
93	桂林	234.96	23.08	84.07	14.69	150.89	8.39
94	芜湖	233.96	-0.96	95.60	-11.98	138.36	11.02
95	吕梁	220.44	22.66	90.40	11.29	130.04	11.36
96	滁州	206.59	33.32	126.68	27.73	79.91	5.58
97	三明	202.70	23.03	96.17	16.17	106.53	6.86
98	九江	191.58	11.18	96.27	8.91	95.31	2.28
99	龙岩	171.62	14.30	82.24	8.18	89.38	6.11
100	日照	155.23	-14.48	75.03	-18.80	80.20	4.32

中国建设银行100个中心城市行各项贷款综合排名表（本外币）

（2016年12月）　　单位：亿元

名次	地区	各项贷款		其中：对公贷款		其中：个人贷款	
		本期余额	比年初新增	本期余额	比年初新增	本期余额	比年初新增
1	上海	6070.31	656.33	4098.44	183.62	1961.37	482.72
2	深圳	5859.87	1615.24	3146.21	965.24	2713.66	683.00
3	北京	5596.63	-593.06	4102.17	-169.41	1494.46	245.90
4	广州	2944.88	546.65	1632.62	143.69	1309.27	408.97
5	重庆	2820.52	170.29	1506.58	27.29	1313.94	150.00
6	成都	2805.70	240.14	1585.99	60.78	1219.72	179.35
7	苏州	2750.27	351.72	1423.07	26.04	1327.20	325.67
8	天津	2697.60	301.62	1917.81	71.80	779.78	231.82
9	福州	2059.72	299.09	799.00	96.06	1260.73	203.03
10	武汉	2006.42	448.99	1112.51	89.80	893.91	359.19
11	南京	1785.09	370.77	813.32	12.59	971.77	363.18
12	沈阳	1766.16	304.36	1074.62	175.97	691.54	128.40
13	杭州	1720.77	149.58	1059.63	10.48	661.14	139.10
14	西安	1702.52	167.52	999.88	87.40	702.63	80.12
15	长沙	1496.65	90.65	1010.43	1.09	486.22	89.56
16	郑州	1464.03	329.23	753.08	80.59	710.96	248.65
17	宁波	1387.24	-152.31	903.72	-189.25	483.52	36.95
18	厦门	1195.59	92.20	472.61	-31.23	722.98	123.43
19	昆明	1187.50	83.74	679.41	42.57	508.10	41.17
20	青岛	1151.87	115.77	587.53	-13.48	564.34	129.26
21	合肥	1060.19	129.90	387.17	-34.31	673.01	164.22
22	贵阳	1031.80	92.30	716.09	38.18	315.70	54.12
23	大连	1004.84	-21.45	649.30	-35.93	355.55	14.48
24	南宁	1003.66	84.33	662.31	37.18	341.34	47.16
25	无锡	963.10	86.00	686.87	21.96	276.23	64.04
26	长春	940.59	80.38	654.55	56.98	286.04	23.40
27	石家庄	921.79	120.76	621.58	40.17	300.21	82.33
28	泉州	833.93	1.21	539.28	-41.32	294.65	42.53
29	廊坊	784.93	297.64	138.58	-0.93	646.35	298.57
30	太原	758.86	197.34	597.37	136.15	161.49	61.19
31	乌鲁木齐	702.15	19.99	556.84	-0.76	145.32	20.75
32	南昌	697.25	88.41	362.24	12.67	335.01	75.74
33	佛山	689.30	65.70	319.25	-81.14	370.05	146.84
34	常州	685.90	6.72	431.67	-22.08	254.23	28.80
35	唐山	685.25	24.79	568.39	16.48	116.86	8.31
36	哈尔滨	644.61	5.81	438.42	-12.53	206.19	18.34
37	南通	641.08	51.51	429.97	13.36	211.10	38.15
38	济南	634.00	92.61	392.81	18.24	241.19	74.52
39	兰州	597.52	167.77	467.86	136.03	129.66	31.74
40	金华	593.39	-67.15	342.33	-77.25	251.06	10.09
41	嘉兴	556.07	22.88	334.54	-24.48	221.53	47.36
42	鄂尔多斯	547.76	36.77	510.23	44.50	37.53	-7.72
43	西宁	547.13	7.07	482.07	-4.28	65.06	11.35
44	温州	539.96	-41.29	265.43	-41.75	274.52	0.46
45	东莞	535.35	92.82	189.27	-23.96	346.08	116.78
46	珠海	534.55	219.07	187.37	43.97	347.19	175.10
47	中山	515.13	112.95	199.00	19.42	316.13	93.53
48	惠州	509.90	102.56	202.45	-1.85	307.45	104.41

续表

名次	地区	各项贷款		其中：对公贷款		其中：个人贷款	
		本期余额	比年初新增	本期余额	比年初新增	本期余额	比年初新增
49	烟台	500.51	-0.26	352.42	-13.56	148.09	13.29
50	海口	432.65	36.39	275.86	-1.42	156.79	37.81
51	潍坊	430.59	-23.64	238.84	-36.58	191.75	12.95
52	泰州	419.31	30.95	267.79	-5.06	151.51	36.01
53	绍兴	412.01	-59.77	255.17	-72.45	156.84	12.68
54	呼和浩特	406.05	36.53	313.94	26.34	92.11	10.19
55	扬州	399.21	32.80	245.48	4.87	153.74	27.93
56	临沂	398.94	63.87	237.78	24.81	161.16	39.06
57	台州	398.29	-16.87	213.04	-35.51	185.26	18.65
58	保定	392.69	75.47	161.95	-10.14	230.74	85.61
59	银川	365.64	-6.12	269.18	-11.27	96.46	5.15
60	东营	356.76	15.71	307.49	8.18	49.28	7.53
61	三峡	344.87	-44.60	241.95	-42.94	102.92	-1.66
62	镇江	325.23	16.79	199.56	-20.12	125.67	36.91
63	漳州	321.22	52.89	130.50	-1.97	190.73	54.86
64	盐城	307.25	29.32	193.49	15.11	113.72	14.21
65	邯郸	306.17	-13.85	246.01	-15.05	60.16	1.19
66	徐州	305.04	33.20	154.02	1.43	151.02	31.77
67	洛阳	289.59	22.97	177.10	1.93	112.49	21.03
68	沧州	284.26	32.83	153.88	-6.99	130.38	39.82
69	江门	279.50	35.82	140.15	-7.15	139.36	42.98
70	柳州	279.05	12.68	168.90	2.89	110.15	9.79
71	湖州	263.47	-18.54	128.88	-37.65	134.58	19.11
72	济宁	262.82	-0.21	174.99	-10.98	87.83	10.78
73	淄博	256.83	-10.64	157.35	-15.36	99.48	4.73
74	滨州	245.33	3.00	184.33	-3.36	61.00	6.36
75	榆林	233.92	5.92	186.58	13.72	47.34	-7.80
76	莆田	229.65	14.72	102.08	-1.52	127.57	16.24
77	鞍山	220.23	16.74	181.93	13.50	38.30	3.24
78	拉萨	215.08	11.63	179.88	2.01	35.20	9.63
79	包头	207.05	-34.57	117.25	-45.35	89.80	10.78
80	衡阳	201.41	26.57	135.00	14.75	66.40	11.82
81	菏泽	193.88	-19.16	108.86	-29.66	85.02	10.50
82	平顶山	189.41	12.78	154.85	5.13	34.56	7.64
83	桂林	188.53	38.77	128.73	27.55	59.80	11.22
84	泰安	188.50	-16.13	126.46	-21.31	62.03	5.18
85	日照	187.60	-42.46	122.86	-46.26	64.75	3.80
86	芜湖	185.14	-18.18	122.12	-31.05	63.02	12.87
87	龙岩	183.33	10.83	88.41	-1.20	94.92	12.03
88	三明	180.14	3.49	87.03	-4.37	93.11	7.86
89	南阳	176.48	4.01	94.64	-2.71	81.83	6.71
90	吉林	173.15	3.98	124.82	-1.07	48.33	5.06
91	聊城	168.12	0.40	105.74	-3.44	62.38	3.84
92	新乡	167.91	-6.16	96.13	-14.08	71.78	7.91
93	汕头	167.80	16.42	109.83	2.36	57.97	14.05
94	襄樊	167.39	-0.94	101.65	-4.21	65.73	3.27
95	咸阳	161.12	19.55	98.86	11.83	62.26	7.72
96	九江	159.62	15.30	73.81	1.95	85.81	13.34
97	滁州	155.66	9.43	89.59	-1.24	66.07	10.67
98	盘锦	111.09	-23.82	85.31	-24.23	25.78	0.42
99	吕梁	107.91	1.78	75.16	-1.54	32.75	3.31
100	大庆	75.28	-1.16	58.93	-2.05	16.35	0.89

中国建设银行各项存款市场占比表（本外币、分地区）

（2016年12月）

地区	一般性存款				其中：对公存款				其中：个人存款			
	余额（亿元）	占比（%）	比年初新增(亿元)	占比（%）	余额（亿元）	占比（%）	比年初新增(亿元)	占比（%）	余额（亿元）	占比（%）	比年初新增(亿元)	占比（%）
全国总计	**162208.42**	**26.55**	**16481.65**	**35.89**	**82461.55**	**28.26**	**11451.03**	**35.96**	**69194.48**	**24.25**	**5686.15**	**26.47**
长三角	31568.65	24.83	2589.30	28.11	17466.50	27.01	2546.51	32.08	11277.49	21.64	688.52	17.31
上海	12044.39	29.08	535.77	39.13	6407.95	31.26	764.97	29.22	3274.43	23.60	275.02	32.05
江苏	8554.85	24.80	903.96	32.15	4415.43	26.32	863.16	38.59	3903.73	23.38	219.50	20.56
浙江	6716.31	20.16	724.72	19.56	3942.16	23.72	625.20	31.62	2645.10	17.89	102.00	6.31
宁波	1387.33	22.67	74.96	16.29	925.93	24.54	65.04	17.98	458.06	20.03	10.93	8.25
苏州	2865.77	24.29	349.89	40.46	1775.03	25.40	228.14	30.69	996.17	22.27	81.07	26.67
珠三角	26117.67	28.51	4123.42	41.07	14155.20	30.96	3434.57	40.09	10160.40	25.43	966.19	28.75
广东	12900.98	25.13	2033.99	38.60	6653.84	28.80	1440.41	38.48	5857.02	22.22	554.13	27.05
深圳	7736.63	32.21	1654.93	49.08	5045.80	33.67	1746.40	43.26	1365.92	25.65	179.75	29.72
福建	4124.54	32.50	330.64	31.53	1693.17	30.97	180.87	32.45	2350.22	34.00	181.26	31.54
厦门	1355.52	38.05	103.86	29.65	762.39	35.23	66.89	29.20	587.24	43.38	51.05	38.40
环渤海	32074.58	24.40	2511.07	33.02	15599.71	23.09	1666.30	25.08	12485.30	22.93	1067.80	23.59
北京	14761.00	23.21	966.88	49.37	7472.60	19.31	960.59	23.62	3655.55	21.86	266.51	21.74
山东	7141.37	25.82	566.17	28.47	3500.71	28.05	312.95	38.85	3532.12	24.03	301.06	23.20
天津	2596.19	23.90	193.73	22.41	1467.72	27.60	80.25	15.30	1069.14	20.19	97.65	24.51
河北	6458.44	26.65	753.26	32.02	2566.53	29.67	292.92	33.08	3717.43	24.52	384.92	26.39
青岛	1117.58	21.96	31.03	7.03	592.15	24.50	19.59	5.41	511.06	19.90	17.66	12.16
中部	30487.53	28.11	3089.58	32.97	14176.08	31.02	1792.85	35.50	15774.71	25.94	1368.81	27.84
山西	3068.85	24.17	168.90	25.23	1326.94	27.60	75.27	41.71	1719.21	22.19	106.94	20.16
广西	2702.77	25.89	268.24	34.25	1443.44	30.19	158.89	37.93	1205.97	21.96	88.65	23.03
湖北	5697.52	28.72	606.19	29.46	2376.32	27.91	334.26	27.37	3210.30	29.19	280.42	31.30
河南	5313.61	27.45	546.51	31.68	2222.03	30.43	213.13	36.01	2987.59	25.43	312.37	26.21
湖南	5861.93	36.14	511.14	34.43	2436.18	39.15	222.35	28.25	3280.00	34.17	333.21	39.13
江西	2645.17	25.25	212.47	39.06	1432.55	30.99	137.52	47.18	1163.28	20.93	99.92	22.98
海南	986.75	23.49	204.44	35.97	638.65	26.29	175.77	42.43	347.69	19.95	29.36	20.59
安徽	4210.93	27.67	571.69	37.17	2299.97	32.78	475.66	41.52	1860.67	23.49	117.94	24.34
西部	30042.30	28.86	2787.61	32.70	16285.13	31.73	1744.85	36.31	13401.09	26.01	1159.23	28.52
四川	8117.30	28.73	872.92	29.87	4361.14	33.23	595.24	35.98	3641.69	24.75	349.57	25.19
重庆	2816.77	26.15	241.50	24.90	1459.13	28.18	147.87	23.87	1270.81	23.76	95.73	23.26
贵州	2505.15	30.59	321.04	26.11	1534.40	31.77	225.10	23.65	962.55	29.41	104.43	35.47
云南	3382.80	30.25	357.22	44.05	2034.18	34.78	252.20	55.23	1329.21	25.44	123.38	27.71
西藏	879.99	27.74	84.23	27.91	691.48	27.85	55.72	28.52	187.84	27.36	28.09	26.26
内蒙古	2742.91	31.27	404.23	54.75	1328.32	35.87	287.37	81.32	1375.61	27.75	115.43	29.48
陕西	4112.90	29.58	268.59	30.04	1796.81	31.24	63.01	26.96	2267.68	28.39	214.90	31.54
甘肃	1740.89	29.07	8.31	2.52	896.29	30.41	-16.30	-6.69	836.10	27.91	41.47	77.23
青海	921.26	32.57	18.40	15.11	509.17	32.73	-4.83	-10.00	409.54	32.51	22.02	30.13
宁夏	651.67	30.49	31.26	26.60	329.63	31.04	3.53	13.71	318.67	29.84	24.65	27.23
新疆	2170.66	24.41	179.91	24.04	1344.58	27.79	135.94	26.66	801.39	20.01	39.56	16.81
东北	10889.29	30.71	745.95	39.11	4731.90	37.81	267.04	54.18	6002.01	26.95	454.51	27.47
辽宁	4450.41	33.92	340.77	32.53	1917.81	42.40	150.42	34.47	2487.72	29.45	178.91	27.89
吉林	2450.30	30.44	189.66	36.42	1082.67	35.18	77.34	41.69	1328.89	27.30	126.34	30.68
黑龙江	2585.94	27.88	158.35	37.22	1011.30	34.38	31.95	346.53	1552.60	25.01	123.70	28.62
大连	1402.64	28.00	57.17	66.20	720.12	36.50	7.33	5.30	632.80	23.04	25.56	15.11

注：1. 本表数据来源于人民银行信贷收支月报，2016年12月31日人行美元汇率6.937。

2. 与建行口径比，人行各项存款均包含保本理财资金，“对公存款”多包含邮储银行协议存款。

3. 占比为建行占国有四大银行的比重。

中国建设银行各项贷款市场占比表（本外币、分地区）

（2016 年 12 月）

地区	各项贷款			
	余额（亿元）	占比（%）	比年初（亿元）	占比（%）
全国总计	**108558.97**	**26.68**	**9925.63**	**29.55**
长三角	21819.33	24.99	1476.72	26.64
上海	6068.88	28.38	654.93	28.98
江苏	6362.60	25.97	705.66	30.16
浙江	5250.75	21.57	-82.89	-300.73
宁波	1387.14	21.32	-152.40	-342.23
苏州	2749.96	25.98	351.42	37.96
珠三角	18569.46	28.80	3321.09	37.95
广东	7483.16	23.65	1251.32	31.94
深圳	5857.86	34.84	1613.22	43.88
福建	4032.92	32.58	364.41	45.53
厦门	1195.52	32.75	92.14	25.83
环渤海	18748.10	26.93	514.76	17.05
北京	5596.16	29.73	-593.52	-1088.43
山东	4726.84	23.08	88.49	21.90
天津	2697.46	27.48	301.49	49.92
河北	4575.94	28.35	602.69	35.47
青岛	1151.70	26.40	115.61	31.52
中部	20829.95	29.66	2267.94	32.23
山西	1853.40	27.07	220.93	38.34
广西	2152.05	27.74	201.60	40.02
湖北	3730.50	29.75	521.54	32.49
河南	3831.47	30.54	510.69	30.53
湖南	3773.10	36.74	294.13	34.47
江西	2000.91	26.72	217.63	32.28
海南	615.57	25.71	64.53	28.43
安徽	2872.95	27.67	236.89	25.60
西部	20271.73	28.09	1574.00	29.90
四川	4133.31	24.33	350.84	21.39
重庆	2820.27	28.81	170.05	19.17
贵州	1729.41	26.20	134.27	17.25
云南	2201.75	27.10	94.13	30.71
西藏	549.02	30.47	77.66	33.91
内蒙古	2293.86	32.53	360.56	82.99
陕西	2595.58	32.07	248.93	62.72
甘肃	1244.49	27.27	120.92	51.72
青海	665.93	29.72	3.51	1.78
宁夏	635.51	29.77	-23.73	-43.45
新疆	1402.60	29.34	36.86	34.82
东北	6676.39	29.49	329.70	29.61
辽宁	2943.54	33.13	304.99	36.70
吉林	1625.87	29.57	66.66	19.29
黑龙江	1102.14	23.87	-20.50	-17.65
大连	1004.84	27.59	-21.45	-11.97

注：1. 本表数据来源于人民银行信贷收支月报，2016 年 12 月 31 日人行美元汇率 6.937。

2. 占比为建行占国有四大银行的比重。

第六部分　专题与调查研究

一、高层论坛

“一带一路”战略中的银行机遇

王洪章

“一带一路”战略是党中央、国务院主动应对全球形势变化、统筹国内国际两个大局作出的重大战略决策，也是打通陆海战略通道、实现沿线国家共同繁荣的宏伟构想，对推动我国新一轮对外开放和沿线国家共同发展和繁荣具有重要意义。作为国有大型商业银行，建设银行始终坚持服务国家战略的使命担当，抢抓发展机遇，发挥自身优势，提升服务水平，加强风险防范，在改革创新和深化转型中全力支持“一带一路”建设和发展。

“一带一路”战略催生银行业务发展新机遇

比较优势理论认为，国际贸易的基础是生产技术的相对差别，以及由此产生的相对成本差别，每个国家都应集中生产并出口其具有比较优势的产品，进口其具有比较劣势的产品。“一带一路”战略与比较优势理论高度契合，有利于我国与沿线国家发挥各自产业优势和资源优势，在为中国经济发展注入新动力的同时，也为中国银行业发展带来新机遇。

“一带一路”战略带来巨大信贷融资需求。“一带一路”沿线大多是新兴经济体和发展中国家，尤其是“丝绸之路经济带”有相当一段为经济欠发达地区，基础设施投资率普遍较低，并呈现出下降的趋势，导致沿线国家和地区基础设施严重落后，成为制约经济发展的瓶颈和沿线国家和地区深化合作的薄弱环节。基础设施互联互通是“一带一路”战略的基础内容和优先领域，“一带一路”战略的推进必将撬动沿线国家大批战略性基础设施项目建设，对资金的需求将会激增，但受制于沿线国家政府财力有限、资本市场和金融体系发展相对缓慢、跨境金融合作层次较低等因素，普遍存在巨大资金缺口，急需外部力量支持。据 IMF 测算，未来五年，仅“一带一路”沿线国家和地区基础设施建设累计投资额将超过 3 万亿美元。由此可见，“一带一路”区内资金难以满足其投资增长需求，庞大的战略计划仅依靠政策性金融、开发性金融支持远远不够，运用社会资本也难以一蹴而就，商业银行信贷资金参与必不可少。

“一带一路”战略带动银行新兴业务发展。“一带一路”项目涉及国家广、主体多、金额大、结构复杂，除了传统的信贷融资需求外，势必会衍生出各类新兴金融需求，从而为银行新兴业务带来发展机遇。一是贸易金融业务。贸易合作是“一带一路”建设的重点内容，将会直接带动对外贸易、对外承包工程、对外劳务合作等的发展，对商业银行贸易金融需求将会大幅度增加。商业银行的海内外一体化贸易金融、贸易结算、大宗商品融资、供应链金融、全球现金管理等综合性业务，将会在“一带一路”区域大有可为。二是投资银行业务。在“一带一路”建设过程中，“走出去”企业、地方政府将会需要大量债券融资、融资租赁、资产证券化、私募股权基金、公私合作（PPP）等直接融资服务，以及财务顾问、工程保险、造价咨询、现金管理、融资咨询等其他金融服务支持。三是资产管理业务。“一带一路”建设不仅是中国企业和人员的“走出去”，也是沿线国家企业和人员的“走进来”，客户的海外置业、全球资产配置、现金管理、消费金融等需求越来越强烈，需要中国银行业提供相应的资产管理服务。

“一带一路”战略拓展银行国际化发展空间。“一带一路”战略不仅为人民币国际化和企业“走出去”提供新的突破口，也为中国银行业国际化发展带来新机遇。一是将加快中国银行业海外机构布局的步伐。“一带一路”战略下，中国企业“走出去”将再掀浪潮，为配合国家战略，给“走出去”企业和沿线国家基础设施建设提供优质、便捷的金融服务，中国银行业将提速海外机构网络布局。二是为国际化经营提供资源。“一带一路”将会产生大量的人民币跨境投融资、跨境资金归集、跨境并购、汇兑结算、套期保值等金融需求，从而带动人民币跨境业务高速增长。在人民币币值长期稳定与中国经济持续增长的预期下，“一带一路”沿线国家势必发展人民币离岸市场，这给中国银行业参与离岸人民币金融中心建设和提高做市报价能力提供了良机。三是增强中国银行业国际化管理能力。“一带一路”不仅要求中国银行业加强境内外联动、协同运作，同时也要求中国银行业加强与沿线国家金融机构的联系和沟通，开展跨地区金融业务合作，构建优势互补机制，这对中国银行业国际化管理能力提出了更高要求。

建设银行服务“一带一路”战略独具优势

作为曾经的基础设施贷款专业银行，人民币业务综合实力领先的银行，国内经营牌照较为齐全的银行，全球化机构网络布局较为完善的银行，建设银行服务“一带一路”战略具有独特优势。

具有转型发展先发优势。在历次改革转型中，建设银行始终勇立潮头、敢为人先。近年来，面对国内外经济金融环境的复杂变化，建设银行又下出了转型发展“先手棋”，在同业中率先开展转型发展研究论证，启动了批发业务、综合性牌照、功能增设、机制调整、流程再造、创新发展、系统超越等转型探索，制订完成了目标明确、路径清晰、步骤务实、保障有力的转型发展规划，全面推进向“综合化、多功能、集约化、智慧银行和创新银行”战略转型。建设银行牢牢把握转型发展先发优势，通过实施大资产大负债经营管理，加快对公和零售业务转型，提升电子银行水平，发展资产管理业务，推进子公司和海外业务转型等举措，充分发挥基建融资等传统优势，努力培育资产管理等新兴优势，将集团牌照优势转化为综合金融服务优势，倾力打造“综合金融服务”新金字招牌，在推进转型发展中不断增强服务国家建设能力、防范金融风险能力和参与国际竞争能力。

具有基础设施建设融资优势。作为一家传统的基础设施贷款专业银行，建设银行自成立之初就为国家重点基建项目提供了大量中长期贷款。改革开放至股改上市之前，建设银行为绝大多数国家重点建设项目提供了资金支持。股改上市以来尤其近年来，建设银行基建贷款始终保持较快增长（见图1）。截至2015年末，建设银行基建贷款余额约2.7万亿元，占对公贷款余额的50%以上，处于行业领先水平。这一传统优势，打造了建设银行在专业人才、核心技术和优质客户等方面的核心竞争力，这将有助于为“一带一路”基础设施建设提供更加优质的金融服务。目前建设银行通过优中选优，在“一带一路”沿线国家累计储备268个重大项目，遍布50个国家和地区，投资金额共计4660亿美元，主要涉及电力、建筑、矿产、交通、油气、通信等基础设施建设项目，基本实现了“一带一路”沿线国家的全覆盖。

具有人民币业务大行优势。截至2015年末，建设银行境内人民币资产总额16.86万亿元，全年跨境人民币结算量1.74万亿元，是名副其实的全球人民币综合实力最强银行之一。目前，建设银行拥有3亿多个人客户、300余万公司客户，大部分重点客户是中国企业"走出去"的主力，与同业相比，建设银行拥有更强大的人民币客户基础。同时，建设银行离岸人民币产品涵盖批发、零售、投行和财富管理等多个领域，是人民币业务品种最丰富、产品创新最积极的银行之一。以人民币债券发行为例，先后在中国香港、法兰克福、悉尼、瑞士、中国台湾、伦敦、马来西亚等离岸市场成功发行人民币债券，其中，2015年3月，在伦交所推出欧洲第一只人民币RQFII货币市场交易所基金；6月，在泛欧交易所发行欧元区第一只人民币货币市场ETF基金；10月，在伦交所发行第一单人民币债券；11月，在马来西亚交易所发行全球首只"海上丝绸之路"人民币债券。这些优势将为推动人民币国际化和中国企业"走出去"提供强有力的金融支持。

具有综合金融服务优势。目前，建设银行非银行经营牌照种类齐全，基本搭建起涵盖银行、基金、租赁、信托、人寿、期货、投行、养老金管理等综合性银行集团框架，构建了总分行、境内外、母子公司、条线间联动平台，通过集团内的优势互补，可为客户提供一站式、全方位、个性化的一揽子综合性金融服务，满足客户多样化金融需求。2014年，在国家"一带一路"战略相关规划尚未出台的情况下，建设银行认真研究"一带一路"战略的发展思路，并深入分析未来战略实施中可能涉及的重要领域，广泛调研客户基础和需求，挖掘"一带一路"建设需要金融支持的十大领域，明确了包括基础设施建设、交通运输网络互联互通、经贸合作等在内的七个重点服务方面，并结合客户需求，协调集团资源，梳理出可提供的六大类金融服务。

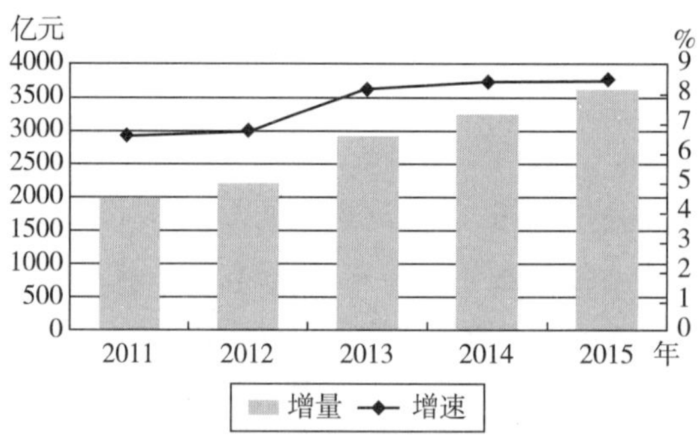

图1 近年来建设银行基建贷款增量及增速

表1 近年来建设银行海外机构设立情况

年份	新设机构	海外机构总数
2015	巴黎分行、阿姆斯特丹分行、巴塞罗那分行、米兰分行、伦敦分行、苏黎世分行、迪拜国际金融中心分行、开普敦分行（二级分行）关系	海外一级机构27家，与139个国家和地区的1491家机构建立总行级代理行
2014	澳门分行、新西兰子银行、多伦多分行、布里斯班分行（二级分行）	海外一级机构21家，与138个国家和地区的1470家机构建立总行级代理行关系
2013	俄罗斯子银行、建行迪拜、台北分行、卢森堡分行、建行欧洲、大阪分行（二级分行）	海外一级机构18家，海外机构覆盖15个国家和地区
2012	墨尔本分行（二级分行）	海外一级机构13家，海外机构覆盖13个国家和地区
2011	无	海外一级机构13家，海外机构覆盖13个国家和地区

具有全球化网络布局优势。近年来，建设银行不断加快海外布局。截至2015年末，建设银行在25个国家和地区设立27家（一级）海外机构，各级机构总数达到130多家，总计与139个国家和地区的1491家机构建立总行级代理行关系（见表1）。其中，在"一带一路"沿线设有十多家分支机构，目前正在开展马来西亚子行、欧洲华沙分行申设工作和印度尼西亚有关并购项目，并密

切关注沿线的泰国、哈萨克斯坦、土耳其、波兰、肯尼亚等国家，力争到2020年，海外机构覆盖40余个国家和地区。2014年6月，建设银行成功获得伦敦人民币业务清算行资格，2015年伦敦人民币清算行累计清算总量已突破6万亿元人民币，与境外189个国家和地区发生业务往来，直接服务范围覆盖五大洲。通过长期艰苦努力，建设银行构建了日益完善的离岸人民币集中清算体系。

以深化转型提升“一带一路”金融服务水平

在过去几年中，建设银行在摸索中起步，从转型理念宣导、体制机制改革、制度梳理调整、战略资源配置、技术系统支撑等方面，为转型发展打下了较为扎实的基础。“一带一路”战略的提出恰逢其时，既给建设银行提供了新的发展机遇，也对深化转型、增强“一带一路”金融服务能力提出了新的更高要求。加强顶层设计与落地部署。建设银行将“一带一路”金融服务作为重要内容纳入《中国建设银行转型发展规划》，并专门成立服务“一带一路”战略领导小组，制定完成《支持“一带一路”建设综合金融服务方案》，统筹协调集团资源，保障各项配套政策措施顺利实施。在转型重点工作部署中，专门就推动“一带一路”综合金融服务，运用工程造价咨询、银团贷款、债券融资等专业化服务，争做国家重点建设项目主办银行进行安排。通过加大服务“一带一路”战略的财务和信贷资源保障力度，加强对“一带一路”重点产业、客户的跟踪研究，结合国家及地区重点产业调整及布局的变化，安排差别化的信贷政策，优化授信流程，对重点优质项目优先安排审批，不断提高服务效率和响应速度。认清转型发展的“时”和“势”，力促服务“一带一路”战略真正落地。

创新产品及服务模式。建设银行及时跟踪客户需求变化，把创新贯穿于服务“一带一路”战略全过程，创新产品数量持续快速增长。一是根据“一带一路”客户特点建立针对性的产品开发和服务快速响应机制，完善创新组织体系，强化总行级产品服务创新集中研发应用，推进跨部门、跨条线多领域协作创新。二是发挥产品创新实验室的引领作用，加快从仿制跟随到自主创新、从单一产品创新到复合型系列化创新的提升。推出跨境远程支付、跨境项目融资、跨境并购贷款等新产品，提供包括投资银行、网络银行、保险、基金、信托、租赁在内的特色金融服务。三是提供供应链金融服务。对区域性物流中心及各类大宗商品交易平台，核心企业（平台）及其上下游链条客户、平台交易商等客户分别嵌入保理、网络银行、应收账款融资、标准仓单质押贷款等供应链金融产品。四是积极探索银政企合作新模式。积极跟进混合所有制改革、政府和社会资本合作等新型融资模式的需求变化，获取相关建设规划、政策、项目、客户信息，设计符合当地经济发展实际并契合客户需求的金融服务方案。

强化联动营销与综合服务。建设银行充分发挥集团优势，不断完善总分行、母子公司、条线间联动协作机制，推进综合定价、综合营销、综合核算，为客户提供综合金融服务方案。一是完善跨条线、多层次、高素质的客户营销团队，对“一带一路”战略涉及的跨区域重大项目，及时开展项目评估，实现一点接入、多方协同、平台覆盖，加强信息资源共享，共同推进项目开展，提高交叉营销能力和综合效益。二是改变单个产品和服务分别定价、核算、考核的做法，基于需求、成本、风险、综合贡献、发展潜力等因素，加快形成多产品、多渠道、多条线、多行业分工合作的综合定价、核算和考核机制，把单独核算和联动核算结合起来，单项考核和综合考核结合起来，完善母子公司、总分行、境内外、条线和部门间的协同运行考核机制。三是发挥全球网络布局优势，通过境内外分行联动，提高跨境授信能力，为项目、客户提供跨境人民币贷款、并购贷款、境外项目融资、内保外贷、海外代付、委托付款等产品，满足客户需求。

提升智能化服务水平。建设银行坚持不懈地向智慧银行转型，依托新一代核心系统，冲击电子银行和移动金融制高点，显著提升经营管理智能化水平。一是加快智慧银行网点建设，增加自助智能设备，扩展远程智能服务，拓展电话银行、网上银行、手机银行客户数量。积极构建线上金融超市，加强线上产品研发，扩充线上营销功能，促进线下服务向线上迁徙，完善线上线下渠道协同机制。二是充分挖掘、采集“一带一路”沿线客户和项目资料，分析客户贡献度、风险度，为沿线各国、各区域商品流通提供电子商务经营及配套金融服务，搭建商品的跨国流动平台，帮助项目、企业全面实现线上化的经营管理。三是建立全行大数据开发与分析中心，构建统一的数据采集系统，多策并举收集客户和市场信息，建立完整的企业信息视图，运用大数据管理为“一带一路”金融服务提供定量支持。

完善多元化投融资平台。“一带一路”建设资金缺口巨大，银行难以独立承担，必须实行“传统信贷、投行对接、第三方推介”的三轮驱动融资对接模式。一是以市场需求为引导，针对主体资质良好、信用评级较高的客户，优先考虑发行中期票据、永续债、非公开定向债务融资工具，积极争取主承销商资格。对于具备发行企业债、公司债条件的客户，做好衔接承销商及财务顾问工作。二是整合集团资源优势，通过建银国际、建信信托、建信租赁、建信保险等子公司渠道，提供信托理财、产业基金、融资租赁、人寿保险等金融产品，帮助客户实现中长期融资。三是通过开展商业银行之间，商业银行与国内政策性银行、亚投行、丝路基金以及国际多边开发机构的多边金融合作，拓宽融资渠道。四是按照商业化原则鼓励社会资本积极参与“一带一路”建设。2015 年 4 月，建设银行与陕西省政府共同主办了丝绸之路经济带投资推介会，促成陕西省与信托、保险、证券等多家机构对接超 1000 亿元规模的项目。

加强“一带一路”跨境风险防范

“一带一路”沿线国家地缘政治复杂，宗教文化迥异，在发展阶段、金融体系、商业模式等方面存在不小差异，风险甄别难度较大，难以量化的风险因素较多，这对商业银行“一带一路”跨境风险防范提出更高要求。

落实跨境风险防范责任制。稳健经营是商业银行的根本，在支持“一带一路”建设中要注意对跨境风险的防范。一是建立和完善风险防控责任制，通过风险偏好的拟定和传导，推动全面风险管理责任制在境内外机构落地；二是合理界定风险管理部门与境外业务部门在全面风险管理框架中的职责，既要保证彼此之间的密切配合，同时也要确保独立履行职责和有效制衡，实现涵盖条线、层级、员工的全面风险管理；三是不断提升海外机构风险计量水平，持续优化海外机构经济资本计量的精细化水平，逐步完成海外经济资本的系统建设。

健全国别风险管理体系。“一带一路”国别风险问题十分突出，建立健全国别风险管理体系十分必要。一是制定系统性的国别风险管理政策，建立符合监管要求和国别风险管理需要的管理体系，按照“合规适用、统一规范、有效管理、分工协作”的原则实施国别风险管理工作；二是建立独立的国别风险内部评级体系，改进国别风险限额管理，建立基于对项目、客户、风险缓释措施综合评价的国别限额管理；三是开发和优化国别风险限额测算模型，探索国别风险压力测试流程、技术方法，适时开展国别风险压力测试。

完善监测预警和应急处置机制。“一带一路”国别风险突发事件较多，需要及时监控并提高快速反应能力。一是制定并实施国别风险监测预警应急处置指引，要求海外机构对国别风险的动态变化进行持续跟踪监测，在第一时间向总行报告。二是确定国别风险监测预警信号等级，并根据蓝色、黄色、红色等预警信号采取分级处置措施。三是明确相关部门职责，密切跟踪和监控局势发展，把握相关业务风险，合理制订风险防控预案，严格执行各项风险防范措施。

加强跨境风险防范国际合作。“一带一路”沿线国家对合规与反洗钱、资本充足率等监管要求不同，必须加强跨境风险防范国际合作。一是加强金融监管合作，推动签署双边或多边监管合作谅解备忘录，逐步在“一带一路”区域内建立高效监管协调机制；二是完善风险应对和危机处置制度安排，构建区域性金融风险预警系统，建立应对跨境风险和危机处置的交流合作机制；三是积极跟踪地区监管政策变化，加强与当地监管机构的沟通协调，确保依法合规经营，严防当地系统性、行业性、区域性金融风险。

谱写大国金融助力大国经济的新篇章

王洪章

2005年10月27日，作为中央确定的大型国有独资商业银行股改先行试点单位，中国建设银行在香港成功上市，标志着党中央、国务院对大型国有银行实施股份制改造战略决策取得了重大成功。上市十年来，包括建设银行在内的大型银行，以强大的市场竞争力和价值创造力，全部跻身世界先进银行前列。大国经济需要大国金融。以上市十周年良好基础为起点，大型商业银行在经济新常态下正通过转型升级，迈入发展壮大的新时期。

十年发展为新常态下 转型升级奠定良好基础

大型商业银行作为我国银行业的主体，维系着国民经济命脉和经济安全。上市十年间发生的脱胎换骨的变化，不仅使大型银行成为中国金融体系稳定的基石，能够以庞大的实力支持实体经济发展，也为今后转型升级建设世界一流现代金融企业奠定了坚实的基础。

经营绩效全球领先。十年来，我国国有商业银行通过注资、股份重组、引进战略投资者和公开上市，完成了股份制改革，初步建立了现代银行制度，资产、利润、市值和品牌价值大幅提升。以建设银行为例，上市后，建设银行核心财务指标始终保持可比同业领先水平。其中资产规模、市值、净利润、资产回报率等处于世界大银行最好水平，连续多年跻身全球银行1000强和上市公司2000强第二位。我国大型银行从过去不良资产“制造的机器”，到领先国际银行业，标志着中国现代金融企业正在崛起。

中国特色的公司治理稳定高效。按照现代公司治理制度，建设银行上市后明晰了股东大会、董事会、监事会和高管层的权责，并在实践中理顺了新老“三会”的关系，形成了公司治理的稳定基础。建设银行依托良好的公司治理，平稳有序地推进全行改革发展，着力调动各利益相关方尤其是广大员工的积极性和创造性。大力推进新体制、新机制在全行的落地，将现代公司治理的内在要求传导到各机构、各层级、各个环节，形成了规范、稳健、高效的治理架构。

前瞻性的发展战略目标清晰。上市之初，建设银行董事会、管理层就把战略研究和制定工作放在首位，先后制定了业务发展纲要、业务发展三年规划和五年规划。在此基础上，建设银行党委提出了“综合性、多功能、集约化”的转型发展战略，科学谋划下一步转型发展方向，坚持发展是解决所有问题关键的战略判断，坚持服务实体经济的基本方向，坚持“以客户为中心”的经营理念，坚持改革创新发展思路，不断推动科学发展、转型发展、稳健发展；紧紧抓住和用好新一轮深化改革开放带来的历史机遇，在巩固和发挥传统优势的同时，培育新的竞争优势，打开新的增长空间。

综合化服务水平大幅提升。通过加快转型创新，建设银行全面打造包括保险、基金、信托、租赁、投行、期货和养老金等在内的综合服务平台，“以客户为中心”的机制和文化已贯穿到经营管理的各个方面。实施前中后台分离与制约及中后台集中管理，加快流程银行建设，围绕客户需求在市场末端与决策高端之间架设为客户“量体裁衣”且“一票直达”的业务和服务流程，打造独具特色的管理和决策机制，全面提升全行整体运行效率。

风险内控建设得到全面加强。通过落实全员风险管理、强化班子责任、实现双向报告、推进专业分工、完善风险抓总，建设银行的风险管理文化日渐成熟。加快推进涵盖表内外、境内外、本外币和母子公司等在内的集团全面风险管理体系，提升跨境风险、海外业务风险管理水平。强化“三个不放过”，对违纪违法实施“零容忍”，案件防控能力显著增强。

全球化服务能力显著增强。构建具有国际竞争力的对外开放新体制，积极推进海外布局，支持企业“走出去”，有力支持国家对外开放战略，是大型银行的重要发展战略。目前，建设银行在各大洲均已设立分支机构，覆盖了包括全球主要经济体在内的25个国家和地区，并与139个国家和地区的1471家机构建立总行级代理行关系，全球化服务网络和服务能力大幅提升。成功获得伦敦、智利和苏黎世人民币业务清算行资格，离岸人民币集中清算体系日益完善。先后在离岸市场多次成功发行人民币债券，取得良好市场反响。加强境内外联动，积极推动人民币国际化，2015年全行境内外机构办理跨境人民币实际收付业务量达3.67万亿元，同比增长10.27%。

不懈探索转型跨越　铸造大国金融辉煌

历经60年建设和发展，建设银行如今跻身于国际大型银行前列，迎来了新一轮转型发展的契机。早在2014年，建设银行即前瞻性地提出了向综合性银行集团、多功能服务、集约化发展、创新银行、智慧银行五个方面转型的整体规划。并于2015年10月发布了“CCB 2020转型发展规划”，紧扣现代银行业发展规律，与党的十八届五中全会提出的五大发展理念和“十三五”期间我国经济转型提质升级的方向高度契合。规划提出，到2020年实现全面建设小康社会，实现第一个百年目标的时候，建设银行也要实现习近平总书记提出的“三个能力”的建设要求，实现“资本充足、结构合理，管理规范、控制有效，功能完善、基础扎实，国内最佳、国际一流”的目标，打造成最具价值创造力的银行。随着规划全面启动与落地实施，五位一体的整体转型正全面协调向前推进，新的业务优势和新的盈利能力正在形成。

“十三五”时期是全面建成小康社会的决胜阶段，“两个一百年”奋斗目标的第一个百年奋斗目标即将实现，金融作为现代经济的核心，必须发挥好服务国家建设、支持实体经济的主体支撑作用，以强烈的使命感和责任感，自觉服务大局，加快转型创新，进一步深化国有金融企业改革，全面提升服务质量和效率，努力续写新的辉煌篇章。

紧跟实体经济抓机遇促转型，助力国家重大战略顺利实施。十八大以来，党中央、国务院制定了一系列关系国计民生的重大战略，彰显了新一届党中央的战略智慧和历史担当。建设银行作为拥有60年发展历史的大型商业银行，服务国家建设是基本职责和天然使命，这既是承担政治责任、经济责任和社会责任的内在要求，也是银行自身科学发展的必然选择。建设银行将紧随国家发展战略步伐，全面提升服务国家建设能力，助推国家重大战略顺利实施。一是发挥传统优势，创新服务模式，大力支持国家基础设施建设。充分利用自身综合经营优势，搭建综合服务平台，不断创新服务模式和融资模式，积极提供基本建设贷款、银团贷款等产品在内的全方位融资融信综合服务。二是围绕国家重大战略，强化贯彻力，提供强有力保障。依靠庞大的资金实力、全面而完善的综合服务能力、强大的创新力和遍布全球的网络，以及覆盖多个行业和领域的牌照优势，针对“一带一路”、京津冀一体化、长江经济带等国家战略，以及扶贫攻坚、中国制造、新兴产业、保障房建设、小微企业、“三农”经济等重点领域，出台了一系列针对性强的专业化金融服务方案和差别化的信贷政策。三是抓住行业和系统龙头，以综合金融服务带动对上下游的金融支持。通过地方政府自发自还债券承销与投资、政府与社会资本合作项目融资、融资租赁、引入保险资金、筹组产业基金等方式，拓展新型服务领域，为实体经济提供强力支撑。四是继续发挥在项目评估、工程造价咨询、投资托管服务等方面的业务优势，为社会资金参与国家重点建设提供多层次的金融服务。

通过改革驱动推进体制机制建设，打造现代企业一流指挥枢纽。破解体制机制难题，改革是重要法宝。过去十年，我国银行业快速发展，跻身全球银行的领先行列，主要动因源自我国经济高速增长和银行改革。建设银行转型规划提出的深化集团内部改革，目的就是以改革打造符合时代要求的运行高效、充满活力的体制机制优势，把交叉性强、耦合性高、起基础支撑作用、牵一发动全身的体制机制建设，作为切入点和突破口。一是建立大资产大负债集团经营管理模式。编制涵盖集团所有机构的整体资产负债经营计划，展示集团完整金融服务视图。实施资源集团全球化统筹科学配置，做到境内外、本外币资金互通和流动性统一管理。研究大资产大负债综合化考核机制，科学设置全面资产管理、全量资金来源等考核指标体系，引领全行向战略方向转型。二是完善集团协作运行机制，构建对集团联动起基础支撑作用的综合运营核算机制，加快形成多产品、多渠道、多条线、多行业分工合作的综合定价、核算和考核机制，健全跨机构、跨区域、跨条线、跨部门、跨境的联动机制，积极探索母子公司业务产品无缝对接融合新机制，提升市场和客户快速响应能力。三是优化集团机构管理模式。进一步完善公司治理，与时俱进推进总行集约运行机制完善和分行机构集约化改革，择机推动子公司市场化改革。通过简政放权，进一步完善各级机构差异化授权政策，改变对分支机构管得过多过死、创新发展活力不足的状况。

积极参与国际竞争，展示中国银行业综合实力和良好形象。伴随我国经济发展和金融全球化进程不断深化，中国银行业近年来“走出去”的步伐明显加快，覆盖地域不断扩大，海外战略布局初见雏形。同时，伴随着人民币国际化的推进，人民币境外清算行已经辐射中国港澳台地区、东南亚、欧洲、大洋洲和美洲等地区。当前，随着我国经济对外开放的深入，为支持我国企业加快“走出去”的步伐，建设银行将以出口信贷、跨境担保、跨境并购融资、跨境供应链融资、项目融资等优势产品为依托，进一步加快海外布局，强化境内外联动，统筹利用各机构优势为“走出去”企业提供全面的服务。实施“走出去、走进去、走上去”的“三步走”策略，加快海外业务层次提升、国际化网络深化，以强化国际业务、海外业务综合贡献度和国际竞争能力。可以说，加快中资银行“走出去”战略布局，有助于我国进一步扩大对外开放，充分利用国内外两个市场和资源，更大程度地参与国际市场竞争，进而在国际金融格局中增强话语权、定价权，展示竞争实力，树立良好形象。

风雨多经志弥坚，关山初度路犹长。回首上市十周年，我国大型银行历经了从“技术上濒临破产”到雄踞全球大银行前列的“凤凰涅槃”。上市是里程碑，十年是新起点。在当前经济下行压力较大的背景下，大型银行的责任担当正成为经济平稳向好最为坚挺的力量。建设银行将通过转型发展建设“国内最佳、国际一流”的现代综合性银行集团，用“中国信心”的最强音，谱写经济新常态下大国金融助力大国经济的新篇章。

用社会主义核心价值观
引领国有商业银行转型发展

王洪章

党的十八大提出的社会主义核心价值观，为国有商业银行的改革发展提供了重要的价值引领。带头培育和践行社会主义核心价值观，坚定不移做强、做优、做大，是国有商业银行的重要政治任务和重大社会责任。

一、深刻认识国有商业银行培育和践行社会主义核心价值观的重大意义

培育和践行社会主义核心价值观是国有商业银行发挥国民经济压舱石作用的必然要求。习近

平总书记在全国国有企业党的建设工作会议上指出："国有企业是中国特色社会主义的重要物质基础和政治基础，是我们党执政兴国的重要支柱和依靠力量。"国有商业银行处于经济运行的核心，更是服务国家发展战略、维护经济社会稳定协调发展的重要基石，本职上应为国家担当、为人民履责、为社会尽力。既要通过落实"创新、协调、绿色、开放、共享"发展战略，做中国经济前进的先行者，又要通过培育和践行社会主义核心价值观，做弘扬中国精神、构筑中国价值、汇聚中国力量的生力军。

培育和践行社会主义核心价值观是国有商业银行在转型发展进程中不忘初心、继续前进的强大动力。中国经济处于新旧动能转换时期，国有商业银行传统的经营规模、增长模式面临前所未有的挑战。越是在这个时候，越需要以社会主义核心价值观筑牢精神支柱、进一步明晰行动导向，以思想信念的统一和价值取向的一致，凝聚广泛的改革共识，构建强大的发展合力，做到始终不忘服务国家服务人民的初心，努力为国家经济建设服好务。

培育和践行社会主义核心价值观是当前价值多元背景下凝聚国有商业银行员工思想共识的重要途径。金融企业经营的是信用和风险，对从业人员的思想道德水平要求更高。在经济全球化、文化多元化、信息多样化大潮中，人们的思想意识、价值理念和道德标准处于前所未有的碰撞交锋交融时期，国有商业银行从业人员多、分布广、学历高，特别是随着 80 后、90 后新生代的兴起，统一员工思想和行为的工作难度不断加大。把社会主义核心价值观这个"最大公约数"作为国有商业银行做好新时期思想建设的根本遵循，有利于最大限度地凝聚、动员和激发广大员工的向心力和创造力，鼓舞和引导员工把个人奋斗与国家发展和民族振兴的"中国梦"紧密相连。

二、结合国有商业银行实际培育和弘扬社会主义核心价值观

社会主义核心价值观把涉及国家、社会、公民三个层面的价值要求融为一体。国有商业银行需要结合实际，围绕建设"富强、民主、文明、和谐"的国家把握企业的发展方向，围绕建设"自由、平等、公正、法治"的社会增强企业的经营管理能力，围绕培育"爱国、敬业、诚信、友善"的公民提升企业员工的思想品质和职业素养，实现社会主义核心价值观在国有商业银行的细化和深化。在这方面，建设银行做了初步探索。

做好顶层设计，将企业文化基因融入"中国梦"。在探索建立现代企业制度的实践中，建设银行通过顶层设计，将社会主义核心价值观植入企业的文化基因，使建设银行的企业文化根基于实现中华民族伟大复兴的"中国梦"，实现企业文化与社会主义核心价值理念相一致，融会贯通。建设银行于 2005 年股改上市之后，即把"诚实、公正、稳健、创造"确定为企业文化的价值观，明确了"为客户提供更好服务，为股东创造更大价值，为员工搭建广阔的发展平台，为社会承担全面的企业公民责任"的使命和"始终走在中国经济现代化的最前列，成为世界一流银行"的愿景，提出了"以市场为导向，以客户为中心"的经营理念，以及"中国建设银行 建设现代生活""与客户同发展 与社会共繁荣""不断创新 追求卓越""善建者行 成其久远"等企业文化建设要求，这些不仅为建设银行改革发展提供了价值指引，也铸就了契合社会主义核心价值观的建设银行气质。党的十八大以来，建设银行认真贯彻党的十八大精神，履行国有商业银行的责任，对接国家"十三五"规划，率先提出并认真推进转型发展，把企业文化基因融入"中国梦"，提出了"建设最具价值创造力的国际一流银行集团"的愿景，把建设银行的发展融入全面建成小康社会的宏伟目标中。

党委带头推动，发挥企业高层的"风向标"和"主引擎"作用。"人不率则不从，身不先则不信"。建设银行党委率先示范，做出精心部署。党委中心组带头学习研讨，深入推进社会主义核心价值观在全行的认知认同。党委负责同志带头宣讲社会主义核心价值观，向社会、媒体宣讲建设银行"CCB 2020"转型发展的蓝图，用行动和愿景感召员工、带动员工。全行各级领导班子自觉将社会主义核心价值观的培育融入经营管理中，做到工作贴近、业务融合、员工普及，达到普遍认知、广泛认同、引发共鸣。

重视高频宣导和典型示范，实现核心价值观的融合渗透。近几年，建设银行党委部署开展了“践行核心价值观，服务合规促发展”“知行合一，实干兴行”“身边人讲身边事”“十大最美建行人评选”“建行公益，有你最美”等多方面主题宣教活动。挖掘宣传了以“全国最美人物”山西临汾市分行李红英同志为代表的一大批先进典型，打造了“向党工作站”“红梅理财中心”“刘艳快线”等30多个文化品牌，使全行践行社会主义核心价值观具象化有形化，可见、可学、可推广。通过挖掘先进典型，评选道德模范，褒奖技术能手，表彰业务骨干，使社会主义核心价值观如习近平总书记所说“像空气一样”日用不觉，融合渗透到建设银行的发展战略、经营管理和员工日常教育当中。目前，认真践行社会主义核心价值观，持续推进转型发展已成为全行37万名员工的共同行动，建设银行的经营管理正在激发出崭新的活力。

三、努力践行社会主义核心价值观的探索及成效

2014年在建设银行成立60周年之际，习近平总书记作出重要批示，要求建设银行进一步增强服务国家建设能力、参与国际竞争能力和防范金融风险能力。李克强总理今年6月到建设银行调研时指出，“顾名思义，建设银行就是要给我们国家建设提供动力”，“银行，加上‘建设’这两个字，就给你们加上了这样的责任。”建设银行各级党组织全面贯彻习近平总书记和李克强总理的指示，以“三个能力”建设的提升来检验践行社会主义核心价值观的成效。

以服务国家建设为己任，大力支持实体经济发展，切实承担起国有商业银行的政治责任。根植实体经济、服务国家战略，不仅是建设银行坚守的初心，更是需要担当的责任。近年来，建设银行坚持服务供给侧结构性改革和“一带一路”等国家重大战略，融资融智；支持“双创”，服务“三农”，助力中国企业“走出去”，推行普惠金融促进民生改善。截至2015年底，集团总资产达18.35万亿元，“十二五”期间增长70%，年均复合增长11.2%；各项贷款增长85%，年均复合增长13.1%；累计实现净利润1.04万亿元，年均复合增长11.1%；资本充足率、成本收入比等核心指标都实现了既定的目标。今年以来，建设银行聚焦实体经济发展和转型升级，前三季度全行人民币贷款新增8218亿元，非信贷服务相关融资额4.5万亿元，有力支持了国家重点建设、“三去一降一补”、民生领域和经济社会发展薄弱环节。

坚持创新理念，下好“CCB 2020”转型发展“这盘棋”，努力实施经济新常态下建设银行发展创新的转型方案。几年来，建设银行适应中国经济升级，深耕经济新常态所带来的机遇，大力推进转型发展。沿着综合性经营、多功能服务、集约化发展、创新型银行和智慧型银行“五大方向”深入探索，紧扣资产负债、电子银行、资产管理等“七个重点”，配套推进风控建设、合规管理、内部审计、人才建设等八个方面的支持保障，取得了初步进展。目前，建设银行已基本建成为客户服务的门类齐全、功能融合的综合性服务平台；互联网、大数据、云计算、智能技术等新兴技术得到了较全面应用，提升了运营效率、降低了运营成本。截至今年上半年，非利差收入在集团收入中的占比为37%，比转型规划实施前提升了10个百分点；全行1.5万个网点中，99%已可办理综合性银行业务；柜面立等业务的办理时间由5分钟缩短到2分钟。

坚持以客户为中心，提升金融服务水平，将为人民服务的宗旨落到实处。建设银行致力于加强服务文化建设，以客户为中心的综合服务理念日益深入人心，从“我为客户提供服务”着力向“根据客户需求提供服务”转变，初步构建了产品丰富、优质全面、响应及时、服务便捷、客户体验市场领先的多功能服务体系。近三年，创新产品3600多项，如“快贷”等业内首推的互联网金融产品得到了市场和客户的广泛好评。线上生活服务平台“悦生活”涵盖了银医服务、餐饮娱乐、日常缴费等67项服务场景，已成为建设银行便民服务的亮丽名片。网上银行、手机银行、微信银行的用户数连续三年保持同业第一，客户满意度同业领先。高度重视消费者权益保护，率先建立网络金融反欺诈平台，今年上半年避免客户资金损失1.13亿元。

坚持依法合规经营，巩固并发展资产质量稳

中向好态势，实现国有资产的保值增值。当前，银行经营面对经济增速放缓、结构深入调整、“换档期”矛盾集中暴露等巨大挑战，全行各级党组织将全面从严治党与从严治行紧密结合，着力将党建工作融入公司治理各环节，把党的政治优势转化为银行的经营优势、体制优势和制度优势，促进了公司治理水平的不断提升。经营管理方面，努力恪守稳健经营的理念，坚守风险防控底线，坚守行业自律，坚决反对和不参与不规范竞争。着力增强内部控制和合规管理能力，努力发挥国有商业银行市场“稳定器”的作用。在稳健经营方面，强化“合规立行”，学习借鉴国际银行业合规管理经验，探索“合规官”制度，将合规管理嵌入各项业务流程；通过严格的制度规范与约束，将核心价值观内化为员工良好的职业操守和行为习惯。截至今年三季度末，新暴露的不良贷款额逐季下降，集团不良率 1.56%，比年初下降 0.02 个百分点。

积极履行企业公民责任，持续开展社会公益项目，助力和谐社会建设。以社会效益为目标，履行国有商业银行责任担当，以“雪中送炭”为原则，扎实推进社会公益事业项目，形成了“总行项目带动、基层主动践行、员工积极参与”的工作模式。自 2005 年上市以来，已累计捐赠资金超过 8 亿元，相继实施了包括捐助赈灾、助学、环保等 100 多个公益项目。组织员工捐建 45 所“建行希望小学”，使 18 个省的一些家庭贫困的孩子重新回到了学校；持续开展“建设未来——资助贫困高中生计划”，使得 8 万多名困难地区的高中生完成了学业；推出“母亲健康快车资助计划”，使全国困难地区的 60 多万名母亲从中受益；持续多年实施“中国贫困英模母亲资助计划”、音乐教室积分捐建等公益项目，吸引并带动广大员工和客户参与，广泛传播扶贫济困、爱心互助理念，产生了良好的社会效益。

四、深入培育和践行社会主义核心价值观的几点体会

国有商业银行要起带头作用。这是由国有商业银行的国有属性和在经济发展的核心地位决定的，既是义不容辞的责任，更是使命所在。国有商业银行各级党组织及广大党员领导干部要发挥好“火车头”作用，真学真用、知行合一，用社会主义核心价值理念感召员工，用制度机制引导员工，辐射带动客户，不断增强核心价值观的影响力和生命力。

坚持顶层设计与全员实践相结合。通过顶层设计，确保企业的管理风格、运营机制、企业文化、队伍建设以及市场竞争等方面的价值取向与社会主义核心价值观相衔接，始终坚持正确的方向引领。通过全员实践，确保社会主义核心价值观从小处着手、从细处着眼、从行动上落实，融入经营管理实践，转化为员工工作、生活的自觉行动，保持持久的氛围和不竭的动力。

坚定不移地把国有商业银行做强、做优、做大。培育和践行社会主义核心价值观重在取得实效，要通过实践来检验。对建设银行来讲，主要看是否增强了习近平总书记提出的“三个能力”，是否发挥了国有商业银行支持国家经济建设的砥柱作用，是否追求经营卓越、管理创新，提升了价值创造力，在市场竞争中始终保持活力。古人讲，“虽有智慧，不如乘势”，国有商业银行善于抓住和用好当前难得的机遇，因势而为，将发展的潜力转变为实在的业绩，就会产生做强、做优、做大的不竭动力。

在全面实现两个“百年”目标中，国有商业银行要坚定不移地以社会主义核心价值观为引领，凝魂聚力，守正出新，全面提升发展竞争力和文化软实力，努力为实现中华民族伟大复兴的“中国梦”注入新的力量。

强化反洗钱合规管理助力银行“走出去”

王祖继

当前反洗钱国际监管形势日益严峻，对违规银行的巨额罚款案件不时涌现，如何有效遵循反洗钱法规成为中国银行业“走出去”面临的最大挑战。本文介绍了建设银行在反洗钱方面的经验。

随着金融全球化的深入，中国金融业积极融入全球市场，金融双向开放步伐不断加快。银行作为关系金融双向开放的关键节点，近年来加速融入国际市场。但“走出去”的同时，如何遵守所在国（地区）的法律法规，尤其是反洗钱的法律法规，这成为摆在中国银行业面前的首要问题。

反洗钱工作在大型银行国际化转型过程中起着至关重要的作用，商业银行应切实增强反洗钱的合规管理能力，有效防范反洗钱的监管风险，从而让“走出去”的步伐既快速又稳健。

强化反洗钱合规管理，是银行顺利“走出去”的首要前提

首先，强化反洗钱合规管理，是维护国家和国际金融安全的迫切需要。近年来，全球恐怖活动加剧，恐怖组织日益猖獗，恐怖活动日渐增多，对世界各国的威胁不断上升。这要求银行必须履行反洗钱这一法定义务和国际性义务，遵守国际通用规则，避免成为洗钱的渠道，在有效打击和遏制洗钱犯罪及其上游犯罪的同时，维护国家和国际的金融安全、经济安全和社会稳定。也要求银行维护法律尊严和社会正义，从而在国际上树立中国银行业良好的形象和中国负责任的大国形象。从银行角度而言，面对全球经济复苏乏力、国内经济下行压力犹存、经济金融领域违法活动高发多发的现状，只有将反洗钱工作作为银行全面风险管理的重要组成部分，强化反洗钱合规管理，充分利用反洗钱工作成果，提前防控风险事件，才能提高自身“风险免疫力”，保障银行“健康”“强壮”地“走出去”。

其次，强化反洗钱合规管理，是中国金融双向开放大局的必然选择。要在一个法律法规和文化传统都比较陌生的环境中生存发展，营造一个相对有利的经营发展环境，很重要的一点是要赢得当地的监管支持。中国银行业“走出去”后，必须遵守当地法律法规尤其是反洗钱法律法规，强化反洗钱合规管理，树立合法经营、合规管理的良好形象，这样才能得到当地监管部门的认可，才能得到当地企业与民众的认同，从而更好、更充分地融入当地社会与市场，逐步办成本土银行，深入扎根、枝繁叶茂。这关系到中国金融双向开放大局，关系到“一带一路”国家战略的顺利实现，同时关系到中国银行业为“走出去”企业客户服务能力的提升。如果银行因反洗钱工作遭到处罚，面临的不仅仅是巨额经济损失和重大声誉损失，业务经营也可能将受到很大限制，乃至被吊销牌照，无法继续营业。2010年美联银行因违反反洗钱规定被处罚1.6亿美元，2012年汇丰银行因清洗毒资和转移恐怖融资资金被处罚19.34亿美元，2014年法国巴黎银行因违反制裁法规，支付了89.7亿美元罚款。这些案例无不深刻地警示了这一点。

再次，强化反洗钱合规管理，是提高中国银行业国际竞争力的重要途径。现代商业竞争，法治是基础，合规为前提。中国银行业进入国际市场，与其他银行机构同台竞技，一个重要前提就是都要遵循当地的法律法规和统一的反洗钱国际标准。是否符合以及多大程度上符合反洗钱国际标准，反映了一个国际性银行合规管理能力水平，是一家银行对国际市场环境的适应能力的重要表现，也是衡量一家银行参与国际竞争力的关键指标。因此，要提高中国银行业的国际竞争力，就必然要不断熟悉国际法律法规，在实践中不断锤

炼和提升合规管理能力，严格遵循国际反洗钱标准，成为国际竞争环境中“合格竞争者”。

日益完善的反洗钱合规管理体系，为银行“走出去”奠定了坚实基础

多年来，中国反洗钱工作稳扎稳打，稳步推进，中国银行业在反洗钱制度建设、监督检查、调查协查、国际合作等方面都取得了有目共睹的成绩，得到了国际社会的普遍认可。《中华人民共和国反洗钱法》的正式颁布，以法律形式明确了我国反洗钱管理体制。《金融机构反洗钱规定》《金融机构报告大额和可疑交易报告管理办法》《金融机构报告涉嫌恐怖融资可疑交易管理办法》和《金融机构客户身份识别和交易记录保存管理办法》的陆续出台，标志着“一法四规”全面反洗钱监管框架得以建立。2015 年底《中华人民共和国反恐怖主义法》的颁布，体现出中国作为大国的国际责任。2007 年 6 月，中国成为金融行动特别工作组（权威的反洗钱国际组织，以下简称 FATF）正式成员。2012 年 2 月，FATF 第二十三届全会表决通过《中国反洗钱与反恐怖融资互评估后续报告》，标志着中国反洗钱工作达到了国际通行标准。

在中国人民银行等监管机构的指导下，中国商业银行建立了日益完善的反洗钱合规管理体系，合规管理能力大幅提升。以中国建设银行为例，近年来建设银行抓住国家“一带一路”建设、人民币国际化等机遇，努力提升参与国际竞争能力，国际化发展步伐明显加快，目前已在全球 26 个国家和地区设立了 28 家一级机构，海外各级机构总数超过 140 家，基本完成覆盖全球发达金融市场和主要经济体的布局。在做好“全球化”的战略空间布局的同时，建设银行不断加强反洗钱合规管理能力建设，逐步建立了统一完整、运行有效的反洗钱合规管理政策制度与内控机制，为“走出去”提供了有力保障。

按照国际标准与监管要求，建设银行建立起集团境内外统一的反洗钱合规政策和制度体系。遵照中国反洗钱法律法规和监管要求，参照 FATF 新“40 条”标准，建立了覆盖所有业务与管理领域的反洗钱制度体系，确保全集团遵循统一的反洗钱风险政策与管理要求，具备一致的风险偏好。对业务开展，明确规定要以合规为前提，凡是法律法规与监管规定不允许做的，坚决不做，确保各项经营管理活动符合监管要求。对于境外机构，要求除遵守总行反洗钱合规管理制度外，还要严格遵从所在国（地区）法律法规和监管要求。对新开办跨境和境外业务，明确具体的反洗钱合规管理体制机制要求，并定期开展评估和检查。

同时，建设银行强化全员合规理念，建设起良好的合规文化与有效的内控机制。建设银行明确规定了董事会、监事会、高管层的反洗钱职责和工作机制。董事会、监事会定期听取反洗钱工作报告，审议重要的反洗钱事项。高管层成立了反洗钱工作领导小组，行长任组长，分管反洗钱工作的副行长任副组长，29 个部门的主要负责人为小组成员。建立了从高管到员工全员参与的反洗钱培训与管理机制，新员工履职前必须进行反洗钱培训。全行从上到下，横贯业务条线，分工协作，落实反洗钱各项工作要求。

建设银行还参照国际先进经验，改革创新合规机制，在分行集中的基础上，遵照集约化改革思路，建设银行 2016 年将率先实施“总行集中”和“合规官制度”。在总行设立反洗钱专业机构，组建一支反洗钱专家队伍，着力提高反洗钱工作的有效性。另外，在国内同业率先实施合规官制度，在一级、二级分行设专职合规官，合规官对所在机构的反洗钱工作负责。

另外，把好客户准入关是强化洗钱高风险领域管理的必要工作。客户身份识别和客户准入不仅是业务发展的基础，更是反洗钱工作的基石。为加强客户准入管理，人民银行明确规定在与客户建立业务关系时，商业银行要充分了解客户，严格开展名单监控和洗钱风险评估，拒绝为不能通过客户身份识别的客户办理业务，没有开展洗钱风险评估或者评估结果不过关的新产品不得投放市场。建设银行在个人客户准入上，充分利用中国公安部门建立的全国统一公民身份联网核查系统，直接登录该系统核实客户居民身份证的真实性，建立了一系列个人客户身份识别的程序、标准和方法。对金融机构客户准入，建立了代理行等金融机构的客户尽职调查和风险评估机制，对识别出的高风险客户开展加强型的尽职调查。

除此之外，建设银行实施境内外统一管理，

确保属地合规、集团合规。这使得境外机构可以充分利用境内的反洗钱成果，境内外机构在业务资源共享的同时，实现合规资源的共享。境内外统一管理还保证了总行对境外机构和业务的指导和监督效果，总行对境外机构合规官选聘拥有决定权，境外合规官对总行和本机构实行双向报告。建设银行要求所有境外机构内化属地监管法规，选任熟悉境内外合规管理的机构负责人，选聘熟悉当地监管要求、监管机构认可的合规官。

树立全球合规理念，强化反洗钱合规管理，助力银行大步“走出去”

尽管中国银行业的反洗钱合规管理取得长足进步和突出成就，但与国际先进银行相比仍然存在一定差距，与日趋严峻的反洗钱监管要求相比也不尽适应。这突出表现为全球化合规理念的企业文化尚有待巩固深化，全球反洗钱合规管理的实践经验存在不足，熟悉国际反洗钱管理规则和各国法律法规的专业人才较为欠缺，支持全球化反洗钱合规管理的统一信息技术平台尚未健全等问题。为此，中国银行业在“走出去”的进程中，必须对严峻的反洗钱形势和监管要求有清醒认识，切实树立全球合规理念，认真查找差距，持续有效改进，不断

提升反洗钱合规管理水平，逐步建立“国际一流”的内控合规管理体制和机制，从而使中国银行业“走出去”进程“走得快、走得稳、走得好”。

因此，商业银行须将合规挺在前面，持续培育全球合规的理念与文化。合规文化是强化合规管理的基石。中国银行业要在全球各分支机构推行统一的反洗钱合规管理，首先就要统一文化理念，统一价值目标，统一经营管理思想。要始终坚持稳健经营、合规管理的经营思想，进一步提炼升华业已形成的良好风尚和价值理念，加大培训、宣传、教育并将其落实到管理制度和操作规程之中，并覆盖全球各地分支机构，成为统一的文化理念、职业操守和工作习惯。此外，各银行尤其是总行本部要拓展国际视野，树立全球思维，了解和熟悉境外相关国家法律法规、监管要求，建立健全全球规则制度库，支持各分支机构加强当地社会、文化与市场的研究与解读，充分融入当地，积极主动与当地监管机构保持良好的沟通，充分展示中资银行良好的合规文化。

同时，商业银行需要创新合规机制，加快专业化建设，加大信息技术的支持力度。要促进反洗钱人才的境内外交流，组建一支熟悉境内外反洗钱法律法规、具备丰富反洗钱实践经验的专家队伍，加快专业化建设。另外，要进一步借鉴国际领先经验，将反洗钱相关组件有机融入银行核心业务系统，与业务系统浑然一体，逐步完善银行境内外统一的信息技术平台，不断提升信息技术对反洗钱全球合规的支持保障能力。

另外，商业银行还要严格完善客户、业务和机构准入机制，统筹反洗钱、反恐怖融资、金融制裁合规与反逃税、反欺诈等工作。客户、业务、机构的洗钱风险评估与准入是重要的反洗钱基础工作，要进一步健全内控机制，完善操作流程，抓好相关工作的精细管理。对于跨境业务、境外业务等“走出去”业务领域的反洗钱合规管理，要按照国际标准和法规要求，调配充足的合规资源严格落实。尤其重要的是，做好反洗钱合规管理的同时，要在全面风险管理的框架下，进一步完善反洗钱合规工作与市场风险、信用风险和操作风险的风险联防联控机制，进一步统筹反洗钱、反恐怖融资、金融制裁合规与反逃税、反欺诈等工作，充分整合各类资源，获得最大的合规收益。

智能化重新定义银行网点

余静波

过去五年，利率市场化的快速推进和移动互联网的深度普及，分别在经营环境和客户行为上对商业银行传统网点形成了挑战，银行网点面临转型的历史任务和战略使命。在这次转型中，智能化设备的广泛应用及其带来的流程变革发挥了关键的作用，为网点带来了崭新的定位和新的业务机会。

以智能化转型为核心的网点生产关系重构将银行网点的定义带入了一个新的历史时期，并在接下去很长一段时期内的市场竞争中成为一个引人注目的重要趋势。

网点变迁史：客户在哪里

银行一词源于意大利 Banca，其原意是长凳、椅子，是最早的市场上货币兑换商的营业用具。后来在英语中演化为 Bank，意为存钱的柜子。所以从银行的发源看，银行的物理场所本身即是客户接触银行和办理业务的唯一通道。在我国，“银行”起初也是指办理银钱相关业务的大机构，“行”本身就意味着某个行当，并默认是一种带有品牌属性的物理场所，供客户与商业机构接触，交流或办理业务。自 1897 年成立中国第一家近现代商业银行——中国通商银行以来，百年间中国银行业历经变革，但基本保持通过物理场所与客户交流并达成合作的方式，客户按照银行既定的营业时间和营业地点，访问银行并接入银行的金融服务。

自 20 世纪 90 年代中后期固定电话在我国普及以来，各大商业银行逐渐建立了电话银行服务网络，并逐步通过电话、传真、短信等途径，向客户提供咨询、查询、交易、投诉等服务，通过自助服务 + 集中后台人工的方式，首次实现了7 × 24 小时服务覆盖，客户初步形成了非现场、全时段的服务习惯，对网点服务形成初步分流。互联网出现后，在 20 世纪末、21 世纪初，国内银行业开始建立网上银行，进一步拓展了客户非现场、全时段、自助化的交易场景，对传统网点的柜面交易形成了显著的分流。如中国建设银行 1999 年推出网上银行服务，到 2015 年全年网上交易量达到 160.6 亿笔，交易额 223.6 万亿元，电子银行账务性交易量占比达到 77.56%。2011 年移动互联网兴起后，手机银行迅速崛起，以非现场、全时段、自助化加上移动化的客户应用场景，赢得了更高速的客户增长机会。以建设银行为例，截至 2015 年末，手机银行用户数达到 18284 万户，当年手机银行累计实现交易额 15.4 万亿元，同比增长 108.9%，累计交易量达到 111.5 亿笔，同比增长 266.7%。

我们对百年来中国银行业发展史中客户与银行的接触渠道演化进行复盘，发现经过电话、互联网、移动互联网三次技术浪潮，银行客户慢慢从传统物理网点的接触方式迁移分布到各个渠道，逐步形成当下包含物理网点、自助终端、电话银行、网上银行、手机银行、微信银行等渠道在内的立体化、全天候银行服务网络体系。在这个服务网络体系中，客户不再拘泥于传统的物理网点，而是通过广泛的场景和渠道接入银行服务，他们在现场，也在线上；在本地，也在全境；在某处，也在移动；在白天，也在夜晚。客户将无处不在、无时不在。

智能化谋变：网点的机会

客户的全渠道分布对银行网点带来了显著的冲击和挑战，网点面临一场深刻的转型。这场转型从渠道的整合优化入手，原先由网点承担的全量银行业务开始按照成本、效率和体验的基本法则，在线上、线下之间发生分化、分发、分流，大量标准化、交易类、被动式、信息型业务被线上替代，网点开始沉淀个性化、咨询类、主动式、价值型业务，不断聚焦形成网点全新的定位和市场机会。

在这场以网点重新定位和业务聚合为标志的渠道转型中，新兴智能化技术和设备在网点的应用部署起到了关键作用，在此作用下，网点快速形成了以下几种重要的智能化能力，构成网点发现市场机会、重新打造市场竞争力的核心基础。

基于生物识别技术的客户识别能力。近年来，指纹识别、语音识别、人脸识别等生物特征识别技术相继发展进入商用级别，银行网点依托部署在网点的生物信息采集设备，通过与系统比对分析运算，快速确认客户身份并同步分发推送给相应的员工和终端，从而为客户快速自助交易和营销商机调度创造了基础，从陌生接待的低效重复接触跃变为“一次认证、永久识别”的主动高效服务，大大提升了客户体验和网点经营效率。

基于体感技术的数字交互能力。传感器的规模化普及和体感技术的广泛部署，为人机交互的商业应用创造了可能，在触摸屏、iPad 等设备的基础上，以智能机器人为代表的交互设备进一步通过手势交互、语音交互及后台的图形、声音处理技术，使交互方式由菜单式向器官化演进，大大降低了设备的人机交互门槛，增强网点设备在互动能力上的可用性、易用性，引导客户主动探索和发现网点服务，打造网点随处可触发、可响应的智能交互环境，迎合移动互联网时代客户的社交化行为习惯。近年来风靡科技界的虚拟现实技术，也有望逐步应用于网点智能交互能力的部署。

基于数据洞察的精准推送能力。一方面，网点对客户进行全产品、全渠道、全关系链、全生命周期的 360 度全景数据洞察和挖掘，形成定制化产品和服务推送能力，根据客户的性别、年龄、职业、财务状况、行为习惯等数据，在客户到访网点的流程中精准嵌入个性化推送，在最合适的时机推送最适合每一位客户的产品方案，降低客户决策成本，从而提高服务的效率和销售的成功率，实现精准营销；另一方面，网点的所有界面都会成为客户交易行为数据的主动收集入口，进一步积累数据质量，通过大数据运算的优化提高客户画像和需求洞察的精确度。

基于渠道整合的可视化营销能力。依托裸眼 3D 等多媒体技术，将很多没有具象产品形体的金融产品有形化，通过模拟产品的生活情景，使客户对产品获得更直观、更趣味的可视化认知，从而对营销形成有效辅助。同时，无缝整合网点范围内的各类渠道、设备、界面、平台，打通线上、线下 O2O 切换节点，实现智能发布和多屏互动，更及时、更有效地展示业务。

受益于信息技术发展的外部性溢出及其商业化应用的规模化效益，网点通过智能化转型至少在两个方面实现了竞争力的提升，一是服务能力的优化，主要体现在交易效率和服务体验的显著改善。二是经营成本的下降，主要体现在人员和场所投入的集约化所释放的成本空间。在智能化的驱动下，网点运用上述技术和能力的支撑，不断深化业务整合、优化流程创新，从而重新获得竞争优势。

未来已来：智能化驱动的网点业务

网点智能化的实质是推动渠道转型的一种手段，而渠道转型的实质是经营转型、业务转型。在智能化的推动下，网点业务出现可观的整合、优化和创新空间，形成新的业务内容和服务模式。

业务预发现、预处理。打造更加实时、透明、统一、高效的预约平台，提供智能预约服务，在此基础上，进一步对可分离、重复性的业务流程进行自助化开发，在手机、智慧柜员机等终端上提供无纸化预处理界面，减少柜员操作时长和客户等待时间，提升处理效率。此外，运用生物识别技术提前确认客户身份，并根据数据洞察预判客户需求，在员工与客户接触前完成服务方案规划和营销能力调度，在客户提出需求前实现“预处理”。

大堂综合引导。打造电子化的网点分区智能导览系统和客户服务指示系统，把网点功能分区和服务设计导航同步推送到客户手持移动终端或网点内的设备界面，实时解决客户引导问题，实现客户在网点内随处可发现、可探索、可到达。同时，大堂经理手持终端拥有智能导览系统后台界面，通过 iPad 等终端可实时动态掌握网点客户动线情况、排队情况、设备负载情况，从而对大堂客户流量变化和突发特殊情况进行人工干预和优化，实现最有效的客户分流和高密度大堂服务。

客户自主、自助业务处理。围绕智能化设备的部署，在智能化设备上实现预填单、自助发卡、电子银行签约、银行卡挂失、理财产品销售、打印等业务的自助化办理，迁移大部分的高、低柜非现金业务，推动业务办理模式由“柜员操作为主”向“客户自主、自助办理”转型，减轻柜面人员业务负荷，为柜面人员补充到柜外向营销服务人员转型创造条件。截至2016年6月末，建设银行累计投放2万余台智慧柜员机，最高业务处理效率比柜面平均提升5倍多，客户办理频次高的个人开户业务由柜面的9分钟缩短为3.94分钟，速度提升近2.25倍。

深度差异化服务。首先，智能设备的大规模应用实现了大量标准化交易类业务的自助办理，释放了网点劳动力资源，为客户分层差异化服务创造了条件。其次，依托客户识别技术和大数据洞察，网点人员可以第一时间识别高净值客户并作出商机判断，提高了客户分层服务的可视化和可执行性。再次，借助手持设备和智能化流程的部署，网点人员不但可以走出柜台，还可以进一步走出网点，变“坐商”为“行商”，为高端客户提供上门服务，打造个性化的服务价值和主动服务的竞争力。

远程人工服务。运用智能设备的交互能力和渠道协同，通过远程人工服务可以实现网点服务渠道的延展和深化，一方面，满足客户多渠道办理的体验选择，突破时空限制，解决网点业务峰值瓶颈问题；另一方面，快速调用高价值的专家服务，如投资顾问、留学顾问等业务，解决网点业务专业性能力问题。

在智能化的驱动下，网点的业务和服务将持续转型，整体上向综合性、多功能、集约化的业务能力发展，呈现出新的业务模式。建设银行坚持网点的业务优化和服务创新，在智能化的新兴技术力量支持下，加快了网点向“产品展示与销售、客户体验与互动、客户交流与咨询”三个平台转型的步伐，不断强化网点服务的识别度和差异化，引导客户可以按照个性化的偏好选择在银行合适的渠道、合适的网点类型上形成黏性，沉淀服务和商机。

重构银行生产力：介质革命

渠道的本质是承担客户与银行发生交互的功能，并把银行的产品和服务交付给客户。网点的智能化转型引发了一场渠道变革，这场变革就是一次介质革命。介质革命的核心是通过智能化应用的不断突破，使银行与客户交互的时间和空间发生重新组合，进而促进生产关系重构和生产力提升。银行通过智能化设备的应用部署和业务流程的整合创新，使生产力在网点的人和设备，以及人和人之间重新分配，带来生产关系的深刻调整和生产函数的重构，技术的边际产出效应溢出，劳动的边际产出效益下降，规模经济创造的效能在技术的支持下得以释放。从客户角度看，通过识别技术、交互技术、大数据洞察和渠道整合，客户与银行之间的交互方式和交互效率得到质的优化，交互中的信息不对称出现边际拐点，决策成本和交易成本出现非线性下降，从而显著影响客户到访网点的成本收益曲线，对客户来说，同样意味着一次生产力的跃升。

智能化转型释放的银行生产力变革将是深层次、可持续的，在这一动力的长期驱动下，介质革命将在以下几个方向持续推进。

由前端的数字化向后端的集约化推进。网点智能化转型是一个由表入里的渐进式过程，初期以前端的数字化为主，通过智能化设备的应用部署、交互界面的优化，为精益服务创造了可能。前端的数字化意味着客户的数字化和服务的数字化，核心在于设备整合，做到扁平化部署，保障客户获得360度无死角的一致性体验。但前端的数字化只是智能化转型的开端，是转型成功的必要不充分条件，从智能化转型的整体进阶把握，智能化转型的价值绝不在于数字设备的堆砌，而在于建立起前端数字化基础上的后端集约化。设备替代人之后人去做什么，远程后台搭建后释放的劳动力又去做什么，新的流程下网点建多大、功能分区怎么安排，等等，这些都是智能化转型需要回答的重要命题。后端的集约化包括网点布局优化、功能分区设计、设备运维管理、劳动组合调整、柜面流程改造、营销资源部署、风险合规监测等方面，纵跨前、中、后台流程整合，旨在建立企业级运营能力。考虑到后端的集约化是一个不断梳理生产力并逐步释放的过程，没办法一步到位，应当作出有梯度性的分阶段安排，根据对前端服务界面的响应设计，建立与前端一一对应的虚拟映射层，从映射层中分批次释放后端集约化的改造需求，有层次地开发和迭代，逐步释放转型成果。

由资源的云端化向服务的本地化推进。借助于云技术的商业化应用，通过云存储和云计算实现资源集约化共享成为了可能，网点的数据类、技术类、授权类资源可以通过云的方式实现集中，从而提高资源复用效率，降低资源调用成本，控制资源使用风险。同时在相反的方向，正是借助于资源的云端化使网点服务对资源的可依赖程度提高，资源调用的全面性、及时性得到保障，银行服务有能力在网点继续下沉，实现全面的本地化部署。对客户而言，网点将有能力受理任何本行业务需求，而客户在业务办理流程中对是否调用云端资源完成并没有感知，最终在网点实现“全面受理、云端协作”。

由流程的IT化向网络的拓扑化推进。智能化转型带来海量的流程优化和改造，而反之只有及时通过IT开发将流程固化、硬化下来，才能支持前端的数字化界面和后端的数据吞吐、资源响应、产品输送和风险管控，并与组织管理架构适配，实现流程的智能化。随着流程的逐渐成熟和IT化的逐步释放，必须对端的开发进行系统地集成，解决耦合和并发的问题，形成拓扑化服务网络。一方面，流程应该是复用的，根据最大并发原则强调效用最大化，提升单位开发的投入产出效率；另一方面，流程应该是开放的，在服务中可根据客户需求的动态变化，不断调整流程方向和通路的组合，形成服务网络通路的自适应、自协调机制，以最快的速度、最低的成本、最好的体验完成服务输送或产品交付。建立在流程IT化基础上的服务网络拓扑化，是银行智能化转型在流程整合上的深化，最终有望在网点打造形成光滑、连续、动态的服务网络有机体。

由业务的自助化向服务的智能化推进。智能设备提供了客户自助办理业务的平台，但这仍是被动的、浅层次的服务模式。随着设备的升级和流程的开发，未来有望向主动的、深层次的智能智慧服务系统进化。一方面，依托生物识别技术和大数据洞察，网点的服务系统将拥有感知力，具备智能“输入”能力，做到“认识”客户、“懂得”客户；另一方面，依托人工智能的发展应用，服务系统还有望形成反馈机制、学习机制，在与客户的交互中自动积累知识与经验，运算后反向发起交互，具备智能“输出”能力，做到“关心”客户、“陪伴”客户，甚至跟客户“做朋友”。

深刻理解中国房地产问题的实质

黄志凌

2014年上半年，中国70个大中城市商品房的销售面积下降6%，销售额下降6.7%，特别是一些热点城市房价下降突出，一些地方政府救市的新闻充斥各类媒体，以至于一些专家判断，中国经济下行与房地产价格下跌叠加，市场可能要崩溃。2015年下半年以来，有关房地产危机问题再次成为热点话题，各种观点和政策主张很多，但分歧很大。本文针对上述问题展开讨论。

一、大型经济体房地产市场不易发生系统性风险

观察房地产市场风险不能就事论事，更不能简单套用其他市场分析方法，而应该深刻理解房地产市场的本质特性，把握其特有的规律。

（一）房地产商品的异质性决定了大型经济体房地产市场不易发生系统性风险

所谓房地产商品的异质性是指由于土地的不可移动造成了每个房地产商品具有唯一性、不可复制性。实际生活中，除了土地这一基本决定因素外，社会、文化等多个层面的因素进一步固化了房地产商品的异质性。例如，房屋所处不同区位的自然、社会、经济条件的差异以及建筑功能与风格、朝向、层次、规格、装饰、设备等方面的千差万别，更强化了房地产的异质性，我们甚至可以说，房地产商品可以认为是经济学意义上接近于完全差别化的产品。

房地产与小麦和大豆等农产品、石油或矿产等大宗商品具有明显的区别。对于大宗商品来说，同一类商品的个体之间基本上是同质的，因而在市场完全开放的条件下商品价格具有同一性，各个区域之间的价格差异主要体现为运输成本差异。同时，由于这种近似同质的商品可以在全国市场、甚至全球市场批量流动，一旦发生足以影响供给和需求的重大事件，价格波动就会迅速传导到全国市场乃至全球市场，形成系统性风险。而对于房地产市场，几乎没有任何两宗物业是完全相同的，一栋楼里不同户型的价格也有差异，不同楼盘的价格差异更大，不同城市或者区域的价格差异性会更加显著。因此，一个物业的价格变化，并不必然会引起其他物业价格等比例变化，尤其是不同区位、不同功能的房地产价格的相关性更低。

也就是说，对于一个大型经济体而言，房地产市场的区域性差异会非常明显，尽管各区域房地产市场都受到宏观经济大环境影响，但是相互之间的联动性是非常有限的；房地产商品的异质性造成了不同区域的房地产市场天然是分割的，甚至可以近似看作不同的商品。诚然，对于小型经济体，房地产的区域性特点不明显、甚至只有一个区域（如香港地区等城市经济体），往往出现同一时间点上的房地产崩盘，进而引发经济危机。但是如果深入观察房地产商品特殊的价格传导机制，并从大型经济体的角度来分析，各个区域间的房地产市场价格波动不会出现严格意义上的多米诺效应，更不会出现短时期发生全面或集中崩盘的系统性风险。

（二）大型经济体房地产并未发生真正意义上的系统性崩盘

一般认为，所谓楼市崩盘，是指房产市场价格在经过一段时间的持续上涨后，短时间内房价出现超过30%的急剧下跌现象。“崩盘”的概念源于股市，华尔街通常将股市崩盘定义为单日或数日累计跌幅超过20%。从世界历史看，目前为止，还没有大型经济体短时间内出现全局性的房地产崩盘的先例。尽管美国、日本等大型经济体在历史上都曾经出现过房地产危机，但这些危机主要是局部的、区域性的，并没有直接引起全国性的房地产崩盘。例如，美国历史上著名的1926年佛罗里达州房地产危机，虽然危机造成了佛罗里达地区经济萧条，但是并未引发美国全国性的房地产崩溃。再如，美国的“次贷危机”，这场源于房地产泡沫破灭的危机，从表面看似乎是席卷了美国全国、甚至全球，但是我们看一下美国这段期间的房地产价格数据会发现，美国住房价格指数（HPI）从2007年初的最高点192下降到2011年二季度最低点157，跌幅仅为18%左右，并未达到下跌30%的崩盘标准（仅有少部分地区跌幅超过30%）。之所以人们感觉这场危机影响如此之大，主要是由于美国独特的财税、货币政策和金融系统问题导致的全国性金融危机，而非房地产价格猛烈下跌导致的经济崩溃。

但是对于一些小型经济体或地区，房地产泡沫破灭往往带来了严重的经济危机，例如20世纪80年代中期，泰国、马来西亚、印度尼西亚等东南亚国家出台了一系列刺激性政策，把房地产作为优先投资的领域，促进了房地产市场的过度繁荣，最终形成了房地产泡沫，在危机爆发后，随即演变为全国性的经济危机。再如，20世纪90年代香港地区房地产泡沫破灭后，房价从1999年最高峰开始持续下跌，六年跌幅累计达65%，导致香港地区经济陷入萧条。

（三）美国“次贷危机”也不是一个例外

既然大型经济体房地产危机很难引起全国性经济危机，那么为什么“次贷危机”后，出现了美国全国性的金融危机、甚至席卷了全球？这是“大型经济体房地产不易发生系统性风险”这一基本结论的例外案例吗？实际上，我们深入分析一下就会发现，“次贷危机”是美国独特的财政、金融政策以及独特的金融体系使然，而不是房地产市场自身风险逻辑发生了变化。

从财政政策看，21 世纪之初网络经济泡沫破灭后，美国政府为了刺激实体经济发展，财政政策采取购房贷款利息允许个税前扣除等鼓励性措施，提振居民消费。这项财政性刺激措施，客观上鼓励了房产投资需求，推动了房价的上涨。

从货币政策看，利率前降后升的反转走势埋下了房地产泡沫形成和破灭的种子。2000 年 7 月至 2004 年 6 月，为应对信息技术（IT）经济泡沫破灭导致的经济疲弱，美联储将利率从 6.5% 左右经过十多次下调降到 1.0%。但是 2004 年 6 月至 2006 年 7 月，美联储又通过 20 多次升息把利率提升到 5.25%，成为刺破房地产泡沫的重要导因。实际上，2000—2004 年，货币政策过于宽松导致严重负利率时，融资成本下降和流动性过剩刺激房屋需求增长。受到短期供给缺乏弹性因素制约，房屋市场供求关系失衡推动房价上涨。房价飙升影响了人们的预期，激发了人们投资房地产博取资产升值利益的投机需求，进一步推动需求上升和新一轮价格上涨，从而不断吹大了房地产泡沫。当然，银行放松风险底线为房地产泡沫的形成和破灭起到了“煽风点火”的作用。美联储的低利率引起房价持续上涨，为了充分享有房价上涨所带来的高收益，银行有内在动力向信用评级较低和收入不高的借款人提供信贷支持，而极低的信贷成本和持续上涨的房价让不具备还款能力的借款人也产生了内在的投机需求，因此，次贷市场蓬勃发展。然而，美联储加息导致借贷成本急剧上升、房价却开始下滑，双重压力导致还款能力不足的借款人出现大规模违约，引发“次贷危机”。

从金融体系看，美国发达但风险评估、管控缺位的衍生品市场是房地产泡沫形成和破灭的“鼓风机”。银行通过资产支持证券（ABS）、抵押担保债券（CDO）等资产证券化工具将“次贷”重新包装、在金融市场上出售，这样银行不仅能够快速回笼资金、获取收益、减少资本占用，而且不用承担“次贷”的违约风险。而本应该对衍生品风险状况做出客观评估的评级机构，出于利益考量，对次贷衍生品风险状况“睁一只眼、闭一只眼”，给予了高评级。于是我们惊奇地发现，经过这样一个发达但风险评估、管控缺位的衍生品市场的包装，“次贷”这个“矮穷丑”摇身一变成了“高富帅”。这无疑激发了购买者对次贷衍生品的青睐，房利美、房地美等机构大量买进次贷衍生品等有毒资产，甚至连银行、保险公司也购买了不少的次贷衍生品。

因此，“次贷”的资产证券化并没有像人们设计时所希望的那样分散风险，反而是将风险重新集中到金融市场，并且通过衍生品的放大作用，将风险放大了若干倍。这种恶性循环使得金融体系的风险不断放大、不断衍生，从而造成了如此大面积的金融危机。由此可见，不恰当的财政、金融政策使得房地产市场背离正常轨道，导致了房地产市场出现周期性的波动。统计数据也验证了这一观点，从 1963 年至今，美国共有四次大的房地产危机，每一次的市场调整期都与美国经济周期密切相关，大约相隔 12 年会有一次大的市场调整期，时间持续大约三年，调整期间美国房价会有较大的波动、下滑。

（四）中国房地产市场会发生系统性风险吗

对于中国而言，无论是从经济规模上，还是国土面积上，都是一个大型经济体，并且由于历史上行政计划的延续，事实上中国不同区域的房地产市场的联动性远远小于完全市场经济国家，因而各个区域房价在上涨一段时间后，往往会呈现区域分化的特点，因此中国出现全国性的房地产崩盘的概率非常之小。

除此之外，中国房地产市场特殊性使其出现系统性“崩盘”的可能性很小。一是中国房地产市场仍然有着较强的刚性需求，难以出现全国性房地产价格大幅下跌。中国目前具有稳定而高速的经济增长、较低的通胀和及时的政策调控，居民收入持续增长，自主性需求和改善性需求还较为旺盛。并且，中国城镇化率远低于发达国家平均水平，随着中国城镇化的稳步推进，城镇化引致的住房需求也将保持稳定增长。二是个人购房贷款占比大、质量高，不会爆发“次贷式”的危机；目前中国个人住房贷款余额占房地产领域贷款的 2/3，因此个贷资产质量直接决定了房地产领域的贷款质量和金融风险。事实上，中国个贷资产质量很高，不良率不到 1%。高质量并不是偶然的，而是有着深层次的原因。一方面，中国的个人按揭贷款市场特点与美国有着明显的区别，"次贷式"危机的根源在于美国的银行为了增加收益，拓展了一些低信用评级、还款能力不足的借款客户，而在中国，贷款属于稀缺资源，大量的高质量个贷客户可供银行选择，这就从根本上保证了中国按揭贷款质量，不会爆发"次贷式"的危机；另一方面，2010 年以来，中国住房贷款政策侧重于支持首套住房，满足自住需求，并大幅度提升投资型房地产客户的成本，挤压投资需求。首付比例较高、举债杠杆率、传统守信观念、国民收入稳步增长等因素促成了个贷风险较小，这一点从前期温州等房价下降较多区域的个人住房贷款违约仍然较少的情况中可以得到直接印证。三是中国财税和货币政策较为稳健，不存在"次贷式"的不当政策诱因和金融体系缺陷。从过去十余年的中国货币政策与房贷政策看，并未出现如 2001—2005 年的美国过度宽松货币政策和房贷政策，总体上仍属于谨慎状态。从货币政策看，除了 2008 年四季度至 2010 年上半年出现明显的宽松政策外，其他时间以稳健为主，尤其是利率水平较为稳定；从房贷政策看，中国对个人住房贷款首付比例一直实行较为严格的管制；从金融体系看，目前中国商业银行尚未大面积创新个人房贷金融衍生品，风险集中和风险杠杆比例较小。因此，中国目前不具备爆发"次贷式"危机的基本条件。四是大型房地产开发企业占比大，抗风险能力强。2013 年底，中国上市的房地产企业资产负债率已降至 50% 左右，远远低于金融危机期间 90% 的水平。过去几年，前十大房企的市场份额上升了 3 个百分点到 13.3%，前 50 大房企的市场份额则上升了 5 个百分点至 25.4%，行业集中度提高带来更强的抗风险能力。大型房地产企业不仅自身资金实力强，而且其开发的项目所在区域地理位置较为核心，具有较强的抗风险能力。从国外房地产危机看，各核心区域、资源稀缺地域的房地产项目较为抗跌，具有较强的抗风险能力。当然，我们不排除局部地区的小房地产开发企业爆发个案风险的可能性，但从目前看，多数爆发风险的房地产开发企业都是源于民间借贷、高风险投资、不规范、高杠杆等问题，而真正由于房地产价格下跌、销售困难爆发风险的企业是非常少的个案。

二、中国房地产市场要警惕三大风险

由于房地产商品的异质性，中国房地产发生全国性崩盘的风险概率很低，但 20 多年来中国房地产发展过程中积累的问题始终未得到有效解决，因而发生局部地区房地产市场崩盘的风险还是极有可能的。具体而言，当前中国房地产要重点警惕三大风险。

（一）警惕房地产功能失调风险

作为一种商品，房地产的核心功能是居住，但是房地产商品的特殊之处在于其与土地的不可分割性，而土地的稀缺性赋予了房地产保值增值的派生属性，由此衍生出了房地产的投资功能。因而，房地产具有消费和投资的双重功能，这两种属性和功能是统一的、不可分割的。其中，居住功能是房地产的核心功能，投资功能是派生功能，因为投资房产的目的是用于出租或者出售，总之最终都将用于居住，如果没有了居住属性，投资属性也将随之消失。

从理论上讲，任何地方的房地产都具备居住和投资这两种属性，但是房地产的异质性决定了不同区域的房地产的两种属性具有不同的表现。而且，即使处于同一区域、同一时期，不同楼盘的居住和投资两种属性也会因房屋具体所处的地段、环境等因素而不尽相同。对于土地资源更为稀缺的大城市、超大城市，房地产的投资功能要明显高于一般城市或者农村，投资功能也更容易被发现和挖掘，当然也更容易被过度放大。这里，尤其值得我们关注的是，如果一个较大区域房地产商品的居住功能和投资功能发生次序逆转，必将产生较大泡沫并引发区域性市场危机。实际上，多个国家（地区）的真实案例已经不止一次地验证了这一结论。历史上，日本和中国香港都曾经一度错误地推行重投资轻居住的发展模式。这种发展模式基本上是将房地产作为一种金融资产来进行投资，而且是政府出台相应的政策支持民众开展这种投资。于是，大量的资金涌入房地产市场，造成房价长期持续走高，远远脱离了居民实际收入增长速度，也远远脱离了房屋实际居住功能可提供的使用价值，这时就形成了投机炒作。在没有实际价值支撑的情形下，无论是股票还是房地产都难以避免最终的价值回归过程。这种畸形的功能紊乱导致房地产价格暴涨暴跌，并且严重影响了居民的居住需求和居住质量，对一个国家（地区）的民生和经济都造成恶劣的影响。

（二）警惕“土地财政”内生性引致房地产市场次生风险

所谓“土地财政”是指地方政府对于从土地开发及相关领域所获得的税收和公共产权收入产生严重依赖。“土地财政”主要表现为地方政府依靠出让土地使用权的收入来维持地方财政支出，由于这些收入属于预算外收入，所以又叫第二财政。据统计，2013 年此预算外收入高达地方政府预算收入的60%，可见“土地财政”名副其实。

“土地财政”导致本应当作为公正性代表的政府具有内在的利益相关性，这种利益倾向性必然反映在地方政府的各项房地产相关的政策和管理行为中，导致相关政策和政府行为发生扭曲，这种扭曲的目的是保护“土地财政”，因而某种程度上地方政府和房地产开发企业成为了利益共同体。

“土地财政”不仅通过扭曲政府行为来影响房地产市场走势，而且可以直接对房地产市场供求关系产生扭曲效应。“土地财政”使地方政府的“经济人”角色不断强化。地方政府在房地产市场中的土地垄断地位和其追求预算最大化、增加可支配财力以发展经济的行为动机，使其在不公平的土地交易中成为最大的获利者，且对土地财政形成极强的依赖性。因此在房价出现波动时，地方政府会存在“救市”冲动。通常而言，房地产市场滑坡开始之后六个月到一年，开发商的现金流就会有麻烦。由于转让土地收入已成为各级地方政府的重要收入来源，房地产销售放缓意味着开发商没有钱向地方政府买地了，这就会影响“土地财政”的来源，因此地方政府必将通过政府行为来进行房地产市场干预，从而破坏房地产市场发展的客观规律，引致房地产的风险积聚。近期各地方政府纷纷松绑房地产限购政策的行为，已经充分地验证了“土地财政”与房地产的这种密切关系。

实际上，从更加宏观的角度来看，“土地财政”带来的风险已经超出了房地产的领域，其本质上带来的是资源配置的扭曲，这将引起一个地区的经济结构扭曲，进而反过来对房地产产生不可估量的深刻影响。一方面，政府将大量的土地出让金用于为房地产配套的基础设施建设方面，地价的过快上涨也加速了去“工业化”的进程，在投资渠道缺乏的中国，淘汰的企业主将过剩的资金投向房地产开发，进一步加速了房价的上涨；另一方面，房地产的蓬勃发展也带动了与之相关的产业发展，但是却相对挤压了其他产业的资源获取空间，导致资源的错配和人群之间的财富分配失衡问题，影响了其他行业人们的收入，降低了对房地产的需求。

（三）警惕过度杠杆化引致的风险

房地产行业是个资金密集型行业，房地产的开发需要大量的资金投入，这就使得金融在房地产的行业发展中扮演着重要的角色。回顾美国、日本、东南亚等的房地产危机，它们的一个共同特点是房地产金融过度杠杆化。以美国为例，爆发“次贷”危机的一个主要原因便是向信用评级较低和收入不高的借款人提供信贷支持，甚至发放大量低首付甚至零首付的个人住房贷款，这实际上是提供了非常大的金融杠杆，借款人甚至不用自有资金就可以借助银行信贷资金来买房子。然而这还只是“次贷”的第一层杠杆；在此之后，金融机构将次级按揭贷款进行了证券化，并且基于“次贷”这个基础资产又开发出了很多虚拟的衍生资产，以至于次贷衍生品的规模达到了次贷本身规模的几十倍，因此风险也随之被放大了几十倍，一旦泡沫破灭，所造成的影响也是次贷本身规模的几十倍资产缩水。

对于中国房地产而言，过度杠杆的风险可能来源于以下几个方面：一是在房地产市场萧条期，政府部门往往在政策上引导、鼓励商业银行降低个人购房的首付比例，并给予首套房贷利息补贴或直接要求商业银行实行优惠利率政策，不仅直接放大了杠杆率，还间接刺激了不具备借贷能力的人的负债欲望。二是在房地产市场上行期，房地产价格处于上涨趋势中，有些商业银行主动降低首付比例，甚至还会推出所谓的基于房地产价格上涨的“加按揭”业务，实际上是对个人贷款投资购房行为的变相鼓励。虽然政府部门房地产调控政策明确要求个人购房首付比例不低于三成，但是在房价加速上涨的背景下，仍然难以抵挡银行的变通和一些投机者贷款购房的热情。三是对房地产开发项目自有资本金比例要求过低。在中国房地产市场起步的一段时间内，多数房地产开发商都是采用抵押土地贷款等“空手套白狼”的方式利用银行的信贷资金进行开发，然后通过卖期房的方式直接获得售楼收入，由此形成巨大的金融杠杆。

尽管后来监管部门对房地产开发项目自有资本金比例和房屋销售提出了强制性规范，但是房地产企业往往有各种各样的手段来规避这些要求，例如通过关联企业借款来充当自有资本金等，实际上仍然维持了很高的金融杠杆。

三、房地产行业发展既要“正本清源”又要“清热解毒”

随着房地产行业风险的凸显，如何治理当前房地产的风险，房地产行业在未来经济发展中的地位是否会急剧下降，这些都成为当前大家热议的问题。我认为，行业的特性决定了房地产始终是一个国家重要的战略产业，但是要担当好这个重要角色，中国房地产业必须“正本清源”“清热解毒”，理性发展。

（一）“清热解毒”是中国房地产市场回归理性发展的当务之急

当前房地产市场既存在“局部虚热”（个别地区供过于求），也存在个案“病毒感染”（利用房地产进行投机与欺诈），甚至还出现“吸毒上瘾”（土地财政与开发商的高负债运营）的问题。如果解决不好这些问题，中国房地产就无法成为跨越中等收入陷阱的助推，也无法担当未来战略产业的角色。因此，当前必须对中国房地产“清热解毒”，促使房地产尽快回到理性发展、良性发展的轨道上。

所谓“清热”主要是从解决土地财政等角度消除房地产非理性发展的内在动因；而“解毒”主要是防范过度杠杆化形成“毒瘾”。中国房地产的诸多问题实质上是地方财权与事权不协调造成的，治理房地产行业的风险必须先推进财税体制改革，促进地方政府财权和事权的匹配，降低其对土地出让金的过度依赖，纠正政府的行为和政策扭曲，从体制上解决中国地方政府的“土地财政”问题，使地方政府通过正常的财政体系就能够解决其财政收入问题，为中国房地产市场的健康发展提供基础保障。

一是合理界定中央与地方的财权、事权和支出责任。1994年的分税制改革，结束了之前财政体制摇摆不定的局面，有效解决了中央财政虚空的问题。但是也遗留了地方政府财权与事权不匹配的问题。由此而带来的地方政府不得不自行增加收入来源，催生了乱收费、土地出让金持续上涨等问题。财税体制改革需要重新合理界定中央和地方的财权、事权和支出责任，实现财政收入和支出责任相匹配，并逐步通过法律形式予以明确，尤其要增加地方政府稳定的、可持续的资源性、财产性收入来源，逐步改变地方政府过度依赖土地出让金的财政收入现状。

二是加快房地产税的立法和改革。除了简单的调整中央和地方的“蛋糕切分”比例之外，更为重要的是做大“蛋糕”、保证税收来源的持续性，纠正地方政府行为偏差。这其中最为重要的是加快房地产税的立法和改革。开征房地产税将为地方政府在城市、环境等方面的支出找到一个稳定的收入来源，有助于引导和完善地方政府的行为，保障房地产政策的公正性，使其更加关注公共服务和基础设施改善。房产税的征收可以起到健全地方税收体系、调整地方财政收入结构、调节收入分配差距和遏制投资性购房四重效果。

三是促进城乡之间、区域之间均衡发展。长期以来，经济发展重心和资源分配向大城市倾斜，导致住房需求过度集中在大城市，并导致中小城市发展动力不足。如果不能实现大、中、小城市协调发展，就很难解决“北、上、广、深”等大城市的房价高企问题。未来需要大力发展城市群内的中小城市和具有产业优势的其他中小城市，促进城乡之间、区域之间的协调发展。

四是避免房地产金融的过度杠杆化。在购房者方面，首付比率越低，则资金杠杆越高，越容易发生放大投机风险，因此提高首付率有助于通过资金限制抑制过度的需求涌进市场，从而平抑房价。对于房地产开发企业，要提高自有资本金比例要求，降低开发杠杆率，减少信贷资金的杠杆作用，防范房地产过度开发。在金融创新方面，要吸取美国“次贷危机”前房地产金融染上证券化、抵押担保债券等“毒瘾”的教训，审慎发展房地产金融的创新产品，尤其要避免设计高杠杆的金融产品，要坚持服务实体经济的要求。

五是要完善房地产金融体系，明确政策性房地产融资、准政策性房地产融资、商业性房地产融资之间的分工与合作，使各种房地产政策有金融体系相配套。具体来说，对政策性房地产融资，尤其是保障房建设的融资，应主要突出财政的支点作用，用财政担保的办法，寻求金融的支持；准政策性融资，只要是资助中端住房建设，应主要突出公积金体系的支点作用，要改变目前公积金完全个人所有的性质，突出其公共性和互助性，维护其商业性，使之与财政资金形成区别；商业性房地产金融则完全由商业银行自主决定，按商业原则开展业务。

六是银行、信托等金融机构要加大对房地产开发商的资本金、现金流和财务等状况的监控，关注房地产开发商的资金链断裂给金融带来的风险。加强对表外理财、信托等“影子银行”金融活动的监管，促使其规范化和透明化，有效化解存量资金风险。鼓励银行和其他金融机构发行或然可转换债券，并通过创新资本金补充方式，提高银行和其他金融中介的资本金，消除影响金融体系稳定的许多威胁。

这些监管措施将使得未来即使房地产等领域或环节发生大规模的坏账损失，也不会造成连锁式违约，动摇整个金融体系。反过来，金融体系的稳定，将为房地产业的风险化解及可持续发展提供安全保障和强力支持！

（二）建立长效机制，确保房地产居住的核心功能

房地产的基本功能是居住，由于土地资源的稀缺属性，居住功能进一步衍生出了房地产的投资属性。然而，作为一种商品，如果居住的主要功能被投资的衍生功能所超越，就意味着价格会被脱离居住基础的投资需求不断抬高，必然出现价格严重偏离价值，导致资产泡沫。泡沫的形成实际上是价格机制错乱的过程，这不仅使房地产行业集聚了风险，而且也影响了各类资源的配置效率，导致过多的资源配置到了房地产行业，挤压了其他行业的发展空间，而一旦泡沫破灭，这些资源可能随之化为乌有。因此，要控制房地产风险，必须建立长效机制，确保房地产的居住功能始终处于核心地位，而投资功能仅作为一定的补充。长远来看，中国需要建立和不断完善市场配置和政府保障相结合的住房制度，推动形成总量平衡、结构合理、房价与消费能力相适应的住房供需格局，有效保障城镇常住人口的合理住房需求。政府托底保障中低层次需求，发挥市场重要作用满足多元化需求。具体而言，中国应当建立健全四项保障机制：一是加强住房保障体系建设的立法，强化居住的核心功能，保障中低收入群体的居住需求，有效抑制住房的市场投资、投机需求。在保障中低收入群体居住需求的基础上，有效地分流市场需求，降低人们对住房价格持续上涨的预期，抑制对住房的过度投资和投机的需求。二是深入推进土地供应和住房市场化改革，让市场真正发挥价格调节和竞争提效的作用。首先要推动土地供应的市场化改革。当前的土地供给取决于地方政府，土地供给的不确定性预期使得开发商尽可能多拿地，因此供给的有限性及开发商的“囤地”行为不断推升地价和房价。要改变这一行为模式，必须加快推动土地的产权制度改革，允许农村宅基地进行抵押、担保、转让，使之具有商品属性和交换价值，增加土地供给主体，形成真正的土地市场。其次，深化住房市场化改革。当前部分住房并没有市场化，一些政府机关仍然存在以保障房的名义推出名目繁多的住房实物分配政策，并从土地供应、融资安排、项目上市等各方面进行优先支持。这不仅阻碍了房地产市场改革的深化，而且制造了新的社会不公与寻租空间，因此应当逐步取消各种形式的实物分配政策。同时，要逐步将一刀切的“限购、限贷”行政政策转变为更具针对性的分类治理的经济调控政策。三是房地产行业调控政策要根据区域异质性特点进行差异化调整。房地产调控政策需要体现差异化，未来房地产政策调控方向应当突出“宏观稳、微观活”。在推进新型城镇化、建立长效机制的同时，坚持“分类施策、分城施策”的调控导向。一线城市和热点二线城市应当从严控制城市规模和抑制投资需求两方面入手控制房地产风险。例如，2013 年北京、上海商品房分别销售了大约 19 万套和 23 万套，而当年两市分别新增人口 46 万人和 35 万人，随着大量人口进入，住房需求仍将长期存在。而多数二线、三线城市需要重点进行供给结构和需求结构的双重结构调整。在供给结构方面，重点支持140平米以下的中低价位普通商品房销售，抑制高档、大户型楼盘的投资和开发；在需求结构方面，重点满足中低收入者的自主性购房需求，抑制炒房者的投机需求。对大多数三四线城市，供应相对充足，重点是去库存化。四是加强住房信息的统计信息披露，避免投资者因信息不对称而走向过度投资。众多的理论研究和国外的实践表明，增加市场上住房供求信息的披露和房产交易的透明度有利于房地产市场的健康发展，因为住房供求信息的披露越多，交易者就越容易将这些信息纳入自己的参考范围，从而制订合理的购买和投资计划，减少因信息不足造成的盲目跟风，减少了噪声交易者的数量和比例，使房价回归基本面主导模式。美国、加拿大和欧洲各国通过定期编制房地产市场价格指数发布市场信息的做法值得我们学习。中国需要加快推动住房信息联网和不动产信息登记制度落地，定期发布各区域房屋出售情况、住房租金价格指数信息，提高信息透明度，为购买者和投资者决策提供充足的信息保障，避免盲目跟风、追涨杀跌，稳定房地产价格。

（三）按需求构筑多层次住房保障体系

住房保障是人权保障，要“居者有其屋”，但“有”的含义并非特指物权上的拥有，而是多种形式的“居住”，而且居住的标准和条件也存在差异。通过对不同国家各类人群的收入和居住消费分析，不难发现各类人群住房需求必然也是分层的：最低层次，由于收入低且不稳定，该类人群的主要诉求是满足温饱和基本生活，对住房的基本需求是有地方住，能遮风避雨，以及起码的卫生条件。第二层次，有一定收入，但收入不高、积蓄不多，没有能力购买房屋，此类人群的住房需求是面积不大、基本功能齐全、质量可靠，并具备一定的卫生条件。第三层次，工作稳定，存有积蓄，未来收入稳定，有能力改善居住条件并可经过较长时间积累拥有房屋产权，但购房需要获得信用增级和融资支持，此类人群的住房需求是面积适中、功能齐全、质量较高以及较好的卫生与生活环境。第四层次，收入高，经济能力强，信用好，有能力充分改善住房条件，对住房要求高，不仅满足于居住，还要将房屋作为投资对象确保个人财产的保值和增值，此类人群对住房需求是面积较大、品质高端、环境优良。许多国家还存在特殊群体，尽管这些群体收入不高，但国家会给予特殊支持帮助其解决住房需求，如公务员、军官等。由于各类人群的住房需求不同，在住房保障制度安排上不能简单运用一种政策、一种方式统一解决。随着经济发展和城镇化进程加快，城镇人口快速增加，普通百姓尤其是中低收入群体的保障性住房需求压力越来越大，中高等收入群体改善性住房需求将越来越强烈。面对日益复杂和强烈的住房需求，各级政府一直都在研究借鉴国际经验，努力探索构建一个有效的住房保障体系。尽管各级政府十分努力，各种政策措施也收到了一定的成效，但总是试图通过构建一个可以全面推广的模式，解决全国各层次的住房需求，在实践上一直饱受诟病。为了进一步健全、完善中国住房保障制度，我们还需要新思维、新角度和新模式。基本思路是：在住房供应和住房消费两端分层次构建中国住房保障体系：一方面着力构建“基本需求有保障、首套购房有支持、商品住房有市场”的住房保障供应体系；另一方面建立健全中低收入群体租房补贴财政政策和中高收入住房信贷政策制度体系，从而形成市场供给与政府保障相结合，以市场供给为主的住房保障供应体系，以及政府信用增级、税收灵活调节的市场引导体系，建立符合国情的住房消费模式，逐步构建总量基本平衡、结构基本合理、住房消费和居民收入基本适应的住房供需格局，全面实现“住有所居”的目标。

在政策制度安排上，借鉴国外依法促进住房保障体系建设的经验和做法，尽快制定、完善住房保障法律法规，健全住房保障制度，充分体现效率原则、公平原则、普惠原则、稳定原则。一是建立住房保障相关法律。加快住房保障立法进程，从法律层面明确国民享有“住有所居”的权利，政府有承担住房保障的义务，明确住房保障覆盖群体范围；确定各级政府在住房保障中职责，以一定形式固化中央和地方政府在住房保障方面的财政支出；明确在住房保障方面的公平、透明的运行机制等。二是完善财税制度。包括建立中央、省级政府对保障房建设的专项转移支付机制；制定保障房建设、运管环节税收优惠政策；对中低收入群体租房、购房给予分层租金补贴或按揭贷款利息支出补贴；金融企业向住房保障项目投入信贷资金给予税收优惠。三是创新金融制度。包括建立保障房建设投融资平台，由国家统一调度、筹措资金；创造住房保障金融的市场运行条件，继续吸引社会资金进入住房保障领域，创新商业运行模式，使金融市场可持续发展；创新个人按揭贷款的产品及担保，对于中低收入群体建立可操作的政府补充担保机制；拓展住房储蓄制度，建立政府引导的住房储蓄制度，实行自愿加入，政府分层补助，低存低贷，先存后贷，互助解决住房需求。四是完善公积金制度。包括明确公积金产权制度，重塑收益分配机制；严格规范公积金中心是“受托管理人”、受托银行是“账户管理人”的职能定位，建立参与主体间的制衡机制；强化监督管理，尤其加强金融监管，改变近几年管理缺失、混乱的情况；对住房公积金制度进行创新，如探索将按揭职能全部交由商业银行，公积金运营机构集中精力通过增加投资收益为公积金缴存人带来更高回报等。五是坚持土地优惠政策。主要指在土地供给量、土地使用费或出让价格方面继续给予优惠，包括采取土地无偿划拨等方式。

在操作层面上，借鉴国外住房保障制度经验，从政府补贴方式、资金来源、房源筹集、财税配套、金融支持、住房管理等几个层面，针对不同人群，提出配套政策安排，通过统筹规划、科学运用、精细管理，达到扩大保障覆盖范围，提升住房保障效率。

一是绝对低收入人群的住房保障。应基本依靠政府履行公共服务职能、提供公共产品即租赁型保障住房（2013年国家规定廉租房并入公租房管理，以下统称公租房），解决低收入人群住房需求。这部分低收入群体主要是指家庭特别困难，需政府救济的人群，包括伤残人士等。具体设想是：（1）政府补贴方式以实物配租和租金补贴相结合的方式。一方面，政府直接投入资金筹措公租房，供低收入人群居住并收取租金；土地供给采取行政划拨方式供公租房建设无偿使用；另一方面，按照各地城镇居民可支配收入水平在低收入人群中分层，对少数最低收入群体进行全额租赁补贴，对其他低收入群体进行部分补贴，随着租赁者收入变化调整租赁补贴标准，可采用租金支付和租金补贴收支两条线或者直接减免租金的方式。（2）资金来源主要是以中央政府为主，地方财政为辅，拨款专项用于租赁型保障房建设。通过立法约束各级政府财政支出行为，改变在住房保障领域投入的随意和无序，确保对低收入群体住房保障资金投入。（3）房屋归属。此类租房资金主要由政府提供，产权归政府所有。（4）房源筹集。公租房房源通过政府新建、改建、收购、在市场上长期租赁住房等方式多渠道筹集。（5）财税配套。凡是为低收入群体提供公租房的开发建设、收购、租赁等行为全部免收相关税费，免征城市基础设施配套费等各种行政事业性收费和政府性基金。如果个别中低收入者需要缴纳个人所得税，对其租金支出予以抵扣。（6）居住条件。本着保障基本居住标准，扩大保障覆盖群体的原则，对低收入群体提供的公租房居住条件相对较低，仅能满足基本居住需求。结合我国经济水平，考虑进城务工人员的住房保障需求压力，可以借鉴日本面向特困阶层提供第二种公营住宅的经验，在保证房屋质量的前提下，控制房屋面积、简化结构、降低装修材料标准，从而降低租金价格，扩大保障覆盖面。（7）住房管理。首先，对低收入困难群体提供的公租房是不得转租、不得出售的，属于永久租赁的保障房；其次，制定公租房分配、准入、退出、维护、管理和监督等制度，尤其要细化准入和退出标准、实施方式，如对入住后收入水平超过上限标准的承租人，强制五年之内必须搬出；再次，政府成立专门机构或委托下属事业单位对公租房进行长期管理和维护，负责执行公租房政策，对承租人进行准入、监督和退出，对房屋进行维护和管理等。

二是中低收入人群的住房保障。中低收入人群是指收入较低，买不起住房且无法支付市场住房租金的群体。基本思路是主要依靠政府财政支持，鼓励民间资本进入，共同解决此类人群住房需求。具体设想是：政府投入资金并引入社会资金建设公租房供中低收入者居住，收取租金，土地供给采取行政划拨方式供公租房无偿使用，或者与当地市场住房租金平均价格衔接，此类人群直接租住市场提供房屋的，政府按照该类人群收入分类给予租金补贴；在政府投入方面，以地方财政投入为主，中央财政补助为辅，对于采用提供公租房保障方式的，可以引入社会资金投入建设，政府通过参与投资、资本金注入、投资补助、贷款贴息等方式，支持公租房建设和运营的投入；该类公租房实行“谁投资、谁所有”，投资者权益可依法转让；公租房房源通过新建、改建、收购、在市场上长期租赁住房等方式多渠道筹集；如果采用租金补贴方式，保障人群可以自主到市场租赁住房；除适用低收入群体的税收优惠外，还可以采取以下税收优惠政策：鼓励社会资金进入公租房市场，对保障性住房开发商贷款政府予以贴息，金融企业为公租房提供信贷资金支持，按信贷支持资金的一定比例给予税收优惠。此类公租房的房屋面积、结构、材料等略好于为低收入群体提供的公租房，租金价格也高于为低收入群体的公租房。在住房管理方面，与低收入群体公租房管理相比有以下两点不同：首先，对中低收入群体提供的公租房不得转租，但租赁人可以购买。借鉴韩国建设可出售公租房经验，当租赁期限达到一定期限，保障群体依靠住房储蓄和政府金融支持购买公租房产权。其次，2016 年第 4 期严格退出机制，如对入住后收入水平超过上限标准的承租人，强制三年之内必须搬出或购买。

三是中等收入群体的住房保障。中等收入人群是指收入稳定，有能力购买住房但融资能力不足的群体。基本的解决思路是由地方政府城市建设开发中提供一定数额的经济适用房或自住商品房，供中等收入者选购，购房者依靠群体间互助、商业性金融支持、政府信用增级等途径完成自住房购买；政府补贴方式以间接补贴为主，包括对经济适用住房、自住型商品房建设通过行政划拨供给土地、减免土地出让金等；资金来源主体是以社会资金为主，财政资金为辅，采取财政补助、银行贷款、债券融资、群众自筹、市场开发等办法多渠道筹集资金；中等收入者购买经济适用房、自住型商品房的支出按收入水平分层抵扣个人所得税，借助公积金个人住房贷款、住房储蓄贷款、商业性个人住房贷款的，政府可以提供信用增级服务，贷款利息支出按收入分层予以抵扣个人所得税；通过强制互助和自愿互助结合方式，即以住房公积金制度和住房储蓄制度并重的方式，提升融资能力。这类人群是住房公积金制度覆盖的主要人群，对于住房公积金制度尚不能覆盖的，鼓励该类群体购买商业的住房储蓄，由政府适当予以补助。目前，中德住房储蓄银行是中国与德国的商业银行出资共同建立的住房储蓄银行，国家可通过此银行试点逐步推广壮大住房储蓄制度，解决未进入住房公积金制度群体在住房领域的互帮互助。

从居住条件上来看，房屋面积、结构、材料明显好于公租房，但与标准商品住房相比还存在差距，相应房价低于商品房价格。各级政府应明确购买此类住房条件、税收优惠政策，及按揭贷款的税收优惠或贴息政策；允许上市交易，但政府必须对交易市场、交易行为、交易对象进行管理，如交易对象必须符合经济适用房购买条件；对使用住房公积金资金建设的经济适用房项目，符合经济适用房购房条件的公积金缴存人优先购买。

四是对于不仅有能力购买自住房、还有能力进行非自住房投资的高收入群体，其住房与投资需求应通过市场满足，即高收入人群通过商业按揭贷款进行自住房融资；对于非自住的投资性房地产需求，政府通过税收政策予以调节。其实，很多国家都灵活运用税收政策对于有能力购房者进行差异化调节，如对个人购买唯一家庭首套住房的，给予契税适当减免的优惠政策，对购买高档住房和第三套以上住房的，可征收高额契税等。

大数据思维与数据挖掘能力正成为大型商业银行的核心竞争力

黄志凌

银行发展战略成功的关键是培养自己的核心竞争力。什么是核心竞争力？有人说是IT，有人说是人才，有人说是客户，总而言之，各有各的理解。“核心竞争力”最关键的特点是“不可复制”“不可替代”。一般来说，产品是可以被复制的，客户是经常有流动的，这些都难以成为银行的核心竞争力。而大数据能力则不同，由于其特有的性质，正在逐渐成为银行真正的核心竞争力。银行大数据能力是建立在银行自己特有数据基础上，不是数据多少的问题，而是你我的数据不同，在不同数据基础上构建的模型、研发的产品才是不可复制的。阿里巴巴、腾讯、百度，这三个中国互联网的领军企业，它们有合作有竞争，但是彼此之间都无法复制，一个重要原因就是其数据基础不同，分别在电商交易数据、社交数据、搜索数据方面占据了制高点，由此建立起来的竞争力是不可替代的。而且，在自身数据基础上培养出来的数据分析专家，在特定数据环境下成长起来，也是难以复制的核心竞争力，而其他数据环境可能完全不一样，也就很难有相同的用武之地。进一步观察，银行大数据能力表现在多方面，但大数据思维和数据挖掘能力则是最关键、也是最重要的。

一、数据挖掘能力成为商业银行核心竞争力的关键因素，事关银行转型成败

实现大数据价值有一个重要前提，就是要能从纷繁芜杂的数据中去伪存真、找出规律，发现有价值的信息，这仅靠专家的经验和智慧是难以完成的，需要借助各种数据挖掘技术。观察大型企业在数据运营策略上的态度，我们不难发现，虽然不同公司有不同的数据运营策略，但有一点是共识，即高度重视数据挖掘能力建设，通过不断、持续、深入的数据挖掘来实现数据价值的最大化。

波特竞争理论表明，企业要在竞争中胜出，必须获取“差异化”的能力。例如，当行业内的许多企业都提供类似的产品，使用类似的技术，在相同的地点服务同一个客户群体时（国内大型银行的竞争基本是这一格局），高效的业务流程就成了最后实现差异化的关键。许多先前的竞争基础都已不复存在了，地理优势已不再重要，保护性的规定不断淡出，产品或服务中那些突破性创新看上去也越来越难以实现，而且复杂的产品也会被人迅速复制，这种情况下通过数据深入挖掘形成的差异化市场战略成为银行竞争的关键要素。就商业银行而言，好银行的一个共同特点，就是选择一种或几种差异化能力，在此基础上构建其战略。也就是说，好银行能够对大量的内外部数据进行深入挖掘分析，以此来形成差异化决策。麦肯锡调查了不同行业中运用大数据的企业在过去10年中增长率的差异：在线零售行业，大数据领先企业收入增长24%、税前利润增长22%，而其他竞争企业则分别下降1%和15%；信用卡公司，大数据领先企业收入增长14%，税前利润增长9%，其他竞争企业分别增长9%、下降1%。数据挖掘和应用能力强的企业表现出明显竞争优势。

随着经济增速放缓、跨界竞争加剧、利率市场化推进、客户忠诚度降低，银行业盈利空间被逐步压缩，大型银行面临一系列严峻挑战。首先，客户财富在新的业态环境下呈现分散化趋势，尤其是随着移动技术发展，便利的网银和手机银行可以让客户迅速自如地实现资产转移。其次，优

质企业融资的渠道增多，优质客户呈现“脱媒”趋势，致使存量信贷资产质量不断下降，逐步放开的利率市场化导致净利差收窄，银行利润增速放缓。再次，除同业竞争以外，银行也面临来自互联网企业、其他产业资本的跨界竞争，监管机构放宽银行的准入门槛，新兴的民营银行不断涌现。因此，传统银行必须转型，而银行转型成败的关键是寻找新的利润增长点。从发达市场银行发展经验看，通过深入挖掘分析客户真实需求、提供更有针对性的服务，就可以大幅提高盈利水平，这是体现数据挖掘价值最直接的地方。比如花旗银行亚太地区，近年来有25%的利润来自于数据挖掘；汇丰银行通过数据挖掘开展交叉销售，使客户贷款产品响应率提高了5倍；澳洲联邦银行运用大数据分析来提供个性化的交叉销售，成功将交叉销售率从9%提高到60%；VISA把发现信用卡欺诈的时间从1个月缩短到13分钟，极大地降低了信用卡欺诈带来的风险。

数据挖掘在客户挽留、客户细分等领域有非常好的应用效果，相比于传统的跑马圈地、扩张规模的做法，可以起到事半功倍的作用。实际上，在生意比较好做的时候，很多事情银行不愿意做，失去了很多商机。例如，我们有几亿的个人客户，这些客户在购买产品、出差时的消费记录都可以记录下来，如果我们知道一个客户购买了机票或火车票去异地出差，就可以为他推荐目的地的酒店，就像艺龙、携程那样，不仅可以方便客户，还会带来可观的利润。利用大数据技术这是可以做到的。大数据会使银行能够真正介入客户日常生活，成为客户各项活动的“安排者”或伙伴，这会为银行的经营方式带来革命性的改变，就像BRETT在BANK3.0中说的，银行变为一种行为，渗透到客户的每个日常活动。

再譬如风险管理问题，传统银行的风险计量更多的是依靠客户财务数据，不仅滞后，往往还有很严重的数据质量问题，但大数据方法为识别客户风险提供了全新的思路。例如，使用客户交易行为数据、舆情数据甚至企业主的行为数据，可以更加及时、准确地发现企业的潜在风险，比起传统上通过下户调查、分析财务数据的方法更加有效。可以说，银行转型的各个方面都可以从大数据方法中获益，发达市场商业银行经验表明，在很多领域数据挖掘都会产生巨大的价值。

从更宏观的层次来观察，2008年国际金融危机之后，各国银行都在探索转型路径，寻找未来银行的发展方向。经过多方观察和深入思考，我们发现大部分银行的转型都有一个共同的特点，就是转型的设计方案都是建立在大量数据分析的基础上，数据已成为当前银行最突出的各种矛盾、各种潜力、各种机遇的一个集合点。从数据入手，我们有可能找到大型银行未来转型的一个事半功倍、“给一个支点就能撬动地球”的着力点。通过数据挖掘，可以准确理解市场发展方向、客户需求、风险特征，能够使我们正确配置资源，实施有效创新。一些先进银行的经验已经表明，数据挖掘会创造很可观的效益，尤其是对数据分析基础还比较薄弱的银行，只要稍稍投入就会产生出巨大的效益。进入大数据时代，随着数据处理技术的进步和数据来源的迅速扩展，银行业的一切业务活动都被数字化，商业银行得以在更多领域和更深层次获得并使用更加全面、完整、系统的数据。这些数据涉及客户的方方面面，对这些数据的深入分析可以得到过去不可能获得的知识和无法企及的商机。深入的数据挖掘分析对银行客户营销、产品创新、绩效考核以及风险管理等必将发挥日益重要的作用，数据应用能力将成为银行核心竞争力的重要体现。因此，大数据不是一地一隅的事情，事关银行战略转型全局。

二、数据正成为大型商业银行的重要战略资产，未来银行必将是数据驱动型银行

长期以来，经济学将资本、人力、土地称为企业的生产要素；进入工业时代以后，技术成为独立的生产要素，离开技术的发展，企业已经很难正常经营。在信息时代，数据已成为新的关系到产业兴衰和企业存亡的关键生产要素，其作用就像农耕时代的土地，如果企业拥有完整、全面的数据，将在新的竞争环境中占据重要优势。随着企业管理走向“数据化驱动”，对数据资源的管理和使用将成为企业经营中的核心内容，那些拥有优质数据资源、深度挖掘分析能力的银行，可以借数据优势不断侵袭同业甚至其他行业的领地。银行价值将与其拥有的数据规模、活性和运

用数据的能力成正比，传统上的资金、人力、渠道等要素需要根据数据资源的情况进行重新优化配置。可以说，数据成为资产已成为银行业发展的不可逆转的趋势。

举个例子，FACEBOOK 公司上市时其账面资产只有百亿美元，主要是计算机、办公室等，但其估值达到千亿美元，投资者主要看中的就是它所拥有的海量用户数据，据估计，每个活跃用户的价值达到 60 美元。阿里巴巴在美国上市当天市值达到 2300 多亿美元，凭什么？数据平台是其重要财富，在估值中占了很大的比例。最近国际上很多机构都在探讨如何量化数据等无形资产的价值，例如美国一个联邦储备银行经济学家估计企业拥有的数据等无形资产的价值超过 8 万亿美元，相当于德国、法国和意大利的 GDP 之和。对于现代化的大型银行而言，资产中有相当重要部分是数据，是尚未被纳入核算系统的财产，这是大银行区别于小银行，也是现代银行区别于传统银行的关键之处，以往这些数据财富往往被忽略了。大型银行必须认识到数据的价值，把数据作为战略性资产加以保护和经营。

现在，客户的每一个行为、资金流转的每一个细节、每一个决策、每一次交流都成为数据，这些数据一旦得到深入分析使用，会深刻改变银行创造价值的模式。与其他资产不一样，数据的价值在被发掘后还能够不断产生新的价值，其真实价值就像浮在水面上的冰山，我们发现的只是一角，绝大部分都隐藏在表面以下。未来占据先机的银行一定是数据驱动型银行，其特点是一切经营活动数据化、有良好的大数据分析平台、有一支高素质数据挖掘和分析团队、制定开放性的数据共享制度、有战略性的数据资源储备。银行的经营方式将从过去的以产品为中心、以客户为中心过渡到以数据为中心，数据驱动成为商业银行发展的不可逆转的方向。

数据资产甚至决定了大型银行发展的战略方向，不同的数据资产会产生不同的战略选择和商业模式，并在一定程度上引领着产业的发展方向。将来，拥有独一无二的数据资产的银行，将会获得难以置信的发展速度，发育出令人叹为观止的商业模式。

三、大数据价值的实现，关键在于挖掘分析能力

数据就像矿石一样，价值不仅在于多少，更在于如何挖掘。数据资源利用的越深价值就越大，大数据正成为银行获得新的认知、创造新的价值的源泉。当数据规模大到一定程度时，就会大幅提高我们认识事物的能力，以前我们认为不可能的事情就会成为可能。谷歌能够几近准确地预测流感，FARECAST 能够预测机票价格的波动，都因为存在供其分析的数千亿计的数据项，突破了以前数据的局限性。

海量数据是银行的一个金矿而且是富矿，大型银行基本都建立了庞大的数据仓库，但目前数据挖掘深度和广度还远远不够，还缺乏一批真正的数据挖掘分析专家，数据价值没有得到充分体现。几乎银行管理的每项工作都可以从数据挖掘中获益。对于经营部门，真正利用好数据挖掘，那么客户需求、产品创新就不再是难事，市场响应速度和竞争能力会大幅提升；风险管理部门的政策制定、监测分析、监控预警等问题也都能通过深入数据挖掘得到实质性解决，风险的精确打击能力也会有较大的提升。例如，通过分析客户信用卡消费习惯，可以为其推荐最有针对性的活动信息；分析一个建筑企业员工的账户行为，可以找到一些“工头”，进而针对其营销大量的代发工资业务；一个大型企业财务状况的变化，会直接影响上游供货企业的资信行为等。

我们通常意义上说的大数据推动银行战略转型、提升运营管理能力、重塑银行企业文化等，其实都是通过数据挖掘之后的广泛、深度应用产生的实际功效。譬如，银行转型的关键在于创新，大数据技术正是商业银行深入挖掘既有数据、找准市场定位、明确资源配置方向、推动业务创新的重要工具。再譬如，借助数据挖掘和分析，银行能够准确地定位内部管理缺陷，制定有针对性的改进措施，降低管理运营成本；也可能帮助银行确保财务透明度，提高计划和预算的准确性，协调日常运营和长期战略目标，预测市场变化对财务的影响，准确分析利润推动因素，进而降低成本提高盈利能力。通过数据挖掘，还能帮助银行获得更广阔的业务发展空间、更精准的决策判

断能力和更优秀的经营管理能力。

更深入分析，大数据在三个方面深刻影响着银行的企业文化、战略和组织结构。第一，大数据将颠覆传统的价值链，使以前以设计产品、销售的模式，向信息时代以客户为中心的模式转变。第二，数据驱动的产业链合作，使银行与其他行业进行密切协作、网络化运营成为可能。第三，大数据使企业的疆界变得模糊，员工和客户的界限逐渐消弭，使企业的组织结构发生倒置，企业文化和战略应随之调整。

这里我们尤其想强调依托数据挖掘技术促进风险经营的精细化专业化。已有理论与实践表明，大数据技术有助于降低信息不对称程度，增强风险控制能力。银行在原来贷款人提供的财务报表等信息之外，可以对其资产价格、账务流水、相关业务活动等更鲜活的数据进行动态和全程的监控分析，从而有效提升客户信息透明度。国外先进银行的经验表明，数据挖掘技术在提高银行风险智能方面具有广阔用途。包括：（1）通过对行内外的海量数据挖掘分析，打破客户信息孤岛，构建全方位立体的客户信息视图，有效降低银企信息不对称的风险。（2）提高风险计量的精准度，通过利用更加广泛的客户风险数据，提高风险计量模型精度，有效降低风险计量的误差概率，更精确量化客户违约可能性。（3）提升风险的实时监控能力，对客户实施全方位的复合式动态风险评估和深度的相关关系分析，实现风险管理由历史数据分析向客户实时行为分析的转变，及时发现其潜在的风险及变化趋势。（4）为小微企业风险管理提供了新的思路，通过大数据平台，银行可实时监控社交网站、搜索引擎、物联网和电子商务等客户动态行为数据，建立小微企业信用数据库和信贷风险预警机制，为解决小微企业融资中财务数据缺失、抵押品不足等问题提供了思路，能够有效提高小微企业的信贷获得率。（5）创新风险管理模式，将风险管理前置，对与银行有业务往来的客户的日常交易、资金流、订单、周期性变化、成交速度和频率等数据进行跟踪分析，精准地把握客户经营和资金需求的走向，及时发现风险并预警。目前，花旗、富国、UBS等先进银行已经能够基于大数据，整合客户的资产负债、交易支付、流动性状况、纳税和信用记录等，对客户行为进行360度评价，计算动态违约概率和损失率，提高贷款决策的可靠性。这方面我们与国际先进银行的差距还比较大，尤其在对客户动态行为数据和外部数据的挖掘方面。例如，如果能够整合客户资金交易过程中的各种备注文本信息（包括资金用途等）、客户所在行业和所在区域的各类外部资讯信息，结合现有数据仓库数据，通过数据挖掘技术研究客户风险行为，识别有风险预警的客户群体，那么将会大大提高现有主要依据事后的财务信息的风险计量模型的有效性。

四、数据挖掘的核心价值是预测，数据挖掘能力建设的关键是行动

社会事物往往都具备一定规律，是可以预测的，海量数据的挖掘能力使人类第一次看到预测的曙光。全球复杂网络权威巴拉巴西认为，人类行为93%是可以预测的；2010年*Science*上刊登的一篇文章也指出，虽然人们的行为模式有很大不同，但我们大多数人的行为是可以预测的。其实，人们或多或少都具备预测能力。譬如中国古代谚语说“八月十五云遮月，正月十五雪打灯”，说明大自然有许多规律性的东西，估计现在的科学也没有办法解释几乎半年跨度内气象间的相关关系，但是几千年的观察和积累，却发现了它。自然、社会、商业无不服从某些规律，过去囿于技术条件，人们无法记录下造成某件事情发生的先兆数据，无法去计算其中的相关关系，这些规律要么被神秘化，要么被庸俗化。其实，任何行为，皆有前兆，任何事情的发生，都会有蛛丝马迹的前兆表露出来。人们买卖股票之前会先去关注一支股票的行情走势，在购买某件商品之前会先去询问商品的价格，在聚会之前会事先联络沟通，透心凉的大雨之前会有闷热的天气，关于地震前的种种异象，更是被许多书籍、文章大肆渲染。如果能够全面记录各类数据并进行深入挖掘，人们就获得了未卜先知的能力，不仅可以预测自然、天气的变化，而且能预测个体未来的行为，甚至预测某些社会事件的发生，使决策不再盲目，让社会更加高效地运转。

互联网、移动互联、挖联网技术的发展，使数据记录的粒度、频率和范围大幅扩展，基于数

据的预测成为现实。利用互联网搜索中与“新订单”等与经济指标有关的单词，结合其他相关经济数据，IBM 开发了“经济指标预测系统”，仅用了 6 小时，就计算出了分析师需要花费数日才能得出的预测值，而且预测精度几乎一样。在大数据时代，每个人的每项行为都将被如实记录，将这些记录数据完整地融合到一起，可以发现隐藏在大量细节背后的规律，理论上我们就能够根据个体之前的行为轨迹预测其未来行动的可能性。从这个角度看，数据对银行经营管理影响之深远，将远超以前所有的技术。

预测在银行经营管理领域有着迫切需求，也有基础，当然也有非常多的成功案例。20 世纪 90 年代中期，大通银行采纳了丹·斯坦伯格的数据挖掘技术，借助其研发的系统来评估、处理大量的银行按揭贷款，精确预测按揭申请人未来的还款行为，由此极大降低了信贷风险并增加了赢利。如果大型商业银行能够预测个体资产的风险变化和价值，将形成不可撼动的市场竞争优势。银行客户在日常交易过程中，形成了大量的行为数据，例如刷卡交易行为、转账行为、理财行为、网站浏览行为、电话银行记录等，这些数据为我们预测客户行为提供了基础。阿里巴巴在第三方支付、支付宝、小额信贷等领域之所以取得成功，除了其良好的用户体验外，最重要的就是它们对客户行为数据进行挖掘，能够预测客户的喜好甚至下一步的行为。这是现在银行与互联网公司间最大的差距。

诸如花旗银行、汇丰银行、第一金融资本等公司，已经将数据挖掘当成其市场竞争的基础，长期以来高度关注数据，拥有来自高层主管的支持以及全员的数据应用，取得了良好的效果。详细剖析这些数据挖掘能力较强的银行，可以发现它们有几个共同特征：一是数据挖掘能够支持银行的战略性差异化能力；二是数据挖掘方法及数据管理遍及整个银行，是企业级行为（不是由各个业务部门开展数据挖掘，而是从整个银行的角度管理数据挖掘工作，将数据管理和数据挖掘作为整个银行的活动，数据也必须是企业共享的）；三是高层管理者倡导使用数据挖掘方法进行决策；四是银行重要战略决策都是基于数据挖掘。但是，要在银行推动数据挖掘和大数据应用，没有一条快捷的坦途，有许多因素要落实，包括挖掘工具、挖掘方法、数据、业务流程、计算方法、激励措施、员工技能、企业文化以及管理层的支持，其中改变业务流程和员工的思维习惯是变革中最困难的。从成功企业的经验来看，数据挖掘能力建设是一个迭代过程，在持续进行一至两年后，一般就可以有所成效，但关键是要下定决心开始行动，制定数据挖掘能力建设路线图，迅速着手开展工作。数据挖掘能力的关键因素包括组织、人力和挖掘技术，开始时要制定清晰的路径，确定聚焦于哪些数据、如何配置数据挖掘资源、努力实现的目标等，根据挖掘的结果调整优化业务流程，将数据挖掘得到的知识转化为实际行动。

以数据挖掘为基础的行动通常要求分析人员和决策者之间建立一种紧密的、相互信赖的关系。在银行内部，对三类人的数据挖掘技能和数据分析导向要分别考虑。第一是管理队伍，特别是管理层，负责确定数据文化的基调，制定最重要的决策，并推动数据挖掘能力建设；第二是专业的数据挖掘人员，他们收集分析数据、解释结果，并将结果报告给管理者；第三是业务数据挖掘/分析人员，这类人数量很多，涉及面广，他们主要的任务是使用数据挖掘结果来提升工作业绩。数据挖掘能力建设中最重要的是管理层的认识，如果管理层不支持以数据为基础的决策过程，那么很难集中专业数据挖掘人员。管理层需要非常信任数据挖掘分析，在尊重数据的前提下进行决策，如果管理层对数据挖掘工作不是充满激情，就不可能激发员工改变行为；管理层还应该对数据挖掘工具和方法有所了解，例如知道哪些工具适用于哪些具体的业务问题，以及工具存在的局限性；应该愿意按照数据挖掘结果采取行动，愿意支持建立一个专业的数据分析精英人员队伍。

在确定数据挖掘业务方向时，还面临一项选择：是全面发展还是侧重于某个重点。调研发现，汇丰银行、花旗银行、巴克莱银行、UBS 银行、渣打银行等都是基于整体视角，选择重点领域，以使用数据挖掘解决业务问题为目的，直接切入业务价值目标。在较短的时期内，选择数据挖掘能够迅速实现巨大价值的业务领域，获取业务部门支持并减少阻力。例如汇丰银行将挖掘重点放在客户管理，通过整理客户数据，对客户行为开展洞察，为产品定价提供支持；花旗银行更关注营销优化和交叉销售，从数据的角度为业务一线提供支持；巴克莱银行从资本管理视角对银行现有的资产组合进行分析，解决流动性和资本充足率问题；UBS 银行和渣打银行则将重点放在合规和内部审计方面。

五、数据资产价值的实现是有条件的，培养大数据思维理念至关重要

除数据规模外，数据资产的价值维度还包括适时、关联和活性。第一，“适时”是区别传统数据应用和大数据应用的重要之处。例如，当消费者在商家门口经过时，就能收到所需商品的促销信息，这种服务听起来非常美妙，但如果推荐的不是消费者需要的商品，或者等消费者离开了很久才收到提示，就变成了令人烦恼的垃圾信息。第二，“关联”很重要，孤立的数据是没有价值的。大家在网络上浏览网页、购买商品、游戏休闲等，都是互不关联的，尤其是智能手机的普及，使人们的网络行为更趋向于碎片化。这些碎片化数据如果没有关联，是难以进行分析并加以利用的。用户在网络上的碎片化行为，经由社交网络，就能完整地勾勒出一幅生动的网络生活图景，真实地反映了用户的偏好、性格、态度等等特征，这其中蕴育了大量的商业机会。第三，活性越高价值越大。更新的频率越高，数据的活性越大；更新的频率越低，数据的活性越小。一般而言，数据活性更高的数据集，蕴含更丰富的信息。所以，银行如果想在大数据领域有所作为的话，需要不断提高数据的及时性、活性和关联度。

从同业实践来看，提升数据的价值创造力要重点关注以下几个方面：一是创造透明度。仅通过让用户更易及时获得大数据就能创造大量价值。例如让互相独立的部门更容易获得相关数据，可大大减少搜索和处理时间。二是进行实验，发现需求，展现差异，改善性能。随着机构创造和存储更多的交易数据，它们可以收集到更精确和详细的实时性能数据，借助随机控制技术可以设计流程，建立受控实验，利用实验结果数据来分析性能的差异性，理解差异产生的根本原因，可使领导者更好地管理机构性能。三是客户分群聚类，量体裁衣。机构借助大数据可以创造更细化的人群分类，以使产品和服务与不同的需求相吻合。这在市场营销和风险管理等领域可以有开创性作用，例如对消费者进行实时微观分类，制定相应的促销和广告策略。四是用自动算法代替或支持决策。复杂的分析能大大改善决策，使风险最小化，并发掘所有之前隐藏的有价值的见解。在某些情况下，虽然决策不一定是完全自动化的，但是利用大数据技术分析庞大的完整数据集，取代用电子数据表处理和理解小范围数据的做法，可以在很大程度上提高决策质量。五是创新商业模式、产品和服务。大数据使银行能创造新的产品和服务，增强已有的商品和服务，甚至创造全新的商业模式。例如，实时定位数据的诞生已经创造了全新的定位服务，公司可以根据人们开车的地点和方式等数据提供导航、资产定价和事故保险的各类服务。

在大数据时代，必须用大数据思维去发掘大数据的潜在价值。数据挖掘要能够真正产生业务价值，关键还需要商业敏感性，具备将业务与数据紧密结合起来的大数据思维能力。

大数据思维要求我们在日常经营活动中形成主动分析和使用数据的习惯。大数据首先是一种思维方式，必须融入企业的每一个毛细血管中。只有忠实记录客户的每一项行为数据，才能像巫师的水晶球一样，具备洞察未来的能力。台塑集团的创始人王永庆的故事可以说明大数据思维的重要性。王永庆被全球化工行业奉为经营之神，很多企业家都把他的管理经验当作最实用的教科书。16 岁的王永庆借款 200 元旧台币，开始创业经营米店。由于居民一般都有自己常去的店铺，而那些店铺也想尽办法来留住老客户，所以刚开始时，王永庆的新店冷冷清清。王永庆在挨家挨户拜访时，发现买米的大多是家庭主妇，于是提出送米上门的服务。他总是认真地帮客户清理米缸，把陈米清理出来，再把新米倒入米缸，这样保证客户不会一直积攒陈米。王永庆边劳动，边和主妇聊天，留意米缸的大小、家里的人口、发工资日期等信息，回到店里就会细心地把这些数据记录到小本上，日复一日从不间断。根据这些数据，他测算出客户大约在什么时间需要新购大米，总是在客户购买之前，上门把新米倒入客户的米缸。从此，王永庆的销售额开始大幅增长，

从开始一天不足12斗的销量，到后来可以每天卖出100多斗。10年的卖米生涯，奠定了他一生事业的基础。由此可见，数据的积累、挖掘、分析、归纳和整理，是一个优秀的商业机构所必须具备的基本素养。

树立大数据管理理念，有助于我们更深刻理解现代商业银行。从业务本质上看，商业银行是经营风险的企业，这一理念已被广泛接受。但风险的本质是不确定性，而不确定性主要源于信息不对称。现代银行在信息不对称方面已经发生了很大变化：一方面，随着信息网络化、计算机技术的发展和征信体系的日益健全，银行获取内外部信息的能力、掌握信息的广度和深度、处理信息的技术和方法等方面都有质的提升，原先困扰银行的信息不对称问题得到明显缓解；另一方面，信息化带来的海量数据，为银行更为有效地甄别风险并从中发现市场机会提供了可能。因此，现代银行风险管理的理念和方法也有了新的变化，已经从被动地承担风险向积极主动的经营风险转变，其核心要义不是“控”与“堵”，而是通过对数据信息的定量采集与分析，寻找发展的机会，平衡风险与收益之间的关系，将积极的风险经营与严谨的内部控制相结合。按这种理念，数据信息的收集与分析对银行风险管理来说就显得至关重要：一是可以最大限度地减少信息不对称带来的风险；二是在分析基础上开展积极主动的风险识别、风险选择和风险安排，最终实现风险的价值创造；三是银行在选择风险时需要考虑整体的投入产出，后续是否有足够大的市场空间尤为重要，这些选择都是建立在全面的数据分析和科学判断基础之上的，没有数据，就无法量化风险，上面的选择也无从谈起。

公司治理的“第一定律”

陈彩虹

现代公司的基本特征，是“金字塔”式的经营管理层级和各层级平列多元的组织结构。不论是“层级制”（如现代银行公司的总支分行）还是“单元制”或“事业部制”（如集团公司下的子公司），上下层级的存在和同一层级的多个组织存在，是天然性的。在这样层级框架的最高处，就是董事长——以个体自然人形式存在的公司唯一的第一号人物。

在市场经济环境下，任何公司都有自己的发展战略。这种战略通常一公司整体的效益最大化为目标，覆盖了从顶层到基本层的所有层级，跨越了各个单元全部的组织构造。理论和经验都告诉我们，这种战略目标的完美实现有一个潜在的要求，即公司的每一个成员都“应当有”大局观，无条件地按照战略部署去行动。否则，公司的整体效益就会由于局部或个体员工的不同步，甚至钳制、抵触和冲突无法达到最大化。然而，“应当有”和“实际有”并不是一回事。在公司里，谁最“实际地”具有大局观？当然是董事长。

当一家公司完成了“顶层设计”的战略，却由于内部层级和平行组织的相互掣肘无法完整推进时，几乎人人都会喊要有大局观念。但是，鉴于现代公司结构的特点，只有董事长才客观自然地具有这种大局意识。其他人，哪怕是处于最高决策层的成员，因其由分管的条线、部门或区域，通常情况下，只有当大局与所在位置的“小局”高度重合时，他们的大局观才能够相对完整和清晰。实际上，他们这时的大局观，已经有了更多“小局”的含义，完全不同于来自于董事长那样纯粹的整体大局观念。

如此天然的状况，构造了公司治理的第一定律：在现代公司里，董事长位置的全局性、最高性和唯一性，决定了其他成员只可能处于局部的、下层的和多元的位置；相应地，人人都具有董事长一样的“实际有”的大局观念，是不可能的，换句话说，董事长和其他成员不同位置的客观差异性，决定了他们不同的“大局”和“小局”理念的自然性和绝对性。我们将这一定律称之为“人人都是董事长不可能”定律。由于它涉及的是公司战略的最高级事项，定位其为“常定律”是合理的。

在现代治理中，大局和小局的理念问题，一直受到理论界和实践者的高度重视。现实情况是，解决小局位置上的“大局观”问题，治理者通常诉诸一般性的公司文化要求，即通过大肆张扬和渲染某种“企业精神”，潜移默化地培植每个员工的大局意识；或是应时地、部分地调节大局和小局的关系，直接运用一些激励工具、考核指标等，保证小局的努力与大局荣辱相关，促使员工“自动地”增强些许大局观念，应当说，这些应对之策，是有意义，也是有相当效果的。

我们知道，一种优秀公司文化的培植，是需要较长时间的。而且，培植起来后，维护这种文化，更需要持久和具体的抓手，还需要有源源不断的经济资源支撑。因此，员工“大局观”类的文化建设造成或“企业精神”塑造，对于任何公司都是一项需要长期坚持又不可能懈怠的事业。但是，文化建设并不能消除公司组织结构的天然性带来的员工理念差异，仅仅有文化的培植是不够的。

而那些短期应对型的大局和小局关系的“利益性”调试很清楚，它具有明显的鼓励从小局出发来服务大局的特性。这时大局和小局是绑定的。从理念的角度来看，与其说是员工由此有了更强的“大局观”，不如说是“大局观”更为飘忽不定，反倒是“小局”意识到了更大程度的强化，因为“小局”的利益有了确实保证。这一点，在经营规模越大、层级数量越多，组织结构越复杂和管理链条越长的公司里，如此情况更为突出——因为“大局”离得很远，一般的员工很难知道自己所做的，究竟和“大局”有何关联；与此同时，他们却清楚“小局”里与自己切身利益关联的一切。

当我们对“人人都是董事长不可能”的定律有清楚认知的情况下，应对公司治理中大局和小局关系的问题，就会产生某种新的思路和方略。

第一，基于“第一定律”的客观性，要彻底地解决小局位置上的“大局观”是不可能的。因此，不要过于寄望人为的某些安排，如通过文化工具和制度创新，便可激发和保持所有员工强烈的，长久的“大局”理念。要清楚的是，不论公司文化对“大局”的渲染如何强烈，也不论体制、机制对利益和资源的调配多么完备，有别于董事长位置上的所有其他员工，客观上“小局”才是他们自己的大局，是直接的利益所在，是首要的关注目标。虽然说，那种全公司范围性的“大局观”，在外部力量的推动下，很多员工是能够萌发的，但通常只是相对的，有时限或是有条件的。认清这一点的意义在于，从公司治理的战略制定到运行实施，要有理想来引导，但千万不要理想化。

第二，在“顶层设计”战略时，不只是要有“大思路”和“大局观”，也要有相对充分的“小局意识”。一方面，在最大的程度上，站在战略的高度，将“小局”的诉求融合到大局的高度，将“小局”的诉求融合到大局的谋划里。一般说来，大局胜则小局赢（大河有水小河满），或是小局之赢的加总，就是大局的胜利（小溪汇流成河）。因此，战略设计在相当程度上，是可以将许多“小局”谋划在大局的胜盘之中的。这时，“小局意识”完全在大局观的覆盖之下，所谓“上下同欲”就自然而然了。另一方面，对于那些在全局里，必须承担更多责任、成本，甚至牺牲某些利益，却无法直接得到效益的“小局”，必须在战略设计里，事先有系统性的利益和资源配置补偿安排，以保证那些“小局”有积极性来支持大局顺畅地、持续性地运转。所谓的“小局意识”，在这里，其实就是将大局和小局从战略设计的源头进行主动性协调安排的超前理理念。

第三，从定律的内在要求上讲，董事长的职责应当是单一的，只负责顶层决策和全面的战略管理，不应当再具体分管某个条线、部门或机构。这样的安排，一方面，能够让董事长保有最纯粹的大局观念，一心一意谋全局，不至于因还有分管的“小局”而时常产生自我内心的矛盾冲突，弱化大局理念而影响战略的高度和水准；另一方面，彻底消除因董事长还有“小局”分管职责而带给其他“小局”的某些消极性示范作用，为所有“小局”培植“大局观”创造良好的环境和氛围。

用“第一定律”来检讨现代公司治理，应当说，许多公司是自觉不自觉地服从这一定律的，这也是诸多优秀公司之所以成功的关键所在。然而、不少的案例表明，一些公司的战略设计过于庞大完美，脱离了公司结构规定下天然存在的理念差异，将战略的执行完全寄望在“人人一定会有大局观”这个不现实的假定上，战略设计的实用性很差；一些公司高层很少甚至于完全没有“小局意识”，仅仅强调大局指标之间的平衡，“小局”未能谋划进大局，更未在战略源头阶段，统辖小局和大局关联的资源或利益补偿等机制，上下并不“同欲”，战略实施一开始，公司高层就不得不频繁换人、调机制、改指标、导致公司治理决策复杂、管理多变、执行无力、内耗增加，大局小局“双输”。

至于董事长职责的单一化，目前理论上缺乏足够的研究，实施中大多凭个体的经验办事。以“第一定律”的逻辑来看，这个位置天然的全局或大局性质，终究是与局部或小局存在内在差别的，董事长唯一负责顶层决策和战略管理，应当是最佳的制度安排。

技术重要还是制度重要

陈彩虹

不少学者认为，制度比技术更重要。理由是，制度具有覆盖面广、持续时间长和影响人的行为久远等特点；技术的作用则相对狭窄，就事论事的多，时空影响受限。这是颇有些道理的。譬如，用一种技术手段来禁烟，如用电子模拟烟替代真正的烟草，通常只能解决很小群体的问题；以法律制度禁止吸烟，面广势强，效果会要大得很多。基于此，重制度一直就是学界的主流看法。

不过，从公司治理的实践来看，很难说制度和技术哪个更重要些。这是因为对于治理目标而言，制度也好，技术也罢，都只是工具，而工具之间是无法直接比较优劣和重要性的。它们只有针对不同的治理需要，选择哪个工具更合适一些的问题。这有点如同挖掘机和铁铲，大致来看，当然前者厉害；细想下来，还真说不得哪个比哪个强——挖掘机挖土的效能大，却对付不了边边角角的地方。所谓“尺有所短，寸有所长”，应当就是这个道理。如果说，这种源自实践的理解不仅仅限于公司治理领域，社会生产和生活的其他许多方面都是如此，那么，主流的“制度比技术更重要”之说，恐怕要被改写的。

人所共知，别看我们天天都在使用“技术”和“制度”这两个词，真要给出它们明确的定义，不是件容易的事情。在公司治理的意义上，我们将技术定位于针对具体问题而运用的技巧性方法，它通过改变具体问题中对象的物理或化学性能来实现其功能；制度则是针对相对普遍性问题而确立的规则、要求、程序等，它通过调整人的行为来实现其作用。或者换种哲学式的说法，技术主要是针对具体问题中的“客体”而采取的办法，核心是作为对象的“物或事”；制度则主要是针对普遍问题中“主体”来确定的一般行动准则，重点是处在主位的“人”。

就上面的禁烟来说，技术手段禁烟，直接改造的是烟这个“对象”，让吸烟人吸不到真正的烟草；制度手段禁烟，则是警示人这个“主体”吸烟对社会、他人和自己的害处，并以惩罚的规则来迫使吸烟者调整行为，放弃吸烟。

这样的定位，虽然说不上完备和精确，却让我们对“技术”和“制度”有了较清楚的“实用性”区分，使我们能够针对不同问题，构建治理的合理原则，更有效率地选择运用不同的工具。

这就是，对于那种改造“客体”就能解决的问题，最好采用技术工具；对于那种需要人们调整行为方式才能解决的问题，则最好诉诸于制度。粗略地讲，前者“对事不对人”，而后者“对人不对事”。

公司治理是以“问题为导向”的。这里重要的既有“问题”一方，还有“导向”一方。先从“导向”来看，应当是包括导引出最合适的工具在内的。观察表明，良好的公司治理实践，大多有着“技术”和“制度”工具运用非常得当的经历。显而易见，用相配的钥匙去开相应的锁，用最合适的工具去解决相关的问题，达到的效果自然是会最优的。

现在让我们来看看“问题”。公司治理中存在各种各样的“问题”。在我们“技术”和“制度”的视角下，这些“问题”可简化为“客体（物或事）”和“主体（人）”的问题两个大类。值得关注的是，在治理实践中，一旦“问题”出现，治理者通常会先选择运用“技术”工具去尝试解决问题，而不是马上想到和运用“制度”。这是因为，“技术”工具使用起来相对直接、单纯，只涉及“物或事”的对象，不会带来人的行为大调整，因而不会引起人与人之间关系的急剧变化、紧张和冲突，可以用较小的成本，快速、有效地解决问题。这是一种“实践理性”。它告诉我们，“技术”工具有自身显在的优势，并且不可能轻易被替代。

由此推论，“制度”工具一般是在“技术”工具无效，或虽然有效但解决问题有限的情况下，才出场的。鉴于“制度”工具的核心，在于直接调整“主体”人的行为，改变人与人之间的关系，它一经登台，就会产生普遍的、强烈的和持久的反响。正因为如此，在公司治理中，这种“制度”工具的运用，通常是以“体制或机制变革”的面目出现的，属于重大治理事项，要耗费较大的成本。大致看来，这种“制度成本”有三个方面：一是制度的设计和制定或修改成本，二是制度的执行成本，三是制度执行带来的其他附加成本等。而且，新制度的运行是不是能够达到预期解决“问题”的目的，是需要一定时间来检验的。这样一来，耗费较大成本还无法快速确定效果的“制度”选择，就引出了“实践理性”的另一面：人们通常不会轻易地选择“制度”工具去面对“问题”。

因此，公司治理实践中先“技术”后“制度”的工具选择顺序，实则揭示了非常重大的治理原理——“技术”是日常的治理工具，应当最充分地发挥其作用；“制度”则为长治久用的治理工具，应当追求相对稳定，不宜轻言调整和改变。换言之，我们需要更多改变的，是改变“客体”对象，而不是人与人关系的频繁调整。在这个意义上，甚至可以说，“技术”比“制度”还重要。至少，也是一样重要。

举例说，一遇到上下班迟到早退类问题，大多数公司首先想到的是运用“打卡”类的技术工具，实践证明，这是解决此类问题的最佳选择。一遇到管理层和执行层之间“信息不对称”的问题，治理者先想到的，就是通过技术手段，全量地、实时地获取各个层面的信息，保证及时合理地作出管理和执行的决策，当今许多公司运用现代信息技术，进行“实时监控”“数据集中”等做法便是证明。即使是遇到了涉及人与人之间关系调整的普遍性问题，需要运用“制度”工具，如财务资源配置、成本分摊甚至于个人奖惩，很多公司也常常会考虑某些“灵活性处理”，如不动“存量”而只进行“增量”调整，或是“老人老办法，新人新规则”，将问题涉及面缩减到最小的范围，也就不需要对整个制度和机制进行“推倒重来”的变革，减少不必耗费的“制度成本”。

需要强调的是，“技术”工具的“对事不对人”，并非完全“不对人”，而是通过对事的处理，渐进地改变人的行为方式；同样，“制度”工具的“对人不对事”，也不是完全“不对事”，而是通过改变人的行为方式，去实现解决“事”的问题。“打卡”最后的目标，是培养人们的时间和纪律观念，改变迟到早退的行为，形成良好的工作习惯；资源配置和奖惩制度等的出台，是直接激励人们去调整行为，理顺人际关系，促进业绩提升，实现治理的有序、有效。可见，全面地理解“技术”和“制度”工具，应当从改变“客体”之事，同时又改变“主体”之人两个方面去认知——“技术”是由事而人，“制度”则是由人而事，它们都关联“事”和“人”两个方面的。毫无疑问，改变人的行为方式，是这两种工具共同的、根本的目的。

从改变“人”的角度出发，“技术”和“制度”工具的不同，仅仅表现在前者是间接的、渐进的；后者是直接的、突变的。当治理中的“问题”出现时，依从于“实践理性”来选择解决工具，不只应当考虑两者不同的成本负担，还应当从“人”的行为变化上，考虑“渐进”或“突变”的效果和影响。所谓最佳公司治理实践，一定是少不得精心选择和运用“技术”和“制度”工具的高超艺术的。

2015 年 6 月，北京市开始了“史上最严厉”的公共场所禁烟制度。一年多过去了，效果不理想。从公司治理对于“技术”和“制度”工具的选择里，我们可以找到某种解释。这就是间接的、渐进的，同时又是成本较低的禁烟“技术”类工具严重缺乏；而“禁烟制度”执行的成本太大，大到完全无法全部负担，结果是“能禁多少算多少”。

如何提升中国商业银行国际化竞争能力

杨爱民

中国商业银行近几年加快了国际化经营步伐，海外布局基本覆盖全球的主要国家和地区，资产规模大幅增长。但大部分海外机构进入海外市场时间不长，无法深度融入当地市场，市场竞争能力有限。本文分析了近年来中国商业银行国际化经营快速发展的原因，国际化经营面临的新形势，并在此基础上给出了提升其国际化竞争能力的建议。

一、中国商业银行国际化经营快速发展及背后原因分析

（一）近几年中国商业银行国际化经营快速发展

据中国银行业协会发布的《中国银行业社会责任报告》，截至 2015 年底，总计 22 家中资银行开设了 1298 家海外分支机构，覆盖全球 59 个国家和地区。其中，大型商业银行的境外总资产约 1.5 万亿美元，比 2003 年增长约 7.5 倍。具体来看，中国银行在国际化经营方面走得最早，目前机构布局最为完善，经营能力最强，截至 2016 年 6 月末，中国银行在全球 46 个国家和地区建立了 564 家分支机构，资产总额达 4.99 万亿元人民币；工商银行近几年加大海外投资力度，通过在境外多次收购，国际化经营水平也快速提高，截至 2016 年末，工商银行在全球 42 个国家和地区建立了 412 家机构，资产总额 2.13 万亿元人民币；农业银行在国际化经营方面相对落后，截至 2016 年末，在 15 个国家和地区设立了 18 家境外机构及 1 家合资银行，境外分行及控股机构资产总额为 0.76 万亿元人民币。

建设银行也走上了国际化转型的道路。2010 年出台了海外业务新的五年规划，海外业务进入持续、快速的发展通道。2015 年提出了国际化转型发展方案，国际业务、海外业务进入了一个新的发展阶段。2016 年末，在全球 29 个国家和地区设立 250 余家各级境外机构，海外商业银行资产总额达到 1.38 万亿元人民币。相比 2010 年末的 60 余家海外机构数量，0.27 万亿元人民币的资产总额，建设银行国际化水平有了大幅提升。

（二）原因分析

政策支持和金融体系开放。党的十八届三中全会提出扩大金融业对内对外开放，推动资本市场双向开放，有序提高跨境资本和金融交易可兑换程度，建立健全宏观审慎管理框架下的外债和资本流动管理体系，加快实现人民币资本项目可兑换。中共十八届五中全会提出要完善对外开放战略布局，推进双向开放，提高边境经济合作区、跨境经济合作区发展水平，形成对外开放新体制，

完善法治化、国际化、便利化的营商环境，有序扩大服务业对外开放。党的十八届三中和五中全会对金融业的对外开放提出了更高的要求，会后给出了相应的政策支持，对银行业加快国际化发展起到风向标作用。

中国企业“走出去”。中国积极推进企业“走出去”战略，2016 年中国境内投资者对境外非金融类企业直接投资总额是 1701. 1 亿美元，同比增长 44. 1%，是 2006 年的近 10 倍。同时中国居民收入的不断增加，中国出境旅游、留学、移民等人数也持续增多。为追随“走出去”的客户，中国商业银行设立更多的境外机构，以便为客户提供更方便、更全面、更及时的服务。

“一带一路”国家战略的实施。过去两三年，国家大力推进“一带一路”国家战略实施，在国家推动和政策保障下，政策性银行、国有银行、中小型商业银行纷纷在沿线国家布局，为“一带一路”提供金融支持和服务的同时，也为银行自身的国际化经营制造了机会。

人民币国际化。2009 年 7 月 1 日开始试点人民币跨境贸易结算以来，有关部门出台了一系列有利于人民币国际化的政策，包括跨境贸易、跨境投资、跨境贷款等。同时，为支持离岸人民币市场的发展，人民银行在流动性支持、人民币清算以及人民币回流投资方面做了相应的支持性安排。截至 2015 年末，人民银行与 33 个国家和地区的中央银行或货币当局签署了双边货币互换协议，协议总规模约 3. 3 万亿元人民币，总共批准 292 家境外机构进入银行间债券市场，包括 41 家境外央行或货币当局、5 家国际金融机构、4 家主权财富基金、11 家境外人民币业务清算行、93 家境外参加银行、17 家境外保险机构、78 家人民币合格境外机构投资者（RQFII）、41 家合格境外机构投资者（QFII）和 2 家其他类型机构。在国家政策推动下，近年来，人民币国际化发展非常迅速，目前人民币正式加入 SDR，成为全球主要货币之一。人民币国际化为商业银行国际化经营提供历史性机遇，也是近年来银行加快国际化经营的重要原因。

中国银行业竞争力的提升。得益于中国经济的快速发展，中国的商业银行从银行规模、资本充足性、风险管理能力、产品创新能力、资产质量以及盈利能力方面都有长足的进步，自身国际竞争能力得到了很大的提升，从而更加具备了“走出去”的实力。

全球金融危机后的中国商业银行机会。发达国家出于政治、经济和监管方面的考虑，对中资银行进入当地市场十分谨慎。早在 20 世纪 90 年代初，工商银行和建设银行就向美国政府申请设立分支机构，迟迟没有取得批准。2008 年发源于美国的金融危机以及后来的欧洲主权债务危机，使发达国家大银行普遍陷入资本不足和流动性短缺窘境，与竞争力不断提升的中国银行业形成了鲜明对比。由于需要依靠中国帮助走出危机，发达国家对中资银行的进入开始持正常态度，中资银行在发达国家的进入变得更为容易。金融危机不仅改变了全球银行业格局，更改变客户心中的发达国家主流银行安全可靠的形象，使全球认识到中国银行业的实力和能力，让中资银行在全球新兴经济体和世界金融中心受到欢迎。

二、当前国际化经营面临的新形势

（一）境外监管趋严

国际金融危机后，发达国家监管机构出台了一系列监管法规和措施，加强对银行的监管。2010 年，巴塞尔委员会就《巴塞尔协议Ⅲ》达成一致意见，协议提高银行资本充足率要求，扩大风险资产覆盖范围；同年，美国政府颁布了最全面、最严厉的金融改革法案《多德—弗兰克法案》，全面加强对金融消费者合法权益的保护。2013 年，美国财政部出台外国账户税务合规法案实施细则，要求外国金融机构向美国申报美国客户的账户信息。2014 年，美联储、美国货币监理署分别提出了强化审慎监管规则和强化监管指引，对大型银行风险管理框架、风险管理文化和能力等方面提出更高的要求。同年，欧盟各成员国在清算机制、恢复计划、存款担保等方面实施了统一监管法案。

境外监管趋严，尤其是美国司法和监管机构对国际银行的反洗钱处罚力度明显加强，巨额罚款从几千万美元到数百亿美元。2016 年 9 月，美国司法部要求德意志银行支付 140 亿美元罚款，以终止司法部门就 2008 年金融危机时期违规出售抵押贷款债券的调查；同月，美国联邦监管机构称，由于开设虚假账户，富国银行将支付 1. 85 亿美元罚金；苏格兰皇家银行可能因金融危机期间的“不当行为”面临美国政府的270亿美元的天价罚单，金额超过该银行当前市值。巨额处罚对银行声誉和经营业绩产生了较为严重的负面影响。反洗钱压力增加、欧美制裁政策升级，使国际化金融机构面临更加严峻的形势。

（二）国际大银行的海外业务收缩

经济环境和监管环境变化对银行在海外经营产生负面影响。国际性银行，迫于资本充足率的要求以及近期频频出现的大额罚款，对海外扩张持谨慎态度；部分银行更是将业务重心回归本土，海外资产出现负增长；部分大型银行对海外业务条线进行“瘦身”，压缩高风险业务条线，包括外汇及大宗商品交易业务，投行和资本市场业务等；对网点设立及并购决策更加审慎，退出了一些盈利能力较低、风险较大的市场。中国商业银行的海外经营面临同样的问题。从另一个角度来看，其他银行海外经营的收缩可减少竞争压力，也是中国商业银行大举扩张的好时机。

（三）跨国并购后的有效整合问题

在金融竞争日趋激烈的当今，依靠在海外逐一建立分支机构，并逐渐发展壮大来扩展业务已不是跨国经营主要方式，收购兼并是较为普遍的模式，工商银行和建设银行在完善境外布局过程中都加大了跨国并购的力度，被并购的银行成为海外机构的主力军。跨国并购后的整合是中国商业银行在国际化发展道路上的关键一环，也是当前条件下能否进一步提升国际竞争力的重要条件。据国际并购整合的经验，在整合过程中可能出现很多问题，包括并购对象财务黑洞、并购对象所在国的法律风险、内部争夺管理权斗争、并购后决策有效实施能力降低、客户流失、高级管理人员的离去、信息系统的衔接等。从目前实际情况来看，中国商业银行对收购银行整合并非全部有效。如何整合并购的海外机构，使之成为集团内部重要一员，是当前国际化经营面临的重要问题之一。

（四）多元化和全球化的金融服务需求

随着经济实力的提升和国际地位的提高，中国同其他国家经济贸易往来已经发生了质的飞跃，规模更是过去所不能比拟，企业和个人“走出去”日益频繁。中国企业从原来的采购、销售全球化发展到投资、生产全球化，对银行的跨境金融需求不仅仅局限于原来的存、贷、汇等，还包括投行、托管、外汇交易、保险、融资租赁等需求。个人出境旅游、置业等金融需求快速增长，对相关跨境产品和服务提出更加差异化的要求。同时，随着境外布局的完善，以及与国际大银行业务合作的增多，中国商业银行服务的境外客户在逐渐增加，这对全球化的服务能力提出挑战。境外客户，尤其是境外大型跨国机构，将建设银行境内外机构视为一体，以国际大银行全球化的服务能力为基准，要求境外机构能够为其在不同国家和地区的机构提供统一连续的服务。

（五）风险管理的全球化和复杂化

国际化经营是银行将业务向境外市场延伸和拓展过程，风险具有跨境和跨系统的特征。由于世界各国在经济发展、金融市场交易、金融政策等方面存在差异，风险甄别难度很大，信用风险、市场风险、操作风险的量化管理面临巨大挑战。同时，国际化大银行还要面对部分难以量化的风险因素，包括地缘政治、宗教文化、社会治理等，风险防控要求很高。此外，海外金融和银行监管环境差异很大，对合规与反洗钱、流动性管控、资本充足率的要求更加严格。在全球范围内管好各境外机构的各类风险难度非常大。

（六）国际化人才匮乏

成功开展跨国经营的银行，都拥有一大批稳定的复合型、专家型金融人才，并不断在银行内部大力培养精通外语、国际金融业务、国际贸易、法律、财务、营销、信息技术并能按照国际惯例行事、善于经营管理的复合型人才。中国商业银行国际化经营时间不长，掌握国际化经营管理知识并具备实践经验的人不多，国际化专业人才不能满足机构和业务发展需要。

三、提升国际化商业银行竞争力的建议

（一）海外机构布局的有进有退

一是有进有退优化现有布局，适当增加收入高、风险偏低的优势区域二级机构，进一步完善当地布局，扩大服务范围；适当压缩高风险、低收益的劣势区域业务，对于部分合规风险高，压力大的市场甚至可以考虑退出。二是多方式布局扩张新领域，依据实际情况，灵活选择设立、参股、控股等方式灵活进入目标市场。对于发展中

国家，经济发展潜力大，具有市场扩容空间，可优先选择以设立新机构的方式进入；对有合适标的银行的国家和市场，可优先选择参股和控股方式进入市场。三是慎重选择收购标的，以标的所在国经济稳定、标的银行资产质量、管理能力无重大缺陷、与集团内其他机构形成优势互补等作为重要的考察标准。四是借鉴国际大银行的收购整合经验，结合被收购银行的具体情况，进一步完善对现有机构整合和管理。

（二）规范海外机构管理

其一，梳理和完善现有涉及海外机构的规章制度，对重大事项决策与报告、风险管理、流动性管理、授权授信、合规管理等方面进行审核与重检，以达到统一化、标准化、规范化要求；其二，完善境内外合规体系建设，尽快搭建全行统一的合规管理及反洗钱管理平台，制定标准化的客户尽职调查等反洗钱及合规管理标准与流程，不断提升海外合规管理水平，满足国际监管要求；其三，扩大授信机构覆盖范围，在海外建立综合授信、信用额度、单笔信用业务三位授权体系，推动对公信贷流程管理和中央额度管控等系统或功能向海外延伸，逐步实现对重要授权授信事项的全面机控，适应海外授信业务整体发展需要。

（三）因地制宜发展境外机构

不同国家经济发展条件、与中国的经济往来、外汇管制程度、银行业监督力度等方面均有很大不同，以一个策略发展所有境外机构显然缺乏现实依据，目前部分商业银行提出了“一行一式”“一行一策”等因地制宜方式发展境外机构。

建议结合海外机构所在地经济发展情况及机构自身发展阶段，对其实施了分类发展策略。一是综合发展类，在中国香港、中国澳门、中国台北以及欧洲等地，依靠当地经济和市场优势、银行牌照优势、与中国经济交往频繁等条件，以跨境金融为主线，不断完善功能，打造海外资金管理、大项目、跨境人民币交易等平台，将机构做强做大，并逐步发展在当地有一定竞争力的银行。二是特色发展类，在新加坡、伦敦、迪拜等地，分别以新加坡的移民、伦敦的人民币清算、迪拜的零税率等特色作为机构发展的支撑点，优先发展特色业务，利用中国投资移民优势，将发达国家私人银行业务模式逐步推广至新加坡，在伦敦打造并巩固跨境人民币业务优势，在迪拜大力开展簿记业务，为其他机构提供支持。三是稳健发展类，在美国、俄罗斯、越南等地，当地监管严格，合规成本高，要以严守监管要求为重，依托与境内机构的联动业务，发挥业务前台功能，稳妥发展相关业务。

（四）构建多元化的产品和服务体系

中国商业银行应集合集团之力，最大限度发挥集团的规模效应，依托银行的国际结算和贸易融资、跨境服务、金融市场交易等业务和产品优势，以及基金、保险、租赁、投行等综合化子公司的功能，构建多元化的产品和服务体系，建立各机构的综合协调机制，以统一有机整体对外提供专业服务，在满足客户传统的存、贷、汇、结算服务基础上，满足客户融资、投行、托管、租赁等需求，为客户提供全方位、多元化的服务。

（五）打造境外机构人民币业务经营优势

在国际化扩张和经营过程中，发达国家银行大都比较注重业务输出：渣打银行在进入某个市场之初，运用自己在贸易融资和中小企业业务方面的传统优势，建立客户关系，理解当地市场，在此基础上再将自己的综合业务优势发挥出来，通过业务实现真正的占领市场；瑞士银行集团则始终将其在私人财富管理方面的优势作为其国际化扩张的利器，通过收购渣打和大通等管理的私人银行客户资产组合来扩张其全球化的私人银行业务，使得其业务范围迅速渗透到英国、美国等发达国家。

在人民币国际化和人民币加入 SDR 的历史背景下，面对未来几年人民币汇率趋于贬值，美元进入利率加息周期等市场机遇，充分利用境外市场对人民币负债的配置需求，打造境外机构的人民币经营优势：一方面，以境内充裕人民币流动性作为海外机构的基础支撑，将境内人民币交易的丰富经验移植推广至境外，提高海外机构人民币产品做市报价和交易能力；另一方面，发挥规模优势，满足境外各类机构的人民币资产管理、负债配置等需求。在境外机构加强人民币业务领域的人、财、物等资源投入，积极发挥人民币业务对优质客户拓展、资产和利润增长的带动作用。

（六）加强联动能力建设

通过全球网络的联动为客户提供跨境金融服

务，是国际化银行的一个重要竞争优势。如果没有联动，海外机构各自为战，海外网络的优势就会变成劣势。国际先进银行非常重视联动机制建设，普遍采用了全球客户经理制、双边记账机制等措施促进跨境联动。中国的商业银行也应建立一套行之有效的海内外业务联动机制，借用国际先进银行经验，完善全球客户经理制及双边记账机制等管理制度，解决经营激励等问题；加强资源整合，建立全球统一的客户关系管理系统，解决信息共享问题，最大限度地发挥海内外业务的协同作用，以实现规模经济和范围经济，增强集团竞争实力；搭建一体化的科技平台，为境外机构产品创新提供系统支持，增强业务扩张能力，实现境内外信息和产品的共享。

（七）提高境外机构的收益能力

当前，我国大型银行还处于国际化的发展阶段，要采取尽可能多的措施提高境外机构的收益能力。一是找准客户定位，以大型跨国公司、规模大、信誉好的中资跨国公司、当地透明度较高的上市公司、重大基础设施和能源项目的公用事业公司等为优先客户，以有市场和有竞争力的境外优质中小企业、境外华人与本地高端个人客户为次级优先客户，优先服务优势客户。二是充分利用海外机构网络和境外廉价金融资源优势，以及母行的资源优势，大力拓展结算、清算、贸易融资、保函以及企业境外投资、发行债券、上市融资等境内外联动业务。三是依据当地市场环境调整业务模式。中国商业银行普遍重视资产和贷款，因此海外机构主要是以存款、贷款和结算为主，缺乏与海外市场相适应的产品和服务创新。境外机构应就所处市场商业模式做出调整，结合东道国的市场特点和客户需求制定发展策略，并融入当地市场。

（八）构建全面风险管理体系

中国商业银行的国际化获得了前所未有的发展，商业银行的风险管理能力也必须与国际接轨。一是持续完善全面风险管理体系，积极落实各项监督管理要求，优化信用、市场、操作等风险计量体系，继续加强监控、优化、验证和管理应用，将各项风险管理制度向海外机构移植，持续提升集团风险管理能力，做好集团范围内风险管理。二是建立覆盖全球的金融市场风险管理体系，该体系应具备符合金融市场业务特征的授权、授信管理机制，并由独立的风险监控队伍进行实时的风险监控，明确对资金及资本市场交易的总量、比例、交易权限等风险监控指标，防止境外机构过度参与金融市场交易，尤其是衍生品交易。三是落实国际监管要求，建立海外机构合规工作机制，加大海外机构合规工作考核力度。

（九）加强国际化人才的培养和引进

中国商业银行竞争力的提升有赖于大量国际化人才的培养和引进。一是加强内部人才的培养，建立国际化人才的培养制度，搭建国际化人才的培养平台，利用海外机构任职锻炼、海外同业的跟岗等手段，大力培养自己的国际化人才；二是走国际化人才本地化之路，境外机构应更多考虑招聘当地员工，当地人才熟悉当地法律和制度，了解当地客户，适应当地经营环境，这也符合当前跨国银行国际化经营过程中人才本土化趋势。

开放趋势下商业银行信息安全面临的问题及对策

金磐石

信息电子化的特点使得信息极易被复制，扩散性极强，丢失后追回、消除影响的可能性几乎为零；移动通信、智能终端使得几乎人人都是007，电影中的蒙太奇手法已成为常规动作；互联网的发展，更是突破了时间和空间的限制，超远距离探囊取物成了可能。作为经济的动脉，银行业受益于社会的开放及互联互通技术的应用，在对外经营、对内管理中沉淀了海量个人、企业客户身份信息、资信、交易及经营信息，从这些信息字里行间也不难挖掘出个人偏好、活动规律等延展类信息，因此，商业银行自然成为信息安全的敏感领域。然而，商业银行参与社会化开放互动的特性以及自身依托大数据进行理性决策的现实需求，注定其不能采用“秘密图纸”的管理方式，这就需要我们深入分析开放趋势下商业银行信息安全面临的问题，探究问题的根源，系统化提出应对策略。

一、主要问题

线下数据流出途径多。信息系统需求与建设是一个互动过程，总会有一些临时经营分析需求，总会有一些操作习惯上的不适应，使用者便希望从信息系统中提取数据，下载至自身终端，按自我意愿进行数据分析验证、测试。这些数据出了信息系统，往往不仅仅局限于总、分行管理部门使用，相当多数据被发送支行、甚至网点一级。分发中还常有全量转发的情况，本该只给 A 的数据，结果将 ABCD 的数据倾囊而赠。信息系统在线时，尚有系列的防护监控手段、跟踪数据的操作，而下载到桌面后，更多地依靠操作人员的道德操守，信息流失的风险值得关注。

批量信息交换渠道杂，传输风险高。从代发工资开始，银行端与企业间批量数据传递需求就越来越多。有的通过人工传递，无论早期的磁盘，还是现在的 U 盘，经常“盘来盘去”，外来数据带入木马病毒的事件时有发生，伊朗核设施遭受“震网病毒”攻击，致使核计划无限期搁置，原因就是被敌对国家通过 U 盘传入病毒。有的通过邮件传递，银行与企业之间通过约定邮箱传来传去，邮件明文在公网上传输，被窃取的风险较大。有的虽然通过专用线路与对方连接，但迁就于对方的习惯，传输数据时对敏感信息也未进行加密处理，信息泄露时银行方关联风险难以规避。

信息划分粒度粗，授权精细化管理不足。棱镜门事件中斯诺登一个外围的雇员，能爆料美国的监听行为，引起全球关注。暂不论棱镜事件的是与非，对美国情报机构来说，赋予了斯诺登太多的与其工作无关的信息使用权应该是一个教训。银行业中查证、调账、调整利率扣费等业务参数，都直接与资产安全有关，会议决议、经营政策、创新企划涉及企业商业机密。无论是前面提到的操作，还是后面提及的资料，谁能执行、谁能接触，跟着感觉走的情况应不少，无形为信息泄露大开方便之门。

第三方关联泄露风险大。传统企业与银行互联，交互的多是企业自身的内部信息。目前，互联网服务类机构与银行互联，交互的更多是公众用户的信息，支付宝、京东等机构力推客户使用的快捷支付，留存客户卡号及认证信息，携程网等第三方留存客户卡号、认证信息的情况也较多。2005 年美国一家第三方支付公司被入侵，造成包括万事达、Visa 组织各类信用卡高达 4000 多万名用户的数据资料被窃。2014 年国内携程信用卡支付漏洞，触发一次全民“安全”危机。还有，第三方出于竞争的目的，过度考虑操作的便捷性，放松了认证安全的要求，有的甚至只输入卡号后四位即可使用快捷支付，通知银行扣款，认证方式的随意性也间接放大了银行端的风险。

数据未清理，留有隐患。市场上不乏提供数据恢复服务的公司，它能从已执行删除操作的介质、坏磁盘或崩溃的系统中帮你找回数据。这非是其有魔幻手法，只因数据盘上分为目录区和数据区，就像书的目录和内容一样，说是看不到其实有些时候只是目录出现差错，通过重建目录即可找回数据。数据恢复非专业机构独能，有心人不难从网上找到相关开源工具。如此，不难发现，日常办公电脑更新，后来者不难恢复出前者的信息，淘汰的设备如有敏感信息，难免被恶意利用。已使用常规删除操作的尚且如此，从后台提取数据后，怀着多多益善的想法，超过使用期后仍长期保持的，或者，未指定数据使用期限，要求无限期使用的，都是信息安全的隐患。

二、成因分析

信息安全问题的成因众说纷纭，但主要还是意识问题。

缺乏成果自信。在全球化竞争中崛起的中国银行业，已占据全球市值前几名的位置，出现一批管理经营不断创新的梯队，银行自身管理创新、产品创新、技术创新成果不知为多少外界关注者梦寐以求。经营中积累的客户信息，尤其私人银行客户更是外界猎取的对象。而作为桃园中人，倒未必做好心里转变，想当然认为这些信息资产你有我有它都有，防护意识明显不足。

缺少企业思维。业务人员不辞辛苦要从后台提取数据，放到自身终端上，自己来分析，根源是“我能”“单干”意识占上风。且不说数据搬迁的成本，数据分析的效率也因人而异，远不如把精力放在理清分析思路、统计口径、明确需求上，由操刀者向需求方转变，具体处理由专业团队来进行，这也利于团队专业技能的积累。信息系统功能测试也有这样的影子，第一反应是从生产环境提取生产数据。如果要问，第一次上线的系统，没有生产数据，就不测了吗，答案当然是否定的。再者来说，生产数据只能说明截至目前的状况，依赖这些样本，必然有未知的风险被隐埋，执迷于此，必失之于此，后续风险更大。似乎由专业团队针对功能及各种风险因素，构建企业级测试案例库更为理性。

缺乏风险意识。一分为二的思维交还课堂，知道无线传输的便利，未考虑无线被劫持的可能；相信手机短信认证的便捷，未意识到通信公司内部也有内鬼，未意识到还有那么多假基站；知道OPENSSL能加密，不了解它也会出问题；岗位制约初期还当事，面熟以后，信任代替制度，将越流程操作视为灵活机动，选择性执行制度；知道不设置密码或简单密码易被入侵，但更多认为攻击行为是远在伊拉克的炮声，离自己很远。你讲你的风险危害性，我独自盘算可能性为零。

缺乏安全责任意识。业务认为安全是技术的事，技术往往是安全专业团队的事，想象安全团队会如影相随，提供贴身保镖服务。想一想，现实生活中，谁出门时不自己看一眼门是否关好，谁出门不留心自己的钱包，谁都知道公安机关更多关注公共领域的安全。信息安全领域也一样，桌面、使用计算机操作等行为安全也要靠每个人。另一种心理因素也有负面导向，信息本无声无息，不像黄金实物，即使真的从我这里出去，也不一定证明是我做的，既然不能定位追责，这事就不算事，算事也不是我的事。

三、应对策略

何为信息安全，合适的人以合规的方式操作数据方为信息安全。这需要开前门为信息应用提供良好环境，并加强警示教育使其不愿。这需要知风险、堵后门采取技控、流控等措施控制风险，使其不能、不敢。

1. 构建良好信息应用环境。建立专业化数据服务团队。推进业务分析、安全监测、案件分析所需数据的归一管理，建立专业化的数据服务团队，从企业服务角度建立数据服务视图，统一受理信息系统尚不能支持的业务需求，快捷响应案件定位、监管统计等高时效需求，明晰统计口径，为数据分析提供精准支持。同时，对周期性、相对固定的业务需求及时进行总结提炼，推进相应信息系统优化，实现后台服务前台化。

建立企业级测试数据库。针对功能需求，逐项编制功能测试数据；根据生产数据、同业情况及业务发展预判，预估边界条件，组织压力数据；根据安全基线要求，编制安全测试用例；关注自身及业界事件，让每一次事件都成为测试数据库的正向积累的机会，让每一次非功能性测试案例的入库都为防范风险积攒一分正能量。

建立在线业务演示系统。依托企业级测试数据库，建立在线业务演示系统。一方面作为一线员工培训的在线教育系统，另一方面也可作为创新体验平台，以行内员工为样本，精准感知客户习惯，提高系统的客户满意度。

推进个人信息集中存储及企业级在线沟通平台。个人通过U盘拷贝数据的一个很重要的原因是怕个人电脑出问题，数据丢失。利用类似网盘技术，建立桌面数据集中存储系统，为每位员工提供适宜的数据存储空间，减少线下数据存储行为。建立企业级在线沟通平台，解决通过邮件传输大文件不便，使用公共互联网信息易被窃取的问题。

推行安全警示教育年检制。结合近期出现的安全案例，以及企业基本安全要求及新出台的制度，制作短小的警示教育微课件，每年度进行更新，依托网络学习系统，强制企业所有人员学习并进行年度达标测试，强化合规意识。

2. 完善信息安全防护机制。制定企业级信息认定标准。遵循监管要求，结合企业自身利益，统一信息认定标准，告知全员那些是敏感信息，那些可以公开使用；知晓那些是敏感中的敏感，丢失会对全行带来震动，了解核心利益所在。进而，组织各单位、各岗位按认定标准，识别自身管理的信息，了解信息的流动渠道，知晓信息使用的具体场景，使得无论是一个岗位，还是一个单位，都知晓信息在哪，可以去哪，知道信息安全到底保护什么。

实施全员用户集中管理。人走账户在，一人多账户等等问题都与用户未集中管理有关。管住权限，当务之急要实现用户的集中管理。有技术支持时，通过集中化平台，无系统时，通过流程，实现包括业务人员和技术人员、行内人员与外包合作人员用户的一点接入管理，知晓每个用户在哪些系统有访问权限。再者，利用大数据手段，分析各类数据、功能被使用的情况，了解用户办公经营操作所需的功能范围，进而确定授权的原则，规范用户权限管理。

建立风险数据库，明确防护策略。知己才能知彼，分析自身及业界安全事件的根源，解读监管要求及国内外信息安全标准背后的关注点，总结检查测评、内外审计发现的问题，跟踪技术攻防演变趋势。尤其是对安全技术自身或操作系统等基础性环节的风险，要建立全面的信息安全风险数据库，为识别信息系统开发、运维及业务操作中的风险提供支持。针对每项风险进行评估，确定技术控制或管理应对的策略，确定明晰的信息安全要求，并将各项要求落实到开发、运维、资源的管理中，在流程中固化风险应对策略。

统一边界防护。集中信息出入口，互联网服务集中一点对外，互联网接入向上集中，桌面、开发运维终端根据单位对外需求开放固定出入口，封闭其他个人桌面、开发、运维终端U盘、光驱等信息交换通道，确保信息内外流动可控。参照业界标准，制定第三方评价标准，明确与我行信息系统互联的准入技术标准，既防范由第三方自身防护不利而引入的风险，又间接促进社会化信息安全保护水平的提升。

建立行为监控系统。X光省却了多少医务工作者的疑惑，大街小巷的探头不再要求公安人人都是福尔摩斯。在肉眼难辨的信息处理领域，也需行为监控系统，帮我们了解谁访问了系统，什么时候，以什么方式访问了哪些资源，进而与其应有的权限比较，就不难及时发现异常，提前做出应对。即使不能事先防范，退而求其次，也能为后续追责定位提供支持。当然，上之上法，是有了行为监控系统，不战而屈人之兵，使之不敢。

完善安全工具箱，人人都参与安全。打进足球世界杯四强次数最多的国家，不是巨星闪耀的巴西，而是个个不俗、人人能战的德国。令人难忘的治安管理，是小脚侦缉队遍布大街小巷，人人参与的时代。信息安全，也需要你我的参与。立其功，先得利其器，借鉴360公司对PC的健康体检模式，开发桌面系统安全自查工具，内置企业安全策略，让每个人了解谁动了自己的设备，自身设备安全情况如何。借鉴电脑厂商的一键恢复，在自查工具中融入漏洞修补功能，数据加密，敏感信息识别，数据彻底清理等功能，让每位员工不再觉得信息安全那么遥远，信息安全有你有我。

新经济下两岸银行合作与展望

吴建杭

一、全球贸易呈现新常态，中国贸易地位日益突出

2016年全球经济复苏迹象仍不稳定。国际货币基金组织（IMF）更是调低了对美国、欧元区、日本、俄罗斯等主要经济体的经济增长预期，并预计2016年全球经济增长只有3.2%，为2008年金融危机以来最低值。

伴随经济放缓，全球贸易增长也出现回落。自2012年开始，全球贸易增长速度已连续五年下滑，复合增速只有1%（WTO，商品贸易），与危机前两位数的高速增长形成巨大反差，打破了过去几十年来贸易增长显著高于经济增长的旧常态，进入低于经济增长的新常态，全球贸易五年复合增速尚不足同期全球经济增速的1/3。与此同时，贸易格局也发生了显著变化，危机前贸易为逆差的经济体，在危机后逆差程度逐渐缩小（典型为美国），甚至有些还转变为顺差经济体（典型为欧元区）。这无疑为那些依赖出口的贸易型国家或地区带来更大的冲击。

在贸易新常态下，全球将目光投向中国这个贸易大国。在IMF最新的世界经济展望中，中国成为唯一被IMF调高经济增长预期的主要经济体，连续八年对全球经济增长的贡献度都在25%以上。中国贸易额自2013年超越美国后，连续四年保持全球第一大贸易国（出口第一，进口第二），在全球贸易中的占比还在逐年提高，2015年已达11.9%。

二、两岸经贸合作稳定，未来也有很大发展空间

中国大陆在全球经贸地位的不断提升，不仅带动了两岸经贸合作的稳定发展，也创造了更广阔的合作空间。

从当前两岸经贸和金融合作看，首先，两岸贸易往来紧密。2016年1—9月，两岸贸易额1275.5亿美元，占大陆对外贸易总额的4.8%。其中，大陆对台湾出口291.4亿美元，自台进口984.1亿美元，对台贸易逆差692.7亿美元。台湾是大陆第七大贸易伙伴、第九大出口市场和第六大进口来源地，而大陆是台湾的第一大出口市场和第三大进口来源地。

其次，两岸双向投资大幅增长。2016年1—9月，大陆共批准台商投资项目2716个，同比上升30.5%，实际使用台资15.5亿美元，同比上升28.6%。若涵盖第三地转投资，大陆实际使用台资27.9亿美元。截至2016年9月底，大陆累计批准台资项目9.8万个，实际使用台资642.4亿美元，占大陆累计吸收境外投资总额的3.7%。大陆仍是台湾最大的岛外投资目的地。从大陆对台投资看，自2009年6月30日台湾放开陆资赴台投资起计算，到2015年底，大陆已有300多家非金融企业赴台设立公司或代表机构，投资金额逾9亿美元。这代表着每年有50多家陆资企业登陆台湾，每年新增投资额1.6亿美元。

最后，金融合作日益深入。截至2015年底，台湾在大陆总共设有63个银行分支机构，入股4家寿险公司、2家产险公司、2家保险经纪公司，入股4家基金公司。而在台陆资银行也有了3家。同时，两岸金融合作创新不断，使两岸金融关系更佳。开展两岸人民币清算、现钞调用，实现两岸征信信息共享，启动跨境人民币贷款业务试点，扩大台资金融机构合格境外投资者资格。而台湾受理人民币业务的外汇指定银行（DBU）已达69家，国际金融业务分行（OBU）59家，创新开展人民币计价可转让定期存单（NCD）业务。

从未来合作发展看，两岸经贸与金融合作具有巨大的潜力和空间。一是“一带一路”战略蕴含经贸合作机遇。当前，中国大陆正在深入推进“一带一路”战略，有效促进了沿线国家和地区的经贸发展。据统计，中国大陆在“一带一路”上的贸易额可占中国大陆贸易的25%，比中国在北美自由贸易区的贸易额占比还要高出10个百分点，可见“一带一路”机遇之丰富。而中国台湾正位于海上丝绸之路起始的要冲地带，天然属于“海上丝绸之路”的一部分。若台湾能充分利用自身的优势，与大陆共同推进“一带一路”建设，必将提升两岸经贸合作的广度与深度，实现多方共赢。

二是自贸试验区建设为外商投资提供发展平台。上海、广东、天津、福建四大自贸试验区成立仅两三年时间，就已取得了阶段性成果。据统计，有9万家企业落户四大自贸试验区，2.7万户为外商投资企业，单个外商投资项目金额平均超过600万美元，科技研发、创业投资、电子商务等高端产业集聚效应明显。而台湾凭借其地理优势、产业优势、人才优势，也积极参与到大陆的自贸试验区建设中。目前，天津自贸试验区已入驻2300家台资企业入驻，投资总额达164亿美元。福建自贸试验区对台开放已拓展到旅游、教育、医疗、建筑、银行等多个领域，又新增电信、全牌照证券公司、两岸合资基金公司等8项开放

措施。上海自贸区具有独特的跨境金融优势（银行金融机构数量464家，为四大贸易区最多），2016年启动了新一轮金融改革，依托自由贸易账户主体资格的扩围，可进一步促进科技创新型台资企业和台资金融机构的发展。在四大自贸试验区先行先试的基础上，中国近期再次开放辽宁、浙江、河南、湖北、重庆、四川、陕西七个自贸试验区，这无疑进一步增加了两岸经贸合作机遇。

三是“中国制造2025”对接台湾“生产力4.0”可谋共同发展。面对全球经济的持续低迷，越来越多的经济体重新认识到制造产业对于拉动国民经济、推动技术进步、促进就业的重要意义。为此，美国制定了一系列“重返制造业”的政策，德国提出了“工业4.0”战略，日本发布《制造业白皮书》。与此同时，大陆和台湾也相继提出“中国制造2025”和“生产力4.0”战略，并在诸多产业发展方向上不谋而合。若两岸实现战略对接，在优势互补、资源整合、产业合作、协同发展上将大有可为。当前，“中国制造2025”战略实施了一年半，实践效果显著：智能制造试点示范项目已启动109个，试点企业生产效率平均提升了38%；国家和省级制造业创新中心取得积极进展，国家动力电池创新中心6月成立，国家增材制造（即3D打印）创新中心建设方案也已通过论证，省级制造业创新中心试点工作已在15个省进行；强基工程招投标工作已开展两次，涉及40个重点突破领域、253个示范项目、379亿元总投资额；绿色制造试点示范已在31个城市启动，节能减排工作正按计划进行。这些卓有成效的成果，进一步增强了两岸共同推进制造业转型升级的信心和合作基础。

四是网络经济合作空间潜力巨大。我国“十三五”规划提出“拓展网络经济空间”概念，重点是实施“互联网+”行动计划，发展物联网技术和应用，发展分享经济。这是一个全新的新经济发展模式，涉及范围广泛，而且不断有新产业、新业态的出现，创新、创意层出不穷，蕴藏着巨大的商机。大陆电子商务、互联网金融以及相关的快递等行业发展迅速。2016年前三季度，我国网上零售额为3.5万亿元，同比增长26.1%，占全社会零总额的比例达14.5%的新高。我国电子商务交易额达20.2万亿元，同比增长22.3%，高于同期社会消费品零售总额增速11.9个百分点。其中，“双十一”消费，特别是阿里巴巴的淘宝双十一，堪比美国的“黑五消费”，已引起了全球的广泛关注。据统计，2016年11月11日这一天，中国全网消费总额达1361亿元，其中淘宝网为1207亿元，同比增长32%。同一天，建设银行快捷支付达1.2亿笔，同比增长36%，成交额400亿元，其中受理淘宝网支付宝交易金额超过270亿元，稳居同业第一。与网络消费迅猛发展的同时，是网络贷款和物流的悄然兴起。我国P2P网贷行业历史累计成交量为2.8万亿元，同比增长33倍，网贷余额0.7万亿元，同比增长142%。中国快递业务收入累计2344亿元，同比增长43%。两岸在电子商务或“互联网+”等方面合作潜力巨大。当前两岸相关企业联手开展了很多积极探索，在跨境物流、采购、配送、支付等方面积累了一定的成功经验。两岸政府也公布了一系列措施来促进双方在互联网产业上的合作深度。相信在两岸的共同努力下，未来的合作空间会越来越广。

三、建设银行长期服务与两岸经贸发展，转型发展推动服务能力和水平大幅提升

作为大型商业银行，建设银行高度重视两岸的金融合作和对台业务，参与两岸金融服务已有数十年历史。近年来，随着中国经济实力的不断增强，全球化参与程度而不断深化，建设银行服务两岸经贸客户的能力也在不断提升。2010年办理首笔对台跨境人民币结算业务；2011年与国台办签署服务台资企业合作备忘录，为台商、台资企业提供全方位综合金融服务；2013年在厦门成立两岸人民币清算中心；2015年在福建成立海峡两岸跨境金融中心。

建设银行台北分行的成立，更加深了建设银行与台湾地区的金融联系。2013年台北分行相继开办外汇业务、人民币业务；2014年开办跨境结售汇业务、企业两岸汇款即时通业务，自行成功发行20亿元人民币宝岛债；2015年成为台湾CNT的主要报价银行之一、首批台湾人民币汇率期货造市商之一，并正式开办SWAP、FX等衍生性金融商品业务。

2013年，建设银行在中国银行业率先启动了

整体转型，以国内领先、国际一流的银行服务，满足海内外客户需求。建设银行确立了“向综合性银行集团转型、向多功能服务转型、向集约化发展转型、向创新银行转型、向智慧银行转型”五个转型方向。围绕着五个转型方向，建设银行将进一步优化信贷和非信贷、表内和表外、母银行和子公司、境内和境外的结构，建成以银行业务为主、非银行金融业务为辅、各项业务协同发展的现代综合性银行集团，致力于为客户提供服务组合多样、服务特色定制、综合功能完备、重点优势突出的多功能、一站式服务，显著提升服务水平，并对自身提出了合规经营、控制风险、降本增效、保持创新活力、打造智慧银行的发展要求。

随着转型发展战略实施，建设银行经营管理更加稳健，业务范围不断拓展，服务效率明显提升，服务实体经济、防范金融风险、参与国际竞争的能力不断增强。

作为建设银行的重要客户，台商和台资企业也充分感受到了这一变化。截至目前，建设银行在大陆的分行已与上千家台资企业建立授信合作关系，发放授信和贷款余额达数百亿人民币，对台跨境人民币结算量超700亿元，贸易项下国际结算量达千亿级，并为台资企业提供现金管理、网上银行、资产管理等新兴业务。旗下信托、基金、保险、养老、期货等全资子公司也在各自领域，尝试为台资企业提供更全面的金融服务。与此同时，台北分行在台湾地区的落地金融服务也得到了良好发展。台北分行存、贷款规模分别是成立伊始的50倍、70倍，人民币结算量当地市占率较高，做市业务当地第二。

四、借鉴台湾银行业的先行经验，在优势互补中寻找两岸银行合作空间

台湾于1989年开始了较为全面的金融自由化改革，包括：取消存贷款利率限制，实现利率市场化；放弃中心汇率制度，实现汇率自由化；放开国际资本管制，允许外商直接投资证券；开放民营银行设立，放宽银行业务限制；开放证券、保险、期货公司的设立；开放金融控股公司设立；开放外资金融机构的设立；推进金融国际化进程。2000年以来，台湾又继续推动了三次金融改革，主要围绕金融机构合并、金融风险防范、金融中心建设等方面展开。近些年来，中国银行业的经营环境发生很大变化，经济转型、利率市场化、同业竞争、监管政策等对大陆银行业提出新的挑战和更高要求。可以说，台湾银行业综合化、市场化、国际化、规范化的发展之路要早于中国大陆15～20年，在其改革发展的过程中，积累了更丰富的经验，而这些正是中国大陆迫切需要学习的地方。

一是借鉴台湾银行业应对利率市场化的经验。中国大陆于2014年底也彻底放开存贷款利率限制，加之全球经济的下行压力的影响，银行业利差收窄的现象越发明显。中国大陆银行业已普遍感觉到，依靠贷款，特别是大客户贷款的边际收益越来越低，迫切需要发展其他业务来增加收益。据研究，中国台湾银行业应对利率市场的主要模式是开展消费金融、发展非贷款资产业务、拓展中间业务、实行综合化经营等。这也正是当前建设银行乃至中国银行业的转型的重要内容之一，希望两岸银行业能加深在这些业务方面的交流。

二是借鉴台湾银行业综合化经营的经验。台湾金融控股公司在台湾金融业占据非常重要的地位，其综合化经营模式非常值得研究和学习。当前，建设银行已成为国内牌照领先的大型商业银行，旗下已经拥有信托、基金、保险、期货、租赁、养老金、投行等非银行全资子公司，综合化经营的平台已成型，在协同发展上也做了一定的尝试，交叉营销也被积极鼓励，但在市场化运作、完善公司治理等方面仍需要向台湾金融控股公司学习。

三是借鉴台湾银行业国际化发展的经验。尽管在国际金融危机后，一些国际大型银行显著收缩了国际化路线，转向致力于国内经营。但日本银行业在自身受危机冲击较小的有利条件下，为打破境内过度竞争的制约，充分利用危机银行战略收缩的机遇，反而加快了国际化布局。美国恢复较好的银行，也再次成为海外收购的主力。中国台湾银行业与日本银行业有相近之处，一是竞争非常充分，二是产业转移明显。因此，中国台湾银行业始终坚持着国际化发展战略。中国台湾银行业海外收益占比曾一度达到56%，显著高于中国大陆的银行业，甚至显著高于中国大陆的大

型商业银行。两岸银行业在人文理念上有诸多相似之处，其国际化发展经验对大陆银行业来说，更加值得借鉴。

四是借鉴中国台湾银行业服务中小企业的经验。从20世纪70年代开始，中国台湾银行业逐步建立起服务中小企业的金融服务体系。当前民营企业贷款占比超过80%，中小企业贷款占比已超过20%。中小企业融资来源的70%以上仍是贷款。在银行业是中小企业的主要资金来源渠道这一点上，台湾和大陆是较为一致的。故中国台湾银行业在服务中小企业上的经验，对大陆银行业来说就显得弥足珍贵。除“台湾政府”和监管机构在支持中小企业融资方面的政策和举措外，银行自身在客户认定、风险识别、审核批准、流程设计、贷后管理、风险控制、综合融资、综合服务等方面，正是中国银行业需要加强和提升之处。

五是借鉴中国台湾银行业风险管理的经验。2008年金融危机之后，全球银行业不良率显著增长，经过8年的努力，美国的大型银行，调整后不良率（部分个人房贷不良被政府认定可不计入不良统计范围）才降到2%以下（若调回一致口径，应该在3%左右）。而同期的中国台湾银行业，2012年的逾放比率只有0.5%左右，近年又进一步降低到0.23%，同时备抵呆账覆盖率始终保持在200%以上。而台湾银行业企业金融（即公司类贷款）中，无担保放款占比高达55.8%，无担保放款逾期比率显著低于有担保放款比率，前者约0.26%，后者约0.61%。这一系列数字，足以证明台湾银行业在风险管理方面的先进水平，也为在经济转型期中国大陆银行业提供了宝贵的经验。

以上五点，仍不足以涵盖中国台湾银行业全部优势。特别是对地缘相近、血缘相亲的中国大陆来说，中国台湾银行业值得学习的地方还有很多。在两岸经贸发展稳定、未来机遇众多的今天，只有通过两岸银行业的优势互补、紧密合作，才能为两岸经贸进一步发展起到应有的金融支撑。

为此，建设银行非常希望通过加强两岸银行业的交流，增强优势、弥补不足，进一步提升金融服务水平；通过加强两岸合作，共同迎接当前重大发展机遇，切实支持实体经济转型，切实推动两岸经贸发展。海峡两岸银行业更应携手共进，以海纳百川的全球视野，以开放包容的博大胸怀，共同推进两岸经济繁荣，共同迎接中华民族的伟大复兴。

二、专题研究

深港通对市场的影响

总行董事会办公室调研组

2016年3月5日，李克强总理在《政府工作报告》中提出，将适时启动深港通，市场对深港通预期升温。8月16日，中国证监会与香港证监会发布《联合公告》，正式批准建立深港股票市场交易互联互通机制。10月17日至11月12日，深交所和港交所开展港股通仿真测试和全网测试。11月14日，深港通相关技术系统将正式上线。

一、深港通特点

相比沪港通机制，深港通机制有以下特点：

一是总额度取消。不再设置总额度限制。此前沪港通的总额度限制也已于2016年8月16日起取消，但继续维持每日额度上限，即深港通下的深股通每日额度130亿元，港股通每日额度105亿元。二是股票投资范围扩充。深港通南向交易的股票范围除了恒生大盘股指数和恒生中盘股指数的成份股之外，还扩充至恒生小盘指数成份股中市值大于50亿港元的股票，以及A+H两地上市的港股公司。北向交易的股票范围是市值60亿元以上的深圳成份指数及深圳中小创新指数的成份股。三是设置准入门槛。保留沪港通南向交易50万元的投资门槛。深港通开通初期，通过深股通买卖深交所创业板股票的投资者，仅限于香港相关规则所界定的机构专业投资者；待解决相关监管事项后，其他投资者可以通过深股通买卖。四是交易品种扩充。两地监管部门已就交易型开放式基金（ETF）纳入互联互通的投资标的达成共识，待深港通运行一段时间，相关条件具备后推出实施。

二、深港通开通对市场的影响

（一）短期内对两地股市提振作用有限，中长期影响全面和深远

对于深港通南向交易，监管部门2016年5月宣布深港通适时开通时，沪港通南下资金即持续买入，对市场产生了一定影响。5月初至10月底，港股通累计净买入1422亿元，成交金额占市场成交金额的8.12%。恒生指数累积上涨了8.86%，恒生A/H股溢价指数从5月140.33的高点下降到10月底的122.72，与此消息释放对市场的刺激有一定关系。国内投资机构通过沪港通提前布局港股明显。市场预计深港通正式开通初期，对港股市场的提振作用有限。

年初至10月底，沪港通下的沪股通平均成交额30.32亿元，占上交所日均成交额的比例仅为1.54%，对市场几乎不产生影响。市场预计，深港通推出后，北向交易将继续维持成交清淡的局面，短期内难以对A股市场产生大的影响。

从中长期看，深港通开通后，加上沪港通形

成的互联互通机制的充分使用，将促进内地与香港市场的融合，两地市场的定价体系、投资者结构、交易特征将获得互补和改善；两地市场的交易策略和产品将更加多样化，对两地的金融生态将产生重大影响，特别是券商和资产管理业务将受到深远影响；A 股的国际化程度将逐步提升，促进 A 股监管理念和制度朝着更成熟、更国际化的趋势迈进，为 A 股纳入国际指数，如摩根士坦利资本国际公司明晟指数（MSCI）铺平道路。A 股纳入 MSCI 指数，将吸引更多国际上被动型指数基金关注，带来更多的增量资金，加速改善市场结构。因此，互联互通机制的完善，将全面而深远地影响两地市场运行和监管环境。

（二）深港通开通后的交易重点

1. 资金南下依然是主要流向

从已经开通的沪港通运行实践看，初期呈现“北温南冷”的特征。自 2015 年 11 月起，港股通累计净流入资金反超沪股通，南向交易渐趋活跃。监管部门宣布深港通适时启动以后，市场对深港通预期升温，再加上境内投资者预期人民币贬值，增加海外资产配置的需要、境内市场流动性充裕、AH 股溢价高等因素的影响，南向交易累计净流入迅速上升，2016 年 5 月 1 日至 10 月底，港股通累计净买入 1422 亿元，较之前接近翻番，港股市场反应热烈。

从股息率和市净率等估值因素比较看，目前港股仍有相对优势。截至 10 月底，上海 A 股平均股息率为 1.93%，深证 A 股平均股息率为 1.03%，香港恒生指数成份股平均股息率为 3.49%，三地市场中香港股票的股息率最高；上证 A 股平均市净率为 1.85，深证 A 股平均市净率为 4.46，恒生指数成份股平均市净率 1.17，按市净率的绝对水平，三地市场中香港股票的市净率水平仍然最低。因此，市场普遍预计，深港通正式开通后，出于追求绝对股息收益，寻找价值洼地，市场仍将维持南下资金为主的局面（见图 1）。

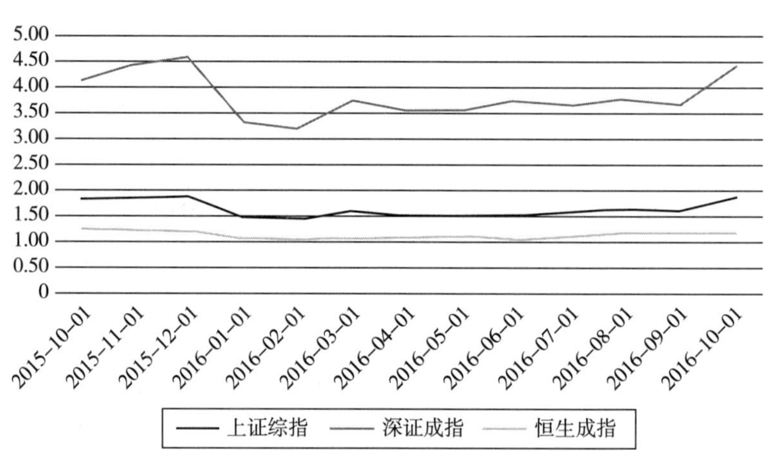

图 1　上证综指、深证成指和恒生指数市净率比较

综合市场各方面信息，保险资金、大型基金和合资个人投资者是前期沪港通南下资金的重要力量。有市场初步估算，未来可以流入港股的保险资金最高规模可达到 3600 亿元；符合条件的内地个人投资者未来五年净流入港股资金可达 5150 亿元，平均每年净流入为 1030 亿元。目前，外资在 A 股的持股比例为 1.3%，交易额占比不足 1%。预计深港通开通后，由于深交所上市公司的民营及新兴行业企业占比较高，能吸引部分海外投资者青睐。如果未来海外投资者在 A 股的交易额占比提升至 2%—5%，北向流入 A 股资金达 2500 亿～5000 亿元。

2. 大型银行股将成为南下资金交易重点

从沪港通资金买入重点看，银行股成为资金的偏爱对象。自 2015 年 11 月起，沪港通南下交易逐渐升温，在香港上市的大型银行板块成为主要买入对象，该板块累计净流入资金高达 759 亿元，占整个港股通资金比例 53.39%。随着港股通资金的持续买入，在港上市的国内五大银行放量大涨。自 2016 年 5 月初至 10 月底，建设银行涨 21.37%，工商银行涨 18.31%，农业银行涨 24.61%，中国银行涨 17.35%，交通银行涨 28.50%（见图 2，图 3）。

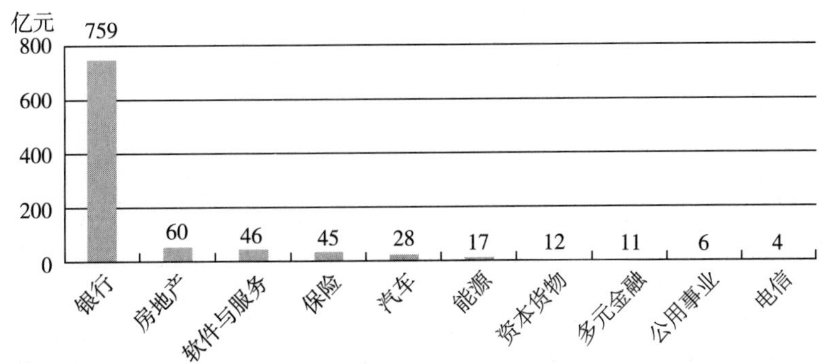

图 2　2016 年 5 月 1 日至 10 月 31 日港股通主要受益板块

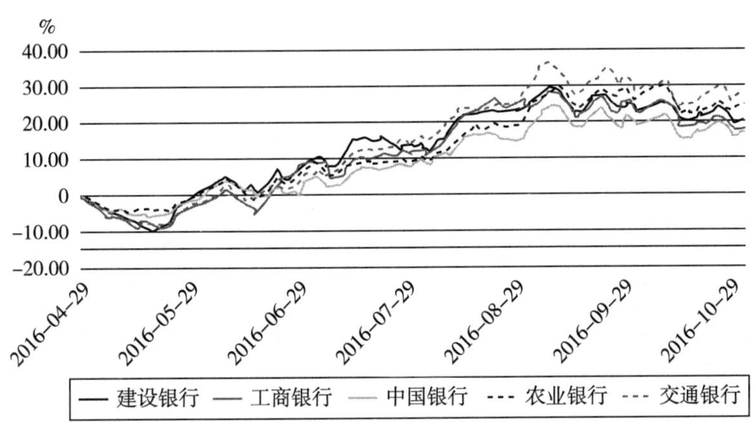

图 3　2016 年 5 月 1 日至 10 月 31 日港股通主要受益银行股涨幅

大型银行股成为这段期间南下资金配置的重点，主要由于南下资金配置得偏好，银行基本面逐渐稳定且有向好的势头，A/H 股股息率差异、估值差异以及人民币持续贬值预期等所致。5 月，五大行的平均 H 股股息率高达 6.72%，而当时 A 股平均股息率为 5.42%，较大的股息率差异成为吸引港股通南下资金买入大型银行股的重要因素；五大行的 H 股平均市净率为 0.63，而 A 股平均市净率为 0.81，较大的估值差异，也成为南下资金买入大型银行股的因素之一。从各大行第三季度报告看，主要指标尤其资产质量趋于稳定或持续改善，估值水平、股息率在一定时期内将继续保持优势。市场预期，中资大型银行股仍将成为深港通南向交易的重点投资对象（见表 1、表 2）。

表 1　　2016 年 5 至 10 月五大行 H 股、A 股股息率差异　　单位：%

时间	建设银行		工商银行		中国银行		农业银行		交通银行	
	H 股股息率	A 股股息率	H 股股息率	A 股股息率	H 股股息率	A 股股息率	H 股股息率	A 股股息率	H 股股息率	A 股股息率
5 月	6.63	5.79	6.75	5.48	6.58	5.34	7.00	5.38	6.66	5.08
6 月	6.18	5.57	6.32	5.31	6.43	5.32	6.66	5.26	6.24	4.87
7 月	5.95	5.51	6.18	5.34	6.37	5.32	6.73	5.26	6.06	4.75
8 月	5.58	5.25	5.59	5.25	5.92	5.32	6.27	5.33	5.50	4.87
9 月	5.32	5.26	5.41	5.24	5.56	5.15	5.71	5.30	5.07	4.81
10 月	5.49	5.26	5.62	5.27	5.73	5.15	5.85	5.30	5.27	4.82

表 2　　五大行平均市净率差异（2016. 5—10）

	建设银行		工商银行		中国银行		农业银行		交通银行	
	H 股	A 股	H 股	A 股	H 股	A 股	H 股	A 股	H 股	A 股
5 月	0.6677	0.8137	0.6603	0.8711	0.5553	0.7923	0.6242	0.8213	0.6242	0.7417
6 月	0.7143	0.8299	0.7049	0.8871	0.5659	0.7895	0.6569	0.8238	0.6569	0.7551
7 月	0.7433	0.8841	0.7192	0.9012	0.5728	0.8215	0.6514	0.8366	0.6514	0.7821
8 月	0.7969	0.8931	0.7949	0.9494	0.6164	0.8182	0.7013	0.9290	0.7013	0.8089
9 月	0.8560	0.8779	0.8482	0.8884	0.6737	0.7946	0.7909	0.9059	0.7909	0.7713
10 月	0.8225	0.8541	0.8108	0.8475	0.6488	0.7737	0.7697	0.8341	0.7697	0.6777

此外，对创新型企业感兴趣的国内投资者，包括完全配置型的投资者，对小市值及增长型企业感兴趣的基金，也将进入港股市场。

3. 深港通开通后可能的北向交易重点

深成指成份股中的民营企业及新兴行业企业占比较高，平均市值较小，平均估值较高，平均盈利增速较快，一些基本面稳健、估值不算太高、有一定成长空间的个股可能成为北向交易重点，如消费、医药及信息科技等板块。

4. 建行 H 股成为关注对象

数据显示，5 月 1 日至 10 月 31 日 111 个交易日期间，港股通累计净买入建行 H 股 292 亿元，占净流入银行板块资金比例近 38%，位居港股通累计净买入金额榜首；其中有 82 个交易日建行 H 股名列港股通前十大活跃个股，港股通资金成交金额占建行 H 股总成交金额的平均占比达到 24.00%，最高单日占比达到 55.51%。在此期间，建行 A/H 股溢价率由 17% 下降到 6%，H 股股息率由 6.63% 下降到 5.49%，市净率水平由 0.67 上升到 0.82（见图 4 至图 6）。

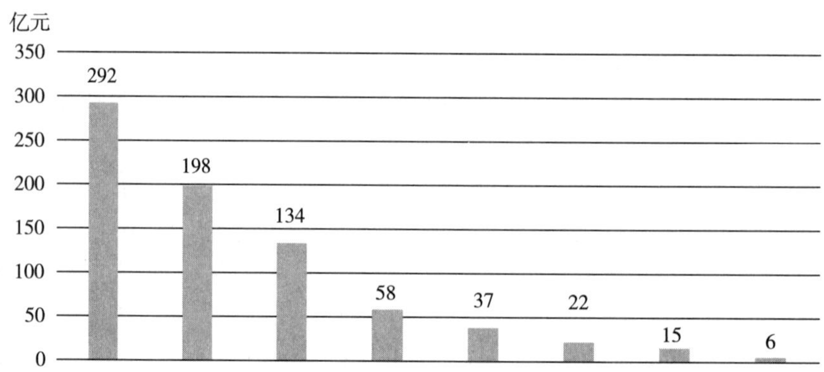

图 4　5 月 1 日至 10 月 31 日港股通主要受益银行股

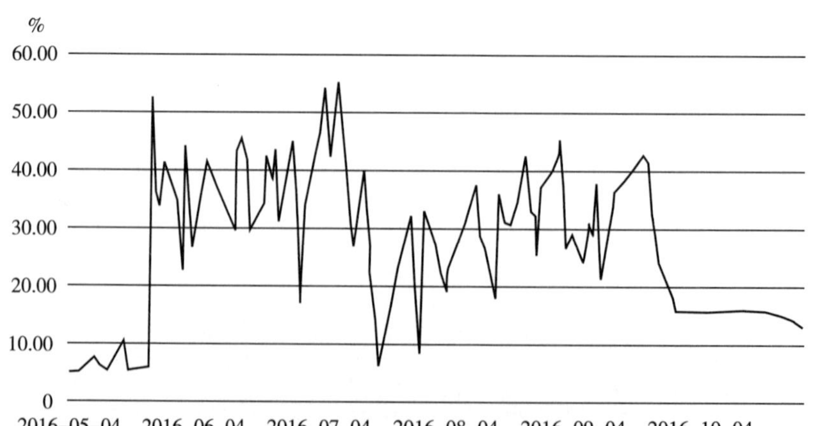

图 5　5 月 1 日至 10 月 31 日建设银行 H 股总成交额中港股通成交占比

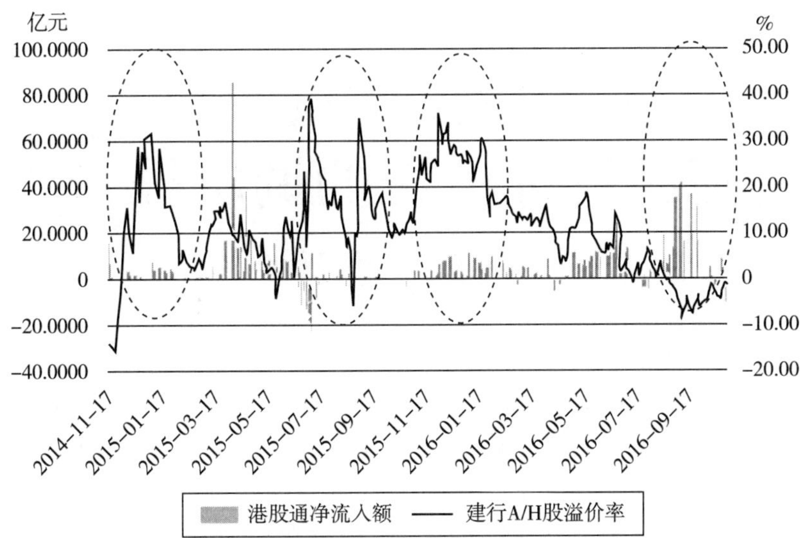

图6 沪港通下港股通资金净流入与建行A/H股溢价率的关系

据了解，港股通资金持续买入建行H股的来源，主要是内地保险资金和商业银行的资产管理产品。根据中国证券登记结算有限责任公司上海分公司提供的数据，截至2016年6月23日，位于买入机构第一的是安邦人寿保险股份有限公司旗下的稳健型投资组合保险产品，共持有建设银行20.51亿股H股；其次是招商银行旗下的海外联动投资3号专项资产管理计划，共持有建设银行2.68亿股。此外，还有部分证券投资基金买入建设银行H股（见表3）。

表3　截至2016年6月23日的港股通股东名册　单位：股

股东名称	持有股份（H股）
安邦人寿保险股份有限公司——稳健型投资组合	2050794000
招商财富资产—招商银行—海外联动投资3号专项资产管理计划	267803000
交通银行股份有限公司——易方达恒生中国企业交易型开放式指数证券投资基金	72863000
平安资产—工商银行—如意25号资产管理产品	39049000
中国农业银行股份有限公司——华夏沪港通恒生交易型开放式指数证券投资基金	22832000
广发基金—农业银行—中信证券股份有限公司	21200000
招商银行股份有限公司——富国沪港深价值精选灵活配置混合型证券投资基金	15834000

分析南下资金持续买入建行H股的原因，主要是基于建行主要基本面指标在五大行中保持优势，包括战略转型各项成果逐步显现、自2016年初以来逐季向好盈利水平，尤其是在宏观经济不确定性期间，建行不良贷款形成率逐季下降，稳健的经营风格和市场形象，得到了目前市场投资者的认同。因此，尽管过去五个月，随着建行H股股价持续上涨，在五大行中股息率虽已不占优势，估值水平也一直最高，但港股通资金持续买入建行的热情未减。

关于中国建设银行押品管理情况的调研报告

总行监事会调研组

押品是银行信用风险缓释的核心工具。近年来，管理层在加强押品管理方面采取了一系列措施，中国建设银行已搭建了覆盖政策、制度、流程、系统的较为完整的押品管理体系，押品管理的规范性逐步提升。当前经济增速放缓，部分企业生产经营困难，押品作为第二还款来源，确保其风险缓释作用的有效发挥对于做好信用风险管控尤为重要。为此，监事会高度关注押品管理工作，先后两次听取专题汇报，并向管理层发出了加强押品管理的提示。相应地，管理层积极主动采取了一系列工作措施努力加强押品管理，调整了可接受押品目录和抵质押率，适时启动了押品管理咨询项目，致力于借助外部专业力量进一步优化建设银行押品管理体系。

为促进押品管理工作的改进和完善，近期监事会对建设银行押品管理相关情况开展了专题调研。在调阅分析资料、访谈总行有关部门的基础上，调研组于2016年5月至8月，先后赴深圳、广东、北京和青海分行进行现场调研，与分行负责人及相关部门、部分二级分行及客户经理进行了多层次的座谈与深入访谈。此外，还对云南、广西分行开展了非现场情况调查。本次调研得到了分行的大力支持，调研中分支行反映了很多现行押品管理中亟待解决的问题和建设性的意见建议，调研组已适时向总行相关部门进行了反馈。现将调研主要情况报告如下。

一、情况分析

从全行押品管理情况看①，建设银行抵质押信贷业务呈现以下几方面特点：(1)信贷余额稳步增长。(2)押品价值持续增加。(3)不良率低于全行平均水平。(4)中小型企业抵质押信贷业务占比高于全行平均水平。(5)押品管理两项考核指标值②均高于99%。

上述数据反映了近年来建设银行押品管理取得的成效，但是进一步分析内部结构和变化趋势，可以看到，抵质押信贷业务的潜在风险有所上升，全行需进一步提高押品管理的主动性和专业性，增强风险防范能力。第一，抵质押信贷业务不良率虽低于全行平均水平，但也呈上升态势，且2016年上半年增幅高于全行整体水平。第二，尽管建设银行押品总值较高，但不同类型客户的押品价值分布不均，高风险客户的风险覆盖度相对较弱。第三，房地产押品因风险缓释能力较强而备受分行青睐，在建设银行各类押品中占比最高，但近期内部审计发现部分以商业用地和商业用房作为抵押的信贷业务，存在较大违约风险。此外，今年三、四线城市房地产在去库存过程中的项目风险也开始暴露，房地产押品的风险缓释能力或将受到影响。第四，虽然押品定期重估总体比例很高，但部分押品重估流于形式，重估价值没有客观反映押品实际风险变动情况，所以难以准确衡量押品对建设银行债权的保障程度。

二、主要问题

从押品管理体系的实际运行看，由于存在一些薄弱环节和制度执行不到位的情况，影响了押品实际风险缓释作用的发挥。调研组结合内外部

① 数据来源于总行信贷管理部，且未经审计。

② 考核指标分别为风险敞口押品覆盖率和押品定期重估比例。

审计检查、信贷管理部日常监测发现以及本次调研了解的情况，将建设银行押品管理中存在的问题归纳为以下几个主要方面。

（一）政策制度与系统方面

一是制度规定的指导性和可操作性有待进一步提高。目前建设银行已经印发了《押品管理办法》，规定了押品管理的基本要求和政策底线，并针对专项押品或抵质押业务管理制订了一些专项制度。但调研中，基层机构反映现行管理规定主要是原则性要求，对业务操作的指导性不够，使得实际工作的好坏主要取决于客户经理的个人能力和经验，难以保证整体管理水平一致。此外，客户经理普遍反映现行制度对部分押品的分类、定义、准入条件、限制规定等要求不够细化，使得客户经理在制度理解上存在一些模糊地带，因此在制度执行上也会出现偏差。二是制度应及时更新。2008 年建设银行出台《授信业务押品管理办法》后，2013 年、2014 年相继对办法进行修订，主要对部分管理要求进行了调整和完善。实际上在此期间，外部经济形势、部分押品价值走势都发生了较大变化。2016 年总行结合市场环境变化、押品处置难度、管理能力等因素，对可接受押品种类及部分押品准入要求进行了调整，暂停了部分押品的准入，并提高了实际风险缓释效果较差押品的准入条件。这种及时根据形势变化对押品准入要求做出及时调整的措施，才有利于更好地管控住风险。三是现有系统功能有待优化和完善。目前押品管理系统尚未实现全流程管控，如分行反映，系统中未涉及会计部门的工作内容，押品出入库管理未纳入系统监控，容易产生账实不符的情况。现有系统功能需进一步加强，如报表功能不能满足统计分析需要；系统预警信息提示过于简单，分行难以直观了解问题所在等。押品系统与周边系统（如 CLPM 系统、保全系统等）之间尚未实现押品数据完全共享，系统间数据不一致的情况时有发生，给管理带来不便。

（二）组织架构和流程方面

一是押品管理相对分散，部门职责边界不够清晰，部门之间信息沟通与交流有待加强。调研了解到，现行办法未对押品管理架构及部门职责进行统一规范，实际管理中，形成多部门参与、分散管理的局面。总行层面有信管部、风险部、公司部、房金部等 14 个部门涉及押品管理。分支行层面则模式不一，有的分行押品管理全部由经营部门负责，有的分行前中后台部门都参与其中。而且，各部门之间尚未建立定期的信息交流与沟通机制。这种多头管理模式容易造成管理职能重叠或缺位，降低管理效率。二是对岗位职责未做明确界定，一些关键环节岗位制衡不足。现行押品管理办法主要对流程、环节提出具体管理要求，但对于岗位设置和职责的要求尚不够细化。实际操作中，基层行从押品准入到贷后监测的多个环节主要由客户经理完成。由于在押品准入审查、估值确认等关键环节缺少有效制约，因此难以确保相关管理规定落实到位。如审计发现，客户经理作为内部评估人员，押品价值高估的情况较为普遍。三是多个环节问题多发，部分机构押品流程管理薄弱。从审计机构对 14 家分行对公授信业务押品审计检查以及业务自查发现的问题来看，有的分行几乎涉及押品管理每一个环节，尤其关键环节问题多发、屡查屡犯现象严重。究其原因，其中有制度执行不到位的原因，但也反映了押品管理流程中控制措施不够完善，导致风险把控不严。

（三）估值和动态监控方面

一是押品价值评估管理薄弱。从各类检查情况看，目前无论是贷前初次评估还是贷后定期重估都不同程度地存在一些问题。如有的分行初次评估主要依赖外部机构，而内部审核人员专业性不够，部分基层机构无法准确判断外部评估结果的合理性，导致评估复核流于形式，价值高估情况多发。对于贷后定期重估，部分经办行只是按照要求定期执行规定动作，估值结果多参照初次评估结果，较少反映贷后押品价值变化情况，造成押品价值与实际情况反差较大。二是押品实物监管主要停留在满足制度要求。调研了解到，个别机构贷后检查记录中对抵押物的描述较少或几乎没有，主要是因为客户经理在例行贷后检查时，通常只关注客户的生产经营和财务状况，多数未能对押品做实质性重新评估，也未对押品实物风险进行及时评价，因此对押品实际缓释能力掌握不够。2015 年审计检查时也指出，押品重接收轻监管的现象仍未明显改善。三是押品动态管理尚显不足。如目前建设银行对信贷业务的抵质押率要求仅是信贷准入的一个静态“门槛”，贷款发放后，对贷款突破担保政策底线的情况缺少有效应对措施。又如当贷款风险分类下迁为不良时，有的押品价值重估仍采取准入时的方法，导致估值结果未能反映贷款风险变化情况，一旦进入处置环节后，就会出现价值“断崖式”下跌的情形。动态管理不到位，容易造成押品与实际风险状况相脱节，不能准确反映对建设银行债权的保障程度。

（四）队伍建设与激励方面

一是专职押品管理人员数量不足，专业性有待加强。从总分行对押品管理存在问题的原因分析来看，押品管理人员数量不足、专业素质和能力欠缺是制约押品管理水平提升的主要瓶颈。实际操作中，一些工作由客户经理或其他岗位人员兼职完成，由于缺乏相应的专业技能和经验，从而造成一些管理上的问题。如审计检查指出部分押品权利设定有瑕疵，原因之一是客户经理不具备抵质押的相关法律知识、专业能力欠缺，无法确保抵质押设立工作的合法性和有效性。二是激励措施配套有待改进和完善，对工作质量的考核有待加强。目前，总分行对押品管理工作的考核指标较为单一，主要有“风险敞口押品覆盖率”和“定期重估比例”，尚未建立覆盖押品管理各主要环节的全面考核体系，缺少对押品管理工作质量的考核。如押品估值结果对衡量押品是否足额覆盖风险敞口至关重要，但实际管理中却未对重估结果的质量采取有效的激励考核手段。激励措施不到位，不利于保障和调动押品管理相关人员工作的主动性和积极性。

三、几点建议

调研组通过调研，在对建设银行押品管理现状进行了解的基础上，拟提出以下几点建议，希望能够对管理层完善押品管理提供有益参考。

（一）提升制度规定的可操作性，建立制度定期重检机制，稳妥推进新型押品的应用

总分行各司其职，共同推进制度规定的精细化和可操作性。押品管理贯穿于信贷业务的全周期，流程长、环节多、专业性强，因此基层机构迫切希望针对每个环节制订明确、细化的实施细则，便于理解和操作。由于建设银行押品种类繁多，不同押品在各地区面临的风险和地方政策不同，因此总行要求各分行结合辖内经营环境和业务特点，在总行押品制度框架下制订相应的实施细则。但考虑到各分行管理能力不一，调研组建议在实施细则的编制过程中，总行相关部门要做好政策解读工作，还要加强对分行的指导，增加分行之间的沟通交流，鼓励分行互相学习借鉴好的经验和做法；同时，对分行编制的实施细则要进行审核，以确保各分行对总行要求真正理解到位，并能够指导辖内分支机构准确执行。

建立制度定期重检机制。总行已明确将定期重检押品准入范围及条件，动态调整押品准入。建议将押品管理流程及制度规定也纳入重检范围，同时建立总分行之间信息收集和反馈渠道，便于分行向总行反馈实际押品管理中遇到的新情况、新问题，为总行制度修订提供更多参考依据。此外，鉴于经济下行期外部环境变化较快，以及转型阶段建设银行业务模式和风险状况也可能发生较大变化，建议以《手册》形式编制各类规章制度和实施细则，既便于对相关内容进行及时更新，也便于经办人员查询。

稳妥推进新型押品的应用。调研中有分行反映一些押品准入标准不够明确，特别是类似于知识产权、股票质押等新型押品，总分行都缺乏管理经验，因此在实践中难以接受为风险缓释工具，而分行对这些押品却存在实际业务需求。调研了解到，为了满足科技型中小微企业的知识产权融资需求，北京中关村分行积极探索，创新推出了以知识产权质押为担保的“助知贷”产品，并在风险缓释安排上，采取了政府风险资金池、知识产权运营管理公司承担知识产权估值以及风险处置等多项措施保障建设银行债权安全。中关村分行对知识产权质押主动研究的做法对完善新型押品管理具有很好的借鉴意义。建议鼓励并引导分行对有需要的押品先进行研究，重点做好押品估值和风险管控工作，等条件成熟后再进行全行推广。

（二）加强估值管理，提升押品管理内在实力

押品估值是确保风险缓释作用有效发挥的重要依据，但长期以来也是押品管理的主要薄弱环节之一。针对目前押品估值管理中存在的问题，建议从内外部同时采取措施提高押品估值质量。

充实内部评估队伍。从调研情况看，各家分行已认识到押品估值的重要性，有的分行借助造价咨询部门强化内部评估力量。但由于专业评估人员较少，分行仍需要依赖外部机构开展初评，再对初评结果进行内部审定。建议鼓励分行根据实际业务需要通过内部调剂增加内部评估人员，培养一支既具备专业技能又熟悉信贷业务的评估专家团队，努力提升内部评估占比以及对外部评估结果的审核能力；同时择优各行经验丰富的评估人员组建全行押品价值评估专家库，依托各行业务和押品特点，对押品进行分类研究，进一步形成专家专长，在需要时为相关领域押品估值提供专业支持，成为促进全行押品估值能力持续提升的智库。

加强外部评估机构管理。调研发现，所到分行已对外部评估机构的准入退出、日常管理采取了一系列措施，但价值高估情况依然存在，说明目前所采取的措施管控效果不够理想，对外部评估机构的约束力不够。虽然各家分行对外部评估机构采取的管理措施大体趋同，但也各有特色，建议总行相关部门进一步了解各分行好的经验和做法，在系统内分享，帮助分行不断完善对外部评估机构的管理；同时研究对外部评估机构更为有效的制约措施，如延期支付评估费、收取保证金等方式的可行性，增强对外部评估机构的约束力，对存在高估行为的外部机构不能简单“一退了之”，还要探索建立补偿机制，让其对高估给建设银行造成的风险进行适当补偿。

（三）完善系统和工具建设，提升押品动态监控水平

动态化监测押品的实物状态和价值变动情况是押品管理的重要措施，而在基层行目前相关工作基本流于形式。建议多策并举加强押品贷后管理，提升动态监控水平。

强化押品日常监控，提升押品管理的主动性，及时消除风险隐患。一方面，通过现场检查强化对押品实物监管。今后全行将对信贷业务开展周而复始的信贷检查，建议将押品检查纳入其中，同时注意做好计划安排，确保每年所有押品都要覆盖到、无遗漏。检查过程中除关注押品的合规性和有效性外，还要注意对押品管理流程及控制措施的有效性进行检测和评估，要力争及时发现问题并督促整改到位。另一方面，要加强对押品价值变化情况的动态监控。要在做实押品估值的基础上，依托押品管理系统，对押品重估价值的变动情况进行监控；同时，密切关注影响押品价值变动的一些重要信息，如大宗商品、主要资产市场价格变动情况，信贷业务监控中发现的行业、客户风险变化情况等。对贬值风险加大或者处置变现难度增加的押品、潜在风险上升行业或客户对应的押品等，要根据监控情况，适时指导分行开展专项检查。此外，建议从制度上细化、完善押品动态管理要求，如贷款降为不良时，估值方法要采取与处置时相类似的估值方法或参数，以确保估值结果更为审慎；押品价值大幅下跌时，指导分行采取一些切实可行的措施进行应对，防止或降低建设银行权益损失等。

加强押品系统和工具建设，为日常监控提供技术支持。据了解，总行相关部门正在进行押品系统三期需求和信贷流程系统押品需求的研究，建议结合管理现状，进一步完善现有功能，实现对押品管理流程的全覆盖，提升各项工作的机控能力，将押品系统打造成支持日常监控的重要平台。强化数据管理，整合押品监控所需的重要信息，如宏观经济数据、权威中介机构的房产交易数据、行内业务数据、审计发现问题等，广泛开展大数据分析，为押品动态管控提供量化支持。丰富监控和预警模型，结合大数据分析结果提升风险预警的准确性和有效性。此外，调研中分支机构还希望依托押品系统建立信息交流平台，分行可以通过该平台向总行反馈押品管理中遇到的问题，或者与系统内其他分行交流寻求解决办法，总行可以通过该平台向分支机构发布相关研究成果或者预警信息，有针对性地指导分支机构开展押品风险管控。

（四）建立有效的岗位制衡，加强关键环节风险管控，探索建立集约化管理模式

据信贷管理部反馈，押品管理组织架构的完善工作已在推进，各部门的职责边界已商讨明确，下一步将在制度重检时将部门职责界定纳入管理规定。接下来，建议全面开展流程梳理，加强关键环节岗位制衡和风险管控。一方面以问题为导向，深入分析各类检查中发现的问题及其内在原因，从根源上进行彻底整改，针对性完善押品管理流程，强化各环节的管控措施；另一方面，将部门职责嵌入押品管理流程，明确流程中各环节岗位职责，尤其在管控环节要建立有效的岗位制衡，实现风险管控与经营条线相分离，保障风险管理的独立性，确保管控措施切实发挥作用。此外，建议形成部门间常态化信息共享与沟通交流机制，促进押品管理工作及时改进和调整。如保全部门掌握各类押品变现难度、处置情况等信息，如果建立部门间信息共享机制，使审批人及时了解这方面的信息，则有利于在审批时更好地评估押品风险缓释能力。因此要注重加强部门间的信息共享与沟通交流。

结合实际探索押品集约化管理模式。调研中了解到，目前总行正对押品集中管理模式进行研究，一些分行已在实践中实现了部分工作的集中管理，并取得很好的管控效果。如重庆分行实施押品关键环节集中管理，资产质量在经济下行期也一直保持稳定。调研组建议，积极探索推进押品集约化管理，尤其在准入审查、评估审核、权利设立、权证保管等主要风险管控环节实施集中管理的可行性，促进提升管控效果；另外，集约化管理模式的设计要考虑省分行与城市行的特点、管辖范围差异等因素，集中模式应有所区别，既要兼顾效率与风险管控，又要与分行管理实际相结合，才有助于实现预期管理目标。

（五）提升人员素质，建立有效的激励约束机制，保障押品管理机制切实发挥作用

人员的专业能力和责任心，是确保各项押品管理要求真正落到实处、押品管理机制切实发挥作用的关键所在，也是银行的核心竞争力。

组建押品管理专业团队，加强人员培训。随着押品管理组织架构梳理完成，部门分工和岗位职责进一步明确后，建议将分散在各部门、各条线的押品管理人员进行集中，并按照集约化管理模式专职从事押品管理工作；同时允许分行在辖内选聘有能力和信贷业务经验丰富的人员适当充实押品管理团队，满足管理需要。另外，做好押品管理培训。调研中，从基层机构客户经理到分行专业评估人员都提出迫切的培训需求。建议总行加快建立科学、系统的押品培训体系，培训内容要涵盖不同人员的实际需要，根据培训对象区分培训重点，提高针对性，并与时俱进。培训师资除了邀请行内专家外，也可以聘请外部机构的评估专家讲解押品评估理论和实务，增强实用性。

建立有效的激励约束机制。通过培训让各个岗位人员知道该做什么和怎么做，还要通过有效的激励约束机制，让所有押品管理人员知道应有所为和有所不为。建议借鉴其他风险管理领域在激励考核方面好的经验和做法，研究完善押品管理考核措施。考核指标力求多样化，尽量覆盖押品管理全流程，并要突出对关键环节的质量考核。增强考核激励的同时，还要加强对违规行为的责任追究和问责力度。通过两手抓促进押品管理工作持续强化、良性发展。

押品管理咨询项目是2016年管理层加强押品管理的一项重要工作，投入了较大的人力物力。总行相关部门要切实加强项目质量和进度把控，在吸收借鉴国内外同业先进理念和做法的基础上，有效实现项目成果的全面落地和转化应用。2016年总行将在全行范围内开展信贷业务检查，同时审计条线也开展了押品管理的专项审计。业务检查和审计检查应形成合力，在关注操作性、合规性和规范性问题的同时，注意从体制机制上挖掘问题原因。检查中发现的重要信息要及时与押品咨询项目组进行沟通。通过多方努力，共同推动和促进押品管理工作水平的提高。

存贷款定价管理调研报告

总行监事会调研组

监事会“存贷款定价管理”调研小组由刘进、白建军监事带队，赴上海、青岛、湖北、厦门分行进行了现场调研，访谈了总行资产负债管理部、公司业务部、个人存款与投资部等6个部门，并收集分析了北京、山东、深圳等分行的相关资料。现将调研主要情况汇报如下。

一、近年来全行定价管理主要工作措施及经验

（一）主要工作措施及成效

1. 推广实施综合定价。启动了对公客户综合定价研究工作，制定综合定价模型，上线新一代对公综合定价系统，推动综合定价在对公客户领域全面实施，在促进科学定价、提升客户综合贡献度、深化银企长期合作关系等方面发挥了积极作用。

2. 加强定价基础能力建设。改进成本计量和分摊方法，优化信用风险计量模型，提高了经济资本、运营成本率等定价参数的准确性。积极推进LPR（贷款基础利率）定价，以LPR逐步替代央行基准利率。

3. 建立完善定价差异化授权体系。推行分级分类定价授权，持续改进、动态调整授权流程，管理模式更为灵活、高效。目前，自律机制允许范围内的存贷款定价权基本授予分行，授权审批效率显著提升。

4. 发挥绩效考核和资源配置政策的引导作用。坚持以EVA（经济增加值）为核心的绩效考核政策，将存款付息率和存贷利差同业位次作为关键指标，纳入考核和财务费用配置体系，引导基层行积极争取低成本资金，主动挖掘存贷款效益空间，强化存贷利差竞争优势。

近年来，建设银行NIM（净利息收益率）保持同业领先，2016年上半年超过农行，上升至四行首位，较高的利差水平确保了ROA（总资产回报率）、ROE（所有者权益回报率）等核心盈利能力指标同业领先，这些成效的取得和定价管理工作的持续改进、完善是分不开的。

（二）经验与案例

各级分支机构按照总行要求，在定价管理方面积极探索创新，积累了一些成功经验，以下为调研中了解到的较有推广价值的部分案例。

1. 探索中小企业定价模式。上海分行针对科技型中小企业成长发展规律和融资需求特点，研究制定了“科创贷”定价模式，基于企业成长能力、对银行的综合贡献度等构建多维指标体系，利用层次分析法确定指标评分权重，通过打分方法确定企业可享受的价格优惠，并根据初创期、成长期企业的不同需求，确定了“优惠初始利率递增”和“普通初始利率递减”两种定价方式，目前正针对部分优质科创企业开展试点。

2. 建立综合定价利益调整规则。北京分行对综合定价过程中因联动、交叉营销所产生的跨机构、条线利益调整事项，明确了调整方式和流程，包括事前确定并直接入账、事后协商并在考核中再分配等方式，对促进综合定价工作的顺利实施发挥了很好的作用。

3. 将利率敏感性分析引入授权体系。山东分行对存款授权探索开展了利率敏感性分层分析，将财政、社保、公积金等利率敏感度较高的客户存款授权下放基层行，以便提升市场反应速度，而敏感度较低的信贷支持类客户存款的授权则不下放，保证了一定的低息存款占比。2016年以来，山东分行存款付息率、存贷利差均为四行首位，存贷款市场占比自2012年以来也逐年提高。

4. 加强对基层行定价工作的精细化支持。厦门分行对网点EVA进行详细解析，从授权把控、

产品配置、营销策略等方面提出改进定价工作的建议。山东分行牵头建立了四行利率交流机制，定期交换价格信息，减少了客户经理谈判时的信息不对称情况，提升了定价主动权。湖北分行定期对主要产品的盈亏平衡点和不同定价水平下的盈利贡献进行测算，并汇编成册下发基层行。这些信息和支持对基层行定价工作发挥了很好的作用。

二、存贷款定价水平与同业简要比较情况

（一）存款付息率同业最低，期限结构优于同业

2016年9月末，建设银行一般性存款付息率较2015年降低了37个基点。活期存款占比较高是建设银行存款付息率低于同业的重要原因之一。近年来，建设银行通过推进“存款八个问题”“建网通天下、转型创未来”等竞赛活动，以商户收单、代发工资等为抓手，着力抓低成本结算资金。

（二）贷款收益率同业位次提升，但上浮占比不具优势

从收益率看，2016年前三季度（下同）建设银行新发生非贴公司类贷款加权平均利率四行排名第一，较上年提升了两个位次。从浮动情况看，新发生非贴公司类贷款浮动幅度四行排名第二，较上年提升了两个位次。另一方面，上浮贷款占比四行第四。与同业相比，大型和中型企业上浮占比、小型企业高倍数上浮占比均有提升空间。

三、当前市场形势下定价管理的重点与难点

（一）保持存款低付息率与提升市场份额、维护自律机制三者平衡越来越难

1. 客户价格敏感度提升，保持低付息率越来越难。对公客户方面，2016年以来，建设银行新发生定期存款的上浮占比呈上升趋势。部分大型机构客户资金价格呈现上升趋势。个人客户方面，在个人存款理财化的大趋势下，传统定价方式已无法充分满足客户在计息方式、收益等方面的要求，存款新增对大额存单和灵活计息产品的依赖度提高。

2. 竞争加剧使得量价平衡越来越难。在基层行市场营销过程中，价格策略往往要服从于经营目标，经营目标是偏重市场份额还是价值创造，将直接影响定价水平的高低。

3. 同业在重要时段、项目竞争中价格弹性较大，严守自律公约越来越难。自律公约建立以来，对于规范市场价格秩序发挥了关键作用。建设银行一直较好地遵守了公约规定，并积极与同业进行协调，共同维护自律公约的严肃性。但是，总行部门与基层行均反映，有大行的分支机构在财政社保存款等大型招投标项目中及旺季营销时段，也和中小银行一起通过提升价格争抢市场份额，屡屡突破自律约定，加大了建设银行定价难度。

（二）制约贷款定价水平的因素日益凸显

1. 客户结构对定价水平形成制约。与同业相比，建设银行议价能力较强的大客户占比较高。为提升抗风险能力，部分分行近年来贷款投放进一步向大型客户、国有企业倾斜。全行大客户新投放占比整体呈上升趋势。2016年以来市场有效信贷需求不足的问题更加凸显，大客户在价格谈判中的强势地位有进一步增强的趋势，有的客户不仅新增贷款要求利率下浮，存量贷款也提出下浮要求。

2. 行业结构对定价水平形成制约。基础设施领域贷款是建设银行传统优势领域。基础设施相关行业贷款一般期限较长、收益率较高且资产质量稳定，但客户议价能力较强且同业竞争激烈，因此利率较低，拉低了贷款整体定价水平。

3. 债券等直接融资形式快速发展，对定价水平带来新的制约。2015年，全国非金融企业直接融资12.6万亿元，为2014年的1.9倍，其中地方债融资额为3.8万亿元，为2014年的9.6倍。2016年上半年，建设银行通过理财、信托、租赁、债券融资等方式，提供非信贷融资高于同期贷款新增额。债券、地方债发行利率普遍低于同期银行贷款利率，对贷款形成有力的竞争，进一步增加了银行在贷款议价谈判中的难度。

（三）综合定价工作仍需进一步深耕推广

1. 综合定价相关配套机制仍需建立和完善。综合定价的应用已取得了良好效果，但有基层行反映，其应用范围、应用深度还不够，这与相关配套机制不尽完善有关，例如综合利益调整分割机制还未普遍建立或良好运转，有些经营主体参与和应用综合定价的积极性不高。

2. 综合定价理念还需进一步下沉。目前在总行、一级分行层面，综合定价的意识较强，但有些具体项目的营销定价仍习惯于算单一产品账，在面对大客户、大项目时，算单一产品账往往效益不佳，如果不转换策略，可能会失去部分客户和市场。

3. 综合定价相关系统还需持续优化完善。由于在数据采集、量化、账务处理等方面存在一定困难，现阶段对客户综合收益的计量和反映还不够全面准确。例如，目前中间业务收入中近40%的部分还无法识别分配至具体客户，部分跨条线、跨机构联动产生的综合收益也无法追踪分配至具体客户。运营成本率的计量仍须改进，主要是由于参与计量的责任主体较多，链条较长，不同责任主体对整个流程的理解及数据录入的及时性、准确性不一致，影响了最终计量结果。再有，由于数据源有差异，部分组合风险管理系统数据，如风险成本率、RAROC（经济资本回报率）、EVA等，与定价系统有不一致的情况，给具体项目的定价和授信审批带来一些困惑。

4. 贷款价值贡献未实现综合分析评判。目前，全行贷款价值贡献的分析评判主要从单一产品角度进行，未能实现综合分析评判，与综合定价不够匹配。

（四）定价精细化、集约化管理水平有待进一步提升

1. 定价审批流程集约化程度仍存提升空间。综合定价系统上线后，大幅提升了审批效率，但有基层行反映，目前系统中尚未规定审批时限，也没有设置提醒功能，有时某个岗位或环节临时不在岗会额外增加审批时间。有一家基层行曾办理两个重点客户存款利率上浮事项，从发起申请到获得审批前后用了十多天，影响了营销效率和客户体验。其次，相关系统、流程之间整合联动还有不足，如贷款定价审批流程与信贷审批流程，仅在合同申请阶段通过定价单相互关联，其他步骤几乎完全独立，基层行要走两套流程。

2. 差异化定价的细化标准不足。近年来，总行积极推动一级分行根据当地市场竞争情况、客户类型、产品特点、期限等做好差异化定价，但有基层行反映，目前定价的差异化做得还不充分，对行业和客户的区分维度不够细。例如，不同类型客户对存款价格的敏感度不同，所要求的利率浮动程度也不相同，价格制定过程中不应一刀切。

3. 基层行定价急需的数据信息还有欠缺。当前价格策略的制定越来越多地需要借助多维度数据进行综合分析和预判，包括以客户行业、评级、规模等维度统计的加权执行利率、加权浮动幅度等数据，目前建设银行相关系统提供的信息不够全面，难以满足基层行的需求。另外，有的管理行对同业定价信息掌握不充分，客户经理谈判时情况不明，底气不足。

4. 对基层行的价格监测还不够及时细致。审计部门近期发现，由于制度不健全和部门职责不清，有一家分行保证金存款实际执行利率与制度规定不符，到期后累计多支付利息1002万元①，反映出该分行在价格监测方面不够及时细致。

四、建议

（一）关于综合定价系统和配套机制

综合定价系统上线时间还不长，应在使用过程中持续收集改进建议，动态进行完善优化，提高运营成本、风险成本及综合收益计量的精细化和准确性。研究改进综合定价系统与组合风险管理、CLPM（信贷审批系统）等相关系统的数据共享及资源整合，避免重复与不一致的现象。从业务流程、考核办法等多方面加强设计，进一步完善跨条线、跨机构的联动机制，调动各经营主体实施综合定价、协同联动的积极性。

（二）关于定价授权流程

在授权流程中减少行文上报式审批，更多地借助系统的自动化审批功能，代表了未来的发展趋势，这种模式一方面有利于提高效率，同时管理行可以通过设置底线、目标和系统自动化控制监测功能，对具体客户或项目的定价进行引导和监督。当前，综合定价系统中已经设置了EVA、RAROC底线目标要求，就是很好的探索和尝试。对于一些例外管理事项，可以考虑加强规则的设定，如类似上海分行“科创贷”的做法，通过价

① 参见审计简报2016年第17期《关注成本支出精细化管理不足产生的跑冒滴漏现象》。

格优惠指标体系的设置，减少沟通协调和审批成本。在分行层面，应当在总行授权政策的基础上，进一步细化授权和定价政策标准，加强行业与客户的分类研究，为基层行精准定价提供更好的支持与服务。

（三）关于定价精细化管理

在利率定价趋向精细化、定量分析的过程中，应进一步加强对资金波动与宏观环境、市场报价、客户金融行为关联关系的实证分析和跟踪研究，对未来的利率走势和资金流向进行预测和预判，并在定价政策中反映和体现，有助于利率定价更贴近市场，在同业竞争中更加主动。可尝试依据客户所在区域、生命周期特征、资产规模和产品使用情况进行利率敏感性评估，设计与之匹配的差异化利率和产品方案，努力实现量价平衡和效益最大化目标。

（四）关于存款业务

在利率市场化的大背景下，一些传统营销策略的边际效益在递减，同业之间活期存款占比的差距在缩小，要继续保持付息率优势、实现量价均衡，根本出路还在于转型发展，其中，综合服务、服务网络是两个重要抓手，建设银行在这方面积极探索，积累了一定经验，今后应持续发力，形成竞争优势。一是搭建和完善面向客户的服务系统和平台，抓住产业链、客户群，以“广布网”的方式捕捉资金，补齐商户拓展不足等短板，提升承接资金率，扩大资金体内循环的占比。二是进一步改进客户维度的数据分析、推送工作，支持一线开展精准营销和综合金融服务，增大客户黏性，通过服务增值吸纳和留住低成本资金。

（五）关于贷款业务结构

建设银行对公贷款业务具有大客户和基建行业相对集中的特色，近年来集中度又有逐渐提高的趋势，因此有必要从全局和长远考虑，对业务整体结构和布局开展更深入的研究，对基层行的业务拓展与定价进行合理引导。其次，中小企业的个体差异较大，可以尝试进行更为细致的分类，制定差异化的准入标准，甄别出具有发展前景的企业，扩大建设银行的客户基础和盈利基础。另外，应进一步加强对客户各项收益与成本数据的归集与分析，探索对公司类贷款贡献度实施综合分析评判。

资产管理业务转型与发展专题调研报告

总行监事会调研组

资产管理业务是全行转型发展的重点业务，近年来，建设银行资产管理专营化发展体系初步搭建完成，相配套的业务授权审批机制逐步理顺，市场反应速度更贴近市场需求，资产管理和投资银行业务更加专业、专注，同时又能够“双轮”驱动，协同发展。但是，随着外部环境的变化，尤其是2016年以来，监管要求、市场环境与客户需求瞬息万变，资产配置与利润增长成为业务发展中的难点。为促进资产管理业务进一步健康发展，切实落实全行“做强、做优、做大”的战略部署，近期监事会对建设银行资产管理业务转型与发展相关情况开展了专题调研。调研组在前期调阅分析资料、访谈总行有关部门的基础上，于8—9月赴江苏、辽宁、山东、深圳分行，与分行负责人及相关部门、部分二级分行进行了座谈与访谈，并于11月赴中国银行与光大银行总行，对同业的业务情况与管理方式进行了解。现将有关情况报告如下。

一、转型发展成果

（一）理财收入增长较快，对全行实现中间业务收入目标贡献突出

理财业务是支持建设银行收入结构转型的重点产品，对中间业务收入的增长具有带动作用。

2016年前三季度，全行理财业务实现中间收入142.80亿元，同比增加53.43亿元，同比增幅为59.78%，收入计划完成率为90.15%。在全行中间业务收入中的占比由2015年同期的9.36%提升至14.04%，提升4.68个百分点，成为全行中间业务收入的重要来源。

从同业对比情况来看，前三季度建设银行理财业务收入四行第二，同比增速四行第一，超第二位工行53.83个百分点。资管业务收入四行占比26.85%，较2015年同期提升2.32个百分点。同口径比较，建设银行收入与工行收入比值从2015年同期的61.7%上升至89.33%，与工行差距大幅缩小。本次调研分行中辽宁、深圳分行理财业务收入当地四行排名第一，占比分别达51%、50%；江苏、山东行保持当地四行第二，占比在30%上下。

（二）做大理财业务规模，缩小了与领先者的差距

“两全”活动极大促进了理财业务规模的增长，实现了洪章董事长提出的“大幅缩小与领先者的差距，逐渐拉大与跟随者的距离”，建设银行市场表现明显提升。截至2016年9月末，全行理财产品余额19229亿元，同比增加6628亿元，较2015年同期增幅为53%。其中，非保本产品余额16239亿元，同比增加4858亿元，增幅为43%；保本产品余额2991亿元，同比增加1771亿元，增幅为145%。

从四行业务规模全口径①数据对比看，建设银行位居四行第二，与位居第一的工行差距从年初的9988亿元缩减至7631亿元，差距进一步缩小。在增速上，建设银行业务规模较年初增长18.87%，增速同口径及全口径均位居四行第一。在四行占比上，建设银行业务规模同口径四行占比由年初的25.01%提升至27.81%，提高2.71个百分点，居四行第一；全口径四行占比由年初的22.51%上升到25%，提高了2.49个百分点，居四行第二。本次调研分行中辽宁分行余额连续两年保持市场第一，9月末四行占比达55.41%。

（三）抓重点保优势，同业竞争力持续增强

高收益资产在资产配置里起到基石和稳定器的作用，意义重大。高收益资产中的非标资产一向是建设银行的优势业务，2015年地方政府债务置换工作成效突出，2016年继续以产业基金为突破口，加大了优质高收益资产拓展力度。截至9月末，全行新增配置债权、股权类高收益资产5430亿元，计划完成率达108.6%，提前完成全年计划，同比增加2647亿元，增幅为95.18%。高收益资产余额11276亿元②，同比增加5197亿元，增幅为85.49%。建设银行通过大力发展非标资产积极响应国家政策要求，盘活企业资产，优化融资结构，有力支持了实体经济发展。如江苏、山东分行围绕国家战略和地方经济热点，积极拓展有政府背景的重大基础设施项目融资需求，挖掘资本市场及并购重组的机遇，业务特色显著；辽宁、江苏分行拥有政府背景的客户在非标资产中的占比均达90%以上，确保基础资产质量稳定；深圳分行高收益资产余额达到1363亿元，占全行总配置额的12%，系统内贡献突出；山东分行本年非标配置资产额、非标资产余额均居当地四行第一，占比分别达41%、49%。

同时，2016年前9个月，建设银行全口径债券累计承销额10339.13亿元，较2015年同期增长52.26%，承销金额、承销期数均位居市场第一，业务规模继续保持优势。全行实现业务收入14.19亿元，较2015年同期降低2%，计划完成率为75%，基本完成序时进度。非金债券承销份额市场占比为10.8%，位居市场第一，行业分布主要集中在工业、公用事业、能源等行业，充分体现了建设银行扎实的客户维护能力，也进一步落实了支持实体经济发展的要求。

（四）优化机制适应市场变化，有力促进业务发展

将资产管理业务专营化改革作为全行七大转型重点之一，总行分设资产管理业务中心与投资银行部，使两大轻资产板块业务更加专业、专注。目前，总行资管业务中心、4个直营中心、13家分行资产池和其他20家分行“四位一体”的全行资管业务发展体系基本搭建完成，整体推动了

① 全口径含工商银行私人银行数据。

② 含委外高收益资产2030亿元。

资管业务的发展。2015 年以来，总行在审批机制、业务授权及配套风险管控机制等方面给予大力支持，制订了差别化的审批机制优化方案，建立地方政府债绿色审批通道，拓宽理财产品配置渠道等，通过逐步理顺体制与机制，提升了资管业务的全流程效率和市场反应速度。深圳、江苏等分行加强了专业化团队建设，推动全流程机制优化，并积极探索建立资管业务差别化的考核及资源分配方式，切实推动转型发展目标落地。

（五）夯基础重风控，理财资产质量整体向好

全行在大力发展业务的同时，强化合规经营意识，加强风险管控，37 家分行均按照总行“一加强、两遏制”工作要求，完成新增理财资产和债券业务“回头看”工作，并对辖内各项资管和投行业务规章制度与规范性文件进行梳理；内控合规部推进资产管理业务内控标准建设工作，印发了《中国建设银行股份有限公司资产管理（投资银行）业务内部控制标准》，进一步夯实风险管控的制度基础；风险管理部提出三大中心风险隔离、风险自担、产品穿透、统一授信、集中托管、事前评估六项原则；审计部建立了与业务部门和分行的联系协调双向沟通机制，加强了对资管业务审计检查及调研项目成果运用，对审计发现问题积极落实专项整改及系统性整改，等等。截至 9 月末，全行资管业务风险资产余额 64.97 亿元①，较年初风险资产零增长，风险资产率为 0.33%，理财产品风险一般准备金余额为 36.66 亿元，资产管理业务的风险抵补能力进一步提高；投行条线针对债券市场违约风险明显增加，对潜在风险较大的发行人实行“一户一策”管理，违约风险得到了较好控制。江苏、山东等分行通过完善风险管理制度流程、细化客户选择标准、实行主动风险管理、守牢风险底线等方式，夯实了风险管理基础，切实保障了业务高质量发展。

二、存在的问题

（一）大资管业务整体布局及条线间协同机制有待健全

总行 2016 年以来成立了资产管理、同业业务、金融市场三大直营中心，但条线间分工定位有待进一步明确，尚未形成协同效应及集约化经营。具体体现在：

1. 三大中心及业务条线间的协同机制有待进一步完善。为同一客户提供的部分资管业务在现行条线管理体制下缺乏统筹衔接。以并购业务为例，涉及资产管理业务中心、同业业务中心、投资银行部、公司业务部、战略客户部归口管理的并购理财、并购类同业投资、并购财务顾问、并购贷款、跨境并购产品，未针对客户并购全流程做统筹安排，部门间产品存在交叉竞争及相互制约。对比同业，工商银行明确由总行投资银行部负责并购重组等业务的总体投融资安排，统筹资金运用及产品选择。

2. 同类业务在不同条线分别运作，信息互通及资源共享不充分，未实现集约化经营。以目前资管、同业、金融市场三大中心开展的标准化资产委外投资为例，产品方案及风险偏好并无本质差异，但各中心分别制定合作机构遴选标准并开展机构评审，合作机构重合程度较高，造成资源浪费、评审标准不统一，且建设银行对与同一合作机构开展的同类型业务整体合作情况缺乏统一管控。而中国银行对全行涉及外部合作机构的业务，包括委外投资及代理销售，均由审批部门进行名单审批，统一机构准入标准。同业中心债权类资产同业投资与资管中心非标资产也存在标的资产风险特征及交易机构设计类似，但在客户选择标准、风险偏好、定价策略上缺乏统筹的问题。

3. 代理类产品相对短缺，外部合作机构统一管理政策有待明确。目前建设银行代理类业务以子公司产品为主，近年来子公司一方面受资产荒影响，优质资产相对稀缺；另一方面与行内开展大量通道及受托管理业务，人力物力等资源紧张，主动管理产品增长乏力，品类丰富度不高，加之建信养老金、外部机构等销售渠道产生的分流效应，因此代理类产品相对紧缺。对于代理外部机构产品，目前行内的机构准入政策、产品底线标准等尚不明确，代理业务风险统一管理机制尚未建立。

① 其中垫款余额 18.57 亿元，并且按照 30% 计提风险准备。

（二）资产端整体规划及交易能力有待加强

1. 高收益资产业务定位及市场布局缺乏整体规划。在实体经济融资需求萎缩、企业信用风险逐渐加大、高收益资产严重稀缺的背景下，建设银行理财资产配置主要集中于债权类资产，该类资产通常是传统表内信贷业务的替代，具有交易结构简单、收益相对偏低的特点。截至9月末，建设银行债权类资产在高收益非标资产中占比高达62.39%，且客户选择主要集中于政府类客户和大型国企。而对于股权类、并购类、资本市场等复杂业务及新兴领域，投资经验、投资能力及人才储备相对不足，行内管理要求及产品政策缺位或多年未更新，分行在业务营销及拓展中对于风险偏好、结构设计、办理标准的把握存在较大差异。

2. 标准化资产投资过度依赖外部机构，交易类资产投资能力不足。在收益率和安全性的双重要求下，建设银行2016年以来加大了标准化资产投资力度，在流动性允许的范围内，一是持续压缩低收益资金运用方式，加大委外投资规模。标准化资产中建设银行直接投资的信用债规模从2015年底的2666亿元下降至2016年第三季度末的1920亿元，同时第三季度末委外投资增加至2703亿元。二是下沉直接投资债券整体信用资质以提高收益率，AA+（含）以上信用债与AA+以下信用债的比例从2015年12月底的3.7下降至第三季度末的3.3。目前的配置结构存在以下问题：

（1）债券资信水平下沉使得建设银行债券投资面临的信用风险增加。本次调研的光大银行，在债券收益率大幅下降的市场环境下，严格坚持债券投资标准，同时严控杠杆水平，主要通过久期管理提高收益水平。

（2）大规模委外改变了理财传统配置类为主，信用风险管理为核心的管理架构，但建设银行尚未建立以“市场风险+信用风险”管理为核心的交易类业务的管理架构。体现在一是策略制定环节主要依赖外部机构，往往为“一策略一议”方式决策，总体大类配置方案及投资标准尚未形成体系；二是存续期管理主要依赖事后日报及月报机制，尚未实现对风险敞口的实时监控。对比同业，光大银行严格执行“自上而下”的投资决策机制和流程，无论自主投资还是委外，均按照“市场风险+信用风险”管理架构，先定总体策略及分类策略，再对债券发行体或合作机构开展尽调，最终就单笔投资或单支委外产品进行投资决策。

（3）对外部合作机构的过度依赖不利于建设银行尽快培育交易类业务投资能力。本次调研的中行和光大银行近年来均着力培养内部交易团队，其中中行建立了6个按照资产类别分类的交易台，专设交易员序列，实行单独的晋升及考核机制，交易能力得到市场的肯定，并接受城商行、农商行、农信社委托进行标准资产组合投资。光大银行战略定位为以自主投资为主，通过完善自主投研和信用评价体系，制定严格的投资标准、流程和投资纪律，提升标准化资产自主投资能力。

（三）产品端成本统筹及创新能力有待提升

1. 分行资产池负债端分散管理造成盈利压力较大。近两年来，理财资产端收益率持续下降，但负债端市场竞争日趋激烈，负债端收益率维持刚性。对于开池分行，分行可自行确定产品发行收益率及内转价格，但从全行看，分行资产池资金成本价格与资产收益负相关普遍存在，即在经济相对发达地区由于市场竞争激烈，资金募集成本高，同时投资资产收益率相对偏低，经济相对落后地区则反之。经济发达地区可投资资产规模更大，类型更为丰富，是建设银行拓宽资产配置类型、快速实现规模扩张的主战场，但往往不得不在本地区高成本募集资金以匹配资产，资产池运营难度及盈利压力较大，资产规模扩张相对受限。

2. 产品多样性及风险分层尚需提高。近年来，理财投资者对金融产品及风险回报率的认识出现多层次、多元化的趋势，但建设银行产品结构相对单一，风险分层不足。

（1）净值型、结构型产品尚处于起步阶段。在资产端收益率下降幅度持续高于负债端的情况下，银行理财资金向高风险资产配置的比例不断提高。发行净值型产品一方面将风险和收益均让渡给投资者，有利于降低银行理财业务经营风险；另一方面，根据前期银监会发布的理财业务监督管理办法征求意见稿，未来净值型产品有望在风险准备金计提、存贷比计算、资本和拨备计提等方面享受一系列政策优惠。根据中央国债登记结算公司全国银行业理财信息登记系统数据，截至2016年6月底，在全部开放式产品中，净值型产品占比14.12%，同期建设银行净值型产品余额仅82亿元，占开放式产品余额的1.28%，净值型产品发展缓慢。挂钩衍生品的结构化产品存在的问题一是目前产品种类少，挂钩标的及结构设计不够丰富；二是在运作过程中建设银行衍生品投资交易能力不足，且未按照市场化原则优选衍生品交易合作机构，收益率水平偏低。

（2）产品线更新及新产品推出进度较慢。目前存在的问题一是销售渠道部门与产品管理部门联动不足，市场响应速度慢。如2015年8月人民银行宣布完善人民币中间价报价机制后，人民币出现持续贬值，各家银行纷纷推出美元理财产品，但建设银行外币类理财产品发行量较少，2016年前三季度总募集金额仅4.65亿元。二是总行总体研究及“以点带面”的创新产品推广进度缓慢，在新产品推广上激励机制相对不足。三是负债端受系统功能约束明显，产品发行手工操作量大，新产品上线及推广涉及的操作风险管理压力较大。例如目前系统难以支持滚动兑付型产品发行。

（3）产品风险分层不足。目前建设银行理财产品集中在低风险等级、短期限（主要为6个月以内）以及固定收益产品，对于高净值及私人银行客户等风险承受能力较高的客户，产品匮乏且竞争力不足。具体体现在一是目前大多数分行主要使用总行统一发行的产品，收益率与他行相比无竞争优势；二是部分开池分行自主研发的针对高端客户发行的定制产品由于行内收益过低，缺乏利益补偿机制，分行发行积极性不高；三是作为建设银行自主发行产品补充的高收益代理类产品供不应求。调研中辽宁、江苏行均提出目前产品结构对于维护高端客户形成了不利影响，客户持续流失现象明显。

（四）风险管控能力及管理政策有待完善

1. 前中后台业务信息割裂，总风险敞口缺乏实时控制。目前资产管理业务尚无统一的业务平台，无法实现全行从业务发起、审批、投放、投后风险监测到回收的全流程系统管控、信息提取和数据对接：一是纳入额度管理的各类业务在建设银行各条线、通过不同产品形成的风险敞口余额未实现系统实时管控，存在超额度办理业务的潜在风险；二是单一资产类别，在多个产品形成的总敞口无实时系统统计，无法对特定资产投放总量进行管控；三是委外投资资产，未纳入单一发行人统一风险敞口管理。

2. 产品体系存在交叉，管理政策有待更新。一是由于交易结构的灵活性及多样化，部分资管产品存在交叉，如股权类和基金类业务，因产品政策不同，存在政策套利问题。二是有些产品虽下发了管理办法，但相比表内信贷产品，在客户选择、办理标准、操作流程、风控措施等方面过于简化，对分行业务指导及审批决策的支持作用不突出。三是资管业务风险政策自2012年出台后多年未进行更新，亟须重检或补充明确。

（五）资源配置及考核激励机制有待优化

1. 开池分行的独立考核机制导致资源配置低效。理财业务四大直营中心和13家分行采用独立开池的管理模式，权责及收益主体均为分行，对于分行在辖区内拓展产品销售及资产营销形成有效激励，但由于各自独立管理、分别考核，形成资源浪费及不经济，特别是流动性资金运用缺乏统筹安排，分行池流动性松紧不一，经济发达地区高收益资产难以及时入池，相对落后地区大量资金低效配置。

2. 客户的综合贡献考核需进一步强化。为客户开展综合金融服务的过程中，可使用包括资管、信贷、同业等不同条线的资金来源，分行在产品选择时往往受条线短期考核要求、流程及政策便利性的影响，不能实现风险收益最大化。例如将收益率相对偏低的资产配置在成本较高的理财或同业投资业务中，以满足条线考核要求。

3. 部分产品的条线、部门间利益共享及补偿机制有待完善。建设银行为客户提供的部分产品组合，其营销、尽职调查、方案设计、融资安排及收入考核等分散在总行多个部门，产品及服务之间存在竞争，利益共享及补偿机制有待完善。如财务顾问业务，建设银行咨询及顾问服务的提供主体、收入核算主体分散在多个条线，尚未建立利益共享和补偿机制，难以形成合力，财务顾问方案设计及后续融资安排难以有效衔接。

三、对策建议

（一）全面统筹大资管业务发展规划，持续完善协同机制

1. 统筹三大直营中心资产布局，提高综合收益。资产管理、同业业务、金融市场三大直营中心尽管在资金来源、资金成本、风险偏好上存在差异，但共享全行客户资源，产品结构及风险特征具有相似性，均为跨市场资产布局，应实现三大中心资产布局的统筹管理：一是在年度经营策略安排、大类资产配置、产品拓展计划、业务经营目标上统筹协调，明确各自业务定位及条线间的权责分工；二是对于三大直营中心同类产品，统筹确定产品策略、定价策略及内转价格政策，防止内部过度竞争和政策套利，其中对于非标准化类资产投资，产品定价应确保覆盖信用风险；三是坚持以客户为中心，统筹平衡表内外资金来源，为客户提供多渠道、跨条线、组合产品的综合金融服务方案。

2. 持续完善协同机制，理顺业务流程。加强业务条线及部门间协同联动，涉及跨条线、跨部门综合服务方案设计的，通过优化客户部门及产品部门间利益共享机制，实现客户综合服务全流程有效衔接。例如，可参照市场惯例、客户要求和同业做法，加强表内外各类债券投资业务与债券承销业务的协同。

3. 增强资管业务的一体化金融服务能力。利用境内企业“走出去”的发展机遇，大力拓展境内外机构联动债券承销及债券投资。同时，抓住跨境并购、产业链整合中的财务顾问及并购融资等综合化服务机遇，为客户提供包括投资银行、资产管理、表内信贷业务在内的一揽子综合金融服务方案，逐步缩小与领先者的差距。

（二）优化资产结构，在巩固非标优势的基础上迅速补齐交易类及创新类业务短板

在企业直接融资渠道持续拓展，利率市场化改革不断推进的市场环境下，理财规模的增速显著放缓，亟须适时调整理财业务定位，重点培育新的盈利能力，以精细化管理促进业务可持续发展。

1. 通过精准定位及精细化管理优选非标资产

一是精准定位，优选客户。在做强资产管理业务市场和行业研究能力的基础上，依托建设银行传统客户资源，准确定位，优选目标客户，打牢持续发展基础。既要围绕“一带一路”、京津冀协同发展、长江经济带、新型城镇化等国家重大项目，以及供给侧结构性改革目标，又要突出资产管理业务以客户直接融资需求为中心的优势。对于战略新兴产业、“互联网+”、绿色经济等新兴热点领域和行业，充分利用资管产品灵活性及市场敏感性优势，挖掘行业发展与股权类、资本市场类等创新产品契合点。

二是加强交易结构设计的精细化管理。当前供给侧改革、PPP、产业基金、政府引导基金、混合所有制改革、企业兼并重组等市场热点给理财权益类投资带来大量发展机会，相较标准化股票投资，商业银行在该类业务中比较优势明显。但由于该类交易结构复杂、对外部市场及监管政策变化敏感度高，应由总行牵头统筹业务总体定位及发展规划，统一设计交易结构，明确产品管理要求及风险政策底线，指导分行高效精准营销，提高方案设计水平，确保方案尽快落地并实现有效投放。

2. 完善标准化资产管理体系

（1）明确交易类业务定位及发展策略。一是明确交易类资产平衡资产负债、实现流动性管理的重要地位，合理确定总体配置策略及规模。二是针对各资产池分开运作、独立管理造成的流动性松紧不一及资源浪费，建立全行流动性统筹机制，提高整体资产收益水平。

（2）尽快建立交易类业务自主投资架构。一是根据资产风险特征，制定交易类资产的认定范围及认定标准。二是尽快建立交易类资产的风险评级、统一敞口管理机制。三是建立权责清晰的交易类资产投资流程、授权管理体系。

（3）加强委外投资统筹管理。在市场日益复杂多变的情况下，不同委外投资主体风险控制能力差异显现，因此建议统筹管理资管、同业等业务的委外投资主体，在机构选择、投资标准及风险偏好等方面予以统筹管理，并建立存续期动态监控及综合评价体系。

3. 拓宽资产配置范围。一是对于高收益资产中的股权类、并购类、资本市场等复杂业务及新兴领域，在根据建设银行风险偏好明确业务定位

及整体规划的基础上，制定细化的管理要求及产品办法，切实推动创新产品落地。二是加强创新类标准化资产研究配置，包括资产证券化类标准资产、永续债、可交换债、可转债、资本补充债等新兴热点业务。三是逐步拓展全球资产配置。目前中行已根据全球战略布局，设立了四家海外资产管理中心及三家海外债券承销中心，全面布局境外债承销业务，实现资产全球配置，并成功发行海外资管产品，而建设银行对于境外债券市场、资本市场尚无系统研究布局，需尽快补足短板。

（三）统筹负债端成本管理，推动负债端产品结构优化

1. 建立负债端资金综合运用及高端客户专属产品收益补偿机制。一是基于当地市场资金供求情况与同业定位，来确定开池分行的负债端成本，建立全行资管业务负债端资金综合运用及收益补偿机制，支持资产规模可持续扩张。二是对高端客户和机构客户定制的高收益产品实行全行统筹，优化销售费和管理费分成机制，有效维护高净值客户。

2. 细分投资客户群体，推动产品风险分层。一是通过大数据模型构建和数据分析，进一步加强投资者资产结构及风险承受能力分析，通过完善建设银行产品差异化的收益率及风险谱系，增强建设银行产品市场竞争力。二是提高对高端客户、私人银行客户、机构客户的投资管理综合服务能力，并可借鉴国外经验探索开展全委托类业务。三是优化渠道部门和产品管理部门协同联动机制，提高市场响应速度，同时在产品销售激励机制上进一步差别化，加大创新产品落地推广力度。

3. 完善代销业务风险管控机制，丰富代销业务品种。目前代理类业务分散在多个部门条线管理，应尽快理顺业务管理架构，明确牵头部门，并建立风险统一管控机制。一是制定统一的产品分类体系、明确各类产品风险底线要求及筛选标准。二是建立外部合作机构统一准入管理机制，适当扩大代销业务的合作发行机构范围，丰富代理类业务品种，满足客户投资需求，优化客户投资组合。

（四）建立大资管业务全面风险管理架构，健全风险管控长效机制

1. 构建三大直营中心集约化及差异化的风险管控架构。一是将资产管理、金融市场与同业业务纳入统一的全面风险管理框架，在风险管控架构、流程设计、激励约束机制、管控指标设置、授权体系、存续期管理、风险计量等方面予以统一，明确各相关部门风险管理职责，实现风险集约化管理。二是考虑到业务规模、资金成本、资本约束、风险抵补机制、监管要求的差异性，在具体风险管控指标、风险底线、信贷政策适用、审批决策机制确定上体现差别化。三是根据监管要求坚持三大中心风险隔离和风险自担，尽快优化完善各自的风险分类、风险抵补及风险化解机制。

2. 坚持统一风险偏好及统一授信，有效管控实质性风险。稳健经营是推进大资管业务转型发展的重要前提，基础资产的实质风险是风险管理的核心，统一风险偏好及统一授信既是监管要求也是风险管理的基本原则。具体而言，一是坚持风险穿透，守牢底线，基础资产及实质性风险承担主体应符合建设银行风险偏好及风险底线要求。二是基于客户维度，统一客户准入、信用评级流程，完善全口径客户信用额度及敞口限额核定机制，并建立覆盖表内外、境内外、母子公司、各类产品敞口的全面信用风险监控体系。三是细化完善产品制度，跨条线统筹产品定位、客户选择要求、业务办理标准及操作规则，防止通过不同条线产品界限不清、适用政策不明，绕过风险管控机制和风险审批流程。四是发行新产品前充分识别和评估各类风险，精准定位，确定产品办理标准及风控措施。

（五）持续优化差异化的考核体系，大力推进资管业务人才队伍及信息系统建设

1. 完善资管业务差异化考核体系，主动引导转型目标落地。一是在强调突出全面资产管理业务考核的基础上，完善综合化考核办法，精简考核指标，突出客户维度综合融资规模及对建设银行综合效益贡献的考核，突出收益性及回报率考核。二是对北上广深四家直营中心及其他13家开池分行，设置差别化的考核政策。其中，对于四家资管业务直营中心，可通过产品创新考核及同业对标考核突出创新引领地位。其他13家开池分行加强业务增长考核，突出业务拓展的中坚地位，特别是新开池分行，强调市场培育及能力建设的分步推动。三是对其他行加强薄弱业务考核和激励，强调区域差别化经营的同时尽快补短板，持续推进资产管理业务在全行转型发展。

2. 建立与专营机制相配套的人力资源及薪酬管理机制。高度重视全行资产管理、投资银行、金融交易相关领域人才的培养及队伍建设，持续优化人员总量及结构。同时，建立权责利相称、收益与风险平衡，激励有力、约束有效的薪酬考核机制。并对专业人才序列给予政策倾斜，充分调动员工的积极性与创造性。

3. 尽快推进资管业务信息系统开发与优化，为业务发展提供支持平台。一是构建集约化业务支持及保障平台。依托新一代核心系统，尽早实现全行各类资管业务全部通过系统申报、审批、投放、存续期管理，明晰业务流程及岗位职责。二是推进数据对接整合，实现单一客户、单一资产类别集中度及总风险敞口的统一管控。三是尽快将风险管理体系嵌入 IT 系统，补足投前、投中、投后管理各环节风险管控短板，确保各项预警及监测指标的机控，逐步建立线上与线下、业务系统与管理制度有机结合的风险管控机制，支持业务稳健可持续发展。

当前中国银行业的稳健性分析

总行风险管理部

近年来，世界经济复苏进程艰难且分化显著，金融市场波动加剧，金融创新速度加快，对中国银行业的经营管理产生了显著影响，对中国银行业稳健程度及发展前景也有多种评估意见。本分析报告从当前银行业经营现状和未来发展前景上提供一种分析视角，力求对中国银行业的稳健性做一判断和论证。

一、定量评估银行业稳健性的理论基础

为监控金融体系的稳健性和发展，评估货币和金融政策各个方面的有效性，促进核心金融政策领域的协调与同际合作，国际监管机构日益关注进一步开发金融部门分析和评估的工具与方法。1999 年，世界银行和国际货币基金组织联合发起金融部门评估规划（FSAP）。FSAP 的目标是对稳定和发展问题进行一体化分析，所使用的分析工具和技术包括四个方面：一是宏观审慎分析，包括压力测试、金融稳健性指标分析以及宏观金融联系分析；二是金融部门结构分析，包括分析效率、竞争、集中度、流动性和市场准入；三是对金融部门的相关国际标准、准则、良好实践的评估；四是根据各国国情，分析稳定和发展方面的具体问题。

2005 年，中国人民银行开始基于 FSAP 的分析框架，对于我国金融体系的稳定性展开分析，并发布了第一期《中国金融稳定报告》。2006 年，中国人民银行首次尝试运用 FSAP 的基本思路，对我国银行业稳定状况进行了数量分析，并沿用至今。该分析主要通过综合考察主要商业银行的资产规模、资本充足率及流动性、盈利能力、资产结构及质量等方面的主要变化，来反映商业银行御险能力的变化情况。据此，本文主要采用了该银行业稳定状况定量分析模式，并基于 2015 年末国内银行业已发布的相关经营数据和风险指标，对当前我国银行业稳健性进行了后续定量分析。

二、中国银行业稳健性评估的定量分析

从各项经营数据、风险指标和压力测试结论来看，国内银行业金融机构始终保持稳健经营的态势，总体状况良好：一是银行业资产负债规模持续增长，市场集中度进一步下降，组织体系持续健全；二是风险抵御能力较强，商业银行资本充足水平持续提高，整体拨备较为充足；三是流动性总体充足，存款大幅波动现象明显改善，资

金来源稳定性明显提高；四是开源节流，积极寻找新的利润增长点，非利息收入占比持续上升，成本收入比持续下降。五是商业银行信用风险有所上升，但从行业、区域来看，仍主要集中在产能过剩及资源型产业，总体风险可控。六是压力测试结论表明，国内银行体系资本充足水平较高，对各类风险的抗冲击能力较强。此外，近期通过建立存款保险制度，进一步规范同业业务、影子银行等金融创新，加强流动性管理，推进新资本协议实施等措施，银行体系应对风险能力也进一步增强。

（一）资产负债规模稳步扩大，组织体系更加健全

1. 资产负债规模持续增长。截至2015年末，银行业金融机构资产总额199.35万亿元，同比增长15.67%；负债总额184.14万亿元，同比增长15.07%；所有者权益占总资产的比重为7.63%，同比上升0.49个百分点（见图1）。

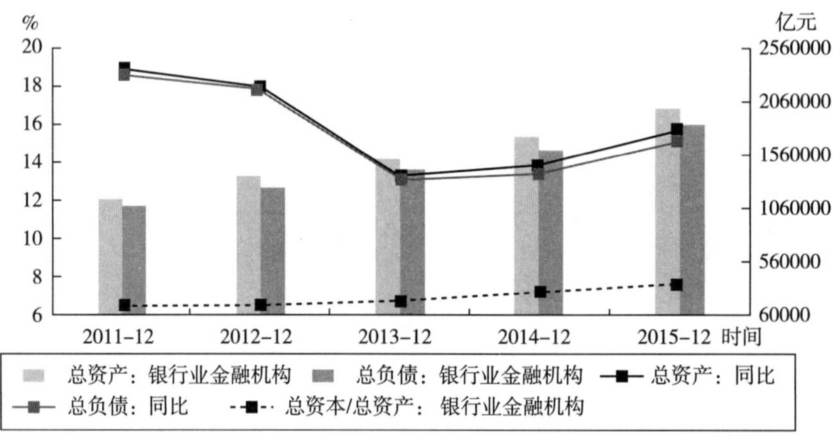

数据来源：中国银监会、wind数据库。

图1　资产负债规模

2. 市场集中度进一步下降，竞争程度进一步提高。2015年末，五家大型商业银行资产总额78.16万亿元，占比39.21%，较上年下降2个百分点；股份制商业银行（18.55%，+0.34%）、城市商业银行（11.38%，+0.89%）、农村金融机构（12.87%，+0.04%）、其他银行业金融机构（17.99%，+0.73%）资产占比均较上年有所上升（见图2）。

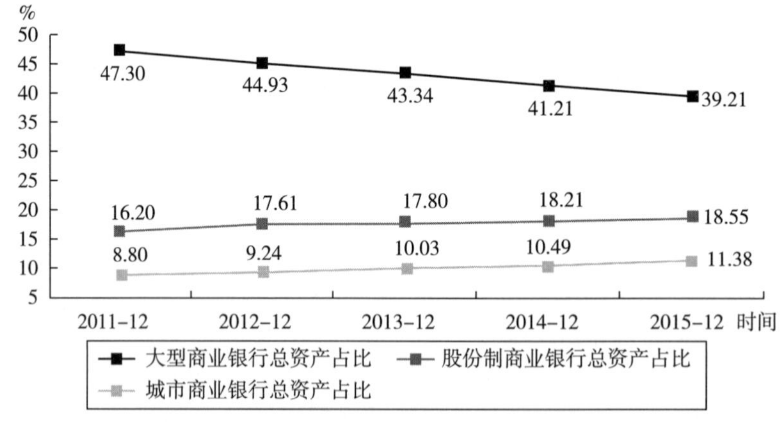

数据来源：中国银监会、wind数据库。

图2　市场集中度

3. 组织体系更加健全。截至2015年末，银行业机构种类已达20余种，法人机构4393家，银行业境内机构网点达22万个，初步形成了以政策性银行、国有控股大型银行和全国性股份制商业银行为主体，中资城乡中小银行和外资银行为两翼，各类非银行金融机构和信托公司为补充的银行业金融机构体系，110家中资银行进入全球千家大型银行序列。2014年12月深圳前海微众银行获批开业，2015年已开业5家民营银行、7家民营金融租赁公司、33家民营企业集团财务公司和2家民营消费金融公司。

（二）资本充足水平和流动性总体充足

1. 资本充足水平持续提高。2015年，国内商业银行新增资本约1.8万亿元，年末平均资本充足率达13.45%，同比上升0.27个百分点；核心一级资本充足率10.91%，同比上升0.35个百分点，风险抵御能力得到增强。且从资本构成来看，中国商业银行核心一级资本达10.63万亿元，核心一级资本净额占资产净额的81.1%，资本质量处于较高水平（见图3）。

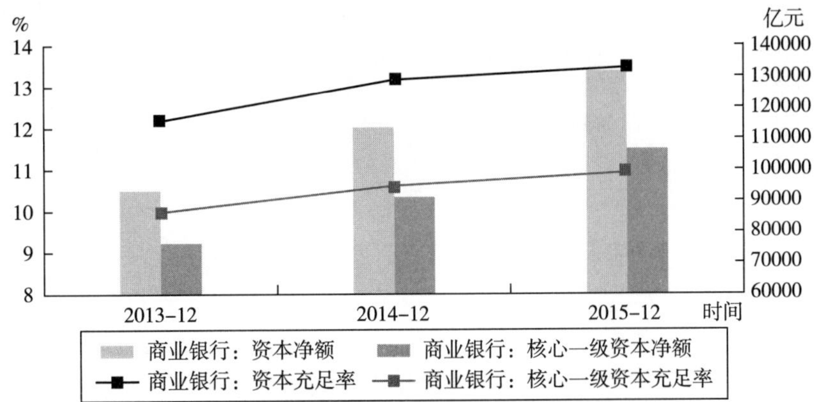

数据来源：中国银监会、wind数据库。

图3 资本充足水平

2. 流动性总体充足，且稳定性增加。一是截至2015年末，商业银行流动性比例48.01%，同比上升1.57个百分点；存贷比67.24%，流动性整体充足。二是存款大幅波动现象明显改善，银行资金来源稳定性提高。2015年，银行业金融机构存款跨月间波幅最高约3.5万亿元，较2014年（波幅7万亿元）明显下降，且未出现月度存款大幅减少现象。银行业定期存款占比约为6成，同比上升1个百分点。三是银行业金融机构人民币存款占总负债的比重有所回升，由2014年末的73.03%上升到2015年末的75.39%（见图4）。

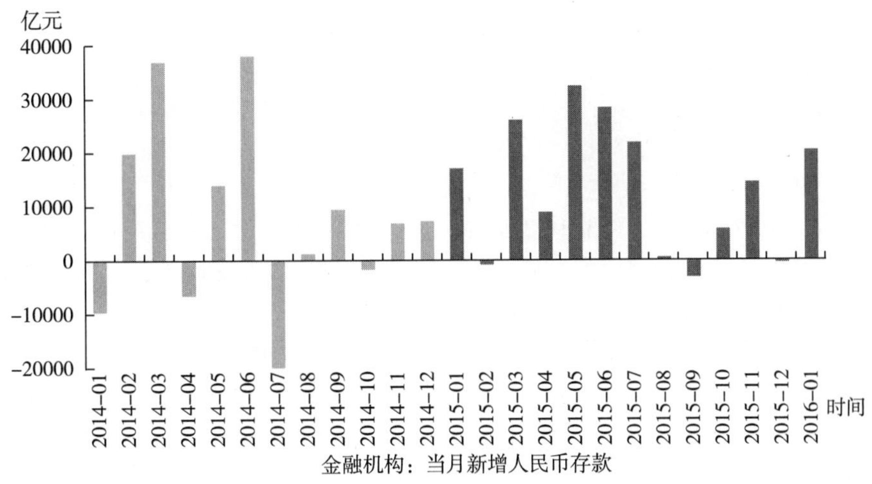

数据来源：中国银监会、wind数据库。

图4 流动性统计

（三）净利润总量增长、增速放缓，盈利结构持续改善

1. 净利润总量进一步上升，但增速持续放缓。2015 年商业银行实现净利润 1.59 万亿元，同比增长 2.43%，增速下降 7.22 个百分点。资产利润率（ROA）1.10%，比 2014 年末下降 0.13 个百分点，资本利润率（ROE）14.98%，比 2014 年末下降 2.61 个百分点（见图 5）。

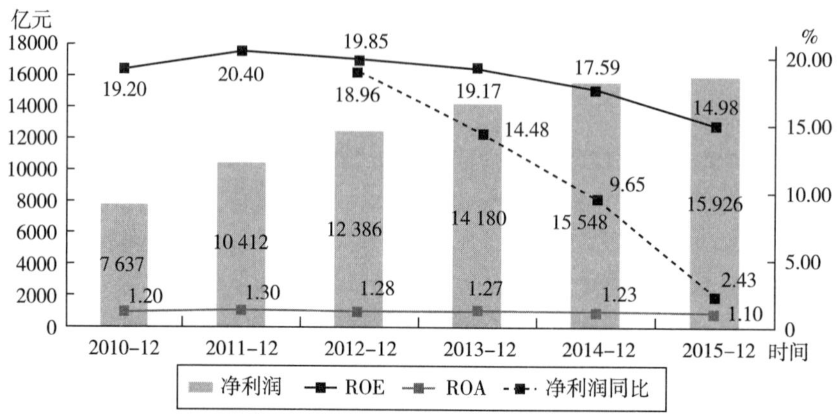

数据来源：中国银监会、wind 数据库。

图 5 净利润统计

2. 对 ROE 进行分解来看，商业银行盈利能力有所下降，经营稳健性持续增强。2015 年商业银行 ROE 较上年明显下降，主要由于风险利润率和财务杠杆的快速下降。风险利润率下降显示银行盈利能力有所下降，或者银行运营和风险管理水平下降；业务风险水平下降，显示银行高风险资产占比和业务风险有所下降；财务杠杆连续下降，表明中国银行业经营稳健性持续增强（见表 1）。

表 1 商业银行 ROE 分解项目简表

时间	风险利润率①（%）	业务风险水平（%）	财务杠杆
2013-12	1.941	65.42	15.09
2014-12	1.943	63.32	14.30
2015-12	1.760	62.26	13.62

注：①由于 2015 年末银行业部分数据仍未公布，对于 ROE 分解采用上述三项式分解方式，而非通常情况下的 ROE = 边际利润率 × 风险收益率 × 业务风险水平 × 财务杠杆。

$$ROE = \frac{税后净利润}{平均风险加权资产} \times \frac{平均风险加权资产}{平均总资产} \times \frac{平均总资产}{平均总资本}$$

eg. ROE = 风险利润率 × 业务风险水平 × 财务杠杆

3. 净息差下降影响盈利能力，但非利息收入占比持续上升，盈利结构持续改善，成本管理效率进一步提高。2015 年，商业银行净息差为 2.54%，同比下降 0.16 个百分点，跌至 2010 年水平。随着利率市场化不断推进，存款付息率上升幅度可能持续高于贷款收益率上升幅度，存贷款利率非对称性变化导致利差缩小的趋势明显。非利息收入占比持续上升，2015 年占比达 23.73%，同比上升 2.26 个百分点，较 2010 年水平大幅上升 6.23 个百分点。2015 年商业银行的成本收入比为 30.59%，比 2014 年下降 1.03 个百分点，成本收入比已经连续 9 年下降。

（四）信贷结构优良，资产质量下降，拨备水平充足

1. 银行业信贷基础管理扎实，信贷结构优良。一是存量贷款集中在基础设施相关行业及个贷、海外贷款等风险较小的领域。2014 年末，金融机构贷款余额中基础设施行业贷款占比 26%、个人贷款占比 27%、境外贷款 2%，三者合计占比超过 50%。二是新增信贷资产重点支持国家重点项目、重点倾斜领域和个人消费领域，反映了我国经济先进的和最具潜力的发展方向。其中，基础设施相关行业新增贷款占比为40%，个人新增贷款占比为27%，海外新增贷款占比为4%，三者合计占比超过70%。三是近年来我国银行业主动调整信贷结构，持续压缩过剩产能行业贷款。从我行数据看，去产能所涉及的八大行业信贷客户8966家，信贷余额为5037.7亿元，客户数量及信贷余额在全行占比均不足百分之一，预计不会对银行信贷资产质量造成太大的影响（见表2）。

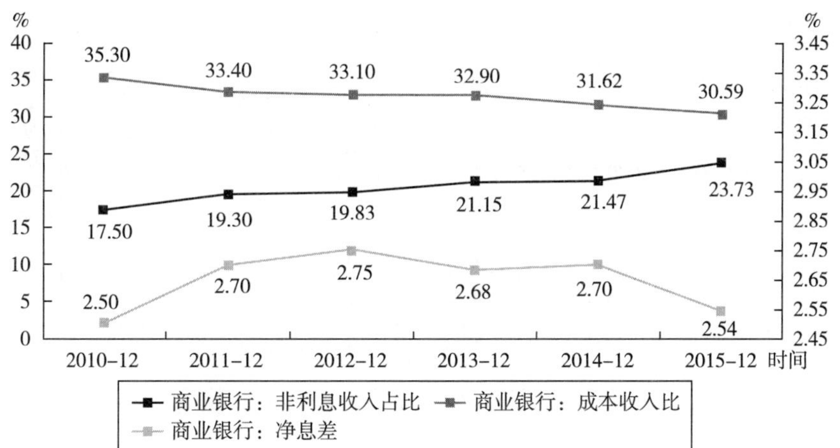

数据来源：中国银监会、wind数据库。

图6　盈利能力统计

表2　　中国银行业贷款结构（行业）　　单位：亿元、%

项目	2012年	2013年	2014年	2014年新增占比
贷款总计	556724	641399	744252	100
农、林、牧、渔业	1	1	1	2
采矿业	3	3	3	2
制造业	19	19	18	14
电力热力燃气及水供应业	7	6	5	2
建筑业	3	3	3	4
批发和零售业	10	9	10	13
交通运输和仓储	9	10	10	9
住宿和餐饮业	0	1	1	1
信息传输、软件和信息服务业	1	0	0	0
金融业	0	0	0	0
房地产业	6	6	6	6
租赁和商务服务业	5	5	5	6
科学研究和技术服务业	0	0	0	0
水利、环境和公共设施管理业	7	6	6	1
居民服务、修理和其他服务业	0	0	0	0
教育	1	0	0	0
卫生和社会服务	0	0	0	0
文化、体育和娱乐业	0	0	0	0
公共管理、社会保障和社会组织	1	1	1	0
国际组织	0	0	0	0
境外贷款	2	2	2	3
个人贷款	24	25	27	36

数据来源：wind数据库。

2. 受经济增长、结构调整影响，资产质量持续下降。当前，受经济增长放缓、外部需求下降、去产能、去库存、去杠杆等多重因素影响，银行业资产质量下行压力较大。2015 年末，商业银行不良贷款余额 1. 27 万亿元，比年初增加 4318 亿元；不良贷款率 1. 67%，比年初增加 0. 42 个百分点（见图 7）。

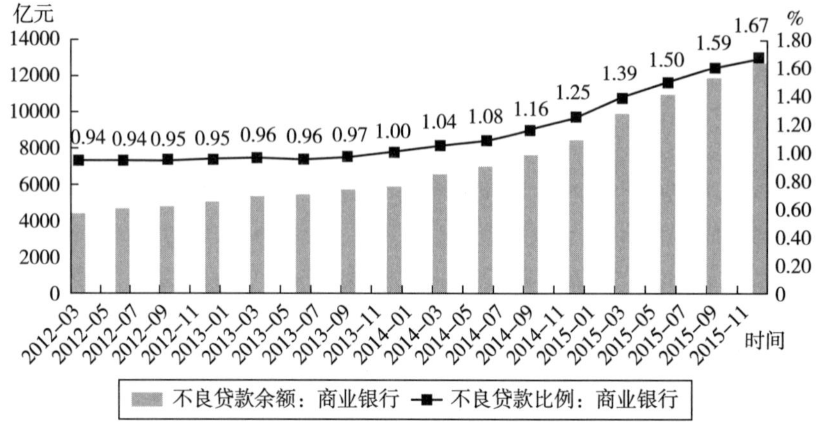

数据来源：中国银监会、wind 数据库。

图 7　资产质量统计

3. 商业银行拨备整体较为充足。截至 2015 年末，商业银行贷款损失准备金余额 2. 31 万亿元，同比增加 3537 亿元；拨备覆盖率 181. 18%，比 2014 年末下降 50. 88 个百分点；拨贷比达 3. 03%，比 2014 年末提高 0. 13 个百分点（见图 8）。

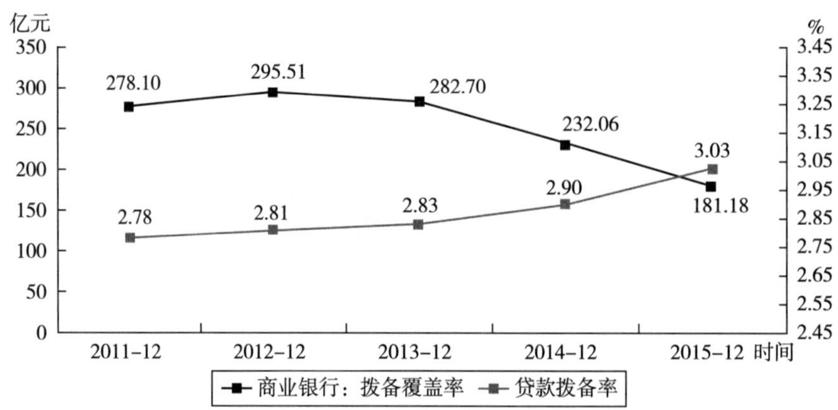

数据来源：中国银监会、wind 数据库。

图 8　拨备水平统计

（五）盈利、风险等关键指标比肩国际先进银行，且抵御风险软实力不断增强

1. 银行业关键指标比肩国际先进银行。从 2015 年现有数据来看，中国银行业整体资产回报率、资本回报率、资本充足率、拨备覆盖率均比肩国际先进银行，且资产质量整体可控，风险抵补能力较强（见表 3）。

表 3　2015 年中国银行业与国际银行对比

单位：%

指标名称	中国银行业	美国银行	汇丰银行	花旗银行
平均资产利润率	1. 10	0. 78	0. 54	0. 96
平均资本利润率	14. 98	6. 97	7. 86	8. 61
资本充足率	13. 45	13. 20	17. 20	14. 53
拨备覆盖率	181. 18	130. 47	40. 22	240. 31
不良率	1. 67	1. 03	2. 54	0. 81

数据来源：中国银监会、各行年报摘录。

2. 抵御风险软实力不断增强。以工农中建四大银行为主体和代表的中国商业银行长期恪守稳健的发展战略，特别是2003年国有银行股份制改革以来，核心竞争力大幅提升，风险管理体系逐步完善，风险管理架构和工具与国际接轨，发展策略审慎稳健并在集团内顺畅传导，风险控制贯穿于整个信贷管理流程。2008年国际金融危机中，我国银行业成功经受住了考验，在近年来经济增速放缓的大环境下也保持了良好的经营业绩和稳定的资产质量，牢牢守住了不发生系统性和区域性金融风险的底线。

三、相关压力测试结果

从压力测试结果来看，中国银行体系对各类风险的抗冲击能力较强，具备应对风险和化解风险的能力。

1. 2015年度金融稳定压力测试。基于2014年底28家商业银行的资产负债表等数据，人民银行组织国内28家资产规模在4000亿元以上的商业银行开展金融稳定压力测试，包含信用风险压力测试、市场风险压力测试和流动性风险压力测试，目的评估商业银行在不利冲击下的稳健性状况。

结论表明，国内银行体系对各类风险的抗冲击能力较强。我国商业银行资产质量和资本充足水平较高，以28家商业银行为代表的银行体系对宏观经济冲击的缓释能力较强，总体运行稳健。信用风险敏感性压力测试显示，在整体不良贷款率上升400%的重度冲击下，银行体系的资本充足率将从13.02%下降至11.31%。对于7个重点领域信用风险敞口，在轻度、中度和重度冲击下，银行体系的整体资本充足率均保持在较高水平，即使在重度冲击下，资本充足率也不低于10.5%。信用风险情景压力测试显示，在轻度、中度和重度冲击下，银行体系的整体资本充足率将分别下降为12.64%、12.14%和10.97%。其中重度冲击对银行体系的影响较大，但冲击后的银行体系资本充足率水平仍较高。

2. 2016年银行业整体风险压力测试。根据银监会压力测试实施方案的要求，本次整体压力测试中信用风险采用“自上而下”（TD）与“自下而上”（BU）相结合的方案，设定经济增长率（GDP）、生产者物价指数（PPI）、房地产价格增速为整体信用风险主要风险因素。同时针对人民币贬值风险因素，单独对外向型企业（外币贷款）进行贬值风险的施压。市场风险则考虑给定压力情景下可能发生的价值损失。

表4　　整体压力测试的风险因素及情景假设①

风险因素（情景）		轻度压力	中度压力	重度压力
信用风险因素	经济增长率（GDP）	6.50%	5.50%	4.50%
	房屋销售价格下跌②	-10.00%	-20.00%	-30.00%
	生产者物价指数（PPI）	-6.50%	-7.00%	-7.50%
	美元兑人民币汇率	上升10%	上升15%	上升20%
市场风险因素	上海银行间7天同业拆放利（Shibor）	上升100个基点	上升250个基点	上升400个基点
	美元兑人民币中间价③	正负波动10%	正负波动15%	正负波动20%

分析结果表明，当前银行资本充足水平较高，总体运行稳健，但重度压力情景下银行资产质量和资本充足水平下降较大。以我行为例，如无针对性措施，在轻度、中度、重度压力情景下，考虑信用风险和市场风险共同作用下的损失金额分别为1155亿元、1892亿元和2965亿元，整体资本充足率由14.87%分别下降至13.90%、13.26%、12.32%。其中，信用风险影响较大，在轻度、中度、重度压力情景下，贷款不良率将分别上升至3.99%、5.58%、8.02%，资本充足率由14.87%分别下降至13.98%、13.45%、12.61%。从重点关注敞口看，房地产行业贷款和

① 以下压力测试情景的具体设置均根据银监会要求设定。

② 房地产价格＝全国房地产销售额/全国房地产销售面积，价格变动为当季同比变动。

③ 考虑正负向波动中相对较差的情况。

产能过剩行业贷款在压力情况下风险较高。在轻度、中度和重度情景下，房地产行业贷款新增不良分别是536.01亿元、856.76亿元、1426.69亿元，在整体新增不良占比均达到20%以上；产能过剩行业贷款不良率分别由3.29%上升到7.46%、9.77%和13.20%，上升幅度远高于整体不良率。

商业银行移动金融发展的问题及建议

总行网络金融部　杨利民　陈红淇　王倩倩

移动互联加速经济社会转型发展，各行业与互联网的耦合程度持续加深，由移动支付、大数据和社交网络与传统金融快速融合产生的新型金融业态——移动金融快速发展，全面实现产品移动化、便捷化与普适化，给用户金融消费行为与商业银行业务经营内外部环境带来深刻变革。

当下，移动金融已经成为全球经济体系转型的强大推动力，同时也是发展普惠金融的重要途径，在聚合涌现、成本趋零、时空坍缩三大效应驱动下，移动金融重构开放、共享的金融平台，带动金融自由化的突破发展。截至2015年12月，中国网民规模达6.88亿人，其中手机网民规模为6.2亿人，占比高达90.1%，移动金融具备雄厚的用户基础与广阔的发展空间，引起市场广泛关注。

各大银行及互联网企业纷纷试水移动金融领域，其中工商银行、建设银行、招商银行率先响应，探索发展道路，而蚂蚁金服及腾讯公司等互联网公司异军突起，在移动金融产品、创新、营销宣传及大数据应用方面表现出色，处于行业领先地位。

一、商业银行移动金融发展的主要问题

互联网企业在移动金融领域强势突击，以优良的产品用户体验、日渐成熟的运营经验与雄厚技术基础为支撑，有效实现获客活客，给银行业带来诸多挑战，商业银行在产品功能丰富、创新能力提升、大数据应用深化及营销宣传拓展等方面任重道远。

（一）互联网企业移动金融发展优势

1. 开放的金融生态系统。以阿里巴巴集团为例，在支付宝的基础上组建蚂蚁金融服务集团，为小微企业和个人消费者提供多功能产品与全方位“互联网+普惠金融”创新服务。目前蚂蚁金服旗下拥有支付宝、余额宝、蚂蚁花呗、网商银行等九大产品。随着智能手机、智能穿戴设备的普及，蚂蚁金服积极布局移动金融市场，率先将移动支付触角深入到城市公交、未来医院、水电缴费甚至是境外购物退税，让用户可以通过支付宝钱包预订、购物、查询和支付，全面覆盖医疗卫生、公共服务和城市商圈，重金构建O2O的相关支付场景，打造支付宝钱包平台化的地位。2015年在整合余额宝、招财宝的同时新增基金、股票交易功能，推出便捷的一站式移动理财平台蚂蚁聚宝，2016年新上线网上银行移动用户端，抢占移动金融时代制高点。截至2015年底，蚂蚁金服用户量已超过6亿人，旗下支付宝已与超过180家国内外银行建立合作关系，以其丰富普适的功能，赢得用户良好反响，市场份额拔得头筹。

2. 社交平台优势。腾讯公司以移动支付为核心，融合社交平台庞大用户基数优势，利用微信平台的高度黏性，以大数据和技术为支撑并借多方大力宣传推广产品，与航空公司试点移动购票，接入优酷、拉手、美团、当当等众多企业，开展三方合作，实现移动金融的快速发展。在大数据领域，腾讯公司掌握包括用户社交数据、消费数据、游戏数据在内的多类信息，生成全方位用户画像，通过建立专业大数据平台，以离线和实时两种模式支撑海量数据接入与处理，实现信息精准推送、广告精准投放、服务精准推荐。

3. 互联网流量入口优势。百度拥有最大的互

联网流量入口优势。以此为优势，百度于2014年发布移动支付工具百度钱包，直接连接百度旗下广大用户与海量商户，提供转账、付款、缴费、充值等个人金融服务，以创新颠覆姿态开辟互联网金融业务，推出人气理财产品“百赚利滚利”、话费理财“沃百富”，消费金融“百发有戏”，国内首个互联网指数基金“百发100指数基金”等，其销售业绩打破股票型基金销售记录。此外，百度钱包全面打通O2O生活消费领域，创新推出“拍照付”与“刷脸支付”，抢占市场覆盖吃穿住行在内的多场景支付，利用捕捉用户在搜索引擎、地图、知道、贴吧等不同场景的搜索关键词，综合分析用户思想、行为与需求，转变信息流为客流。同时，百度钱包与中国联通、中信出版集团、山东航空公司等达成深度合作，将更多消费场景带往线下，进一步完成百度移动生态构建闭环。百度2015年财报显示，公司移动营收占总营收比重达到57%，净利润远超阿里与腾讯，变现能力表现突出。

（二）商业银行移动金融发展的瓶颈问题

1. 同质化和银行壁垒制约发展

各家商业银行的移动金融产品趋于同质化，由于产品更新及新功能推出频率相对较低，易用性较差，在使用流畅度、界面美观度、功能丰富度、用户体验等方面明显落后于支付宝、微信等APP，未能以金融服务吸引用户养成使用习惯，一定程度上造成产品渗透率及活跃用户数不高。此外，目前各大商业银行移动金融产品中大部分金融业务仅支持通过自家银行卡办理，且部分生活服务功能也因地域因素而异，致使产品普适性与受众面不及第三方移动支付应用。

2. 产品创新能力有待提升

商业银行移动金融产品基本功能依然主要为传统线下业务，部分新上线功能多效仿蚂蚁金服、腾讯等公司，缺少互联网企业的敏锐前瞻性，在第三方移动支付平台及其种类繁多的金融与非金融产品已风靡全国的现状下，移动产品缺乏新元素吸引用户，竞争力略显不足。此外，部分商业银行移动端产品APP应用较多，入口分散，如手机银行用户端、短信银行、电商平台APP等，整合创新能力还需加强，缺少类似支付宝等综合性移动金融产品，不利于流量集中与移动产品体系建设。

3. 大数据应用与精细化运营尚待深化

数据整合呈现方面，由于需要较高的专业知识素养，而一般金融行业人员在IT技术能力方面存在短板且缺少专业数据分析工具，致使商业银行自有大数据平台建设尚未完全成熟，缺乏具备深挖用户海量交易数据的能力，而互联网公司凭借雄厚的技术实力，在数据采集、分析、产出和决策方面均处于领先地位。受前者制约，商业银行精细化运营水平还有较大提升空间，用户细分及标签化管理水平有待加强，差异化需求尚未全方面满足，在用户个性化程度越来越高，需求越发分散的新媒体时代，商业银行精准营销基础建设还有广阔的发展空间。

4. 品牌塑造与宣传营销仍需加强

一是商业银行移动产品宣传体系建设仍有待完善，整体宣传力度弱于互联网企业，同时与第三方公司合作较少，宣传渠道单一，难以形成多方入口实现交叉引流。二是专业的营销宣传团队建设仍需完善，对社会舆论及市场热点方面把控稍弱，不利于把握行业动态并制定应时的营销策略，影响营销效率提升。三是协同营销宣传体系尚不成熟，未能充分利用物理网点分布广、业务多、人员流动性大、面对面营销等优势开展移动产品联动获客，不利于线下线上协同推广。

二、商业银行移动金融发展建议

针对商业银行在移动金融领域发展的诸多问题，笔者认为，在国家大力推动“互联网+”的背景下，商业银行只有打破银行内部以及银行间的壁垒，通过提升自身创新能力，加快引进专业人才，建立新型的开放式的移动金融平台，才能推动和促进移动金融快速持续发展。

（一）突破传统理念，积极构建金融服务平台

当务之急，商业银行应打破传统的以单一金融产品为重点的发展理念，积极构建开放式金融服务平台，打破银行间壁垒，通过平台整合资源，建设各具特色的移动金融平台。

以平台思维，建立一个开放和跨界的平台，把自身优势服务和外部第三方的服务结合，提供多种类型服务，是移动互联网的一个发展趋势。

这样的好处在于，一方面商家的推广成本降低，可以借助已有的知名 APP 应用来“直通用户”，另一方面用户的搜寻成本和操作便利性也得到了很好的控制，体验更佳。现在工商银行、招商银行等金融机构也在做同样的的事情。

（二）加速产品更新换代，完善移动产品功能建设

一是率先解决影响用户体验的问题，提供使用更加舒适、流畅的移动产品，如借鉴微信等 APP 具有的“常在线”特征，用户从后台重新打开 APP 后无须再次进行身份验证，提供一步到位的操作体验，同时增强行业新产品敏感度，确保产品及时推陈出新，提前抢占市场。二是优化移动产品设计，呈现更为友好的交互方式。如在产品界面上，注重简约时尚，做浅入口，实现所见即所得，同时支持用户根据自身喜好，对移动产品界面或菜单顺序自行调整，满足个性化展示需求。三是持续丰富功能，加强多渠道功能协同部署，同时完善新功能建设，如进一步拓展手机银行网点业务预约种类，开通手机在线开户、用户身份验证等 O2O 特色应用，推出“人到人”支付和手机银行扫码支付方式，打破生活服务类缴费项目地域性限制，以线上入口为主、线上线下协同为纽带，将金融产品和服务融入到用户的场景化应用中。四是寻求产品易用性与安全性平衡点，从移动支付技术水平、风险监督管理、用户教育和赔偿损失等多方面着手，在完善功能建设的同时，推动移动金融安全长远发展。

（三）敏锐捕捉市场动态，提升创新整合能力

一是建立快速微创新机制，针对互联网公司上线的热门产品，在效仿的基础上快速融入贴合用户需求心理的新元素，专注功能优化创新，追求人有我优，积极与移动运营商、第三方支付机构等移动支付产业链中的其他参与方通力合作，利用产业链各方优势互补，加深业务交流，把握对移动金融市场的敏锐性，开发既新潮又具有各银行业务特色的移动产品；二是增强整合创新能力，注重移动渠道服务统一，提供移动金融综合性管理平台，搭建更加开放、兼容、协同的全渠道入口，统筹入口、统一平台，并在此基础上拓展服务范围，创造囊括“吃穿娱住行”为一体的商户合作模式，再细分商圈用户，打造“商圈易融”专业市场及商圈金融服务方案，实现银行泛金融服务化。三是注重智慧化产品建设，利用物联网、云计算、生物识别、人工智能等技术形成智慧网点与移动渠道用户和业务信息的无缝衔接，促进智慧金融从以数据集中、系统整合及互联网应用的阶段向服务管理阶段迈进。

（四）深化大数据应用，全面实现精准营销

一是优化大数据采集、处理、分析平台建设，加大引进从事数据分析的 IT 专业人员，与数据运用能力较高的互联网公司开展经验交流，在探索中不断提升大数据应用能力。加强非结构化数据的收集，利用关联挖掘、聚类分析、神经网络、深度学习等手段捕捉用户接触渠道、行为痕迹和服务诉求信息，构造高效的数据分析体系，建立企业级的用户数据平台，生成 360 度用户画像。二是以大数据为支撑进一步开展精准营销，从以产品为中心向以用户为中心转型，不断强化用户信息精细化管理，在用户细分的基础上，结合用户工作、生活以及生产、经营等方面的场景，挖掘用户群体共性的金融服务潜在需求，针对性地制订相应的用户产品和服务解决方案。三是深化大数据在移动金融安全领域的应用，将用户安全级别分类管理，动态监测用户账户变动、行为数据、信用记录等信息，关注用户非常用位置、非常用终端、偏离用户日常偏好的高风险交易，拓展用户风险监控维度，推动安全认证措施及风控规则的智能化部署，提升风控规则精准度。

（五）整合捕捉营销宣传资源，深度传播品牌价值

一是持续吸收和培养具有丰富营销经验的人才，成立专业化的营销团队，统筹移动产品宣传推广，注重对社会舆论及市场热点方面的追踪与研究，制定应时的营销策略，争取业务推广先发制人。二是加大宣传投入，推出移动金融品牌，建立优质独特的品牌形象，并利用电视、平面广告、动画、幽默视频等方式生动展现移动金融产品，同时搭建自有宣传平台，依托网站、微信、微博等新媒体渠道，开辟品牌宣传专栏，利用新媒体传播即时、快速、交互的特点，引导用户进行分享、再创造，通过新型社交金融打造社交参与型银行，多方位传递品牌口碑。三是健全协同营销体系，充分利用体验式营销、公共关系营销、优惠促销等形式，线上线下同步推广产品服务，跟踪并收集用户反馈意见，实现用户维系与产品优化双赢。

新版《中国建设银行财务顾问业务管理办法》解读

总行投资银行部　杨雪梅　胡继元

2002年，经中国人民银行核准，我行开办企业财务顾问业务，同年印发《中国建设银行企业财务顾问业务管理暂行规定》。2006年总行投资银行部成立后，陆续出台了常年财务顾问业务、新型财务顾问业务、私募财务顾问业务操作指引等规范性文件，财务顾问业务取得了长足发展。但近年来，内外部审计检查发现财务顾问业务开展中存在政策把握不一致、操作流程不规范、档案管理不完善等问题，影响到财务顾问业务的可持续发展，存在操作及合规风险。为适应监管要求和业务发展需要，防控风险，总行对财务顾问业务相关管理制度进行了梳理，在原暂行规定的基础上重新制定了《中国建设银行财务顾问业务管理办法》（简称《办法》），于2016年6月经总行第9次行长办公会讨论通过并下发执行，对全行各级机构开展财务顾问业务提供了规范和指导。

《办法》严格遵循我行经营战略转型和内控管理的有关精神，对财务顾问业务各个环节提出了具体的管理和操作要求，既能保证全行财务顾问业务管理的统一性、规范性、完整性，又兼顾了分行业务实际，增强了制度的可操作性。《办法》共分八章四十一条，与原暂行规定相比较，突出了如下内容：一是按照监管精神和行领导要求把“服务收益相匹配”“四有”原则作为财务顾问业务开展的基本原则，并在业务开展流程中充分贯彻以上原则，使我行财务顾问业务开展更符合监管政策导向，增强了业务开展的合规性；二是对我行财务顾问业务种类重新做了划分，按照业务性质和具体服务内容将财务顾问业务分为两大类、十一个具体业务品种；三是制定了明确的业务开展流程，按照时间顺序将财务顾问业务开展过程划分为六个主要操作环节，对每一环节提出管理和操作要求；四是进一步明确了业务收费的原则，对收费与核算的方式方法进行了规范；五是新增了外部合作机构准入和管理的要求；六是突出了暂行规定未给予充分重视的部分重要的风险内控要求。

一、明确了开展财务顾问业务的基本原则

《办法》在总则部分明确了开展财务顾问业务必须遵循“依法合规、防范风险、服务收益匹配”和“四有”等基本原则。其中：服务收益相匹配是指我行在开展财务顾问业务过程中应严格按照财务顾问协议的约定提供财务顾问服务，并根据我行在服务过程中投入的人力、时间、工作量、服务内容及方案的复杂程度等因素，与客户充分协商定价，做到质价相符，收费合理；“四有”是要求我行各级机构在提供财务顾问服务时，应坚持“有需求、有协议、有服务、有记录”的原则，根据客户的实际业务需求，严格按照协议约定的内容和形式，提供针对性的产品和服务，并做好服务过程和事项的记录、整理等。

二、重新划分财务顾问的业务种类

《办法》根据提供的服务内容和性质，将财务顾问业务划分为投融资信息咨询顾问业务和专项财务顾问业务。专项财务顾问业务进一步划分为资本市场类财务顾问业务、债券发行财务顾问业务、私募融资类财务顾问业务、基金类财务顾

问业务、项目融资类财务顾问业务、资产管理类财务顾问业务、收购兼并财务顾问业务、重组改制财务顾问业务、全面金融解决方案（FITS）财务顾问业务和机构合作类财务顾问业务等十项具体业务品种。

三、制定了具体业务开展流程、明确了每个环节的操作要求

一是明确财务顾问业务流程包括业务受理、协议谈判及起草、项目审批、协议签订、协议履行、存续期管理等六大步骤，要求全行各级机构必须严格按照该流程开展财务顾问业务；二是在业务受理阶段，要求业务人员应做好客户需求的挖掘及分析工作，完成客户和项目准入、组建团队、尽职调查等，财务顾问服务团队可由我行不同层级境内外机构、子公司以及外部合作机构的专业人员组成，各级行可根据客户或项目的实际需要，自行决定是否选择律师、会计师、评估师、证券公司等外部合作机构参与本行财务顾问业务；三是在协议谈判及起草阶段，要求各级机构应对相关服务要素与客户充分协商并达成基本一致、形成初步合作意向，明确财务顾问服务协议应包括的基本要素，规定非标准协议文本需经二级分行以上的法律部门进行审查；四是在项目审批阶段，明确对于部分需要进行授信审批的财务顾问业务，各级行须严格按照建设银行授信审批制度的要求执行审批程序，未审批前，不得提供服务，五是协议签署须按照建设银行业务授权的规定，由经办分支行有权签字人签署并加盖本行公章；六是在提供服务阶段，应严格按照协议约定的内容、标准和形式提供服务。财务顾问服务方式包括现场或非现场、书面（含邮件、传真等）或非书面、单人或组建专家服务团队等方式，各级行可综合考虑客户需求、项目特点、难易程度、费用等因素，综合确定具体服务的形式和内容；七是在存续期管理方面，注重保留书面记录，加强对服务内容的过程控制，明确财务顾问业务档案管理遵循逐级建档、分级管理原则，财务顾问业务档案应由专人负责保管，并按客户分别建立档案，属于同一客户的所有档案统一保管。

四、进一步明确了业务收费的原则和方式方法

一是明确财务顾问业务收费原则，要求分行严格按照平等协商、质价相符的原则与客户协商确定具体的收费标准和形式；二是规范财务顾问业务收费方式，明确财务顾问业务收费金额不得与客户或项目的实际融资额进行挂钩，不得直接从协助客户获得的融资资金或提供的配套资金中扣除；三是明确不得以现金形式收取财务顾问费；四是明确财务顾问业务收费需按我行会计核算规定及时确认收入，并根据业务种类准确核算，做好账务处理。

五、增加了外部合作机构的准入和管理要求

明确总行将对外部合作机构实行准入，各级行选择合作机构需符合我行准入标准。同时，对合作机构实施名单制管理，并根据合作机构的业务能力、服务态度、配合程度等定期进行动态调整。

六、细化了部分风险管理和内部控制要求

一是明确部分需要提前报送审批的财务顾问业务，应严格按照制度要求进行审批，未审批前，不得提供相关服务；二是要求各级机构在开展财务顾问业务时要合理评估自身能力，不可承诺超出能力的服务内容，防范声誉风险；三是明确在财务顾问业务开展过程中严禁向客户做出违法违规的融资承诺，不得违规向客户提供担保或其他可能导致我行承担信用风险或声誉风险的行为；四是明确我行保守客户商业秘密的要求。在提供财务顾问服务过程中要恪守职业道德，不得透露客户商业秘密，防范商业纠纷等；五是明确各级行做好本行业务台账的登记和上报工作，定期进行业务自查，对自查结果及自查中发现的问题应形成书面报告并及时上报总行等要求。

财务顾问业务是银行全面金融服务能力的重要体现，是我行为客户创造价值和提高服务水平的重要抓手。各行要高度重视、积极筹划，以新办法实施为契机，研究制定和本行业务发展管理

能力相匹配、适应的财务顾问业务操作细则，通过跟岗学习、专项培训、业务交流等形式，加强队伍建设，并将合规发展理念传导到基层员工，确保财务顾问业务持续健康发展。

债转股对银行业的影响

总行战略规划部 董积生

债转股将重新启动，此轮首批债转股规模约为1万亿元，约占到非金融类企业贷款的1.5%，银行业金融机构资产总额的0.5%。实施债转股会对银行业带来有利和不利的影响。

一、债转股的背景原因

此次债转股与20世纪90年代债转股本质上都是为缓解企业债务困境，化解金融体系风险。

一是降低企业杠杆率，化解企业债务危机。2015年，我国非金融企业债务规模达83万亿元，占到GDP的123%，居主要经济体首位，远高于印度、俄罗斯等新兴经济体。尤其是2008年以来，受廉价国际资本和国内经济较高速增长推动，企业海外非股权类融资快速增长。在经济增速放缓、盈利减弱、汇率波动加大的情况下，企业面临严峻的流动性压力，违约风险增加。债转股从根本上说，就是为企业去杠杆创造条件，化解企业债务困境（见图1）。

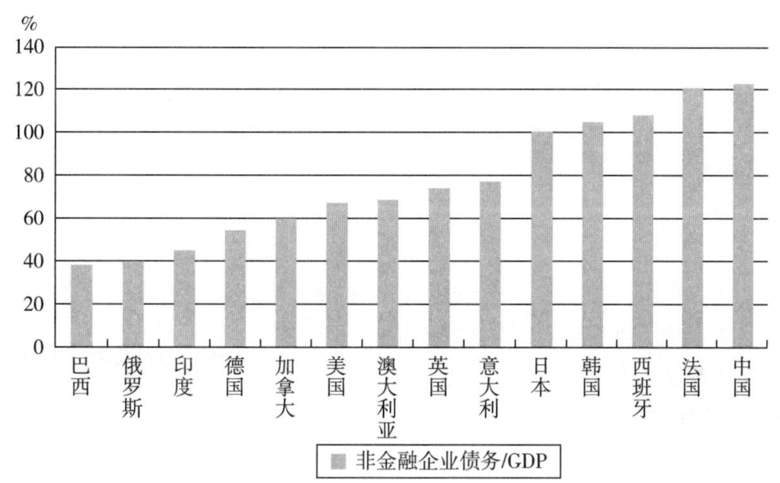

数据来源：国家金融和发展实验室。

图1 主要经济体非金融企业部门杠杆率（2014）

二是降成本，为增强企业盈利能力提供支撑。降成本是供给侧改革重要内容，是提升企业竞争力的重要途径。当前，利息支出占到工业企业财务费用的90%以上，利润总额的20%左右。债务具有刚性约束，高企的债务负担限制了企业成本下降和盈利能力提升。2015年工业企业利润负增长，2016年第一季度盈利虽有所改善，但依旧处于较低水平。债转股为企业降低成本，改善盈利提供支撑，适应供给侧改革需要。

三是助力去产能，推动经济转型发展。当前我国面临着严峻的产能过剩问题，供需矛盾突出。沉重的债务负担约束了去产能，使企业处于“生产不行，不生产也不行”的尴尬境地，转型发展面临重大障碍。债转股将在相当程度上免去企业债务、去产能后顾之忧，在财务上轻装上阵，加强创新优化，推动产业结构升级和经济转型发展。

四是防控金融风险，促进金融业稳健营运。自2012年以来，商业银行不良贷款持续“双升”，截至2015年末，不良贷款比例、不良贷款余额分别达到1.67%、1.27万亿元。我国非金融企业债务中，有56万亿元以上是银行贷款。在经济下行、企业盈利困难境况下，金融机构面临不良风险上升。“债转股”使银行对企业的债权转变成股权，降低不良生成率，防范企业贷款违约演变成系统性金融风险（见图2）。

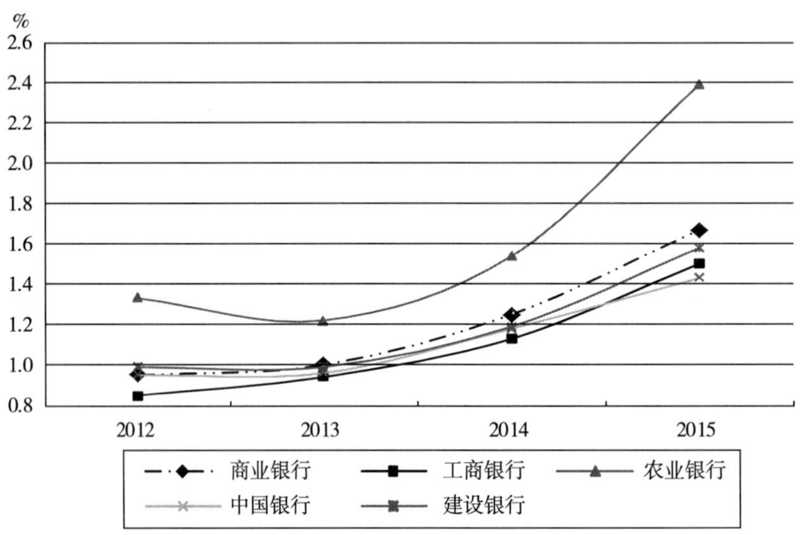

数据来源：各家银行年报。

图2 商业银行不良贷款率

二、债转股对象

基本方向：为有潜在价值、出现暂时困难的企业，以国有企业为主，“僵尸企业”不得参与，市场化运作，财政不注资不兜底。

具体来看：在缺乏对现金分红约束及任期内业绩考核导向下，一般企业，尤其是国有企业有债转股需求，但由于债权和股权对企业生产经营和收益分配影响不同，债转股后，企业股本增加，摊薄每股收益水平，又会影响到企业市场表现，因而：

一是市场竞争力强、效益好、现金流充足的企业债转股动力不强。

二是产能落后、基本面极差的“僵尸”企业渴望并最有动力进行债转股，但被允许可能不大。

三是创业创新企业、民营企业债转股概率较小。

四是不排除在银行和企业都姓“国”背景下，大型国企、地方政府基于“失业压力”“财政压力”“社会责任”“社会稳定”等因素出现债转股可能。

债转股最可能的对象：符合产业政策和转型升级方向，属于先进产能的国有企业，这类企业有市场活力但有债务困境，或有发展潜力但债务负担比较重，账面上多反映为关注类贷款甚至正常类贷款，而非不良类贷款。

三、债转股对银行业的影响

债转股给银行业带来一定的积极作用，最大体现在短期内化解潜在不良贷款。“债转股”后，从逻辑上银行贷款给企业的这部分资金不会再产生不良贷款这一问题，有助于短期内降低银行业不良贷款率。从现在商业银行不良贷款率推算，1万亿元的债转股可以避免170亿元左右不良贷款的产生。同时债转股也为银行业未来市场拓展创造潜在机会。债转股极大减轻企业财务负担，为企业经营向好创造条件，企业生产经营的改善反过来又为银行业创造贷款、投行、理财等市场机会。但债转股本身并不提升企业经营能力和市场竞争力。

同时债转股也给银行业带来严峻挑战。

一是银行面临逆向选择和道德风险。当前我国企业普遍面临债务负担沉重问题。债转股会使部分企业将不符合要求的贷款经过“包装”进行债转股，甚至于“僵尸”企业债转股。“买的没有卖的精”，银行面临逆向选择难题（见图3）。

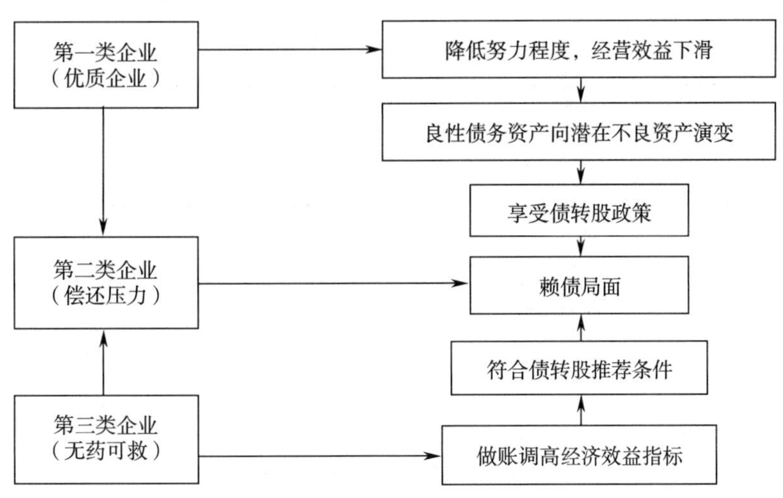

图3 债转股的影响

债转股还会助长企业道德风险问题，“不怕贷款、不怕多贷款，大不了债转股”，企业效益好的时候大举借贷，只给银行固定的本息，剩余收益留给自己，一旦经营不善，就把债权转为股权，把面临的风险和损失转嫁给银行，甚至人为地让银行贷款恶化，然后以债转股的方式将银行贷款占为己有，导致市场“劣币驱逐良币”。

二是流动性管理难度增加。与贷款债务偿还时间确定相比，股权资金回笼时间并不确定，银行业流动性管理难度增加。如果持有的企业股权能够顺利退出（出售企业股份、转让或企业回购等形式收回这笔资金），则银行流动性风险可控，如果企业长期没有现金分红，经营状况恶化甚至破产，银行流动性风险就会增大，甚至可能变成永久性损失。

三是资本补充压力加大。从现有监管规定看，与贷款类资产风险权重最高在100%相比，股权类资产的风险权重普遍较高，在100%—400%。在其他条件不变的情况下，债转股将耗用银行业更多资本金，加大银行业资本补充压力（见图4）。

四是难以化解实质性不良风险。债转股并不意味着企业经营管理水平的改善提升，潜在不良仍在银行体系内，只不过以股权形式存在。事实上，无论有没有债转股，如果企业经营不善，银行都会面临企业带来的不良。

从国际实践来看，需要转化的债务往往可能是最差的债务，从企业端来看，若不进行债转股，就只能选择破产清算，因此，各国特别注重债转股，将债转股控制在一定范围内。

在我国国有企业所有者虚置、约束机制还不健全的状况下，“债转股”甚至还奖懒罚勤，缺少贷款本息刚性偿还压力，企业责任感和危机感反而会降低，银行面临坏账风险上升。

如果企业破产清算，根据法定债务偿还顺序，债权的求偿权优先于股权，股权中，优先股的求偿权优先于普通股，比较而言，债权对于银行求偿更有保障。

五是收益存在重大不确定性。债转股，银行业对应资产的收益由债权利息收入转向股权收益。债权收益固定，股权收益存在不确定性。股息红利及退出股份收入，从根本上取决于企业经营状况的好坏，能否、是否分红，与多层次资本市场发展状况也紧密相关。在我国资本市场分红环境薄弱，以赠送股为主要分红形式下，银行持有的债转股周期将较长，收益存在重大不确定性，甚至长时间以股份数量增长方式存在。

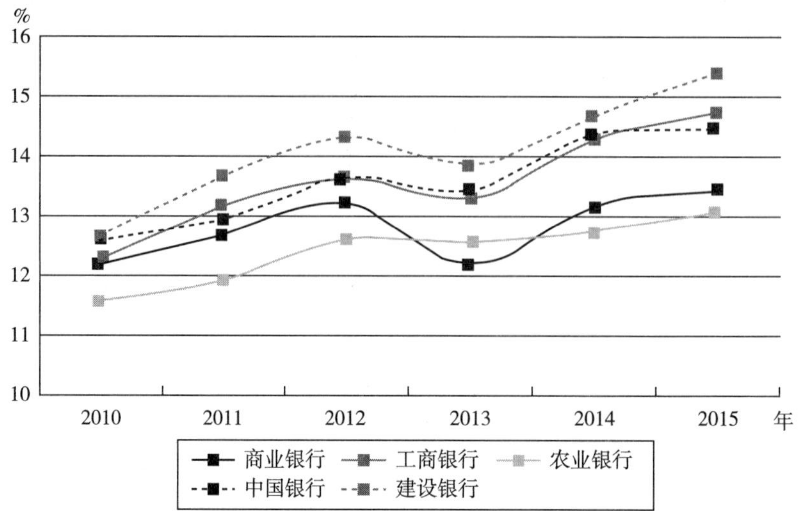

数据来源：银监会、各家银行年报。

图4 商业银行资本充足率

六是对企业债务归还约束软化。银行和企业形成债权债务关系，企业必须按时归还贷款本息，银行可以采取硬手段保障债权。一旦银行变成企业股东，特别是国有企业股东，银行要想获得企业分红、退出持有股份，只有寄希望于企业经营状况良好。而企业基于与银行“拴在同一绳上的蚂蚱”，会要求银行提供更多金融支持，银行对企业债务归还约束由硬变软。银企之间甚至可能出现主办银行关系。

四、对策和建议

一是及时跟踪把握相关法规、政策。为债转股做好机构、人员、资产配置等方面的安排。

二是慎重选择债转股对象。重点选择各项指标良好，行业内龙头企业、排名靠前企业，战略新兴产业企业的债转股，慎重选择转型困难、竞争力一般企业的债转股。

三是提升定价能力。由于政府不干预不兜底，实行市场化运作，股权收益和风险都存在较大不确定性，加大市场分析，争取议价上的主动十分必要。

四是加强风险控制。谨防企业借债转股逃废债务，对债转股后出现的相应风险要有预案、应对措施。

关于构建我行转型发展指标体系的研究

总行战略规划部　朱红艳　郭　婕　龙　丹　李一阳

一、背景

今年来，按照总行党委的战略部署，推进办在推进指导小组的领导下，按照“认识要到位、思想要统一、行动要迅速、力度要加码”的要求，采取多种方式深入推进全行转型发展规划的落地实施。加大推进板块、条线、部门层面的转型发展，推进办根据建总发〔2015〕18 号文确定的14个重点专题①，在推进指导小组的领导下，采用项目群的管理思路，使用“由推进办负责14个专题的整体推进，牵头部门负责本专题推进”的两层次项目群动态管理新模式。在组织各专题牵头部门编制《转型发展规划推进进度表》（简称《进度表》）的基础上，进一步对标同业和规划的目标、内容，确定板块、条线及部门在转型期间的重要推进工作和实现目标，来抓实转型发展的落地。

目前看，经过几轮的组织协调和填报，14个专题《进度表》② 基本展现了各板块、条线、部门转型发展中的主要工作，但也暴露出一些突出的问题。这些问题的及时解决，对未来转型工作的落地、监测和评价均起到关键作用。例如：一是各板块、条线、部门填报的内容没有覆盖转型规划的具体要求，多以反映日常工作内容为主；二是大多数部门没有提出符合转型规划要求的量化目标，对标不清晰，没有形成体系，难以起到对转型发展的引导和评价作用；三是没有突出阶段性的转型重点，在时间维度的监测和评价尚缺明确的依据。

我们结合阶段性的具体事件，依据转型规划和统筹推进的工作要求，进行了进一步的细化和深化研究，拟用指标描述来分解转型战略，勾画出战略地图，来解决推进中遇到的上述问题。

二、指标设置的总体思路

（一）14个重点专题分别按照四个维度，设置相应的转型发展评价指标

首先，依据转型期内各专题所承担的转型发展任务、应实现的转型目标和要求，对每一个专题都按照财务业务、客户产品、流程渠道和基础能力四个维度设置相关指标，形成一揽子指标，从而将其转化为大家在管理中所习惯的语言——指标，使转型任务、目标更加生动，容易理解和接受。

其次，要对这些指标按照时间维度设置相应数值。各专题的转型指标设置后，还要按照转型推进的总体部署，阶段性的转型要求、步骤，对各指标做出时间上的安排，以明确不同时间段转型发展应达到的目标，这样就可以使各专题在各阶段的转型发展路径更加清晰。

最后，要依据这些指标的实际完成状况，对每一阶段各专题转型效果进行监测和综合的评估，进而推演到对集团转型发展的引导、监测和评价。

（二）指标的主要内涵

设置的财务业务、客户产品、流程渠道和基础能力四个维度的转型发展指标，不仅能反映转型发展财务结果，也能反映体制、流程等无形资产的转型发展。其中，财务业务类指标主要描述转型发展的业务、财务目标，展现转型发展所应达到的经营能力；客户产品类指标主要描述转型发展的客户、产品目标，展现转型发展所应达到的客户、产品、服务等基础核心竞争力；流程渠道类指标主要描述在流程、渠道转型所应达到的目标，展现转型发展在体制机制、流程、输送、风险管控等方面的综合管理能力；基础能力类指标主要描述经营管理中人力、IT、创新、文化等基础保障方面所应达到的目标，展现人力资本、信息资本、组织文化、创新等对长期发展起重要支撑作用的软实力。

三、指标设置的主要原则

一是突出转型要求，全覆盖规划内容。此次转型发展规划思想性强，内容目标要求高，且涉及很多综合性、多功能、集约化、智慧化转型方向和能力要求等的创新领域。从板块、条线、部门的14个重点专题角度推进、落实全集团转型发展，必须首先做到在内容上全覆盖，目标上有引导，才能保证转型方向清晰、执行有力，起到板块、条线、部门对分支机构转型的引导和推动作用。

但目前《进度表》中填报的相关转型任务、目标、指标还不全面，特别是缺失了五个方向、能力要求等转型重点内容方面的要件。为了有效

① 建立大资产大负债经营管理模式、巩固和发展批发业务、加快零售业务发展、提高电子银行水平、提升全面资产管理业务、增强子公司竞争力、拓展国际业务和海外业务、加强成本管理、加强风险管控建设、提高大数据运用和智能化水平、构建高素质人才队伍、培育优秀企业文化、中心城市行发展、深化体制机制改革。

② 《进度表》中共包含49项主要转型任务和159项子任务。

解决这些问题，我们采用多维度的思路，在财务和业务指标之外，专门设立客户产品类、内部流程、基础能力类相关指标，对每个专题从客户维度，从体制、机制、流程、创新等领域进行了补充和描述，确保了各板块、条线、部门的转型发展的全面性、引导性和可操作性。

二是尽量可量化原则。量化指标相对客观，便于监测和评价，但同时设计难度也更大，需要平衡更多因素，如指标的代表性和数据的可得性等。为了确保转型评价的可操作和实用性，我们特别使用了工程管理学思想，针对一些体制、机制、流程、创新能力、IT 建设等难以量化的转型内容和要求，将评价指标转换成为对实施进度、效率等的度量，最大限度地将定性事项转化为量化指标，解决以往较难阐释的管理问题。

三是承前启后原则。当前我行的部门绩效、分行 KPI 等考核指标较为丰富，也经过了多年实践。因此，转型发展评价指标体系的设计中，一方面尽量注意融合现有绩效考评指标中的内容，另一方面也根据转型的实际要求创新、增设了一些指标，这样既保证指标的一致性和实用性，也实现了经营考核与战略评价在逻辑上的承接，达到经营考核与转型发展的有机结合。

四、指标可进一步延伸使用

一是利用指标，从不同层面进行多维度的转型描述和评价。14 个专题都有反映自身转型逻辑的指标，但合并起来看，也覆盖了集团五个方向、能力要求等转型全部内容，指标间已形成了集团转型战略与条线、部门等方方面面的映射关系。14 个专题的指标可以形成一个指标库，可以对集团的转型进行多维度的衡量（见图 1）。例如：可以对五个方向的转型情况进行衡量，形成相应的指标体系。我们也做了尝试，形成了相关指标。可以从集团层面进行转型衡量，形成集团转型的指标体系。我们也从这些指标中加工、整理出更具概括性和综合性的评价指标，来描述和衡量集团层面的转型任务、目标，并初步用指标展现出了集团转型发展的路径，设定了阶段性数值，形成了对未来战略执行程度和效果衡量的基础。

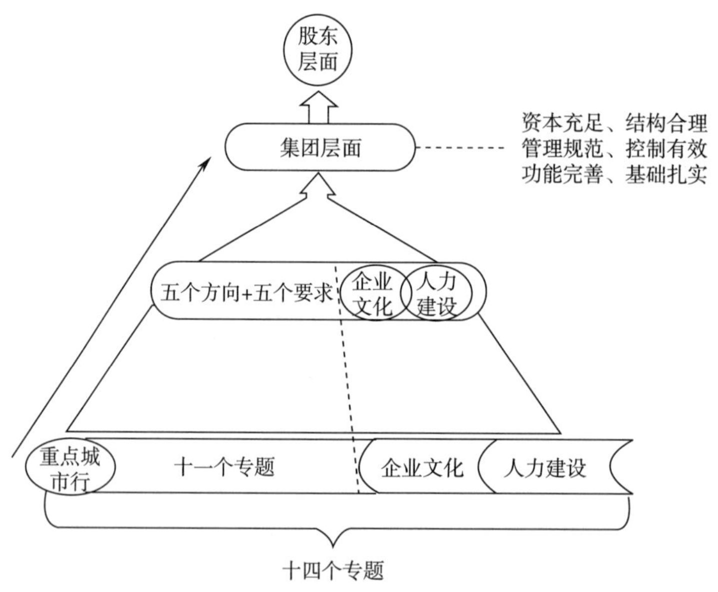

图 1　转型发展评价指标应用层次图

二是对板块、条线、部门转型发展效果进行评价。可以依据这些指标的实际完成状况，对每一阶段各专题转型效果进行有效监测和综合评价。各板块、条线、部门首先要对确定的指标自身进行监测评估，年度结果报推进办进行再评估，以此形成经营层和董事会所需的转型评估报告，具体评估思路如下。

1. 评价按照评分进行，总分由两部分构成（见图 2）

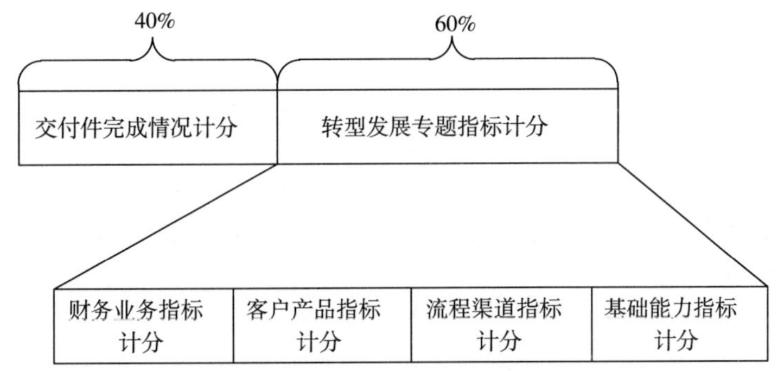

图2 专题评价计分构成简图

第一部分对专题转型推进工作情况评分（交付件完成情况），占总分40%的权重。根据每个专题编制的《进度表》中确定的转型发展任务，提出的推进工作交付件的完成情况按照百分制进行打分。第二部分对专题转型推进效果评分，占总分60%权重。具体根据各专题转型评价指标的完成情况打分来确定。

第二部分对专题转型量化效果评分（转型发展专题指标），占总分60%的权重。评分要点：一是专题中每个指标按照百分制计分。指标性质不同，计分规则不同。具有明确预期完成目标的指标，根据目标完成比例进行计分。难以明确预期目标但又能反映转型发展实施情况的指标，根据实际情况进行计分。是否完成某项事项或建立某种制度机制的指标，根据对“是”和“否”分别设定相应的分数进行计分。二是汇总指标、形成专题最终得分。由三个步骤完成：首先，汇总专题的指标得分，通过简单平均，形成每个专题的财务业务类、客户产品类、流程渠道类和基础能力四类指标的得分。其次，依据专题特点、转型阶段，对每个专题的四类指标确定权重。最后，按照权重加总专题四类指标得分，形成专题的最终得分。

2. 评价办法的三个特点

一是体现转型发展的效果与事项活动相结合原则。不仅考虑经营效果的指标，同时对转型发展中的事项、活动和制度建设等转型发展基础赋予权重，拟40%。评分汇总过程采用一般线性加权法，以使评分方法具备良好的可解释性、易用性和扩展性。

二是通过权重设置体现对转型的不同要求。如，可根据专题性质、转型发展不同阶段，动态调整权重，突出管理层对转型阶段目标、不同重点的具体要求。

三是利用层次分析法（AHP）辅助进行分组权重的确定。层次分析法可以将定性的经验通过分析转化为定量权重，并在不同层级实现量化评价，以符合董事会对转型发展差别化管理的要求。

目前，我们已就深化体制机制改革专题外的13个重点专题转型工作，对照转型发展五个方向和能力提升要求，建立起了450个量化评价指标，其中：从板块条线看，《建立大资产大负债经营管理模式》30个，《巩固和发展批发业务》61个，《加快零售业务发展》60个，《提高电子银行水平》28个，《提升全面资产管理业务》65个，《增强子公司竞争力》31个，《拓展国际业务和海外业务》57个，《加强成本管理》14个，《加强风险管控建设》28个，《提高大数据运用和智能化水平》31个，《构建高素质人才队伍》专题14个，《培育优秀企业文化》7个，《重点城市行发展》24个；从专题内容看，财务业务类143个，客户产品类107个，流程渠道类98个，基础能力类102个。在集团层面上，我们选取了112个指标，其中：财务业务类35个，客户产品类18个，流程渠道类29个，基础能力类30个。

这些指标反映了全行全面转型的要求，也涵盖了集约化建设的8个重点工作。这些可对标、可量化、可评价的指标可再次征求板块、条线和部门意见，进行再聚焦和再提炼，以进一步统一思想、明确目标，形成路径清晰的战略地图，在保证转型发展顺利推进的同时，确保评价的科学合理。

国有控股商业银行深化全面从严治党面临的问题、原因及对策建议

总行纪委、监察部

国有控股商业银行在我国金融体系中具有特殊地位，其经营与国家的经济发展、金融安全和社会稳定密切相关。党的十八大以来，中央作出了“四个全面”战略布局。作为党领导下的金融企业，如何通过深化全面从严治党，充分发挥党的领导政治优势，为国民经济和社会发展助力，是国有控股商业银行面临的一项亟待解决的课题。针对这一课题，建设银行课题组结合工作实际进行了专题研究。

一、目前国有控股商业银行深化全面从严治党的现状及存在的主要问题

党的十八大以来，国有控股商业银行认真贯彻中央决策部署，在深入推进全面从严治党方面逐步加大工作力度，党风廉政建设和反腐败工作取得一定成效，但也存在一定问题。

2015 年 10 月至 12 月，中央第八轮专项巡视对中央金融单位实现了巡视全覆盖。作为明确提出“政治巡视”定位后的首轮巡视，中央巡视组对国有控股商业银行在全面从严治党方面挖掘出一批突出问题。

一是党委主体责任落实不严不实。党委推进全面从严治党用力不深，落实主体责任有效管用的措施不多，责任传导发力不够。管党治党不严，基层党组织建设薄弱，主体责任层层递减，党的领导逐级弱化淡化，全面从严治党不力。对党建工作缺乏总体规划、统筹部署，重业务、重拓展，轻党建、轻监管问题比较突出。

二是纪委监督责任落实不到位。纪委执纪问责偏轻偏软，抓早抓小意识不强，责任追究不到位，存在以行政处理代替党纪处分，以经济处罚代替组织处理等现象。各级纪委“三转”不到位。纪检监察队伍履职能力有待进一步提升。

三是违反中央八项规定精神问题易发多发。纪律意识规矩意识不强，以“企业特殊论”为由，在落实中央八项规定精神方面打折扣、搞变通，“四风”问题较为突出。一些分支机构借营销名义搞公款送礼、公款吃喝，违规列支福利费和招待费。存在违规高消费、公款旅游等顶风违纪问题。

四是选人用人制度执行不严格。一些单位“近亲繁殖”现象比较突出。存在违规提拔、带病提拔等问题。

五是廉洁风险防控不够。内部管理和风险防范不到位，一些基层机构存在以贷谋私问题，一些部门和分支机构利用创新型业务谋取私利，集中采购等重点领域制度执行不严格，境外机构监管比较薄弱。

建设银行近年来逐级开展内部巡视工作。从发现的“两个责任”落实以及“六项纪律”执行方面的问题来看，也印证了中央巡视组关于国有控股商业银行全面从严治党状况的判断。一是党委全面从严治党主体责任存在层层递减问题。基层党建存在薄弱环节。一些基层党组织习惯于“上传下达”，满足于“照抄照搬”，过于依赖上级党组织的布置和推动，出现了“上头热、下头冷”的现象。一些基层党支部支委对党组织工作程序不够熟悉，党支部未严格落实支部选举、“三会一课”等党内组织生活的有关规定，党组织的战斗堡垒作用和共产党员的先锋模范作用未能充分发挥。二是纪委全面从严治党监督责任落实不到位，表现为某种程度上的“越位”“缺位”和“错位”问题。督促党委落实主体责任措施不够、力度不强，造成“一岗双责”不到位，重业

务、轻党廉。落实“三转”、聚焦监督执纪问责主责主业不够。二级分行以下纪检监察人员业务素质不高，工作能力不强，满足不了监督需要。三是民主集中制和三重一大决策制度坚持执行不够。文山会海没有得到有效控制。公车管理存在公车私用隐患，宣传用品管理存在缺陷，党费和工会会费使用不合规。关心关爱员工不够。与客户存在不正常资金往来，蕴藏廉洁风险等问题。

二、目前国有控股商业银行深化全面从严治党存在问题的原因分析

反复发生的问题要从规律上找原因，普遍发生的问题要从体制机制上找原因。针对目前国有控股商业银行深化全面从严治党存在的主要问题，本课题组结合工作实际，着重从体制机制上剖析原因。

（一）党内监督与公司治理顶层设计尚未实现很好对接

国有控股商业银行在股改之前的专业银行时期，作为负责党内监督和行政监察的纪委、监察部门是党和国家的纪委、监察部门的延伸，纪检监察工作也是党和国家的纪检监察工作的延伸。这种状况作为历史传承目前仍然如此。

2005 年以来，国有专业银行通过股改上市陆续改造成为国有控股商业银行，同时按照上市公司的治理要求成立了董事会、监事会、高管层，分别负责决策、监督和执行。在公司治理结构中，监事会作为监督机构，负责对董事、高级管理人员履行职责的行为进行监督，对违反法律法规、银行章程或者股东大会决议的董事、高级管理人员提出罢免的建议；当董事、高级管理人员的行为损害银行的利益时，要求董事、高级管理人员加以纠正；对银行经营决策、风险管理和内部控制等经营管理行为进行监督。

党的领导在公司治理结构中的体现，在于董事长由总行党委书记出任，行长、监事长分别由党委副书记出任，高管成员一般为党委委员。作为负责党内监督的纪委书记为党委委员，分管纪检监察工作，并不负责监事会的工作。由此可见，国有控股商业银行股改上市以来，党内监督、行政监察与监事会监督并未很好整合，在监督的体制机制制度和工作上没有很好对接，监督工作没有形成合力、监事会虚置等在一定程度上影响了党内监督的成效。

（二）纪检监察组织体系独立性不强影响了监督职能的发挥

目前，国有控股商业银行纪委监督责任落实不到位，表面上看是纪检监察人员政治素质不高、担当意识不强，实质上在于纪检监察工作体制独立性不够和管理机制垂直化不够所致。

目前国有控股商业银行纪委实行的是同级党委和上级纪委双重领导体制，但在实际工作中演变为以同级党委领导为主。各级纪检监察部门既是同级党委的被领导者，又是同级党委的监督者，形成了纪检监察监督的悖论：监督客体领导监督主体，监督主体依附于监督客体。纪检监察监督制约机制应具备的相对独立性和实际隶属关系上非独立的矛盾，导致纪检监察部门缺乏执纪的自主性、独立性，进而形成监督上的软弱。同时，现行纪检监察体制也决定了监督主体与监督客体监督意识的淡薄，作为主体来说缺乏主动性监督意识，对主要领导干部的监督还存在畏难情绪，作为客体来说接受监督的意识淡薄，有的甚至表现为不让监督。

（三）内部巡视尚待进一步强化并发挥作用

巡视制度是党中央在新的历史时期，从加强党内监督、严肃党的纪律、推进党的建设、提高党的执政能力、保持和发展党的先进性、纯洁性战略高度做出的一项重大决策，是列入《党章》的一项重要党内监督制度。国有控股商业银行近年来逐级开展内部巡视工作，落实党内监督，了解被巡视单位领导班子和领导人员各方面情况，着力发现违反“六项纪律”事项，给被巡视单位领导班子及领导人员进行全面政治“体检”，通过发现问题，形成震慑，对于促进各级党委主体责任和纪委监督责任的有效落实具有重要意义。

巡视作为上级对下级的党内监督方式，在某种程度上弥补了纪检监察监督体制独立性不足的弊端。但是，巡视工作尚待进一步强化并发挥作用。主要是国有控股商业银行内部巡视在内容上聚焦政治巡视不够，面临着从业务巡视向政治巡视的转型；对于巡视监督主体没有做到全覆盖，对于各级机构内设部门党组织以及海外分支机构的巡视尚处于起步阶段；巡视人员力量配备满足

不了巡视全覆盖任务的需要。

（四）基层党组织党建工作督导检查考核不够

目前国有控股商业银行全面从严治党主体责任层层递减，其中党内制度的执行层层弱化表现突出，特别是对基层党组织“两个责任”的压力传导不够充分。目前，针对基层党建的制度比较完备，关键是基层党组织党建工作督导检查考核不到位，有的甚至流于形式，没有在提升基层党组织制度执行力上取得实效，使得基层党组织的“三会一课”制度、组织生活会制度、党支部领导班子学习制度、民主评议党员制度、党务公开制度、联系群众制度和党费工作制度等没有有效执行。由于基层党组织的实际状况会深刻地影响到广大党员的教育管理状况，因此基层党组织的效用发挥得有限，那么某些党员的理想信念就会发生动摇、某些党员应有的先锋模范作用不能得到有效发挥的现象就极易出现。

同时，国有控股商业银行基层党组织构成方式多样，一些基层党组织规模偏大，联合党支部过多，业务工作和党务工作未实现同步部署，党建工作的推动未能与抓业务同步进行，支部对转型发展的决策引领作用未能有效发挥。

三、国有控股商业银行深化全面从严治党的对策建议

完善成熟的监督体制应具有以下三个基本的客观条件：一是必须对其监督对象进行全面的监督；二是监督制约的力度必须与监督对象的职位和权力相适应；三是监督制约过程必须具有独立性和权威性。依据前述分析，通过进一步改革监督体制尤其是纪检监察体制，来治理国有控股商业银行全面从严治党深化进程中的问题，是必然的路径选择。

（一）优化公司治理结构顶层设计，实现党内监督和监事会监督在体制机制制度工作上的对接

深化国有控股商业银行全面从严治党，科学的制度安排是基础。首先要在公司治理结构顶层设计上处理好党的领导与公司治理结构的关系以发挥党的政治核心作用。要处理好党内监督与监事会监督的关系，监事会监督与党内监督、行政监察应当整合统一，在监督上形成合力。在总行，监事长应由纪委书记依法定程序出任；总行纪委委员同时应是监事会监事；监事会办公室与纪委、监察部门应合并，以强化纪委的党内监督作用，强化监事会在公司治理中对董事会、高管层的权力制衡作用。在分行，纪委、监察部门应当作为总行纪委、监事会的派出机构，以强化纪委和监事会对分支机构的监督作用。

（二）深化党的纪律检查体制改革，探索纪检监察组织体制派驻化和管理机制垂直化

遵循监督原理和监督规律，建议大力推进纪检监察组织体制派驻化和管理机制垂直化改革，解决监督主体受制于监督客体的问题，提高党内监督工作的效率与质量，促进纪检监察监督的独立、客观、公正，实现党内监督体系科学化。

纪检监察组织体制派驻化方面，建议在现行纪委双重领导体制下，坚持以上级纪委领导为主，同时试行纪检监察机构及人员自上而下逐级派驻制。一是在一级分行层面，纪委、监察部门应作为总行纪委、监事会的派出机构，以提高纪检监察组织机构的独立性，保证纪检监察机构及人员履行监督执纪问责的独立、客观、公正，使得纪委想监督、敢监督。二是一级分行对二级分支行派驻纪检组，专司纪检监察工作。三是二级分支行对基层机构派驻纪检监察特派员，实现纪检监察监督的全覆盖。

纪检监察管理机制垂直化方面，建议纪检监察干部员工的隶属关系、职务任免、职等晋升、年度考核、工资奖金的清算等全部由上一级纪委、监察部门负责，改变目前纪检监察干部从事监督别人的工作却要由被监督对象进行考核评价的状况。

（三）推动政治巡视监督全覆盖，促进各级党委主体责任和纪委监督责任有效落实

巡视制度作为党内监督的一项重大制度创新，是自上而下的监督，一定程度上切断了监督者和被监督者的利害关系，有利于巡视监督工作的独立开展，强化了对下级行党委领导班子特别是主要负责人的监督，较好地解决了“上级监督太远、同级监督太软、下级监督太难”的监督难

题，必须进一步改进和完善以充分发挥其作用。

建议国有控股商业银行进一步加大巡视监督力度。推进巡视工作由业务巡视向政治巡视转型，紧扣“两个责任”有效落实和“六项纪律”有效执行，建立健全巡视整改清单管理、跟踪监督和评价了结制度，用好用足巡视成果，形成巡视监督工作闭环。通过常规巡视、专项巡视与巡察相结合，实现对各级党组织巡视监督全覆盖。一是总行对一级分行党委、一级分行对二级分行党委按照四年一轮安排巡视计划，巡视同时将被巡视单位辖属部门及机构的一把手纳入巡视范围；二是各级党委对下属党总支、支部开展程序简洁的巡察，确保行使权力都要接受巡视监督；三是开展针对性强的专项巡视，实现巡视内容无死角，主体全覆盖；四是探索开展一级分行之间的交叉巡视，加强机构之间的互动交流，进一步发现问题。

（四）加强对基层党组织党建工作的督导检查考核，夯实全面从严治党根基

基层党组织是党加强自身建设和管理党员最基本的单位。要深化全面从严治党，解决好党的领导弱化、党的建设缺失、主体责任层层递减等问题，就必须紧紧依靠加强基层党建这一根本途径来实现。要夯实基层党组织建设，推动基层党组织全覆盖，确保基层党组织与经营管理架构同规划、同设置、同管理。

要做好党建工作督促检查，不断完善党委抓、书记抓、各有关部门抓、一级抓一级、层层抓落实的党建工作格局。进一步完善党建工作督查和反馈机制，确保党建制度有效执行，党建要求全面贯彻，将督查反馈成效转化为加强改进基层党建的实际行动。

基层党组织落实全面从严治党责任，必须形成明责、确责、履责、述责、考责、问责的责任链条，并在这个责任链条建构和执行过程中始终以解决全面从严治党中的突出问题和产生管党治党建设党的绩效作为评判标准。只有把党章党规党纪挺在前面，使全面从严治党责任制和问责制贯彻到党的全部基层组织和全体党员中，才能实现全面从严治党的有效压实。

建议将各级党组织领导班子成员“一岗双责”履行情况纳入绩效评价指标体系中，进一步完善激励机制。从制度建设入手，进行责任分解，层层签订责任书，层层按责任考核，并与晋升、晋级挂钩，与评比挂钩，与奖惩挂钩，对责任不落实、工作不到位的实行责任追究。

国有商业银行“四风”问题整治的长效机制研究

总行纪委、监察部

党的十八大以来，中央出台了八项规定，坚持长抓不懈，驰而不息查纠“四风”，保持了整治“四风”问题的高压态势，“四风”现象明显减少，但也出现新的隐蔽变异“四风”现象。银行处于市场经济运行纽带的重要一环，与群众、企业和政府都发生密切联系，加强对银行“四风”问题的分析，对研究和整治“四风”问题具有现实的意义。

一、国有银行“四风”问题主要表现形式

（一）“四风”问题的内涵和一般表现形式

“四风”是指党员领导干部在作风上存在的形式主义、官僚主义、享乐主义和奢靡之风。“四风”概念的首次正式提出是在中国共产党的群众路线教育实践活动工作会议上，习近平总书记深刻阐述并高度概括了“四风”问题的内涵和

一般表现形式，他指出：“官僚主义，主要是党员领导干部脱离人民群众、脱离工作实际、高高在上、自我膨胀；形式主义，主要是党员领导干部知行不一、贪图虚名、不求实效、弄虚作假；享乐主义，主要是党员领导干部精神懈怠、贪图享受、不思进取、讲究排场；奢靡之风，主要是党员领导干部铺张浪费、骄奢淫逸、挥霍无度、腐化堕落。”

国有银行“四风”问题既有社会的共同表征，也有其自身的特点。一是形式主义主要表现为：文山会海，知行不一，如文件多、会议多、签报多、研讨多、评比多，开会和发文就是工作成效和成果；不求实效，弄虚作假，如制定政策随意性大，下达任务、指标缺乏依据，业务检查走过场，追求“轰动”效应，层层开会、层层动员，但实际工作没有做；贪图虚名，流于表面，如重布置、轻落实，习惯于下文件、开会布置工作，对工作过程和结果不闻不问。二是官僚主义主要表现为：高高在上，脱离群众，如“大企业病”严重，人浮于事，在下达工作指标或任务时，未考虑基层实际，帮助基层行解决困难少；不负责任，推诿扯皮，如官老爷习气，门难进、脸难看、事难办，“部门银行”问题突出，小团体主义，不重视基础性工作，追求短期行为；自我膨胀，唯我独尊，如家长制、一言堂，听不进不同意见；任人唯亲，好大喜功。三是享乐主义主要表现为：因循守旧，不思进取，如习惯用老办法来解决新问题，对银行发展的新形势无所适从，遇到问题绕着走；贪图安逸，玩风盛行，如个人利益至上，超标准用车用房、接待，超标准乘坐交通工具、差旅住宿等；得过且过，不敢担当，如主动学习意识不强，对政策理解不透彻，在工作上应付了事，不愿在干事创业上下苦工夫，有畏难情绪，遇到风险或突发事件束手无策。四是奢靡之风主要表现为：铺张浪费，挥霍无度，如公务接待或大型业务活动中追求形式，搞攀比，摆阔气，花钱大手大脚，讲排场，浪费严重；巧立名目，挥霍公款，如以营销为名请客送礼，沉迷酒绿灯红，搞内部营销，轮流坐庄大吃大喝、奢侈消费、挥霍公款；追求奢华，腐化堕落，如违反规定修建楼堂馆所，搞豪华装修，把公款出国、旅游等当做待遇，利用职务便利收受礼品礼金、接受宴请，借机敛财。

（二）国有银行“四风”问题隐形变异的主要表现

随着中央对“四风”的重拳整治，银行“四风”现象明显有所减少，但是新的隐蔽“四风”形式不断出现。笔者选取了某国有银行近年来查处的以及各级纪委公开的违反中央八项规定精神的案例共49个样本。虽然选取的样本没有覆盖所有国有银行，但样本反映的国有银行“四风”问题隐形变异类型和分布与调研、访谈、问卷调查等反映的情况基本一致，统计分析结果可以在一定程度上代表国有银行“四风”问题隐形变异的大致情况（见表1）。

表1　国有银行违反中央八项规定精神问题统计表

项目	级别			类型							合计
	地厅级	县处级	乡科级及以下	公款旅游	违规配备使用公车	大办婚丧喜庆	公款消费	接受礼品礼金和宴请	违规发放津贴或福利	其他	
问题数（个）	6	18	25	12	9	7	11	2	6	2	49
占比（%）	12.2	36.7	51.0	24.5	18.4	14.3	22.4	4.1	12.2	4.1	100
处理人次	6	35	44	30	10	8	18	4	12	3	85
占比（%）	7.1	41.2	51.8	35.3	11.8	9.4	21.2	4.7	14.1	3.5	100

通过表1分析可知，国有银行“四风”问题隐形变异主要集中在公款消费、公款旅游、违规配备使用公务用车、大办婚丧喜庆、接受礼品礼金或宴请、违规发放津贴或福利等六类问题，同时，通过调研发现办公用房管理也存在一些隐形变异的情况（见表2）。

表 2 国有银行“四风”问题隐形变异的主要表现

公款消费	1. 从外面宾馆转到内部职工餐厅吃，将内部职工餐厅改为豪华享受场所
	2. 为了逃避被举报和检查，将公款招待由大宾馆、大饭店转移到农家乐或城市郊区一些比较隐蔽的场所，有些甚至进行跨区域招待。
	3. 以召开行政会议、业务营销活动为名在五星级酒店公款消费。
	4. 以次充好，上的是好烟好酒，但记账的是其他符合规定的酒水。
	5. 化整为零，将大额消费采用拆分开具发票、多次报销的方式降低消费金额。
	6. 分次结账、延期结账，或以多充少，通过虚列参与人员、职务消费事项等方式，将超标准消费变成合规消费。
	7. 混用核算科目，将一些无法入账的特殊费用通过变通，从会议费、差旅费、办公费或者其他专项费用，甚至挤占员工费用支出。
	8. 虚列成本支出，通过购买发票、换开发票，或与供应商串通提供虚假服务或虚构服务数量等方式，套取费用，用于无法报账的公款消费。
违规配备使用公务用车	1. 交流干部周末回家，让司机用公车来回接送，用完车后停留在原停放处。
	2. 超标准配备公务用车，或以其他名义配备公务用车，但实际是领导专用车。
	3. 私车公用，让员工用私车接送，但是油费、维修费、过路费由单位承担，或领导私车的运行费用以公车名义在单位报销。
	4. 在纪律检查、节假日等重点时段将公车封存，检查过后，又公车私用。
	5. 公车私用，但为了避免造成影响，在其他小区或比较隐蔽的地方停放。
公款旅游	1. 利用培训、出差、开会的时间，绕道或超时变相公款旅游，或以出差、开会、考察、教训的名义变相公款旅游。
	2. 到明令禁止的风景名胜区培训、开会，变相公款旅游。
	3. 伪造国（境）外邀请函，以学习、考察等名义出国（境）公款旅游，或未按规定批准以因私护照出国（境）公款旅游。
	4. 以客户营销、优秀员工奖励等名义，变相公款旅游。
	5. 伪造会议通知、客户签名，为了报账方面，做两份行程单。
违规用房	1. 采取签订两份合同（分别以单位和个人）的方式租赁周转房，以抽屉协议规避交流周转房的面积限制。
	2. 在领导人员办公室门上挂一个“小会议室”的牌子，实际上只有领导人员一人使用。
	3. 在办公室多摆几张桌子、几把椅子，使得表面上符合办公用房面积规定，实际上仅检查时有人坐。
接受礼品礼金或宴请	1. 以电子红包、支付宝转账、扫描二维码等方式收送礼金；有的收送高档会所、健身机构、大型商店电子购物卡。
	2. 避开重要节点送礼、异地取礼、“隔空”送礼等。
	3. 违规接受客户、下属宴请，或以个人名义宴请但实际由客户或下属买单。
大办婚丧喜庆事宜	1. 化整为零，分次分批操办婚丧喜庆事宜。
	2. 现场不设礼桌和礼单，但暗地里通过其他渠道收受礼金。
	3. 操办婚丧喜庆时，未按规定报告或报告内容与实际情况不符。
	4. 无偿或以明显低于市场价格的金额接受客户或利益相关方的服务，或使用公车、银行资源及场所操办婚丧喜庆事宜。
违规发放津贴或福利	1. 用公款购买购物卡、充值卡等商业预付卡，或超标准发放过节福利。
	2. 用公款发放员工食堂用餐卡，但实际上在周边超市、商场均可使用。
	3. 以招待费名义发放酒店用餐券或商场购物券。

二、国有银行“四风”问题隐形变异的成因分析

国有银行所有权与经营权是分离的，管理层级往往较多，有着多层的委托代理关系①，各级党员干部既是委托方也是代理方，存在信息不对称和内部人控制②的现象，使得国有银行“四风”问题更具有隐秘性和顽固性。

（一）思想认识模糊

思想认识是行为人自我意识的重要组成部分，是行为人对自己思维、情感、意志、意识形态以及自己同客观世界的关系的认识。各种“四风”问题的存在，归根结底还是思想认识的问题。一是惯性思维，也叫思维定式，是由先前的活动而造成的一种对活动的特殊的心理准备状态，或活动的倾向性。有的领导干部由于惯性思维，认为以前一直都是这么做的，市场营销就得提高档次、讲排场才能显示实力或诚意，或把“因公开展业务营销”作为借口，以为只要不拿，吃点喝点用点不算什么。二是侥幸心理，指人们贪求不止，企求非分，希望通过偶然、意外获得成功或免除灾害的心理活动。心理学研究表明，侥幸心理是人的本能意识，几乎人人都有的一种心态。通常情况下，侥幸心理只是一种潜意识，不足以支配人的行为活动，但是当一个人自控能力不强，这种潜意识得到孕育膨胀以后，就会引发冲动。有的领导干部心存侥幸心理，自认为行为“隐秘”、手段“高明”、方法“巧妙”，只要不撞到枪口上就没事。三是博弈心理，博弈理论的研究表明，行为人的行为或者选择的结果不完全由行为人自己决定，常常依赖于行为人对他人行为的判断。有的领导干部对中央查纠“四风”的决心不以为然，对“越往后，问责越严”的形势缺乏基本判断，对特权和利益紧抱不放，不断与中央和上级行博弈，认为风头已过就伺机伸手。

（二）信息不对称

信息不对称理论是指在市场经济活动中，各类人员对有关信息的了解是有差异的；掌握信息比较充分的人员，往往处于比较有利的地位，而信息贫乏的人员，则处于比较不利的地位。信息经济学认为，信息不对称造成了市场交易双方的利益失衡，影响社会的公平、公正的原则以及市场配置资源的效率，使交易双方面临“道德风险③”问题。“四风”问题实质上属于道德风险的表现形式。如图1所示，信息不对称会放大具有信息优势一方行为人的侥幸心理和博弈心理，使其更容易发生隐藏行为或隐蔽信息的道德风险。国有银行层级较多、行政化的管理体系使得银行内部具有较长的委托代理链条，下级管理者相对于监管部门、股东和上级管理者在微观层面拥有更多的信息优势，而“四风”问题涉及的信息大多属于微观层面，因而更容易被隐藏。

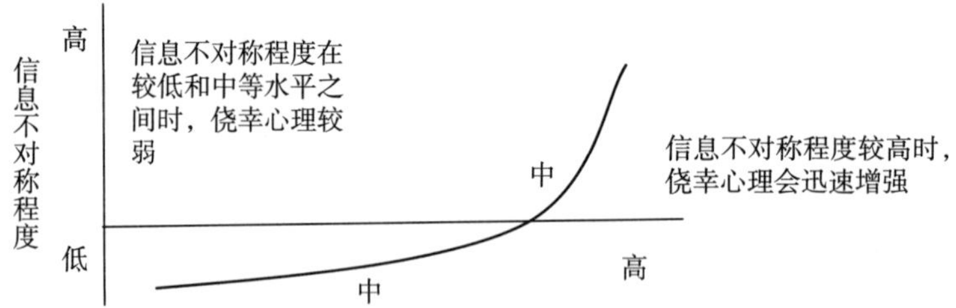

图1　信息不对称程度与侥幸心理的关系

① 委托代理关系是指市场交易中，由于信息不对称，处于信息劣势的委托方与处于信息优势的代理方，相互博弈达成的合同法律关系。

② 内部人控制是指现代企业中的所有权与经营权（控制权）相分离的前提下形成的，由于所有者与经营者利益的不一致，由此导致了经营者控制公司，即“内部人控制”的现象。

③ 道德风险，指行为人在不完全承担风险后果时，为最大限度增进自身效用而做出不利于他人行为的可能性。经济学家经常将道德风险概括为人们“偷懒”“不作为”和机会主义行为。

（三）内部控制缺失

国有银行都建立了相对完善的内部控制制度，但在制度的可操作性、衔接、执行和激励约束方面还存在一些不足，导致了内部监督的表面化、形式化和监督缺位，形成内部人控制，为“四风”问题的形成创造了土壤和环境。一是管理体制还存在缺陷。国有银行大多实行层级行政管理，管理层级多、链条长，官本位机制没有根除，管理人员能上能下的流动机制没有建立，难以适应新形势下业务、服务、经营的转型需要，表现出部门银行和大企业病。二是制度刚性约束不强。国有银行都出台了不少作风建设制度，但对一些细节性的规定仍存在疏漏，操作执行不具体细化，刚性约束不够，在具体执行过程中容易让人钻空子，也使监督部门增加了监督难度。三是监督机制落实不到位。内部控制的环境存在薄弱环节，对制度执行的监督检查、信息反馈和完善改进下的工夫不多，引导群众广泛参与监督不够，致使制度执行不力。

三、建立长效机制的对策

（一）加强思想教育，坚定理想信念

思想是行动的先导，加强作风建设，必须加强党员干部的理想信念教育，解决好世界观、人生观和价值观这个“总开关”问题，促使党员干部牢固树立宗旨意识和群众观念。“一把手”要亲自抓，带头学，一级带一级，一级抓一级，特别是要学习党的十八大以来党中央治国理政新理念新思想新战略，不断提升党员干部的政治素养和党性修养。通过各种形式持续深化党员干部教育，破除与党的宗旨和工作路线相背离的方面，根除作风建设中的“国企特殊论”思维定势，消除模糊的思想认识，从内心深处拔除知行不一、应付推诿的低级趣味，代之以实干兴邦、厚德尚廉的高尚情操，从思想认识上根治“四风”。通过搭建平台形成常态化的学习教育机制，把党员干部教育作为日常工作固定下来，有计划、有安排、有检查、有测试、有考核，对元旦、春节、端午、中秋、国庆等重要节点要及时提醒提示，做到抓细抓常，变“狂风暴雨式”为“润物无声式”教育。

（二）落实从严治党，加强党风廉政建设

“四风”问题反映出党风问题，整治“四风”问题，必须增强党的观念，以落实“两个责任”为抓手推进党风廉政建设。把查纠“四风”问题纳入“两个责任”的重要内容，细化任务清单，体现到银行日常经营和监督管理中。督促各级机构党组织及其班子成员认真履行全面从严治党的主体责任，运用好监督执纪“四种形态”，敢于担当，敢于负责，不怕得罪人，勤打招呼常提醒，让咬耳扯袖、红脸出汗成为常态。各级纪委、监察部门要加大追责问责力度，层层传导压力。认真落实《中国共产党问责条例》，严格执行“四风”责任倒查、“一案双查”制度，对问题突出、影响恶劣、屡禁不止的，既要追究当事人责任，也要追究相关领导责任，还要追究监督部门的责任。定期检查和通报问题查处零报告零通报的机构，对查处“四风”问题不力、导致本机构“四风”问题多发频发的，要对机构党委、纪委问责。充分利用好巡视这把利剑的作用，把落实“两个责任”、六大纪律和中央八项规定精神作为巡视工作重点，坚持问题导向，形成震慑。

（三）完善制度建设，增强制度刚性

加强制度建设，把权力关进制度的笼子，从源头解决“四风”问题。一是规范权力运行机制。明确各级领导岗位职责权限，严格授权管理，探索建立各级行及其工作部门权力清单制度；完善“三重一大”决策制度，明确决策范围、决策流程、工作程序和会议记录要求，严格执行会议主持人末位表态和回避制度，建立重大决策终身负责制；完善党内生活制度和职工代表会议制度，引导普通党员和员工合理参与管理和决策。二是增强制度刚性。进一步完善各项财务管理制度和操作流程，明确政策界限，减少制度的弹性空间，严禁变通。比如，探索制定职务消费管理制度，对职务消费从预算控制、执行控制到结果控制都严格把关。严格规范各项费用使用流程和报销程序，强化对报销事项审批单据、发票等原始凭证的审核要求，如实反应费用使用情况。三是提高制度的系统性。针对“四风”隐形变异等新情况，对现有的作风建设制度进行整体统筹，及时“废、立、改、补”，提高制度的系统性和衔接，防止制度建设叠床架屋，出现矛盾或漏洞。四是建立健全信息报告和反馈机制。严格落实领导人员个人事项报告制度，对婚丧喜庆事宜实行事前和事后报告制度，下级行定期向上级行报告作风建设制度执行情况和重要财务费用使用情况，尽可能消除或减轻信息不对称的程度。

（四）突出监督重点，强化内控监督

要围绕“权、钱、物”，重点监督选人用人、集中采购、授信审批、基建工程、资产处置、费用开支等关键岗位和环节，以及传统节庆期间和个人提职、转岗、家庭婚丧喜庆等个人生活重要时段。一是要加大对作风建设制度执行的监督检查，构建纪检、财会、审计、合规等部门联合检查和信息共享的常态化工作机制，创新监督检查方式，把制度执行情况作为“两个责任”考核内容。二是加强财务费用专项审计，定期对各项费用的预算控制、执行控制和结果控制情况进行审计，及时督促整改，对违纪违规问题，依纪依规严肃查处，强化内部审计监督。三是主动接受群众监督，持续推进党务公开和行务公开，明确公开范围、标准和要求，公布各级行内部监督电话、邮箱、微信等监督渠道，建立涵盖群众举报网上收件、分拣、线索核查处置、回复举报人等环节的党风行风监督举报平台，与中央纪委党风政风监督举报平台对接，并向一级、二级分行延伸，形成上下联动、快速处理的党风行风监督工作机制。

（五）加大问题查处，严肃执纪问责

按照纪检监察工作“查找问题、核查问题、警示通报”的常态化“三部曲”，紧盯“四风”新动向，将违反中央八项规定精神问题列为纪律审查的重点，越往后执纪越严、处理越重，持续释放执纪必严、违纪必究的强烈信号。坚持开展专项整治，把重要节点和假期作为作风建设的前沿阵地，一个节点一个节点坚守，严防弄虚作假和“变通”过关。加强科技手段排查“四风”问题线索，比如利用审计稽核系统对财务费用使用、报销单据的合理性、合规性进行非现场检查，利用远程监控系统、卫星定位系统对公车使用进行监督等，做到问题早发现、早处置。对纪律审查、专项整治中发现的“四风”问题线索深挖细查、决不放过，对违规参加宴请、聚会，搞公款吃喝、公款旅游的，除严肃处理组织者外，对参加者还要找本人谈话，令其在民主生活会上做出深刻检查。抓实用好监督执纪“四种形态”，把纪律挺在前面，严肃查处“四风”的新变种和异形，坚决从快从严从重追究责任，严防“四风”回潮。

我国商业银行发展绿色金融的对策研究

黑龙江省分行　武连成　常庆斌　王玉明

绿色金融作为绿色经济的核心，作为绿色经济活动的血液，作为优化配置资源的最重要的枢纽，如何充分发挥它在推进生态文明建设和建设美丽中国中的作用，是值得研究的全新课题。

一、当前发展绿色金融业务存在问题、制约因素和成因分析

（一）绿色信贷标准认知不统一

绿色信贷的标准多为综合性、原则性的，缺少具体的绿色信贷指导目录、环境风险评级标准等，降低了绿色信贷措施的可操作性，在执行绿色信贷过程中涉及的准入、技术、排放、能源消耗、循环利用能力等标准，都没有明确的标准，导致商业银行对绿色信贷的内涵、外延理解并不一致，绝大部分商业银行都是按照自身理解制定本行绿色信贷战略方针政策、制度流程和产品，对绿色信贷标准上认知不统一。

（二）绿色金融项目评估机制不完善

目前尚未建立环保政策和信息的统一管理与发布机制，环保部门未按有关规定及时向金融部门提供挂牌督办企业、限期治理企业、污染关停企业及环境友好企业名单和企业环境评价信息等，

银行与环保部门尚未实现信息共享，企业环境污染信息还未进入信贷征信系统，银行难以及时全面掌握其真实情况，成为制约绿色信贷发展的瓶颈。

1. 信息不对称。一方面，央行征信系统《企业基本信用报告》涉及的企业范围有限，大部分企业都不在报告范围内，能够提供的“环保信息”有限。另一方面，目前很多企业及环保项目都不在国家监控范围内，商业银行很难获得相应信息。在信息不对称、不通畅的情况下，开展绿色信贷业务必然存在较高的风险，这无疑造成银行绿色金融成本高、收益低，进而制约商业银行积极开展绿色金融业务。银企间普遍存在环保信息不对称、信息收集难、客户回避等风险因素，有效的信息共享渠道尚未建立。

2. 信息渠道有限，不尽透明。绿色信贷对信息渠道的建设有较高的要求。部分地方环保部门发布的企业环境违法信息针对性不强、时效性不够，不能适应银行审查信贷申请的具体需要，直接影响绿色信贷执行效果。对企业环保违规涉及污水、固体废物、噪声、大气排放等各个方面的环保尺度也没有建立统一标准，而企业的环保违法行为一旦爆发多为事后行为，难以事先防范，且存在轻重之分，银行难以判别。

3. 银行对企业环境风险评估机制不健全。随着我国环境保护和节能降耗力度加大，环境风险日益成为信贷活动中最主要的风险之一。《绿色信贷指引》也要求银行业金融机构应当有效识别、计量、监测、控制信贷业务中的环境和社会风险。目前商业银行对于企业环境风险评估机制还没有完全建立，对企业的环保审查更多地表现在形式上，环保审查更多是审查企业环保硬件设施和环保人员配置。银行业内部缺少绿色评估统一标准和环境风险评价体系，更多的是停留在原则性的制度层面，银行业在开展绿色金融业务时只按照银行内部标准对企业、项目进行评估。因此一些高污染、高能耗的企业会利用体制机制空缺，精心设计使其体现高环保水平，以获取绿色信贷，但绿色信贷资金并没有投向环保产业及环保技术改良项目。

（三）银行难以准确把握成本效应

一是就服务于新兴绿色产业（包括新能源在内的新兴产业），拥有广阔的时间前景，绿色金融是能够获得自身效益的。这是根据环境波特假说、产权理论和外部性理论得出的结论。环境波特假说认为，在动态条件下，环境质量提高与厂商生产率和竞争力增强的最终发展是可能的。具体而言，高耗能、高排放实际上是某种形式经济浪费和资源无效运用的信号，正确设计的基于经济激励导向的严格规制从较长时期来看可以激发创新、促进节能减排技术或新能源技术的研发、改进生产无效性和提高投入生产率，最终部分或全部抵消短期执行环境政策的成本，甚至为厂商带来净收益。产权理论和外部性理论认为，如果各国排放权得到明确界定和严格保护，节能减排就会成为一种有利可图的行为，这将为绿色经济发展模式替代传统高耗能高排放发展模式提供强大动力。绿色金融所依据的理论是这个经济学上的“外部性”理论。绿色金融产品与服务产品和服务具有准公共产品特征，具有显著正外部特征，在获取自身效益的同时它需要兼顾社会效益。但是环境问题的引入，为绿色金融产品与服务创新开创了一片新的天地，银行可以通过金融工具创新（例如排污权交易等），降低风险，甚至获取利润。二是就服务于传统产业的绿色改造这个政策性对象来说，情况不一。如对大型环保设施项目来说，周期长，风险不确定、收益不稳定。还有的生态环保项目缺少成熟的商业模式，经济效益不突出。还有的企业为了短期自身利益，或因排放技术不过关，不愿意增加环保投入，恶意污染环境，强制这些企业增加投入，会因为科技投入大增加企业成本、降低企业收入。所以绿色金融要解决“既要符合绿色的标准也要符合银行效益的标准”的两难问题，所以应该对这些产业和企业外部性内部化。

（四）银行绿色信贷统计工作有待完善

绿色信贷统计工作是全面了解绿色信贷结构和建立绿色银行评级的基础工作，关系到能否准确反映出商业银行的绿色信贷成效，以及在承担社会责任中的重要作用。银监会发布的绿色信贷统计制度，结合了金融与技术多个领域，涉及专业术语较多，还增加了节能减排数据的计算。制度存在诸多创新之处，但同时也增添了准确统计的难度。

1. 绿色信贷统计标准复杂。银监会绿色信贷统计是从需求端，即产品使用方、项目建设方进行统计，共分为绿色建筑、绿色交通、绿色能源等12类绿色信贷项目，统计内容与维度更多关注项目建设在环境保护和节能减排中的实际作用，而不是笼统地与现行国标行业进行一一对应。每一类绿色信贷项目都有相应的评判条件，且涵盖了大量的专业准入条件。如绿色建筑项目，涉及节能与能源利用、节水与水资源利用等6个方面，需要根据住建部绿色建筑评价标准（GBT50378－2006），结合住宅建筑40个一般项和9个优先项综合判定。又如农村节水项目中，对于小型农田水利设施建设项目的评判涉及水利项目装机功率、水容积、流量、灌溉技术、排水和灌溉面积等。

2. 绿色信贷项目判断的准确性。绿色信贷项目具备高科技和环保特征，需要银行员工了解与企业相关的工业标准、能耗技术及新兴科技等。但以前银行在向企业和项目投入贷款时，更多关注的是企业的经营管理能力和资金收益，对于技术专业知识了解偏少，这都增加了银行人员准确判断、分类的难度。银行人员需要理解统计标准中的专业术语，对贷款项目进行判断，并根据贷款实际投向进行分类。任何理解上的差异，都有可能导致非绿色信贷项目误判断为绿色信贷项目。如在火力发电中，“以天然气为燃料的火力发电”为绿色信贷项目，其他火力发电不纳入。又如，绿色交通项目中包含了快速公交（BRT）车辆购置贷款，但快速公交道路建设贷款则不属于。

3. 节能减排数据获取有难度。为量化商业银行贷款在节能减排工作中的贡献，做到项目环境效益可测量，绿色信贷统计中特意增加了标准煤、二氧化碳当量、化学需氧量、氨氮、二氧化硫、氮氧化物和节水量共7类节能减排数据。但在实际工作中，节能减排数据的获取存在一定的难度。一是部分项目的环评报告中无节能减排数据，无法直接获取或者通过测算方法计算节能减排数据。二是部分贷款项目的技术应用等可能发生变化，节能减排数据需要与企业沟通，才能从客户方得到最新的、符合实际的节能减排数据。但在沟通过程中，有可能存在双方理解不一致，导致节能减排数据有误。三是银监会只提供了煤层气利用、污水处理等项目共13个节能减排测算模版，部分项目无法通过测算获取节能减排数据。四是绿色信贷项目如果分类不正确，就会应用错误的测算模版，导致节能减排数据测算错误。

4. 数据系统化程度低。绿色信贷统计标准出台时间较短，据了解，国内大部分商业银行目前无法系统化统计绿色信贷数据。系统数据中没有绿色信贷标识，特别是节能减排数据严重缺失，无法实现系统化提取和审核。节能减排数据主要是从企业提供的相关资料（如环评报告、可研报告）中获取，且还需要根据发放贷款余额与项目总投资进行比例折算，全部依靠人工审核。部分项目的节能减排数据审核只能基于同行业比较和统计经验，但当项目总投资发生变化时，就更难审核节能减排数据的正确性。

（五）激励机制未建立

一方面是政府对金融机构的激励机制建设，另一方面是金融机构与企业环境行为之间激励挂钩的问题。地方政府虽然对绿色发展非常重视，推行了节能减排工作责任制、问责制等，但对金融部门支持节能减排可能出现的风险缺乏相应的财政贴息等补偿政策，对执行国家环境保护政策较好的企业尚未制定出台针对性、可操作性较强的经济扶持政策，不能有效吸引污染物排放未达标企业加大环保投入，难以充分调动商业银行积极争取上级行加大对辖区环保节能项目资金投入的积极性，形成在节能减排支持上的商业信贷缺位。如绿色信贷支持的煤矸石发电项目等项目，目前经济效益并不好，亟须财政、税收政策给予配套支持，吸引银行的信贷支持。虽然个别金融机构取得较好发展，但总体上参与机构较为有限，参与程度仍然很低。以绿色债券为例，绿色债券久期较大，易受利率波动影响，在当前利率走势不明朗的情况下，投资者参与绿色债券发行交易的热情不高，甚至纷纷减持。

缺乏发展绿色信贷的有效激励机制，商业银行积极性不高，绿色金融规模过小。《中国低碳金融发展2014年度报告》表明，总资产排名较为靠前的18家主要商业银行绿色信贷余额占总资产比例约为1.81%，其中排名第一的兴业银行绿色信贷占比也仅有3.46%。而且，绿色信贷主要分布在政府参与或主导型的环保项目融资，投放于中小环保企业的融资规模较小。绿色债券规模超过4万亿元，但除去铁路交通债，绿色债券规模不足1万亿元，在近50万亿元市值的中国债券市场中，体量较小。

二、商业银行发展绿色金融的对策与建议

1. 统筹规划，加强绿色信贷工作组织领导。成立由分管行长负责的领导小组，明确牵头管理部门，必要时可建立跨部门工作机制。规模较大的银行可以尝试在其总行设立环境社会发展部门，或在风险控制部门设立分支机构，专门对环境政策的变化进行分析，开展针对企业或项目的环境审查。

2. 完善绿色信贷流程。首先将绿色信贷理念贯穿信贷全流程。要主动转变传统信贷经营思路和理念，牢固树立绿色信贷发展理念，将环境和社会风险作为客户或项目选择的重要评价依据，并将绿色信贷标准贯穿到信贷流程各个环节，贷前尽职调查环节真实反映客户/项目所面临环境和社会风险状况；贷中审批环节审慎判断客户/项目所承担的环境和社会风险以及风险的承受化解能力，严格执行环保一票否决制；放款审核环节应将环境和社会风险状况作为重要审核内容，严把放款审核关；贷后检查环节建立环境和社会风险监测机制，切实做到风险早发现、早预警、早化解、早处置。其次，加强授信业务全流程管理。银行还应加强授信管理，提升环境和社会风险防控水平。在尽职调查环节，应根据行业、区域特点，明确环境和社会风险尽职调查内容和要求；在审查环节，制定环境和社会风险方面的合规文件清单和审查清单，严格审查要求；在审批环节，应根据企业及项目面临的环境和社会风险确定授信权限和审批流程，不合规的不予授信；在合同签订环节，应订立企业加强环境和社会风险管理的声明和保证条款；在资金拨付环节，将环境和社会风险状况作为资金拨付的重要依据，对出现重大风险隐患的可以中止直至终止资金拨付；在贷后管理环节，对有潜在重大环境和社会风险的企业和项目实施有针对性的管控措施；对拟授信的境外项目，要确保发起人遵守项目所在国家或地区有关环保、土地、安全等法律法规以及相关国际惯例和准则。

3. 建立“绿色清单”，明确支持方向和重点领域。辖区银行机构应根据自身经营战略、目标规划以及区域经济结构特点，结合总行印发的绿色信贷重点支持领域和企业名单，制定绿色信贷行业、企业和项目的信贷准入标准，定期收集、主动跟进绿色项目信息，并按照《中国银监会办公厅关于报送绿色信贷统计表的通知》（银监办发〔2013〕185号）规定的统计口径和范围，建立“绿色清单”，对“绿色清单”实行动态管理。围绕“绿色清单”积极拓展绿色信贷业务，加大精准投放力度，切实提升支持绿色发展的质效。

4. 完善绿色信贷激励机制。制度设计上应重点完善责任机制和激励机制建设，使商业银行意识到对资源环境不利的项目的市场风险，以及对资源环境有利的项目的市场机遇，进而自觉地实施绿色金融。如在贴息力度上，可根据项目类型、项目规模制订差异化政策。简化贴息手续，借款企业只要获得政府部门出具的证明，在还款时银行可将贴息部分直接从其应付利息中扣除，由财政部门直接拨款到相关银行。同时，也可考虑对绿色信贷业务发展较好的银行实施奖励措施，如税收优惠、财政补贴等。监管机构应出台相应的办法和政策，激励商业银行绿色信贷产品的创新和推广。商业银行内部则应建立有效的绿色信贷考核评价体系和奖惩机制，可将绿色信贷排名作为重要的业绩考核指标，落实激励约束措施，确保绿色信贷持续有效开展。

5. 加强对绿色信贷效益、风险和合规的测算、评估和检查。一是银监会、人民银行等监管机构应与环保部门研究，完善绿色信贷节能减排效益测算方法，对其中专业技术的评判给出相应的参考案例。商业银行在综合掌握贷款项目环评报告、可研报告和项目建设情况的基础上，基于银监会绿色信贷项目定义和相应的指标条件，逐个判断是否符合。只有所有定量和定性指标符合，才能归入绿色信贷分类。然后再根据绿色信贷相关统计制度，测算绿色信贷节能减排效益。对于技术类判断指标，要充分依靠项目建设时发展改革委、环保部门、专业设计和建设公司出具的报告内容。二是银行应按年度对本机构绿色信贷工作开展全面评估，对照绿色信贷实施情况关键评价指标，从定性、定量两个维度认真开展自评工

作，全面梳理实施成效以及问题和不足，明确工作改进方向，积极推动绿色信贷长效机制建设。应将绿色信贷执行情况纳入内控合规检查范围，对检查发现的问题依据规定进行问责，推动绿色信贷相关政策制度的有效落实。

6. 加强金融产品和服务创新。以创新推动绿色信贷快速发展。深入分析、研究合同能源管理、排污权交易等绿色信贷新兴商业模式流程各个环节的融资服务需求，综合运用信贷和非信贷两种融资模式，重点开展产品和服务的创新工作。

一是加快用能权、排污权质押等新型融资产品的创新，以及节能服务商、节能减排设备供应链融资等新融资模式的创新，大力发展能效贷款、合同能源管理未来收益权质押贷款、排污权质押贷款、碳排放权质押贷款等新的信贷产品。

二是根据市场需求，适时发行绿色金融债券，募集专项资金用于绿色产业项目，积极探索绿色信贷资产证券化，优化资产结构，提升资产使用效率。

三是发挥集团综合化经营优势，提升综合金融服务方案设计能力，针对客户不同阶段的融资需求特点，通过传统信贷、理财、信托、融资租赁、基金、保险等多样化融资渠道，满足客户/项目资金需求，全面推动绿色信贷的快速发展。

四是拓展服务方式，将绿色金融从信贷延伸到银行各个业务领域。一方面，我国商业银行在信贷规模、资本充足率、风险管理等方面受到最为严格的监管；另一方面，大量的绿色金融项目或者融资额度巨大，如清洁能源、热电联产、天然气的推广和利用、绿色照明工程等，或者难以提供抵押担保等常规性的风险缓释工具，如中小企业的节能减排技术改造项目等。这两方面因素都决定了以信贷方式服务绿色金融的深度和广度必然受到很大限制。为改变这种局面，除了创新实施风险管理工具外，更重要的是在金融市场化的大趋势下，将绿色金融从传统信贷业务领域延伸到各个业务领域，特别是提高以投资银行、资产管理和财富管理等新兴业务为绿色经济提供综合金融服务的能力。在投资银行方面，为绿色金融需求主体提供多元化的融资和咨询服务，包括一级市场的股票和债券承销发行、银团贷款、结构化融资安排、资产证券化、投融资撮合、财务顾问等服务，以及二级市场的交易、风险对冲等业务。在资产管理方面，深入研究绿色金融项目的运行特征，并根据投资者的需求，创设风险与收益匹配、期限合理、投资运作符合监管要求的理财产品及其他产品或组合，为拓宽企业融资渠道和增加投资者收益做好基础工作。另外，随着绿色金融市场兼并收购、风险投资的活跃，相关并购基金、私募基金的资金监控、资产托管也为商业银行带来了业务机会和服务要求。在财富管理方面，一方面充分运用商业银行的渠道和客户优势，积极为投资者推介符合其投资理念、在其风险承受能力之内、能带来可观回报的绿色金融项目，实现为广大客户提供资产保值增值服务和支持绿色金融的双重目的；另一方面，为富有余力的绿色企业管理现金，代理购碳，推荐投资机会等，帮助企业做大做强。

五是加强担保方式创新。要拓展抵质押品范围，减少对不动产抵押、互保联保等手段的依赖，积极稳妥发展应收账款质押、履约保函、知识产权质押、股权质押以及林权和农村土地“两权”抵押等担保方式，持续跟进碳交易和排污权领域交易平台建设，支持碳排放权、排污权等担保方式创新，探索利用工程供水、供热、发电、污水垃圾处理等预期收益质押贷款，缓解绿色信贷项目担保不足的问题。拓展与保险、融资性担保公司等机构合作，为贷款客户提供增信服务。

六是加强融资模式创新。通过 PPP（政府和社会资本合作）项目、债券承销以及银行理财等多种方式拓宽融资渠道，在依法合规、风险隔离的前提下，加大投行业务创新力度，与 PE（私募股权投资）、VC（风险投资）等创业投资机构开展“债权 + 股权”等融资，扩大绿色项目资金来源。积极关注投贷联动业务试点情况，加强相关政策研究，努力探索绿色资源与金融资源对接的新机制，为绿色项目提供持续资金支持。

7. 加强对大数据利用和分析。商业银行要充分利用绿色信贷分类数据，以加强对客户营销的引导，合理规避环境风险。同时可通过绿色信贷数据考核，促使行内人员认真理解统计标准，提高绿色信贷项目判断与分类、节能减排数据的准确性。只有通过数据利用和分析，才能发现问题，实现以“用”促“改”，提升绿色信贷分类和节能减排数据质量。

基于大数据的网点分类建设分析

云南省分行信息技术部大数据团队

一、基本背景

物理渠道转型创新发展的背景是适应银行业自身发展变化的需要，适应网络金融快速发展的需要，满足客户深层次服务的需要，适应同业日益激烈竞争的需要。转型创新的具体目标是完成营业网点综合化转型，完成营业网点智慧转型，完成客户综合服务转型，完成运营集约化转型，完成自助银行销售转型。

“未来五年，努力将现有优质核心地段、客户资源丰富、辐射范围广的大型综合型支行打造成旗舰网点”，“同时可考虑将营业面积小、业务发展资源匮乏的营业网点转型为轻型网点，并根据不同的社区、人群、场景灵活进驻新设轻型网点”。

基于总行的方案，《云南分行网点分类建设管理及轻型网点建设意见》对不同分类的网点也给出了相关定义。其中旗舰网点是服务于大中型客户、中高端个人客户，侧重资产类业务，主要办理资产类、理财类、结算与现金管理类业务，以实现客户资产保值增值和维系客户关系为主要目标。综合网点是服务于小企业客户、大众类客户，侧重投资理财类业务，提供对公对私标准服务，做好网点辐射范围内的各类公司及机构类客户和个人客户的资产、负债及中间业务等综合化服务和产品体验。轻型网点是服务于社区、住宅区、小商品、集散地等客户，侧重结算、账户类业务和产品销售，搭建“客户自助 + 专业处理 + 前台服务”的实时协同结算模式以满足区域内公司、机构客户的基本结算需求和社区居民各类电子银行签约、理财业务、保险配置、贵金属投资、基金购买和证券账户签约，以及个人小额贷款的需求。三类网点的主要特点归纳于下（见表 1）。

表 1　　三类网点的主要特点

网点类型	建设目标	主要目标客户	主要业务类型	其他
旗舰网点	实现客户资产保值增值和维系客户关系	大中型客户、中高端个人客户	资产类、理财类、结算与现金管理类	位置佳，宣传效应好
综合网点	综合化服务和产品体验	小企业客户、大众类客户	公司及机构类客户和个人客户的资产、负债及中间业务	数量多，覆盖范围广
轻型网点	为区域客户提供便利化服务	社区、住宅区、小商品、集散地等客户	公司、机构客户的基本结算需求社区居民账户类业务、产品销售以及个人小额贷款的需求	面积小， 成本低， 人员少， 销售准， 灵活性

二、分析思路

网点分类建设是建行物理渠道转型中的一个重要组成部分，但面对数量庞大、情况复杂的物理网点，究竟如何判断网点的现状，结合客户群体和市场环境实现网点“一点一策、一点一型”，为网点的差别化规划和建设提出参考意见，是一个见仁见智的话题。为此，分行大数据团队尝试从大数据分析的角度，给出一个数据视角的建议。

三、分析方法

结合我行目前的数据现状，我们对网点分类建设相关指标进行了提炼，分为五部分：

（一）财务指标：盈利情况、房屋相关费用；

（二）客户指标：公司机构客户分类数量、个人客户分类数量；

（三）业务指标：存款、贷款、中间业务收入；

（四）交易指标：业务量、渠道替代情况；

（五）其他：员工人数、岗位设置、位置、面积、网点设立时间等。

经过对指标来源的确认，有几类情况不适合作为分析数据，特别说明如下：

（一）面积、岗位设置、网点设立时间等指标虽然有量化数据，但难以设立统一的衡量标准；

（二）位置指标难以量化；

（三）网点管理水平、网点员工主观能动性、网点提供专项服务的客户、考核管理等因素虽然对网点是否适合转型以及转型效果都有影响，但也都难以量化。

四、分析结果

由于昆明地区网点数量较多，且处在同一区域内网点环境相似度高，可比性强，因此我们首先对昆明地区的网点进行了初步分析。

表 2 是 2015 年昆明地区人均利润最低的 10 家网点。考虑到网点购买或租用营业场所用成本可能对利润带来不同的影响，我们同时提取了这些网点剔除折旧费的人均修正利润总额 1 和剔除房屋折旧费、装修折旧费、房租费、物业管理费的人均修正利润总额 2。

表 2　昆明地区人均利润最低的 10 家网点　　单位：万元

机构名称	人均利润总额	人均修正利润总额 1	排名	人均修正利润总额 2	排名
昆钢朝阳山分理处	-99.96	-97.60	1	-96.29	1
安宁百花东路分理处	-74.31	-72.55	2	-70.72	2
昆明虹桥支行	-3.09	0.33	3	3.97	3
昆明沣源路支行	-2.59	21.69	7	19.64	7
昆明经典双城支行	-0.55	2.51	5	6.42	4
昆明吴井路支行	0.34	1.96	4	13.81	5
昆明滇池中路支行	9.69	23.83	9	21.98	9
安宁金屯支行	16.43	22.62	8	20.45	8
昆明珥季路支行	17.74	24.57	10	24.49	10
昆明经济开发区支行	18.33	20.97	6	19.31	6

由表 2 中不难看出，尽管修正利润后网点的排名发生了局部变化，但上述网点依然排名倒数 10 名以内，也就是说营业场所购买或租用的成本对网点的利润影响不明显，因此在后续分析中全都直接采用人均利润总额，不再进行修正。

同样是上述网点，我们分析了他们的人均中间业务收入和人均交易量与昆明地区平均值的关系，详见图 1、图 2。

从图 1、图 2 中不难看出，人均利润排名后 10 位的这些网点，人均中间业务收入远远低于昆明地区的平均值，从一个侧面反映出他们的利润低主要原因在于创造收入的能力差。而从人均交易量来看，其中 6 个的网点接近甚至高于昆明地区平均值，也就是说这些网点所在地区的上门客户并不少，发展业务有潜力。

人均利润高于昆明地区平均值的网点仅城北支行、城西支行、省分行营业室、滇龙支行、城

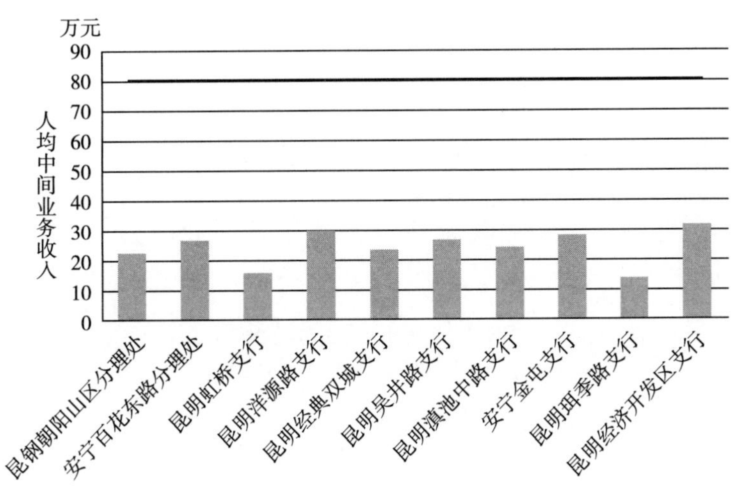

图1　人均中间业务收入

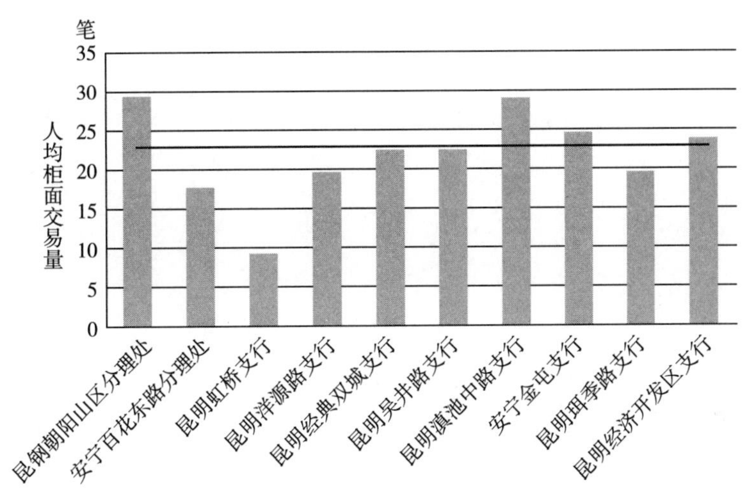

图2　人均柜面交易量

东支行、北京路支行、正义路支行、城南支行、官渡支行、昆钢支行、华尔贝支行、新兴支行、呈贡支行、环城西路支行、东风支行、西山支行16家。

鉴于旗舰网点需“对周边区域内的综合网点和轻型网点进行支持和协助”，因此我们认为可以着重从16家人均创利能力高的网点中来考虑旗舰网点的设置，因为他们真正有余力对周边网点实施支持和协助。反之，人均利润低则应该成为是否适合轻型网点的重要依据。

成长性的标准因客户特点、业务模式的不同而不同，因此我们从对私业务成长性和对公业务成长性两方面着手，分别从存款、贷款、客户结构几方面的增长速度进行衡量（见图3）。

这是对私存款成长性、个人贷款成长性、对私客户成长性、对公存款成长性、对公贷款成长性、对公客户成长性以及综合成长性七项指标排名靠前的网点关系图。综合人均利润高的情况可以看出，西山支行、城北支行、城东支行、华尔贝支行、城西支行整体成长性好。

人均利润排名倒数30名的网点中整体成长性好的有世纪金源支行、安宁金屯支行、螺蛳湾第二支行、经济开发区支行、滇池中路支行、和谐世纪支行、虹桥支行、吴井路支行、珥季路支行、霖雨路支行、云秀路支行、经典双城支行、华都支行、红塔东路支行、长水机场支行、前卫西路支行、沣源路支行、呈贡新区支行、红云路支行、关雨路支行（见图4）。

这是对私存款成长性、个人贷款成长性、对私客户成长性、对公存款成长性、对公贷款成长

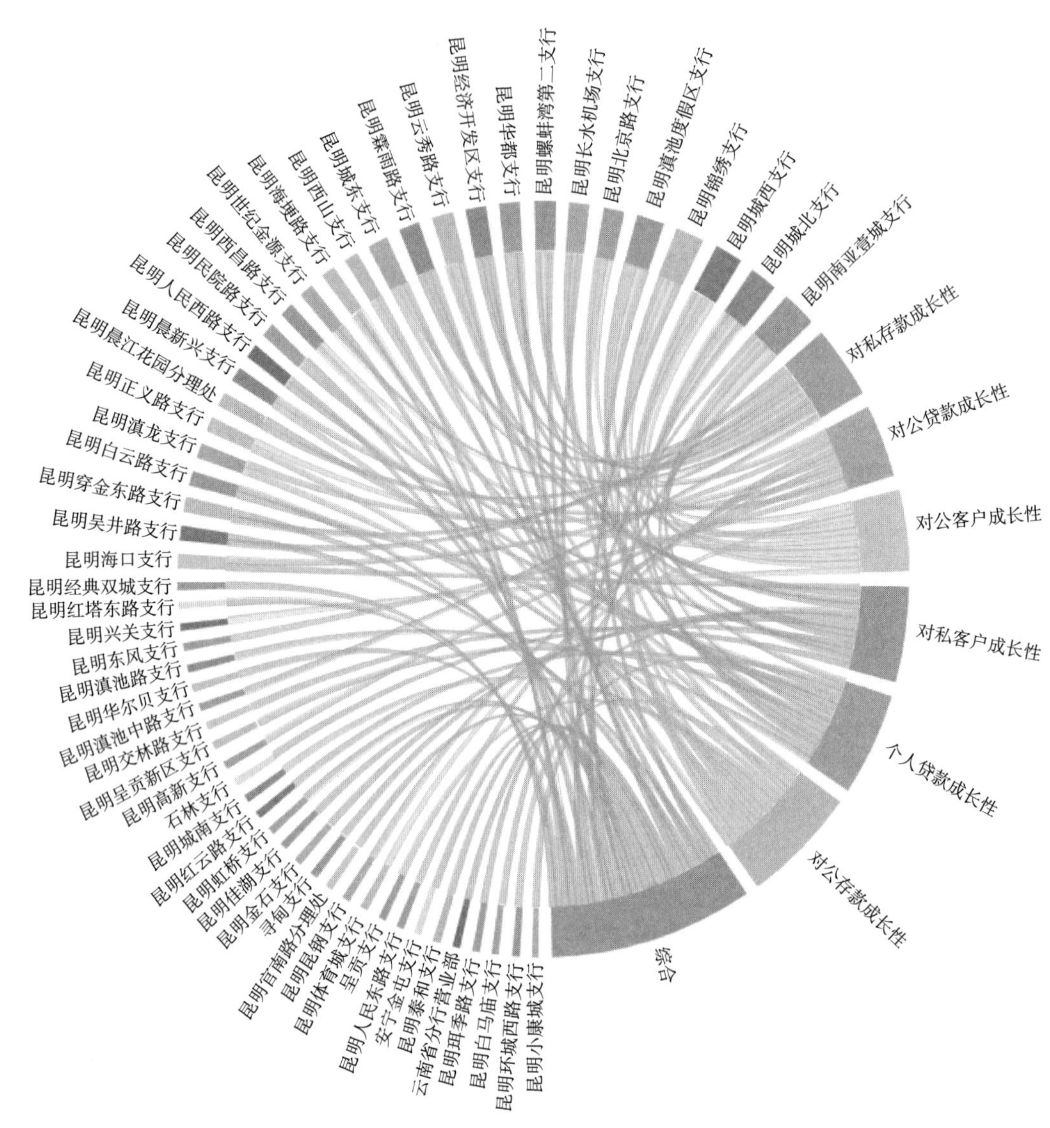

图 3　人均创利能力较高支行成长性统计

性、对公客户成长性以及综合成长性七项指标排名靠后的网点关系图。人均利润高于昆明地区平均值的 16 家网点中，省分行营业室、滇龙支行、北京路支行、正义路支行、城南支行、官渡支行、昆钢支行、呈贡支行榜上有名。

人均利润排名倒数 30 名的网点中整体成长性差的有宜良支行、龙泉路支行、呈贡新区支行、春城路支行、螺蛳湾第二支行、世博支行、环城北路分理处、交林路支行、世纪金源支行、安宁百花东路分理处、昆钢朝阳山分理处。

从盈利模式角度，我们把昆明地区的网点分为以下四类（见图 5）。

网点公私业务盈利能力均强已说明其客户资源丰富，如果同时具备处于优质核心地段以及辐射范围广的条件，那么按照物理渠道转型规划，这些网点具备建设为旗舰网点的基本条件。

网点的盈利模式如果以对公为主，由于转为轻型网点会影响对复杂业务办理的能力，对对公客户维护影响较大，因此此类网点不建议转为轻型网点。

网点的盈利模式如果以对私为主，或者公私业务发展相对均衡，没有明显差异，则需要进一步结合位置、管理水平、人员素质等因素，综合考虑网点分类建设策略。

综合考虑财务、成长性和盈利能力几项指标，我们初步为昆明地区的网点提出以下分类策略和建设建议，详见图 6 和表 3。

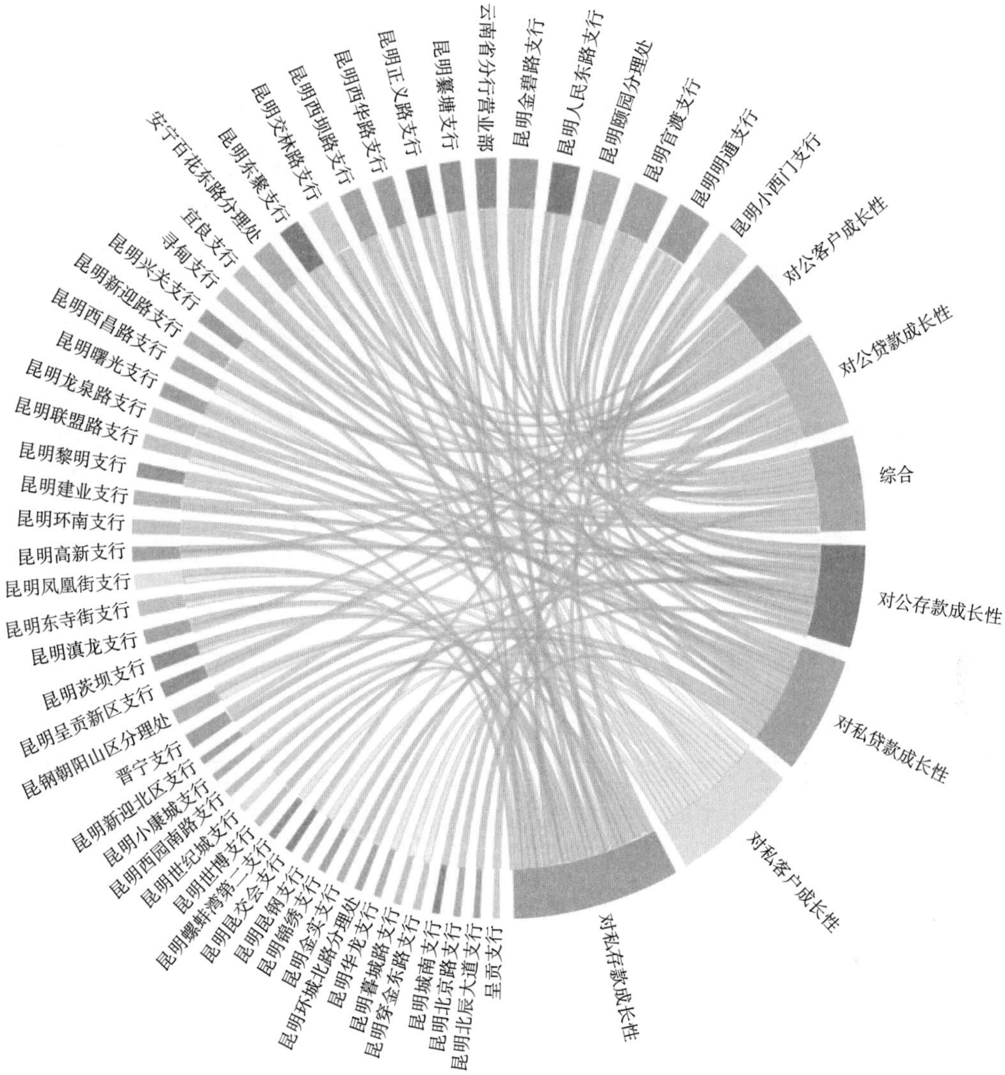

图 4　人均利润排名倒数 30 名支行成长性统计

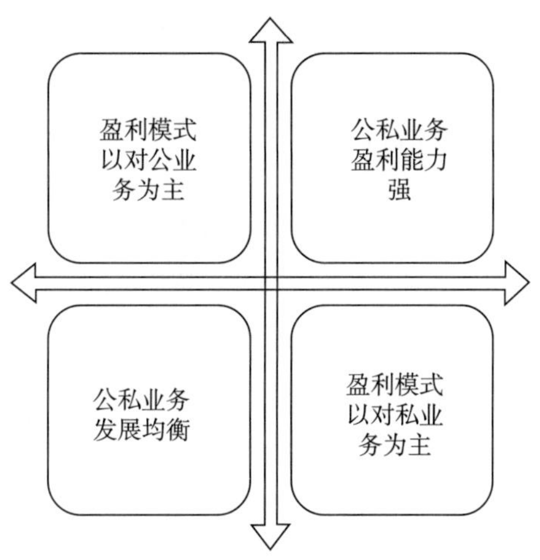

图 5　网点类型划分

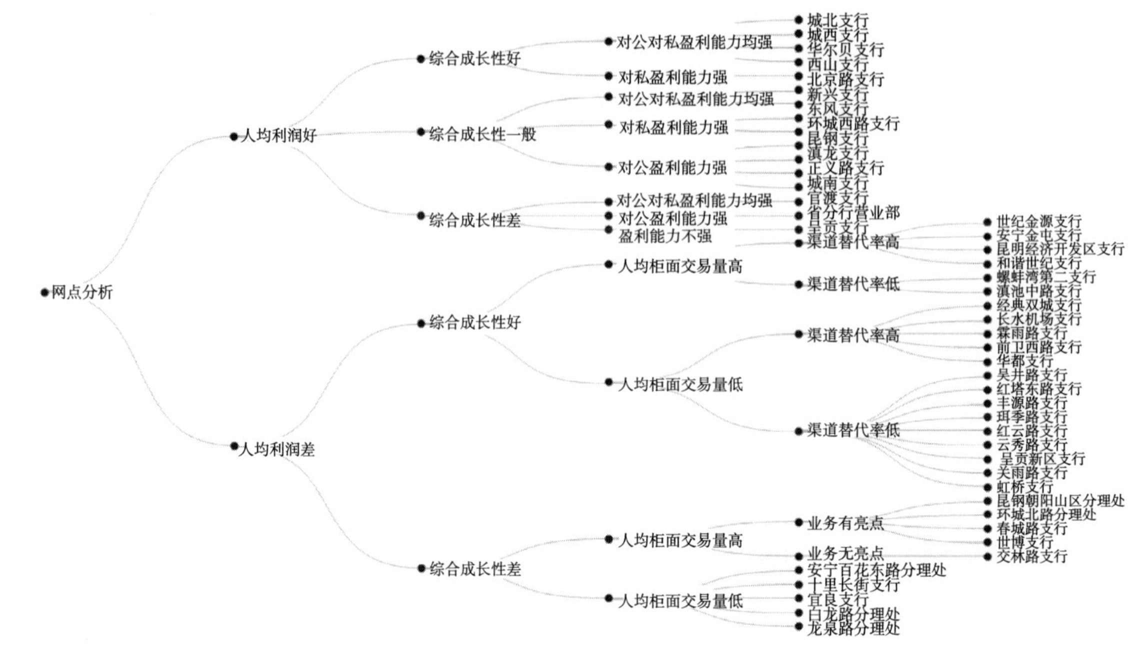

图 6　网点分类策略

表 3　　　　网点建设建议

建议	网点名称
作为旗舰网点重点建设	昆明城北支行
	昆明城西支行
	昆明城东支行
	华尔贝支行
努力提高渠道替代率，调整更多人力资源发展重点业务	呈贡支行
	昆明官渡支行
	云南省分行营业部
重点提高渠道替代率	螺蛳湾第二支行
	滇池中路支行
提高渠道替代率，调整人员保障对公业务发展	宜良支行
适当减少人员配备，同时注意提高渠道替代率	吴井路支行
	红塔东路支行
	沣源路支行
	珥季路支行
	红云路支行
	云秀路支行
	呈贡新区支行
	关雨路支行
	虹桥支行

续表

建议	网点名称
重点提高渠道替代率，适当增加设备投入，调整人员挖掘业务潜力	昆钢朝阳山分理处
	春城路支行
	世博支行
	环城北路分理处
可结合位置、面积等因素综合考虑转为轻型网点	交林路支行
	十里长街支行
	白龙路分理处
	龙泉路支行
	安宁百花东路分理处

接下来我们把网点分析范围从昆明地区扩大到全省，发现还有一些新的因素需要引入。

• 全省大部分县支行都是本区域内的唯一机构，即使不止一个，网点数量也较少，不适合用成长性、盈利能力、人均交易量、渠道替代率这类需要与类似网点进行比较才能衡量的指标。

• 现有经营模式下，创利能力与对公盈利能力关联度极高。以昆明地区网点为例，人均利润高于平均值的16家网点，与对公盈利能力强的15家网点有12家完全重合。因此我们对盈利能力的考虑重点在于对公盈利能力是否明显大于对私盈利能力（见图7）。

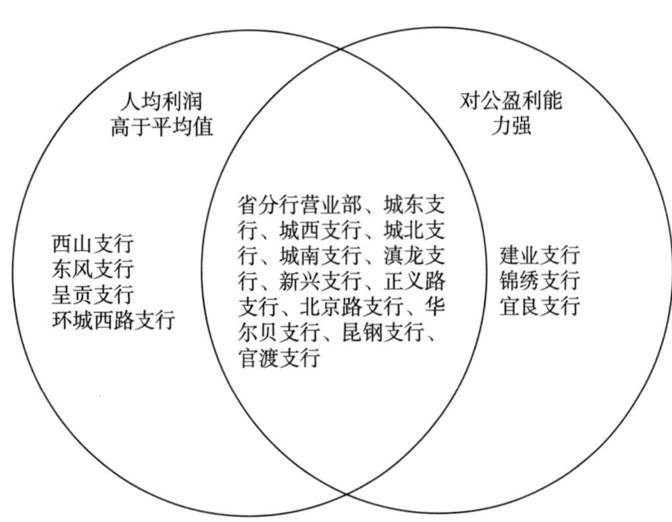

图7

• 人均交易量、渠道替代率反映的是网点现状，且通过引导客户向自助渠道、电子渠道迁移就可以快速改善指标，缺乏能够体现网点的长期发展潜力的指标。为此我们引入了对私客户资源指标。

改进后的网点分类策略详见表4。

表4　改进后的同点分类策略

网点分类	县支行	经营效益	成长性	对公盈利能力大于对私盈利能力	对私客户资源	策略建议
1	是	差				覆盖县域市场，深化网点人员服务转型，提升网点业务办理和综合营销能力
2		中 好				覆盖县域市场，推进柜面业务分流，促进网点智能化转型

续表

网点分类	县支行	经营效益	成长性	对公盈利能力大于对私盈利能力	对私客户资源	策略建议
3	否	差	差 中	否	差	酌情改造网点，调整网点人员配置，提升网点服务能力
4		差	差 中	否	中 好	推进柜面业务分流，促进网点智能化转型，提升网点综合营销能力
5		差	差 中	是		推进柜面业务分流，提高网点人员综合服务能力
6		差	好			加强网点智能自助服务区建设，提高网点经营效益
7		中	差			调整网点人员配置，推进柜面业务分流
8		中	中			优化网点人员结构，提升网点综合营销能力
9		中	好			维持现状
10		好	差	否		调整网点人员配置，提升网点综合营销能力
11		好	差	是		优化网点人员结构，提升重点客户服务能力
12		好	中 好			维持现状

五、实际效果分析

2016 年昆明地区尝试建设了两个轻型网点，安宁金方路分理处和滨江支行。从网点建设的角度来说，金方路分理处从原址改造而来，而滨江支行则属于迁址新建，因此从周边环境和客户基础来说，金方路分理处尽管同样完成了账务的迁移，但尚能承继部分原来的影响。我们选取了昆明地区同样是 2015 年底开业但按照传统网点模式建设的金源大道分理处，与两家轻型网点进行数据对比（见表 5）。

表 5　三家网点数据对比

指标	金方路分理处	滨江支行	金源大道分理处
利润总额（万元）	-96.20	-81.90	-141.46
网点人数（人）	4.38	5.4	8
网点坐柜人数（人）	2	3	4

作为同样开业不足一年的网点而言，轻型网点的利润情况明显好于传统网点，很直接地反映出轻资产投入带来好处。网点人数减少则是轻型网点另一个明显特点（见表 6）。

表 6　三家网点数据对比

指标	金方路分理处	滨江支行	金源大道分理处
对私一般性存款日均余额（万元）	1898.40	744.79	2936.38
个人贷款日均余额（元）	0	3417.15	0
对私客户数量（个）	3482	197	2827
中高端客户数量（个）	109	12	115
对私有效客户数（个）	742	96	1474
人均对私一般性存款日均余额（万元）	433.43	137.92	367.05
人均对私客户数量（个）	794.98	36.48	353.38
人均中高端客户数量（个）	24.89	2.22	14.38
人均对私有效客户数（个）	169.41	17.78	184.25

从业务发展情况来看，仅有金源大道分理处开立了对公账户并形成对公存款，因此我们重点分析对私业务。开业刚半年的滨江支行，各项指标明显弱于其他两个网点。同样是开业一年的网点，仅看绝对数的话，金方路分理处无论是日均存款，还是有效客户、中高端客户都不如金源大道分理处，但是如果从人均数看，金方路分理处的日均存款、对私客户、中高端客户数都高于金源大道分理处。

最后我们对两个轻型网点的交易渠道分布情况进行了简单分析（见图 8、图 9）。

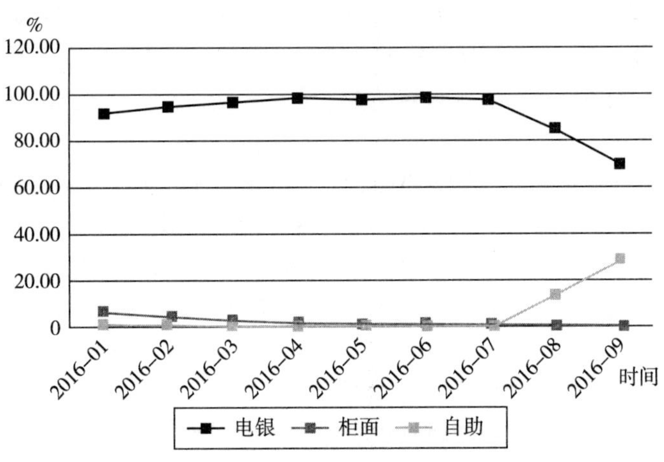

图 8　金方路分理处

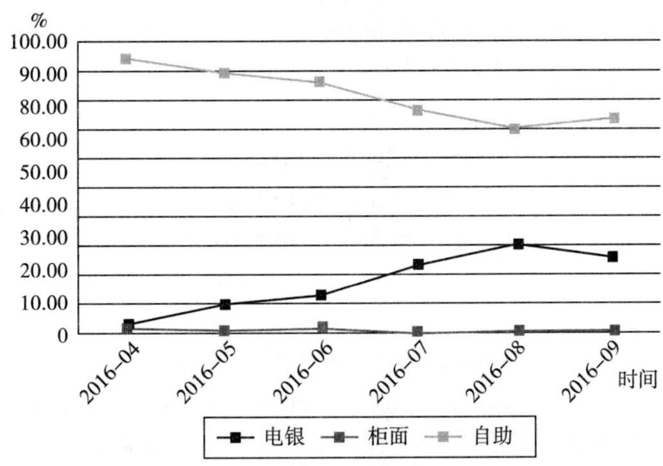

图 9　滨江支行

共同点是两个网点的柜面交易占比都极低，基本在 2% 以下。但自助和电银的占比各有特点，金方路分理处以电银为主，滨江支行以自助为主。

由于轻型网点的建设时间较短，可以用于分析的数据不多，因此无法给出具有普遍指导意义的经验。但从现有数据看，如果人员配置合理，管理到位，轻型网点确实能在减少资产投入和人力投入的前提下，完全保障对个人客户的服务，从而具备了释放出员工潜力，更多地开拓市场、提高盈利能力的可能性。

商业银行履行社会责任的探索

宁波市分行课题组

分行建设银行宁波市分行（以下简称分行）在复杂多变的经济环境和不断加剧的市场竞争中，在促进经济、环境和社会可持续发展方面体现了大型银行的责任担当。

一、促进民生：根植实体经济，服务国家战略

分行紧密配合国家政策，助力国民经济转型升级，发挥传统优势落实“一带一路”、长江经济带等国家重大项目，助力区域经济转型升级。

一是以基础设施领域建设为重点，大力支持全市重点项目建设，加快政府与社会资本合作模式（PPP）快速发展。一方面，加快城市基础设施建设。以政府加大投资为契机，主动对接全市三年行动计划重点项目，重点支持立体交通网络、重点功能区块、城市综合体、“五水共治”等领域。同时，致力提高综合服务水平，依托传统信贷支持为基础，以融资租赁、建信信托、投行理财、短融中票等新型融资方式作为新的业务增长点，努力为客户提供全方位的金融服务。截至2015年末，共支持省市重点项目建设贷款余额266.3亿元，比年初新增35.4亿元，近两年累放重点项目建设贷款241亿元。另一方面，及时跟进宁波市政府和社会资本合作模式（PPP）项目进程。PPP是政府在基础设施和公共领域供给侧结构改革的重要内容，涵盖了道路交通、环境保护、城市公共事业等多个领域，为市场提供了巨大空间。截至2015年末，分行跟进政府PPP项目进程，累计走访PPP项目85个。其中，已批复列入宁波市PPP项目库的项目共5个，5个项目开展授信申报工作，19个项目达成了初步合作意向。

二是依托宁波港资源优势，大力支持海洋经济建设。加大外汇信贷对外向型实体经济行业和客户的支持力度。截至2016年末，支持涉海领域相关贷款总量257.2亿元，占对公贷款总额的23.6%，比年初新增21.96亿元，同比增速为15.98%。继续从战略高度支持海洋经济发展。推进总行与市政府海洋经济支持战略合作协议落实，继续大力支持以海洋经济为核心的区域经济社会发展。加大信贷政策支持力度。总行制定信贷政策与结构调整方案，把海洋经济相关产业作为信贷业务新的增长点之一。紧抓机遇，加强对宁波港为代表的典型企业项目支持。加强信贷产品创新推广。紧跟国家海洋发展战略，把港口建设作为传统优势行业，把现代物流、先进装备制造作为优先支持行业，把海洋经济相关产业作为新的增长点。大力发展海洋经济建设贷款，截至2015年末，累计发放海洋经济建设贷款25.6亿元。

三是加快产业转型升级，大力支持新兴产业发展。与区域产业发展紧密结合，大力支持战略性新兴产业发展。一是新一代信息技术产业，重点支持移动互联网、物联网、电子商务等重大项目；二是生物产业，密切关注基因技术创新及应用项目，重点支持重大新药制造项目；三是绿色低碳产业，重点支持节能、环保装备制造企业，大力支持雾霾经济领域重点项目，支持核电、风电等清洁能源项目；四是高端装备与材料产业，重点支持高档数控机床、工业机器人、智能传感与控制等领域；五是数字创意产业，重点支持数字创意领域装备设备制造，支持创意设计与工业融合类项目。截至2015年末，支持战略新兴产业贷款余额381.2亿元，余额占比为34.9%，主要支持新材料、节能环保和新能源三大产业。支持文化产业贷款余额16.2亿元，近两年累计新增2

亿元。

四是围绕产业结构调整要求，逐步压缩产能过剩行业，持续推进绿色信贷发展。针对钢铁、煤炭、造船、电解铝、水泥、玻璃、石化、有色等去产能重点领域，逐步降低“两高一剩”“僵尸企业”等落后产业及过剩产能对信贷资源的占用。截至2015年末，产能过剩行业信贷余额4.82亿元，近两年累计压缩7.18亿元。加大对教育领域的信贷支持。为宁波大学、浙江万里学院、宁波卫生职业技术学院、浙江医药高等专科学校、宁波中学、宁波外国语学校、武岭中学、余姚中学等学校提供“校园一卡通”解决方案，支持学校信息化建设；向民办院校提供信贷支持，促进宁波民办教育的发展。

二、低碳环保：深耕绿色金融，服务生态建设

一是开发多元绿色金融。持续推进绿色信贷发展，加大对纺织服装、家用电器、电子电器、精密仪器等宁波传统优势行业开展技术创新、工艺革新、流程改造、新产品研发和节能减排的信贷支持力度。推进绿色信贷发展战略，引导信贷资源投向低碳发展、循环经济、绿色生态和节能减排领域，促进经济发展方式转变和经济结构调整。截至2015年末，支持节能减排与低碳经济贷款余额61.96亿元，比年初新增8.56亿元。

二是开展环保绿色公益。大力倡导“绿色、生态、低碳”的公益理念，激发青年员工亲近大自然、投入环保实践的热情，响应宁波市“积极参与爱绿、植绿、护绿中，共同为绿化大地、改善人居环境、提升生态质量出一份力”的号召，结合3·12植树节开展义务植树活动。结合总行“善健者行”健步走、学行史、促转型、展风采活动，融入“绿色环保、低碳出行”公益理念，积极开展登山、环湖等健步走活动。

三、保持可持续发展：热心公益事业，服务和谐社会

一是力促公益慈善事业常态化。分行致力于提高广大员工精神层次，积极参与社会慈善公益活动，力促公益捐助、志愿者服务等步入常态化，不断提高建行美誉度，树立了良好的区域口碑。分行持续组织全行员工开展慈善“一日捐”活动，通过宣传、动员，鼓励广大员工积极参与，共同为全市的文明城市建设添砖加瓦。仅2015年分行机关工会就捐出善款57819元。

二是积极探索将业务发展和公益事业有机结合，在业务拓展中践行慈善公益，实现公益事业的最大效果。最具代表性的是分行的三项产品——弥勒龙卡、电子银行渠道公益捐款（转账）、信用卡积分圆梦。弥勒龙卡是与宁波奉化雪窦山寺庙景区合作推出的银行卡产品，用户可设定定期定额捐款，实现“日行一善”；电子银行渠道公益捐款，则在个人网银、手机银行渠道专门开辟了免费向红十字会捐款的通道；信用卡积分圆梦，是在有3000万名粉丝量的“中国建设银行”微信公众平台，设置了使用信用卡积分折合现金捐赠的通道。积分虽小，汇聚起来就会产生巨大的正能量，捐助他人圆梦，也成就自己美好的公益梦想。

三是大力推动青年志愿服务。分行积极引导和鼓励广大青年员工参与志愿服务，大力弘扬“奉献、友爱、互助、进步”的志愿服务精神。通过制定下发《中国建设银行宁波市分行青年志愿者服务队管理办法（暂行）》，明确青年志愿者服务队的组织架构、准入退出机制、服务内容、激励及表彰等，并面向全行公开招募青年志愿者近500人。自志愿者服务队成立以来，所辖各单位相继开展了爱心助教、清扫烈士陵园、公益骑行、金融服务进社区等志愿活动。

四、新常态下商业银行履行社会责任的路径选择

商业银行履行社会责任呈现出以下几个方面的路径选择。

（一）致力打造责任银行，促进社会和谐发展

1. 强化责任银行意识

商业银行要紧紧围绕其核心价值观，始终坚持将自身的经营原则与履行社会责任相统一，以企业公民的行为模式为基础，从经济、环境、社会等多个层面，不断完善价值银行、绿色银行、爱心银行、和谐银行、诚信银行、品牌银行等多

维度立体式社会责任体系。

2. 建立社会责任体系

要有效运用社会责任战略理念，积极探索建立健全社会责任管理体系，明确内部组织架构，制定并完善人员配备、评估考核等规章制度，打造形成统一领导、分工负责、职责明确的一体化运行机制和工作格局。

3. 完善社会责任机制

要结合自身实际，通过制定工作指引或战略规划，全局部署社会责任相关工作，并以阶段性目标为导向，持续推进社会责任工作的开展。商业银行要进一步健全社会责任内部沟通机制，将社会责任理念作为自身发展战略的重要内容，全面融入日常管理中。各级管理部门和经营单位要各司其职，完善、细化相应领域的年度目标或阶段性目标，在年度目标制定、工作安排、重点项目部署中，嵌入式地加以推进落实。

（二）引导信贷资源配置，深入推进金融普惠

1. 助力小微企业发展

针对小微企业金融需求“短、小、频、急”的特点，持续加大信贷投入。建设服务网络，发挥渠道协同作用。积极布局网银渠道业务发展，打造由线下服务为主向线下线上相结合的服务模式转变，提高小微企业业务处理水平和服务覆盖面。创新小微金融产品，切实满足客户需求。针对小微企业缺少抵押物的特点，加强互联网金融、大数据理念应用，加快纯信用类产品的研发应用。拓宽小微企业融资渠道，搭建批量营销平台。通过政府增信、保险增信、担保增信、企业风险金互助增信等风险缓释组合，探索多样化的银政合作模式，通过渠道联动契合客户需求。同时，通过与商圈、核心企业等客户信息资源方合作，共同搭建融资服务平台，着力服务小微企业客户群融资，实现以点带面、以点带线的批量化服务。优化小微服务流程，提升业务办理效率。不断优化申贷流程，推进专业化分工、流程化作业和集约化经营，结合不同客户、不同产品的实际状况，对不同业务环节流程进行差异化设计，进一步提升客户体验。

2. 强化“三农”金融服务

优化支农服务，满足农村经营需求。根据农村经营主体的征信、还款资金来源等给予农户一定的信贷额度，满足农村经营主体资金需求，切实提升对农业生产经营主体尤其是专业户、家庭农场、农民专业合作社等新型生产经营主体的金融服务水平。同时加强与各县区供销社联系，优先发展有科技含量、逐步走向集约化经营的种植、养殖专业大户。全方位加大“三农”金融服务。大力发展“城镇化”战略。加大涉农贷款投放。出台支持县域乡镇发展的政策措施，积极服务现代农业发展，全方位布局和创新“三农”服务。支持城镇化基础设施建设，加大涉农贷款投放。不断加强金融产品支持，加大支农力度。灵活确定贷款额度及贷款期限，创新贷款利率定价机制，组织微信银行、手机银行、网上银行、善融商务、手机支付等下乡进村，成功打造宁海长街镇月兰村移动金融村案例。

3. 打造民生金融工程

要坚持贯彻落实国家有关保障房建设等的战略决策，加大个人创业支持力度，引导消费信贷健康发展，鼎力支持医疗卫生事业发展，帮助医院改善就医流程，方便患者挂号、就诊、结算，助力医院信息化建设。围绕衣食住行、吃喝玩乐，商业银行要不断改善用卡环境，持续搭建惠购平台，丰富热门卡种的商户消费增值权益，并与当地主要商圈和大型连锁超市等联合推出刷卡满送惠购活动，全面提升民生领域金融服务水平。同时，商业银行要持续助力房改金融市场，加快提升住房生活品质，助力广大居民早日实现“安居梦”。

（三）致力社会和谐发展，全力保障公众权益

1. 坚持合规诚信经营

商业银行要围绕小企业信贷、住房金融业务、基本建设和集中采购等重点业务部位，主动推进防治商业贿赂长效机制建设，从加强组织领导、注重宣传教育、强化监督检查等扎实推进防范和治理商业贿赂工作；认真执行国家有关政策规定，努力探索反洗钱工作方法，通过完善反洗钱基本制度，强化反洗钱教育培训，推进反洗钱高风险领域的监测、大额现金台账系统的研发、重点可疑交易报告及可疑模型的构建，着力提升反洗钱工作水平；严格遵守国家各项法律法规及相关政策规定，明确服务承诺，规范服务收费，做好有关服务和收费公示公开工作。通过配合监管部门服务收费检查等形式，加强服务收费清理排查，强化服务自律意识，全力为消费者提供优质、放心的金融服务。

2. 保护客户合法权益

重视客户人身、财产及信息安全，重点关注小微企业、农民、城镇低收入人群、贫困人群和残疾人、老年人等特殊群体的个性化金融服务需求，通过开展防范互联网及电信诈骗、非法集资等各类防外部欺诈安全宣传活动，加强资金安全管理，探索客户安全策略，实现对客户信息、资产和交易的最大限度保护。以每年的“金融知识普及月”暨“金融知识宣传服务月”活动为契机，开展多形式、立体化的公众教育普及宣传活动，为社会大众提供深入了解银行业及金融知识的良好渠道，拓宽金融消费者知识面，提高社会对金融知识普及的参与度，展示银行业诚信服务社会大众的良好形象。

3. 构建和谐消费关系

商业银行要通过完善投诉处理机制，将投诉管理工作重点从“事后管理”转向“事前预防”，消除引发投诉的源头，防患于未然。通过开展满意度调查，畅通客户投诉通道等形式，倾听客户意见和建议，并积极响应、及时处理、合理解决客户投诉。通过“看自己、看客户、看制度、看同业”，努力实现减少客户投诉、避免投诉升级、提升处理效率、提升客户体验的目标，进一步提高客户投诉处理的满意率，切实履行消费者保护的主体责任。

CHINA 中国建设银行年鉴 2017
CONSTRUCTION BANK ALMANAC

第七部分　大事记

领导重要活动类

1月4—7日 董事长王洪章、副行长章更生在新疆调研，调研期间出席与自治区政府、生产建设兵团“十三五”战略合作协议签约仪式，看望区分行驻和田墨玉县巴什普恰克其村“访惠聚”住村工作组人员，到霍尔果斯支行调研党建工作，视察霍尔果斯国际合作中心支行业务开展情况，慰问一线员工，与区分行领导班子、部门负责人、员工代表座谈，走访重要客户。

1月4日 行长王祖继、首席财务官许一鸣在深圳市分行调研。期间赴深圳龙悦居微银行、红荔支行和智慧银行等机构网点调研，慰问基层一线员工，并与深圳市分行领导班子成员和有关同志进行了座谈。

1月5日 行长王祖继、首席财务官许一鸣在广东省分行调研。期间赴荔湾中山六路支行、越秀珠江新城支行和天河林和中路支行调研，慰问一线员工，并与广东省分行领导班子成员和有关同志进行了座谈。

1月8日 董事长王洪章、行长王祖继、监事长郭友、副行长章更生、副行长黄毅、纪委书记朱克鹏、首席经济学家黄志凌、首席财务官许一鸣、董事会秘书陈彩虹在北京出席“最美建行人”先进事迹集中展示（视频）活动。

1月11日 行长王祖继到中国银行业监督管理委员会出席2016年全国银行业监督管理工作会议。

1月12日 董事长王洪章、行长王祖继、纪委书记朱克鹏在北京参加十八届中央纪委第六次会议。

1月13—15日 监事长郭友在湖北省分行参加省分行党委“三严三实”专题民主生活会，调研审计配合及整改工作情况，到二级行开展党建及业务调研，看望网点员工，查看黄陂宁岗村“裕农通”服务点业务开展情况，并到武汉审计分部调研。

1月15日 董事长王洪章、首席财务官许一鸣在北京参加国务院有关会议。

1月15日 行长王祖继在吉林出席吉林省分行党委“三严三实”专题民主生活会。

1月18日 董事长王洪章在北京主持召开2016年第2次党委会议，传达学习中央政治局“三严三实”专题民主生活会精神和习近平总书记在十八届中央纪委六次全会上的重要讲话、王岐山同志工作报告精神，部署建设银行具体贯彻落实的措施。行长王祖继、监事长郭友、副行长庞秀生、副行长章更生、副行长杨文升、副行长黄毅、纪委书记朱克鹏出席。

1月19日 监事长郭友、副行长杨文升在总行大楼会见维萨公司（VISA）首席执行官夏尚福（Charles W. Scharf）先生一行。

1月21日 董事长王洪章在辽宁盘锦出席盘锦分行党委“三严三实”专题民主生活会。

1月21日 行长王祖继、首席经济学家黄志凌在郑州出席河南省分行党委“三严三实”专题民主生活会。

1月22日 党委书记、董事长王洪章在北京主持建设银行党委中心组以“深入学习习近平总书记在中央政治局‘三严三实’专题民主生活会上的讲话，增强贯彻落实的坚定性和自觉性”为主题开展专题学习研讨。各党委成员逐一发言，高管人员、党委职能部门主要负责人参加学习。

1月22日 行长王祖继、副行长杨文升、董事会秘书陈彩虹在总行大楼出席建设银行与美国银行2016年战略协助项目启动会。

1 月 27 日　董事长王洪章在北京参加国务院常务会议。

1 月 27 日　董事长王洪章、副行长余静波在北京会见国家烟草专卖局局长凌成兴。

1 月 28 日　董事长王洪章、行长王祖继、董事会秘书陈彩虹拜会中国银行业监督管理委员会主席尚福林、副主席周慕冰。

2 月 1 日　行长王祖继在北京主持召开风险管理和内控管理委员会会议，监事长郭友、副行长余静波、纪委书记朱克鹏、首席风险官曾俭华出席。

2 月 1 日　行长王祖继在北京主持召开转型发展规划推进指导小组会议，监事长郭友、副行长庞秀生、副行长章更生、副行长杨文升、副行长黄毅、副行长余静波、首席经济学家黄志凌、董事会秘书陈彩虹出席。

2 月 2 日　董事长王洪章、行长王祖继、监事长郭友到人民银行会见人民银行行长周小川。

2 月 3 日　董事长王洪章、副行长杨文升到天津市蓟县支行看望员工。

2 月 3 日　行长王祖继在北京参加国务院常务会议。

2 月 4 日　董事长王洪章在北京主持召开集约化建设专题会议，副行长章更生、副行长杨文升出席。

2 月 4 日　董事长王洪章、副行长章更生到北京市政府会见北京市副市长陈刚。

2 月 4 日　行长王祖继到北京市分行通州支行调研并看望员工。

2 月 5 日　董事长王洪章到总行办公室看望员工并调研。

2 月 6 日　董事长王洪章在北京参加中办、国办春节团拜会。

2 月 14 日　董事长王洪章在北京参加国务院常务会议。

2 月 15 日　行长王祖继在总行大楼会见斯里兰卡央行行长阿朱那·马亨德兰（Arjuna Mahendran）先生一行。

2 月 16 日　行长王祖继在北京参加同业有关会议。

2 月 16 日　董事长王洪章、行长王祖继、副行长章更生在总行大楼会见中央军委后勤保障部财务局局长戴忠义一行。

2 月 17—18 日　行长王祖继在首席经济学家黄志凌及总行有关部门、建信养老金公司负责人的陪同下，到山东省分行进行工作调研。期间，行长王祖继一行深入济南经七路支行、省分行营业部营业中心等机构网点进行调，并与山东省分行领导班子成员、分行部分部门负责人进行了座谈。在山东期间，行长王祖继一行会见了山东省省长郭树清、副省长夏耕。

2 月 18—19 日　行长王祖继在首席经济学家黄志凌、总行有关部门和子公司负责人的陪同下，到青岛市分行进行工作调研。期间，行长王祖继一行深入青岛市南支行等基层机构网点调研，并与青岛市分行领导班子成员、分行部门及分支机构负责人进行了座谈。在青岛期间，行长王祖继一行会见了青岛市委书记李群、市长张新起。

2 月 18 日　监事长郭友在总行大楼会见中国农业银行监事长袁长清一行。

2 月 22 日　董事长王洪章在总行大楼主持党委中心组（扩大）专题讲座。中纪委法规室马森述主任解读《中国共产党廉洁自律准则》和《中国共产党纪律处分条例》，党委副书记、行长王祖继，党委副书记、监事长郭友，在京的党委中心组成员，部分董事、监事，总行各部门、在京子公司负责人参加了学习；总行各部门及各一级、二级分行代表在分会场通过视频参加了学习。

2 月 23 日　董事长王洪章、行长王祖继、监事长郭友、副行长庞秀生、董事会秘书陈彩虹在总行大楼会见中投公司董事长丁学东一行。

2 月 24 日　董事长王洪章、行长王祖继、监事长郭友、副行长章更生、副行长黄毅、纪委书记朱克鹏分别在北京参加中组部国有企业党建专题调研访谈。

2 月 24 日　行长王祖继在北京参加国务院常务会议。

2月25日 行长王祖继、副行长余静波在总行大楼会见浙江蚂蚁小微金融服务集团有限公司董事长兼首席执行官彭蕾女士一行。

2月25日 行长王祖继、副行长余静波在总行大楼会见鞍钢集团公司董事长唐复平、副总经理兼总会计师于万源一行。

2月24日至3月3日 （美国及加拿大当地时间）董事长王洪章赴美国参加亚太经合组织工商咨询理事会会议并拜访当地监管机构、同业及政府部门。在ABAC金融与经济工作组会议上，建设银行提交了有关“一带一路倡议”的提案，董事长王洪章就“一带一路倡议”作专题发言。会议期间，董事长王洪章还与本年度ABAC主席RAFFO先生、副主席黄文勇先生、ABAC金融与经济工作组主席铃木先生进行了沟通，并与参加会议的外交部、贸促会人员及各企业代表进行了广泛交流。ABAC会议后，董事长王洪章一行赴加拿大多伦多分行进行调研，听取分行工作情况汇报，就分行未来的发展规划进行部署。期间，董事长王洪章分别与加拿大皇家银行总裁兼首席执行官、加拿大金融机构署署长助理、安大略省省长和多伦多大学罗特曼商学院院长举行了会谈。

2月27日 行长王祖继、副行长章更生在广州出席广东省—中央企业“十三五”战略合作对接会。

2月28日 行长王祖继在首席风险官曾俭华及总行有关部门负责人的陪同下，到苏州分行进行工作调研。期间行长王祖继一行深入相城支行、分行营业部进行调研，并与苏州分行领导班子成员、分行部分部门负责人进行了座谈。

2月29日 行长王祖继在首席风险官曾俭华及总行有关部门负责人的陪同下，到江苏省分行进行工作调研。期间，与江苏省分行领导班子、分行部门负责人进行了座谈。

2月29日 监事长郭友在总行大楼会见新加坡金融管理局（MAS）助理局长梁新松先生一行。

3月2日 行长王祖继在北京出席山西省委、省政府与大型商业银行座谈会。

3月4日 监事长郭友在总行大楼主持召开审计署2016年贷款投放和经营管理情况专项审计调查进点会。

3月7日 行长王祖继在总行大楼会见天津市委常委、统战部部长王宏江。

3月8日 董事长王洪章、纪委书记朱克鹏在总行大楼会见监察部副部长王令浚，中央纪委四室主任袁久强，中央纪委党风政风监督室副主任宋大军等一行并参加调研座谈会议。

3月8日 董事长王洪章在北京参加中央组织部、人民银行金融党建专题调研会议。

3月8日 行长王祖继、副行长庞秀生、首席风险官曾俭华、首席财务官许一鸣在北京参加中国银行业监督管理委员会2015年度监管会谈。

3月9日 董事长王洪章在总行大楼主持召开巡视整改工作领导小组会议，行长王祖继、监事长郭友、副行长庞秀生、副行长杨文升、副行长黄毅、纪委书记朱克鹏出席。

3月14—16日 监事长郭友在云南省分行调研，并分别赴德宏分行瑞丽支行、保山分行龙陵县支行调研。

3月17日 董事长王洪章、行长王祖继在总行大楼会见多伦多大学罗特曼管理学院（Rotman School of Management）院长马科伦（Tiff Macklem）教授一行。

3月17日 董事长王洪章在北京参加中国银行业监督管理委员会有关会议。

3月18日 董事长王洪章在北京参加国务院常务会议。

3月18日 监事长郭友在重庆两江支行调研。

3月21日 行长王祖继、副行长庞秀生、首席财务官许一鸣在党校出席资产负债业务高级研修班暨首届“建网杯”竞赛成果展示和案例培训。

3月21日 监事长郭友在总行大楼会见中国银行业协会副会长杨再平。

3月22日 董事长王洪章、纪委书记朱克鹏在北京参加国务院有关会议。

3月22日 行长王祖继在总行大楼主持召开风险管理和内控管理委员会会议，监事长郭友、副行长余静波出席。

3月23日 监事长郭友在总行大楼会见澳大利亚昆士兰州财政部长柯蒂斯·皮特（Curtis Pitt）先生一行。

3月23—24日 行长王祖继在陕西省分行调研。期间，行长王祖继一行听取了分行的工作汇报，并与分行领导班子、西安审计分部主要负责人、省分行相关部门及二级行负责人进行了座谈并赴咸阳分行调研座谈。

3月23—25日 董事长王洪章在海南出席2016年博鳌亚洲论坛。期间，出席“经济的韧性”公开论坛；出席腾讯午餐会，并发表题为“中国经济转型与全球经济治理”的主旨演讲；主持中美CEO双边对话；出席中日CEO双边对话。董事长王洪章还分别会晤了建设银行前独立董事、中国建设银行（新西兰）有限公司董事长詹妮·辛普利女士，富达国际CEO布莱恩·康罗先生，三星集团副会长李在镕先生，英国货币金融机构官方论坛执行长大卫·马什先生，迪拜国际金融中心的首席行政官Essa Kazim先生，以及海南省委副书记李军等，并接受了中央电视台、人民网、《金融时报》《凤凰周刊》等媒体采访。

3月23—25日行长王祖继先后到陕西、贵州出差。

3月25日 行长王祖继在贵州省分行调研。期间，赴黔东南州分行调研，与黔东南州分行领导班子成员和州分行部门负责人进行了座谈。

3月28日 董事长王洪章在北京参加国务院有关会议。

3月28日 董事长王洪章在北京参加中组部有关会议。

3月29日 董事长王洪章在总行大楼会见美国哈佛大学克里士纳·佩勒普教授一行。

3月30日 行长王祖继参加国务院有关会议。

3月31日 董事长王洪章、副行长庞秀生、首席风险官曾俭华、董事会秘书陈彩虹下午在香港出席亚太审批中心揭牌仪式及2015年度业绩发布会。

3月31日 行长王祖继、副行长杨文升、副行长余静波、首席财务官许一鸣在北京出席2015年度业绩发布会。

4月1日 董事长王洪章在香港出席建行亚洲董事会会议。

4月6日 董事长王洪章在京西宾馆参加“两学一做”学习教育工作座谈会。

4月6日 行长王祖继在北京参加国务院常务会议。

4月6日 监事长郭友在总行大楼会见埃及央行副行长Lobna Helal女士一行。

4月7日 董事长王洪章在总行大楼会见瑞士联邦主席施耐德·阿曼先生一行及随行高级商务代表团成员，并陪同来宾参观了建设银行丰盛支行智慧银行。行长王祖继、监事长郭友陪同会见和接待，副行长章更生、副行长余静波、董事会秘书陈彩虹参加了会见和接待。

4月8日 董事长王洪章应邀在北京出席中瑞经济论坛并担任论坛讨论嘉宾。

4月9—16日 行长王祖继、董事会秘书陈彩虹到美国、意大利、匈牙利参加路演活动。期间，行长王祖继一行在纽约和米兰先后会见了索罗斯资产管理公司、瑞士信贷资产管理公司等18家境外重要投资机构。路演期间，行长王祖继一行赴纽约分行、米兰分行调研。在美期间，行长王祖继还受邀出席了美国波士顿哈佛大学举行的2016年哈佛中国论坛。

4月11日 董事长王洪章在北京参加国务院有关会议。

4月11日 监事长郭友在总行大楼会见日本三井住友金融集团董事长奥正之先生一行。

4月13日 董事长王洪章在北京参加国务院常务会议。

4月13日 监事长郭友到党校参加2016年春季学期干部进修班开学典礼。

4月14—23日 监事长郭友到马来西亚、新西兰、澳大利亚参加业绩路演活动。在马来西亚、新西兰和澳大利亚，郭友一行先后与马来西亚雇员公积金、澳新银行资产管理公司（新西兰）、瑞士信贷资产管理公司等 18 家投资机构进行会面。路演期间，监事长郭友一行赴马来西亚子行筹备组、新西兰子行、悉尼分行调研。

4 月 20 日 董事长王洪章、董事会秘书陈彩虹在香港出席第六届“两岸及香港《经济日报》财经高峰论坛”。论坛期间，董事长王洪章还接受了主办方香港《经济日报》的专访。

4 月 20 日 行长王祖继参加国务院常务会议。

4 月 21—25 日 董事长王洪章、首席财务官许一鸣到越南、新加坡参加业绩路演活动。期间，董事长王洪章一行在新加坡先后与摩根资产管理公司、翰亚资产管理公司等 20 余家国际重要投资机构会面。路演期间，董事长王洪章一行赴越南胡志明市分行、新加坡分行调研。

4 月 25 日 行长王祖继在北京参加中国银行业监督管理委员会 2016 年第一季度经济金融形势分析（电视电话）会议。

4 月 25 日 （新加坡当地时间）董事长王洪章在新加坡泛太平洋酒店出席建设银行与新加坡国际企业发展局联合主办、新加坡交易所协办的“一带一路”基础设施与资本市场金融服务论坛并致辞。

4 月 27 日 董事长王洪章在北京参加国务院常务会议。

4 月 27 日 行长王祖继、副行长章更生在深圳出席建信保险资产管理公司开业仪式。

4 月 29 日 董事长王洪章在北京主持党委中心组学习在转型发展中贯彻落实习近平总书记系列重要讲话精神专题，行长王祖继、监事长郭友、副行长庞秀生、副行长章更生、副行长杨文升、副行长黄毅、副行长余静波、首席风险官曾俭华、首席经济学家黄志凌、首席财务官许一鸣、董事会秘书陈彩虹出席。

4 月 29 日 董事长王洪章、监事长郭友在总行大楼会见卢森堡央行行长加斯顿·赫内希（Gaston Reinesch）先生一行。

5 月 3 日 监事长郭友在北京主持召开建行亚洲内控合规管理专题会议。

5 月 4 日 董事长王洪章在北京参加国务院常务会议。

5 月 4—19 日 监事长郭友在井冈山干部学院参加第 10 期省部级干部党性教育专题培训班。

5 月 5 日 行长王祖继到中国银行业监督管理委员会出席 FSAP 暨核心原则评估启动会。

5 月 9 日 王祖继行长、杨文升副行长在总行大楼与总行专职贷款审批人进行座谈。

5 月 10 日 行长王祖继到天津市分行部分网点调研。

5 月 11 日 董事长王洪章在北京参加国务院常务会议。

5 月 16 日 行长王祖继、副行长余静波一行赴国家开发投资公司与董事长王会生举行高层会晤。

5 月 18 日 行长王祖继在北京参加国务院常务会议。

5 月 18—27 日 董事长王洪章出访德国、西班牙、波兰。在德国期间，董事长王洪章主持召开了中德住房储蓄银行董事会并与德国施豪银行行长、中德银行副董事长举行了双边会晤；在西班牙期间，董事长王洪章一行拜访了西班牙央行、经济部以及中国驻西班牙大使馆和总领馆，并赴巴塞罗那分行调研；在波兰期间，董事长王洪章一行拜访了波兰金融监管局和中国驻波兰大使馆。

5 月 19—20 日 行长王祖继、首席财务官许一鸣在厦门出席厦门市分行精细化管理经验推广会议。

5 月 24 日 行长王祖继在总行大楼主持召开总行反洗钱工作领导小组会议，监事长郭友、副行长余静波，29 个总行反洗钱工作领导小组成员部门负责人参会，香港分行负责人列席。

5 月 24 日 行长王祖继、副行长庞秀生在北京与中国银行业监督管理委员会大型银行部主任杨丽平座谈。

5 月 26 日 行长王祖继在总行大楼会见欧洲银行管理局（EBA）主席安德里亚·恩里亚（Andrea Enria）先生一行。

5 月 26 日 行长王祖继在总行大楼会见中粮集团有限公司总裁于旭波一行。

5 月 27 日 行长王祖继在总行大楼会见广西壮族自治区常务副主席唐仁健一行。

5 月 30 日 行长王祖继在京西宾馆参加全国科技创新大会。

5 月 31 日 董事长王洪章、副行长杨文升在天津出席第十届“中国企业国际融资洽谈会”住房储蓄论坛活动。

5 月 31 日 董事长王洪章、副行长杨文升，德国施威比豪尔住房储蓄银行行长柯莱恩在中德住房储蓄银行南开销售中心、天津市翔宇支行调研，并参观中德住房储蓄银行行史展。

5 月 31 日 行长王祖继在北京香格里拉酒店出席由《银行家》杂志社联合中央电视台共同举办的中国金融创新论坛暨 2016 中国金融创新奖颁奖典礼，作为主嘉宾出席论坛并参加了央视《对话》栏目录制。

5 月 31 日 行长王祖继在京西宾馆参加全国科技创新大会。

6 月 1 日 董事长王洪章、副行长杨文升在总行大楼与富国银行（Wells Fargo & Company）董事长兼首席执行官约翰·斯坦普（John Stumpf）先生一行举行会晤。

6 月 1 日 监事长郭友在北京参加北京市人大有关活动。

6 月 1—2 日 董事长王洪章、副行长章更生在重庆市分行开展“两学一做”学习教育专题调研，并召开“两学一做”学习教育工作调研座谈会，赴分行营业部和解放碑分理处等基层机构看望慰问一线员工，了解基层党的建设和转型发展情况。在重庆期间，董事长王洪章一行会见了重庆市市委书记孙政才、市长黄奇帆，出席了建设银行与重庆市人民政府战略合作协议签字仪式。

6 月 1—3 日 行长王祖继、副行长杨文升先后到上海市分行、信用卡中心、建信期货、上海数据中心调研。期间，王祖继一行看望慰问一线员工，调研业务经营、转型发展和大数据建设情况，并分别与上海市分行、信用卡中心、建信期货及上海数据分析中心领导班子、部门负责人进行了座谈。。

6 月 3 日 董事长王洪章、副行长章更生在北京会见中央军委后勤保障部副部长孙黄田一行。

6 月 3 日 董事长王洪章、副行长余静波一行赴中国航空发动机集团有限公司与董事长曹建国举行会晤。

6 月 7 日 董事长王洪章、副行长杨文升在总行大楼会见美国信安集团董事长兼首席执行官候智彤先生一行。

6 月 8 日 董事长王洪章、副行长章更生在上海出席由全球中央对手方协会（CCP12）主办，上海清算所、建设银行等联合承办的 CCP12 注册成立大会暨 CCP 高峰论坛。

6 月 8 日 行长王祖继在北京参加国务院常务会议。

6 月 8 日 董事长王洪章、监事长郭友、副行长余静波、董事会秘书陈彩虹在上海会见金砖国家新开发银行行长卡马特先生。

6 月 15 日 董事长王洪章在北京参加国务院常务会议。

6 月 16 日 监事长郭友、副行长庞秀生到信用卡中心调研。

6 月 17 日 董事长王洪章在香港出席建行亚洲董事会会议。

6 月 17 日 监事长郭友、副行长章更生到建信人寿调研。

6 月 17 日 监事长郭友到建信期货调研。

6 月 17 日 行长王祖继、董事会秘书陈彩虹在香港出席媒体见面会。

6 月 18 日 行长王祖继到建行亚洲调研。

6 月 18—26 日 监事长郭友出访智利、巴西。期间，监事长郭友在智利出席中国建设银行股份有限公司智利分行开业暨智利人民币清算中心启动活动，并与副行长杨文升赴巴西子行调研。

6 月 20 日 中共中央政治局常委、国务院总理李克强在建设银行考察。国务院总理李克强先后到北京市分行营业部、总行公司业务部和小企业业务部，了解建设银行支持实体经济、实施“营改增”和服务大众创业、万众创新等情况。中共中央政治局委员、国务院副总理马凯，国务委员兼国务院秘书长杨晶，全国政协副主席、人民银行行长周小川，银监会主席尚福林陪同考察。董事长王洪章、行长王祖继、副行长庞秀生、副行长章更生、副行长黄毅、副行长余静波、纪委书记朱克鹏等在京行领导陪同参加上述活动。

6 月 20 日 董事长王洪章、行长王祖继在北京参加金融系统座谈会。

6 月 22 日 董事长王洪章在北京主持召开会议，传达李克强总理考察建设银行时重要讲话及金融系统座谈会精神，行长王祖继、副行长庞秀生、副行长黄毅、首席风险官曾俭华、首席财务官许一鸣、董事会秘书陈彩虹出席。

6 月 23 日 董事长王洪章在北京中国大饭店出席印度财政部部长阿伦·贾伊特利先生举行的印度财政部长与银行和财富基金圆桌会。

6 月 23 日至 7 月 1 日 行长王祖继出访南非、澳大利亚。期间在澳大利亚墨尔本出席建设银行与澳大利亚和新西兰银行集团有限公司《全面业务合作备忘录》签约仪式。

6 月 24 日 董事长王洪章在总行大楼为董事会办公室党支部全体党员讲“两学一做”专题党课。

6 月 26 日 董事长王洪章在北京主持召开会议，研究英国脱欧对建设银行伦敦人民币清算行等业务的影响及建设银行对策，监事长郭友、副行长庞秀生、副行长杨文升、副行长余静波、首席风险官曾俭华、首席财务官许一鸣、董事会秘书陈彩虹出席。

6 月 27 日 董事长王洪章在北京参加国务院有关会议。

6 月 27 日 董事长王洪章在总行大楼会见印度国家银行（State Bank of India）董事长阿兰达蒂（Arundhati Bhattacharya）女士一行。

6 月 28 日 总行党委委员、纪委书记朱克鹏同志对总行部门新任职负责人开展集体廉政谈话。

6 月 29 日 董事长王洪章在北京参加国务院常务会议。

7 月 1 日 董事长王洪章、副行长黄毅在人民大会堂参加庆祝中国共产党成立 95 周年大会。

7 月 1 日 监事长郭友在北京会见中国人民银行消费者权益保护局局长余文建。

7 月 4—5 日 董事长王洪章在香港出席香港金管局基建融资促进办公室启动会议。

7 月 7 日 董事长王洪章在北京参加国务院常务会议。

7 月 8 日 董事长王洪章在北京出席中东欧国家联合商会中方理事会成立大会。

7 月 8 日 监事长郭友在北京参加在京中管干部保密教育轮训。

7 月 11 日 行长王祖继在北京参加国务院经济形势专家企业家座谈会。

7 月 11—12 日 董事长王洪章在北京参加中央有关会议。

7 月 12 日 行长王祖继到党校与第 34 期干部进修班学员座谈。

7 月 13 日 董事长王洪章、行长王祖继、副行长章更生会见上海市副市长周波。

7 月 14 日 董事长王洪章、监事长郭友、副行长庞秀生、副行长章更生、副行长杨文升、副行长余静波、纪委书记朱克鹏在北京参加中办督查室党组工作条例贯彻落实情况访谈。

7 月 14 日 行长王祖继到中国银行业监督管理委员会参加 2016 年上半年全国银行业监督管理工作暨经济金融形势分析会议。

7 月 14 日 监事长郭友到党校出席中共中国建设银行党校举 2016 年春季学期（第 34 期）干部进修班毕业典礼。

7 月 15 日 董事长王洪章、行长王祖继、监事长郭友到中国银行业监督管理委员参加大型银行合规管理长效机制座谈会。

7 月 15 日 董事长王洪章主持召开党委会议，认真传达学习习近平总书记在庆祝中国共产党成立 95 周年大会上的重要讲话精神，并结合建设银行转型发展和改革实际，对全行学习贯彻习近平总书记讲话精神做出部署。

7 月 18 日 行长王祖继在北京参加国务院有关会议。

7 月 19 日 董事长王洪章在北京参加国务院有关会议。

7月20日 董事长王洪章应邀在上海出席新开发银行首届理事会年会。

7月20日 行长王祖继在北京参加国务院常务会议。

7月20日 行长王祖继、副行长章更生、批发业务总监康义在总行大楼会见新华社副社长刘思扬、新华网董事长田舒斌一行。

7月20日 监事长郭友在北京出席中投公司控股银行监事会联席会议。

7月21日 行长王祖继、首席风险官曾俭华到党校与风险管理与资产保全高级研修班学员座谈。

7月21日 监事长郭友出席监事会办公室党支部组织生活会，为支部全体党员讲党课。

7月22日 行长王祖继、批发业务总监康义在总行大楼会见西藏自治区常务副主席丁业现一行。

7月22日 监事长郭友在总行大楼出席总行新行员下派锻炼总结会。

7月22日 行长王祖继在北京参加在京中管干部保密教育轮训。

7月22日 监事长郭友在北京出席中英高层金融业圆桌会议。

7月27日 董事长王洪章、副行长章更生在北京与公开竞聘的新任总行部门副总经理进行集体任前谈话。

7月27日 行长王祖继在北京参加国务院常务会议。

7月28日 监事长郭友在青岛出席青岛市分行干部大会并作讲话。在青岛期间，监事长郭友一行到青岛总审计室看望慰问了全体员工并会见了青岛市委副书记、市长张新起一行。

7月28—29日 董事长王洪章到辽宁针对“融资贵、融资难”现象开展专题调研。董事长王洪章一行先后赴沈阳、辽阳等地，实地走访沈阳机床股份有限公司、东北制药集团，以及辽阳筑路机械有限公司、辽宁荣鼎塑胶科技有限公司、辽宁信德化工有限公司等5家企业，并召开座谈会与11家民营中小企业代表进行了面对面交流。调研期间，董事长王洪章还会见了辽宁省委书记李希、省长陈求发，以及谭作钧、吴汉圣、刘强等省委、省政府领导同志。

7月29日 监事长郭友在济南出席山东省分行干部大会并作讲话。

7月29日 行长王祖继在总行大楼为总行办公室党支部全体党员讲“两学一做”专题党课。

8月1—2日 行长王祖继、首席风险官曾俭华一行在内蒙古区分行调研。调研期间，行长王祖继一行与区分行领导班子成员、区分行部门负责人进行了座谈，深入电力支行进行调研，慰问一线员工，并到准格尔大路工业园区考察重点项目。在内蒙古期间，行长王祖继一行还会见了自治区副主席云光中。

8月1—4日 董事长王洪章作为ABAC中国代表和APEC中国工商理事会常务副主席在深圳出席2016年APEC工商咨询理事会（ABAC）第三次会议并参加ABAC会议系列活动。期间，董事长王洪章一行会见了广东省东莞市市委、市政府主要领导，走访东莞小企业客户，分别与东莞和深圳部分小微企业客户代表进行座谈。董事会秘书陈彩虹，总行董事会办公室、公司业务部、战略客户部、国际业务部，广东省分行、深圳市分行、建行亚洲和建银国际等主要负责人陪同出席会议及相关活动

8月2—5日 行长王祖继，首席风险官曾俭华一行在黑龙江分行调研。期间，行长王祖继一行与省行领导班子及相关部门主要负责人座谈，赴龙煤集团、阿妈牧场调研，到牡丹江分行调研，并到牡丹江分行营业部和友谊支行走访慰问。在黑期间，行长王祖继与黑龙江省省长陆昊进行了会谈。

8月3日 监事长郭友在北京出席2016年“一加强两遏制”专项检查“回头看”工作沟通会议。

8月3日 监事长郭友、副行长余静波出席2016年“一加强两遏制”专项检查“回头看”工作动员（视频）会议。

8月9日 监事长郭友在总行大楼会见审计署金融审计司副司长王志成一行。

8月9—11日 董事长王洪章率团出访哈萨克斯坦，推进建设银行在哈机构申设工作。访问期间，董事长王洪章拜访了哈萨克斯坦总理马西莫夫（PM Karim Masimov），会见了哈萨克斯坦央行行长阿基舍夫（Governor Daniyar Akishev），并走访了建设银行在当地的重要代理行和客户。

8月11日 监事长郭友在总行大楼会见北京市地税局局长杨志强一行。

8 月 15—17 日 行长王祖继、副行长庞秀生、批发业务总监康义在云南省分行调研。期间，行长王祖继一行出席建设银行与云南省人民政府《支持云南“十三五”发展战略合作协议》以及与云南省国资委、云锡控股《关于降低云锡控股及下属关联企业杠杆率业务合作框架协议》签约仪式，与云南省分行领导班子成员、分行部门相关负责人进行座谈，并赴昆明穿金东路支行、金实支行以及普洱茶城支行调研。调研期间，行长王祖继还会见了云南省人民政府省长陈豪、副省长和段琪。

8 月 16 日 董事长王洪章在北京参加国务院常务会议。

8 月 18 日 董事长王洪章在温州主持召开部分重点分行资产质量管控工作座谈会，并在分行调研。首席风险官曾俭华以及总行相关部门负责同志参加会议并陪同调研。

8 月 18 日 行长王祖继作为股东代表应邀出席在北京梅地亚中心举办的中国国有资本风险投资基金股份有限公司成立大会暨揭牌仪式并致辞。

8 月 23 日 董事长王洪章在总行大楼主持党委中心组专题学习，深入学习习近平总书记在庆祝中国共产党成立 95 周年大会上的重要讲话及《中国共产党问责条例》，行长王祖继、副行长章更生、副行长杨文升、副行长余静波、纪委书记朱克鹏、首席风险官曾俭华、首席经济学家黄志凌、首席财务官许一鸣、董事会秘书陈彩虹出席。

8 月 24 日 董事长王洪章、副行长余静波在总行大楼会见山东省副省长夏耕一行。

8 月 24 日 董事长王洪章在北京参加国务院常务会议。

8 月 27 日 行长王祖继、首席财务官许一鸣到建银国际调研。

8 月 28 日 行长王祖继到深圳市分行调研，听取深圳市分行资产质量管控情况汇报。

8 月 28 日 行长王祖继在广东省顺德分行召开部分重点二级分行资产质量现场督导座谈会。

8 月 30 日 行长王祖继在总行大楼会见复星集团董事长郭广昌一行。

8 月 30 日 行长王祖继在总行大楼汇金啊智利国家银行（Banco del Estado de Chile）副董事长恩瑞克·马歇尔（Enrique Marshall）先生一行。

8 月 30 日 行长王祖继在北京出席银行间市场交易商协会会员大会。

9 月 1 日 行长王祖继在北京参加国务院常务会议。

9 月 1 日 监事长郭友在北京出席商务部中国—智利企业家委员会第 8 次年度会议。

9 月 4 日 行长王祖继、副行长章更生在总行大楼会见中央军委后勤保障部财务局局长庄炳坤一行。

9 月 5 日 董事长王洪章在北京参加国务院常务会议。

9 月 5 日 监事长郭友到大连市分行调研党建工作及国际业务发展情况。

9 月 7 日 行长王祖继在北京主持召开总行直营中心座谈会，副行长章更生、副行长余静波、首席财务官许一鸣出席。

9 月 9 日 董事长王洪章在北京参加在京中管干部保密教育轮训。

9 月 12 日 董事长王洪章在总行大楼会见新加坡驻华大使罗家良先生一行。

9 月 12 日 监事长郭友在明苑会议中心主持召开部分分行重点国际业务产品推进会议。

9 月 12 日 董事长王洪章、纪委书记朱克鹏到财富管理与私人银行部调研。

9 月 14 日 董事长王洪章在总行大楼主持党委中心组（扩大）专题讲座，邀请中纪委法规室正局级副主任谭焕民解读《中国共产党问责条例》。监事长郭友、副行长黄毅、副行长余静波、纪委书记朱克鹏、首席风险官曾俭华、首席经济学家黄志凌、首席财务官许一鸣、董事会秘书陈彩虹出席。部分董事、监事，总行各部门、在京子公司负责人参加了讲座；总行各部门及各一级、二级分行代表在分会场通过视频参加了学习。

9 月 14 日 行长王祖继在北京参加国务院常务会议。

9 月 18—20 日 董事长王洪章、首席财务官许一鸣在福建省分行调研。期间，董事长王洪章一行与福建省分行领导班子成员、部门负责人、部分基层机构和员工代表进行了座谈，赴莆田、福州等地多个营业机构，看望慰问一线员工。在闽期间，董事长王洪章一行还会见了福建省委书记尤权、省长于伟国等省委省政府领导。

9 月 19 日 监事长郭友在总行大楼会见越南工商银行（VietinBank）行长黎德寿（Le Doc Tho）先生一行。

9 月 20 日 行长王祖继在总行大楼会见国务院督查组有关负责同志。

9 月 20—29 日 行长王祖继出访英国、法国、荷兰三国。期间，行长王祖继在伦敦主持召开在欧部分机构座谈会，会见汇丰集团主席 Douglas Flint 先生，会见英格兰银行行长 Mark Carney 先生；出席在巴黎召开的商务部中资企业座谈会并发言，会见法国外贸银行 CEO Laurent Mignon 先生；在荷兰会见中国驻荷兰大使吴恳，会见安智银行首席财务官 Patrick Flynn 先生。。

9 月 21—30 日 监事长郭友出访南非、肯尼亚、瑞士三国。期间，在瑞士洛桑出席建设银行行苏黎世分行与瑞士苏黎世州银行《业务合作备忘录》签约仪式。

9 月 24 日 董事长王洪章主持会议与到总行调研的国家发改委副主任连维良一行进行座谈。副行长庞秀生参加座谈。

9 月 26—27 日 董事长王洪章、首席风险官曾俭华在山东省分行调研。期间，董事长王洪章一行与省分行领导班子成员、部分二级分行和省分行部门负责人，基层党员、员工代表进行了座谈，并赴德州、济南等地多个基层营业机构慰问一线员工。在鲁期间，董事长王洪章一行还会见了省长郭树清、副省长夏耕等领导同志。

9 月 28 日 董事长王洪章在总行大楼会见了华美银行董事长兼首席执行官吴建民先生一行。

9 月 29 日 董事长王洪章、纪委书记朱克鹏在北京参加中国银行业监督管理委员会党委中心组第 10 次集体学习（电视电话）会议。

9 月 30 日 董事长王洪章、行长王祖继、副行长章更生、副行长黄毅、纪委书记朱克鹏到稻香湖生产基地调研。

10 月 6—13 日 董事长王洪章出访美国、日本两国。期间，在东京出席建设银行与日本野村控股株式会社《业务合作备忘录》签约仪式

10 月 8 日 行长王祖继在北京参加国务院常务会议。

10 月 10—11 日 行长王祖继在北京参加中央有关会议。

10 月 12 日 行长王祖继在北京参加中国人民银行有关会议。

10 月 12 日 监事长郭友到天津蓟县支行基层党建联系点调研。

10 月 14 日 行长王祖继在北京参加国务院常务会议。

10 月 14 日 行长王祖继、副行长章更生在武汉陪同国务院副总理刘延东视察高校大学生创新创业成果展和建设银行服务展。

10 月 15 日 行长王祖继、副行长章更生到武汉南湖生产基地调研。

10 月 18 日 监事长郭友、副行长余静波到陕西省分行部分基层网点及西安审计分部调研。

10 月 19 日 行长王祖继在北京参加国务院常务会议。

10 月 19 日 董事长王洪章、监事长郭友在总行大楼会见智利银行副董事长兼卢克希奇集团董事长安东尼克·卢克希奇先生一行。

10 月 19 日 行长王祖继在人民大会堂出席纪念红军长征胜利 80 周年文艺晚会。

10 月 21 日 行长王祖继在北京参加纪念红军长征胜利 80 周年大会。

10 月 21 日 董事长王洪章到中国银行业监督管理委员会参加 2016 年三季度经济金融形势分析（电视电话）会议。

10 月 24 日 行长王祖继、监事长郭友在总行大楼会见了在华进行访问的卢森堡大公储纪尧姆殿下

和财政部长格拉美亚阁下以及随行的金融代表团成员，并陪同参观了建设银行智慧银行。

10 月 24—27 日 董事长王洪章在北京参加中国共产党第十八届中央委员会第六次全体会议。

10 月 28 日 党委书记、董事长王洪章主持召开党委会，认真传达学习党的十八届六中全会精神，深刻领会习近平总书记在会议上所做的报告和重要讲话，以及全会审议通过的《关于新形势下党内政治生活的若干准则》和《中国共产党党内监督条例》。

10 月 28 日 党委书记、董事长王洪章在总行大楼主持党委中心组学习《胡锦涛文选》、习近平总书记在学习《胡锦涛文选》报告会上的重要讲话精神及全国国有企业党的建设工作会议精神，行长王祖继、监事长郭友、副行长庞秀生、副行长章更生、副行长黄毅、副行长余静波、纪委书记朱克鹏、首席风险官曾俭华、首席财务官许一鸣、董事会秘书陈彩虹及党委职能部门主要负责人参加学习。

10 月 28 日 监事长郭友在北京与部分海外机构归国人员座谈。

10 月 31 日 董事长王洪章在北京参加国务院常务会议。

11 月 2 日 董事长王洪章在总行大楼会见英国财政部国际司司长马克·鲍曼先生一行。

11 月 2—5 日 监事长郭友到西藏区分行调研。调研期间，监事长郭友一行赴拉萨北京中路支行和阿里分行看望慰问网点一线员工，赴拉萨尼木县续迈乡霍德村和阿里札达县托林镇托林居委会调研扶贫驻村工作，并到西藏审计室看望慰问了的全体员工。

11 月 4—5 日 行长王祖继在北京参加中央有关会议。

11 月 5—6 日 （拉脱维亚当地时间）董事长王洪章在拉脱维亚首都里加出席中国—中东欧经贸论坛和中国—中东欧联合商会工作会，分别发表主旨演讲。期间，还会晤了拉脱维亚副总理兼经济部长以及波兰企业发展局、拉脱维亚投资发展署等外方机构代表。董事会秘书陈彩虹，董事会办公室，福建省分行、海南省分行主要负责人陪同。

11 月 7 日 行长王祖继在北京参加国务院有关会议。

11 月 7 日 监事长郭友在总行大楼会见环球同业银行电讯协会（SWIFT 组织）董事会主席亚瓦尔·沙阿（Yawar Shah）先生一行。

11 月 7—12 日 董事长王洪章赴英国出席第八次中英经济财金对话活动。期间，11 月 10 日（英国当地时间）董事长王洪章作为中方联席主席出席了在伦敦兰卡斯特宫举办的第一次中英金融服务峰会，并与汇丰集团主席范智廉共同主持了“银行业、资本市场、资产管理、保险与养老金、绿色金融、科技金融”等六个议题的讨论。

11 月 8 日 监事长郭友、副行长黄毅在总行大楼会见解放军西部战区联勤保障中心主任钱纪源一行。

11 月 10 日 董事长王洪章在伦敦出席中英金融高峰论坛。

11 月 10 日 监事长郭友到党校与第 35 期干部进修班学员座谈。

11 月 10 日 总行纪委书记、党委委员朱克鹏同志对部分新任职领导干部开展集体任职廉政谈话。

11 月 11 日 行长王祖继到河北张家口涿鹿支行基层党建联系点调研。

11 月 11 日 监事长郭友在苏州出席建设银行与悉尼大学战略合作备忘录签字仪式。

11 月 11 日 监事长郭友在苏州出席澳大利亚悉尼大学中国中心开业典礼并代表建设银行致辞。

11 月 14 日 董事长王洪章在北京参加国务院有关会议。

11 月 14—18 日 行长王祖继在北京参加中管企业党组织书记党的建设专题研讨班（第 1 期）。

11 月 15 日 董事长王洪章在北京参加国务院有关会议。

11 月 15 日 行长王祖继、副行长章更生在总行大楼会见解放军军事航天部队政委康春元一行。

11 月 15 日 监事长郭友在总行大楼出席建行亚洲员工代表座谈会。

11 月 16—24 日 董事长王洪章出访秘鲁、智利两国。期间，董事长王洪章作为 ABAC 中国代表和 APEC 中国工商理事会常务副主席在秘鲁首都利马出席了 2016 年 APEC 工商咨询理事会（ABAC）第四次会议与工商领导人峰会，参加 APEC 领导人与 ABAC 对话会、可持续发展公开论坛、普华午餐会和中国—秘鲁工商领袖之夜等系列活动，与 APEC 地区企业家进行了交流，并接受了新华社记者专访。董事会秘书陈彩虹代表董事长王洪章出席 ABAC 第四次会议，并在 ABAC 金融与经济工作组发言。期间，11 月 22 日（智利圣地亚哥当地时间），在中国国家主席习近平和智利总统巴切莱特见证下，董事长王洪章代表建设银行与太平洋水电智利公司（Pacific Hydro Chile S. A.）、国家电力投资集团公司在智利总统府签署《金融服务战略合作协议》。

11 月 17 日 行长王祖继在北京参加国务院有关会议。

11 月 23 日 行长王祖继在北京参加国务院有关会议。

11 月 23 日 监事长郭友到中组部汇报建设银行党的十九大代表选举工作方案。

11 月 25 日 监事长郭友在总行大楼会见美国嘉吉公司（Cargill）首席财务官马塞尔（Marcel Smits）先生一行。

11 月 28 日 行长王祖继、纪委书记朱克鹏到个人存款与投资部调研。

11 月 29 日 董事长王洪章、监事长郭友在北京出席中央金融机构培育践行社会主义核心价值观案例展示会议。

11 月 29 日 行长王祖继在北京参加国务院有关会议。

11 月 29 日 总行党委委员、纪委书记朱克鹏同志对部分新任职一级分行主要负责人开展集体任职廉洁谈话。

12 月 1 日 行长王祖继在党校向第 4 期一级分行党委书记、总行部门总经理高级研修班学员部署年末有关工作，副行长章更生、副行长余静波、纪委书记朱克鹏、首席经济学家黄志凌出席。

12 月 1 日 监事长郭友在总行大楼会见德意志银行集团（Deutsche Bank）管理委员会成员沃纳·斯坦穆勒（Werner Steinmuller）先生一行。

12 月 2 日 董事长王洪章、副行长余静波在总行大楼会见全国社会保障基金理事会理事长楼继伟、副理事长王文灵一行。

12 月 5 日 董事长王洪章、副行长庞秀生、董事会秘书陈彩虹到金融市场交易中心调研。

12 月 6 日 董事长王洪章、纪委书记朱克鹏、董事会秘书陈彩虹到股权与投资管理部调研。

12 月 7—9 日 行长王祖继、副行长庞秀生、首席风险官曾俭华一行在山西省分行调研。期间，行长王祖继、曾俭华首席风险官一行与山西省分行领导班子举行座谈，赴清徐支行实地调研，并出席了建行银行与山西焦煤集团公司、山西省国资委三方关于市场化债转股合作框架协议的签约仪式。副行长庞秀生赴党建联系点太谷支行开展党建工作专题调研。在晋期间，行长王祖继一行还会见了山西省省长楼阳生、山西省副省长王一新。

12 月 9 日 董事长王洪章、副行长庞秀生在总行大楼出席中国人民银行市场化债转股现场调研会议。中国人民银行副行长范一飞以及金融稳定局、货币政策司、金融市场司负责同志一行到建设银行总行专题调研实体经济降杠杆和市场化债转股工作，工、农、中、交四大行相关负责人参加。

12 月 12 日 行长王祖继、副行长章更生赴中国人民保险集团与董事长吴焰，副总裁俞小平、盛和泰举行会谈。

12 月 12 日 董事长王洪章在总行大楼会见法兰西银行（央行，Banque de France）名誉行长、前行长克里斯蒂安·努瓦耶（Christian Noyer）先生一行。

12 月 13 日 董事长王洪章、副行长余静波在总行大楼会见中粮集团有限公司董事长赵双连、副总裁郧小蕙一行。

12 月 13 日 董事长王洪章、副行长章更生、董事会秘书陈彩虹到同业业务中心调研。

12 月 14 日 监事长郭友、副行长余静波在总行大楼会见英国审慎监管局（PRA）海外银行部总经理劳拉·沃里斯（Laura Wallis）女士一行。

12 月 14—16 日 董事长王洪章、行长王祖继在北京参加中央经济工作会议。

12 月 15 日 监事长郭友在总行大楼会见欧洲货币机构投资者集团首席执行官华柏斯先生一行。

12 月 16 日 董事长王洪章到国家会议中心出席江苏省与央企合作恳谈会议。

12 月 19 日 监事长郭友到党校出席中共中国建设银行党校 2016 年秋季学期（第 35 期）干部进修班毕业典礼。

12 月 20 日 董事长王洪章、行长王祖继、监事长郭友、副行长庞秀生、首席风险官曾俭华、首席财务官许一鸣、董事会秘书陈彩虹出席 2016 年度美国《银行保密法》及反洗钱合规培训。

12 月 20 日 董事长王洪章、行长王祖继、监事长郭友、副行长庞秀生、副行长章更生、副行长黄毅、副行长余静波、纪委书记朱克鹏分别与中组部总行领导班子及领导人员年度综合考核评价组谈话。

12 月 20 日 董事长王洪章在北京参加国务院有关会议。

12 月 21 日 董事长王洪章在北京参加国务院常务会议。

12 月 21 日 行长王祖继、副行长黄毅在北京会见中国电力建设集团公司董事长孙洪水。

12 月 21 日 行长王祖继在总行大楼会见中国黄金集团总经理宋鑫一行。

12 月 22 日 董事长王洪章在北京出席中国国际商会第八届会员代表大会暨 2016 年年会，当选中国国际商会第八届理事会副会长，并代表新当选副会长单位发表演讲。

12 月 23 日 董事长王洪章在北京参加国务院有关会议。

12 月 23 日 行长王祖继、副行长章更生受邀在北京出席第三届全国林业产业大会。会上，行长王祖继与国家林业局局长张建龙共同签署《全面战略合作暨林业产业发展投资基金合作协议》。

12 月 26 日 行长王祖继在总行大楼主持召开年末经营调度会议，副行长庞秀生、纪委书记朱克鹏、首席风险官曾俭华、首席财务官许一鸣出席。

12 月 27 日 董事长王洪章、首席财务官许一鸣在总行大楼会见中国银行业监督管理委员会副主席王兆星一行。

12 月 28 日 董事长王洪章、行长王祖继、监事长郭友在总行大楼会见中央汇金公司总经理白涛一行。

12 月 28 日 董事长王洪章在北京参加国务院常务会议。

12 月 29 日 董事长王洪章在北京出席北京市分行党委民主生活会。

12 月 30 日 行长王祖继在北京出席中国人民银行有关会议。

12 月 30 日 监事长郭友、纪委书记朱克鹏到建信财险看望员工。

12 月 30 日 董事长王洪章、副行长章更生、纪委书记朱克鹏、董事会秘书陈彩虹到北京市分行平安大街支行、北京产品创新实验室、通州支行看望员工。

12 月 30 日 行长王祖继、副行长庞秀生到北京数据中心洋桥办公区、财务会计部看望员工。

机构及人事类

1 月 11 日 建信工程造价咨询公司筹备组成立。

1 月 14 日 （瑞士当地时间）中国建设银行股份有限公司苏黎世分行举行开业暨瑞士人民币清算中心启动活动。建设银行副行长庞秀生、中国驻瑞士大使许镜湖女士、瑞士央行行长托马斯・乔丹先生、瑞士苏黎世州经济部长卡门·瓦克斯派尔女士、苏黎世市长考琳·玛尔珂女士以及瑞士社会各界嘉宾200余人出席庆祝活动。

1月14日　总行人力资源部教育培训部（二级部）增设培训资源管理处；总行公司业务部内控管理处更名为合规管理处、系统支持与数据分析处更名为系统支持处；总行小企业业务部对现有处室设置及职能进行优化调整；总行投资托管业务部更名为资产托管业务部，增设跨境托管运营处；总行个人存款与投资部增设个人商户管理处；总行住房金融与个人信贷部增设证券化业务处；总行网络金融部渠道规划与内控处更名为网络业务管理处；总行渠道与运营管理部自助业务处更名为自助业务研发管理处。

1月14日　总行党校（高级研修院）列为总行直属机构。

1月22日　徐云清、周波任中国建设银行工会委员会副主席。

1月25日　总行设立同业业务中心，同业业务部（二级部）；总行设立资产管理业务中心、投资银行部，撤销总行资产管理部（投资银行部）；总行撤销养老金业务部；总行设立消费者权益保护部，与公共关系与企业文化部合署办公。

2月22日　中国建设银行亚太审批中心成立。

2月22日　中国建设银行（印度尼西亚）股份有限公司筹备组成立。

3月8日　总行设立金融市场交易中心，金融市场部商品与期货交易部（二级部）撤销。

3月29日　建信财产保险有限公司获中国保险监督管理委员会批准筹建。

3月31日　中国建设银行亚太审批中心揭牌仪式在香港中国建设银行大厦举行。董事长王洪章出席仪式，与中央政府驻香港特别行政区联络办公室副主任仇鸿共同为亚太审批中心揭牌。

3月　总行出台《“213人才工程”实施方案》。

4月1日　建设银行公告内设托管机构——投资托管业务部更名为资产托管业务部，并启用中国建设银行股份有限公司资产托管业务部公章和相关业务用章。

4月6日　中国建设银行“服务冬奥”工作领导小组成立。

4月16日　总行发文，成立中国建设银行科技金融创新中心，与广东省分行公司业务部合署办公。

4月18日　总行发文，在各境外机构配备监察专员。

4月27日　建信保险资产管理有限公司在深圳正式成立并举行开业仪式。行长王祖继、副行长章更生，深圳市人民政府副市长徐安良、中国保险资产管理业协会副秘书长刘传葵出席开业仪式。

4月　建设银行建银国际通过旗下子公司完成收购迈特迪斯特贸易有限公司（“Metdist”）75%股权，Metdist更名为建银国际—迈特迪斯特环球商品（英国）有限公司（“建银国际—迈特迪斯特”），新公司揭牌仪式4月6日在伦敦举行。董事长王洪章签发贺信。

5月4日　总行发文，成立中国建设银行跨境电子商务金融中心，与浙江省分行国际业务部合署办公。

5月10日　（智利当地时间）建设银行智利分行收到智利银行及金融机构监管局有关同意分行正式对外营业的批复。

5月12日　总行风险管理部市场风险管理部（二级部）增设直营业务风险管理处。

5月12日　建设银行信息技术与流程银行建设委员会成员部门增加数据管理部。

5月16日　章更生担任中国建设银行大数据工作领导小组副组长。

5月26日　中国建设银行投贷联金融中心揭牌仪式在苏州举行。副行长余静波，苏州市委副书记、常务副市长周伟强出席活动，共同为“投贷联金融中心”揭牌。

6月1日　建设银行香港审计分部撤销。

6月5日　建信财险公司筹备组成立。

6月13日　中国建设银行（欧洲）有限公司华沙分行筹备组成立。

6月13日　总行发文，中国建设银行武汉业务处理中心、中国建设银行成都业务处理中心整合为统一的中国建设银行业务处理中心，为总行二级部建制。驻地在武汉，成都为分中心。

6月13日 总行发文，成立武汉生产园区管理办公室，为总行直属机构，由中国建设银行业务处理中心负责管理。

6月13日 总行发文，中国建设银行上海国际贸易单证处理中心、中国建设银行北京国际贸易单证处理中心整合为统一的中国建设银行单证业务中心，为总行二级部建制。驻地在北京，上海为分中心。

6月13日 总行发文，成立中国建设银行托管运营中心，为总行二级部建制。驻地在合肥，上海为分中心。

6月13日 总行发文，成立北京生产园区管理办公室，为总行直属机构，总行二级部建制。

6月16日 中国建设银行科技金融创新中心揭牌仪式在广州举行。副行长黄毅，广东省副省长袁宝成出席活动，共同为"科技金融创新中心"揭牌。

6月20日 （智利当地时间）中国建设银行股份有限公司智利分行在利马举行开业暨智利人民币清算中心启动活动。监事长郭友、中国驻智利大使李宝荣、智利经济部长路易斯·菲利普、前总统及亚太区特命全权特使爱德华多·弗雷、智利央行罗德里戈·贝尔加拉、智利银行及金融机构监管局艾瑞克·帕拉多以及智利社会各界嘉宾200余人出席庆祝活动。作为第一家落户智利的中资银行，智利分行被中国人民银行授权担任智利人民币清算行。

6月21日 中国建设银行泛亚跨境金融中心揭牌仪式在昆明举行。

7月6日 中国建设银行客户服务中心筹备组成立。

7月6日 中国建设银行两岸人民币清算中心更名为中国建设银行跨境同业金融服务中心。

7月9—24日 全行开展了本年度第一次对公信贷人员岗位资格考试。

7月13日 总行风险管理部设立不良资产经营中心（处级建制）、系统重要性银行管理处；总行信贷管理部设立信用风险监控处、行业三处，信贷质量监控处更名为信贷质量管理处，信贷政策处更名为信贷政策处（绿色信贷委员会办公室）；总行内控合规部反洗钱业务管理处更名为总行反洗钱业务中心（处级建制）。

7月13日 中国监察学会建设银行分会撤销。

7月19日 总行发文，成立中国建设银行对公创新（重庆）中心，与重庆市分行公司业务部合署办公。

7月19日 总行发文，调整资产负债与成本控制委员会主要职责及组成人员。

7月29日 总行发文，成立中国建设银行创业创新金融服务中心，与湖北省分行小企业业务部合署办公。

8月31日 中国建设银行创业创新金融服务中心在湖北武汉正式成立。副行长章更生，湖北省政府副省长曹广晶出席揭牌仪式并致辞。

9月7日 总行发文，成立中国建设银行客户服务中心，主中心在成都，为总行一级部建制。

9月20日 全行专职纪检监察干部、巡视工作人员开展业务考试，参考人数为4060人。

10月18日 建信财产保险有限公司（简称"建信财险"）在宁夏银川举办开业揭牌仪式。董事长王洪章、行长王祖继、副行长章更生、纪委书记朱克鹏，宁夏回族自治区党委书记李建华、主席咸辉、常务副主席张超超共同为建信财险揭牌；行长王祖继和宁夏回族自治区常务副主席张超超分别代表双方致辞，中国保险业协会会长朱进元致辞；宁夏回族自治区党委秘书长何健、宁夏回族自治区政府秘书长王紫云等出席开业仪式。

10月21日 总行批复，青岛经济技术开发区支行升格为中国建设银行股份有限公司青岛西海岸新区分行（二级分行）。

10月21日 总行批复，天门支行升格为中国建设银行股份有限公司天门分行（二级分行）。

10 月 21 日 总行批复，太原并州支行升格为中国建设银行股份有限公司太原并州分行（二级分行）。

10 月 21 日 中国建设银行集约化生产运营工作领导小组成立。行长王祖继任组长，副行长余静波人副组长。

11 月 1 日 马来西亚央行行长穆罕默德·易卜拉欣在北京向建设银行董事长王洪章颁发中国建设银行（马来西亚）有限公司商业银行牌照。马来西亚首相纳吉布见证颁证仪式。

11 月 1 日 总行发文，成立中国建设银行对公创新（厦门）中心，与厦门市分行公司业务部合署办公。

11 月 2 日 建设银行与厦门市政府在厦门市“十三五”战略合作协议签约仪式上，行长王祖继与厦门市委书记裴金佳共同为“中国建设银行跨境同业金融服务中心”揭牌，副行长章更生与厦门市代理市长庄稼汉共同为“中国建设银行对公业务创新中心”揭牌。

11 月 2 日 总行发文，成立中国建设银行并购资本上海中心，与上海市分行投资银行部合署办公。

11 月 4 日 中国建设银行工会委员会采取通讯投票方式组织进行了中国建设银行第二届工会委员会换届选举。经选举，副行长黄毅任主席；总行党群工作部总经理、机关党委常务副书记徐云清，总行党群工作部副总经理周波任副主席。

11 月 16 日 康义不再担任中国建设银行批发业务总监（三职等）兼总行公司业务部总经理、建信工程造价咨询公司筹备组组长、中国建设银行（亚洲）股份有限公司非执行董事职务，调离中国建设银行。

11 月 16 日 总行明确中国建设银行董事会办公室主任徐漫霞、办公室、党委办公室主任姜国云、授信审批部总经理靳彦民、审计部总经理李秀昆、个人存款与投资部总经理杨绍萍、信用卡中心总经理、党委书记魏春旗、公共关系与企业文化部总经理、党委宣传部部长刘进的职等为三职等。

11 月 25 日 总行发文，成立建信资产管理有限责任公司筹备组。

11 月 30 日 成立中国建设银行金融扶贫工作领导小组。董事长王洪章任组长，行长王祖继任副组长，副行长章更生任金融扶贫工作办公室主任。

12 月 6 日 （波兰当地时间）中国建设银行欧洲华沙分行正式获颁牌照。

12 月 9 日 中国建设银行并购资本上海中心在上海并购金融集聚区内举行揭牌暨签约仪式。副行长余静波、上海市金融办副主任解冬和上海市普陀区区委书记施小琳到会致辞并为中心揭牌。

12 月 21 日 中国建设银行跨境电子商务金融中心在杭州举办揭牌仪式。副行长余静波、杭州市委常委佟桂莉共同为中心揭牌。

会议类

1 月 19 日 建设银行董事会 2016 年第一次会议暨战略发展委员会 2016 年第一次会议在北京召开。行长王祖继、监事长郭友、副行长庞秀生、副行长章更生、首席财务官许一鸣、董事会秘书陈彩虹出席。会议审议通过了 2016 年度经营计划、固定资产投资预算和总行部分机构调整事宜的议案。其中，2016 年度固定资产投资预算的议案还将提交本行股东大会审议批准。董事长王洪章主持会议。

1 月 20 日 建设银行 2015 年度经营形势分析会议在北京召开。行长王祖继主持会议，监事长郭友、副行长庞秀生、副行长章更生、副行长黄毅、副行长余静波、纪委书记朱克鹏、首席风险官曾俭华、首席经济学家黄志凌、首席财务官许一鸣、董事会秘书陈彩虹出席。

1月22日 建设银行与美国银行2016年战略协助项目启动会在总行大楼举行。行长王祖继、副行长杨文升与美国银行战略协助负责人 Judy Whiting 女士出席。董事会秘书陈彩虹主持会议，总行有关部门负责人以及在华美国银行专家参会。

1月25—26日 中国建设银行第四届职工代表大会第一次会议暨全行群团工作会议在北京召开。党委书记、董事长王洪章作讲话，行长王祖继、监事长郭友出席并接见全体代表，副行长、工会主席、机关党委书记黄毅作群团工作报告。

1月25—27日 中国建设银行2016年工作会议在北京召开。会议的主要任务是，深入贯彻学习党的十八大和十八届三中、四中、五中全会及中央经济工作会议精神，总结全行2015年度工作，分析当前面临的形势，部署下一步工作任务。党委书记、董事长王洪章作了题为《立足先发优势，坚持稳步发力，推动转型发展向纵深迈进》的讲话；党委副书记、行长王祖继作了题为《周密安排业务计划，加快转型步伐，确保完成2016年目标任务》的工作报告；党委副书记、监事长郭友主持并作会议总结。总行党委委员，高级管理人员，部分董事、监事出席会议。国务院办公厅、国家发改委、财政部、人民银行、审计署、银监会、证监会和汇金公司有关同志应邀出席会议。

1月26日 建设银行总行领导班子和领导人员2015年度综合考核评价会议在北京召开。董事长王洪章、行长王祖继、监事长郭友、副行长庞秀生、副行长章更生、副行长杨文升、副行长黄毅、副行长余静波、纪委书记朱克鹏、首席风险官曾俭华、首席经济学家黄志凌、首席财务官许一鸣、董事会秘书陈彩虹出席会议。

1月26日 建设银行党组织书记抓基层党建述职评议会在北京召开。党委书记、董事长王洪章进行点评并作总结讲话。中组部组织二局副巡视员牛巧娣同志出席会议并作点评讲话。总行党委委员、副行长章更生主持。总行党委成员、高管人员、总行党建工作领导小组成员部门主要负责人、6家试点单位党组织书记、“两代表一委员”、党员群众代表和中组部组织二局的有关负责同志出席会议。

1月26日 建设银行人才、薪酬与组织机构统筹委员会会议在北京召开。监事长郭友、副行长庞秀生、副行长章更生出席会议。

1月27—28日 建设银行2016年海外工作座谈会议在北京召开。监事长郭友出席会议。

1月29日 2016年总行本部暨离退休人员迎春团拜会在北京举行。董事长王洪章出席并致辞，行长王祖继，监事长郭友出席团拜会。副行长章更生主持团拜会。总行党委委员以及在京的高管、董事、监事，总行离退休老领导、老同志和总行各部门负责人与员工代表参加了团拜会。

1月29日至2月5日 建设银行监事会2016年第一次会议以书面会议方式召开。会议审议并通过了《中国建设银行股份有限公司监事会2016年度工作计划》。

2月2日 中央第十二巡视组专项巡视中国建设银行党委情况反馈会在总行大楼召开。中央巡视工作领导小组办公室有关负责同志向建设银行党委书记、董事长王洪章传达了习近平总书记关于巡视工作的重要讲话精神，中央第十二巡视组组长武在平，副组长穆占英、吴海英、回建反馈了专项巡视情况。武在平同志代表巡视组向建设银行党委领导班子进行了反馈，中央巡视办负责同志对巡视整改工作提出要求，董事长王洪章主持会议并作了表态发言。中央巡视组、中央巡视办有关同志，建设银行总行党委成员，高级管理人员，在京总行各部门主要负责人及副总经理（副主任）以上人员，在京子公司主要负责人，总行纪检监察机构、组织（人事）部门等有关人员在主会场参加会议；各一级分行行级领导人员，哈尔滨、常州培训中心班子成员，总行信用卡中心班子成员等在分会场参加视频会议。

2月15日 建设银行整改工作协调会在北京召开。纪委书记朱克鹏主持会议，党委办公室、党委组织部、纪委、监察部、财务会计部、信贷管理部、审计部、内控合规部等13个部门参加会议。

2月18日 “全员参与大资管，全力发展大资管”业务竞赛活动第二阶段启动（视频）会在北京召开。副行长余静波出席会议并作讲话，资产管理业务中心主要负责人刘兴华主持会议，党群工作部总经理徐云清作动员讲话，投资银行部主要负责人王勇宣读了“两全”活动第一阶段先进集体和先进个人。

2月23日 “八一工程”重点分行（视频）会议在总行大楼召开。副行长章更生出席并讲话。

2月24日 全行分期业务推进视频会在上海召开。信用卡中心总经理魏春旗、副总经理黄勇、各一级分行和二级分行分管行领导、信用卡业务部负责人及相关业务骨干等参加会议。

2月25日 总行在苏州举办了2016年同业业务研讨会。副行长章更生出席会议。

2月29日 建设银行2016年度计财工作会议在云南昆明召开。会议的主要任务是：落实年度工作会议精神，及早统筹谋划与布置计财管理工作，着力提高计财管理精细化水平以推动全行转型发展的深化落实。副行长庞秀生主持并讲话；首席财务官许一鸣作工作报告；部分董事和汇金公司的有关同志应邀出席了会议。

2月29日至3月1日 全行首期客户经理现场培训班分别在哈尔滨、常州培训中心举办，全行对公信贷人员大规模培训工作全面启动。

3月1日 全行客户风险统计、征信数据质量考评及信息安全管理专题视频会议在北京召开。

3月1—2日 建设银行2016年度风险管理工作会议在南京召开。会议的主要内容是贯彻落实全行工作会议精神，围绕转型发展规划确定的目标和要求，研判新形势、新变化，部署2016年全行风险管理工作，表彰2015年度风险管理优秀团队及个人，颁发风险防控工作责任书。行长王祖继出席会议并作讲话，首席风险官曾俭华作风险管理工作报告，信贷管理部总经理邓艾兵向大会通报了全行信用风险情况。部分董事、监事出席会议，汇金公司有关同志应邀出席了会议。

3月4—5日 建设银行2016年度纪检监察工作会议在北京召开。在京党委成员董事长王洪章、行长王祖继、监事长郭友、副行长庞秀生、副行长章更生、副行长杨文升、副行长余静波、纪委书记朱克鹏，部分董事、监事、高管人员出席会议，中央纪委四室代表应邀出席会议。总行党委书记王洪章作讲话，总行党委委员、纪委书记朱克鹏作年度纪检监察工作报告，并作会议总结。

3月7—11日 转型发展分行宣讲骨干培训班在常州培训中心举办。副行长黄毅、首席经济学家黄志凌出席培训班，37家分行主管转型发展的副行长及负责转型推进的部门负责人参加了培训。

3月7—17日 建设银行首次合规官培训班在香港及深圳举办。副行长余静波出席培训班开班式并作讲话。

3月10—11日 建设银行监事会2016年第二次会议及专门委员会会议在北京召开。部分高管及银监会相关人员列席了会议。本次会议审议并通过了关于监事会2015年度工作总结的议案、关于提名中国建设银行股份有限公司监事会履职尽职监督委员会委员的议案、关于提名中国建设银行股份有限公司监事会财务与内部控制监督委员会委员的议案，听取了2016年经营工作安排情况汇报、子公司风险管理情况汇报、建设银行县域业务发展情况汇报，研究讨论了2015年度监事会报告，参阅了监事会履职尽职监督委员会2015年度工作总结、监事会财务与内部控制监督委员会2015年度工作总结。

3月16—17日 建设银行2016年度对公业务工作会议在重庆召开。副行长章更生作大会报告，副行长黄毅、副行长余静波分别就分管工作讲话。会议的主要任务是：贯彻落实全行工作会议精神及转型发展规划，把握机遇，深化转型，谋求发展，持续提升对公业务的市场竞争力和价值贡献度；部分董事出席会议。会上，还对2015年度对公业务先进集体、先进个人以及2015年度公司业务等条线优秀创新工具奖获得者进行了表彰。

3月17日 部分分行国际业务座谈会议在重庆召开。监事长郭友主持会议。

3月22日 建设银行2016年同业业务工作会在青岛召开。副行长章更生出席会议并作讲话。

3月24日 建设银行资产管理业务专营化建设座谈会在上海召开。副行长余静波出席会议并作讲话。

3月28—30日 建设银行监事会2016年第三次会议及专门委员会会议在北京召开。部分高管及银监会相关人员列席了会议。本次监事会会议审议并通过了关于2015年年度报告、年度报告摘要的议案、关于2015年度利润分配方案的议案、关于2015年社会责任报告的议案、关于2015年度内部控制评价报告的议案、关于股东代表监事2016年度绩效考核方案的议案、关于2015年度监事会报告的议案、关于监事会对董事会及其成员2015年度履职情况的评价报告、关于监事会对高级管理层及其成员2015年度履职情况的评价报告的议案、关于监事会及其成员2015年度履职情况的自我评价报告的议案，听取了财务与内部控制监督委员会主席介绍财委会会议情况、大数据战略实施推进情况汇报、同业业务风险管控情况汇报。

3月29日 建设银行落实中央巡视意见整改工作专题民主生活会在北京召开。董事长王洪章、行长王祖继、监事长郭友、副行长庞秀生、副行长章更生、副行长杨文升、副行长黄毅、副行长余静波、纪委书记朱克鹏参加会议。

3月29—30日 建设银行2015年度业绩董事会及专门委员会会议在北京召开，董事会成员、部分监事和高管参加了会议。本次董事会会议审议通过了建设银行2015年度报告、利润分配方案、内部控制评价报告、社会责任报告、执行董事和高级管理人员2016年度绩效考核方案、资本充足率管理报告、资本充足率报告、全面风险管理报告、张龙先生、钟瑞明先生、维姆·科克先生和莫里·洪恩先生连任本行独立非执行董事及提请召开2015年度股东大会等议案，书面参阅了2015年度董事会各专门委员会工作报告、行长工作报告、2015年并表管理计划执行情况及2016年并表管理工作要点报告和反洗钱工作情况报告。

3月31日 建设银行2015年度业绩发布会在香港和北京同步召开。董事长王洪章、副行长庞秀生、首席风险官曾俭华、董事会秘书陈彩虹在香港出席，行长王祖继、副行长杨文升、副行长余静波、首席财务官许一鸣在北京出席。

4月1日 沃尔克规则启动暨培训会在北京召开。海外机构、境内子公司和总行15个部门参加了会议。

4月5日 建设银行巡视工作动员会在北京召开。纪委书记朱克鹏作动员讲话，总行巡视组成员以及总行、一级分行巡视办负责人、部分分行巡视组组长参加会议。动员会后，所有与会人员参加了为期五天的培训。

4月6日 总行案件防控和预防腐败工作联席会议在北京召开。纪委书记朱克鹏主持会议，总行风险管理部、审计部、内控合规部、法律事务部、监察部和安全保卫部等部门负责同志参加会议。

4月7日 建设银行“两学一做”学习教育工作会（视频）在北京召开。会议传达贯彻落实中央“两学一做”学习教育工作座谈会精神，部署全行“两学一做”学习教育工作。党委书记、董事长王洪章作讲话，党委委员、副行长章更生对全行开展“两学一做”学习教育进行具体部署。总行党委委员、高管人员出席会议。

4月7—8日 全行2016年零售及电子银行业务转型发展暨工作会议在长沙召开。副行长杨文升作工作报告，部分董事和汇金公司代表出席会议。

4月8日 全行“机构业务营销年”（视频）会议在北京召开，“机构业务营销年”活动正式启动。副行长章更生出席活动并作讲话。

4月11—12日 建设银行2016年审计工作会议在北京召开。监事长郭友出席并作讲话，部分董事、监事出席会议。各审计分部和总审计室主要负责人，总行审计部、相关部门负责人参加了会议。

4月18日 建设银行总行党委在北京召开巡视整改情况通报会。在京党委委员王洪章、王祖继、庞秀生、章更生、杨文升、余静波，部分高管人员出席会议。总行党委书记王洪章通报了党委巡视整改情况，党委副书记王祖继主持会议。

4月19日 建设银行一季度经营形势分析会议在北京召开。行长王祖继、副行长章更生、副行长杨文升、副行长黄毅、副行长余静波、首席风险官曾俭华、首席经济学家黄志凌、首席财务官许一鸣出席会议。

4月20日 总行保密委员会和密码工作领导小组会议在北京召开。行长王祖继主持会议。

4月25—26日 2016年渠道与运营转型创新工作会议在北京召开。副行长余静波出席会议并讲话。部分董事、监事出席会议，37家分行渠道与运营工作分管行领导和部门主要负责人，及总行31个部门领导参加会议。

4月26日 北上广深转型推进座谈会在广州召开。行长王祖继作讲话，副行长庞秀生、副行长章更生、副行长黄毅出席会议。总行相关部门负责人及北京、上海、广东和深圳分行主要负责人、分管转型推进工作的行领导及相关部门负责人参加会议。

4月28—29日 建设银行2016年一季度业绩董事会及专门委员会会议在北京召开，全体董事、部分监事和高管参加了会议。本次董事会会议审议通过了建设银行2016年一季度报告、2016年中国建设银行内部资本充足评估报告和关于修订优先股发行摊薄即期回报的影响及填补措施的议案。其中，关于修订《中国建设银行股份有限公司优先股发行摊薄即期回报的影响及填补措施》的议案将提交2015年股东大会审议。

4月28—29日 建设银行监事会2016年第四次会议及专门委员会会议在北京召开。部分高管及银监会相关人员列席了会议。本次监事会会议审议并通过了关于2016年第一季度报告的议案、关于提名刘进女士连任本行股东代表监事的议案关于提名李晓玲女士连任本行股东代表监事的议案、关于提名白建军先生连任本行外部监事的议案，听取了财务与内部控制监督委员会主席介绍财委会会议情况、全球系统重要性银行监管要求及建设银行应对措施汇报、物理渠道转型推进情况汇报。

4月29日 全行制度梳理与内控标准化工作座谈会在总行大楼召开。副行长余静波出席会议并讲话。

5月3日 建设银行在北京召开分析师电话会议，境内外60余名投资者和分析师应邀参加。首席风险官曾俭华、首席财务官许一鸣和董事会秘书陈彩虹以及董办、资债部、财会部、风险部、信管部、公司部和房金部等部门负责人出席会议。

5月4日 建信养老金管理公司在郑州召开部分分行养老金业务座谈会。总行副行长、建信养老金管理公司董事长余静波出席会议。

5月5日 建设银行代发农民工工资业务推进会在海口召开，副行长章更生出席会议。

5月11日 第11届“中国建设银行十大杰出青年”表彰暨“与行领导面对面”青年座谈会在总行大楼召开。董事长王洪章、行长王祖继、副行长章更生、副行长杨文升、副行长黄毅、副行长余静波、纪委书记朱克鹏出席。

5月13日 部分重点城市行转型发展座谈会在成都召开。行长王祖继出席会议，副行长黄毅主持会议。

5月13日 建设银行深化“合规建行，人人践行”创建工作动员（视频）会议在北京召开。副行长余静波出席并作讲话。

5月17日 风险管理暨重大风险“30大”项目座谈会在北京召开。行长王祖继出席会议。

5月19－20日 总行精细化管理经验推广会议在厦门召开。行长王祖继出席，首席财务官许一鸣主持会议，总行资债部等8个相关部门以及天津等五个城市分行相关负责人参加本次会议。

5月20日 总行在广西南宁召开对公贷款投放专题座谈会。副行长章更生出席会议。

5月23—27日 建设银行二级分行党委书记培训班在常州培训中心举办。各省、自治区、直辖市分行，总行直属分行，苏州分行下属二级分（支）行党委书记、党总支书记、党支部书记共200人参加了培训。总行党委委员、副行长章更生，首席风险官曾俭华，首席财务官许一鸣，以及总行党委办公室、股权与投资管理部、公司业务部、个人存款与投资部、国际业务部、网络金融部等部门主要负责人作了专题辅导。

5月25日 重点分行及特殊区域分行金融市场业务专题会议在陕西西安召开。副行长庞秀生出席会议并讲话.

5月27日 全行授信审批条线视频会议在长安兴融中心召开。

5月31日 全行“落实建设银行与教育部战略协议、全面推动银校合作”（视频）会议在北京召开。副行长章更生出席会议。

6月4日 全行信贷管理专题课程第一期视频培训在总行大楼举办。37个一级分行风险管理部门分管负责人，二级分行分管公司业务、风险管理的副行长，从事信贷业务年限未满3年或近一年未参加过风险分类培训的客户经理和风险经理等共计1.9万余人参加了培训。

6月5—8日 建设银行一级分行党委书记总行部门总经理党性教育高级研修班在中国井冈山干部学院举办。各一级分行党委书记，哈尔滨、常州培训中心党委书记，总行各部门、境内子公司、海外机构主要负责人共110余人参加培训。中国井冈山干部学院常务副院长梅黎明及总行党委委员、副行长章更生出席开班式并作讲话。

6月14日 建设银行在香港举办“2016中国银行间市场投资研讨会”，会议邀请了香港金管局、美国信安金融集团、易方达资产管理（香港）有限公司等39家机构的60多名嘉宾参加。

6月15—16日 建设银行2016年董事会第四次会议及专门委员会会议在上海召开，部分董事、监事和高管参加了会议。本次董事会会议审议通过了建设银行在新西兰设立分行、绿色信贷发展战略、董事会风险管理委员会兼任美国风险管理委员会职责、郭衍鹏先生继续担任董事会战略发展委员会和提名与薪酬委员会委员和陈彩虹先生连任本行董事会秘书的议案。

6月17日 建设银行2015年度股东大会在香港、上海两地同时举行。董事长王洪章在香港主持并回答了股东现场提问，副董事长、行长王祖继在香港出席会议；监事长郭友在上海主持会议，执行董事、副行长庞秀生和章更生在上海出席并回答了国内股东提问；董事、监事和董事会秘书参加会议。会议审议通过了2015年董事会报告、监事会报告、财务决算方案、利润分配方案、2016年固定资产投资预算、2014年董事和监事薪酬分配清算方案，通过了张龙、钟瑞明、维姆·科克、莫里·洪恩连任建设银行独立非执行董事，通过了刘进、李晓玲连任建设银行股东代表监事，通过了白建军连任建设银行外部监事，通过了建设银行2016年度外部审计师聘用方案，通过了修订《中国建设银行股份有限公司优先股发行摊薄即期回报的影响及填补措施》以及郭衍鹏连任非执行董事。

6月28日 建设银行监事会2016年第五次会议及专门委员会会议在北京召开。部分高管及银监会相关人员列席了会议。本次监事会会议审议并通过了关于提名中国建设银行股份有限公司监事会履职尽职监督委员会委员的议案、关于提名中国建设银行股份有限公司监事会财务与内部控制监督委员会委员的议案，听取了理财业务经营策略与资产质量管控情况汇报、信用债券风险情况及我行应对措施汇报。

6月28日 全行信用卡客户拓展及经营专题视频会在上海召开。

6月29—30日 全行组织人事工作会议在北京召开。会议的主要任务是：认真贯彻中央《关于深化人才发展体制机制改革的意见》，落实全国组织部长会议精神，围绕全行转型发展，研究部署组织人事工作，使组织建设和人力资源管理适应全行转型发展需要，形成组织保障有力、资源配置科学、人才竞争优势明显的组织人事工作新格局，使全行党的建设和组织人事工作在改革创新和转型发展中始终充满生机和活力。党委书记、董事长王洪章作讲话，党委委员、副行长章更生传达了中央关于深化人才发展体制机制改革的精神并作会议总结。在京的总行党委委员、高管人员出席会议。中组部党建研究所副所长赵湘江作了关于“两学一做”的专题辅导报告。

6月30日 全行优秀共产党员、优秀党务工作者和先进基层党组织表彰（视频）大会在北京召开。总行党委书记、董事长王洪章出席并作讲话。总行党委副书记、监事长郭友宣读《关于表彰中国建设银行优秀共产党员、优秀党务工作者和先进基层党组织的决定》；总行党委委员、副行长章更生主持会议；

在京总行党委成员、高管人员出席会议。

7月1日 资产管理业务管理委员会2016年第一次会议在总行大楼召开，副行长余静波主持会议。

7月4日 总行农民工工资业务推进领导小组会议在北京召开。行长王祖继、副行长章更生、副行长杨文升和相关部门负责人参加了会议。

7月8日 建设银行子公司转型发展座谈会在北京召开。会议主要任务是：贯彻落实全行转型发展规划要求，研究在新形势下，如何加快子公司转型发展，促进子公司提质增效，提升对集团的贡献度。行长王祖继作讲话，副行长杨文升、首席财务官许一鸣出席会议。总行相关部门负责人，各子公司负责人，委派子公司专职董事、监事参加会议。

7月12日 部分分行贸易融资转型发展座谈会在苏州召开。监事长郭友出席会议并作讲话。上海、江苏、浙江、江西、山东、广东、深圳、苏州分行8家分行行领导、资债部、授信部及国际部负责人出席了会议。

7月14日 2016年重点机构帮扶工作座谈会在北京召开。首席风险官曾俭华主持会议，总行相关部门、8家一级分行风险管理部及10家重点帮扶二级分行负责人参会。

7月14—15日 部分分行产品创新工作座谈会在北京召开。副行长杨文升主持会议，总行财务会计部、人力资源部、产品创新与管理部、信息技术管理部部门负责人，以及北京、天津、大连、上海、苏州、厦门、山东、河南、广东、深圳等10家分行主管创新工作的行领导参会。

7月19日 建设银行2016年上半年经营形势分析会议在总行大楼召开。行长王祖继主持会议，监事长郭友、副行长庞秀生、副行长章更生、副行长杨文升、副行长黄毅、纪委书记朱克鹏、首席风险官曾俭华、首席经济学家黄志凌、首席财务官许一鸣、董事会秘书陈彩虹出席。

7月20日 “全员参与大资管，全力发展大资管”业务竞赛活动总结暨表彰视频会在总行大楼召开。副行长余静波出席会议并作讲话。

7月25—26日 中国建设银行2016年夏季工作座谈会在北京召开。会议的主要任务是：贯彻落实习近平总书记“七一”重要讲话和关于做强做优做大国有企业的指示精神，以及李克强总理考察建设银行时强调的助力实体经济发展的要求，分析上半年工作，布置下半年任务，完成好今年的各项工作目标。会上，党委书记、董事长王洪章作了题为《发力转型 勇拔头筹 不断做强做优做大》的讲话；党委副书记、行长王祖继作了题为《推转型 控风险 抓管理 努力实现经营业绩逐季向好》的经营情况报告；党委副书记、监事长郭友主持并作会议总结。总行党委委员，高级管理人员，部分董事、监事出席会议。人民银行、银监会和汇金公司有关同志应邀出席会议。

7月27日 中国建设银行2016年夏季海外工作座谈会在北京举行。董事长王洪章、行长王祖继、监事长郭友、各海外机构负责人、总行相关部门负责人出席会议。

8月3日 建设银行安康定点扶贫现场座谈会在陕西省安康市县河镇财梁社区召开。副行长章更生主持会议，并进行实地调研。

8月3日 建设银行2016年“一加强两遏制”专项检查“回头看”工作动员（视频）会议在北京召开。监事长郭友、副行长余静波出席会议。

8月11日 总行保密委员会办公室在总行大楼召开总行保密委员会（扩大）会议，总行各部门负责人和综合处负责人参加了会议。

8月12日 部分分行资管、同业和交易业务风险管理座谈会在广州召开。首席风险官曾俭华出席会议并作讲话。

8月18日 部分重点分行资产质量管控工作座谈会在温州召开。董事长王洪章、首席风险官曾俭华出席会议。

8月19日 建设银行大数据工作领导小组2016年第一次会议在北京召开。行长王祖继、副行长庞秀生出席会议。

8月23—25日 建设银行监事会2016年第六次会议及专门委员会会议在北京召开。部分高管及银监会相关人员列席了会议。本次监事会会议审议并通过了关于2016年半年度报告、半年度报告摘要的议案，听取了财务与内部控制监督委员会主席介绍财委会会议情况、合规体系建设推进情况的汇报、近年来个人住房贷款业务经营发展情况的汇报。

8月24—25日 建设银行2016年董事会第五次会议及专门委员会会议在北京召开，部分董事、监事和高管参加了会议。本次董事会会议审议通过了建设银行2016年半年度报告、半年度业绩公告及半年度报告摘要、上半年全面风险管理报告、中国建设银行恢复与处置计划、有限公司不良债权转让、2015年度高级管理人员薪酬分配清算方案的议案，并听取了相关委员会会议情况介绍。

8月26日 2016年中期业绩发布会在北京和香港两地同时举行。董事长王洪章、副行长章更生、首席风险官曾俭华、董事会秘书陈彩虹北京出席，行长王祖继、副行长杨文升、首席财务官许一鸣在香港出席。

9月5—9日 全行一级分行纪委书记培训班在明苑会议中心举办。37家一级分行纪委书记，哈尔滨、常州培训中心纪委书记，信用卡中心纪委书记，总行机关纪委书记，建信人寿分管监察工作的负责人等参加了培训。

9月6日 部分重点分行资产质量管控工作座谈会在大连召开。监事长郭友主持会议。

9月8日 “CCB2020：善建者 新活力”转型发展宣传推介会在北京举行。董事长王洪章、行长王祖继、监事长郭友、副行长章更生、副行长黄毅、副行长余静波、纪委书记朱克鹏、首席经济学家黄志凌、首席财务官许一鸣、董事会秘书陈彩虹出席活动。百余家境内外媒体记者，40余位重要客户、机构投资者和股东代表，总行在京行领导，高管，部分董事、监事，总行部门和部分分行、子公司负责人，基层员工代表出席了推介会。

9月18日 建设银行资产负债与成本控制委员会2016年第1次会议在北京召开。行长王祖继主持会议，副行长黄毅、纪委书记朱克鹏、首席财务官许一鸣出席会议。

9月19日 建设银行推动自贸区业务发展（视频）会议在北京召开。监事长郭友主持会议。

9月21日 中共中国建设银行党校2016年秋季（第35期）干部进修班开学典礼在北京举行。总行党委委员、纪委书记朱克鹏出席并讲话。

9月26日 “机关事业单位养老保险业务经验交流暨工作推进（视频）会议”在北京召开。副行长章更生出席会议。

9月27—28日 建设银行远程报警监控系统“五统一”推进暨安保工作转型创新座谈会在厦门召开。副行长余静波出席会议并讲话。会议部署了全行安全生产大检查工作，表彰了“平安建行”创建活动先进集体和先进个人。

9月29日 建设银行合规转型暨物理渠道转型工作座谈会在南京召开。副行长余静波出席会议并讲话。

9月29日 总行在深圳召开“深港通”业务推进会。

10月9日 “深化‘两全’，开启‘两大’拓展活动启动（视频）会”在北京召开。副行长余静波出席会议并讲话。

10月10日 子公司转型发展调研座谈会在深圳召开。纪委书记朱克鹏主持会议，江苏省分行、广东省分行、深圳市分行、重庆市分行等4家分行，建银国际、建信租赁、建信养老金、建信信托等4家子公司，以及总行资债部、财会部、人力部、股权部等8个部门相关负责人参加。

10月13—14日 全行办公室工作会暨保密管理和科技管章推广工作座谈会在北京召开。会议的主要任务是：学习贯彻全国政府秘书长和办公厅主任会议精神，落实年初工作会议和夏季工作座谈会要求，总结近年来办公室工作，分析面临的形势，交流经验，研究问题，部署下一阶段工作。行长王祖继出席会议并作了题为《服务大局 守正出新 在高水平上推进管理转型》的讲话，副行长章更生主持会议并讲话。

10 月 20 日 建设银行 2016 年三季度经营形势分析会议在北京召开。行长王祖继主持会议，监事长郭友、副行长章更生、纪委书记朱克鹏、首席风险官曾俭华、首席财务官许一鸣出席会议。

10 月 21 日 机关事业单位职业年金业务营销推进（视频）会议在北京召开，副行长章更生、副行长余静波出席会议。

10 月 24 日 银监会建设银行开展同业和理财（资管）业务检查进点会在总行大楼召开。中国银行业监督管理委员现场检查局局长王朝弟、安徽银监局副局长袁成刚和检查组小组成员参加会议，副行长余静波出席会议。

10 月 24—28 日 建设银行“小微企业金融服务专题高校培训班”在北京大学举办。副行长章更生与学员座谈交流，首席经济学家黄志凌为学员授课。

10 月 26—27 日 建设银行监事会 2016 年第七次会议及专门委员会会议在北京召开。本次监事会会议审议并通过了关于 2016 年第三季度报告的议案、关于监事会 2016 年年度履职监督与评价工作方案的议案；听取了监事会财委会会议情况介绍，建设银行与担保、中介机构开展信贷业务合作情况的汇报。

10 月 27 日 建设银行董事会 2016 年第六次会议及审计委员会会议在北京召开，董事、部分监事和高管参加会议。本次董事会会议审议通过了建设银行 2016 年第三季度报告和境外优先股股息分配的议案，听取了审计委员会会议情况，并书面参阅建设银行资本管理高级方法申请核准评估项目情况报告。

10 月 28 日 建设银行赴陕西安康定点扶贫挂职干部座谈会在北京召开。副行长章更生出席会议并讲话。

11 月 1 日 总行机关全体党员大会（视频）在北京召开。会议传达学习了党的十八届六中全会精神，党委书记王洪章主持会议并作了题为《贯彻全会精神 增强看齐自觉 以全面从严治党引领全行各项工作》的传达和学习动员讲话。总行党委成员行长王祖继、监事长郭友、副行长黄毅、纪委书记朱克鹏以及高级管理人员参加会议。

11 月 1 日 “建行希望小学 20 周年”座谈会在北京召开。监事长郭友、中国青少年发展基金会主要负责人王剑出席，建设银行董事董轼、监事李晓玲应邀参加座谈会。45 所希望小学校长和教师代表，31 所定点扶贫村村属小学代表参加座谈会。

11 月 9 日 建设银行与美国银行战略合作十周年总结会在总行大楼举行。纪委书记朱克鹏出席会议，董事会秘书陈彩虹主持会议，总行相关部门负责人参会。美国银行全球 IT 运营董事总经理 Phil Hordle 先生、战略协助负责人 Judy Whiting 女士，以及其他业务专家代表参会。

11 月 10 日 部分重点城市行转型案例推广会议在北京明苑召开。行长王祖继出席会议，副行长黄毅主持会议。9 家重点城市行（太原、长春、哈尔滨、杭州、温州、福州、济南、郑州、长沙）所在的 8 个省分行主要负责人、相关部门负责人和重点城市行主要负责人，以及总行办公室、资产负债管理部、财务会计部、人力资源部、信贷管理部、授信审批部、战略规划部主要负责人参加会议。

11 月 10 日 新金融工具准则实施及全行综合经营计划编制工作启动会议（视频）在总行大楼召开。首席财务官许一鸣出席并讲话。

11 月 11 日 总行在总行大楼联合召开董事会办公室、国际业务部、采购部、安全保卫部等四个部门巡察进驻动员会。总行纪委书记、巡视工作领导小组组长朱克鹏出席并作动员讲话，被巡察部门主要负责人对配合巡察工作作表态发言。

11 月 15 日 总行智慧柜员机应用及营业网点智慧转型座谈会在深圳召开。营运业务总监牟乃密出席会议并讲话。

11 月 17—18 日 全行扶贫工作会议在山东省泰安培训中心召开。这次会议的主要任务是，贯彻习近平总书记、李克强总理、汪洋副总理等中央领导同志关于扶贫工作的一系列重要指示和中央扶贫开发工作会议、中央单位定点扶贫工作会议精神，落实总行党委关于金融扶贫和定点扶贫的工作部署，扎实推进全行脱贫攻坚工作。董事长王洪章对会议作出批示，副行长章更生出席会议并讲话。

11 月 23 日 部分分行个人业务现场观摩学习交流会在厦门召开。纪委书记朱克鹏同志主持会议，总行个人部主要负责人，河北、浙江、福建、江西、山东、广东、厦门七家分行个人业务分管副行长和部门主要负责人参加交流会。

11 月 28 日 京津冀协同发展委员会 2016 年度例会在北京召开。副行长章更生出席会议。会议期间套开联动项目对接会，邀请北京市发改委介绍京津冀协同发展思路，总行相关部门、京津冀三地分行、子公司相关部门负责人和客户经理共同对接了 25 个项目的联动需求。

11 月 29 日至 12 月 1 日 中国建设银行党的建设工作会议在北京召开。党委书记、董事长王洪章作讲话；党委副书记、行长王祖继，党委副书记、监事长郭友，党委委员、副行长庞秀生、党委委员、副行长余静波，党委委员、纪委书记朱克鹏，高级管理人员出席，党委委员、副行长章更生主持并作会议总结；中组部有关人员应邀出席会议。会议的主要任务是：学习贯彻党的十八届六中全会精神和全国国有企业党的建设工作会议精神，分析新情况新问题，交流工作经验，部署当前和今后一个时期全行党建工作。会议期间，各单位“一把手”进行了“十八届六中全会精神——《关于新形势下党内政治生活的若干准则》《中国共产党党内监督条例》和‘全国国有企业党的建设工作会议精神’”的学习贯彻与专题辅导。各一级分行、海外机构、培训中心党委书记，总行各部门负责人，各子公司主要负责人参加了会议。

11 月 29 日 “中央金融机构培育践行社会主义核心价值观案例展示会”在建设银行举办。会议集中展示交流了党的十八大以来中央金融机构及系统培育践行社会主义核心价值观的典型经验，同时对荣获“百优十佳”案例和优秀论文的部门进行了表彰。中央国家机关工委副书记陈存根出席并讲话，工委宣传部部长张璐主持会议。建设银行党委书记、董事长王洪章致辞，党委副书记、监事长郭友出席会议。

12 月 2 日 建设银行党的十九大代表选举工作部署会议在北京召开。董事长王洪章主持会议，行长王祖继、监事长郭友、副行长章更生、副行长余静波、纪委书记朱克鹏、首席风险官曾俭华、首席经济学家黄志凌、首席财务官许一鸣、董事会秘书陈彩虹出席会议。

12 月 5 日 2017 年全行零售业务旺季营销启动视频会在北京召开。纪委书记朱克鹏出席会议并作讲话。

12 月 6 日 全行 2016 年度财务会计决算工作视频会在北京召开。首席财务官许一鸣出席并讲话。

12 月 8 日 中国建设银行青年志愿者协会成立大会和共青团中国建设银行第一次代表大会在北京召开。副行长黄毅、团中央青年志愿者工作部党委书记、中国青年志愿者协会副会长侯宝森、中央金融团工委负责人陈琳和全行 90 多名代表参加了会议。

12 月 8 日 “青年创新建行强”第四届金点子暨员工职业风采大赛成果汇报活动在总行大楼举行。董事长王洪章、副行长章更生、副行长黄毅、纪委书记朱克鹏、首席财务官许一鸣、营运业务总监牟乃密，团中央青年发展部副部长赵宝东、中央国家机关团工委负责人张哲、中央金融团工委负责人陈琳出席活动，并为获奖青年代表颁奖。

12 月 9 日 总行召开总行案件防控和预防腐败（扩大）会议。纪委书记朱克鹏主持并作讲话。

12 月 14 日 建设银行珠三角地区协调委员会 2016 年例会在福州召开，并套开境内外联动项目对接会。副行长章更生出席会议。

12 月 14 日 通用报告准则（Common Reporting Standard，以下简称 CRS）合规项目启动会在北京召开。副行长余静波出席并作讲话。

12 月 19 日和 22 日 建设银行党委会和总行部门负责人会议分别在总行大楼召开。党委书记、董事长王洪章分别在会上传达学习了中央经济工作会议精神，并结合建设银行实际就贯彻落实中央经济工作会议精神进行了部署，提出了要求。行长王祖继、副行长庞秀生、副行长章更生、副行长黄毅、纪委书记朱克鹏，首席风险官曾俭华、首席经济学家黄志凌、首席财务官许一鸣、董事会秘书陈彩虹出席会议。

12 月 19—20 日 建设银行董事会 2016 年第七次会议及专门委员会会议在北京召开，董事、部分监事和高管参加了会议。本次董事会会议审议通过了建设银行 2017 年度经营计划、2017 年度固定资产预算、投资设立市场化债转股专门实施机构、在哈萨克斯坦设立子银行、俄罗斯子行投资债券、信息披露暂缓与豁免业务管理办法、聘用 2017 年度外部审计师、风险偏好陈述书（2017 年）、提名 M·C·麦卡锡先生担任本行独立非执行董事、调整执行董事和高级管理人员 2016 年度绩效考核方案等议案。其中，关于 2017 年度固定资产投资预算、聘用 2017 年度外部审计师以及提名 M·C·麦卡锡先生担任本行独立非执行董事等议案将提交股东大会审议。董事会及各专门委员会还讨论了 2017 年度会议计划。

12 月 20 日 建设银行监事会 2016 年第八次会议在北京召开。部分高管列席了会议。本次监事会会议听取了建设银行押品管理工作进展情况的汇报、建设银行 2016 年案件防控情况的汇报，研究讨论了监事会 2017 年重点工作安排。

12 月 22—23 日 建设银行数据管理工作及统计年报会议在上海召开。

12 月 29 日 建设银行与全国供销合作总社在北京举办专题座谈会。

业务类

1 月 5 日 建设银行与新疆生产建设兵团在新疆签署“十三五”战略合作协议。董事长王洪章、副行长章更生出席签约仪式并与兵团党委副书记、司令员刘新齐座谈，副行长章更生与兵团副司令员宋建业代表双方签署合作协议。

1 月 6 日 建设银行与新疆维吾尔自治区人民政府在新疆签署“十三五”战略合作协议。中央政治局委员、自治区党委书记张春贤，自治区主席雪克来提·扎克尔及建设银行董事长王洪章、副行长章更生出席。副行长章更生与自治区人民政府副秘书长王胜谦代表双方签署合作协议。

1 月 8 日 中国建设银行“龙卡信用卡号”高铁专列从上海首发启程，龙卡信用卡成为国内首个携手京沪高铁开展冠名合作的信用卡品牌。

1 月 12 日 （巴西当地时间）建设银行巴西子行收到 BNDES（巴西国家开发银行）正式通知，该行董事会于 2015 年 12 月 23 日审议通过授予建行集团 20 亿雷亚尔（5.36 亿美元）初始授信额度（后续可追加）。建设银行成为全球范围内获得 BNDES 授信的唯一中资银行。

1 月 14 日 （瑞士当地时间）建设银行苏黎世分行和瑞士交易所集团在瑞士签署人民币业务合作备忘录。

1 月 14 日 （瑞士当地时间）建设银行在苏黎世分行开业暨瑞士人民币清算中心启动仪式上，正式发布《加速人民币国际化——中国建设银行 2015 全球人民币调查报告》。

1 月 14 日 建设银行与华泰证券股份有限公司在南京签署全面战略合作协议。副行长章更生与华泰证券总裁周易出席签约仪式。

1 月 16 日 建设银行上线代发工资客户“快贷”功能。

1 月 16 日 建设银行完成从国家工商总局购入对公客户工商信息数据引入工作。

1 月 21 日 建设银行推出首张具有开关功能的网络信用卡——龙卡 e 付卡，与银联、VISA、万事达三大卡组织共同合作，为客户提供优质网络支付体验。

1 月 25 日 建设银行联合中国平安集团、大岳咨询公司主办的“中国 PPP 百人沙龙首届高峰论坛”在北京举办。副行长余静波出席致辞。

1 月 26 日 建设银行成为国家级黄金市场交易终端——“易金通”首批上线会员单位。

1 月 28 日 建设银行完成国家电力投资集团公司澳大利亚太平洋水电公司 35 亿澳元并购项目首笔 26.23 亿澳元并购款项支付指令，标志着该并购项目完成。

1 月 28 日 建设银行主承销的首笔金融机构绿色债券——兴业银行 2016 年第一期 100 亿元绿色金融债发行。

1 月 建设银行个人网银推出身份证号升位服务。

2 月 1 日 人力资源社会保障部向建信养老金管理公司颁发企业年金基金管理机构资格证书。建信养老金管理公司正式获得企业年金基金受托人、账户管理人、投资管理人等三项业务资格，成为首家同时拥有该三项业务资格的非保险金融机构。

2 月 5 日 中国信达资产管理股份有限公司并购南洋商业银行 390 亿港币银团贷款融资协议签约，建设银行获得独家全球协调行、独家簿记行、账户行及代理行等诸多核心角色，并与国家开发共同担任委任牵头行，香港分行代表建设银行参贷 120.9 亿港币，约占银团总额的 31%。

2 月 16 日 建设银行善融商务企业商城“特色馆”正式上线运营。

2 月 16 日 建设银行作为项目银团贷款主牵头行的防城港核电二期项目签署银团贷款协议，银团组建工作完成。

2 月 18 日 建设银行正式推出龙卡 Apple Pay，成为国内首批支持 Apple Pay 的银行之一。

2 月 22 日 （新西兰当地时间）新西兰清算公司正式宣布建设银行（新西兰）有限公司加入新西兰元大额清算网络（HVCS），成为新西兰元一级清算参加行。

2 月 23 日 建设银行与中国东方航空公司签订金融市场信息咨询服务协议，成为 2016 年度东方航空衍生金融产品咨询服务唯一提供商。

2 月 25 日 中国信达资产管理股份有限公司 390 亿港币银团贷款签约仪式在北京举行。董事长王洪章、行长王祖继、副行长余静波，中国信达董事长侯建杭、总裁臧景范、党委副书记陈孝周、副总裁顾建国及国家开发银行、中国工商银行、中国农业银行、交通银行、招商银行、光大银行有关领导等出席仪式并见证签约。建设银行董事会办公室、办公室、授信审批部、战略客户部、同业业务中心、国际业务部、香港分行负责人参加仪式。

2 月 26 日 建设银行与广州市政府在广州签署战略合作协议。副行长章更生与广州市副市长王东代表双方签订《促进科技、金融、产业融合发展战略合作协议》。

2 月 27 日 建设银行与广东省政府在广州签署战略合作协议。中央政治局委员、广东省委书记胡春华，广东省长朱小丹，建设银行行长王祖继，副行长章更生出席签约仪式并会谈，行长王祖继与省长朱小丹代表双方签订《“十三五”时期战略合作协议》。

2 月 27 日 建设银行手机银行在线客服上线。

2 月 建设银行升级个人网银，对于使用 15 位身份证开通的个人网银客户，支持其通过个人网银将电子渠道 15 位身份证升位为 18 位。

2 月 建设银行研发部署全新的企业网银汇率业务推广至全行。

3 月 3 日 建设银行与舟山市人民政府在浙江舟山举行高层会谈并签署战略合作协议。副行长章更生，舟山市市委书记周江勇、代市长温暖、常务副市长周伟江出席，总行公司业务部总经理康义与代市长温暖代表双方签署《政银战略合作协议》。

3 月 3 日 建设银行上线试运行 Apple Pay 取款和查询功能，建设银行也成为国内首家在现金类自助设备（配置有非接读卡器硬件模块的取款机和存取款机）上专门开发 Apple Pay 取款和查询功能的银行。

3月4日 建设银行与美国信安金融集团在总行大楼举行高层会谈，并签署战略合作协议。董事长王洪章和信安集团董事长施伯文先生代表双方签署《战略合作协议》与《战略合作备忘录》。行长王祖继、副行长杨文升，信安集团首席执行官侯智彤和有关负责人，参加会谈并共同见证签约。

3月7日 建银国际与党建出版社在北京签署合作备忘录。董事长王洪章、副行长章更生出席签字仪式。

3月7日 （美国当地时间）芝加哥商业交易所（CME）正式宣布，建设银行成为首家参与其白银定价的中资银行，建设银行成为继汇丰银行、摩根大通银行、加拿大丰业银行、多伦多道明银行和瑞银集团之后的第六家国际白银定价银行。

3月8日 建设银行微信银行推出全国加油卡充值业务。

3月16日 建设银行与四川省人民政府在北京举行高层会谈并签署金融战略合作协议。董事长王洪章、行长王祖继、副行长杨文升、董事会秘书陈彩虹，四川省省委书记王东明、省长尹力、副省长甘霖、省委省政府副秘书长陈贵华出席签字仪式，行长王祖继和省长尹力代表双方签署《金融战略合作协议》。

3月17日 德意志交易所宣布，建设银行法兰克福分行获准成为德交所现货市场和衍生品市场交易会员和直接清算会员，也同时成为中欧国际交易所会员。

3月18日 建设银行与渣打银行在北京签署《全面合作备忘录》。董事长王洪章在签约仪式上致辞，行长王祖继和渣打集团行政总裁温拓思先生代表双方签约，董事会秘书陈彩虹主持签约仪式。

3月20日 建设银行电子银行千人千面精准营销体系正式上线。

3月21日 中国建设银行成为首家参与伦敦金银市场协会白银定价业务（LBMA Silver Price Auction）的中资机构。

3月24日 建设银行与海通证券股份有限公司在上海签署全面战略合作协议。副行长余静波与海通证券董事长王开国出席签约仪式并致辞，总行同业业务中心总经理李骏与海通证券总经理瞿秋平代表双方分别在战略合作协议上签字。

3月26日 苏黎世分行网站上线。

3月27日 “新一代”三期个人客户综合签约项目全行上线推广。

3月27日 建设银行新版个人网上银行在全行正式上线推广。

3月27日 建设银行在个人手机银行客户端部署智能客服服务。

3月29日 建设银行与三星电子、中国银联合作为建行银联持卡人推出Samsung Pay服务。

3月29日 建设银行与腾讯公司联合推出首款兼具虚拟和实体信用卡功能的联名信用卡产品——腾讯e龙卡。

3月30日 建设银行 公布2015年度经营业绩。

3月 总行制发《中国建设银行单位客户外汇账户管理办法（暂行）》和《中国建设银行单位客户外汇账户管理实施细则（暂行）》，将外汇监管要求和本行业务实际结合，第一次在全行层面形成外汇账户管理系统性、全面性制度规章。

3月 建设银行推出社保互联网金融综合服务。

3月 建设银行与大唐电信集团合作推出“大唐电信龙卡”联名IC卡，该卡首次采用加载国产密码算法的双算法国产芯片。

3月 建设银行正式推出“善付通”在线客服。

3月 建设银行国际互联网网站全新改版正式上线。

3月 建设银行上线信用卡逾期客户存款实时扣划功能，实现了对逾期90天内高风险客户、不良客户存款账户的实时扣划。

3 月 建设银行“新一代”运营配送管理系统全国推广工作完成。

4 月 5—9 日 建设银行在国内金融同业中创新应用脑电波技术，将脑电技术和眼动技术结合共同对新设计的个人手机银行首页进行测试判别。

4 月 8 日 善融商务“跨境购”完成税改配套升级上线。

4 月 9 日 建设银行全生命周期 IT 管理平台搭建完成。

4 月 12 日 建设银行与吉林省人民政府在长春举行高层会谈并签署战略合作协议。董事长王洪章、副行长余静波，吉林省省长蒋超良、常务副省长高广滨、省政府秘书长刘喜杰出席签约协议，副行长余静波和常务副省长高广滨代表双方签署战略合作协议。

4 月 15 日 建设银行与中华全国供销合作总社在北京联合召开普惠金融合作新闻发布会，正式签署《普惠金融合作框架协议》。董事长王洪章、副行长庞秀生、副行长杨文升、首席财务官许一鸣出席签字仪式。

4 月 20 日 “善融商务”寿光体验馆正式开馆，成为全行系统首个线下体验馆。

4 月 21 日 建设银行推出首张以家庭为主题的信用卡产品——龙卡家庭挚爱信用卡。

4 月 25 日 （新加坡当地时间）建设银行与新加坡国际企业发展局在新加坡签署了“一带一路”基础设施战略合作备忘录。

4 月 25 日 （新加坡当地时间）建设银行与新加坡交易所在新加坡就资本市场等领域双边合作签订了战略合作备忘录。

4 月 27 日 建设银行北京数据中心、武汉数据中心、上海开发中心（运维）通过中国信息安全认证中心“ISO 27001 信息安全管理体系”认证。

4 月 29 日 建设银行与教育部在总行大楼签署《战略合作协议》。行长王祖继、监事长郭友、副行长章更生与教育部副部长林蕙青出席签约仪式。监事长郭友与教育部副部长林蕙青分别代表双方签字。

4 月 29 日 建设银行对外公布 2016 年一季度业绩。

4 月 建设银行通过全资子公司建银国际收购英国伦敦金属交易所（LME）一级会员迈特迪斯特（Metdist）75% 股权完成交割，公司更名为“建银国际—迈特迪斯特环球商品（英国）有限公司”（CCBI Metdist），正式加入建行集团。董事长王洪章签发贺信。

4 月 建设银行手机银行新增“结售汇”服务。

4 月 建设银行推出私人银行视频专家顾问服务。

4 月 建设银行网站推出龙卡 e 付卡实时申请功能

4 月 建设银行在个人手机银行客户端部署智能客服服务。

5 月 3 日 阿里巴巴集团控股有限公司 5 年期 40 亿美元银团贷款协议在香港签署，建行亚洲以牵头安排行及簿记管理人的角色参与此次银团贷款，参贷金额 2.25 亿美元。

5 月 3 日 建设银行与海航集团在海口签署战略合作协议。副行长章更生、海航集团副董事长兼首席执行官谭向东出席签约仪式。总行公司业务部总经理康义与海航集团财务总监兼海航航空首席财务官徐洲金代表双方签订战略合作协议，海南省分行行长张中科与海航集团财务总监兼海航航空首席财务官徐洲金代表双方签订海航产业投资基金合作协议。

5 月 6 日 建设银行开发的全国首家 G 系统在台州住房公积金中心通过住房和城乡建设部“双贯标”验收。

5 月 15 日 建设银行行“新一代”3.1 期贷记卡系统投产上线。

5 月 16 日 建设银行甘肃省分行与甘肃省政府在兰州举行金融精准扶贫战略合作协议签约仪式暨善融西部行——甘肃精准扶贫电商洽谈会。副行长章更生、甘肃省副省长郝远出席活动并讲话，甘肃省分行和甘肃省金融办签署了战略合作协议。签约仪式上，章更生与郝远共同启动“善融 · 甘肃馆”。

5 月 16 日 建设银行与联通公司合作开发的互联网个人贷款产品“沃 e 贷”正式在全国推广上线。

5 月 17 日 建设银行与长江证券股份有限公司在武汉签署全面合作协议。

5 月 20 日 广西壮族自治区分行重要客户战略合作签约仪式在南宁举行。副行长章更生出席仪式并会见了广西自治区常务副主席唐仁健。签约仪式上，广西壮族自治区分行分别与中国联通广西分公司、广西防城港核电有限公司、广西北部湾国际港务集团有限公司签署合作协议。

5 月 20 日 建设银行综合金融推介会暨云南合作项目签约仪式在昆明举行。建信租赁、建信信托、建银国际、建信期货、建信基金、建信养老金管理等 6 家子公司向到场 79 家云南优质企业进行综合金融服务推介，并现场分别与 9 家企业签订战略合作协议。

5 月 28 日 建设银行微信银行形象“小微”取得国家工商总局注册商标认证。

5 月 30 日 建设银行“新一代”托管应用与银行间市场清算所股份有限公司直联功能投产。

5 月 30 日 建设银行推出人民币和美元账户商品交易业务。

5 月 建设银行推出龙卡信用卡“分期通”产品。

5 月 建设银行获得国家开发投资公司企业年金基金托管人资格，托管资金规模近 20 亿元。

5 月 建设银行向中国信达（香港）控股有限公司发放 390 亿港元银团贷款，用以支持信达香港收购南洋商业银行股份有限公司的并购业务。

5 月 建设银行网络银行推出全新的信用卡频道。

5 月 建信人寿在全国银行间债券市场发行 35 亿 10 年期可赎回资本补充债券。

5 月 建设银行新版个人手机银行推出指纹登录与支付功能。

5 月 建设银行微信银行开通信用卡申请功能。

6 月 1 日 建设银行与重庆市人民政府在重庆市雾都宾馆举行高层会谈并签署《“十三五”战略合作协议》。中央政治局委员、重庆市市委书记孙政才，市长黄奇帆，建设银行董事长王洪章、副行长章更生出席会谈。副行长章更生和重庆市常务副市长翁杰明分别代表双方签署了《“十三五”战略合作协议》。总行相关部门及子公司负责人，重庆市政府相关局委办负责人等参加了上述活动。

6 月 8 日 建设银行与金砖国家新开发银行在上海签署《战略合作谅解备忘录》，建立全面战略合作伙伴关系。董事长王洪章和新开发银行行长卡马特分别代表双方签约。监事长郭友、副行长余静波、董事会秘书陈彩虹，上海市金融办主任郑杨，新开发银行副行长巴蒂斯塔、祝宪、马斯多普等共同出席并见证签约仪式。

6 月 15 日 建设银行与宝钢集团有限公司在上海宝钢大厦签署新一轮《战略合作协议》。行长王祖继、副行长余静波，总行有关部门和部分分行主要负责人，宝钢集团有限公司总经理陈德荣、副总经理郭斌和有关负责人出席签约仪式。总行战略客户部总经理刘广良与宝钢集团金融业发展中心总经理朱可炳代表双方签署战略合作协议。

6 月 15 日 建设银行在全国银行间债券市场发行境内单笔资产支持证券——上海公积金个人住房贷款资产支持证券，发行规模 163.17 亿元，分为优先级和次级，优先级 151.66 亿元，信用评级 AAA 级。

6 月 18 日 个人网银推出小微企业快贷，实现部署小微企业快 e 贷、融 e 贷、质押贷产品。

6 月 18 日 建设银行马来西亚网站上线。

6 月 19 日 霍尔果斯分行海外企业网上银行上线。

6 月 20 日 建设银行在北京举办“环球商品市场论坛”，国内四十多家企业高层和建设银行相关分支机构代表出席。

6 月 21 日 建设银行与陕西省人民政府在西安举办“中国建设银行全面金融解决方案（FITS）首站推介会”。陕西省副省长王莉霞、副行长余静波出席并致辞。

6 月 21 日 由建设银行亚太审批中心审批的，编号为 201610001 号的第一笔授信业务经总行“新一代”系统正式批复下发，亚太审批中心在香港落地运行。

6 月 21 日 “中国建设银行跨境联动业务推进会”暨“中国建设银行泛亚跨境金融中心”揭牌仪式在昆明举行。

6 月 23 日 建设银行完成收购中建投咨询公司的产权交割工作，在北京举行中建投咨询有限责任公司股权及经营管理权交接仪式。批发业务总监康义和中建投咨询公司监事长刘志红出席交接仪式。

6 月 29 日 （澳大利亚当地时间）建设银行与澳大利亚和新西兰银行集团有限公司（以下简称澳新银行）在澳大利亚墨尔本签署《全面业务合作备忘录》。行长王祖继和澳新银行首席执行官廖贤志（Shayne Elliott）分别代表双方签署协议。两行相关部门及分支机构主要负责人参加了签约仪式。

6—10 月 企业视觉形象（VI）大检查在全行范围内开展。

6—12 月 “拓生态、固根基、提服务、促转型”2016 年个人业务营销竞赛活动在全行举办。

6 月 建设银行个贷业务流程再造项目完成系统切换并在全行范围投产上线。

6 月 建设银行 95533“e 进线”功能在全行推广上线。

6 月 建设银行在善融手机客户端推出机票销售服务。

6 月 建设银行历时两年的信息系统搬迁至武汉数据中心工作完成。

6 月 建行亚洲获得香港证券及期货事务监察委员会颁发的资产管理业务牌照。

7 月 18 日 由建设银行担任主承销商的金砖国家新开发银行首支熊猫债和绿色金融债券发行，此为新开发银行成立以后发行的首只债券。本期债券信用评级为 AAA 级，发行金额为 30 亿元，期限 5 年，最终获得 3.1 倍认购，票面价格 3.07%。

7 月 20 日 建设银行与新华网在总行大楼签署《战略合作协议》。行长王祖继、副行长章更生、批发业务总监康义，新华社副社长刘思扬、新华网董事长田舒斌、常务副总裁魏紫川出席签约仪式。

7 月 20 日 建设银行携手 VISA、万事达国际卡组织推出以境外消费为主题的全球热购信用卡。

7 月 20 日 建设银行参加第四届中国中小企业投融资交易会，副行长章更生出席开幕式并陪同第十届全国人大常委会副委员长顾秀莲等与会嘉宾和领导在建设银行展馆参观交流。

7 月 21—22 日 “百户千亿、融通国际”重点分行专场海外项目对接活动在广东举办。副行长余静波出席活动并作讲话。总行战略客户部负责人及北京、上海、广东、深圳、四川、湖北、湖南、广西、吉林等 9 家分行分管行领导及海外项目牵头部门的负责人参加了活动。

7 月 22 日 建设银行完成 2015 年度分红派息工作。

7 月 25 日 建设银行作为委托牵头安排行和簿记行的倍耐力 48 亿欧元搭桥再融资国际银团贷款项目完成签约。建设银行承诺金额 5 亿欧元，最终承贷金额 2.7 亿欧元。

7 月 26 日 建设银行与中信证券股份有限公司（以下简称“中信证券”）在北京签署战略合作协议。董事长王洪章、行长王祖继、监事长郭友、副行长章更生、中信集团董事长常振明、监事长朱小黄、中信证券董事长张佑君、总经理杨明辉出席了签约仪式，中信证券董事长张佑君、总行同业业务中心总经理李骏分别代表双方在《战略合作协议》上签字。

7 月 26—28 日 建设银行作为战略合作伙伴出席在北京举办的 2016 中国国际黄金大会，并承办“一带一路”战略与中国黄金市场发展高峰论坛，副行长庞秀生、首席经济学家黄志凌出席论坛。

7 月 29 日 建设银行“新一代”保管箱项目在山西、贵州试点分行上线。

7 月 29 日 建设银行在智慧柜员机上线渠道代理对私保险业务功能。

7 月 29 日 建设银行总行向全行下发营业网点智能服务区形象设计。

7 月 29 日 建设银行推出龙卡奥运信用卡（里约版）。

7 月 30 日 建设银行“新一代”关联交易和内部交易管理信息系统（2.3 期）切换上线。

7 月 30 日 建设银行“新一代”统一客服平台项目投产上线。

7 月 30 日 建设银行“新一代”对公业务一体化版本上线。

7 月 30 日 建设银行“新一代”三期个人客户综合积分项目（综合贡献评价）上线。

7月30日 建设银行实施企业级悦生活规划，创新推出“云服务”。

7月31日 （伦敦当地时间）英国人民币清算行职能由建设银行伦敦子行迁移至建设银行伦敦分行。

7月31日 建设银行柜面业务集中处理系统（COS_T）上线外汇业务模块。

7月 建设银行善融商务个人商城（PC端）推出购车分期业务。

7月 建设银行在企业网上银行和企业手机银行上部署“贷贷看”智能信贷新产品。

7月 南非央行首笔款项汇入建行亚洲，建行亚洲营销南非央行。

8月1日 建设银行手机银行“悦生活”频道新增家政服务功能。

8月3日 建设银行广西壮族自治区分行与广西壮族自治区扶贫开发办公室、广西建工集团在南宁签署金融精准扶贫全面战略合作协议、城镇水环境治理全面合作协议。副行长黄毅、广西壮族自治区副主席张晓钦出席活动。

8月8日 建设银行发行天津滨海新区建设投资集团有限公司2016年度第一期中期票据。该期中票为期限5+N年永续债券，发行规模20亿元，最终发行价格3.77%。

8月9日 建设银行在辽宁沈阳举办“建行禹道 伴您远航”现金管理业务客户推介会。

8月11日 建设银行新加坡分行发行10亿元“一带一路”基础设施离岸人民币债券（狮城债）。

8月12日 建设银行微信银行正式推出全国流量充值功能。

8月13日 建设银行CLPM系统海外客户评级功能在澳门分行上线，首次实现海外客户评级和违约认定工作线上操作。

8月13日 建设银行新一代境内外融合版海外企业网上银行在澳门分行上线。

8月15日 建设银行与云南省政府在昆明签署金融战略合作协议。行长王祖继、副行长庞秀生、批发业务总监康义，云南省省长陈豪，云南省副省长和段琪出席签约仪式。副行长庞秀生与副省长和段琪签署了《支持云南“十三五”发展战略合作协议》，与云南省国资委主任罗昭斌和云南锡业集团（控股）有限责任公司董事长张涛共同签署《云南省国资委、云锡控股、建设银行关于降低云锡控股及下属关联企业杠杆率业务合作框架协议》。

8月16日 建设银行伦敦机构（包括建行伦敦子行、伦敦分行）正式推出企业网银服务。

8月18日 建设银行与武汉钢铁（集团）公司在武汉签署《关于武钢集团去杠杆业务合作框架协议》。湖北省副省长曹广晶、武钢集团董事长马国强，建设银行副行长庞秀生出席签约仪式。

8月23日 建设银行在马来西亚吉隆坡举办“2016中国银行间市场投资论坛”。副行长庞秀生、中国驻马来西亚大使黄惠康、马来西亚金融市场协会主席李国坤等出席。马来西亚雇员公积金局、退休基金局、国库控股等主权投资机构，马来亚银行、联昌银行、兴业银行、大众银行、丰隆银行等多家金融机构共近150位嘉宾参会。

8月24日 建设银行“龙卡信用卡号”高铁列车分别从广州、上海同步首发。

8月25日 建设银行发布2016年度上半年经营业绩。

8月25日 建设银行担任牵头主承销商兼簿记管理人的恒安国际集团有限公司50亿元熊猫债成功获得交易商协会注册，发行人主体与债项评级均为AAA级。

8月26日 建设银行与中国信保在沈阳联合召开“特险融资业务座谈会”，并签署“特险业务专项合作协议”。

8月31日 建设银行担任主承销商的世界银行（International Bank of Reconstruction and Development，即国际复兴开发银行）5亿SDR计价债券（折合人民币44亿元）在中国银行间市场发行。

8月31日 建设银行宣布与华为公司首批合作推出“华为Pay”产品。

8月 建设银行在银行同业中首先推出个人网银和手机银行保管箱服务功能。

8月 建设银行在“悦生活”推出云服务系列功能，包括银行业务管理后台、面向商户的行业服务平台及聚焦非金融服务的行业应用等一篮子云服务功能。

8 月 建设银行在善融手机客户端新推机票销售服务。

8 月 建设银行在智慧柜员机渠道上线个人国际速汇业务。

8 月 建设银行推出农村集体经营性建设用地抵押贷款。

8 月 建设银行推出首期跨行资金挽留理财产品（“乾元—共享型”2016 年第 85 期）。

8 月 建设银行推出“旅游分期”业务。

8 月 建设银行推出“建行乐享新西兰”投资移民理财产品。

8 月 建设银行联合 VISA 国际组织合作推出龙卡奥运信用卡（里约版）。

8 月 2016 版《中国建设银行产品手册》正式发布。

8 月 建设银行在智慧银行柜员机（STM）上部署“快贷”功能。

8 月 建设银行接受住房和城乡建设部委托，启动住房公积金异地转移接续平台建设和推广工作。

9 月 1 日 建设银行宣布与中国银联、小米公司合作，首批推出“米 Pay”产品。

9 月 5 日 建设银行发行恒安国际集团有限公司 2016 年度第一期中期票据。该期债券期限 3 年，发行规模 20 亿元，发行人主体与债项评级均为 AAA 级，全场认购倍率达 2.3 倍，最终票面利率 3.24%。

9 月 6 日 建设银行中标中海壳牌石油化工有限公司扩建项目银团贷款牵头安排行角色。

9 月 9 日 建设行作为联合牵头行参与的“迪拜哈翔 2400MW 清洁煤电站”国际项目银团贷款协议签署。该项目总额 23 亿美元，建设银行获得 4.7 亿美元的最大贷款份额，这是建设银行首次参与主导国际“无追索”项目融资。

9 月 10 日 建设银行善融商务企业商城推出“国防动员单位电子商务采购平台。

9 月 10 日 建设银行完成与公安部经侦局的银监会管理平台对接，公安部司法查控对接功能全部实现。

9 月 11 日 副行长章更生出席第 2 届中国—东盟信息港论坛和第 8 届中国—东盟金融合作与发展领袖论坛，并代表建设银行与广西壮族自治区人民政府签署《推进中国—东盟信息港建设战略合作框架协议》。

9 月 13 日 建设银行与郑州商品交易所（以下简称“郑商所”）在郑州签署《战略合作协议》并共同举办产品推介会。副行长章更生、河南省副省长张维宁出席了签约仪式，总行同业业务中心总经理李骏、郑商所总经理熊军分别代表双方在《战略合作协议》上签字。

9 月 20 日 “建鑫 2016 年第一期不良资产支持证券”发行，为不良资产证券化重启后建设银行发行的首单不良资产证券化产品，一次性处置对公不良贷款本金 23.33 亿元，获得发行收入 7.26 亿元。

9 月 22 日 （加拿大当地时间）建设银行与中天能源股份有限公司、加拿大长征勘探公司（Long Run Exploration Corp）在加拿大渥太华国会山签署战略合作协议。中国国务院总理李克强和加拿大总理特鲁多共同见证签约仪式。多伦多分行孙念北总经理代表建设银行签署协议。

9 月 23 日 “建鑫 2016 年第二期不良资产支持证券”发行，为境内首单以个人住房不良贷款为基础资产的资产支持证券，发行规模 15.6 亿元。

9 月 23—26 日 建设银行新一代核心系统 3.2 期 924 版本切换上线。

9 月 24 日 建设银行个人客户综合积分项目切换上线。

9 月 24 日 全行电子支付商户接入“新一代”收单与商户管理系统。

9 月 26 日 建设银行发行鞍山钢铁集团公司第三期超短期融资券，发行金额为 10 亿元，期限 270 天，票面利率为 3.75%。

9 月 27 日 建设银行海外资金平台以香港分行名义发行首笔公募债券，期限为 3 年，金额为 6 亿美元，同时在中国香港、新加坡和迪拜三地交易所挂牌上市。

9 月 28 日 建设银行完成对印度尼西亚 PT Bank Windu Kentjana International，Tbk（Windu 银行）

60%股份的收购，对应收购股份数量共计99.8亿股。

9月29日 （瑞士当地时间）建设银行苏黎世分行与瑞士苏黎世州银行在洛桑签署《业务合作备忘录》。监事长郭友、营运业务总监牟乃密，以及苏黎世州银行董事长约格·穆勒—刚茨（J·rg Müller－Ganz）出席签约仪式，建设银行苏黎世分行总经理龚伟运、苏黎世州银行机构和跨国业务部主管史蒂凡尼诺·伊瑟勒（Stephanino Isele）分别代表双方签署合作备忘录。

9月 建设银行善融商务"善付通"面向核心企业经销商推出移动商务环境下的供应链协同服务。

9月 快贷对接公积金缴存客户信息功能上线。

9—10月 建设银行积极支持总行级战略性客户中国广核集团有限公司在英国投建欣克利角C核电项目，深圳市分行出具4.5亿英镑履约保函，建行亚洲为其境外子公司发放三笔合计约18.55亿元的人民币贷款。

10月1日 建设银行与301医院联合研发的"快诊通"服务正式上线运行。

10月3日至12月31日 "金益求精·金彩有你"2016年个人交易类贵金属及商品业务客户交易大赛在全行举办。

10月10日 建设银行按照财政部要求率先在江苏发行系统内第一张单位公务卡。

10月12日 （日本当地时间）建设银行与日本野村控股株式会社（以下简称"野村控股"）在日本东京举行《业务合作备忘录》签约仪式，中国建设银行董事长王洪章和野村控股集团首席执行官永井浩二出席，并见证双方签署业务合作备忘录。

10月13日 建银国际（控股）有限公司在境外发行5年期7亿美元高级债券。本次为建银国际20亿美元中期票据计划下的第二笔发行，由建设银行香港分行提供担保。

10月15日 建设银行江苏省分行、苏黎世分行与中瑞镇江生态产业园在第三届"瑞士主题周"活动中签署三方战略合作协议。

10月15日 在"建行杯"第二届中国"互联网＋"大学生创新创业大赛闭幕仪式上，教育部与建设银行共同宣布联合发起设立中国高校双创产业投资基金。

10月16日 建设银行与云南锡业集团（控股）有限责任公司在北京签署市场化债转股投资协议，标志着全国首单地方国企市场化债转股项目落地。副行长庞秀生出席签约仪式。国家发改委、云南省金融办、省国资委等相关部门领导、建设银行、云锡控股及相关中介机构负责人出席了签约仪式。云南省国资委主任罗昭斌、云锡控股公司董事长张涛、建设银行债转股项目组负责人、总行授信审批部副总经理张明合在签约仪式新闻发布会上，接受了二十余家新闻媒体的采访。

10月18日 建设银行与陕西省人民政府在西安签署"丝路"系列基金战略合作协议。监事长郭友、副行长余静波与陕西省省长胡和平、常务副省长姚引良出席签约仪式。

10月18日 建设银行与西安交通大学在西安签署战略合作协议。监事长郭友、副行长余静波出席签约仪式。

10月20日 建设银行与中保投资有限责任公司（以下简称"中保投资"）在北京签署《全面战略合作协议》。副行长章更生、中保投资总裁徐安良、党委书记杨华柏出席签约仪式。中保投资副总裁单一、总行同业业务中心总经理李骏分别代表双方在《全面战略合作协议》上签字。

10月21日 建设银行"悦生活"云服务上线。

10月22日 建设银行上线结算交易大数据渠道推送和展示功能。

10月22日 建设银行"新一代"信用卡反欺诈系统投产。

10月22日 建设银行"新一代"信贷管理平台正式投产，首期上线重大风险管理和资产质量管理功能。

10月22日 建设银行全球化企业网银在建行亚洲、香港分行上线并完成客户迁移工作。

10月24日 建设银行与招商局集团有限公司在北京签署战略合作协议。董事长王洪章、行长王祖继与招商局集团有限公司董事长李建红、总经理李晓鹏出席并见证签约活动。副行长余静波和招商局集团财务总监付刚峰分别代表双方签署《战略合作协议》。

10 月 24 日 “新一代”海外对公业务系统在建行亚洲、香港分行上线投产。

10 月 24 日 建设银行为中石油集团上线“大司库”项目 2.0 系统。

10 月 25 日 由建设银行担任牵头簿记管理人，工商银行、农业银行、中国银行、交通银行担任联席主承销商的渣打银行（香港）有限公司特别提款权（SDR）债券发行，票面利率 1.20%。

10 月 27 日 建设银行发布 2016 年第三季度经营业绩。

10 月 31 日 建设银行与同程旅游在苏州签署《战略合作协议》。

10 月 建设银行中标中央国家机关事业单位养老保险业务，成为该业务唯一账户合作银行。

10 月 建设银行新加坡分行以高级簿记行和指定牵头行身份为中粮集团旗下核心子公司中粮农业组建 26 亿美元银团贷款。

10 月 武钢集团与建设银行首单央企降债去杠杆项目落地。由武汉钢铁（集团）公司与建设银行共同设立的武汉武钢转型发展基金（合伙制）出资到位，基金规模 120 亿元。

11 月 2 日 建设银行与厦门市政府在厦门市签署“十三五”战略合作协议。行长王祖继、副行长章更生，厦门市委书记裴金佳、代理市长庄稼汉出席签约仪式，副行长章更生与厦门市常务副市长黄强代表双方签署“十三五”战略合作协议。签约仪式上，行长王祖继与厦门市委书记裴金佳共同为“中国建设银行跨境同业金融服务中心”揭牌，副行长章更生与厦门市代理市长庄稼汉共同为“中国建设银行对公创新（厦门）中心”揭牌。厦门市分行与福建自贸试验区厦门片区管委会、建信金融租赁有限公司共同就高端医疗设备租赁签署了《战略合作协议》。

11 月 4 日 建设银行取得全国社会保障基金托管资格。

11 月 8 日 建设银行与浙江大学在杭州签署《全面深化战略合作协议》。行长王祖继、副行长章更生，浙江大学校长吴朝晖、副校长严建华出席签约仪式。签约仪式上，行长王祖继与浙江大学校长吴朝晖共同为“中国建设银行—浙江大学—大学生创新创业实践基地”揭牌，副行长章更生与浙江大学副校长严建华代表双方签署《全面深化战略合作协议》。

11 月 8 日 建设银行与广东省国资委、广东省广晟资产经营有限公司在广州共同签署市场化债转股框架合作协议。副行长庞秀生、广东省常务副省长徐少华、省国资委主任李成出席签约仪式。

11 月 8 日 建设银行作为牵头主承销商为中国铁路总公司发行第五期中国铁路建设债券 200 亿元，这也是建设银行首次在银行间市场上承销企业债。

11 月 9 日 建设银行在北京召开“龙支付”产品发布会，正式推出“龙支付”。行长王祖继、监事长郭友、纪委书记朱克鹏出席发布会。

11 月 9 日 建设银行自主研发的现金类自助设备“刷脸”取款和“声纹”取款功能开始在全行 9 万多台设备推广。

11 月 9 日 中国证券登记结算有限责任公司正式函复建设银行，同意建设银行开通深港通下港股通跨境资金结算业务，由中国建设银行（亚洲）股份有限公司作为中国结算的换汇银行办理相关换汇业务，建设银行成为“深港通”首批跨境资金结算银行。

11 月 9 日 建设银行与广州市国资委、广州交通投资集团有限公司共同签署市场化“债转股”框架协议。副行长庞秀生出席签约仪式。

11 月 10 日 建设银行与重庆建工投资控股有限责任公司在重庆签署市场化债转股合作框架协议。副行长庞秀生、重庆市副市长谭家玲出席签约仪式。

11 月 11 日 建设银行与澳大利亚悉尼大学在苏州签署合作备忘录，这是建设银行首次与海外知名大学建立友好合作关系。监事长郭友出席签约仪式，机构业务部总经理黄曦与悉尼大学中国研究中心主任 Jeffrey Riegel 先生分别代表双方签署合作备忘录。

11 月 14 日 建设银行与山东省国资委、山东能源集团在济南签署市场化债转股业务合作框架协议。副行长庞秀生，山东省副省长孙立成出席签约仪式。

11 月 14 日 建设银行跨境危机管理工作组在北京召开会议，对建设银行恢复与处置计划进行了审议。工作组由中国银行业监督管理委员会、财政部、中国人民银行及香港金管局组成，负责建设银行全球系统重要性银行监管达标监管。会议听取了建设银行恢复与处置计划汇报并审议通过。首席风险官曾俭华代表建设银行出席会议。

11 月 14 日 建设银行《信息系统系统资源风险基础库》建成。

11 月 15 日 建设银行在香港举办“跨境债券业务研讨会”，总行投资银行部、中国银行间市场交易商协会以及中诚信国际信用评级有限公司领导出席研讨会并发表了演讲。

11 月 17 日 建设银行在四川成都举办“建行禹道 伴您远航”现金管理业务客户推介会。

11 月 19 日 建设银行“新一代核心系统”主体工程上线投产。副行长庞秀生在江西南昌宣布“新一代核心系统”上线投产。

11 月 19 日 建设银行“新一代”对私核心业务系统上线。

11 月 19 日 建设银行“新一代”关联交易和内部交易管理信息系统（2.3 期集团版）切换上线。

11 月 19 日 建设银行“新一代”风险计量与分析项目 3.2 期上线。

11 月 19 日 建设银行“新一代”托管业务系统 3.2 期上线。

11 月 19 日 建设银行为安利（中国）公司搭建的全球现金管理 SWIFT 直连项目上线，标志着建设银行首次支持 ISO20022 标准报文格式。

11 月 19 日 建设银行推出网络金融数据应用“鹰眼”App。

11 月 19—20 日 建设银行“新一代”金融市场三期对私资金交易系统 1119 版本在境内 37 家分行切换上线。

11 月 21 日 建设银行与光大证券股份有限公司（以下简称“光大证券”）在北京签署全面战略合作协议。监事长郭友、副行长章更生，光大集团监事长朱洪波、光大证券董事长薛峰、监事长刘济平等出席签约仪式，副行长章更生主持签约仪式，同业业务中心总经理李骏与光大证券董事长薛峰分别代表双方在《全面战略合作协议》上签字。

11 月 22 日 （智利圣地亚哥当地时间）建设银行与太平洋水电智利公司（Pacific Hydro Chile S. A.）、国家电力投资集团公司在智利圣地亚哥的总统府签署《金融服务战略合作协议》。中国国家主席习近平和智利总统巴切莱特共同见证签约仪式，董事长王洪章代表建设银行签署协议。

11 月 22 日 建设银行携手中国东方航空、万事达卡推出“东航龙卡世界睿我卡”。

11 月 25 日 海航集团签约建设银行现金管理境内查询境外信息报告功能。

11 月 25 日 建设银行在银行业登记流转中心流转“建盈 2016 年第一期个人住房抵押贷款信托受益权”优先档 66.68 亿元，为境内首单以个人住房贷款为基础资产的信托受益权流转项目。

11 月 建设银行推出手机银行声纹验证功能。

11 月 中国海洋石油总公司澳大利亚昆士兰柯蒂斯液化天然气项目 10 亿美元再融资银团贷款协议签署，建设银行获得 2 亿美元贷款份额。

11 月 建设银行作为主承销商为宝山钢铁股份有限公司发行 30 亿元超短期融资券并获 15 亿元承销额度，发行利率 2.63%。

11 月 建设银行自主开发和文本分析建模的个人非结构化数据分析应用一阶段功能上线。

11 月 建设银行善融商务杭州跨境系统上线，善融商务与杭州跨境电商服务平台实现系统对接。

12 月 1 日 建设银行通过上海保险交易所的审核，成为首批银行类会员单位。

12 月 1 日 财政部宣布聘任中国建设银行（亚洲）股份有限公司担任未来 3 年香港人民币国债（“离岸国债”）发行承销商。

12月6日 建设银行在山西举办2016年高端商户金融峰会，“建设银行消费金融生态圈”正式启动。

12月8日 建行银行与山西焦煤集团公司、山西省国资委三方在太原签署关于市场化债转股合作框架协议。行长王祖继、首席风险官曾俭华出席签约仪式。

12月8日 建行银行作为第一批试点行，接入中国人民银行票据交易所“票据交易平台交易系统（一期）”。

12月9日 建设银行携手万事达卡推出“全球智尊信用卡万事达卡”，首次引入万事达卡全球最高等级 World Elite（世界之极）服务平台。

12月10日 建设银行推出全新版“芭比美丽信用卡”。

12月12日 建设银行收到中国大唐集团公司企业年金基金托管机构中选通知书，中选中国大唐集团企业年金基金托管行资格。

12月15日 建设银行在人力资源和社会保障部举办的“中央国家机关事业单位职业年金归集账户合作银行项目”招标中独家中标，成为职业年金归集账户唯一合作银行。

12月15日 建设银行在银行业登记流转中心完成“建融2016年第一期个人住房抵押贷款资产转让项目”，向中德住房储蓄银行注入优质个人住房信贷资产21.6亿元，为境内首单个人住房信贷资产流转项目。

12月20日 “建鑫2016年第三期不良资产支持证券”发行，为建设银行首单信用卡不良资产证券化产品，一次性剥离不良资产本息总计28.1亿元。

12月21日 建设银行与中国电力建设集团有限公司在北京签署全面战略合作协议。行长王祖继、副行长黄毅与中国电建总经理孙洪水、副总经理王斌出席并见证签约活动。战略客户部总经理刘广良与中国电建资金部主任陈波分别代表双方签署《全面战略合作协议》。

12月21日 建设银行与中国黄金集团公司在北京续签战略合作协议。行长王祖继、中国黄金集团公司宋鑫总经理出席签约仪式。

12月21日 建设银行在全国银行间债券市场成功发行“建元2016年第四期个人住房抵押贷款资产支持证券”，发行规模94.15亿元，至此，首期500亿元个人住房抵押贷款资产支持证券试点工作在有效期内全部落地。

12月21日 建设银行正式发布“跨境e+”综合金融服务平台。

12月23日 建设银行向解放军总医院在总行大楼举行友好捐赠仪式。行长王祖继、副行长章更生及解放军总医院院长任国荃出席仪式。

12月23日 建设银行与国家林业局在北京签署《全面战略合作暨林业产业发展投资基金合作协议》。行长王祖继、副行长章更生，国家林业局局长张建龙出席签约仪式。

12月23日 建设银行与国家开发投资公司在北京签署战略合作协议。董事长王洪章、行长王祖继，国家开发投资公司董事长王会生、总裁冯士栋、总会计师张华出席签约仪式。

12月23日 建设银行智能小微正式接入微信企业号，为全行员工提供数据管理类业务咨询服务。

12月23日 智能机器人“小微”接入建设银行微信企业号。

12月24日 建设银行推出小企业版网上银行服务。

12月24日 建设银行小企业版企业网上银行全行试运行。

12月24日 建设银行信用卡投诉和营销客户标签功能在统一客服渠道上线。

12月24日 建设银行信贷管理数据查询APP正式上线。

12月26日 建设银行与浙江省政府在杭州签署钱塘江金融港湾建设战略合作协议。副行长余静波，浙江省委副书记、代省长车俊出席签约仪式。

12月27日 建设银行“重点客户战略合作协议签约仪式暨全面金融解决方案（FITS，飞驰）产品推介会”在山东济南举行。副行长余静波与山东省副省长夏耕出席签约仪式并致辞。

12月28日 建设银行与淮南矿业（集团）有限责任公司、淮北矿业（集团）有限责任公司、安徽省皖北煤电集团有限责任公司、马钢（集团）控股有限责任公司在合肥签署战略合作、市场化债转股等协议。副行长章更生出席签约仪式。

12月28日 中国船舶工业集团公司（以下简称“中船工业”）在京举行大型邮轮国产化研制汇报会暨邮轮产业基金签约仪式，建设银行建信信托有限责任公司牵头多家金融机构与中船工业签署《邮轮产业基金合作协议》，基金规模300亿元。

12月30日 建设银行推出电子身份认证服务。

12月 中国海洋石油总公司澳大利亚昆士兰柯蒂斯液化天然气项目15亿美元再融资银团贷款协议正式签署。建设银行获联合牵头行及独家代理行角色。

12月 建设银行总行印发《网络金融战略发展规划》。

12月 建设银行携手301医院推出“微信银行智慧301在线医院”。

12月 建设银行作为联合牵头行在伦敦与沙特ACWA公司（International Company for Water and Power Projects）签署在约旦总投4.87亿美元的“AL扎尔卡485MW联合循环电站”国际项目银团贷款协议。

12月 建设银行推出小微企业“云税贷”业务。

综合类

1月1日 建设银行在人民日报公布的2015年银行业“互联网+”创新口碑排行榜上居综合榜首位，手机银行得分第一，网上银行、微信银行在多项服务创新口碑榜中位居前列。

1月8日 首届十大“最美建行人”集中展示活动在总行大楼举办。总行党委成员、高管人员，部分董事、监事参加了现场展示活动。中央国家机关工委、银监会、中国银行业协会、中国金融政研会、中国企业联合会、中国企业文化研究会等单位以及部分中央级媒体应邀参加了展示活动。山西省临汾分行个人金融部六级客户经理李红英荣获2015年度“最美建行人”特别奖；北京市分行营业部西四环支行柜员林森、上海市浦东分行行长齐红、安徽省分行桐城支行个人客户经理王瑞琴、山东省东营分行大王支行行长曹斌、湖北省咸宁分行赤壁支行个人客户经理袁野、广东省东莞分行小企业客户部经理鲍杰汉、深圳市分行产品创新与管理部副总经理颜培杰、广西区柳州分行退居二线党员干部韦镇雄、总行养老金业务部综合处副处长陈霞以及“新一代”核心系统建设项目集体荣获2015年度“最美建行人”奖；河北省邢台分行营运管理部经理霍进朝、辽宁省鞍山分行营运管理部检查辅导员高艳梅、江苏省分行南京大行宫支行副行长苏燕、苏州分行吴中经济开发区支行理财经理崔永明、浙江省嘉兴分行公司业务部客户经理徐伟宏、福建省泉州分行丰泽支行营业部营销主管林添星、四川省泸州分行泸县支行客户经理王望、云南省分行投资银行业务部业务经理杨斌、甘肃省嘉峪关分行行长兼矿区支行行长张继刚、莫斯科代表处代表沈鸿荣获2015年度“最美建行人”提名奖。

1月15日 建设银行建元个人住房抵押贷款资产支持证券在由《金融理财》杂志评选的2015年金融理财第六届“金貔貅”奖项中荣获年度金牌创新力金融产品。

1月16日 建设银行“悦生活”企业级生活服务平台在中国互联网协会主办的2016年中国互联网

金融年会上荣获获 2015 年度中国互联网金融创新奖。

1 月 建设银行在《贸易金融》杂志与中国贸易金融网联合主办的"第五届中国经贸企业最信赖的金融服务商评选"活动中，荣获"2015 年度最佳现金管理银行"奖项。

1 月 建设银行在中央国债登记结算有限责任公司举办的"2015 年度中国债券市场优秀成员"评选中，荣获"中国债券市场优秀托管机构""中国债券市场优秀承销商"和"中国债券市场优秀自营商"等奖项。

1 月 建设银行在《环球金融》（Global Finance）主办的 2016 年"最佳财资和现金管理机构"评选中荣获"亚太区最佳流动性管理银行"和"中国最佳财资和现金管理银行"两项大奖。

1 月 建设银行在阿里巴巴蚂蚁金服公司牵头主办的"互联互通·共建共享"2016 金融合作伙伴技术论坛中荣获"最佳银行合作伙伴"奖项。

1 月 建设银行在中国银行业协会举办的 2015 年度银行业维权与法律风险管理工作先进单位评选中荣获年度法律风险管理工作先进单位荣誉称号。

1 月 建设银行荣获中国银行业协会"2015 年度中国银行业文明规范服务工作突出贡献奖"等多项荣誉。

1 月 建设银行在中国银行业协会养老金专业委员会开展的 2015 年度奖项评选中荣获年度养老金业务最佳业绩奖和最佳发展奖。

1 月 建设银行荣获 2015 年度 VISA 最优高端客户服务奖。

2 月 29 日 建设银行李红英等 10 名个人在中宣部、中央文明办联合举办的岗位学雷锋"最美人物"发布仪式上被授予"最美人物"荣誉称号。

2 月 29 日 建设银行荣获中国银联"银行卡风控合作突出贡献奖"。

2 月 建设银行在英国《银行家》杂志公布的"2016 年全球银行品牌价值 500 强排行榜"位列全球第三位。

2 月 建设银行在香港《企业财资》杂志（Corporate Treasurer）颁布的亚洲最佳银行名单中荣获 2015 年"中国最佳银行"。

2 月 建设银行在中国银行业协会组织开展的"2015 年度中国银行业普及金融知识万里行活动"中荣获"最佳成效奖"。

2 月 建设银行在中国银行业协会举办的 2015 年度银行业维权与法律风险管理工作先进单位评选中荣获年度法律风险管理工作先进单位荣誉称号。

3 月 11 日 建设银行在中国外汇交易中心 2015 年度银行间外汇市场评优中荣获"综合最佳做市机构""最佳即期做市奖""最佳远掉做市奖"等 20 项大奖。

3 月 16 日 建设银行在《亚洲银行家》杂志举办的"第十三届国际零售金融服务峰会"国际零售金融服务卓越奖的评比中，荣获 2016 年"中国最佳大型零售银行"奖项。

3 月 28 日 总行员工机票预订手机客户端成功上线试运行。

3 月 31 日 在中国金融认证中心（CFCA）主办的"第四届金融品牌峰会暨 2016 中国电子银行联合宣传年启动仪式中国金融营销金栗子奖"评选中，建设银行微信银行公众号"中国建设银行"和建行送"金"喜营销活动分别荣获"2016 金融业社会化营销最佳平台""2016 金融业十大社会化营销案例"奖项。

3 月 建设银行荣获上海黄金交易所评选的 2015 年度金融类优秀会员、技术保障优秀会员、银行租借业务奖等多项荣誉。

3 月 建设银行银行卡业务获得中国银行业协会评选的 2015 年度突出贡献奖和年度发展奖。

3 月 建设银行获全国银行间同业拆借中心 2015 年度银行间本币市场"最具市场影响力奖"和"债券借贷业务开拓奖"。

4 月 1 日 建设银行荣获中国银行业协会银行卡专业委员会颁发的 2015 年度“突出贡献奖”和“年度发展奖”。

4 月 7 日 建设银行在上海清算所业务年度交流会上荣获上海清算所 2015 年度优秀结算成员、优秀清算会员、外汇中央对手优秀清算优秀奖、发行业务优秀奖、托管银行优秀奖等五项大奖以及四个个人奖项。

4 月 12 日 建设银行在中国银行业协会主办的第五届中国贸易金融年会上荣获“最佳贸易金融产品创新银行”奖项。

4 月 24—27 日 （巴布亚新几内亚当地时间）建设银行代表在巴布亚新几内亚首都莫尔斯比港出席 APEC 工商咨询理事会（ABAC）2016 年第二次会议举行。参加了亚太金融系统能力建设咨询小组会议、ABAC 开幕式大会、金融与经济工作组会议、互联互通工作组会议和闭幕式大会。

4 月 27 日 建设银行在《证券时报》主办的 2016 年中国区优秀投行评选活动中荣获“2016 年度中国区最佳债券承销银行”奖项。

4 月 建设银行在美国《机构投资者》杂志中文网举办的 2015 年人民币国际化银行大奖评选活动中荣获大中华区“2015 人民币国际化服务”钻石奖。

4 月 建设银行被中央国家机关社会治安综治办评为中央国家机关社会治安综合治理目标管理考核优秀单位。

4 月 建设银行在公安部和中国银行业监督管理委员会组织的第四轮银行业金融机构安全评估中荣列五大行第一。

4 月 建设银行荣获《亚洲银行家》杂志“中国最佳贸易融资银行”奖项。建设银行客户渠道整合（二期）项目荣获《亚洲银行家》杂志 2016 年度科技成就奖项评选之“最佳多渠道管理项目”奖。

4 月 建设银行总行启动第一批次巡视。

4 月 建设银行河北省分行营业部被中华全国总工会授予全国五一劳动奖状，深圳市田背支行行长助理袁英被授予全国五一劳动奖章荣誉称号。建设银行辽宁省分行鞍山海城支行等 3 家单位被中国金融工会分别授予全国金融五一劳动奖状，北京市西四环支行大堂经理林森等 31 名同志被授予全国金融五一劳动奖章，总行信用卡中心制卡中心被授予全国金融先锋号荣誉称号。

4 月 建设银行在全集团组织开展“建行公益、有你最美”公益主题宣传活动。

5 月 18 日 建设银行在国际信息系统审计协会（ISACA）在被京举行的“启程中国”大会上获颁“2016 年主席特别贡献奖”。

5 月 27 日 建设银行荣获中国银联颁发的“银联国际最佳发卡会员奖”

5 月 31 日 建设银行善融商务电子商务金融服务平台在《银行家》杂志等联合主办的 2016 中国金融创新论坛活动的“中国金融创新奖”颁奖典礼上荣获“十佳互联网金融创新奖”。

5 月 建设银行在《环球金融》（Global Finance）杂志 2016 年度全球证券服务提供商评选中，荣获中国“最佳托管银行”奖项。

5 月 建设银行被中国人民银行征信中心授予“2015 年度企业征信系统数据质量工作优秀机构”和“2015 年度个人征信系统数据质量工作优秀机构”称号。

6 月 17 日 由中国金融工会和建设银行共同冠名捐赠的“积分圆梦 · 微公益”希望工程快乐音乐教室落地甘肃省定西市临洮县金泽小学。

6 月 23 日 银行业新闻例行发布会在京召开，建设银行董事会秘书陈彩虹作为主发布人，介绍了建设银行在大众创业万众创新的大潮中做好综合性多功能服务的情况。

6 月 23 日 建设银行荣获《亚洲银行家》杂志“中国最佳按揭及住房贷款业务奖”；快贷荣获“2016 年度中国最佳消费信贷产品”奖；风险计量与分析项目荣获 2016 年度“中国最佳安全与风险管理项目”奖。

6 月 24 日 建设银行在中国银行业协会举办的《2015 年度中国银行业社会责任报告》发布暨社会责任工作表彰会上荣获“年度最具社会责任金融机构奖”大奖。

6 月 28 日 总行党委决定对北京市分行刘拴强等 159 名优秀共产党员、任朝霞等 100 名优秀党务工作者和北京市通州支行党委等 100 个先进基层党组织给予表彰。

7 月 7 日 建设银行在由新浪网主办的“2016 中国银行业发展论坛暨第四届银行综合评选颁奖典礼”上荣获“最佳私人银行”“最佳电子银行”奖项。董事长王洪章获得“最具国际视野银行家”奖项。

7 月 8 日 中国—中东欧国家联合商会中方理事会成立大会在北京召开，建设银行董事长王洪章当选理事会主席。

7 月 14 日 建设银行荣获 VISA 国际组织 2015 年度“最高国际交易授权批复奖”和“最佳交易响应率奖”。

7 月 19 日 建设银行在中国银行业协会理财业务专业委员会换届大会上被评为中国银行业协会最佳专业委员会副主任委员单位。

7 月 21 日 建设银行在由中国企业文化研究会主办的“第三届全国企业文化传媒论坛”上荣获“‘十二五’全国企业文化传播全媒体建设三十强单位”奖项。

7 月 25—29 日 建设银行承办由中央金融团工委主办的“融情夏令营”——西藏优秀青年农牧民北京访问活动。

7 月 28 日 建设银行荣获中国黄金协会颁发的“2016 中国国际黄金大会年度大奖”特别贡献奖、“中国黄金行业社会责任大奖”杰出贡献奖。

7 月 建设银行理财业务在中国银行业协会发布的 2015 年商业银行理财产品发行机构及产品评价结果中荣获包括最佳综合理财能力在内的全部七个奖项

7 月 英国《银行家》杂志发布 2016 年“全球银行 1000 强”榜单（Top 1000 World Banks），建设银行以 22000 亿美元的一级资本规模居全球第二位。

7 月 建设银行在英国《欧洲货币》杂志（Euromoney）“2016 年卓越银行”（2016 Awards for Excellence）评选中获得“中国最佳银行”（Best Bank in China）大奖。

8 月 1 日 建设银行荣获中国银联颁发的“客户服务协作奖”。

8 月 建设银行总行启动第二批次巡视。

9 月 8—11 日 建设银行在北京展览馆参展“2016 中国国际金融展”。建设银行小微企业“税易贷”被授予 2016 中国国际金融展“金鼎奖”（“优秀中小企业金融服务奖”）。

9 月 20 日 建设银行“龙卡信用卡 爱心 100 分”走进甘肃慈善捐助活动在甘南黑力宁巴小学和洒索玛小学分别举行。

9 月 21 日 总行发文，对中国建设银行 2015—2016 年度“平安建行”创建活动先进集体和先进个人作出表彰。北京市分行等 202 家单位获评平安创建先进集体，279 人获评先进个人，10 人获评“平安建行标兵”。

9 月 23 日 伦敦机构作为英国人民币清算行清算规模突破 10 万亿元宣传推介会在伦敦召开。行长王祖继出席宣传推介会。

9 月 24 日 建设银行在《银行家》杂志举办的 2016 中国银行家论坛暨 2016 中国商业银行竞争力排名颁奖典礼上荣获“最佳商业银行”“老百姓最喜欢的银行”“全国性商业银行财务评价第 1 名”“核心竞争力第 2 名”等四奖项。

9 月 民政部下发关于表彰第九届“中华慈善奖”获得者的决定，授予建设银行提名奖——最具爱心捐赠企业。

9 月 建设银行组织开展“金融知识宣传服务月活动”。

9月 建设银行2家机构和5名员工获得全国法治宣传教育先进单位和先进个人荣誉称号。

10月13—15日 “建行杯”第二届中国“互联网+”大学生创新创业大赛在湖北省武汉市华中科技大学圆满落幕。行长王祖继、副行长章更生陪同国务院副总理刘延东视察高校大学生创新创业成果展和建设银行服务展。15日组委会举行大赛闭幕式。行长王祖继、副行长章更生、教育部部长陈宝生、湖北省代省长王晓东、华中科技大学党委书记路钢、国家知识产权局、共青团中央等单位领导出席。

10月20日 建设银行在第六届中国客户忠诚计划高峰论坛暨“2016年中国客户忠诚计划大奖”颁奖典礼上获“2016中国最佳客户忠诚计划”奖。

10月28日 在CDP（Carbon Disclosure Project，二氧化碳披露计划）气候变化报告发布会暨颁奖典礼上，建设银行被CDP全球环境信息研究中心和中国质量认证中心授予“应对气候变化企业优秀奖”。

10月31日 建设银行在2016互联网+企业采购高峰论坛上荣获“2016‘互联网+’企业采购标杆企业”荣誉奖项。

10月 建设银行在2016中国CFO年会暨2016年度中国CFO最信赖银行评选颁奖典礼上荣获“最佳物理渠道转型创新奖”“最佳小微企业金融奖”和“最佳现金管理品牌奖”等奖项。

10月 建设银行在上海证券交易所2015年度沪市上市公司信息披露评价工作中获得最高评价等级A。

10月 建设银行行离休老干部、老红军原大连分行副行长禾光同志获得由中共中央、中央军委颁发的“中国工农红军长征胜利80周年”纪念章。

11月1日 建设银行在“2016互联网+企业采购高峰论坛”上荣获“2016‘互联网’企业采购标杆企业”荣誉奖项。

11月8日 建设银行信用卡中心在中国银行业协会举办的第四届“优秀客服中心”评选及第三届“客服明星”评选活动中荣获中国银行业客户服务中心“价值贡献奖”。42名员工获得中国银行业客户服务中心“优秀客服明星奖”。

11月10日 新华社以《建行“两学一做”：线上线下传承“红色基因”》为题，对建设银行深入开展“两学一做”学习教育情况进行了报道。

11月14日 建银国际获邀参加国务院“经济发展和民生改善座谈会”，会议由国务院总理李克强主持，副总理张高丽、刘延东、汪洋，国务委员杨晶、王勇以及相关部门领导到会参加。建银国际研究部主管崔历代表建银国际就“国际经济金融形势及对我国的影响”向与会领导作了专题分析汇报。

11月22日 （智利当地时间）中国国家主席习近平在智利媒体发表署名文章，其中肯定建设银行智利分行为中智关系增添了新的“第一”。

11月24日 《人民日报》以《中国建设银行1.5万多个基层党组织把“课堂”搬到线上》为题，对建设银行深入开展“两学一做”学习教育情况进行了报道。

11月28日 建设银行荣获中小企业商业协会“2016全国支持中小企业发展十佳商业银行”奖项。

11月29日 建设银行在美国《环球金融》杂志（Global Finance）举办的“2016年环球金融中国之星”颁奖典礼上荣获得“中国最佳消费者银行”奖项和“年度最佳商业/企业信用卡项目”奖项。

11月 建设银行在第十届“第一财经金融价值榜（CFV）”系列活动中获选“年度银行”奖。

11月 建设银行善融商务个人商城在“赢营有道 盛胜无前——2016戴尔合作伙伴峰会”荣获“戴尔中国消费及企业2016年度戴尔官网直销战略合作伙伴奖”。

12月5日 建设银行在“2016中国家装行业年会暨中国家装行业‘金钻奖’颁奖典礼”上荣获“2016年信用卡消费信贷最佳合作银行”奖。

12月8日 在中国金融认证中心（CFCA）举办的“2016中国电子银行金榜奖颁奖盛典暨第十二届中国电子银行年会”中，建设银行手机银行获得2016年移动金融最佳体验与安全奖。

12月9日 在《每日财经新闻》等联合主办的第七届金鼎奖颁奖礼上，建设银行网络营销获颁

“卓越网络营销银行”奖；手机银行获颁“卓越手机银行”奖。

12月15日 在《金融电子化》期刊专版的第七届中国金融业信息化发展趋势论坛暨2016年度金融业科技及服务优秀创新奖颁奖典礼上，建设银行多个项目分获“2016年度金融行业科技创新突出贡献奖——开发创新贡献奖”“2016年度金融行业科技创新突出贡献奖——运维创新贡献奖”“2016年度金融行业产品创新突出贡献奖”“2016年度金融行业渠道创新突出贡献奖”“2016年度金融行业研究创新奖”等奖项。

12月15日 在由国务院国资委新闻中心、中央企业媒体联盟主办的第四届中国企业新媒体年会上，建设银行微博（@建行电子银行）、微信（中国建设银行）荣获“2016年度中国企业最具影响力新媒体账号”。

12月15日 建设银行在由中国上市公司协会、上海证券交易所、深圳证券交易所共同主办的“上市公司监事会最佳实践评选活动”颁奖典礼上，荣获“上市公司监事会最佳实践20强”。

12月21日 建设银行在第十届中国中小企业节上荣获“优秀金融服务机构”奖项，副行长章更生受邀出席开幕式并致辞。

12月22日 建设银行在《贸易金融》杂志与中国贸易金融网联合主办的“2016年中国交易银行年会暨第六届中国经贸企业最信赖的金融服务商”颁奖典礼上荣获“最佳现金管理产品创新银行”奖项和“最佳贸易金融突出贡献大奖”。

12月27日 建设银行与中国妇女发展基金会在北京共同举行“母亲健康快车”捐赠暨发车仪式。全国人大常委会副委员长、全国妇联主席沈跃跃，全国妇联书记处书记谭琳，建设银行董事长王洪章、行长王祖继、监事长郭友，以及员工代表、受助人代表等出席仪式。

12月27日 建设银行在南方报业传媒集团旗下《21世纪经济报道》举办的2016财经新媒体峰会上荣获金V榜“2016年最具传播力商业银行”奖项。

12月28日 建设银行在2016（第五届）中国中小企业服务大会上荣获“中国中小企业首选服务商”奖项。

12月31日 万得咨讯（WIND）通过金融终端公布统计数据，建设银行以5615.77亿元的承销量位居非金融企业债券主承销排行榜首，市场份额10.98%。

12月 建设银行物理渠道在《零售银行》杂志主办的“2016年度锐榜评选”被评为“年度新锐零售客户体验渠道”。

CHINA 中国建设银行年鉴 2017
CONSTRUCTION BANK ALMANAC

第八部分　附录

2016年建设银行董事会成员名录

王洪章	董事长、执行董事、党委书记
王祖继	副董事长、执行董事、党委副书记
庞秀生	执行董事、党委委员
章更生	执行董事、党委委员
李　军	执行董事
陈远玲（女）	非执行董事（2016年6月离任）
郝爱群（女）	非执行董事
徐　铁	非执行董事（2016年6月离任）
郭衍鹏	非执行董事
董　轼	非执行董事
冯婉眉（女）	独立非执行董事（2016年10月任）
卡尔·沃特	独立非执行董事（2016年10月任）
张　龙	独立非执行董事
钟瑞明	独立非执行董事
维姆·科克	独立非执行董事
莫里·洪恩	独立非执行董事
梁高美懿（女）	独立非执行董事（2016年6月离任）

2016 年中国建设银行监事会成员名录

郭　友	监事长
刘　进（女）	股东代表监事
李晓玲（女）	股东代表监事
金磐石	职工代表监事（2016 年 1 月离任）
张华建	职工代表监事
王　琳	职工代表监事
李秀昆	职工代表监事（2016 年 1 月任）
靳彦民	职工代表监事（2016 年 1 月任）
李振宇	职工代表监事（2016 年 1 月任）
王辛敏	外部监事（2016 年 6 月离任）
白建军	外部监事

2016年建设银行总行党委成员名录

王洪章　　董事长、党委书记
王祖继　　副董事长、行长、党委副书记
郭　友　　监事长、党委副书记
庞秀生　　执行董事、副行长、党委委员
章更生　　执行董事、副行长、党委委员
杨文升　　副行长、党委委员
黄　毅　　副行长、党委委员兼工会委员会主席、机关党委书记
余静波　　副行长、党委委员
朱克鹏　　纪委书记、党委委员

2016年建设银行总行高级管理人员名录

曾俭华	首席风险官
黄志凌	首席经济学家
许一鸣	首席财务官
陈彩虹	董事会秘书
康　义	批发业务总监兼公司部总经理（2016年11月免职调离）
牟乃密	营运业务总监兼任渠道与运营管理部总经理

2016年建设银行总行部门领导名录

董事会办公室

主任（三职等）：徐漫霞（女）（2016年11月任三职等）
副主任：何欣梅（女）
副主任：李究
副主任：李洪斌（2016年4月任）
资深经理（专业技术二级）：高云（女）
资深副经理（专业技术二级）：赵雁冰（女）

监事会办公室

主任：王炽
副主任：车新亭
副主任：薄银根
副主任：陈南南（女）（2016年11月任）

办公室（党委办公室）

办公室、党委办公室主任（三职等）：姜国云（2016年11月任三职等）
办公室、党委办公室副主任：乐玉贵（总行部门总经理级）（2016年2月任）
办公室资深经理（专业技术一级）兼《建设银行报》编辑部总编辑：刘健
办公室副主任兼基建办公室副主任：郭京凯
办公室、党委办公室副主任、党委秘书兼信访办公室主任：杨洸（2016年12月免）
办公室副主任：刘建国
办公室副主任兼信访办公室主任：韩智慧（2016年12月任）
办公室、党委办公室副主任：蒋曙明（2016年2月任）
办公室副主任、党委秘书：林朝晖（2016年2月任党委秘书）
办公室副主任：祝艳阳
办公室资深经理（专业技术二级）：关金红（女）
信访办公室副主任：李恒生（总行部门副总经理）
基建办公室主任：刘铁彦（总行部门总经理）
基建办公室副主任：戴勇

资产负债管理部

总经理：刘方根（2016年4月任）
副总经理：宋海林（2016年2月任）

副总经理：王晓薇（女）
副总经理：邸慧清（女）
资深经理（专业技术二级）：刘津峰

财务会计部

总经理：方秋月
副总经理：杨军（2016 年 1 月任）
副总经理：许涛
副总经理：朱琳（女）
副总经理：杨立斌
副总经理：欧阳锋（2016 年 6 月任）

人力资源部（党委组织部）

总经理、党委组织部部长：薛胜利
副总经理、党委组织部副部长：李春信（总行部门总经理级）（2016 年 5 月免）
副总经理、党委组织部副部长兼教育培训部（二级部）总经理：刘英（女）（总行部门总经理级）
副总经理、党委组织部副部长：徐云清（2016 年 1 月免）
副总经理、党委组织部副部长：徐剑（2016 年 4 月任）
副总经理、党委组织部副部长：王晓平
副总经理、党委组织部副部长：周立众（2016 年 5 月任）
副总经理、党委组织部副部长：史艾（女）

股权与投资管理部

总经理：孙建政
副总经理：丁慧（女）
副总经理：齐建功
副总经理：常佳伟（女）
资深经理（专业技术二级）：蒋畅（女）

风险管理部

总经理：彭洪明
副总经理兼资产保全部（二级部）总经理：刘桂峰（女）（总行部门总经理级）（2016 年 1 月免）
副总经理兼市场风险管理部（二级部）总经理：杨军（总行部门总经理级）（2016 年 12 月免）
副总经理兼任资产保全部（二级部）总经理：高扬（2016 年 1 月兼任资产保全部总经理）
副总经理：田国林
副总经理：怡颖（女）（2016 年 4 月任）
市场风险管理部（二级部）副总经理：钱爱莉（女）（总行部门副总经理）（2016 年 8 月免）
资产保全部（二级部）副总经理：严达峰（2016 年 4 月任）
资产保全部（二级部）副总经理：景逢春（女）（2016 年 4 月任）
资产保全部（二级部）资深经理（专业技术二级）：曹桂英（女）

信贷管理部

总经理：邓艾兵

副总经理：张华清（2016 年 10 月免）
副总经理：陈蕾
副总经理：李红骏（2016 年 1 月任）
副总经理：尚妍（女）
副总经理：江飚（2016 年 6 月任）
资深经理（专业技术二级）：胡萍（女）

授信审批部

总经理（三职等）：靳彦明（2016 年 11 月任三职等）
副总经理：李敏新（总行部门总经理级）（2016 年 2 月免）
副总经理兼资深经理（专业技术一级）：王雪玲（女）（2016 年 12 月任）
副总经理兼授信部（二级部）总经理：纪伟
副总经理：宋知春（女）
副总经理：臧慧业
副总经理：童文涛（2016 年 2 月免）
副总经理：张颖（女）
副总经理：熊波（女）（2016 年 4 月任）
授信部（二级部）副总经理：张明合
授信部（二级部）副总经理：贺志红
授信部（二级部）副总经理：修琦
副总经理级专职贷款审批人：王建林（2016 年 2 月免）
副总经理级专职贷款审批人：何平（女）
副总经理级专职贷款审批人：杨利亚（2016 年 11 月免，调离）
副总经理级专职贷款审批人：张山林（2016 年 3 月免，2016 年 11 月任）
副总经理级专职贷款审批人：蒋雯（女）
副总经理级专职贷款审批人：魏海滨
副总经理级专职贷款审批人：张承
副总经理级专职贷款审批人：饶跃胜
副总经理级专职贷款审批人：闫静波
副总经理级专职贷款审批人：陈林峰
副总经理级专职贷款审批人：喻永新
副总经理级专职贷款审批人：周晓
副总经理级专职贷款审批人：梁洪晨
副总经理级专职贷款审批人：蒋伯荣
副总经理级专职贷款审批人：陈红霞（女）
副总经理级专职贷款审批人：周永舫（2016 年 2 月免职）
副总经理级专职贷款审批人：陈新声
副总经理级专职贷款审批人：江艳峰
副总经理级专职贷款审批人：曹众
副总经理级专职贷款审批人：李年丰
副总经理级专职贷款审批人：张文利（2016 年 5 月）
副总经理级专职贷款审批人：毕立民

副总经理级专职贷款审批人：商立平
副总经理级专职贷款审批人：张剑峰（女）
副总经理级专职贷款审批人：翟玉茹（女）
副总经理级专职贷款审批人：陈德深
副总经理级专职贷款审批人：栗红保
专职贷款审批人（专业技术二级）：邓振春（女）（2016 年 8 月）

审计部

总经理（三职等）：李秀昆（2016 年 11 月任三职等）
副总经理兼资深经理（专业技术一级）：王书仁（2016 年 12 月任）
资深经理（专业技术一级）：范广州
副总经理：冯道海
副总经理：杨军（2016 年 1 月免）
副总经理：武丕宏（2016 年 7 月免）
副总经理：靳晓飞（女）
副总经理：胡忠（2016 年 5 月任）
资深经理（专业技术二级）：陆君（女）

内控合规部

总经理（三职等）：王军（2016 年 6 月任三职等，2016 年 12 月免，退休）
总经理：丰习来（2106 年 12 月任）
副总经理：秦仁文
副总经理：陈宝东
副总经理：万盛举
资深副经理（专业技术二级）：文海燕（女）
资深副经理（专业技术二级）：许振慧

公司业务部

总经理（兼）：康义（2016 年 11 月免，调离）
副总经理：蔡亚蓉（女）
副总经理：李钺（女）
副总经理：李丽杰（女）（2016 年 2 月免）
副总经理：张喜军（2016 年 8 月免）
副总经理：田建明
副总经理：唐晓阳（2016 年 4 月任）
资深副经理（专业技术二级）：梁蒂（女）（2016 年 6 月任）

战略客户部

总经理：刘广良
副总经理：郑玉金（女）
副总经理：郑绍平
副总经理：程志伟

副总经理：鲁秀艳（女）（2016 年 3 月免）
副总经理：钱理红（女）（2016 年 12 月免）
副总经理：周明
副总经理：胡冠军（2016 年 4 月任）
资深经理（专业技术二级）：何华新
资深副经理（专业技术二级）：刘刚（2016 年 4 月任）

机构业务部

总经理：黄曦（2016 年 1 月任）
副总经理：张坤
副总经理：马解宇（女）
副总经理：孙玉辉（2016 年 6 月免）
副总经理：黄小汉
副总经理：唐华（女）（2016 年 6 月任）
资深经理（专业技术二级）：梅亚星

同业业务中心（2016 年 1 月成立）

总经理：李骏（2016 年 2 月任）
副总经理：杨虹（女）（2016 年 2 月任）
副总经理：孙玉辉（2016 年 6 月任）
副总经理：肖鹏（2016 年 4 月任）

小企业业务部

总经理：刘守平（2016 年 11 月免）
副总经理：周鑫泉
副总经理：隋露（女）
副总经理：李晓芳（女）
副总经理：罗晃浩（2016 年 4 月任）
资深经理（专业技术二级）：张楠（女）

养老金业务部（部门于 2016 年 1 月撤销）

总经理：冯丽英（女）
副总经理：龚毅
副总经理：李红骏
副总经理：施宇平
资深经理（专业技术二级）：杭琛

投资托管业务部

总经理：赵观甫
副总经理：龚毅（2016 年 9 月任）
副总经理：张军红
副总经理：张力铮

副总经理：黄秀莲（女）
副总经理：原玎（女）（2016 年 11 月任）
资深副经理（专业技术二级）：胡波飞（女）（2016 年 4 月任）

结算与现金管理部

总经理：李国建
副总经理：周玉旺
副总经理：张继波
副总经理：霍晓梅（女）
副总经理：高榕（2016 年 4 月任）
资深副经理（专业技术二级）：李殿承（2016 年 4 月任）

个人存款与投资部

总经理（三职等）：杨绍萍（女）（2016 年 11 月提任三职等）
副总经理：马美芹（女）
副总经理兼电话银行中心副总经理：张敏（女）（2016 年 7 月免个人存款与投资部副总经理，2016 年 9 月撤销电话银行中心（二级部））
副总经理：刘涛（女）
副总经理：曹伟
副总经理：孙娜（女）
电话银行中心副总经理：李建峰（总行部门副总经理）
资深经理（专业技术二级）：虞菊华（女）
资深副经理（专业技术二级）：龚永媛（女）
资深副经理（专业技术二级）：陈国金（2016 年 4 月）

财富管理与私人银行部

总经理：黄先俊
副总经理：应红（女）
副总经理：梅雨方
副总经理：杨刚
副总经理：马勇（2016 年 8 月免）
副总经理：严俊

住房金融与个人信贷部

总经理：王毅
副总经理：孙冰峰（总行部门总经理级）（2016 年 2 月免，退休）
副总经理：童学锋
副总经理：孙聚贤（女）
副总经理：孟国鸿
副总经理：周　刚
资深经理（专业技术二级）：赵晓英（女）

信用卡中心

总经理、党委书记：魏春旗
副总经理、党委副书记：蒋志春
副总经理、党委委员：吴惠涛
副总经理、党委委员：黄勇（2016 年 11 月免，调离）
副总经理、党委委员：张伟
纪委书记、党委委员：杨学才
副总经理：王美华（女）（2016 年 8 月任）
资深专员：郭从秀（2016 年 2 月任）

网络金融部

总经理：刘守平（2016 年 11 月任）
副总经理：刘建忠
副总经理：寇冠（2016 年 12 月免）
副总经理：于潇（女）
副总经理：吕作龙（2016 年 11 月任）
资深副经理（专业技术二级）：杨泽新（女）（2016 年 5 月任）

产品创新与管理部

总经理：徐捷
副总经理：刘步其（2016 年 5 月任）
副总经理：胡恒社
副总经理：汪下烟
资深经理（专业技术二级）：熊熙（女）
资深副经理（专业技术二级）：张继刚（2016 年 4 月任）

金融市场部

总经理：谷裕
副总经理兼商品与期货交易部（二级部）总经理：王勇（总行部门总经理级）（2016 年 2 月免）
副总经理：曹守年（2016 年 4 月免）
副总经理：刘彦（女）（2016 年 2 月免）
副总经理：张铮
副总经理：严瑛（女）
资深副经理（专业技术二级）：苏瑾
资深副经理（专业技术二级）：何川
商品与期货交易部（二级部）副总经理：雷鸣（总行部门副总经理）（2016 年 4 月免）
商品与期货交易部（二级部）副总经理：格根（女）（总行部门副总经理）（2016 年 4 月免）

金融市场交易中心（2016 年 3 月成立）

总经理：徐洪昇（2016 年 4 月任）
副总经理：曹守年（2016 年 4 月任）

副总经理：雷鸣（2016 年 4 月任）
副总经理：王群（女）（2016 年 4 月任）
副总经理：格根（女）（2016 年 4 月任）

资产管理业务中心（2016 年 1 月成立）

总经理：刘兴华（2016 年 2 月任）
副总经理：李丽杰（女）（2016 年 2 月任）
副总经理：童文涛（2016 年 2 月任）
副总经理：谢国旺（2016 年 2 月任）

投资银行部（2016 年 1 月更名）

总经理：黄曦（女）（2016 年 1 月免）
总经理：王勇（2016 年 2 月任，2016 年 12 月免）
副总经理，主持工作：钱理红（女）（2016 年 12 月任）
业务总监：黄金华（总行部门副总经理）（2016 年 2 月任）
副总经理：李少俊（2016 年 2 月任）
副总经理：谢国旺（2016 年 2 月免）
副总经理：吴小隆（2016 年 2 月任）

国际业务部

总经理：杨爱民
副总经理：孙剑波（女）
副总经理：黄玮（2016 年 4 月任）
副总经理：原玎（女）（2016 年 11 月免）
资深经理（专业技术二级）：岳留昌（2016 年 4 月任）

渠道与运营管理部

总经理（兼）：牟乃密
副总经理：吕穗春（女）（总行部门总经理级）（2016 年 4 月免，退休）
副总经理：李雪艳（女）
副总经理：梁军（2016 年 2 月免，退休）
副总经理兼渠道管理部（二级部）总经理：陈德
副总经理：李月希
副总经理：王建英（女）（2016 年 5 月任）
副总经理：牛继红（2016 年 1 月任）
资深副经理（专业技术二级）：刘畅（女）（2016 年 7 月）

数据管理部

总经理：刘静芳（女）
副总经理：曹建勇
副总经理：常征（女）
副总经理：刘贤荣

资深经理（专业技术二级）：尚波
资深副经理（专业技术二级）：谢坤（2016 年 4 月）

信息技术管理部

总经理：金磐石
副总经理兼“新一代核心系统”建设推进工作小组常务副组长：朱玉红（女）（总行部门总经理级）
副总经理：王申科
副总经理：刘延新（2016 年 4 月免，调离）
副总经理：纪朝晖
资深经理（专业技术二级）：林磊明
资深经理（专业技术二级）：郭汉利
资深副经理（专业技术二级）：李坤
资深专员：李骁（总行部门副总经理级）（2016 年 7 月免，调离）
总工程师（专业技术一级）：胡宪忠

法律事务部

总经理：林晓东（2016 年 7 月任）
副总经理：曹屹立（2016 年 6 月免）
副总经理：吴胜春
副总经理：侯太领
副总经理：周立众（2016 年 5 月免）
副总经理：张雷（2016 年 2 月任）
资深经理（专业技术二级）：邱纪成

战略规划部

总经理：吴建杭
副总经理：蒋清海
副总经理：许占涛（总行部门总经理级）（2016 年 2 月免）
副总经理：宋海林（2016 年 2 月免）
副总经理：朱枫（2016 年 2 月任）
副总经理：朱勇（2016 年 8 月免）
副总经理：杨君（2016 年 4 月任）
资深经理（专业技术二级）：贾铁真

采购部

总经理：吴建中
副总经理：顾万寿
副总经理：黄文化
副总经理：王艳颖（女）（2016 年 5 月任）

纪委、监察部（巡视办）

纪委副书记兼巡视工作办公室主任：林晓东（总行部门总经理）（2016 年 7 月免）

纪委副书记兼监察部总经理：王德刚
副总经理：刘文锦（2016 年 3 月免，退休）
副总经理：韩晓春（女）（2016 年 11 月任）
副总经理：赵翀
副总经理：罗铿
副总经理：马景欣（女）
资深副经理（专业技术二级）：杨洲德（2016 年 4 月免）
巡视组工作办公室主任：杨洸（2016 年 12 月任）
巡视工作办公室副主任：傅晓燕（女）
总行第二巡视组组长：潘念宁（女）（2016 年 5 月免，退休）
总行第四巡视组组长：艾尔肯·艾则孜
总行巡视组组长：陈东平
总行巡视组组长：韩文贞（2016 年 11 月任）
总行巡视组组长：郑海峰（2016 年 12 月任）
总行巡视组副组长：魏兴富（总行部门总经理级）
总行巡视组副组长：何小平（总行部门总经理级）（2016 年 3 月免，退休）
总行巡视组副组长：邹春生（总行部门总经理级）（2016 年 3 月免，退休）
总行巡视组副组长：冯涛（2016 年 12 月免职）
总行巡视组副组长：赵荣（女）（总行部门副总经理）（2016 年 1 月免）
总行巡视组副组长：许占涛（2016 年 2 月任）
总行巡视组副组长：傅红伟（2016 年 6 月任）
总行巡视组副组长：杨洲德（2016 年 4 月任）
总行巡视组副组长：高开勇（2016 年 4 月任）
中国监察学会建设银行分行副秘书长：韩晓春（女）（总行部门副总经理）（2016 年 11 月免）

公共关系与企业文化部（党委宣传部、消费者权益保护部）（消费者权益保护部于 2016 年 1 月成立）

总经理、党委宣传部部长（三职等）：刘进（女）（2016 年 11 月明确三职等）
副总经理：柴翔
副总经理：张延明
副总经理：于保月
副总经理：方琳（女）（2016 年 4 月任）
资深副经理（专业技术 二级）：李锦望

安全保卫部

总经理：刘晖
副总经理：任亚民
副总经理：熊自力

离退休人员管理部

总经理：张玉英（女）
资深经理（专业技术二级）：杨剑辉（2016 年 4 月任）

党群工作部（机关党委、工会、团委）（2016 年 1 月成立，同时撤销机关党委、工会）

党群工作部总经理、机关党委常务副书记、工会副主席：徐云清（2016 年 1 月任）
副总经理：王博之（总行部门总经理级）（2016 年 1 月任）
副总经理、工会副主席：周波（2016 年 1 月任）
副总经理、机关党委副书记：王清（2016 年 4 月任党群工作部副总经理，2016 年 5 月任机关党委副书记）

团委书记

陶莉（女）（总行部门副总经理）（2016 年 5 月任）
机关纪委书记：唐艳（女）（总行部门副总经理（2016 年 5 月任））
资深副经理（专业技术二级）：王利和（2016 年 2 月任）

党校（高级研修院）

常务副校长、高级研修院院长：郭元析（2016 年 6 月任）
副校长、高级研修院副院长：周小知
副校长、高级研修院副院长：周平

“新一代核心系统”建设推进工作小组

副组长：王怀伟

2016年建设银行分行领导名录

北京市分行

行长、党委书记：廖林
副行长、党委副书记：李凡（2016年10月职等提升为四职等）
纪委书记、党委委员：王光明（2016年7月由纪委书记、副行长、党委委员改任）
副行长、党委委员：郎理英（女）
副行长、党委委员：徐洪昇（2016年4月免）
副行长、党委委员：王新立
副行长、党委委员：吴泼伟
党委委员：孙颖（女）（2016年6月任）
党委委员：孙庆文（2016年10月任）
资深专员：董建恒
资深专员：赵克义（2016年9月免职退休）

天津市分行

行长、党委书记：邱书民
副行长、党委副书记：曹屹立（2016年6月任党委副书记，9月任副行长）
副行长、党委委员：刘步其（2016年5月免）
副行长、党委委员：李明凯
副行长、党委委员：屈宏志
纪委书记、党委委员：宋涛
副行长、党委委员：王艳颖（女）（2016年5月免）
副行长、党委委员：王津成

河北省分行

行长、党委书记：程远国
副行长、党委副书记：陈中新（2016年8月任党委副书记）
副行长、党委委员：李春生（2016年8月免）
副行长、党委委员：尹全振
副行长、党委委员：王永平
副行长、党委委员：杜占良（2016年4月任）
纪委书记、党委委员、工会主任：杜彦芳（女）
副行长、党委委员：任鹏
党委委员：孙龙才（2016年6月任）

资深专员：郭英辉（女）（2016 年 7 月由副行长、党委委员改任）

山西省分行

行长、党委书记：尚朝辉
副行长、党委委员：斛文锋
副行长、党委委员：于凡（女）（2016 年 4 月免）
纪委书记、党委委员：蒋睿（2016 年 8 月任）
副行长、党委委员：宋佐军
副行长、党委委员：贾爱民
党委委员：樊宙（2016 年 9 月任）
资深专员：孟荣华

内蒙古自治区分行

行长、党委书记：张勤
副行长、党委副书记：朱博海（2016 年 9 月免）
副行长、党委委员：张兆西（2016 年 5 月免）
副行长、党委委员：孙建国（2016 年 1 月免）
副行长、党委委员：乔俊峰
副行长、党委委员：高凤山
纪委书记、党委委员：樊精隆
副行长、党委委员：丁建新（2016 年 4 月任党委委员，8 月任副行长）
党委委员：姜波（2016 年 12 月任）
党委委员：宋宝崧（2016 年 12 月任）
合规官：刘强（2016 年 5 月任）
资深专员：汪永俭

辽宁省分行

行长、党委书记：袁桂军
副行长、党委副书记：韩民（2016 年 12 月免）
副行长、党委委员：司朝伟
副行长、党委委员：张勇
副行长、党委委员：项宏（2016 年 9 月由纪委书记、党委委员改任）
副行长、党委委员：张超（2016 年 4 月任党委委员，2016 年 8 月任副行长）
副行长、党委委员：柳旭（女）（2016 年 7 月任党委委员，2016 年 9 月任副行长）
行长助理：王刚（2016 年 8 月任）
资深专员：孙琳

吉林省分行

行长、党委书记：杨铁军
副行长、党委副书记：于宁哲（2016 年 2 月免）
副行长、党委副书记：江文波（2016 年 4 月免）
副行长、党委副书记：梁德顺（2016 年 7 月任党委副书记）

副行长、党委委员、工会主任：姚殿英
纪委书记、党委委员：奚丽娟（女）
副行长、党委委员：具京子（女）
副行长、党委委员：刘伟
行长助理：王立生
行长助理：李岩梅（女）（2016 年 9 月任）
资深专员：王毅

黑龙江省分行

行长、党委书记：石永拴
副行长、党委副书记：于宁哲（2016 年 2 月任党委副书记）
副行长、党委委员：马勇（2016 年 8 月任党委委员，12 月任副行长）
副行长、党委委员：尹君
副行长、党委委员：张连钢（2016 年 9 月任党委委员，11 月任副行长）
纪委书记、党委委员：杨贵满
副行长、党委委员：葛立圣（2016 年 4 月任党委委员，8 月任副行长）
副行长、党委委员：朱波涛（2016 年 7 月任党委委员，10 月任副行长）
行长助理：张立波（2016 年 10 月任）
资深专员：耿庆军（2016 年 5 月由副行长、党委副书记改任）
资深专员：姜鸿飞（2016 年 12 月免职退休）
资深专员：张慧敏（女）（2016 年 12 月免职退休）

上海市分行

行长、党委书记：段超良
副行长、党委副书记：徐众华（2016 年 10 月职等提升为四职等）
副行长、党委委员：陈金富
副行长、党委委员：吴益强
副行长、党委委员：李朝阳
副行长、党委委员：孙维（女）
纪委书记、党委委员：孙莉琳（女）
党委委员：齐红（女）（2016 年 12 月由资深副经理（专业技术二级）改任）
资深专员：纪万林

江苏省分行

行长、党委书记：张毅（2016 年 3 月任）
副行长、党委副书记：樊庆刚
副行长、党委委员：邵斌
副行长、党委委员：陈宝权
副行长、党委委员：刘兵（2016 年 3 月免）
副行长、党委委员：方建平（2016 年 7 月由纪委书记、党委委员改任）
纪委书记、党委委员：王健春（2016 年 7 月任）
党委委员：王元恺（2016 年 6 月任）

党委委员：梅宁（2016 年 10 月任）
合规官：赵建萍（女）（2016 年 3 月任）

浙江省分行

行长、党委书记：高强
党委副书记、副行长：苏克（2016 年 2 月免）
党委副书记：王勇（2016 年 12 月任）
副行长、党委委员：张民（2016 年 7 月免）
副行长、党委委员：陈慧芳（女）
副行长、党委委员：陈根海
副行长、党委委员：贾纯
党委委员：劳新江
纪委书记、党委委员：沈忠良（2016 年 7 月任）
党委委员：李冰（2016 年 6 月任）
合规官：张山林（2016 年 3 月任）
资深专员：张民（2016 年 7 月由副行长、党委委员改任）
资深专员：王爱玲（2016 年 3 月免职退休）

安徽省分行

行长、党委书记：戴跃明
副行长、党委副书记：徐剑（2016 年 4 月免）
副行长、党委委员：姚启凡
纪委书记、副行长、党委委员：杨庆生
副行长、党委委员：杨学军
副行长、党委委员：吴振广（2016 年 8 月免）
副行长、党委委员：张广飞
副行长、党委委员：方华平
副行长、党委委员：陈光华（2016 年 5 月任党委委员，8 月任副行长）
党委委员：洪小平（2016 年 6 月任）
行长助理：袁平（2016 年 5 月免）
行长助理：王文兵（2016 年 8 月任）
行长助理：叶红云（女）（2016 年 8 月任）

福建省分行

行长、党委书记：刘丽华（女）
副行长、党委副书记：陈万铭（2016 年 12 月免）
副行长、党委副书记：丁保平（2016 年 3 月免）
副行长、党委委员：王东标
纪委书记、党委委员、工会主任：郑碧玲（女）
副行长、党委委员：黄汾
副行长、党委委员：林平
副行长、党委委员：黄建锋（2016 年 3 月任党委委员，5 月任副行长）

资深专员：刘峰

江西省分行

行长、党委书记：万国平
副行长、党委副书记：林鸿
副行长、党委委员：彭家彬
纪委书记、党委委员：王志武（女）
副行长、党委委员：刘忠
副行长、党委委员：丁俊（2016 年 8 月任党委委员，9 月任副行长）
资深专员：喻金龙

山东省分行

行长、党委书记：薛峰（2016 年 7 月免）
行长、党委书记：段红涛（2016 年 7 月任党委书记，8 月任行长）
副行长、党委副书记：李文达（2011 年 1 月任党委副书记）
副行长、党委委员：张维国
副行长、党委委员：李建平
纪委书记、党委委员：楚孔用
副行长、党委委员：朱治昌
党委委员：陈颖钰（女）（2016 年 6 月任）
行长助理：梅宁（2016 年 12 月免）
资深专员：刘振奇
资深专员：路民

河南省分行

行长、党委书记：石亭峰（2016 年 8 月免）
行长、党委书记：李尚荣（2016 年 8 月任）
副行长、党委副书记：张志军（2016 年 9 月任党委副书记）
副行长、党委委员：王保信
副行长、党委委员：黄兴宏
纪委书记、党委委员：张新华
副行长、党委委员：许建东（2016 年 6 月免）
副行长、党委委员：胡军（2016 年 12 月去世）
副行长、党委委员：岳邦奎（2016 年 7 月任党委委员，9 月任副行长）
党委委员：姜俊（2016 年 6 月任）
资深专员：路建华（2016 年 5 月由副行长、党委委员改任）

湖北省分行

行长、党委书记：林顺辉
党委副书记：杨军（2016 年 12 月任党委副书记）
副行长、党委副书记、纪委书记：张敏（女）（2016 年 12 月免）
副行长、党委委员：王进军（2016 年 7 月免）

副行长、党委委员：石章振
副行长、党委委员：张为忠
副行长、党委委员：钱爱莉（女）（2016 年 8 月任党委委员）
副行长、党委委员：李涛
党委委员：周助新（2016 年 4 月任，2016 年 6 月免）
党委委员：周辉东（2016 年 11 月任）
党委委员：虢春华（2016 年 11 月任）
资深专家：石汉祥（2016 年 2 月免职退休）
巡视员：陶恒喜（2016 年 11 月免职退休）

湖南省分行

行长、党委书记：刘力耕（2016 年 7 月免）
副行长、党委副书记：文爱华（2016 年 7 月任党委副书记）
副行长、党委副书记：梁德顺（2016 年 7 月免）
副行长、党委委员：卢刚
纪委书记、党委委员：朱怀伟
副行长、党委委员：黄天祥
行长助理：李白宁
资深专家：尹利芳（2016 年 10 月由副行长、党委委员改任）
资深专家：陈二尧（2016 年 1 月免职退休）
资深专员：赵文明（2016 年 9 月免）

广东省分行

行长、党委书记：刘军
副行长、党委副书记：李民
纪委书记、副行长、党委委员：杨泽英（女）
副行长、党委委员：吴集荣
副行长、党委委员：王雄
副行长、党委委员：李洪茂
副行长、党委委员：王燊
副行长、党委委员：席荣贵（2016 年 9 月任党委委员，12 月任副行长）
工会主任：王志雄
合规官：袁平（2016 年 4 月任）
行长助理：邓竞
资深专员：沈奕明
资深专员：张真理（2016 年 8 月由资深副经理（专业技术二级）改任）

广西区分行

行长、党委书记：胡昌苗（2016 年 8 月免）
副行长、党委副书记：李思影
副行长、党委委员：黄诚东
副行长、党委委员：农卫东

副行长、党委委员：陈创胜
纪委书记、党委委员：何来全（2016 年 12 月任）
行长助理：唐家健
行长助理：王德志（2017 年 3 月改任广西总审计室主任）
资深专员：杨静挺（2016 年 5 月由纪委书记、党委委员、工会主任改任）
资深专员：梁建林（2016 年 11 月由副行长、党委委员改任）

海南省分行

行长、党委书记：张中科
副行长、党委委员：李泉
副行长、党委委员：石滨（女）
纪委书记、党委委员、工会主任：尹慧琳（女）
副行长、党委委员：麦文盛
副行长、党委委员：戴建军
副行长、党委委员：符史峰

重庆市分行

行长、党委书记：王晓永
行长、党委书记：李云泽（2016 年 8 月免）
副行长、党委副书记：熊刚
副行长、党委委员：文姜元
纪委书记、党委委员：高永强
副行长、党委委员：陈义
副行长、党委委员：吴承恩
副行长、党委委员：杨中仑（2016 年 2 月任党委委员，5 月任副行长）
资深专家：何益民（2016 年 7 月免职退休）
资深专员：刘平

四川省分行

行长、党委书记：杨丰来
副行长、党委副书记：严斌
副行长、党委委员：卢生
副行长、党委委员：孟伟
党委委员、工会主任：颜克忠（2016 年 4 月任党委委员）
副行长、党委委员：肖倬（2016 年 5 月任党委委员，7 月任副行长）
纪委书记、党委委员：冯元照（2016 年 9 月任）
资深专员：汪海
资深专员：李述成（2016 年 5 月由纪委书记、党委委员改任）
行长助理：戴虎林（2016 年 3 月免）
行长助理：杨泽新（女）（2016 年 5 月免）
行长助理：王魏冬（2016 年 7 月任）

贵州省分行

行长、党委书记：李果（2016 年 6 月免）
行长、党委书记：王浩（2016 年 6 月任党委书记，8 月任行长）
副行长、党委委员：杜坚
副行长、党委委员：肖倬（2016 年 5 月免）
副行长、党委委员：陈昕
副行长、党委委员：陆雪涛（女）
副行长、党委委员：朱启江
副行长、党委委员：吴建政
纪委书记、党委委员：戚晓钧（2016 年 12 月任）
资深专员：许修智（2016 年 8 月由纪委书记、副行长、党委委员改任）
资深专员：张民权（2016 年 11 月免职退休）
资深专员：蒋晓树（2016 年 9 月免职退休）

云南省分行

行长、党委书记：高升亮
副行长、党委副书记：马亦凌（女）
副行长、党委委员：董晓威
副行长、党委委员：赵海涛（2016 年 9 月免）
副行长、党委委员：李瑞冬（女）
副行长、党委委员：于凡（女）（2016 年 4 月任）
纪委书记、党委委员：吴灿文
党委委员：普跃
资深专家：何跃（2016 年 10 月由副行长、党委委员改任）

西藏自治区分行

行长、党委书记：韩文贞
副行长、党委副书记：查克健
纪委书记、党委委员：次仁顿珠
副行长、党委委员：王曼村
副行长、党委委员：武青勇
资深专员：严仕成（2016 年 4 月免职退休）
资深专员：罗文章（2016 年 4 月免职退休）

陕西省分行

行长、党委书记：杨新丰
副行长、党委副书记：李忠华
副行长、党委委员：张玺峰
副行长、党委委员：严建新
纪委书记、党委委员：何宇欣
副行长、党委委员：张庚

资深专员：焦华（2016 年 5 月由资深副经理（专业技术二级）改任）

甘肃省分行

行长、党委书记：李尚荣（2016 年 8 月免）
行长、党委书记：朱博海（2016 年 9 月任党委书记，12 月任行长）
副行长、党委副书记：王晓永（2016 年 9 月免）
副行长、党委委员：孙一顺
副行长、党委委员：王文永
副行长、党委委员：杨玉江
纪委书记、党委委员：杨仲元
副行长（挂职）、党委委员：朱勇（2016 年 8 月任党委委员，12 月任副行长（挂职））
副行长、党委委员：张继刚（2016 年 9 月任党委委员，12 月任副行长）
合规官：徐谊萍（女）（2016 年 4 月由资深财务师（专业技术二级）任）
资深专员：苏安平（2016 年 9 月免职退休）

青海省分行

党委书记、行长：李振宇
党委副书记、副行长：王浩（2016 年 6 月免）
党委委员、副行长：梁世斌
党委委员、副行长：刘志发
党委委员、副行长：吕作龙（2016 年 11 月免）
党委委员、副行长：刘玉武
党委委员、纪委书记：汪有胜
党委委员：戴虎林（2016 年 2 月任党委委员、4 月任副行长）
行长助理：李霞（2016 年 7 月任）
行长助理：刘勇（2016 年 7 月任）

宁夏区分行

行长、党委书记：郑海峰（2016 年 12 月免）
党委书记：张敏（2016 年 12 月任）
副行长、党委副书记：刘海涛（2016 年 8 月职等提升为四职等）
副行长、党委委员：张兆西（2016 年 7 月任）
副行长、党委委员：陈福功
副行长、党委委员：吴其海
副行长、党委委员：王斌
资深专员：袁贵（2016 年 2 月由纪委书记、副行长、党委委员改任）
资深专员：金大钊（2016 年 6 由副行长、党委委员改任）
行长助理：张学武（2016 年 3 月任）

新疆区分行

行长、党委书记：杨险峰
副行长、党委委员：张春生

纪委书记、副行长、党委委员：阿布来提·木明

副行长、党委委员：徐军世

党委委员：李新平

副行长、党委委员：李军

副行长、党委委员：佐卫（2016 年 4 月由资深客户经理（公司及机构业务，专业技术二级）任党委委员，2016 年 7 月任副行长）

深圳市分行

行长、党委书记：王业

副行长、党委副书记：张学庆（2016 年 7 月任党委副书记，8 月任副行长）

副行长、党委副书记：李华峰

副行长、党委委员：赵芝然

副行长、党委委员：潘虹

副行长、党委委员：李忠东

纪委书记、党委委员：韩凤林

副行长、党委委员：张跃云（2016 年 6 月任党委委员，8 月任副行长）

党委委员：田昌越（2016 年 6 月任）

合规官：杨宗平（2016 年 3 月任）

资深专家：易景安

资深专员：朱刚（2016 年 8 月由资深客户经理（公司及机构业务，专业技术二级）改任）

大连市分行

行长、党委书记：郭元析（2016 年 6 月免）

行长、党委书记：张喜军（2016 年 6 月任党委书记，8 月任行长）

副行长、党委委员：石新亭

副行长、党委委员：张鹏举

副行长、党委委员：率长江

副行长、党委委员：董晓炜（女）（2016 年 7 月任党委委员，10 月任副行长）

资深专员：程超英（女）（2016 年 6 月由副行长、党委副书记改任）

资深专员：隋岩（女）（2016 年 12 月由纪委书记、党委委员改任）

宁波市分行

行长、党委书记：葛王杰（2016 年 4 月免）

行长、党委书记：江文波（2016 年 4 月任党委书记，2016 年 5 月任行长）

纪委书记、副行长、党委委员：任国正（2016 年 7 月免）

副行长、党委委员：陈恒星

副行长、党委委员：卢冲

副行长、党委委员：张琐琐（女）

副行长、党委委员：张一敏（2016 年 5 月开除）

副行长、党委委员：苏世松（2016 年 6 月任党委委员，2016 年 8 月任副行长）

纪委书记、党委委员：胡欣（2016 年 11 月任）

行长助理：陈晓峰

高级专家：任国正（2016年7月由纪委书记、副行长、党委委员改任）

厦门市分行

行长、党委书记：生柳荣
副行长、党委副书记：黄霞（女）（2016年7月免）
副行长、党委副书记：黄惠玲（女）（2016年8月任党委副书记）
副行长、党委委员：肖春辉
副行长、党委委员：黄华红（女）
纪委书记、党委委员：封霞（女）
副行长、党委委员：黄庆扬（2016年2月任，2016年11月免）
资深专员：丁嘉槐（2016年9月免职退休）

青岛市分行

行长、党委书记：段红涛（2016年7月免）
行长、党委书记：郝子建（2016年7月任党委书记，9月任行长）
副行长、党委副书记：郭中华（女）
副行长、党委委员：刘从正
副行长、党委委员：王德平
副行长、党委委员：徐海
纪委书记、党委委员：宋敬宗（2016年10月任）
合规官：周兆华（2016年7月任）
行长助理：管恩新
资深专员：冯涛（2016年12月任）
资深专员：刘远方
高级专家：王士清（2016年7月由副行长、党委委员改任）
资深专员：陈庆辉（2016年9月免职退休）

苏州分行

行长、党委书记：张伟煜（2016年2月任党委书记，3月任行长）
行长、党委书记：刘兴华（2016年2月免）
副行长、党委委员：黄松鹤
副行长、党委委员：许永良
副行长、党委委员：朱斌晨
副行长、党委委员：冯宇
纪委书记、党委委员：戚晓钧（2016年12月免）
资深专员：吕伟民（2016年3月免职退休）

哈尔滨培训中心

主任、党委书记：孙平生
副主任、党委副书记：孙耀河
副主任、党委委员、资深副经理（专业技术二级）：邹洵游
纪委书记、党委委员：王建立

常州培训中心

主任、党委书记：屈建伟

副主任、党委副书记：江炳钰

纪委书记、副主任、党委委员：汪书明

资深专员：赵余分（2016 年 7 月免职退休）

2016年建设银行境内子公司主要负责人名单

序号	所在机构	职务	姓名	性别	民族	备注
1	中德住房储蓄银行有限责任公司	董事长（兼）	王洪章	男	汉族	
		行长	王云	男	汉族	
2	建信基金管理有限责任公司	董事长	许会斌	男	汉族	
		总裁	孙志晨	男	汉族	
3	建信金融租赁有限公司	董事长	顾京圃	男	汉族	2016年11月免，到龄退休
		董事长	胡昌苗	男	汉族	2016年11月任
		总裁	王强	男	满族	
4	建信信托有限责任公司	董事长	杜亚军	男	汉族	2016年11月免，到龄退休
		总裁	王宝魁	男	汉族	
5	建信人寿保险股份有限公司	董事长（兼）	章更生	男	汉族	
		总裁、党委书记	谢瑞平	男	汉族	
6	建信期货有限责任公司	董事长	程双起	男	汉族	
		总裁	葛文杰	男	汉族	
7	建信养老金管理有限责任公司	董事长（兼）	余静波	男	汉族	2016年9月免
		董事长	石亭峰	男	汉族	2016年9月任
		总裁	冯丽英	女	汉族	
8	建信财产保险有限公司	董事长	薛峰	男	汉族	2016年11月任
		总裁	张华清	男	汉族	2016年11月任

2016年建设银行海外机构主要负责人名单

序号	所在机构	职务	姓名	性别	备注
1	新加坡分行	总经理	任冬艳	女	
2	法兰克福分行	总经理	谢均乐	男	
3	约翰内斯堡分行	总经理	张进国	男	
4	东京分行	总经理	李勇龙	男	
5	首尔分行	总经理	全敏	男	2016年9月任
		总经理	彭钢	男	2016年9月免
6	纽约分行	总经理	张骏	男	
7	悉尼分行	总经理	金扬统	男	
8	胡志明市分行	总经理	黄国勇	男	
9	台北分行	副总经理	沈启明	男	主持工作
		总经理	李国夫	男	2016年11月免
10	多伦多分行	总经理	孙念北	男	
11	澳门分行	总经理	黄霞	女	2016年7月任
		总经理	侯伟荣	男	2016年7月免
12	智利分行	总经理	商立平	男	2016年5月任
13	苏黎世分行	总经理	龚伟运	男	2016年3月任
14	迪拜国际金融中心分行	总经理	袁盛瑞	男	
15	建行亚洲/香港分行	总裁	江先周	男	2016年5月任
		总裁	毛裕民	男	2016年5月免
16	建银国际	总裁	胡章宏	男	
17	建行伦敦/伦敦分行	执行总裁	李彪	男	2016年9月任
		执行总裁	丰习来	男	2016年9月免
18	建行俄罗斯	副总经理	刘文勇	男	主持工作
		总经理	高榕	男	2016年4月免
19	建行欧洲/卢森堡分行	总经理	李锁生	男	
20	巴黎分行	总经理	张广迎	男	2017年3月免
21	阿姆斯特丹分行	总经理	李翔	男	
22	巴塞罗那分行	总经理	刘江	男	
23	米兰分行	总经理	张哲	男	
24	建行新西兰	副总经理	李兴尧	男	主持工作
25	建行巴西	执行总裁	张希	男	2016年3月任
			陈铁军	男	2015年10月免
26	建行印度尼西亚	总裁	李国夫	男	2016年11月任
27	香港培训中心	主任	吴忆	男	
28	亚太审批中心	主任	王健林	男	2016年2月任

2016 年建设银行审计机构负责人名单

序号	所在机构	职务	姓名	性别	备注
1	天津审计分部	分部主任	鲁可贵	男	
2	沈阳审计分部	分部主任	王书仁	男	2016 年 12 月免
		分部主任	韩民	男	2016 年 12 月任
3	上海审计分部	分部主任	沈明	男	
4	南京审计分部	分部主任	邵来吉	男	
5	武汉审计分部	分部主任	陈万铭	男	2016 年 12 月任
6	广州审计分部	分部主任	熊建华	男	
7	成都审计分部	分部主任	李果	男	2016 年 6 月任
8	西安审计分部	分部主任	魏承国	男	
9	北京总审计室	总审计师	张超英	女	2016 年 6 月免
		总审计室	许建东	男	2016 年 6 月任
10	河北总审计室	总审计师	陈素坤	女	
11	山西总审计室	总审计师	许敏鸣	女	
12	内蒙总审计室	总审计师	白俊芝	女	
13	大连总审计室	总审计师	金军	男	2016 年 5 月免
		总审计师	田晓丽	女	2016 年 5 月任
14	吉林总审计室	总审计师	李华	女	
15	黑龙江总审计室	总审计师	贾悦红	女	
16	苏州总审计室	总审计师	王青松	男	2016 年 4 月任
17	浙江总审计室	总审计师	金海萍	女	
18	宁波总审计室	总审计师	胡明月	女	
19	安徽总审计室	总审计师	胡忠	男	2016 年 5 月免
		总审计师	王福荣	男	2016 年 5 月任
20	福建总审计室	总审计师	林华	女	
21	厦门总审计室	总审计师	温剑	男	
22	山东总审计室	总审计师	崔凤芹	女	
23	青岛总审计室	总审计师	于敬一	女	2016 年 4 月免
		总审计师	孙祥久	男	2016 年 4 月任
24	江西总审计室	总审计师	滕赶远	男	
25	河南总审计室	总审计师	程全正	男	
26	湖南总审计室	总审计师	张石强	男	
27	深圳总审计室	总审计师	谭晓兵	男	

续表

序号	所在机构	职务	姓名	性别	备注
28	广西总审计室	总审计师	庞平声	男	2016 年 8 月免
29	海南总审计室	总审计师	侯凤儒	男	
30	重庆总审计室	总审计师	于敬一	女	2016 年 4 月任
31	贵州总审计室	总审计师	陈光俊	男	
32	云南总审计室	总审计师	王黎川	男	
33	西藏总审计室	总审计师	白杨	女	
34	甘肃总审计室	总审计师	杨宁	男	
35	青海总审计室	总审计师	张双勇	男	
36	宁夏总审计室	总审计师	沈忠良	男	2016 年 7 月免
		总审计师	马立新	男	2016 年 7 月任
37	新疆总审计室	总审计师	熊跃明	男	2016 年 4 月免
		总审计师	兰胜利	男	2016 年 4 月任